JN493554

제대로 알고 쓰는
논문 통계분석

with
파이썬&머신러닝

Research Statistics Done Right:
with Python & Machine Learning

지은이 **노경섭**

현재 한국연구네트워크 LLC의 대표이며, 미국에서 데이터 분석 AI 플랫폼인 Qaicle 프로젝트를 진행하고 있다. 정보통신산업진흥원(NIPA), 정보통신기획평가원(IITP), 한국산업기술평가관리원(KEIT), 한국정보통신진흥협회(KAIT), 중소기업기술정보진흥원(TIPA), 한국방송통신전파진흥원(KCA)의 심사평가위원으로 활동하고 있으며, 경영지도사로도 활동하고 있다. 경북대, 경희대, 고려대, 부산대, 서울대, 숭실대, 연세대, 포항공대, 한국외대, 홍익대 등에서 대학생과 대학원생들을 위한 통계학과 통계분석 방법론, 논문 관련 특강을 진행했다. 관심 연구 분야는 인공지능, 빅데이터, 네트워크 기반 예측(The prediction of network) 등이다. 주요 저서로는 『제대로 알고 쓰는 논문 통계분석: SPSS & AMOS(개정증보판)』(한빛아카데미, 2019), 『제대로 시작하는 기초 통계학: Excel 활용 (2판)』(한빛아카데미, 2021), 『제대로 작성하는 논문: 시작부터 마무리까지』(한빛아카데미, 2021)가 있다.

- **홈페이지** www.nonmoon.kr
  이 책으로 학습하는 독자를 위해 유용한 학습 자료와 정보를 제공하는 공간입니다. 오프라인 강의도 안내하고 있습니다.
- **질문 전용 메일** nonmoon.kr@gmail.com
  이 책을 학습하면서 이해되지 않는 내용이 있다면 메일을 보내주세요. 성심껏 답변해드립니다.
- **저자 직강 동영상** https://www.youtube.com/@ksnoh
  책만으로는 이해가 되지 않는다면 저자의 강의를 들어보세요.

제대로 알고 쓰는 논문 통계분석 with 파이썬&머신러닝

초판발행 2026년 1월 19일

지은이 노경섭 / **펴낸이** 전태호
펴낸곳 한빛아카데미(주) / **주소** 서울시 서대문구 연희로2길 62 한빛아카데미(주) 2층
전화 02-336-7112 / **팩스** 02-336-7199
등록 2013년 1월 14일 제2017-000063호 / **ISBN** 979-11-7340-052-0 93310

총괄·책임편집 김은정 / **기획** 고지연 / **편집** 박정수, 김은정 / **교정** 박정수
디자인 이아란 / **전산편집** 이소연 / **제작** 박성우, 김정우
영업 김성삼, 이정훈, 임현기, 이성훈, 김주성, 심지연

이 책에 대한 의견이나 오탈자 및 잘못된 내용은 출판사 홈페이지나 아래 이메일로 알려주십시오.
파본은 구입하신 서점에서 교환하실 수 있습니다. 책값은 뒤표지에 표시되어 있습니다.
홈페이지 www.hanbit.co.kr / 이메일 question@hanbit.co.kr

제대로 알고 쓰는

논문 통계분석

with
파이썬&머신러닝

Research Statistics Done Right:
with Python & Machine Learning

노경섭 지음

한빛아카데미
Hanbit Academy, Inc.

새로운 연구 시대를 여는 초대장: 나는 이미 '발견자'

변화의 물결 앞에서 주저하는 당신에게

우리는 인공지능이 매일의 연구와 업무에 깊숙이 스며드는 대전환의 시대에 살고 있다. 이러한 변화의 중심에는 '데이터 분석 능력'이 있다. '**나는 프로그램을 전혀 모르는 문과 출신이라 코딩은 불가능하다**'거나 '**늦은 나이에 새로운 언어를 배우는 것은 무의미하다**'는 생각을 가지고 있다면, 이 책은 그러한 망설임과 두려움으로부터 빠져나올 수 있는 탈출구가 되어줄 것이다. 파이썬을 처음 접한다면 어렵다고 느낄 수 있다. 하지만 단언컨대, 처음만 어렵다. 몇 번의 실습을 따라 하다 보면, 이 강력한 도구의 매력에 깊이 빠져들어 헤어 나오기 어려울 것이다.

이 책은 젊은 층에게는 미래를 위한 필수 무기를 제공해 줄 것이고, 경험 많은 연구자들에게는 지금도 늦지 않았으니 파이썬으로 확장성을 도모해야 한다는 확신을 심어줄 것이다. 이 책의 모든 과정은 무료 프로그램인 파이썬만 사용하여 진행되기에, 누구나 부담 없이 시작할 수 있다.

잘못된 연구 관행을 극복하고, 내가 발견한 것을 논문으로 만들다

현재 대다수의 논문은 '**이론적 고찰 → 데이터 수집 → 분석**'이라는 연역적 구조를 따른다. 그러나 실제로는 많은 논문이 데이터를 먼저 수집한 후 그 결과를 확인하고 나서야 억지로 이론에 끼워 맞추는 기형적인 방식으로 구성되곤 한다. 따라서 형식과 내용이 달라지는 모순이 생기기도 하는데, 이러한 논문 작성 방식은 연구의 진정성을 약화시키고, 경우에 따라서는 연구 윤리와 충돌할 가능성도 있다. 하지만 안타깝게도, 이러한 연구 방식이 잘못되었다는 것을 인지조차 못하는 이들이 많다. 이 책은 머신러닝 알고리즘을 활용한 귀납적 접근을 통해, 기존 연구 방법이 지닌 한계를 보완하고 더욱 신뢰할 수 있는 연구 방식으로 안내한다.

이 책에서는 데이터를 먼저 준비하고, 그 안에 숨은 현상과 패턴을 탐색하는 **귀납적 접근**을 정공법으로 제시한다. 이를 통해 데이터를 먼저 다루는 것이 결코 잘못된 것이 아니며, 오히려 효율적이고 논리적인 통계분석 과정임을 알 수 있도록 구성하였다. 또 기존에 잘 알려지지 않은 고급 파이썬 데이터 분석 기법과 인공지능 알고리즘을 활용하여, 연구자로 하여금 데이터가 이끄는 참신한 연구 결과를 얻고 이를 논문으로 구성할 수 있도록 체계적으로 돕는다.

코딩이 아닌, 분석을 목표로

우리의 목적은 파이썬 자체를 학습하는 것이 아니라, **분석과 표현 방법**을 완벽하게 습득하는 것이다. 프로그래밍 문법에 매몰되지 않고, 연구에 필요한 분석 절차와 결과를 도출하는 방법에 집중해야 한다. 이 과정을 따라가다 보면, 마치 외국어 사전이 아닌 소설책으로 언어를 배우듯, 파이썬 언어는 자연스럽게 여러분의 도구가 되어 결국 프로그램까지 정복하게 될 것이다. 프로그램을 전혀 몰라도, 이 책의 실습을 처음부터 따라 하기만 하면 아주 쉽게 시작하여 논문이나 실무에 적용 가능한 고급 실력까지 도달할 수 있다.

평생 지속 가능한 당신만의 무형자산 축적

이 책은 단순히 지식을 전달하는 데서 그치지 않는다. 실습을 따라 하면서 다음과 같이 자신만의 **파이썬 연구 시설(Python Research Facility)**을 구축할 수 있도록 안내한다.

- **노력의 결과물 축적**: 여러분의 노력으로 완성된 파이썬 코드는 일회성 과제로 끝나지 않고, 여러분의 연구와 커리어를 평생 지원할 자산과 강력한 무기로 축적될 것이다.
- **실제 논문 예시 제공**: 막연한 코드 조각이 아닌, 논문 예시를 제공하여 실전 감각을 극대화한다.
- **최신 알고리즘을 활용한 논문 작성**: 인공지능 시대를 따라가는 최신 알고리즘을 활용하여 논문 작성의 새로운 지평을 연다.

물론 이론적 토대 없이 기술만으로는 견고한 연구를 지속할 수 없다. 이 책은 이론적 이해를 돕기 위한 다양한 설명과 예시를 전체적으로 배치함으로써 데이터 분석 테크닉과 더불어 지적 궁금증을 충족하고 연구의 깊이를 더할 수 있도록 하였다. 이 책을 덮을 때쯤이면 여러분은 데이터 속에서 새로운 진실을 발견하는 능력을 갖춘, 혁신적인 연구자로 서 있게 될 것이다.

새로운 연구 패러다임의 세계로 당신을 초대합니다.

노경섭

이 책의 실습 파일은 다음 경로를 통해 다운로드할 수 있습니다.
한빛아카데미(https://www.hanbit.co.kr/academy) 접속 → 도서명 검색 → 도서 상세 페이지의 [부록/예제소스] 클릭

Contents

Contents

Contents

Contents

PART 01

파이썬 활용을 위한 기본 지식

왜 파이썬인가?

1990년대 초 파이썬(Python)이 처음 소개된 이후 많은 시간이 흘렀지만, 그 인기는 여전히 높다. 특히 2010년대 중반 이후 파이썬은 주류 프로그래밍 언어로 자리 잡았는데, 그렇게 된 가장 큰 이유는 바로 '쉬운 접근성'이다. 프로그래밍을 전혀 모르는 초보자라도 손쉽게 사용할 수 있기 때문이다. 현재 파이썬의 실행 성능과 활용 범위는 매우 방대하며, 앞으로 속도까지 향상될 것이므로 그 영향력은 더욱 커질 것으로 전망된다.

이제 막 파이썬을 접하는 독자라 하더라도, 몇 주 혹은 몇 달이면 충분히 익숙해질 수 있다. 그러니 안심하고 학습을 시작해도 좋다. 참고로 이 책은 데이터 분석에 초점을 맞추고 있으므로 학습 진행에 필요한 기능들을 그때그때 설명하여 바로 익힐 수 있도록 구성했다. 문법을 학습하느라 별도로 시간을 투자할 필요가 없다는 의미다. 파이썬은 어디까지나 데이터 분석을 위한 도구이므로, 데이터 분석에 목표를 두고 도구를 활용해야 한다. 문법을 먼저 학습하는 방식은 초심자에게 지루하거나 어렵게 느껴질 수 있으므로, 이 책에서는 실제 분석 과정 속에서 필요한 기능을 자연스럽게 배우도록 했다.

파이썬이 어떤 프로그램인지 이해할수록 그 매력에 빠져들게 되고, 학습 과정 자체가 즐겁게 느껴질 것이다. 또한 이 책은 아나콘다(Anaconda)를 이용한 일괄 설치 방식보다 사용자가 필요한 도구를 직접 선택해 하나씩 설치하는 방법을 따른다. 이는 학습자가 단순히 편리한 환경을 사용하는 데 그치지 않고, 실제로 파이썬을 다루는 기반을 스스로 구축하도록 돕기 위함이다. 마치 윈도우(Windows)의 더블클릭 환경에서 컴퓨터를 배운 사람보다 DOS 시절 디렉터리 구조부터 이해하며 직접 환경을 만들어본 사람이 컴퓨터를 더 깊이 이해하는 것과 같은 이치이다.

별생각 없이 스위치만 눌러 움직이는 전동 퀵보드보다는 직접 페달을 밟아야 하는 자전거가 운동의 원리를 더 잘 깨닫게 한다. 파이썬 학습도 마찬가지다. 전동 퀵보드가 아닌 자전거를 타는 마음가짐으로 접근하길 권한다. 그래야 장기적인 학습 여정에서 남들보다 분명한 우위를 차지할 수 있다.

자, 이제 시작해 보자.

Contents

CHAPTER

01

파이썬 소개

Introduction of Python

Contents

SECTION
1.1 데이터로 구성된 우리 환경

얼핏 '데이터'를 특수한 분야의 전유물(예를 들어, 프로그래밍 분야)로 생각하기 쉽지만, 데이터는 우리 일상에 너무나 가까이 다가와 있다. 4차 산업혁명까지 논하지 않더라도 지금 우리 주변에는 데이터의 중요성을 설파하는 다양한 사람들과 기관이 넘쳐나고 있다. 이러한 환경 속에 살면서 스스로 어떻게 하면 실무 능력을 제대로 갖추고 대처할 수 있을지에 대한 고민으로 마음이 복잡해져 간다. 최근에는 데이터 과학(Data Science)이라는 용어가 널리 퍼져 주목받고 있는데, 말 그대로 '데이터'가 중요한 세상이 되었다. 데이터를 다루려면 통계학뿐 아니라 다양한 수학적 접근법이 필요하다. 이 과정에서 많은 이가 어려움을 겪곤 한다.

수학적·통계적 이론을 학습하지 않은 상태에서 매우 고차원적인 데이터 분석 논문이나 연구보고서를 접하면 사용된 분석 기법들이 어렵게 느껴질 수도 있다. 물론 이상적인 접근 방법은 이론을 먼저 정복한 후에 체화된 기반 지식을 활용하는 것이다. 하지만 우리에게는 시간이 많지 않고 배워야 할 것은 너무 많다. 또한 데이터 분석 이론을 배웠다 하더라도 우리가 쉽게 접하고 광범위하게 활용하는 엑셀로 데이터를 다루고 결과를 도출한다면 그 깊이가 너무 얕을 수밖에 없다. 그렇기에 SPSS, SAS 등의 전문 통계분석 프로그램을 사용해 깊이 분석하고 해석하는 노력을 기울여 왔다.

데이터 분석을 할 때, 인간이 직접 분석한다는 생각으로 접근하면 처음부터 괴로워진다. 당연히 인간이 알아야 할 부분도 있지만, 데이터 분석 프로그램을 이용하면 편리하다. 파이썬은 이러한 프로그램 중 하나로, 배우고 활용하기가 매우 쉽다는 큰 장점이 있다. 파이썬을 '데이터 분석에 최적화된 전자계산기' 정도로 생각하고 접근하면 좋다.

SECTION 1.2 파이썬이란

1991년, 네덜란드 프로그래머인 귀도 반 로섬(Guido van Rossum)이 '모두를 위한 프로그래밍'이라는 기치 아래 파이썬(Python)을 발표하였다. 반 로섬은 누구라도 프로그램 개발에 참여할 수 있는 오픈소스이면서 일반적인 영어로 누구나 쉽게 이해할 수 있는 강력하고 직관적인 프로그램 언어를 개발하고자 했다. 그의 생각대로 파이썬은 단순하면서도 인간이 사용하는 자연어와 같이 가독성이 뛰어난 프로그램 언어로 만들어졌다. 이후 30년 넘게 안정적으로 발전해 온 파이썬은 2004년부터 현재까지 구인 공고에서 가장 많이 언급되는 상위 10개의 언어에 매년 포함되고 있다.

몇 년 전부터 비전공자는 물론 초·중·고등학생들에게까지 파이썬을 학습시켜야 한다는 주장이 나오고 있다. 실제로 많은 대학의 교양 수업에서 프로그래밍 과정을 늘리는 추세인데, 이 과정에서 가장 주목받는 언어가 바로 파이썬이다. '누구라도 이해할 수 있는 언어'라는 개발 정신이 제대로 녹아 있으면서 웹 개발은 물론 머신러닝까지 가능한 파이썬의 인기는 시간이 거듭될수록 높아지고 있다.

파이썬은 윈도우, 맥, 리눅스 등 다양한 환경에서 작동하므로 거의 제한 없이 사용할 수 있다. 또한 아주 방대한 라이브러리를 갖추고 있어 직접 프로그래밍해야 하는 불편함 없이 그대로 활용할 수 있다. 이는 어떤 문제 상황을 컴퓨터를 통해 해결하는 것을 프로그래밍이라고 할 때, 그 해결 방법이 라이브러리에 존재하므로 전문 프로그래머가 아니더라도 프로그래밍된 영어 단어를 읽어가며 해결할 수 있다는 의미다. 이러한 파이썬의 특성은 이공계 학과를 전공하지 않은 인문·사회 계열 사용자에게 매우 큰 장점이 될 수 있다. 파이썬 라이브러리에는 61만 개가 넘는 프로젝트가 공개되어 있으므로 프로그래밍 측면에서 보면 전 분야에 대한 해결이 가능하다고 생각해도 큰 무리가 없을 것이다.[1] 다만 주의할 점이 있다. 파이썬을 배울 때 이러한 라이브러리들을 중점적으로 공부하는 이들이 있는데, 결론적으로 이야기하면 매우 무모한 시도를 하고 있는 것이다. 기본적인 라이브러리를 활용할 수 있어야 하고 필요할 때 원하는 라이브러리를 참고하여 활용하는 것만으로도 충분하다.

---

1 파이썬 라이브러리에는 2025년 3월 13일 기준으로 614,339개 이상의 패키지가 포함되어 있다(https://en.wikipedia.org/wiki/Python_(programming_language)#Libraries). 2024년 5월 6일 기준으로 530,000개 이상(https://en.wikipedia.org/wiki/Python_Package_Index)이었던 것을 생각하면, 패키지 개발 속도가 매우 빠르다는 것을 알 수 있다.

파이썬은 다양한 기기에서 사용할 수 있다. 가장 일반적인 환경이라 할 수 있는 데스크톱은 물론이고 아이폰(아이패드 포함)이나 안드로이드 환경에서도 활용할 수 있다. 자세한 내용은 2.1절 '파이썬 및 패키지(라이브러리) 설치하기'에서 상세하게 설명한다.

참고 캐글(kaggle)

캐글은 데이터 분석과 머신러닝을 학습하고 경쟁할 수 있는 플랫폼(www.kaggle.com)이다. 기업이나 단체에서 자신들이 원하는 결과를 얻기 위해 캐글에 해결 과제나 프로젝트를 등록하면 전 세계 사용자가 이 문제를 해결하기 위해 캐글에서 경쟁하고 이 과정을 공유한다. 따라서 초보자나 실력자 모두 이곳에서 많은 정보를 얻을 수 있다. 미국에서 개발한 프로그램이므로 주로 미국인이 들어와서 문제를 해결한다. 최근에는 인도에서도 많은 해결책을 내놓는 경향이 있다(주로 20대). 캐글은 데이터 과학 또는 머신러닝에 관심이 있거나 이 분야를 학습하고자 하는 사람은 물론 실력자들이 모이는 던전(dungeon)이라 할 수 있다.

캐글은 2010년에 설립된 플랫폼으로 2017년 구글에 인수되었다. 캐글에서는 주로 빅데이터 솔루션에 관한 대회(Competition)를 개최하는데, 단체나 기업에서 데이터와 과제를 제공하면 전 세계 참가자가 예측 모델을 만들어 제출하고 문제를 가장 잘 해결한 참가자에게 상금을 제공한다. 캐글 사이트의 [Competitions]에 들어가 [Featured Competitions] 항목을 보면 문제와 상금이 제시되어 있다. 여기서 관심 있는 과제를 선택하면 관련 설명과 주최 측이 제공하는 데이터를 제공받을 수 있으며, 구글이 만든 오픈소스 인공지능 모델인 Gemma를 활용할 수도 있다.

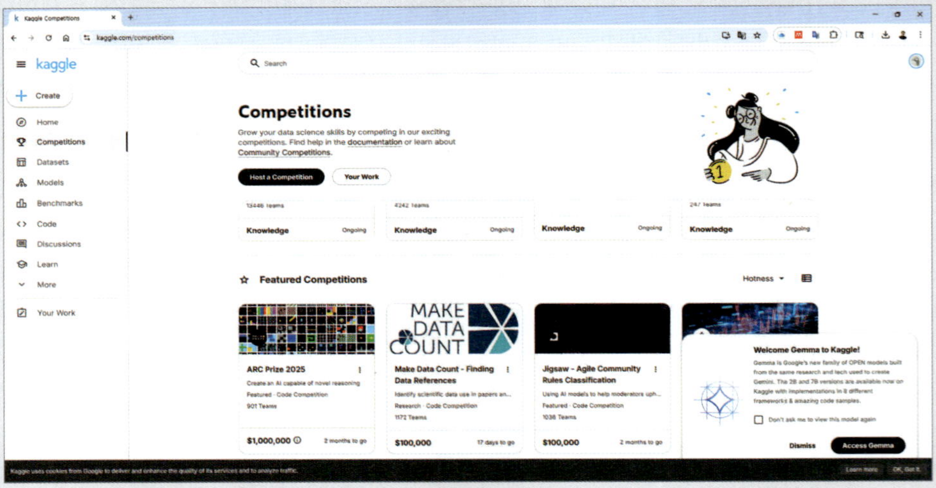

[그림 1-1] 캐글 홈페이지의 [Competitions] 화면

SECTION
1.3 파이썬의 특장점

스크립트 언어

파이썬의 가장 큰 특징은 컴퓨터에 인간의 언어를 이해시키지 않아도 된다는 점이다. 즉, 컴파일 과정이 필요 없다. 컴파일할 때 프로그래머가 작성한 코드를 한 줄 한 줄 컴퓨터에 이해시키는 과정이 필요한데, 파이썬에서는 내장된 인터프리터가 소스 코드를 읽어가며 컴퓨터를 이해시켜 바로 실행한다. 컴파일 언어에서는 여러 줄의 소스 코드를 컴파일한 후 에러가 발생했을 때 에러를 찾아 수정하고 다시 컴파일 과정을 실행하는 등 에러가 개선될 때까지 이 과정을 반복해야 했지만, 파이썬은 자연어에 가까운 소스 코드를 바로 실행하면서도 오류가 발생한 이유와 위치를 비교적 쉽게 찾아내므로 즉각적인 수정과 실행이 가능하다. 바로 이 점이 파이썬의 가장 큰 특징이자 장점이 된다.

파이썬의 또 다른 특징은 데이터의 종류를 고민하지 않아도 된다는 것이다. 데이터를 분석할 때 데이터 종류는 문자와 숫자로 구분되고, 숫자는 다시 정수와 실수로 구분된다. 다른 프로그래밍에서는 자료 형태를 미리 규정해야 하며 이는 컴파일 과정에서 지정되지만, 파이썬에서는 단순히 변수만 선언해도 자료 형태가 지정된다는 장점이 있다.

또한 파이썬은 플랫폼으로부터 자유롭다. 우리가 가장 많이 이용하는 윈도우에서 작성된 프로그램이라 하더라도 MacOS, Linux, Android 등의 다양한 플랫폼에서 자유롭게 모두 동작한다.[2] 즉, 컴파일 과정이 필요 없으므로 플랫폼에 따라 서로 다르게 컴파일하지 않아도 된다.

간결한 코드

파이썬에서는 다양한 프로그램이 순서도에 입각하여 코딩되고, 보통 한 줄이 아닌 여러 줄의 스크립트로 구성된 프로그램으로 완성된다. 예를 들어 1에서 100까지의 합을 구한다고 하자. 1과 100, 2와 99, 3과 98을 짝지어 더하면 각각 101이 되므로, 1에서 100까지의 합은 101을 100번 더해서 2로 나누어주는 것으로 생각할 수 있다. 이를 C 프로그램으로 나타내면 [그림 1-2]와 같다.

2 파이썬이 Android 및 iOS 환경에 적합하지 않고 이러한 환경에서 약한 언어라고 주장하는 개발자도 있지만, 이러한 문제는 전문 프로그램의 영역이라 할 수 있다. 전문적인 프로그래밍이 아닌 시작 단계의 연습 차원에서 프로그래밍하는 것이라면 모바일에서도 충분히 파이썬을 쓸 수 있다.

```c
#include <stdio.h>
int main()
{
   int i, sum = 0;
   int n = 100;

   sum = (n * (n + 1))/2;

   printf("100까지의 합은 %d", sum);
   return 0;
}
```

[그림 1-2] C언어의 1부터 100까지의 합

[그림 1-2]와 같이 구성해서 실행하면 5050이라는 답을 얻을 수 있다(여기서 컴파일 과정은 설명하지 않음). 파이썬에서라면 어떨까? 같은 결과를 얻기 위해 파이썬에서는 [그림 1-3]과 같이 프로그래밍할 수 있다.

```python
sum(range(1,101))
print(sum)
```

[그림 1-3] 파이썬의 1부터 100까지의 합

직관적으로 비교해 보더라도 파이썬은 이 문제를 아주 간단하게 해결할 수 있음을 알 수 있다. 이처럼 파이썬에서는 간결하면서도 쉬운 문법을 사용해 더 적은 코드로 더 많은 작업을 할 수 있으므로 오류 발생 확률이 낮고 더 빠르게 개발할 수 있다.

여기서 C언어를 파이썬의 비교 대상으로 삼은 이유는, C언어가 상당히 오랫동안 사용되어 온 프로그램이며 C언어에서는 필요한 결과물을 얻기 위해 숙련된 전문 프로그래머가 기계(컴퓨터)에 최적화된 생각으로 접근하기 때문이다. 반면, 파이썬은 처음 개발된 당시부터 인간이 사용하는 자연어에 가깝게 프로그래밍할 수 있도록 설계되었으므로 인간이 생각한 것을 바로 프로그램으로 적용하여 연결할 수 있다. 따라서 사회과학 전공자라면 데이터 분석의 유용한 도구로서 파이썬을 염두에 두길 권한다.

들여쓰기로 블록(block) 구분하기

파이썬으로 프로그래밍할 때는 들여쓰기로 블록을 구분한다. 프로그램에서 블록(block)은 작업이 진행되는 공간을 의미하는데, 블록으로 구분되면 서로 영향을 미치지 않게 된다. 앞서 C언어로 작성한 예제에서는 블록을 중괄호({ })로 구분했다. 이렇게 구분해 두면 다른 사람이 작성한 코드를 봐도 쉽게 이해할 수 있다.

[그림 1-4]는 각각 '0~9, 10~19, 10~29 중 짝수만' 출력하도록 print의 블록을 설정한 예다. 아직 프로그램의 문법을 학습하지 않았다는 가정 아래 그림을 보면, 정확하지는 않겠지만 출력 결과를 보고 코드 내용을 유추해 볼 수 있을 것이다.

```
for i in range(10):
    print(i)
```

```
0
1
2
3
4
5
6
7
8
9
```

```
for i in range(10,20):
    print(i)
```

```
10
11
12
13
14
15
16
17
18
19
```

```
for i in range(10,30,2):
    print(i)
```

```
10
12
14
16
18
20
22
24
26
28
```

[그림 1-4] 파이썬 프로그래밍 예제

첫 번째 코드는 **for i in range(10):**인데, 영문 그대로 해석하면 된다. 즉 "i에 10의 범위를 넣어라."라는 의미다. 다음 줄은 **print(i)**이므로 "10의 범위를 넣은 i를 프린트하라."라는 의미다.

두 번째 코드는 **for i in range(10,20):**인데, 10, 20의 의미는 모른다 하더라도 두 숫자를 i로 한다는 것은 이해할 수 있다. 역시 다음 줄에서 **print(i)**를 했으므로 "10의 범위를 넣은 i를 프린트하라."라는 의미로 이해할 수 있다.

세 번째 코드는 **for i in range(10,30,2):**이고 다음 줄에서 **print(i)**를 입력했으므로, 이 또한 "i로 정하고 i를 프린트하라."라는 의미다.

결과를 보면 **for i in range(10):**으로 프린트된 범위는 0~9이고, **for i in range(10,20):**으로 프린트된 범위는 10~19임을 확인할 수 있다. 출력 결과로 유추해 보자면, **range(10):**은 시작점을 0으로 한 10개의 숫자 혹은 10보다 작은 10개의 숫자 정도로 이해할 수 있다. 또한 **range(10,20):**에서 10, 20은 범위를 표시한 것으로 이해할 수 있다. 이는 **for i in range(10,30,2):**을 보면 조금 더 정확하게 알 수 있는데, 시작은 10이고 2의 간격으로 30까지 출력을 하라는 의미가 된다.

정확한 range 함수는 **range(시작, 끝, 간격):**의 문법으로 사용된다. 단, 이때 끝 위치에 표시된 숫자의 하나 앞까지가 범위로 저장된다. 이런 문법은 차차 익혀 가면 되는 것이고, 여기서 말하려는 핵심은 프로그램된 스크립트만 읽어봐도 어떤 내용인지 이해하기 어렵지 않다는 것이다.

기존 작업 누적하여 활용하기

파이썬을 연구에 활용하여 실적이 쌓이면 그 결과물들이 연구자의 컴퓨터에 차곡차곡 쌓여 간다. 파이썬을 활용하여 지속적으로 연구를 진행하고자 한다면, 처음에는 고생되더라도 제대로 된 데이터를 통한 분석 기반을 갖추어야 한다. 이렇게 쌓아 올린 결과에 여러 추가 모델을 적용하고 검증함으로써 더욱 확장된 파이썬 활용 능력을 갖출 수 있다.

이외에도 파이썬을 활용했을 때 누릴 수 있는 이점이 많다. 연구만 하기에도 바쁜 연구자가 모든 프로그램 코드를 직접 입력해서 분석을 진행한다면 이는 업무의 주와 종이 뒤바뀌는 위험한 결과를 낳을 수도 있다. 이러한 문제가 생기지 않도록 파이썬이 보완해 준다. Python 3.11은 200여 개의 표준 라이브러리를 제공하고 있으며, 프로젝트 패키지는 2025년 3월 13일 기준으로 614,339개 이상의 패키지가 릴리즈되어 있다. 따라서 파이썬을 사용하는 연구자는 모든 코드를 직접 다 작성할 필요가 없고, 오픈소스 패키지들 중에서 자신의 연구에 맞는 패키지를 찾아 활용할 수 있다.

SECTION
1.4 연구자에게 파이썬이 중요한 이유

R이 아주 인기가 높던 시기가 있었다. 지금도 통계분석 프로그램으로서 R의 비중이 작지는 않다. 그래서 R을 접해 본 사람이라면 파이썬 역시 통계분석용 프로그램이라고 생각할 수도 있다. R이 통계를 처리하는 무료 프로그램이고, 파이썬 역시 무료 프로그램이면서 통계적 처리가 가능하기 때문이다. 그러나 파이썬이 적용되는 분야는 매우 다양하다. 이는 파이썬 홈페이지에서 확인할 수 있다.

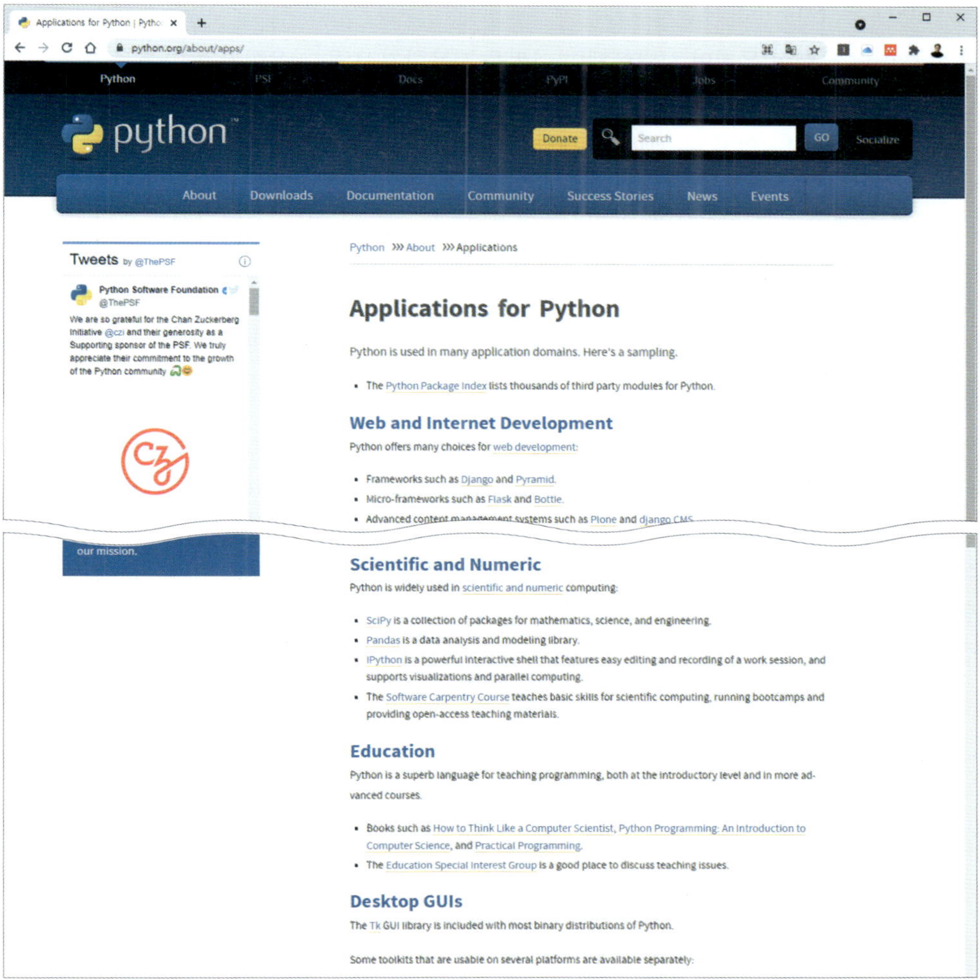

[그림 1-5] 파이썬 홈페이지의 첫 화면(https://www.python.org/about/apps)

[그림 1-5]에서 볼 수 있듯이, 홈페이지 전면에 웹과 인터넷 분야 개발에 대한 내용이 제일 먼저 나와 있으며, 과학과 숫자를 다루는 데이터 분야는 두 번째로 링크되어 있다. 이뿐 아니라 교육, 데스크톱의 GUI, 소프트웨어 개발과 비즈니스 영역까지 아주 다양한 분야에서 파이썬을 활용할 수 있음을 알 수 있다. 이는 사회과학 분야 연구자들이 파이썬을 제대로 활용한다면 연구 영역을 훨씬 더 넓힐 무한한 가능성을 제공받을 수 있다는 의미다.

간혹 데이터 분석용 프로그램으로 파이썬과 R 중 어떤 것을 선택해야 하는지를 궁금해하는 경우가 있다. 물론 다양한 의견이 있겠지만, 현재 파이썬이 더 우세하다는 데에는 의심의 여지가 없다. 파이썬과 R은 무료로 사용할 수 있으며 어떠한 운영체제에서도 작동된다는 공통점이 있다. R에는 통계분석용 패키지가 다양하여 R이 더 좋다는 의견이 있으나, 파이썬도 약 61만 건 이상의 프로젝트가 공개되어 있다. 이들 프로젝트를 모두 다루어보는 것 자체가 사실상 불가능에 가깝다. 이 말은 곧 파이썬으로도 모든 작업을 진행할 수 있다는 의미다. 게다가 시작한 작업을 거의 무한대에 가깝게 확장해 나갈 수 있다. 무엇보다 파이썬이 우세하다는 결정적인 증거는 전 세계적으로 R 사용자와 비교가 되지 않을 정도로 파이썬 사용자가 많다는 것이다.

사실 데이터 분석이 목적인 사람에게 파이썬을 사용할지, R을 사용할지가 아주 중요한 문제는 아니다. 데이터 분석에 처음 발을 내딛는 사람들에게는 더욱 그러하다. 일단 이론적인 내용이 기반이 되어야 하고, 그 위에서 계산기 역할을 하는 파이썬이나 R을 선택하면 되기 때문이다. 이 두 가지, 즉 '이론적인 학습'과 '파이썬 또는 R 선택'을 동시에 진행할 수도 있다. 물론 통계의 기본 이론을 배우기만도 어려워하는 이들이 있고, 프로그램을 하나 더 배워야 한다고 하면 고통이 배가될 수도 있다. 이 경우, 기존 통계 프로그램인 SPSS Statistics나 AMOS 등을 사용한다면 클릭만으로도 분석할 수 있으므로 이론에 집중하기가 좋다. 그러나 시간을 더 투입해서 향후 더 많은 작업을 쌓아 올리고 싶은 연구자라면 파이썬을 공부하길 추천한다.

이 책은 연구자를 위한 데이터 분석과 해석에 중점을 두고 파이썬 활용 방법을 설명한다. 『제대로 알고 쓰는 논문 통계분석: SPSS&AMOS』(한빛아카데미, 2019)과 『제대로 시작하는 기초통계학(2판)』(한빛아카데미, 2021)을 먼저 학습했다면 더욱 쉽게 파이썬을 이해할 수 있으며, 첫 프로그램 언어로 파이썬을 접한 독자들도 이 책을 통해 어렵지 않게 파이썬을 활용할 수 있을 것이다. 더 나아가 이 책에서는 학습자 스스로 분석의 범위를 확장하는 방법까지 설명함으로써 다양한 영역으로 연구 범위를 확장할 수 있는 토대를 제공한다.

CHAPTER

02

파이썬 설치

Installing Python

Contents

SECTION
2.1 파이썬 및 패키지(라이브러리) 설치하기

파이썬은 www.python.org에서 [Downloads] 메뉴를 통해 설치할 수 있다. 이 메뉴에 마우스를 올리면 [그림 2-1]과 같이 창이 열리면서 Python 3.x.y. 버전을 바로 다운로드할 수 있다. 이때 주의가 필요한데, Windows 혹은 macOS 등 자신의 운영체제에 맞는 것을 선택해야 한다.

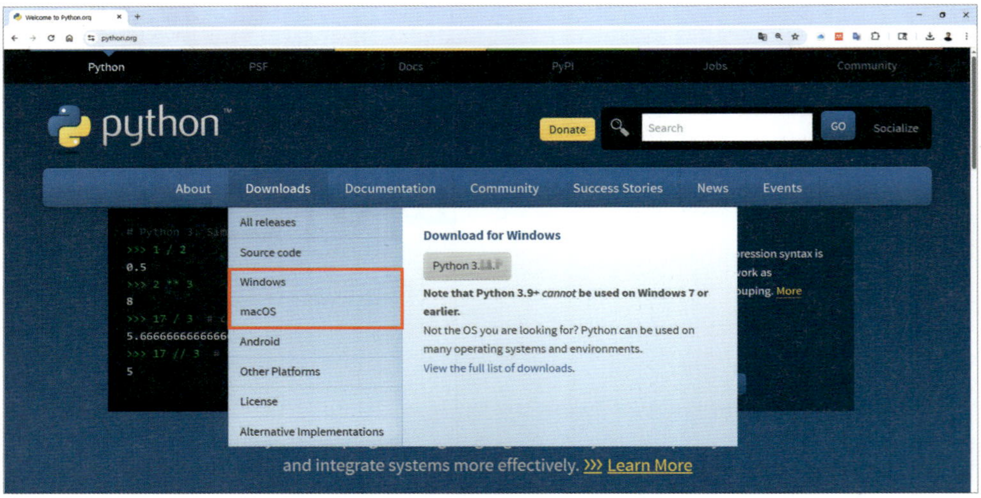

[그림 2-1] www.python.org의 [Downloads] 메뉴

Windows를 선택했다면 [그림 2-2]와 같은 화면으로 이동한다. 이동한 화면에서 좌측 상단의 Python Release for Windows 아래에 정식으로 릴리즈된 최신 버전인 ❶'Latest Python 3 Release - Python 3.x.y'가 보이고, ❷에는 공식 배포 버전 중에서도 안정화 버전인 Stable releases의 'Python 3.x.y'가 소개되어 있다. 또한 오른쪽 Pre-releases에는 정식 배포 이전의 사전 배포 버전인 ❸'Python 3.x.y'를 지원하여 앞으로 공개될 버전을 미리 사용해 볼 수 있도록 하였다. ❶과 ❷ 둘 다 가장 최신 버전이지만, 이 책에서는 안정화 단계에 있는 Stable releases의 파이썬 버전을 다운로드해서 설치할 것이다.[1]

1 파이썬 버전은 계속 변경되므로 다운로드 가능한 최신 버전을 사용하면 된다. 다만 3.x.y 버전 중 x는 가장 높은 수치에서 하나 낮은 마이너 버전인 x-1을 선택하고, y는 가장 높은 수치로 선택하는 것이 불측의 오류로부터 자유로울 수 있다. 예를 들어, 현재 안정화 최신 버전이 3.14.7이라면, 3.13.최댓값의 버전을 사용하길 권한다.

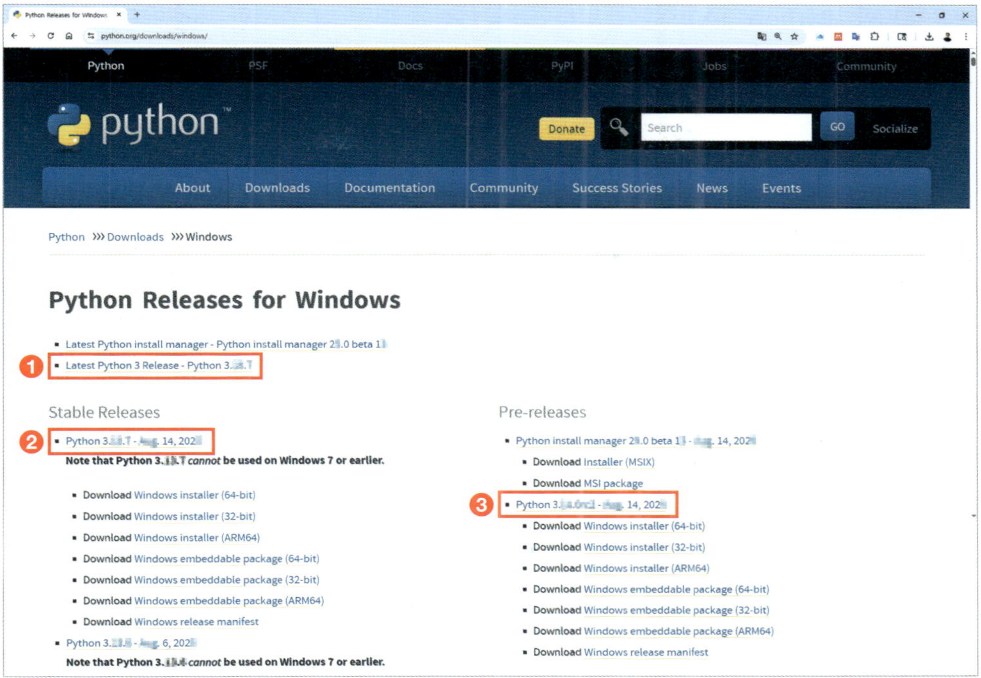

[그림 2-2] 파이썬 설치 버전 선택

참고 아나콘다 홈페이지에서 파이썬을 설치하는 방법

파이썬 홈페이지(www.python.org)에서 파이썬을 다운로드하여 설치할 수도 있으나 아나콘다 홈페이지(www.anaconda.com)에서도 다운로드할 수 있다. 초기 설치에 어려움을 느낀다면 아나콘다 홈페이지에서 회원 가입 후 다운로드하여 설치하면 된다. 다만 파이썬에서 사용할 수 있는 여러 가지 패키지도 같이 설치되기 때문에 파이썬 홈페이지에서 다운로드했을 때에 비해 다운로드 파일 용량이 10배 이상으로 늘어난다. 필요한 자료를 한 번에 모두 설치할 수 있으므로 이편을 선호할 수도 있겠으나 패키지 간 버전 충돌로 인해 나중에 문제가 발생할 여지가 있다. 컴맹 수준이 아니라면 파이썬 설치 방법을 따라 설치하고 그때그때 필요한 패키지를 설치해서 사용하길 권한다.

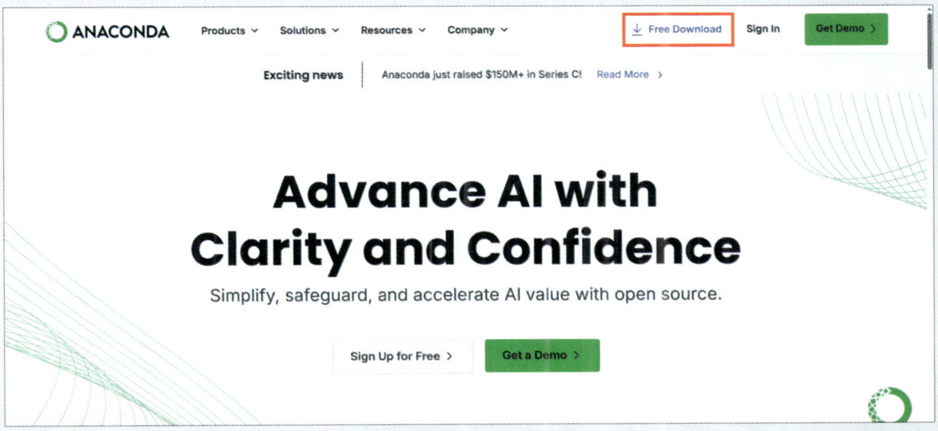

[그림 2-3] 아나콘다 홈페이지의 파이썬 패키지 다운로드

다운로드할 'Python 3.x.y'를 클릭하면 이 버전에 대한 더 자세한 내용이 확인되는데, Windows 64-bit의 환경이라면 'Windows installer (64-bit)'를 선택한다.

Files

Version	Operating System	Description	MD5 Sum	File Size	GPG	Sigstore	SBOM
Gzipped source tarball	Source release		35c03f014408e26e2b06d576c19cac54	25.9 MB	SIG	.sigstore	SPDX
XZ compressed source tarball	Source release		0c0a6cce86d7611aed691d61e0599de0	19.6 MB	SIG	.sigstore	SPDX
macOS 64-bit universal2 installer	macOS	for macOS 10.13 and later	8f4989592c9412e51fcad70273442c22	43.6 MB	SIG	.sigstore	
Windows installer (64-bit)	Windows	Recommended	5eddb0b6f12c852725de071ae681dde4	25.7 MB	SIG	.sigstore	SPDX
Windows installer (32-bit)	Windows		ff3e7e2582811ade44916d9c3d2a64b2	24.5 MB	SIG	.sigstore	SPDX
Windows installer (ARM64)	Windows	Experimental	37df52717faa6c514342b8d43cae7026	25.0 MB	SIG	.sigstore	SPDX
Windows embeddable package (64-bit)	Windows		fe8ef205f2e9c3ba44d0cf9954e1abd3	10.6 MB	SIG	.sigstore	SPDX
Windows embeddable package (32-bit)	Windows		93beb9042be23d7b5cd528fa15e8fea7	9.5 MB	SIG	.sigstore	SPDX
Windows embeddable package (ARM64)	Windows		60ce2b5cb5a4dfcd2873a323ffe541bc	9.9 MB	SIG	.sigstore	SPDX

[그림 2-4] 파이썬 다운로드

다운로드한 설치 파일을 실행하면 설치 프로그램이 시작된다. 이때 반드시 ❶'Add Python 3.x to PATH'를 선택한 후 ❷**Customize installation**을 클릭한다.

[그림 2-5] 파이썬 설치 1

다음 진행 화면에서 [Next]를 클릭하여 설치를 계속 진행한다.

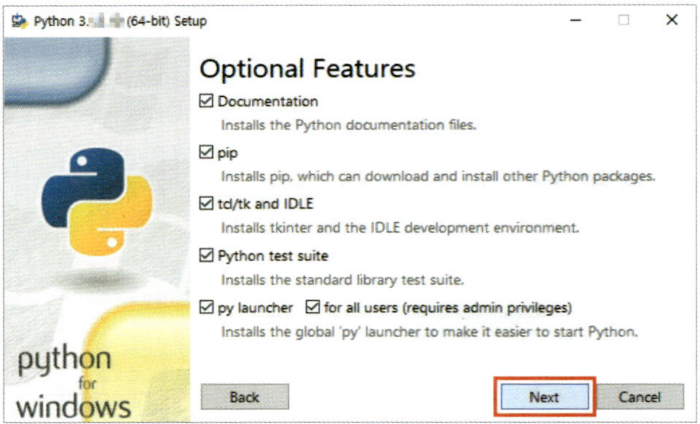

[그림 2-6] 파이썬 설치 2

다음 진행 화면에서 Advanced Options 중 가장 위에 있는 ❶ 'Install Python 3.x for all users'를 선택한다. Customize install location이 ❷'C:\Program Files\Python3x'로 변경된 것을 확인하고 ❸ [Install]을 클릭하여 설치를 진행한다. Program Files는 컴퓨터의 공통 영역이다. 설치 장소를 User에서 Program Files로 변경한 이유는 컴퓨터의 로그인 ID가 다른 경우 실행되지 않기 때문이다.

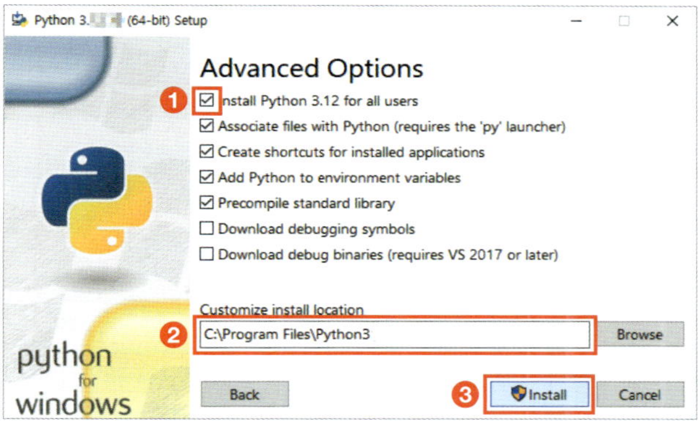

[그림 2-7] 파이썬 설치 3

파이썬 설치를 모두 완료했으므로 창을 닫는다.

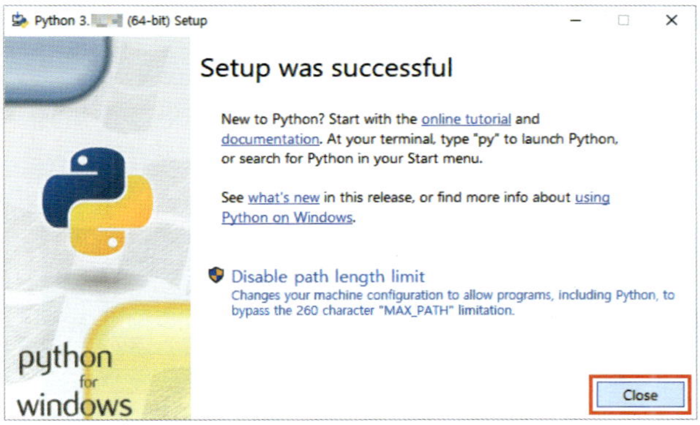

[그림 2-8] 파이썬 설치 완료

참고 파이썬 설치 확인하기

윈도우 시작 버튼 우측의 찾기(🔍)를 클릭하고 'cmd'를 입력한 후 [Enter]를 누른다.[2]

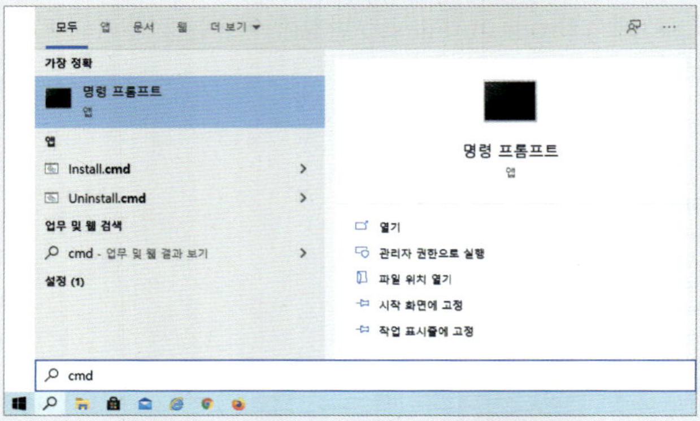

[그림 2-9] 명령 프롬프트 실행

명령 프롬프트에 'python'을 입력하고 [Enter]를 누른다. 파이썬이 모두 정상적으로 설치되었음을 확인할 수 있다.

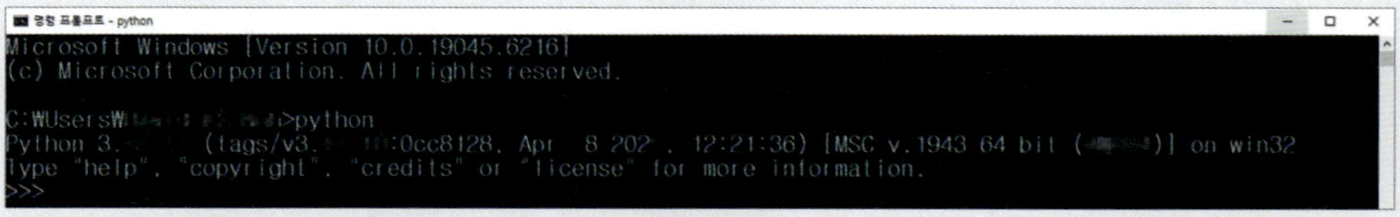

[그림 2-10] 명령 프롬프트에서 파이썬 실행

여기에 바로 '1+2+3+4+5+6+7+8+9+10'을 입력한 후 [Enter]를 누르면 55로 계산되는 것을 확인할 수 있다. 파이썬 환경에서 나오려면 'exit()'를 입력하고 [Enter]를 누른다.

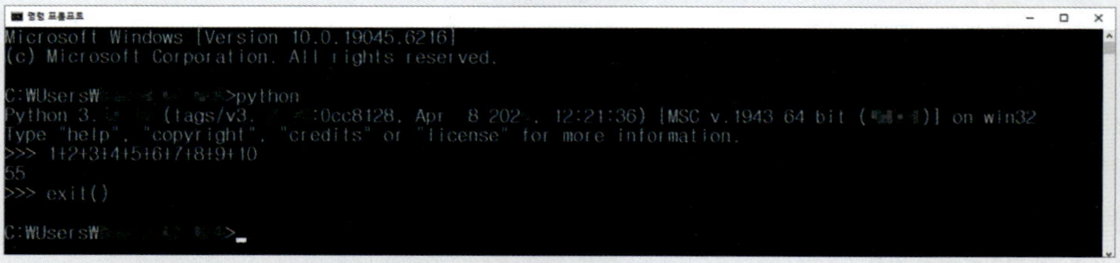

[그림 2-11] 명령 프롬프트에서 파이썬 조작 및 나가기

기본적인 파이썬 설치를 마무리했다. 이제 파이썬을 효율적으로 활용하기 위해 다른 패키지를 설치해야 한다.

파이썬에서 사용하는 패키지 설치 프로그램인 pip를 이용한다. 파이썬 설치를 완료했다면 cmd 명령 프롬프트에서 pip를 이용하여 패키지들을 바로 설치할 수 있다. 파이썬 패키지를 설치할 때는 **pip install 패키지명**의 명령어를 명령 프롬프트에서 실행한다.

2 사용하는 윈도우 버전에 따라 화면이 조금씩 다를 수 있으나 윈도우 7 이후 버전이라면 어떤 버전이든 진행하는 데 문제가 없다. 이 책에서는 윈도우 10을 기준으로 진행한다.

- 설치: `pip install 패키지명`
- 업그레이드: `pip install --upgrade 패키지명`
- 삭제: `pip uninstall 패키지명`

패키지를 설치할 때 주의할 점이 있다. 윈도우 시작 버튼 우측의 찾기( )를 클릭하고 'cmd'를 입력한 후, [그림 2-12]와 같이 반드시 [관리자 권한으로 실행]을 클릭해야 한다는 것이다.

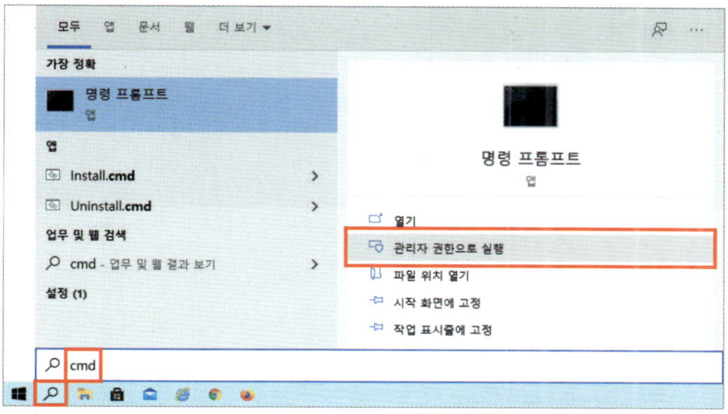

[그림 2-12] 관리자 권한으로 실행

관리자 권한으로 실행하는 이유는 앞으로 설치할 패키지의 위치를 파이썬이 설치된 디렉터리로 설정하기 위함이다. cmd 창이 열리면 기본적인 폴더가 **C:\WINDOWS\system32>**임을 확인할 수 있다.

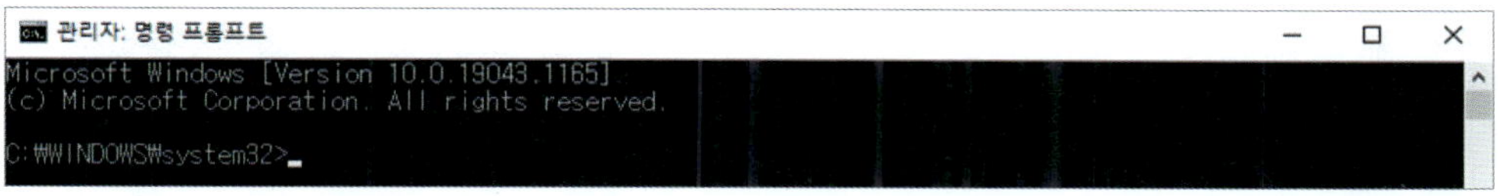

[그림 2-13] 명령 프롬프트 확인

관리자 권한으로 설치하면 컴퓨터 전체에 기본적인 파이썬 환경을 구성하게 된다. 그러므로 어떤 ID로 컴퓨터에 로그인하더라도 파이썬을 실행할 때 문제가 발생하지 않는다.

[표 2-1] 설치할 기본 패키지와 설치 명령어[3]

설치할 기본 패키지	설치 명령어
numpy	pip install numpy
jupyter	pip install jupyter
pandas	pip install pandas
matplotlib	pip install matplotlib
scipy scikit-learn	pip install scipy scikit-learn

3 여기서는 가장 일반적인 패키지 설치에 대해 설명한다. 기타 필요한 패키지가 있다면 명령어를 이용해서 설치하면 된다.

numpy부터 설치를 실행해 보자. 먼저 numpy에 대한 설치 명령어(pip install numpy)를 cmd 창에 입력한다. **Successfully installed numpy-2.x.y**를 확인하면 numpy가 제대로 설치되었다는 의미다.[4]

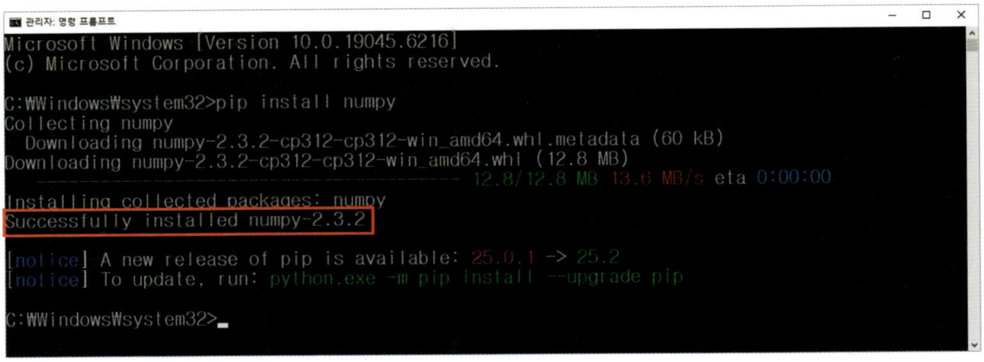

[그림 2-14] numpy 설치 완료

참고 notice 메시지

경우에 따라 [그림 2-14]와 같이 [notice] 메시지가 나타나기도 한다.

```
[notice] A new release of pip is available: 25.0.1 -> 25.2
[notice] To update, run: python.exe -m pip install –upgrade pip
```

이 메시지는 새롭게 업그레이드된 pip를 활용할 수 있으니 업그레이드하려면 '**python.exe -m pip install --upgrade pip**'를 입력하여 pip를 업그레이드하라는 의미다.

업그레이드 명령어를 입력하고 Enter를 누르면, 최신 pip로 업데이트되었음을 확인할 수 있다.

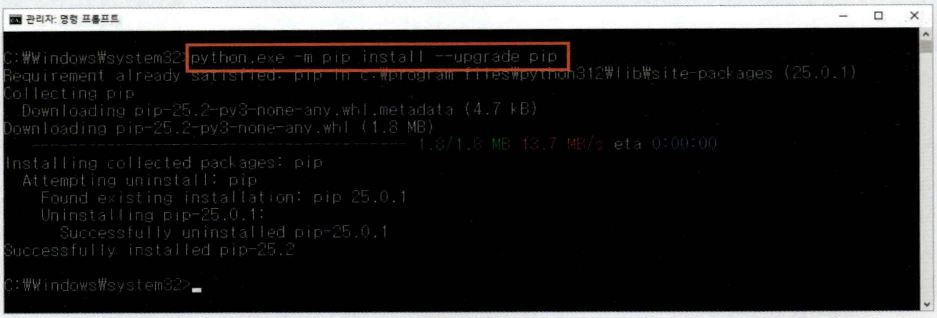

[그림 2-15] pip 업그레이드

4 numpy를 삭제할 때는 'pip uninstall numpy'를 입력하고 Enter를 누른다.

두 가지 이상의 패키지를 동시에 설치할 수도 있다. '**pip install jupyter pandas**'와 같이 'pip install' 뒤에 설치하고 싶은 패키지명(이 예에서는 jupyter, pandas)을 Space Bar 로 한 칸씩 띄어 입력한 후 Enter 를 누른다. 그러면 [그림 2-16]과 같이 지정한 패키지들이 모두 설치된 것을 확인할 수 있다.

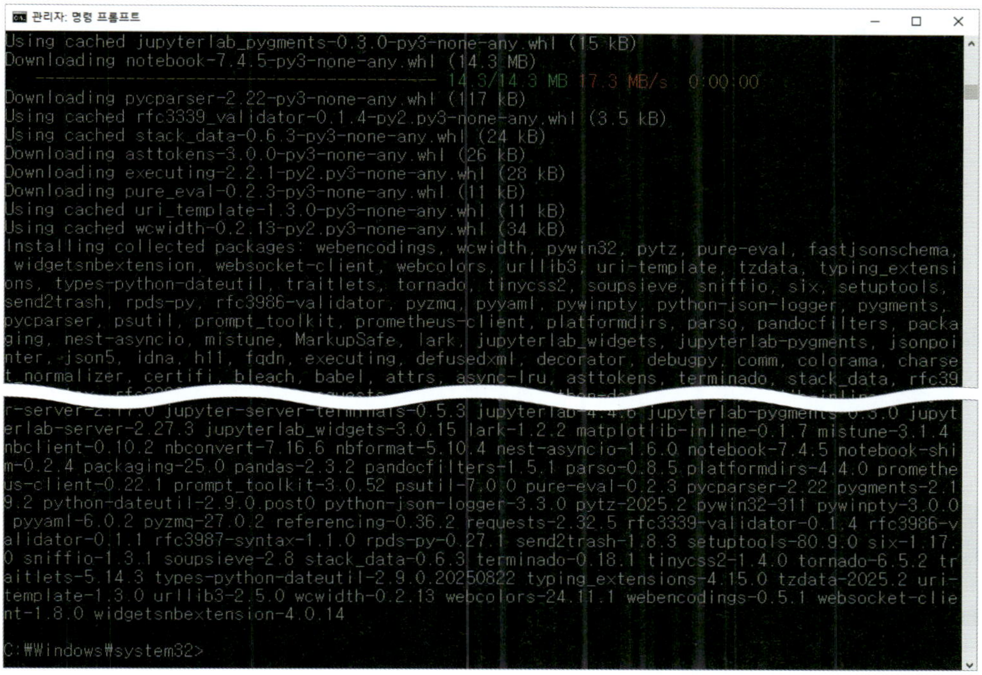

[그림 2-16] 두 가지 이상의 패키지 동시 설치

이제 파이썬을 이용할 수 있는 기본적인 환경이 만들어졌다.

jupyter notebook을 실행하여 본격적으로 파이썬을 사용해 보자. cmd의 명령 프롬프트로 들어가서 '**jupyter notebook**'을 입력하고 Enter 를 누르면 jupyter notebook이 실행된다. [그림 2-17]과 같이 명령 프롬프트에서 실행되는 과정이 보이고, [그림 2-18]과 같이 브라우저 창이 새로 열리면서 jupyter notebook이 실행되는 것을 확인할 수 있다.

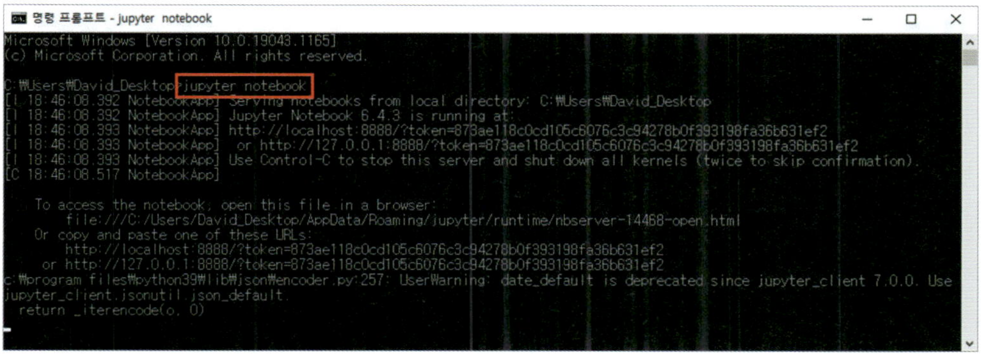

[그림 2-17] jupyter notebook 실행

[그림 2-18] Jupyter notobook 실행 화면

명령 프롬프트에서 **jupyter notebook**으로 실행한 위치가 jupyter notebook이 실행되는 작업 공간이 된다. 예를 들어 [그림 2-19]와 같이 작업 위치를 '내 문서'인 Documents로 변경하기 위해 'cd Documents' 명령을 입력하면, 작업 위치는 'C:\Users\David KS Noh\Documents'가 된다(2.2절의 〈참고〉 'jupyter notebook의 기본 작업 위치 변경하기' 참고).

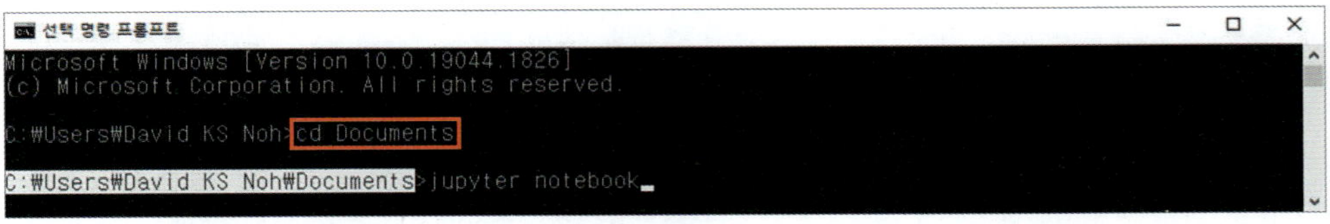

[그림 2-19] 실행 위치 확인 후 jupyter notebook 실행

해당 폴더로 가서 확인해 보면 앞에서 변경한 위치가 jupyter notebook이 실행된 위치임을 확인할 수 있다.

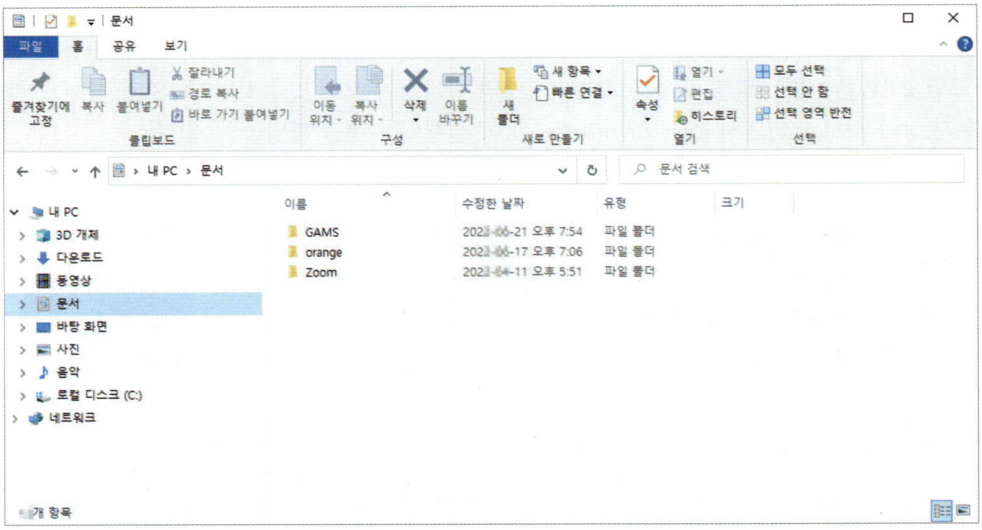

[그림 2-20] 윈도우 탐색기에서 확인한 jupyter notebook의 실행 위치

SECTION 2.2

jupyter notebook 환경 설정

jupyter notebook의 기본

앞으로 파이썬을 실행하여 실습하는 과정 대부분을 jupyter notebook 환경에서 진행할 것이다. jupyter notebook은 우리가 일반적으로 사용하는 워드프로세서와 같은 기능을 일부 지원하고, 메모와 같은 주석 기능도 갖추고 있다. 그러나 jupyter notebook의 가장 큰 장점은 따로 있다. jupyter notebook에서 파이썬을 실행할 때 오류가 발생하면 오류가 발생한 행의 바로 아래에 오류 내용을 바로 표시해 주기 때문에 오류의 원인을 바로 찾을 수 있다. 또한 들여쓰기(스페이스 4칸)가 자동으로 입력되기 때문에 프로그래밍하는 입장에서 아주 편리하다. 뿐만 아니라 실습한 모든 내용이 파일로 저장되므로 나중에 필요할 때 해당 파일을 열어서 확인할 수 있다.

[그림 2-21] jupyter notebook의 실행 화면

jupyter notebook을 실행하는 브라우저로 크롬(Crome)을 이용하길 권장한다.[5] 크롬을 사용하면 바로가기 기능을 활용할 수 있어 다른 브라우저를 이용할 때보다 작업을 훨씬 더 편하게 할 수 있기 때문이다.

5 크롬을 기본 브라우저로 이용하자는 데에 이견이 있을 수 있다. 그러나 파이썬을 활용하는 최적의 환경을 크롬으로부터 얻을 수 있고, 그러한 환경을 다른 브라우저에서는 설정하기가 쉽지 않다.

참고 크롬을 기본 브라우저로 설정하기[6]

크롬을 기본 브라우저로 설정하려면, 윈도우 시작 버튼 우측의 찾기(🔍)를 클릭하고 '기본 웹 브라우저 선택'을 입력한 후 Enter를 누른다.

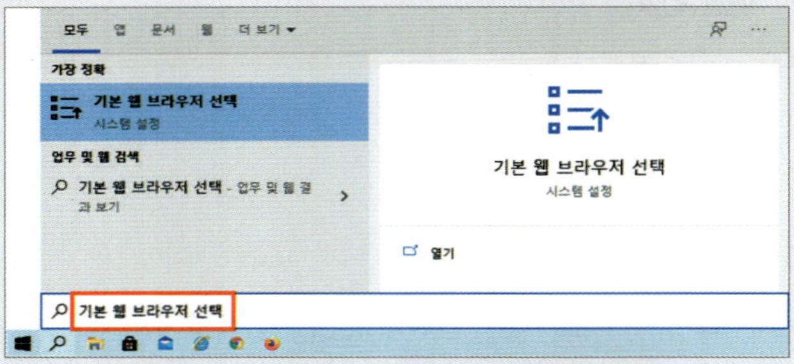

[그림 2-22] 기본 웹 브라우저 선택

설정 창이 열리면 기본 웹 브라우저로 크롬(Chrome)을 선택할 수 있다.

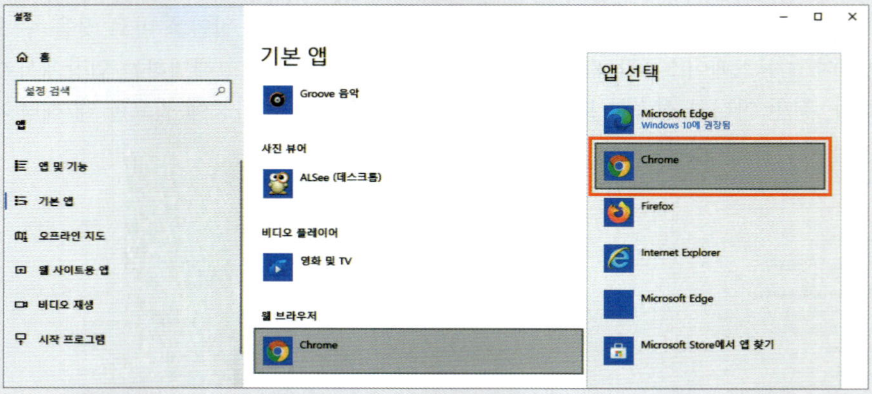

[그림 2-23] 기본 웹 브라우저로 크롬 선택

---

6 윈도우 10 버전을 기준으로 한 설치 과정이다. 윈도우 11을 쓴다면 다음 설치 과정을 따른다.

① 시작 메뉴 → ⚙(설정) 버튼 클릭
② [앱](Apps) → [기본 앱](Default apps) 선택
③ 설치된 브라우저 선택(예 Google Chrome)
④ 각 파일 형식/프로토콜별로 지정
- .htm → Chrome
- .html → Chrome
- HTTP → Chrome
- HTTPS → Chrome

(필요에 따라 .shtml, .xht, .webp 등도 지정 가능)

윈도우 11에서는 파일 확장자 및 프로토콜 단위로 브라우저를 지정해야 하므로 윈도우 10보다 번거롭다는 단점이 있다. 윈도우 11에서 크롬을 기본 브라우저를 설정하는 가장 간단한 방법은, 크롬을 설치한 후에 뜨는 창에서 '기본 브라우저로 설정' 버튼을 클릭하는 것이다.

참고 **jupyter notebook의 기본 작업 위치 변경하기**

❶ cmd로 명령 프롬프트를 실행하고 'dir'을 입력한 후 Enter를 누른다. dir은 현재 위치가 어떤 목록으로 구성되어 있는지를 확인하는 명령어다.

❷ 'cd Documents'를 입력하고 Enter를 누른다. 목록 중에서 내문서에 해당하는 Documents로 이동하라는 명령어다. 위치가 **C:\Users\David_Desktop\Documents>**로 변경된 것을 확인할 수 있다.

❸ 'md python'을 입력하고 Enter를 누른다. 앞으로 파이썬 작업을 시작할 python 디렉터리(폴더)를 만드는 명령어다. 윈도우 탐색기에서 python이라는 폴더를 만들어도 동일한 결과가 나타난다.

❹ 'cd python'을 입력하고 Enter를 누른다. jupyter notebook을 새로 만든 python 폴더에서 실행하기 위해 위치를 이동한 것이다.

❺ 'jupyter notebook'을 입력하고 Enter를 눌러 jupyter notebook을 실행한다.

[그림 2-24] **명령 프롬프트에서 명령어 입력**

[그림 2-25]를 보면, jupyter notebook이 새로 만들어진 python 폴더에서 열린 것이므로 화면이 비어 있다.

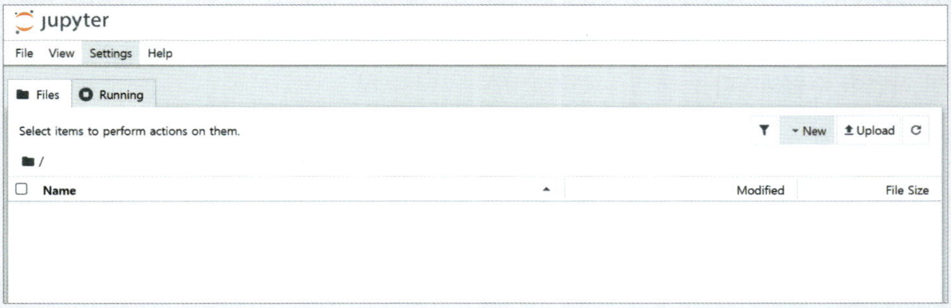

[그림 2-25] **새로운 작업 위치 확인**

실행된 jupyter notebook에서 [New] 버튼을 클릭한 후 'Python 3 (ipykernel)'을 선택한다.

[그림 2-26] 새로운 jupyter notebook 열기

[그림 2-27]과 같이 새롭게 작업을 진행할 jupyter notebook이 실행되고 다양한 메뉴가 나타난다.

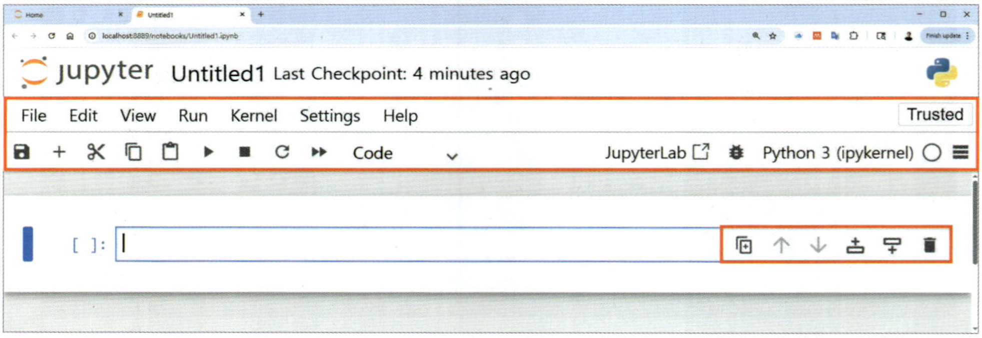

[그림 2-27] 새롭게 열린 jupyter notebook

[그림 2-27]을 보면 기본적으로 jupyter notebook에서 많이 사용하는 기능을 아이콘으로 표시하고 있다. 단축키를 외우고 있다면 해당 기능에 가장 빠르게 접근할 수 있지만, 아이콘을 클릭하면서 파이썬을 다루어도 큰 문제가 없다. 따라서 각 아이콘의 기능을 이해하고 있으면 작업이 수월해진다.

[표 2-2]와 [표 2-3]을 jupyter notebook의 주요 아이콘을 정리한 것이다.

[표 2-2] jupyter notebook의 툴바(Toolbar)를 구성하는 빠른 실행 아이콘

아이콘	기능
	작업하고 있는 jupyter notebook을 저장한다.
	작업하는 행을 추가한다.
	선택한 행을 잘라낸다.
	선택한 행을 복사한다.
	복사한 행을 붙여넣기한다.
	작업하는 행을 실행한다.
	현재의 커널을 멈춘다.
	현재의 커널을 다시 시작한다.
	커널을 다시 시작한 다음 전체 노트북을 다시 실행한다.
Code - Code Markdown Raw	• Code: 파이썬에 코드를 입력하고 실행할 수 있다. • Markdown: '#'을 입력해서 HTML의 Markdown처럼 이용할 수 있다. • Raw : 노트북에서 다른 형식으로 변환할 때 매우 구체적인 방식으로 포맷을 제어할 수 있다.

[표 2-3] jupyter notebook의 셀 툴바(Cell Toolbar)를 구성하는 아이콘

아이콘	기능
	셀을 복제하여 아래에 붙여 넣는다.
↑ ↓	셀의 위치를 이동(위로/아래로)시킨다.
	+ 기호 방향으로 새로운 셀을 생성하여 삽입한다.
	해당 셀을 삭제한다.

jupyter notebook의 기본 활용

jupyter notebook에서 상단의 'Untitled1'을 클릭하면 현재의 작업 창을 저장할 수 있다.

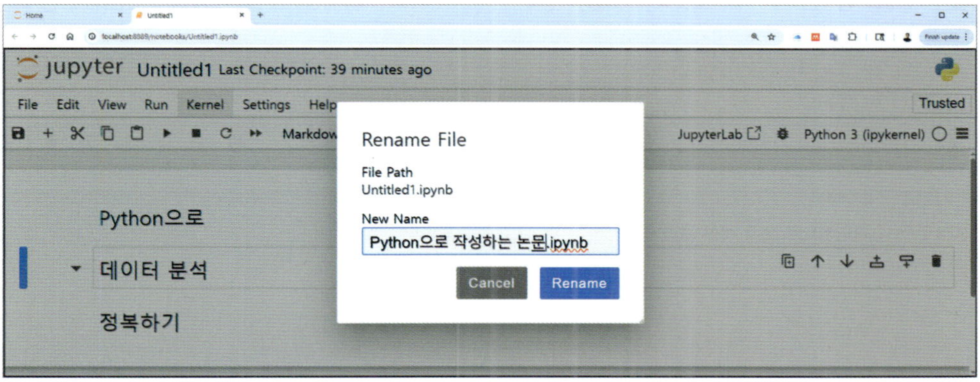

[그림 2-28] 새로운 jupyter notebook 문서의 제목 설정

jupyter notebook 홈으로 돌아오면 방금 이름을 변경한 'Python으로 작성하는 논문'[7]이라는 파이썬 문서를 확인할 수 있다.

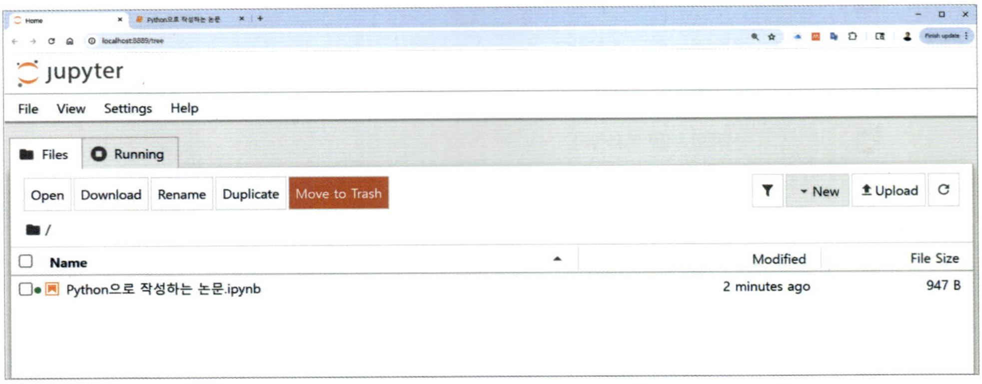

[그림 2-29] 저장된 jupyter notebook 문서의 제목 확인

새로 만든 jupyter notebook으로 가서 '1+2+3+4+5+6+7+8+9+10'을 입력하고 ▶ 버튼을 클릭하면 계산된 결과를 확인할 수 있다.

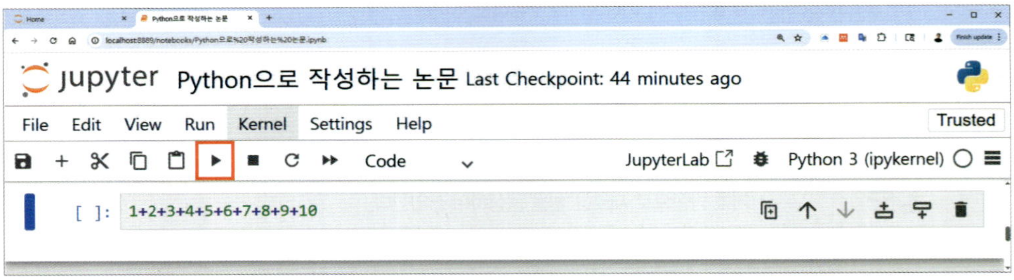

[그림 2-30] 파이썬으로 숫자 계산

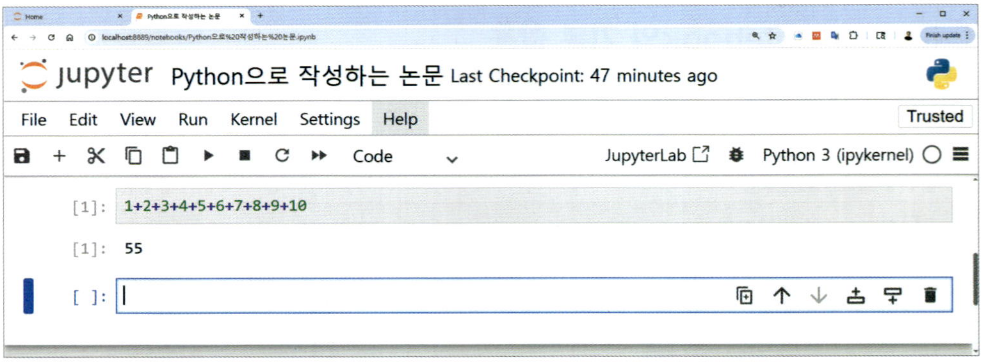

[그림 2-31] 파이썬으로 숫자 계산 결과 확인

7 필자는 jupyter notebook 문서 이름을 'Python으로 작성하는 논문'으로 저장하였다.

참고 실시간 연동되는 jupyter notebook 작업

새로 만든 python 폴더를 열어보면 현재 작업하고 있는 문서의 이름이 만들어져 있는 것을 확인할 수 있다. jupyter notebook 홈에서도 이 문서를 확인할 수 있고, 윈도우의 파일 탐색기에도 연동되어 나타나는 것을 확인할 수 있다.

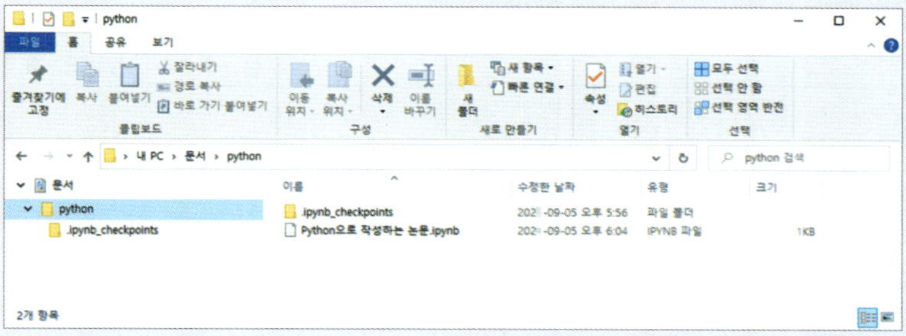

[그림 2-32] 새로 생성한 python 폴더에 저장된 jupyter notebook 문서

jupyter notebook에서 작업 셀을 추가하려면 [+] 버튼을 클릭한다. 또는 맨 아래에 있는 'Click to add a cell' 표시를 클릭하여 추가해도 된다. [↑][↓] 버튼을 이용하면 셀을 위 혹은 아래로 이동할 수 있다.

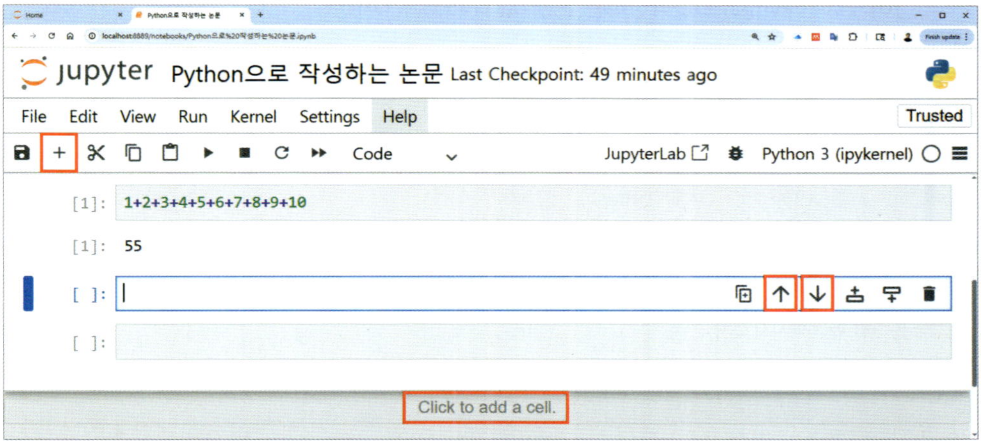

[그림 2-33] 파이썬 작업을 하는 행의 추가와 이동

jupyter notebook에서는 색 띠(▌)로 입력 환경을 나타낼 수도 있다. 셀을 선택했을 때 파란색 띠로 표시되는 것은 명령이 실행되는 **Command mode**이고, 색 띠와 함께 셀의 테두리 색이 파란색으로 표시되는 부분은 사용자 입력을 위한 **Edit mode**다.

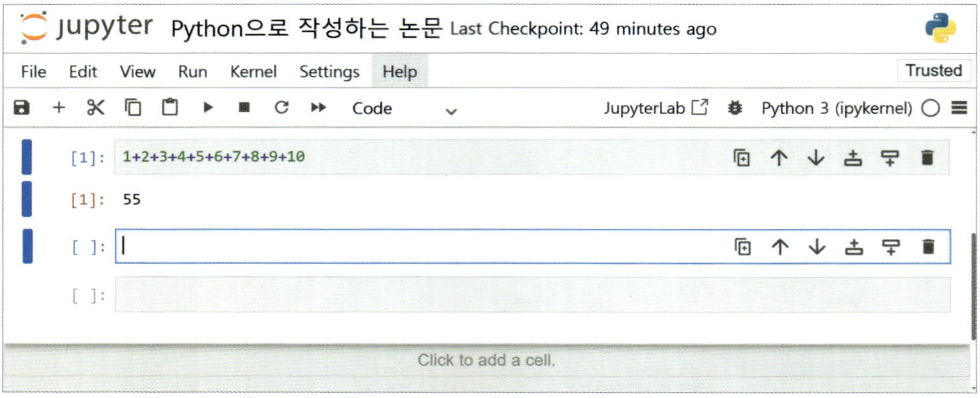

[그림 2-34] Command mode와 Edit mode

참고　에러 발생 시 해결 방법

파이썬 코드가 문법에 맞게 작성된 경우라면 문제가 발생하지 않는다. 그러나 하나씩 직접 코딩하면서 발생한 오류는 좀처럼 눈에 띄지 않는데, 이럴 때 오류 메시지를 블록 복사하여 구글링하면 해당 오류에 대한 해결 방법을 바로 확인할 수 있다.

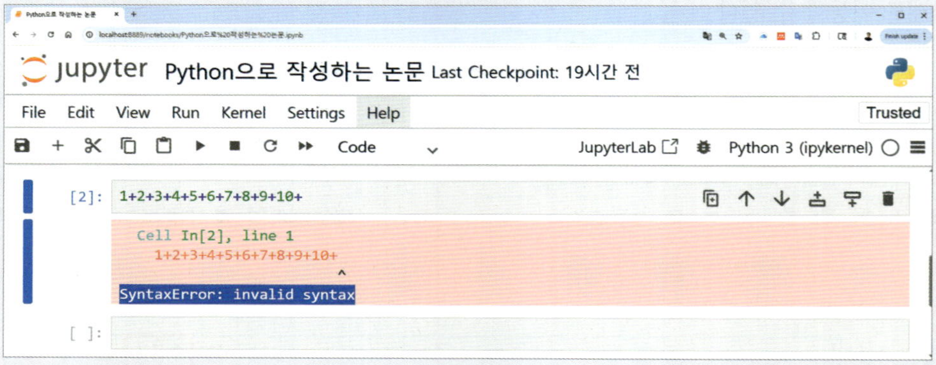

[그림 2-35] 에러 메시지 복사

구글에서 검색 창에 오류 메시지를 붙여넣기하여 검색하면 다음과 같이 참고할 방법들을 확인할 수 있다.

[그림 2-36] 에러 메시지 구글 검색

혹은 다음과 같이 ChatGPT를 이용하여 간단히 코드를 검사할 수도 있다.

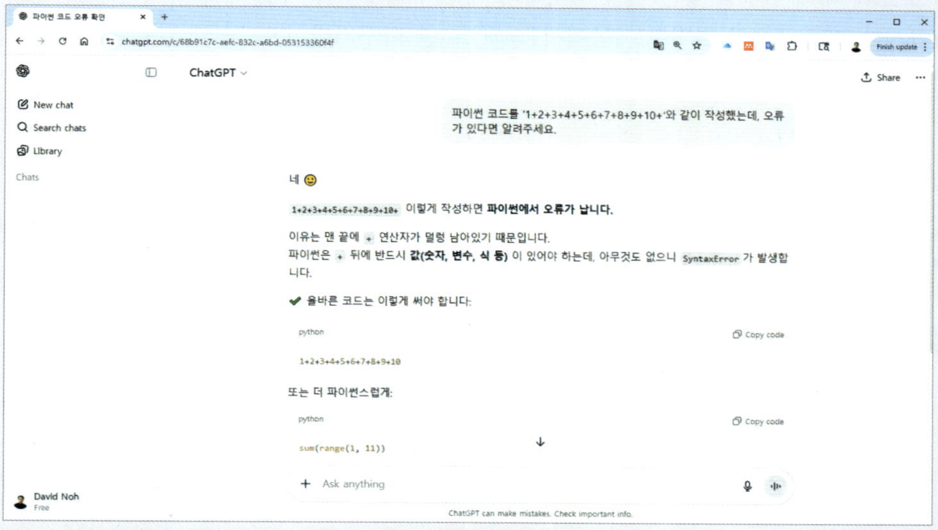

[그림 2-37] 에러 메시지에 대한 ChatGPT 검색

jupyter notebook에서 설명글 넣기

jupyter notebook을 사용하면 노트북(notebook)의 특성을 활용할 수 있다. 즉, 결과물에 대한 제목과 설명을 넣을 수 있는데, 이때 #의 개수로 큰 제목과 작은 제목을 구분한다. Shift를 누른 상태에서 #을 누르고 Space Bar를 눌러 빈 공간을 한 칸 만든 후, 알맞은 제목을 입력한다. 그리고 Shift를 누른 상태에서 제목 넣은 부분을 모두 선택한 후 [Markdown]을 클릭한다.

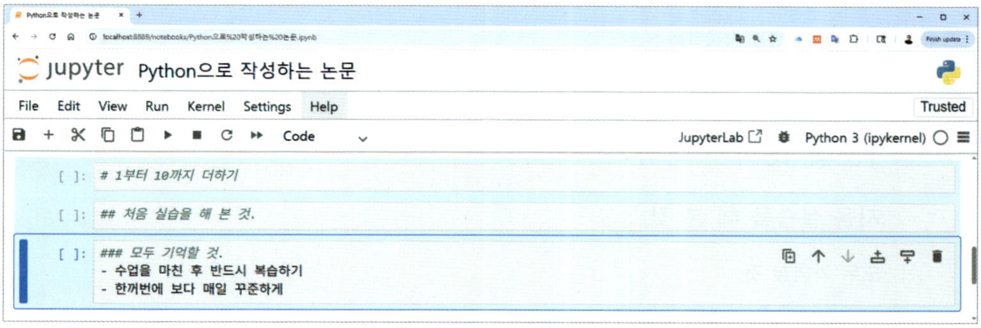

[그림 2-38] 설명글 넣기와 Markdown

[Markdonw]을 클릭하면 입력한 부분이 [그림 2-39]와 같이 변경된다. #은 사용자가 파이썬 코드에 대해 설명을 넣는 기능이며, #의 개수가 많을수록 하위 제목이 되어 글자 크기가 작아진다. 또한 #으로 결정한 제목에서 Enter로 줄 바꾸기를 하여 '-'를 입력하면 워드프로세서의 불릿(•)과 같은 효과를 낼 수 있다. 앞서 말했듯이, 작업 셀은 + 버튼을 이용하여 추가할 수 있다.

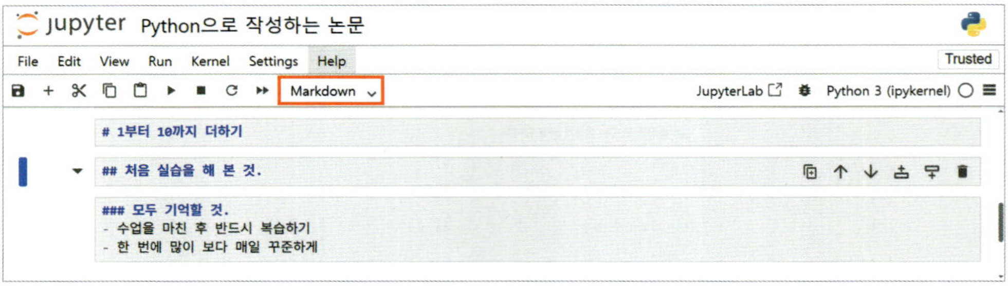

[그림 2-39] 설명글에 Markdown 적용

다시 Shift를 눌러 모든 설명글을 선택한 상태에서 ▶ 버튼을 클릭하면 워드프로세서에 직접 글을 입력한 것과 같이 표시된다.

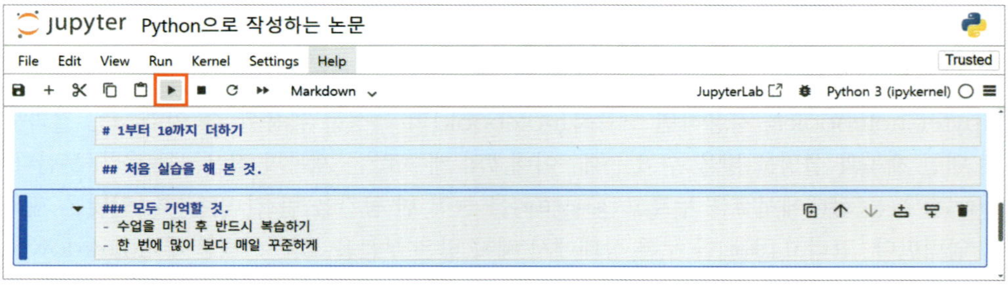

[그림 2-40] 설명글 모두 선택

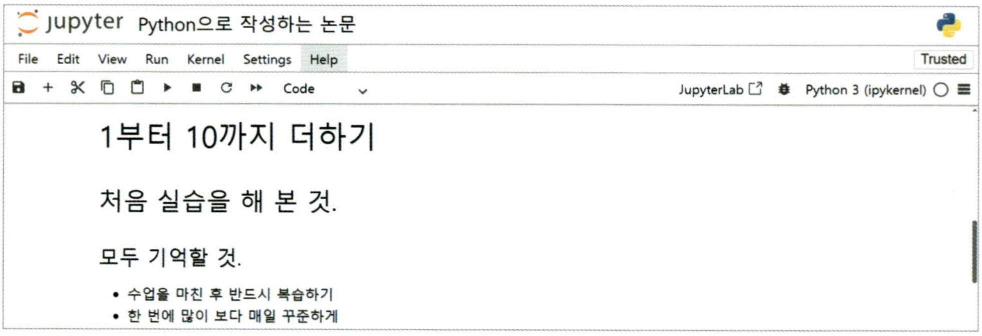

[그림 2-41] ▶ 버튼을 클릭하여 설명글로 만들기

이러한 과정은 단순해 보여서 필요 없는 과정이라고 생각할 수도 있다. 그러나 코딩하는 라인(줄)의 수가 많아지면 전체 코드가 한눈에 잘 들어오지 않는다. 따라서 사용자 본인이 알아볼 수 있는 설명글을 같이 입력해 두면 나중에 다시 활용할 때 편리하다.

Google Colab과 환경 설정

구글 코랩(Colab)은 클라우드 기반에서 무료로 제공되는 jupyter notebook 개발 환경이다. 구글에서 지원하므로 별도의 프로그램을 설치할 필요가 없다. 또한 클라우드 기반으로 제공되기에 여러 명이 동시에 작업할 수 있다. 인터넷 브라우저만 있다면 언제든 접속할 수 있고 모바일에서도 활용할 수 있다. 이처럼 구글 코랩은 무료인 데다 접근성이 뛰어나다는 큰 장점이 있는 반면, 주의해야 할 점도 있다. 사용하는 한 세션의 최대 유지 가능 시간이 12시간이고 90분 이상 세션을 사용하지 않으면 세션의 유지 여부를 묻는 팝업 창이 뜬다. 이때 팝업 창을 확인하지 않으면 작업하던 데이터가 모두 사라지는 상황이 벌어진다.

구글 드라이브에서 Colab 연결하기

구글 크롬에서 ❶Google 앱(⋮⋮⋮) 아이콘을 클릭한 후 ❷[드라이브]를 클릭한다.

[그림 2-42] 구글 드라이브 들어가기

화면에서 왼쪽 상단의 [새로 만들기] 버튼을 클릭하여 [폴더]를 선택한다.

[그림 2-43] 구글 드라이브 폴더 생성

새 폴더의 이름을 입력할 수 있는 창이 열리면 ❶'Python'으로 이름을 변경하고 ❷[만들기]를 클릭한다.

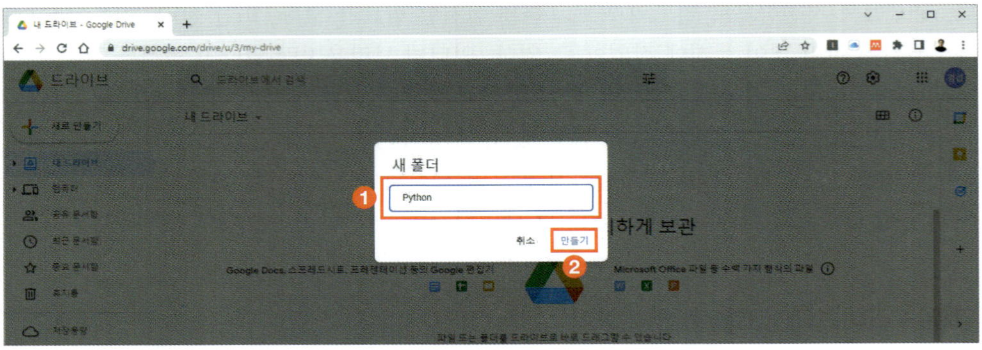

[그림 2-44] 구글 드라이브 폴더 이름을 Python으로 설정

Colab을 처음 실행한다면 연결된 앱으로 Colab이 설치되어 있지 않으므로 이를 설치해야 한다. [새로 만들기] 버튼을 클릭한 후 [더보기] ▶ [연결할 앱 더보기]를 클릭한다.

[그림 2-45] Colab 설치를 위해 연결할 앱 들어가기

상단의 검색 창에서 ❶'colab'를 입력하고 자동으로 추천되는 'Colaboratory'를 클릭한다. Colaboratory 설치 창에서 ❷[설치] 버튼을 클릭한다.

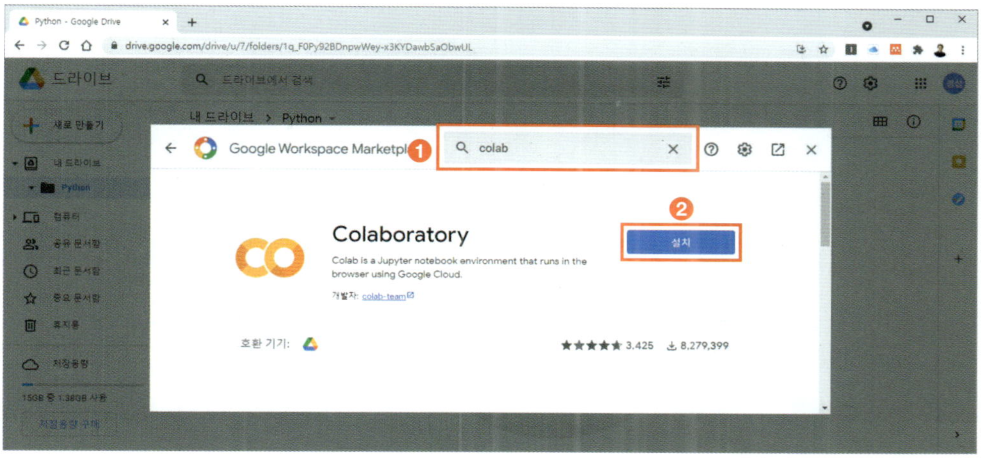

[그림 2-46] Colab 검색

설치 권한을 부여하기 위해 [계속]을 클릭한다.

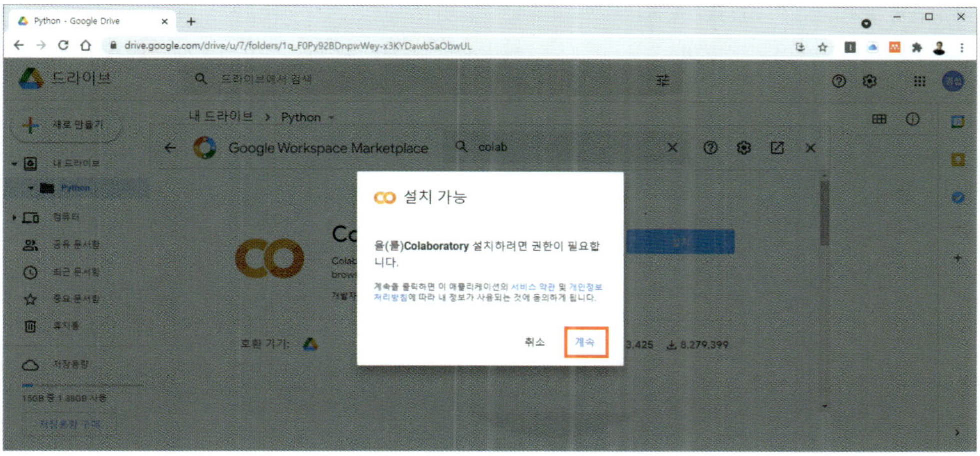

[그림 2-47] Colab 설치

앞으로 jupyter notebook 환경을 온라인에서 지원하는 Colab을 통해 작업할 것이므로 ❶"Google Colaboratory을(를) 파일을 여는 기본 앱으로 설정하세요."에 체크하고 ❷[확인]을 클릭한다.

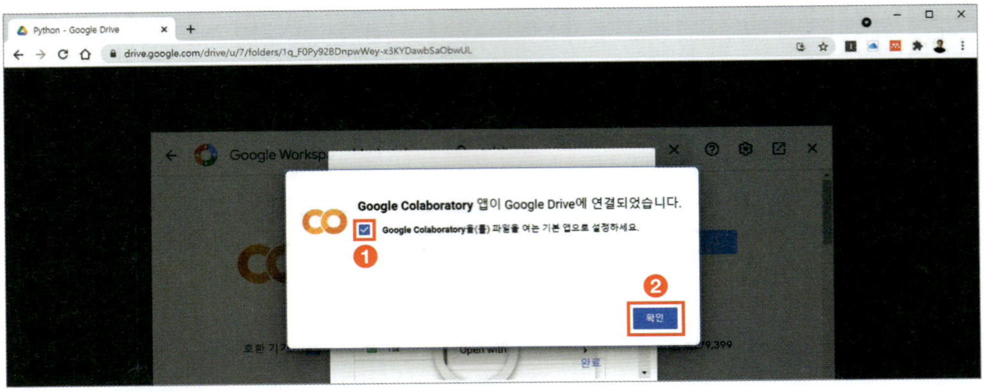

[그림 2-48] Colab 설치 완료

구글 드라이브 화면으로 돌아와 ❶설정(⚙) 버튼을 클릭한 후 ❷[설정]을 클릭한다.

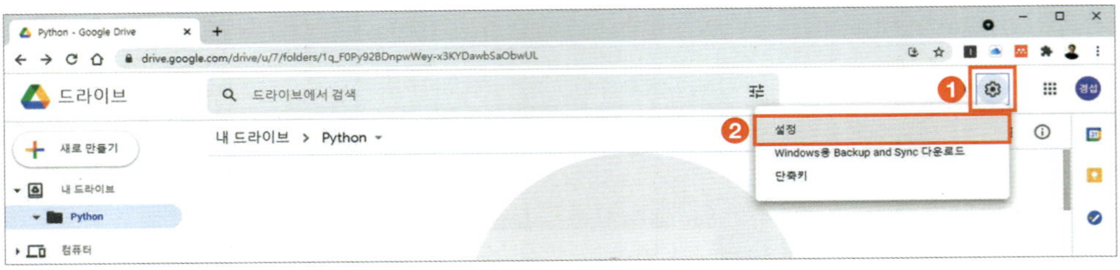

[그림 2-49] Colab 설정

설정 창으로 이동하면, 왼쪽 메뉴 중 ❶[앱 관리]를 클릭한다. ❷Google Colaboratory가 '기본값으로 사용'으로 선택된 것을 확인하고 ❸[←] 버튼을 클릭하여 구글 드라이브 화면으로 돌아온다.

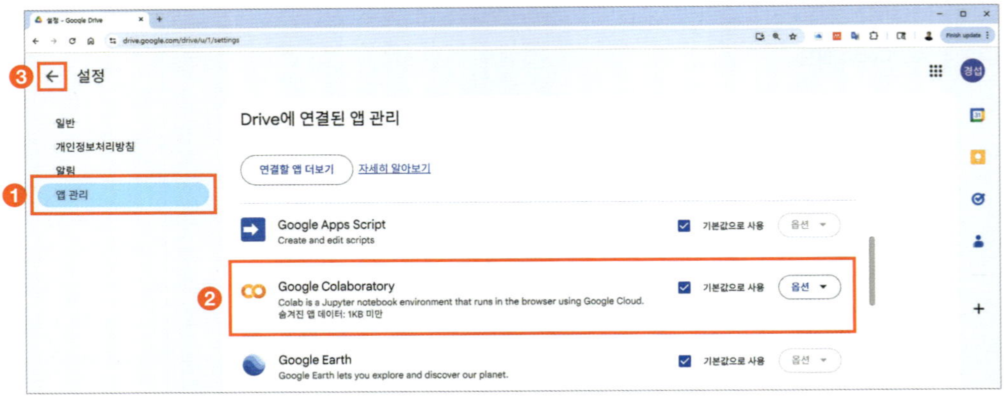

[그림 2-50] Colab 앱 관리 설정

구글 드라이브에서 [새로 만들기] 버튼을 클릭하고 [더보기] ▶ [Google Colaboratory]를 선택하면 Colab에서 jupyter notebook과 같은 환경이 나타나는 것을 확인할 수 있다.

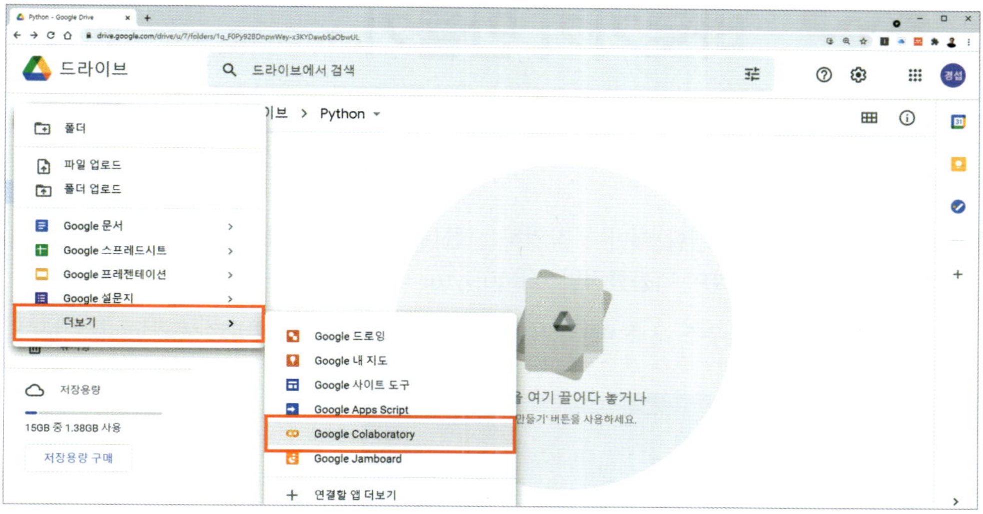

[그림 2-51] Colab 설정 완료

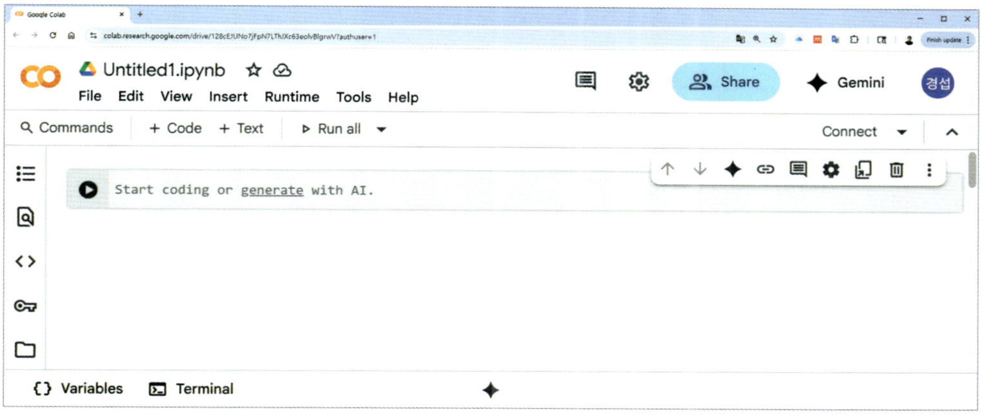

[그림 2-52] Colab 실행 화면

구글 드라이브에서 확인해 보면, 새롭게 나타난 Colab의 jupyter notebook 환경 이름이 'Untitled'로 되어 있는 것을 확인할 수 있다.

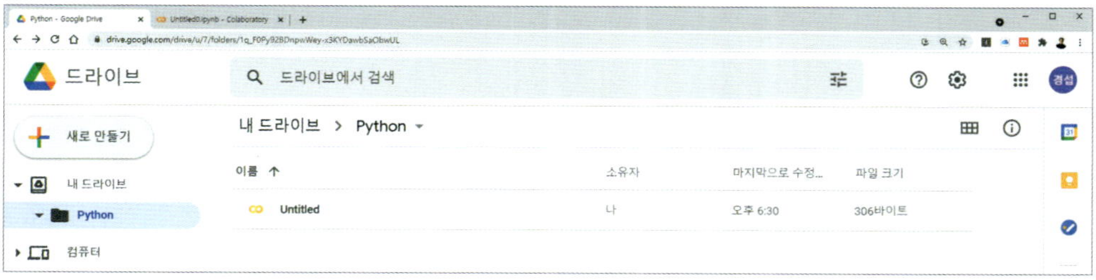

[그림 2-53] Colab에 저장된 파일 확인

SECTION
2.3

jupyter notebook 바로가기 만들기

jupyter notebook을 실행할 때마다 작업하는 폴더를 변경하기가 여간 귀찮은 것이 아니다. 작업할 폴더를 특정하여 더블클릭만으로 jupyter notebook을 실행할 수도 있다.

윈도우 바탕화면에서 마우스 우측 버튼을 클릭한 후 [새로 만들기] ▶ [바로 가기]를 클릭한다.

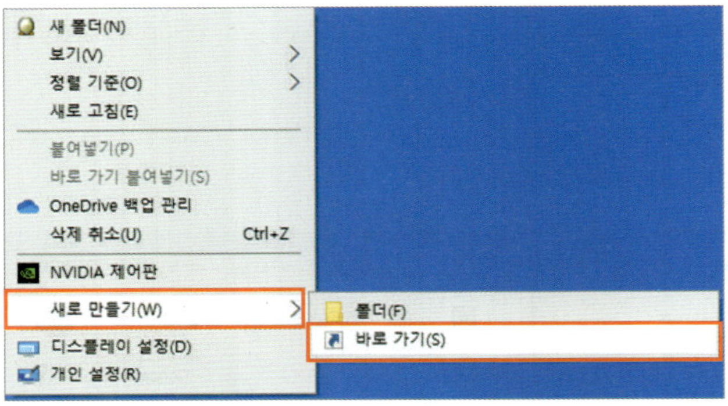

[그림 2-54] 바탕화면에 바로가기 만들기

바로 가기 만들기 창이 열리면 [찾아보기] 버튼을 클릭한다.

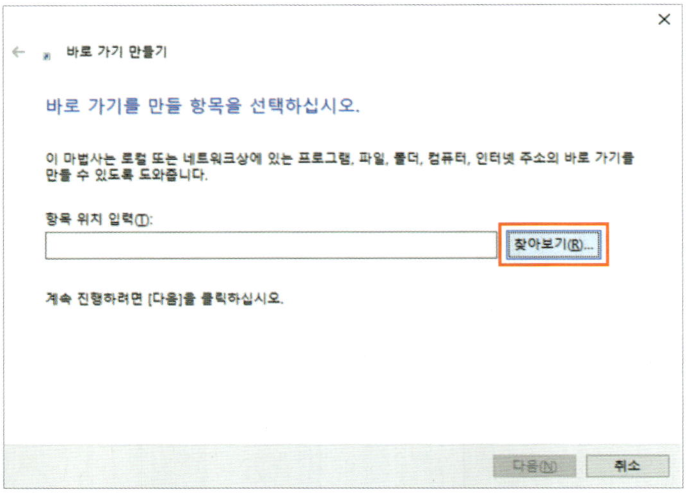

[그림 2-55] 바로 가기 만들기 창에서 [찾아보기] 클릭

목록의 '내 PC'에서 ❶'jupyter-notebook.exe'를 찾아 선택하고 ❷[확인]을 클릭한다. [그림 2-56]의 경로는 'C:\Program Files\Python3x\Scripts\jupyter-notebook.exe'다.[8]

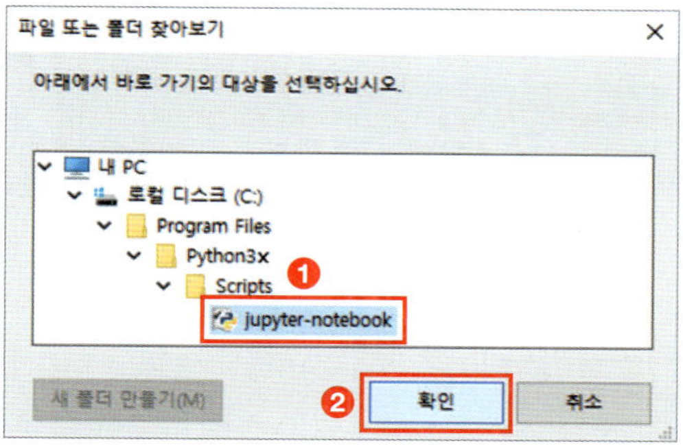

[그림 2-56] 바로가기 만들기의 파일 또는 폴더 찾아보기

[다음]을 클릭하여 화면을 이동한다.

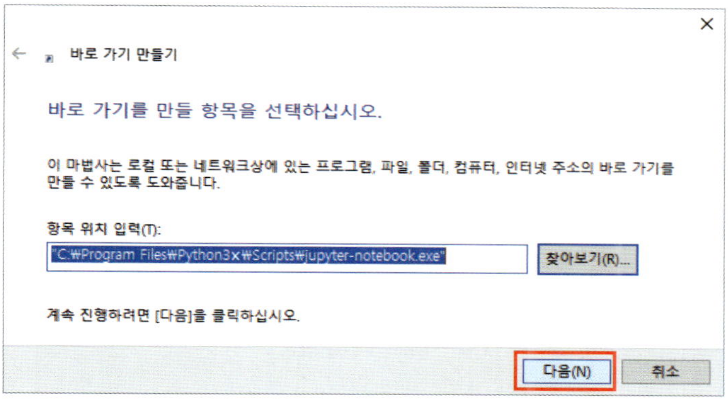

[그림 2-57] 바로가기 만들기에서 실행할 파일 선택

❶사용할 바로가기 이름을 정하고, ❷[마침]을 클릭한다. 윈도우 바탕화면에서 지정한 이름으로 된 바로가기 아이콘을 확인할 수 있다.

[그림 2-58] 바로가기 만들기의 이름

8 'C:\Program Files\Python3x\'와 같이 설치된 파이썬의 버전이 폴더로 표시된다.

앞으로 파이썬 작업을 할 폴더를 하나 생성하면 작업하기가 편해진다. ❶'내 문서'로 이동하여 ❷마우스 우측 버튼을 눌러 [새 폴더]를 클릭하고 폴더 이름을 'Python'으로 정한다.

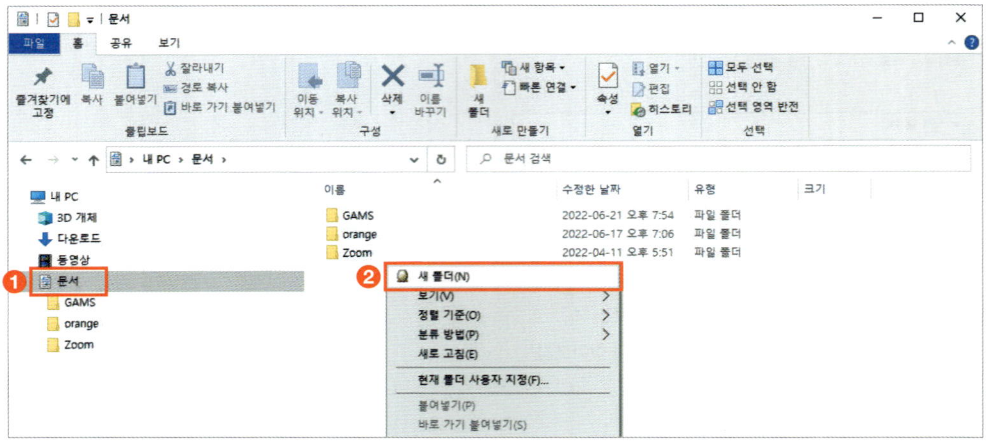

[그림 2-59] 새 폴더 만들기

생성된 Python 폴더 위치에서 Ctrl + C를 눌러 폴더의 경로를 복사한다.[9]

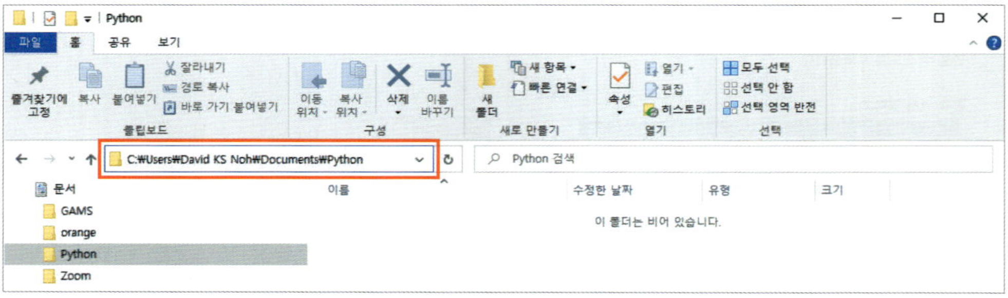

[그림 2-60] 생성된 Python 폴더의 경로 복사

바탕화면에 생성된 jupyter-notebook 바로가기 아이콘에 커서를 대고 마우스 우측 버튼을 누른 후 [속성]을 클릭한다.

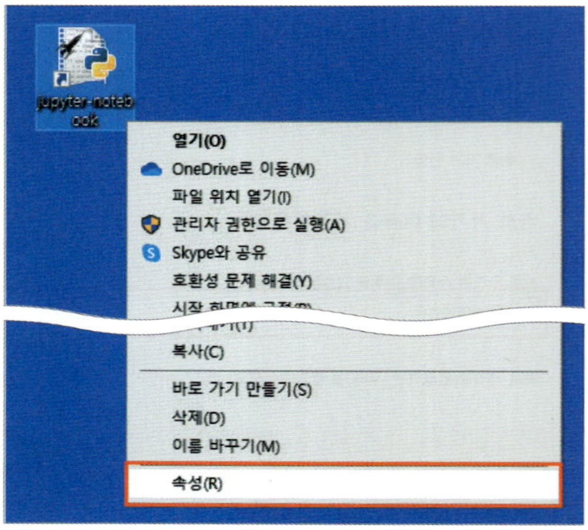

[그림 2-61] 바로가기의 [속성] 클릭

9 폴더 위치를 마우스로 클릭하면 자세한 주소가 보이는데, 이를 복사하면 된다.

창이 열리면 ❶'시작 위치'에 복사한 경로를 붙여넣기한 후, ❷[확인]을 클릭하여 창을 닫는다.

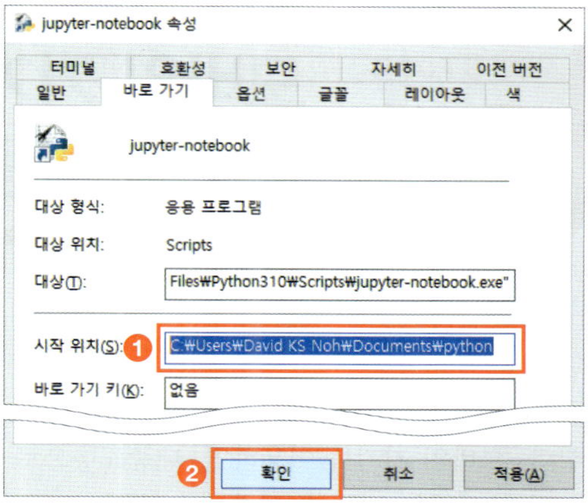

[그림 2-62] 바로가기의 시작 위치 설정

설정을 마친 후 jupyter-notebook 바로가기 아이콘을 더블클릭하면 크롬 브라우저에서 작업할 수 있도록 창이 열린다. 창이 열린 환경을 보면, Documents에서 생성한 Python 폴더가 기본 폴더(Root Folder)로 설정된 상태다.

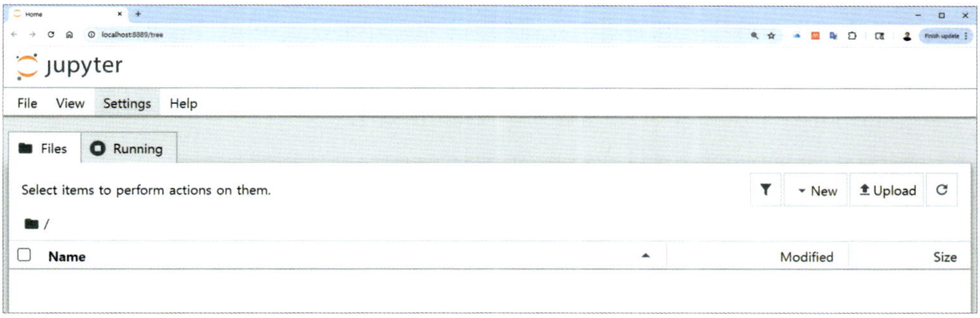

[그림 2-63] 바로가기로 실행된 jupyter notebook

윈도우 탐색기로 확인하면 [그림 2-64]와 같은 폴더를 찾을 수 있다.

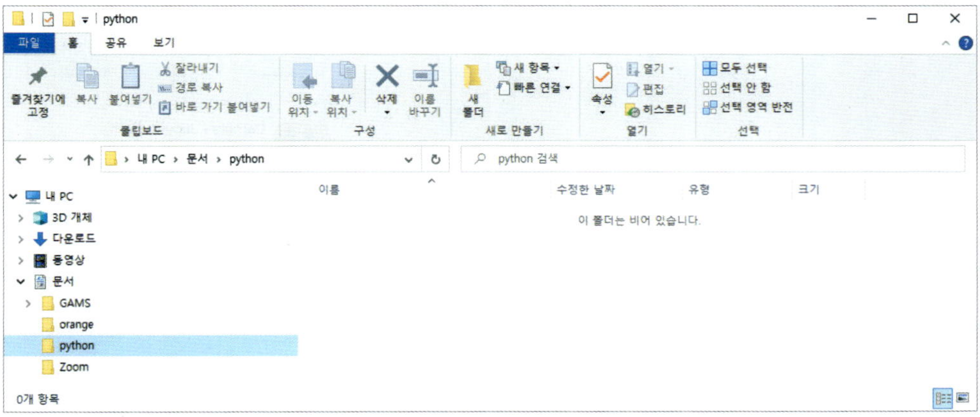

[그림 2-64] 윈도우 탐색기로 확인한 jupyter notebook의 시작 위치

SECTION 2.4

모바일 기기에서 파이썬 활용하기

많은 사람이 파이썬을 배우고 싶어 하지만, 막상 시간을 내어 연습하는 사람은 많지 않은 것 같다. 모바일 기기를 이용하면, 대중교통으로 이동하는 시간 등의 자투리 시간을 활용해 틈틈이 파이썬을 익힐 수 있다. 파이썬은 누구라도 쉽게 배울 수 있지만, 프로그램 언어도 언어이므로 눈으로만 익혀서는 제대로 배울 수 없다. 따라서 자신의 라이프 스타일을 고려하여 파이썬을 손쉽게 익힐 수 있는 환경을 만들어놓고 활용 연습을 시작하는 것이 유리하다.

애플 계열의 모바일 기기

애플 계열의 모바일 기기용 앱 환경은 오래전부터 구축되어 왔고, 이미 수많은 앱이 존재하므로 파이썬 환경을 만들기가 수월하다. 앱스토어(App Store)에 들어가 'carnet'을 검색해서 설치하면 jupyter notebook 환경을 바로 만들 수 있다.

앱스토어에서 검색하면 [그림 2-65]와 같이 두 종류의 Carnets가 보인다. 위에 보이는 앱이 Carnets이고 아래에 보이는 앱이 Carnets Plus다. 이 둘의 가장 큰 차이점은 Scipy 지원 여부인데, Carnets에서는 Scipy가 지원되지 않는다. Scipy는 Numpy를 확장한 버전의 라이브러리라고 생각하면 된다. 즉, Carnets Plus에 더 많은 기능이 담겨 있다. Scipy를 활용하면 파이썬으로 작업하는 영역을 더 넓힐 수 있으므로 기왕이면 Carnets Plus를 다운로드하길 추천한다.

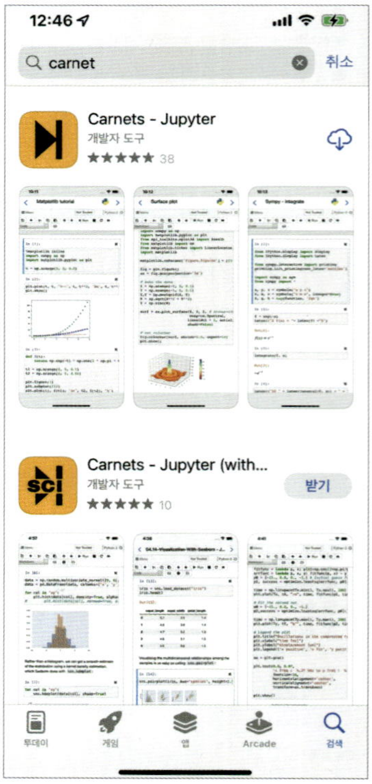

[그림 2-65] 위: Carnets, 아래: Carnets Plus

Carnets에서 **import scipy as sp**로 scipy를 임포트(import)해 오면 [그림 2-66]과 같이 라이브러리 자체의 모듈이 없다는 에러 메시지인 **No mudule name 'scipy'**가 표시된다. 반면 [그림 2-67]과 같이 Carnets Plus로 임포트해 오면 문제없이 실행되어 다음 행으로 넘어간다.

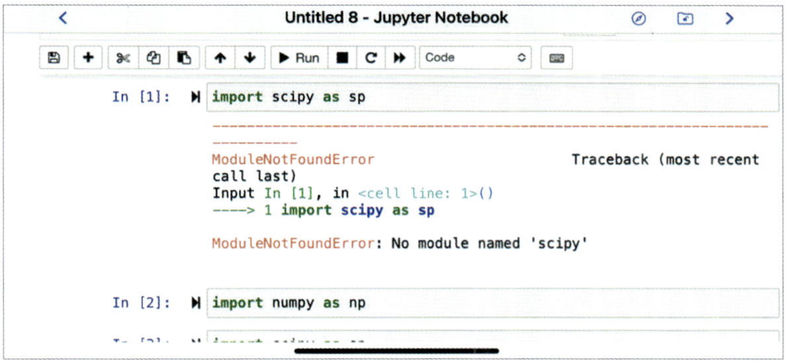

[그림 2-66] Carnets: scipy 임포트 시 에러 발생

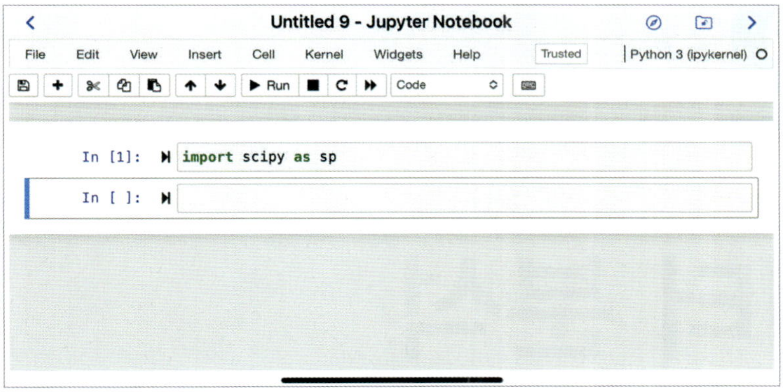

[그림 2-67] Carnets Plus: scipy 임포트 시 정상 실행

안드로이드 계열의 모바일 기기

안드로이드 계열에서도 많은 앱이 개발되어 있지만, 안타깝게도 아직까지는 jupyter notebook 환경이 바로 지원되는 앱이 없다. 안드로이드에서 jupyter notebook 환경을 만드는 방법은 다음 두 가지다.

❶ 2.2절의 'Google Colab과 환경 설정' 항목에서 언급한 Colab 환경 사용하기

❷ 데스크톱에 설치한 방법과 같은 방법으로 안드로이드 기기에 설치하기

두 방법 중 첫 번째 방법(❶)을 권한다. 두 번째 방법(❷)을 선택한다면 Pydroid3이라는 앱을 사용해야 하는데, 이 앱의 무료 버전에는 광고가 자주 나오므로 신경이 쓰여 작업 흐름이 끊기기 쉽다.

PART

02

데이터 분석

통계학과 파이썬: 두 마리 토끼를 잡는 학습 전략

불과 몇 년 사이, AI라는 단어는 특정 전문가만의 전유물이 아니라 누구나 생각하고 활용하는 일상적인 개념으로 자리 잡았다. 그만큼 세상이 빠르게 변했다. 학습자 역시 변화된 학습의 패러다임을 인식하고 기존의 틀을 넘어설 필요가 있다. 통계학도 예외는 아니다.

과거에는 데이터 분석 도구를 단순히 계산기의 확장으로 여겼기 때문에, 이론적 기초를 철저히 다지고 그 바탕 위에서 분석 도구를 사용하는 것이 최선이라 여겼다. 물론 시간이 충분하다면 이러한 접근도 의미가 있다. 그러나 남들과 똑같이 학습해서 과연 남들보다 앞서갈 수 있을까?

앞서 PART 01에서는 파이썬의 기초와 실행 환경을 익혔다. PART 02에서는 파이썬을 활용하여 전통적인 통계학 영역에 접근한다. 통계학에 대한 이론적 지식이 부족한 상태에서 파이썬까지 공부해야 한다는 부담을 느낄 필요는 없다. 우리는 파이썬 전문가나 프로그래머가 되려는 것이 아니기 때문이다. 물론 파이썬에 능숙한 전문가가 통계학의 기본까지 갖춘다면 AI 시대에 더욱 유리한 위치에 서게 될 것이다. 하지만 파이썬 초보자라 할지라도, 핵심 기능을 차근차근 익혀 나간다면 지금은 어렵게만 보이는 데이터 분석이라는 고지에 충분히 도달할 수 있다.

차차 알게 되겠지만, 파이썬은 불필요하게 화려하지도, 거추장스러운 장식을 두르지도 않은 언어다. 따라서 통계학과 파이썬을 동시에 학습하는 것은 특별한 결심이나 각오가 필요한 일이 아니라, 관심을 기울이면 자연스럽게 해낼 수 있는 과정이다.

PART 02의 각 장은 핵심 개념을 익히고, 코딩 방법을 이해하고, 결과를 해석할 수 있도록 구성되어 있다. 학습 과정을 건너뛰지 말고 차근차근 따라간다면, 통계학과 파이썬이라는 두 마리 토끼를 동시에 잡을 수 있을 것이다.

Contents

CHAPTER

03

기술통계

Descriptive Statistic

Contents

SECTION
3.1 기술통계와 기술통계량

데이터 분석에서 기술통계는 반드시 가장 처음에 언급되어야 하는 내용이다. 어떤 조사를 할 때 모집단 전체를 대상으로 조사할 수 없으므로, 표본을 대상으로 조사한 후 조사 결과를 바탕으로 "전체가 어떠할 것이다."라고 추론을 하게 된다. 따라서 표본 선정 시 반드시 모집단에 대한 대표성이 있는 표본으로 구성되어야 하고, 표본으로부터 통계량을 계산하여 모집단의 특성을 제대로 반영한 것인지 확인하는 과정을 거쳐야 한다.

표본의 특성을 설명할 때 문장으로 풀어서 기술하기보다 표본을 간략하게 표나 시각화한 그래프 등으로 데이터화하여 제시하면 독자는 표본에 대한 대략적인 심상을 얻을 수 있을 것이다. 예를 들어 표본의 연령이나 성별, 표본이 선택한 데이터들의 표본 개수·평균·표준편차·최솟값과 최댓값·사분위수 등의 내용으로 표본을 설명해 주는 통계분석 방법이 바로 기술통계다.

기술통계에서 가장 많이 사용되는 분석 방법은 빈도분석으로, 이 빈도분석을 통해 변수가 가지는 전반적인 특성을 파악할 수 있다. 파이썬에서는 빈도분석이라는 개념보다는 직접 기술통계량으로 표본을 설명한다는 개념에 따라 describe() 함수를 이용한다. 따라서 빈도분석보다는 '기술통계량'이라는 표현을 더 많이 사용한다. 즉, 기술통계량은 응답자의 구성이나 응답 내용을 연구자가 보기 쉽게 값으로 표현하여 분석 결과로 제시해 주는 것이다.

추출된 표본이 과연 대표성을 갖는지를 판별하기 위해 기술통계가 필요하다. 이때 표본에 대한 일반적인 특성을 표현하는 분석 방법이 빈도분석이며, 이는 가장 기본적인 분석 방법이므로 반드시 숙지하고 있어야 한다.

기술통계에서 사용할 수 있는 척도에는 명목척도, 서열척도, 등간척도, 비율척도가 있다. 기술통계에서는 중심경향도를 나타내는 평균을 기준으로 최댓값과 최솟값을 나타내고, 산포도를 나타내는 표준편차와 사분위수를 제시한다. 또한 표본의 구성을 막대그래프, 원그래프, 히스토그램 형태로 나타낼 수 있다.

SECTION 3.2 기술통계량 분석 전 데이터 파악하기

앞서 2장에서 기본적인 라이브러리를 임포트(import)해 왔다. 여기에 더해서, 데이터에 대한 파악이 되어 있다는 가정 아래 분석이 진행되므로, 다음에 이어지는 내용을 반드시 숙지해야 한다.

임포트하기

파이썬은 사용자가 원하는 공법(예 라이브러리, 모듈)을 적용한 재료(데이터)를 최적의 결과로 만들어내는 만능 공장이다. 이때의 공법은 고정된 것이 아니고, 사용자가 적절한 공법을 가져와서(import) 적용해야 한다.

공법에 해당하는 패키지(라이브러리)를 설치하는 방법은 2장을 참조하고, 설치된 패키지는 다음과 같은 방법으로 **임포트**한다.

`import A`	모듈 A 전체를 가져와서 A라는 이름으로 사용
`import A as B`	모듈 A 전체를 가져와서 B라는 별칭으로 사용
`from C import D`	C에서 함수/변수/클래스 등의 D를 가져와 D로 사용

데이터 파일을 불러오면 분석에 앞서 데이터에 대한 파악이 필요하다. [그림 3-1]은 파이썬을 다룰 때 많이 사용하는 라이브러리를 임포트하는 명령어다. as 이후의 단축어(alias, 별칭)가 라이브러리 이름을 나타내므로 실제로 파이썬 스크립트를 사용하면서 어떤 라이브러리를 사용하고 있는지 확인할 수 있다. 데이터 분석에 초점을 맞추어 파이썬을 이용하는 경우, 그렇게 많은 라이브러리를 이용하는 것이 아니므로 이처럼 필요할 만한 라이브러리를 미리 임포트해 놓고 진행하는 것이 편리하다.[1]

1 파이썬을 이용하다 보면, 더 필요한 라이브러리가 생길 수 있다. 본인이 자주 사용하거나 필요한 라이브러리를 가져올 수 있도록 코드를 수정하여 활용하기 바란다.

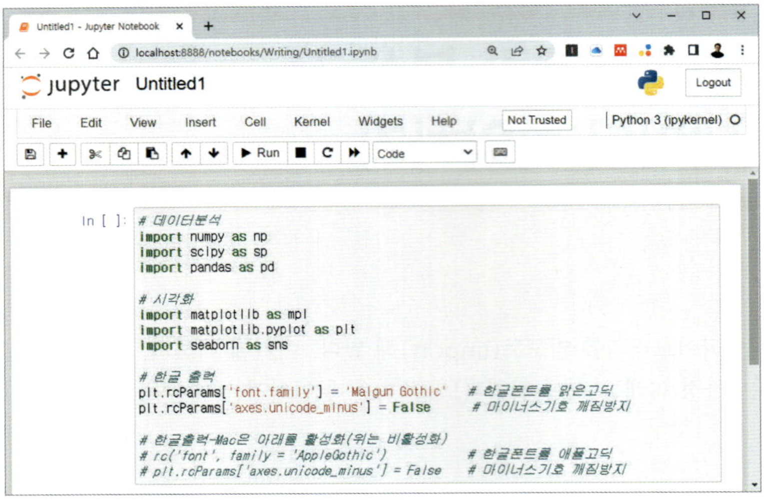

[그림 3-1] 기본 라이브러리와 한글 폰트

jupyter notebook을 실행한 후 [그림 3-1]의 스크립트를 입력하고 실행한다. 각 스크립트의 구성은 다음과 같다. 먼저 데이터 분석에 필요한 기본 라이브러리인 numpy, scipy, pandas를 임포트하고 있다. 이어서 시각화 라이브러리인 matplotlib, matplotlib.pyplot, seaborn을 임포트하고 있으며, 시각화했을 때 한글이 깨져 보이지 않도록 폰트를 지원하는 코드를 입력하였다. 각 라이브러리는 파이썬과는 별도로 설치해야 한다. 2.1절을 참고하여, 현재 설치되지 않은 matplotlib, seaborn 등을 설치하도록 한다.

파일 불러오기

❶ **python_UTF-8.csv** 혹은 ❷ **python_csv.csv** 파일을 불러와 **ds**로 정의한 데이터를 기준으로 설명한다. 이 두 파일의 데이터는 동일한데, python_do_csv.csv의 경우 엑셀에서 csv의 파일 형식으로 저장했기 때문에 파이썬에서 인식시키기 위해서는 인코딩 방식을 Microsoft에 맞춰야 한다. 경로 뒤에 **encoding='cp949'**로 설정해야 에러가 발생하지 않는다.

❶
```
ds = pd.read_csv('./source/python_UTF-8.csv')
```

❷
```
ds = pd.read_csv('./source/python_csv.csv', encoding='cp949')
```

[그림 3-2] 파일 불러오기(❶ 또는 ❷)

행과 열에 대한 데이터 특성 파악하기

데이터를 불러온 후 가장 먼저 해야 할 일은 데이터의 형태를 확인하는 것이다. **shape**를 이용하여 행과 열의 개수만 확인해 보자.

```
ds.shape
```

(303, 20)

[그림 3-3] shape로 행과 열의 개수 파악

303개의 행과 20개의 열로 구성되어 있음을 확인할 수 있다.

ds.info로 확인할 수도 있으나, ds로 정의하였으므로 바로 **ds**로 데이터를 확인해 보자.

```
ds
```

	성별	참여의사	지역	등급	구매횟수	외관1	외관2	외관3	편의성1	편의성2	편의성3	유용성1	유용성2	유용성3	구매의도1	구매의도2	구매의도3	구전의도1	구전의도2	구전의도3
0	1	2	1	6	3	3	2	3	4	4	4	4	4	4	3	3	3	3	3	3
1	1	2	1	3	5	1	1	1	5	5	5	5	3	3	5	5	5	3	3	3
2	1	2	1	1	4	3	3	3	5	5	4	4	4	4	5	3	4	3	3	3
3	1	2	1	3	2	1	1	1	5	5	5	4	4	4	3	3	3	4	4	4
4	1	1	1	2	2	3	3	3	5	5	5	4	4	4	5	5	5	3	3	3
...	...	...	...	...	...	...	...	...	...	...	...	...	...	...	...	...	...	...	...	...
298	2	2	2	2	3	3	3	3	3	3	3	4	4	4	3	3	3	3	3	3
299	2	2	2	1	5	3	3	3	3	3	3	4	4	4	3	2	3	3	3	3
300	2	2	2	3	4	3	3	3	3	3	3	4	4	4	3	2	3	3	3	3
301	2	2	2	3	4	3	3	3	3	3	3	4	4	4	3	2	3	3	3	3
302	2	2	2	3	2	3	3	3	3	3	3	4	4	4	3	2	3	3	3	3

303 rows × 20 columns

[그림 3-4] ds 실행

초기 5행의 데이터와 마지막 5행의 데이터를 확인할 수 있으며, 연구에서 사용하는 변인들이 컬럼명으로 되어 있다. 전체 303개의 행과 20개의 열로 구성되어 있음을 확인할 수 있다.

참고 ds.info

ds.info를 입력하면 다음과 같이 출력해 준다. 본문에서 정의한 ds로 확인했을 때 데이터를 더 쉽게 파악할 수 있음을 알 수 있다.

```
ds.info
```

```
<bound method DataFrame.info of      성별  참여의사  지역  등급  구매횟수  외관1  외관2  외관3  편
의성1  편의성2  편의성3  유용성1  유용성2  \
0    1    2   1   6    3    3    2    3    4    4    4    4    4
1    1    2   1   3    5    1    1    1    5    5    5    5    3
2    1    2   1   1    4    3    3    3    5    5    4    4    4
3    1    2   1   3    2    1    1    1    5    5    5    4    4
4    1    1   1   2    2    3    3    3    5    5    5    4    4
..  ..  ...  ..  ..  ...  ...  ...  ...  ...  ...  ...  ...  ...
298  2    2   2   2    3    3    3    3    3    3    3    4    4
299  2    2   2   1    5    3    3    3    3    3    3    4    4
300  2    2   2   3    4    3    3    3    3    3    3    4    4
301  2    2   2   3    4    3    3    3    3    3    3    4    4
302  2    2   2   3    2    3    3    3    3    3    3    4    4

     유용성3  구매의도1  구매의도2  구매의도3  구전의도1  구전의도2  구전의도3
0       4      3      3      3      3      3      3
1       3      5      5      5      3      3      3
2       4      5      3      4      3      3      3
3       4      3      3      3      4      4      4
4       4      5      5      5      3      3      3
..    ...    ...    ...    ...    ...    ...    ...
298     4      3      3      3      3      3      3
299     4      3      2      3      3      3      3
300     4      3      2      3      3      3      3
301     4      3      2      3      3      3      3
302     4      3      2      3      3      3      3

[303 rows x 20 columns]>
```

[그림 3-5] info를 이용한 데이터 파악

■ 행이나 열의 개수만 세기

[그림 3-6]과 같이 각각 수행하면 행의 개수가 303개, 열(컬럼)의 개수가 20개임을 알 수 있다.

```
ds.shape[0]
```

303

```
len(ds)
```

303

(a) 행의 개수만 세기

```
ds.shape[1]
```

20

(b) 열의 개수만 세기

[그림 3-6] 행과 열의 개수 확인

열의 개수만 셀 때는 len() 함수를 사용할 수 없는데, 이는 len() 함수 자체가 행의 개수를 세는 함수이기 때문이다.

■ 컬럼명 확인하기

ds로 정의된 데이터에서 **columns**를 이용하여 컬럼명을 확인할 수 있다.

```
ds.columns
```

```
Index(['성별', '참여의사', '지역', '등급', '구매횟수', '외관1', '외관2', '외관3', '편의성1', '편의
성2',
       '편의성3', '유용성1', '유용성2', '유용성3', '구매의도1', '구매의도2', '구매의도3', '구전의도
1',
       '구전의도2', '구전의도3'],
      dtype='object')
```

[그림 3-7] ds의 컬럼명 확인

■ 컬럼 개수 확인하기

len() 함수는 행의 개수를 확인하는 함수이지만 이 함수로 컬럼 개수를 확인하는 방법이 있다. 앞서 컬럼명을 확인할 때 **columns**를 통해 각 컬럼이 index로 확인되는 것을 알 수 있다. 이를 len() 함수에서 사용하면 컬럼 개수를 확인할 수 있다.

```
len(ds.columns)
```

```
20
```

[그림 3-8] len() 함수로 컬럼 개수 확인

■ 특정 열이 가진 값의 개수 세기와 정렬하기

특정 열이 가지는 값의 개수는 빈도를 의미하며, 빈도는 **value_counts()** 함수로 확인할 수 있다. **ds**로 정의된 데이터를 보면 '성별'에서 1과 2의 데이터가 확인된다. 각각의 빈도를 확인하는 방법은 [그림 3-9]와 같다. value_counts() 함수의 옵션에는 **ascending**과 **sort**가 있으며 이 옵션을 통해 오름차순/내림차순과 정렬에 관한 내용을 설정할 수 있다.

```
ds['성별'].value_counts()   # 성별의 빈도 수에 대한 내림차순
```

```
성별
2    174
1    129
Name: count, dtype: int64
```

```
ds['성별'].value_counts(ascending=True)    # 성별의 빈도 수에 대한 오름차순
```

```
성별
1    129
2    174
Name: count, dtype: int64
```

```
ds['성별'].value_counts(sort=False)    # 성별의 출현 순서로 정렬
```

```
성별
1    129
2    174
Name: count, dtype: int64
```

[그림 3-9] value_count() 함수와 옵션

데이터 빈도에 대한 데이터 특성 파악하기

[그림 3-10]과 같이 **count()** 함수를 이용하면 각 컬럼에서 발생한 빈도의 수를 계산할 수 있다. 출력 결과, 각 컬럼에서 303개의 빈도를 확인할 수 있다.

컬럼별 데이터 빈도를 확인했으면 그다음 해야 할 일은 결측치가 있는지를 확인하는 것이다. 데이터셋에 결측치가 있으면 전체 결과의 왜곡을 초래할 수 있기 때문이다. 결측치 여부는 [그림 3-11]과 같이 **ds.isnull().any()**를 실행하여 확인한다.

```
ds.count()
```

```
성별        303
참여의사      303
지역        303
등급        303
구매횟수      303
외관1       303
외관2       303
외관3       303
편의성1      303
편의성2      303
편의성3      303
유용성1      303
유용성2      303
유용성3      303
구매의도1     303
구매의도2     303
구매의도3     303
구전의도1     303
구전의도2     303
구전의도3     303
dtype: int64
```

[그림 3-10] count() 함수를 이용한 컬럼별 데이터 빈도 확인

```
ds.isnull().any()
```

```
성별        False
참여의사      False
지역        False
등급        False
구매횟수      False
외관1       False
외관2       False
외관3       False
편의성1      False
편의성2      False
편의성3      False
유용성1      False
유용성2      False
유용성3      False
구매의도1     False
구매의도2     False
구매의도3     False
구전의도1     False
구전의도2     False
구전의도3     False
dtype: bool
```

[그림 3-11] isnull().any()를 이용한 결측치 확인

모든 변수에 대해 null이 있는지를 확인한 결과, 전부 False로 응답하였다. 즉, 결측치가 없는 것으로 확인되었다.

■ 정규화를 통해 데이터 파악하기

정규화란 데이터의 빈도에 대한 총합을 1로 설정하고 각 빈도를 1에서의 비중으로 표현한 수치를 말한다.

```
ds['참여의사'].value_counts(normalize=True)
```

```
참여의사
2    0.40264
1    0.30033
3    0.29703
Name: proportion, dtype: float64
```

[그림 3-12] 정규화를 통한 데이터 비중 확인

SECTION 3.3

기술통계량

파이썬으로 기술통계량 확인하기

python_UTF-8.csv 파일을 불러와 ds로 정의한다.

```
ds = pd.read_csv('./source/python_UTF-8.csv')
```

[그림 3-13] 데이터 파일 불러오기

describe( ) 함수를 이용하여 기술통계량을 확인한다. describe( ) 함수는 숫자로 기록된 데이터에 대해 각종 통계량을 계산하여 표시하지만, 문자로 된 데이터에는 적용되지 않는다. 예제 파일에는 범주형 변수에 문자형이 아닌 숫자로 입력되어 있어 해당 기술통계량이 계산되었다. count는 총빈도, mean은 평균, std는 표준편차, min은 최솟값, 25%는 제1사분위수, 50%는 제2사분위수, 75%는 제3사분위수, max는 최댓값을 의미한다. 실제로 범주형 변수의 경우 통계량을 보는 것이 의미가 없으므로 통계량이 출력되지 않더라도 논문이나 보고서를 작성하는 데 문제가 없다.

```
ds.describe()
```

	성별	참여의사	지역	등급	구매횟수	외관1	외관2	오
count	303.000000	303.000000	303.000000	303.000000	303.000000	303.000000	303.000000	303.00(
mean	1.574257	1.996700	1.504950	3.033003	2.990099	2.801980	2.696370	2.957
std	0.495273	0.774162	0.500803	1.459917	1.440854	0.980132	0.924404	0.881
min	1.000000	1.000000	1.000000	1.000000	1.000000	1.000000	1.000000	1.00(
25%	1.000000	1.000000	1.000000	2.000000	2.000000	2.500000	2.000000	3.00(
50%	2.000000	2.000000	2.000000	3.000000	3.000000	3.000000	3.000000	3.00(
75%	2.000000	3.000000	2.000000	4.000000	4.000000	3.000000	3.000000	3.00(
max	2.000000	3.000000	2.000000	6.000000	5.000000	5.000000	5.000000	5.00(

[그림 3-14] describe( ) 함수를 이용한 기술통계량

groupby( ) 함수를 사용하면 컬럼명을 Index로 선택하여 묶을 수 있다. 이때 [그림 3-15], [그림 3-16]과 같이 mean( ) 함수를 메서드체이닝하여 분석 내용을 함께 확인할 수도 있다. groupby( ) 함수는 선택된 옵션으로 데이터를 재구성해 주는 함수이며, 메서드체이닝은

groupby() 함수와 mean() 함수를 묶어서(chaining) 각각의 함수가 같이 실행될 수 있도록 하는 방법이다. 메서드체이닝할 때는 함수를 마침표(.)로 구분하여 연결시킨다.

```
ds.groupby(['구매횟수']).mean()
```

구매횟수	성별	참여의사	지역	등급	외관1	외관2	외관3	편의성1	편의성2	편의
1	1.564516	1.983871	1.435484	3.274194	2.983871	2.854839	3.129032	3.596774	3.403226	3.500
2	1.539683	1.984127	1.523810	3.253968	2.603175	2.619048	2.809524	3.698413	3.507937	3.428
3	1.500000	1.983333	1.483333	2.866667	2.816667	2.750000	3.033333	3.600000	3.583333	3.533
4	1.596154	1.923077	1.538462	2.673077	2.826923	2.711538	2.980769	3.903846	3.673077	3.730
5	1.666667	2.090909	1.545455	3.030303	2.787879	2.560606	2.848485	3.696970	3.666667	3.606

[그림 3-15] 구매횟수의 groupby와 mean의 메서드체이닝

```
ds.groupby(['성별','구매횟수']).mean()
```

성별	구매횟수	참여의사	지역	등급	외관1	외관2	외관3	편의성1	편의성2	편의성3	
1	1	1.740741	1.370370	3.000000	3.111111	2.925926	3.074074	3.407407	3.259259	3.370370	4
	2	2.000000	1.517241	3.241379	2.551724	2.655172	2.793103	4.034483	3.896552	3.827586	4
	3	2.000000	1.533333	3.166667	2.833333	2.733333	2.966667	3.733333	3.633333	3.633333	4
	4	1.904762	1.571429	2.380952	2.904762	2.809524	3.000000	4.047619	3.809524	3.809524	4
	5	1.727273	1.454545	3.090909	2.909091	2.409091	2.727273	3.772727	3.681818	3.681818	4
2	1	2.171429	1.485714	3.485714	2.885714	2.800000	3.171429	3.742857	3.514286	3.600000	4
	2	1.970588	1.529412	3.264706	2.647059	2.588235	2.823529	3.411765	3.176471	3.088235	3
	3	1.966667	1.433333	2.566667	2.800000	2.766667	3.100000	3.466667	3.533333	3.433333	4
	4	1.935484	1.516129	2.870968	2.774194	2.645161	2.967742	3.806452	3.580645	3.677419	3
	5	2.272727	1.590909	3.000000	2.727273	2.636364	2.909091	3.659091	3.659091	3.568182	4

[그림 3-16] 성별·구매횟수의 groupby와 mean의 메서드체이닝

비율 계산

기술통계에서 비율 계산이란 데이터셋의 컬럼(변수)별 빈도에 따른 비율을 나타내는 것이다. [그림 3-17]과 같은 방식으로 표본에서 각 컬럼의 비율을 계산할 수 있다.

```
a = ds['성별'].value_counts(normalize=True) * 100
b = ds['지역'].value_counts(normalize=True) * 100
c = ds['구매횟수'].value_counts(normalize=True) * 100
print(a)
print(b)
print(c)
```

```
성별
2    57.425743
1    42.574257
Name: proportion, dtype: float64
지역
2    50.49505
1    49.50495
Name: proportion, dtype: float64
구매횟수
5    21.782178
2    20.792079
1    20.462046
3    19.801980
4    17.161716
Name: proportion, dtype: float64
```

[그림 3-17] 비율 계산

시각화

시각화는 분석 대상인 데이터의 통계적 특성을 분포나 그래프 등의 형태로 출력하여, 이를 직관적으로 이해하기 쉽게 표현하는 방법이다. 시각화를 하나의 장으로 구성해 집중적으로 설명할 수도 있지만, 학습을 진행하다 보면 시각화 자체가 특별한 기술이라기보다는 단순히 데이터를 표현하는 수단이라는 점을 알게 된다. 분석 방법을 배우는 각 장에서 시각화를 다룰 때 관련 코드만 적절히 수정하여 바로 적용할 수 있으므로, 시각화에 대한 기본적인 이해만 갖춘다면 별도로 많은 시간을 들여 학습할 필요는 없다. 여기서는 기술통계에서 사용할 수 있는 그래프들을 중심으로 기본적인 시각화 기법을 어떻게 구현할 수 있는지 살펴보자.

먼저 jupyter notebook으로 descriptive_stats.csv 파일을 불러온다.[2] **file_path**로 불러올 CSV 파일 경로를 정의해 놓은 후, **pd.read_csv()**를 통해 CSV 파일을 읽어서 pandas.DataFrame 형태로 변환한다.[3] **df**는 테이블 형태로, 각 열(height, weight, age, income, score)이 변수이고, 각 행이 데이터다.

2 데이터를 불러올 때는 pandas, 시각화는 matplotlib을 이용하므로 해당 라이브러리를 미리 **임포트**해야 한다. 이 장의 앞부분에서 모두 임포트하고 시작하였으므로, 여기서는 이 과정을 생략한다.

3 데이터를 불러올 때 df=pd.read_csv('./source/descriptive_stats.csv')처럼 직접 경로를 지정해서 불러올 수도 있다. 그러나 경로를 정의하고 시작하면, 파일 경로 지정과 데이터 읽기를 분리함으로써 가독성과 명확성을 높일 수 있다. 또한 이 방식은 경로를 변수로 저장한 후 재사용하거나 데이터 유지·보수를 진행할 때도 더 유리하다.

```
# CSV 파일 불러오기
file_path = './source/descriptive_stats.csv'
df = pd.read_csv(file_path)
```

[그림 3-18] CSV 파일 불러오기

■ 요약 통계량 막대그래프

요약 통계량 막대그래프는 데이터프레임(df)의 특정 열(예 score)에 대해 요약 통계량을 계산한 뒤, 이를 시각적으로 비교하기 위해 막대그래프로 표현한 것이다. 즉, 각 통계량을 막대의 길이로 나타냄으로써 한눈에 비교할 수 있도록 시각화하는 데 목적이 있다.

col='score'로 분석 대상이 되는 데이터프레임(df)의 열을 'score'로 지정한 후 **desc=df[col].describe()**으로 지정한 열의 요약 통계량을 계산한다. 이를 통해 평균(mean), 중앙값(50%), 표준편차(std), 최솟값(min), 25%·75% 분위수(25%, 75%), 최댓값(max) 등을 나타낼 수 있다.

desc[['mean','50%','std','min','25%','75%','max']].plot(kind='bar')는 선택한 통계량들을 막대그래프(bar plot) 형태로 시각화한다. 이때 각 통계량의 값을 높이로 나타내어 서로 비교할 수 있게 한다. **plt.ylabel('Value')**는 y축 레이블을 'Value'로 지정하여 막대가 나타내는 값이 무엇인지를 명확하게 표시한다. **plt.title(f'Summary Statistics of {col}')**은 그래프 상단에 제목을 표시한다. 여기서는 이 그래프가 'score' 열의 요약 통계량임을 나타낸다. 마지막으로 **plt.show()**를 사용하여 막대그래프를 화면에 출력한다.

```
col = 'score'
desc = df[col].describe()

desc[['mean','50%','std','min','25%','75%','max']].plot(kind='bar')
plt.ylabel('Value')
plt.title(f'Summary Statistics of {col}')
plt.show()
```

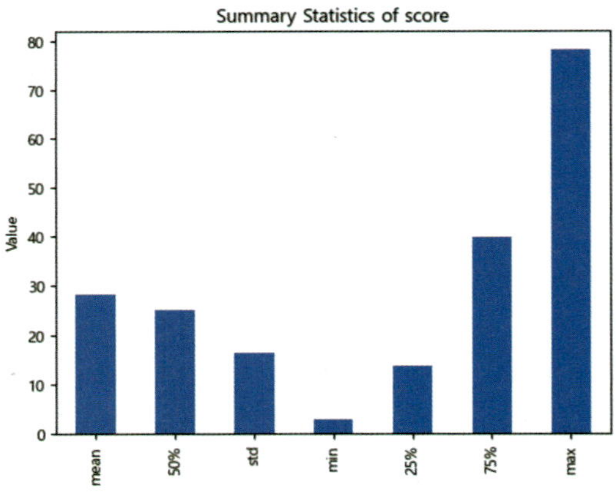

[그림 3-19] 요약 통계량 막대그래프

■ **히스토그램**

히스토그램(histogram)은 연속형 데이터를 구간별로 나누어 빈도수를 막대 형태로 시각화하는 그래프다. 히스토그램으로 정규 분포, 편향 분포 같은 데이터의 모양, 데이터의 중심, 퍼져 있는 정도 등의 분포 특성을 직관적으로 파악할 수 있다.

먼저 **col**에 **height**를 지정하여 히스토그램으로 그릴 변수를 선택하고, **data=df[col]**을 통해 **height**의 열 데이터를 **data**에 저장한다.

```
col = 'height'
data = df[col]
```

[그림 3-20] 시각화할 변수 선택

matplotlib.pyplot을 plt라는 별칭으로 임포트했으므로, **plt.hist**를 사용하여 막대그래프 형태의 히스토그램을 그릴 수 있다. 이때 **data**에 저장된 값을 기준으로 **bins=20**을 설정하여 전체 데이터를 총 20개 구간으로 나눈다. 그리고 **edgecolor='black'**으로 막대의 테두리를 검은색으로 표시하여 각각의 막대를 시각적으로 쉽게 구분할 수 있게 한다. **alpha=0.7**은 투명도 범위 0~1 중 0.7을 설정한 것이다. 이렇게 지정하면 약간의 투명 효과를 주어 겹침이 있어도 시각적으로 더 잘 구분된다.

plt.axvline()은 x축을 기준으로 세로선(수직선)을 그리는 함수다. **data.mean()**으로 계산한 평균값에 **color='red'**와 **linestyle='--'**으로 빨간색 점선(---)을 표시한다. 또한 **label='Mean'**으로 범례에 표시할 이름을 지정한다.

마찬가지 방법으로 **data.median()**을 통해 중앙값(제2사분위수)을 계산하여, 녹색 점선(---)으로 표시한다. **data.min()**과 **data.max()**로는 각각 데이터의 최솟값과 최댓값을 표시하되, 파란색 점선(······)으로 표시한다.

plt.title(f'Histogram of {col}')은 그래프 상단에 변수 이름을 포함한 제목을 표시한다. **plt.legend()**는 빨간색/녹색/파란색 선이 의미하는 것을 범례로 나타내고, **plt.show()**는 그래프를 화면에 출력한다.

```
plt.hist(data, bins=20, edgecolor='black', alpha=0.7)
plt.axvline(data.mean(), color='red', linestyle='--', label='Mean')
plt.axvline(data.median(), color='green', linestyle='--', label='Median')
plt.axvline(data.min(), color='blue', linestyle=':', label='Min')
plt.axvline(data.max(), color='blue', linestyle=':', label='Max')
plt.title(f'Histogram of {col}')
plt.legend()
plt.show()
```

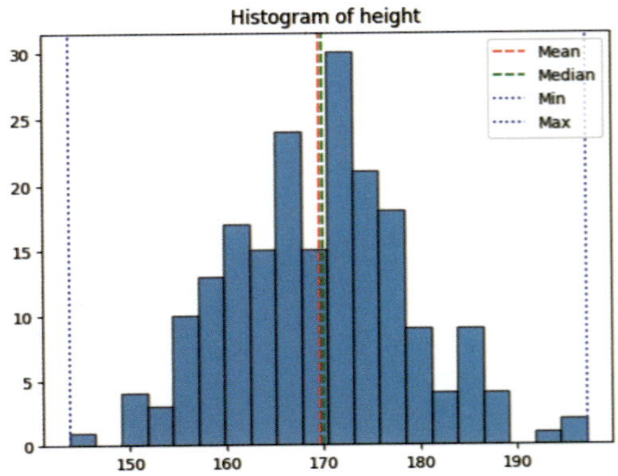

[그림 3-21] **히스토그램**

■ 박스플롯

박스플롯(boxplot)은 데이터의 분포와 중앙값, 사분위수, 이상치(outlier)를 한눈에 보여주는 통계적 그래프다. 박스의 가운데 선은 중앙값(median)을 나타내고, 박스의 상단과 하단은 각각 75%, 25% 분위수(Q3, Q1)를 나타낸다. 박스 위아래로 뻗은 수염(whisker)은 일반적으로 IQR의 1.5배 범위 내에 있는 최대·최소 값을 나타내며,[4] 이 범위를 벗어나는 값은 이상치로 간주되어 점(dot) 형태로 표시된다.

plt.boxplot(df['weight'], vert=False)는 데이터프레임(df)에서 'weight' 열의 값을 사용하여 박스플롯을 그리는 코드다. 여기서 vert=False 옵션을 설정하여 박스플롯을 가로 방향으로 표시한다. 이때 x축이 값(Weight), y축이 범주를 나타낸다.

plt.title('Boxplot of Weight')는 그래프 상단에 제목을 표시하여 분석 대상 변수를 명확히 제시한다. **plt.xlabel('Weight')**는 x축 레이블을 'Weight'로 지정하여 축이 나타내는 값을 시각적으로 구분할 수 있도록 하였다. 마지막으로 **plt.show()**를 통해 지금까지 설정한 박스플롯을 화면에 출력하여 weight 데이터의 분포와 중앙값, 사분위수, 이상치 등을 직관적으로 파악할 수 있도록 한다.

---

4 IQR(Interquartile Range)은 사분위 범위라고도 하며, 데이터의 중앙 50%가 퍼져 있는 범위를 나타낸다. 하한=Q1−1.5×IQR, 상한=Q3+1.5×IQR의 범위 내에 들어 있는 값은 일반 데이터로 간주하고, 이 범위를 벗어나면 이상치(outlier)로 표시한다.

```
plt.boxplot(df['weight'], vert=False)
plt.title('Boxplot of Weight')
plt.xlabel('Weight')
plt.show()
```

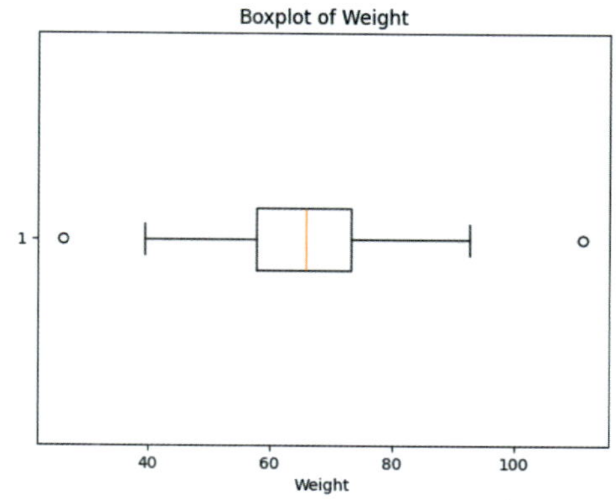

[그림 3-22] 박스플롯

■ 바이올린 플롯

바이올린 플롯(violin plot)은 데이터의 분포 형태, 중앙값, 사분위수, 밀도(density)를 한눈에 파악할 수 있는 통계적 그래프다. 박스플롯은 사분위 범위(IQR)와 이상치(outlier)를 강조한 반면, 바이올린 플롯은 여기에 커널밀도추정(KDE)을 덧붙여 데이터가 어느 구간에 집중되어 있는지를 부드러운 곡선 형태로 표현한다.

seaborn 라이브러리를 sns라는 별칭으로 불러왔으므로, **sns.violinplot()**을 사용하여 바이올린 플롯을 그릴 수 있다. 이때 데이터프레임(df)에서 'age' 열(즉, 나이 데이터)을 가져와 **x=df['age']**로 지정하면, x축 방향으로 나이의 분포를 시각화한다. 이때 바이올린의 폭이 넓은 부분은 해당 구간에 데이터가 많음을 의미하고, 좁은 부분은 데이터가 적음을 의미한다. 중앙의 흰 점은 중앙값(median), 두꺼운 막대는 사분위수 범위(IQR), 얇은 선(수염)은 데이터의 전체 범위를 나타낸다.

plt.title('Violin Plot of Age')로 그래프 상단에 제목을 입력하여 분석 대상 변수를 명확하게 표현하고, **plt.xlabel('Age')**로 x축의 라벨(label)을 'Age'로 설정하여 데이터의 단위를 표시한다. 마지막으로 **plt.show()**를 입력하여 그래프를 화면에 출력한다.

```
sns.violinplot(x=df['age'])
plt.title('Violin Plot of Age')
plt.xlabel('Age')
plt.show()
```

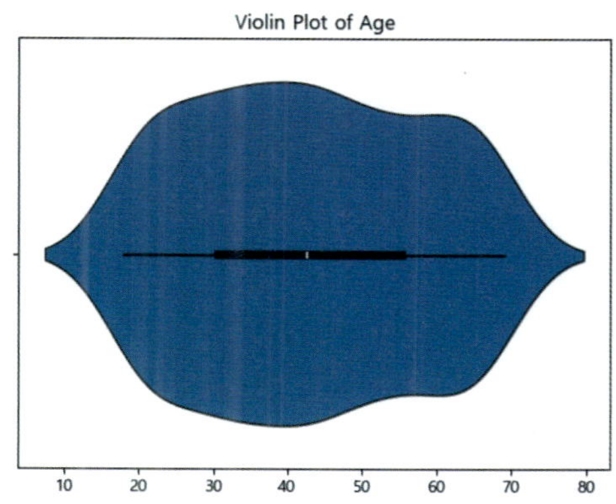

[그림 3-23] 바이올린 플롯

■ **커널밀도추정 그래프**

커널밀도추정 그래프(KDE plot, Kernel Density Estimation plot)는 데이터의 분포를 부드러운 곡선 형태로 표현하는 통계적 시각화 방법이다. 히스토그램이 구간(bins)을 나누어 막대로 표시하는 반면, KDE는 확률밀도함수(PDF)를 추정하여 데이터가 어느 구간에 집중되어 있는지를 연속적인 곡선으로 나타낸다.

seaborn 라이브러리를 sns라는 별칭으로 불러왔으므로, **sns.kdeplot()**을 사용하여 커널밀도추정 그래프를 그릴 수 있다. 이때 **df['income']**을 인수로 지정하여 데이터프레임(df)에서 'income' 열, 즉 소득 데이터를 기반으로 분포를 시각화한다. 또한 **fill=True** 옵션을 설정하여 곡선 아래 영역을 색으로 채워서 시각적으로 분포의 밀도 차이를 강조한다. 곡선 아래 면적의 총합은 1로 정규화되어 있으며, 이는 확률밀도함수(PDF)로서 각 구간의 상대적 빈도를 나타낸다.

plt.title('KDE Plot of Income')으로 그래프 상단에 제목을 표시하고, **plt.xlabel('Income')**과 **plt.ylabel('Density')**로 각각 x축, y축 이름을 지정하여 각 축이 나타내는 값을 시각적으로 구분할 수 있게 한다. 마지막으로 **plt.show()**를 통해 지금까지 설정한 그래프를 화면에 출력한다.

```
sns.kdeplot(df['income'], fill=True)
plt.title('KDE Plot of Income')
plt.xlabel('Income')
plt.ylabel('Density')
plt.show()
```

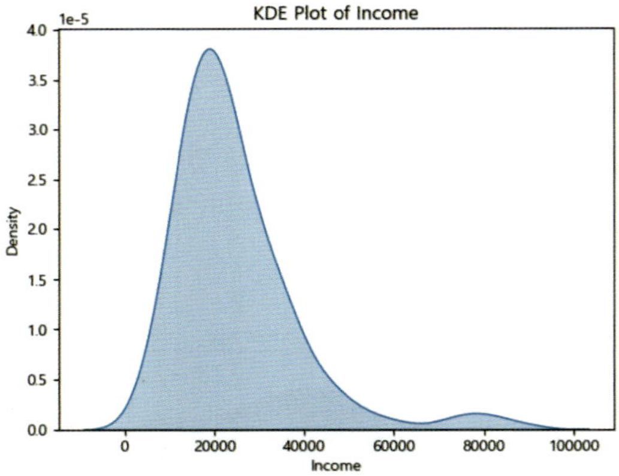

[그림 3-24] 커널밀도추정 그래프

CHAPTER

04

T-검정

T-test

Contents

통계학 수업에서 기초적인 이론을 학습할 때 가장 먼저 접하게 되는 분석 방법 중 하나가 바로 T-검정이다. 그래서 매우 익숙하게 느껴질 수 있지만, 기본 개념을 제대로 이해하지 못한 상태라면 분석 과정에서 간과하기 쉬운 검정 방법이기도 하다. 따라서 기초를 확실히 다져두는 것이 무엇보다 중요하다.

여러분이 카페를 운영한다고 가정해 보자. 라떼에 진심이라 카페라떼(cafe latte)와 오트라떼(oat latte)의 판매량 변화를 유심히 살펴보았다. 과거에는 카페라떼가 더 많이 팔렸지만, 최근에는 오트라떼의 판매량이 더 많아졌다는 사실을 발견했다고 하자. 매출 기록만 보면 흥미로운 변화처럼 보이지만, 이것이 단순한 우연인지 아니면 소비자의 선호가 실제로 바뀐 것인지를 판단하는 것은 또 다른 문제다.

이 차이는 단순히 일시적인 변동일 수도 있고, 혹은 소비자들의 기호 변화가 반영된 실질적인 매출 차이일 수도 있다. 바로 이 지점에서 T-검정은 두 메뉴의 판매량 차이가 통계적으로 유의미한 결과인지, 아니면 무시해도 되는 결과인지를 판별하는 데 효과적인 도구가 된다. 즉, 일상적인 관찰을 넘어 데이터에 근거한 결론을 내릴 수 있도록 돕는 것이다.

이러한 분석을 연구에 접목해 본다면, 두 데이터 사이에서 발견되는 유의미한 차이가 단순한 현상에 그치지 않고 사회적 의미를 지닐 수 있음을 확인할 수 있다. 따라서 연구자는 해당 연구 결과가 사회에 어떤 공헌을 할 수 있을지, 혹은 어떤 변화를 이끌어낼 수 있을지를 사전에 가늠하여 연구의 방향성을 설정하는 중요한 출발점으로 삼을 수 있다.

T-검정은 간단한 분석처럼 보이지만, 전통적인 통계학으로 접근하는 연구에서 매우 중요한 기본기에 해당한다. 기초를 충분히 학습하고 이를 탄탄하게 다져야만 이후의 복잡한 분석에서도 흔들리지 않는 기반을 마련할 수 있다.

SECTION 4.1

T-검정이란

T-검정은 가장 기본적인 평균에 대한 검정 방법이다. 좀 더 구체적으로 이야기하면, 누구라도 의심하지 않을 사항에 대해 연구자가 문제점을 인식한 경우, 의심하지 않아야 하는지(귀무가설, H_0) 혹은 연구자의 의심이 맞는지(대립가설, H_1)를 평균값을 기준으로 확인하는 방법이다. 이때 연구자가 느끼는 의심의 대상은 범주형 척도로 구성되어야 하고, 의심되는 값은 연속형 척도로 구성되어야 한다. 그러므로 독립변수에 해당하는 집단(예 환경, 요인)에 대해 일일이 수치로 측정해야 하는데, T-검정은 이러한 수치의 평균을 계산한 후 그 값이 유의수준 안에 있는지 없는지를 판단하는 분석 방법이다.

평균을 대상으로 하는 분석 방법에는 크게 T-검정과 분산분석이 있다. T-검정은 한 집단 또는 두 집단의 평균을 비교하는 방법이고, 분산분석은 세 집단 이상의 평균을 비교하는 방법이다. 분산분석은 T-검정의 연장선상에 있으나 분석 방법의 결이 다르므로 장을 구분하여 따로 설명한다.

T-검정에는 일표본 T-검정, 대응표본 T-검정, 독립표본 T-검정의 세 종류가 있다. '일표본 T-검정'은 모집단의 평균과 특정 수치를 비교하는 방법이다. 단순히 어떤 한 집단이 가진 특정한 값의 평균을 계산하여 그 값이 누구라도 인정될 범위에 있다면 귀무가설에 해당하는 H_0를 채택하고, 인정되는 범위를 벗어나면 연구자가 주장하는 의심을 받아들여 H_0를 기각하고 H_1을 채택하는 분석 방법이다. '대응표본 T-검정'은 동일한 집단의 전후 평균을 비교하는 방법이다. 어떤 한 집단에 특별한 조치를 취하고 그 조치를 취하기 전과 후로 구분하여 효과나 변화에 대해 점수를 부여해서 각각 1회씩 총 2회를 측정한다. 그리고 해당 점수를 수치로 인식하여 평균을 계산한 후 사전-사후의 변화가 유의하게 나타났는지를 확인하는 분석 방법이다. '독립표본 T-검정'은 서로 독립적인 두 집단의 평균을 비교하는 방법이다. 집단을 2개로 구분한 후 그 집단이 지닌 특정 요인의 우위를 확인하거나 효과를 비교하기 위해 특정 요인을 측정하여 집단별 평균을 계산하고, 두 집단 간에 차이가 있는지를 통계적으로 판단하는 분석 방법이다.

[표 4-1] T-검정의 구분

비교 대상	표본 개수	측정 횟수	검정 방법
평균	1	1	일표본 T-검정
		2	대응표본 T-검정
	2	1	독립표본 T-검정

참고 귀무가설(영가설) vs. 대립가설(연구가설)

연구자의 연구가 의미 있으려면 어떤 연구 결과가 나와야 할까? 대다수가 알고 있는 사실이 잘못된 지식이었음을 밝혀 내거나 사람들이 몰랐던 사실을 알리는 연구 결과를 공표했을 때 비로소 그 연구가 대단한 것이라고 받아들여진다. 즉 연구자는 모든 환경이나 변화에 대해 왜 그렇게 된 것인지(why), 무엇이 그렇게 만드는지(what)를 생각하고 문제가 되는 내용을 밝혀야 한다. 이때 연구자의 주장이 받아들여진다면 그 연구가 의미 있게 되는 것이다.

연구자는 연구할 가치가 있다고 생각하기 때문에 연구를 시작할 것이다. 그렇다면 연구자가 가정하여 주장하고 싶은 설(說)이 연구를 통해 증명될 것이므로 이 가설을 '연구가설(研究假設)'이라 한다. 반면, 누가 보더라도 당연한 이치이거나 결과가 뻔히 보인다면 연구자는 연구할 필요가 없다(無)고 생각할 것이다. 이처럼 연구를 전혀 할 필요가 없어 영(0, 零)의 연구여야 하는 가설이라면 '영가설(零假設)'에 해당한다. 이를 0으로 되돌아가는 가설이라고 하여 '귀무가설(歸無假說)'이라고도 표현한다. 연구가설은 영가설에 대립되는 가설이므로 '대립가설(對立假設)'이라고도 표현한다.

파이썬으로 T-검정을 실시하기 위한 문법은 다음과 같다.

- **일표본 T-검정:** `stats.ttest_1samp(변수, 검정값)`
- **대응표본 T-검정:** `stats.ttest_rel(x, y)`
- **독립표본 T-검정:** `stats.ttest_ind(x, y)`

단, T-검정은 **scipy**에서 통계를 위한 **stats** 모듈을 불러와야 진행할 수 있다. T-검정에 들어가기 전에 다음을 실행한다.

```
from scipy import stats
```

[그림 4-1] stats 모듈 임포트하기

SECTION
4.2 일표본 T-검정

누구나 한 번쯤은 당연하게 인식되는 상황에 대해 의심을 품어본 적이 있을 것이다. 이런 경우에 수행할 수 있는 검정 방법이 바로 T-검정이다. 특히 표본을 1개 선정한 후에 그 표본을 대상으로 단 한 번 측정하고 분석해서 판단하는 방법을 '일표본 T-검정'이라 한다.

연구문제 용량이 250ml로 표기된 이온 음료가 있다. 이 이온 음료의 용량이 정말 250ml가 맞는지 총 300개의 표본을 설정하여 검정해 보자.

▶ 실습파일 | t_test1.csv

- **귀무가설:** 이온 음료의 용량은 250ml이다.
- **대립가설:** 이온 음료의 용량은 250ml가 아니다.

데이터 불러오기와 확인하기

t_test1.csv를 불러와서 **t_test1**으로 정의한다.

```
t_test1 = pd.read_csv('./source/t_test1.csv')
```

[그림 4-2] 일표본 T-검정의 파일 불러오기

t_test1을 실행하면 데이터의 처음 5행과 마지막 5행을 확인할 수 있다. 하지만 우리는 변수명을 활용할 것이므로 처음이나 마지막의 5행만 본다. **head()**는 처음 5행을, **tail()**은 마지막 5행을 확인할 수 있는 메서드다.

```
t_test1.head()
```

	번호	용량
0	1	252
1	2	271
2	3	282
3	4	257
4	5	240

[그림 4-3] 일표본 T-검정의 데이터 확인

분석 진행하기

먼저, 검정하고자 하는 변수 **용량**을 **ml**로 정의한다. 다음으로 **stats.ttest_1samp(변수, 검정값)**을 코딩하여 변수에 'ml'을 입력하고, 검정값에 '250'을 입력하여 실행한다.

```
ml = t_test1.용량
stats.ttest_1samp(ml, 250)
```

```
TtestResult(statistic=np.float64(6.712284537153708), pvalue=np.float64(4.4510686524324534e-
11), df=np.int64(599))
```

[그림 4-4] 일표본 T-검정 실행

분석된 결과를 **result1**으로 정의하고 **print()**로 출력하여 분석 결과와 동일한지 확인한다.[1]

```
result1 = stats.ttest_1samp(ml, 250)
print(result1)
```

```
TtestResult(statistic=np.float64(6.712284537153708), pvalue=np.float64(4.4510686524324534e-
11), df=np.int64(599))
```

[그림 4-5] 일표본 T-검정 확인

if 함수를 이용하여 결과를 해석하는 스크립트를 입력하고 실행한다.[2]

```
if result1[1] > .05:
    print('p-value는 %f로 95%% 수준에서 유의하지 않음' % result1[1])
else:
    print('p-value는 %f로 95%% 수준에서 유의함' % result1[1])
```

```
p-value는 0.000000로 95% 수준에서 유의함
```

[그림 4-6] 일표본 T-검정 결과 설명

T-검정통계량은 statistic = 6.712284537153708로 계산되었고, 유의확률은 pvalue = 4.4510686524324534e-11로 확인되었다. 95%의 유의수준에서 가설의 채택 여부를 판단하였을 때, $p < .05$이므로 귀무가설을 기각하고 대립가설을 채택한다. 검정 결과에 따라, 이 온 음료는 250ml라고 할 수 없다. 더 정확히 말하면 T-검정통계량이 양수이므로 250ml보다 용량이 더 많다고 할 수 있다.

---

1 Scipy의 최신 버전(1.9 이후)에서는 분석 결과를 출력할 때 데이터 타입을 정밀하게 표현한다. 즉, 출력 결과의 수치가 정수(int64)인지 실수(float64)인지까지도 정확히 확인할 수 있다. 그 이전 버전에서는 출력 결과가 다음과 같이 표현되었다.
`Ttest_1sampResult(statistic=6.7122845371537085, pvalue=4.451068652432502e-11)`

2 result1[0]은 T-검정통계량, result1[1]은 pvalue를 나타낸다.

참고　지수함수 형태의 숫자 표기

일표본 T-검정 분석 결과 유의확률을 의미하는 값이 pvalue=4.451068652432502e-11로 확인되었다. 일반적으로는 이런 표기법을 사용하지 않지만, 컴퓨터를 활용한 계산에서 숫자가 긴 경우에는 이렇게 표기한다. e는 exponential의 약자로, 어떤 양의 변화가 지수함수의 형태로 나타날 때 사용한다.

4.451068652432502e-11에서 주의하여 볼 것은 **4.**과 **-11**이다. -11은 소수점을 11자리 왼쪽으로(음의 방향으로) 이동시키라는 의미다. 즉 위 유의확률 값을 모두 표현하면, **pvalue=0.000000000044510686524324534**가 된다. 참고로 4.4510686524324534e+11이라면 445,106,865,243.2502를 의미한다.

시각화

앞서 분석한 결과를 다양한 시각화 그래프로 나타내 보자.

■ 히스토그램+기준선

히스토그램은 데이터가 어떤 구간에 얼마나 자주 분포하는지를 보여준다. 여기에 기준선(예 검정의 가설 평균값 250)을 추가하면 데이터의 중심 경향이 기준값과 어느 정도 차이가 나는지를 직관적으로 파악할 수 있다. 다만, 평균과 변동성(신뢰구간)까지는 명확하게 알기 어렵다.

변수 ml에 저장된 용량 데이터를 히스토그램으로 그리고, 검정의 기준값인 250을 기준선으로 함께 표시해 보자.

먼저 **matplotlib.pyplot**을 **plt**라는 별칭으로 임포트하고, **ml**을 **t_test1**의 용량으로 정의한다.

다음으로 **plt.figure(figsize=(6,4))**를 통해 그래프의 크기를 설정하고,[3] **plt.hist()** 함수를 사용하여 용량 데이터의 분포를 막대 형태로 나타낸다. 각 막대는 특정 구간에 속하는 데이터의 빈도를 보여주며, **bins=20**은 전체 데이터를 20개의 구간으로 나누어 표현한다. **color='skyblue'**는 막대의 색상을 하늘색으로 지정하고, **edgecolor='black'**은 막대의 테두리를 검은색으로 지정한다.

이후 **plt.axvline(250, color='red', linestyle='--', label='Test Mean=250')**을 통해 x축 값 250 위치에 붉은 점선으로 기준선을 추가한다. 이 선은 단일 표본 T-검정에서 비교 대상이 되는 평균값을 나타내며, 데이터의 중심이 이 값보다 큰지 작은지를 시각적으로 확인할 수 있게 한다.

마지막으로 **plt.xlabel()**, **plt.ylabel()**, **plt.title()**을 이용해 x축과 y축의 이름, 그래프 제목을 지정하고, **plt.legend()**를 통해 기준선이 의미하는 범례를 표시한 후 **plt.show()**로 그래프를 화면에 출력한다.

3 (6, 4)는 인치(inch) 단위로 가로 6인치, 세로 4인치 크기를 의미하며, 모니터나 해상도에 따라 실제 표시되는 크기는 달라질 수 있다.

```
import matplotlib.pyplot as plt

ml = t_test1.용량

plt.figure(figsize=(6,4))
plt.hist(ml, bins=20, color='skyblue', edgecolor='black')
plt.axvline(250, color='red', linestyle='--', label='Test Mean = 250')
plt.xlabel('용량')
plt.ylabel('빈도')
plt.title('Histogram of 용량 with Test Mean')
plt.legend()
plt.show()
```

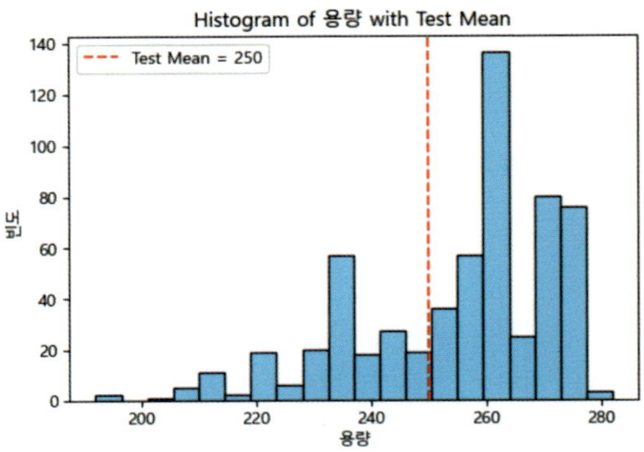

[그림 4-7] 히스토그램+기준선

■ 히스토그램+KDE

데이터 분포를 시각적으로 확인하고 싶을 때 히스토그램과 커널밀도추정(KDE) 곡선을 함께 그리면 각 값의 출현 빈도와 전체적인 분포 형태를 동시에 파악할 수 있다. KDE는 데이터 분포를 부드럽게 보여주는 데 초점이 맞춰져 있어 기준값과의 차이를 직접적으로 보여주지는 않는다. 따라서 이 시각화는 주로 데이터의 패턴과 형태를 탐색하는 데 활용된다.

히스토그램과 커널밀도추정(KDE) 곡선을 함께 그리기 위해 **sns**로 명명한 **seaborn**을 임포트한다. 이후 **plt.figure(figsize=(6,4))**를 통해 그래프의 전체 크기를 설정한다. 이어서 **sns.histplot()** 함수를 이용해 히스토그램을 그린다. 여기서 **ml**은 시각화할 데이터이며, **bins=20**은 전체 데이터를 20개의 구간으로 나누어 표현한다. 히스토그램 위에 부드러운 확률밀도 곡선(KDE)을 함께 표시하기 위해 **kde=True**[4]를 설정하고, **color='skyblue'**로 막대의 색상을 하늘색으로 지정한다. 마지막으로 **plt.xlabel('용량')**, **plt.ylabel('Density')**, **plt.title('Histogram+KDE of 용량')**을 통해 x축과 y축의 이름, 그래프 제목을 지정한 후 **plt.show()**를 호출하여 그래프를 출력한다.

4 이 옵션은 커널밀도추정(KDE)을 활성화하여, 데이터 분포를 부드러운 곡선 형태로 표현한다. 히스토그램은 실제 빈도 값을 막대 형태로 보여주지만, KDE 곡선은 이 빈도를 확률밀도 형태로 부드럽게 추정하여 데이터가 어느 구간에 집중되어 있는지를 한눈에 파악할 수 있게 한다. kde=False가 기본값이며, 이 경우 히스토그램만 표시된다.

```python
import seaborn as sns

plt.figure(figsize=(6,4))
sns.histplot(ml, bins=20, kde=True, color='skyblue')
plt.xlabel('용량')
plt.ylabel('Density')
plt.title('Histogram + KDE of 용량')
plt.show()
```

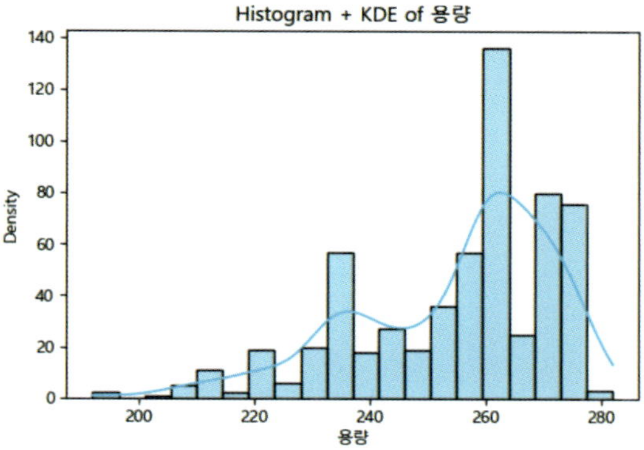

[그림 4-8] 히스토그램+KDE

■ **박스플롯**

박스플롯은 중앙값, 사분위수, 이상치 등 데이터의 통계적 특성을 강조하고 싶을 때 적합한 시각화 도구다. 중앙값과 상·하위 25% 범위(IQR), 이상치를 한눈에 보여주기 때문에 데이터의 분포와 흩어짐 정도, 기준값과의 상대적 위치를 직관적으로 파악할 수 있다. 다만 평균±표준오차나 신뢰구간은 시각화되지 않기 때문에, T-검정의 통계적 의미를 직접적으로 해석하는 데는 한계가 있다.

용량(ml) 데이터의 분포를 박스플롯 형태로 시각화하고, 비교 기준값인 250을 기준선으로 함께 표시해 보자.

먼저 **plt.figure(figsize=(5,6))**을 통해 그래프의 크기를 세로 방향으로 조금 길게 설정하고, **sns.boxplot(y=ml, color='lightgreen')**을 이용해 용량 데이터를 박스플롯으로 표현한다. 박스플롯에서 박스 안의 가로 선은 중앙값(median)이며, 박스의 아래쪽과 위쪽 경계는 각각 1사분위수(Q1)와 3사분위수(Q3)를 나타낸다. 박스 밖으로 길게 뻗은 선(whisker)은 1.5×IQR 범위 내의 최솟값과 최댓값을, 그 밖의 점들은 이상치(outlier)를 나타낸다.

이어서 **plt.axhline(250, color='red', linestyle='--', label='Test Mean=250')**으로 y축 값이 250인 위치에 빨간색 점선을 추가하여 단일 표본 T-검정에서 비교 기준이 되는 평균값을 표시한다. 이를 통해 데이터의 중앙값이나 전체 분포가 이 기준값보다 높은지, 낮은지를 시각적으로 쉽게 비교할 수 있다.

이후 **plt.ylabel('용량')**과 **plt.title('용량의 Boxplot')**으로 축 이름과 그래프 제목을 설정하고, **plt.legend()**로 기준선의 의미를 표시한다. 마지막으로 **plt.show()**를 통해 그래프를 출력한다.

```
plt.figure(figsize=(5,6))
sns.boxplot(y=ml, color='lightgreen')
plt.axhline(250, color='red', linestyle='--', label='Test Mean = 250')
plt.ylabel('용량')
plt.title('용량의 Boxplot')
plt.legend()
plt.show()
```

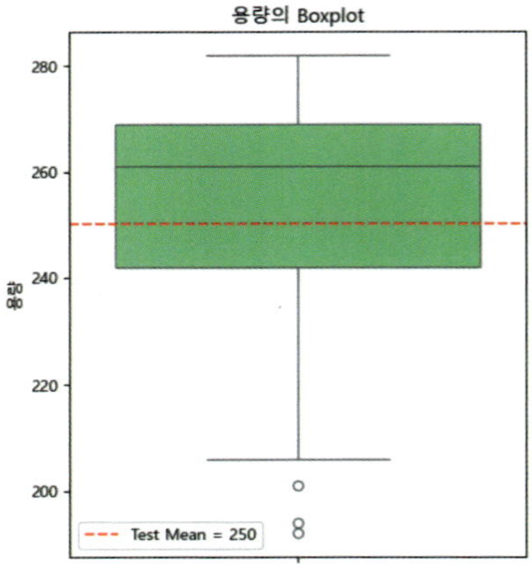

[그림 4-9] 박스플롯

■ **Mean ± CI 에러바**

데이터의 평균과 그 신뢰구간을 강조하고 싶다면 평균값에 대한 에러바(error bar)를 그리는 방식이 효과적이다. 평균±신뢰구간 범위를 시각적으로 표시함으로써 기준값과 실제 평균값 간의 차이를 명확하게 보여줄 수 있으므로, 단일 표본 T-검정 결과를 직관적으로 이해하는 데 매우 유용하다. 신뢰구간(CI)의 기준값 포함 여부를 통해 통계적 유의성을 쉽게 판단할 수 있는데, 기준값을 포함하면 유의미한 차이가 없고, 포함하지 않으면 유의미한 차이가 있다고 해석할 수 있다.

전체 데이터에서 대푯값으로 사용할 데이터의 평균값을 **np.mean(ml)**로 계산하여 **mean_ml**에 저장하고, 표본 표준편차는 **np.std(ml, ddof=1)**로 계산하여 **std_ml**로 정의한다.[5] 데이터의 관측치 개수는 **len(ml)**로 구해 **n**에 저장하고, 이를 바탕으로 95% 신뢰구간의 범위를 **1.96 * std_ml / np.sqrt(n)**으로 계산하여 **ci**로 정의한다.

plt.figure(figsize=(6,4))로 그래프의 크기를 설정하고, **plt.errorbar()** 함수를 이용해 평균값과 신뢰구간을 시각화한다. 여기서 **x=[0]**은 그래프의 x축 위치를 설정하고, **y=[mean_ml]**은 평균값을 y축에 표시한다. **yerr=[ci]**는 평균값을 중심으로 위아래로 표시할 95% 신뢰구간의 범위를 의미한다. **fmt='o'**는 평균값을 점으로 표시한다. **color='blue'**는 점과 에

5 ddof=1은 자유도를 1로 설정하여 표본 표준편차를 정확히 추정하도록 하는 옵션이다. 이 설정이 다소 생소하게 느껴질 수 있지만, numpy에서 ddof(delta degrees of freedom, 자유도 조정값)는 표준편차를 계산할 때 분모에서 빼는 값을 의미한다. 일반적으로 표본 표준편차를 구할 때는 전체 데이터 개수 n이 아닌 $n-1$을 분모로 사용해야 하며, 이는 표본이 모집단 전체를 대표하지 않기 때문에 보정이 필요한 통계적 관례다. 따라서 ddof=1은 분모를 $n-1$로 설정하게 되며, 이는 표본 표준편차를 구할 때 적용되는 자유도를 의미한다.

러바의 색상을, **capsize=5**는 에러바의 끝점 길이를 설정한다. 또한 **label='Mean ± 95% CI'**로 범례에 표시될 이름을 지정한다.

이와 함께 **plt.axhline(250, color='red', linestyle='--', label='Test Mean = 250')**을 사용하여 y축 값이 250인 위치에 빨간 점선을 그린다. 이 선은 단일 표본 T-검정에서 비교 기준이 되는 평균값을 나타내며, 이를 통해 평균과 기준값의 상대적 위치를 쉽게 파악할 수 있다.

plt.xlim(-1, 1)과 **plt.xticks([ ])**를 통해 x축 범위를 제한하고 눈금을 제거하여, 그래프가 단일 평균값과 신뢰구간에 집중되도록 정리한다. 마지막으로 **plt.ylabel('용량')**과 **plt.title('Mean ± 용량에 대한 95% 신뢰구간(Confidence Interval)')**로 y축 레이블과 그래프 제목을 지정하고, **plt.legend()**로 범례를 표시한 뒤 **plt.show()**를 호출하여 그래프를 화면에 출력한다.

```
import numpy as np

mean_ml = np.mean(ml)
std_ml = np.std(ml, ddof=1)
n = len(ml)
ci = 1.96 * std_ml / np.sqrt(n)  # 95% 신뢰구간

plt.figure(figsize=(6,4))
plt.errorbar(x=[0], y=[mean_ml], yerr=[ci], fmt='o', color='blue', capsize=5,
             label='Mean ± 95% CI')
plt.axhline(250, color='red', linestyle='--', label='Test Mean = 250')
plt.xlim(-1, 1)
plt.xticks([])
plt.ylabel('용량')
plt.title('Mean ± 용량에 대한 95% 신뢰구간(Confidence Interval)')
plt.legend()
plt.show()
```

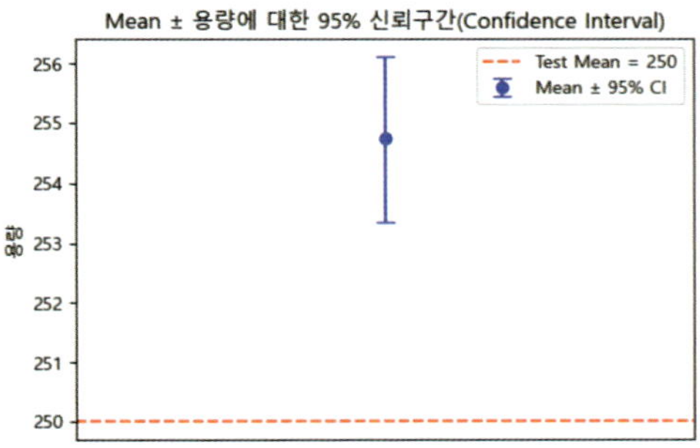

[그림 4-10] Mean ± CI 에러바

출력 결과를 보면, 신뢰구간이 기준점인 250을 포함하지 않고 떨어져 있다. 이때 통계적으로 평균이 250과 유의하게 다르다고 판단할 수 있다.

SECTION

4.3 대응표본 T-검정

대응표본 T-검정은 1개의 표본에 대해 사전-사후 각각 1회씩 2회를 측정한 후, 두 측정치 간의 차이가 유의한지 판단하는 분석 방법이다. 예를 들어 새로 개발한 제품이나 약품의 효과 여부를 검증할 때 사용한다.

연구문제

A 제약 회사에서 마른 사람은 살이 찌고 뚱뚱한 사람은 살이 빠지는 체중 변화 효과는 물론, 건강에도 좋은 제품을 개발하는 데 성공했다고 한다. 신청자 500인을 표본으로 하여 '복용 전/복용 후'의 체중 변화를 조사해서 이 제품이 정말 체중 변화에 효과가 있는지 확인해 보자.

▶ 실습파일 | t_test2.csv

- **귀무가설:** 체중 변화에 차이가 없다.
- **대립가설:** 체중 변화에 효과가 있다.

데이터 불러오기와 확인하기

t_test2.csv를 불러와서 **t_test2**로 정의한다.

```
t_test2 = pd.read_csv('./source/t_test2.csv')
```

[그림 4-11] 대응표본 T-검정의 파일 불러오기

t_test2.head()를 실행하여, 활용할 변수명을 확인한다. **before**와 **after**로 구분되어 있음을 확인할 수 있다.

```
t_test2.head()
```

	No	before	after
0	1	75	73
1	2	74	74
2	3	75	76
3	4	75	71
4	5	83	76

[그림 4-12] 대응표본 T-검정의 데이터 확인

일차적으로 **mean()**을 입력하여 평균차이를 확인할 수 있다. before(복용 전) 73.199601, after(복용 후) 69.481038로 평균차이가 확인된다.

```
t_test2.mean()
```

```
No        251.000000
before     73.199601
after      69.481038
dtype: float64
```

[그림 4-13] before와 after의 평균 확인

하지만 이러한 차이가 실제로 유의한 차이인지는 알 수 없다. 그러므로 대응표본 T-검정을 실시하여 평균차이의 유의성을 확인해야 한다.

분석 진행하기

t_test2로 정의된 데이터 프레임에서 사전-사후의 변수인 **before**와 **after**를 **stats.ttest_rel(x, y)**에 입력하여 대응표본 T-검정을 실시한다.

```
stats.ttest_rel(t_test2.before, t_test2.after)
```

```
TtestResult(statistic=np.float64(22.92760977668885), pvalue=np.float64(4.859514795564931e-8
0), df=np.int64(500))
```

[그림 4-14] 대응표본 T-검정 실행

분석한 결과를 **result2**로 정의하고 **print()**로 출력하여 분석 결과와 동일한지 확인한다.

```
result2 = stats.ttest_rel(t_test2.before, t_test2.after)
print(result2)
```

```
TtestResult(statistic=np.float64(22.92760977668885), pvalue=np.float64(4.859514795564931e-8
0), df=np.int64(500))
```

[그림 4-15] 대응표본 T-검정 확인

if 함수를 이용하여 결과를 해석하는 스크립트를 입력하고 실행한다.[6]

```
if result2[1] > .05:
    print('p-value는 %f로 95%% 수준에서 유의하지 않음' % result2[1])
else:
    print('p-value는 %f로 95%% 수준에서 유의함' % result2[1])
```

```
p-value는 0.000000로 95% 수준에서 유의함
```

[그림 4-16] 대응표본 T-검정 결과 설명

T-검정통계량은 statistic = 22.92760977668885로 계산되었고, 유의확률은 pvalue = 4.859514795564931e-80으로 확인되었다. 95%의 유의수준에서 가설의 채택 여부를 판

6 result1[0]은 T-검정통계량, result1[1]은 pvalue를 나타낸다.

단하였을 때, p<.05이므로 귀무가설을 기각하고 대립가설을 채택한다. 따라서 A 제약회사에서 개발한 신제품으로 인한 체중 변화는 사전-사후 간에 유의한 차이가 있다고 할 수 있다.

참고 변수 표기 방법

변수명을 영어로 쓰지 않고 한글로 설정한 경우 '복용 전'과 '복용 후'처럼 하나의 변수명을 띄어쓰기하여 설정하면 다음과 같이 에러가 발생한다. 파이썬은 띄어쓰기된 변수명을 2개의 변수로 인식하기 때문이다.

```
t_test222 = pd.read_csv('./source/t_test222.csv')
```

```
t_test222.head()
```

	No	복용 전	복용 후
0	1	75	73
1	2	74	74
2	3	75	76
3	4	75	71
4	5	83	76

```
stats.ttest_rel(t_test222.복용 전, t_test222.복용 후)
```

```
  Cell In[43], line 1
    stats.ttest_rel(t_test222.복용 전, t_test222.복용 후)
                                   ^
SyntaxError: invalid syntax. Perhaps you forgot a comma?
```

[그림 4-17] 띄어쓰기된 한글 변수명으로 인한 오류 화면

하지만 한글 변수명이어도 '복용전'과 '복용후'처럼 띄어쓰기를 하지 않으면 에러가 발생하지 않는다. 변수명을 설정할 때는 붙여쓰기해야 한다는 점을 꼭 기억하자.

```
t_test22 = pd.read_csv('./source/t_test22.csv')
```

```
t_test22.head()
```

	No	복용전	복용후
0	1	75	73
1	2	74	74
2	3	75	76
3	4	75	71
4	5	83	76

```
stats.ttest_rel(t_test22.복용전, t_test22.복용후)
```

```
TtestResult(statistic=np.float64(22.92760977668885), pvalue=np.float64(4.859514795564931e-8
0), df=np.int64(500))
```

[그림 4-18] 붙여쓰기된 한글 변수명을 입력했을 때의 결과 화면

시각화

앞서 분석한 결과를 다양한 시각화 그래프로 나타내 보자.

■ 박스플롯

박스플롯을 사용하여 두 집단 간 중앙값/평균 위치를 비교하고 이를 통해 대략적인 변화 방향 확인할 수 있다. 즉, 분포 폭과 이상치를 확인하여 데이터의 변동성이나 개별 차이를 확인하는 데 유용하다. 그 차이가 통계적으로 유의한지를 판단하려면 반드시 대응표본 T-검정을 실시하고, 그 결과를 함께 해석해야 한다.

matplotlib.pyplot를 **plt**로 임포트하고, Matplotlib 위에 더 직관적이고 깔끔한 그래프를 그리기 위해 **Seaborn** 라이브러리를 **sns**로 임포트한다. 이어서 **sns.boxplot(data=[t_test2.before, t_test2.after]**를 이용해 before와 after 데이터를 박스플롯으로 시각화한다. 또한 **plt.xticks([0,1], ['Before', 'After'])**를 사용하여 x축 눈금에 Before와 After라는 라벨을 붙이고, **plt.ylabel('Value')**를 사용하여 y축 이름을 설정한다. 마지막으로 **plt.title('Before vs After')**를 입력하여 그래프 상단에 제목을 붙인 후, **plt.show()**로 그래프를 화면에 출력한다.

```
import matplotlib.pyplot as plt
import seaborn as sns

sns.boxplot(data=[t_test2.before, t_test2.after])
plt.xticks([0,1], ['Before', 'After'])
plt.ylabel('Value')
plt.title('Before vs After')
plt.show()
```

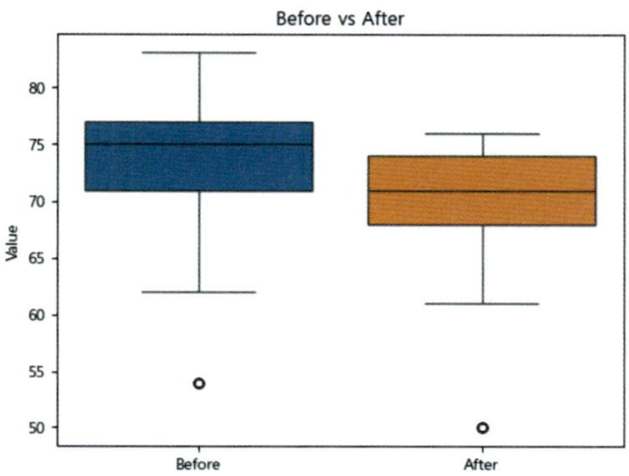

[그림 4-19] 박스플롯

대응표본 T-검정에서 박스플롯을 해석하는 방법은 다음과 같다.

- **중앙값 비교:** 중앙선(중앙값)이 얼마나 이동했는지를 확인하여 변화의 방향과 크기를 직관적으로 파악한다.
- **박스 겹침 여부:** 두 박스(사분위수)가 거의 겹치지 않고 위아래로 분리되어 있다면, 두 집단 간 차이가 크다는 시각적 증거가 될 수 있다. 겹치는 정도가 크다면 집단 간 차이가 작거나 차이가 불확실하다고 판단할 수 있다.

- **분포의 폭 확인:** 박스의 폭이 넓다는 것은 개별 데이터의 변화가 다양하다는 의미이므로, 이는 T-검정에서 표준오차에 영향을 준다. 박스의 폭이 좁으면 데이터 변화가 거의 없고 일정하다는 의미다. 따라서 박스의 폭이 크다면 t값이 크게 나올 가능성이 높다.

■ 연결된 산점도(쌍 비교 연결 그래프)

연결된 산점도는 각 개체의 Before와 After 값을 직접 연결하여, 개별 변화의 방향과 크기를 시각적으로 확인할 수 있는 그래프다. 각 점은 한 측정치(또는 실험 단위)의 두 시점 값을 나타내며, 두 점을 이어준 선은 시간이나 조건 변화에 따른 변화를 의미한다. 이 그래프를 통해 각 대상의 변화 방향(증가·감소)과 변화의 일관성 정도를 파악할 수 있다. 대부분의 선이 위로 향하면(after>before) 전체적으로 증가 경향을 나타내고, 아래로 향하면(after <before) 감소 경향을 나타낸다. 또한 개별 선들의 기울기나 분포 폭을 통해 개별 측정치 간 차이의 크기와 변동성을 시각적으로 파악할 수 있다. 단, 이렇게 나타난 변화가 통계적으로 유의한지를 판단하려면, 반드시 대응표본 T-검정을 수행하여 그 결과의 t값과 p-value를 확인해야 한다.

먼저 **plt.figure(figsize=(6,6))**으로 그래프의 크기를 설정한다. 이어서 **plt.plot([0]*len(t_test2.before), t_test2.before, 'o', label='Before')**와 **plt.plot([1]*len(t_test2.after), t_test2.after, 'o', label='After')**를 입력하여, before 값과 after 값을 각각 x축의 0과 1 위치에 작은 원(o)으로 표시하고, 각 레이블을 before와 after로 설정한다.

다음으로 각 측정치의 쌍을 선으로 연결하여, 개별 값이 시간이나 조건에 따라 어떻게 변했는지를 나타내기 위해 for 반복문을 이용한다. 즉, 전체 측정치 수만큼 반복하면서 각 샘플의 두 시점 값을 가져와서 처리할 수 있도록 **for i in range(len(t_test2.before)):**를 작성하고, x축의 0과 1 위치에 해당하는 y축 좌표를 **[t_test2.before[i], t_test2.after[i]]**로 입력한다. 이때 회색 선(**'gray'**)에 낮은 투명도(**alpha=0.3**)를 사용하여 선들이 많이 겹쳐도 전체적인 변화 패턴이 잘 드러나게 한다.

plt.xticks([0,1], ['Before', 'After'])로 x축 눈금인 0과 1 위치에 각각 라벨을 지정하고, **plt.ylabel('Value')**로 y축의 이름을 설정한다. **plt.title('Paired Data Changes')**로 그래프 제목을 붙이고 **plt.legend()**로 범례를 표시한 후, **plt.show()**로 그래프를 출력한다.

```python
import matplotlib.pyplot as plt

plt.figure(figsize=(6,6))
plt.plot([0]*len(t_test2.before), t_test2.before, 'o', label='Before')
plt.plot([1]*len(t_test2.after), t_test2.after, 'o', label='After')
for i in range(len(t_test2.before)):
    plt.plot([0,1], [t_test2.before[i], t_test2.after[i]], 'gray', alpha=0.3)
plt.xticks([0,1], ['Before', 'After'])
plt.ylabel('Value')
plt.title('Paired Data Changes')
plt.legend()
plt.show()
```

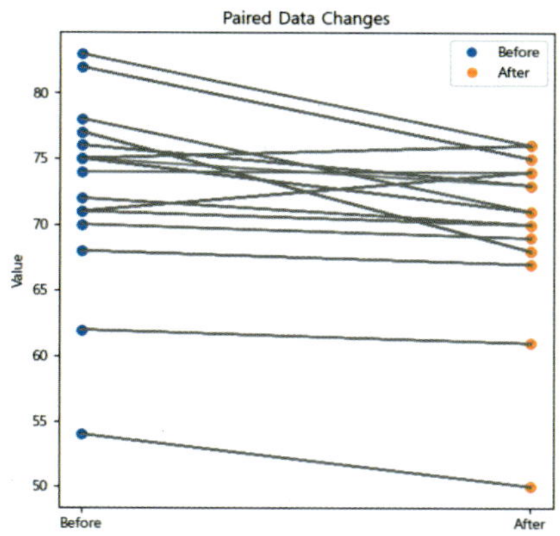

[그림 4-20] 연결된 산점도(쌍 비교 연결 그래프)

대응표본 T-검정에서 연결된 산점도를 해석하는 방법은 다음과 같다.

- **선의 방향:** 위쪽으로 향하는 선은 after 값이 before보다 커졌다는 의미이므로 증가를 나타낸다. 반대로 아래쪽으로 향하는 선은 after 값이 before보다 작아졌다는 의미이므로 감소를 나타낸다. 선들의 방향이 대부분 위쪽이나 아래쪽으로 일정하게 향한다면, 전반적인 변화 경향을 보여주는 것이다. 반대로 선 방향이 위아래로 복잡하게 섞여 있다면, 변화가 개별 케이스마다 달라서 일관되지 않음을 나타낸다.
- **선의 기울기:** 선의 기울기가 클수록 변화 폭이 크고, 기울기가 완만할수록 변화 폭이 작은 것을 의미한다. 따라서 기울기 분포를 보면 각 개체의 변화 크기가 얼마나 다양한지를 판단할 수 있다.
- **두 집단의 상대적 위치:** Before 쪽 점들의 평균 위치(혹은 중앙값)가 After 쪽보다 위에 있으면 평균적으로 감소한 것이고, After 쪽이 위에 있으면 평균적으로 증가했다고 해석할 수 있다. 이는 박스플롯에서 중앙값을 비교하는 것과 같은 의미이지만, 대응표본 T-검정의 경우 각 개체의 변화를 직접 연결해 볼 수 있다는 점에서 시각적으로 더 직관적이다.

■ 히스토그램 + KDE

대응표본 T-검정에서 히스토그램과 KDE(커널밀도추정)는 after − before의 차이 분포(diff)를 시각화함으로써 데이터가 0을 기준으로 어느 방향(증가/감소)으로 치우쳐 있는지를 파악할 수 있게 한다. 분포가 0보다 큰 쪽(우측)에 몰려 있으면 after가 before보다 증가했음을 의미하고, 0보다 작은 쪽(좌측)에 몰려 있으면 감소했음을 의미한다. 또한 KDE 곡선의 형태를 통해 분포의 대칭성 여부나 한쪽으로 치우친 정도, 즉 왜도(skewness)를 확인할 수 있다. 분포의 중심(평균 또는 중앙값)이 0에서 멀리 떨어져 있을수록 실제로 평균차이가 크다는 것을 시각적으로 나타낸다. 다만, 이러한 시각화만으로 그 차이가 통계적으로 유의한지를 판단할 수 없고, 반드시 대응표본 T-검정을 실시하여 t값과 p-value를 확인해야만 그 차이에 대한 통계적 유의성을 평가할 수 있다.

먼저 **seaborn**을 **sns**라는 별칭으로 임포트한 후, 변화한 방향(증가 또는 감소)을 확인하기 위해 **diff = t_test2.after − t_test2.before**를 입력하여 관측치별로 after 값에서 before 값을 뺀 차이를 계산해서 diff로 정의한다. 다음으로 **sns.histplot(diff, kde = True)**를 사용하여 diff의 분포를 히스토그램과 KDE 곡선으로 시각화한다. 이때 **plt.axvline(0, color = 'red', linestyle = '--')**을 사용하여 x축의 기준선인 0 지점에 빨간 점선을 추가한다. 또한 x축에는 before와 after의 차를 의미하는 '**After - Before**' 라벨을 넣고, 그래프의 제목은 **plt.title('Distribution of Differences')**로 지정한다. 마지막으로 **plt.show()**를 통해 그래프를 화면에 출력한다.

```
import seaborn as sns

diff = t_test2.after - t_test2.before
sns.histplot(diff, kde=True)
plt.axvline(0, color='red', linestyle='--')
plt.xlabel('After - Before')
plt.title('Distribution of Differences')
plt.show()
```

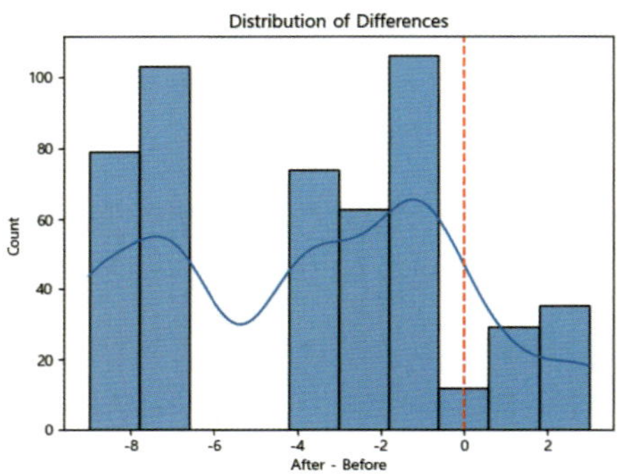

[그림 4-21] 히스토그램 + KDE

출력 결과를 보면, After − Before 값이 전반적으로 기준선의 왼쪽에 있으므로 after의 값이 before 값보다 낮음을 알 수 있다. 그러나 이 차이가 통계적으로 유의한 감소인지를 확인하려면 대응표본 T−검정 결과를 함께 검토해야 한다.

대응표본 T−검정에서 히스토그램 + KDE를 해석하는 방법은 다음과 같다.

- **0을 기준으로 곡선/막대의 쏠림 확인:** 대부분 > 0인 경우 after > before, 대부분 < 0인 경우 after < before
- **분포의 폭:** 폭이 좁으면 개별 변화가 거의 없고 일관되며, 폭이 넓으면 개별 변화가 다양하다.
- **중앙 위치:** T−검정 결과가 통계적으로 유의미한 경우, 평균 또는 중앙값이 0에서 멀리 떨어져 있다.(예 t=22.9, p≈0이면 분포의 대부분이 0보다 큰 쪽에 몰려 있음[7])

7 [그림 4−21]과 같이 after 값이 before보다 작아진 경우에는 분포가 0보다 작은 쪽에 몰려 있고, t값은 음의 방향으로 멀리 떨어져 있게 된다.

SECTION
4.4 독립표본 T-검정

독립표본 T-검정은 서로 다른 2개의 표본을 직접 비교하여 평균차이가 있는지 검정하는 방법이다. 실제 데이터 분석에서도 독립표본 T-검정은 대응표본 T-검정과 함께 가장 많이 사용되고 있다. 독립표본 T-검정을 실행하기 전에 주의해야 할 점이 있는데, 집단 간 비교가 가능한지부터 확인해야 한다는 점이다. 표본의 개수가 30개를 넘는다면 중심극한정리에 따라 정규성과 등분산성을 만족하지만, 반드시 직접 확인하는 과정을 거치길 권한다.

연구문제 A 사와 B 사는 알카라인 건전지를 제조하는 회사다. 알카라인 건전지를 사용하면서 두 제조사의 건전지 간에 품질 차이가 있다는 생각이 들었다. 이에 직접 표본을 구성하고 동일한 환경을 만든 후, 건전지를 기기에 넣어 사용하면서 작동 시간을 측정했다. 과연 두 제조사의 알카라인 건전지 간 품질에 차이가 있는지를 검정해 보자.

▶ 실습파일 | t_test3.csv

- **귀무가설:** 제조사 간 배터리 사용 시간에는 차이가 없다.
- **대립가설:** 제조사 간 배터리 사용 시간에는 차이가 있다.

데이터 불러오기와 확인하기

t_test3.csv를 불러와서 **t_test3**로 정의한다.

```
t_test3 = pd.read_csv('./source/t_test3.csv')
```

[그림 4-22] 독립표본 T-검정의 파일 불러오기

t_test3을 실행하여 데이터의 처음 5행과 마지막 5행을 확인한다. 표본이 2개이므로 조금 더 확장해서 확인하기 위해 head()나 tail() 옵션을 입력하지 않았다.

출력 결과를 통해 전체 120개의 행과 2개의 열로 구성되어 있음을 확인할 수 있다.

```
t_test3
```

	Co_name	time
0	1	18
1	1	16
2	1	17
3	1	15
4	1	14
...	...	...
115	2	16
116	2	15
117	2	15
118	2	17
119	2	15

120 rows × 2 columns

[그림 4-23] 독립표본 T-검정의 데이터 확인하기

Levene 검정을 위한 가설 설정하기

독립표본 T-검정에서는 2개의 표본을 비교해야 한다. 이때 주의할 점이 있다. 컴퓨터는 분석 과정에 대한 이론적 잘못을 판단하지 않고 결과를 내므로 이론적 타당성 검증은 연구자가 진행해야 한다.

표본 2개의 평균만 비교한다면 직접 평균을 계산해서 비교할 수 있으나, 표본의 특성은 평균으로만 구성된 것이 아니므로 산포도를 감안해야 한다. 두 표본의 분산이 서로 다른 경우, 즉 이분산이라면 평균의 직접 비교는 힘들기 때문이다. 분산의 동질성 여부를 검정할 때 Levene 검정을 활용할 수 있다.

앞서 언급했듯이, 독립표본 T-검정을 실행하기 전해 두 표본이 비교 가능한지를 먼저 확인해야 한다. 이는 독립표본 T-검정을 위한 가설도 필요하지만, 표본 간의 분산이 같은지를 확인하기 위해서는 Levene 검정을 위한 가설도 필요하다는 의미다. 그렇다면 Levene 검정을 하는 이유에 대해 생각해 봐야 한다. 굳이 Levene 검정을 해야 한다면 분산이 동질하지 않다는 것을 증명해야 이 검정을 하는 의미가 있다고 할 수 있다. 따라서 귀무가설은 "분산이 동질적이다."로, 대립가설은 "분산이 동질적이지 않다."로 수립해야 한다.

참고 분산의 동질성을 확인하는 검정

stats 모듈이 포함하는 분산의 동질성 검정에는 다음 세 가지가 있다.

- **Levene's Test(레빈 검정)**
  Levene 검정은 표본 간의 분산이 동일한지를 테스트할 때 사용되며, 표본에 걸친 등분산을 분산의 동질성이라 한다. 분산분석에서는 표본 간 분산이 동일하다고 가정하며, Levene 검정으로 등분산 가정을 확인할 수 있다.
- **Bartlett's Test(바틀렛 검정)**
  Bartlett 검정 역시 표본 간의 분산이 동일한지를 테스트할 때 사용되지만, 정규성에 대한 기준이 엄격하여 정규성 위반에 매우 민감하다. 이 때문에 분산의 동질성보다는 비정규성을 판단하는 검정으로 보일 수 있다는 단점이 있어 Levene 검정을 Bartlett 검정의 대안으로 사용한다.
- **Fligner's Test(플리그너 검정)**
  비모수 등분산 검정 방법으로, 표본들이 정규분포를 따르지 않더라도 사용할 수 있다. 분포 형태에 의존하지 않는 비모수 검정이므로 데이터의 절댓값 순위를 지정하고 이를 기반으로 점수 할당을 하여 통계량을 계산한다.

따라서 특이한 경우가 아니라면 가장 무난한 Levene의 통계량을 기준으로 데이터 분석을 실시하는 것이 안전하다.

Levene 검정을 위한 가설은 다음과 같다.

- **귀무가설:** 두 집단 간의 분산은 동질적이다.
- **대립가설:** 두 집단 간의 분산은 동질적이지 않다.

분석 진행하기

파이썬으로 Levene 검정을 하려면 **scipy.stats**에서 **Levene**을 임포트해야 한다.

```
from scipy.stats import levene
```

[그림 4-24] 등분산 검정 모듈 임포트하기

t_test3에서 서로 비교해야 할 대상은 **time**의 **Co_name**이다. 데이터에서 **1**로 코딩된 것을 **A**로 정의하고, **2**로 코딩된 것을 **B**로 정의한다.

```
A = t_test3.time[t_test3.Co_name == 1]
B = t_test3.time[t_test3.Co_name == 2]
```

[그림 4-25] Levene 검정을 위한 변수 정의

Levene 검정을 실시하기 위해 앞에서 정의한 **A**와 **B**를 입력하고 실행한다.

```
levene(A, B)
```

```
LeveneResult(statistic=np.float64(1.408183146614711), pvalue=np.float64(0.2377418842259867
2))
```

[그림 4-26] Levene 검정 실행

Levene 검정 결과를 **L_result**로 정의하고 **print()**로 출력해서 검정 결과와 동일한지 확인한다.

```
L_result = levene(A, B)
print(L_result)
```

```
LeveneResult(statistic=np.float64(1.408183146614711), pvalue=np.float64(0.2377418842259867
2))
```

[그림 4-27] Levene 검정 확인

if 함수를 이용하여 결과를 해석하는 스크립트를 입력하고 실행한다.[8]

```
if L_result[1] > .05:
    print('p-value는 %f로 95%% 수준에서 유의하지 않음' % L_result[1])
else:
    print('p-value는 %f로 95%% 수준에서 유의함' % L_result[1])
```

```
p-value는 0.237742로 95% 수준에서 유의하지 않음
```

[그림 4-28] Levene 검정 결과 설명

p-value가 0.05보다 커서 유의하지 않으므로 분산의 동질성이 확보되었다고 결론 내릴 수 있다.

분산의 동질성이 확인되었으므로, 이제는 A 사와 B 사에서 만든 건전지 작동 시간의 평균을 직접 비교할 수 있다. **A**의 작동 시간이 **B**보다 큼을 알 수 있다.

```
A.mean(), B.mean()
```

```
(np.float64(16.233333333333334), np.float64(14.8))
```

[그림 4-29] A와 B의 평균 계산

정의된 A와 B의 평균차이에 유의성이 있는지를 확인하기 위해 독립표본 T-검정인 **stats.ttest_ind(A, B)**를 실행한다.

```
stats.ttest_ind(A, B)
```

```
TtestResult(statistic=np.float64(4.764833894223613), pvalue=np.float64(5.433401728890028e-0
6), df=np.float64(118.0))
```

[그림 4-30] 독립표본 T-검정 실행

8 result1[0]은 T-검정통계량, result1[1]은 pvalue를 나타낸다.

분석된 결과를 **result3**로 정의한다.

```
result3 = stats.ttest_ind(A, B)
print(result3)
```

```
TtestResult(statistic=np.float64(4.764833894223613), pvalue=np.float64(5.433401728890028e-0
```

[그림 4-31] 독립표본 T-검정 확인

if 함수를 이용하여 결과를 해석하는 스크립트를 입력하고 실행한다.

```
if result3[1] > .05:
    print('p-value는 %f로 95%% 수준에서 유의하지 않음' % result3[1])
else:
    print('p-value는 %f로 95%% 수준에서 유의함' % result3[1])
```

```
p-value는 0.000005로 95% 수준에서 유의함
```

[그림 4-32] 독립표본 T-검정 결과 설명

T-검정통계량은 4.764833894223613으로 계산되었고, 유의확률은 pvalue = 5.433401728890028e-06으로 확인되었다. 95%의 유의수준에서 가설의 채택 여부를 판단하였을 때 p <.05이므로 귀무가설을 기각하고 대립가설을 채택한다. 따라서 제조사 간 배터리 사용 시간에는 유의한 차이가 있다고 할 수 있다.

시각화

앞서 분석한 결과를 시각화 그래프로 나타내 보자. 여기서는 두 가지 그래프를 한 화면에 나란히 배치하여 함께 살펴볼 수 있도록 구성한다.

■ 바이올린 플롯, 히스토그램 + KDE 통합

바이올린 플롯(violin plot)은 데이터의 분포를 대칭적으로 표현하는 그래프로, 폭이 넓은 부분은 해당 값의 빈도가 높음을, 폭이 좁은 부분은 빈도가 낮음을 의미한다. 내부의 중앙선과 박스는 각각 사분위수(25%, 50%, 75%)와 중앙값(median)을 나타내며, 이를 통해 데이터의 중심 경향과 분포 범위를 함께 파악할 수 있다.

히스토그램과 KDE(커널밀도추정)의 통합 시각화는 실제 관측치의 빈도를 막대 형태로 나타낸 후 KDE 곡선으로 데이터가 따르는 분포 형태를 추정할 수 있도록 한다. 이를 통해 데이터의 중심 위치, 분포 모양(대칭/비대칭), 꼬리 길이, 다봉성(peak가 여러 개인지) 등을 직관적으로 확인할 수 있다.

plt.figure(figsize=(12,5))를 통해 전체 그림의 크기를 가로 12인치, 세로 5인치로 설정한다.

여기에 먼저 바이올린 플롯을 시각화해 보자. **plt.subplot(1,2,1)**을 사용하여 1행 2열 중 첫 번째(왼쪽) 위치에 서브플롯을 배치한다. 그리고 **sns.violinplot(x='Co_name', y='time', data=t_test3)**를 통해 t_test3 데이터프레임에서 Co_name을 x축, time을 y축으로 설정하여 그

룹별 시간 분포를 시각화한다. 이 서브플롯의 제목은 **plt.title('Violin Plot')**으로 지정한다.

다음으로 히스토그램+KDE 통합 그래프를 시각화해 보자. **plt.subplot(1,2,2)**를 사용하여 1행 2열 중 두 번째(오른쪽) 위치에 서브플롯을 배치한다. 그리고 **sns.histplot(t_test3, x='time', hue='Co_name', kde=True, stat='density', alpha=0.6)**을 사용하여 t_test3 데이터의 time 값을 히스토그램으로 나타낸다. **hue='Co_name'**은 그룹별로 색상을 구분하고, **kde=True**는 커널밀도추정 곡선을 함께 표시하며, **stat='density'**는 히스토그램을 확률 밀도로 표현한다. **alpha=0.6**은 그래프의 투명도를 설정하여 겹치는 그룹 간 분포를 쉽게 비교할 수 있도록 한다. 이 서브플롯의 제목은 **plt.title('Histogram + KDE')**로 지정한다.

마지막으로 **plt.tight_layout()**[9]을 호출하여 서브플롯 간 간격이 겹치지 않도록 조정하고, **plt.show()**로 전체 그래프를 화면에 출력한다.

```
plt.figure(figsize=(12,5))

# 바이올린 플롯
plt.subplot(1,2,1)
sns.violinplot(x='Co_name', y='time', data=t_test3)
plt.title('Violin Plot')

# 히스토그램 + KDE
plt.subplot(1,2,2)
sns.histplot(t_test3, x='time', hue='Co_name', kde=True, stat='density', alpha=0.6)
plt.title('Histogram + KDE')

plt.tight_layout()
plt.show()
```

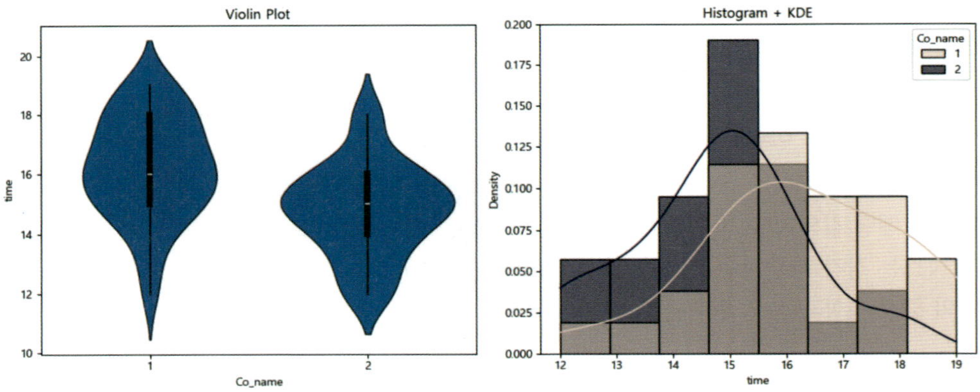

[그림 4-33] 바이올린 플롯, 히스토그램+KDE

9 Matplotlib으로 여러 서브플롯(subplot)을 그릴 때, 기본 설정에서는 축 레이블, 제목, 눈금(tick) 등이 겹쳐서 화면에 제대로 표시되지 않는 경우가 있다. 이때 plt.tight_layout()을 사용하면 서브플롯 간의 간격, 여백, 레이블 위치 등을 자동으로 조정해 주어 그래프 요소가 서로 겹치지 않고 깔끔하게 정렬되어 보기 좋게 출력된다.

CHAPTER

05

분산분석

ANOVA

Contents

양자택일의 방식은 두 집단 간의 차이를 비교하는 데에는 충분할 수 있지만, 현실은 그보다 복잡한 경우가 많다. 학습 장소를 예로 들어보자. 파이썬으로 데이터 분석을 공부할 때, 어디에서 학습하는 것이 가장 효율적일까?

사람마다 선호하는 환경은 다르다. 어떤 사람은 조용한 공간에서 집중이 잘되기 때문에 도서관을 선호할 수 있고, 또 어떤 사람은 적당한 소음과 사람들의 움직임이 있는 카페에서 오히려 몰입이 잘 된다고 느낄 수 있다. 반면, "나는 무조건 집이 최고야."라고 말하는 사람도 있을 것이다. 이렇게 다양한 학습 환경이 존재할 때, 단순히 집과 도서관처럼 두 장소만 비교하는 것은 충분하지 않다. 앞 장에서 다룬 T-검정은 두 집단 간의 평균차이를 비교하는 데 적합하지만, 이처럼 세 집단 이상을 비교하기에는 한계가 있다.

이럴 때 필요한 것이 바로 분산분석(ANOVA, Analysis of Variance)이다. 분산분석은 3개 이상의 집단 간 평균차이를 한 번의 분석으로 검정할 수 있는 통계 기법이다. 이때 그 차이가 단순한 우연이 아닌, 통계적으로 유의미한 차이인지를 밝혀낼 수 있다. 예를 들어, 집, 도서관, 카페라는 세 가지 학습 장소에 대해 학습 효과에 차이가 있는지를 검정하고, 그 차이가 실제로 의미 있는지를 판단할 수 있다.

분산분석은 단순한 평균 비교를 넘어, 여러 집단에 숨겨진 패턴을 찾아내고, 그 차이가 우연인지 아닌지를 통계적으로 밝혀주는 강력한 도구다. 데이터 분석이 점점 더 복잡해지는 현실에서, 분산분석은 우리가 더 정교하고 신뢰할 수 있는 결론에 도달하도록 도와준다.

SECTION

5.1 분산분석이란

분산분석(ANOVA, **an**alysis **o**f **va**riance)은 3개 이상의 집단 평균을 비교하여 집단 간 평균에 차이가 있는지를 검증하는 분석 방법이다. 따라서 분석자는 먼저 집단의 성격을 이해해야 한다. 여러 서적에서 집단의 성격을 독립변수로 표현하고 있으나 이는 정확하지 않은 표현이다. 집단의 성격은 특성을 나타내는 요인(factor)으로 이해해야 하며, 요인이 1개인 경우, 2개인 경우, 3개 이상인 경우로 구분한다. 이때 비교 대상으로 삼은 평균값이 1개이면 요인의 개수에 따라 각각 일원(배치) 분산분석, 이원(배치) 분산분석, 다원(배치) 분산분석이라 하고, 통칭하여 단일변량 분산분석이라 한다. 비교 대상으로 삼은 평균값이 2개 이상이면 요인의 개수와 상관없이 다변량 분산분석(MANOVA, **m**ulti-variate **an**alysis **o**f **v**ariance)이라 한다.

분산분석은 3개 이상의 집단에 대한 평균을 비교하는 것이므로 '평균비교분석'[1]이라고 불러야 할 것 같지만, '분산분석'이라는 용어를 쓰는 데는 타당한 이유가 있다. 비교하는 집단의 개수만큼 각각의 평균을 도출하고 이를 비교하는 과정에서 평균 간 차이를 확인하는데, 이때 집단의 평균이 퍼져 있는 정도인 분산의 차이가 유의한지를 검정하기 때문이다. 즉 표본 전체의 평균 $\overline{x}$를 확인하고, 여기서 분포된 각 집단의 평균 $\overline{x}_i$를 계산한 후 각 집단 분포의 퍼짐 정도를 $\overline{x}_{ij}$로 계산하여, '집단 내 퍼짐 정도(집단 내 편차)'를 기준으로 '집단 간 퍼짐 정도(집단 간 편차)'를 비율로 나타내 각 수치를 비교하는 방법이다([그림 5-1] 참고).

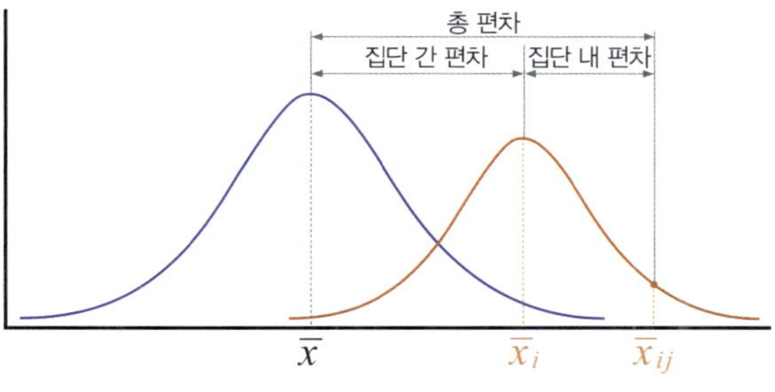

[그림 5-1] 분산분석의 편차

비교해야 하는 평균이 1개(ANOVA)인 단일변량[2]의 경우에도 요인[3]은 여러 가지가 있을 수 있다. 예를 들어 편의점 이용자의 만족도를 측정해서 평균을 비교한다고 하자. 즉 편의점별

1 실제로 '평균비교분석'이라는 분석 방법은 없으며, 이해를 돕기 위해 만들어낸 용어다.

2 많은 서적에서 이를 종속변수(dependent variable)로 설명하고 있다.

3 많은 서적에서 이를 독립변수(independent variable)로 설명하고 있으나, 엄격하게 말하자면 독립변수는 틀린 표현이다. 환경이나 상태 혹은 조건을 의미하는 요인(factor)으로 설명해야 한다.

구분을 3집단 이상으로 하고, 구분된 편의점 간의 만족도를 비교하는 것이다. 그렇다면 비교하는 평균값은 편의점 간 만족도이며, 요인은 편의점의 종류(집단) 한 가지가 된다. 이 경우를 일원(배치) 분산분석이라고 한다.

한편, 편의점별 구분에 상권이라는 기준을 추가하여 **편의점 + 상권**으로 구분해서 소비자 만족도를 비교할 수 있다. 이때에도 당연히 편의점을 3집단 이상으로 구분해야 하고 상권도 3집단 이상이어야 한다. 여기서도 만족도라는 단일변량을 비교하지만, 요인은 2개(편의점, 상권)이므로 이원(배치) 분산분석이라고 한다.

여기에 국가라는 기준을 추가한다면 요인은 **편의점 + 상권 + 국가**로 3개가 된다. 이와 같이 3개 이상의 요인에 비교되는 값이 만족도 1개로 단일변량인 경우를 다원(배치) 분산분석이라 한다.[4]

다변량 분산분석은 요인의 개수와 상관없이 종속변수의 개수를 기준으로 구분하는데, 이때 비교하는 평균의 종류가 2개 이상이어야 한다. 예를 들어 만족도 외에 재방문율이나 친절도 등을 추가로 조사하여 연구하는 경우가 이에 해당한다.

지금까지 살펴본 분산분석의 종류를 간단히 정리하면 [표 5-1]과 같다.

[표 5-1] **분산분석의 구분**

구분	명칭		요인의 수	종속변수의 수
단일변량 분산분석	일원(배치) 분산분석	one-way ANOVA	1개	1개
	이원(배치) 분산분석	two-way ANOVA	2개	
	다원(배치) 분산분석	multi-way ANOVA	3개 이상	
다변량 분산분석	다변량 분산분석	MANOVA	1개 이상	2개 이상

파이썬으로 분산분석을 수행할 때는 기본적으로 statsmodels와 scikit_posthocs를 이용할 수 있다.[5] 또는 2018년에 처음 릴리즈된 Pingouin(펭귄)을 이용해도 된다. 다음은 가장 많이 사용하는 statsmodels로 분산분석을 수행하는 문법이다. 문법을 암기하기보다는 실습 방법을 익혀 활용하기 바란다.

```
from statsmodels.formula.api import ols          # 회귀식 적합(집단의 분해)
from statsmodels.stats.anova import anova_lm     # 일원분산분석
변수명=ols(formula = '종속변수 ~ C(독립변수)', data = '데이터프레임명').fit()
anova_lm(정의한 변수명)
import scikit_posthocs as sp
```

4 여기서 '배치'를 나타내는 영어 표현은 'treatment'로, 이는 몇 개의 요인을 다루는가를 표현한 것이다. 국내 서적에서는 treatment를 직역하여 '처리'로 해석하기도 한다.

5 statsmodels는 2009년에 개발이 시작되어 최초의 안정화 버전이 2010년 8월에 릴리즈되었고, scikit_posthocs는 2017년 11월에 처음 릴리즈되었다.

SECTION
5.2 일원분산분석 실습

일원분산분석(one-way ANOVA)은 주어진 요인이 1개일 때 3개 이상의 표본에 대해 종속변수 1개의 평균을 측정하여 집단 간 평균차이가 있는지를 검정하는 분석 방법이다.

연구문제

편의점 5곳(① CU, ② GS25, ③ Emart24, ④ Circle-K, ⑤ ampm)을 이용해 본 경험이 있는 소비자들의 편의점 이용 만족도를 측정했다. 편의점별 소비자가 느끼는 만족도의 차이가 있는지 검정해 보자.

▶ 실습파일 | one_ANOVA.csv

요인은 편의점의 종류이고 비교해야 할 대상은 만족도다. 표본은 5개(편의점 5곳)로 구분할 수 있고, 각 편의점에 대한 만족도를 비교해 보는 검정이다. 가설을 설정하면 다음과 같다.

- **귀무가설:** 편의점별 소비자의 만족도에 차이가 없다.
- **대립가설:** 편의점별 소비자의 만족도에 차이가 있다.

데이터 불러오기와 확인하기

one_ANOVA.csv를 불러와서 **one_anova**로 정의한다.

```
one_anova = pd.read_csv('./source/one_ANOVA.csv')
```

[그림 5-2] 일원분산분석의 파일 불러오기

구성된 데이터를 확인하기 위해 **one_anova**를 실행한다. 데이터프레임의 편의점 컬럼명은 conv이고 만족도의 컬럼명은 satis로 되어 있음을 확인할 수 있다. 또한 190개의 행과 2개의 열로 구성된 데이터임을 알 수 있다.

```
one_anova
```

	conv	satis
0	2	4
1	3	4
2	3	3
3	4	4
4	4	4
...	...	...
185	1	1
186	2	3
187	3	3
188	5	5
189	4	4

190 rows × 2 columns

[그림 5-3] 일원분산분석의 데이터 확인

conv는 숫자 1~5로 구분되어 있다. value_counts('conv')를 실행하여 190개의 표본을 구성하는 편의점별 빈도를 확인할 수 있다.

```
one_anova.value_counts('conv')
```

```
conv
4    79
3    56
2    34
5    13
1     8
Name: count, dtype: int64
```

[그림 5-4] 편의점별 빈도 확인

❶ CU, ❷ GS25, ❸ Emart24, ❹ Circle-K, ❺ ampm으로 구성된 데이터에 맞게 편의점별 데이터를 구분하기 위해 satis의 내용을 정의한다.

```
cu = one_anova[one_anova['conv'] == 1]['satis']
gs25 = one_anova[one_anova['conv'] == 2]['satis']
emart24 = one_anova[one_anova['conv'] == 3]['satis']
circle_k = one_anova[one_anova['conv'] == 4]['satis']
ampm = one_anova[one_anova['conv'] == 5]['satis']
```

[그림 5-5] 일원분산분석의 데이터 정의

분석 진행하기

■ 등분산 검정

먼저, 앞에서 정의한 CU, GS25, Emart24, Circle_K, ampm이 등분산인지 확인해야 한다. 각 표본의 분포를 비교하여 등분산이면 직접 비교를 할 수 있기 때문이다. 분산이 같다면 분포의 봉우리 부분이 평균값이므로 직접 비교만으로 어떤 집단의 평균이 크거나 작다는 것을 바로 확인할 수 있다. 그러나 분산이 다르면 분포 간 겹치는 부분이 다르므로 분포의 봉우리만으로는 평균의 크기를 판단하기 어렵다.

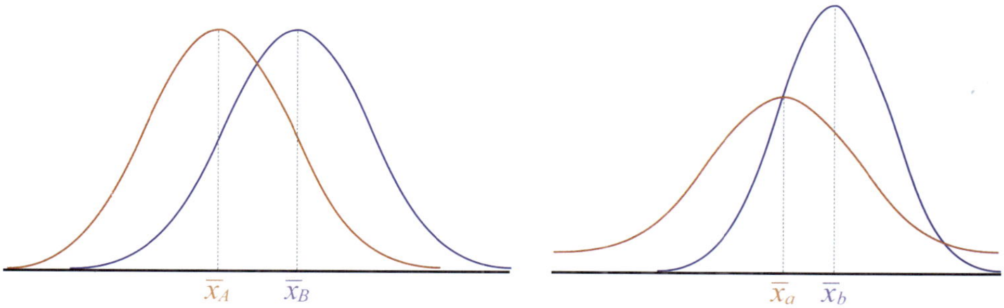

(a) 분산이 같은 경우　　(b) 분산이 다른 경우

[그림 5-6] 분산 비교

분산의 동일성 여부를 확인하는 것은 집단 간 분산이 서로 다른지를 검토하는 과정이다. 따라서 귀무가설(H_0)은 '분산이 서로 동일하다.'이며, 대립가설(연구가설, H_1)은 '분산이 서로 동일하지 않다.'가 된다.

Levene의 등분산 검정을 실시하기 위한 모듈을 임포트한다.

```
from scipy.stats import levene
```

[그림 5-7] 등분산 검정 모듈 임포트하기

평균을 기준으로 등분산 검정을 하는 경우 기준값을 설정하여 등분산 검정을 실시할 수 있다. center 옵션을 mean, median, trimmed로 정의하여 각각 **평균**, **중앙값**, **절삭평균**을 기준으로 등분산 여부를 확인한다. 각각의 등분산 검정을 실시한 후 print()로 출력한다. 이때 소수점 이하의 길이가 길어지는 것을 막기 위해 소수점 4자리까지만 보이도록 4f로 한정한다.

```
stat_mean, pvalue = levene(cu, gs25, emart24, circle_k, ampm, center='mean')
print(f"Levene's test stat_mean: {stat_mean:.4f}")
print(f"p-value: {pvalue:.4f}")
```

```
Levene's test stat_mean: 1.3878
p-value: 0.2398
```

```
stat_mean, pvalue = levene(cu, gs25, emart24, circle_k, ampm, center='median')
print(f"Levene's test stat_mean: {stat_mean:.4f}")
print(f"p-value: {pvalue:.4f}")
```

```
Levene's test stat_mean: 0.4051
p-value: 0.8048
```

```
stat_mean, pvalue = levene(cu, gs25, emart24, circle_k, ampm, center='trimmed')
print(f"Levene's test stat_mean: {stat_mean:.4f}")
print(f"p-value: {pvalue:.4f}")
```

```
Levene's test stat_mean: 0.9667
p-value: 0.4272
```

[그림 5-8] 등분산 결과 확인

평균을 기준으로 비교한 결과, Levene의 통계량은 mean, median, trimmed를 기준으로 각각 1.3878, 0.4051, 0.9667이고 이에 대한 유의확률인 p-value는 각각 0.2398, 0.8048, 0.4272로 나타났다. 모든 p-value가 0.05보다 커서 유의하지 않으므로 등분산으로 결론 내릴 수 있다.

참고 Levene의 등분산 검정

Levene의 등분산 검정은 2개 이상의 집단 비교에서 비교 대상이 등분산임을 확인하는 과정이다. 통계학에서 중심경향값 중 가장 많이 사용하는 것은 평균이다. 그러나 데이터에 이상치가 있는 경우 평균에 대한 영향이 상대적으로 크기 때문에 중앙값을 사용하기도 한다.

파이썬으로 levene의 등분산 검정을 한다면 center 옵션을 이용하여 **mean** or **median** or **trimmed** 중 선택해서 진행할 수 있다.

levene(표본1, 표본2, ... center = 'mean 또는 median 또는 trimmed')

이때 center를 설정하지 않으면 기본값은 median이 된다.

```
# center 옵션을 설정하지 않은 경우
stat_mean, pvalue = levene(cu, gs25, emart24, circle_k, ampm)
print(f"Levene's test stat_mean: {stat_mean:.4f}")
print(f"p-value: {pvalue:.4f}")
```

```
Levene's test stat_mean: 0.4051
p-value: 0.8048
```

[그림 5-9] 등분산 검정의 center 옵션을 설정하지 않은 경우

이처럼 기본값이 **median**으로 되어 있는 이유는 앞서 언급했듯이 mean에 비해 median에서 도출되는 통계량이 이상치의 영향을 상대적으로 덜 받기 때문인 것으로 보인다.

표본의 개수가 적다면(30개 이하) 등분산 검정을 반드시 해야 한다. 다만 사회과학 연구에서 표본의 개수를 적게 설정하여 연구를 진행하는 경우는 거의 없으므로 표본의 개수가 충분하다면 연구자가 판단하여 검정 여부를 결정할 수 있다.

참고로 같은 데이터 one_ANOVA.csv를 SPSS Statistics에서 등분산 검정을 실시한 결과는 [그림 5-10]과 같다. SPSS Statistics에서는 원래 평균을 중심으로 한 등분산 검정 결과만 도출했지만, 2020년에 출시된 27 버전부터 다양한 등분산 결과를 제시하고 있다.

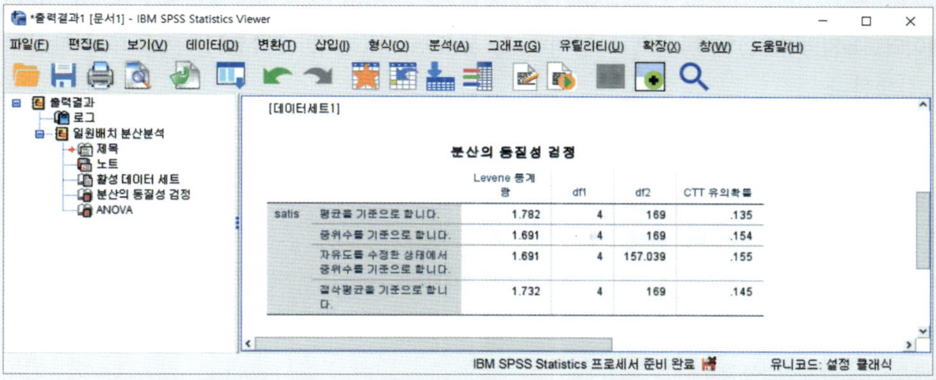

		Levene 통계량	df1	df2	CTT 유의확률
satis	평균을 기준으로 합니다.	1.782	4	169	.135
	중위수를 기준으로 합니다.	1.691	4	169	.154
	자유도를 수정한 상태에서 중위수를 기준으로 합니다.	1.691	4	157.039	.155
	절삭평균을 기준으로 합니다.	1.732	4	169	.145

[그림 5-10] SPSS Statistics에서 분산의 동질성을 검정한 결과

한 가지 요인에서 각 집단 간 등분산이 확인되었다면, 이제부터는 분산분석을 진행하여 각 집단 간 평균차이가 있는지를 검정할 수 있다.

■ 분산분석

파이썬으로 분산분석을 수행하기 위해 **statsmodels** 모듈의 **ols** 함수를 사용하여 회귀식을 적합시킨 후, 분산분석을 진행하기 위해 **anova_lm** 함수를 임포트한다. '회귀식을 적합시킨다'는 말은 집단별 평균을 기준으로 데이터를 설명하고, 그 설명의 정확도를 오차제곱합으로 평가하여 설명 가능한 오차와 설명 불가능한 오차로 구분한다는 의미다.[6]

```
from statsmodels.formula.api import ols            # 회귀식 적합(집단의 분해)
from statsmodels.stats.anova import anova_lm       # 일원분산분석
```

[그림 5-11] 일원분산분석의 회귀식 적합과 anova_lm 함수 임포트하기[7]

---

6 각 집단에 속한 측정값이 그 집단 평균에서 떨어진 정도를 오차라 한다. 오차의 총합은 0이 되므로 단순히 더하지 않고, 오차를 제곱하여 이 값들을 모두 더하게 되는데, 이렇게 더한 값을 오차제곱합이라 한다. 오차제곱합에 대한 자세한 내용은 다음 책을 참고한다. 『제대로 시작하는 기초통계학』, 2021, 한빛아카데미 pp.280–282

7 [그림 5-11]의 코드를 입력했을 때 다음과 같은 에러가 발생한다면 어떻게 해야 할까?

```
from statsmodels.formula.api import ols            # 회귀식 적합(집단의 분해)
from statsmodels.stats.anova import anova_lm       # 일원분산분석
```

```
---------------------------------------------------------------------------
ModuleNotFoundError                       Traceback (most recent call last)
Cell In[16], line 1
----> 1 from statsmodels.formula.api import ols            # 회귀식 적합(집단의 분해)
      2 from statsmodels.stats.anova import anova_lm       # 일원분산분석

ModuleNotFoundError: No module named 'statsmodels'
```

이 경우, 명령 프롬프트(cmd)에 pip install statsmodels를 입력하여 모듈을 먼저 설치해야 한다.

```
관리자: 명령 프롬프트
Microsoft Windows [Version 10.0.19045.6216]
(c) Microsoft Corporation. All rights reserved.

C:\Windows\system32>pip install statsmodels
```

ols( ) 함수를 이용하여 변수명 model을 **변수명=ols(formula = '종속변수 ~ C(요인)', data = '데이터프레임명').fit( )**의 형식으로 정의하고, **anova_lm(정의한 변수명)**을 이용하여 분산분석을 진행한다.

```
model = ols(formula='satis ~ C(conv)', data = one_anova).fit()
anova_lm(model)
```

	df	sum_sq	mean_sq	F	PR(>F)
C(conv)	4.0	18.953238	4.738309	5.134952	0.000604
Residual	185.0	170.709920	0.922756	NaN	NaN

[그림 5-12] 일원분산분석 결과

결과 표에서 확인해야 할 항목은 **C(conv)** 행에서 유의확률에 해당하는 **PR(>F)**의 수치다.[8] 이 수치가 0.05보다 작거나 같다면 5개의 집단 간 평균차이가 있다는 의미다. 이 분석 결과로 집단 간 평균차이가 있다는 것을 확인했지만, 정확히 어떤 집단 간에 어느 정도의 차이가 있는지는 확인할 수 없다. 집단 간 평균차이를 정확히 확인하려면 사후검정을 실시해야 한다.

참고 ols( ) 함수 표현

코드를 정확하게 표현하려면 formula와 data를 넣어야 하지만, 컬럼명으로 구분이 되어 있다면 다음과 같이 인수만 넣어도 분석된다.

```
model = ols('satis ~ C(conv)', data = one_anova).fit()
anova_lm(model)
```

	df	sum_sq	mean_sq	F	PR(>F)
C(conv)	4.0	18.953238	4.738309	5.134952	0.000604
Residual	185.0	170.709920	0.922756	NaN	NaN

[그림 5-13] 일원분산분석의 ols( ) 함수 표현

■ 사후검정

사후검정은 각 집단에서 구한 평균값의 차이가 유의한지를 검정하는 것이다. [그림 5-14]에서 대각선 아래쪽 영역의 값은 대각선 위쪽 영역의 값과 동일하며, 이 값은 각 그룹 간 평균차이에 대한 유의확률을 나타낸다.

	1	2	3	4	5
1	1.000000	0.105612	0.112839	0.120819	0.000870
2	0.105612	1.000000	0.999543	0.996504	0.113416
3	0.112839	0.999543	1.000000	0.999871	0.052864
4	0.120819	0.996504	0.999871	1.000000	0.032468
5	0.000870	0.113416	0.052864	0.032468	1.000000

[그림 5-14] 사후검정의 유의확률

8 df, sum_sq, F, PR(>F)를 계산하는 방법에 대한 자세한 내용은 다음 기초통계학 교재를 참고하기 바란다. 『제대로 시작하는 기초통계학』, 2021, 한빛아카데미, pp.268-273

파이썬으로 진행할 수 있는 사후검정 방법에는 여러 가지가 있는데, 사후검정에 대한 자세한 설명은 109쪽의 〈참고〉를 확인하기 바란다. 연구에서 사후검정은 엄격한 방법으로 진행해야 하므로 여기서는 Sheffe의 방법으로 진행한다.

Scheffe의 사후검정을 실시하기 위해 **scikit-posthocs** 라이브러리를 이용한다. 만약 **scikit-posthocs** 라이브러리가 설치되지 않았다면, 명령 프롬프트 창에 **pip install scikit-posthocs**를 입력하여 [그림 5-15]와 같이 설치한다.

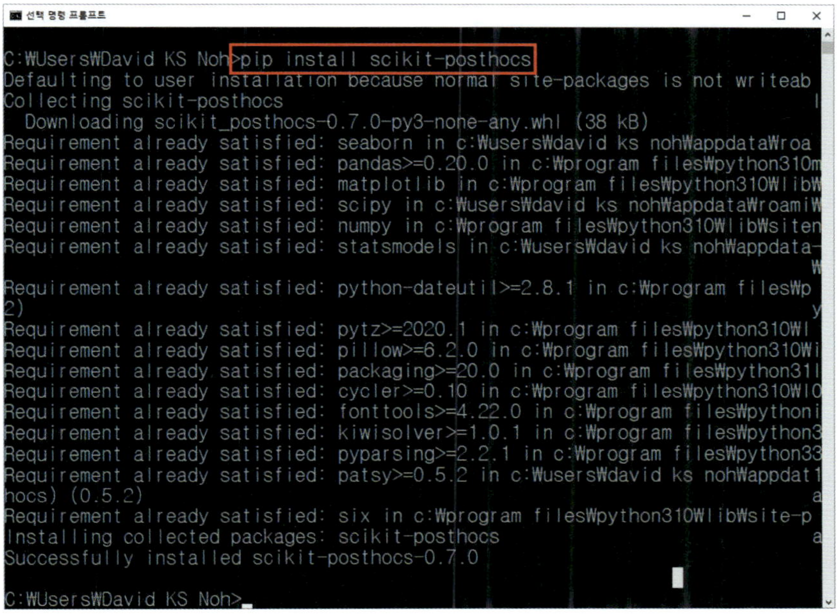

[그림 5-15] scikit-posthocs 설치

설치한 **scikit_posthocs**를 **sp**로 임포트해 온다. scikit_posthocs를 이용하면 평균차이에 대한 유의성을 판단할 수 있는 p-value가 표시된다. p-value가 0.05보다 작거나 같다면 평균차이가 있다고 판단할 수 있다.

```
import scikit_posthocs as sp
```

[그림 5-16] scikit-posthocs 임포트하기

sp.p까지만 입력하고 키보드의 Tab 키(⇆)를 누르면 posthocs 옵션들이 나타난다. 이 중 **posthoc_sheffe**를 선택한다.

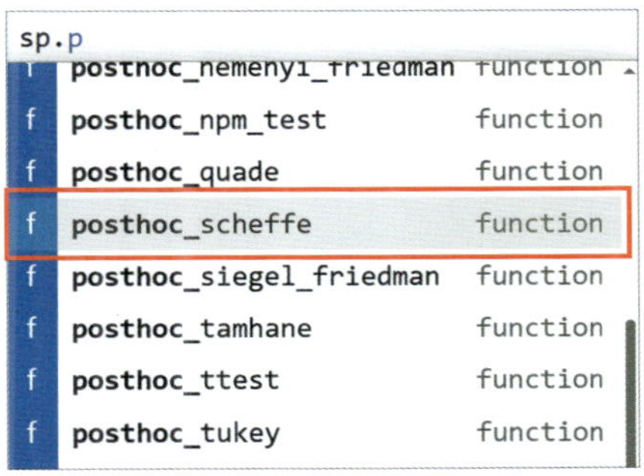

[그림 5-17] scikit-posthocs의 옵션 선택

posthoc_sheffe에서 정의한 데이터 one_anova, 비교 대상으로 삼은 컬럼명 satis, 집단을 구분하는 컬럼명 conv를 **(one_anova, val_col = 'satis', group_col = 'conv')**와 같이 입력하여 실행한다.

```
sp.posthoc_scheffe(one_anova, val_col='satis', group_col='conv')
```

	2	3	4	1	5
2	1.000000	0.999543	0.996504	0.105612	0.113416
3	0.999543	1.000000	0.999871	0.112839	0.052864
4	0.996504	0.999871	1.000000	0.120819	0.032468
1	0.105612	0.112839	0.120819	1.000000	0.000870
5	0.113416	0.052864	0.032468	0.000870	1.000000

[그림 5-18] **사후검정 결과**

검정 결과에서 컬럼과 인덱스에 보이는 숫자 1, 2, 3, 4, 5는 ❶ CU, ❷ GS25, ❸ Emart24, ❹ Circle-K, ❺ ampm으로 코딩한 집단 구분 숫자이고, 표 내부의 실수는 집단 간 평균차이에 대한 유의확률을 나타낸다. 4:5와 1:5 간에 유의한 차이가 있음을 알 수 있다.

[그림 5-18]의 표에서는 집단별 순서를 내부 값의 크기에 따라 출력했다. 순서를 index 값을 기준으로 재정렬하기 위해, 이 표를 **scheffe**의 데이터프레임으로 만들어 **scheffe_st**로 정의한다. 그리고 **sort_index()**를 이용하여 새로 정의한 **scheffe_st**를 정렬한다.

```
scheffe = sp.posthoc_scheffe(one_anova, val_col='satis', group_col='conv')
scheffe_st = pd.DataFrame(scheffe)
scheffe_st.sort_index().sort_index(axis=1)
```

	1	2	3	4	5
1	1.000000	0.105612	0.112839	0.120819	0.000870
2	0.105612	1.000000	0.999543	0.996504	0.113416
3	0.112839	0.999543	1.000000	0.999871	0.052864
4	0.120819	0.996504	0.999871	1.000000	0.032468
5	0.000870	0.113416	0.052864	0.032468	1.000000

[그림 5-19] **사후검정 결과의 정렬**

출력 결과를 보면 1집단과 5집단 간, 4집단과 5집단 간의 **p-value**가 각각 0.000870과 0.032468로 나타나 평균차이가 유의한 것으로 판단할 수 있다.

참고 사후검정

scikit_posthocs로 실시할 수 있는 사후검정은 20종류로, [그림 5-20]과 같이 오름차순으로 정렬되어 있다. 연구에서는 가장 엄격한 방법인 Sheffe의 방법을 추천한다.

일반적으로 사후검정 방법을 선택할 때는 [그림 5-21]을 참고하면 된다. 제1종 오류(Type 1 error)는 귀무가설이 맞지만 기각하는 경우이며, 제2종 오류(Type 2 error)는 귀무가설이 틀리지만 채택하는 경우다. 그렇다면 연구자 입장에서는 다수가 믿고 있는 사실인 귀무가설이 기각되어야 하는 상황에서 정확하게 기각하는 것이 더 정확한 판단이라 할 수 있다. 이처럼 귀무가설을 기각해야 할 때 기각할 수 있는 것을 가설의 검정력이라 한다. Sheffe의 방법은 집단 간 표본의 개수를 인위적으로 동일하게 맞추지 않아도 되고 모든 비교에서 활용할 수 있으며 유의한 분산 비율의 차이를 가정한다. 실제로 집단 비교 연구 시 집단 간 표본의 수가 다른 경우가 많고, 연구자가 밝히고 싶은 가설은 대립가설(연구가설)이므로 가장 바람직한 사후검정 방법은 Sheffe의 방법이라 할 수 있다.

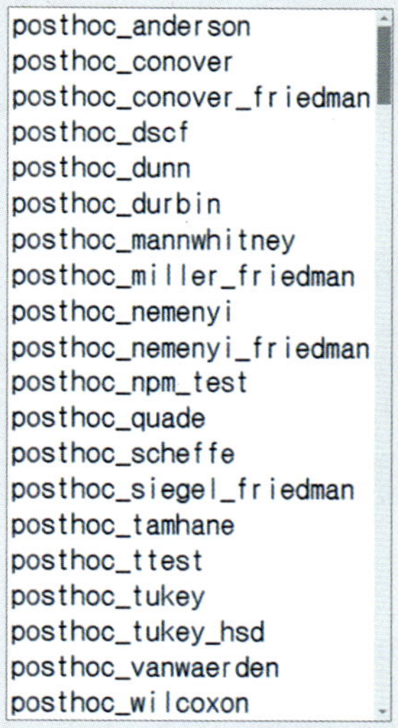

[그림 5-20] scikit_posthocs의 사후검정 옵션

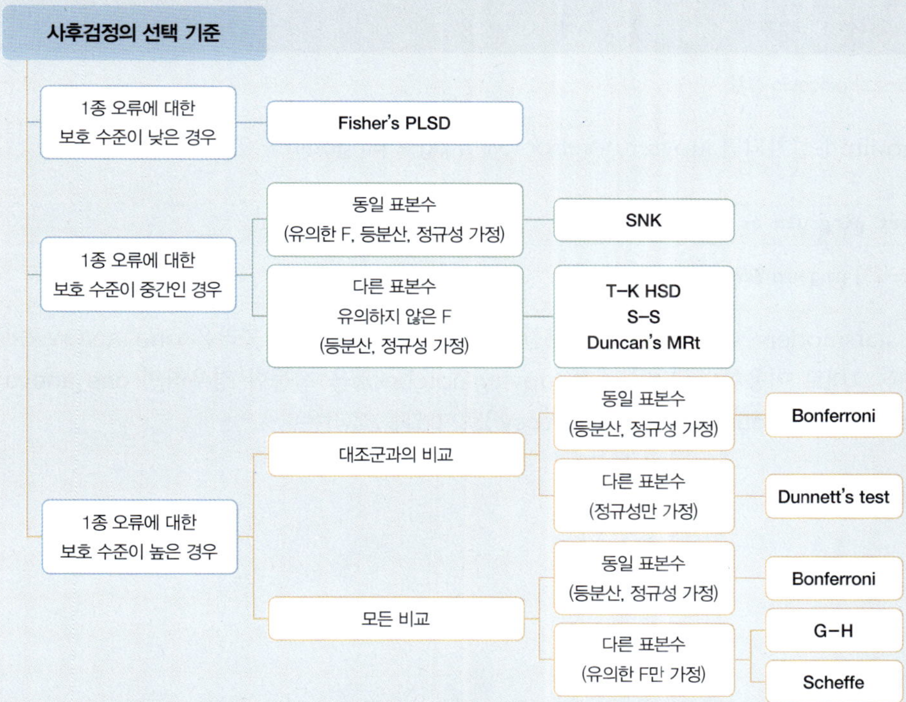

[그림 5-21] 사후검정의 종류와 특성

Pingouin으로 하는 일원분산분석

Pingouin은 비교적 최근에 릴리즈된 라이브러리로, 간편하게 통계분석을 할 수 있도록 설계된 파이썬 패키지다.[9] Pingouin에서는 많은 연구자가 사용하는 통계분석 기능을 제공하고 있다. T-검정 및 ANOVA를 기본적으로 지원하고, 상관관계와 회귀분석, 비모수 검정 및 다중비교 등을 간단히 해결할 수 있다.

Pingouin으로 일원분산분석을 진행한다면 다음과 같이 구현할 수 있다.

```
import pingouin as pg
pg.anova(data = 데이터셋, dv = 종속변수, between = 요인, ss_type = 3, detail = True)
```

분석을 진행하려면 먼저 Pingouin을 설치해야 한다. 명령 프롬프트 창을 열고 **pip install pingouin**을 입력하여 Pingouin을 설치한다.

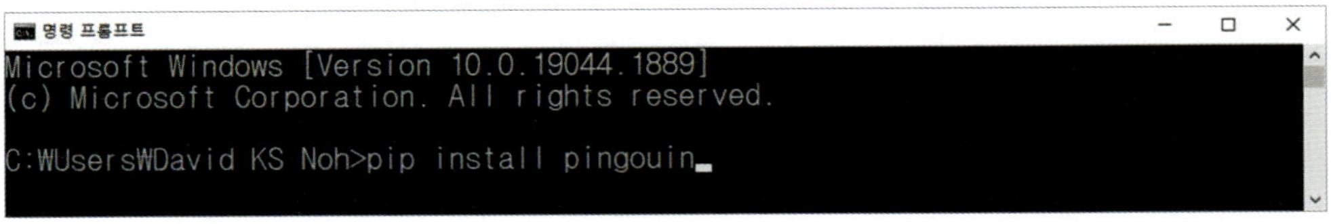

[그림 5-22] pingouin 설치

pingouin이 설치되면 jupyter notebook에서 **pg**로 **pingouin**을 임포트한다.

```
import pingouin as pg
```

[그림 5-23] pingouin 임포트하기

앞서 statsmodels를 활용하여 일원분산분석을 진행했다. 이때 불러온 one_ANOVA.csv 파일을 그대로 이용한다. 만약 새로 jupyter notebook을 시동한 경우라면 **one_anova = pd.read_csv('./source/one_ANOVA.csv')**로 파일을 불러온다.

9 Pingouin은 '펭귄'을 뜻하는 프랑스어다. 프랑스에서 개발되었기 때문에 프랑스어를 그대로 썼다.

일원분산분석을 진행하기 위해 **pg.anova(data = 데이터셋, dv = 종속변수, between = 요인, ss_type = 3, detail = True)**의 형식에 맞추어 분석 결과를 **one_anova_pg**로 정의하고, 분석 결과를 확인하기 위해 **one_anova_pg**를 실행한다.[10]

```
one_anova_pg = pg.anova(data=one_anova, dv='satis', between='conv', detailed=True)
```

```
one_anova_pg
```

	Source	SS	DF	MS	F	p-unc	np2
0	conv	18.953238	4	4.738309	5.134952	0.000604	0.099931
1	Within	170.709920	185	0.922756	NaN	NaN	NaN

[그림 5-24] pingouin으로 실시한 일원분산분석

[그림 5-24]의 분산분석 결과표를 보면 제곱합(SS), 자유도(DF), 평균제곱합(MS), F값이 표시되어 있다. p-unc는 p-value uncorrected의 약자로, 보정되지 않은 유의확률을 의미한다. np2는 그룹 간 평균차이에서 종속변수의 분산을 얼마나 확인할 수 있는지를 표현한다. 일반적으로 np2 값이 0.01 이하이면 미약한 설명력(small effect size)을, 0.01~0.06이면 중간 정도의 설명력(medium effect size)을, 0.06 이상이면 높은 설명력(large effect size)을 나타낸다고 판단할 수 있다.

이어지는 이원분산분석에서 언급하겠지만, pingouin은 요인이 2개 이상인 경우 기본적으로 모든 요인을 고려하기 때문에 상호작용효과를 분석한 결과를 도출한다. 따라서 이원분산분석에서 주효과를 보기 위한 경우가 아니라면 pingouin으로 분석하는 것이 수월하다.

---

10 분산분석 결과를 별도로 활용하고 싶은 경우에 one_anova_pg와 같이 정의하고, 별도 사용 없이 분산분석 결과만 나타내고 싶다면 pg.anova(data=one_anova, dv='satis', between='conv', detailed=True)만 실행해도 된다. 아래 그림을 보면 [그림 5-24]와 동일한 분석 결과가 도출되었음을 알 수 있다.

```
pg.anova(data=one_anova, dv='satis', between='conv', detailed=True)
```

	Source	SS	DF	MS	F	p-unc	np2
0	conv	18.953238	4	4.738309	5.134952	0.000604	0.099931
1	Within	170.709920	185	0.922756	NaN	NaN	NaN

SECTION

5.3 이원분산분석 실습

이원분산분석(two-way ANOVA)은 주어진 요인이 2개인 경우 집단 간 종속변수의 평균 차이를 비교하여 차이가 있는지를 검정하는 분석 방법이다. 이원분산분석은 주어진 요인의 관계에 따라 주효과 검정 이원분산분석과 상호작용효과 검정 이원분산분석으로 구분된다.

주효과와 상호작용효과를 구분하는 이유는 무엇일까? 자연과학에서는 서로 다른 두 요인 간에 영향을 미친다는 것을 예상할 수 없다. 예를 들어 **물은 높은 곳에서 낮은 곳으로 흐른다**는 요인과 **빛은 어둠을 밝힌다**는 요인은 서로 영향을 미치지 못한다. 하지만 사회과학에서라면 이야기가 달라지는데, 어떤 서로 다른 요인 간에도 아주 미약하게나마 연관성이 존재하기 때문이다. 예를 들어 우리 **자신**과 한 번도 가보지 못한 지구 반대편 **칠레의 시골 마을에 사는 강아지**가 있다고 가정해 보자. 나와 그 강아지는 어떤 연관성이 있을까? 둘 다 지구상에 존재하고 산소 호흡을 한다는 것만으로도 연관성이 있다고 할 수 있다. 물론 아주 극단적인 예를 든 것이지만 이 예를 통해 사회과학에서는 어떤 요인이라도 서로 연관성이 있다는 점을 충분히 이해했을 것이다. 그러므로 사회과학을 연구할 때는 주효과만 확인하는 것이 아니라 반드시 상호작용효과까지 확인하는 과정을 거쳐야 한다.

- **주효과 검정 이원분산분석:** 요인들이 각각 독립적인 관계에서 종속변수의 평균차이가 있는지를 검정한다.
- **상호작용효과 검정 이원분산분석:** 요인들이 서로 연관된 상황에서 종속변수의 평균차이가 있는지를 검정한다.

위의 두 가지 분산분석을 수행하기 위해 **커피숍의 매출**을 지역별 **상권**으로 구분하여 분석하고, 다시 **영업 형태**에 따라 나누어 분석해 보자.

연구문제	커피숍의 매출액이 상권과 영업 형태에 따라 차이가 있는지 검정해 보자. 상권을 강남역, 종로, 홍대역의 세 가지로 구분하고, 영업 형태도 국내 프랜차이즈, 독립 브랜드, 무인 점포의 세 가지로 구분한다. ▶ 실습파일 | two_ANOVA.csv / two_ANOVA1.csv ▶ 보충파일 | two_ANOVAx.csv / two_ANOVAx2.csv

[주효과 검정 시 수립되는 가설]

주어진 요인이 2개이므로 귀무가설과 대립가설도 각각 2개다.

- **귀무가설1:** 상권에 따라 매출액의 평균차이가 없다.
- **대립가설1:** 상권에 따라 매출액의 평균차이가 있다.
- **귀무가설2:** 영업 형태에 따라 매출액의 평균차이가 없다.
- **대립가설2:** 영업 형태에 따라 매출액의 평균차이가 있다.

[상호작용효과 검정 시 수립되는 가설]

상호작용효과 검정에서도 주어진 요인은 2개다. 그러나 두 요인이 서로 연관성을 가지면서 새로운 요인을 구성할 수 있으므로 상호작용에 따른 요인 1개가 더해져 귀무가설과 대립가설은 각각 3개가 된다.

- **귀무가설1:** 상권에 따라 매출액의 평균차이가 없다.
- **대립가설1:** 상권에 따라 매출액의 평균차이가 있다.
- **귀무가설2:** 영업 형태에 따라 매출액의 평균차이가 없다.
- **대립가설2:** 영업 형태에 따라 매출액의 평균차이가 있다.
- **귀무가설3:** 상권과 영업 형태의 상호작용에 의해 매출액의 평균차이가 없다.
- **대립가설3:** 상권과 영업 형태의 상호작용에 의해 매출액의 평균차이가 있다.

[표 5-2]는 등분산 여부와 상호작용의 유의성에 따라 어떤 분석 방법과 사후검정을 사용하면 좋을지를 알려준다. 이 기준을 활용하면 올바른 통계 기법을 선택하는 데 도움이 될 것이다.

[표 5-2] 분산분석 조건에 따른 분석 방법과 사후검정

등분산 여부	상호작용 유의성 여부	분석 방법	사후검정
등분산	유의함	단순주효과 분석	Turkey HSD
	유의하지 않음	주효과 유의함	Turkey HSD
		주효과 유의하지 않음	사후검정 불필요함
이분산	유의함	Welch's ANOVA/Robust ANOVA	Games-Howell
	유의하지 않음	주효과 유의함	Games-Howell
		주효과 유의하지 않음	사후검정 불필요함

데이터 불러오기와 확인하기

two_ANOVA.csv를 불러와서 two_anova로 정의한다.

```
two_anova = pd.read_csv('./source/two_ANOVA.csv')
```

[그림 5-25] 이원분산분석의 데이터 불러오기

shape를 이용하여, 구성된 데이터의 two_anova 구조를 확인한다.

```
two_anova.shape
```

```
(53, 4)
```

[그림 5-26] 데이터 형태 확인

53개의 행과 4개의 열로 구성된 데이터임을 알 수 있다.

구성된 데이터에서 위쪽과 아래쪽 5개 행을 각각 확인해 보기 위해 two_anova.head()와 two_anova.tail()을 실행한다.

```
two_anova.head()
```

	No	style	location	income
0	1	1	1	100
1	2	1	2	110
2	3	1	3	120
3	4	2	1	200
4	5	2	2	210

```
two_anova.tail()
```

	No	style	location	income
48	49	2	2	210
49	50	2	3	220
50	51	3	1	300
51	52	3	2	310
52	53	3	3	320

[그림 5-27] 데이터의 첫 5행과 마지막 5행 확인

Levene의 등분산 검정 1

Levene의 등분산 검정을 실시하기 위한 모듈을 임포트한다.

```
from scipy.stats import levene
```

[그림 5-28] Levene의 등분산 검정 모듈 임포트하기

종속변수를 정의하기 위해 데이터셋의 income에 해당하는 데이터들을 income으로 정의한다.

```
income = two_anova['income']
```

[그림 5-29] 이원분산분석의 종속변수 정의

요인들을 정의하기 위해 데이터셋의 **style**과 **location**에 해당하는 데이터들을 각각 **style**과 **location**으로 정의한다.

```
style = two_anova['style']
location = two_anova['location']
```

[그림 5-30] 이원분산분석의 요인 정의하기

종속변수를 **income**으로 하는 **location**과 **style**에 대한 데이터가 모두 **1, 2, 3**으로 코딩되어 있으므로, 요인의 조합에 대한 Levene의 검정을 실시하여 **Levene의 검정통계량**과 그에 맞는 **p-value**를 계산한다.

```
levene_test_result = levene(income[style==1][location==1],
                            income[style==1][location==2],
                            income[style==1][location==3],
                            income[style==2][location==1],
                            income[style==2][location==2],
                            income[style==2][location==3],
                            income[style==3][location==1],
                            income[style==3][location==2],
                            income[style==3][location==3])

print("Levene's Test Statistic:", levene_test_result.statistic)
print("p-value:", levene_test_result.pvalue)
```

```
Levene's Test Statistic: 1.784062353592572
p-value: 0.10614793836111866
```

[그림 5-31] 이원분산분석의 등분산 검정하기

출력 결과를 보면 p-value가 0.106…으로 나타났다. 따라서 등분산임을 확인할 수 있다.

참고 **Levene 검정에서 통계량의 p-value가 0.05보다 작거나 같은 경우**

집단 간 평균차이를 검정할 때는 등분산성이 전제되어야 하는데, Levene의 등분산 검정 결과 p-value가 0.05 이하로 나타나는 경우(유의확률이 유의한 경우) 등분산 가정이 충족되지 않는 것으로 판단한다. 이때는 일반적인 ANOVA 대신 등분산성을 요구하지 않는 Welch의 ANOVA를 사용하는 것이 적절하다. 뒤에서 등분산 검정 결과 유의확률이 유의하게 나타난 데이터를 바탕으로 Welch의 ANOVA를 실행하는 실습을 해볼 것이다.

참고 등분산 검정에서 SPSS Statistics의 결과 비교

이 책에서는 location과 style의 데이터를 구분하여 등분산 검정을 실시하였으나, SPSS Statistics에서는 데이터가 2개의 요인으로 구분이 되어 있어도 [그림 5-32]와 같이 등분산 검정 결과를 하나의 표로 나타낸다.

오차 분산의 동일성에 대한 Levene의 검정[a,b]

		Levene 통계량	자유도1	자유도2	유의확률
income	평균을 기준으로 합니다.	28.000	8	44	<.001
	중위수를 기준으로 합니다.	1.784	8	44	.106
	자유도를 수정한 상태에서 중위수를 기준으로 합니다.	1.784	8	5.976	.249
	절삭평균을 기준으로 합니다.	22.081	8	44	<.001

여러 집단에서 종속변수의 오차 분산이 동일한 영가설을 검정합니다.

a. 종속변수: income

b. Design: 절편 + style + location + style * location

[그림 5-32] SPSS Statistics에서의 분산의 동일성 검정 결과

[그림 5-32]에서 중위수를 기준으로 한 값이 파이썬으로 Levene 검정을 한 값과 동일한 값(1.787)으로 나온 것을 확인할 수 있다. 이는 별도의 옵션을 선택하지 않는 경우 이상치에 민감하지 않는 중위수를 기준으로 계산하는 것이 일반적이기 때문이다.[11]

이원분산분석

등분산성이 확인되었으면, 지금부터는 실제로 평균차이가 있는지를 검정하는 분산분석을 실시해야 한다. 요인이 두 가지(**style**, **location**)이므로 이원분산분석을 실시해야 하는데, 그 전에 각 집단에서 관측된 데이터의 개수가 서로 동일한지를 확인해야 한다. 표본 개수의 동일성 여부에 따라 파이썬으로 분석하는 코드가 달라지기 때문이다.

```
sty = two_anova.value_counts('style')
loc = two_anova.value_counts('location')
print(sty)
print(loc)
```

```
style
1    18
2    18
3    17
Name: count, dtype: int64
location
1    18
3    18
2    17
Name: count, dtype: int64
```

[그림 5-33] 이원분산분석 데이터의 요인별 빈도 확인

11 평균, 절삭평균을 기준으로 옵션을 설정하는 방법은 일원분산분석의 Levene 검정을 참조하기 바란다.

[그림 5-33]의 출력 결과를 보면 style에서 국내 프랜차이즈(1), 독립 브랜드(2), 무인 점포(3)의 세 종류가 각각 18, 18, 17로 서로 다른 개수의 관측치가 확인되었다. location도 강남(1), 종로(2), 홍대(3)의 상권 표본이 각각 18, 17, 18로 서로 다른 개수의 관측치가 확인되었다.[12]

style과 location 둘 다 집단 내 빈도가 다르게 나타나고 있음을 확인했다. 일반적인 연구에서 무작위로 최대한 많은 관측치를 필요로 하는 경우에는 표본 간 관측치의 개수를 동일하게 만드는 것이 상당히 어렵다. 그렇기 때문에 관측치의 개수를 인위적으로 동일하게 맞추어 측정해야 한다면 그렇게 할 필요가 있음을 연구 보고서에 설명해야 한다. 현대의 데이터 분석에서는 관측치의 개수를 동일하게 맞추기보다 관측치의 개수가 다르더라도 그에 맞는 분석 방법을 사용하여 정확한 결과를 도출하는 것이 더욱 중요하다.

데이터프레임에서 상권의 컬럼명은 **location**으로 되어 있고, 영업 형태의 컬럼명은 **style**로 되어 있다. 사용할 컬럼명만 보이도록 **iloc** 함수를 이용해서 5개 행만 확인한다.

```
two_anova.iloc[:, 1:].head()
```

	style	location	income
0	1	1	100
1	1	2	110
2	1	3	120
3	2	1	200
4	2	2	210

[그림 5-34] 데이터의 컬럼명만 확인

참고 loc vs iloc

데이터셋을 이용할 때 loc 함수와 iloc 함수를 사용하여 새로운 데이터셋을 만들고, 이를 새롭게 정의할 수 있다. 이 방법은 다양한 상황에서 자주 활용되므로 미리 익혀 두면 유용하다. pandas에서는 데이터셋을 DataFrame이라고 하는데, 이는 행과 열로 구성된 표라고 이해하면 된다.

```
loc[행, 열]     # 레이블을 기준으로 한 행과 열의 순서
iloc[행, 열]    # 정수를 기준으로 한 행과 열의 순서
```

행 이름이 0, 1, 2, 3처럼 숫자로 되어 있고, 열 이름이 'No', 'income', 'location', 'style' 등으로 지정된 경우, 레이블 또는 정수를 기준으로 한다는 말은 행과 열을 이름(레이블)나 번호(정수)를 사용해 직접 선택할 수 있다는 의미다.

12 대다수 집단 비교 연구에서는 인위적으로 관측치 개수를 맞추지 않는 한, 집단 간 관측치 개수가 다른 경우가 많다. 따라서 분산분석의 최종 결과에서 데이터의 동일성 여부를 확인해야 한다. 109쪽의 〈참고〉에서도 설명했지만, 관측치의 개수에 따라 사후검정 방법이 달라지기 때문이다.

[그림 5-35]는 원래의 데이터 형태다. 인덱스와 컬럼명을 확인한 후, loc와 iloc를 이용했을 때 데이터 형태가 어떻게 바뀌는지 확인해 보자.

	No	style	location	income
0	1	1	1	100
1	2	1	2	110
2	3	1	3	120
3	4	2	1	200
4	5	2	2	210

[그림 5-35] 원래의 데이터 형태

loc와 iloc 함수는 행과 열의 범위를 콜론(:)을 사용해 지정할 수 있으며, 범위의 시작이나 끝을 지정하지 않고 비워 두면 '처음부터' 또는 '끝까지'를 의미한다. 예를 들어 loc[1:, 'style':]은 1행부터 마지막 행까지 선택하고, 'style'이라는 이름을 가진 열부터 마지막 열까지 선택한다. iloc[:, 1:]은 모든 행에 대해 1번 열부터 마지막 열까지 선택한다. 즉, loc는 레이블(이름), iloc는 정수 인덱스를 기준으로 데이터를 선택할 수 있으며, 이 방법을 활용하면 원하는 부분만 추출하여 새로운 데이터셋을 쉽게 구성할 수 있다.

```
two_anova.loc[1:, 'style':].head()
```

	style	location	income
1	1	2	110
2	1	3	120
3	2	1	200
4	2	2	210
5	2	3	220

```
two_anova.iloc[:, 1:].head()
```

	style	location	income
0	1	1	100
1	1	2	110
2	1	3	120
3	2	1	200
4	2	2	210

[그림 5-36] loc와 iloc 함수를 이용하여 No 열을 제외한 데이터 보기

파이썬에서 시작점은 0이다. 따라서 loc와 iloc 함수 이용 시 범위를 1부터 시작하면 행에서는 첫 번째 0행을 제외한 1부터 표시되고, 컬럼에서는 index를 제외한 No를 첫 번째 열로 인식하므로 style부터 표시된다. 참고로 two_anova = two_anova.loc[1 : , 1 :]로 실행하면 loc에 컬럼의 레이블을 입력하지 않았으므로 에러가 발생한다.

이제 주효과와 상호작용효과를 검정해 보자. 분산분석을 실시하기 위한 모듈을 다음과 같이 임포트한다.

```
from statsmodels.formula.api import ols
from statsmodels.stats.anova import anova_lm
```

[그림 5-37] 이원분산분석의 회귀식 적합

주효과 검정

주효과 검정은 다른 요인의 영향과 상관없이, 특정 요인에 따라 종속변수에 유의미한 평균 차이가 있는지를 독립적으로 평가하는 것이다. 예를 들어 편의점의 종류와 지역에 따라 방문객이 느끼는 만족감이 다른지를 분석할 때, 편의점만 기준으로 하여 만족감 차이를 검정하는 것이 편의점 종류의 주효과이며, 지역만 기준으로 하여 검정하는 것이 지역의 주효과다. 연구자는 이러한 분석을 통해 각 요인이 독립적으로 어떤 효과를 나타내는지 이해할 수 있으며, 실험 설계나 정책 결정에서 중요한 정보를 제공할 수 있다.

관측치의 개수가 다른 분산분석의 주효과 검정을 하기 위해 구분해야 하는 요인과 그에 따른 종속변수를 설정하여 **two_aov**로 정의하는 **two_aov = ols(formula='income ~ C(style) + C(location)', data=two_anova).fit()**을 입력한다. 그리고 분산분석 결과를 확인하는 **anova_lm(two_aov, typ=3)**을 실행한다.

```
two_aov = ols(formula = 'income ~ C(style) + C(location)', data = two_anova).fit()
```

```
anova_lm(two_aov, typ=3)
```

	sum_sq	df	F	PR(>F)
Intercept	108426.122947	1.0	35117.880080	2.005471e-70
C(style)	345567.382153	2.0	55962.500347	1.482757e-81
C(location)	4014.440976	2.0	650.113888	1.719773e-35
Residual	148.199546	48.0	NaN	NaN

[그림 5-38] 이원분산분석의 주효과 검정

statsmodels로 하는 분산분석의 주효과 검정 시 주의할 점이 있다. 요인은 **+**로 구분해야 하며, 표본 간 관측치의 개수가 서로 다른 경우 반드시 **typ=3**으로 설정해야 한다는 점이다. **typ=2**로 설정하면 절편에 해당하는 intercept의 행이 삭제된다. 만약 vlaue_counts()로 확인한 관측치의 개수가 모두 동일한 경우라면 **typ=1**로 해야 한다.

- typ=1: 관측치의 개수가 서로 동일한 경우에 입력하는 옵션(입력하지 않아도 default이므로 동일한 값을 반환)
- typ=2: typ=3에서 절편(intercept)을 제외한 요인 변수와 잔차에 대한 값을 반환
- typ=3: 관측치의 개수가 서로 다른 경우에 입력하는 옵션

검정 결과, 영업 형태(style)에서 유의확률(PR(>F))은 1.482757e−81로 나타났다. 이는 소수점을 왼쪽 방향으로 81자리 이동한 수이므로 0.05보다 작다. 따라서 영업 형태에 따라 매출액의 평균차이가 있다고 판단할 수 있다. 상권(location)에 대해 유의확률은 1.719773e−35로 나타났다. 이는 소수점을 왼쪽 방향으로 35자리 이동한 수이므로 역시 0.05보다 작다. 따라서 상권에 따라서도 매출액의 평균차이가 있다고 판단할 수 있다.

상호작용효과 검정

상호작용효과 검정 시 Pingouin을 이용하면 분산분석을 진행하기가 쉽다. 데이터는 앞서 정의한 **two_anova**를 이용한다.

다음과 같이 **pingouin**을 임포트한다.

```
import pingouin as pg
```

[그림 5-39] pingouin 임포트하기

상호작용효과를 검정하기 위해 **pg.anova(data=데이터셋, dv=종속변수, between=요인, ss_type=3, detail=True)** 형식에 맞게 입력한다. 단, 관측치의 개수가 서로 다른 데이터를 대상으로 분산분석을 진행하는 경우 부분합 계산에 차이가 있을 수 있으므로 가장 일반적인 부분합 계산을 하는 **type=3**을 설정한다. detail은 기본값이 True이므로 생략할 수 있다.

```
pg.anova(data = two_anova, dv = 'income',
         between = ['style', 'location'], ss_type = 3)
```

	Source	SS	DF	MS	F	p-unc	np2
0	style	344763.048700	2.0	172381.524350	64205.308166	5.800496e-77	0.999657
1	location	4014.112530	2.0	2007.056265	747.549173	1.086673e-34	0.971412
2	style * location	30.066213	4.0	7.516553	2.799619	3.724060e-02	0.202877
3	Residual	118.133333	44.0	2.684848	NaN	NaN	NaN

[그림 5-40] pigouin으로 하는 이원분산분석 상호작용효과 검정

검정 결과, 영업 형태(style)에 대해 유의확률(p-unc)은 5.800496e-77로서 소수점을 왼쪽으로 77자리를 이동한 값이며, 이는 0.05보다 작으므로 영업 형태에 따라 매출액의 평균 차이가 있다고 판단할 수 있다. 또한 상권(location)에서는 유의확률이 1.086673e-34로서 소수점을 왼쪽으로 34자리를 이동한 값이며, 이는 0.05보다 작으므로 상권에 따라 매출액의 평균차이가 있다고 판단할 수 있다. 상권과 영업 형태의 상호작용효과에 대한 유의확률은 3.724060e-02다. 이 또한 0.05보다 작으므로 상호작용에 의한 매출액의 평균차이가 있다고 판단할 수 있다.

참고

1. statsmodels를 이용한 상호작용효과 검정

statsmodels를 이용해 상호작용효과를 검정한다면 요인을 구분한 주효과 검정의 +를 *로 변경해서 진행하면 된다. 즉 two_aov_c = ols(formula = 'income ~ C(style) * C(location)', data = two_anova).fit( )으로 분석하고, anova_lm(two_aov_c, typ = 3)으로 표현하면 된다.

```
two_aov_c = ols(formula = 'income ~ C(style) * C(location)', data = two_anova).fit()
```

```
anova_lm(two_aov_c, typ=3)
```

	sum_sq	df	F	PR(>F)
Intercept	59600.666667	1.0	22198.893905	3.943739e-61
C(style)	120000.000000	2.0	22347.629797	6.931152e-67
C(location)	1644.444444	2.0	306.245297	1.502906e-26
C(style):C(location)	30.066213	4.0	2.799619	3.724060e-02
Residual	118.133333	44.0	NaN	NaN

[그림 5-41] 이원분산분석 상호작용효과 검정

2. 제곱합의 유형(typ = 1, typ = 2, typ = 3)

분산분석을 수행할 때 가장 먼저 계산하는 것이 평균이다. 각 측정값과 평균 간 차이를 제곱한 뒤, 이를 모두 더하고 자유도로 나누면 평균제곱값이 된다. 이 평균제곱값들을 비교하여 F값[13]을 도출한다. 이 과정에서 사용되는 제곱합 계산 유형으로 '제Ⅲ유형 제곱합'이 설정되는 경우가 많다.

개체-간 효과 검정

종속변수: income

원인	제 Ⅲ 유형 제곱합	자유도	평균제곱	거짓	유의확률
수정된 모형	350081.338[a]	8	43760.167	16298.934	<.001
절편	2330781.012	1	2330781.012	868123.853	<.001
style	344763.049	2	172381.524	64205.308	<.001
location	4014.113	2	2007.056	747.549	<.001
style * location	30.066	4	7.517	2.800	.037
추정값	118.133	44	2.685		
전체	2646937.000	53			
수정된 합계	350199.472	52			

a. R 제곱 = 1.000 (수정된 R 제곱 = 1.000)

[그림 5-42] SPSS Statistics의 이원분산분석 결과의 개체-간 효과 검정

한편, SPSS에서는 선택할 수 있는 제곱합의 유형이 네 가지이지만, 파이썬에서는 1, 2, 3의 세 가지 타입 중 하나를 선택할 수 있다. [그림 5-43]은 SPSS에서 제곱합 옵션을 선택하는 화면이고, 여기서 '제Ⅲ유형'을 선택하면 [그림 5-42]의 결과 화면이 출력된다.

13 [그림 5-42]에 제시한 표의 '거짓'은 'F'의 오역이다.

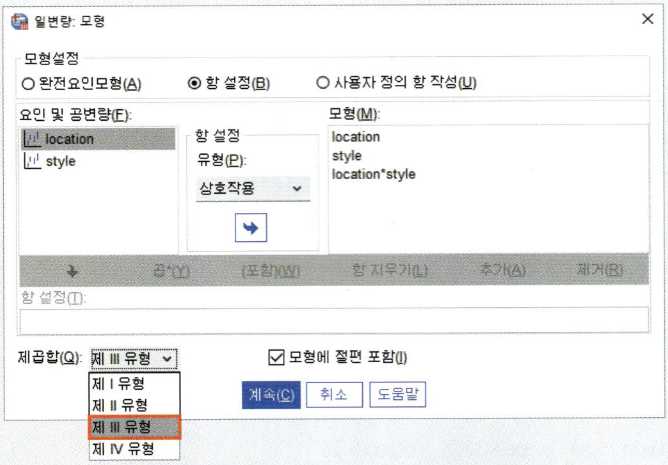

[그림 5-43] SPSS Statistics의 제곱합 옵션 선택

분산분석은 3개 이상의 집단 간 평균차이를 확인하는 분석 방법이므로, A, B, C의 세 집단이 있다고 가정하면, 제Ⅲ유형 제곱합을 기준으로 다음과 같이 계산된다.

1. 먼저 A의 효과를 계산하고, B는 A와 겹치는 부분을 제외한 순수 효과만 계산한다. 이어서 C는 A, B와 겹치는 부분을 제외한 나머지 효과를 계산한다.
2. A와 B에서 중복되는 부분을 제외하고, 각각의 순수한 효과를 계산한다. 그런 다음 C에서 중복되는 요소를 제외하고 C의 순수 효과를 계산한다.
3. A, B의 효과뿐 아니라 A와 B 사이의 중복된 부분까지 모두 제외한 후, 각 집단의 순수 효과만 계산한다.

사후검정

이원분산분석(Two-way ANOVA)은 2개의 요인이 종속변수에 미치는 영향을 동시에 평가하는 분석 방법이다. 이때 ANOVA 결과가 유의미할 경우, 집단 간 평균차이를 더 구체적으로 비교하기 위해 사후검정을 수행한다.

SPSS Statistics는 EMMeans(Estimated Marginal Means)[14]와 Type III SS를 활용하여, 다른 요인의 효과를 통제한 조건부 평균을 기준으로 사후검정을 수행하므로 주효과만 유의한 경우(즉, 상호작용효과는 유의하지 않음) Scheffe 사후검정을 바로 적용할 수 있다. 그러나 상호작용효과가 유의한 경우라면 SPSS Statistics는 단순주효과(Simple Main Effect) 분석으로 자동 전환하여 조건별 비교를 수행한다. 이때 SPSS Statistics는 상호작용효과 자체에 대한 사후검정 결과는 제공하지 않으며, R이나 SAS에서도 마찬가지다. 이는 통계적으로 상호작용효과에 대한 사후검정이 부적절하거나 무의미할 수 있기 때문이다. 상호작용효

14 모형 기반 조건부 평균을 의미하며, 이는 추정 주변 평균으로 해석된다. 단순 집단 평균은 요인들의 효과가 섞여 왜곡될 수 있으나, EMMeans은 다른 요인의 영향을 통제한 상태에서 특정 요인의 수준별 평균을 추정하므로 더 정확한 비교가 가능하다.

과는 한 요인의 **효과가 다른 요인의 수준에 따라 달라지는지**를 확인하는 것이므로, **단순한 조합별 평균 비교**는 통계적으로 의미가 없다. 예를 들어 '라면 – 한강 – 100, 라면 – 남산 – 60, 돈까스 – 한강 – 80, 돈까스 – 남산 – 120'이라는 측정값이 있다면, 이는 음식의 맛이 장소에 따라 다르게 나타난다는 의미이므로, 단순히 장소의 수치만 비교하는 것은 의미가 없다.

이에 반해, 파이썬의 scikit_posthocs.posthoc_scheffe() 함수는 단일 요인(one-way ANOVA) 전용으로 개발되어, 이원분산분석이나 다요인 ANOVA 기반의 사후검정은 아직 지원하지 않는다. 따라서 SPSS Statistics처럼 이원분산분석에서 Scheffe 등의 사후검정을 수행하는 기능은 현재 구현되어 있지 않다. 그러나 **상호작용효과가 유의하지 않은 경우**에는 **주효과 + Scheffe 또는 Tukey HSD** 등의 사후검정(Main Effect + Post Hoc)이 가능하므로 scikit_posthocs을 사용할 수 있다. **상호작용효과가 유의한 경우**라면 파이썬에서 주효과 + Scheffe 방식의 사후검정을 지원하지 않으므로, **조건별 단순주효과 + Tukey HSD**(Simple Main Effect + Post Hoc)를 수행하도록 한다.

결론적으로 말해, 상호작용효과의 유의성 여부에 따라 사후검정 방법을 선택적으로 적용해야 한다. 따라서 상호작용효과가 유의한 경우와 유의하지 않은 경우 모두 이원분산분석을 진행한 후에 반드시 고려해야 할 해석 절차임을 잊지 말아야 한다.

■ 상호작용효과가 유의한 경우

이원분산분석을 실시한 결과인 [그림 5–40]에서는 style과 location의 주효과는 물론 상호작용효과도 나타나고 있으며, 상호작용효과가 유의한 것으로 확인된다. 이 경우, Scheffe의 사후검정을 수행해도 결과는 출력되지만, 그 결과는 통계적으로 적절하게 도출된 것이라 보기 어렵다.

참고 주의가 필요한 Scheffe의 검정 결과

다음은 요인별로 Scheffe의 사후검정을 수행한 결과다.

```
scheffe_style = sp.posthoc_scheffe(two_anova, val_col='income', group_col='style')
scheffe_style = pd.DataFrame(scheffe_style).sort_index().sort_index(axis=1)
```

```
scheffe_style
```

	1	2	3
1	1.000000e+00	2.339058e-34	7.554907e-49
2	2.339058e-34	1.000000e+00	2.689989e-34
3	7.554907e-49	2.689989e-34	1.000000e+00

[그림 5–44] style 요인에 대한 사후검정

```python
scheffe_location = sp.posthoc_scheffe(two_anova, val_col='income', group_col='location')
scheffe_location = pd.DataFrame(scheffe_location).sort_index().sort_index(axis=1)
```

```python
scheffe_location
```

	1	2	3
1	1.000000	0.989137	0.749470
2	0.989137	1.000000	0.834373
3	0.749470	0.834373	1.000000

[그림 5-45] location 요인에 대한 사후검정

앞서 이원분산분석을 통해 요인들의 평균차이가 있는 것으로 확인되었지만, 사후검정 결과를 보면 location 요인에 대해 모든 그룹 간의 조합에서 유의하지 않는 것으로 확인된다. 이는 이원분산분석에서 scheffe의 사후검정이 지원되지 않기 때문이다.

이원분산분석에서 상호작용효과가 유의한 것으로 판단되면, **조건별 단순 주효과 + Tukey HSD**를 진행한다. 예를 들어, 요인 A와 B가 각각 여러 수준으로 구성된 이원분산분석에서 상호작용효과가 유의하다면, B의 수준에 따라 A의 전체 평균이 상쇄되거나 왜곡될 수 있다. 따라서 단순히 A의 전체 평균을 비교하는 것이 아니라, B1 조건에서의 A 효과, B2 조건에서의 A 효과처럼 각 조건별로 세분화하여 단계적으로 차이를 확인해야 한다. 즉, 이원분산 분석 결과에서 상호작용효과가 유의하다면, 단순 주효과를 먼저 검정하고, 단순 주효과가 유의한 경우 A의 각 수준 간 차이를 구체적으로 확인하기 위해 Tukey HSD와 같은 사후검정을 수행함으로써 A의 각 수준 간 차이를 더욱 정확하게 파악할 수 있다.

[그림 5-40]을 확인하면 상호작용효과의 유의확률이 3.724060e-02이므로, 유의한 것으로 판단할 수 있다. 상호작용효과가 있는 경우 조건별 단순주효과(Simple Main Effect) + Tukey HSD를 수행하므로, 다음과 같이 진행한다.

우선 **style**이 가질 수 있는 모든 고윳값(**s**)에 대해 **for** 반복문을 사용하여, **two_anova** 데이터셋에서 해당 **style** 수준에 해당하는 데이터만 포함하는 **subset**을 생성한다. 이후 f-문자열 포맷을 활용하여 **print()** 함수를 통해 현재 분석 중인 style 조건을 표시한다.

데이터가 조건별로 분할되면, 첫 번째 통계 검증으로 pingouin 라이브러리의 **pg.anova()** 함수를 사용하여 **location** 변수를 독립 변수로 설정한 일원분산분석을 수행한다. 이 분석을 통해 해당 style 조건하에서 **location** 그룹 간 평균차이가 통계적으로 유의한지를 **F 통계량**과 p값(**p-unc**)을 통해 판단한다.

만약 location의 단순 주효과가 유의하다고 판단되면, 사후검정인 Tukey HSD를 수행한다. 이 단계 역시 pingouin의 **pg.pairwise_tukey()** 함수를 사용하여 구현하며, **location**의 모든 가능한 그룹 쌍을 비교함으로써 다중 비교에서 발생할 수 있는 제1종 오류(Type I error)를 통제한다.

Tukey HSD 검정 결과를 출력할 때는 f-문자열을 활용하여 현재의 style 값(**s**)이 제목에 포함되도록 하며, 최종적으로 출력되는 DataFrame에는 비교 쌍(**A, B**), 평균차이(**diff**), 다중 비교에 대해 조정된 p값(**p-tukey**)이 포함된다. 분석자는 이 p-tukey 값이 0.05 미만인지를 기준으로 location 간 어떤 쌍이 통계적으로 유의한 차이를 보이는지를 최종적으로 판단한다.

이러한 전체 과정을 style의 모든 수준에 대해 반복하여, 두 요인 간의 상호작용효과가 종속변수(income)에 영향을 미치는지를 해석한다.

```
for s in two_anova['style'].unique():
    # 1. 특정 style 수준에 해당하는 데이터 서브셋 생성
    subset = two_anova[two_anova['style'] == s].copy()

    # Simple Main Effect Label
    print(f'\n ▶▶▶ 단순 주효과: style = {s} ◀◀◀')

    # 2. 생성된 서브셋으로 location 변수에 대한 ANOVA 실행 (Pingouin 사용)
    simple_effect_anova = pg.anova(data=subset, dv='income', between='location', ss_type=3)

    print('\n--- 단순 주효과 ANOVA (Location)')
    print(simple_effect_anova[['Source', 'F', 'p-unc']].round(4))

    # 3. location 간 사후검정 (Pingouin의 pairwise_tukey 사용)
    print(f'\n--- 단순 주효과 Tukey HSD: style = {s}')
    tukey_results = pg.pairwise_tukey(data=subset, dv='income', between='location')

    print(tukey_results[['A', 'B', 'diff', 'p-tukey']].round(4))
```

```
▶▶▶ 단순 주효과: style = 1 ◀◀◀

--- 단순 주효과 ANOVA (Location)
     Source         F  p-unc
0  location  111.4458    0.0

--- 단순 주효과 Tukey HSD: style = 1
   A  B      diff  p-tukey
0  1  2  -10.0000      0.0
1  1  3  -23.3333      0.0
2  2  3  -13.3333      0.0
```

```
▶▶▶ 단순 주효과: style = 2 ◀◀◀

--- 단순 주효과 ANOVA (Location)
     Source       F  p-unc
0  location  2250.0    0.0

--- 단순 주효과 Tukey HSD: style = 2
   A  B   diff  p-tukey
0  1  2  -10.0      0.0
1  1  3  -20.0      0.0
2  2  3  -10.0      0.0
```

```
▶▶▶ 단순 주효과: style = 3 ◀◀◀

--- 단순 주효과 ANOVA (Location)
     Source          F  p-unc
0  location  2423.2036    0.0

--- 단순 주효과 Tukey HSD: style = 3
   A  B      diff  p-tukey
0  1  2  -10.1333      0.0
1  1  3  -20.0000      0.0
2  2  3   -9.8667      0.0
```

[그림 5-46] **단순 주효과와 Tukey HSD 결과**

출력 결과를 살펴보면, 각 style 수준에서 location에 따른 단순 주효과가 모두 통계적으로 유의한 것으로 나타난다.

먼저 style=1의 단순 주효과 ANOVA 검정 결과, location 요인의 F값은 111.45로 매우 높고, p값(p-unc)은 0.0이므로, location 그룹 간의 차이가 통계적으로 0.001 수준보다도 훨씬 더 유의한 것으로 판단할 수 있다.[15] 따라서 style이 1로 고정된 상황에서 location 그룹 간에는 종속변수 income의 평균에 유의한 차이가 있다고 판단할 수 있다.

15 p값이 실제로 계산 가능한 범위 내에서 극단적으로 작은 값(예 0.00000001)일 수 있다. 파이썬 라이브러리나 통계 소프트웨어에서 지정된 소수점 이하 자릿수(precision)의 한계 때문에 0.000...으로 반올림되거나 잘려서 0.0으로 표시된 것이다.

다음으로, style = 2의 단순 주효과 ANOVA 검정 결과, location 요인의 F값은 2250.00으로 매우 높고, p값(p – unc)은 0.0이므로, 이 역시 통계적으로 매우 유의한 결과로 판단할 수 있다. 따라서 style이 2로 고정된 상황에서도 location 그룹 간에는 종속변수 income의 평균에 유의한 차이가 있다고 판단할 수 있다.

마지막으로, style = 3의 단순 주효과 ANOVA 검정 결과, location 요인의 F값은 2423.20으로 매우 높고, p값(p – unc)은 0.0이므로, 이 역시 location 그룹 간 평균차이가 0.001 수준보다 훨씬 더 유의한 수준에서 발생했음을 알 수 있다. 따라서 style이 3으로 고정된 상황에서도 location 그룹 간에는 종속변수 income의 평균에 유의한 차이가 있다고 판단할 수 있다.

■ 상호작용효과가 유의하지 않은 경우

이 경우에는 주효과에 대한 Scheffe 또는 Tukey 등의 사후검정을 실시해야 한다.

이를 위해 먼저 two_ANOVAx.csv 파일을 불러와 **two_anovax**라는 데이터프레임으로 저장한다. 이후 **income**은 종속 변수(**incomex**), **style**과 **location**은 각각 요인(**stylex**, **locationx**)으로 구분하여 변수에 할당한다. 다음으로 **ols(...)** 최소자승법 함수를 사용하여, 종속변수 **income**과 **style**의 주효과와 **location**의 주효과만 포함하는 범주형 변수 **C( )**로 설정한다. **fit( )** 함수를 통해 모델을 데이터에 적합시키고, 그 결과를 **two_aovx**에 저장한다.

이어서 pingouin 라이브러리의 **pg.anova( )** 함수를 활용하여 이원분산분석을 수행한다. 결과를 출력하기 위해 **dv = 'income'**으로 종속변수를, **between = ['style', 'location']**으로 독립변수를 지정한다. 또한 각 요인의 효과를 다른 모든 요인과 상호작용을 통제한 후 독립적으로 평가하기 위해 제3형 제곱합(Type III Sum of Squares)을 지정한다.

```
two_anovax = pd.read_csv('./source/two_ANOVAx.csv')

incomex = two_anovax['income']
stylex = two_anovax['style']
locationx = two_anovax['location']

two_aovx = ols(formula = 'income ~ C(style) + C(location)', data = two_anovax).fit()

pg.anova(data = two_anovax, dv = 'income', between = ['style', 'location'], ss_type = 3)
```

	Source	SS	DF	MS	F	p-unc	np2
0	style	47473.821856	2.0	23736.910928	1226.656806	7.524494e-44	0.979635
1	location	3703.914469	2.0	1851.957234	95.703942	5.458805e-18	0.789611
2	style * location	188.814915	4.0	47.203729	2.439356	5.867026e-02	0.160596
3	Residual	986.895806	51.0	19.350898	NaN	NaN	NaN

[그림 5–47] two_ANOVAx의 분산분석 결과

출력 결과를 보면, style과 location의 주효과는 유의한 것으로 확인되지만, 상호작용효과는 5.867026e−02으로 나와 유의하지 않은 것으로 확인된다. 이처럼 상호작용효과가 유의하지 않고, 주효과만 유의한 경우에는 Scheffe 사후검정을 바로 적용할 수 있다.

sp로 약칭된 scikit−posthocs 라이브러리의 **posthoc_scheffe( )** 함수를 호출한다. **two_anovax** 데이터프레임에서 종속변수는 **val_col='income'**, 독립변수는 **group_col='style'**로 지정하여 style의 각 수준 간 평균차이에 대한 Scheffe 사후검정을 수행하고, 그 결과를 **scheffe_stylex**라는 변수에 저장해서 출력한다.

```
scheffe_stylex = sp.posthoc_scheffe(two_anovax, val_col='income', group_col='style')
scheffe_stylex
```

	A	B	C
A	1.000000e+00	1.664400e-09	7.380336e-31
B	1.664400e-09	1.000000e+00	5.711897e-23
C	7.380336e-31	5.711897e-23	1.000000e+00

[그림 5−48] style에 Scheffe의 사후검정을 바로 적용한 two_ANOVAx의 사후분석 결과

출력 결과를 보면, A, B, C로 구성된 모든 조합에서 $p < .05$이므로 유의한 평균차이가 있음을 확인할 수 있다.

또한 종속변수는 **val_col='income'**, 독립변수는 **group_col='location'**으로 지정하여 location의 각 수준 간 평균차이에 대한 Scheffe 사후검정을 수행하고, 그 결과를 **scheffe_locationx**라는 변수에 저장해서 출력한다.

```
scheffe_locationx = sp.posthoc_scheffe(two_anovax, val_col='income', group_col='location')
scheffe_locationx
```

	L1	L2	L3
L1	1.000000	0.619722	0.037301
L2	0.619722	1.000000	0.223914
L3	0.037301	0.223914	1.000000

[그림 5−49] location에 Scheffe의 사후검정을 바로 적용한 two_ANOVAx의 사후분석 결과

참고　주효과 + 사후검정 vs. 단순주효과 + 사후검정

■ **주효과 + 사후검정(Main Effect + Post Hoc)**

2개 이상의 요인이 있는 분산분석(ANOVA)에서 **상호작용(interaction)효과가 유의하지 않을 때,** 각 요인의 전체 평균차이를 비교하기 위해 주효과 사후검정을 실시한다.

예를 들어 A 요인이 3수준(A1, A2, A3), B 요인이 2수준(B1, B2)인 경우, A의 주효과는 A1, A2, A3 간의 전체 평균차이를 의미하며, B의 주효과는 B1과 B2 간의 전체 평균차이를 의미한다. 이때, 상호작용을 무시하고 단순히 각 요인의 평균차이를 비교한다. 즉, A 요인에서 전체적으로 유의한 차이가 있다면, 어떤 수준 간에 차이가 있는지를 사후검정을 통해 확인한다.

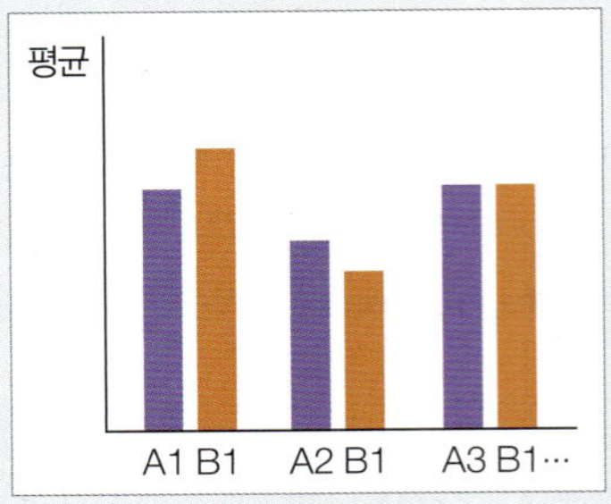

[그림 5-50] 주효과 사후검정

이 예를 시각적으로 표현하면 [그림 5-50]과 같다. 요인 A와 B에 대한 각각의 주효과를 확인하고, 사후검정을 수행하는 경우다. 따라서 각 그룹(A1, A2, B1, B2, …)별 평균만 표시되어 있다.

■ **단순주효과 + 사후검정(Simple Main Effect + Post Hoc)**

2개 이상의 요인이 있는 분산분석(ANOVA)에서 **상호작용효과가 유의할 때,** 특정 요인의 수준별 차이를 다른 요인의 각 수준에서 각각 분석할 때 단순주효과+사후검정을 실시한다.

예를 들어 A 요인이 3수준(A1, A2, A3), B 요인이 2수준(B1, B2)일 때, 단순주효과는 A1에서 B1 vs B2, A2에서 B1 vs B2, A3에서 B1 vs B2, 혹은 B1에서 A1 vs A2 vs A3, B2에서 A1 vs A2 vs A3와 같이 상호작용이 있는 경우에만 의미가 있다. 필요한 경우 단순주효과 안에서 어느 수준 간에 유의한지를 확인하는 추가적인 사후검정을 진행할 수 있다. 즉, A 요인이 B의 특정 수준에서만 차이가 있는지를 단계별로 확인하는 방식이다.

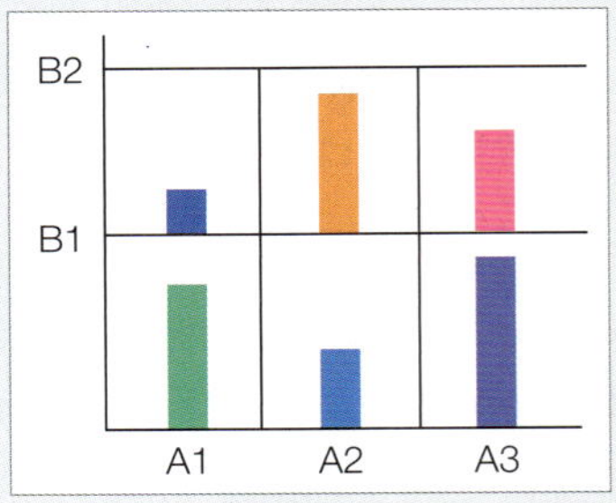

[그림 5-51] 단순주효과 사후검정

이 예를 시각적으로 표현하면 [그림 5-51]과 같다. 요인 A의 효과를 요인 B의 수준별로, 혹은 요인 B의 효과를 요인 A의 수준별로 분석한다. 따라서 B에 대한 단순주효과를 분석한다면 B의 각 수준에서 비교하는 데이터가 들어가게 된다.

Levene의 등분산 검정 2

분산분석은 집단 간 평균차이를 확인하는 검정 방법이다. 분산분석의 기본적인 가정 중 하나는 표본이 정규분포를 구성한다는 것이며, 정규분포를 구성하는 집단의 평균을 비교한다는 것은 서로 다른 분포를 가진 집단 분포의 봉우리만 비교해도 평균차이를 확인할 수 있다는 의미다. 즉, 수직선상의 분포 중 봉우리가 우측에 있다면 평균이 더 크다고 설명할 수 있다. 그림으로 보면 더 쉽게 이해할 수 있다. 어떤 집단이 [그림 5-52]와 같이 정규분포를 구성할 때, 주황색 분포보다는 보라색 분포가 더 우측에 있으므로 보라색 분포의 평균값($\bar{x}_B$)이 더 크다.

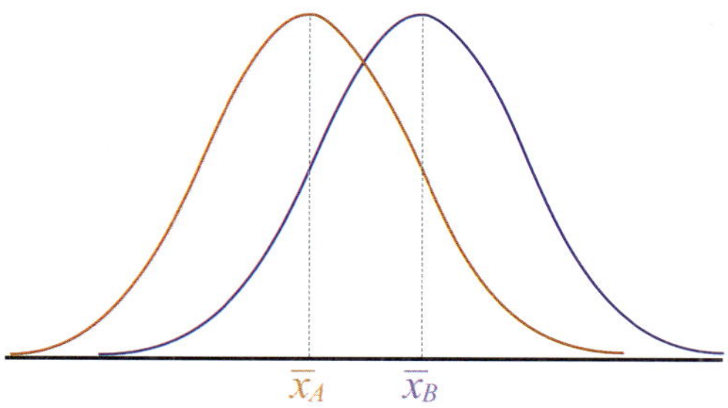

[그림 5-52] 등분산에서의 평균차이

Levene 검정은 그룹 간의 분산이 동일한지를 판단하는 검정으로, 등분산 검정이라고도 한다. 등분산성에 대한 가정은 분산분석에서 아주 중요한 가정 중 하나이며, 등분산성이 만족되지 않는다면 검정 결과에 편의(bias)가 나타날 수 있다. 그런데 분산분석 시 표본의 개수가 커지는 경우가 많아, 이럴 때는 등분산성이 만족되지 않는 일이 발생하곤 한다. 즉 Levene 검정에서 p-value가 0.05보다 작아지는 경우가 발생하는데, 이처럼 등분산 가정이 충족되지 않는 경우에도 통계적으로 유효하고 신뢰할 수 있는 분산분석 결과를 얻기 위해, 전통적인 분산분석을 대신하거나 보완하는 여러 방법론이 사용된다.

등분산성을 확인하기 위해 다음과 같이 two_ANOVA1.csv 파일을 불러온다.

```
two_anova1 = pd.read_csv('./source/two_ANOVA1.csv')
```

[그림 5-53] 등분산성 확인을 위한 데이터 불러오기

앞서 'Levene의 등분산 검정 1' 항목에서 등분산성이 확인된 결과와 비교하기 위해 **income**을 **income1**, **style**을 **style1**, **location**을 **location1**으로 정의한다. 이어서 **levene_test_sig**로 정의한 Levene 검정을 실행한다.

```python
# Levene 모듈 import
from scipy.stats import levene

# 종속변수 정의
income1 = two_anova1['income']

# 요인 정의
style1 = two_anova1['style']
location1 = two_anova1['location']

# Levene의 검정 실행
levene_test_sig = levene(income1[style1==1][location1==1],
                         income1[style1==1][location1==2],
                         income1[style1==1][location1==3],
                         income1[style1==2][location1==1],
                         income1[style1==2][location1==2],
                         income1[style1==2][location1==3],
                         income1[style1==3][location1==1],
                         income1[style1==3][location1==2],
                         income1[style1==3][location1==3])

# 검정결과 출력
print("Levene's Test Statistic:", levene_test_sig.statistic)
print("p-value:", levene_test_sig.pvalue)
```

```
Levene's Test Statistic: 6.4534961051624515
p-value: 3.0474369382601056e-07
```

[그림 5-54] 등분산 검정

출력 결과를 보면, 검정통계량은 6.453…이고, p-value는 3.047E-07로 0.000 수준이다. 즉, 등분산 검정 결과가 유의하게 나왔으므로 집단 간 등분산을 가정할 수 없다고 판단할 수 있다.

■ 등분산 가정 위반을 해결하는 방법

이처럼 등분산 가정에 대한 위반(이분산성, heteroscedasticity) 문제가 발생하면 통계적 검정의 신뢰성이 저하될 수 있다. 이 문제를 해결하는 대표적인 방법으로 Welch's ANOVA, HC 추정 기반의 Robust ANOVA(강건 ANOVA),[16] 비모수 검정(non-parametric Tests)이 있다.

Welch's ANOVA는 등분산 가정이 심각하게 위배되었을 때, 일원 분산분석을 대체하는 표준적인 방법이다. 이 방법은 특히 집단 간 표본 크기가 서로 다르고 분산도 다를 때 전통적인 분산분석보다 더 정확한 p값을 제공하는 것으로 알려져 있으며, 그룹별 분산이 다르므로 그룹의 분산과 표본 크기에 따라 가중치를 부여하여 F 통계량과 자유도(df)를 수정해서 분석한다. 특히, 단순하게 그룹의 평균을 비교하는 데 매우 효과적이다.

16 Heteroskedasticity Consistent(HC) 추정 방법은 회귀분석이나 분산분석에서 robust 표준오차를 계산하는 방법이다. 표준오차가 강건하게 계산되면 T-검정, F-검정, p값이 이분산성의 영향을 덜 받아 신뢰성이 높아지며, 이를 표본 내에서 분산이 다른 경우에 사용한다.

다중 요인이나 상호작용이 있는 복잡한 모델을 다룰 때는 OLS 회귀 모델의 강건한 추정을 활용한 Robust ANOVA(강건 ANOVA[17])를 사용한다. Robust ANOVA는 분산분석이 선형 모델을 가정하기 때문에 등분산성이 유지되지 않는 경우에는 F-검정의 분모가 되는 표준오차(분산)를 이분산성에 일관된 방식으로 수정하여 F-검정의 p값을 강건하게 만든다. 이 방법은 Two-way ANOVA나 공변량을 포함하는 ANCOVA(공분산분석)에서도 모델 구조를 유지하면서 이분산성 문제를 해결한다는 장점이 있다.

비모수 검정은 등분산 가정은 물론 정규성 가정까지 문제가 되는 경우에 사용한다. 대표적인 비모수 검정 방법으로는 Mann-Whitney 검정과 Kruskal-Wallis 검정이 있다. Mann-Whitney 검정은 두 집단 간 차이를 비교할 때 T-검정 대신 사용하고, Kruskal-Wallis 검정은 세 집단 이상을 비교할 때 일원 분산분석의 대안으로 사용한다.

간단히 말해, 등분산성이 성립되지 않을 경우 일반적이면서 간결한 해법을 제시할 때는 Welch's ANOVA, 복잡한 모델을 다루거나 일관성 있는 분석이 요구된다면 Robust ANOVA를 사용한다. 또한 Robust ANOVA는 HC 추정을 사용하는 OLS 기반 접근법으로, 선형 회귀 모델의 결과를 ANOVA 형식으로 표현한다. 따라서 요인이 하나인 일원 분산분석에도 적용할 수 있다. 즉, Welch's ANOVA는 등분산성 위배 시 단일 요인에 대해 적용해 볼 수 있는 가장 고전적이면서도 직접적인 해법이지만,[18] Robust ANOVA(HC3)는 단일 요인은 물론 다중 요인에 대한 OLS 모델에서 표준오차를 수정하여 등분산성 위배 문제를 해결하는 간접적인 방법이다. 사실 연구 분야에서는 모델이 단순한 경우가 거의 없으므로 Robust ANOVA를 익혀 두는 것이 좋다.

Robust ANOVA(강건 ANOVA)

statsmodels의 **ols** 함수와 **statsmodels.api**를 사용하기 위해 모듈을 임포트한다.

```
import statsmodels.api as sm
from statsmodels.formula.api import ols
```

[그림 5-55] Robust ANOVA를 위한 모듈 임포트하기

ols 함수를 이용하여 일반적인 이원분산분석 모델과 Robust ANOVA 모델을 생성하고, 각각 **model**과 **robust_model**로 정의한다. Robust ANOVA는 **fit(cov_type='HC3')**으로 설정한다.

17 여기서 강건(robust)은 단순히 '강력한'이라는 의미가 아니라, 외부 조건의 변화나 가정 위반에도 영향을 덜 받는 안정성과 견고성(stability, resistance)을 의미한다.

18 Welch's ANOVA는 일원분산분석에서 등분산성 가정이 위반되었을 때 매우 유용하다. 그러나 다중 요인(Multi-factor) 설계의 경우, 요인 간 상호작용을 테스트하고 모델링하는 데 필요한 표준화된 확장 기능이 부족하여 적용에 한계가 있다.

```
model = ols('income ~ C(style) * C(location)', data=two_anova1).fit()
```

```
robust_model = ols('income ~ C(style) * C(location)', data=two_anova1).fit(cov_type='HC3')
```

[그림 5-56] 일반 ANOVA와 Robust ANOVA의 모델 생성과 적합

--- Robust ANOVA 결과 ---를 제목으로 하는 Robust ANOVA 결과를 **summary()**로 불러와 **print()**로 출력한다.

```
print('--- Robust ANOVA 결과 ---')
print(robust_model.summary())
```

```
--- Robust ANOVA 결과 ---
                            OLS Regression Results
==============================================================================
Dep. Variable:                 income   R-squared:                       1.000
Model:                            OLS   Adj. R-squared:                  1.000
Method:                 Least Squares   F-statistic:                 5.296e+05
Date:                  28 Oct 20██   Prob (F-statistic):               0.00
Time:                        18:41:20   Log-Likelihood:                -297.21
No. Observations:                 165   AIC:                             612.4
Df Residuals:                     156   BIC:                             640.4
Df Model:                           8
Covariance Type:                  HC3
==================================================================================================
                                      coef    std err          z      P>|z|      [0.025      0.975]
--------------------------------------------------------------------------------------------------
Intercept                          99.7647      0.109    912.682      0.000      99.550      99.979
C(style)[T.2]                      99.8824      0.165    606.586      0.000      99.560     100.205
C(style)[T.3]                     199.9020      0.154   1300.832      0.000     199.601     200.203
C(location)[T.2]                    9.9853      0.159     62.800      0.000       9.674      10.297
C(location)[T.3]                   23.2353      1.064     21.828      0.000      21.149      25.322
C(style)[T.2]:C(location)[T.2]      0.0519      0.230      0.225      0.822      -0.400       0.504
C(style)[T.3]:C(location)[T.2]      0.1258      0.218      0.576      0.565      -0.302       0.554
C(style)[T.2]:C(location)[T.3]     -3.1981      1.077     -2.968      0.003      -5.310      -1.086
C(style)[T.3]:C(location)[T.3]     -3.2520      1.076     -3.023      0.003      -5.360      -1.143
==============================================================================
Omnibus:                       88.199   Durbin-Watson:                   2.230
Prob(Omnibus):                  0.000   Jarque-Bera (JB):              590.846
Skew:                           1.848   Prob(JB):                    5.01e-129
Kurtosis:                      11.502   Cond. No.                         14.4
==============================================================================

Notes:
[1] Standard Errors are heteroscedasticity robust (HC3)
```

[그림 5-57] Robust ANOVA의 분석 결과

출력 결과를 살펴보자. 맨 아래의 **Notes:**에서 **[1] Standard Errors are heteroscedasticity robust (HC3)**라고 명시된 내용과 **OLS Regression Results**의 **Prob(Omnibus): 0.000**은 잔차가 정규분포를 따르지 않거나 이분산성을 가질 가능성을 나타낸다.[19] 이처럼 데이터가 등분산성에 대한 가정을 위반할 경우, HC3 방식으로 계산된 강건 표준오차를 기반으로 한 유의성 검정(P>|z|) 결과가 더 신뢰성 있으므로, 이를 주된 결과로 보고하는 것이 좋다.

---

19 Notes의 내용은 데이터가 이분산 가능성이 있으므로 HC3를 적용했다는 의미다. 또한 OLS(Ordinary Least Squares, 일반 최소자승법) 회귀의 기본 가정 중 하나는 잔차의 등분산성(homoscedasticity)이며, Omnibus test는 잔차의 정규성(normality)을 검정하는 통계량이다. 이때 **귀무가설(H_0)은 '잔차가 정규분포를 따른다.'**이고, **대립가설(H_1)은 '잔차가 정규분포를 따르지 않는다.'**다. Prob(Omnibus)=0.000은 p값이 매우 작다는 의미이므로, 귀무가설을 기각해야 한다.

OLS Regression Results 표를 자세히 살펴보자. 맨 위에는 종속변수(income), 모델 종류(OLS), 분석 방법(Least Squares), 분석 날짜와 시간, 표본 수(165), 모형 자유도(8), 모델의 설명력(R^2=1.000), F값 등이 제시되어 있다.

계수 추정값(estimates)은 기준 그룹을 style = 1과 location = 1로 설정한 상태에서 해석된다. Intercept 항목을 보면 기준 그룹의 평균 income은 약 99.76이다. C(style)[T.2]는 income이 99.88, p값이 0.000으로 style=2는 기준 대비 약 +99.88 증가했다. C(style)[T.3]는 income이 199.90, p값이 0.000으로 style = 3은 기준 대비 약 +199.90 증가했다. C(location)[T.2]는 income이 9.99, p값이 0.000으로 location = 2는 기준 대비 약 +9.99 증가했다. C(location)[T.3]은 income이 23.24, p값이 0.000으로 location = 3은 기준 대비 약 +23.24 증가했다.

상호작용효과는 다음과 같다. 상호작용 1(style2×loc2)은 income이 +0.05, p값이 0.822이므로 상호작용효과가 거의 없다. 상호작용 2(style3×loc2)는 income이 +0.13, p값이 0.565로 상호작용효과가 없다. 상호작용 3(style2×loc3)은 income이 −3.20, p값이 0.003으로 유의한 부적 상호작용(p<.01)이 확인되었다. 상호작용 4(style3×loc3)는 income이 −3.25, p값이 0.003으로 유의한 부적 상호작용(p<.01)이 확인되었다.

결론적으로, 요인 효과는 style과 location 모두 income에 유의한 영향을 미치는 것으로 확인되었고, 상호작용효과 역시 일부 조합에서 존재하는 것으로 확인되었다. 즉, style의 효과가 location 수준에 따라 달라질 수 있다. 비록 데이터에 분산이 일정하지 않을 가능성이 존재하지만, HC3 방식으로 표준오차를 계산함으로써 신뢰할 만한 결과를 도출할 수 있었다.

참고 **[T. X]와 상호작용의 의미**

▪ [T. X]

T.는 Target Level의 약자로, 기준(Reference) 대비 특정 수준(X)을 선택했을 때의 효과를 의미한다. style =1이 기준 그룹이면, C(style)[T.2]는 style2가 style1과 비교하여 평균이 얼마나 다른지를 나타내고, C(style)[T.3]은 style3이 style1과 비교하여 평균이 얼마나 다른지를 나타낸다.

▪ 상호작용

C(style)[T.2]:C(location)[T.3])과 같은 표현은 두 요인의 결합 효과(Interaction)를 의미한다. 예시한 항은 style이 2이고 location이 3일 때, 각각의 주효과 단순합으로 설명되지 않는 추가 변화량(상호작용효과)을 나타낸다.

Robust ANOVA의 결과와 일반적인 분산분석(이원분산분석)의 결과를 비교하기 위해 **--- (참고) Type III ANOVA (일반적인 분산분석) ---**을 제목으로 하는 이원분산분석 결과를 확인한다.

```
print('--- (참고) Type III ANOVA (일반적인 분산분석) ---')
anova = sm.stats.anova_lm(model, typ=3)
print(anova)
```

```
--- (참고) Type III ANOVA (일반적인 분산분석) ---
                            sum_sq     df             F         PR(>F)
Intercept            169200.941176    1.0  74462.270091  6.122452e-211
C(style)             376738.319430    2.0  82897.855946  8.037911e-237
C(location)            4762.450980    2.0   1047.934216   3.675900e-91
C(style):C(location)     85.699533    4.0      9.428703   7.484412e-07
Residual                354.479481  156.0           NaN            NaN
```

[그림 5-58] 일반적인 분산분석

'Type III ANOVA (일반적인 분산분석)'는 모든 그룹에서 잔차의 분산이 동일하다는 등분산성 가정을 바탕으로 분석이 수행된다. 이 가정이 위배되면 F 통계량과 PR(>F) 값은 왜곡되어 부정확한 결과를 초래할 수 있다. 반면, Robust ANOVA(HC3)는 Notes에서 언급된 바와 같이 HC3 강건 표준오차(heteroscedasticity robust standard errors)를 적용한다. 이는 데이터에 이분산성이 존재하더라도 표준오차(std err)를 보정함으로써 z 통계량과 P>|z| 값을 더 신뢰성 있게 산출할 수 있도록 설계된 방식이다.

또한 일반적인 분산분석에서는 상호작용효과가 하나의 F값으로 요약되어 제공되지만, Robust ANOVA에서는 계수별로 z값과 p값이 제시된다. 두 방식 모두 주효과와 상호작용의 유의성 판정에서는 대체로 일치하는 결과를 보이지만, Robust ANOVA는 특히 이분산성이 의심되는 상황에서 더 높은 정밀도와 신뢰성을 제공한다는 점에서 중요한 차별점이 있다.

두 분석 방법의 결과를 비교해 보면, 주효과에 대해서는 다음과 같은 공통된 결론을 도출할 수 있다. style은 두 방법 모두에서 매우 유의한 것으로 나타났으며(p<.001), location 역시 두 분석 모두에서 유의미한 영향을 미치는 것으로 확인되었다(p<.001). 따라서 주효과에 대한 해석은 강건 분석(Robust)과 비강건 분석(일반적인 ANOVA) 모두 동일한 결론을 제공한다.

하지만 상호작용효과에 대해서는 두 방법 간에 통계량의 형태와 해석 방식에서 차이가 존재한다. 일반적인 Type III ANOVA는 상호작용 전체에 대한 단일 F값만 제공하는 반면, Robust ANOVA(HC3)는 세부 조합별 신뢰구간과 p값을 제공한다. 예를 들어, Type III ANOVA에서는 C(style) 전체, C(location) 전체, 상호작용 C(style):C(location) 전체가 소득(income)에 유의미한 영향을 미치는 것으로 나타났으며, 상호작용의 F 통계량은 PR(>F)=7.484412e-07이므로, 매우 유의함을 확인할 수 있다. 반면, Robust ANOVA(OLS)는 기준 그룹(Intercept, style=1 & location=1)을 설정하고, 다른 모든 그룹 수준이 기준 그룹 대비 소득에 얼마나 더 영향을 미치는지를 계수(coef)와 P>|z|를 통해 개별적으로 세밀하게 검정한다. 예를 들어 C(style)[T.2]:C(location)[T.3]은 P=0.003으로 유의하고, C(style)[T.3]:C(location){T.3]는 P=0.003이므로 이 또한 유의한 것으로 판단할 수 있다. C(style)[T.2]:C(location)[T.2]는 P=0.822이므로 유의하지 않음을 확인할 수 있다.

참고 Welch's ANOVA

Welch's ANOVA는 단일 요인에만 사용할 수 있으므로, 여기서는 **location**을 요인변수, **income**을 종속변수로 사용하여 분석을 진행한다.

▪ pingouin으로 분석하기

```
import pingouin as pg
import pandas as pd
```

```
welch_anova_results = pg.welch_anova(data=two_anova1, dv='income', between='location')
```

```
welch_anova_results
```

	Source	ddof1	ddof2	F	p-unc	np2
0	location	2	107.766458	0.629282	0.534921	0.007806

[그림 5-59] pingouin으로 진행한 Welch's ANOVA

분석 결과를 보면, F값은 0.6293으로 매우 낮고, p값은 0.5349(p>.05)로 확인되어 통계적으로 유의하지 않다. 이는 location 요인이 종속변수인 income에 유의한 영향을 미치지 않으며, 그룹 간 평균차이에 통계적으로 유의미한 차이가 존재하지 않음을 나타낸다.

▪ statsmodels로 분석하기

```
import statsmodels.stats.oneway as anova_oneway
import pandas as pd

welch_anova_sm = anova_oneway.anova_oneway(data=two_anova1['income'],
                                           groups=two_anova1['location'],
                                           use_var='unequal',
                                           welch_correction=True
                                          )

print("=== Statsmodels Welch's ANOVA 결과 ===")
print(welch_anova_sm)
```

```
=== Statsmodels Welch's ANOVA 결과 ===
statistic = 0.6292821087153474
pvalue = 0.5349211669615226
df = (2.0, np.float64(107.76645839117387))
df_num = 2.0
df_denom = 107.76645839117387
nobs_t = 165.0
n_groups = 3
means = [206.96363636 213.50943396 224.22807018]
nobs = [55. 53. 57.]
vars_ = [6976.85050505 6526.1777939  6558.57205514]
use_var = unequal
welch_correction = True
tuple = (np.float64(0.6292821087153474), np.float64(0.5349211669615226))
```

[그림 5-60] statsmodels로 진행한 Welch's ANOVA

분석 결과를 보면, 주요 통계량인 Welch F 통계량(statistic)은 0.6293이고, p값(pvalue)은 0.5349(p>.05)이므로, 그룹 간 평균차이가 통계적으로 유의하지 않다고 해석할 수 있다. df_num은 2.0으로, 이는 비교한 그룹 수 3에서 1을 뺀 분자 자유도(3-1=2)를 의미한다. df_denom은 107.77로, Welch 방식에 따라 조정된 분모 자유도이며, 이는 등분산 가정을 하지 않고 계산된 값이다.

데이터의 구조에 대한 정보도 제공되었다. n_groups=3은 비교한 그룹 수, nobs_t=165는 세 그룹의 합인 전체 관측치 수, nobs=[55, 53, 57]은 각 그룹의 표본 크기, means=[206.96, 213.51, 224.23]은 각 그룹의 평균 소득, vars_=[6976.85, 6526.18, 6558.57]은 각 그룹의 분산을 나타낸다. 또한 use_var=unequal은 등분산을 가정하지 않은 Welch 방식을 나타내고, welch_correction=True는 자유도 조정을 통해 Welch 보정을 적용한 분석임을 의미한다.

이분산성 상황의 사후분석

Robust ANOVA나 Welch's ANOVA를 실시한 후에는 등분산 가정이 필요 없는 사후검정 방법을 사용하는 것이 적절하다. 대표적인 방법으로 Games–Howell, Dunnett T3, Tamhane's T2가 있다. 이 책에서는 Games–Howell의 방법으로 사후분석을 진행하도록 한다.

> **참고 이분산성 사후검정별 특징**
>
> ▪ **Games-Howell**
> 이분산성 상황에서 가장 권장되는 사후검정(post hoc) 방법이다. 검정력(Power)과 제1종 오류(Type I error) 통제 간의 균형이 가장 우수한 것으로 평가된다. 특히 집단 간 분산이 다르고 표본 크기까지 서로 다른 경우에도 가장 유연하고 신뢰할 수 있는 결과를 제공한다.
>
> ▪ **Dunnett T3**
> 매우 보수적인 사후검정 방법으로, 제1종 오류를 매우 엄격하게 통제한다. 이 때문에 실제로 집단 간 차이가 존재해도 이를 검출하지 못할 가능성이 있다. 그러나 분산 차이가 크고 표본 크기도 불균형한 경우에 안전하게 사용할 수 있다.
>
> ▪ **Tamhane's T2**
> 비교적 보수적인 방법으로 평가되며, 표본 크기가 작은 경우에 검정력(Power)이 떨어질 수 있다. 등분산 가정을 위배하지만 표본 크기가 같은 경우에 사용할 수 있다. 그러나 일반적으로는 Games-Howell 검정을 더 선호한다.

이분산성을 가진 데이터에 대해, 요인이 1개이면 Welch's ANOVA를 적용하고, 요인이 2개 이상이면 Robust ANOVA를 사용하는 것이 적절하다는 점을 앞에서 학습하였다. 이때 상호작용(interaction)은 요인이 2개 이상일 때만 존재할 수 있으며, 따라서 상호작용의 유무는 Robust ANOVA를 통해 판단할 수 있다. 여기서 주의할 점은 Robust ANOVA의 분석 결과를 바탕으로 상호작용효과가 유의한 경우와 유의하지 않은 경우를 명확히 구분해야 한다는 것이다.

상호작용효과가 유의한 경우에는 '단순 주효과 검정과 사후검정'을 실시한다. 이때는 상호작용이 유의하므로 해석의 초점을 단순 주효과에 맞추어 검정하고, 그 후속 단계로 Games-Howell 사후검정을 적용한다. 상호작용효과가 유의하지 않은 경우에는 '주효과 검정과 사후검정'을 실시한다. 이는 ANOVA 결과에서 유의한 주효과에 대해 Games-Howell 사후검정을 적용한다는 의미다.

> **참고 상호작용의 조건**
>
> 상호작용은 2개 이상의 독립변수(요인)가 종속변수에 미치는 영향이 서로 결합되어 나타나는 경우를 의미한다. 즉, 한 요인의 효과가 다른 요인의 수준에 따라 달라질 때 상호작용이 발생한다고 볼 수 있다. 따라서 상호작용효과를 검정하려면 최소한 2개 이상의 독립변수(요인)가 필요하다. 예를 들어 1개의 요인에 그룹이 3개 이상 있더라도 이는 하나의 요인(예 편의점)이 세 가지 이상의 수준(예 CU, GS25, Emart24)을 가진다는 의미일 뿐이어서 상호작용은 발생하지 않는다.

■ 상호작용효과가 유의한 경우

[그림 5-58]은 정규성과 등분산성을 가정하여 계산된 일반적인 분산분석 결과이며, [그림 5-57]은 Robust ANOVA의 결과로 **Notes**와 **Prob(Omnibus)**를 통해 데이터의 이분산성을 확인할 수 있다. 따라서 상호작용효과의 유무는 [그림 5-57]의 결과를 기반으로 판단해야 한다. 이때 주의할 점은, 상호작용 항목 중 일부만 유의하더라도 전체적으로 상호작용이 존재하는 것으로 간주한다는 점이다. 즉, [그림 5-57]의 결과처럼 상호작용 항목 중 유의한 것과 유의하지 않은 것이 같이 있더라도 상호작용효과가 있다고 판단한다.

[그림 5-53]에서 불러온 데이터의 컬럼명은 No, style, location, incom으로 구성되어 있다. 이때 유의한 차이가 있더라도, 사후검정은 단순히 **style 간**이나 **location 간** 비교로 끝내서는 안 된다. 상호작용이 유의한 경우에는 style×location의 모든 조합(3×3 = 9개)을 각각 독립된 집단으로 취급해 비교해야 한다. 즉, 각 조합을 새로운 집단 레이블(group_combo)로 만들어서 Games-Howell 검정을 실행해야 한다.

먼저 style과 location의 조합을 하나의 새로운 문자열 변수로 만들어, 데이터프레임 **two_anova1**에 **group_combo**라는 새 열로 추가한다. 이를 위해, 변수 **style**과 **location**이 1, 2, 3으로 구분된 것을 각각 문자열로 변환한 후(**astype(str)**), 두 값을 밑줄(_)로 연결한다.

```
two_anova1['group_combo'] = two_anova1['style'].astype(str) + '_' + two_anova1['location'].astype(str)
```

[그림 5-61] group_combo 열 생성

참고 group_combo 열 생성 전/후 비교

group_combo 열을 생성하기 전과 새로 생성된 group_combo 열을 확인하기 위해 첫 5행의 데이터만 확인해 보면 [그림 5-62]와 같다.

```
two_anova1.head()
```

	No	style	location	income
0	1	1	3	129
1	2	2	1	199
2	3	2	2	209
3	4	2	3	219
4	5	3	1	299

(a) group_combo 생성 전

```
two_anova1.head()
```

	No	style	location	income	group_combo
0	1	1	3	129	1_3
1	2	2	1	199	2_1
2	3	2	2	209	2_2
3	4	2	3	219	2_3
4	5	3	1	299	3_1

(b) group_combo 생성 후

[그림 5-62] group_combo 열 생성 전후 비교

데이터프레임 **two_anova1**에서 종속변수 **income**의 평균이 **group_combo**로 구분된 각 집단 간에 통계적으로 유의한 차이가 있는지를 Games-Howell 사후검정으로 비교하고, 그 결과를 **posthoc_results**에 저장한다. 미리 group_combo로 style×location의 모든 조합

을 하나의 그룹으로 묶어두었기 때문에, 원래는 일원분산분석용으로 설계된 **pg.pairwise_gameshowell()**도 이원분산분석의 상호작용 조합에 동일하게 적용할 수 있다.

```
posthoc_results = pg.pairwise_gameshowell(data=two_anova1, dv='income', between='group_combo')
```

```
posthoc_results
```

	A	B	mean(A)	mean(B)	diff	se	T	df	pval	hedges
0	1_1	1_2	99.764706	109.750000	-9.985294	0.154096	-64.799045	30.776978	1.443290e-15	-22.035540
1	1_1	1_3	99.764706	123.000000	-23.235294	1.034441	-22.461680	17.360948	8.848478e-13	-7.211588
2	1_1	2_1	99.764706	199.647059	-99.882353	0.159747	-625.254280	31.555807	6.217249e-15	-209.394454
3	1_1	2_2	99.764706	209.684211	-109.919505	0.152477	-720.890305	33.976561	0.000000e+00	-234.139112
4	1_1	2_3	99.764706	219.684211	-119.919505	0.152477	-786.473780	33.976561	0.000000e+00	-255.440074
5	1_1	3_1	99.764706	299.666667	-199.901961	0.149522	-1336.941396	35.506778	0.000000e+00	-422.471367
6	1_1	3_2	99.764706	309.777778	-210.013072	0.146331	-1435.193853	32.786404	0.000000e+00	-474.571540
7	1_1	3_3	99.764706	319.650000	-219.885294	0.152379	-1443.015753	34.896116	0.000000e+00	-461.419091
8	1_2	1_3	109.750000	123.000000	-13.250000	1.035048	-12.801344	17.401010	8.385614e-09	-4.047016
9	1_2	2_1	109.750000	199.647059	-89.897059	0.163626	-549.406854	30.964215	9.436896e-15	-186.137550
10	1_2	2_2	109.750000	209.684211	-99.934211	0.156537	-638.408132	32.593871	0.000000e+00	-210.435859
11	1_2	2_3	109.750000	219.684211	-109.934211	0.156537	-702.290974	32.593871	0.000000e+00	-231.493298
12	1_2	3_1	109.750000	299.666667	-189.916667	0.153659	-1235.961283	33.604651	0.000000e+00	-397.025059
13	1_2	3_2	109.750000	309.777778	-200.027778	0.150556	-1328.596190	31.144393	0.000000e+00	-446.913191
14	1_2	3_3	109.750000	319.650000	-209.900000	0.156441	-1341.722685	33.345260	0.000000e+00	-435.530510
17	1_3	2_3	123.000000	219.684211	-96.684211	1.034808	-93.432045	17.385527	0.000000e+00	-30.896344
18	1_3	3_1	123.000000	299.666667	-176.666667	1.034376	-170.795330	17.357038	1.887379e-15	-58.066120
19	1_3	3_2	123.000000	309.777778	-186.777778	1.033920	-180.650126	17.326445	8.881784e-16	-58.878560
20	1_3	3_3	123.000000	319.650000	-196.650000	1.034793	-190.037949	17.384673	1.221245e-15	-63.728906
21	2_1	2_2	199.647059	209.684211	-10.037152	0.162102	-61.918751	33.295611	0.000000e+00	-20.247971
22	2_1	2_3	199.647059	219.684211	-20.037152	0.162102	-123.608314	33.295611	0.000000e+00	-40.420996
23	2_1	3_1	199.647059	299.666667	-100.019608	0.159325	-627.770811	34.083104	0.000000e+00	-200.941777
24	2_1	3_2	199.647059	309.777778	-110.130719	0.156334	-704.456925	31.750131	1.221245e-15	-233.753405
25	2_1	3_3	199.647059	319.650000	-120.002941	0.162009	-740.715988	33.971812	7.771561e-16	-239.207963
26	2_2	2_3	209.684211	219.684211	-10.000000	0.154943	-64.539791	36.000000	1.332268e-14	-20.500184
27	2_2	3_1	209.684211	299.666667	-89.982456	0.152036	-591.851470	37.685361	5.995204e-15	-183.563714
28	2_2	3_2	209.684211	309.777778	-100.093567	0.148898	-672.227442	34.897134	1.099121e-14	-215.677466
29	2_2	3_3	209.684211	319.650000	-109.965789	0.154846	-710.160896	36.970414	7.771561e-15	-222.722184
30	2_3	3_1	219.684211	299.666667	-79.982456	0.152036	-526.077374	37.685361	5.995204e-15	-163.163769
31	2_3	3_2	219.684211	309.777778	-90.093567	0.148898	-605.067537	34.897134	1.099121e-14	-194.129881
32	2_3	3_3	219.684211	319.650000	-99.965789	0.154846	-645.580730	36.970414	7.771561e-15	-202.468414
33	3_1	3_2	299.666667	309.777778	-10.111111	0.145870	-69.315769	36.949869	0.000000e+00	-21.603153
34	3_1	3_3	299.666667	319.650000	-19.983333	0.151937	-131.523973	38.845688	2.553513e-15	-40.311150
35	3_2	3_3	309.777778	319.650000	-9.872222	0.148798	-66.346667	35.975524	7.438494e-15	-20.951363

[그림 5-63] pg.pairwise_gameshowell()의 결과

사후분석 결과를 보면, 요인별 3개의 수준이 있으므로 총 9개의 조합(1_1 ~ 3_3)이 나타나며, 조합의 수는 $_9C_2 = 36$쌍으로 구성된다.

참고 pg.pairwise_gameshowell()의 결과를 보는 방법과 Cohen의 효과크기

▪ **pairwise_gameshowell()의 결과 보기**

group_combo가 style_location 형태로 [표 5-3]과 같이 조합되었다고 하자.

[표 5-3] group_combo 구성

style	location	group_combo
1	1	1_1
1	3	1_3
2	1	2_1
2	3	2_3
3	1	3_1
3	3	3_3

이런 상황에서 pairwise_gameshowell() 결과는 [표 5-4]와 같다.

[표 5-4] pairwise_gameshowell() 결과

A	B	mean(A)	mean(B)	diff	pval	hedges
1_1	1_3	...	...	...	...	...
1_1	2_1	...	...	...	...	...
1_1	3_1	...	...	...	...	...
1_3	2_3	...	...	...	...	...
...	...	...	...	...	...	...

결과표에서 첫 번째 대응 행은 1_1, 1_3이다. style과 location이 모두 1인 그룹과 style과 location이 각각 1과 3인 그룹을 비교한다. 이때 mean(A)과 mean(B)는 각 그룹의 평균을 나타내고, diff는 그 차이를 나타낸다. pval은 유의확률로, 그 차이가 통계적으로 유의미한지를 판단하는 기준이 된다. hedges는 그룹 간 평균차이를 표준화한 값으로 다른 그룹들과 비교할 수 있다.[20] hedges의 전형적 기준은 0.2(작음), 0.5(중간), 0.8(큼)이며, 이 기준은 통계적 파워 분석과 효과크기 해석의 출발점으로 사용된다.

20 표에서 표기된 hedges는 효과크기(effect size)를 나타내는 Hedges' g 값을 의미하며, 두 그룹 간 평균차이를 표준화된 단위로 나타낸다. 대표본에서 사용되는 Cohen's d에 보정계수를 곱하여 소표본에서도 편향 없이 사용할 수 있도록 설계된 지표다.

■ **Cohen의 효과크기**

Cohen의 효과크기 기준은 통계적 유의성(p값)과는 별개로, 발견된 차이나 관계의 실질적인 크기를 평가하기 위한 표준 해석 기준으로 사용된다.

[표 5-5] ANOVA에서의 효과크기

지표	설명	작은 효과	중간 효과	큰 효과
부분 에타 제곱 (η_p^2)	요인이 종속변수 분산 중 설명하는 비율	0.01	0.06	0.14
에타 제곱 (η^2)	전체 분산 대비 효과 분산의 비율	0.01	0.06	0.14
f^2 (회귀분석)	R^2를 기반으로 하는 효과크기	0.02	0.15	0.35

[표 5-6] T-검정, 사후검정에서의 효과크기

지표	설명	작은 효과	중간 효과	큰 효과
Cohen's d	두 집단의 평균차이를 풀링된(pooled) 표준편차로 나눈 값	0.20	0.50	0.80
Hedges's g	Cohen's d의 소표본 편향을 보정한 값 (메타 분석에서 주로 사용함)	0.20	0.50	0.80

[표 5-7] 연관성 분석(상관분석, 교차분석)에서의 효과크기

지표	설명	작은 효과	중간 효과	큰 효과
Pearson's r	선형 관계의 강도(상관분석)	0.10	0.30	0.50
Phi (ϕ) 또는 V($Cramer's\ V$)	범주형 변수 간 연관성 강도	0.10	0.30	0.50

[그림 5-63]에 제시된 pg.pairwise_gameshowell()의 결과를 보면, 모든 p값이 0.05보다 작으므로(pval<.05) style이 1, 2, 3 중 어떤 수준이든 관계없이 location 수준 간에 모두 유의한 차이가 발생한 것으로 확인된다. 즉, style과 location의 조합에 따라 income의 평균이 모두 유의한 차이가 있음을 알 수 있다. location 효과의 크기(diff)는 다음과 같다. style=1일 때 location=1과 location=3 간의 차이(|−23.2|=23.2)가 확인되고, style=2나 style=3일 때(Index기준 22행과 34행)의 차이(|−20.0|≈20.0)보다 약간 더 크다. 또한 style=1일 때 location=2와 location=3 간의 차이는 |−13.2|(Index 기준 11행과 34행)이고, style=2, 3일 때 location=2와 location=3 간의 차이(Index 기준 26행과 35행)는 ≈10.0보다 약간 더 크다.

이러한 결과는 상호작용이 유의하다는 사실을 뒷받침한다. 즉, location 효과의 패턴이 style 수준에 따라 다르게 나타나고 있다. 이러한 작은 차이들이 통계적으로 유의한 상호작용효과를 만들어낸 것으로 해석할 수 있다.

참고 유의한 상호작용 조합의 행만 필터링하여 출력하기

[그림 5-63]과 같이 많은 행으로 상호작용의 조합이 출력되는 경우, 유의한 조합의 행만 출력할 수 있다면 연구자의 수고로움을 덜어줄 수 있다. [그림 5-64]의 코드를 실행하면 pg.pairwise_gameshowell()의 결과에서 pval이 유의(<.05)한 항목의 행만 출력할 수 있다.[21]

```
alpha = 0.05
significant_pairs = posthoc_results[posthoc_results['pval'] < alpha]
```

```
significant_pairs
```

[그림 5-64] 유의한 상호작용 조합 행만 출력하기

■ 상호작용효과가 유의하지 않은 경우

이번에는 이분산성을 가지며 상호작용이 유의하지 않은 데이터에 대한 사후분석을 진행해 보자. 이를 위해 two_ANOVAx2.csv를 불러온다. 분산분석을 실시하기 전까지는 이 데이터셋이 이분산성을 가지며 상호작용이 유의하지 않다는 것을 알 수 없으므로, 우선 이원분산분석을 실시한다.

```
two_anovax2 = pd.read_csv('./source/two_ANOVAx2.csv')
```

```
pg.anova(data=two_anovax2, dv='Y', between=['A', 'B'], ss_type=3)
```

	Source	SS	DF	MS	F	p-unc	np2
0	A	2878.975443	2	1439.487721	15.776012	8.944095e-07	0.216775
1	B	75.724898	1	75.724898	0.829904	3.642225e-01	0.007227
2	A * B	34.093589	2	17.046794	0.186824	8.298435e-01	0.003267
3	Residual	10401.969925	114	91.245350	NaN	NaN	NaN

[그림 5-65] two_ANOVAx2.csv로 실시한 분산분석 결과

분산분석 결과에서 유의미한 효과가 있는지 확인해야 하며, 사후검정은 전체 F-검정에서 유의미한 결과가 나왔을 때만 실시한다. 분석 결과를 보면, A의 주효과는 $F_{(2, 114)}$=15.776012, p-unc=8.944095e-07으로 유의수준 0.05보다 작아 유의한 것으로 판단된다. B의 주효과는 $F_{(1, 114)}$=0.829904, p-unc=3.642225e-01으로 유의수준 0.05보다 크므로 유의하지 않은 것으로 판단된다.[22] A와 B의 상호작용효과는 $F_{(2, 114)}$=0.18624, p-unc=8.298435e-01으로 유의수준 0.05보다 크므로 유의미한 것으로 판단할 수 없다.

분석 결과를 바탕으로 사후검정의 필요성과 대상을 판단해 보자. B의 주효과, A와 B의 상호작용효과는 유의미하지 않으므로, 추가적인 사후검정을 실시할 필요가 없다. A의 주효과는 p<.05로 유의미하다. 또한 자유도가 2이므로 요인 A는 세 가지 수준을 가진 것을 알 수 있다. 현재의 분산분석 결과로는 최소한 하나의 집단 평균이 다르다는 것만 판단할 수 있으

21 [그림 5-63]의 경우, 모든 행이 유의하므로 동일한 결과가 출력된다.

22 F값을 표현할 때 'F=숫자'의 형태로 표현해도 되지만, 좀 더 자세하게 나타내고 싶다면 $F_{(df_1, df_2)}$로 표현할 수 있다.

므로 '어느 집단과 어느 집단이 다른지'를 확인하려면 세 수준을 비교하는 사후검정을 진행해야 한다.

이분산성은 Levene의 등분산 검정을 실시하여 판단하고, 이분산성이 확인되었다면 사후검정은 Games-Howell을 실시한다. 이미 분산분석을 실시했다 하더라도 분석의 일관성을 유지하고 잘못된 유의성 판단을 방지하기 위해, 분산이 다르다는 것을 고려한 상황에서 F 통계량과 자유도(df)를 수정하여 계산하는 Welch's ANOVA를 다시 한 번 실시하도록 한다.[23]

```
pg.welch_anova(data=two_anovax2, dv='Y', between='A')
```

	Source	ddof1	ddof2	F	p-unc	np2
0	A	2	76.075878	17.626131	5.130071e-07	0.214997

[그림 5-66] Welch's ANOVA 재실시

분석 결과를 보면, 요인 A의 부분 에타 제곱(np2)이 0.215로, 이는 요인 A가 종속변수 Y의 분산 중 약 21.50%를 설명한다는 의미다. Cohen의 효과크기 기준에 따르면, 0.14는 큰 효과 크기에 해당[24]하므로, A 요인의 효과는 크다고 할 수 있다.

이제 사후분석을 진행해 보자. pingouin의 **pairwise_gameshowell()** 함수를 이용하여 데이터셋 **two_anovax2**와 종속변수 **Y**, 요인 **A**를 설정하고, 이를 **posthoc_two_anovax2**로 저장하여 출력한다.[25]

```
posthoc_two_anovax2 = pg.pairwise_gameshowell(data=two_anovax2, dv='Y', between='A')
```

```
posthoc_two_anovax2
```

	A	B	mean(A)	mean(B)	diff	se	T	df	pval	hedges
0	A1	A2	49.241878	55.731550	-6.489672	1.976635	-3.283191	72.627513	4.454728e-03	-0.727062
1	A1	A3	49.241878	61.225976	-11.984098	2.062391	-5.810778	70.286968	4.972974e-07	-1.286796
2	A2	A3	55.731550	61.225976	-5.494426	2.305669	-2.383008	77.670277	5.077613e-02	-0.527717

[그림 5-67] pingouin의 pairwise_gameshowell() 사후분석과 결과

Games-Howell 사후검정 결과를 확인해 보자. A1과 A2의 평균차이는 6.49, p값은 .004로 통계적으로 유의하다. 효과크기(Hedges' g)는 0.73으로 중간 정도의 효과에 해당한다. A1과 A3의 평균차이는 11.98, p값은 .001보다 작아 통계적으로 매우 유의하다. 효과크기는 1.29로 매우 큰 효과에 해당한다. 그러나 A2와 A3 간의 평균차이는 5.49, p값은 .051로 확인되어 통계적으로 유의하지 않았다. 효과크기는 0.53으로 나타나 중간 정도의 효과로 볼 수 있다.

23 Welch's ANOVA를 실시하는 이유는 요인 A 하나만 유의하기 때문이다. 2개 이상의 요인이 유의한 경우는 Robust ANOVA를 실시한다.

24 140쪽 〈참고〉의 'Cohen의 효과크기'를 참고한다.

25 요인이 2개 이상 유의할 때는 group_combo를 만들어주지만, 여기서는 요인이 1개만 유의하므로 pingouin의 pairwise_gameshowell() 함수를 사용해 요인 내 수준을 조합하여 사후분석을 진행한다.

CHAPTER

06

요인분석

Factor Analysis

Contents

지금까지 통계분석의 기본이 되는 기술통계분석에서 시작하여 평균을 비교하는 T-검정과 분산분석을 살펴보았다. 이 세 가지는 데이터 분석의 기초로서, 중심경향을 나타내는 평균이나 중앙값 등의 대푯값을 살펴보고, 산포도를 통해 데이터의 분포 경향을 확인한다. 이러한 기초 분석을 통해 데이터의 본질을 파악하고, 이후 분석에 필요한 기반을 마련할 수 있다.

평균 분석이 현재 상태를 설명하는 데 초점을 둔다면, 요인분석은 인과관계를 설명하는 출발점 역할을 한다. 즉, 요인분석은 이후 신뢰도 분석, 상관분석, 회귀분석 등으로 이어지는 흐름에서 분석의 방향과 질을 결정하는 시작점이라 할 수 있다. 예를 들어, 소비자가 스마트폰을 구매하는 이유를 분석한다고 가정할 때, 외관, 유용성, 편의성 등이 구매 행동에 영향을 준다고 생각할 수 있다. 이 경우 요인분석은 이러한 변수들이 실제 구매 행동에 어떤 정도의 영향을 주는지를 파악하는 출발점이 되는 것이다.

요인분석은 분석 자체가 복잡하지는 않으므로 쉽게 여길 수 있지만, 실전에서는 연구자들이 가장 어려움을 겪는 분석 중 하나다. 요인분석에서는 다양한 지표로 수집된 데이터의 특성을 바탕으로 변수들을 묶어 그룹화한다. 이때 적절하게 그룹화하지 않으면 실제 결과와는 다른 결론에 이를 수 있으며, 이처럼 결과가 기대와 다르게 나오는 경우 연구자들이 애를 먹을 수 있다. "Garbage in, garbage out"이라는 말처럼, 분석의 정확도를 높이기 위해서는 데이터를 제대로 준비하는 작업이 매우 중요하며, 요인분석은 바로 그 역할을 수행한다.

요인분석은 여러 변수 간의 상관관계와 공분산을 활용하여 내재된 구조를 파악하고, 적은 수의 요인으로 변수를 묶어서 나타내는 분석 기법이다. 이렇게 몇 개의 핵심 요인으로 묶으면 데이터에 대한 해석이 쉬워지고, 추가적인 분석도 간편해진다. 그러나 산출된 요인이 임의성을 띠는 경우 요인 해석이 어려워 분석의 신뢰도가 떨어질 수 있다. 따라서 산출된 요인의 타당성과 신뢰성을 충분히 검토한 뒤 분석을 진행해야 한다.

SECTION 6.1 요인분석이란

요인의 개념

요인분석에서 말하는 '요인'은 여러 관측치가 있을 때 관측치 간의 연관성에 따라 하나의 구성개념으로 묶어주는 대표적인 변수를 말한다. 예를 들어 스마트폰 구매 요인을 '외관', '유용성', '편의성'으로 나누었다면, 각각의 요인은 단일 데이터가 아닌 여러 관측치를 통해 평가된다. 소비자가 느끼거나 판단하는 '외관'에는 다양한 속성이 내포되어 있으므로, 연구자는 이를 측정하기 위해 여러 문항이나 지표를 사용한다. 유용성과 편의성도 마찬가지다. 만약 각 개념에 대해 5가지 측정 항목을 설정했다면, 총 15개의 관측치가 스마트폰 구매 행동을 설명하는 데 사용된다.

요인을 구성할 때는 고윳값(eigenvalue)을 기준으로 적절한 수의 요인을 결정한다. 고윳값은 각 요인이 데이터의 변동성을 얼마나 잘 설명하는지를 나타내는 지표로서, 고윳값이 일정 기준 이상이면 해당 요인이 충분한 설명력을 갖고 있다고 판단한다. 예를 들어, 100개의 변인들로 구성된 데이터를 그대로 분석한다면 회귀분석 등의 후속 분석에서 설명력(R^2)을 높일 수 있는 이점이 있지만, 분석이 복잡해지고 비효율성이 커진다. 따라서 다수의 측정치를 의미 있는 몇 개의 요인으로 묶는 것이 요인분석의 핵심이 되며, 이러한 단순화 과정을 통해 연구모델의 타당성과 해석력을 높일 수 있다.

요인분석의 진행 과정

요인분석은 다수의 데이터(관측치)를 몇 개의 요인으로 묶어 차원을 축소하는 통계 기법이다. 이때 분석이 가능하려면 먼저 해당 데이터의 요인성(factorability), 즉 요인분석에 적합한지를 확인해야 한다. 요인성 검사는 다음 두 가지 방법으로 진행된다.

- **Bartlett의 구형도 검정(Bartlett's Test of Sphericity)**: 변수 간에 유의미한 상관관계가 있는지를 확인하는 검사다. 요인분석에서는 상관관계를 기반으로 공통된 분산(공통분산)을 추출하기 때문에, 변수 간에 상관관계가 없다면 요인으로 묶는 것이 무의미하다.
- **KMO 검정(Kaiser–Meyer–Olkin Test)**: 변수 간 공통분산 비율을 나타낸다. KMO는 0부터 1 사이의 값을 가지는데, 일반적으로 0.5 이상이면 분석에 적합하다고 판단한다.

앞서 언급했듯이, 요인의 수를 결정할 때는 고윳값(eigenvalue)이 중요한 기준이 된다. 고윳값은 각 요인이 설명하는 총 분산량을 나타내며, 일반적으로 1 이상의 고윳값을 가진 요인만 유의미하다고 판단한다. 고윳값이 1 미만인 요인은 노이즈(noise)나 측정오류(measurement error)로 간주되어 제외된다. 또한 요인의 수는 관측치의 개수를 초과할 수 없으며, 관측치 수를 기준으로 최대 요인 수가 결정된다. [그림 6-1]은 8개의 관측치가 요인 1과 요인 2 중 어떤 요인에 해당하는지 찾는 과정을 나타내고 있다.

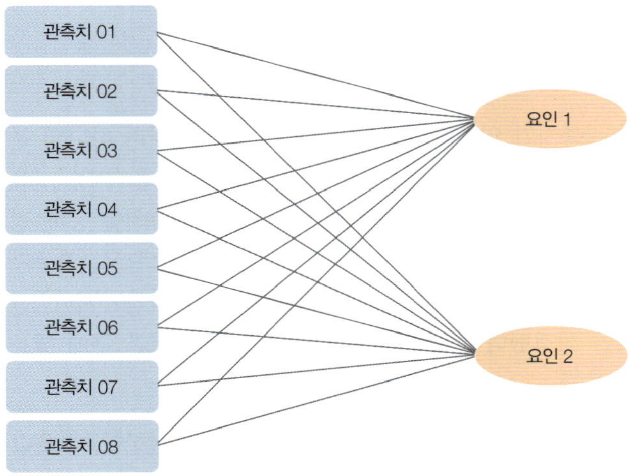

[그림 6-1] 요인분석 과정

참고 요인분석의 구분

요인분석은 탐색적 요인분석(EFA, Exploratory Factor Analysis)과 확인적 요인분석(CFA, Confirmatory Factor Analysis)로 구분할 수 있다. 조사나 연구의 초기 단계에서 구성개념에 해당하는 변수를 찾아가는 과정이 탐색적 요인분석이다. 탐색적 요인분석이 마무리되면, 신뢰도 분석을 통해 연구자가 실시한 요인분석 결과가 다른 연구자의 연구에서도 어느 정도 동일하게 재현 가능한지를 확인한다. 여기서 신뢰성이 확보되면 확인적 요인분석으로 넘어간다. 확인적 요인분석은 탐색적 요인분석으로 도출된 요인이 이론적 근거에 따라 요인을 판단하더라도 적절한 것인지에 대한 요인의 타당성을 확인하는 과정이다.

[표 6-1] 탐색적 요인분석과 확인적 요인분석 비교

구분	탐색적 요인분석(EFA)	확인적 요인분석(CFA)
이론과의 관계	이론을 만들 때 사용	이론을 확인할 때 사용
요인 개수	분석 완료 시 요인의 개수 확인	분석 전부터 요인의 개수를 알고 진행
분석의 성격	탐색적으로 진행	확인용으로 진행
선행 연구의 유무	선행 연구 및 이론이 없음	충분한 선행 연구 및 이론이 있음

[그림 6-2]를 보면 탐색적 요인분석과 확인적 요인분석의 차이점을 쉽게 파악할 수 있다.

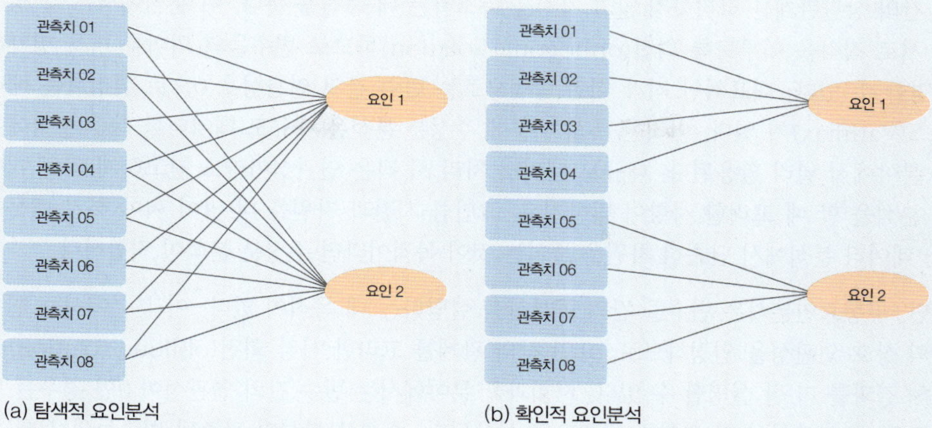

[그림 6-2] 탐색적 요인분석과 확인적 요인분석

시중에 나와 있는 서적이나 요인분석 관련 강의를 보면, 주성분 분석(PCA, Principle Component Analysis)을 요인분석이라고 설명하는 경우가 많다. 하지만 요인분석은 공통요인분석(CFA, Common Factor Analysis)을 일컫는 용어로 주성분 분석과 구분해야 한다. 이 둘은 여러 가지 관측치의 차원을 축소한다는 공통점이 있지만 다음과 같은 차이가 있다.

- **주성분 분석:** 가장 중요하면서도 기본적인, 차원이나 요인을 식별해 내는 데이터 축소 기술이다. 관찰된 변수가 서로 독립적이면서도 적은 수의 숨겨진 성분에 영향을 받는다는 가정에서 출발하여, 많은 변수를 더 적은 수의 주성분으로 줄여가는 방법이다. 많은 데이터에 포함된 정보의 손실을 최소화해서 2개 혹은 3개의 차원으로 단순하게 데이터를 축소한다. 데이터가 가지는 최대 변동량(분산)을 설명하는 데 목적이 있으며, 요인의 독립성을 반영하는 직각회전[1]으로 설명할 수 있다.

- **공통요인분석:** 관측된 변수가 공통요인과 고유요인 모두에 의해 발생한다는 가정으로 출발하는 방법이다. '차원의 축소'라는 측면에서는 주성분 분석과 같으나 이보다는 더 복잡한 방법이다. 왜냐하면 공통요인들이 서로 상관될 수 있음을 가정하기 때문이다. 요인의 수와 구조를 추정하기 위해 최대우도추정법을 활용하는데, 이 과정에서 요인적재값과 오차분산을 함께 추정한다. 이를 통해 변수 간 공통요인을 추출하여 변수 간의 상관관계를 찾고, 각 변수의 성질을 축소하여 설명한다. 데이터의 공분산을 설명하는 데 목적이 있으며, 사회과학 분야에서는 요인 간 연관 관계를 반영하는 사각회전[2]으로 설명할 수 있다.

---

1 149쪽의 〈참고〉에서 설명한다.

2 149쪽의 〈참고〉에서 설명한다.

주성분 분석의 성분(component)은 데이터의 최대 분산을 설명하는 데 목적이 있으며, 변수 간의 상관관계를 고려하지 않고 차원을 축소하는 데 중점을 둔다. 이 분석에서는 각 성분이 서로 직각을 이루도록 회전(orthogonal rotation)하므로 변수들의 의미를 더욱 명확히 설명할 수 있다. 대표적인 직각 회전 방법으로는 변수 간의 연관성을 0으로 설정하는 배리맥스(Varimax)가 있다. 이러한 특성 때문에 주성분 분석은 대규모 데이터를 다루는 빅데이터 분야에서 널리 활용된다. 대규모 데이터 처리 시 적은 연관성이라도 참고하게 되면 데이터 분석을 할 때 고려할 사항이 많아지고, 그만큼 시간과 자원을 더 많이 써야 하기 때문이다. 데이터 분석에서 단순히 차원을 줄이는 것이 목적이라면 주성분 분석이 적합하다.

반면, 공통요인분석은 변수들 간의 공분산을 설명하는 데 목적이 있다. 이 분석에서는 변수 간의 상호 연관성을 인정하므로, 요인 간의 관계를 고려한 사각 회전(oblique rotation)을 통해 결과를 더 잘 설명할 수 있다. 사회과학 분야에서는 변수 간의 연관성이 0인 경우는 없으므로, 요인분석이 더 적합한 방법으로 사용된다. 주성분 분석이 관측된 변수들의 선형 조합을 통해 결과를 확인하는 과정이라면, 요인분석은 잠재요인을 추정하고 모델링하는 과정이라 할 수 있다.

두 분석 방법은 개념적으로 다르지만, 공통성(communality)이 0.6 이상이거나 변수의 수가 많아질수록 분석 결과가 유사해질 수 있다. 여기서 유사하다는 말은 결과 수치 자체가 같다는 의미가 아니라, 판단 기준이 되는 수치들을 분석한 후의 결과물(요인의 개수)이 일치할 수 있다는 뜻이다.

요인분석에서는 각 변수의 요인적재량(factor loading)을 통해 구성개념이 얼마나 잘 설명되는지를 수치로 나타낸다. 요인적재량은 각 요인을 설명하는 분산을 의미하며, 행렬 형태로 표현된다. 이는 관측 변수와 요인 간의 상관계수를 나타내며, 관찰된 변수에 의해 설명되는 분산을 의미한다. 분석 과정에서 도출되는 고윳값은 전체 분산 중 각 요인이 설명하는 분산의 크기를 나타내며, 구성개념의 핵심 특성을 수치화한 것이다. 공통성(communalities)은 각 변수의 요인적재량 제곱합으로, 공통 분산을 의미한다. 이 값은 0에서 1 사이이며, 1에 가까울수록 해당 변수의 분산이 요인에 의해 더 많이 설명된다는 뜻이다.

참고 요인회전을 하는 이유

요인회전을 하는 이유는 요인분석 결과를 더 명확하게 해석하기 위함이다. 요인적재 값 자체로는 변수 간 상하관계를 확인하는 데 한계가 있다. 따라서 요인분석을 한 후에 요인회전을 하여, 요인적재 값이 큰 경우에는 이 값을 더 확대하여 1에 가깝게 하고 요인적재 값이 작은 경우에는 이 값을 0에 가깝게 하여 변수를 명확히 구분한다. 즉, 요인회전은 요인적재 값을 조정하여 이미 축소된 차원(요인)의 해석을 용이하게 만드는 과정이다. 이때 직각회전에서는 요인적재 값이 상관계수를 의미하지만, 사각회전에서는 변수에 대한 요인의 독특한 기여도를 나타낸다. 차원 축소는 요인분석의 목적으로, 요인 추출 단계에서 이루어진다.

요인적재 값을 이용한 회전 방법에는 직각회전과 사각회전이 있다. 둘 다 회전을 통해 변수와 요인 간의 관계를 명확하게 파악할 수 있게 하므로 얼핏 비슷해 보일 수 있다. 그러나 회전을 실시하는 기본 가정이 서로 다르며, 그에 따라 분석 결과도 달라지므로 연구자의 주의가 필요하다.

[표 6-2] **직각회전과 사각회전의 비교**

회전 방법	기법	설명
직각회전 (orthogonal rotation)	배리맥스 (Varimax)	• 요인 간 독립성을 유지하여 회전한다. 즉, 상관관계가 없다. (사회과학에서는 요인 간 상관관계가 0인 경우가 드물지만 (상관계수)=0을 가정한다.) • 요인적재량은 변수와 요인 간의 단순 상관계수로 해석한다. • 결과가 간단하게 나와서 해석하기가 쉽다.
	쿼티맥스 (Quartimax)	
	이퀴맥스 (Equimax)	
사각회전 (oblique rotation)	직접 오블리민 (Oblimin)	• 요인 간 연관관계를 허용하며 회전한다. 즉, 상관관계가 전혀 없지는 않다. (사회과학에서는 요인 간 상관관계가 0인 경우가 드물기 때문에 (상관계수)≠0을 가정한다.) • 이 결과로 인해 패턴 행렬(Pattern Matrix)과 구조 행렬(Structure Matrix)이 도출된다. – 패턴 행렬의 적재 값: 변수에 대한 요인의 독특한(Unique) 기여도를 의미함(상관계수는 아님) – 구조 행렬의 적재 값: 변수와 요인 간의 상관관계를 의미함 • 결과가 복잡하게 나와서 해석하기가 어렵다.
	프로맥스 (Promax)	

요인분석의 진행 과정을 정리하면 다음과 같다.

1단계 데이터 확인 및 전처리

↓

2단계 Bartlett의 검정과 KMO 검정

↓

3단계 요인의 개수 결정

↓

4단계 요인분석

↓

5단계 요인점수 저장

[그림 6-3] **요인분석 진행 과정**

SECTION 6.2 요인분석 실습

실습을 통해 요인분석 과정을 명확하게 이해해 보자.

연구문제

스마트폰을 선택하는 소비자들의 기준인 '외관, 유용성, 편의성, 구매의도, 구전의도'의 5가지 변수에 대하여 각각 3문항씩 총 15문항으로 설문을 실시하였다. 15가지 문항을 내부 동질적이고 외부 이질적인 변수들로 구분하기 위하여 요인분석을 실시해 보자.

▶ 실습파일 | fac_analys.csv

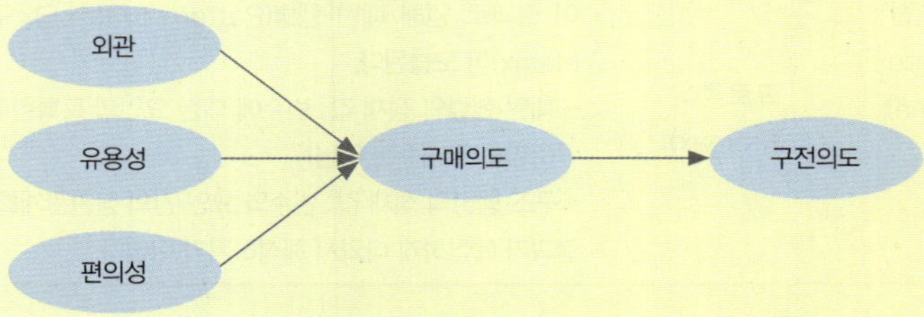

[그림 6-4] 연구모델

참고 요인의 명칭

요인분석을 하기 전에는 '외관, 유용성, 편의성, 구매의도, 구전의도' 등의 변수 이름을 알 수 없다. 요인분석을 진행한 이후, 연구자가 질문 내용을 보고 각 변수의 이름을 적절하게 붙여야 한다. 참고로, 구조방정식모델의 확인적 요인분석은 요인의 타당성을 확인하는 것이므로 이때는 변수명을 미리 알고 요인분석을 진행한다.

설문 문항은 다음과 같다.

스마트폰의 선택 기준에 대해 응답하여 주시기 바랍니다.
(①아주 아니다 ②아니다 ③보통이다 ④좋다 ⑤아주 좋다)

문항 번호	질문 내용	응답				
1	제품의 모양이 처음에 보았을 때 사고 싶은 마음이 든다.	①	②	③	④	⑤
2	누가 보더라도 제품의 외관은 매력이 있다.	①	②	③	④	⑤
3	시간이 어느 정도 지나더라도 유행을 타지 않을 디자인이다.	①	②	③	④	⑤
4	이 제품은 나에게 아주 유용할 것이다.	①	②	③	④	⑤
5	지금은 아니더라도 가지고 있으면 반드시 유용하게 사용될 것이다.	①	②	③	④	⑤
6	이 제품은 내가 아니라 다른 사람에게도 유용하게 사용될 것이다.	①	②	③	④	⑤
7	내가 이 제품을 가지고 있는 이유는 편리해서이다.	①	②	③	④	⑤
8	이 제품의 편의성은 국내에서만이 아닌 외국에서도 느낄 것이다.	①	②	③	④	⑤
9	이 제품의 가장 큰 장점은 편리하게 사용할 수 있기 때문이다.	①	②	③	④	⑤
10	제품의 전체적인 효용으로 사고 싶은 생각이 든다.	①	②	③	④	⑤
11	사용도가 많을 것 같아 구매하고 싶다.	①	②	③	④	⑤
12	약정기간이 끝나면 바로 구매할 것이다.	①	②	③	④	⑤
13	나는 이 제품을 가장 가까운 사람에게 알려줄 것이다.	①	②	③	④	⑤
14	나는 지인에게 또 이 제품을 구매하도록 권유할 것이다.	①	②	③	④	⑤
15	다른 제품이 있더라도 이 제품에 대한 설명을 하고 싶어질 것이다.	①	②	③	④	⑤

데이터 불러오기

먼저, 명령 프롬프트 창에서 요인분석에서 활용할 라이브러리인 **factor-analyser**를 다음과 같이 설치한다.

```
관리자: 명령 프롬프트
Microsoft Windows [Version 10.0.19044.1889]
(c) Microsoft Corporation. All rights reserved.

C:\Windows\system32>pip install factor-analyser
```

[그림 6-5] 라이브러리 설치

fac_analys.csv를 불러와서 **data**로 정의한다.

```python
data = pd.read_csv('./source/fac_analys.csv')
```

[그림 6-6] 요인분석의 파일 불러오기

데이터 확인하기와 전처리하기

data.shape를 입력하여 데이터의 행과 열 개수를 확인하고, 데이터의 구성을 확인하기 위해 **data.head()**로 첫 5행을 확인한다.

```
data.shape
```

```
(325, 16)
```

```
data.head()
```

	No	no1	no2	no3	no4	no5	no6	no7	no8	no9	no10	no11	no12	no13	no14	no15
0	1	4	4	4	4	4	4	3	3	3	3	2	3	3	3	3
1	2	5	5	5	5	3	3	3	3	3	1	1	1	5	5	5
2	3	5	5	4	4	4	4	3	3	3	3	3	3	5	3	4
3	4	5	5	5	4	4	4	4	4	4	1	1	1	3	3	3
4	5	5	5	5	4	4	4	3	3	3	3	3	3	5	5	5

[그림 6-7] 데이터 형태 확인 및 첫 5행 출력

325개의 행과 16개의 열로 구성이 되어 있고, 컬럼명은 **No**부터 **no15**로 구성되어 있음을 확인할 수 있다.

여기서 No에 해당하는 컬럼(열)은 분석 대상이 아니므로 제외해야 한다. **no1**부터 **no15**의 데이터를 활용하기 위해 **iloc** 함수를 이용해서 데이터를 정리하고 **df**로 정의한다.[3]

```
df = data.iloc[:, 1:]
```

```
df.shape
```

```
(325, 15)
```

```
df.head()
```

	no1	no2	no3	no4	no5	no6	no7	no8	no9	no10	no11	no12	no13	no14	no15
0	4	4	4	4	4	4	3	3	3	3	2	3	3	3	3
1	5	5	5	5	3	3	3	3	3	1	1	1	5	5	5
2	5	5	4	4	4	4	3	3	3	3	3	3	5	3	4
3	5	5	5	4	4	4	4	4	4	1	1	1	3	3	3
4	5	5	5	4	4	4	3	3	3	3	3	3	5	5	5

[그림 6-8] 첫 번째 컬럼(열) 제거

No 열이 제외되어, 325개의 행과 15개의 열로 정리되었음을 확인할 수 있다.

3 iloc와 loc함수에 대한 설명은 5장 '분산분석'을 참고한다.

Bartlett의 검정과 KMO 검정

요인분석을 실시하기 전에 Bartlett과 KMO의 검정 값을 확인해야 한다. Bartlett의 검정으로는 데이터 간 상관관계를 판단한다. 검정 결과 p값이 0.05보다 작다면 변수 간 상관관계가 있다고 판단한다. KMO 검정은 측정 변수들 간의 공통된 변동성(상관관계의 공유 정도)이 충분한지를 평가하는 지표다. KMO 값은 전체 상관관계 분산 중에서 다른 변수의 영향을 배제한 편상관(순수한 상관)이 아니라, 공통 요인에 의해 설명되는 상관관계 분산의 비율을 나타낸다. 이 값이 1에 가까울수록 변수들이 공통 요인으로 잘 묶일 수 있음을 의미하므로, 요인분석과 같은 차원 축소 기법을 적용하기에 적절하다. KMO 검정 결과는 0~1의 값을 가지며 0.5 이상이면 요인분석이 적절하다고 평가할 수 있다(분석하는 데이터가 요인분석에 적합한 기준을 제시하였다고도 판단할 수 있음). 결론적으로 Bartlett의 검정 결과에서 p값이 0.05보다 작고 KMO 검정의 결과 값이 0.5보다 크다면 요인분석에 적절한 데이터로 판단할 수 있다.

참고 KMO와 Bartlett 더 이해하기

- **Bartlett:** 요인분석을 할 때 사용되는 상관계수의 행렬이 대각행렬이면 요인분석을 하는 것이 부적절하다. 대각행렬은 대각선인 자기상관의 값만 1이고 나머지는 모두 0이기 때문이다. Bartlett의 검정 결과에서 p<.05이면 대각행렬이 아니라는 의미이므로 이 경우에 요인분석을 하는 것이 적절하다.
- **KMO:** 변수들 간의 단순 상관관계 분산과 편상관관계 분산을 비교하여, 해당 변수들이 공통 요인(잠재요인)으로 묶여 요인분석을 실시하기에 얼마나 적절한 상관관계 구조를 가지는지를 평가한다. KMO 값이 높을수록 좋으나 일반적으로 0.5보다 크면 요인분석을 실시하는 것이 적절하다고 판단한다. KMO 값이 0.6 이상 혹은 0.8 이상이어야 한다고 주장하는 경우도 있지만, 연구문제에 따라 값은 달라질 수 있다. 보통 사회과학 연구문제에서는 0.5 이상을 요구한다.

Bartlett이나 KMO에 대한 개념을 이해하기 어렵다면 **요인분석을 진행할 때 KMO>.5, Bartlett의 p<.05** 이어야 한다는 것만 기억하자.

Bartlett의 검정을 실시하기 위해 **factor_analyzer**에 있는 **calculate_bartlett_sphericity** 함수를 임포트한다.[4]

```
from factor_analyzer.factor_analyzer import calculate_bartlett_sphericity
```

[그림 6-9] calculate_bartlett_sphericity **함수 임포트하기**

4 이때 ModuleNotFoundError: No module named 'factor_analyzer' 오류가 난다면, cmd로 실행한 명령 프롬프트에서 pip install factor_analyzer를 실행한다.

참고 factor_analyzer.factor_analyzer와 함수 선택

factor_analyzer를 한 번만 사용해도 문제는 없다. factor_analyzer 내에 사용되는 메서드를 확인하기 위해 Tab 키(↹)를 클릭해 보면, [그림 6-10]과 같이 다양한 옵션이 나타난다. 본문에서는 이 중 factor_analyzer.factor_analyzer를 선택한 것이다.

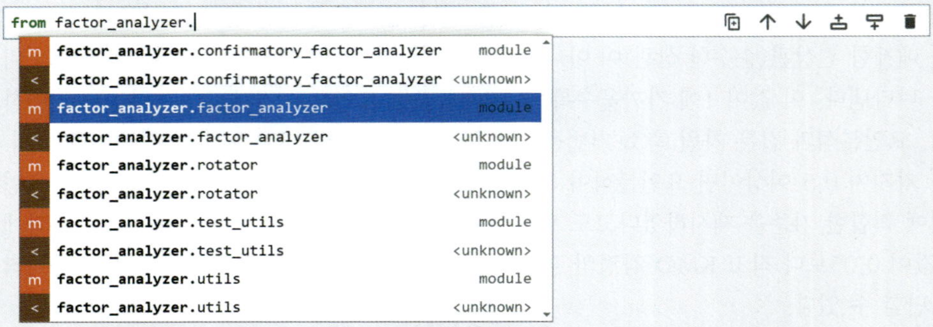

[그림 6-10] factor_analyzer.factor_analyzer 선택

factor_analyzer.factor_analyzer에 있는 함수 목록을 확인하기 위해 Tab 키(↹)를 클릭해 보면, [그림 6-11]과 같이 calculate_bartlett_sphericity와 calculate_kmo가 있음을 알 수 있다. 이 두 가지 라이브러리를 이용하여 Bartlett과 KMO의 검정 값을 확인한다.

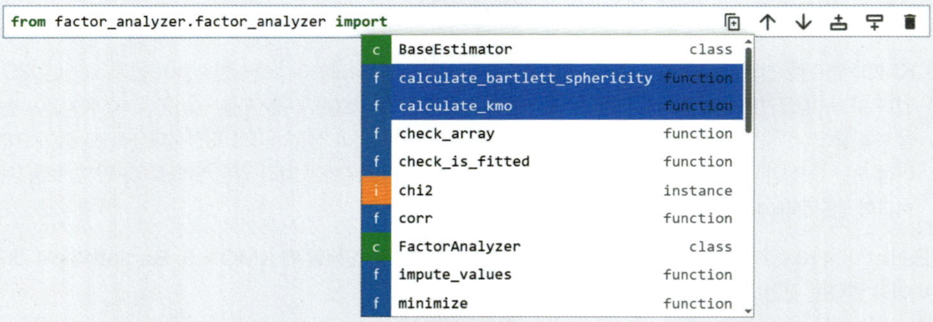

[그림 6-11] calculate_bartlett_sphericity와 calculate_kmo 임포트하기

Bartlett의 검정 결과는 카이제곱 검정통계량으로 표시된다. 데이터 df에 대한 카이제곱 검정통계량과 p값을 확인하기 위해 **chi_square_value, p_value = calculate_bartlett_sphericity(df)**를 실행한다. 이어서 **chi_square_value, p_value**를 실행하여 각각의 값을 출력한다.

```
chi_square_value, p_value = calculate_bartlett_sphericity(df)
```

```
chi_square_value, p_value
```

```
(np.float64(2896.558978401909), np.float64(0.0))
```

[그림 6-12] chi_square_value, p_value 계산과 출력

카이제곱 검정통계량은 2896.558978401909로 계산되었다. 이 검정통계량에 대한 p값은 0.0으로 0.05보다 작으므로 유의하다고 판단할 수 있다. 즉, 데이터 df는 요인분석을 하기에 적절하다.

KMO 검정을 실시하기 위해 **factor_analyzer.factor_analyzer**에 있는 함수 **calculate_kmo**를 임포트한다.

```
from factor_analyzer.factor_analyzer import calculate_kmo
```

[그림 6-13] **calculate_kmo 함수 임포트하기**

kmo_model에 정의한 df 데이터셋의 KMO를 계산하기 위해 **kmo_all, kmo_model = calculate_kmo(df)**를 실행한 후, KMO 값을 확인하기 위해 **kmo_model**을 실행한다.

```
kmo_all, kmo_model = calculate_kmo(df)
```

```
kmo_model
```

```
np.float64(0.7684186810569748)
```

[그림 6-14] **calculate_kmo(df) 계산과 kmo_model 확인**

KMO 값이 0.7684186810569748로 계산되었다. 값이 0.5보다 크므로 변수 숫자와 case 숫자의 적절성을 나타내는 표본 적합도가 좋다고 할 수 있다.

Bartlett의 검정과 KMO 검정을 통해 요인성을 확인하였으므로 이 데이터에 대한 요인분석을 수행할 수 있다.

요인의 개수(number of factors) 결정하기

요인성을 확인했으므로 이제 요인의 개수를 몇 개로 설정할지 결정해야 한다. 이를 위해 여러 문항으로 관측된 데이터를 요인별로 구분하기 위한 기준으로 고윳값(eigenvalue)을 활용한다. 일반적으로 판단 기준이 되는 고윳값은 1이다.

고윳값이 1보다 크다는 것은 해당 변수들 간의 상관관계가 높고, 그 변수의 많은 부분을 설명할 수 있다는 의미다. 즉, 해당 변수들이 공통된 특성을 나타내며, 각 해당 변수에 의미가 있음을 나타낸다. 반면 고윳값이 1보다 작다는 것은 해당 변수를 설명하는 부분이 적어 그 변수로서의 설명량이 부족하다는 의미다. 결론적으로 말해, 고윳값이 1 이상 되어야 변수로서 의미가 있고, 해당 변수로서의 설명량을 갖는다고 할 수 있다.

이제 분석될 데이터에서 몇 개의 요인으로 구분할 수 있는지, 고윳값이 1보다 큰 요인이 몇 개인지 확인하기 위해 요인별 고유값을 확인해 보자. **factor_analyzer**에서 **FactorAnalyzer** 라이브러리를 임포트한다.[5]

```
from factor_analyzer import FactorAnalyzer
```

[그림 6-15] FactorAnalyzer 임포트

FactorAnalyzer를 **fa**로 정의하고, 앞서 정리된 데이터 **df**를 요인분석에 적합시킨다.[6]

```
fa = FactorAnalyzer()
```

```
fa.fit(df)
```

```
▾ FactorAnalyzer
▶ Parameters
```

[그림 6-16] 요인분석에 적합시키기

참고 FutureWarning과 FactorAnalyzer Parameters

FactorAnalyzer에 fa.fit(df)와 같이 적합시키면, [그림 6-17]과 같이 FactorAnalyzer 라이브러리가 향후 버전에서 변경될 기능을 사용하고 있음을 알려주는 표준 경고 메시지가 출력될 수 있다.

```
fa.fit(df)
```

```
C:\Program Files\Python312\Lib\site-packages\sklearn\utils\deprecation.py:132: FutureWarning: 'force_all
_finite' was renamed to 'ensure_all_finite' in 1.6 and will be removed in 1.8.
  warnings.warn(
```

```
▾ FactorAnalyzer
▶ Parameters
```

[그림 6-17] FutureWaning과 FactorAnalyzer

경고 메시지가 떠도 코드는 정상적으로 작동하므로, 연구/분석을 계속 진행하는 데 아무 문제가 없다. [그림 6-18]과 같이 코드를 작성하여 경고 메시지를 일시적으로 숨기거나 다시 보일 수 있다.

---

5 다음과 같이 입력해도 된다.
from factor_analyzer.factor_analyzer import FactorAnalyzer

6 요인 수를 10으로 하고, 최대우도법을 설정한 후 회전알고리즘의 최대 반복 허용 수(iteration)를 100으로 하는 fa = FactorAnalyzer(n_factors=10, method=' ml' , rotation_kwargs={ 'max_iter' :100})으로 지정할 수도 있다. 그러나 여기서는 고윳값이 1 이상인 수치로 요인의 개수만 판단하므로, 조건을 지정하지 않고 진행하도록 한다.

```
import warnings

# scikit-Learn 관련 FutureWarning 숨기기
warnings.filterwarnings(action='ignore', category=FutureWarning)
fa.fit(df)
```

```
# 나중에 경고를 다시 표시하도록 설정
warnings.filterwarnings(action='default', category=FutureWarning)
fa.fit(df)
```

[그림 6-18] FutureWarning 숨기기와 보이기

출력된 FactorAnalyzer에서 Parameters의 ▶ 버튼을 클릭하면 요인분석에서 사용된 파라미터들을 확인할 수 있다. 이 파라미터들은 FactorAnalyzer에 설정된 기본값으로, 연구자가 원하는 값으로 직접 설정할 수 있다.

▾ FactorAnalyzer

▼Parameters

	Parameter	Value
	n_factors	3
	rotation	'promax'
	method	'minres'
	use_smc	True
	is_corr_matrix	False
	bounds	(0.005, ...)
	impute	'median'
	svd_method	'randomized'
	rotation_kwargs	{}

[그림 6-19] FactorAnalyzer의 Parameters

고윳값을 계산하기 위해 **ev, v = fa.get_eigenvalues()**를 실행한다. 이어서 고윳값을 확인하기 위해 **ev**를 실행한다.

```
ev, v = fa.get_eigenvalues()
```

```
ev
```

```
array([4.43369982, 2.19255255, 2.10129567, 1.99273973, 1.1451752 ,
       0.59003979, 0.51043821, 0.44855853, 0.34600152, 0.2968668 ,
       0.27889689, 0.23807784, 0.18374331, 0.14411718, 0.09779695])
```

[그림 6-20] 고윳값 계산

고윳값 계산 결과가 array 형태로 출력되었다.

고윳값 계산 결과를 순서대로 정렬하기 위해 **sorted(ev)**를 실행한다.

```
sorted(ev)
```

```
[np.float64(0.09779695312867201),
 np.float64(0.1441171790548500З),
 np.float64(0.18374331166182511),
 np.float64(0.2380778414478174),
 np.float64(0.278896887727012),
 np.float64(0.2968667959315949),
 np.float64(0.34600152149978747),
 np.float64(0.4485585321074355),
 np.float64(0.5104382095417809),
 np.float64(0.5900397881237761),
 np.float64(1.145175203322928),
 np.float64(1.9927397344548736),
 np.float64(2.1012956681174395),
 np.float64(2.192552552970151),
 np.float64(4.4336998209100615)]
```

[그림 6-21] 고유값 정렬

실행 결과, 오름차순으로 정렬되었다. 1보다 큰 고윳값이 5개인 것을 확인할 수 있다.

참고 **1이 넘는 고윳값 확인하기**

본문에서는 고윳값을 정렬하여 1이 넘는 개수를 확인하였는데, 프로그램을 사용해 확인하는 방법도 있다. ev로 정의한 값에 대해 for 조건문을 이용하여 개수를 계산하면 된다.

```
ev, v = fa.get_eigenvalues()
num_factors = len([ev[i] for i in range(len(ev)) if ev[i] > 1])
```

```
num_factors
```

[그림 6-22] 1이 넘는 고윳값 확인

요인분석

고윳값이 1이 넘는 요인의 수가 5개로 확인되었으므로, 이 5개 요인을 대상으로 하여 요인분석을 진행한다. 기본 문법은 다음과 같다.

```
FactorAnalyzer(n_factors=요인 개수,
               method='ml',
               rotation='oblimin',
               rotation_kwargs{'max_iter':100})
```

기본 문법에서 사용하는 주요 매개변수의 설정 방법은 [표 6-3]과 같다.

[표 6-3] 주요 매개변수의 설정 방법

매개변수	설정 방법
n_factors	요인의 개수. 고윳값을 기준으로 판단하여 숫자로 입력함
method	· ml: 최대우도(maximum likelihood) · principal: 주성분 분석(principal component analysis) · minres: 최소 오차(minimum residual)
rotation	· oblimin(사각회전) · promax(사각회전) · quartimin(사각회전) · oblimax(사각회전) · varimax(직각회전) · equamax(직각회전) · quartimax(직각회전)
rotation_kwargs	· 'max_iter':숫자 · 'tol':1e-5 · 'conv_criteria':1e-6

참고 rotation_kwargs 설정하기

rotation_kwargs는 FactorAnalyzer 객체를 초기화할 때 사용하는 인수(Argument)다. rotation 함수에 전달할 추가적인 옵션들을 딕셔너리(kwargs) 형태로 묶어서 전달하는 데 사용된다.

- **'max_iter':숫자:** 회전 알고리즘이 허용하는 최대 반복 횟수를 지정할 수 있다. 반복 횟수가 많을수록 더 나은 결과를 얻을 수 있지만, 그만큼 실행 시간이 더 걸린다.
- **'tol':1e-5:** 회전에 대한 공차(tolerance)의 수준을 설정한다. 이는 회전 과정에서 적재 값의 행렬을 최적화하는 데 필요한 정확도에 영향을 미친다. 공차의 수준이 낮을수록 더 정확한 결과를 얻을 수 있지만, 처리 속도가 느려진다.
- **'conv_criteria':1e-6:** 회전 알고리즘의 수렴기준(convergence)을 설정한다. 요인의 적재 값에 대한 행렬이 최적화되면 알고리즘이 종료된다. 수렴기준이 작을수록 더 정확한 결과를 얻을 수 있지만, 처리 속도가 느려진다.

앞서 언급했듯이, 주성분 분석은 단순하게 차원을 줄여가는 방법이다. 주성분 분석의 대표적인 회전 기법인 배리맥스(varimax)는 요인 간 상관성을 0으로 가정하므로 사회과학에서 사용하기에는 한계가 있다. 따라서 여기서는 공통요인분석에 해당하는 최대우도법과 사각회전 방식인 오블리민(oblimin)을 이용하도록 한다.

FactorAnalyzer(n_factors = 5, method = 'ml', rotation = 'oblimin', rotation_kwargs = {'max_iter':100})을 입력한다. 즉 요인 수 5개, 최대우도를 나타내는 ml, 사각회전 방법인 oblimin을 설정하고, 이를 **FA**로 정의한다.

```
FA = FactorAnalyzer(n_factors=5,
                    method='ml',
                    rotation='oblimin',
                    rotation_kwargs={'max_iter':100})
```

[그림 6-23] 요인분석 설정

정의된 **FA**를 요인분석의 데이터셋 **df**로 적합시킨다. 출력된 FatorAnalyzer에서 설정된 값을 보여주고 있다.

```
FA.fit(df)
```

FactorAnalyzer

▼Parameters

n_factors	5
rotation	'oblimin'
method	'ml'
use_smc	True
is_corr_matrix	False
bounds	(0.005, ...)
impute	'median'
svd_method	'randomized'
rotation_kwargs	{'max_iter': 100}

[그림 6-24] 설정한 Parameters로 요인분석 적합시키기

요인분석에 적합시킨 **FA**의 값을 표 형태로 나타내기 위해 pandas의 **DataFrame**을 이용한다. 컬럼명을 **Factor1**, **Factor2**, **Factor3**, **Factor4**, **Factor5**로 설정하여, DataFrame을 **efa**로 정의한다.

```
efa = pd.DataFrame(FA.loadings_,
                   index=df.columns,
                   columns=['Factor1',
                            'Factor2',
                            'Factor3',
                            'Factor4',
                            'Factor5']
                   )
```

[그림 6-25] 요인분석 결과를 DataFrame으로 구성

efa를 실행하여 요인분석 결과를 확인한다. 최대우도법과 오블리민으로 도출된 적재 값이 0.3을 넘으면 적절한 것으로 판단한다.

```
efa
```

	Factor1	Factor2	Factor3	Factor4	Factor5
no1	0.913688	0.002538	-0.004499	-0.014928	0.002470
no2	0.957664	0.001980	0.021337	-0.030535	0.003161
no3	0.932769	-0.008574	-0.017434	0.046218	-0.007119
no4	-0.010856	-0.094740	-0.025888	0.020285	0.743452
no5	0.002576	0.033428	0.038408	-0.020362	0.698983
no6	0.016637	0.083078	0.003418	0.027792	0.697043
no7	-0.027773	-0.037079	0.871230	-0.032910	0.082072
no8	0.002947	0.025216	0.853490	0.030790	-0.038538
no9	0.047188	0.015731	0.755252	0.039406	-0.064177
no10	-0.002470	0.868085	0.061538	-0.054206	-0.008591
no11	-0.021958	0.898166	-0.046248	0.040137	-0.015704
no12	0.038882	0.772390	-0.017151	0.019927	0.038622
no13	0.073101	0.043690	-0.012977	0.562469	0.183527
no14	0.018799	0.129449	0.060628	0.616565	0.034397
no15	-0.009803	-0.031869	0.006374	1.013115	-0.025368

[그림 6-26] 요인분석 결과

출력 결과를 보면 no1~no3, no4~no6, no7~no9, no10~no12, no13~no15에서 각각 동일한 요인으로 구분된 것을 확인할 수 있다.

참고 요인적재 값이 1을 넘는 경우

no15의 경우 Factor4에서 1.013115의 값이 적재되어 나타난다. 주성분 분석에서는 모든 연관성을 0으로 가정하기 때문에 1이 넘는 수치가 절대로 나올 수 없다. 요인분석에서는 연관성이 0이 아니라는 가정에서 출발하기 때문에 이처럼 1이 넘는 수치도 나타날 수 있다. no15의 경우, 이 문항에서 Factor4를 설명하고, 나머지 문항들(no1~no14)과 연관성이 있는 값까지 추가적으로 적재되어 나타나기 때문에 1이 넘는 적재 값이 나온 것이다.

참고 **요인분석에서 특정 값보다 작은 수를 공백으로 처리하기**

파이썬으로 요인분석을 실시하면, [그림 6-26]의 요인분석 결과와 같이 요인별로 0.3을 넘는 수치들이 별도로 구분되어 나타나지 않는다. 이러한 결과 표현 방식은 분석하는 입장에서 상당히 불편하다. [그림 6-27]과 같이 DataFrame을 efa_blank로 다시 정의하고, 0.3보다 작은 수치를 공백으로 처리하면 훨씬 편리하게 확인할 수 있다. 이때, where() 메서드[7]를 이용해서 efa_blank 데이터프레임에 포함된 값이 0.3보다 크면 그대로 출력하고, 작으면 공란(' ')으로 출력하도록 설정한다.

```
efa_blank = pd.DataFrame(FA.loadings_,
                         index=df.columns,
                         columns=['Factor1',
                                  'Factor2',
                                  'Factor3',
                                  'Factor4',
                                  'Factor5'])
```

```
efa_blank = efa_blank.where(efa_blank > 0.3, '')
```

[그림 6-27] 0.3 미만의 공백 처리

efa_blank를 실행하면 다음과 같은 출력 결과를 확인할 수 있다.

```
efa_blank
```

	Factor1	Factor2	Factor3	Factor4	Factor5
no1	0.913688				
no2	0.957664				
no3	0.932769				
no4					0.743452
no5					0.698983
no6					0.697043
no7			0.87123		
no8			0.85349		
no9			0.755252		
no10		0.868085			
no11		0.898166			
no12		0.77239			
no13				0.562469	
no14				0.616565	
no15				1.013115	

[그림 6-28] 공백 처리된 요인분석 결과

7 where() 메서드는 pandas의 DataFrame과 Series 객체에서 사용하는 메서드(method)로, 사용 형식은 다음과 같다.

```
DataFrame.where(cond, other=..., inplace=False)
Series.where(cond, other=..., inplace=False)
```

- cond: 조건식(True/False로 구성된 배열이나 조건문)
- other: 조건이 False인 곳에 대체할 값
- inplace=True: 원본 객체를 직접 수정할 수 있음

조건이 True인 값은 그대로 유지하고, 조건이 False인 값은 other 값으로 대체한다. 또한 DataFrame 전체나 특정 열에 적용 가능하고, dtype 호환성 문제를 피하면서 값을 대체할 수 있다.

요인분석 결과를 통해 구분된 연구문제의 설문을 보면서, 각 요인에 해당하는 명칭을 설정할 수 있다. 1~6번 문항을 예를 들어 설정해 보자.

1	제품의 모양이 처음에 보았을 때 사고 싶은 마음이 든다.
2	누가 보더라도 제품의 외관은 매력이 있다.
3	시간이 어느 정도 지나더라도 유행을 타지 않을 디자인이다.
4	이 제품은 나에게 아주 유용할 것이다.
5	지금은 아니더라도 가지고 있으면 반드시 유용하게 사용될 것이다.
6	이 제품은 내가 아니라 다른 사람에게도 유용하게 사용될 것이다.

동일한 요인으로 구분된 **no1~no3** 문항을 살펴보면, 외관이나 디자인에 대한 질문을 하고 있다. 그렇다면 연구자는 이 세 가지 문항을 대표할 수 있는 단어 1개를 지정(예를 들면, **외관**)하여 변수의 명칭을 정할 수 있다. 마찬가지로, **no4~no6** 문항을 보면 모두 공통으로 **유용**이라는 단어가 들어가 있으므로 **유용성**이라는 변수명을 정할 수 있을 것이다. 이처럼 설문 문항을 보면서 no15까지 변수명을 정한다. 이렇게 총 5가지 요인, 즉 외관, 유용성, 편의성, 구매의도, 구전의도로 구분하여 표현할 수 있다.

최종적으로 Factor1은 **외관**, Factor2는 **구매의도**, Factor3은 **편의성**, Factor4는 **구전의도**, Factor5는 **유용성**으로 명명할 수 있다. 컬럼명을 변경하려면, **columns**를 이용하여 순서대로 입력한다.

```
efa.columns = ['외관', '구매의도', '편의성', '구전의도', '유용성']
```

```
efa
```

	외관	구매의도	편의성	구전의도	유용성
no1	0.913688	0.002538	-0.004499	-0.014928	0.002470
no2	0.957664	0.001980	0.021337	-0.030535	0.003161
no3	0.932769	-0.008574	-0.017434	0.046218	-0.007119
no4	-0.010856	-0.094740	-0.025888	0.020285	0.743452
no5	0.002576	0.033428	0.038408	-0.020362	0.698983
no6	0.016637	0.083078	0.003418	0.027792	0.697043
no7	-0.027773	-0.037079	0.871230	-0.032910	0.082072
no8	0.002947	0.025216	0.853490	0.030790	-0.038538
no9	0.047188	0.015731	0.755252	0.039406	-0.064177
no10	-0.002470	0.868085	0.061538	-0.054206	-0.008591
no11	-0.021958	0.898166	-0.046248	0.040137	-0.015704
no12	0.038882	0.772390	-0.017151	0.019927	0.038622
no13	0.073101	0.043690	-0.012977	0.562469	0.183527
no14	0.018799	0.129449	0.060628	0.616565	0.034397
no15	-0.009803	-0.031869	0.006374	1.013115	-0.025368

[그림 6-29] 컬럼명 변경

최초의 연구모델에서 설명하는 **외관**, **유용성**, **편의성**, **구매의도**, **구전의도**의 순서대로 정렬하려면, **reindex** 함수를 이용한다.

```
new_order = ['외관', '유용성', '편의성', '구매의도', '구전의도']
efa.reindex(columns=new_order)
```

	외관	유용성	편의성	구매의도	구전의도
no1	0.913688	0.002470	-0.004499	0.002538	-0.014928
no2	0.957664	0.003161	0.021337	0.001980	-0.030535
no3	0.932769	-0.007119	-0.017434	-0.008574	0.046218
no4	-0.010856	0.743452	-0.025888	-0.094740	0.020285
no5	0.002576	0.698983	0.038408	0.033428	-0.020362
no6	0.016637	0.697043	0.003418	0.083078	0.027792
no7	-0.027773	0.082072	0.871230	-0.037079	-0.032910
no8	0.002947	-0.038538	0.853490	0.025216	0.030790
no9	0.047188	-0.064177	0.755252	0.015731	0.039406
no10	-0.002470	-0.008591	0.061538	0.868085	-0.054206
no11	-0.021958	-0.015704	-0.046248	0.898166	0.040137
no12	0.038882	0.038622	-0.017151	0.772390	0.019927
no13	0.073101	0.183527	-0.012977	0.043690	0.562469
no14	0.018799	0.034397	0.060628	0.129449	0.616565
no15	-0.009803	-0.025368	0.006374	-0.031869	1.013115

[그림 6-30] 요인분석 결과 재정렬

공통성(communalities)은 요인에 의해 설명되는 변수의 분산 비율을 의미한다. **FA.get_communalities()**로 공통성을 확인할 수 있다.

```
FA.get_communalities()
```

```
array([0.83508186, 0.91852234, 0.87262303, 0.56289546, 0.4915905 ,
       0.49383128, 0.76900669, 0.73152255, 0.5785508 , 0.76037601,
       0.81118143, 0.60028029, 0.35747445, 0.40212236, 1.02819824])
```

[그림 6-31] 공통성 확인

pandas의 **DataFrame**을 이용하여 위에서 확인한 공통성을 표로 나타내 보자. index에 해당하는 문항의 컬럼명을 **공통성**으로 하고 DataFrame을 **commu**로 정의하여 실행한다.

```
commu = pd.DataFrame(FA.get_communalities(),
                     index=df.columns,
                     columns=['공통성']
                    )
```

```
commu
```

	공통성
no1	0.835082
no2	0.918522
no3	0.872623
no4	0.562895
no5	0.491590
no6	0.493831
no7	0.769007
no8	0.731523
no9	0.578551
no10	0.760376
no11	0.811181
no12	0.600280
no13	0.357474
no14	0.402122
no15	1.028198

[그림 6-32] DataFrame으로 공통성 정렬

출력 결과를 보면, 각 문항의 공통성(요인에 의해 설명되는 변수의 분산 비율)을 일목요연하게 확인할 수 있다. 예를 들어 no2는 모든 요인에 의해 91.8522%가 설명된다는 뜻이므로 요인분석 모델에 매우 잘 맞는 문항이라고 판단할 수 있다.

참고 공통성

공통성(communalities)은 추출된 요인들이 각 변수의 변동을 얼마나 설명하는지를 나타내는 개념이다. 0부터 1 사이의 값을 가지며, 값이 클수록 요인이 설명하는 변동이 크다. 값이 클수록 추출된 요인으로 변수를 더 잘 설명하고, 반대로 값이 작을수록 요인에 의해 설명되는 변동의 양이 작다.

그런데 [그림 6-32]의 no15를 보면 공통성 값이 1.0을 초과한다. 이처럼 공통성이 1.0을 초과하는 현상을 헤이우드 케이스(Heywood Case)라고 한다. 특히 최대우도법(Maximum Likelihood, ML)과 같은 추정 방법을 사용하면 모델의 해를 반복적으로 찾게 되는데, 이 과정에서 수렴이 잘못되거나 해가 허용 범위(0~1)를 벗어난 지점으로 이동하는 경우가 발생할 수 있다.

공통성을 논문이나 보고서에서 반드시 보고해야 하는 것은 아니지만, 요인분석의 결과를 해석하고 변수들 간의 중요성을 평가하는 근거로 활용될 수 있다. 공통성 값이 어느 정도로 커야 적절한지를 판단하는 기준은 명확하지 않지만, 보통 0.3 이상의 값이면 수용 가능하다고 본다.

참고 주성분 분석(Principal Component Analysis)

본문에서 실습한 데이터를 대상으로 주성분 분석을 하면 다음과 같다. 요인 수를 5, 분석 방법을 principal, 회전 방법을 varimax로 설정하여 pv로 정의한다.

```
pv = FactorAnalyzer(n_factors=5,
                    method='principal',
                    rotation='varimax'
                   )
```

[그림 6-33] 주성분(principal), 베리맥스(varimax) 설정

pv를 요인분석에 맞게 적합시킨다.

```
pv.fit(df)
```

```
▾ FactorAnalyzer
▶ Parameters
```

[그림 6-34] 주성분, 베리맥스 설정 적합시키기

[그림 6-34]는 FactorAnalyzer를 이용하여 분석을 진행했다는 의미다. 각 설정값을 확인할 수 있으며, rotation_kwargs={}에서 회전 방법에 대한 추가적인 설정을 할 수 있지만 어떤 설정도 하지 않았음을 보여준다.

pandas의 DataFrame으로 확인하면 다음과 같은 결과를 얻을 수 있다.

```
efa_pv = pd.DataFrame(pv.loadings_, index=df.columns)
efa_pv
```

	0	1	2	3	4
no1	0.105584	0.076699	0.935969	0.054823	0.070200
no2	0.128869	0.075939	0.944819	0.050796	0.090668
no3	0.169427	0.067654	0.937364	0.052505	0.070371
no4	0.161281	-0.094756	0.018596	0.808374	-0.017976
no5	0.048154	0.057131	0.055911	0.826264	0.066120
no6	0.185238	0.108604	0.062076	0.788066	0.030242
no7	0.104305	0.000927	0.038499	0.116879	0.893333
no8	0.145077	0.073034	0.073280	0.012954	0.888446
no9	0.190552	0.049638	0.106538	-0.042744	0.837664
no10	0.072683	0.899179	0.054181	0.002617	0.089988
no11	0.102246	0.913267	0.048556	0.016445	0.011122
no12	0.121082	0.856713	0.101831	0.056082	0.020962
no13	0.763896	0.086849	0.156791	0.236283	0.080042
no14	0.800273	0.174656	0.099460	0.083759	0.173730
no15	0.855924	0.061361	0.156161	0.138860	0.229147

[그림 6-35] 주성분, 베리맥스 결과 출력

요인점수의 계산과 저장

요인 개수가 결정되었다는 것은 측정된 데이터를 기초로 변수 집합에 대한 잠재요인이 식별되었다는 뜻이다. 요인분석은 측정된 변수와 잠재요인 간의 관계를 추정하는 것이다. 여기서 요인점수와 요인적재량의 개념을 이해해야 한다. 이 두 가지가 요인분석의 핵심이기 때문이다.

요인점수(factor scores)는 관측치에 대한 잠재요인의 추정 점수로, 관측 변수의 값에 각 관측값에 대한 요인적재량을 곱한 값들의 합으로 계산한다. 요인점수는 각 관측치와 관련된 잠재요인의 정도를 정량화하며, 이후의 추가적인 분석에 활용된다. 즉, 잠재요인과 산출된 변수들 간의 관계를 확인하는 상관분석과 회귀분석에 활용할 수 있다.

요인적재량(factor loadings)은 관측 변수와 잠재요인 간의 추정된 관계를 의미한다. 즉, 선형 관계에서 관측 변수에 가중치를 부여하는 계수를 가리킨다. 따라서 요인적재량은 관측 변수에서 잠재요인의 의미를 해석하는 기준으로 사용된다. 어떤 요인에 대해 수치가 높다면 높은 상관관계가 있다고 할 수 있고, 수치가 낮다면 해당 변수가 요인에 의해 설명되는 부분이 적다고 해석할 수 있다.

요인점수를 계산하기 위해서 transform() 메서드를 사용한다. 요인분석으로 정의한 **FA**를 이용하여 데이터셋 df를 **transform(df)**로 계산하고, 이 요인점수를 **fs**로 정의한다.

```
fs = FA.transform(df)
```

[그림 6-36] **요인점수 계산**

정의된 fs와 데이터셋 df를 이용하여 회귀 모델을 만들어 요인점수(요인적재량)에 적합시킨다. 요인점수를 통해 각 요인이 다른 변수들과 어떤 연관성을 갖는지 확인하려면 요인과 변수들 간의 선형 관계를 확인해야 한다. 이를 위해 **LinearRegression()**을 사용하여 선형 회귀 모델을 정의하고, **fit()** 메서드를 통해 모델에 학습시킨다. 이후 분석 과정에서 학습된 모델의 예측값을 각 변수의 대푯값으로 활용하게 된다.

```
regression = LinearRegression()
regression.fit(fs, df)
```

```
▾ LinearRegression
▶ Parameters
```

[그림 6-37] **회귀 모델을 요인점수(요인적재량)에 적합시키기**

참고 LinearRegression 오류 해결 방법

다음과 같이 LinearRegression 오류가 발생할 수 있다. 이는 Python에서 sklearn.linear_model 모듈의 일부인 LinearRegression 클래스를 찾을 수 없음을 나타낸다.

```
regression = LinearRegression()
regression.fit(fs, df)
```

```
---------------------------------------------------------------------------
NameError                                 Traceback (most recent call last)
Cell In[1], line 1
----> 1 regression = LinearRegression()
      2 regression.fit(fs, df)

NameError: name 'LinearRegression' is not defined
```

[그림 6-38] LinearRegression 오류

다음과 같이 실행하면 에러가 발생하지 않는다.

```
from sklearn.linear_model import LinearRegression
```

[그림 6-39] LinearRegression을 임포트하기

요인점수 **fs**를 pandas의 **DataFrame**으로 변환하고, 컬럼명을 각 요인에 맞게 **fs외관**, **fs유용성**, **fs편의성**, **fs구매의도**, **fs구전의도**로 지정한다. 이어서 요인점수를 **fs_df**로 정의하여 출력한다.

```
fs_df = pd.DataFrame(fs,
                     columns=['fs외관',
                              'fs유용성',
                              'fs편의성',
                              'fs구매의도',
                              'fs구전의도']
                    )
fs_df
```

	fs외관	fs유용성	fs편의성	fs구매의도	fs구전의도
0	0.363721	-0.235848	-0.231454	-0.498878	0.092463
1	1.262162	-1.907883	-0.147603	2.008849	0.014102
2	0.943997	0.284367	-0.190411	0.801403	0.296697
3	1.231316	-1.893916	1.057880	-0.546097	0.065379
4	1.282521	0.342488	-0.117968	2.087200	0.362374
...	...	...	...	...	...
320	-2.347313	-2.077638	-1.990387	-3.136665	-0.397162
321	0.920193	0.256976	0.577183	-0.493945	-0.376208
322	-2.296258	-1.587507	-0.312230	-0.636630	-2.012911
323	1.282268	0.361963	2.223745	2.090488	0.882201
324	-2.347313	-2.077638	-1.990387	-3.136665	-0.397162

325 rows × 5 columns

[그림 6-40] 컬럼명을 각 요인에 맞게 수정하여 출력

정의된 요인점수 **fs_df**는 이후의 분석 과정에서 지속적으로 활용되므로 **factor_scores.csv** 파일로 저장한다. 이때 별도의 index를 사용하지 않고, 변수는 'fs요인명'만 포함되도록 **index = False** 옵션을 지정하여 저장한다.

```
fs_df.to_csv('factor_scores.csv', index=False)
```

[그림 6-41] 'fs요인명'만 포함되도록 index=False 옵션을 지정하여 저장

python 폴더를 확인하면 factor_scores.csv 파일이 저장된 것을 볼 수 있다. 이 파일은 이후에 진행할 상관분석과 회귀분석에서 활용될 예정이므로 잘 보관해 두기 바란다.

참고　엑셀로 불러온 파일에서 한글이 깨져 보인다면?

저장한 파일을 엑셀에서 불러올 때 글자가 깨져서 보이는 경우가 있다. 이는 파일을 CSV로 저장하는 과정에서 인코딩(encoding) 설정 문제가 발생했기 때문이다. 파이썬은 기본적으로 UTF-8 인코딩을 사용하지만, 엑셀(특히 Windows 한국어 버전)은 CP949 또는 EUC-KR의 인코딩을 기본으로 하기에 한글이 깨져 보인다.

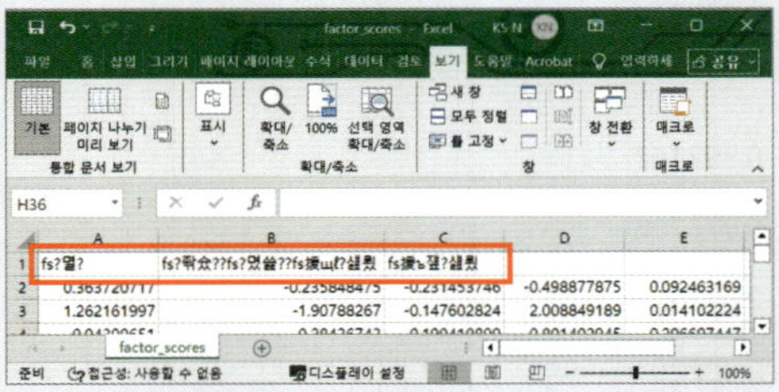

[그림 6-42] 인코딩 불일치로 인한 한글 깨짐 현상

이 경우, 인코딩 옵션을 ❶ 또는 ❷와 같이 설정하면 엑셀로 파일을 불러와도 글자가 깨지지 않는다.

❶ encoding='utf-8-sig': 국제 표준 방식
❷ encoding='cp949': 엑셀에서 바로 열 수 있는 방식

```
fs_df.to_csv('factor_scores_utf-8.csv', encoding='utf-8-sig', index=False)
```

```
fs_df.to_csv('factor_scores_cp949.csv', encoding='cp949', index=False)
```

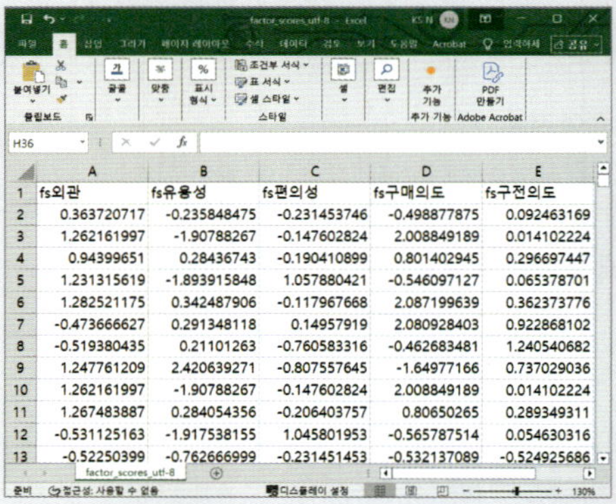

(a) encoding='utf-8-sig'

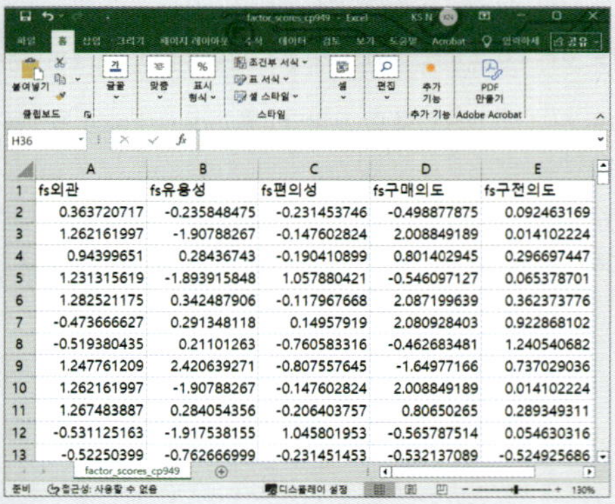

(b) encoding='cp949'

[그림 6-43] 한글이 깨지지 않는 인코딩 설정

CHAPTER

07

신뢰도 분석

Reliability Analysis

Contents

신뢰도 분석을 시작하기 전에 반드시 짚고 넘어가야 할 개념이 있다. '신뢰도 분석'이라는 용어는 초심자에게 '믿음'이나 '신뢰'라는 심리적 개념으로 오해되기 쉽지만, 통계학이나 데이터 과학 분야에서 사용하는 '신뢰도'는 그런 의미가 아니다. 이 분야에서 신뢰도는 '반복측정'과 밀접한 관련이 있으며, 동일한 조건에서 반복적으로 측정했을 때 얼마나 일관된 결과가 나오는지를 의미한다. 이러한 관점에서 보면, '신뢰도'라는 명칭은 실제 개념을 잘 반영하고 있다. 하지만 처음 통계분석을 접하는 사람은 이 용어를 직관적으로 이해하기 어려워, 분석 방향을 잘못 설정할 수 있다.

그렇다면 반복측정을 하는 이유는 무엇일까? 데이터 과학에서 반복측정은 주로 기존 결과와 비교하거나, 측정 도구의 일관성을 검증하기 위해 수행된다. 예를 들어 요인분석을 통해 여러 관측 변수를 하나의 기준에 따라 묶고 차원을 축소했다면, 이 축소된 차원을 다른 사람이 반복 측정했을 때도 유사한 결과가 나오는지를 확인하는 것이 신뢰도 분석의 핵심이다.

요인분석 시 측정 도구의 설계, 데이터 수집, 정제 과정이 제대로 이루어진 상태라면 반복측정 결과 역시 높은 일관성을 보일 것이다. 반대로, 측정 도구나 데이터에 문제가 있다면 반복측정 결과는 크게 달라질 수 있다.

현실적인 조사나 연구에서는 시간과 비용의 제약으로 인해 실제로 반복측정을 수행하기 어려운 경우가 많다. 이럴 때는 이미 수집된 데이터를 활용하여 내재된 속성을 기반으로 신뢰도를 추정하게 되며, 이 때 사용하는 대표적인 지표가 바로 크론바흐 알파(Cronbach's alpha; *Crombach*−α)다. 이 값은 반복측정했을 때 얼마나 높은 비율로 동일한 결과가 나올지를 수치적으로 보여주는 지표이며, 일반적으로 0.7 이상이면 신뢰도가 높다고 평가된다.

SECTION
7.1 신뢰도 분석이란

신뢰도와 크론바흐 알파

데이터 과학에서 신뢰도(reliability)란 연구자가 특정 연구 문제에 대해 측정을 수행했을 때, 이를 반복하여 다시 측정하더라도 항상 동일한 결과를 얻을 수 있는 정도를 의미한다. 하지만 동일한 연구 문제에 대해 반복측정을 수행하는 것은 시간과 비용 면에서 연구자에게 큰 부담이 된다. 과거에는 신뢰도를 중시하는 연구에서 실제로 반복측정을 실시하기도 했지만, 시간이 흐르면서 점차 대규모 조사를 통해 많은 표본을 확보하는 방향으로 대체되었다. 연구자는 이렇게 확보된 대규모 데이터를 임의로 반으로 나누어 각각의 통계량을 계산하고 이를 비교함으로써 반복측정의 효과를 간접적으로 검증하는 데 활용하였다. 이러한 방식에서는 데이터를 어떻게 나누는지에 따라 결과가 달라질 수 있다는 문제가 발생한다. 이에 따라 연구자들은 측정 항목 간의 상관관계를 기반으로 신뢰도를 평가하는 방법을 개발하였고, 그 결과로 등장한 대표적인 지표가 바로 크론바흐 알파($Cronbach-\alpha$) 계수다. 크론바흐 알파 계수를 구하는 방법은 다음과 같다.

$$Cronbach-\alpha = \frac{N\rho_{12}}{\{1+\rho_{12}(N-1)\}} = \frac{(\text{문항 수})\times(\text{상관계수들의 평균값})}{1+(\text{상관계수들의 평균값})\times\{(\text{문항 수})-1\}}$$

크론바흐 알파 계수는 0과 1 사이의 값을 가지며, 계수가 높을수록 신뢰도가 높은 것으로 판단한다. 보통 사회과학에서는 0.6 이상이면 '신뢰성 있는 조사'라 판단하고, 0.7 이상이면 '신뢰성 높은 조사'라고 판단한다.[1]

참고 크론바흐 알파 계수를 높이는 방법

문항 수를 늘리면 크론바흐 알파 계수를 높일 수 있다. 그러나 단순히 문항 수만 늘리는 것은 바람직하지 않으며, 다음 사항에 유의해야 한다.

- 문항 수를 늘리되 동일한 척도로 구성한다.
- 조사자의 의도를 명확히 나타내는 문항으로 구성한다.
- 신뢰도를 떨어뜨리는 모호한 문항은 과감하게 삭제한다.
- 까다롭거나 이해하기 힘든 문항이 있으면 유사한 문항을 추가하여 측정한다.
- 신뢰성이 높다고 인정되는 측정 방법을 사용한다.
- 위의 모든 사항은 출처가 분명해야 한다. 즉, 인용 단계에서 원문에 충실한 인용이 이루어져야 한다.

1 특정 학문 분야에서는 크론바흐 알파 계수를 아주 엄격하게 관리하여 0.8 이상의 수치를 요구하는 경우도 있다. 연구 특성에 맞게 각 연구자가 판단해야 할 문제다.

신뢰도 분석의 개념과 요인분석의 관계

신뢰도 분석은 연구자가 특정 연구 대상에 대해 반복 측정을 수행했을 때, 동일한 결과를 얻을 수 있는 가능성을 수치적으로 확인하는 과정이다. 일반적으로 요인분석을 통해 측정 도구의 타당성을 검증한 후에 신뢰도 분석을 진행한다. 따라서 요인분석을 수행했다면, 그 결과를 바탕으로 신뢰도 분석까지 이어지는 것이 자연스러운 흐름이다.

신뢰도 분석을 적용하기 위해서는 설문지의 문항이 등간척도 또는 비율척도로 구성되어 있어야 한다. 이는 신뢰도 분석이 수치적 일관성을 평가하는 통계적 기법이기 때문에, 척도의 간격이 일정하거나 절대적인 기준이 있어야 분석이 가능하기 때문이다.

요인분석과 신뢰도 분석은 목적과 방식에서 차이가 있다. 요인분석은 여러 변수 간의 상관관계를 바탕으로 유사한 항목들을 묶어 차원을 축소하는 과정이다. 반면, 신뢰도 분석은 이렇게 묶인 항목들이 반복 측정되었을 때도 일관된 결과를 낼 수 있는지를 평가하는 것이다. 즉, 요인분석이 전체 항목을 동시에 고려하여 구조를 파악하는 것이라면, 신뢰도 분석은 요인별로 묶인 항목들의 내적 일관성을 개별적으로 확인하는 과정이다.

따라서 신뢰도 분석을 수행할 때는 요인분석 결과를 기반으로, 각 요인에 속한 항목들을 구분하여 별도로 신뢰도를 측정해야 한다. 이를 위해 요인분석을 마친 후 해당 데이터를 다시 불러와, 요인별로 분리된 항목들을 기준으로 신뢰도 분석을 진행해야 한다.

앞서 6장에서 우리는 요인분석을 진행하였다. 해당 연구모델은 [그림 7-1]과 같고, 요인분석에서 구분된 결과는 [표 7-1]과 같다.

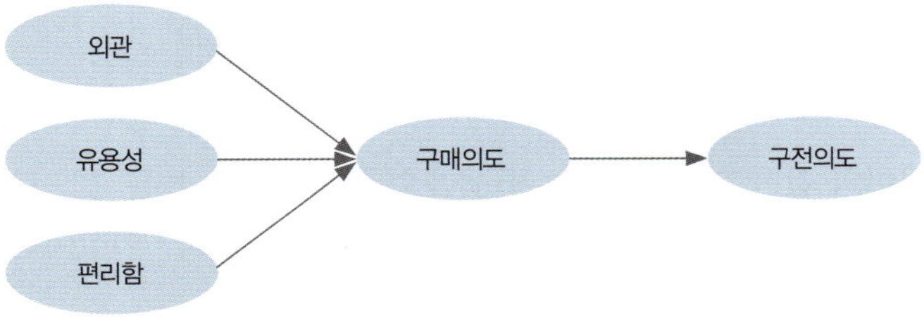

[그림 7-1] **요인분석의 연구모델**

[표 7-1] **요인분석 결과**

구분	문항	명칭
요인 1	no1, no2, no3	외관
요인 2	no4, no5, no6	유용성
요인 3	no7, no8, no9	편의성
요인 4	no10, no11, no12	구매의도
요인 5	no13, no14, no15	구전의도

SECTION

7.2 신뢰도 분석 실습

신뢰도 분석은 앞서 실시한 요인분석이 적절한 신뢰도를 갖는지 확인하는 과정이다. 지금부터 요인분석 결과인 [표 7-1]의 신뢰도를 확인하기 위한 분석을 진행해 보자.

데이터 불러오기와 확인하기

신뢰도 분석을 실시하기 위해 요인분석에서도 사용한 실습 파일을 불러와 **data**로 정의한다.

```
data = pd.read_csv('./source/fac_analys.csv')
```

[그림 7-2] 신뢰도 분석을 위한 데이터 불러오기

정의한 data를 확인하기 위해 **data.head()**를 이용하여 첫 5행을 확인한다.

```
data.head()
```

	No	no1	no2	no3	no4	no5	no6	no7	no8	no9	no10	no11	no12	no13	no14	no15
0	1	4	4	4	4	4	4	3	3	3	3	2	3	3	3	3
1	2	5	5	5	5	3	3	3	3	3	1	1	1	5	5	5
2	3	5	5	4	4	4	4	3	3	3	3	3	3	5	3	4
3	4	5	5	5	4	4	4	4	4	4	1	1	1	3	3	3
4	5	5	5	5	4	4	4	3	3	3	3	3	3	5	5	5

[그림 7-3] 첫 5행의 데이터 확인

iloc 함수를 이용하여 분석에 사용되지 않은 No의 컬럼을 제거해서 **no1**부터 보이도록 한 후, 이를 **df**로 정의한다.

```
df = data.iloc[:, 1:]
```

```
(325, 15)
```

[그림 7-4] 인덱스 컬럼 제거

df로 정의한 데이터프레임의 첫 5행을 확인하기 위해 **df.head()**를 실행한다.

```
df.head()
```

	no1	no2	no3	no4	no5	no6	no7	no8	no9	no10	no11	no12	no13	no14	no15
0	4	4	4	4	4	4	3	3	3	3	2	3	3	3	3
1	5	5	5	5	3	3	3	3	3	1	1	1	5	5	5
2	5	5	4	4	4	4	3	3	3	3	3	3	5	3	4
3	5	5	5	4	4	4	4	4	4	1	1	1	3	3	3
4	5	5	5	4	4	4	3	3	3	3	3	3	5	5	5

[그림 7-5] 인덱스 제거 후 첫 5행의 데이터 확인

분석 진행하기

[표 7-1]과 같이, 요인별로 항목을 구분하여 **fg**로 정의한다.

```
fg = {
    '외관':['no1', 'no2', 'no3'],
    '유용성':['no4', 'no5', 'no6'],
    '편의성':['no7', 'no8', 'no9'],
    '구매의도':['no10', 'no11', 'no12'],
    '구전의도':['no13', 'no14', 'no15'],
}
```

[그림 7-6] 항목별 요인 정의

이제 fg에 있는 하위 리스트(sublist)의 요소들을 리스트 컴프리헨션(list comprehession)을 사용하여 하나의 리스트로 나열해 보자. **fg.values()**를 통해 **fg**의 모든 값을 가져와 각각 **sublist**로 할당하고, **for item in sublist**를 통해 각 하위 리스트의 내용을 차례로 꺼내 **fc**에 저장한다. 이후 데이터셋 **df**에서 **fc** 리스트에 포함된 열만 선택하여 새로운 데이터셋을 구성하고, 이를 **f_df**로 정의한다.

```
fc = [item for sublist in fg.values() for item in sublist]
f_df = df[fc]
```

[그림 7-7] 데이터셋의 리스트 나열

참고 리스트 컴프리헨션

리스트 컴프리헨션(list comprehession)은 기존 리스트나 반복 가능한 객체를 기반으로 새로운 리스트를 만들 때, 한 줄로 작성할 수 있는 간결하면서도 효율적인 파이썬 문법이다. 리스트 컴프리헨션을 이용하면 [그림 7-6]에 정의된 fg 딕셔너리의 리스트(요인)인 모든 문항 이름('no1'부터 'no15'까지)을 하나의 평평한 리스트 fc로 만들 수 있다. [그림 7-7]의 리스트 컴프리헨션을 자세히 살펴보면 다음과 같다.

- **[item ...]:** 최종 리스트에 저장될 각 요소의 형태를 정의하는 **결과 표현식**
- **for sublist in fg.values():** 요인별 문항 리스트에 해당하는 딕셔너리의 값들을 sublist라는 이름으로 반복해서 처리(['no1', 'no2', 'no3'], ['no4', 'no5', 'no6'] ...을 순서대로 가져오는 역할)하는 **외부 루프**

- **for item in sublist:** sublist 내부의 개별 문항 이름들을 item이라는 이름으로 반복해서 처리('no1', 'no2', 'no3'...를 하나씩 가져오는 역할)하는 **내부 루프**

리스트 컴프리헨션은 외부 루프와 내부 루프 외에도 for 반복문을 이용하여 루프를 계속 중첩(Nesting)할 수 있지만, 실무에서는 가독성 때문에 루프를 3개 이상 중첩하는 경우는 많지 않다.

크론바흐 알파(*Cronbach*$-\alpha$)를 계산하기 위해 **pingouin**에서 **cronbach_alpha** 모듈을 임포트한다.

```
from pingouin import cronbach_alpha
```

[그림 7-8] pingouin 임포트하기

cronbach_alpha_value라는 빈 리스트를 하나 만들고, 앞에서 정의한 **fg** 딕셔너리의 각 항목에 대해 반복문을 실행한다. 이때 각 항목의 키는 요인의 이름인 **factor_name**으로, 값은 해당 요인에 속한 문항 리스트인 **fc**로 할당된다. 데이터셋 **df**에서 **fc**의 열을 이용하여 새로운 데이터셋 **f_df**를 생성하고, 이 f_df에 대해 **cronbach_alpha_value, _ = cronbach_alpha(f_df)**를 적용하여 크론바흐 알파 값을 계산한다. 또한 **append** 함수를 이용해 **cronbach_alpha_value**라는 빈 리스트에 계산된 크론바흐 알파 값을 추가한다.

```
cronbach_alpha_values = []
for factor_name, fc in fg.items():
    f_df = df[fc]
    cronbach_alpha_value, _ = cronbach_alpha(f_df)
    cronbach_alpha_values.append(cronbach_alpha_value)
```

[그림 7-9] Cronbach-alpha를 계산하여 추가

pandas의 **DataFrame**을 이용하여 **result_df**라는 새로운 데이터프레임을 생성한다. 이때 **Factor** 열에 **fg** 딕셔너리의 **keys** 값을 리스트로 변환하여 가져오고, **Cronbach's alpha** 열에 **cronbach_alpha_values** 값을 가져온다. 이어서 새로 정의한 **result_df**를 출력한다.

```
result_df = pd.DataFrame({'Factor': list(fg.keys()),
                          "Cronbach's alpha": cronbach_alpha_values})
result_df
```

	Factor	Cronbach's alpha
0	외관	0.952761
1	유용성	0.758153
2	편의성	0.869146
3	구매의도	0.882852
4	구전의도	0.814371

[그림 7-10] Cronbach-alpha 출력

신뢰도 분석을 모두 마쳤다. 출력 결과를 보면, **외관**에서 크론바흐 알파 계수가 **0.952761**로 나타났다. 이 수치는 외관에 대해 반복측정을 하더라도 95.2761%의 비율로 앞에서 진행한 요인분석 결과와 동일한 결과가 나타날 것이라는 의미다. 유용성의 경우 크론바흐 알파 계수가 0.758153으로 나타나 가장 낮은 수치를 보인다. 이 수치 역시 유용성에 대해 반복 측정하여 요인분석 결과를 확인하더라도 75.8153%의 비율로 동일한 결과가 나타날 것임을 의미한다.

참고 파이썬에서 '_' 활용하기

[그림 7-9]의 cronbach_alpha_value, _ = cronbach_alpha(f_df)에서 '_'는 크론바흐 알파 값만 표시하고, 필요 없는 수치들은 무시하라는 명령이다. 프로그래밍 관점에서 편의성을 위해 '_'를 사용하는 것이며, 무시되는 값이 통계적으로 중요하지 않다는 의미는 아니다.

[그림 7-11]의 명령문과 같이 '_'를 사용하지 않고 크론바흐 알파를 출력하면 첫 행에 [0.943, 0.961]의 수치가 보이는데, 이 수치는 크론바흐 알파 값에 대한 95% 신뢰구간(Confidence Interval)을 나타낸다. 통계적 안정성을 나타내는 중요한 지표이므로, 보고서 작성 시에는 함께 고려하는 것이 좋다.

```
cronbach_alpha_values = []
for factor_name, fc in fg.items():
    f_df = df[fc]
    cronbach_alpha_value = cronbach_alpha(f_df)
    cronbach_alpha_values.append(cronbach_alpha_value)
```

```
result_df = pd.DataFrame({'Factor': list(fg.keys()),
                          "Cronbach's alpha": cronbach_alpha_values})
result_df
```

	Factor	Cronbach's alpha
0	외관	(0.9527612334924366, [0.943, 0.961])
1	유용성	(0.7581527997420583, [0.709, 0.8])
2	편의성	(0.8691461211218945, [0.842, 0.892])
3	구매의도	(0.8828520724834126, [0.859, 0.903])
4	구전의도	(0.8143705867593821, [0.776, 0.847])

[그림 7-11] 크론바흐 알파와 95% 신뢰구간 출력

파이썬에서는 일반적으로 '_'를 입력하여 필요 없거나 사용하지 않을 변수 또는 값이 반환되지 않도록 한다. 이를 통해 출력 결과의 가독성을 높이 수 있다.

신뢰도를 높이는 방법: 항목 제거

신뢰도 분석을 하여 크론바흐 알파 계수만 확인해도 되지만, 직접 데이터를 수집해서 분석을 진행하다 보면 크론바흐 알파 계수가 낮게 나오는 경우가 있다. 이런 경우에는 데이터를 삭제하는 방법으로 신뢰도를 높일 수 있다. 앞선 실습 데이터를 사용해 항목을 제거했을 때의 크론바흐 알파 값을 살펴보자.

첫 번째 단계로 각 요인에 대한 크론바흐 알파 계수를 계산한다. 먼저 **for factor_name, fc in fg.items( ):** 구문을 통해 fg 딕셔너리에서 요인의 이름을 factor_name에 할당하고, 해당 요인의 변수 리스트를 fc에 할당한다. 이 안에서 **f_df = df[fc]**를 통해 원본 데이터셋 df에서 fc 리스트에 포함된 열만 선택하여 새로운 데이터셋을 구성해서 f_df로 정의한다. 이어서 **cronbach_alpha_value, _ = cronbach_alpha(f_df)**를 사용하여 f_df에 대한 크론바흐 알파 값을 계산한다. 이렇게 계산된 값을 **print(f"{factor_name} Cronbach's alpha: {cronbach_alpha_value}")**를 통해 요인의 이름과 함께 출력한다.

그다음 단계에서는 각 변수(column)를 하나씩 제거했을 때의 크론바흐 알파 값을 계산한다. **for column in fc:**를 통해 변수 리스트 fc에 포함된 각 변수를 순회하며, **reduced_factor_columns = [c for c in fc if c != column]**으로 현재 선택된 column 항목을 제외하고 나머지 변수들만 포함된 리스트를 생성하여 reduced_factor_columns로 정의한다. **reduced_factor_df = df[reduced_factor_columns]**를 통해 데이터셋 df에서 reduced_factor_columns를 구성하는 새로운 데이터셋 reduced_factor_df를 정의한 후, **reduced_cronbach_alpha_value, _ = cronbach_alpha(reduced_factor_df)**로 크론바흐 알파 값을 다시 계산한다. 마지막으로 **Without 컬럼명: 크론바흐 알파 계수**의 형태로 출력한다.

```
for factor_name, fc in fg.items():
    f_df = df[fc]
    cronbach_alpha_value, _ = cronbach_alpha(f_df)
    print(f"{factor_name} Cronbach's alpha: {cronbach_alpha_value}")
    for column in fc:
        reduced_factor_columns = [c for c in fc if c != column]
        reduced_factor_df = df[reduced_factor_columns]
        reduced_cronbach_alpha_value, _ = cronbach_alpha(reduced_factor_df)
        print(f'  - Without {column}: {reduced_cronbach_alpha_value}')
```

```
외관 Cronbach's alpha: 0.9527612334924366
  - Without no1: 0.9432597149736746
  - Without no2: 0.920889601282308
  - Without no3: 0.9279257304086648
유용성 Cronbach's alpha: 0.7581527997420583
  - Without no4: 0.6807872157559689
  - Without no5: 0.6799279365126636
  - Without no6: 0.6671422505307856
편의성 Cronbach's alpha: 0.8691461211218945
  - Without no7: 0.7994714481037277
  - Without no8: 0.7988182807182138
  - Without no9: 0.8466903914590747
구매의도 Cronbach's alpha: 0.8828520724834126
  - Without no10: 0.8279464882943142
  - Without no11: 0.8004460617443359
  - Without no12: 0.8691844744875703
구전의도 Cronbach's alpha: 0.8143705867593821
  - Without no13: 0.8093207489955274
  - Without no14: 0.7811693635382959
  - Without no15: 0.6398797768936575
```

[그림 7-12] 항목 제거 시 크론바흐 알파 값 출력

출력 결과를 보면 외관, 유용성, 편의성, 구매의도, 구전의도의 5가지 요인에 대한 크론바흐 알파 계수가 계산되었다. 이때 각 요인을 이루는 항목 중 특정 항목을 제외한 경우의 크론바흐 알파 값도 함께 제시된다. 예를 들어 외관에서 no1을 제외하고 no2와 no3로 계산한 경우라면 0.94325…로 계산된다는 것을 보여준다(Without no1: 0.9432597149736746). 그런데 외관 요인의 전체 항목(no1~no3)을 기준으로 계산한 크론바흐 알파 값은 0.95276…으로 나타난다. 즉, no1을 제외한 수치가 전체 항목을 포함한 수치보다 작으므로 no1을 삭제할 필요가 없음을 의미한다. 나머지 4가지 요인에서도 동일한 경향이 나타난다. 항목을 제거했을 때보다 전체 항목을 기준으로 크론바흐 알파 계수를 계산한 값이 크므로 항목을 제거할 필요가 없다.

참고

1. 신뢰도를 높일 수 있다면 무조건 항목을 삭제해도 될까?

연구자 입장에서는 항목 수가 줄어들더라도 신뢰도가 높아진다면 연구가 탄탄해질 것이라고 생각할 수 있다. 수치상으로만 보면 그렇게 판단할 수 있지만, 좀 더 구체적으로 생각해 보자.

본문의 연구문제를 보면 각 요인이 3개의 관측 변수로 구성이 되어 있는데, 항목이 삭제되어 2개 또는 1개만 남는다면 새로운 문제가 발생할 수 있다. 예를 들어 외관이라는 요인을 no1, no2, no3의 항목으로 구성해서 구성개념을 측정했는데, no1이 삭제되고 no2와 no3만으로 외관을 측정한다고 할 경우, '2개의 관측치로 외관이라는 구성개념을 제대로 설명할 수 있을까?'라는 문제가 제기된다. 더 나아가 no2까지 삭제되어 no3만으로 외관을 설명하게 된다면 이는 더욱 심각한 문제로 이어질 수 있다. 하나의 항목만으로 변수를 설명한다면 신뢰도는 높아질지 몰라도 타당성 면에서 문제가 발생하기 때문이다. 따라서 신뢰도 계수를 높이는 것도 중요하지만, 타당성 관점에서 누구나 이해할 수 있는 방식으로 항목을 삭제해야 한다.

그렇다면 과연 몇 개까지 항목을 축소할 수 있을까? 물론 이 문제는 연구의 주제나 상황에 따라 달라질 수 있다. 요인이 여러 개(최소 5개 이상)라면 한두 요인에 대해 2개 이상의 항목으로 구성될 수 있겠으나, 이는 절대적인 기준이 아니다. 따라서 연구자는 측정 단계에 들어가기 전에 측정 도구 개발에 공을 들이고, 항목 삭제 가능성에 대비하여 충분한 항목을 준비해 두어야 한다.

2. 여러 항목을 동시에 삭제할 수 있을까?

최종적으로 제시된, 항목 제거 후의 크론바흐 알파 계수를 보여주는 코드를 통해, 여러 항목을 동시에 삭제할 수 있는지에 대한 의문이 생길 수 있다. 하지만 여러 항목을 동시에 삭제할 수는 없다. 또한 항목을 삭제한 경우, 기존 요인분석에서 제시한 차원 축소 결과와 달라지므로 요인분석을 처음부터 다시 실시해야 한다. 따라서 항목을 삭제하고 다시 요인분석을 했다면, 그 결과를 바탕으로 다시 신뢰도 분석을 수행하여 최종 결과를 도출해야 한다.

인과관계 분석의 출발점은 항상 요인분석이라는 사실을 명심해야 한다. 요인분석을 통해 변수 간 구조를 파악하고, 그 기반 위에서 신뢰도와 타당도를 검토하며 인과관계를 분석하는 것이 올바른 절차다.

CHAPTER

08

상관분석

Correlation Analysis

Contents

앞서 인과관계 분석의 출발점인 요인분석을 시작으로 신뢰도 분석까지 진행해 보았다. 요인분석은 하나의 구성개념(변수)을 여러 항목으로 측정하여 타당성을 확보하려는 노력의 일환이다. 변수의 수가 많아질수록 측정 항목도 증가하는데, 이러한 항목들을 하나의 개념으로 축소하기 위한 절차가 바로 요인분석이다. 이 과정을 통해 여러 항목이 몇 개의 묶음으로 정리되며, 이러한 묶음이 실제로 타당한지를 확인하기 위해 신뢰도 분석을 수행한다. 신뢰도 분석은 반복측정을 하더라도 요인분석의 결과가 일관되게 유지되는지를 검증하는 방법이다.

이러한 과정을 거쳤다면, 요인분석을 통한 차원 축소의 개념을 분명히 이해한 셈이다. 다시 말해, 다양한 측정 데이터를 몇 개의 구성개념으로 묶어낸 것이며, 이렇게 묶인 변수들은 인과관계 분석을 위한 준비가 완료된 상태라고 할 수 있다.

이번 장에서는 상관분석을 진행한다. 상관분석에서는 최종적으로 묶인 요인들 간의 관계, 즉 변수 간의 관계가 양(+)의 방향인지, 음(−)의 방향인지, 혹은 상관성이 없는지(0)를 파악하는 데 중점을 둔다. 변수들이 서로 긍정적인 관계에 있는지, 부정적인 관계에 있는지를 확인하는 것이다.

데이터 과학의 장점은 복잡한 사회현상을 수치로 표현하거나, 수치화된 현상에서 의미를 도출할 수 있다는 점에 있다. 상관분석은 이러한 의미를 찾아내는 연관성 분석의 한 방법으로, 변수 간의 관계를 이해하고 인과관계 분석의 기반을 다지는 데 중요한 역할을 한다.

SECTION
8.1 상관분석이란

상관분석(correlation analysis)은 조사 목적을 달성하기 위해 구성된 변수들 간의 관계성,[1] 특히 상관관계를 분석하는 통계적 방법이다. 상관관계는 두 연속형 변수를 기준으로 선형 관계의 형태와 연관 정도를 수치로 나타낸다. 예를 들어 키와 몸무게의 관계, 광고비와 매출액의 관계, 흡연과 수명의 관계 등에서 변수 간의 연관성을 파악할 수 있다. 이처럼 상관분석을 통해 알게 된 상관관계는 연관관계의 방향성을 확인하고 해석하는 데 활용된다. 반면, 키나 광고비처럼 단일 변수를 대상으로 분포를 확인하는 경우에는 평균이나 중앙값과 같은 중심경향도, 분산이나 표준편차와 같은 산포도만 파악할 뿐 서로 어떤 관계를 나타내는지는 파악할 수 없다.

[그림 8-1]과 같이 X축과 Y축의 2차원 평면상에 산포의 형태를 표현함으로써 두 변수 간의 연관성을 시각적으로 확인할 수 있다. 산포의 형태는 X가 커지면 Y도 커지는 '양의 상관관계', X가 커지면 Y가 작아지는 '음의 상관관계', X의 변화에 따라 Y의 방향이 정해지지 않은 '상관관계 없음'의 세 가지로 구분된다.

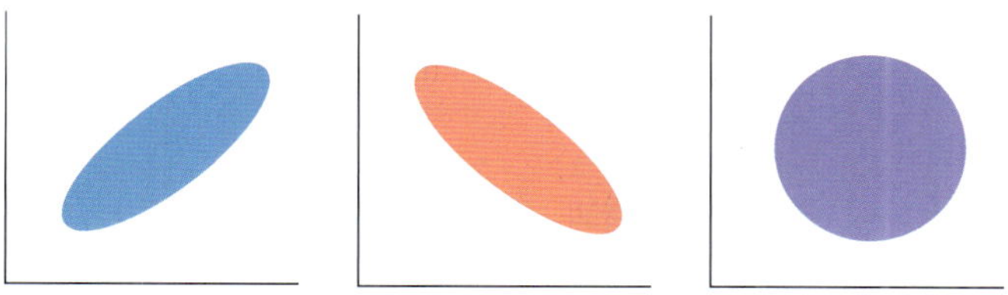

양의 상관관계　　음의 상관관계　　상관관계 없음

[그림 8-1] 산포의 형태

1 관계성을 확인하는 경우 변수에 사용된 척도에 따라 분석 방법이 달라진다.

- 명목척도(예 성별, 지역): 두 범주형 변수가 서로 독립적인지, 통계적으로 유의한 연관성(association)이나 종속성(dependence)을 갖는지를 검정하는 교차분석(Chi-square test)을 사용한다.
- 서열척도(예 만족도, 선호도): 두 변수의 값이 일정한 방향으로 함께 변하는지, 즉 단조 관계(monotonic relationship)가 있는지를 평가하기 위해 스피어만 서열 상관분석(Spearman's rank correlation)을 사용한다. 선형 관계일 필요는 없고, 한 변수가 증가할 때 다른 변수도 꾸준히 증가하거나 감소하는 순위의 일관성에 초점을 둔 분석이다.
- 등간척도/비율척도(예 온도, 길이): 두 변수 간의 선형 관계를 측정하며, 한 변수가 증가할 때 다른 변수가 일정한 비율로 증가하거나 감소하는지를 확인하는 피어슨 상관분석(Pearson's correlation analysis) 또는 편상관분석(Partial correlation analysis)을 사용한다. 편상관분석은 다른 변수의 영향을 통제한 후 두 변수 간의 선형적 관계를 평가한다는 점에서 피어슨 상관분석과 다르다. 일반적으로 상관분석이라 하면 피어슨 상관분석을 가리킨다.

양(+), 음(−), 상관성 없음(0)의 방향성은 상관계수로 표현되는데, 상관계수는 −1부터 1까지의 수치로 나타난다. 상관계수를 계산하려면 우선 공분산을 알아야 한다. 공분산(covariance)은 두 확률변수가 얼마나, 어떤 방향으로 흩어지는지를 나타내는 값으로, 양(+)의 값은 두 변수가 같은 방향으로 움직이는 경향이 있음을, 음(−)의 값은 반대 방향으로 움직이는 경향이 있음을 의미한다. 즉, x가 변할 때 y는 어떻게, 어느 정도로 변하는지를 나타내는 지표다. 공분산은 $Cov(X, Y)$로 표현하며, 공식은 다음과 같다.

$$Cov(X,Y) = \frac{\sum_{i=1}^{N}(X_i - \overline{X})(Y_i - \overline{Y})}{N}$$

이 공식을 자세히 풀면 다음과 같다.

$$\text{공분산} = \frac{[(\text{개별}X\text{ 측정치} - X\text{의 평균})\times(\text{개별}Y\text{ 측정치} - Y\text{의 평균})]\text{의 총합}}{(\text{조합을 이루는) 개수}}$$

$$= \frac{(X\text{의 평균편차}\times Y\text{의 평균편차})\text{의 총합}}{(\text{조합을 이루는) 개수}}$$

즉, 공분산은 X에 대한 평균편차와 Y에 대한 평균편차의 곱을 모두 합하여 총관측치의 수로 나눈 값이다.

공분산 역시 두 변수 간의 연관성을 나타내는 수치이지만 공분산 값의 범위가 −∞에서 +∞에 이르기 때문에 계산된 결과가 어느 정도 큰지 혹은 작은지를 판단하기가 어렵다. 이러한 문제를 해결하기 위해 공분산을 표준화한 것이 상관계수(correlation coefficient)이며, 이는 −1~1의 범위를 갖는다.

예를 들어 광고비와 매출액에 대한 데이터를 측정한 결과 공분산이 46.898로 계산되었다고 하자. 이 수치는 광고비와 매출액이 양(+)의 관계에 있음을 나타내지만, ∞의 범위를 갖는 공분산의 특성상 관계의 크기나 강도를 짐작하기 어렵다. 공분산은 X와 Y의 값이 모두 양(+)이거나 모두 음(-)일 때 커지고, X가 크고 Y가 작거나 X가 작고 Y가 클 때는 작아진다. 만약 X와 Y가 일정한 규칙 없이 변화한다면 공분산은 0에 가까워진다.

광고비와 매출액은 광고비의 투입 여부에 따라 매출액이 변화하는 조합이 매우 다양할 수 있으므로 단순히 공분산 수치만으로는 두 변수 간의 관계를 정확하게 파악하기 어렵다. 이러한 공분산의 한계를 극복하기 위해 해석 가능한 범위로 '표준화'한 것이 **상관계수**다.[2] 상관계수는 $Corr(X, Y)$로 표현하며, 공식은 다음과 같다.

2 앞에서 예로 든 광고비와 매출액의 경우, 단위가 원(₩)으로 동일하기 때문에 굳이 표준화할 필요가 없다고 생각할 수 있다. 그러나 만약 단위가 cm(길이)와 kg(무게)인 조합이라면 반드시 표준화가 필요하다.

$$Corr(X,Y) = \frac{Cov(X,Y)}{\sqrt{\frac{\sum(X-\mu)^2}{N} \times \frac{\sum(Y-\mu)^2}{N}}}$$

이 공식은 복잡해 보이지만, 정리하면 다음과 같다.

$$Corr(X,Y) = \frac{Cov(X,Y)}{S.D(X) \times S.D(Y)},\ (S.D(X)\text{: } X\text{의 표준편차},\ S.D(Y)\text{: } Y\text{의 표준편차})$$

이것을 다시 풀면 다음과 같다.

$$\text{상관계수} = \frac{\text{공분산}}{X\text{의 표준편차} \times Y\text{의 표준편차}}$$

즉, 공분산을 구한 후 X의 표준편차와 Y의 표준편차를 곱한 값으로 나누어주면 상관계수를 구할 수 있다.

SECTION
8.2 상관분석 실습

우리는 6장에서 요인분석을 통해 외관, 유용성, 편의성, 구매의도, 구전의도의 5가지 요인으로 차원이 축소되는 것을 확인하였다. 또한 이렇게 도출된 요인 데이터를 회귀의 방법으로 **factor_scores.csv**에 저장하였다.[3] 이제 이 파일을 이용하여 상관분석을 진행해 보자.

연구문제

fs외관, fs유용성, fs편의성, fs구매의도, fs구전의도 간 상관관계를 확인해 보자.

▶ 실습파일 | factor_scores.csv

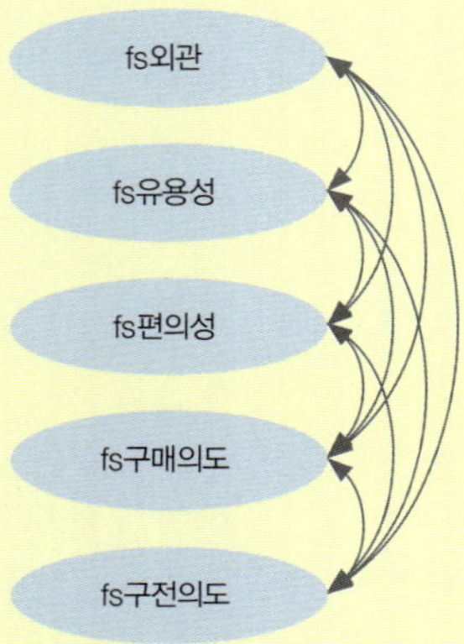

[그림 8-2] 연구모델

데이터 불러오기와 확인하기

factor_scores.csv 파일을 불러와서 **data**로 정의한 후 처음 5개 행을 확인한다.

```
data = pd.read_csv('./factor_scores.csv')
```

```
data.head()
```

3 6장에서 '[그림 6-37] 회귀 모델을 요인점수(요인적재량)에 적합시키기'부터 '[그림 6-41] 'fs요인명'만 포함되도록 index=False 옵션을 지정하여 저장'까지의 과정으로 저장한 파일을 의미한다.

	fs외관	fs유용성	fs편의성	fs구매의도	fs구전의도
0	0.363721	-0.235848	-0.231454	-0.498878	0.092463
1	1.262162	-1.907883	-0.147603	2.008849	0.014102
2	0.943997	0.284367	-0.190411	0.801403	0.296697
3	1.231316	-1.893916	1.057880	-0.546097	0.065379
4	1.282521	0.342488	-0.117968	2.087200	0.362374

[그림 8-3] 데이터를 불러와서 첫 5행 확인

분석 진행하기

상관분석을 수행하기 위해 pearsonr을 임포트한다.

```
from scipy.stats import pearsonr
```

[그림 8-4] pearsonr 임포트하기

참고 상관분석 방법

상관분석에는 피어슨 상관분석, 편상관분석, 스피어만 서열 상관분석이 있고, 일반적으로 상관분석이라 하면 피어슨 상관분석을 의미한다.

[표 8-1] 변수 유형에 따른 분석 방법

변수 유형	척도 유형	분석 방법	설명
연속형 변수	등간척도/비율척도	피어슨 상관분석	두 변수 간 선형 관계 분석
연속형 변수 + 제3 변수 개입	등간척도/비율척도	편상관분석	제3 변수의 영향을 통제한 상관분석
범주형 변수	서열척도	스피어만 서열 상관분석	순위 기반의 상관분석
범주형 변수	명목척도 or 명목+서열척도	교차분석(카이제곱 검정)	범주 간 빈도 차이 검정

정의한 data의 컬럼들을 columns에 리스트 형태로 정의한다.

```
columns = data.columns
```

[그림 8-5] 컬럼들을 리스트 형태로 정의

상관분석에서 사용할 변수를 추가하기 위해 **variables**라는 빈 리스트를 생성한다. **columns**에서 하나씩 **column**으로 가져오면서, **data**로 정의한 데이터셋의 **column**을 **variables**에 추가한다.

```
variables = []
for column in columns:
    variables.append(data[column])
```

[그림 8-6] 데이터셋의 column을 variables에 추가

변수들 간의 상관계수와 p값을 저장하기 위해 **corr_matrix**와 **p_values**의 빈 리스트를 생성한다.

```
corr_matrix = []
p_values = []
```

[그림 8-7] corr_matrix와 p_values의 빈 리스트 생성

variables에 해당하는 변수들을 지정하고, **len** 함수를 통해 **variables**의 개수만큼 반복하도록 설정하여 **i**에 할당한다. 이 반복문 안에서 **corr_row**와 **p_value_row**의 빈 리스트를 생성한다. 변수들이 1:1로 비교되며 상관계수를 계산해야 하므로, 다시 **len** 함수를 통해 **variables**의 개수만큼 반복하도록 설정하고, 이를 **j**에 할당한다. **corr_coef, p_value = pearsonr(variables[i], variables[j])**를 통해 i와 j에 해당하는 두 변수를 비교하여 상관계수(corr_coef)와 p값(p_value)를 계산하며, 이때 pearsonr 함수를 사용한다. 계산된 상관계수(**corr_coef**)와 p값(**p_value**)은 각각 **corr_row**와 **p_value_row**에 **append**로 추가한다. 이어서 **corr_matrix**와 **p_values**의 빈 리스트에 각 변수에 대한 상관계수와 p값이 담긴 **corr_row**와 **p_value_row**를 **append**로 추가한다.

```
for i in range(len(variables)):
    corr_row = []
    p_value_row = []
    for j in range(len(variables)):
        corr_coef, p_value = pearsonr(variables[i], variables[j])
        corr_row.append(corr_coef)
        p_value_row.append(p_value)
    corr_matrix.append(corr_row)
    p_values.append(p_value_row)
```

[그림 8-8] append를 이용한 corr_row와 p_value_row 추가

result = pd.DataFrame({'Variables': columns})를 통해 columns에 있는 변수 이름들을 사용하여 'Variables'라는 열 이름을 가진 데이터 프레임을 생성하고 result로 정의한다. 이후 **for i in range(len(columns)):**를 사용하여 columns에 있는 이름(i)의 개수만큼 반복하면서, 해당 변수의 이름으로 **result**의 데이터셋에 상관계수 **corr_matrix[i]**를 저장한다. 그에 맞는 **p-value**도 함께 저장한다.

```
result = pd.DataFrame({'Variables': columns})
for i in range(len(columns)):
    result[columns[i]] = corr_matrix[i]
    result[f'p-value {columns[i]}'] = p_values[i]
```

[그림 8-9] 상관계수를 p-value와 함께 저장

result의 결과를 출력한다.

```
result
```

	Variables	fs외관	p-value fs외관	fs유용성	p-value fs유용성	fs편의성	p-value fs편의성	fs구매의도	p-value fs구매의도	fs구전의
0	fs외관	1.000000	0.000000e+00	0.192907	0.000470	0.210590	1.308700e-04	0.332490	7.910960e-10	0.17292
1	fs유용성	0.192907	4.701979e-04	1.000000	0.000000	0.139743	1.167142e-02	0.232603	2.281546e-05	0.08995
2	fs편의성	0.210590	1.308700e-04	0.139743	0.011671	1.000000	0.000000e+00	0.414870	5.954812e-15	0.13072
3	fs구매의도	0.332490	7.910960e-10	0.232603	0.000023	0.414870	5.954812e-15	1.000000	0.000000e+00	0.38213
4	fs구전의도	0.172925	1.753715e-03	0.089956	0.105502	0.130721	1.839123e-02	0.382134	9.673504e-13	1.00000

[그림 8-10] result의 결과 출력

출력 결과를 보면, 각 변수의 이름을 기준으로 1:1로 비교한 상관계수와 그에 대한 p값이 나란히 정리되어 있다.

가독성을 높이기 위해 **round(3)**을 이용하여 소수점 3자리까지만 표시한다.

```
result.round(3)
```

	Variables	fs외관	p-value fs외관	fs유용성	p-value fs유용성	fs편의성	p-value fs편의성	fs구매의도	p-value fs구매의도	fs구전의도	p-value fs구전의도
0	fs외관	1.000	0.000	0.193	0.000	0.211	0.000	0.332	0.0	0.173	0.002
1	fs유용성	0.193	0.000	1.000	0.000	0.140	0.012	0.233	0.0	0.090	0.106
2	fs편의성	0.211	0.000	0.140	0.012	1.000	0.000	0.415	0.0	0.131	0.018
3	fs구매의도	0.332	0.000	0.233	0.000	0.415	0.000	1.000	0.0	0.382	0.000
4	fs구전의도	0.173	0.002	0.090	0.106	0.131	0.018	0.382	0.0	1.000	0.000

[그림 8-11] 소수점 3자리까지만 표시한 result

출력 결과를 보면, 유용성과 구전의도를 제외한 모든 변수 조합에서 p-value가 0.05 이하로 나타나 유의한 상관관계를 보인다. 또한 모든 상관계수가 양의 값으로 확인되어 양의 상관관계가 있는 것으로 판단된다. 편의성과 구매의도 간에는 0.415의 양의 상관관계가 나타나며, 나머지 모든 경우의 상관계수는 0.4를 넘지 않는다. 그러므로 변수들 간의 중복성이 비교적 낮아 다중공선성이나 기타 통계적 문제가 없다고 판단된다.

참고 상관계수가 크거나 유의하지 않은 경우의 해석 및 대처 방법

상관분석을 진행할 때 상관계수가 커야 하는지, 작아야 하는지에 대한 의문이 생길 수 있는데, 여기서 상관분석의 목적을 되짚어볼 필요가 있다. 상관분석의 주요 목적은 두 가지다. 첫째는 인과관계 분석을 위한 변수 간 방향성(양의 관계, 음의 관계, 혹은 상관 없음)을 확인하는 것이고, 둘째는 다중공선성[4] 여부를 판단하는 것이다.

다중공선성은 판별타당성을 확인하여 정교하게 검토할 수 있지만, 이 내용은 이 책의 범위를 넘어서므로 상관계수의 수치로 간단히 확인하는 것이 더 적절하다. 예를 들어 A 변수와 B 변수 간의 상관계수가 0.5를 넘었다고 하자. 이는 두 변수의 절반 이상이 동일한 성격을 가진다는 의미다. A와 B가 50% 이상 겹친다면 과연 이들을 서로 다른 변수로 간주할 수 있을까?

따라서 상관계수가 작게 나타나는 것이 바람직하고, p값은 0.05를 넘지 않아야 유의미하다. 만약 상관계수가 높은 경우라면, 이는 요인분석에 적합하지 않은 데이터라는 의미도 되므로 아주 난처한 상황에 빠질 수 있다. 즉, 요인분석이 제대로 수행되고, 변수들이 명확히 구분된다면 상관분석에서도 문제가 발생하지 않는다.

[표 8-2] 다중공선성 판단 예시

상관계수(R)	설명되는 분산(R^2)	VIF($\frac{1}{1-R^2}$)	판단
0.5	25.0%	1.33	안전
0.7	49.0%	1.96	주의
0.8	64.0%	2.78	문제 있음
0.9	81.0%	5.26	심각
0.95	90.25%	10.26	심각(VIF 10 기준 초과)

VIF가 10을 초과하지 않으면 다중공선성이 없다고 언급한 서적들이 많다. 그러나 이러한 해석은 매우 기초적인 수준의 기준을 제시한 것이며, 다중공선성 여부는 상황에 따라 달라져야 한다는 연구가 지속적으로 발표되고 있다. [표 8-2]는 VIF 기준이 상대적이며 연구 맥락에 따라 판단이 달라질 수 있다는 점을 잘 보여준다. 따라서 다중공선성이 걱정되는 연구자는 타당성 검증을 하여 다중공선성에 대해 정확히 기술해야 한다.

[그림 8-11]의 출력 결과를 보면, 유용성과 구전의도 간의 상관계수가 0.09이고 p값이 0.106이다. 이는 다중공선성에는 문제가 없지만 통계적으로 유의하지 않다고 볼 수 있다. 이런 경우에는 어떻게 해석해야 할까? 일반적인 연구에서는 1~2개의 변수 조합에서 상관관계가 유의하지 않더라도 큰 문제가 되지 않는다. 그 이유는 자유도 때문인데, 표본 수를 늘리면(즉, 자유도가 커지면) 유의하지 않았던 수치도 대부분 유의한 범위로 들어오게 된다. 단, 이는 측정 도구가 신뢰성 있게 개발되었거나 측정이 정확하게 이루어진 경우에만 해당된다.

4 변수들이 서로 중복된 정보를 가지고 있을 때, 변수들 간에 강한 상관관계가 존재하면 다중공선성이 발생한다. 그 결과 회귀계수의 표준오차가 커지고, 변수의 유의성 검정이 왜곡되며, 회귀계수의 부호가 바뀌거나 값이 급격히 변하는 등의 불안정이 발생하여 모델의 해석력이 떨어진다.

CHAPTER

09

회귀분석

Regression Analysis

Contents

앞서 3개 장에 걸쳐 인과관계 분석을 위한 절차를 진행해 왔다. 즉, 요인분석(6장)의 신뢰도를 검증하는 신뢰도 분석(7장), 요인으로 구분된 변수들 간의 관계를 확인하는 상관분석(8장)으로 그 흐름이 이어졌다. 상관분석에서는 변수들 간의 관계를 양(+)의 상관, 음(–)의 상관, 상관 없음(0)의 세 가지로 구분하였다. 이는 변수들이 1:1로 대응하며 어떤 관계가 있는지를 확인하는 2차원적인 분석 방식이었다. 사회과학 분야의 연구자라면 어떤 사회현상을 목격했을 때, 그것이 어떤 원인으로 인해 발생했는지를 파악하려는 노력을 기울여야 한다. 지금까지의 분석 과정은 바로 이러한 원인과 결과를 확인하기 위한 준비 단계였다.

어떤 결과가 특정한 원인에 의해 발생했다거나, 앞으로도 그러할 것이라는 인과관계를 밝혀내는 일은 매우 중요하다. 이는 단순한 사실 확인을 넘어, 향후 유사한 일이 발생했을 때 이를 독려하거나 방지할 수 있는 귀중한 근거를 제공하기 때문이다. 그렇기에 데이터 과학 분야에서는 회귀분석을 '데이터 과학의 꽃'으로 표현한다. 회귀분석을 간단히 설명하면, 어떤 일이 왜 일어났는지를 데이터를 기반으로 분석하여, 앞으로도 유사한 일이 일어날지를 예측까지 하는 분석 방법이다. 물론 모든 사회현상에 대해 반드시 그 원인을 알아야 하는 것은 아니지만, 원인을 알게 된다면 지금까지 파악하지 못한 문제점이나 개선점에 대해 많은 시사점을 얻을 수 있다.

연구자는 회귀분석을 통해 큰 성취감을 얻을 수도 있지만, 이처럼 성취감을 얻을 만한 수준에 이르는 과정은 녹록지 않다. 그렇다 해도 미래를 향한 의미 있는 메시지를 제시할 수 있다면 그것보다 더 보람 있는 일은 없을 것이다.

SECTION
9.1 회귀분석이란

회귀분석의 개념

회귀분석에서는 다양한 원인이 다양한 결과로 나타나는 현상을 데이터를 기반으로 분석하여 어떤 영향력의 강도가 어느 정도의 결과로 나타나는지를 판단하는 근거를 제시한다. 예를 들어보자. 기존 스마트폰과 차별화되면서도 일상생활에 큰 도움이 되는 스마트폰을 개발한 S 회사가 있다고 하자. S 회사에서는 새로 개발한 스마트폰을 대중에게 널리 알리기 위해 광고를 더 적극적으로 진행하기로 결정했다. 광고를 통해 신제품이 노출되는 범위에 따라 그 효과가 더 커질 거라고 판단했기 때문이다. 그래서 이 회사는 지금까지 지출한 광고비를 조사하여 어느 정도의 매출액을 달성할 수 있을지를 예측해 보았다.

여기서 광고비가 양(+)의 방향으로 늘어날 때 매출액도 자연스럽게 양(+)의 방향으로 늘어나는 상태를 확인하는 것, 즉 두 변수를 1:1로 대응하여 방향성의 관계만 확인하는 것이 상관분석이다. 회귀분석은 한 단계 더 나아가 구체적인 결과를 확인하여 미래를 예측하는 것이다. S 회사가 다음과 같은 결과를 확인했다고 하자. 각 광고비는 연도와 월에 대해 일정한 반응을 나타낸다고 가정한다.

- 광고비 110만 원 = 매출액 1,100만 원
- 광고비 220만 원 = 매출액 2,200만 원
- 광고비 330만 원 = 매출액 3,300만 원
- 광고비 440만 원 = 매출액 4,400만 원
- 광고비 550만 원 = 매출액 5,500만 원

위 데이터를 통해, 정확히 광고비의 10배에 해당하는 매출액이 발생했다는 것을 확인할 수 있다. 물론 실제 상황에서는 이처럼 산술적으로 대응하는 결과를 얻을 수 없겠으나, 데이터만으로 판단했을 때 660만 원을 광고비에 투자한다면 매출액은 6,600만 원이 될 것이라고 예측할 수 있다.

[그림 9-1]은 실제 데이터를 기반으로 광고비와 매출액의 2차원 평면에 실제 값(주황색 점)을 표기한 것이다. 점들의 분포를 보면 우상향하는 타원 형태로 나타나며, 이 점들의 평균선이 파란색 직선이다. 이때, a만큼의 광고비 변화가 생기면, b만큼의 매출액 증가가 나타날 것으로 판단할 수 있다.

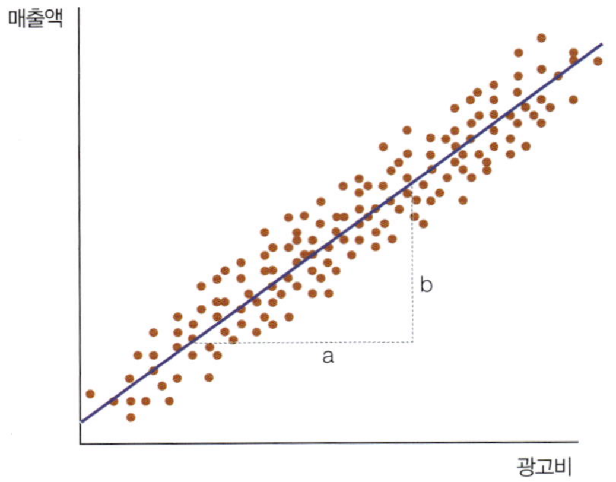

[그림 9-1] 회귀분석의 개념

회귀분석의 종류

회귀분석에서는 독립변수가 종속변수에 미치는 영향을 분석한다. 이때 독립변수의 개수와 데이터의 척도에 따라서 또는 종속변수의 척도에 따라서 회귀분석의 종류가 달라진다.

참고 독립변수와 종속변수

- **독립변수(dependent variable):** 연구나 조사의 연구모델에서 설명하거나 원인이 되는 변수, 즉 타 변수에 영향을 주는 변수
- **종속변수(independent variable):** 연구나 조사의 연구모델에서 설명되거나 결과가 되는 변수, 즉 타 변수로부터 영향을 받는 변수

[그림 9-2] 독립변수와 종속변수의 관계

회귀분석에서는 원칙적으로 모든 변수가 연속형 척도로 구성되어야 하며, 독립변수의 개수에 따라 단순회귀분석과 다중회귀분석으로 구분된다. 독립변수의 개수가 1개이면 단순회귀분석을 사용하고, 독립변수의 개수가 2개 이상이면 다중회귀분석을 사용한다. 앞에서 다룬 예와 같이, 매출액에 영향을 미치는 변수를 광고비 1개로 파악하고 분석했다면 단순회귀분석이 된다. 매출액에 영향을 미치는 변수를 '광고비, 매장의 청결도, 직원의 친절도, …'와 같이 2개 이상으로 파악하고 분석을 실시했다면 다중회귀분석이 된다.

회귀분석은 척도에 따라 달리 적용된다. 독립변수의 척도가 연속형이 아닌 범주형이라면 더미변수(dummy variables) 회귀분석을 실시해야 하고, 종속변수의 척도가 범주형이라면 로지스틱(logistic) 회귀분석을 실시해야 한다.

이외에도 연구의 성격에 따라 다양한 회귀분석 방법이 사용된다. 연구자가 독립변수의 투입 순서를 정해 단계별로 인과관계를 확인하는 위계적 회귀분석,[1] 독립변수와 종속변수 사이에 새로운 변수를 매개체로 넣어서 관계를 검증하는 매개 회귀분석, 독립변수와 종속변수의 영향 관계가 외부 요인에 의해 달라지는지를 확인하는 조절 회귀분석 등이 있다.

회귀분석의 종류를 보기 쉽게 정리하면 [그림 9-3]과 같다.[2]

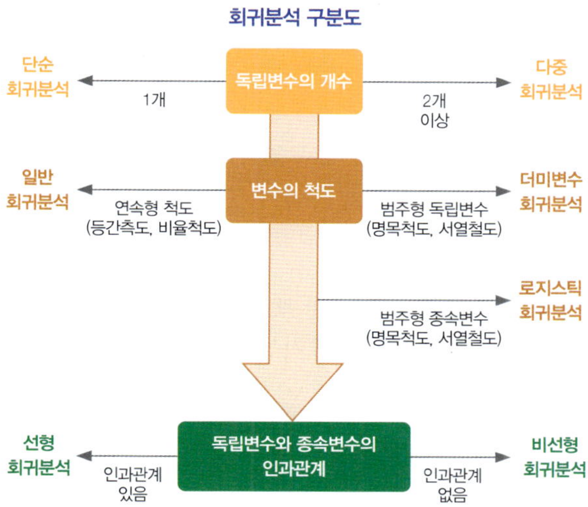

[그림 9-3] 회귀분석의 종류

1 위계적 회귀분석에서는 독립변수 A, B, C와 종속변수 D가 있을 때, 독립변수의 투입 순서를 'A(1세트)-A와 B(2세트)-A와 B와 C(3세트)'로 정하여 단계별 회귀분석을 실시한다. 즉, 1세트에는 단순회귀분석을, 2세트와 3세트에는 각각 다중회귀분석을 실시하여 영향력이 달라지는지를 확인하는 인과관계 분석이다.

2 선형 회귀분석은 이름에서 알 수 있듯이 독립변수와 종속변수가 선형(Linear) 관계에 있다고 가정한다. 즉, 독립변수(X)의 변화가 종속변수(Y)에 $Y=\beta_0+\beta_1X$의 수식과 같이 일정한 비율(β_1)로 영향을 미치는 가장 간단하고 일반적인 형태의 모델이다. 이에 반해, 비선형 회귀분석은 독립변수와 종속변수 사이의 관계가 직선으로 표현될 수 없을 때 사용된다. 즉, 곡선이나 더 복잡한 함수 형태(예 지수 함수, 로그 함수, 삼각 함수)를 사용하여 변수 간의 관계를 설명한다. 이 책에서는 선형 회귀분석을 학습한다. 선형 회귀 모델이 가장 단순하고 그 결과를 직관적으로 해석하기 쉽기 때문이다. 또한 선형 회귀분석은 통계 학습의 기본으로서 이론적 기반이 확고하며, 복잡한 비선형 관계까지 변수 변환을 통해 선형 모델로 근사하여 분석할 수 있어 실용적 유용성이 높다.

[그림 9-3]에 더미변수 회귀분석과 로지스틱 회귀분석이 언급되어 있으나, 실습에서는 다루지 않는다. 현재의 연구 추세에서 더미변수 회귀분석은 거의 시행하지 않고 있으며, 최근에는 구조방정식모델(Structual Equation Modeling)을 활용하여 연구를 많이 진행하는 추세여서 한때 연구를 많이 하던 로지스틱 회귀분석의 수요도 줄어들었기 때문이다.

SECTION

9.2 단순회귀분석 실습

단순회귀분석은 독립변수가 1개인 회귀분석으로, 연속형 척도(등간척도, 비율척도)로 측정된 데이터를 분석할 때 사용한다. 회귀분석을 실시하려면 기본적으로 표본의 측정값들이 선형을 이루어야 한다. 따라서 본격적인 분석에 앞서 측정된 자료의 산점도를 그려 선형 여부를 확인한다.[3]

연구문제

P 주식회사는 한정된 자원을 효율적으로 활용하기 위해 지난 광고비의 지출 내역과 매출액의 변화 과정에 대한 데이터를 수집했다. 광고비라는 독립변수가 변화할 때, 매출액이라는 종속변수에 어느 정도 영향이 있을지 확인해 보고자 한다.

▶ 실습파일 | simple_reg.csv

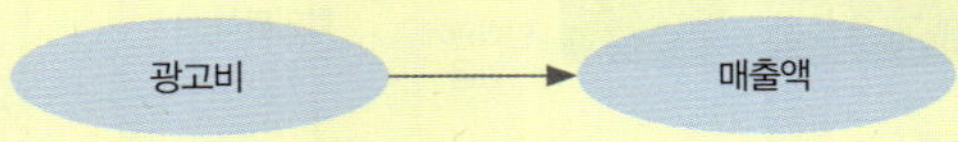

[그림 9-4] 연구모델

데이터 확인하기와 산점도 그리기

먼저 단순회귀분석에 사용할 데이터 파일 **simple_reg.csv**을 불러온 후 **s_reg**로 정의한다. 첫 5행을 출력해 보면, 광고비에 해당하는 열 이름은 **advert**, 매출액에 해당하는 열 이름은 **income**으로 되어 있음을 알 수 있다.

```
s_reg = pd.read_csv('./source/simple_reg.csv')
```

```
s_reg.head()
```

	income	advert
0	5	4
1	5	5
2	4	5
3	4	3
4	3	4

[그림 9-5] 데이터 불러와서 첫 5행 확인

3 회귀분석을 실시할 때 매번 산점도를 그릴 필요는 없다. 다만, 여기서는 회귀분석의 개념을 이해하기 위해 산점도를 그려 회귀선을 나타내 보려 한다.

산점도를 표현하기 위해, 그래프의 크기를 **5**(가로):**3**(세로)으로 설정한다.[4] 이어서 x축은 **advert**, y축은 **income**, 점은 파란색(**blue**)으로 설정하고 x축과 y축의 **label**을 설정한 다음 산점도의 **title**을 입력한다. 각 입력문의 맨 앞에 나오는 **plt**는 그림을 그리기 위한 모듈로 matplotlib.pyplot을 가리킨다. **plt.show()**를 실행하여 산점도를 확인한다.

```
plt.figure(figsize=(5,3))
plt.scatter(s_reg['advert'], s_reg['income'], color='blue')
plt.xlabel('광고비')
plt.ylabel('매출액')
plt.title('광고비와 매출액의 산점도')

plt.show()
```

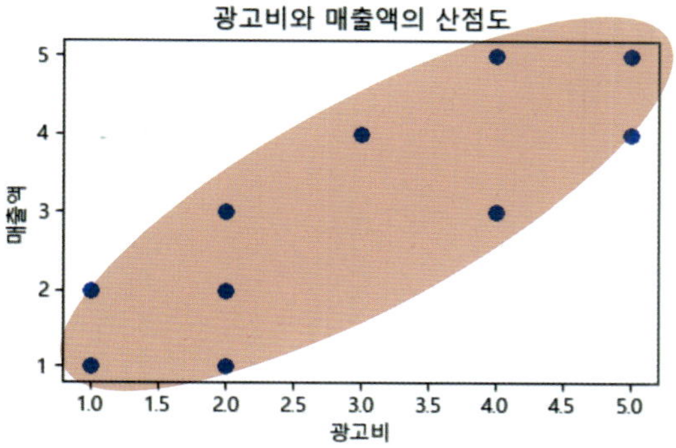

[그림 9-6] 산점도로 선형성 확인

출력된 산점도의 점들을 보면 우상향하는 모양이다. 따라서 표본의 측정값이 선형임을 확인할 수 있다.

참고 선형성 정확하게 확인하기

더 정확하게 선형성을 확인하고 싶다면 **Polynomial** 함수를 이용하면 된다. 산점도를 그리는 방법까지는 본문과 동일하며, 이후 회귀 직선을 표시하는 과정이 추가된다. 먼저 **x_vals**에 **advert** 데이터를, **y_vals**에 **income** 데이터를 할당한다. 그런 다음 **Polynomial.fit()** 함수를 이용하여 회귀 모델에 적합시킨다. 이때 회귀계수는 **coeff**에 저장되며, **convert().coef** 메서드를 통해 추정된 회귀계수를 받아 **reg**에 저장한다. 마지막으로 reg를 이용해 x축 값에 대응하는 y축 값을 계산하여 회귀선을 **red**로 작성한다.

```
from numpy.polynomial.polynomial import Polynomial

s_reg = pd.read_csv('./source/simple_reg.csv')

plt.figure(figsize=(5, 3))
plt.scatter(s_reg['advert'], s_reg['income'], color='blue')
plt.xlabel('광고비')
```

4 그래프의 크기 단위는 인치(inch)다. 화면 크기에 따라 그래프 크기가 다르게 출력되므로 적절한 값을 입력하여 크기를 조절한다.

```
plt.ylabel('매출액')
plt.title('광고비와 매출액의 산점도')

# 회귀 직선 표시
x_vals = s_reg['advert']
y_vals = s_reg['income']
coeff = Polynomial.fit(x_vals, y_vals, 1)
reg = coeff.convert().coef
plt.plot(x_vals, reg[0] + reg[1] * x_vals, color='red')

plt.grid(True)
plt.show()
```

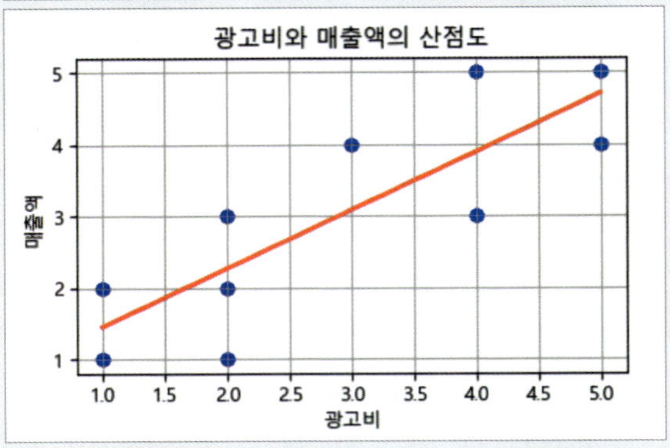

[그림 9-7] 회귀 직선으로 선형성 확인

본문에서는 산점도만 그려 선형성을 확인했으나, [그림 9-7]에서는 데이터를 기준으로 직접 회귀선을 확인하여 표시하였다.

분석 진행하기

데이터의 측정값이 선형임을 확인했으므로, 본격적으로 회귀분석을 실시한다. 먼저 독립변수와 종속변수를 설정한다. **advert**를 독립변수에 해당하는 **X**, **income**을 종속변수에 해당하는 **y**로 정의한다.[5]

```
X = s_reg['advert']
y = s_reg['income']
```

[그림 9-8] 독립변수와 종속변수 설정

통계 모델링과 추정 및 검정을 수행하기 위해, **statsmodels** 라이브러리를 임포트한다.

```
import statsmodels.api as sm
```

[그림 9-9] statsmodels 임포트하기

5 통계학과 수학 분야에서는 독립변수 X를 대문자, 종속변수 y를 소문자로 표기하는 것이 관례이므로, 이를 따르고자 한다.

회귀 모델의 식(회귀식)에 맞추기 위해 상수항을 추가한다.[6]

```
X = sm.add_constant(X)
```

[그림 9-10] 상수항 추가

statsmodels의 최소자승법(OLS)을 이용한다. 종속변수 **y**와 독립변수 **X**를 기반으로 **OLS** 회귀 모델 객체를 생성하여 **s_reg_model**로 정의한다. 정의된 **s_reg_models**를 선형 회귀 모델에 적합시키고, 그 결과를 **results**로 정의한다.

```
s_reg_model = sm.OLS(y, X)
results = s_reg_model.fit()
```

[그림 9-11] 선형 회귀 모델에 적합시키기

정의된 **results**를 **summary()** 메서드를 통해 표 형태로 출력한다.

```
print(results.summary())
```

```
                            OLS Regression Results
==============================================================================
Dep. Variable:                 income   R-squared:                       0.691
Model:                            OLS   Adj. R-squared:                  0.686
Method:                 Least Squares   F-statistic:                     129.9
Date:                Tue, 04 [illegible] 20[illegible]   Prob (F-statistic):           1.94e-16
Time:                        17:05:37   Log-Likelihood:                -70.661
No. Observations:                  60   AIC:                             145.3
Df Residuals:                      58   BIC:                             149.5
Df Model:                           1
Covariance Type:            nonrobust
==============================================================================
                 coef    std err          t      P>|t|      [0.025      0.975]
------------------------------------------------------------------------------
const          0.6411      0.231      2.773      0.007       0.178       1.104
advert         0.8134      0.071     11.399      0.000       0.671       0.956
==============================================================================
Omnibus:                       36.385   Durbin-Watson:                   2.897
Prob(Omnibus):                  0.000   Jarque-Bera (JB):                4.983
Skew:                          -0.107   Prob(JB):                       0.0828
Kurtosis:                       1.604   Cond. No.                         7.83
==============================================================================
```

[그림 9-12] 단순회귀분석 결과

6 데이터로만 확인하면 분석 결과에서 기울기만 표시될 수 있다. 회귀식은 $y=\beta_0+\beta_1$이 되어야 하므로 상수항이 있어야 한다. 상수항을 추가함으로써 회귀 모델의 예측력이 향상되고, 분석 결과로 절편을 얻을 수 있다.

[그림 9-12]와 같이, OLS 회귀 모델 결과로 요약 통계표가 출력된다. 출력 결과는 이중 점선(===)을 기준으로 하여 상단, 중단, 하단의 세 부분으로 구분할 수 있다.

- **상단**: 실행된 회귀분석에 대한 개요와 설명력 및 유의확률을 표시한다.
- **중단**: 회귀분석 결과에 대한 변수들의 계수와 표준오차, 통계량과 그에 대한 유의확률 및 신뢰구간을 표시한다. 이 수치들을 통해 독립변수가 종속변수에 미치는 영향에 대해 판단한다.
- **하단**: 회귀분석 결과에 대한 다양한 통계적 진단과 평가 지표를 출력한다. 회귀 모델에서 나타나는 오차 정보, 오차의 정규성에 대한 정보, 다중공선성을 확인할 수 있다. 또한 왜도와 첨도에 대한 정보를 기준으로 정규분포 여부를 판단할 수 있는 정보를 제공한다.

단순회귀분석 결과에 대한 해석은 [표 9-1]과 같다.

[표 9-1] [그림 9-12]에 대한 해석

위치	항목	의미: 결과 → 해석
상단	Dep. Variable	종속변수: income
	Model	모델 이름: **OLS**(ordinary least squares)
	Method	분석 방법: **Least Squares**(최소자승법)
	Date/Time	날짜/시간
	No. Observations	관측 개수: 60
	Df Residuals	오차 자유도: 58
	Df Model	모델 자유도: 1
	Covariance Type	공분산 형태: **nonrobust** → 공분산 구조를 평이하게 처리함
	R-squared	결정계수: 0.691 → 회귀식이 관측치를 69.1% 설명함
	Adj. R-sqrared	수정된 결정계수: 0.686 → 관측치의 개수와 자유도로 R-squared를 수정한 설명량. 회귀식으로 68.6%의 관측치를 설명함
	F-statistic	F 통계량: 129.9 → 분산분석을 통해 변수를 구분하여 그 차이를 확인한 F값
	Prob(F-statistics)	F 통계량의 p값: 1.94e-16 → 회귀식의 유의성을 판단하는 지표로 0.000 수준에서 회귀식이 유의함을 확인할 수 있음
	Log-Likelihood/ AIC/BIC	→ 모델의 적합도와 관련한 수치 제공

<table>
<tr><td rowspan="5">중단</td><td>coef</td><td>각 변수의 계수</td><td rowspan="5">→ 상수항(const)의 계수는 0.6411이고 광고비(advert)의 계수는 0.8134임. 상수항과 광고비에 대한 p값은 각각 0.007과 0.000으로 모두 유의한 것으로 판단됨. 따라서 추정된 회귀식은 $y=0.6411+0.8134\times advert$</td></tr>
<tr><td>std err</td><td>표준오차</td></tr>
<tr><td>t</td><td>t값</td></tr>
<tr><td>P>|t|</td><td>p값</td></tr>
<tr><td>[0.025　0.975]</td><td>신뢰구간 → 95%를 기준으로 한 하한값과 상한값</td></tr>
<tr><td rowspan="5">하단</td><td>Omnibus</td><td colspan="2">→ 잔차의 정규성 평가. 검정통계량과 Prob(Omnibus)으로 p값 표시</td></tr>
<tr><td>Durbin-Watson</td><td colspan="2">→ 자기상관, 2에 가까운 수치가 자기상관이 없는 독립임[7]</td></tr>
<tr><td>Jarque-Bera(JB)</td><td colspan="2">→ 잔차의 왜도와 첨도를 기준으로 정규분포 여부를 확인하는 데 사용되는 지표. Prob(JB)인 p값이 낮을수록 정규분포가 아니라는 의미임</td></tr>
<tr><td>Skew/Kurtosis</td><td colspan="2">왜도/첨도 → 왜도는 0에 가까울수록, 첨도는 3에 가까울수록 정규분포임</td></tr>
<tr><td>Cond. No.
(Condition Number)</td><td colspan="2">상태지수 → 회귀분석 모델 내 독립변수들 간의 다중공선성 정도를 평가하는 지표[8]</td></tr>
</table>

맨 아래에 제시된 Notes의 내용을 보면, 표준오차는 오차항에 대한 공분산 행렬이 제대로 지정되었다는 가정을 기반으로 계산되었다는 의미다. 이렇게 따로 언급한 이유는 회귀분석에서 오차항에 대한 공분산 행렬이 중요하기 때문이며, 이 가정이 충족되지 않으면 분석 결과의 신뢰성이 떨어질 수 있다. 적절히 모델링된 공분산 행렬이라면 다음과 같은 조건을 충족한다.

❶ **독립성 가정:** 오차항은 서로 독립적이다.
❷ **등분산성 가정:** 오차항의 분산은 독립변수와 무관하게 일정해야 한다.
❸ **다중공선성 해결:** 독립변수 간에 낮은 상관관계가 있어야 한다.

❶~❸은 회귀분석을 실시하기 위한 일반적인 가정이자 전제이며, 기초통계학에서 기본적으로 확인하는 사항이다.

7 자기상관은 자기 자신과의 상관을 의미하는 것으로, 시간적으로 연속된 데이터들의 오차가 서로 비슷하게 움직이는 경향을 나타낸 수치다. 무작위의 오차는 자기상관이 없고, 오차가 한쪽으로 몰리면 양의 자기상관(<2), 교대로 나오는 진동 패턴이면 음의 자기상관(>2)이다.

8 10 미만이면 안정적이고, 10 이상이면 표준오차가 증가하여 약하게 다중공선성의 위험이 있고, 30 이상이면 강한 다중공선성이 있다. 연구 분야에서는 10을 넘지 않는 엄격한 수준을 요구한다.

SECTION
9.3 다중회귀분석 실습

독립변수가 2개 이상이면 다중회귀분석을 사용한다. 이 경우에도 데이터의 척도는 연속형 척도인 등간척도와 비율척도이어야 한다. 다음 연구문제를 통해 다중회귀분석을 실시해 보자.

연구문제

스마트폰 사용자가 스마트폰을 사용할 때 외관, 유용성, 편의성 중 어떤 요소가 만족감에 가장 많은 영향을 미치는지 확인해 보자. 연구모델은 다음과 같고, 네 가지 변수에 대해 3문항씩 총 12문항으로 설문을 하여 데이터를 측정하였다.

▶ 실습파일 | multiple_reg.csv[9]

▶ 변수명 | 외관-fea, 유용성-util, 편의성-conv, 만족감-satis

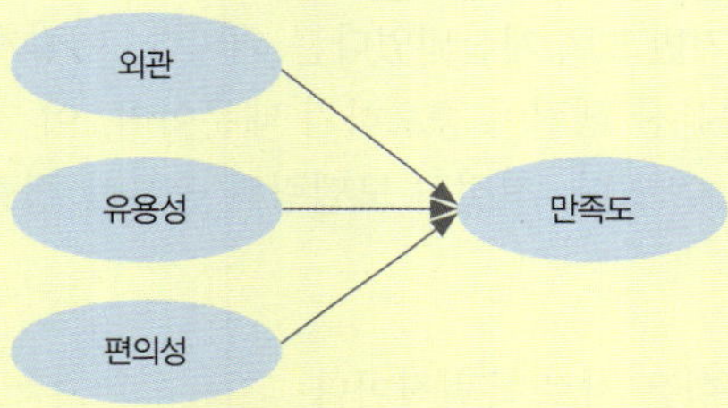

[그림 9-13] 연구모델

데이터 불러오기와 확인하기

다중회귀분석을 실시하기 위해 **multiple_reg.csv** 파일을 불러와서 **m_reg**로 정의하고, 첫 5행을 확인한다.

```
m_reg = pd.read_csv('./source/multiple_reg.csv')
```

```
m_reg.head()
```

	satis	fea	util	conv
0	-0.48118	0.36477	-0.13565	-0.26656
1	1.87616	1.26023	-2.05068	-0.17962
2	0.81790	0.94293	0.26849	-0.22637
3	-0.55556	1.23599	-1.70204	1.03226
4	2.08836	1.28643	0.44431	-0.16185

[그림 9-14] 데이터 불러와서 첫 5행 확인

9 multiple_reg.csv는 요인분석을 실시한 후 각 요인에 대해 회귀 방식을 사용하여 새롭게 구성한 변수로 이루어진 데이터 파일이다. 새롭게 구성했다는 말이 이해되지 않는다면, 6장(요인분석)의 '요인점수의 계산과 저장' 부분을 다시 확인하기 바란다.

분석 진행하기

다중회귀분석을 위한 파이썬 코드는 단순회귀분석 코드와 거의 유사하다. 독립변수 **X**는 리스트 형태로 **fea**, **util**, **conv**를 입력하여 지정하고, 종속변수 **y**는 **satis**로 입력하여 지정한다. 이어서 독립변수 **X**에 상수항을 추가한다. 이때 **sm**을 사용하려면 미리 **import statsmodels.api as sm**으로 statsmodels.api를 임포트한 상태여야 한다.

```
X = m_reg[['fea', 'util', 'conv']]
y = m_reg['satis']

X = sm.add_constant(X)

model = sm.OLS(y, X)

results = model.fit()

print(results.summary())
```

```
                            OLS Regression Results
==============================================================================
Dep. Variable:                  satis   R-squared:                       0.305
Model:                            OLS   Adj. R-squared:                  0.299
Method:                 Least Squares   F-statistic:                     47.02
Date:                Tue, 04 [illegible] 20[illegible]   Prob (F-statistic):           3.26e-25
Time:                        17:07:02   Log-Likelihood:                -401.20
No. Observations:                 325   AIC:                             810.4
Df Residuals:                     321   BIC:                             825.5
Df Model:                           3
Covariance Type:            nonrobust
==============================================================================
                 coef    std err          t      P>|t|      [0.025      0.975]
------------------------------------------------------------------------------
const      -1.087e-07      0.046  -2.34e-06      1.000      -0.091       0.091
fea            0.2564      0.050      5.175      0.000       0.159       0.354
util           0.2124      0.050      4.218      0.000       0.113       0.311
conv           0.3589      0.051      7.073      0.000       0.259       0.459
==============================================================================
Omnibus:                       15.131   Durbin-Watson:                   1.885
Prob(Omnibus):                  0.001   Jarque-Bera (JB):               16.345
Skew:                           0.549   Prob(JB):                     0.000282
Kurtosis:                       3.002   Cond. No.                         1.35
==============================================================================

Notes:
[1] Standard Errors assume that the covariance matrix of the errors is correctly specified.
```

[그림 9-15] 다중회귀분석의 실행과 결과

다중회귀분석 결과에 대한 해석은 [표 9-2]와 같다.

[표 9-2] [그림 9-15]에 대한 해석

<table>
<tr><th>위치</th><th>항목</th><th colspan="2">의미: 결과 → 해석</th></tr>
<tr><td rowspan="14">상단</td><td>Dep. Variable</td><td colspan="2">종속변수: satis</td></tr>
<tr><td>Model</td><td colspan="2">모델 이름: OLS(ordinary least squares)</td></tr>
<tr><td>Method</td><td colspan="2">분석 방법: Least Squares(최소자승법)</td></tr>
<tr><td>Date/Time</td><td colspan="2">날짜/시간</td></tr>
<tr><td>No. Observations</td><td colspan="2">관측 개수: 325</td></tr>
<tr><td>Df Residuals</td><td colspan="2">오차 자유도: 321[10]</td></tr>
<tr><td>Df Model</td><td colspan="2">모델 자유도: 3[11]</td></tr>
<tr><td>Covariance Type</td><td colspan="2">공분산 형태: nonrobust → 공분산 구조를 평이하게 처리함</td></tr>
<tr><td>R-squared</td><td colspan="2">결정계수: 0.305 → 회귀식이 관측치를 30.5% 설명함</td></tr>
<tr><td>Adj. R-sqrared</td><td colspan="2">수정된 결정계수: 0.299 → 관측치의 개수와 자유도로 R-squared를 수정한 설명량. 회귀식으로 29.9%의 관측치를 설명함</td></tr>
<tr><td>F-statistic</td><td colspan="2">F 통계량: 47.02 → 분산분석을 통해 변수를 구분하여 그 차이를 확인한 F값</td></tr>
<tr><td>Prob(F-statistics)</td><td colspan="2">F 통계량의 p값: 3.26e-25 → 회귀식의 유의성을 판단하는 지표로 0.000 수준에서 회귀식이 유의함을 확인할 수 있음</td></tr>
<tr><td>Log-Likelihood/
AIC/BIC</td><td colspan="2">→ 모델의 적합도와 관련한 수치 제공</td></tr>
<tr><td rowspan="5">중단</td><td>coef</td><td>각 변수의 계수</td><td rowspan="5">→ 상수항의 계수는 -1.087e-07이고 p값은 1.000, fea(외관)의 계수는 0.2564이고 p값은 0.000, util(유용성)의 계수는 0.2124이고 p값은 0.000, conv(편의성)의 계수는 0.3589이고 p값은 0.000으로 상수항을 제외한 모든 p값이 유의한 것으로 판단됨. 따라서 추정된 회귀식은 $y=-10087e-07+0.2564 \times fea+0.2124 \times util+0.3589 \times conv$</td></tr>
<tr><td>std err</td><td>표준오차</td></tr>
<tr><td>t</td><td>t값</td></tr>
<tr><td>P>|t|</td><td>p값</td></tr>
<tr><td>[0.025　0.975]</td><td>신뢰구간 → 95%를 기준으로 한 하한값과 상한값</td></tr>
<tr><td rowspan="5">하단</td><td>Omnibus</td><td colspan="2">→ 잔차의 정규성 평가. 검정통계량과 Prob(Omnibus)으로 p값 표시</td></tr>
<tr><td>Durbin-Watson</td><td colspan="2">→ 자기상관. 2에 가까우면 자기상관이 없으며, 2보다 크면 음의 자기상관, 2보다 작으면 양의 자기상관임</td></tr>
<tr><td>Jarque-Bera(JB)</td><td colspan="2">→ 잔차의 왜도와 첨도를 기준으로 정규분포 여부를 확인하는 데 사용되는 지표. Prob(JB)인 p값이 낮을수록 정규분포가 아니라는 의미임</td></tr>
<tr><td>Skew/Kurtosis</td><td colspan="2">왜도/첨도 → 왜도는 0에 가까울수록, 첨도는 3에 가까울수록 정규분포임</td></tr>
<tr><td>Cond. No.
(Condition Number)</td><td colspan="2">상태지수 → 10보다 작으면 안전, 10 이상이면 다중공선성 의심, 30 이상이면 다중공선성 강하게 의심</td></tr>
</table>

참고 상수항의 p값(유의확률)이 0.05보다 큰 경우의 해석

[표 9-2]의 결과표 해석을 보면 3개의 독립변수는 모두 유의한 것으로 나타났지만, 상수항의 유의확률은 p=1.000으로 확인되어 p<.05의 기준을 만족하지 못한다. 이 경우에는 어떻게 해석해야 할까?

회귀분석은 독립변수의 변화가 종속변수에 어떤 영향을 미치는지를 분석하는 인과관계 분석이다. 그렇다면 상수항을 주어진 값으로 인식하여 해석하면 된다. 즉, 모든 독립변수의 변화량이 0일 때 회귀식에는 상수항만 남으므로 그 결과를 해석하면 된다. 독립변수의 변화량이 0이라는 것은 원인이 발생하지 않았다는 의미이며, 당연히 결과도 없다. 따라서 회귀분석에서는 상수항이 통계적으로 유의하지 않더라도 분석에 영향을 미치지 않는다.

그렇다면 왜 X=sm.add_constant(X)로 상수항을 추가했을까? 이는 회귀식이 일반적으로 $y=\beta_0+\beta_1+\beta_2+\beta_3$ 형태이기 때문이다. 여기서 β_0가 상수항이다. 데이터셋에는 상수항에 해당하는 자료가 없기 때문에 add_constant()를 통해 상수항을 추가한 것이다. 이렇게 해야 회귀 모델이 제대로 작동한다.

---

10 관측 개수가 325개이고 활용된 변수는 외관, 유용성, 편의성, 만족감의 4개이므로 $n-i=325-4=321$

11 연구모델을 구성하는 변수가 외관, 유용성, 편의성, 만족감의 4개이므로 $i-1=4-1=3$

SECTION

9.4 위계적 회귀분석 실습

연구의 최종 목적이 결과에 영향을 미치는 변수들의 특성이나 유의성을 확인하는 것이고, 2개 이상의 독립변수가 결과에 어떤 원인을 제공하는지 파악하고자 한다면 다중회귀분석을 실시해야 한다. 하지만 독립변수가 하나씩 늘어날 때 회귀식의 설명량(R^2)이 어떻게 변화하는지를 분석하는 것이 연구 목적이라면, 모든 독립변수를 한꺼번에 투입하여 진행하는 다중회귀분석만으로는 이 문제를 해결할 수 없다. 이 경우에는 연구자의 경험이나 연구의 이론적 근거를 바탕으로 하여 중요하다고 판단되는 독립변수를 순차적으로 추가하면서, 각 단계에서 회귀식의 설명량이 얼마나 증가하는지, 각 독립변수의 영향력이 얼마나 달라지는지를 분석해야 한다. 이때 사용하는 방법이 위계적 회귀분석(hierarchical regression analysis)이다.

연구문제

연구자는 소비자들이 스마트폰을 사용하는 이유가 만족감 때문임을 확인하였고, 외관, 유용성, 편의성이 만족감에 영향을 미치는 원인이 된다는 점을 알아냈다. 연구자는 외관이 만족감에 미치는 영향력을 가장 먼저 확인하고 그다음으로 유용성이 추가되었을 때 만족감에 미치는 영향력을 확인하고 싶다. 그리고 마지막으로 편의성 요인을 더하여 만족감에 미치는 영향력을 파악하고자 한다.

▶ 실습파일 | hi_reg.csv

▶ 변수명 | 외관–fea, 유용성–util, 편의성–conv, 만족감–satis

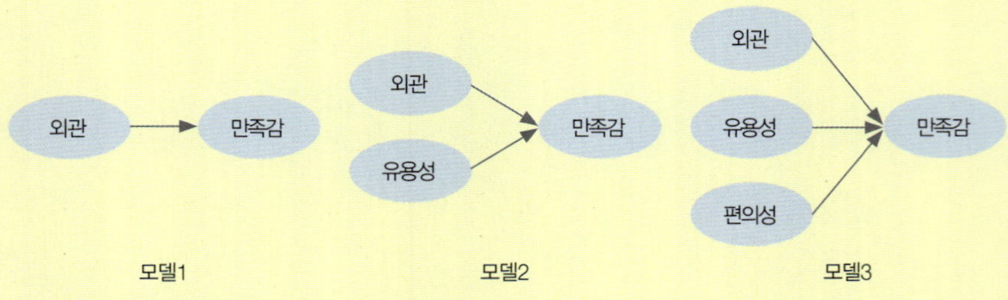

[그림 9–16] 연구모델

위에 나온 연구문제에 대한 회귀분석을 실시할 때, [표 9–3]과 같이 단계에 따라 독립변수의 투입 개수가 달라지므로 총 세 번의 회귀분석을 실시해야 한다.

[표 9-3] 투입할 독립변수의 위계 설정

단계	독립변수	종속변수
모델1	외관	만족감
모델2	외관 + 유용성	
모델3	외관 + 유용성 + 편의성	

이때 주의할 점이 있다. 독립변수의 추가 방식은 랜덤이 아니다. 앞에서도 언급했지만, 연구자가 판단할 때 중요하다고 생각되는 변수부터 차례로 투입하여 그 영향력을 확인하는 방식이다.

데이터 불러오기와 확인하기

위계적 회귀분석을 실행하기 위해 **hi_reg.csv** 파일을 불러와서 **h_reg**로 정의하고, 첫 5행을 확인한다.

```
h_reg = pd.read_csv('./source/hi_reg.csv')
```

```
h_reg.head()
```

	satis	fea	util	conv
0	0.65990	1.25506	-1.83269	0.31254
1	0.65013	-0.49746	-0.96887	0.07472
2	0.79761	0.38309	0.27023	0.10762
3	-0.57238	-1.77566	-0.07239	0.06919
4	1.84850	0.70231	-2.06745	-0.19658

[그림 9-17] 데이터 불러와서 첫 5행 확인

분석 진행하기

파이썬으로 위계적 회귀분석을 구현하는 방법은 다중회귀분석 방법과 크게 다르지 않다. 정의된 **h_reg** 데이터셋에서 독립변수로 **fea**, **util**, **conv**를 설정하고, 종속변수로 **satis**를 설정한다. 이어서 상수항을 추가한 후 **OLS** 모델에 적합시킨다.[12]

```
X = h_reg[['fea', 'util', 'conv']]     # 독립변수
y = h_reg['satis']                     # 종속변수

X = sm.add_constant(X)                 # 상수항 설정

h_model = sm.OLS(y, X).fit()           # 위계적 회귀분석 적합
```

[그림 9-18] 변수 및 상수 설정과 모델 적합시키기

12 statsmodels 라이브러리의 OLS에 독립변수와 종속변수를 대응시켜 적합시키려면 사전에 import statsmodels.api as sm으로 statsmodels.api 모듈을 임포트한 상태여야 한다.

적합시킨 **OLS** 모델에서 상수항과 독립변수 **fea**만 투입하여 **h_model1**으로 정의한 후 **Model 1 Summary**라는 이름으로 출력한다.

```
h_model1 = sm.OLS(y, X[['const', 'fea']]).fit()
print('Model 1 Summary:')
print(h_model1.summary())
```

[그림 9-19] 적합시킨 모델에서 첫 번째 위계의 독립변수 투입

Model 1 Summary의 출력 결과는 [그림 9-20]과 같다.

```
Model 1 Summary:
                            OLS Regression Results
==============================================================================
Dep. Variable:                  satis   R-squared:                       0.132
Model:                            OLS   Adj. R-squared:                  0.130
Method:                 Least Squares   F-statistic:                     56.71
Date:                Tue, 04 [illegible] 20[illegible]   Prob (F-statistic):           3.84e-13
Time:                        15:01:43   Log-Likelihood:                -494.63
No. Observations:                 375   AIC:                             993.3
Df Residuals:                     373   BIC:                             1001.
Df Model:                           1
Covariance Type:            nonrobust
==============================================================================
                 coef    std err          t      P>|t|      [0.025      0.975]
------------------------------------------------------------------------------
const          0.0157      0.047      0.334      0.738      -0.076       0.108
fea            0.3630      0.048      7.531      0.000       0.268       0.458
==============================================================================
Omnibus:                       14.074   Durbin-Watson:                   1.911
Prob(Omnibus):                  0.001   Jarque-Bera (JB):               14.693
Skew:                           0.444   Prob(JB):                     0.000645
Kurtosis:                       3.389   Cond. No.                         1.03
==============================================================================

Notes:
[1] Standard Errors assume that the covariance matrix of the errors is correctly specified.
```

[그림 9-20] 첫 번째 위계의 독립변수에 대한 회귀분석 결과

주요 출력 결과를 살펴보자. 회귀식의 설명량(**R-sqrared**)은 0.13이고, 수정된 설명량(**Adj. R-sqrared**)은 0.130이다. 회귀식의 유의성을 확인하는 통계량 F값이 56.71이고, 이를 p값(**Prob (F-statistic)**)으로 표현하면 3.84e-13이다. 이 p값이 0.05보다 작으므로 회귀식은 유의한 것으로 판단할 수 있다. **fea**의 회귀계수는 0.3630인데, p값을 나타내는 **P>|t|**는 0.000으로 확인되어 회귀계수가 유의한 것으로 확인되었다. 왜도를 나타내는 **Skew**는 0에 가깝고 첨도를 나타내는 **Kurtosis**는 3에 가까워 정규분포에 문제가 없는 것으로 판단되며, 다중공선성을 진단할 수 있는 **Durbin-Watson**은 1.911로 2에 가까운 수치다. 따라서 다중공선성 문제도 없는 것으로 판단할 수 있다.

독립변수에 **util**을 추가하여 상수항과 독립변수 **fea**, **util**로 구성된 **h_model2**를 정의하고 **Model 2 Summary**라는 이름으로 출력한다.

```
h_model2 = sm.OLS(y, X[['const', 'fea', 'util']]).fit()
print('Model 2 Summary:')
print(h_model2.summary())
```

[그림 9-21] 적합시킨 모델에서 두 번째 위계의 독립변수 투입

Model 2 Summary의 출력 결과는 [그림 9-22]와 같다.

```
Model 2 Summary:
                            OLS Regression Results
==============================================================================
Dep. Variable:                  satis   R-squared:                       0.185
Model:                            OLS   Adj. R-squared:                  0.180
Method:                 Least Squares   F-statistic:                     42.13
Date:                Tue, 04 ███ 20██   Prob (F-statistic):           3.23e-17
Time:                        15:01:44   Log-Likelihood:                -482.89
No. Observations:                 375   AIC:                             971.8
Df Residuals:                     372   BIC:                             983.6
Df Model:                           2
Covariance Type:            nonrobust
==============================================================================
                 coef    std err          t      P>|t|      [0.025      0.975]
------------------------------------------------------------------------------
const          0.0210      0.045      0.463      0.644      -0.068       0.110
fea            0.3204      0.048      6.735      0.000       0.227       0.414
util           0.2396      0.049      4.903      0.000       0.143       0.336
==============================================================================
Omnibus:                       12.514   Durbin-Watson:                   1.917
Prob(Omnibus):                  0.002   Jarque-Bera (JB):               12.809
Skew:                           0.431   Prob(JB):                      0.00165
Kurtosis:                       3.280   Cond. No.                         1.21
==============================================================================

Notes:
[1] Standard Errors assume that the covariance matrix of the errors is correctly specified.
```

[그림 9-22] 두 번째 위계의 독립변수에 대한 회귀분석 결과

주요 출력 결과를 살펴보자. 회귀식의 설명량(**R-sqrared**)은 0.185이고, 수정된 설명량(**Adj. R-sqrared**)은 0.180이다. 회귀식의 유의성을 확인하는 통계량 F값이 42.13이고, 이를 p값(**Prob (F-statistic)**)으로 표현하면 3.23e-17이다. 이 p값이 0.05보다 작으므로 회귀식은 유의한 것으로 판단할 수 있다. **fea**의 회귀계수는 0.3204, **util**의 회귀계수는 0.2396이며, p값을 나타내는 **P>|t|**는 두 변수 모두 0.000으로 나타나 모든 회귀계수가 유의한 것으로 확인되었다. 왜도를 나타내는 **Skew**는 0에 가깝고 첨도를 나타내는 **Kurtosis**는 3에 가까워 정규분포에 문제가 없는 것으로 판단되며, 다중공선성을 진단할 수 있는 **Durbin-Watson**은 1.917로 2에 가까운 수치다. 따라서 다중공선성 문제도 없는 것으로 판단할 수 있다.

마지막으로 **h_model2**에서 독립변수 **conv**를 하나 더 추가하면 상수항과 독립변수 전체(**fea**, **util**, **conv**)로 구성된 **h_model**이 된다.[13] 이 전체 회귀 모델을 **Full Model Summary:**라는 이름으로 출력한다.

```
print('Full Model Summary:')
print(h_model.summary())
```

[그림 9-23] 적합시킨 모델에서 세 번째 위계의 독립변수 투입

13 [그림 9-18]에서 이미 설정했다.

Full Model Summary의 출력 결과는 [그림 9-24]와 같다.

```
Full Model Summary:
                            OLS Regression Results
==============================================================================
Dep. Variable:                  satis   R-squared:                       0.286
Model:                            OLS   Adj. R-squared:                  0.280
Method:                 Least Squares   F-statistic:                     49.49
Date:                Tue, 04 [illegible] 20[illegible]   Prob (F-statistic):           6.33e-27
Time:                        17:14:18   Log-Likelihood:                -458.06
No. Observations:                 375   AIC:                             924.1
Df Residuals:                     371   BIC:                             939.8
Df Model:                           3
Covariance Type:            nonrobust
==============================================================================
                 coef    std err          t      P>|t|      [0.025      0.975]
------------------------------------------------------------------------------
const          0.0171      0.043      0.401      0.688      -0.067       0.101
fea            0.2525      0.046      5.542      0.000       0.163       0.342
util           0.1986      0.046      4.303      0.000       0.108       0.289
conv           0.3404      0.047      7.249      0.000       0.248       0.433
==============================================================================
Omnibus:                       17.671   Durbin-Watson:                   1.918
Prob(Omnibus):                  0.000   Jarque-Bera (JB):               19.175
Skew:                           0.553   Prob(JB):                     6.86e-05
Kurtosis:                       3.050   Cond. No.                         1.34
==============================================================================

Notes:
[1] Standard Errors assume that the covariance matrix of the errors is correctly specified.
```

[그림 9-24] 세 번째 위계의 독립변수에 대한 회귀분석 결과

주요 출력 결과를 살펴보자. 회귀식의 설명량(**R-sqrared**)은 0.286이고, 수정된 설명량(**Adj. R-sqrared**)은 0.280이다. 회귀식의 유의성을 확인하는 통계량 F값은 49.49이고, 이를 p값(**Prob (F-statistic)**)으로 표현하면 6.33e-27이다. 이 p값이 0.05보다 작으므로 회귀식은 유의한 것으로 판단할 수 있다. **fea**의 회귀계수는 0.2525, **util**은 0.1986, **conv**는 0.3404이며, p값을 나타내는 **P>|t|**는 모두 0.000으로 나타나 모든 회귀계수가 유의한 것으로 확인되었다. 왜도를 나타내는 **Skew**는 0에 가깝고 첨도를 나타내는 **Kurtosis**는 3에 가까워 정규분포에 문제가 없는 것으로 판단되며, 다중공선성을 진단할 수 있는 **Durbin-Watson**은 1.918로 2에 가까운 수치다. 따라서 다중공선성 문제도 없는 것으로 판단할 수 있다. 한편, 왜도에는 큰 변화가 없으나, 첨도와 다중공선성 지표는 독립변수가 추가되면서 더 양호한 결과를 나타내는 것으로 확인된다.

SECTION 9.5 매개 회귀분석 실습

매개 회귀분석은 일반 회귀분석 모델에서 독립변수가 종속변수에 영향을 미치는 과정에 변수 하나가 중재 역할을 하며 독립변수가 종속변수에 미치는 영향을 변화시키는 분석 방법이다. 이처럼 원인이 되는 독립변수(independent variable)와 결과가 되는 종속변수(dependent variable) 사이에서 독립변수의 영향을 받아 자신의 특성에 따라 다시 종속변수에 영향을 주는 변수를 매개변수(mediator 혹은 parameter)라 한다.

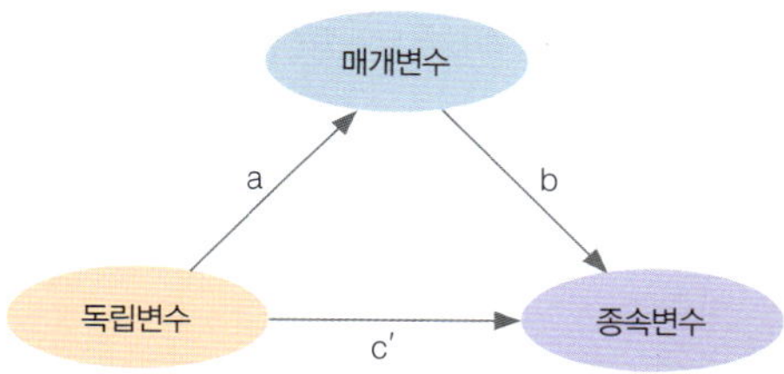

[그림 9-25] 매개변수의 모델

[그림 9-25]에서 c'는 지금까지 학습한 일반 회귀분석의 독립변수와 종속변수의 관계를 나타낸다. 그런데 a–b 경로를 보면 독립변수와 종속변수 사이에 매개변수가 존재한다. 이 경우, 매개변수로 인해 독립변수가 종속변수에 미치는 영향은 직접적인 영향이 아니라 간접적인 영향(indirect effects)으로 바뀐다. 독립변수가 매개변수를 거쳐 종속변수에 영향을 미치는 효과(a와 b)를 **간접효과**라 하고, 독립변수가 종속변수에 직접 영향을 미치는 효과(c')를 **직접효과**, 독립변수가 종속변수에 영향을 미치는 모든 효과(c)를 **총효과**라고 한다.

참고 SPSS와 파이썬의 매개 회귀분석 방법 비교

SPSS로 실시하는 매개 회귀분석은 크게 두 가지로 구분할 수 있다. 하나는 Baron과 Kenny의 고전적 방법으로, SPSS Statictics의 자체 기능을 사용하거나 SPSS Statictics에 PROCESS Macro를 추가로 설치하여 분석하는 방법이다. 다른 하나는 구조방정식모델(SPSS AMOS)을 이용하는 방법이다.[14]

14 PROCESS Macro의 PROCESS는 Path ReOuting for Causal Effects Summarization S의 약자로, 매번 수동으로 코딩하거나 클릭할 필요 없이 단 하나의 명령어를 사용하여 몇 가지 옵션만 지정하면 모든 분석이 자동으로 실행되는 프로그램과 같은 매크로 기능을 의미한다. 즉, '매개와 조절 경로를 분석하여 인과관계의 효과들을 체계적으로 요약해 주는 도구'라 할 수 있다.

구조방정식모델은 이 책에서 학습하는 과정과 관점이 다르므로 여기서는 설명하지 않는다. 고전적인 방법에 해당하는 SPSS Statistics로 매개 회귀분석을 실행할 때는 Baron과 Kenny의 매개 회귀분석 방법을 활용한다. 분석 절차는 다음과 같다.

❶ '독립변수 → 매개변수' 간의 유의성 검정(유의미한 영향관계여야 함)
❷ '독립변수 → 종속변수' 간의 유의성 검정(유의미한 영향관계여야 함)
❸ '독립변수, 매개변수 → 종속변수' 간의 유의성 검정(유의미한 영향관계여야 함)
❹ '❷, ❸'의 β값 비교 ('❷>❸'가 되어야 매개효과가 인정됨)

❶~❹의 모든 단계에서 유의한 결과를 확인해야만 매개효과가 인정된다. 또한 간접효과의 정도 역시 ❷>❸의 결과를 통해 유추하는 방법을 사용한다.

이 방법의 한계는 간접효과의 유의성을 통계적으로 직접 검증하지 못한다는 점이다. 이러한 한계를 보완하기 위해 과거에는 Sobel test라는 추가 검정이 필요했으나 지금은 이 검정을 사용하지 않으며, 더 정확한 방법인 부트스트래핑(bootstrapping) 방식을 권장한다.

이에 비해 파이썬을 활용하면 여러 장점이 있다. 복잡한 3단계 과정을 위해 여러 개의 코드를 반복할 필요 없이, 단 하나의 함수를 이용해 for 반복문으로 모든 독립변수에 대한 분석을 자동화할 수 있다. 또한 부트스트래핑까지 가능하며, 결과 역시 간결하게 정리된다. 이때 사용하는 함수는 pingouin 라이브러리의 함수로, PROCESS Macro와 동일한 통계적 원리를 따르면서 간접효과의 유의성을 부트스트래핑을 통해 정확하게 계산할 수 있다.

다음 연구문제에 대한 매개 회귀분석을 실시해 보자.

연구문제

소비자가 스마트폰을 사용하면서 느끼는 만족감은 외관, 유용성, 편의성이라는 요인들에 의해 영향을 받는다. 그런데 연구자는 이러한 독립변수들이 만족감에 영향을 미치는 과정에서, 제조사의 브랜드가 그 관계에 변화를 줄 수 있을 것으로 예상하였다. 이에 본 연구에서는 브랜드의 매개효과를 확인하고자 한다.

▶ 실습파일 | me_reg.csv

▶ 변수명 | 외관–fea, 유용성–util, 편의성–conv, 브랜드–brand, 만족감–satis

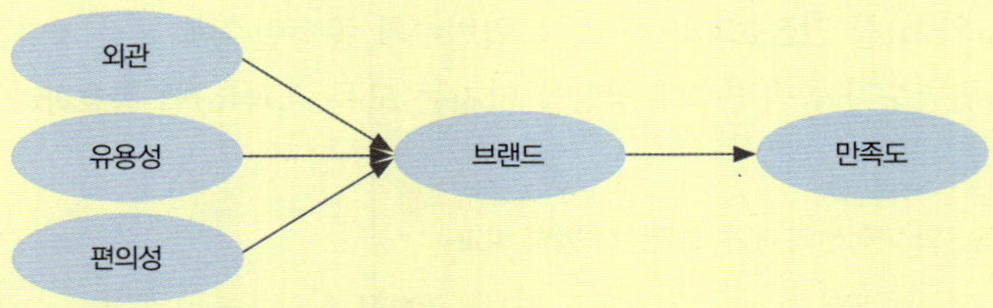

[그림 9-26] 매개변수 회귀분석 연구모델

데이터 불러오기와 확인하기

매개 회귀분석에 필요한 pingouin, 부트스트래핑을 처리할 resample 라이브러리를 임포트한다. 이어서 데이터 파일 me_reg.csv를 불러온 후 me_reg로 정의하여 첫 5행을 확인한다.

```
import pingouin as pg
from sklearn.utils import resample
```

```
me_reg = pd.read_csv('./source/me_reg.csv')

me_reg.head()
```

	fea	util	conv	brand	satis
0	0.35673	-0.56088	1.29535	0.35673	-0.53459
1	1.28863	0.54002	0.85523	1.28863	2.04493
2	0.68628	0.37794	-0.53108	0.68628	0.78938
3	1.25823	-1.28616	0.46038	1.25823	-0.51802
4	1.31142	0.37634	-0.52284	1.31142	2.10746

[그림 9-27] 데이터 불러와서 첫 5행 확인

분석 진행하기

독립변수인 fea, util, conv를 X로, 종속변수인 satis를 y로 정의한다. 매개변수인 brand는 me로 정의한다.

```
X = me_reg[['fea', 'util', 'conv']]
me = me_reg['brand']
y = me_reg['satis']
```

[그림 9-28] 독립변수, 매개변수, 종속변수 설정

이후 분석된 결과를 저장할 빈 리스트를 하나 만들고, results로 정의한다.

```
results = []
```

[그림 9-29] 결과 저장을 위한 빈 리스트 만들기

이제 본격적으로 매개 회귀분석을 진행해 보자. 파이썬으로 매개 회귀분석을 진행하면, 고전적인 방법보다 간편하면서도 부트스트래핑을 통한 매개효과의 유의성 검정까지 진행할 수 있다는 장점이 있다. 코드는 총 5개의 블록으로 구분하여 작성한다.

블록 1 for 반복문으로 독립변수 대입

for 반복문을 사용하여 독립변수 fea, util, conv을 차례로 꺼내서 col에 대입한다.

```
for col in ['fea', 'util', 'conv']:
    print(f'\n=== {col} 매개효과 분석 ===')
```

[그림 9-30] for 반복문을 활용한 독립변수 대입

블록 2 **경로 a와 경로 c 검증**

독립변수 X가 매개변수 M에 미치는 영향 a와 독립변수 X가 종속변수 Y에 미치는 총 영향 c를 각각 단순회귀분석으로 계산한다.[15]

먼저, 독립변수 X가 매개변수 M에 미치는 영향을 파악하기 위해, **sm.OLS**를 사용하여 단순 선형 회귀분석을 수행한다. 이때 종속변수는 **me**(매개변수), 독립변수는 **me_reg[col]**이며, **sm.add_constant()**로 상수항을 포함시킨다. 이후 **a=model_a.params[col]**을 통해 X에서 M에 미치는 영향력을 나타내는 독립변수 col의 회귀계수 a를 추출한다.

같은 방식으로, 매개변수를 고려하기 전, 독립변수 X가 종속변수 Y에 미치는 전체 영향인 총효과를 파악하기 위해 **sm.OLS**를 사용하여 단순 선형 회귀분석을 수행한다. 이때 종속변수는 **y**(종속변수), 독립변수는 **me_reg[col]**이며, **sm.add_constant()**으로 상수항을 포함시킨다. 이후 **c=model_c.params[col]**을 통해 X에서 Y에 미치는 영향력을 나타내는 독립변수 col의 회귀계수 c를 추출한다.[16]

```
model_a = sm.OLS(me, sm.add_constant(me_reg[col])).fit()
a = model_a.params[col]
p_a = model_a.pvalues[col]

model_c = sm.OLS(y, sm.add_constant(me_reg[col])).fit()
c = model_c.params[col]
p_c = model_c.pvalues[col]
```

[그림 9-31] 경로 a와 경로 c 검증

블록 3 **경로 c' 검증**[17]

독립변수 X와 매개변수 M을 동시에 투입하여 종속변수 Y에 대한 다중회귀분석을 수행한다. 이를 위해 **sm.OLS(...)**를 사용하여 종속변수 **y**를 입력하고, 독립변수 **me_reg[[col, 'brand']]**에 상수항 **add_constant()**를 추가하여 적합시킨 후 **model_b_cprime**으로 설정한다.[18]

설정한 **model_b_cprime**에서 **params**로 **brand**의 계수만 선택하여 **b**에 저장하고, **brand**의 p값을 **pvalues**로 추출해서 **p_b**로 저장한다.

마찬가지 방식으로, **model_b_cprime**에서 **params**로 독립변수 **[col]**의 계수를 추출하여 **c_prime**으로 저장하고, 독립변수에 해당하는 p값을 **pvalues[col]**로 추출하여 **p_cprime**으로 저장한다.

15 212쪽의 〈참고〉에서 Baron과 Kenny의 매개 회귀분석 단계 중 ❶단계와 ❷단계에 해당한다.

16 여기서 구한 c는 매개변수를 통제하지 않은 총효과이며, 최종적으로 구해야 할 직접효과(c')와는 다른 값이다. c'와 나머지 경로 b를 구하려면 다음 단계인 다중회귀분석이 필요하다.

17 경로 c'는 독립변수와 매개변수를 모두 독립변수로 놓고 다중회귀분석을 실시했을 때의 영향력을 의미한다. 그림으로 표현하면, X에서 Y로 가는 c' 경로에 해당하는 영향력을 의미한다.

```
model_b_cprime = sm.OLS(
    y,
    sm.add_constant(me_reg[[col, 'brand']])
).fit()

b = model_b_cprime.params['brand']
p_b = model_b_cprime.pvalues['brand']

c_prime = model_b_cprime.params[col]
p_cprime = model_b_cprime.pvalues[col]
```

[그림 9-32] 경로 c' 검증

블록 4 부트스트래핑을 이용한 간접효과의 유의성 검증

부트스트래핑은 데이터를 반복적으로 복원 추출하여 간접효과($a \times b$)의 분포를 생성하고, 이를 통해 95%의 신뢰구간을 계산하는 방법이다.

먼저, 결과의 재현성을 확보하기 위해 **np.random.seed(42)**로 난수 시드를 고정하고, **n_boot = 5000**으로 부트스트래핑 횟수를 5,000번으로 지정한다. 또한 반복마다 계산되는 간접효과의 추정치를 저장하기 위해 빈 리스트인 **boot_ab = [ ]**를 생성한다.

이제 **for_in range(n_boot):** 구문을 통해 총 5,000번의 부트스트래핑을 수행한다. 각 반복 과정에서 **boot_data = resample(me_reg)**를 사용하여 원본 데이터와 동일한 크기의 새로운 표본을 무작위로 추출한다.

추출된 **boot_data**를 사용하여 독립변수에서 매개변수에 영향을 미치는 회귀분석을 수행한다. 이때 독립변수 col의 회귀계수 a를 추출하는 **boot_a = sm.OLS(boot_data['brand'], sm.add_constant(boot_data[col])).fit( ).params[col]**을 입력한다.

이어서 추출된 **boot_data**를 사용하여 독립변수와 매개변수가 종속변수에 영향을 미치는 회귀분석을 수행한다. 이때 매개변수 brand의 회귀계수 b를 추출하는 **boot_b = sm.OLS (boot_data['satis'], sm.add_constant(boot_data[[col, 'brand']])).fit().params['brand']**를 입력한다.

간접효과는 a와 b를 곱해서 계산하므로 **boot_ab.append(boot_a * boot_b)**로 계산하여 **boot_ab** 리스트에 저장한다.

모든 반복이 끝난 후, **np.percentile(boot_ab, [2.5, 97.5])**를 사용하여 간접효과 분포의 2.5 백분위수와 97.5 백분위수를 추출하고 95% 신뢰구간의 하한인 **ci_low**와 상한인 **ci_high**를 설정한다.

하한과 상한의 부호가 같아서 신뢰구간에 0이 없다는 조건(ci_low * ci_high > 0)을 만족하면 **유의함**, 만족하지 않으면 **유의하지 않음**으로 결과를 정의한다.

---

18 Baron과 Kenny 매개 회귀분석 단계 중 ❸단계에 해당한다.

```python
np.random.seed(42)
n_boot = 5000
boot_ab = []
for _ in range(n_boot):
    boot_data = resample(me_reg)

    boot_a = sm.OLS(
        boot_data['brand'],
        sm.add_constant(boot_data[col])
    ).fit().params[col]

    boot_b = sm.OLS(
        boot_data['satis'],
        sm.add_constant(boot_data[[col, 'brand']])
    ).fit().params['brand']

    boot_ab.append(boot_a * boot_b)

ci_low, ci_high = np.percentile(boot_ab, [2.5, 97.5])
sig = (
    '유의함 (0 포함 안 됨)'
    if ci_low * ci_high > 0
    else '유의하지 않음 (0 포함됨)'
)
```

[그림 9-33] 부트스트래핑을 이용한 간접효과의 유의성 검증

블록 5 결과 출력 및 DataFrame 저장

f-string을 사용하여 명확한 레이블로 각 경로 a, b, c, c'에 대한 계수와 p값을 소수점 넷째 자리까지 통일하여 출력한다. 또한 간접효과($a \times b$)와 부트스트래핑을 통해 계산된 95% 신뢰구간을 함께 제시하여 주요 검증 결과를 명확하게 확인할 수 있도록 한다.

for col in [...] 반복문에서 계산된 매개효과 분석의 핵심 지표들을 하나의 통합된 레코드로 구성하기 위해, 딕셔너리 **{...}**를 사용한다. 이 딕셔너리에는 각 변수(**col**)에 대한 a, b, c, c' 계수, 간접효과, 신뢰구간, 유의성 결과가 이름(key)과 값(value)의 쌍으로 저장된다. 이후 **append( )** 함수를 이용하여 앞에서 정의한 리스트 **results**에 순차적으로 추가한다.

이렇게 누적된 리스트 형태의 데이터를 테이블 구조로 변환하기 위해 **results_df = pd.DataFrame(results)**을 이용해 데이터프레임을 만든다. 마지막으로, **display(results_df)**를 사용하여 생성된 데이터프레임을 출력한다.

```
    print(f'a (X→me) = {a:.4f} (p={p_a:.4f})')
    print(f'b (me→y) = {b:.4f} (p={p_b:.4f})')
    print(f'c (X→y) = {c:.4f} (p={p_c:.4f})')
    print(f"c' (X→y|me) = {c_prime:.4f} (p={p_cprime:.4f})")
    print(f'간접효과 a×b = {np.mean(boot_ab):.4f}')
    print(f'95% 신뢰구간: [{ci_low:.4f}, {ci_high:.4f}] → {sig}')

    results.append({
        '변수': col,
        'a': a, 'b': b, 'c': c, 'c_prime': c_prime,
        '간접효과': np.mean(boot_ab),
        'CI95_low': ci_low, 'CI95_high': ci_high,
        '유의성': sig
    })

results_df = pd.DataFrame(results)
display(results_df)
```

[그림 9-34] 결과 출력 및 DataFrame 저장

참고 f-string

f-string은 문자열을 만드는 문법으로, 문자열이 필요한 모든 곳에서 쓸 수 있다. 문자열 앞에 f 또는 F를 붙이면 f-string이 만들어지며, 중괄호({ }) 안에 변수 이름이나 계산식 등을 직접 넣을 수 있다.

[표 9-4] f-string 사용 방법

항목	설명	예시
문자열 앞 f	f-string 선언	f'Good morning, {name}'
{ }	변수나 식 삽입	{x + y}
:.2f	소수점 자리 제한	{pi:.2f}
:<10, :>10	정렬	{name:<10}

f-string 사용 예시는 다음과 같다.

```
name = 'David'
iq = 153.0000001

print(f'{name}의 IQ는 {iq}입니다.')
print(f'{iq:.4f})')
print(f'{name:<10}, Good morning')    # 이름자리 10칸 중 왼족 정렬
print(f'{name:>10}, Good morning')    # 이름자리 10칸 중 오른족 정렬
print(f'{name:^10}, Good morning')    # 이름자리 10칸 중 가운데 정렬
```

```
David의 IQ는 153.0000001입니다.
153.0000)
David     , Good morning
     David, Good morning
  David   , Good morning
```

[그림 9-35] f-string 활용 예

매개 회귀분석을 수행한 결과는 [그림 9-36]과 같다.

```
=== fea 매개효과 분석 ===
a (X→M) = 0.1007 (p=0.0136)
b (M→Y) = -0.2620 (p=0.0003)
c (X→Y) = 0.3163 (p=0.0000)
c' (X→Y|M) = 0.3427 (p=0.0000)
간접효과 a×b = -0.0265
95% 신뢰구간: [-0.0584, -0.0031] → 유의함 (0 포함 안 됨)

=== util 매개효과 분석 ===
a (X→M) = 0.0225 (p=0.4995)
b (M→Y) = -0.2262 (p=0.0015)
c (X→Y) = 0.2636 (p=0.0000)
c' (X→Y|M) = 0.2687 (p=0.0000)
간접효과 a×b = -0.0049
95% 신뢰구간: [-0.0206, 0.0104] → 유의하지 않음 (0 포함됨)

=== conv 매개효과 분석 ===
a (X→M) = -0.0011 (p=0.9794)
b (M→Y) = -0.2134 (p=0.0039)
c (X→Y) = -0.0289 (p=0.6670)
c' (X→Y|M) = -0.0292 (p=0.6616)
간접효과 a×b = -0.0003
95% 신뢰구간: [-0.0210, 0.0190] → 유의하지 않음 (0 포함됨)
```

	변수	a	b	c	c_prime	간접효과	CI95_low	CI95_high	유의성
0	fea	0.100690	-0.261960	0.316310	0.342686	-0.026499	-0.058439	-0.003145	유의함 (0 포함 안 됨)
1	util	0.022489	-0.226188	0.263632	0.268718	-0.004884	-0.020627	0.010442	유의하지 않음 (0 포함됨)
2	conv	-0.001139	-0.213370	-0.028922	-0.029165	-0.000318	-0.021006	0.018969	유의하지 않음 (0 포함됨)
3	fea	0.100690	-0.261960	0.316310	0.342686	-0.026499	-0.058439	-0.003145	유의함 (0 포함 안 됨)
4	util	0.022489	-0.226188	0.263632	0.268718	-0.004884	-0.020627	0.010442	유의하지 않음 (0 포함됨)
5	conv	-0.001139	-0.213370	-0.028922	-0.029165	-0.000318	-0.021006	0.018969	유의하지 않음 (0 포함됨)
6	fea	0.100690	-0.261960	0.316310	0.342686	-0.026499	-0.058439	-0.003145	유의함 (0 포함 안 됨)
7	util	0.022489	-0.226188	0.263632	0.268718	-0.004884	-0.020627	0.010442	유의하지 않음 (0 포함됨)
8	conv	-0.001139	-0.213370	-0.028922	-0.029165	-0.000318	-0.021006	0.018969	유의하지 않음 (0 포함됨)

[그림 9-36] **매개효과와 유의성 결과**

출력 결과를 보면, fea는 Y에 유의하게 긍정적인 영향을 미친다. 그러나 이 중 brand를 거치는 간접 경로는 유의하긴 하지만 부정적인 영향을 미쳐 총효과를 상쇄하는 형태로 나타난다. c'의 절댓값이 c보다 크므로, fea는 Y에 대해 부분 억제 매개(Partial Suppressor Mediation)를 보인다고 해석할 수 있다.

반면, util은 매개변수 brand에 유의한 영향을 미치지 않는다. 부트스트래핑 결과를 보면 95% 신뢰구간에 0이 포함되어 간접효과도 유의하지 않게 나타났다. 따라서 util의 brand를 통한 매개효과는 성립하지 않는다. conv의 brand를 통한 매개효과도 성립하지 않으며, conv가 Y에 미치는 전체 영향도 유의하지 않은 것으로 확인된다.

참고

1. 경로의 개념과 효과

본문에서 살펴본 경로의 개념을 정리하면 다음과 같다.

- a: X → M 경로(독립변수가 매개변수에 미치는 영향)
- b: M → Y 경로(매개변수가 종속변수에 미치는 영향)
- c: X → Y 총효과(매개변수를 통제하지 않은 상태)
- c′: X → Y 직접효과(매개변수를 통제한 상태)

경로별 효과가 a=0.6, b=0.5, c=0.8, c′=0.5라고 하면, '총효과=직접효과+간접효과'이므로 간접효과(a ×b)는 0.3이고, 직접효과는 0.5다. 즉, c′에서 매개변수를 통제했다는 말은 매개변수를 고려한 상태에서 독립변수가 종속변수에 미치는 순수한 효과를 의미한다.

2. 매개효과의 유형

- **완전 매개:** 독립변수의 종속변수에 대한 영향이 오직 매개변수를 통해서만 이루어지는 경우
- **부분 매개:** 독립변수의 종속변수에 대한 영향이 매개변수를 통해서도 전달되지만, 직접적인 영향도 남아 있는 경우
- **억제 매개:** 독립변수와 종속변수의 관계를 매개변수가 약화시키거나 억제하는 경우

[표 9-5] 매개효과의 유형

유형	간접효과(a×b)의 부호	직접효과(c′)의 유의성	c vs. c′ 관계
완전 매개	c와 동일 부호	유의하지 않음	c가 M에 의해 완전히 설명됨(c′는 0)
부분 매개	c와 동일 부호	유의함	c를 부분적으로 설명함
억제 매개	c′와 반대 부호	유의할 수도 있고 유의하지 않을 수도 있음	M이 X와 Y의 관계를 상쇄하거나 왜곡함. 즉, M을 통제했을 때 오히려 X→Y 관계의 방향 또는 강도가 달라짐

■ Baron과 Kenny의 매개 회귀분석 방법

Baron과 Kenny의 방법을 이용한다면, 다음과 같이 코드를 작성하여 매개 회귀분석 결과를 확인할 수 있다.

```
me_reg = pd.read_csv('./source/me_reg.csv')

X = me_reg[['fea', 'util', 'conv']]
me = me_reg['brand']
y = me_reg['satis']

X = sm.add_constant(X)
```

```python
for col in X.columns[1:]:
    # 1) 독립변수 → 매개변수
    model_me = sm.OLS(me, X[col]).fit()
    coef = model_me.params[col]
    st_coef = coef / X[col].std()
    p_val = model_me.pvalues[col]

    print(f'--- {col} → brand ---')
    print(
        f'계수(B): {coef:.4f}\n'
        f'표준화계수(beta): {st_coef:.4f}\n'
        f'p-value: {p_val:.4f}'
    )
    print(model_me.summary(), '\n')

    # 2) 독립변수 → 종속변수
    model_y = sm.OLS(y, X[col]).fit()
    coef = model_y.params[col]
    st_coef = coef / X[col].std()
    p_val = model_y.pvalues[col]

    print(f'--- {col} → satis ---')
    print(
        f'계수(B): {coef:.4f}\n'
        f'표준화계수(beta): {st_coef:.4f}\n'
        f'p-value: {p_val:.4f}'
    )
    print(model_y.summary(), '\n')

    # 3) 독립변수 + 매개변수 → 종속변수
    model_me_y = sm.OLS(y, pd.concat([X[col], me], axis=1)).fit()
    coef_x = model_me_y.params[col]
    coef_me = model_me_y.params['brand']
    st_coef_x = coef_x / X[col].std()
    st_coef_me = coef_me / me.std()
    p_val_x = model_me_y.pvalues[col]
    p_val_me = model_me_y.pvalues['brand']

    print(f'--- {col} + brand → satis ---')
    print(
        f'독립변수 계수(B): {coef_x:.4f}\n'
        f'독립변수 표준화계수(beta): {st_coef_x:.4f}\n'
        f'독립변수 p-value: {p_val_x:.4f}\n'
        f'매개변수 계수(B): {coef_me:.4f}\n'
        f'매개변수 표준화계수(beta): {st_coef_me:.4f}\n'
        f'매개변수 p-value: {p_val_me:.4f}'
    )
    print(model_me_y.summary(), '\n')
```

[그림 9-37] Baron과 Kenny의 매개 회귀분석

독립변수가 3개, 매개변수가 1개, 종속변수가 1개이고 이에 대해 3단계의 분석을 진행하므로 총 9개의 회귀분석 결과가 도출된다. 따라서 이 분석 결과에서 표준화계수에 대한 유의성을 모두 찾아 비교해야 한다. 그러나 이 분석 결과를 통해서는 매개효과의 유의성을 판단할 수 없다. 따라서 연구 결과의 보고용으로는 사용하지 않는 편이 좋다.

SECTION 9.6

조절 회귀분석 실습

회귀분석은 항상 원인에 대한 반응을 확인하면서 인과관계를 파악하는 분석 방법이다. 즉, 독립변수가 일정 부분 변화했을 때 결과 변수에 어떠한 영향을 미치는지를 분석하는 것이다. 이때 중간에 매개변수가 존재하여 최종적으로 결과에 미치는 영향을 분석하는 방법이 매개 회귀분석이다. 반면, 매개변수처럼 직접적인 연관은 없으나 환경적 요인처럼 간접적으로 영향을 미치는 관계도 존재하며, 이러한 변수를 조절변수(moderator)라 한다. 즉, 연구모델 내에서 일정한 위치를 차지하면서 영향 관계를 변화시키는 것이 매개변수라면 연구모델의 외적인 요인으로서 영향 관계를 변화시키는 것이 조절변수이며, 이 같은 조절변수의 존재가 결과 변수에 어떠한 영향을 미치는지를 분석하는 방법이 조절 회귀분석이다. 조절효과가 나타나는 모형을 시각적으로 나타내면 [그림 9-38]과 같다.

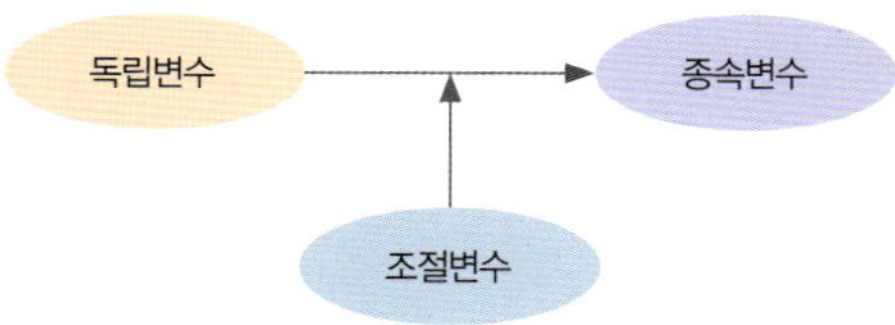

[그림 9-38] 조절변수가 있는 회귀분석 모델

조절 회귀분석을 수행하려면 먼저 '독립변수-조절변수'가 연계된 변수인 '상호작용변수'를 별도의 연산을 통해 생성해야 한다. 그런 다음 독립변수, 조절변수, 상호작용변수를 순서대로 투입하며 위계적 회귀분석을 실시한다. 이를 통해 조절변수가 독립변수와 종속변수 간의 관계를 어떻게 변화시키는지를 단계적으로 분석할 수 있다.

- **1단계:** 종속변수 ← 독립변수
- **2단계:** 종속변수 ← 독립변수, 조절변수
- **3단계:** 종속변수 ← 독립변수, 조절변수, 상호작용변수

[그림 9-39] 조절 회귀분석의 방법과 독립변수의 투입 순서

다음 연구문제를 대상으로 조절 회귀분석을 수행해 보자.

연구문제

소비자가 스마트폰을 사용하면서 느끼는 만족감은 외관, 유용성, 편의성이라는 요인들에 의해 영향을 받는다. 이와 같은 제품 자체가 가지는 성격도 만족감에 영향을 줄 수 있지만, 개인이 느끼는 경기 상황이 호황이나 불황이라면 이 또한 개인이 느끼는 만족감에 영향을 줄 수 있을 것이다. 이러한 문제의식을 바탕으로, 연구자는 외적 요인의 영향력을 함께 파악하기 위해 경기 상황의 조절효과를 확인하고자 한다.

▶ 실습파일 | mo_reg.csv

▶ 변수명 | 외관–Mofea, 유용성–Moutil, 편의성–Moconv, 경기상황–Moeco, 만족감–Mosatis

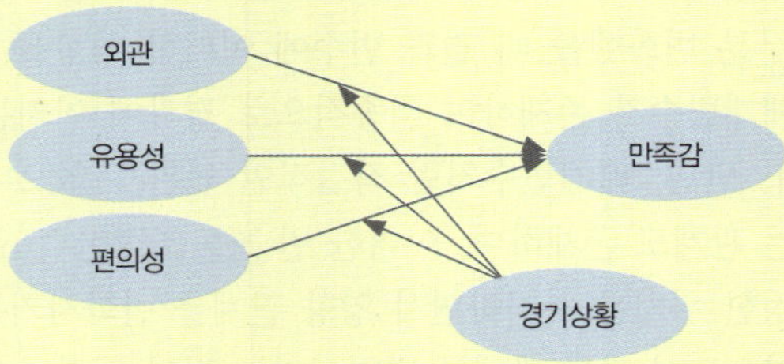

[그림 9–40] 연구모델

데이터 불러오기와 확인하기

조절 회귀분석을 실시하는 데 필요한 라이브러리를 임포트하고, **mo_reg.csv** 파일을 불러온 후 첫 5행을 확인한다.

```
import pandas as pd
import statsmodels.api as sm

mo_reg = pd.read_csv('./source/mo_reg.csv')

mo_reg.head()
```

	Mofea	Moutil	Moconv	Moeco	Mosatis
0	0.37213	-0.25950	0.01725	-0.56597	0.07330
1	1.25317	-0.22711	0.44037	-1.99802	1.39381
2	0.93084	-0.24259	0.02865	0.02735	-0.08605
3	1.25592	1.08014	0.03567	-1.57156	0.48070
4	1.25106	-0.21184	0.14249	0.41862	0.26203

[그림 9–41] 데이터 불러와서 첫 5행 확인

출력 결과를 보면 독립변수에 해당하는 Mofea, Moutil, Moconv와 종속변수에 해당하는 Mosatis를 확인할 수 있으며, 조절변수로 Moeco가 있음을 알 수 있다.

분석 진행하기

독립변수인 Mofea, Moutil, Moconv를 i_v로 정의하고, 종속변수는 y, 조절변수는 mo로 정의한다.

```
i_v = ['Mofea', 'Moutil', 'Moconv']
y = 'Mosatis'
mo = 'Moeco'
```

[그림 9-42] 독립변수, 조절변수, 종속변수의 설정

> **참고 변수 이름 정의하기**
>
> 앞서 다중회귀분석부터 매개 회귀분석까지는 모든 독립변수를 리스트에 넣어서 정의했지만, 조절 회귀분석에서는 리스트에 넣지 않고 바로 정의한다. 이 둘의 차이를 예를 들어 설명하면 다음과 같다.
>
> - y = 'Mosatis'는 'Mosatis'라는 단일 문자열로 구성된 변수를 나타낸다.
> - y = ['Mosatis']는 'Mosatis'라는 열 이름을 담은 리스트로, 여러 변수 중 하나를 선택한 형태다.
>
> 본문과 같이 i_v = ['Mofea', 'Moutil', 'Moconv']로 정의하면 i_v는 'Mofea', 'Moutil', 'Moconv'라는 3개의 독립변수를 담은 리스트가 된다. 만약 mo = ['Moeco']처럼 리스트에 하나의 변수만 들어 있다면 mo = 'Moeco'와 동일한 값을 갖는다.

1단계 독립변수 → 종속변수

for 반복문을 이용하여 i_v 리스트에 담긴 독립변수들을 차례로 iv에 할당하면서 다음 작업을 실행한다. 먼저 X에 iv의 독립변수를 할당하고, 상수항을 추가한다. 다음으로 조절 회귀분석에서 확인해야 하는 독립변수와 종속변수 간의 관계를 Model_1이라는 이름의 회귀 모델로 정의한다. sm.OLS(mo_reg[y], X).fit()을 통해 종속변수 y에 대한 독립변수 X를 사용하여 회귀 모델에 적합시킨다. print() 함수를 통해 현재 분석 중인 독립변수명을 출력하고, Model_1의 내용을 summary()로 출력한다. 마지막 줄의 print('\n')는 한 번 더 줄바꿈하여 출력 결과 간의 구분을 명확하게 해준다.[19]

```
for iv in i_v:
    X = mo_reg[iv]
    X = sm.add_constant(X)
    model_1 = sm.OLS(mo_reg[y], X).fit()
    print(f'독립변수: {iv}')
    print(model_1.summary())
    print('\n')
```

[그림 9-43] 1단계: 독립변수와 종속변수 간의 회귀분석

19 물론 print()로 입력해도 되지만, print('/n')을 사용하면 출력 결과가 확실하게 구분되므로 가독성이 높아진다.

첫 번째 독립변수인 **Mofea**가 종속변수 **Mosatis**에 미치는 영향을 분석한 결과는 [그림 9-44]와 같다.

```
독립변수: Mofea
                            OLS Regression Results
==============================================================================
Dep. Variable:                Mosatis   R-squared:                       0.145
Model:                            OLS   Adj. R-squared:                  0.143
Method:                 Least Squares   F-statistic:                     54.89
Date:                Sat, 08 [illegible] 20[illegible]   Prob (F-statistic):           1.12e-12
Time:                        15:07:36   Log-Likelihood:                -327.71
No. Observations:                 325   AIC:                             659.4
Df Residuals:                     323   BIC:                             667.0
Df Model:                           1
Covariance Type:            nonrobust
==============================================================================
                 coef    std err          t      P>|t|      [0.025      0.975]
------------------------------------------------------------------------------
const       1.366e-07      0.037    3.7e-06      1.000      -0.073       0.073
Mofea          0.2799      0.038      7.409      0.000       0.206       0.354
==============================================================================
Omnibus:                        5.882   Durbin-Watson:                   1.929
Prob(Omnibus):                  0.053   Jarque-Bera (JB):                6.829
Skew:                          -0.183   Prob(JB):                       0.0329
Kurtosis:                       3.609   Cond. No.                         1.02
==============================================================================

Notes:
[1] Standard Errors assume that the covariance matrix of the errors is correctly specified.
```

[그림 9-44] **독립변수인 외관과 종속변수 간의 회귀분석 결과**

출력 결과를 보면, 회귀식의 설명력(**Adj. R-squared**)이 0.143이며, F 통계량(**F-statistic**)의 p값(**Prob (F-statistic)**)이 0.000 수준이므로 이 회귀식은 유의하다고 판단할 수 있다.[20] 또한 독립변수 **Mofea**가 종속변수 **Mosatis**에 미치는 영향(계수)에서 p값인 **P>|t|**가 0.05보다 작으므로 유의하다고 판단할 수 있다.[21]

두 번째 독립변수인 **Moutil**이 종속변수 **Mosatis**에 미치는 영향을 분석한 결과는 [그림 9-45]와 같다.

```
독립변수: Moutil
                            OLS Regression Results
==============================================================================
Dep. Variable:                Mosatis   R-squared:                       0.193
Model:                            OLS   Adj. R-squared:                  0.190
Method:                 Least Squares   F-statistic:                     77.07
Date:                Sat, 08 [illegible] 20[illegible]   Prob (F-statistic):           9.79e-17
Time:                        15:07:36   Log-Likelihood:                -318.44
No. Observations:                 325   AIC:                             640.9
Df Residuals:                     323   BIC:                             648.5
Df Model:                           1
Covariance Type:            nonrobust
```

20 회귀식의 설명력 R^2의 값을 *Adj.R−sqrared*로 확인하는 이유는 수정된 R^2이 표본의 크기(자유도)를 고려하여 변수 수에 맞게 조정된 값을 제공하기 때문이다. 즉, R^2보다 수정된 R^2이 더 정확한 수치를 제공한다.

21 상수항 const의 유의확률이 1.000으로 표시되어 있어 유의성에 문제가 있다고 생각할 수 있다. 그러나 회귀분석은 원인과 결과에 대한 내용을 살펴보는 것이므로 상수항은 회귀분석에서 어떠한 영향도 미치지 못한다.

```
==============================================================================
                 coef    std err          t      P>|t|      [0.025      0.975]
------------------------------------------------------------------------------
const       5.135e-08      0.036   1.43e-06      1.000      -0.071       0.071
Moutil         0.3331      0.038      8.779      0.000       0.258       0.408
==============================================================================
Omnibus:                       24.079   Durbin-Watson:                   1.868
Prob(Omnibus):                  0.000   Jarque-Bera (JB):               39.773
Skew:                          -0.473   Prob(JB):                     2.31e-09
Kurtosis:                       4.429   Cond. No.                         1.06
==============================================================================

Notes:
[1] Standard Errors assume that the covariance matrix of the errors is correctly specified.
```

[그림 9-45] 독립변수인 유용성과 종속변수 간의 회귀분석 결과

출력 결과를 보면, 회귀식의 설명력(**Adj. R-squared**)이 0.190이며, F 통계량(**F-statistic**)의 p값(**Prob (F-statistic)**)이 0.000 수준이므로 이 회귀식은 유의하다고 판단할 수 있다. 또한 계수의 유의성을 확인하기 위해 p값을 살펴보면 **P>|t|**가 0.05보다 작으므로 유의하다고 판단할 수 있다.

세 번째 독립변수인 **Moconv**이 종속변수 **Mosatis**에 미치는 영향을 분석한 결과는 [그림 9-46]과 같다.

```
독립변수: Moconv
                            OLS Regression Results
==============================================================================
Dep. Variable:                Mosatis   R-squared:                       0.093
Model:                            OLS   Adj. R-squared:                  0.090
Method:                 Least Squares   F-statistic:                     32.92
Date:             Sat, 08 [illegible] 20[illegible]   Prob (F-statistic):           2.21e-08
Time:                        15:07:36   Log-Likelihood:                -337.44
No. Observations:                 325   AIC:                             678.9
Df Residuals:                     323   BIC:                             686.4
Df Model:                           1
Covariance Type:            nonrobust
==============================================================================
                 coef    std err          t      P>|t|      [0.025      0.975]
------------------------------------------------------------------------------
const       1.134e-07      0.038   2.98e-06      1.000      -0.075       0.075
Moconv         0.2628      0.046      5.738      0.000       0.173       0.353
==============================================================================
Omnibus:                       53.363   Durbin-Watson:                   1.951
Prob(Omnibus):                  0.000   Jarque-Bera (JB):              133.382
Skew:                          -0.786   Prob(JB):                     1.09e-29
Kurtosis:                       5.716   Cond. No.                         1.20
==============================================================================

Notes:
[1] Standard Errors assume that the covariance matrix of the errors is correctly specified.
```

[그림 9-46] 독립변수인 편의성과 종속변수 간의 회귀분석 결과

출력 결과를 보면, 회귀식의 설명력(**Adj. R-squared**)이 0.090이며, F 통계량(**F-statistic**)의 p값(**Prob (F-statistic)**)이 0.000 수준이므로 이 회귀식은 유의하다고 판단할 수 있다. 또한 계수의 유의성을 확인하기 위해 p값을 살펴보면 **P>|t|**가 0.05보다 작으므로 유의하다고 판단할 수 있다.

결과적으로 [1단계]에서는 독립변수 3개 모두 유의한 것으로 확인되었다.

2단계 독립변수, 조절변수 → 종속변수

for 반복문을 이용하여 i_v 리스트에 담긴 독립변수들을 차례로 iv에 할당하면서 다음 작업을 실행한다. 이때 모든 코드는 반복문 범위 내에서 실행된다. 먼저 X에 iv의 독립변수와 조절변수 mo를 할당하고, 상수항을 추가한다. 다음으로 종속변수 y에 대해 독립변수 iv와 조절변수 mo를 함께 고려한 조절 회귀 모델을 Model_2로 정의하고, fit() 함수를 통해 모델에 적합시킨다. print() 함수를 통해 현재 분석 중인 독립변수와 조절변수의 조합을 출력하고, Model_2의 내용을 summary()로 출력한다. 마지막 줄의 print('\n')는 한 번 더 줄바꿈하여 출력 결과 간의 구분을 명확하게 해준다.

```
for iv in i_v:
    X = mo_reg[[iv, mo]]
    X = sm.add_constant(X)  # 상수항 추가
    model_2 = sm.OLS(mo_reg[y], X).fit()
    print(f'독립변수, 조절변수: {iv} + {mo}')
    print(model_2.summary())
    print('\n')
```

[그림 9-47] 2단계: 독립변수, 조절변수와 종속변수 간의 회귀분석

첫 번째 독립변수인 Mofea와 조절변수 Moeco의 조합이 종속변수 Mosatis에 미치는 영향을 분석한 결과는 [그림 9-48]과 같다.

```
독립변수, 조절변수: Mofea + Moeco
                            OLS Regression Results
==============================================================================
Dep. Variable:                Mosatis   R-squared:                       0.169
Model:                            OLS   Adj. R-squared:                  0.164
Method:                 Least Squares   F-statistic:                     32.72
Date:                Sat, 08 [illegible] 20[illegible]   Prob (F-statistic):           1.16e-13
Time:                        15:08:31   Log-Likelihood:                -323.15
No. Observations:                 325   AIC:                             652.3
Df Residuals:                     322   BIC:                             663.7
Df Model:                           2
Covariance Type:            nonrobust
==============================================================================
                 coef    std err          t      P>|t|      [0.025      0.975]
------------------------------------------------------------------------------
const       1.566e-07      0.036    4.3e-06      1.000      -0.072       0.072
Mofea          0.2996      0.038      7.910      0.000       0.225       0.374
Moeco         -0.1377      0.046     -3.026      0.003      -0.227      -0.048
==============================================================================
Omnibus:                       10.252   Durbin-Watson:                   1.963
Prob(Omnibus):                  0.006   Jarque-Bera (JB):               14.944
Skew:                          -0.225   Prob(JB):                     0.000569
Kurtosis:                       3.949   Cond. No.                         1.29
==============================================================================

Notes:
[1] Standard Errors assume that the covariance matrix of the errors is correctly specified.
```

[그림 9-48] 독립변수인 외관+조절변수와 종속변수 간의 회귀분석

출력 결과를 보면, 회귀식의 설명력(**Adj. R-squared**)이 0.164이며, F 통계량(**F-statistic**)의 p값(**Prob (F-statistic)**)이 0.000 수준이므로 이 회귀식은 유의하다고 판단할 수 있다. 또한 독립변수 **Mofea**와 조절변수 **Moeco**가 종속변수 **Mosatis**에 미치는 영향(계수)에서 p값인 **P>|t|**가 0.05보다 작으므로 유의하다고 판단할 수 있다.

두 번째 독립변수인 **Moutil**와 조절변수 **Moeco**의 조합이 종속변수 **Mosatis**에 미치는 영향을 분석한 결과는 [그림 9-49]와 같다.

```
독립변수, 조절변수: Moutil + Moeco
                            OLS Regression Results
==============================================================================
Dep. Variable:                Mosatis   R-squared:                       0.201
Model:                            OLS   Adj. R-squared:                  0.196
Method:                 Least Squares   F-statistic:                     40.59
Date:                Sat, 08 [illegible] 20[illegible]   Prob (F-statistic):           1.90e-16
Time:                        15:08:31   Log-Likelihood:                -316.68
No. Observations:                 325   AIC:                             639.4
Df Residuals:                     322   BIC:                             650.7
Df Model:                           2
Covariance Type:            nonrobust
==============================================================================
                 coef    std err          t      P>|t|      [0.025      0.975]
------------------------------------------------------------------------------
const       6.366e-08      0.036   1.78e-06      1.000      -0.070       0.070
Moutil         0.3343      0.038      8.843      0.000       0.260       0.409
Moeco         -0.0824      0.044     -1.874      0.062      -0.169       0.004
==============================================================================
Omnibus:                       29.637   Durbin-Watson:                   1.898
Prob(Omnibus):                  0.000   Jarque-Bera (JB):               52.618
Skew:                          -0.543   Prob(JB):                     3.75e-12
Kurtosis:                       4.645   Cond. No.                         1.23
==============================================================================

Notes:
[1] Standard Errors assume that the covariance matrix of the errors is correctly specified.
```

[그림 9-49] 독립변수인 유용성+조절변수와 종속변수 간의 회귀분석

출력 결과를 보면, 회귀식의 설명력(**Adj. R-squared**)이 0.196이며, F 통계량(**F-statistic:**)의 p값(**Prob (F-statistic)**)이 0.000 수준이므로 이 회귀식은 유의하다고 판단할 수 있다. 계수의 유의성을 확인하기 위해 p값도 살펴보자. **Moutil**의 p값인 **P>|t|**가 0.05보다 작으므로 유의하다고 판단할 수 있지만, **Moeco**의 p값인 **P>|t|**가 0.05보다 크므로 유의하다고 판단할 수 없다.

세 번째 독립변수인 **Moconv**와 조절변수 **Moeco**의 조합이 종속변수 **Mosatis**에 미치는 영향을 분석한 결과는 [그림 9-50]과 같다.

```
독립변수, 조절변수: Moconv + Moeco
                            OLS Regression Results
==============================================================================
Dep. Variable:                Mosatis   R-squared:                       0.099
Model:                            OLS   Adj. R-squared:                  0.093
Method:                 Least Squares   F-statistic:                     17.69
Date:                Sat, 08 [illegible] 20[illegible]   Prob (F-statistic):           5.12e-08
Time:                        15:08:31   Log-Likelihood:                -336.27
No. Observations:                 325   AIC:                             678.5
Df Residuals:                     322   BIC:                             689.9
Df Model:                           2
Covariance Type:            nonrobust
==============================================================================
                 coef    std err          t      P>|t|      [0.025      0.975]
------------------------------------------------------------------------------
const       1.246e-07      0.038   3.28e-06      1.000      -0.075       0.075
Moconv         0.2615      0.046      5.722      0.000       0.172       0.351
Moeco         -0.0713      0.047     -1.526      0.128      -0.163       0.021
==============================================================================
Omnibus:                       60.576   Durbin-Watson:                   1.970
Prob(Omnibus):                  0.000   Jarque-Bera (JB):              169.408
Skew:                          -0.849   Prob(JB):                     1.64e-37
Kurtosis:                       6.102   Cond. No.                         1.23
==============================================================================

Notes:
[1] Standard Errors assume that the covariance matrix of the errors is correctly specified.
```

[그림 9-50] 독립변수인 편의성+조절변수와 종속변수 간의 회귀분석

출력 결과를 보면, 회귀식의 설명력(**Adj. R-squared**)이 0.093이며, F 통계량(**F-statistic:**)의 p값(**Prob (F-statistic)**)이 0.000 수준이므로 이 회귀식은 유의하다고 판단할 수 있다. 계수의 유의성을 확인하기 위해 p값도 살펴보자. **Moconv**의 p값인 **P>|t|**가 0.05보다 작으므로 유의하다고 판단할 수 있지만, **Moeco**의 p값인 **P>|t|**가 0.05보다 크므로 유의하다고 판단할 수 없다.

3단계 독립변수, 조절변수, 상호작용변수 → 종속변수

for 반복문을 이용하여 **i_v** 리스트에 담긴 독립변수들을 차례로 **iv**에 할당하면서 다음 작업을 실행한다. 먼저 상호작용변수는 독립변수 **iv**와 조절변수 **mo**를 곱하여 생성하고, 이를 **interaction**으로 정의한다. 이어서 pandas의 **concat** 함수를 이용해서 독립변수와 조절변수, 상호작용변수를 열 방향(**axis=1**)으로 결합하여 새로운 데이터셋 **X**를 만든다. 이때 **X**의 열 이름인 **columns**는 독립변수 **iv**, 조절변수 **mo**, 상호작용변수의 이름인 **{iv}_{mo}_interaction**으로 지정한다. 이후 **sm.add_constant(X)**를 통해 회귀분석에 필요한 상수항을 추가하고, **model_3**로 회귀 모델(독립변수 X, 종속변수 y)를 적합시킨다. 마지막으로 **print( )** 함수를 이용해 현재 분석 중인 독립변수, 조절변수, 상호작용변수의 조합을 출력하고, **Model_3**의 내용을 **summary( )**로 출력한다. 마지막 줄의 **print('\n')**은 한 번 더 줄바꿈하여 출력 결과 간의 구분을 명확하게 해준다.

```python
for iv in i_v:
    interaction_term = mo_reg[iv] * mo_reg[mo]
    X = pd.concat([mo_reg[iv], mo_reg[mo], interaction_term], axis=1)
    X.columns = [iv, mo, f'{iv}_{mo}_interaction']
    X = sm.add_constant(X)  # 상수항 추가
    model_3 = sm.OLS(mo_reg[y], X).fit()
    print(f'독립변수, 조절변수, 상호작용변수: {iv} + {mo} + {iv}_{mo}_interaction')
    print(model_3.summary())
    print('\n')
```

[그림 9-51] 3단계: 독립변수, 조절변수, 상호작용변수와 종속변수 간의 회귀분석

첫 번째 독립변수인 **Mofea**와 조절변수 **Moeco** 및 둘 간의 **interaction**이 종속변수 **Mosatis**에 미치는 영향을 분석한 결과는 [그림 9-52]와 같다.

```
독립변수, 조절변수, 상호작용변수: Mofea + Moeco + Mofea_Moeco_interaction
                            OLS Regression Results
==============================================================================
Dep. Variable:                Mosatis   R-squared:                       0.182
Model:                            OLS   Adj. R-squared:                  0.174
Method:                 Least Squares   F-statistic:                     23.82
Date:                Sat, 08 [illegible] 20[illegible]   Prob (F-statistic):           6.09e-14
Time:                        15:09:50   Log-Likelihood:                -320.56
No. Observations:                 325   AIC:                             649.1
Df Residuals:                     321   BIC:                             664.2
Df Model:                           3
Covariance Type:            nonrobust
===========================================================================================
                              coef    std err          t      P>|t|      [0.025      0.975]
-------------------------------------------------------------------------------------------
const                       0.0119      0.037      0.325      0.745      -0.060       0.084
Mofea                       0.2852      0.038      7.472      0.000       0.210       0.360
Moeco                      -0.1419      0.045     -3.134      0.002      -0.231      -0.053
Mofea_Moeco_interaction    -0.0875      0.038     -2.273      0.024      -0.163      -0.012
==============================================================================
Omnibus:                        4.884   Durbin-Watson:                   1.959
Prob(Omnibus):                  0.087   Jarque-Bera (JB):                5.808
Skew:                          -0.128   Prob(JB):                       0.0548
Kurtosis:                       3.603   Cond. No.                         1.40
==============================================================================

Notes:
[1] Standard Errors assume that the covariance matrix of the errors is correctly specified.
```

[그림 9-52] 독립변수인 외관+조절변수+상호작용변수와 종속변수 간의 회귀분석

출력 결과를 보면, 회귀식의 설명력(**Adj. R-squared**)이 0.174이며, F 통계량(**F-statistic**)의 p값(**Prob (F-statistic)**)이 0.000 수준이므로 이 회귀식은 유의하다고 판단할 수 있다. 또한 독립변수 **Mofea**와 조절변수 **Moeco**, 상호작용변수 **interaction**가 종속변수 **Mosatis**에 미치는 영향(계수)에서 p값인 **P>|t|**가 0.05보다 작으므로 유의하다고 판단할 수 있다.

두 번째 독립변수인 **Moutil**과 조절변수 **Moeco** 및 둘 간의 **interaction**이 종속변수 **Mosatis**에 미치는 영향을 분석한 결과는 [그림 9-53]과 같다.

```
독립변수, 조절변수, 상호작용변수: Moutil + Moeco + Moutil_Moeco_interaction
                            OLS Regression Results
==============================================================================
Dep. Variable:                Mosatis   R-squared:                       0.205
Model:                            OLS   Adj. R-squared:                  0.197
Method:                 Least Squares   F-statistic:                     27.52
Date:                Sat, 08 [illegible] 20[illegible]   Prob (F-statistic):           7.30e-16
Time:                        15:09:50   Log-Likelihood:                -316.02
No. Observations:                 325   AIC:                             640.0
Df Residuals:                     321   BIC:                             655.2
Df Model:                           3
Covariance Type:            nonrobust
============================================================================================
                               coef    std err          t      P>|t|      [0.025      0.975
--------------------------------------------------------------------------------------------
const                        0.0006      0.036      0.016      0.987      -0.070       0.07
Moutil                       0.3341      0.038      8.841      0.000       0.260       0.40
Moeco                       -0.0818      0.044     -1.863      0.063      -0.168       0.00
Moutil_Moeco_interaction    -0.0455      0.040     -1.141      0.255      -0.124       0.03
==============================================================================
Omnibus:                       23.807   Durbin-Watson:                   1.900
Prob(Omnibus):                  0.000   Jarque-Bera (JB):               38.584
Skew:                          -0.475   Prob(JB):                     4.18e-09
Kurtosis:                       4.395   Cond. No.                         1.23
==============================================================================

Notes:
[1] Standard Errors assume that the covariance matrix of the errors is correctly specified.
```

[그림 9-53] 독립변수인 유용성+조절변수+상호작용변수와 종속변수 간의 회귀분석

출력 결과를 보면, 회귀식의 설명력(**Adj. R-squared**)이 0.197이며, F 통계량(**F-statistic**)의 p값(**Prob (F-statistic)**)이 0.000 수준이므로 이 회귀식은 유의하다고 판단할 수 있다. 계수의 유의성을 확인하기 위해 p값도 살펴보자. **Moutil**의 p값인 **P>|t|**가 0.05보다 작으므로 유의하다고 판단할 수 있지만, **Moeco**의 p값인 **P>|t|**가 0.05보다 크고, **interaction**의 p값인 **P>|t|**도 0.05보다 크므로 유의하다고 판단할 수 없다.

세 번째 독립변수인 **Moconv**와 조절변수 **Moeco** 및 둘 간의 **interaction**이 종속변수 **Mosatis**에 미치는 영향을 분석한 결과는 [그림 9-54]와 같다.

```
독립변수, 조절변수, 상호작용변수: Moconv + Moeco + Moconv_Moeco_interaction
                            OLS Regression Results
==============================================================================
Dep. Variable:                Mosatis   R-squared:                       0.099
Model:                            OLS   Adj. R-squared:                  0.091
Method:                 Least Squares   F-statistic:                     11.79
Date:                Sat, 08 [illegible] 20[illegible]   Prob (F-statistic):           2.41e-07
Time:                        15:09:50   Log-Likelihood:                -336.23
No. Observations:                 325   AIC:                             680.5
Df Residuals:                     321   BIC:                             695.6
Df Model:                           3
Covariance Type:            nonrobust
=================================================================================================
                               coef    std err          t      P>|t|      [0.025      0.975
-------------------------------------------------------------------------------------------------
const                       -0.0002      0.038     -0.005      0.996      -0.075       0.07
Moconv                       0.2606      0.046      5.677      0.000       0.170       0.35
Moeco                       -0.0692      0.047     -1.463      0.144      -0.162       0.02
Moconv_Moeco_interaction    -0.0153      0.056     -0.273      0.785      -0.126       0.09
==============================================================================
Omnibus:                       60.437   Durbin-Watson:                   1.966
Prob(Omnibus):                  0.000   Jarque-Bera (JB):              169.349
Skew:                          -0.847   Prob(JB):                     1.68e-37
Kurtosis:                       6.105   Cond. No.                         1.52
==============================================================================

Notes:
[1] Standard Errors assume that the covariance matrix of the errors is correctly specified.
```

[그림 9-54] 독립변수인 편의성+조절변수+상호작용변수와 종속변수 간의 회귀분석

출력 결과를 보면, 회귀식의 설명력(**Adj. R-squared**)이 0.091이며, F통계량(**F-statistic**)의 p값(**Prob (F-statistic)**)이 0.000 수준이므로 이 회귀식은 유의하다고 판단할 수 있다. 계수의 유의성을 확인하기 위해 p값도 살펴보자. **Moconv**의 p값인 **P>|t|**가 0.05보다 작으므로 유의하다고 판단할 수 있지만, **Moeco**의 p값인 **P>|t|**가 0.05보다 크고, **interaction**의 p값인 **P>|t|**도 0.05보다 크므로 유의하다고 판단할 수 없다.

PART

03

빅데이터 시대의 학습 모형과 알고리즘

정보사회의 분석 패러다임: 빅데이터와 머신러닝

통계학은 17세기 유럽에서 국가 통치를 위한 인구·세수 자료의 활용에서 출발하여, 20세기 중반 이후 컴퓨터 기술의 비약적 발전과 함께 학문적 범위를 크게 확장하였다. 연산 능력과 저장 용량의 향상, 통계분석 소프트웨어의 발전은 다양한 분야에서 데이터 기반 의사결정을 가능하게 했으며, 이로써 통계학의 실용적 가치와 학문적 중요성이 더욱 강화되었다.

21세기에 들어와 빅데이터(Big Data)가 부상하면서 전통적인 통계 과정인 수집, 정제, 추정, 검정의 필요성이 한층 더 커졌다. 방대한 데이터를 효과적으로 다루기 위해서는 통계학적 접근이 필수였으며, 이는 현대 데이터 분석 체계의 기초를 형성하였다. 한편, 머신러닝(Machine Learning)은 이러한 빅데이터 환경에서 통계학의 기능을 확장하는 새로운 분석 패러다임으로 자리 잡았다. 오늘날 머신러닝은 수학·통계학·컴퓨터 과학의 융합적 기반 위에서 발전하여 정형·비정형 데이터 분석, 대규모 모델링, 의사결정 자동화 등 다양한 분야의 핵심 도구로 활용되고 있다. 그 결과 머신러닝은 사회과학, 자연과학, 공학, 의학, 경영학 등 여러 학문 영역에서 실증 분석을 확장하고, 데이터 기반 연구(data-driven research)를 가능하게 하는 필수적 방법론으로 정착하였다.

따라서 PART 03에서는 전통적인 통계학의 분석 체계를 기반으로 하면서, 이를 현대적으로 확장하는 머신러닝 기법과 데이터 기반 의사결정 원리를 함께 다룬다. 데이터를 통해 의미 있는 패턴을 발견하고, 이를 활용하여 다양한 연구문제와 실제 문제를 해결할 수 있도록 머신러닝의 기초 원리와 방법론을 학습하는 데 목표를 둔다.

Contents

CHAPTER

10

예측을 위한 기본 지식

Basic Knowledge for Prediction

Contents

우리는 급격히 정보사회로 전환되는 시대에 살고 있다. 인터넷, 센서 기술, 모바일 기기, 디지털 플랫폼 등 정보기술의 발전은 데이터 생성의 규모와 속도에서 혁명적인 변화를 가져왔다. 그 결과 다양한 형태의 데이터가 폭발적으로 증가하였으며, 데이터는 이제 사회·경제·학문 전반에서 핵심 자원으로 자리 잡았다.

이러한 환경에서 머신러닝은 대규모 데이터로부터 규칙과 패턴을 자동으로 학습하여 예측과 분류를 수행하는 강력한 도구로 주목받고 있다. 분석자가 명시적으로 모델을 지정하지 않더라도 데이터 기반의 복잡한 구조를 탐색할 수 있다는 점에서, 머신러닝은 전통적인 통계적 추론의 한계를 보완한다.

예측 모델링을 올바르게 이해하려면 먼저 기본 용어를 알아야 하고, 전통적인 통계학이 어떻게 머신러닝과 결합되는지도 살펴봐야 한다. 데이터에는 일정한 구조와 패턴이 있다. 학습 알고리즘은 이 패턴을 일반화해서 새로운 데이터에 대한 예측을 수행한다. 따라서 이 과정을 체계적으로 이해하는 것도 중요하다.

머신러닝의 학습 과정은 단순한 계산 절차가 아니다. 데이터로부터 모형(parameters)을 추정하는 통계적 과정과 예측 오류를 줄이기 위한 손실 최소화(Loss Minimi zation)라는 최적화 과정이 복합적으로 작동한다. 이렇게 예측 모델을 구축하는 과정에서 반드시 고려해야 할 기본 개념들이 있다.

따라서 이 장에서는 머신러닝 학습에 필요한 기초 요소를 체계적으로 정리한다. 그리고 이를 실제 예측 모델링 과정에 어떻게 적용하는지 개념적으로 살펴보고자 한다.

SECTION

10.1 머신러닝과 데이터

앞서 PART 02에서는 기존 데이터를 분석하여 현재 상황이나 결과 등을 이해하고 그 결과가 얼마나 유의미한 것인지 확인하고 판단하는 과정을 학습했다. 그러나 데이터 분석 또는 데이터 연구 영역에서 단순히 과거 데이터로부터 의미를 찾는 데 그친다면 아쉬울 수밖에 없다. 만약 이미 쌓여 있는(또는 모을 수 있는) 데이터를 기반으로 미래에 나타날 수 있는 무언가를 찾을 수 있다면 데이터 분석은 더욱 다양한 분야에서 활용될 수 있을 것이다. 실제로 데이터 분석을 다루는 대다수 분야에서 단순히 '지금까지 어떠했다'라는 결과를 확인하여 해석하는 작업을 중요하게 여기고 있지만, 그에 더해 '미래에 어떤 결과를 가져올 것이다'라고 예측하는 작업에도 많은 노력을 기울이고 있다.[1]

머신러닝의 개념

머신러닝(machine learning)과 빅데이터(big data)는 데이터 분석을 통한 예측 작업에서 매우 중요한 개념이다. 이 둘은 혼용하여 사용될 만큼 아주 밀접한 관계이며, 기본적으로 상호 의존 관계에 있다. 빅데이터는 전통적인 방법으로 처리하고 분석하기 어려울 정도로 방대하고 복잡한 데이터를 말한다. 머신러닝은 빅데이터를 활용하거나 전처리하여 필요한 데이터를 추출·정제해서 특정한 모델에 학습시키고, 이를 기반으로 빅데이터를 분석하여 의사결정에 필요한 결과를 제시한다. 데이터의 양과 다양성이 증가함에 따라 머신러닝의 모델 성능이 향상되고 있으며, 그에 따라 빅데이터에서 가치 있고 유의미한 정보를 더 많이 추출해 내고 있다.

머신러닝은 데이터에 내재된 패턴을 학습함으로써 새로운 데이터가 추가되더라도 기존 학습에 기반하여 예측(회귀와 분류로 구분)하는 인공지능(AI, Artificial Intelligence)의 한 분야다. 인공지능이 활용되기 전에는 사람이 분석 시스템에 특정한 규칙을 제공하고 시스템이 그 규칙 안에서 작동하여 결과를 도출했지만, 머신러닝은 방대한 데이터를 기반으로 기계(컴퓨터)가 스스로 학습해서 데이터 속의 규칙을 찾아가는 방식으로 작동한다. 즉, 머신러닝은 **데이터를 학습하면서 그 안에 존재하는 규칙을 찾아내고 미래를 예측하는 것**으로 규정할 수 있다.

1 2000년대 중후반에 빅데이터라는 용어가 유행하기 시작했다. 그 후 컴퓨팅 파워가 향상되어 데이터양이 큰 폭으로 늘어나면서 데이터는 빅데이터를 포함하는 개념으로 사용되고 있다.

머신러닝 vs. 전통적인 통계학

머신러닝은 데이터를 분석하는 측면에서 통계학과 유사하게 활용된다. 또한 머신러닝을 학습할 때 통계학 이론은 핵심적인 기초 개념으로 작용한다. 그러나 둘 사이에는 많은 차이가 있다. [표 10-1]은 머신러닝과 전통적인 통계학의 차이를 보여준다.

[표 10-1] 머신러닝과 통계학의 차이

구분	머신러닝	통계학
목적	대량의 데이터를 기반으로 패턴을 학습하여 예측 성능을 최적화함	연구 문제에 대해 데이터를 수집하고 가설을 설정한 뒤, 검정을 통해 모집단의 특성을 추론함
데이터 크기	데이터에 내재된 패턴을 학습하기 위해 많은 양의 데이터가 필요함	연구자(조사자)가 직접 또는 간접적으로 데이터를 수집하여 검증하므로 상대적으로 적은 양의 데이터를 사용함
데이터 활용	예측 성능 향상을 위해 빅데이터를 적극적으로 활용함	분석 목적에 따라 제한된 데이터로 해석 중심의 접근을 함
가정	어떠한 가정도 필요하지 않으며 데이터를 기반으로 학습함	대부분 정규분포를 가정하고 분석을 진행함
모델링	가설 없이 데이터를 중심으로 문제를 해결하므로 연구자는 데이터에 관심을 집중해야 함. 데이터의 선형성이나 차원 축소가 필수는 아님	가설을 수립하고 이를 검증하기 위한 수학적 모델(예 회귀 모델)을 사용함

머신러닝의 특징

머신러닝의 특징을 잘 기억하고 있으면 머신러닝을 사용하여 문제를 해결할 때 어떤 접근 방법이 적절한지 판단하는 데 도움이 된다.

- **데이터 중심의 접근**(data-driven approach)
  머신러닝은 가설을 설정하지 않고 데이터를 직접 다루며, 그 안에 내재된 패턴을 발견하고 학습한다는 점에서 통계학과 차별화된다. 통계학에서는 회귀분석 등을 통해 변수 간 인과관계를 분석하지만, 머신러닝에서는 대량의 데이터를 학습한 후 데이터 안에 내재된 인과관계 패턴을 찾아 변수 간의 관계를 파악한다.

- **비선형 모델 학습**(ability to capture nonlinear relationships)
  통계학에서는 주로 선형 관계를 기반으로 분석하며, 비선형 관계에서는 해석이 제한적이다. 반면 머신러닝에서는 비선형 관계도 효과적으로 학습할 수 있어 현실 세계의 복잡한 데이터를 더 잘 다룰 수 있다. 예를 들어, 머신러닝의 주요 기법인 의사결정나무나 신경망 모델은 비선형 패턴을 효과적으로 학습한다.

- **대량의 데이터 활용**(effective use of large-scale data)

  통계학에서는 표본 추출 방식(확률적 표본추출 vs. 비확률적 표본추출)이 분석 결과에 큰 영향을 미치지만, 머신러닝에서는 데이터양이 많을수록 예측 성능이 향상된다. 즉, 머신러닝은 대규모 데이터를 활용해 복잡한 문제를 해결한다. 예를 들어 신경망 모델 중 하나인 복합신경망(CNN, Convolutional Neural Network)은 수백만 장의 이미지를 데이터로 인식하여 학습하고, 이를 바탕으로 새로 입력된 데이터를 높은 정확도로 분류할 수 있다.

- **자동 변수 선택 및 특징 학습**(automatic feature selection & representation learning)

  통계학에서는 많은 이론적 고찰을 통해 변수를 설정하는데, 이렇게 했어도 다중공선성 등의 문제가 발생할 수 있다. 머신러닝에서는 알고리즘을 통해 데이터를 분석하고 자동으로 특징을 추출하여 학습할 수 있으므로 이러한 문제에서 벗어날 수 있다. 예를 들어 안면인식의 경우 통계학에서는 눈, 코, 입 등의 특징이 각각 하나의 변수가 될 수 있고 연구자가 각 변수를 정의해야 하지만, 머신러닝에서는 각 특징을 이미지로 파악하여 자동으로 학습한다.

- **높은 예측 성능**(high predictive performance)

  머신러닝에서는 다양한 모델을 결합하거나 심층 구조를 활용해 예측 성능을 극대화할 수 있다. 반면, 통계학에서는 모델이 단순할수록 해석이 용이하고 예측력은 상대적으로 제한적이다.[2]

- **일반화와 과적합**(generalization & overfitting)

  • 머신러닝은 학습 데이터에 대해 높은 성능을 보일 수 있지만, 새로운 데이터에서는 성능이 저하되는 과적합 문제가 발생할 수 있다. 통계학에서는 변수 수를 제한하여 과적합을 방지한다. 머신러닝에서는 정규화나 교차검증 등의 기법을 통해 일반화 성능을 높일 수 있다.

머신러닝의 주요 용어

전통적인 통계학에서 가장 많이 사용하는 용어 중 하나가 '변수'이며 대표적인 변수 이름으로 '독립변수'와 '종속변수'를 사용한다. 간혹 기술 과정에서 독립변수를 설명 변수(expalantory variable)나 예측변수(predictor)라 부르기도 하고, 종속변수를 반응변수(response variable)나 결과 변수(outcome variable)라 부르기도 한다.

인공지능 분야에서도 변수 이름을 사용하는데, 해당 분야의 관점에 따라 표현을 달리하여 사용한다. 특히 머신러닝에서는 분류 문제인지, 회귀 문제인지에 따라 용어가 달라지기도 한다. [표 10-2]와 [표 10-3]은 각각 머신러닝에서 독립변수와 종속변수라는 용어가 어떻게 달라지는지를 나타낸다.

---

2 통계학이 이유를 밝히는 학문이라면, 머신러닝은 결과를 잘 맞히는 기술이라고 이해하면 좋다.

[표 10-2] 머신러닝에서 독립변수(independent variable)를 나타내는 용어[3]

<table>
<tr><th>일반적 활용 용어</th><th>분류</th><th>회귀</th></tr>
<tr><td colspan="3">X 변수(X variable)</td></tr>
<tr><td colspan="3">공변량(covariate)</td></tr>
<tr><td>특징(feature)</td><td colspan="2">설명 변수(explanatory variable)</td></tr>
<tr><td>입력 변수(input variable)</td><td colspan="2">예측변수(predictor)</td></tr>
<tr><td></td><td>속성(attribute)</td><td></td></tr>
<tr><td></td><td></td><td>회귀변수(regressor)</td></tr>
</table>

* feature: 머신러닝 모델이 학습하는 과정에서 입력되는 변수
* input variable: 모델에 입력되는 데이터(주로 신경망에서 많이 사용됨)
* explanatory variable: 예측을 설명하는 변수
* predictor: 미래의 결과를 예측하는 데 사용되는 변수
* covariate: 다른 변수에 영향을 주는 변수

[표 10-3] 머신러닝에서 종속변수(dependent variable)를 나타내는 용어[4]

<table>
<tr><th>일반적 활용 용어</th><th>분류</th><th>회귀</th></tr>
<tr><td colspan="3">y 변수(y variable)</td></tr>
<tr><td colspan="3">관측 변수(observed variable)</td></tr>
<tr><td colspan="3">기준 변수(criterion variable)</td></tr>
<tr><td>타깃 변수(target variable)</td><td colspan="2" rowspan="2">예측변수(predicted variable)</td></tr>
<tr><td>출력 변수(output variable)</td></tr>
<tr><td rowspan="2">속성(attribute)</td><td></td><td>반응값(response)</td></tr>
<tr><td colspan="2">레이블(label)</td></tr>
<tr><td></td><td>클래스 레이블(class label)</td><td></td></tr>
</table>

* observed variable: 실제 데이터로 관측되는 값
* criterion variable: 결과를 평가하는 기준이 되는 변수
* target variable: 가장 일반적으로 사용되는 용어. 예측의 변수(범주)/대상(수치형)
* output variable: 모델이 최종적으로 출력하여 나타내는 값
* predicted variable: 모델을 통해 예측할 수 있는 결과 값
* response: 독립변수에 대한 연속형 반응값
* label: 학습 데이터의 실제 범부와 실제 수치
* class label: 데이터가 속한 범주 이름

3 머신러닝에서는 특징(feature) 혹은 입력 변수(input variable)라는 용어를 가장 많이 사용한다.

4 분류 문제에서는 레이블(label)이나 클래스 레이블(class label), 회귀 문제에서는 반응값(response) 혹은 예측변수(predicted variable)라는 용어를 많이 사용한다.

SECTION 10.2 데이터에 대한 이해와 전처리

머신러닝에서 가장 중요한 것은 데이터다. 이는 모델이 데이터를 기반으로 학습을 시작하기 때문이다. 따라서 학습의 재료가 되는 데이터에 대한 전처리가 선행되어야 한다. 이렇게 정제된 데이터를 기반으로 학습함으로써 잘못된 분석 결과를 방지할 수 있다.

데이터에 대한 이해

데이터 과학에서는 다른 무엇보다 데이터에 대한 이해가 선행되어야 한다. 즉, 데이터의 특성과 구조를 파악한 후 분석을 진행해야, 이후 모델링 단계에서 적절한 방법을 선택하고 적용할 수 있다. 데이터는 분석의 출발점이므로 개념이나 방향이 잘못 설정되면 전체적인 문제로 이어질 수 있으며, 데이터 해석에 심각한 오류를 초래할 수 있다.

데이터를 이해하는 가장 쉬운 접근 방법은 데이터의 분포를 확인하는 것이다. 이를 바탕으로, 특정 변수가 존재할 경우 변수 간의 관계를 파악하고, 결측치가 포함되어 있다면 이에 대한 처리를 먼저 수행해야 한다.

데이터를 쉽게 이해하기 위해서는 '데이터의 구조 파악→기본 통계분석→시각화'의 순서로 진행하는 것이 좋다. 각 단계를 좀 더 자세히 살펴보자.

■ 데이터의 구조 파악

일단 데이터를 접하면 가장 먼저 데이터의 크기를 확인해야 한다. 이는 데이터의 행과 열이 어떻게 구성되어 있는지 파악한다는 의미다. 예를 들어 행과 열이 100×20이라면 100개의 관측치와 20개의 변수(변인)로 이루어진 데이터를 뜻한다. 행 수가 많다는 것은 관측 자료가 많다는 뜻이므로, 이는 학습에 활용할 수 있는 근거가 풍부하다는 점에서 바람직할 수 있다. 그러나 연산 측면에서 보면, 자원이 많이 들어갈 수 있어 시간과 비용 면에서 부담이 커질 수 있다. 열 수가 많다는 것은 어떤 목적에 따른 데이터 수집 시 다양한 특성을 고려했다는 뜻으로, 더욱 정확한 특성 파악이 가능하다는 장점이 있다. 하지만 변수의 수가 많아지면 **차원의 저주(curse of dimensionality)** 문제가 발생할 수 있다.

참고 차원의 저주

차원의 저주(curse of dimensionality)는 데이터 분석 분야에서 차원이 증가함에 따라 최적화가 어려워지는 현상을 의미한다. 이는 주로 데이터의 희소성(sparsity), 거리 계산의 어려움, 연산량의 증가, 과적합(overfitting) 등의 문제로 인해 발생한다. 예를 들어 친구들과 함께 대중목욕탕에 갔다면 여기서는 친구를 쉽게 찾을 수 있지만, 대규모 워터파크에 간 경우에는 공간이 넓고 구역이 많아 친구를 찾기 어려워지는 상황을 떠올릴 수 있다.

이처럼 차원이 증가하면 데이터 포인트 간의 거리가 멀어지고, 이웃 간의 거리가 멀어질수록 예측 정확도가 떨어지는 문제가 발생한다. 이러한 현상은 일반적인 3차원 물리적 공간에서는 크게 문제되지 않지만, 고차원 공간에서는 다양한 문제가 발생한다. 차원이 증가함에 따라 공간의 부피가 기하급수적으로 증가하기 때문이다. 그 결과 사용 가능한 데이터가 상대적으로 희소해진다. 따라서 신뢰할 수 있는 결과를 얻기 위해서는 훨씬 더 많은 양의 데이터가 필요하게 된다. 특히 KNN(K-Nearest Neighbors) 알고리즘의 경우, 거리 기반으로 예측을 수행하기 때문에 이웃 간의 거리가 멀어지면 계산이 어려워지고 성능이 저하될 수 있다.

[그림 10-1]은 차원에 따른 세 점(데이터)의 위치를 보여준다. 1차원 공간에 3개의 점이 있다고 가정하면, 이는 하나의 선 위에 3개의 점이 있는 것이다. 2차원에서는 하나의 면 위에 3개의 점이 위치하고, 3차원에서는 공간 속에 3개의 점이 존재하게 된다. 차원이 증가할수록 이 점들 사이의 거리는 점점 멀어지며, 이는 차원의 저주가 발생하는 원인이 된다.

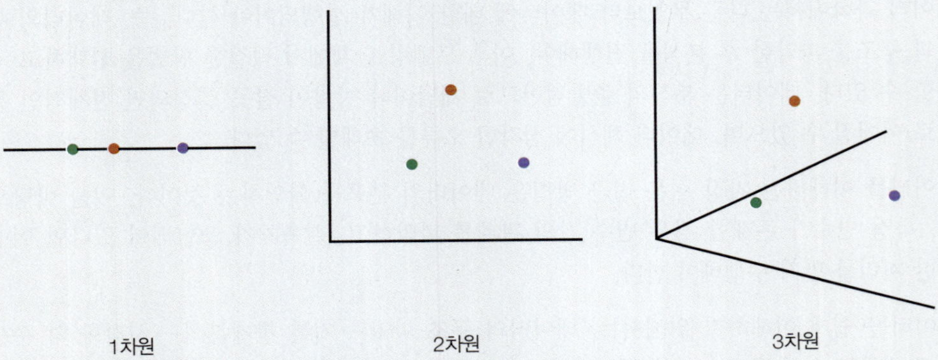

[그림 10-1] 차원에 따른 거리

차원이 증가하면서 데이터의 희소성이 발생하면, 컴퓨터는 해당 공간에 정보가 없다고 판단하여 이를 '0'으로 처리하게 된다. 이는 곧 정보의 부족을 의미하며, 정보가 부족한 상태에서는 예측이나 분석의 정확도가 떨어질 수밖에 없다. 이러한 문제를 해결하기 위한 방법으로 '차원 줄이기'와 '데이터 수 늘리기'가 있다.

다음으로 변수의 유형을 파악해야 한다. 데이터에는 다양한 유형의 변수가 포함될 수 있으며, 변수의 성격에 따라 적절한 분석 방법을 선택해야 한다. 전통적인 통계학에서는 변수의 특성을 척도(scale)로 구분하지만, 데이터 분석에서는 이를 더 단순화해서 연속형 변수와 범주형 변수로 나누어 표현한다.

- **연속형 변수(numerical variable)**: 측정 가능한 특정 숫자 값을 가지는 변수를 의미한다. 절대 0의 존재 여부에 따라 등간변수(interval variable)과 비율변수(ratio variable)로 구분하지만, 실제 분석에서는 이러한 구분이 크게 중요하지 않다. 연속형 변수는 숫자

로 표현되므로 사칙연산이 가능하고, 값의 크기에 따라 대소를 비교할 수 있다. 또한 특정한 값 사이에 무한한 값이 존재할 수 있다. 연속형 변수의 예로 길이(예 cm, m, km), 무게(예 g, kg), 온도(℃, ℉) 등이 있다.

- **범주형 변수(categorical variable)**: 데이터가 특정한 카테고리나 그룹으로 구분될 수 있는 변수를 말한다. 일반적으로 명목형 변수(nominal variable)와 서열변수(ordinal variable)로 분류한다. 범주형 변수 간에는 크기에 따른 구분이 불가능하고, 순서가 존재하는 경우는 있다. 또한 범주형 변수는 사칙연산이 불가능하고, 부여되는 숫자는 단지 구분자 역할만 한다. 예를 들어 '① 남, ② 여'는 명목형 변수로, 숫자는 단순히 성별을 구분하는 역할을 한다. '① 금메달, ② 은메달, ③ 동메달'은 서열형 변수로, 순서에 의미가 있지만, 여기서도 숫자는 구분자 역할만 할 뿐 숫자 간의 간격은 의미가 없다.

■ 기본 통계분석

데이터의 기본적인 구조를 파악했으면, 데이터를 더욱 심층적으로 이해하기 위해 요약하고 해석하는 과정이 필요하다. 이때 수행하는 것이 바로 통계분석(statistical analysis)이다. 이는 데이터 과학에서 가장 기초가 되는 작업으로, 데이터의 특성을 이해하기 위한 필수 과정에 해당한다. 기본 통계분석은 크게 기술통계와 추론통계로 나뉜다.

- **기술통계(descriptive statistics)**: 말 그대로 **데이터의 특성을 설명**하는 통계다. 즉, 데이터가 몰려 있는 정도를 나타내는 중심경향도와 데이터의 퍼짐 정도를 표현하는 산포도(dispersion)를 계산해서 데이터의 기본적인 특성을 설명한다.[5] 주로 평균·중앙값 등으로 중심경향도를 표현하고, 표준편차·범위 등으로 산포도를 표현한다.
- **추론통계(inferential statistics)**: 데이터를 설명하는 것이 아니라, 연구자나 조사자가 알고 싶은 과제에 대해 데이터를 기반으로 추론을 수행하는 과정이다. 주로 가설검정을 통해 이루어지며, 평균차이에 대한 검정(예 T-검정, 분산분석) 또는 인과관계에 대한 검정(예 회귀분석)으로 구성된다.

■ 데이터 시각화

숫자와 텍스트로 구성된 데이터를 처음 접하면 모두 비슷해 보일 수 있는데, 이를 그래프, 차트, 이미지 등으로 시각화하면 직관적으로 이해하기 좋다. 즉, 패턴이나 이상치가 쉽게 파악되고, 데이터가 효과적으로 전달된다.

파이썬에서 시각화를 지원하는 라이브러리로 Matplotlib, Seaborn, Pandas, Plotly 등이 있다. Matplotlib은 가장 기본적인 시각화 라이브러리이고, Seaborn은 고급 통계 시각화 라이브러리로 Matplotlib보다 더 세련된 시각화를 제공한다. Pandas는 데이터프레임을 기반으로 간단한 그래프를 지원하고, Plotly는 인터랙티브한 그래프를 지원한다.

5 dispersion을 '변동성'으로 해석하기도 한다.

데이터 전처리

원시 데이터(raw data)는 대개 불완전하고 일관성이 부족하여 바로 분석이나 모델링에 활용하기가 어렵다. 따라서 데이터를 정리하고 변환하여 분석에 적합한 형태로 만드는 과정이 필요한데, 이를 데이터 전처리(data preprocessing)라고 한다. 데이터 전처리가 중요한 이유를 다음과 같이 정리할 수 있다.

- **정확도 향상:** 원본 데이터에는 불필요하거나 오류가 있는 값이 포함될 수 있다. 이처럼 문제가 되는 값을 제거하거나 수정하여 분석의 정확도를 높일 수 있다.
- **모델 성능 개선:** 정제된 데이터는 머신러닝 모델의 학습 효율을 높이고 예측 성능을 향상시킨다.
- **분석 효율성 증대:** 분석에 필요한 행과 열을 선별하고 변환함으로써 불필요한 작업을 줄일 수 있고 분석 과정 및 모델링 과정의 효율을 높일 수 있다.

대부분의 데이터에는 결측치, 이상치, 중복값, 정규화 필요 값(데이터 변환) 등의 문제가 있을 수 있다. 이러한 문제를 사전에 파악하고 적절한 처리를 해야만 신뢰할 수 있는 분석 결과와 높은 모델 성능을 얻을 수 있다.

■ 데이터 수집

연구자는 다양한 경로로 데이터를 수집할 수 있다. 공공데이터는 정부 기관이나 연구기관 등에서 제공하며, 일반적으로 온라인에서 무료로 다운로드할 수 있다. 반면, 사설 데이터는 기업이나 단체에서 제공하는 경우가 많으며, 대부분 유료로 제공된다. 이러한 방식으로 적절한 데이터를 얻기 어려운 경우에는 웹 크롤링(web crawling)을 통해 필요한 정보를 직접 추출하거나, 설문조사를 통해 데이터를 직접 수집할 수도 있다.

수집한 데이터를 파이썬에서 로드(load)하려면 파일 형식이 적절해야 한다. 일반적으로는 CSV(Comma-Separated Values), 텍스트 파일(.txt), SQL 데이터베이스 형식 등이 있다. 또는 웹 서비스를 통해 제공되는 API(Application Programming Interface) 형태로 데이터를 받을 수도 있다.

■ 결측치(missing data) 처리[6]

결측치는 데이터셋 내에서 특정 값이 누락된 경우를 말하며, 주로 데이터 수집 과정에서 발생한다. 결측치를 적절히 처리하지 않으면 분석 결과가 왜곡되거나 모델 성능이 저하될 수 있으므로 반드시 신중하게 처리해야 한다. 결측치 처리 방법에는 **행 삭제(dropping rows)**, **열 삭제(dropping columns)**, **대체(imputation)** 방식이 있다.

6 결측치 처리와 이상치 처리에 대한 자세한 내용은 11장 '탐색적 데이터 분석'에서 설명한다.

■ 이상치(outlier) 처리

이상치는 데이터 내에서 다른 값들과 현저히 차이가 나는 극단적인 값을 의미한다. 이러한 값은 데이터셋의 최댓값과 최솟값을 크게 변화시켜 분석 결과에 강한 영향을 미치며, 모델 성능을 저하시킬 수 있다. 따라서 이상치를 확인하고, 적절하게 삭제하거나 대체해야 한다. 이상치를 탐지하는 방법에는 통계적 방법(예 기술통계량 확인)과 시각화 방법(예 박스플롯, 산점도 등을 통해 확인)이 있다.

■ 데이터 변환(scaling & normalization)

데이터 변환은 머신러닝 모델의 학습 효율을 높이기 위해 변수 간의 크기 차이를 조정하는 과정이다. 특정 변수의 값이 다른 변수보다 훨씬 크면, 모델이 그 변수에 과도하게 집중할 수 있으며, 특히 거리 기반 알고리즘(예 KNN, K-평균)에서는 이러한 차이가 성능에 직접적인 영향을 미친다. 예를 들어 나이와 학교까지의 거리라는 두 변수가 있을 때, 거리 값이 훨씬 크다면 모델은 거리 변수에 더 많은 가중치를 둘 우려가 있다. 또한 데이터가 정규분포를 따르지 않을 경우, 데이터를 정규분포로 변환함으로써 모델 성능을 향상시킬 수 있다.

- **정규화**(normalization): 대표적인 방법으로 데이터를 0과 1 사이의 값으로 변환하는 방법(Min-Max Scaling)이 있다. 이는 최솟값을 0, 최댓값을 1로 설정하고 나머지 값들을 그 사이에 비례적으로 분포시키는 방법이다. 이 방법은 매우 직관적이고 이해하기 쉽지만, 큰 이상치가 존재한다면 대부분의 값을 0에 가깝게 변환하므로 데이터를 통한 의미 파악이 어려워진다. 정규화는 균등분포를 가진 데이터에 주로 사용한다.
- **표준화**(standardization): 데이터를 평균$(\mu)=0$, 표준편차$(\sigma)=1$인 정규분포로 변환하는 방법이다. 수식 $Z=\frac{x-\mu}{\sigma}$으로 Z-$score$를 구한다. 데이터의 범위를 통일시키므로 K-평균 군집이나 거리 기반의 알고리즘에 필수적으로 사용된다. 하지만 모든 데이터가 정규분포를 따른다고 가정하므로, 데이터셋이 특이한 분포를 구성한다면 Z-$score$를 활용하는 것이 적합하지 않을 수 있다.

■ 범주형 데이터 처리(categorical encoding)

범주형 데이터는 특정 클래스나 그룹으로 구분되는 데이터이므로, 머신러닝 모델에서 처리하기 위해서는 이를 수치형 데이터로 변환해야 한다. 범주형 데이터를 인코딩하는 방법에는 **원-핫 인코딩(one-hot encoding)**, **라벨 인코딩(label encoding)**, **순서형 인코딩(ordinal encoding)**, **빈도 인코딩(frequency encoding)**, **타깃 인코딩(target encoding)** 등이 있다. 이러한 인코딩 방식은 크게 볼 때 문자형 데이터(예 단어, 이름)를 숫자형 데이터로 표현하거나, 측정된 빈도 또는 통계적 특성에 기반하여 변환하는 방식으로 구분된다. 선택하는 인코딩 방식에 따라 모델의 성능과 해석 가능성이 달라질 수 있으므로, 데이터의 특성과 알고리즘에 맞는 방법을 사용하는 것이 중요하다.

■ 중복 데이터 처리(duplicates handling)

중복 데이터는 수집된 데이터셋에서 행이 반복적으로 나타나는 경우로, 이는 곧 수집된 자료의 케이스(case)가 중복되어 나타난다는 뜻이다. 동일한 데이터가 중복되어 나타나면 분석 결과가 왜곡되므로 적절한 절차에 따라 중복 데이터를 처리해야 한다. 행 전체의 값이 완전히 동일한 경우를 **완전 중복**이라 하고, 행의 일부 값은 동일하지만 나머지 값은 다른 경우를 **부분 중복**이라 한다. [표 10-4]에서 1번 항목에 대하여 5번 항목은 완전 중복이고, 7번 항목은 부분 중복에 해당한다.

[표 10-4] 완전 중복과 부분 중복

번호	품목	원산지	재질	개수	
1	스프링	한국	철	150	
2	망치	대만	철, 나무	200	
3	줄자	영국	철	100	
4	수평계	독일	알루미늄	120	
5	스프링	한국	철	150	◀----- 완전 중복
6	대패	미국	나무, 철	100	
7	스프링	한국	나무	150	◀----- 부분 중복
8	렌치	캐나다	철	110	

■ 데이터 분할(train-test split)

데이터 분할은 머신러닝 모델을 학습시키기 전에 데이터를 학습용 데이터(training data)와 테스트 데이터(test data)의 둘로 구분하거나 검증용 데이터(validation data)까지 3개로 구분하는 과정을 의미한다. 이렇게 데이터를 분할하는 이유는 무엇일까? 만약 데이터 전체로 학습한다면 현재의 데이터에 대해서는 성능이 아주 잘 나오겠지만 새로운 데이터에 대해서는 성능이 떨어지는 과적합(overfitting)의 문제가 발생할 수 있다. 이러한 문제를 방지하기 위해 현재의 데이터셋을 학습용 데이터와 테스트 데이터로 분할하여 학습한 모델이 새로운 데이터에서도 잘 작동하는지 확인하는 것이다.

일반적으로 학습용 데이터는 전체 데이터의 60~80%, 테스트 데이터는 20~40%, 검증용 데이터는 10~20%를 사용한다. 데이터 크기가 충분한 일반적인 문제에 대해서는 **학습용 데이터 : 테스트 데이터**를 **7:3** 혹은 **8:2**의 비율로 분할한다. 하이퍼파라미터 튜닝이 필요한 경우에는 검증용 데이터를 추가하여 **학습용 데이터 : 검증용 데이터 : 테스트 데이터**를 8:1:1 혹은 **7:1.5:1.5**로 분할하고, 상황에 따라 **7:2:1**로 분할하기도 한다.

하이퍼파라미터 튜닝(hyperparameter tuning)은 모델 성능을 최적화하기 위해 모델을 학습하는 과정에서 외부에서 설정하는 값이다. 하이퍼파라미터 튜닝을 적절히 적용하면 새로운 데이터에 대해서도 높은 예측 성능을 지닌 모델을 만들 수 있다. 다만 설정이 잘못되면 학습이 제대로 이루어지지 않아 예측 정확도가 떨어질 수밖에 없다. 예를 들어 KNN 알고리즘에서 K값이 너무 작으면 과적합이 발생하고, K값이 너무 크면 과소적합의 문제가 발생할 수 있다. 랜덤 포레스트(Random Forest)의 경우 트리의 깊이와 개수가 모델 성능에 영향을 미치므로 이를 적절히 조정하여 최적의 깊이와 개수를 찾는 것이 중요하다.

참고 과적합과 과소적합

과적합(overfitting)은 모델이 학습용 데이터에 지나치게 맞추어져 있어 새로운 데이터에 대한 예측 성능이 낮아지는 현상으로, 일반화가 어려워진다. 반면 과소적합(underfitting)은 모델이 충분히 학습되지 않아 데이터의 패턴을 제대로 파악하지 못하고 전체적인 성능이 낮아지는 상태를 의미한다.

이제 파이썬을 이용해 데이터를 분할하는 과정을 구체적으로 살펴보자.

DataFrame을 이용하기 위해 **Pandas**와 **sklearn.model_selection**의 **train_set_split**을 임포트한다.[7]

```
from sklearn.model_selection import train_test_split
import pandas as pd
```

[그림 10-2] 라이브러리 임포트하기

data에 **f1**을 **1, 2, 3, 4, 5, 1, 2, 3, 4, 5**로, **f2**를 **5, 4, 3, 2, 1, 5, 4, 3, 2, 1**로 입력한다. **re**에는 이진 분류의 결과인 **0, 1, 0, 1, 0, 1, 0, 1, 0, 1**을 입력한다. **data**에 대한 **DataFrame**을 **df**로 정의한다.

```
data = {'f1' : [1, 2, 3, 4, 5, 1, 2, 3, 4, 5],
        'f2' : [5, 4, 3, 2, 1, 5, 4, 3, 2, 1],
        're' : [0, 1, 0, 1, 0, 1, 0, 1, 0, 1, ]}
df = pd.DataFrame(data)
```

[그림 10-3] DataFrame으로 저장

학습용 데이터와 테스트 데이터를 각각 **trainset**과 **testset**으로 정의하기 위해 **train_test_split** 함수를 이용한다. **df**로 정의한 데이터프레임에 대해 **test_size=0.2**, 즉 20%로 설정하고, **random_state=42**로 설정하여 실험 재현성을 보장하도록 한다.[8]

7 sklearn을 임포트했을 때 'ModuleNotFoundError: No module named 'sklearn'이라는 에러 메시지가 표시된다면 명령 프롬프트(검색 옵션에서 cmd 입력)를 열어서 pip install scikit-learn을 입력하여 설치부터 해야 한다.

8 · random_state=42에서 42는 특별한 기능을 하는 수치는 아니라 임의로 선택한 숫자다. 다른 숫자를 사용해도 무방하지만, 많은 예제에서 사용되는 값이므로 관례적으로 활용한다.
· 실험 재현성(reproducibility)이란 머신러닝 모델을 학습시키면서 데이터셋을 여러 번 분할하더라도 그 결과가 일관되게 유지되는 것을 의미한다. 실험 재현성이 보장되지 않으면 학습용 데이터와 테스트 데이터가 매번 달라져 모델의 성능 평가 결과도 매번 달라진다.

```
trainset, testset = train_test_split(df, test_size=0.2, random_state=42)
```

[그림 10-4] 학습용 데이터와 테스트 데이터 구분

shape 메서드를 이용하여 학습용 데이터셋과 테스트 데이터셋을 확인한다.

```
print('학습용 데이터:', trainset.shape)
print('테스트 데이터:', testset.shape)
```

```
학습용 데이터: (8, 3)
테스트 데이터: (2, 3)
```

[그림 10-5] 학습용 데이터셋과 테스트 데이터셋 확인

출력 결과를 보면, 학습용 데이터 80%, 테스트 데이터 20%로 구분된 것을 확인할 수 있다.

만약 **학습용 데이터:테스트 데이터:검증용 데이터**를 **8:1:1**로 분할하고 싶다면 전체 데이터를 학습용 90%, 테스트 10%로 나눈 뒤, 다시 학습용 데이터에서 학습용 데이터:검증용 데이터를 8:1로 분할한다.[9]

```
data = {'f1' : [1, 2, 3, 4, 5, 1, 2, 3, 4, 5],
        'f2' : [5, 4, 3, 2, 1, 5, 4, 3, 2, 1],
        're' : [0, 1, 0, 1, 0, 1, 0, 1, 0, 1, ]}
df = pd.DataFrame(data)

trainset, testset = train_test_split(df, test_size=0.1, random_state=42)
trainset, valset = train_test_split(trainset, test_size=1/9, random_state=42)

print('학습용 데이터:', trainset.shape)
print('검증용 데이터:', valset.shape)
print('테스트 데이터:', testset.shape)
```

```
학습용 데이터: (8, 3)
검증용 데이터: (1, 3)
테스트 데이터: (1, 3)
```

[그림 10-6] 학습용 데이터:테스트 데이터:검증용 데이터를 8:1:1로 분할

이처럼 모델의 일반화(generalization) 성능을 높이기 위해서 데이터를 분할한다. 모델이 학습용 데이터에 과적합되지 않고, 새로운 데이터에 대해서도 높은 예측 성능을 보일 수 있도록 학습용 데이터와는 다른 데이터로 모델을 검증하고 테스트하는 과정이 필요하다.

9 학습용 데이터:테스트 데이터를 8:2로 분할한 후 테스트 데이터를 테스트과 검증용으로 1:1로 분할하는 방식이 더 간단하다고 생각할 수 있다. 그러나 테스트 데이터는 모델의 최종 성능을 평가할 때 사용되는 데이터이므로 모델 학습 과정에는 반드시 학습용 데이터를 사용해야 한다. 따라서 학습의 사전/사후 개념을 고려하면, 검증용 데이터는 학습용 데이터에서 분할하여 사용하는 것이 바람직하다. 검증 과정에서 테스트 데이터를 이용하면 모델 평가 결과가 왜곡되어 최종 성능을 판단하기 어려울 수 있다.

SECTION
10.3 예측에 대한 이해

예측의 개념

우리가 PART 02에서 다룬 데이터 분석은 측정된 관측치를 바탕으로 통계적 기법을 활용해 평균의 차이나 변수 간 인과관계를 파악하고, 그로부터 유의미한 정보를 도출하는 과정이었다. 즉, 특정 문제에 대한 데이터를 수집해서 그 문제에 담긴 의미를 '설명'하는 것이 목적이었다. 이 설명은 평균차이일 수도 있고, 변수 간 영향 관계를 나타내는 것일 수도 있는데, 무엇이 되었든 당시 상황에 대한 '해석'을 제공하는 데 중점을 둔다.

반면, 예측(prediction)은 과거 데이터를 기반으로 미래에 발생할 사건 또는 아직 알려지지 않은 값을 추정하거나 추론하는 과정이다. 현재의 데이터에서 패턴과 관계를 분석해 새로운 데이터에 대한 결과를 예측하고, 이를 통해 적절한 의사결정을 지원한다. 즉, 예측 기법을 활용함으로써 현재의 결정이 미래에 어떤 결과로 이어질지를 가늠할 수 있다. 예측 기법을 활용하는 대표적인 예로 특정 상품에 대한 구매 확률 예측, 환자의 질병 가능성 예측, 주가 변동 추정 등을 들 수 있다.

많은 문헌에서 예측을 '분류'와 예측'으로 구분하지만, 더 정확하게는 '분류(classification)'와 '회귀(regression)'로 나누는 것이 타당하다. 분류는 특정 클래스(구분 혹은 범주)에 속하는지를 예측하는 것이고, 회귀는 특정 수치를 예측하는 것이다. 예측은 일반적으로 데이터의 성격에 따라 이 두 가지 관점, 즉 분류 문제와 회귀 문제로 나누어 접근할 수 있다.

예측의 목적

예측은 다양한 목적으로 수행된다. 주로 언급되는 예측의 목적을 살펴보면 다음과 같다.

■ 미래의 결과 예측

미래를 예측한다는 것은 단순한 직관이나 추측이 아니라, 과거 데이터를 기반으로 특정 값을 추정하는 과정이다. 데이터 내의 패턴과 관계를 학습한 후, 새로운 데이터를 입력하여 미래에 발생할 수 있는 상황을 추론하는 것이다. 이 과정에서 확률적 기법과 머신러닝 모델을 활용해 예측 성능을 향상시킨다.

미래 예측은 다양한 분야에서 활용된다. 예를 들어 비즈니스나 경제 분야에서는 판매량을 예측하여 재고 관리의 효율을 높이고, 시장 트렌드를 분석함으로써 소비자의 관심사나 유행의 방향성을 파악할 수 있다. 또한 특정 기간의 제품 수요를 예측하여 사전에 대비할 수 있다. 의료 및 건강 분야에서는 개별 환자의 건강 데이터를 분석하여 특정 질병의 발병 가능성을 예측할 수 있다. 또한 병원에서는 환자 데이터를 기반으로 병상 부족이나 과잉에 대한 추세를 판단하여 입원 환자 수를 예측할 수 있다. 기후 및 환경 분야에서는 기후 변화 패턴을 분석하여 기온이나 강수량을 예측하고, 위성이나 센서를 활용해 태풍이나 자연재해를 예측할 수 있으며, 대기질 데이터를 분석하여 미세먼지와 같은 대기 오염을 예측할 수도 있다. 이러한 활용은 일부 사례에 불과하며, ICT 기술이 발전함에 따라 거의 모든 분야에서 데이터 기반 예측이 가능해지고 있다.

다만, 예측은 아무리 과학적인 방법에 기반하더라도 본질적으로 미지의 상황을 다루기 때문에 한계가 존재한다. 데이터 품질이 낮거나 외부 요인(예 자연재해, 경제 위기)이 반영되지 않은 경우, 예측 결과는 부정확할 수 있다. 또한 특정 데이터에 의존해 학습한 경우 과적합 문제가 발생할 수 있다. 따라서 예측 모델에 대한 지속적인 평가와 개선이 필요하다. 특히 데이터의 편향이나 부족 문제를 관리하고, 해석 가능한 모델을 선택하는 것이 중요하다.

■ 의사결정 지원

예측은 특히 비즈니스 분야에서 의사결정을 지원하는 데 많이 활용된다. 이는 데이터 마이닝과 예측 분석을 통해 기업이 더 나은 의사결정을 내릴 수 있는 근거를 제공하기 때문이다. 이미 축적된 데이터나 목적에 따라 수집된 데이터를 통해 현재의 트렌드를 분석하고, 이를 바탕으로 미래의 결과를 예측할 수 있다. 예측을 의사결정에 활용하는 이유는 비용 절감을 통한 수익 극대화와 리스크 관리 및 효율성 향상을 위한 수치적 판단 기준을 제공하기 때문이다. 이러한 데이터 기반 의사결정 과정을 고도화하여 자동화 시스템을 구축하면, 불필요한 자원 낭비를 줄일 수 있다.

구체적인 예를 들어보자. 기업 외부적으로는 군집분석을 통해 고객을 그룹으로 나누고, 각 그룹에 맞는 최적의 마케팅 전략을 수립할 수 있다. 또한 AI 기반 추천 시스템을 개발하여 고객에게 최적의 제품을 제안할 수 있으며, 불특정 다수를 대상으로 광고를 제작하기보다는 고객의 반응성을 예측하여 최적화된 광고를 만들어 진행할 수 있다. 기업 내부적으로는 현금 흐름을 분석하고 예측함으로써 자금 부족에 대비할 수 있으며, 불필요한 비용을 절감하고 최적의 예산 배분을 실현할 수 있다. 또한 머신러닝을 통해 미래 수요를 예측함으로써 생산 및 물류 시스템 효율화에 기여할 수 있다.

여기서도 데이터 품질은 핵심 요소가 된다. 데이터 품질이 낮으면 모델에 대한 신뢰가 떨어지고, 의사결정에 오류가 발생할 수 있다. 이러한 문제가 생기지 않도록 데이터 품질을 지속적으로 점검하고, 모델을 정기적으로 업데이트해야 한다.

■ 이상치 탐지와 리스크 관리

이상치(outlier)란 일반적인 데이터와 현저하게 차이가 나는 값을 의미한다. 예를 들어 매월 카드 사용 패턴이 생필품 위주였다가 자동차 교체 시기에 고액의 결제가 발생했다면, 해당 결제는 평소와 큰 차이를 보이므로 이상치로 간주될 수 있다. 이러한 이상치는 전체 데이터에 영향을 미치며, 특히 평균값을 왜곡할 수 있다. 실제로 비즈니스 환경에서 이상치가 발견되면 이를 사기 등의 위험 신호로 인지하고 대처하기도 한다. 반대로 이상치가 긍정적인 신호로 작용하기도 한다. 예를 들어 특정 제품의 판매량이 급증하거나 시장 트렌드가 변화한 경우, 이상치는 비즈니스의 변곡점을 나타내는 지표가 될 수 있다.

이상치를 탐지하는 방법은 다양하다. 가장 기본적인 방법은 Z-점수(Z－score)를 활용하는 것이다. $Z = \frac{x-\mu}{\sigma}$, (x = 관측값, μ = 평균, σ = 표준편차)로 계산하여 일반적으로 Z = 3 이상이면 이상치로 판단할 수 있다.[10]

머신러닝 기반의 이상치 탐지 방법도 존재한다. 예를 들어 트리 구조를 활용해 샘플을 분리하여 이상치를 탐지하는 Isolation Forest, 정상 데이터를 학습한 후 여기서 벗어나는 데이터를 이상치로 분류하는 SVM(Support Vector Machine), 비지도 학습 방식으로 재구성 오류가 큰 데이터를 이상치로 간주하는 Autoencoder 등이 있다.

리스크 관리(risk management)는 위험을 식별하고 평가한 후, 우선순위를 정해 대응 방안을 마련하는 과정이다. 리스크 관리 목적은 리스크를 예측하여 최소화하고, 불확실한 상황을 안정적으로 관리하는 데 있다.

■ 최적화와 자동화

최적화(optimization)는 제한된 자원이나 조건 속에서 최적해를 찾는 과정이다. 일반적으로 최적해는 최소화와 최대화 문제로 구분되며, 예를 들어 비용을 최소화하고 수익을 최대화하는 것이 이에 해당한다. 대표적인 최적화 기법으로 KNN(K-최근접 이웃), 유전자 알고리즘(genetic algorithm), 그라디언트 하강법(gradient descent) 등이 있다. 이러한 기법은 산업 분야에서 생산 계획이나 물류를 최적화하는 데 활용되며, 마케팅에서는 광고 예산을 효율적으로 배분하고 캠페인 효과를 분석하는 데 사용된다.

자동화(automation)는 사람이 수행하던 작업이나 프로세스를 기계나 시스템을 통해 자동으로 처리하는 과정이다. 반복적인 작업을 자동화함으로써 시간과 비용을 절감하고, 인간의 개입을 줄여 오류 발생 가능성을 낮출 수 있다. 또한 동일한 품질을 지속적으로 얻을 수 있어 결과의 일관성이 확보된다.

최적화는 수학적 기법과 알고리즘을 통해 최선의 결과를 도출하는 과정이고, 자동화는 반복 작업을 소프트웨어나 장치를 통해 수행함으로써 사람의 개입을 최소화하는 방식이라는 차이가 있다. 그러나 둘 다 효율성과 성과 향상을 위한 수단으로써 상호 보완적으로 활용될 수 있다.

10 Z값이 1.96, 2.58, 3.30인 경우 유의수준(α)은 각각 95%, 99%, 99.9%다. 따라서 Z=3은 99%를 훨씬 벗어난 수준이므로 이상치로 판단하는 것이다. 다만 Z=3이 절대적인 기준은 아니며, 상황에 따라 판단이 달라질 수 있다.

예측의 특징

예측에는 다음과 같은 특징이 있다.

■ 데이터 기반

예측은 과거의 데이터를 기반으로 현재에 활용할 수 있는 정보를 추출하고, 이를 분석하여 미래의 사건이나 결과를 추정하는 과정이다. 따라서 데이터의 양이 충분하고 품질이 우수할수록 예측의 정확도는 높아진다. 여기서 말하는 우수한 데이터란 오류나 왜곡이 없고 결측값이 없으며, 모집단을 잘 대표하는 데이터를 의미한다.

■ 불확실성

예측은 확정된 결과를 제공하는 것이 아니라, 미래에 발생할 가능성이 있는 결과를 추정하는 것이므로 본질적으로 불확실성을 내포한다. 따라서 예측에서는 불확실성을 줄이는 것이 중요하다. 불확실성의 주요 요인은 다음과 같다.

- **데이터의 한계:** 데이터 자체에 내재하는 문제로, 충분하지 않거나 편향된 데이터셋은 예측에 대한 신뢰도를 떨어뜨린다.
- **모델의 제약:** 데이터를 모델에 적용하여 미래를 예측하는데, 모든 모델은 각각의 가정과 한계가 있으며, 특정 상황에서만 최적의 성능을 발휘하는 모델도 있다.
- **외부 요인:** 처음부터 예견할 수 없거나 반영되지 않는 외부 변수가 결과에 큰 영향을 미칠 수 있다. 외부 변수의 대표적인 예로 경제 변화, 천재지변, 정치적 영향을 들 수 있다.

이외에도 다양한 요인들이 존재할 수 있다. 예측의 불확실성을 최소화하기 위해 예측 결과에는 신뢰구간이나 오차 범위를 함께 제공해야 한다.

■ 모델 의존성

예측 결과는 연구자가 사용하는 알고리즘이나 모델에 따라, 튜닝 방법에 따라 정확도와 신뢰도가 달라질 수 있다.

- **모델 선택:** 선형 회귀, 신경망, 의사결정나무, 랜덤 포레스트 등 다양한 모델이 있다. 이러한 모델 중에서 문제에 맞는 최적의 모델을 선택해야 한다.
- **모델 튜닝:** 머신러닝 모델의 성능을 최적화하는 과정에서 예측의 정확도를 좀 더 높이기 위해 세부 조정을 할 수 있다. 모델 튜닝에는 하이퍼파라미터 조정, 특징 선택 및 엔지니어링, 교차검증 등의 방법이 있다.

■ 미래지향성

예측의 궁극적인 목적은 불확실한 미래를 지금까지 축적한 데이터를 통해 분석하고 대비하는 데 있다. 물론 100% 정확한 예측은 불가능하지만, 가능한 한 근접한 결과를 도출함으로써 개인, 기업, 정부 등 의사결정 주체들이 효과적인 계획을 수립하고 리스크를 최소화할 수 있도록 돕는다. 개인에게는 위험 관리, 기업에는 비즈니스 전략 수립, 정부에는 자원 최적화 등의 형태로 예측이 활용될 수 있다.

■ **응용 가능성**

예측은 다양한 분야와 상황에 응용될 수 있다. 예를 들어 기업이 신제품을 개발한 경우, 과거 데이터를 기반으로 수요를 예측하여 생산 계획을 수립할 수 있다. 신제품에 대한 광고를 진행할 경우, 광고 효과를 분석해서 고객 행동 예측을 통한 추천 시스템을 개발할 수 있다.

■ **지속적인 업데이트**

예측 모델이 현재 시점에서 높은 정확도를 보이더라도, 시간이 흐름에 따라 인간의 행동, 유행, 추세 등이 변화하면서 데이터 역시 달라지게 된다. 이로 인해 기존 모델이 더 이상 적합하지 않을 수 있다. 따라서 예측 모델은 지속적으로 업데이트되고 개선되어야 한다. 이를 위해 새로운 데이터를 활용한 추가 학습이 필요하며, 시장 변화나 기술 발전에 따른 환경 변화도 반영되어야 한다. 기존 모델의 성능을 유지하는 것도 중요하지만, 새로 개발된 알고리즘이나 튜닝 기법을 적용하여 예측 성능을 개선하는 작업도 중요하다.

예측의 종류

예측의 종류는 관점에 따라 다양하게 분류된다. 데이터 마이닝 분야의 기술에 따른 분류(예 선형 회귀, 의사결정나무, 신경망), 접근 방식에 따른 분류(예 지도학습, 비지도학습, 강화학습 등), 목적에 따른 분류(예 분류, 회귀, 이상치 탐지), 시간에 따른 분류(정적 예측, 동적 예측) 등이 있다. 이러한 분류는 예측을 체계적으로 학습하는 데 유용하지만, 예측을 처음 접하는 사람이 직관적으로 이해하기는 어려울 수 있다. 따라서 여기서는 상대적으로 익히기 쉬운 '유형(데이터의 성격)'에 따른 분류 방법으로 접근해 보자.

- **수치 예측**(numerical prediction): 연속적인 숫자 값을 예측하는 문제다. 예를 들어 특정 지역의 주택 가격, 특정 날짜의 최고·최저 기온, 기업의 주가 등을 예측하는 경우가 이에 해당한다. 예측 대상이 연속형 변수일 때 사용되며, 일반적으로 회귀 문제와 관련이 있다. 대표적인 알고리즘으로는 선형 회귀, 회귀나무, 인공 신경망 등이 있다.
- **분류**(classification): 예측 대상이 미리 정의된 카테고리(범주, 클래스) 중 하나에 속하는지를 판단하는 문제다. 예를 들어 이메일이 스팸인지 아닌지 분류하기(이진 분류), 고객이 서비스를 이탈할지 유지할지 예측하기(이진 분류), 손글씨 숫자 0~9 인식하기(다중 클래스 분류) 등의 문제가 있다. 지도학습(supervised learning)이 대표적인 접근 방식이며, 주요 알고리즘으로 로지스틱 회귀, K-최근접 이웃, 의사결정나무, 랜덤 포레스트, 서포트 벡터 머신, 인공 신경망 등이 있다.

- **이상치 탐지(anomaly detection)**: 정상적인 데이터와 다른 특이한 데이터(outlier)를 탐지하는 문제다. 이상치는 일반적으로 드물게 발생하거나 예측하기 어려운 특징이 있다. 이상치 탐지의 예로, 신용카드 거래 중 사기 거래 탐지하기, 제조업에서 발생하는 불량품 식별하기, 네트워크에서 해킹 시도나 악성 코드의 감염 탐지하기 등을 들 수 있다. 지도학습이나 비지도학습의 방법으로 접근할 수 있으며, 대표적인 알고리즘으로 거리 기반 이상치 탐지, 밀도 기반 이상치 탐지 등이 있다.
- **시계열 예측(time series forecasting)**: 시간의 흐름에 따라 변화하는 데이터의 양상이나 미래의 어느 값을 예측하는 문제다. 시간순으로 수집된 시계열 데이터를 활용하여 미래의 기온, 습도, 강수량, 특정 주식 가격, 매출액 등을 예측한다. 대표적인 알고리즘으로 자기회귀모형, 이동평균모형, ARIMA 등이 있다.

분류와 회귀의 예측 알고리즘

서두에 설명하였듯이, 분류와 회귀는 예측에서 가장 중요한 분석 기법이라 할 수 있다.[11]

[표 10-5] 분류와 회귀의 차이점

기법	결과	대상	예시
분류	그룹화	이산값	이메일의 스팸 여부 판단
회귀	숫자 예측	연속값	특정 주식의 가격 예측

예측 모델링에서 분류와 회귀의 주요 알고리즘은 [표 10-6]과 같다.

[표 10-6] 분류와 회귀의 주요 알고리즘

기법	주요 알고리즘
분류	• 로지스틱 회귀(Logistic Regression) • K-최근접 이웃(K-Nearest Neighbors, KNN) • 의사결정나무(Decision Tree) • 랜덤 포레스트(Random Forest) • 서포트 벡터 머신(Support Vector Machine, SVM) • 인공 신경망(Artificial Neural Network)
회귀	• 선형 회귀(Linear Regression) • 다항 회귀(Polynomial Regression) • 릿지 회귀(Ridge Regression), 라쏘 회귀(Lasso Regression) • 랜덤 포레스트 회귀(Random Forest Regression) • 서포트 벡터 회귀(Support Vector Regression, SVR) • 인공 신경망 회귀(Neural Network Regression)

11 자세한 설명은 249쪽의 '예측의 개념' 항목을 참조한다.

SECTION
10.4 하이퍼파라미터 튜닝

하이퍼파라미터 튜닝의 개념

하이퍼파라미터는 머신러닝에서 모델을 학습시키기 전에 분석자가 직접 설정하는 값으로, 모델의 구조와 성능에 큰 영향을 미친다. 하이퍼파라미터 튜닝(hyperparameter tuning)[12]은 모델 성능을 최적화할 수 있는 하이퍼파라미터 값을 찾는 과정을 말한다.

갈비찜을 만든다고 해보자. 주재료인 고기의 신선도가 제일 중요하겠지만 전처리를 통해 최상의 상태로 만들 수 있다. 이때 소금, 간장 등 부재료를 적절히 첨가하면 갈비찜의 맛이 극대화된다. 같은 고기를 사용하더라도 부재료의 종류와 비율에 따라 음식의 맛은 달라지며, 이는 결국 평범한 식당과 맛집을 구분 짓는 요소가 된다. 여기서 데이터가 요리의 주재료라면, 하이퍼파라미터 튜닝은 부재료를 적절하게 사용하여 주재료의 맛을 극대화하는 과정에 해당한다.

데이터를 기반으로 선형 회귀 모델을 학습시키면 회귀계수가 자동으로 도출된다. 이 회귀계수는 각 변수의 영향력을 나타내는 가중치로, 모델 파라미터(model parameter)에 해당한다. 반면, 분석자가 모델 학습 전에 직접 설정하는 값은 하이퍼파라미터(hyperparameter)로 구분되며, 모델의 성능을 결정하는 중요한 요소가 된다. 하이퍼파라미터로 모델의 복잡도를 조정하거나 학습률을 설정하기 때문이다. 예를 들어 의사결정나무에서는 트리의 최대 깊이, K-최근접 이웃(KNN)에서는 이웃의 개수, 신경망에서는 층의 수 등을 조정하는 것이 이에 해당한다.

하이퍼파라미터 튜닝의 필요성

모델 성능이 우수해야 최적화된 예측을 수행할 수 있는데, 성능 최적화를 위한 필수 과정이 하이퍼파라미터 튜닝이다. 우선 하이퍼파라미터 설정에 따른 모델의 성능 변화를 이해하기 위해 과적합(overfitting)과 과소적합(underfitting)이라는 개념을 살펴보자.

과적합은 모델이 학습용 데이터에 지나치게 잘 맞아 일반화 능력이 떨어지는 현상이다. 학습 과정에서 데이터의 미세한 부분까지 학습하게 되어, 새로운 데이터에 대한 예측 성능이

12 여기서는 하이퍼파라미터 튜닝에 대해 전반적이고 개념적인 내용만 다루고, 세부 내용과 방법은 이후 각 장에서 해당 모델을 학습할 때 다루기로 한다.

저하된다. 즉, 모델이 이상치나 노이즈까지 학습하여 학습용 데이터에 대해서는 매우 높은 정확도를 보이지만, 테스트 데이터에서는 성능이 현저히 떨어지는 경우다. 일반적으로 모델이 지나치게 복잡하면 학습용 데이터에 의존하여 과적합이 발생한다. 예를 들어 의사결정나무에서 트리의 깊이가 너무 깊으면 과적합을 유발할 수 있다.

과소적합은 모델이 학습용 데이터의 중요한 패턴을 제대로 학습하지 못하는 경우다. 모델이 지나치게 단순하거나 하이퍼파라미터 설정에 문제가 있는 경우, 학습용 데이터조차 제대로 설명하지 못해 낮은 성능을 보이며, 테스트 데이터에서도 성능이 저하된다. 예를 들어 선형 회귀 모델을 사용해 비선형 관계를 예측하려 할 때, 학습 자체가 제대로 이루어지지 않는 현상이 나타날 수 있다.

이와 관련하여, 하이퍼파라미터 튜닝이 중요한 이유를 구체적으로 살펴보면 다음과 같다. 첫째, 학습 시간과 자원을 최적화할 수 있다. 적절한 하이퍼파라미터 설정으로 빠르고 효율적인 모델 학습이 이루어질 수 있기 때문이다. 둘째, 모델 성능을 최적화할 수 있다. 하이퍼파라미터는 모델 학습 전에 설정되므로 학습 방향과 결과에 큰 영향을 미친다. 하이퍼파라미터를 올바르게 설정하면 예측 정확도와 안정성이 높아진다. 셋째, 모델의 일반화 가능성을 높인다. 모델은 학습용 데이터에 잘 적응하는 것도 중요하지만 새로운 데이터에 대한 예측 성능도 높아야 한다. 하이퍼파라미터 튜닝은 과적합이나 과소적합을 방지하고, 모델의 일반화 능력을 높이는 데 중요한 역할을 한다.

모델별 하이퍼파라미터 튜닝

머신러닝 모델마다 적용할 수 있는 하이퍼파라미터의 종류와 튜닝 방법이 다르다. 대표적인 튜닝 방법은 다음과 같다.

- **그리드 서치(GridSearchCV( )):** 모든 조합을 탐색하므로 조합의 수가 많으면 속도가 느려지지만, 최적의 조합을 찾을 확률이 높다. 자동 탐색 기능이 없어서 분석자가 모든 값을 명시적으로 지정해야 하므로 탐색 범위가 좁아야 최적값을 잘 찾을 수 있다. 그리드 서치를 적용하는 대표적인 모델로 로지스틱 회귀, KNN, SVM, 앙상블 등이 있다.
- **랜덤 서치(RandomizedSearchCV( )):** 무작위로 랜덤 샘플링하여 일부에만 하이퍼파라미터를 적용하므로 속도가 빠르지만, 그리드 서치에 비하면 최적의 조합을 놓칠 가능성이 있다. 하이퍼파라미터의 조합이 많은 복잡한 모델에 적합하다. 랜덤 서치를 적용하는 대표적인 모델로 로지스틱 회귀, SVM, 랜덤 포레스트, 신경망, BGBoost, LightGBM, CatBoost 등이 있다.
- **베이지안 최적화(Bayesian Optimization):** optuna 혹은 hyperopt 등의 라이브러리를 이용한다. 이전 탐색 결과를 바탕으로 확률적인 방법을 적용하고, 가장 가능성이 높은 영역을 먼저 탐색하여 최적의 조합을 찾는다. 베이지안 최적화를 적용하는 대표적인 모델로 신경망, 앙상블, XGBoost, LightGBM, CatBoost 등이 있다.

[표 10-7]는 모델별 하이퍼파라미터의 종류를 나타낸다.

[표 10-7] 모델별 하이퍼파라미터의 종류

모델 구분	파이썬 함수	하이퍼파라미터
로지스틱 회귀 (Logistic Regression)	GridSearchCV(), RandomizedSearchCV()	• C(규제 강도) • solver(최적화 알고리즘)
KNN (K-Nearest Neighbors)	GridSearchCV()	• n_neighbors(이웃 수) • weights • metric
의사결정나무 (Decision Tree)	GridSearchCV(), RandomizedSearchCV()	• max_depth • min_samples_split • min_samples_leaf
랜덤 포레스트 (Random Forest)	RandomizedSearchCV (탐색 시간/성능 고려)	• n_estimators • max_depth • min_samples_split • bootstrap
SVM (Support Vector Machine)	GridSearchCV(), RandomizedSearchCV()	• C • kernel • gamma
신경망 (Neural Network)	RandomizedSearchCV(), Bayesian Optimization	• hidden_layer_sizes • activation • alpha • learning_rate
XGBoost, LightGBM, CatBoost	RandomizedSearchCV, Bayesian Optimization	• learning_rate • n_estimators • max_depth • min_child_weight
앙상블 (Ensemble)	GridSearchCV(), Bayesian Optimization	개별 모델들의 하이퍼파라미터 + weights

교차검증을 통한 하이퍼파라미터 평가

하이퍼파라미터 튜닝은 모델 성능을 최적화하는 데 목적이 있지만, 특정 데이터에 대해 과적합되거나 과소적합되는 문제가 발생할 수 있다. 이러한 문제를 막기 위해 하이퍼파라미터 튜닝 시 교차검증을 사용한다. 교차검증은 데이터를 다양하게 나누어 검증용 데이터로 사용하면서 모델을 반복적으로 학습시키는 방식이다. 이 과정을 통해 과적합이나 과소적합을 피할 수 있고 일반화 가능성을 평가할 수 있다. 교차검증 과정은 다음과 같다.

❶ **하이퍼파라미터 범위 설정:** 튜닝할 하이퍼파라미터의 가능한 값의 범위를 설정한다.

❷ **교차검증 수행:** 분할된 학습용 데이터를 여러 개의 하위 데이터로 나누고, 이 하위 데이터들을 검증용 데이터로 번갈아 사용하여 모델을 반복적으로 학습시켜서 성능을 일반화한다.

❸ **성능 측정:** ❷에서 교차검증한 결과를 평균하여, 가장 성능이 좋은 하이퍼파라미터를 조합한다.

❹ **최적의 하이퍼파라미터 선택:** ❸에서 확인한 최적의 하이퍼파라미터 조합을 최종적으로 선택한다.

하이퍼파라미터 튜닝 적용 과정

더 정교한 예측을 하기 위해 하이퍼파라미터를 튜닝하고자 한다면 하이퍼파라미터를 설정하면 된다. 하이퍼파라미터 튜닝 과정은 [10-7]과 같다.

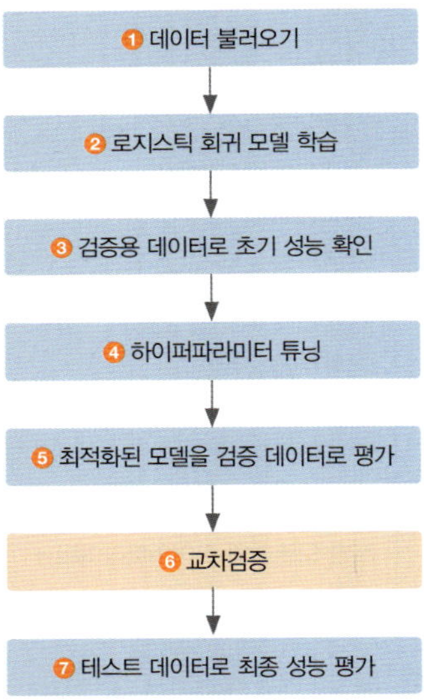

[그림 10-7] 하이퍼파라미터 튜닝 과정

[그림 10-7]의 ❷단계에서 모델을 학습한 직후, 바로 ❹단계의 하이퍼파라미터 튜닝으로 넘어가지 않고 ❸단계에서 검증용 데이터를 통해 초기 성능을 확인하는 절차가 꼭 필요한가에 대한 의문이 들 수 있다. ❸단계를 거치면, 하이퍼파라미터 튜닝을 통해 모델 성능이 얼마나 개선되었는지를 비교할 수 있다는 점에서 유용하다. 즉, 초기 성능이 기준 성능(baseline accuracy)으로 활용되어, 이후 튜닝된 모델의 예측 성능과 비교할 수 있다. 물론 실제 데이터 분석 과정에서는 초기 성능과 비교하는 것이 의미 없거나 불필요한 경우도 있다. 이 경우에는 ❸단계를 생략해도 무방하다.

참고 교차검증은 꼭 해야 할까?

교차검증은 모델 성능 최적화를 위한 강력한 도구이지만, 모든 경우에 필수는 아니다. 데이터의 특성과 분석 목적에 따라 필요 여부가 달라진다.

■ **교차검증이 필요한 경우**

- **데이터셋이 작은 경우:** 데이터셋을 학습/검증/테스트의 셋으로 분할하면 검증용 데이터가 너무 적어질 수 있다. 데이터셋의 크기 기준은 문제에 따라 달라질 수 있지만, 대략 1,000개 이하의 데이터이면 교차검증을 추천한다.
- **하이퍼파라미터 튜닝을 하는 경우:** 튜닝 과정에서 모델을 반복적으로 평가해야 하므로, 교차검증을 통해 다양한 검증 데이터를 활용하면 더 안정적인 결과를 얻을 수 있다.
- **데이터셋의 성격이 불균형한 경우:** 특정 클래스의 데이터가 적은 경우, 교차검증으로 여러 번 평가하면 데이터의 성격을 파악하기가 쉽다.

■ **교차검증이 필요하지 않은 경우**

- **데이터셋이 매우 큰 경우:** 수만 개 혹은 수백만 개 이상의 데이터로 구성된 데이터셋을 대상으로 교차검증을 하면 시간이 너무 오래 걸린다. 또한 데이터가 많다는 것은 통계학의 충분성 조건을 만족한다는 뜻이므로 굳이 교차검증을 할 필요가 없다.
- **기본 모델을 적용하여 결과를 빨리 확인해야 하는 경우:** 이때는 하이퍼파라미터 튜닝 없이 기본 설정으로 분석을 진행할 수 있다. 하이퍼파라미터 튜닝을 하지 않으므로 교차분석도 할 필요가 없다.
- **실시간 예측이나 빠른 대응이 필요한 경우:** 시스템적으로 빠른 처리가 요구되는 상황에서는 교차분석을 생략할 수 있다.

SECTION
10.5 학습 방식

지도학습과 비지도학습

머신러닝에서 가장 기본이 되는 학습 방법으로 지도학습과 비지도학습이 있다.

[표 10-8] 지도학습 vs. 비지도학습

지도학습(supervised learning)	비지도학습(unsupervised learning)
입력 데이터의 특징(feature)과 이에 상응하는 정답(label)이 명확히 정의된 상태에서 모델을 학습시키는 방식이다. 즉, 과거의 데이터를 정답과 함께 짝지어 학습하면서 그 안의 패턴을 찾아내고, 이를 바탕으로 새로운 데이터가 입력되었을 때 예측할 수 있도록 한다. 학습 데이터에 명확한 대응값이 존재하기 때문에 비교적 정확한 예측 결과를 도출할 수 있으며, 데이터가 충분히 크고 균형 있게 분포되어 있다면 예측 성능이 더욱 향상된다.	지도학습과 달리 정답(label)이 없는 데이터를 입력하여, 그 안에 내재된 숨겨진 패턴이나 구조를 찾아내는 학습 방식이다. 이를 통해 데이터의 군집화 또는 차원 축소 등의 작업을 수행할 수 있다. 정답이라는 규칙이 없으므로 다양한 방식으로 활용할 수 있으며, 데이터 간의 연관 관계를 파악하는 데 유용하다.

기타 학습 방식

지도학습과 비지도학습 외에도, 다양한 목적과 환경에 맞춰 설계된 여러 학습 방식이 존재한다. 대표적인 학습 방식 세 가지를 간략하게 소개한다.

- **강화학습(reinforcement learning)**: 행동(action)과 보상(reward)을 기반으로 학습하는 방식이다. 학습 주체인 에이전트(agent)가 환경과 상호작용하며 특정 행동을 선택하고, 이에 대해 환경으로부터 긍정적 또는 부정적인 보상을 받는다. 이 과정을 반복하면서 에이전트는 보상을 최대화하는 행동 전략을 학습하게 된다. 강화학습은 시행착오를 통해 최적의 행동을 찾아가는 것이 핵심이다.
- **준지도학습(semi-supervised learning)**: 정답이 있는 데이터와 없는 데이터를 함께 사용하여 모델을 학습시키는 방법으로, 지도학습과 비지도학습의 중간 형태다. 일부의 데이터에만 정답이 있다면 나머지 데이터는 비지도학습 방식으로 처리하여 전체 학습을 보완한다.
- **자기 지도학습(self-supervised learning)**: 데이터 자체에서 정답을 생성하여 학습 목표를 설정하고 스스로 학습하는 방식으로, 최근에 활발하게 연구되고 있다.

SECTION

10.6 예측 기법

분류와 회귀

앞서 예측의 개념을 설명하면서 예측은 분류와 회귀로 나뉜다고 언급한 바 있다. 이 두 가지 개념을 정리하면 [표 10-9]와 같다.

[표 10-9] 분류와 회귀 비교

	분류(classification)	회귀(regression)
개념	범주형 데이터를 기반으로, 주어진 데이터가 사전에 정의된 클래스나 범주 중 어디에 속하는지를 알아내는 것이다. 분류는 두 클래스 중 하나로 예측하는 이진 분류와 셋 이상의 클래스 중 하나를 예측하는 다중 분류로 나뉜다.	연속형 데이터를 기반으로, 입력 데이터를 통해 출력값을 예측하는 것이다. 모델은 입력된 데이터를 학습하여 패턴이나 규칙을 발견하고, 이를 바탕으로 새로운 입력에 대한 수치적 예측을 수행한다.
활용 예	• 이메일을 정상 메일과 스팸 메일로 분류하기 • 인공지능이 CT나 MRI 이미지를 분석하여 질병 유무 판독하기 • 인터넷 댓글을 긍정 댓글과 부정 댓글을 구분하기	• 어떤 지역의 인프라, 관공서 여부, 자연환경 등을 기반으로 집값 예측하기 • 소비자의 구매 이력을 기반으로 구매 가능성이 있는 상품 수량 예측하기 • 제품의 사용 방법이나 사용 환경을 바탕으로 제품 수명 예측하기

예측과 머신러닝/딥러닝의 관계

분류와 회귀는 모두 과거 데이터를 기반으로 미래의 사건(event)을 예측하는 것이다. 이때 예측 모델은 머신러닝(machine learning)이나 딥러닝(deep learning)을 통해 학습된다. 즉, 분류와 회귀는 머신러닝과 딥러닝이 추구하는 핵심 목표이며, 머신러닝과 딥러닝은 그 목표를 달성하기 위한 수단이 된다.

머신러닝은 명시적인 프로그래밍 없이도 데이터를 통해 학습하고, 이를 바탕으로 예측이나 의사결정을 수행하는 기술이다. 모델은 과거 데이터를 학습하여 패턴을 발견하고, 새로운 데이터가 입력되면 그 패턴을 활용해 결과를 예측한다. 이러한 일련의 과정은 자동화를 통해 빠르고 정확하게 수행될 수 있다. 딥러닝은 머신러닝의 하위 분야로, 더 복잡한 데이터 패턴을 학습하고 처리할 수 있는 기술이다. 주로 인공신경망(Artificial Neural Network)을 기반으로 작동하며, 머신러닝보다 더 정교한 예측이 가능하다.

SECTION 10.7

모델링 프로세스 1: 선택과 학습

머신러닝에서 모델을 선택하고 학습시키는 것은 매우 중요한 문제다. 이는 해결하고자 하는 과제에 대해 최적의 모델을 선택하여 학습시키는 과정이기 때문이다. 무엇보다 먼저, 해결하려는 문제가 분류 문제인지 회귀 문제인지를 명확히 규정해야 하며, 이에 맞는 데이터를 준비해야 한다. 데이터는 반드시 전처리 과정을 거쳐 최종적으로 학습에 적합한 형태로 구성되어야 한다. 즉 학습용/검증용/테스트 데이터로 구분하여 모델의 학습과 성능 평가, 최종 성능 평가에 활용할 수 있게 한다.

모델 선택의 기준

데이터가 준비되었다면 이제 분류 문제인지 회귀 문제인지에 따라 적절한 모델을 선택해야 한다. 이때 모델의 성능이나 복잡도, 해석 가능성과 확장성을 고려해야 한다. 또한 단순히 문제 해결 측면에만 초점을 맞추지 말고 데이터의 크기, 차원, 구조 등 여러 특성에 따라 선택 가능한 모델이 달라질 수 있다는 점에 유의해야 한다. 예를 들어 대규모 데이터를 활용하는 경우 랜덤 포레스트나 서포트 벡터 머신(SVM)이 유리할 수 있으며, 선형 관계가 뚜렷한 데이터라면 선형 회귀를 생각할 수 있다. 복잡한 패턴으로 구성된 문제라면 신경망(neural network)이 적합할 수 있다.

모델 학습 시 주의할 점

모델을 학습시키는 과정에서는 과적합과 일반화의 문제에 주의해야 한다. 예를 들어 과적합을 회피하기 위해 정규화나 앙상블 기법을 이용할 수 있다. 어떤 모델은 해석이 용이한 반면 예측력이 떨어질 수 있고, 또 어떤 모델은 예측력이 뛰어난 대신 해석이 어려울 수 있다. 따라서 다양한 모델을 익히고 적용해 보며 문제에 맞는 해석 방법을 이해하는 것이 중요하다. 한편, 모델 학습 과정에서는 알고리즘이 데이터에 맞추어 학습되는데, 예측 성능을 높이기 위해 다양한 파라미터를 조정하는 과정을 거치기도 한다.

SECTION 10.8

모델링 프로세스 2: 평가와 예측

모델 평가와 모델 예측의 개념

모델 평가(model evaluation)는 개발된 모델이 얼마나 효율적으로 예측을 수행하는지를 객관적으로 측정하는 지표로, 머신러닝 모델에서 매우 중요한 과정이다. 평가된 모델은 실제 문제에 적용되어 예측을 수행하며, 그 결과를 바탕으로 일반화하거나 개선 방향을 제시하는 역할을 한다. 따라서 반드시 객관적으로 성능을 측정해야 하며, 이를 통해 모델의 개선 방향을 모색할 수 있어야 한다. 모델 학습 과정에서 특히 주의해야 할 점은 과적합(overfitting)을 막는 것인데, 평가 과정을 통해 과적합 여부를 점검할 수 있다. 또한 객관적인 성능 지표는 다양한 모델 간의 직접적인 비교를 가능하게 하여 모델 선택의 기준이 된다. 동시에, 모델 평가 자료는 해당 모델을 실제 문제에 적용할 수 있는 근거로 활용된다.

모델 예측(model prediction)은 학습된 모델에 대해 예측하고자 하는 대상의 데이터를 학습에 사용된 데이터와 동일한 형태로 새롭게 구성하여 입력하고, 그 결과를 예측하는 과정이다. 예측은 분류(classification) 문제와 회귀(regression) 문제로 나뉘며, 예측된 결과를 해석하고 필요에 따라 추가적인 분석을 통해 실제 문제 해결에 기여할 수 있다.

예측 방법에는 여러 가지가 있다. 하나의 학습된 모델을 사용하여 예측을 수행하는 단일 모델 예측(single model prediction), 여러 모델을 결합하여 예측을 수행하는 앙상블 모델 예측(ensemble model prediction), 실시간으로 새로운 데이터가 입력되면 즉시 예측을 수행하는 실시간 예측(real-time prediction) 등이 있다. 예측은 미지의 상황을 사전에 추정하는 것이므로 불확실성이 존재할 수 있으며, 이는 모델의 성능이나 데이터의 품질에 영향을 받는다. 이러한 불확실성을 극복하기 위해서는 예측 과정에서 발생할 수 있는 오류를 처리하는 방법에 대해 정확히 알고 있어야 한다.

모델 평가 지표

분류 모델과 회귀 모델의 성능을 확인하는 데 필요한 지표들을 살펴보자. [표 10-10]은 분류 문제의 성능성과 지표를 보여준다.

[표 10-10] 분류의 성과 지표

성과 지표	정의	활용 예	평가
정확도(accuracy)	전체 데이터 중에 올바르게 분류된 비율	균형 데이터	높을수록 양호
정밀도(precision)	긍정 클래스 예측에 대한 실제 긍정의 비율	암 진단	높을수록 양호
재현율(recall)	실제 긍정 데이터 중 올바르게 예측한 비율. 민감도(sensitivity)라고도 함	의료 진단	높을수록 양호
f1-score	정밀도와 재현율의 조화평균	불균형 데이터	높을수록 양호
ROC-AUC	ROC: 모델의 분류 성능을 평가하는 곡선 AUC: ROC 곡선 아래의 면적	모든 이진 분류	높을수록 양호

이 중 정확도, 정밀도, 재현율은 혼동행렬을 통해 확인할 수 있다. 혼동행렬(confusion matirx)은 실제 값과 예측값 사이에서 발생할 수 있는 모든 경우의 수를 행렬로 나타낸 것으로, 모델이 얼마나 정확하게 예측했는지를 보여주는 지표다. [표 10-11]은 이메일 분류에 대한 혼동행렬의 예를 보여준다.

[표 10-11] 혼동행렬의 예

실제 값 \ 예측값	스팸	정상
스팸	92 (TP: True Positive)	8 (FN: False Negative)
정상	3 (FP: False Positive)	97 (TN: True Negative)

[표 10-11]에서 볼 수 있듯이, 혼동행렬은 TP, FN, FP, TN의 네 가지 요소로 구성된다.

- **TP**: 실제로 긍정이고, 모델도 긍정으로 예측한 경우(전체 스팸 메일 100건 중 스팸을 정확하게 분류한 건수가 92건)
- **FN**: 실제는 부정인데, 모델이 긍정으로 잘못 예측한 경우(스팸을 정상 메일로 잘못 분류한 건수가 8건)
- **FP**: 실제는 긍정인데, 모델이 부정으로 잘못 예측한 경우(전체 정상 메일 100건 중 스팸으로 잘못 분류한 건수가 3건)
- **TN**: 실제로 부정이고, 모델도 부정으로 예측한 경우(정상 메일을 스팸으로 분류한 건수가 97건)

[표 10-11]을 사용하여 정확도, 정밀도, 재현율을 계산하고, 정밀도와 재현율을 바탕으로 f1-score를 계산하면 다음과 같다.

- **정확도**: $\frac{TP+TN}{TP+TN+FP+FN}=\frac{92+97}{200}=94.5\%$ (전체 이메일의 94.5%를 정확히 분류)
- **정밀도**: $\frac{TP}{TP+FP}=\frac{92}{92+3}\approx 96.8\%$ (스팸으로 분류한 이메일의 96.8%가 실제 스팸)

- **재현율:** $\frac{TP}{TP+FN} = \frac{92}{92+8} = 92\%$ (실제 스팸 중 92%를 정확하게 탐지)
- **f1-scor:** $2\times\frac{정밀도\times재현율}{정밀도+재현율} = 2\times\frac{0.968\times0.92}{0.968+0.92}$

  $= 2\times\frac{0.891}{1.888} = 2\times0.472 = 0.944$ (실제 스팸 중 92%를 정확하게 탐지)

ROC-AUC(Receiver Operating Characteristic-Area Under the Curve)는 분류 모델의 성능을 평가하기 위한 지표 중 하나로, 주로 이진 분류에서 모델의 판별력을 측정하는 데 사용된다. 다중 분류에도 활용할 수는 있지만, 이진 분류에서처럼 직접적으로 적용하기는 어렵고, 일반적으로 이진 분류 문제로 변환하여 계산해야 한다.

ROC는 X축의 False Positive Rate(FPR)와 Y축의 True Positive Rate(TPR) 간 관계를 보여주는 그래프다.

- **X축:** 실제 Negative를 Positive로 잘못 분류한 비율 → 위양성률
- **Y축:** 실제 Positive를 Positive로 정확하게 분류한 비율 → 민감도

위양성률은 낮고 민감도는 높을수록, 즉 X축 값은 작고 Y축 값은 클수록 모델 성능이 더 우수하다. 따라서 ROC 곡선이 왼쪽 상단에 가까울수록 이상적인 모델이다. 한편, 동전 던지기처럼 전혀 예측할 수 없는 랜덤 모델의 경우, ROC 곡선은 대각선 형태로 나타난다. 즉, 좋은 모델일수록 이 대각선보다 위쪽에 곡선이 위치하고, 성능이 낮은 모델은 대각선 아래쪽에 위치하게 된다. 이는 ROC 곡선의 형태만으로도 모델의 성능을 직관적으로 판단할 수 있다는 뜻이며, AUC 값 없이 ROC 곡선 자체만으로도 모델 간 성능 비교에 유용하다.

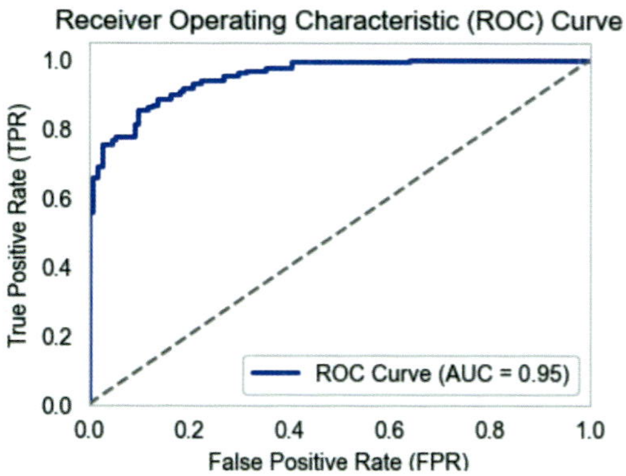

[그림 10-8] ROC 곡선

AUC는 Area Under the Curve라는 명칭에서 알 수 있듯이 ROC 곡선 아래의 면적을 수치로 나타낸 값이다. 따라서 ROC 곡선이 그려져야만 AUC 값을 계산할 수 있다. 1에 가까울수록 좋은 모델이며 $0 \le AUC \le 1$ 사이의 값을 가진다. AUC는 ROC 곡선을 하나의 숫자로 요약한 성능 지표라 할 수 있다.

이번에는 회귀 모델에서 사용하는 지표들을 살펴보자. [표 10−12]는 회귀 문제의 성능성과 지표를 보여준다.

[표 10−12] 회귀의 성과 지표

성과 지표	정의	활용 예	평가
MAE	실제 값과 예측값의 차이에 대한 절댓값의 평균. 절댓값을 기준으로 하는 평균오차	실시간 데이터 예측	낮을수록 좋음
MSE	오차(실제 값−예측값)의 제곱에 대한 평균. 제곱이라 큰 오차에 민감함	금융 모델링	낮을수록 좋음
RMSE	MSE의 민감성을 원래 단위로 유지	환경 데이터 예측	낮을수록 좋음
R^2	모델의 전체 데이터에 대한 설명력	일반적 수치 모델	높을수록 좋음
Adjusted R^2	R^2의 단점을 보완하여, 변수의 개수가 많을 때 적합도를 더 정확하게 평가함	다중회귀분석	높을수록 좋음
MAPE	백분율 기준의 평균오차	매출 예측	낮을수록 좋음

[표 10−12]의 성과 지표를 계산하는 식은 다음과 같다.

- 평균절대오차(MAE, Mean Absolute Error): $MAE = \frac{1}{N}\sum_{i=1}^{N}|y_i - \hat{y}_i|$
- 평균제곱오차(MSE, Mean Squared Error): $MSE = \frac{1}{N}\sum_{i=1}^{N}(y_i - \hat{y}_i)^2$
- MSE의 제곱근(RMSE, Root Mean Squared Error):

$$RMSE = \sqrt{MSE} = \sqrt{\frac{1}{N}\sum_{i=1}^{N}(y_i - \hat{y}_i)^2}$$

- 결정계수(R^2, R−squared): $R^2 = 1 - \frac{SSE}{SST}$

$$SSE = \sum(y_i - \hat{y}_i)^2 \text{ (잔차제곱합, } Sum\ of\ Squares\ Error)$$

$$SST = \sum(y_i - \bar{y}_i)^2 \text{ (총제곱합, } Sum\ of\ Sqrares\ Total)$$

- 조정된 결정계수(Adjusted R^2):

$$Adjusted\ R^2 = 1 - \left(\frac{(1-R^2)(n-1)}{n-i-1}\right) \text{ (}n\text{ = 샘플 개수, }i\text{ = 독립변수 개수)}$$

- 평균절대백분율오차(MAPE, Mean Absolute Percentage Error):

$$MAPE = \frac{1}{N}\sum_{i=1}^{N}\left|\frac{y_i - \hat{y}_i}{y_i}\right| \times 100$$

MAE, MSE, RMSE는 일반적인 오차 평가에 적합하다. R^2와 *Adjusted* R^2는 모델의 데이터 설명력을 평가하는 지표이고, MAPE는 데이터의 크기에 영향을 받지 않는 지표다.

SECTION 10.9

모델링 프로세스 3: 저장과 불러오기

모델은 분류와 회귀 문제를 예측하는 데 있어 매우 중요한 수단이며, 예측 성능이 높을수록 모델의 사용 가치도 높아진다. 예측 성능을 높이려면 양질의 데이터를 기반으로 모델을 잘 학습시켜야 하며, 이 과정에 많은 시간과 자원이 들어간다. 처음 머신러닝을 학습할 때는 예제 데이터를 활용해서 '모델 학습 → 모델 저장 → (학습된 모델로) 예측 → 모델 불러오기 → (새로운 데이터에 대해) 예측'의 과정을 진행하여 익숙해지는 것이 중요하다. 이는 숙련을 위한 연습 과정이라 할 수 있다. 하지만 실전에서 매번 새롭게 모델을 학습시킨다면 시간과 자원이 낭비될 뿐 아니라 이전 학습에 투자한 노력을 다시 반복해야 하는 비효율을 초래할 수 있다. 즉, 학습된 모델을 저장해 두고 필요할 때 불러와 재사용할 수 있다면, 분석과 예측의 효율성을 높이고 다양한 목적을 달성하는 데 매우 유용하다.

모델을 저장한다는 것은 머신러닝을 통해 학습된 모델을 파일 형태로 저장해 두고, 이후 필요할 때 다시 불러와 사용할 수 있도록 한다는 의미다. 파이썬에서는 다양한 모델을 학습시킨 후 서로 비교하고 평가할 수 있다는 장점이 있는데, 이를 위해서는 모델 저장과 불러오기 기능이 중요하다. 머신러닝 모델을 저장하는 방법은 모델의 내부 구조나 프레임워크에 따라 달라지는데, Scikit-Learn 기반의 모델은 joblib을 활용하여 저장과 불러오기 과정을 동일하게 처리할 수 있다.[13 14]

모델 저장

어떤 모델을 사용하여 학습 과정을 거쳤다면, 이제 joblib을 이용하여 모델을 저장해 보자.

joblib을 임포트한 후, 학습이 완료된 **model**을 **joblib**의 **dump()** 함수를 이용하여 저장한다. 이때 저장 경로는 **source** 폴더로 지정하고, 파일명은 **model_saved**, 확장자는 **pkl**로

13 재학습(retraining)의 경우에는 partial_fit() 메서드를 통해 일부 데이터를 추가로 학습시킬 수 있지만, 모든 모델이 이를 지원하는 것은 아니므로 경우에 따라 전체 데이터를 사용해 다시 학습해야 할 수도 있다.

14 Scikit-Learn에서는 joblib과 pickle을 이용한 모델 저장 방법이 있으며, 딥러닝 프레임워크에서는 TensorFlow나 Keras, PyTorch 등을 통해 가중치 또는 전체 모델을 저장할 수 있다. joblib이 Numpy와 Pandas에서 더 효율적인 성능(예 대용량 처리, 메모리 매핑, 압축, 다중 프로세싱)을 보이므로 이 책에서는 joblib을 이용한 모델 저장 및 불러오기 방법을 안내한다.

설정한다.[15] 또한 여러 모델을 비교하기 위해 파일명을 숫자로 구분하고자 한다면, 확장자를 **pkl** 대신 **pk1**, **pk2** 등으로 변경하여 사용할 수 있다.[16]

```
joblib.dump(model, './source/model_saved.pkl')
```

```
['./source/model_saved.pkl']
```

[그림 10-9] 학습시킨 모델 저장

joblib의 **dump()** 함수는 경로를 리스트 형태로 반환하므로, [그림 10-9]의 출력 결과인 **['./source/model_saved.pkl']**은 성공적으로 저장되었다는 의미다.

저장한 모델 불러오기(+새로운 데이터 적용)

저장한 모델을 불러올 때는 **joblib**을 임포트한 상태에서 **load()** 함수를 이용한다. 이때 **./source/model_saved.pkl**와 같이 source 폴더 내의 저장 경로, 파일명과 확장자를 정확하게 지정해 주어야 한다. 불러온 모델은 **model_load**로 정의한다.

```
model_load = joblib.load('./source/model_saved.pkl')
```

[그림 10-10] 저장한 모델 불러오기

model_load는 Scikit-Learn의 **accuracy_score**와 **classification_report**를 이용하여 정확도와 분류 보고서를 예측할 수 있다.

이때 주의해야 할 점이 있다. 잘 학습된 모델에 데이터를 이용하여 예측을 수행한다는 것은 입력된 데이터를 기반으로 출력값이 어떻게 나오는지를 확인하는 것이다. 따라서 입력 데이

15 이는 사전에 데이터를 불러오고 정의한 후, 데이터를 2분할하여 학습시킨 모델을 저장하는 과정이다.

```
from sklearn.linear_model import LogisticRegression

data = pd.read_csv('./source/lo_re.csv')

X = data[['X1', 'X2']]
y = data['Y']

from sklearn.model_selection import train_test_split
X_train, X_test, y_train, y_test = train_test_split(X,
                                                    y,
                                                    test_size=0.2,
                                                    random_state=42
                                                   )

model = LogisticRegression()
model.fit(X_train, y_train)
```

16 jobib은 pickle 기반의 모듈이므로 .pkl 확장자가 일반적으로 사용되며, 저장 방식도 pickle과 같다. 물론 .pkl 외의 다른 문자열을 확장자로 이용할 수 있으며, 이때 기능적인 차이는 없다. 다만, 다른 확장자(예 .bat, .exe)와 구분하고 오류를 피하기 위해 .pkl, .pk1, .pk2 등의 명확한 확장자를 사용하는 것이 좋다.

터는 X1과 X2와 같이 2개의 특성만 있어도 되며, 새로운 데이터에는 Y가 없어도 된다.[17] 다만, 새로운 데이터를 대상으로 정확도까지 확인하고 싶다면 예측을 수행한 이후 accuracy_score와 같은 평가 지표를 계산해야 하므로, 이때는 Y가 반드시 있어야 한다.

새로운 데이터를 기반으로 예측하기 위해 **new_data.csv**를 불러온다.

```
new_data = pd.read_csv('./source/new_data.csv')
```

[그림 10-11] new_data.csv 불러오기

모델 학습 과정의 변수와 동일하게 변수를 구분해 준다.

```
X_new = new_data[['X1', 'X2']]
y_new = new_data['Y']
```

[그림 10-12] 변수 구분

이제 새로운 데이터로 예측을 수행한다. 입력 데이터는 **X_new**이고, 출력 데이터는 **y_pred**로 정의한다.

```
y_pred = model_load.predict(X_new)
```

[그림 10-13] 입력 데이터와 출력 데이터 정의

참고 관측값 vs. 예측값

실제 관측값과 모델의 예측값을 비교해 보기 위해, DataFrame의 관측값과 예측값을 key로 하고, y_new와 y_pred를 value로 하는 딕셔너리를 comp로 정의한다.

```
comp = pd.DataFrame({'관측값':y_new, '예측값':y_pred})
```

[그림 10-14] 관측값과 예측값 비교를 위한 데이터프레임 생성

comp.tail()을 입력하여 마지막 5개 행을 반환한다.

```
comp.tail()
```

	관측값	예측값
148	0	1
149	0	0
150	0	0
151	0	0
152	1	1

[그림 10-15] 마지막 5행 확인

출력 결과를 보면, 인덱스 148에서 관측값이 0이지만 1로 예측한 값을 확인할 수 있다.[18]

17 학습용 데이터와 새로운 데이터의 컬럼명은 반드시 동일해야 한다.

18 comp.tail()이나 comp.head()를 입력하면 각각 아래와 위의 5행이 출력되어 중간의 관측값과 예측값을 알 수 없다. 그러나 display() 함수의 출력 제한을 해제하면 전체 데이터를 확인할 수도 있다.

```
from IPython.display import display
pd.set_option('display.max_rows', None)       # 모든 행 보기
pd.set_option('display.max_columns', None)    # 모든 열 보기
pd.set_option('display.width', None)          # 폭 제한 해제
```

y_pred로 정의한 예측값의 정확도와 분류 보고서를 확인하기 위해 **accuracy_score**, **classification_report**를 임포트한다.

```
from sklearn.metrics import accuracy_score, classification_report
```

[그림 10-16] accuracy_score과 classification_report 임포트하기

y_new와 **y_pred**를 **accuracy_score()** 함수에 입력하여 **accuracy**로 정의하고, **y_new**와 **y_pred**를 **classification_report()** 함수에 입력하여 **result**로 정의한다. **print()** 함수를 이용해 이를 출력한다.

```
accuracy = accuracy_score(y_new, y_pred)
result = classification_report(y_new, y_pred)
print(result)
```

```
              precision    recall  f1-score   support

           0       0.83      0.80      0.81        79
           1       0.79      0.82      0.81        74

    accuracy                           0.81       153
   macro avg       0.81      0.81      0.81       153
weighted avg       0.81      0.81      0.81       153
```

[그림 10-17] 성능 평가 결과 출력

출력 결과를 보면, 정확도가 약 81%임을 확인할 수 있다. 분류 보고서의 성능 평가 수치도 확인된다.

재학습

모델의 재학습(retraining)이란, 학습용 데이터로 이미 학습된 모델을 새로운 데이터에 적응시키기 위해 변화된 환경에 맞춰 추가적으로 학습을 진행하는 과정을 말한다. 머신러닝 기반의 모델은 고정된 데이터에 기반하여 학습되므로, 시간이 경과함에 따라 성능이 저하될 수 있다. 따라서 모델의 성능을 꾸준히 유지하려면 재학습을 통해 새로운 패턴을 학습해야 한다.

재학습은 점진적 재학습(incremental learning)과 완전 재학습(full retraining)으로 구분된다. 점진적 재학습은 추가적인 데이터가 있는 경우, 기존에 학습된 모델을 업데이트하는 방식이다. 즉, 새로운 데이터만 학습하면 된다. Scikit-Learn의 partial_fit()을 지원하는 모델에서 사용할 수 있으며, 빠른 업데이트가 장점이다. 반면, 완전 재학습은 기존 모델을 업데이트할 수 없는 경우에 사용되며, 과거 데이터와 새로운 데이터를 모두 합쳐 처음부터 다시 학습하는 방식이다. 이 경우 학습 시간이 오래 걸릴 수 있다.

SECTION

10.10 예측의 활용

예측은 다양한 분야에서 폭넓게 활용된다. 주요 활용 분야와 대표적인 사례를 살펴보면 다음과 같다.

■ 비즈니스 분야

- **수요 예측**(demand forecasting): 기존에 축적된 고객 판매 데이터를 기반으로 향후 제품 판매량을 예측함으로써, 적절한 재고를 유지하고 공급망을 최적화하여 공급 부족이나 과잉을 사전에 방지할 수 있다.
- **고객 이탈 예측**(customer churn prediction): 고객의 서비스 이용 패턴을 분석하여 이탈 가능성이 높은 고객을 식별하고, 이탈을 방지하기 위한 전략을 사전에 수립할 수 있다.
- **가격 최적화**(pricing optimization): 경쟁사의 제품 및 가격 정보를 고려하여 소비자의 구매 행태를 분석하고, 고객이 선호하는 제품과 가격을 제시함으로써 소비자의 구매를 유도한다.

■ 의료 및 건강 분야

- **질병 예측 및 조기 진단**(disease prediction & early diagnosis): 개인 또는 집단의 건강 데이터를 분석하여 질병 발생 가능성을 예측한다. 또한 환자의 건강 상태에 대한 사전 대비 및 조기 대응이 가능하다.
- **의료 비용 예측**(healthcare cost prediction): 환자의 상태 및 진료·처치 패턴을 분석하여 향후 의료비를 예측하고, 이를 의료보험료 산정 등에 활용할 수 있다.
- **맞춤형 치료**(personalized medicine): 환자의 유전자 정보와 의료 데이터를 기반으로 질환 발생 시 개별 환자에게 가장 효과적인 치료법을 추천할 수 있다.

■ **교통 시스템 분야**

- **교통 흐름 예측**(traffic flow prediction): 도로의 교통량 데이터를 분석하여 혼잡 시간대나 구간을 예측하고, 상대적으로 여유로운 도로를 파악하여 교통량을 분산시킴으로써 최적의 교통 흐름을 확보할 수 있다.
- **자율주행**(autonomous vehicles): 센서 및 카메라를 통해 주변 환경을 인식하고, 이를 분석하여 도로 상황을 파악한 뒤 안전한 속도와 방향을 선택함으로써 안전한 주행을 실현할 수 있다.

예측은 비용 절감과 효율성 향상에 기여하며, 다양한 산업에서 전략적 의사결정을 뒷받침하는 핵심 도구로 사용되고 있다. 하지만 예측 모델의 성능은 데이터 품질에 크게 좌우되며, 부정확한 데이터는 결과의 신뢰도를 떨어뜨릴 수 있다. 또한 윤리적 문제와 오차 가능성도 존재하므로, 모델에 대한 지속적인 점검과 데이터 관리가 필수적이다.

CHAPTER

11

탐색적 데이터 분석

Exploratory Data Analysis

Contents

데이터 분석은 데이터를 이해하고 그 구조를 파악하여 데이터 안에 담긴 의미를 찾아내는 과정이다. 그러나 데이터는 처음부터 깨끗하거나 질서정연하여 바로 분석에 활용할 수 있는 상태가 아니다. 따라서 데이터 분석은 데이터가 담고 있는 의미를 찾기 위해 어떻게 접근할 것인지를 판단하는 데서 출발한다.

탐색적 데이터 분석(EDA, Exploratory Data Analysis)은 데이터에 대한 이해의 첫 단계이자, 데이터를 직관적으로 살펴 통찰을 얻는 과정이라 할 수 있다. 특히, 데이터의 패턴을 인식하는 과정에서 결측치나 이상치를 발견하고 이를 처리함으로써 변수 간의 관계를 더욱 효과적으로 분석할 수 있도록 돕는다. 이상치나 결측치 처리는 단순한 기술적 절차로 보일 수 있지만, 이는 데이터를 기반으로 문제 해결 전략을 수립하는 데 중요한 역할을 한다. 결국 EDA는 데이터를 통해 해결하고자 하는 문제의 본질을 탐색하고, 분석을 어떤 방향으로 진행할지 전략적으로 사고하는 과정이라 할 수 있다.

앞서 10장에서는 머신러닝을 학습하기 위한 기초 개념을 정리하였다. 이번 장에서는 머신러닝의 기초 작업에 해당하는 EDA의 개념을 이해하고 데이터 정리 방법을 살펴본다. 특히 방대한 데이터를 다룰 경우, 데이터의 복잡성을 줄이고 직관적인 이해를 돕기 위해 차원 축소 기법을 활용한다. 이러한 기법을 통해 데이터를 더욱 쉽게 해석할 수 있다.

SECTION 11.1

데이터 구조와 특성 확인

탐색적 데이터 분석(EDA)은 데이터를 이해하고 분석하기 위한 기초 단계다. '탐색적으로 데이터를 분석한다'는 표현이 다소 거창하게 느껴져, 데이터를 통해 미지의 무언가를 찾아가는 과정으로 오해할 수 있다. 그러나 EDA는 데이터의 개요와 성격을 파악하는 단순한 과정으로 이해하는 것이 더 정확하다. 분석자가 데이터를 파일 형태로 처음 받으면 '이 데이터 안에 내가 원하는 데이터가 들어 있을까?'라는 의문을 갖게 된다. EDA는 이러한 의문을 해소하기 위한 과정으로, 데이터의 전체 규모, 열과 행의 구성, 결측치의 존재 여부 등을 확인하는 데 중점을 둔다.

데이터 확인

▪ 데이터 크기와 변수 확인

데이터 분석을 시작할 때 가장 먼저 해야 할 일은 파일을 열어 행과 열의 개수를 확인하고, 이를 통해 데이터의 전체적인 크기를 파악하는 것이다. 이어서 사용된 주요 변수와 그 특성, 변수의 역할(독립변수, 종속변수 등)을 파악한다.

pandas를 임포트하고 **eda.csv** 파일을 불러와 데이터셋을 **data**로 정의한다. 이후 **shape**와 **columns** 속성을 사용해 데이터의 크기와 컬럼명을 확인한다.

```
import pandas as pd
data = pd.read_csv('./source/eda.csv')
```

```
print(data.shape)
print(data.columns)
```

```
(30, 13)
Index(['no1', 'no2', 'no3', 'no4', 'no5', 'no6', 'no7', 'no8', 'no9', 'no10',
       'no11', 'no12', 'mean'],
      dtype='object')
```

[그림 11-1] eda.csv 불러오기와 컬럼명 확인

출력 결과를 보면, 30개의 행과 13개의 열로 구성되어 있음을 알 수 있다. 또한 **no1~no12**와 **mean**까지 총 13개의 컬럼과 컬럼명을 확인할 수 있다.

■ 데이터 유형 확인

데이터를 분석하려면 데이터 유형을 알아야 한다. **data.info()**를 실행하면 데이터프레임의 각 변수(컬럼)와 데이터 유형을 확인할 수 있다.

```
data.info()
```

```
<class 'pandas.core.frame.DataFrame'>
RangeIndex: 30 entries, 0 to 29
Data columns (total 13 columns):
 #   Column  Non-Null Count  Dtype
---  ------  --------------  -----
 0   no1     30 non-null     int64
 1   no2     28 non-null     float64
 2   no3     29 non-null     float64
 3   no4     30 non-null     int64
 4   no5     30 non-null     int64
 5   no6     30 non-null     int64
 6   no7     30 non-null     int64
 7   no8     29 non-null     float64
 8   no9     30 non-null     int64
 9   no10    30 non-null     int64
 10  no11    27 non-null     float64
 11  no12    27 non-null     float64
 12  mean    30 non-null     float64
dtypes: float64(6), int64(7)
memory usage: 3.2 KB
```

[그림 11-2] 데이터 유형 확인

출력 결과를 보면, **no1~no12**와 **mean**까지 총 13개가 int64와 float64로 구성되어 있음을 확인할 수 있다. 이는 64비트 정수형(**int64**)과 실수형(**float64**) 데이터로 이루어져 있음을 의미한다.[1] 또한 각 데이터 타입별로 몇 개의 변수로 구성되어 있는지도 확인할 수 있다.

참고 파이썬의 데이터 유형

1. 기본 유형

- **숫자형(numeric):** 숫자로 판단할 수 있는 데이터는 정수형, 실수형, 복소수형으로 나뉜다.
  - 정수형(int): 1, 2, 3, 4
  - 실수형(float): 1.96, −2.58, 0.0
  - 복소수형(complex): 3 + 4j, −7j
    복소수는 실수부(real)와 허수부(imaginary)로 구성되며, 허수는 j로 표현한다.
- **문자열(string)**
  - str: 'Call', 'me', "later"
    문자열은 작은따옴표(')와 큰따옴표(")로 감싸서 표현한다.

---

1 · 실제 데이터를 확인하면, no2, no3, no8, no11, no12는 정수로 구성되어 있지만 결측치를 포함하고 있어 파이썬에서는 이들을 정수형이 아닌 실수형 데이터로 판단한다.
· 앞서 [그림 11-1]의 출력 결과로 돌아가서 보면, 13개 컬럼명의 데이터 타입은 object임을 알 수 있다.

- **불리언(boolean)**
  - bool: True, False
    두 가지 값으로 표현되며, 연산에서는 0(False)과 1(True)의 역할을 한다.

2. 집합형(collection)

- **리스트(list):** [와]로 감싸서 표현하며, 값이 입력된 후에도 변경 가능하다. 다양한 형태의 데이터를 담을 수 있으며, **list**로 표현된다. 예 [0, 1, 2], ['a', 'b', 'c']
- **튜플(tuple):** 형태는 리스트와 비슷하지만 (와)로 감싸서 표현하며, 한 번 생성된 후에는 변경할 수 없다. 리스트보다 연산 속도가 빠르며, **tuple**로 표현된다. 예 (0, 1, 2), ('a', 'b', 'c')
- **딕셔너리(dictionary):** {와 }로 감싸서 표현하며, 키(key)와 값(value) 쌍으로 구성된 자료구조다. **dict**로 표현된다. 예 {'language' : 'python', 'C', 'Julia'}

3. None

특정 형태나 값이 없음을 나타내며 **None**으로 표현된다.

4. 객체형(object)

파이썬에 존재하는 모든 데이터 유형을 포함한다. 즉, int, float, str, list, tuple, dict 등 모든 유형이 객체형에 해당한다.

```
a = 'python'
b = [1, 2, 3]
c = {'result': 'success'}

print(type(a))
print(type(b))
print(type(c))
```

```
<class 'str'>
<class 'list'>
<class 'dict'>
```

[그림 11-3] 파이썬 데이터의 유형

■ 기술통계량 확인

데이터를 수령하면 가장 먼저 중심경향과 산포도를 확인해야 한다. 이들 통계량은 데이터가 가진 가장 기본적인 속성에 해당하며, 이후 진행될 분석의 기준이 되기 때문이다. 기술통계량을 가장 쉽게 확인하는 방법은 **describe()** 함수를 이용하는 것이다.

```
data.describe()
```

	no1	no2	no3	no4	no5	no6	no7	no8	
count	30.000000	28.000000	29.000000	30.000000	30.000000	30.000000	30.000000	29.000000	30.(
mean	3.866667	3.892857	3.724138	3.966667	4.166667	3.800000	3.200000	3.137931	3.1
std	1.041661	1.100144	1.065583	0.614948	1.723736	0.484234	0.406838	0.580895	0.4
min	1.000000	1.000000	1.000000	3.000000	3.000000	3.000000	3.000000	2.000000	2.(
25%	3.000000	3.000000	3.000000	4.000000	4.000000	4.000000	3.000000	3.000000	3.(
50%	4.000000	4.000000	4.000000	4.000000	4.000000	4.000000	3.000000	3.000000	3.(
75%	5.000000	5.000000	5.000000	4.000000	4.000000	4.000000	3.000000	3.000000	3.(
max	5.000000	5.000000	5.000000	5.000000	13.000000	5.000000	4.000000	4.000000	4.(

[그림 11-4] describe() 함수로 기술통계량 확인

출력 결과에서 표본 개수(count), 평균(mean), 표준편차(std), 최솟값(min), 제1사분위수(25%), 제2사분위수(50%), 제3사분위수(75%), 최댓값(max)을 확인할 수 있다.

■ 결측치 찾기

다음으로 결측치를 찾아 결측치 개수를 확인해야 한다. 결측치 양에 따라 적절한 처리 계획을 세워야 하기 때문이다.

결측치를 확인하기 위해서는 **isnull()** 함수를 사용한다. 여기에 **sum()** 함수를 결합하면 변수별 결측치 개수를 쉽게 파악할 수 있다.

```
data.isnull().sum()
```

```
no1     0
no2     2
no3     1
no4     0
no5     0
no6     0
no7     0
no8     1
no9     0
no10    0
no11    3
no12    3
mean    0
dtype: int64
```

[그림 11-5] isnull() 함수로 결측치 확인

출력 결과를 보면, 컬럼명 **no2**, **no3**, **no8**, **no11**, **no12**에서 각각 **2**, **1**, **1**, **3**, **3**개의 결측치가 확인된다.

참고　결측치를 그림으로 확인하기

isnull() 함수를 사용하면 해당 컬럼에 존재하는 결측치의 개수를 확인할 수 있으며, 이를 통해 세로 방향(열 기준)의 결측치 합계를 파악할 수 있다. 그러나 이 방법만으로는 결측치가 데이터 전체에서 어떻게 분포되어 있는지를 시각적으로 이해하기 어렵고, 행 방향(응답 케이스별)의 결측치 개수는 별도로 계산해야 한다. 이때 **missingno** 라이브러리를 이용하면 결측치 분포와 행 방향의 결측치 합계를 직관적으로 확인할 수 있다.

missingno를 msno로 임포트하여 matrix(data) 함수로 불러온 후 plt.show()로 출력한다.

```
import missingno as msno
import matplotlib.pyplot as plt

msno.matrix(data)  # 결측치 시각화
plt.show()
```

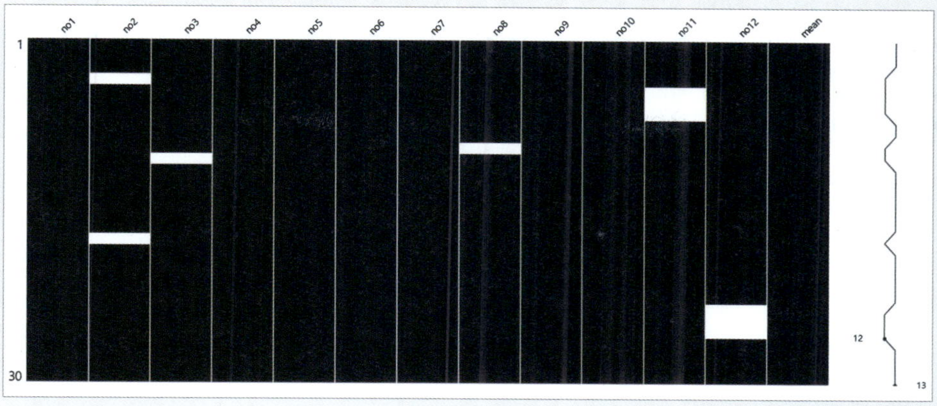

[그림 11-6] 결측치 시각화

출력된 그림을 보면, X축은 데이터프레임의 각 열을, Y축은 데이터프레임의 행을 나타낸다. 또한 데이터셋에서 결측치를 흰색으로 표시하여 공란임을 나타낸다. 우측 가장자리에 있는 막대는 각 행에 존재하는 데이터의 숫자를 표시한다.

데이터 분포 확인

지금까지 진행한 EDA를 통해 기본적인 데이터의 속성을 수치로 파악할 수 있었다. 하지만 이러한 방식은 표에 나타난 숫자를 일일이 확인해야 하기 때문에 데이터의 특성을 한눈에 파악하기가 어렵다. 반면, 데이터를 시각적으로 표현하면 변수 간의 관계를 더욱 직관적으로 이해할 수 있으며, 데이터의 변동성과 패턴을 파악하는 데 훨씬 유용하다.

데이터의 분포를 시각적으로 확인하기 위해 **matplotlib.pyplot**, **seabon**, **numpy** 라이브러리를 임포트한다.

```
import matplotlib.pyplot as plt
import seaborn as sns
import numpy as np
```

[그림 11-7] 기본 라이브러리 임포트하기

■ 산점도(scatter plot)

산점도는 두 변수 간의 관계를 확인할 수 있는 그래프다. 다음과 같이 seabon의 **scatter plot**에서 **data**의 자료 중 **no1**을 X축, **no5**를 Y축으로 하는 산점도를 표시해 보자.

```
sns.scatterplot(x=data['no1'], y=data['no5'])
plt.xlabel('no1')
plt.ylabel('no5')
plt.title('no1과 no5의 관계')
plt.show()
```

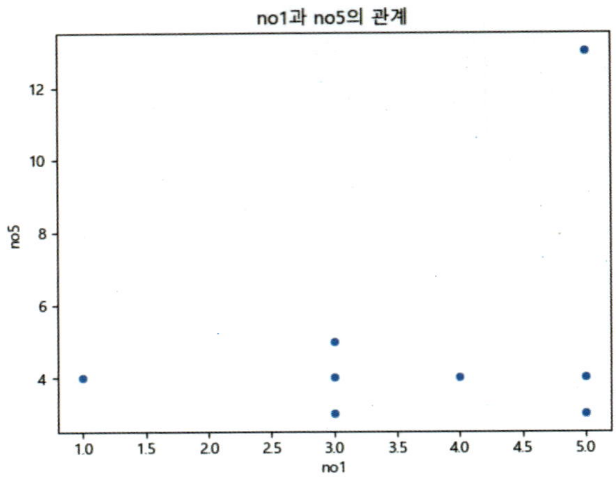

[그림 11-8] no1을 X축, no5를 Y축으로 하는 산점도

참고 matplotlip에서 한글 폰트 설정하기

[그림 11-8]의 시각화 코드를 입력했는데, [그림 11-9]와 같이 경고 메시지가 뜨면서 산점도의 한글이 깨져 나온다면 한글 표시에 문제가 발생한 것이다.

```
C:\Program Files\Python311\Lib\site-packages\IPython\core\pylabtools.py:152: UserWarning: Glyph 44284
(\N{HANGUL SYLLABLE GWA}) missing from current font.
  fig.canvas.print_figure(bytes_io, **kw)
C:\Program Files\Python311\Lib\site-packages\IPython\core\pylabtools.py:152: UserWarning: Glyph 51032
(\N{HANGUL SYLLABLE YI}) missing from current font.
  fig.canvas.print_figure(bytes_io, **kw)
C:\Program Files\Python311\Lib\site-packages\IPython\core\pylabtools.py:152: UserWarning: Glyph 44288
(\N{HANGUL SYLLABLE GWAN}) missing from current font.
  fig.canvas.print_figure(bytes_io, **kw)
C:\Program Files\Python311\Lib\site-packages\IPython\core\pylabtools.py:152: UserWarning: Glyph 44228
(\N{HANGUL SYLLABLE GYE}) missing from current font.
  fig.canvas.print_figure(bytes_io, **kw)
```

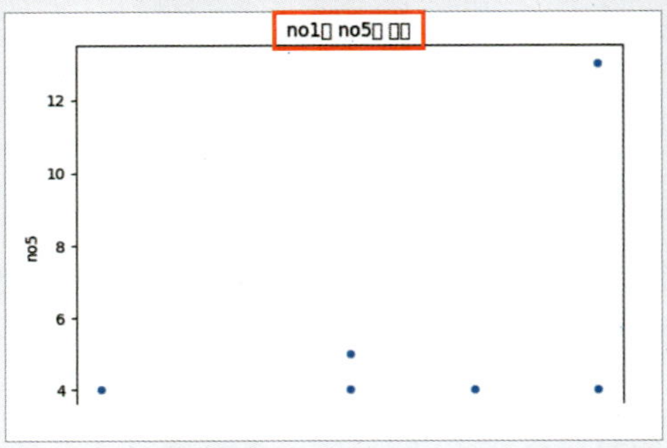

[그림 11-9] 한글이 깨져 나오는 산점도

이때는 한글이 정상적으로 표시되도록 [그림 11-10]과 같이 설정 코드를 먼저 입력해 줘야 한다.

```
# 한글출력
plt.rcParams['font.family'] = 'Malgun Gothic'  # 한글폰트를 맑은고딕
plt.rcParams['axes.unicode_minus'] = False     # 마이너스기호 깨짐 방지

# 한글출력-Mac은 아래를 활성화(위는 비활성화)
# rc.('font', family = 'AppleGothic')            # 한글폰트를 애플고딕
# plt.rcParams['axes.unicode_minus'] = False    # 마이너스기호 깨짐방지
```

[그림 11-10] 파이썬 한글 폰트 설정

■ **히스토그램**(histogram)

히스토그램은 연속형 데이터를 급간으로 구분하여 빈도를 표시한 그래프로, 변수의 분포를 시각적으로 확인하는 데 유용하다.

data로 정의한 데이터를 불러와서, 컬럼명이 **mean**인 열의 히스토그램을 작성해 보자. **bins**로 구간 개수를 설정할 수 있는데, 여기서는 **30**으로 설정한다. 해당 mean 값은 응답자가 1부터 5까지의 문항에 대해 선택한 답안을 행 단위로 평균한 값이다. 구간을 적절히 설정하면 히스토그램의 막대들이 서로 붙어 나타나므로, 구간별 차이를 직관적으로 파악하기에 용이하다. X축 레이블은 **응답**으로, Y축 레이블은 **빈도**로 설정하였으며, 그래프 제목은 **응답 분포**로 설정하였다.

```
data['mean'].hist(bins=30)
plt.xlabel('응답')
plt.ylabel('빈도')
plt.title('응답 분포')
plt.show()
```

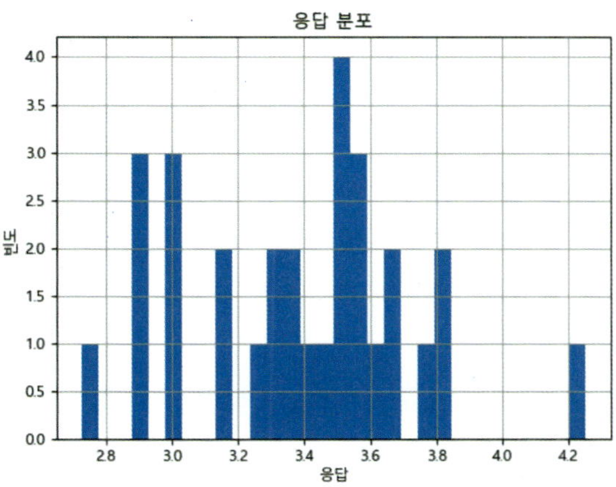

[그림 11-11] 히스토그램

■ 박스플롯(boxplot)

박스플롯은 중앙값, 사분위수, 이상치와 같은 다양한 정보를 한눈에 파악할 수 있게 요약해서 보여주는 그래프다. 제일 마지막 컬럼인 mean으로 박스플롯을 구현해 보자. X축에 **mean** 값을 설정하고, 그래프 제목에는 변수명을 넣어 **mean 박스플롯**으로 설정한다.

```
sns.boxplot(x=data['mean'])
plt.title('mean 박스플롯')
plt.show()
```

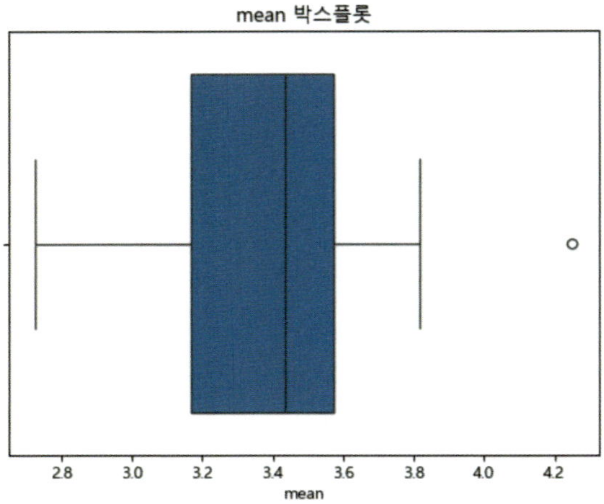

[그림 11-12] 박스플롯

출력된 박스플롯을 보면, 파란색 박스는 전체 데이터 중 중앙 50%를 나타내며, 이는 제1사분위수(Q1, 25%)와 제3사분위수(Q3, 75%) 사이의 범위로 구성된다. 박스 양쪽으로 뻗은 선(ㅏ와 ㅓ)을 수염이라고 하는데, 이 수염은 제1사분위수(25%)의 아랫부분과 제3사분위수의 윗부분을 표시한다. 박스 안에 있는 선은 중앙값을 의미하며, 수염 바깥에 표시된 점은 이상치를 나타낸다.

■ 밀도 곡선(density plot)

밀도 곡선은 확률밀도함수를 추정하여 데이터의 분포를 시각적으로 표현하는 그래프다. 히스토그램과 유사하지만, 구간을 나누어 계단식으로 나타내는 방식이 아니라 데이터를 부드러운 곡선 형태로 시각화한다. 즉, 직선 대신 곡선을 사용함으로써 더욱 부드럽고 명확하게 데이터의 분포를 이해할 수 있도록 돕는다.

sns.kdeplot() 함수는 KDE(Kernel Density Estimation, 커널밀도추정)를 기반으로 데이터의 분포를 곡선 형태로 시각화하는 기능을 한다. **sns.kdeplot()** 함수를 사용하여, **data**로 정의된 데이터셋에서 **mean** 컬럼을 대상으로 밀도 곡선을 그린다. **fill=True** 옵션은 곡선 아래 영역에 색을 채워 넣어 시각적으로 강조하는 역할을 한다. **plt.title()** 함수를 통해 그래프 상단에 **mean 밀도 곡선**이라는 제목을 넣고, **plt.show()**를 통해 해당 그래프를 화면에 출력한다.

```
sns.kdeplot(data['mean'], fill=True)
plt.title('mean 밀도 곡선')
plt.show()
```

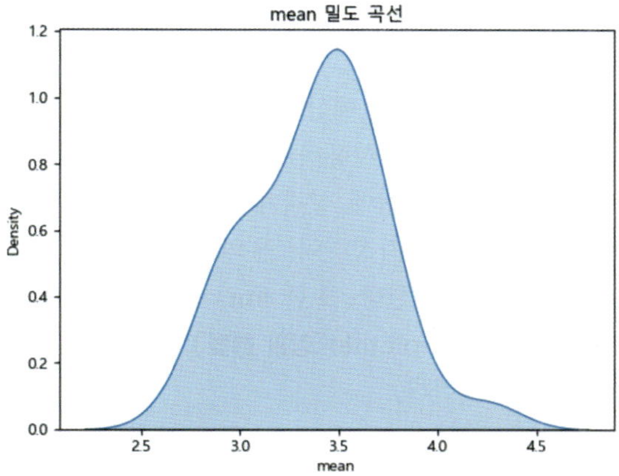

[그림 11-13] 밀도 곡선

참고 히스토그램과 밀도 곡선을 동시에 표현하기

먼저 data의 mean 컬럼을 대상으로 히스토그램을 그린다. 구간을 bins=20으로 설정하여 20개로 나누고, 막대의 투명도는 alpha=0.5, 색상은 파란색(color='blue')으로 지정한다. 이어서 sns.kdeplot() 함수를 사용하여, 동일한 데이터에 대해 밀도 곡선을 그린다. 이때 fill=True 옵션으로 곡선 아래에 색을 채우고, 색상은 빨간색(color='red')으로 지정한다. X축에는 **응답**, Y축에는 **빈도**라는 레이블을 붙이고, 그래프의 제목은 **응답 분포와 밀도 곡선**으로 설정하여 두 그래프를 하나로 겹쳐 표현한다.

```
plt.hist(data['mean'], bins=20, density=True, alpha=0.5, color='blue')  # 히스토그램
sns.kdeplot(data['mean'], fill=True, color='red')  # KDE 밀도 곡선
plt.xlabel('응답')
plt.ylabel('빈도')
plt.title('응답 분포와 밀도 곡선')
plt.show()
```

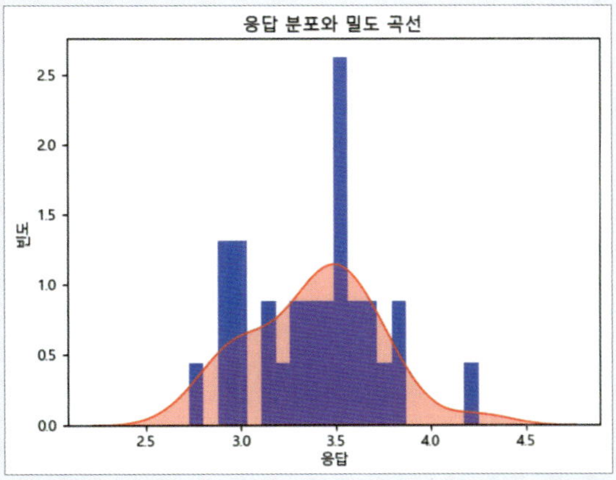

[그림 11-14] 응답 분포의 히스토그램과 밀도 곡선

■ **상관행렬(correlation)**

상관행렬은 변수들 간의 관계를 나타내며, 값은 −1에서 1 사이로 표현된다. 양의 상관관계는 +1에 가까울수록 강하고, 음의 상관관계는 −1에 가까울수록 강하며, 0에 가까울수록 관계가 거의 없음을 의미한다.

먼저 **data.corr()**를 입력하여 **data**의 변수들 간 상관관계를 계산하고, 이를 **corr_matrix**로 정의한다. 그런 다음 seaborn의 **sns.heatmap()** 함수를 사용하여 히트맵을 그린다. 입력 데이터로는 앞서 정의한 **corr_matrix**를 사용하고, 각 셀에 상관계수를 표시하기 위해 **annot=True**를 설정한다. 색상은 **cmap='coolwarm'**으로 지정하여, 음의 상관관계는 파란색 계열로, 양의 상관관계는 빨간색 계열로 시각화되도록 한다. 또한 **fmt='.2f'**를 입력하여 소수점 둘째 자리까지 상관계수를 표시한다. 마지막으로 **plt.title('상관 행렬')**로 그래프 제목을 설정하고, **plt.show()**를 통해 그래프를 화면에 출력한다.

```
corr_matrix = data.corr()
sns.heatmap(corr_matrix, annot=True, cmap='coolwarm', fmt='.2f')
plt.title('상관 행렬')
plt.show()
```

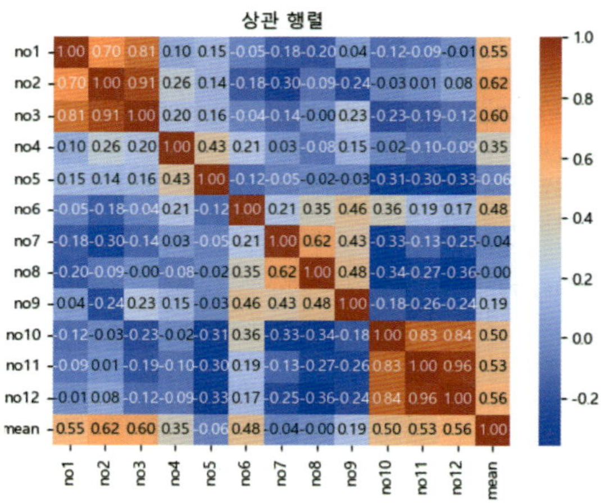

[그림 11−15] 상관행렬

SECTION

11.2 결측치와 이상치 처리

결측치 처리(missing data handling)

결측치란 데이터셋의 특정 변수나 관측값이 누락된 경우를 의미한다. 이는 원래 존재해야 할 값이 비어 있는 상태이므로, 모델링에 사용되는 기본 자료에 결함이 생긴 것이며, 결국 예측 성능 저하로 직결될 수 있다. 따라서 결측치는 반드시 적절하게 처리해야 한다. 앞서 11.1절에서 결측치 확인 방법을 살펴보았으므로, 이제 확인된 결측치를 어떻게 처리해야 할지 결정해야 한다. 단순히 해당 데이터를 삭제할 수도 있지만, 다른 값으로 대체하여 데이터를 보존하는 방법도 고려할 수 있다.

참고　결측치는 왜 발생할까?

- **응답:** 응답자가 특정 질문에 대해 답변하지 않은 경우
- **데이터 입력 오류:** 응답은 있었지만, 조사자나 연구자가 입력 과정에서 데이터를 누락한 경우
- **데이터 통합 오류:** 여러 개의 데이터셋을 통합하는 과정에서 일부 값이 누락되는 경우
- **센서 오류:** 데이터를 수집하는 센서가 정확하게 작동하지 않아 올바른 데이터가 수집되지 않은 경우

결측치 처리 방법

결측치 처리 방법에는 크게 삭제와 대체가 있다. 각각의 방법을 좀 더 구체적으로 살펴보자.

■ 삭제(remove)

데이터셋에 결측치가 많거나 불안정하다면 데이터를 삭제할 수 있다. 다만, 삭제로 인해 데이터양이 줄어들어 분석에 문제가 생길 수 있으므로 신중하게 삭제해야 한다. 삭제 방법에는 크게 행 삭제와 열 삭제가 있다.

- **행 삭제(dropping rows):** 결측치가 포함된 행을 제거하는 방식으로, 데이터의 개수가 직접적으로 줄어든다. 결측치가 있는 행의 수가 적을 때는 유용하지만, 많을 때는 전체 데이터의 손실로 이어져 분석 결과의 신뢰도가 크게 떨어질 수 있다.

- **열 삭제(dropping columns):** 결측치가 많은 열을 제거하는 방식으로, 전체 데이터의 개수에는 영향을 주지 않지만 변수의 수가 줄어든다. 결측치가 집중적으로 발생한 열이 분석에 크게 중요하지 않은 경우, 해당 열을 삭제함으로써 데이터의 안정성을 높일 수 있다. 특히 민감한 질문이나 응답이 어려운 항목에서 결측치가 많이 발생하는데, 이 경우 해당 열 전체를 제거하는 것이 일반적이다.

결측치는 일반적으로 **NA**(Not Available) 또는 **NaN**(Not a Number)으로 표현된다. NA는 일반적인 결측값(missing value)을 의미하며, 문자열이나 객체형 데이터를 비롯한 모든 데이터 타입에서 활용될 수 있다. null의 개념인 None도 결측값으로 처리되며, NA와 유사하게 다뤄진다. NaN은 수치 연산에서 정의되지 않은 값으로, 주로 수치형(float형) 데이터에서 공란으로 남아 있는 수치형 결측값을 나타내는 데 사용된다.

실제로 결측치를 삭제해 보자. **data**로 정의한 데이터프레임은 원래 30개의 행과 13개의 열로 구성된 상태다. 먼저 **dropna()** 함수를 사용하여 결측치가 있는 행을 삭제하고, 결측값이 제거된 새로운 데이터 프레임을 **data_cleaned**로 정의한다. **.shape** 속성을 사용해 결과를 (행, 열) 형태로 반환한다. 이어서 **dropna(axis=1)**와 같이 옵션을 axis=1로 설정하면 결측치가 있는 열이 삭제된다.

행 삭제

```
data_cleaned = data.dropna()
```

```
data_cleaned.shape
```

```
(20, 13)
```

열 삭제

```
data_cleaned = data.dropna(axis=1)
```

```
data_cleaned.shape
```

```
(30, 8)
```

[그림 11-16] 결측치 삭제

출력 결과를 보면, 결측치가 있는 행을 삭제한 후 20개의 행과 13개의 열로 구성된 데이터셋이 생성되었다. 결측치가 있는 열을 삭제했을 때 30개의 행과 8개의 열로 구성된 데이터셋으로 변경된 것도 확인할 수 있다.

■ **대체(imputation)**

대체는 결측값으로 인해 데이터가 손실되는 것을 방지하기 위해 특정한 값으로 이를 채우는 방법을 의미한다. 대표적인 대체 방법으로 평균(mean), 중앙값(median), 최빈값(mode)을 활용하는 방식이 있다.

- **평균값으로 대체:** 주로 연속형 변수(numeric data)에 대해 사용되며, 결측값이 있는 열의 평균값으로 이를 채운다. 단, 데이터셋에 이상치가 포함되어 있을 경우 평균값이 크게 영향을 받아 왜곡될 수 있다는 단점이 있다.

  데이터프레임 **data**에서 특정 열(column_name)을 선택한 후, **fillna(value)** 함수를 사용하여 해당 열의 결측값(NaN)을 지정한 값으로 채운다. 이때 선택된 열의 평균값을 계산하기 위해 **mean( )** 함수를 사용한다. 즉, column_name 열의 결측값을 해당 열의 평균값으로 대체하는 방식이다.

```
data['no2'] = data['no2'].fillna(data['no2'].mean())
```

[그림 11-17] 평균값으로 결측치 대체

- **중앙값으로 대체:** 이상치의 영향을 줄이기 위해 사용하는 방법으로, 데이터의 분포가 비대칭일 경우 평균값보다 훨씬 안정적인 대체 방식이다. 평균값으로 대체하는 방식과 유사하며, mean() 함수 대신 **median( )** 함수를 사용하면 된다.

```
data['no11'] = data['no11'].fillna(data['no11'].median())
```

[그림 11-18] 중간값으로 결측치 대체

- **최빈값으로 대체:** 주로 범주형 데이터에서 사용하는 방법으로, 결측값을 최빈값으로 대체한다. 특히 명목형(nominal) 데이터에 효과적이다. 최빈값으로 대체할 때도 평균값이나 중앙값으로 대체하는 방법과 유사하고 함수만 **mode()**로 변경하면 되지만, 이때 주의할 점이 있다. 최빈값이 2개 이상 존재한다면, mode()는 Series 형태로 반환된다는 것이다. 따라서 원하는 최빈값을 선택해야 하는데, 일반적으로 첫 번째 최빈값을 사용하는 경우가 많다. 이때는 **mode()[0]**과 같이 사용하여 첫 번째 최빈값을 고정해서 사용한다.

```
data['no12'] = data['no12'].fillna(data['no12'].mode()[0])
```

[그림 11-19] 최빈값으로 결측치 대체

원본 데이터와 결측값을 대체한 데이터를 비교하여 살펴보면 [그림 11-20]과 같다.

	no1	no2	no3	no4	no5	no6	no7	no8	no9	no10	no11	no12	mean
0	4	4.0	4.0	4	4	4	3	3.0	3	3	2.0	3.0	3.416667
1	5	5.0	5.0	5	13	3	3	3.0	3	1	1.0	1.0	3.166667
2	5	5.0	4.0	4	4	4	3	3.0	3	3	3.0	3.0	3.666667
3	5	NaN	5.0	4	4	4	4	4.0	4	1	1.0	1.0	3.363636
4	5	5.0	5.0	4	4	4	3	3.0	3	3	NaN	3.0	3.818182
5	3	3.0	3.0	5	4	4	3	3.0	4	3	NaN	3.0	3.454545
6	3	3.0	3.0	5	5	4	3	2.0	3	3	NaN	3.0	3.363636
7	5	5.0	5.0	5	4	4	3	2.0	3	5	5.0	5.0	4.250000
8	5	5.0	5.0	5	3	3	3	3.0	3	1	1.0	1.0	3.166667
9	5	5.0	5.0	4	4	4	3	NaN	3	3	3.0	3.0	3.818182
10	3	3.0	NaN	4	4	4	4	4.0	4	1	1.0	1.0	3.000000
11	3	3.0	3.0	3	4	4	3	3.0	3	2	2.0	2.0	2.916667
12	4	5.0	4.0	4	4	4	3	3.0	3	3	3.0	3.0	3.583333
13	5	5.0	4.0	4	4	4	3	3.0	3	3	3.0	3.0	3.666667
14	3	3.0	3.0	4	4	4	3	3.0	3	3	1.0	1.0	2.916667
15	3	3.0	3.0	3	3	3	3	3.0	3	3	3.0	3.0	3.000000
16	5	5.0	5.0	3	3	3	3	3.0	3	3	3.0	3.0	3.500000
17	1	NaN	1.0	4	4	3	3	3.0	2	3	3.0	3.0	2.727273
18	3	4.0	4.0	4	4	4	4	4.0	3	2	3.0	3.0	3.500000
19	3	3.0	3.0	3	3	3	3	2.0	3	3	3.0	3.0	2.916667
20	4	4.0	4.0	4	4	4	3	3.0	3	3	3.0	3.0	3.500000
21	3	4.0	4.0	4	4	5	3	4.0	4	4	3.0	3.0	3.750000
22	4	2.0	2.0	4	4	4	4	3.0	3	3	3.0	3.0	3.250000
23	4	4.0	4.0	4	4	4	3	3.0	3	3	3.0	NaN	3.545455
24	5	5.0	4.0	4	4	4	3	3.0	3	3	2.0	NaN	3.636364
25	3	4.0	3.0	4	4	4	4	4.0	3	3	3.0	NaN	3.545455
26	4	1.0	2.0	3	4	4	3	3.0	3	3	3.0	3.0	3.000000
27	5	5.0	5.0	3	3	3	3	3.0	3	2	2.0	3.0	3.333333
28	3	3.0	3.0	4	4	4	4	4.0	4	3	3.0	3.0	3.500000
29	3	3.0	3.0	4	4	4	3	4.0	3	3	3.0	3.0	3.333333

(a) 원본 data

	no1	no2	no3	no4	no5	no6	no7	no8	no9	no10	no11	no12	mean
0	4	4.000000	4.0	4	4	4	3	3.0	3	3	2.0	3.0	3.416667
1	5	5.000000	5.0	5	13	3	3	3.0	3	1	1.0	1.0	3.166667
2	5	5.000000	4.0	4	4	4	3	3.0	3	3	3.0	3.0	3.666667
3	5	3.892857	5.0	4	4	4	4	4.0	4	1	1.0	1.0	3.363636
4	5	5.000000	5.0	4	4	4	3	3.0	3	3	NaN	3.0	3.818182
5	3	3.000000	3.0	5	4	4	3	3.0	4	3	NaN	3.0	3.454545
6	3	3.000000	3.0	5	5	4	3	2.0	3	3	NaN	3.0	3.363636
7	5	5.000000	5.0	5	4	4	3	2.0	3	5	5.0	5.0	4.250000
8	5	5.000000	5.0	5	3	3	3	3.0	3	1	1.0	1.0	3.166667
9	5	5.000000	5.0	4	4	4	3	NaN	3	3	3.0	3.0	3.818182
10	3	3.000000	NaN	4	4	4	4	4.0	4	1	1.0	1.0	3.000000
11	3	3.000000	3.0	3	4	4	3	3.0	3	2	2.0	2.0	2.916667
12	4	5.000000	4.0	4	4	4	3	3.0	3	3	3.0	3.0	3.583333
13	5	5.000000	4.0	4	4	4	3	3.0	3	3	3.0	3.0	3.666667
14	3	3.000000	3.0	4	4	4	3	3.0	3	3	1.0	1.0	2.916667
15	3	3.000000	3.0	3	3	3	3	3.0	3	3	3.0	3.0	3.000000
16	5	5.000000	5.0	3	3	3	3	3.0	3	3	3.0	3.0	3.500000
17	1	3.892857	1.0	4	4	3	3	3.0	2	3	3.0	3.0	2.727273
18	3	4.000000	4.0	4	4	4	4	4.0	3	2	3.0	3.0	3.500000
19	3	3.000000	3.0	3	3	3	3	2.0	3	3	3.0	3.0	2.916667
20	4	4.000000	4.0	4	4	4	3	3.0	3	3	3.0	3.0	3.500000
21	3	4.000000	4.0	4	4	5	3	4.0	4	4	3.0	3.0	3.750000
22	4	2.000000	2.0	4	4	4	4	3.0	3	3	3.0	3.0	3.250000
23	4	4.000000	4.0	4	4	4	3	3.0	3	3	3.0	NaN	3.545455
24	5	5.000000	4.0	4	4	4	3	3.0	3	3	2.0	NaN	3.636364
25	3	4.000000	3.0	4	4	4	4	4.0	3	3	3.0	NaN	3.545455
26	4	1.000000	2.0	3	4	4	3	3.0	3	3	3.0	3.0	3.000000
27	5	5.000000	5.0	3	3	3	3	3.0	3	2	2.0	3.0	3.333333
28	3	3.000000	3.0	4	4	4	4	4.0	4	3	3.0	3.0	3.500000
29	3	3.000000	3.0	4	4	4	3	4.0	3	3	3.0	3.0	3.333333

(b) 평균으로 대체 후의 data

	no1	no2	no3	no4	no5	no6	no7	no8	no9	no10	no11	no12	mean
0	4	4.000000	4.0	4	4	4	3	3.0	3	3	2.0	3.0	3.416667
1	5	5.000000	5.0	5	13	3	3	3.0	3	1	1.0	1.0	3.166667
2	5	5.000000	4.0	4	4	4	3	3.0	3	3	3.0	3.0	3.666667
3	5	3.892857	5.0	4	4	4	4	4.0	4	1	1.0	1.0	3.363636
4	5	5.000000	5.0	4	4	4	3	3.0	3	3	3.0	3.0	3.818182
5	3	3.000000	3.0	5	4	4	3	3.0	4	3	3.0	3.0	3.454545
6	3	3.000000	3.0	5	5	4	3	2.0	3	3	3.0	3.0	3.363636
7	5	5.000000	5.0	5	4	4	3	2.0	3	5	5.0	5.0	4.250000
8	5	5.000000	5.0	5	3	3	3	3.0	3	1	1.0	1.0	3.166667
9	5	5.000000	5.0	4	4	4	3	NaN	3	3	3.0	3.0	3.818182
10	3	3.000000	NaN	4	4	4	4	4.0	4	1	1.0	1.0	3.000000
11	3	3.000000	3.0	3	4	4	3	3.0	3	2	2.0	2.0	2.916667
12	4	5.000000	4.0	4	4	4	3	3.0	3	3	3.0	3.0	3.583333
13	5	5.000000	4.0	4	4	4	3	3.0	3	3	3.0	3.0	3.666667
14	3	3.000000	3.0	4	4	4	3	3.0	3	3	1.0	1.0	2.916667
15	3	3.000000	3.0	3	3	3	3	3.0	3	3	3.0	3.0	3.000000
16	5	5.000000	5.0	3	3	3	3	3.0	3	3	3.0	3.0	3.500000
17	1	3.892857	1.0	4	4	3	3	3.0	2	3	3.0	3.0	2.727273
18	3	4.000000	4.0	4	4	4	4	4.0	3	2	3.0	3.0	3.500000
19	3	3.000000	3.0	3	3	3	3	2.0	3	3	3.0	3.0	2.916667
20	4	4.000000	4.0	4	4	4	3	3.0	3	3	3.0	3.0	3.500000
21	3	4.000000	4.0	4	4	5	3	4.0	4	4	3.0	3.0	3.750000
22	4	2.000000	2.0	4	4	4	4	3.0	3	3	3.0	3.0	3.250000
23	4	4.000000	4.0	4	4	4	3	3.0	3	3	3.0	NaN	3.545455
24	5	5.000000	4.0	4	4	4	3	3.0	3	3	2.0	NaN	3.636364
25	3	4.000000	3.0	4	4	4	4	4.0	3	3	3.0	NaN	3.545455
26	4	1.000000	2.0	3	4	4	3	3.0	3	3	3.0	3.0	3.000000
27	5	5.000000	5.0	3	3	3	3	3.0	3	2	2.0	3.0	3.333333
28	3	3.000000	3.0	4	4	4	4	4.0	4	3	3.0	3.0	3.500000
29	3	3.000000	3.0	4	4	4	3	4.0	3	3	3.0	3.0	3.333333

(c) 중앙값으로 대체한 후의 data

	no1	no2	no3	no4	no5	no6	no7	no8	no9	no10	no11	no12	mean
0	4	4.000000	4.0	4	4	4	3	3.0	3	3	2.0	3.0	3.416667
1	5	5.000000	5.0	5	13	3	3	3.0	3	1	1.0	1.0	3.166667
2	5	5.000000	4.0	4	4	4	3	3.0	3	3	3.0	3.0	3.666667
3	5	3.892857	5.0	4	4	4	4	4.0	4	1	1.0	1.0	3.363636
4	5	5.000000	5.0	4	4	4	3	3.0	3	3	3.0	3.0	3.818182
5	3	3.000000	3.0	5	4	4	3	3.0	4	3	3.0	3.0	3.454545
6	3	3.000000	3.0	5	5	4	3	2.0	3	3	3.0	3.0	3.363636
7	5	5.000000	5.0	5	4	4	3	2.0	3	5	5.0	5.0	4.250000
8	5	5.000000	5.0	5	3	3	3	3.0	3	1	1.0	1.0	3.166667
9	5	5.000000	5.0	4	4	4	3	NaN	3	3	3.0	3.0	3.818182
10	3	3.000000	NaN	4	4	4	4	4.0	4	1	1.0	1.0	3.000000
11	3	3.000000	3.0	3	4	4	3	3.0	3	2	2.0	2.0	2.916667
12	4	5.000000	4.0	4	4	4	3	3.0	3	3	3.0	3.0	3.583333
13	5	5.000000	4.0	4	4	4	3	3.0	3	3	3.0	3.0	3.666667
14	3	3.000000	3.0	4	4	4	3	3.0	3	3	1.0	1.0	2.916667
15	3	3.000000	3.0	3	3	3	3	3.0	3	3	3.0	3.0	3.000000
16	5	5.000000	5.0	3	3	3	3	3.0	3	3	3.0	3.0	3.500000
17	1	3.892857	1.0	4	4	3	3	3.0	2	3	3.0	3.0	2.727273
18	3	4.000000	4.0	4	4	4	4	4.0	3	2	3.0	3.0	3.500000
19	3	3.000000	3.0	3	3	3	3	2.0	3	3	3.0	3.0	2.916667
20	4	4.000000	4.0	4	4	4	3	3.0	3	3	3.0	3.0	3.500000
21	3	4.000000	4.0	4	4	5	3	4.0	4	4	3.0	3.0	3.750000
22	4	2.000000	2.0	4	4	4	4	3.0	3	3	3.0	3.0	3.250000
23	4	4.000000	4.0	4	4	4	3	3.0	3	3	3.0	3.0	3.545455
24	5	5.000000	4.0	4	4	4	3	3.0	3	3	2.0	3.0	3.636364
25	3	4.000000	3.0	4	4	4	4	4.0	3	3	3.0	3.0	3.545455
26	4	1.000000	2.0	3	4	4	3	3.0	3	3	3.0	3.0	3.000000
27	5	5.000000	5.0	3	3	3	3	3.0	3	2	2.0	3.0	3.333333
28	3	3.000000	3.0	4	4	4	4	4.0	4	3	3.0	3.0	3.500000
29	3	3.000000	3.0	4	4	4	3	4.0	3	3	3.0	3.0	3.333333

(d) 최빈값으로 대체 후의 data

[그림 11-20] 원본 데이터와 결측값을 대체한 데이터 비교

이상치 탐색(outlier detection)

이상치란 다른 데이터들과 비교했을 때 극단적으로 크거나 작은 값을 의미하며, 데이터가 가진 일반적인 패턴에서 벗어난 비정상적인 측정값을 말한다. 이상치는 주변 데이터의 분포와 비교해 크게 벗어난 값일 수 있지만, 그렇다고 해서 무조건 삭제하거나 대체해서는 안 된다. 이상치가 단순한 오류나 잘못된 코딩으로 인해 발생한 것일 수도 있지만, 실제로 중요한 의미를 지닌 측정값일 가능성도 있기 때문이다. 따라서 이상치를 처리할 때는 해당 값이 오류인지, 아니면 의미 있는 데이터인지를 충분히 분석한 후 신중하게 결정해야 한다.

참고 이상치는 왜 발생할까?

- **입력 오류:** 코딩 실수나 센서 오작동 문제로 인해 이상치가 발생한 경우
- **측정 단위의 오류:** 데이터셋 내에서 일관성을 벗어나는 단위의 데이터인 경우(예 cm 단위로 입력해야 할 값을 mm 단위로 입력)
- **특이한 데이터:** 입력 오류나 측정 단위의 오류가 없었지만, 특이한 성격의 측정치가 존재하는 경우

이상치는 크게 두 가지로 구분할 수 있다. 첫 번째는 극단값(extreme value)으로, 전체 데이터의 분포를 기준으로 볼 때 극단적으로 크거나 작은 값을 의미한다. 두 번째는 영향점(influential point)으로, 모델이 학습을 마친 후 예측 결과에 과도한 영향을 미쳐 예측을 왜곡시키는 데이터를 말한다. 이러한 이상치들은 전체 데이터의 패턴에 중대한 영향을 미칠 수 있으므로, 적절한 분석을 위해서는 이상치를 탐지하고 판단하는 방법을 반드시 알고 있어야 한다.

이상치를 탐지하는 방법은 크게 통계적 방법(최댓값과 최솟값 확인, IQR, Z-score)과 시각화 방법으로 나뉜다.

■ 최댓값과 최솟값을 확인하는 방법

describe() 함수를 이용하면 표본 개수(**count**), 평균(**mean**), 표준편차(**std**), 최솟값(**min**), 제1사분위수(**25%**), 제2사분위수(**50%**), 제3사분위수(**75%**), 최댓값(**max**)을 확인할 수 있다.[2] 이때 연구자는 응답 값의 허용 범위를 알고 있으므로, 최댓값과 최솟값을 확인하는 과정에서 허용 범위를 크게 벗어난 관측값이 있다면 이를 이상치로 판단할 수 있다.

2 앞서 data에서 결측치가 있는 행과 열을 삭제하였으므로, 데이터를 다시 불러와 data로 정의한 후 실행하도록 한다.

```
data.describe()
```

	no1	no2	no3	no4	no5	no6	no7	no8	
count	30.000000	28.000000	29.000000	30.000000	30.000000	30.000000	30.000000	29.000000	30.(
mean	3.866667	3.892857	3.724138	3.966667	4.166667	3.800000	3.200000	3.137931	3.1
std	1.041661	1.100144	1.065583	0.614948	1.723736	0.484234	0.406838	0.580895	0.4
min	1.000000	1.000000	1.000000	3.000000	3.000000	3.000000	3.000000	2.000000	2.(
25%	3.000000	3.000000	3.000000	4.000000	4.000000	4.000000	3.000000	3.000000	3.(
50%	4.000000	4.000000	4.000000	4.000000	4.000000	4.000000	3.000000	3.000000	3.(
75%	5.000000	5.000000	5.000000	4.000000	4.000000	4.000000	3.000000	3.000000	3.(
max	5.000000	5.000000	5.000000	5.000000	13.000000	5.000000	4.000000	4.000000	4.(

[그림 11-21] describe() 함수로 확인한 기술통계량

출력 결과를 보면, 대다수 변수가 **min**은 **1**, **max**는 **5** 범위 안에 있는 것이 확인되는 반면, **no5**만 **max**가 **13**으로 확인되어 이상치로 판단된다.

■ IQR(interquartile range) 방법

사분위수 범위는 데이터의 분포에서 25%에 해당하는 제1사분위수(Q1)와 75%에 해당하는 제3사분위수(Q3)를 계산한 뒤, 사분위수 범위($Q_3 - Q_1 = IQR$)를 기준으로 Q_1보다 1.5배 작은 값($Q_1 - 1.5 \times IQR$)을 하한, Q_3보다 1.5배 큰 값($Q_3 + 1.5 \times IQR$)을 상한으로 설정하여 이상치를 판단한다.[3]

numpy를 임포트한 상태에서 이상치가 있는 열을 **OL**로 정의하고, **quantile()** 함수를 이용하여 제1사분위수와 제3사분위수를 계산한다.

```
OL = 'no5'

Q1 = data[OL].quantile(0.25)
Q3 = data[OL].quantile(0.75)
```

[그림 11-22] 제1사분위수와 제3사분위수 계산

사분위수 범위는 **Q3-Q1**이므로 이를 **IQR**로 정의한다. 하한(**l_bound**)은 **1.5**를 **IQR**에 곱하여 **Q1**에서 빼고, 상한(**u_bound**)은 **1.5**를 **IQR**에 곱하여 **Q3**에 더한다.

```
IQR = Q3 - Q1

l_bound = Q1 - 1.5 * IQR
u_bound = Q3 + 1.5 * IQR
```

[그림 11-23] 사분위수 범위

3 1.5를 곱해서 가감하는 방식이 정확한지에 대해서는 이견이 있으나, 직관적으로 널리 사용하는 방법이라고 이해하기 바란다.

data의 **no5**열에서 하한으로 설정한 **l_bound**보다 작고, 상한으로 설정한 **u_bound**보다 큰 값을 조건으로 설정한 후, 이 조건을 OR 연산자(|)로 결합하여 **outliers**로 정의한다. **outliers**를 표로 확인한다.[4]

```
outliers = data[(data[OL] < l_bound) | (data[OL] > u_bound)]
outliers
```

	no1	no2	no3	no4	no5	no6	no7	no8	no9	no10	no11	no12	mean
1	5	5.0	5.0	5	13	3	3	3.0	3	1	1.0	1.0	3.166667
6	3	3.0	3.0	5	5	4	3	2.0	3	3	3.0	3.0	3.363636
8	5	5.0	5.0	5	3	3	3	3.0	3	1	1.0	1.0	3.166667
15	3	3.0	3.0	3	3	3	3	3.0	3	3	3.0	3.0	3.000000
16	5	5.0	5.0	3	3	3	3	3.0	3	3	3.0	3.0	3.500000
19	3	3.0	3.0	3	3	3	3	2.0	3	3	3.0	3.0	2.916667
27	5	5.0	5.0	3	3	3	3	3.0	3	2	2.0	3.0	3.333333

[그림 11-24] outliers 정의와 확인

사분위수 범위를 기준으로 상한과 하한을 설정하여 이상치를 탐지한 결과, 총 7개 행에서 이상치로 의심되는 값이 발견되었다. 각 행에 대한 해석은 다음과 같다.

- **1행: no5**의 값이 **13**이므로 다른 값들에 비해 매우 높아 평균(mean)을 크게 끌어올리는 역할을 했다. 명백한 이상치로 판단할 수 있다.
- **6행:** 대부분의 관측값이 3~5의 값을 가지는데 **no8**은 **2**로 관측되어 상대적으로 낮은 값으로 탐지된다. 그러나 1 정도의 차이만으로는 이상치로 판단하기에 다소 무리가 있다.
- **8행: no1, no2, no3, no4**의 관측값은 모두 **5**이고, **no10, no11, no12**의 관측값은 모두 **1**이다. 즉, 매우 높은 값과 매우 낮은 값이 동시에 확인되어 이상치로 탐지되었지만, 실제로 의미 있는 패턴일 수도 있어 이상치라고 확신하기 어렵다.
- **15행:** 모든 값이 3으로 관측되어 극단적인 값은 없지만, 너무 일정한 관측값으로 인해 이상치로 탐지되었다. 동일한 값만 존재할 경우 사분위수 범위가 무의미해질 수 있으므로, 이상치로 판단하기는 어렵다.
- **16행:** 대부분의 값이 3인 데 반해 **no1, no2, no3**이 **5**로 관측되어 평균을 끌어올리는 역할을 한다. IQR 기준을 벗어났지만, 평균이 높게 쏠린 상황에서 사분위수 기준만으로 이상치를 판단하기는 불확실하다.

4 이 방법은 no5열만 기준으로 하여 이상치를 탐지하는 방식이며, no5의 값이 상한 또는 하한을 넘어가는 행을 찾는다. 하지만 출력 시에는 해당 행의 모든 열(컬럼)이 함께 표시된다.

- **19행**: **mean**이 **2.9167**로 다른 행에 비해 상대적으로 낮으며, 대부분의 값이 **3**으로 관측되지만, **no8**만 **2**로 관측되었다. 이는 표준편차가 아주 작은 상황에서 단 하나의 값이 평균을 낮추기 때문에 이상치로 탐지된 것이지만, 평균과 1 미만의 차이를 이상치로 판단하기에는 무리가 있다.
- **27행**: 직관적으로는 문제가 없어 보이지만, 높은 관측값 **5**와 낮은 관측값 **2**가 혼재되어 평균이 IQR 범위를 벗어난 것으로 탐지되었다. 그러나 사분위수 기준을 적용하기에는 무리가 있다.

지금까지 해석한 바와 같이, 1행은 13이라는 관측치가 다른 관측치와 차이가 크므로 이상치로 판단해도 무리가 없지만, 나머지 6개 행은 이상치로 보기엔 논리적 근거가 약하거나 정확한 계산 결과라는 확신이 들지 않는다. 이처럼 판단이 모호한 경우에는 표준화 점수인 Z-score를 활용하여 이상치를 좀 더 명확하게 판단하는 것이 바람직하다.

■ Z-score 계산 방법

Z-score는 표준화 점수를 의미하며, 특정 값이 평균으로부터 얼마나 떨어져 있는지를 수치로 표현한 것이다. 공식 $Z=\frac{x-\mu}{\sigma}$에 대입하여 계산하며, 일반적으로 $Z>\pm 3$이면 이상치로 판단한다.[5]

Z-score를 계산하기 위해서는 **scipy** 라이브러리의 **stats** 모듈을 이용한다.

```
from scipy import stats
```

[그림 11-25] scipy 라이브러리의 stats 모듈 임포트하기

앞의 IQR 방법에서 no5를 정의한 **OL**에 대해 Z-score를 계산해 보자. **stats** 모듈의 **zscore**를 이용하여 **data**의 새로운 열 **z_score**에 저장한다.

```
data['z_score'] = stats.zscore(data[OL])
```

[그림 11-26] Z-score 계산

data에 새롭게 생성된 **z_score** 열의 절댓값(**abs**)이 **3**보다 큰 수를 **z_outliers**로 정의한다.

```
z_outliers = data[abs(data['z_score']) > 3]
```

[그림 11-27] z_score 열의 절댓값(abs)이 3보다 큰 수를 z_outliers로 정의

5 일반적으로 $Z>\pm 3$을 기준으로 판단하는 이유는 통계적 분포에 기반한다. 데이터의 95%를 포함하는 $Z=1.96$, 99%는 $Z=2.58$, 99.9%는 $Z=3.30$이다. 따라서 ±3을 초과하는 값은 전체 데이터 중 매우 드문 값으로 간주되기에, 계산의 편의성을 고려하여 3을 기준으로 판단한다.

z_outliers를 출력한다.

```
z_outliers
```

	no1	no2	no3	no4	no5	no6	no7	no8	no9	no10	no11	no12	mean	z_score
1	5	5.0	5.0	5	13	3	3	3.0	3	1	1.0	1.0	3.166667	5.212134

[그림 11-28] z_outliers 출력

출력 결과를 보면, **no5**의 관측값이 13이고, 이에 대해 생성된 **z_score** 열의 값이 **5.212134**로 확인된다. 이 값은 **3**보다 훨씬 크므로 이상치로 판단할 수 있다.

■ **시각화**

시각화를 통해 기본적인 데이터의 분포를 확인하는 과정에서 일반적인 값과 극단적인 값을 가진 데이터를 직관적으로 판단할 수 있다. 이 방법은 11.1절의 '데이터 분포 확인' 항목에서 다룬 시각화 기법을 참고한다. 특히, 산점도와 박스플롯에 관한 내용을 잘 살펴보기 바란다.

이상치 처리(outlier handling)

이상치는 분석 결과에 왜곡을 가져올 수 있으므로 이상치가 탐지되었다면 이를 적절히 처리해 주는 과정이 필요하다. 이상치 처리 방법은 크게 제거, 대체, 변환의 세 가지로 구분된다.

■ **제거**(removal)

이상치를 발견하면 이를 삭제하는 방법이다. 이 방식은 상대적으로 간단하고 직관적이며, 이상치로 인해 발생할 수 있는 데이터 왜곡을 방지할 수 있다는 장점이 있다. 그러나 이상치를 제거하면 데이터 손실이 발생하므로, 표본의 개수가 적으면 적용하기 어렵다.

앞서 '이상치 탐색' 항목에서는 IQR(interquartile range) 방법만으로 이상치를 판단하는 것이 문제가 있어 Z-score를 계산하여 새로운 열 **z_score**에 저장하였다.[6] data의 no5열에서 하한을 l_bound, 상한을 u_bound로 설정했으므로, 여기서는 **[data['z_score']<=3]** 조건을 만족하는 행만 필터링하여 **z_filtered**에 저장한다. **z_filtered**를 **CSV** 파일로 저장하고, 이때 DataFrame의 인덱스가 파일에 포함하지 않도록 **index=False**를 설정한다.

6 data['z_score']=stats.zscore(data[OL])

```
z_filtered = data[data['z_score'] <= 3]
z_filtered.to_csv('./source/eda_z_filtered.csv', index=False)
z_filtered
```

	no1	no2	no3	no4	no5	no6	no7	no8	no9	no10	no11	no12	mean	z_score
0	4	4.0	4.0	4	4	4	3	3.0	3	3	2.0	3.0	3.416667	-0.098342
2	5	5.0	4.0	4	4	4	3	3.0	3	3	3.0	3.0	3.666667	-0.098342
3	5	NaN	5.0	4	4	4	4	4.0	4	1	1.0	1.0	3.363636	-0.098342
4	5	5.0	5.0	4	4	4	3	3.0	3	3	NaN	3.0	3.818182	-0.098342
5	3	3.0	3.0	5	4	4	3	3.0	4	3	NaN	3.0	3.454545	-0.098342
6	3	3.0	3.0	5	5	4	3	2.0	3	3	NaN	3.0	3.363636	0.491711
7	5	5.0	5.0	5	4	4	3	2.0	3	5	5.0	5.0	4.250000	-0.098342
8	5	5.0	5.0	5	3	3	3	3.0	3	1	1.0	1.0	3.166667	-0.688395
9	5	5.0	5.0	4	4	4	3	NaN	3	3	3.0	3.0	3.818182	-0.098342
10	3	3.0	NaN	4	4	4	4	4.0	4	1	1.0	1.0	3.000000	-0.098342
11	3	3.0	3.0	3	4	4	3	3.0	3	2	2.0	2.0	2.916667	-0.098342
12	4	5.0	4.0	4	4	4	3	3.0	3	3	3.0	3.0	3.583333	-0.098342
13	5	5.0	4.0	4	4	4	3	3.0	3	3	3.0	3.0	3.666667	-0.098342
14	3	3.0	3.0	4	4	4	3	3.0	3	3	1.0	1.0	2.916667	-0.098342
15	3	3.0	3.0	3	3	3	3	3.0	3	3	3.0	3.0	3.000000	-0.688395
16	5	5.0	5.0	3	3	3	3	3.0	3	3	3.0	3.0	3.500000	-0.688395
17	1	NaN	1.0	4	4	3	3	3.0	2	3	3.0	3.0	2.727273	-0.098342
18	3	4.0	4.0	4	4	4	4	4.0	3	2	3.0	3.0	3.500000	-0.098342
19	3	3.0	3.0	3	3	3	3	2.0	3	3	3.0	3.0	2.916667	-0.688395
20	4	4.0	4.0	4	4	4	3	3.0	3	3	3.0	3.0	3.500000	-0.098342
21	3	4.0	4.0	4	4	5	3	4.0	4	4	3.0	3.0	3.750000	-0.098342
22	4	2.0	2.0	4	4	4	4	3.0	3	3	3.0	3.0	3.250000	-0.098342
23	4	4.0	4.0	4	4	4	3	3.0	3	3	3.0	NaN	3.545455	-0.098342
24	5	5.0	4.0	4	4	4	3	3.0	3	3	2.0	NaN	3.636364	-0.098342
25	3	4.0	3.0	4	4	4	4	4.0	3	3	3.0	NaN	3.545455	-0.098342
26	4	1.0	2.0	3	4	4	3	3.0	3	3	3.0	3.0	3.000000	-0.098342
27	5	5.0	5.0	3	3	3	3	3.0	3	2	2.0	3.0	3.333333	-0.688395
28	3	3.0	3.0	4	4	4	4	4.0	4	3	3.0	3.0	3.500000	-0.098342
29	3	3.0	3.0	4	4	4	3	4.0	3	3	3.0	3.0	3.333333	-0.098342

[그림 11-29] [data['z_score'] <= 3] 조건을 만족하는 행만 필터링하여 z_filtered에 저장

출력 결과를 보면, z-score가 3보다 큰, Index가 1인 행이 삭제되었음을 알 수 있다.[7]

7 파이썬 출력에서 Index가 1이라고 하면 실제로는 데이터의 두 번째 행(2행)에 해당한다.

shape 속성을 이용해서 **data**와 **z_filtered**의 크기를 확인한다.

data와 **z_filtered**의 행과 열을 확인하면 각각 (30, 14), (29, 14)임을 알 수 있다.

```
print(data.shape)
print(z_filtered.shape)
```

```
(30, 14)
(29, 14)
```

[그림 11-30] data와 z_filtered의 크기 확인

■ **대체(imputation)**

이상치를 적절한 값으로 대체하는 방법이다. 이때 이상치는 미리 정해둔 값(예 상한값 또는 하한값) 혹은 동일한 특성을 가진 그룹의 평균값이나 중앙값으로 대체할 수 있다. 평균값은 이상치의 영향을 크게 받기 때문에, 이상치가 적은 경우에 적합하다. 반면 중앙값은 데이터의 분포를 알 수 없을 때, 이상치가 많거나 많을 것으로 판단될 때 사용한다.

data.head()를 사용하여 5열 2행의 값인 13을 확인해 보자.

```
data.head()
```

	no1	no2	no3	no4	no5	no6	no7	no8	no9	no10	no11	no12	mean
0	4	4.0	4.0	4	4	4	3	3.0	3	3	2.0	3.0	3.416667
1	5	5.0	5.0	5	13	3	3	3.0	3	1	1.0	1.0	3.166667
2	5	5.0	4.0	4	4	4	3	3.0	3	3	3.0	3.0	3.666667
3	5	NaN	5.0	4	4	4	4	4.0	4	1	1.0	1.0	3.363636
4	5	5.0	5.0	4	4	4	3	3.0	3	3	NaN	3.0	3.818182

[그림 11-31] data.head()를 사용하여 5열 2행의 값인 13 확인

Z-score를 계산하기 위해 **scipy.stats** 모듈에서 **zscore** 함수를 임포트한다. **data**에서 **no5**열에 대한 **Z-score**를 계산하여 **data**에 **z_score** 컬럼을 만든다.

```
from scipy.stats import zscore
data['z_score'] = zscore(data['no5'])
```

[그림 11-32] data에 z_score 컬럼 생성

참고 from scipy.stats import zscore vs. from scipy import stats

두 방식은 모두 scipy 라이브러리에 포함된 zscore 함수를 사용하는 것이며, 기능적으로는 동일하지만 문법적으로 차이가 있다.

from scipy.stats import zscore는 scipy.stats 모듈에서 zscore 함수만 직접 임포트하는 방식이고, **from scipy import stats**는 scipy 라이브러리에서 stats 모듈까지만 임포트하는 방식이다. zscore만 사용하는 입장이라면 두 방식 간의 실질적인 차이는 없다. 하지만 전자의 경우, zscore 함수만 가져오기 때문에 코드가 더 간결해져, 본문의 **data['z_score'] = zscore(data['no5'])**처럼 사용할 수 있으므로 메모리 사용량이 줄어든다. 반면, 통계분석 관점에서는 stats 모듈 내의 다른 함수들(예 t-test, pearsonr)을 함께 사용해야 할 경우가 많다. 이럴 때는 **from scipy import stats** 방식이 더 유용하다. 다만 이 경우에는 **data['z_score'] = ststs.zscore(data['no5'])**처럼 **stats.**를 붙여서 함수에 접근해야 한다.

Z-score를 활용한 이상치 판별 기준에서, 일반적으로 Z-score가 -3보다 작거나 3보다 크면 이상치로 간주한다. 이를 기준으로 **threshold = 3**으로 설정한다. 이어서 Z-score의 절댓값이 3을 초과하는 값을 이상치로 정의하기 위해 **outliers = data[np.abs(data['z_score']) > threshold]**를 입력한다.

```
threshold = 3
outliers = data[np.abs(data['z_score']) > threshold]
```

[그림 11-33] Z-score의 절댓값이 3을 초과하는 이상치 정의

data['no5']를 통해 data에서 no5 컬럼을 선택하고 **mean()** 함수를 사용해 평균을 계산해서 이를 **mean_value**로 정의한다. 이어서 **median()** 함수를 사용해 중앙값을 계산하고 그 결과를 **median_value**로 정의한다.

```
mean_value = data['no5'].mean()
median_value = data['no5'].median()
```

[그림 11-34] no5 컬럼의 평균과 중앙값 계산

data['z_score']를 통해 no5열의 값을 Z-score로 변환한 후, **np.abs(data['z_score']) > threshold**를 사용하여 Z-score의 절댓값이 threshold(기준값인 3)를 초과하는지 확인한다. 그런 다음 **data.loc[ ]**로 감싸서 해당 조건을 만족하는 행을 선택한다. 즉, **data.loc[조건, 'no5']**의 형태로 만들어서 이상치가 있는 no5열의 값을 평균값(**mean_value**)으로 대체(impute)한다. 만약 중앙값으로 대체하고자 한다면, **data.loc[np.abs(data['z_score']) > threshold, 'no5']=median_value**로 작성하면 된다.

```
data.loc[np.abs(data['z_score']) > threshold, 'no5'] = mean_value
```

[그림 11-35] no5열의 평균값 대체

참고 [그림 11-35]의 코드 입력 후 경고 메시지가 뜨는 경우

```
C:\Users\Public\Documents\ESTsoft\CreatorTemp\ipykernel_15964\1631834960.py:1: FutureWarnin
g: Setting an item of incompatible dtype is deprecated and will raise an error in a future v
ersion of pandas. Value '4.166666666666667' has dtype incompatible with int64, please explic
itly cast to a compatible dtype first.
  data.loc[np.abs(data['z_score']) > threshold, 'no5'] = mean_value
```

[그림 11-36] 코드 입력 후 경고 메시지

이러한 경고 메시지가 나타난 이유는 대입하려는 값의 데이터 타입이 기존 열의 타입과 맞지 않기 때문이다. 즉, 현재 no5열은 int64 타입인데, 여기에 float64 타입의 평균값(4.166666666666667)을 대입하려고 하여 경고가 발생했다. 이는 향후 버전의 pandas에서 오류로 처리될 수 있다고 예고하는 것이므로, 타입을 명시적으로 변환해 주는 것이 좋다. 이 경우 다음과 같이 두 가지 해결 방법이 있다.

- mean_value를 정수형(int)으로 변환하는 방법:
  data.loc[np.abs(data['z_score']) > threshold, column] = int(mean_value)

- 해당 열 전체를 float64 타입으로 변환한 뒤, mean_value를 그대로 대입하는 방법:

  data[column] = data[column].astype(float)

  data.loc[np.abs(data['z_score']) > threshold, column] = mean_value

일반적으로 데이터 분석에서는 소수점 처리를 고려하여 float64 타입을 사용하는 것이 더 안정적이다.

이제 다시 **data.head()**로 5열 2행을 확인해 보자.

```
data.head()
```

	no1	no2	no3	no4	no5	no6	no7	no8	no9	no10	no11	no12	mean	z_score
0	4	4.0	4.0	4	4.000000	4	3	3.0	3	3	2.0	3.0	3.416667	-0.098342
1	5	5.0	5.0	5	4.166667	3	3	3.0	3	1	1.0	1.0	3.166667	5.212134
2	5	5.0	4.0	4	4.000000	4	3	3.0	3	3	3.0	3.0	3.666667	-0.098342
3	5	NaN	5.0	4	4.000000	4	4	4.0	4	1	1.0	1.0	3.363636	-0.098342
4	5	5.0	5.0	4	4.000000	4	3	3.0	3	3	NaN	3.0	3.818182	-0.098342

[그림 11-37] 5열 2행 확인

출력 결과를 보면, 13이 **4.166667**로 대체된 것을 확인할 수 있다.

이 데이터셋을 **eda_imputed.csv**로 저장하여 분석에 활용하도록 한다.

```
data.to_csv('./source/eda_imputed.csv', index=False)
```

[그림 11-38] 데이터셋을 eda_imputed.csv로 저장

■ 변환(transformation)

변환은 대체와 유사해 보일 수 있으나, 개념적으로는 완전히 다르다. 대체는 결측값이나 이상치를 적절한 값으로 채우거나 교체하는 방식이다. 반면, 변환은 데이터를 다른 형태로 바꾸어 분포를 조정함으로써 분석에 적합하도록 만드는 과정이다.

대체는 데이터의 손실을 보완하여 분석을 가능하게 하는 데 목적이 있는 반면, 변환은 데이터가 가진 왜도를 줄이거나 정규성을 강화하고, 더 나아가 모델의 성능을 향상시키는 데 목적이 있다. 또한 대체는 평균이나 중앙값 등으로 값을 직접 변경하는 방식인 반면, 변환은 로그나 제곱근 등의 수학적 함수를 적용하여 데이터를 구조적으로 바꾸는 방식이라는 점에서 차이가 있다.

로그 변환과 제곱근 변환 사이에도 차이가 있다. 로그 변환은 극단적인 왜도를 조정하는 데 효과적이며, 변환의 강도가 크다. 반면 제곱근 변환은 왜도가 비교적 완만한 분포에 적용되며, 변환의 강도는 상대적으로 약하게 나타난다.

참고　데이터 변환 목적

- **모델의 성능 향상:** 데이터 분석에서는 특정 분포나 단위를 가진 데이터가 분석에 더 적합한 경우가 있다. 예를 들어 선형 회귀 분석에서는 데이터가 정규분포를 따를 때 인과관계에 대한 예측이 더 정확하고 안정적으로 이루어질 수 있다.
- **스케일의 차이 극복:** 스케일이란 변수의 값이 가지는 범위 또는 크기를 의미한다. 단위에 따라 숫자의 크기가 달라질 수 있기 때문에, 분석 목적에 맞게 이를 조정해 주는 과정이 필요하다. 예를 들어보자. 거리 측정 단위에는 km, m, cm 등이 있고 무게를 측정하는 단위에는 kg, g, lb 등이 있다. 그렇다면 하나의 멜론에 대해 둘레는 30cm, 무게는 1500g과 같이 기록될 수 있다. 여기에 베트남 화폐 단위인 20,000VND 같은 가격 정보가 추가된다면, 30, 1500, 20000이라는 수치는 단위가 다름에도 불구하고 단순 숫자 비교에서는 혼란을 초래할 수 있다. 특히 거리 기반 알고리즘(KNN)에서는 값이 큰 20,000에 분석이 집중되는 왜곡이 발생할 수 있다. 이러한 문제를 방지하고 변수 간 비교가 용이하도록 데이터를 재구성하는 것이 중요하다.
- **데이터의 분포 조정:** 머신러닝을 포함한 다양한 분석 기법은 데이터가 정규분포를 따를 때 더 좋은 성능을 보이는 경우가 많다. 그러나 실제로 수집된 데이터는 쏠림 현상을 보이는 경우가 많아 분석에 제약이 생긴다. 이럴 때 로그 변환이나 제곱근 변환을 적용하면 데이터의 분포를 조정하여 정규성을 확보할 수 있다.

데이터 변환 순서는 [그림 11-39]와 같다.

1. **데이터 탐색을 통한 문제 확인**
   시각화 방법을 통해 데이터 분포와 이상치/결측치 확인
2. **변환 방법 선택**
   데이터의 특징과 분석의 목적에 맞는 변환 방법 선택
3. **변환**
   파이썬의 변환 모듈을 이용하여 변환 진행
4. **결과 검토**
   시각화 방법을 통해 변환된 데이터 확인
5. **모델의 성능 평가**
   모델의 성능 평가 지표를 확인하여 모델에 미친 영향 검증

[그림 11-39] 데이터 변환 순서

데이터 변환은 크게 연속형 데이터 변환과 범주형 데이터 변환으로 나눌 수 있다. 따라서 각 데이터 유형에 맞는 변환 방법을 선택해야 한다. 연속형 변환 방법에는 스케일링, 로그 변환 등이 있고 범주형 데이터 변환 방법에는 원-핫 인코딩, 레이블 인코딩 등이 있다. 여기서는 연속형 데이터 변환 방법을 중심으로 자세히 살펴보자.[8]

8 변환의 핵심은 연속형 데이터의 분포를 조정하는 데 있다. 범주형 데이터의 경우, 변환이라기보다는 단순히 숫자 표현으로 전환하는 과정에 가깝다. 즉 남/여, 지역과 같은 범주를 구분 기호 역할을 하는 수치로 변환하여 모델이 인식할 수 있도록 코딩하는 것이다. 따라서 범주형 데이터는 로그 변환이나 제곱근 변환 같은 연속형 변환 자체가 불가능하다.

연속형 데이터 변환 방법 1: 스케일링

연속형 데이터 변환 방법은 크게 두 가지로 스케일링과 분포 변환 방법이 있다. 각각에 대해 자세히 살펴보자.

■ 최소–최대 스케일링(Min–Max Scaling)

데이터를 0~1 또는 사용자가 지정한 범위로 변환하는 정규화 방법이다. 이 방식은 데이터의 최솟값을 0, 최댓값을 1로 조정하면서 원래의 데이터 분포는 유지한다. 수식은 다음과 같다.

$$X^{\alpha} = \frac{X - X_{\min}}{X_{\max} - X_{\min}}, \quad \begin{bmatrix} X = \text{관측치} \\ X_{\max} = \text{최댓값} \\ X_{\min} = \text{최솟값} \\ X^{\alpha} = \text{변환된 데이터} \end{bmatrix}$$

각 관측값에서 최솟값을 뺀 후, 그 값을 해당 변수의 최댓값과 최솟값의 차이로 나누는 것이다. 이 변환 방법은 거리 기반 알고리즘인 KNN이나 SVM에 적합하다. 최솟값을 0, 최댓값을 1로 조정하는 선형 변환이므로 원본 데이터의 분포 형태를 그대로 유지하면서도, 변수 간 스케일 차이를 제거해 분석의 정확도를 높일 수 있다.

sklearn의 **preprocessing** 모듈에 포함된 **MinMaxScaler**를 임포트하고, 데이터를 불러온다.

```
from sklearn.preprocessing import MinMaxScaler
import pandas as pd

data = pd.read_csv('./source/trans.csv')
```

[그림 11–40] MinMaxScaler 임포트하고 데이터를 불러오기

데이터를 0~1로 변환하는 **MinMaxScaler**를 **scaler**로 정의한다. 이어서 **data**의 **Ske** 열에 **scaler.fit_transform**을 적용하여 0~1의 범위로 변환한다. 변환된 결과를 **data**에 **Ske_scaled**라는 새로운 열로 추가한다.

```
scaler = MinMaxScaler()
data['Ske_scaled'] = scaler.fit_transform(data[['Ske']])
```

[그림 11–41] scaler.fit_transform 적용 후 결과를 data에 Ske_scaled 열로 추가

data.head()로 데이터의 첫 5행을 확인한다.

```
data.head()
```

	Nor	Ske	Neg	Cat	Ske_scaled
0	57.451	3.313	-16.694	D	0.039257
1	47.926	1.953	5.434	D	0.022594
2	59.715	13.888	-6.626	C	0.168829
3	72.845	16.442	5.706	C	0.200123
4	46.488	46.570	-7.633	C	0.569270

[그림 11-42] data.head()로 데이터의 첫 5행 확인

출력 결과를 보면, 열의 맨 끝에 **Ske_scaled** 열이 새로 만들어진 것을 확인할 수 있다.

■ **표준화(Standardization, Z-score Normalization)**

데이터의 분포를 평균이 0, 표준편차는 1이 되도록 변환하는 방법이다. 이 과정은 데이터가 정규분포를 따르도록 만드는 것은 아니지만, 원래 정규분포를 따르는 데이터일 경우 더욱 효과적인 결과를 낼 수 있다. 평균을 0, 표준편차를 1로 맞춤으로써 서로 다른 특성 간의 값을 비교하기 쉽게 해준다. 표준화는 이상치에 덜 민감한 편이지만, 이상치가 표준편차 계산에 영향을 줄 수는 있다. 정규분포를 가정하는 선형 회귀나 로지스틱 회귀 같은 모델에서 특히 효과적이며, 거리 기반 알고리즘에도 적합한 전처리 방법이다. 수식은 다음과 같다.

$$X^Z = \frac{x-\mu}{\sigma}, \quad \begin{bmatrix} X = \text{원본 데이터} \\ \mu = \text{변수의 평균} \\ \sigma = \text{변수의 표준편차} \\ X = \text{변환된 데이터(평균 = 0, 표준편차 = 1)} \end{bmatrix}$$

sklearn의 **preprocessing** 모듈에 포함된 **StandardScaler**를 임포트한 후, 데이터를 평균은 0, 표준편차는 1로 변환하는 **StandardScaler()**를 **scaler**로 정의한다. 이어서 **data**의 **Neg** 열에 **scaler.fit_transform**을 적용하여 평균은 0, 표준편차는 1로 변환한다. 변환된 결과를 **data**에 **Neg_scaled**라는 새로운 열로 추가한다.

```
from sklearn.preprocessing import StandardScaler
scaler = StandardScaler()
data['Neg_scaled'] = scaler.fit_transform(data[['Neg']])
```

[그림 11-43] data에 Neg_scaled라는 새로운 열 추가

data.head()로 데이터의 첫 5행을 확인한다.

```
data.head()
```

	Nor	Ske	Neg	Cat	Ske_scaled	Neg_scaled
0	57.451	3.313	-16.694	D	0.039257	-1.673926
1	47.926	1.953	5.434	D	0.022594	0.570426
2	59.715	13.888	-6.626	C	0.168829	-0.652770
3	72.845	16.442	5.706	C	0.200123	0.598014
4	46.488	46.570	-7.633	C	0.569270	-0.754906

[그림 11-44] data.head()로 데이터의 첫 5행 확인

출력 결과를 확인하면, 데이터의 맨 끝에 **Neg_scaled** 열이 새로 만들어진 것을 확인할 수 있다.

▪ 로버스트 스케일링(Robust Scaling)

로버스트 스케일링은 이상치의 영향을 줄이는 데 효과적인 방법으로, 중앙값(Median)과 사분위수 범위(IQR)를 기준으로 데이터를 변환한다. 이 방식은 데이터의 분포를 유지한 채 변환되고, 정규분포를 따르지 않는 경우에도 적용할 수 있다는 장점이 있다. 평균과 표준편차를 사용하지 않으므로 최소-최대 스케일링(Min-Max Scaling)이나 표준화(Standardization)보다 이상치의 영향을 덜 받는다는 특징이 있다. 이러한 특성 덕분에 소득, 주가, 센서스 데이터처럼 이상치가 포함된 연속형 데이터셋에 적합하다. 또한 로버스트는 왜도가 있는 데이터에도 적용할 수 있는데, 왜도가 심할 때는 로그 변환을 함께 사용하는 것이 좋다. 수식은 다음과 같다.

$$X^R = \frac{X-Q_2}{Q_3-Q_1}, \quad \begin{cases} X = \text{원본 데이터} \\ Q_2 = \text{중앙값}(median) \\ Q_1 = \text{제1사분위수} \\ Q_3 = \text{제3사분위수} \\ Z^R = \text{변환된 데이터} \end{cases}$$

sklearn의 **preprocessing** 모듈에 포함된 **RobustScaler**를 임포트한 후, 데이터를 중앙값과 사분위수 범위를 사용하여 변환하는 **RobustScaler()**를 **scaler**로 정의한다. 이어서 **data**의 **Nor** 열에 **scaler.fit_transform**을 적용하여 변환한다. 변환된 결과를 **data**에 **Nor_scaled**라는 새로운 열로 추가한다.

```
from sklearn.preprocessing import RobustScaler
scaler = RobustScaler()
data['Nor_scaled'] = scaler.fit_transform(data[['Nor']])
```

[그림 11-45] data에 Nor_scaled라는 새로운 열 추가

data.head()로 데이터의 첫 5행을 확인한다.

```
data.head()
```

	Nor	Ske	Neg	Cat	Ske_scaled	Neg_scaled	Nor_scaled
0	57.451	3.313	-16.694	D	0.039257	-1.673926	0.334025
1	47.926	1.953	5.434	D	0.022594	0.570426	-0.150751
2	59.715	13.888	-6.626	C	0.168829	-0.652770	0.449251
3	72.845	16.442	5.706	C	0.200123	0.598014	1.117504
4	46.488	46.570	-7.633	C	0.569270	-0.754906	-0.223939

[그림 11-46] data.head()로 데이터의 첫 5행 확인

출력 결과를 확인하면, 데이터의 맨 끝에 **Nor_scaled** 열이 새로 만들어진 것을 확인할 수 있다.

연속형 데이터 변환 방법 2: 분포 변환

분포 변환은 데이터의 분포가 정규성을 따르지 않거나 비대칭적인 경우, 정규성을 확보하거나 분석의 정확도를 높이기 위해 수행하는 변환 방법이다.

▪ 로그 변환(Log Transformation)

로그 변환은 오른쪽 꼬리가 긴 분포(right-skewed distribution), 즉 양의 왜도를 가진 데이터를 정규분포에 가깝게 만들기 위한 방법이다. 이 변환은 극단적인 이상치가 평균에 미치는 영향을 줄이거나, 데이터의 범위를 압축하여 모델의 성능을 향상시키고자 할 때 유용하다.

다만, 로그 함수는 0 이하의 값에서는 정의되지 않기 때문에, 로그 변환을 적용하려면 데이터가 반드시 양수여야 한다. 만약 로그 변환 후에도 정규성을 확보하지 못한다면, Box-Cox 변환과 같은 다른 분포 변환 기법을 찾아야 한다.

로그 변환에는 일반적으로 자연로그(ln) 또는 상용로그(log10)가 사용된다. 이때 0보다는 크지만 매우 작은 값(예 0.001)을 변환할 경우 극단적인 값이 생성될 수 있다. 이 경우에는 다음 수식에서 c 값을 조정해서 적절히 변환해야 한다.[9]

$$X^L = \log(X)$$
$$X^L = \log(X + c),\ (c\text{는 상수, 일반적으로 } 1)$$

로그 변환을 실습하기 위한 데이터를 불러온다. **data['Log'].min()**은 data에서 Log 열의 최솟값을 찾는 함수다. 이를 **abs()**로 감싸서 절댓값으로 변환한다. 이 절댓값을 **Log** 열의

9 모든 케이스에서 $c=1$이 최적화 방법은 아니며, 데이터 특성에 따라 값을 조정할 수 있다.

모든 값에 더한 후 추가적으로 **1**을 더해준다. 1을 추가하는 이유는 최솟값에 0 이하의 값이 존재하면 로그 변환이 불가능하기 때문에 모든 값을 양수로 만들기 위함이다. 이렇게 조정된 값에 대해 **np.log()**를 적용하면, 로그 변환된 값이 **log_trans**라는 새로운 열에 저장되어 **data**에 추가된다. 여기서 사용된 np.log()는 numpy의 자연로그 함수다.

```
data = pd.read_csv('./source/trans_lsb_data.csv')
data['log_trans'] = np.log(data['Log'] + abs(data['Log'].min()) + 1)
```

[그림 11-47] np.log() 적용

data.head()로 데이터의 첫 5행을 확인한다.

출력 결과를 확인하면, 데이터의 맨 끝에 **log_trans** 열이 새로 만들어진 것을 확인할 수 있다.

변환 결과를 시각적으로 확인하기 위해, 1개의 셀에 그래프 설정과 출력 코드를 함께 작성한다.[10]

```
data.head()
```

	Log	Sqrt	BoxCox	log_trans
0	2.105086	12.475732	2.389542	1.429536
1	55.305578	10.521672	2.928725	4.049648
2	24.099053	6.300676	2.818539	3.264641
3	8.561661	16.369875	1.457490	2.363994
4	6.454662	20.439204	2.345002	2.143160

[그림 11-48] data.head()로 데이터의 첫 5행 확인

matplotlib.pyplot의 **subplots** 함수를 사용하여 **1**행 **2**열의 그래프 배치를 구성하고, 전체 그림의 크기를 가로 **6**인치, 세로 **3**인치로 설정한다.[11]

첫 번째 그래프는 **axes[0]**에 **hist()** 함수를 사용하여 히스토그램으로 표현한다. **data['Log']** 열의 값을 25개의 구간(**bins=25**)으로 나누고, 색상은 파란색(**color='blue'**), 투명도는 0.7(**alpha=0.7**)로 설정한다. 또한 **axes[0].set_title()**을 통해 그래프의 제목을 **Orginal Data**로 설정한다.

두 번째 그래프는 첫 번째 그래프와 비교하기 위해 로그 변환된 데이터를 시각화한 것이다. **axe[1]**에 **hist()** 함수를 사용하여 히스토그램을 그린다. **data['Log_trans']** 열의 값을 25개의 구간(**bins=25**)으로 나누고, 색상은 초록색(**color='green'**)으로 설정한다. 그래프 제목은 첫 번째 그래프와 동일한 설정 방식을 사용해 **Log Transformed Data**로 설정한다.

```
fig, axes = plt.subplots(1, 2, figsize=(6, 3))

axes[0].hist(data['Log'], bins=25, color='blue', alpha=0.7)
axes[0].set_title('Original Data')

axes[1].hist(data['log_trans'], bins=25, color='green', alpha=0.7)
axes[1].set_title('Log Transformed Data')

plt.show()
```

10 jupyter notebook은 각 셀이 독립적으로 실행되기 때문에, 오류가 발생했을 때 한 줄씩 확인하며 수정할 수 있다는 장점이 있다. 하지만 matplotlib과 같은 시각화 라이브러리를 사용할 때, 그래프 설정과 출력이 서로 다른 셀에 나뉘어 있으면 출력 결과가 나오지 않으므로, 그래프 설정과 출력 코드를 한 셀에 함께 작성해야 한다.

11 이 크기는 각 그래프의 크기가 아니라 전체 subplot 영역에 대한 크기를 의미한다.

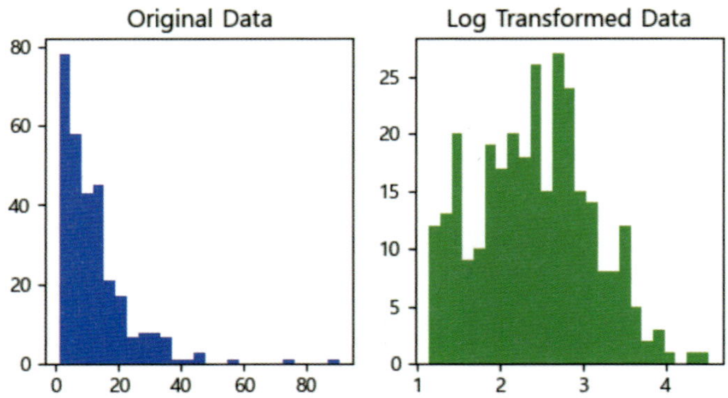

[그림 11-49] 로그 변환된 데이터의 시각화와 출력 결과

출력 결과에서 데이터 분포를 살펴보면, 원본 데이터는 오른쪽으로 꼬리가 길지만, 로그 변환된 데이터는 정규분포에 가까워진 것을 확인할 수 있다.

■ 제곱근 변환(Square Root Transformation)

제곱근 변환도 오른쪽으로 꼬리가 긴 분포에서 양의 왜도를 완화하여, 데이터가 정규분포에 근접하도록 만드는 방법이다. 로그 변환 방식과 유사하지만, 변환 강도에서 차이가 있다. 로그 변환은 극단적인 값을 크게 줄여 정규성을 확보하는 데 효과적이지만, 그만큼 데이터의 구조를 급격하게 변화시킬 수 있다. 반면, 제곱근 변환은 상대적으로 변환 강도가 약해 데이터 간 관계를 좀 더 온전히 유지하면서 완만하게 변환을 수행한다. 즉, 제곱근 변환은 왜도가 심하지 않은 경우 데이터의 관계를 크게 왜곡하지 않으며, 특히 데이터에 0이 포함되어 있어 로그 변환이 어려운 상황에서 효과적으로 사용될 수 있다.[12] 수식은 다음과 같다.

$$X^S = \sqrt{X+c}\ ,\ \ (c\text{는 0 또는 작은 값이며, 음수 방지를 위해 사용됨})$$

로그 변환 실습에 이어서 다음 코드를 입력해 보자. **data['Sqrt'].min()**은 data에서 Sqrt 열의 최솟값을 찾는 함수다. 이를 **abs()**로 감싸서 절댓값으로 변환한다. 이 절댓값을 **Sqrt** 열의 모든 값에 더한 후 추가적으로 **1**을 더해준다. 1을 추가하는 이유는 최솟값이 음수인 경우 모든 값을 양수로 만들어 제곱근 변환이 가능하도록 하기 위함이다. 이렇게 조정된 값에 대해 **np.sqrt()**를 적용하면, 제곱근 변환된 값이 **sqrt_trans**라는 새로운 열에 저장되어 **data**에 추가된다. 여기서 사용된 np.sqrt()는 numpy의 제곱근 변환 함수다.

```
data['sqrt_trans'] = np.sqrt(data['Sqrt'] + abs(data['Sqrt'].min()) + 1)
```

[그림 11-50] 제곱근 변환

data.head()로 데이터의 첫 5행을 확인한다.

12 로그 변환과 제곱근 변환 중 어떤 방법이 더 적절한지는 데이터의 특성과 분포에 따라 달라질 수 있으므로, 먼저 왜도를 확인한 후 이에 맞는 변환 방법을 선택해야 한다.

```python
data.head()
```

	Log	Sqrt	BoxCox	log_trans	sqrt_trans
0	2.105086	12.475732	2.389542	1.429536	3.684436
1	55.305578	10.521672	2.928725	4.049648	3.408961
2	24.099053	6.300676	2.818539	3.264641	2.720297
3	8.561661	16.369875	1.457490	2.363994	4.179619
4	6.454662	20.439204	2.345002	2.143160	4.640964

[그림 11-51] data.head()로 데이터의 첫 5행 확인

출력 결과를 확인하면, 데이터의 맨 끝에 **sqrt_trans** 열이 새로 만들어진 것을 확인할 수 있다.

변환 결과를 시각적으로 확인해 보자. matplotlib.pyplot의 **subplots** 함수를 사용하여 **1**행 **2**열의 그래프 배치를 구성하고, 전체 그림의 크기를 가로 **6**인치, 세로 **3**인치로 설정한다.

첫 번째 그래프는 **axes[0]**에 **hist()** 함수를 사용하여 히스토그램으로 표현한다. **data['Sqrt']** 열의 값을 20개의 구간(**bins=20**)으로 나누고, 색상은 파란색(**color='blue'**), 투명도는 0.7(**alpha=0.7**)로 설정한다. 또한 **axes[0].set_title()**을 통해 그래프의 제목을 **Orginal Data**로 설정한다.

두 번째 그래프는 첫 번째 그래프와 비교하기 위해 제곱근 변환된 데이터를 시각화한 것이다. **axes[1]**에 **hist()** 함수를 사용하여 히스토그램을 그리고, **color='purple'**로 설정한다. 그래프 제목은 첫 번째 그래프와 동일한 설정 방식을 사용해 **Square Root Transformed Data**로 설정한다.

```python
fig, axes = plt.subplots(1, 2, figsize=(6, 3))

axes[0].hist(data['Sqrt'], bins=20, color='blue', alpha=0.7)
axes[0].set_title('Original Data')

axes[1].hist(data['sqrt_trans'], bins=20, color='purple', alpha=0.7)
axes[1].set_title('Square Root Transformed Data')

plt.show()
```

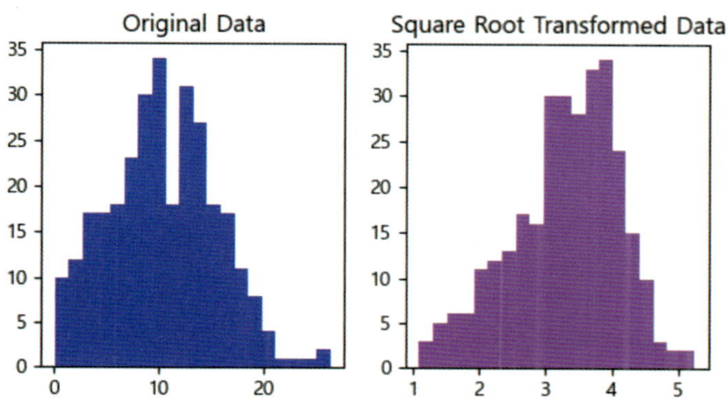

[그림 11-52] 제곱근 변환된 데이터의 시각화와 출력 결과

출력 결과를 보면, 원본 데이터의 분포가 일정하지 않은 데 비해, 제곱근 변환 후의 데이터 분포는 정규분포에 가까워진 것을 확인할 수 있다.

■ 박스-콕스 변환(Box-Cox Transformation)

박스-콕스 변환은 데이터의 정규성(normality)과 분산의 안정성(homoscedasticity)을 개선하기 위한 비선형 변환 기법으로, 데이터에 따라 최적의 변환 방법을 자동으로 탐색하는 특징이 있다. 주로 선형 회귀, 분산분석, 신경망 모델 등에서 정규성을 가정하는 경우에 적용할 수 있으며, 비선형 관계를 선형 관계로 변환하여 분석과 모델링을 더 용이하게 만든다.

박스-콕스 변환을 사용하려면 먼저 데이터가 양수인지 확인해야 한다. 이 방법은 양수 값에만 적용할 수 있기 때문이다. 데이터에 0이나 음수가 포함되어 있다면 일정한 상수를 더해 양수로 변환하는 전처리 과정이 필요하다. 이후, 로그 우도 함수(log-likelihood function)를 최대화할 수 있는 최적의 람다(λ)를 찾아야 하는데, 이 과정은 파이썬을 이용하여 자동화할 수 있다. 최적의 λ를 찾으면, 박스-콕스 변환을 적용한 데이터가 정규성과 분산의 안정성 측면에서 개선이 이루어졌는지 확인한다.

일반적인 로그 변환이나 제곱근 변환은 값의 변화가 너무 급격하거나 정규성을 확보하는 데 충분하지 않을 수 있다. 반면, 박스-콕스 변환은 데이터 기반으로 최적의 λ를 탐색할 수 있다는 장점이 있으며, 비선형 관계를 선형화하고 등분산성을 확보하는 데 효과적이다. 그러나 이 방법은 양수에만 적용할 수 있고, λ 값에 따라 변환 형태가 달라지므로 해석이 어려울 수 있다는 단점이 있다. 또한 이상치에 민감하게 반응할 수 있으므로, 사전에 이상치를 제거하는 등의 조치가 필요하다. 수식은 다음과 같다.

$$X^{BC} = \begin{cases} \dfrac{X^{\lambda} - 1}{\lambda}, \text{ if } \lambda \neq 0 \\ \log(X), \text{ if } \lambda = 0 \end{cases}$$

이 공식에서 X는 원래의 데이터 값으로 반드시 양수여야 한다. λ 값에 따른 X 값의 변환 예시와 특성은 [표 11-1]과 같다.

[표 11-1] λ 값별 변환 특성

λ 값	변환된 값	특징
2	X^2	제곱 변환
1	X	원본 데이터 유지
0.5	$\sqrt{X}$	제곱근 변환
0	$\text{In}(X)$	로그 변환
−0.5	$\frac{1}{\sqrt{X}}$	역수 제곱근 변환
−1	$\frac{1}{X}$	역수 변환

제곱근 변환 실습에 이어서 다음 코드를 입력해 보자. 먼저, Box-Cox 변환을 수행하기 위해 **scipy.stats** 모듈에서 **boxcox**를 임포트한다.

data['BoxCox'].min()은 data에서 BoxCox 열의 최솟값을 찾는 함수다. 이를 **abs()**로 감싸서 절댓값으로 변환한다. 이 절댓값을 **BoxCox** 열의 모든 값에 더한 후 추가적으로 **1**을 더해준다. 이렇게 조정된 값에 대해 **boxcox()**를 적용하면, Box-Cox 변환된 값이 **boxcox_trans**라는 새로운 열에 저장되어 **data**에 추가된다. 이때 Box-Cox 변환된 값에서 최적의 λ를 **best_lambda**에 저장한다.

```
from scipy.stats import boxcox
```

```
data['boxcox_trans'], best_lambda = boxcox(
    data['BoxCox'] + abs(data['BoxCox'].min()) + 1
)
```

[그림 11-53] boxcox를 임포트하고 최적의 λ를 best_lambda로 저장

best_lambda를 입력하여 실행한다.

```
best_lambda
```

```
np.float64(-0.1215379274314819)
```

[그림 11-54] best_lambda 실행

출력 결과를 보면, 정의된 최적의 λ 값은 **-0.12153797759883788**로 확인된다.

data.head()로 데이터의 첫 5행을 확인한다.

```
data.head()
```

	Log	Sqrt	BoxCox	log_trans	sqrt_trans	boxcox_trans
0	2.105086	12.475732	2.389542	1.429536	3.684436	1.220375
1	55.305578	10.521672	2.928725	4.049648	3.408961	1.333944
2	24.099053	6.300676	2.818539	3.264641	2.720297	1.312089
3	8.561661	16.369875	1.457490	2.363994	4.179619	0.972502
4	6.454662	20.439204	2.345002	2.143160	4.640964	1.210183

[그림 11-55] data.head()로 데이터의 첫 5행 확인

출력 결과를 보면, 탐색된 λ 값을 적용하여 Box-Cox 변환된 데이터의 **boxcox_trans** 컬럼과 해당 데이터들을 확인할 수 있다.

변환 결과를 시각적으로 확인해 보자. matplotlib.pyplot의 subplots 함수를 사용하여 **1**행 **2**열의 그래프 배치를 구성하고, 전체 그림의 크기를 가로 **6**인치, 세로 **3**인치로 설정한다.

첫 번째 그래프는 **axes[0]**에 **hist()** 함수를 사용하여 히스토그램으로 표현한다. **data['BoxCox']** 열의 값을 20개의 구간(**bins=20**)으로 나누고, 색상은 파란색(**color='blue'**), 투명도

는 0.7(**alpha=0.7**)로 설정한다. 또한 **axes[0].set_title()**을 통해 그래프의 제목을 **Orginal Data**로 설정한다.

두 번째 그래프는 첫 번째 그래프와 비교하기 위해 Box-Cox 변환된 데이터를 시각화한 것이다. **axe[1]**에 **hist()** 함수를 사용하여 히스토그램을 그리고, **color='red'**로 설정한다. 그래프 제목은 첫 번째 그래프와 동일한 설정 방식을 사용해 **Box-Cox Transformed Data**로 설정한다.

```
fig, axes = plt.subplots(1, 2, figsize=(6, 3))

axes[0].hist(data['BoxCox'], bins=20, color='blue', alpha=0.7)
axes[0].set_title('Original Data')

axes[1].hist(data['boxcox_trans'], bins=20, color='red', alpha=0.7)
axes[1].set_title('Box-Cox Transformed Data')

plt.show()
```

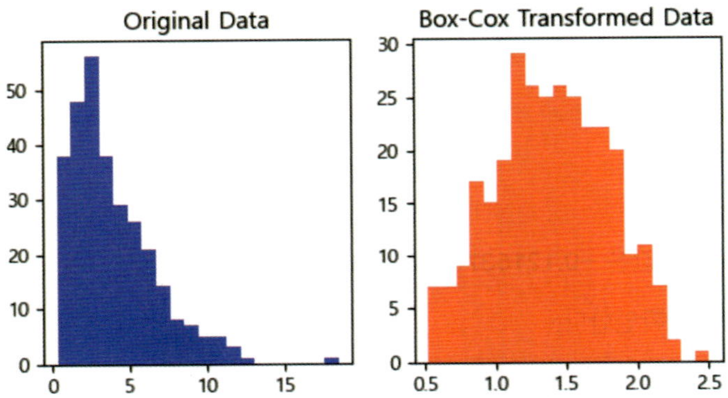

[그림 11-56] Box-Cox 변환된 데이터의 시각화와 출력 결과

출력 결과를 보면, 오른쪽으로 긴 꼬리가 있는 원본 데이터의 분포에 비하여 Box-Cox 변환을 실시한 데이터는 정규분포에 가까워진 것을 확인할 수 있다.

탐색된 λ 값은 반드시 기억하고 있어야 한다. Box-Cox 변환 시 λ 값에 따라 분석 방법이 달라지기 때문이다. 또한 새로운 데이터가 추가되는 경우에도 분석의 일관성을 유지하려면 λ 값을 알고 있어야 하기 때문이다. 또한 변환된 데이터를 원래 값으로 되돌릴 때도 λ 값이 필요하다. 그러나 추가되는 데이터의 분포 특성이 기존 데이터의 분포 특성과 다르다면 기존 데이터와 새로운 데이터를 합쳐서 새로운 최적의 λ 값을 찾아야 한다.

SECTION
11.3 차원 축소

데이터 기반으로 문제를 해결하고자 할 때, 최대한으로 데이터를 수집하고 이를 바탕으로 다양한 정보를 분석하면 최적의 솔루션을 도출할 수 있을 것으로 보인다. 하지만 실제로는 모든 가능성을 열어놓고 접근하기보다 문제 해결에 핵심적인 요소를 중심으로 불필요한 정보를 제외하고 분석을 수행할 때 자원과 시간의 낭비를 최소화할 수 있다.

차원 축소(Dimensionality Reduction)는 데이터가 가진 주요 정보를 최대한 유지하면서 변수의 수를 줄이는 방법이다. 어떤 제한이나 기준에 따라 데이터를 수집한다 해도, 수집된 데이터에는 많은 의미와 변수가 담기게 된다. 변수와 의미가 많을수록 분석에 유리하고 효과적인 결론에 도달할 수 있을 것 같지만, 실제로는 변수의 수가 많아질수록 각 변수에 대응하는 데이터의 수가 상대적으로 적어지게 된다. 이는 모델 학습을 어렵게 만들고, 과적합(overfitting)을 초래하여 일반화 성능이 떨어질 수 있다. 또한 2차원이나 3차원과 같은 비교적 낮은 차원에서는 데이터의 패턴을 쉽게 이해할 수 있고 시각화를 통해 직관적인 해석도 가능하지만, 3차원을 초과하는 고차원 공간에서는 시각화가 사실상 불가능해지고, 데이터에 대한 이해도 어려워질 수 있다. 결론적으로 말해, 고차원의 데이터를 더 낮은 차원으로 변환할 수 있다면 데이터 분석을 더 쉽고 효율적으로 수행할 수 있다.

PCA의 개념과 필요성

차원 축소 방법에는 여러 가지가 있지만, 가장 대표적인 기법은 PCA(Principal Component Analysis, 주성분 분석)다. PCA는 고차원의 데이터를 저차원으로 축소하면서도, 데이터가 담고 있는 주요 정보를 최대한 보존하는 방식으로 차원을 줄이는 방법이다. 즉, 원본 데이터의 분산을 최대한 유지하면서, 새로운 좌표축이 되는 주성분을 찾아내는 과정이다. PCA 기법을 사용하는 이유는 다음과 같다.

- **데이터 단순화:** 많은 변수를 포함한 데이터는 분석이 복잡하고 해석이 어려울 수 있다. 그러나 핵심 정보를 유지하면서 데이터를 정리하면 이러한 문제를 해결할 수 있으며, 분석이 훨씬 용이해진다.
- **모델의 효율성 증가:** 데이터를 단순화하여 고차원을 줄이면, 모델이 학습해야 할 정보가 간결해져 계산 비용이 감소하고 학습 속도가 향상된다.

• **시각화 용이:** 데이터가 3차원을 초과하면 시각적으로 표현하기 어려워진다. PCA를 통해 고차원 데이터를 2차원 또는 3차원으로 축소하면, 시각화를 통해 패턴을 직관적으로 이해할 수 있게 된다.

• **다중공선성 해결:** 서로 높은 상관관계를 가진 변수들을 하나의 주성분으로 통합함으로써 차원을 축소할 수 있다. 이는 해석을 간단하게 만들고, 모델의 성능에도 긍정적인 영향을 미친다.

PCA 방법

PCA는 정보 손실 없이 데이터가 가진 중요한 패턴을 최대한 유지하면서 차원을 축소하는데, 이때 데이터가 가장 넓게 퍼진 방향을 찾아 새로운 좌표축으로 변환한다. 예를 들어 [그림 11-60]의 (a)와 같이 광고비와 매출액을 그래프로 표시하여 우상향하는 패턴을 찾았다고 하자. 이 경우 두 변수를 X축과 Y축으로 따로 표현하기보다 (b)와 같이 두 변수의 관측치를 함께 설명할 수 있는 새로운 선(1차원)으로 표현할 때 광고비와 매출액의 관계를 더 간결하고 직관적으로 설명할 수 있다.

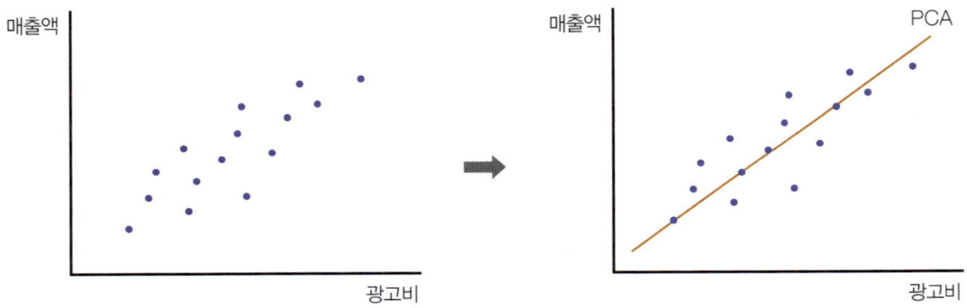

(a) 단순 산포도 (b) 직선을 추가한 산포도

[그림 11-57] 단순 산포도와 직선을 추가한 산포도 비교

PCA는 다음과 같은 과정을 거쳐서 진행된다. PCA를 수행하기 위한 전처리부터 맨 마지막의 시각화까지 전반적인 흐름을 익혀두자.

1단계 데이터 준비와 표준화

• **데이터 준비:** 샘플 수와 변수의 특징을 나타내는 형태로 표현한다.

• **표준화(Standardization):** PCA는 데이터의 분산에 기반하므로 변수 간 단위나 범위 차이가 클 경우 분석 결과에 영향을 줄 수 있다. 이러한 문제를 방지하기 위해 표준화 작업을 수행한다.

2단계 **공분산 행렬 계산**(Compute Covariance Matrix)

PCA는 데이터의 분산을 최대한 유지하면서 데이터 성격을 가장 잘 표현하는 새로운 축(주성분)을 찾는 과정이다. 이를 위해 변수 간 상관관계를 나타내는 공분산 행렬을 계산한다. 행렬의 대각원소는 각 변수의 분산을 나타내며, 해당 변수의 데이터가 얼마나 퍼져 있는지를 보여준다. 비대각 원소는 두 변수 간의 공분산을 나타내며, 변수들이 함께 어떻게 변화하는지를 표현한다.

3단계 **고윳값과 고유벡터 계산**(Eigenvalues & Eigenvectors)

고윳값은 주성분이 설명하는 분산의 크기를 나타내고, 고유벡터는 주성분의 방향성을 나타낸다. PCA는 데이터의 분산이 가장 큰 방향을 찾는 것이 목적이므로, 공분산 행렬의 고윳값과 고유벡터를 계산해야 한다. 이때 고윳값은 데이터의 차원 수만큼 생성되는데, 고윳값이 크면 중요한 방향이 되고, 작으면 덜 중요한 방향이 된다. 덜 중요한 방향은 차원을 축소하면서 버릴 수 있다.

4단계 **주성분 선택**

- **고윳값 정렬:** 고윳값이 큰 순서대로 내림차순 정렬하여, 가장 많은 분산을 설명하는 주성분부터 선택한다.
- **설명된 분산 비율 확인**[13]**:** 몇 개의 주성분을 선택할 것인지 결정하기 위해 각 주성분이 설명하는 분산 비율을 확인한다. 보통 누적 설명 분산 80~90% 이상을 선택 기준으로 한다.

5단계 **데이터 변환**(Projection onto Principal Components)

- **주성분 행렬 생성:** 3단계에서 계산한 고윳값과 고유벡터를 열 벡터로 정렬하여 주성분 행렬을 구성한다.
- **원본 데이터를 주성분 공간으로 변환:** 원본 데이터를 주성분 축에 반영함으로써, 정보 손실을 최소화하여 차원을 축소한다.

6단계 **PCA 수행(PCA 변환)**

PCA 변환을 수행하고, 축소된 차원의 데이터셋을 생성한다.

7단계 **PCA 변환된 데이터 시각화**

PCA가 완료되면, 차원이 축소된 데이터를 2차원이나 3차원 공간에 시각화한다.

13 일반적으로 고윳값이 1 이상인 주성분을 선택하지만, 스크리 도표(scree plot)를 활용해 엘보우 포인트(고윳값을 내림차순했을 때, 가장 급격히 감소하는 지점)를 기준으로 선택하기도 한다.

PCA 수행하기

PCA를 수행하기 위해 **pca.csv** 파일을 불러와 **data**로 정의한다.

```
data = pd.read_csv('./source/pca.csv')
```

[그림 11-58] 데이터 불러오기

가장 먼저, 데이터의 특징을 확인해야 한다. **data.info()**를 실행한다.

```
data.info()
```

```
<class 'pandas.core.frame.DataFrame'>
RangeIndex: 700 entries, 0 to 699
Data columns (total 10 columns):
 #   Column  Non-Null Count  Dtype
---  ------  --------------  -----
 0   pca01   700 non-null    float64
 1   pca02   700 non-null    float64
 2   pca03   700 non-null    float64
 3   pca04   700 non-null    float64
 4   pca05   700 non-null    float64
 5   pca06   700 non-null    float64
 6   pca07   700 non-null    float64
 7   pca08   700 non-null    float64
 8   pca09   700 non-null    float64
 9   pca10   700 non-null    float64
dtypes: float64(10)
memory usage: 54.8 KB
```

[그림 11-59] 데이터의 특징 확인

출력 결과를 보면, pandas의 DataFrame으로 컬럼은 10개이고 결측치는 없으며(non=null) 실수형(float64)으로 총 700의 데이터가 있음을 확인할 수 있다. 만약 결측치가 있다면 사전에 기준을 설정하여 앞에서 배운 **결측치 처리** 및 **이상치 처리** 방법에 의해 데이터를 전처리한다.

이어서 **data.describe()**를 실행하여 기술통계량을 확인한다.

```
data.describe()
```

	pca01	pca02	pca03	pca04	pca05	pca06	pca07	p
count	700.000000	700.000000	700.000000	700.000000	700.000000	700.000000	700.000000	700.00
mean	1.007513	-0.236507	1.489376	-0.003561	0.046591	-0.272967	1.000849	1.01
std	0.956011	1.546417	1.666440	1.198144	1.541825	1.905089	1.559758	1.29
min	-2.455307	-5.659502	-2.991510	-2.577876	-4.165103	-7.206837	-3.619662	-2.68
25%	0.392177	-1.293102	0.353890	-1.005313	-1.064174	-1.429618	-0.023588	0.21
50%	1.027634	-0.289909	1.006866	-0.247015	-0.067907	-0.108394	1.078547	0.96
75%	1.662650	0.869163	2.709608	0.957618	1.161417	1.018186	1.990544	1.82
max	3.988997	3.794211	6.760239	3.356080	5.509225	5.051662	6.136473	5.57

[그림 11-60] data.describe()를 실행한 기술통계량

데이터에 대한 기본적인 파악이 완료되었으면, 다음 단계로 데이터 표준화를 수행한다. StandardScaler()는 sklearn.preprocessing에서 지원하는 데이터 전처리 모듈로, 데이터를 표준화한다. 먼저 **StandardScaler()**를 **scaler**로 정의한다. 이어서 **scaler.fit_transform(data)**를 사용하여 data에 대한 평균과 표준편차를 계산해서 표준화한다. 이 표준화된 데이터를 **scaled_data**에 담는다.

```
scaler = StandardScaler()
scaled_data = scaler.fit_transform(data)
```

[그림 11-61] StandardScaler() 정의

주성분 분석을 수행하는 함수인 **PCA()**를 **pca**로 정의한다. **pca.fit_transform(scaled_data)**를 사용하여 주성분 분석을 수행하고, 주성분을 새로운 축으로 변환하여 **pca_data**로 정의한다.[14]

```
pca = PCA()
pca_data = pca.fit_transform(scaled_data)
```

[그림 11-62] 주성분 분석 데이터 정의

주성분으로 새로운 축을 구성했다면, 각 주성분이 전체 데이터의 분산을 얼마나 설명하는지를 확인하기 위해, pca로 정의된 주성분 분석 결과를 **pca.explained_variance_ratio_**으로 확인한다. 이 값은 설명력을 나타내며, 0~1 사이의 값을 가진다. 모든 주성분이 설명하는 분산 비율의 합은 1이 된다. **np.cumsum()**은 **numpy**에서 지원하는 함수로, 누적된 분산 비율을 계산한다. 이를 **cumulative_variance**로 정의한다.

```
explained_variance_ratio = pca.explained_variance_ratio_
cumulative_variance = np.cumsum(explained_variance_ratio)
```

[그림 11-63] 전체 분산 중 설명 비율과 누적 분산 설명 비율 설정

지금까지 수행한 주성분 분석을 바탕으로, 몇 개의 주성분이 원본 데이터의 정보를 설명하는지를 시각적으로 확인하기 위해 누적 설명 분산 그래프를 그린다. 이 그래프는 X축에 주성분의 개수를, Y축에 누적된 설명 분산 비율을 나타내며, 선택한 주성분의 개수에 따라 전체 데이터의 몇 %를 설명할 수 있는지를 보여준다.

그래프의 크기를 가로 8인치, 세로 5인치로 설정하기 위해 **plt.figure(figsize=(8,5))**를 입력한다. X축에는 **range(1, len(explained_variance_ratio)+1)**을 통해 주성분의 개수를 1부터 시작하여 표시하고, Y축에는 **cumulative_variance**를 사용하여 누적된 설명 분산 비율을 표시한다. 이때, 그래프에 나타나는 점을 X로 표시하기 위해 **marker='X'**로 설정하고, 점들을 연결하는 선은 **linestyle='--'**으로 설정하여 점선(---)으로 표시되도록 한다. X축과 Y축의 레이블을 각각 **주성분 개수**와 **누적된 설명 분산**으로 설정하고, 그래프 제목은 **PCA-**

14 from sklearn.decomposition import PCA가 실행되어 있어야 한다.

누적된 설명 분산으로 설정한다. 마지막으로 **plt.grid()**를 통해 그래프에 격자를 추가하고, **plt.show()**로 그래프를 출력한다.

```
plt.figure(figsize=(8,5))
plt.plot(range(1, len(explained_variance_ratio)+1),
         cumulative_variance, marker='X', linestyle='--')
plt.xlabel('주성분 개수')
plt.ylabel('누적된 설명 분산')
plt.title('PCA - 누적된 설명 분산')
plt.grid()
plt.show()
```

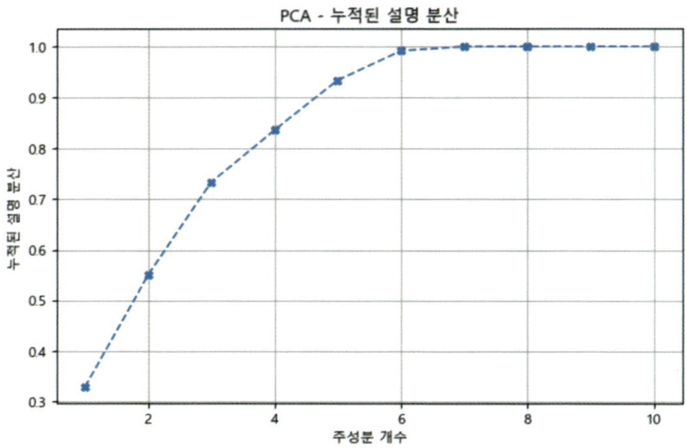

[그림 11-64] 주성분과 누적된 설명 분산 그래프 작성 및 출력

출력된 그래프를 보면서, 일반적인 선택 기준인 90% 이상의 누적 설명 분산을 만족하는 주성분의 개수를 선택한다. [그림 11-64]에서는 5개의 주성분에서 누적 설명 분산이 90%를 넘어가는 것을 확인할 수 있으며, 엘보우 포인트(elbow point) 역시 5번째 주성분에서 나타나고 있다. 그러나 5번째와 6번째의 주성분 간 설명력 차이가 크지 않으므로, 경우에 따라 6개를 선택하는 것도 고려할 수 있다. 그래프를 보면서 판단하는 것이 정확하지 않다고 생각된다면, 누적된 설명 분산 값을 직접 입력하여 주성분의 개수를 결정할 수도 있다.

앞에서 cumulative_variance로 정의한 누적된 분산 비율이 90% 이상인 지점을 찾기 위해 **cumulative_variance >= 0.9** 조건을 만들고, **np.argmax()**를 사용해 이 조건에 맞는 값이 처음으로 나타나는 인덱스의 위치를 찾는다. 파이썬에서는 인덱스가 0부터 시작되므로 1부터 시작할 수 있도록 **+1**을 해준다.

```
optimal_components = np.argmax(cumulative_variance >= 0.9) + 1
optimal_components
```

```
np.int64(5)
```

[그림 11-65] 전체 분산의 90% 이상을 설명하는 최소한의 주성분 개수 확인

출력 결과는 5, 즉 주성분 개수 5개로 확인된다. 여기서 누적된 분산 비율을 조절해 가며 적당한 주성분 개수를 찾도록 한다.

참고　주성분별 분산 설명력을 확인하는 방법

선택된 주성분의 분산 설명력을 확인하고 싶다면, [그림11-63]에서 주성분별 설명된 분산 비율을 확인했던 것처럼 pca_5. explained_variance_ratio_를 사용하면 된다.

```
pca_5.explained_variance_ratio_
```

```
array([0.32858929, 0.22203228, 0.18350533, 0.10223836, 0.09733231])
```

[그림 11-66] 주성분의 분산 설명력 확인

5개의 주성분을 선택했다면, **sklearn.decomposition.PCA** 함수를 이용하여 **n_components =5**로 설정한 후, 이를 **pca_5**로 정의한다. 이어서 표준화된 데이터인 **scaled_data**에 대해 **fit()**으로 주성분을 찾고, **transform()**을 사용해 선택한 5개의 주성분 차원으로 변환하여 **pca_5_data**로 정의한다.

```
pca_5 = PCA(n_components=5)
pca_5_data = pca_5.fit_transform(scaled_data)
```

[그림 11-67] 주성분을 찾고 선택한 5개의 주성분 차원으로 변환

주성분을 구성하는 관측값에 대한 산점도를 확인하기 위해 2차원(2D) 공간에 주성분 2개를 표현해 보자. 그래프의 크기는 가로 **5**인치, 세로 **3**인치로 설정하고, pca_5_data에서 첫 번째 주성분(**pca_5_data[:, 0]**)과 두 번째 주성분(**pca_5_data[:, 1]**)을 사용하여 투명도 70%(**alpha = 0.7**)로 산점도를 그린다. X축 레이블은 **주성분1**로, Y축 레이블은 **주성분2**로 설정하고, 그래프 제목은 **PCA 결과 시각화 (2D, 첫 두 개의 주성분)**으로 설정한다. 마지막으로 **plt.grid()**를 사용해 그리드를 추가하고, **plt.show()**를 실행하여 그래프를 출력한다.

```
plt.figure(figsize=(5,3))
plt.scatter(pca_5_data[:, 0], pca_5_data[:, 1], alpha=0.7)
plt.xlabel('주성분 1')
plt.ylabel('주성분 2')
plt.title('PCA 결과 시각화 (2D, 첫 두 개의 주성분)')
plt.grid()
plt.show()
```

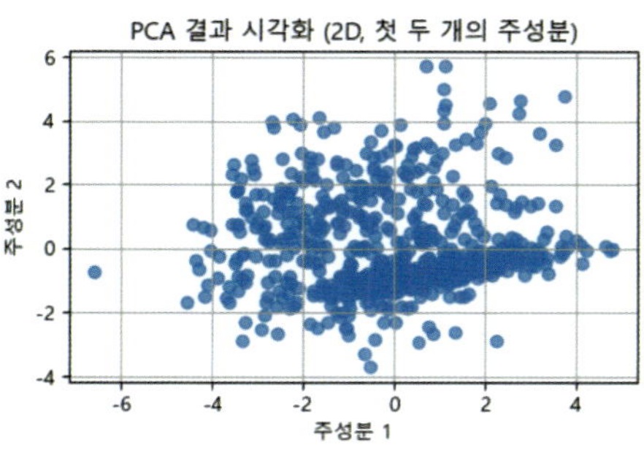

[그림 11-68] PCA 결과에 대한 시각화와 출력 결과

이번에는 3D 산점도를 표현해 보자. 3D 그래프는 2D 그래프에 Z축 하나를 더 입력하여 만들 수 있다. 3D 그래프를 출력하기 위해, 먼저 **plotly.graph_objects** 모듈을 임포트하여 **go**로 명명한다.[15] **plotly**는 객체지향형 인터페이스를 제공하며, **matplotlib**보다 더욱 정교하고 상호작용이 가능한 그래프를 표현하다는 장점이 있다.

```
import plotly.graph_objects as go
```

[그림 11-69] Plotly.graph_objects 모듈 임포트하기

그래프를 생성하기 위한 기본 설정을 입력해 보자. **go.Figure()**를 입력하여 객체를 하나 생성한 뒤, 3D 산점도를 생성하기 위해 **go.Scatter3d()**를 입력한다. 이 함수 안에는 시각화할 데이터를 지정한다. 먼저 **pca_5_data**에서 주성분 3개를 선택하여 각각 **x**, **y**, **z**에 할당한다. 즉, **x=pca_5_data[:, 0]**, **y=pca_5_data[:, 1]**, **z=pca_5_data[:, 2]**와 같이 지정한다. 다음으로 산점도를 점으로 표시하기 위해 **mode='markers'**를 사용한다.[16] 또한 **marker=dict()**를 사용해 marker의 속성을 지정한다. **size=3**으로 설정하면 점의 크기가 작아져 서로 겹치지 않게 표시할 수 있다. **opacity=0.8**로 설정하면 마커의 투명도가 80%로 설정되어 그래프의 시각적 명확성이 높아진다.

```
fig = go.Figure(data=[go.Scatter3d(
    x=pca_5_data[:, 0],
    y=pca_5_data[:, 1],
    z=pca_5_data[:, 2],
    mode='markers',
    marker=dict(
        size=3,
        opacity=0.8
    )
)])
```

[그림 11-70] 그래프 생성의 기본 설정

그래프에 대한 기본 설정을 마쳤으면, 이제 구체적으로 어떤 내용을 입력할지를 설정해야 한다. 이때 **fig.update_layout()**을 사용하여 전체적인 레이아웃을 설정한다. 그래프의 제목은 **title='PCA 결과 시각화 (3D)'**로 지정하고, **scene=dict()**를 통해 3D 그래프의 X, Y, Z축을 설정한다. 축 이름을 각각 **주성분 1**, **주성분 2**, **주성분 3**으로 명명하고, **aspectmode='cube'**를 사용하여 X, Y, Z축의 비율을 동일하게 조정한다.[17] 그래프가 잘리거나 일부 요소가 보이지 않는 것을 방지하기 위해 여백도 조정해야 한다. **margin=dict(l=0, r=0, b=0, t**

15 plotly가 설치되어 있지 않다면, 명령 프롬프트(cmd 입력) 창에서 pip install plotly를 입력하여 라이브러리부터 설치한다.

16 marker='lines'로 설정하면 각 점들이 선으로 연결되어 표시된다.

17 · Cube: 비율을 동일하게 설정
· auto: 자동으로 비율 조정
· data: 데이터의 범위에 따라 비율 조정
· manual: 사용자 지정

=40)을 입력하여, 왼쪽(l), 오른쪽(r), 아래쪽(b) 여백을 0으로 설정하고 위쪽(t)은 40을 설정한다.[18] 마지막으로 fig.show()를 실행하여 그래프를 출력한다.[19]

```
fig.update_layout(
    title='PCA 결과 시각화 (3D)',
    scene=dict(
        xaxis_title='주성분 1',
        yaxis_title='주성분 2',
        zaxis_title='주성분 3',
        aspectmode='cube'
    ),
    margin=dict(l=0, r=0, b=0, t=40)
)
fig.show()
```

PCA 결과 시각화 (3D)

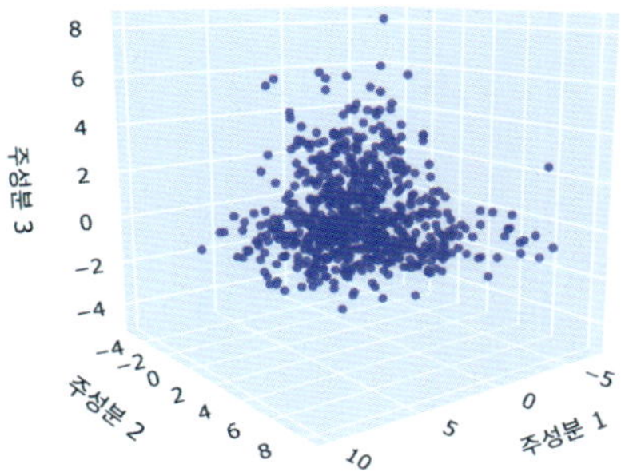

[그림 11-71] PCA 3D 그래프 생성과 출력 결과

[그림 11-71]과 같이 3D 그래프가 출력되면, 마우스 커서를 그래프에 올려놓고 드래그 앤 드롭으로 3D 그래프를 돌려가면서 확인할 수 있다.

18 여백의 단위는 픽셀(pixcel)이다.

19 만약 아무 반응 없이 출력되지 않는다면 그림으로 표현하는 렌더러 설정 문제이므로 다음과 같이 입력하고 실행하도록 한다.

```
import plotly.io as pio
pio.renderers.default = 'notebook'
```

참고 matplotlib을 이용한 3D 그래프

2D 그래프에 Z축을 하나 추가하면 3D 그래프를 작성할 수 있다. 이때 Axes3D 라이브러리를 추가한 환경에서 3D 그래프를 구현하게 되는데, matplotlib에서는 OS, Python, jupyter notebook, matplotlib 자체의 버전과 설정에 따라 특정 상황에서 Z축의 레이블이 제대로 표시되지 않는 문제가 발생할 수 있다. 이러한 문제는 향후 디버깅을 통해 해결될 것으로 기대한다.

기본적인 구현 방식은 다음과 같다. 3D 그래프를 그리는 과정은 2D 그래프와 거의 동일하지만, matplotlib에서는 plt. 대신 ax.set_ 형태의 메서드를 사용하여 축과 관련된 설정을 지정한다. Z축의 데이터를 **pca_5_data[:, 2]**로 설정하고, Z축의 레이블을 명명하는 코드를 한 줄 더 추가하면 된다.[20]

```
fig = plt.figure(figsize=(7, 5))
ax = fig.add_subplot(111, projection='3d')
ax.scatter(pca_5_data[:, 0], pca_5_data[:, 1], pca_5_data[:, 2], alpha=0.7)
ax.set_xlabel("Principal Component 1")
ax.set_ylabel("Principal Component 2")
ax.set_zlabel("Principal Component 3")
ax.set_title("PCA 결과 시각화 (3D)")
ax.grid()
plt.show()
```

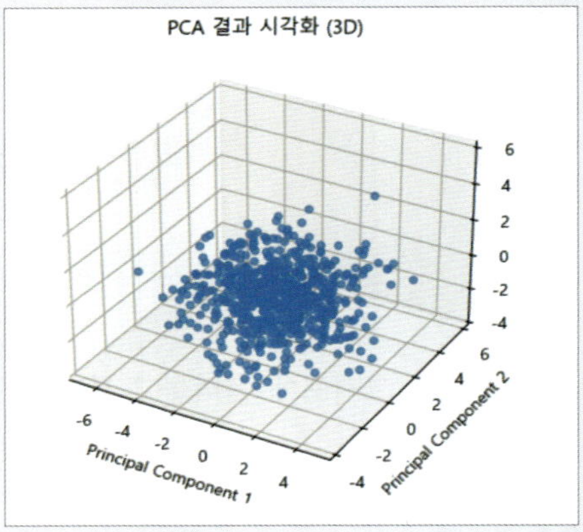

[그림 11-72] matplotlib을 이용한 3D 그래프

[그림 11-72]의 출력 결과를 보면, Z축 레이블이 표시되지 않은 것을 확인할 수 있다.

분석자가 원하는 수준의 주성분 개수를 확인하는 방법과 그래프를 통해 주성분을 검토하는 과정까지 거쳐, 최종적으로 총 5개의 주성분을 확인했다. PCA 결과는 각 주성분을 **PC1, PC2, PC3, PC4, PC5**로 명명하여 **pca_result.csv**로 저장한다. 이후 분석에서는 새로 저장한 PCA 결과 데이터를 활용하면 된다.

```
pca_result = pd.DataFrame(pca_5_data, columns=['PC1', 'PC2', 'PC3', 'PC4', 'PC5'])
pca_result.to_csv('./source/pca_result.csv', index=False)
```

[그림 11-73] PCA 결과 저장

20 matplotlib은 2D 그래프를 그릴 때 plt.를 사용하지만, Axes3D로 3D를 구현할 때는 3차원 공간 내에서 동작하는 함수들을 ax 객체를 통해 직접 설정해야 한다.

CHAPTER

12

로지스틱 회귀분석

Logistic Regression

Contents

'로지스틱'이라는 용어는 수학적이고 분석적인 어감이어서 이 분석 방법은 논리적이고 체계적이라는 인상을 줄 수 있다. 하지만 동시에 다소 딱딱하고 기술적인 느낌을 주는 것도 사실이다. 로지스틱 회귀 분석을 배우겠다는 결심이 선 상태라면 크게 문제되지 않지만, 아직 받아들일 준비가 되지 않았다면 직관적이지 않고 이질적이라고 느낄 수 있다.

로지스틱은 선형 회귀와 구조가 유사하지만, 결과를 예측할 때 확률 개념을 사용하므로 초반에는 다소 낯설게 느껴질 수 있다. 하지만 바로 이러한 확률 개념 덕분에 직관성과 활용성이 높아진다는 장점이 있다. 이와 관련하여, 인공 신경망에서도 시그모이드 함수를 활용하기 때문에 로지스틱 회귀를 이해하는 과정은 신경망의 구조를 이해하는 데에도 도움이 된다. 기본 모델 중에서는 계산량이 적은 편이며, 구현 방법도 간단하다. 따라서 로지스틱 회귀를 머신러닝에서 분류 문제를 해결하는 가장 기본적인 방법으로 이해하면 좋다.

로지스틱 회귀분석은 실제 사례를 먼저 떠올리고 접근하면 이해가 훨씬 쉬워진다. 예를 들어보자. 어떤 사람에게 이상 증세가 나타났다면, 이 증상을 보고 병에 걸릴 확률을 직관적으로 판단하기보다는 다양한 데이터를 기반으로 확률을 계산하거나 일반적인 확률로 표현할 때 더 현실적인 인식을 제공할 수 있다. 내일 비가 올 확률이 80%라는 예보를 들었다면, 내일 외출할 때 우산을 챙길지 말지를 결정하는 데 도움이 된다. 이러한 예들은 로지스틱 회귀의 개념이 실생활에 적용된 대표적인 사례에 해당한다.

이처럼 로지스틱 회귀분석은 선형 회귀에 비해 이진 분류(Yes/No) 상황에서 더욱 적합한 선택이 된다. 일반적으로 연구 분야에서는 '연구 목적 설정 → 데이터 수집 및 전처리 → 로지스틱 회귀 모델 적용 → 결과 해석 및 시사점 도출'의 순서로 진행한다.

SECTION

12.1 로지스틱 회귀분석이란

로지스틱 회귀의 개념

로지스틱 회귀(logistic regression)는 간단하면서도 효과적으로 분류 문제를 해결할 수 있는 강력한 지도학습 알고리즘이다. 특히 종속변수가 범주형일 경우, 통계학적 방법을 통해 분류(classification) 문제를 해결하는 데 활용된다. 종속변수에 초점을 맞추기 때문에, 독립변수는 범주형이든 연속형이든 관계없이 모두 사용할 수 있으며 결과는 범주형으로 판단된다.

로지스틱 회귀분석이 필요한 이유는 선형 회귀를 사용해 분류 문제를 해결하려 할 경우, 예측값이 정확한 범주로 구분되지 않아 애매한 결과가 발생할 수 있기 때문이다. 로지스틱 회귀는 확률을 기반으로 0과 1 사이의 값을 예측하고, 이를 기준으로 범주를 구분하기 때문에 분류 문제 해결에 적합하다. 예를 들어 시험을 치른 후 합격할 확률을 계산했을 때 예측값이 0.9라면, 이는 90%의 확률로 합격할 수 있다는 의미로 해석할 수 있다.

실생활에서도 이진 분류 문제는 다양하게 발생한다. 대표적인 활용 사례로는 수신된 이메일이 스팸인지 일반 메일인지 구분하는 문제, 고객에게 신용대출을 제공할지 여부를 결정하기 위해 대출 신청자의 신용 상태를 다양한 지표로 평가하는 경우, 마케팅 프로모션에 대해 고객이 반응할지 무관심할지를 예측하는 문제 등이 있다. 이렇듯 다양한 상황에서 로지스틱 회귀는 실용적인 분류 도구로 널리 활용되고 있다.

통계학적 이론의 이해

로지스틱 회귀분석은 회귀(regression)의 영역에 속하며, 기본적으로 선형 회귀(linear regression)에서 출발하여 개념이 확장된 것이다. 이름에서 알 수 있듯이 회귀분석의 형태를 띠고 있지만, 실제로는 분류(classification) 문제를 해결하는 데 사용된다. 즉, 일반적인 회귀분석에서는 독립변수와 종속변수[1]가 모두 연속형 변수인 경우를 다루지만, 로지스틱 회귀에서는 종속변수가 범주형으로 제한된다. 예를 들어 결과가 '합격/불합격', '스팸/일반메일'처럼 두 가지 범주로 나뉘는 이진 분류(binary classification) 문제에 적합하다.

1 인공지능 분야에서는 전통적인 통계학 용어인 '독립변수'와 '종속변수' 대신, '입력값(input)'과 '출력값(output)'이라는 표현을 사용한다. 이는 많은 데이터를 기반으로 패턴을 찾아내는 과정을 따르기 때문이다.

■ 시그모이드 함수

선형 회귀는 $y = \beta_0 + \beta_1 X$와 같이 X값에 대해 Y값을 예측하는 방식으로 작동하지만, 이 방식을 분류 문제에 적용할 경우 예측값이 음수나 1보다 큰 값이 나올 수 있어 적절하지 않다. 이런 문제를 해결하기 위한 방법으로 시그모이드(sigmoid) 함수를 사용한다. 시그모이드 함수는 S자 형태의 곡선을 가지며, 로지스틱 회귀나 인공 신경망에서 주로 사용된다. 함수식은 다음과 같다.

$$S = \frac{1}{1+e^{-z}}, \quad (z = \text{입력값},\ e = \text{자연상수}^{2})$$

시그모이드 함수를 사용하면 0과 1 사이의 값이 나오게 되므로, 모든 값을 이 범위로 표현할 수 있다. 시그모이드 함수에서 입력값은 x축으로, 예측값은 y축으로 표현되며, 모든 예측값이 0과 1 사이의 범위에서 나타난다. 이때 예측값이 0.5보다 크면 Yes인 1로 판단하고, 그렇지 않으면 No인 0으로 판단한다.

시그모이드 함수의 특징은 입력값이 작을수록 0에 가까운 값을, 입력값이 클수록 1에 가까운 값을 출력한다는 것이다. 그러나 현실의 데이터는 0과 1로 명확히 구분되지 않고 다양한 값들이 혼재되어 있기 때문에, 시그모이드 함수를 통해 결정 경계(decision boundary)를 설정하는 것이 중요하다. 이 경계를 얼마나 잘 설정하느냐에 따라 분류 정확도가 달라진다.

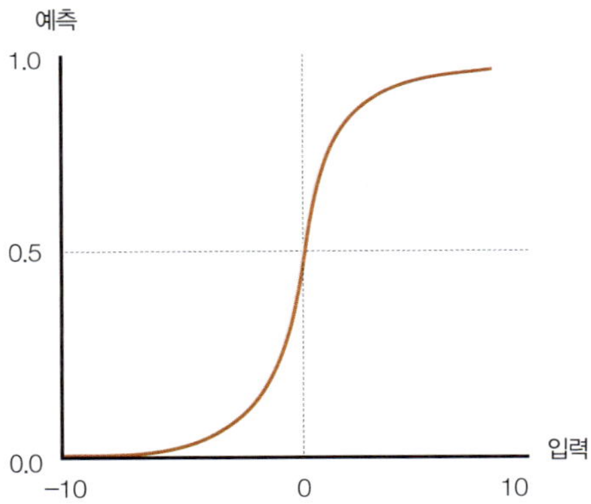

[그림 12-1] 시그모이드 함수

■ 로지스틱 회귀분석의 장점과 한계

로지스틱 회귀분석은 확률에 기반하므로 해석이 쉽다는 것이 가장 큰 장점이다. 이진 분류 문제에 효과적이며, 계산이 비교적 간단하고 빠르다는 것도 장점이다. 그러나 기본적인 로지스틱 회귀분석은 선형 결정 경계만 학습하기 때문에 비선형 패턴을 직접 모델링하기는 어려우며, 이상치에 민감하다.

---

2 e는 2.718281828…인 순환하지 않는 소수(원주율(π), 제곱근($\sqrt{2}$ =1.414213…) 등)다. 밑이 자연상수 e인 로그일 때 이를 자연로그라 하며 $\ln x$로 표현한다. 일반적으로 데이터를 정규분포에 가깝게 만들기 위해 로그 변환을 한다.

참고 **로지스틱 회귀분석을 사용하여 거리와 나이에 따른 모임 참석 여부 판단하기**

모임 참석 여부(Y)를 거리(X1)와 나이(X2)를 기준으로 예측하고자 할 때, 이를 ❶, ❷와 같은 산포도로 나타낼 수 있다. ❶은 참석 여부를 명확하게 구분할 수 없는 산포도다. ❷는 색상으로 어느 정도 구분이 가능하지만 어떤 기준으로 판단할 것인지에 대한 모호함이 존재한다. 이러한 문제를 해결하기 위해 시그모이드 함수를 적용한 로지스틱 회귀분석을 사용하면, ❸과 같이 참석 여부를 0과 1로 명확하게 구분할 수 있어 예측이 훨씬 용이해진다.

❶ 일반적인 산포도

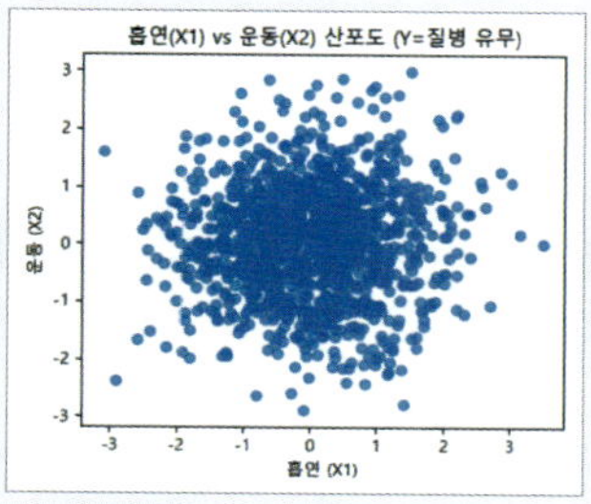


```
import pandas as pd
import matplotlib.pyplot as plt
data = pd.read_csv('./source/logistic.csv')

plt.figure(figsize=(5, 4))
scatter = plt.scatter(data['X1'], data['X2'], alpha=0.7)

plt.xlabel('거리 (X1)')
plt.ylabel('나이 (X2)')
plt.title('거리(X1)과 나이(X2) 산포도(Y=참석 여부)')
plt.show()
```

❷ 색으로 구분한 산포도

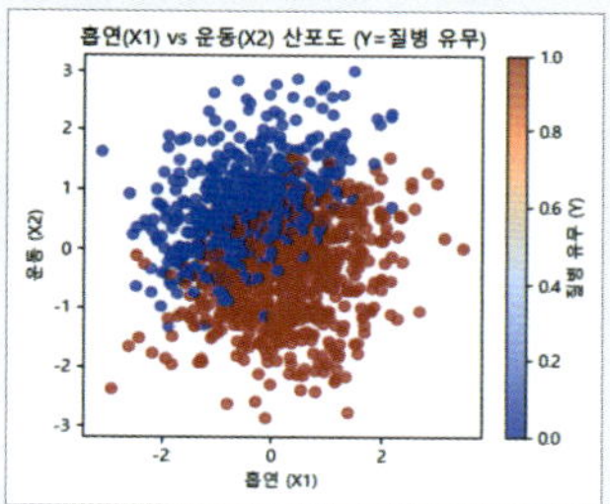


```
import pandas as pd
import matplotlib.pyplot as plt
data = pd.read_csv('./source/logistic.csv')

plt.figure(figsize=(5, 4))
scatter = plt.scatter(data['X1'],  data['X2'], c=data['Y'],
                      cmap='coolwarm', alpha=0.7)

plt.xlabel('거리 (X1)')
plt.ylabel('나이 (X2)')
plt.title('거리(X1)과 나이(X2) 산포도(Y=참석 여부)')
plt.colorbar(label="참석 여부 (Y)")
plt.show()
```

❸ 로지스틱 회귀분석 3D

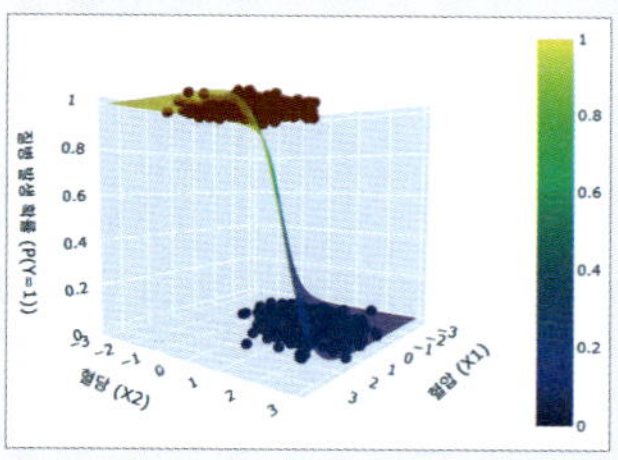

```
import numpy as np
import pandas as pd
import plotly.graph_objects as go
from sklearn.linear_model import LogisticRegression
data = pd.read_csv("./source/logistic.csv")
X, y = data[['X1', 'X2']], data['Y']

model = LogisticRegression()
model.fit(X, y)

x1 = np.linspace(data['X1'].min(), data['X1'].max(), 30)
x2 = np.linspace(data['X2'].min(), data['X2'].max(), 30)
X1, X2 = np.meshgrid(x1, x2)
X_grid = pd.DataFrame(np.c_[X1.ravel(), X2.ravel()], columns=['X1', 'X2'])

probs = model.predict_proba(X_grid)[:,1].reshape(X1.shape)

fig = go.Figure()성

fig.add_trace(go.Scatter3d(x=data['X1'], y=data['X2'], z=data['Y'],
    mode='markers',marker=dict(size=5,color=data['Y'], colorscale='Jet'),
    name='데이터 포인트'))

fig.add_trace(go.Surface(x=X1, y=X2, z=probs, colorscale='Viridis',
opacity=0.7, name='결정 경계'))

fig.update_layout(title='3D 로지스틱 회귀',
                  scene=dict(xaxis_title='거리(X1)', yaxis_title='나이(X2)', axis_
title='참석 여부 (P(Y=1))'))
fig.show()
```

SECTION
12.2 로지스틱 회귀분석 실습

실습을 통해 로지스틱 회귀분석 과정을 명확하게 이해해 보자.

연구문제

사회적 관계는 자주 만나서 교류할수록 친밀해지고, 그렇지 않으면 점차 소원해지는 경향이 있다. 이러한 인간관계의 특성은 일상적인 모임에서도 잘 드러나며, 많은 모임이 정기적인 만남을 통해 친목을 도모한다.
참석자의 모임 참여 결정은 모임 장소까지의 거리, 나이에 따른 책임감 같은 요인이 반영된 행동일 수 있다. 따라서 본 연구에서는 모임 장소까지의 거리(X1)와 나이(X2)를 독립변수로 설정하고, 모임 참석 여부(Y)를 종속변수로 하여 데이터를 수집하고 분석하고자 한다. 이를 통해 거리와 나이가 참석 결정에 어떤 영향을 미치는지를 분류 문제로 접근하여 판단할 수 있다.

▶ 실습파일 | lo_re.csv

■ 데이터 불러오기와 변수 설정하기

분석에 사용할 데이터를 받으면 데이터의 형태나 변수 같은 기본적인 정보를 확인한 후에 전처리를 실시한다.[3] 여기서는 전처리된 데이터인 **lo_re.csv**를 불러와서 **X1**, **X2**를 독립변수, **Y**를 종속변수로 설정한다.

```
data = pd.read_csv('./source/lo_re.csv')

X = data[['X1', 'X2']]
y = data['Y']
```

[그림 12-2] 데이터 불러오기와 변수 설정

이제 데이터를 분할한 후 본적적인 분석에 들어가보자. 데이터 분할은 2분할(학습용 + 테스트)과 3분할(학습용 + 검증용 + 테스트)로 나뉜다.

3 데이터의 기본 정보를 확인하는 방법과 전처리 방법은 11장을 참고한다.

참고 데이터 분할 기준

■ **2개로 분할하는 경우**

- 데이터가 매우 적은 경우, 3개로 분할하면 각 데이터셋의 크기가 작아져 성능 평가의 신뢰도가 떨어질 수 있다. 이럴 때는 학습용과 테스트 데이터로만 나누어 분석하는 것이 바람직하다.
- 모델 학습과 평가가 목적이고, 하이퍼파라미터 튜닝을 하지 않는 경우에는 검증용 데이터가 필요 없다. 하지만 최적의 모델을 찾는 것이 목적이라면 검증용 데이터가 필요하다.
- 간단한 실험이나 테스트처럼 빠른 결과가 필요한 경우에는 2개로 분할하는 것이 효율적이다.
- 교차검증을 활용하는 경우, 학습용 데이터를 여러 개로 나누어 반복적으로 검증하므로 별도의 검증용 데이터가 필요 없다.

■ **3개로 분할하는 경우**

- 검증용 데이터를 활용하면 하이퍼파라미터 튜닝을 할 수 있고, 테스트 데이터를 반복적으로 사용하지 않기 때문에 과적합의 위험을 줄일 수 있다.
- 여러 모델을 학습시킨 후 검증용 데이터를 통해 성능을 비교하면, 가장 성능이 우수한 모델을 선택할 수 있다.
- 검증용 데이터를 활용해 모델을 선택하고 튜닝한 뒤, 테스트 데이터를 통해 성능을 평가하면 새로운 데이터에 대한 일반화 성능을 확인할 수 있다.
- 테스트 데이터를 모델 선택에 활용하면 성능이 과대 또는 과소 평가될 수 있다. 하지만 검증용 데이터를 통해 튜닝을 진행하고 테스트 데이터를 최종 평가에만 사용하면, 테스트 데이터를 새로운 상태로 활용할 수 있어 데이터의 효율적인 사용이 가능하다.

2분할 데이터로 분석 진행하기

데이터를 분할하기 위해 **sklearn.model_selection** 모듈에서 **train_test_split** 함수를 임포트한 후, 이 함수를 이용하여 데이터를 학습용 데이터와 테스트 데이터로 구분한다. **test_size=0.2**로 설정하여 테스트 데이터의 비율이 20%가 되게 하고, **random_state=42**로 설정하여 데이터 분할 시 무작위성을 고정한다. 이렇게 분할된 데이터를 **X_train2**, **X_test2**, **y_train2**, **y_test2**로 정의한다.

```
from sklearn.model_selection import train_test_split
X_train2, X_test2, y_train2, y_test2 = train_test_split(
    X, y,
    test_size=0.2,
    random_state=42
)
```

[그림 12-3] 데이터 2분할

len() 함수를 이용하여 분할된 데이터의 수를 확인하고, print() 함수를 이용하여 출력한다.

```
print('학습용 데이터의 수:', len(X_train2))
print('테스트 데이터의 수:', len(X_test2))
```

```
학습용 데이터의 수: 1184
테스트 데이터의 수: 296
```

[그림 12-4] 2분할 데이터의 개수 확인

출력 결과를 보면, 학습용 데이터는 1,184개, 테스트 데이터는 296개로 확인된다.

로지스틱 회귀 모델을 생성하여 학습시키기 위해 **sklearn.linear_model** 모듈에서 **LogisticRegression**을 임포트한다.[4] **X_train2**를 학습용 입력 데이터, **y_train2**를 학습용 출력(정답) 데이터로 사용하여 **model2**로 정의한 후 **fit()** 함수로 최적화하여 학습한다.

```
from sklearn.linear_model import LogisticRegression

model2 = LogisticRegression()
model2.fit(X_train2, y_train2)
```

[그림 12-5] LogisticRegression 임포트하고 모델 적합시키기

참고 LogisticRegression 출력 메시지

[그림 12-5]의 코드를 입력하면 다음과 같은 메시지가 나타난다.

```
▾ LogisticRegression
LogisticRegression()
```

[그림 12-6] LogisticRegression 출력 메시지

이 메시지는 로지스틱 회귀 모델이 학습되었음을 나타내는 표시다. [그림 12-7]과 같이 명령문 끝에 세미콜론(;)을 추가하면 출력되지 않는다.

```
from sklearn.linear_model import LogisticRegression

model2 = LogisticRegression()
model2.fit(X_train2, y_train2);
```

[그림 12-7] LogisticRegression 출력 메시지 감추기

이제 학습된 모델을 사용해 테스트 데이터에 대한 예측을 진행해 보자. **sklearn.metrics** 모듈에서 **accuracy_score**와 **classification_report**를 임포트한다. accuracy_score는 정확도를 계산하는 함수이고, classification_report는 정밀도(precision), 재현율(recall), F1-score 등의 분류 성능을 평가하고 요약해서 보여주는 함수다.

---

4 LogisticRegression은 로지스틱 회귀를 수행하여 이진 분류 문제는 물론 다중 분류 문제도 해결할 수 있는 라이브러리다.

```
from sklearn.metrics import accuracy_score, classification_report
```

[그림 12-8] accuracy_score와 classification_report 임포트하기

predict() 함수를 사용하여, 학습된 **model2**로부터 테스트 데이터 **X_test2**에 대한 예측 결과를 생성하고, 이를 **y_pre2**로 정의한다.[5]

```
y_pre2 = model2.predict(X_test2)
```

[그림 12-9] 예측 결과의 생성과 정의

이제 예측 결과에 대한 평가 지표를 확인해 보자.[6] accuracy_score를 통해 정확도를 확인하기 위해 **print()** 함수를 사용하여 **'Accuracy2:', accuracy_score(y_test2, y_pre2)**의 결과를 출력한다. 이어서 **classification_report**를 통해 좀 더 상세한 분류 성능 지표를 확인하기 위해 **print()** 함수를 사용하여 해당 결과를 함께 출력한다.

```
print('Accuracy2:', accuracy_score(y_test2, y_pre2))
print(classification_report(y_test2, y_pre2))
```

```
Accuracy2: 0.8006756756756757
              precision    recall  f1-score   support

           0       0.83      0.71      0.76       135
           1       0.78      0.88      0.83       161

    accuracy                           0.80       296
   macro avg       0.81      0.79      0.80       296
weighted avg       0.80      0.80      0.80       296
```

[그림 12-10] 평가 지표 확인

출력 결과를 살펴보자. 전체 정확도는 0.800…으로 확인되며, 이는 전체 샘플 296개 중 약 80%를 정확하게 예측했다는 의미다. 분류 보고서(classification report)에는 분류 대상 클

---

5 y_pre2는 X_test2 데이터를 입력받아, 학습된 모델이 시그모이드 함수를 적용한 결과를 바탕으로 0.5를 기준으로 0 또는 1로 분류한 예측값이다. 이 예측값은 실제 정답과 비교하여 모델의 성능을 평가하는 데 사용된다. 아래 그림에서 볼 수 있듯이, y_pre2에는 총 296개의 예측값이 0 이나 1로 저장된다.

```
y_pre2
```

```
array([1, 1, 1, 1, 1, 1, 1, 1, 0, 1, 0, 0, 0, 1, 1, 0, 1, 1, 1, 0, 0, 0,
       1, 1, 1, 0, 0, 0, 1, 1, 0, 1, 0, 1, 1, 1, 1, 0, 1, 1, 1, 0, 0, 0,
       1, 1, 0, 1, 0, 1, 0, 0, 1, 1, 1, 1, 0, 1, 1, 1, 1, 1, 1, 0, 1, 1,
       0, 0, 0, 1, 1, 1, 0, 1, 1, 0, 1, 0, 0, 1, 0, 1, 0, 1, 0, 0, 0, 1,
       0, 1, 1, 1, 1, 1, 1, 0, 1, 1, 1, 1, 0, 0, 0, 1, 1, 1, 1, 1, 1, 1,
       1, 1, 1, 1, 0, 1, 1, 1, 1, 0, 1, 0, 0, 1, 1, 0, 1, 1, 1, 0, 1, 0,
       0, 0, 1, 1, 1, 0, 1, 1, 1, 1, 0, 1, 1, 1, 1, 1, 1, 0, 0, 1, 0, 1,
       1, 0, 0, 1, 1, 1, 1, 0, 1, 1, 0, 0, 1, 1, 0, 0, 0, 0, 0, 0, 1, 1,
       1, 1, 1, 0, 0, 1, 1, 1, 1, 0, 0, 0, 1, 1, 1, 0, 1, 1, 1, 1, 0, 1,
       1, 0, 0, 1, 0, 1, 1, 1, 1, 1, 1, 1, 1, 0, 0, 0, 1, 0, 0, 1, 1, 1,
       1, 0, 1, 1, 0, 1, 0, 1, 0, 1, 0, 1, 0, 0, 0, 0, 0, 0, 0, 0, 0, 1,
       1, 1, 1, 1, 0, 0, 1, 1, 1, 1, 0, 1, 0, 0, 1, 1, 1, 0, 1, 1, 1, 0,
       0, 1, 0, 0, 1, 1, 0, 0, 1, 0, 1, 0, 0, 1, 0, 1, 0, 0, 0, 1, 1, 0,
       1, 1, 1, 1, 1, 1, 0, 1, 0, 1], dtype=int64)
```

6 분류 평가 지표에 대한 자세한 설명은 10.8절의 '모델 평가 지표' 항목을 참조하기 바란다.

래스인 0과 1에 대해 각각의 정밀도(precision), 재현율(recall), F1 점수(f1-score)가 표시되어 있다. 표본수(support)는 각 클래스에 속한 실제 샘플 개수를 나타낸다. 매크로 평균(macro avg)은 클래스별 점수의 평균값을 나타내며, 가중 평균(weight avg)은 샘플 개수에 비례한 가중치를 반영하여 평균을 계산한 값이다.[7]

3분할 데이터로 분석 진행하기

train_test_split() 함수를 이용하여 전체 데이터를 학습용 데이터, 검증용 데이터, 테스트 데이터로 분할해 보자. 1차로 학습용 데이터 70%, 테스트 데이터 30%로 분할한 후, 2차로 테스트 데이터 30%를 검증용 데이터 20%와 테스트 데이터 10%로 분할해야 한다.

train_test_split() 함수를 사용하여 1차 분할을 수행한다.[8] 학습용 데이터는 **X_train3**, **y_train3**로 저장하고, 나머지 30%는 이후 검증용 데이터와 테스트 데이터로 활용하기 위해 **X_temp3**, **y_temp3**라는 임시 이름으로 저장한다.

```
X_train3, X_temp3, y_train3, y_temp3 = train_test_split(
    X, y,
    test_size=0.3,
    random_state=42
)
```

[그림 12-11] 데이터 3분할(1차 분할)

train_test_split() 함수를 사용하여 2차 분할을 수행한다. 임시로 분할해 놓은 **X_temp3**, **y_temp3**에 대해 1차 분할 때와 동일한 방식을 사용해 검증용 데이터 20%, 테스트 데이터 10%로 다시 분할한다. 이를 위해 테스트 데이터의 크기를 1/3로 설정한다.[9]

```
X_val3, X_test3, y_val3, y_test3 = train_test_split(X_temp3,
                                                      y_temp3,
                                                      test_size=1/3,
                                                      random_state=42
                                                     )
```

[그림 12-12] 데이터 3분할(2차 분할)

7 정밀도의 매크로 평균은 다음과 같이 계산된다.

$$\frac{0.83+0.78}{2}=0.805 \text{ (반올림)}$$

정밀도의 가중 평균은 전체 측정치 수(샘플 수)에 대해 0과 1의 클래스에 대한 측정치 개수를 가중하여 평균을 계산한 것으로 다음과 같이 계산된다.

$$\frac{(0.83\times135)+(0.78\times161)}{135+161}=0.80067\cdots$$

8 sklearn.model_selection 모듈에서 train_test_split 라이브러리를 임포트한 상태에서 [그림 12-11]의 코드를 입력해야 한다.

9 이러한 분할 비율은 고정된 규칙이 아니다. 10.2절의 '데이터 전처리' 항목에서 '데이터 분할' 부분을 참조하여 데이터의 성격에 맞게 데이터를 분할한다.

len() 함수를 이용하여 분할된 데이터의 수를 확인하고, print() 함수를 이용하여 출력한다.

```
print("학습용 데이터의 수:", len(X_train3))
print("검증용 데이터의 수:", len(X_val3))
print("테스트 데이터의 수:", len(X_test3))
```

```
학습용 데이터의 수: 1036
검증용 데이터의 수: 296
테스트 데이터의 수: 148
```

[그림 12-13] 3분할 데이터의 개수 확인

출력 결과를 보면, 학습용 데이터 **X_train3**은, 1036개, 검증용 데이터 **X_val3**는 296개, 테스트 데이터 **X_test3**는 148개임을 확인할 수 있다.

로지스틱 회귀 모델을 생성하여 학습시키기 위해 sklearn.linear_model 모듈의 **LogisticRegression()**을 활용한다. **X_train3**를 학습용 입력 데이터, **y_train3**를 학습용 출력(정답) 데이터로 사용하여 **model3**로 정의한 후 **fit()** 함수로 최적화하여 학습한다.

```
model3 = LogisticRegression()
model3.fit(X_train3, y_train3)
```

[그림 12-14] 로지스틱 회귀 모델을 생성하여 적합시키기

이제 학습된 모델을 사용해 테스트 데이터에 대한 예측을 진행해 보자. 데이터를 2개로 분할하여 진행할 때와 동일한 방식이다. **predict()** 함수를 사용하여, 학습된 **model3**로부터 검증용 데이터 **X_val3**에 대한 예측 결과를 생성하고, 이를 **y_val_pre3**로 정의한다.

```
y_val_pre3 = model3.predict(X_val3)
```

[그림 12-15] 예측 결과의 생성과 정의

검증용 데이터의 정확성을 평가하기 위해 accuracy_score를 사용한다.[10] **print()** 함수를 이용해 **'Validation Accuracy3:', accuracy_score(y_val3, y_val_pre3)**를 출력한다.

```
print('Validation Accuracy3:', accuracy_score(y_val3, y_val_pre3))
```

```
Validation Accuracy3: 0.793918918918919
```

[그림 12-16] accuracy_score를 사용한 정확도 출력

출력 결과를 보면, 0.7939…로 나타나 모델 전체의 정확성은 약 79.39%로 확인된다.

model3의 테스트 데이터인 **X_test3**에 대한 예측 결과를 **y_test_pre3**로 정의한 후, **accuracy_score()** 함수를 통해 실제 정답인 **y_test3**과 비교하여 최종 테스트 정확도(**Final Test Accuracy**)를 계산하고, **print()** 함수를 통해 이를 출력한다. 추가적으로 **classification_report()**를 통해 정밀도, 재현율, F1 점수 등의 세부 지표를 함께 확인한다.

10 from sklearn.metrics import accuracy_score가 실행된 상태에서 [그림 12-16]의 코드를 입력해야 한다.

```
y_test_pre3 = model3.predict(X_test3)
print('Final Test Accuracy:', accuracy_score(y_test3, y_test_pre3))
print(classification_report(y_test3, y_test_pre3))
```

```
Final Test Accuracy: 0.7905405405405406
              precision    recall  f1-score   support

           0       0.79      0.70      0.74        63
           1       0.79      0.86      0.82        85

    accuracy                           0.79       148
   macro avg       0.79      0.78      0.78       148
weighted avg       0.79      0.79      0.79       148
```

[그림 12-17] Final Test Accuray와 classification_report 세부 지표 출력

출력 결과를 보면, 최종 테스트 정확도는 0.7905…로 나타나 79.05%로 확인된다.

ROC-AUC[11]

ROC-AUC를 그리는 데 필요한 라이브러리들을 임포트한다. 그래프 시각화를 위해 **matplotlib.pyplot**을, ROC 곡선을 계산하기 위해 **roc_curve**를, ROC 곡선 아래 면적(AUC)을 구하기 위해 **auc**를, AUC 점수를 계산하기 위해 **roc_auc_score**를 임포트한다.

```
import matplotlib.pyplot as plt
from sklearn.metrics import roc_curve, auc, roc_auc_score
```

[그림 12-18] ROC-AUC의 모듈 임포트하기

2분할 데이터와 3분할 데이터를 사용한 학습 모델 **model2**와 **model3**에서 **predict_proba()** 함수를 통해 각 클래스에 대한 확률을 반환하고, 그중 양성(Positive) 클래스(1)의 확률만 선택하기 위해 **[:, 1]**을 지정하여 **y_probs2**와 **y_probs3**으로 정의한다.

```
y_probs2 = model2.predict_proba(X_test2)[:, 1]
y_probs3 = model3.predict_proba(X_test3)[:, 1]
```

[그림 12-19] model2와 model3의 확률 반환과 정의

ROC 곡선을 구성하기 위해 실제 정답인 0과 1로 이루어진 배열 **y_test2**(**y_test3**)와 모델이 예측한 양성 클래스(1)의 확률인 **y_probs2**(**y_probs3**)를 사용하여 **fpr2**(**fpr3**)와 **tpr2**(**tpr3**)로 정의한다. 이때 임곗값 thresholds를 사용하지 않으므로 _으로 처리한다.[12]

```
fpr2, tpr2, _ = roc_curve(y_test2, y_probs2)
fpr3, tpr3, _ = roc_curve(y_test3, y_probs3)
```

[그림 12-20] ROC 곡선의 구성

11 여기서는 비교하기 편하게 2분할 데이터와 3분할 데이터를 하나의 그래프에 함께 표시한다. 각각 따로 그리고 싶다면, 원하는 부분의 코드만 선택하여 실행하면 된다.

12 roc_curve(y_test, y_probs) 함수는 FPR(위양성률), TPR(민감도), thresholds(임곗값)를 반환한다.

ROC 곡선 아래 면적(AUC)을 계산하기 위해 **roc_auc_score(y_test2, y_probs2)**와 **roc_auc_score(y_test3, y_probs3)**를 사용하여 **roc_auc2**와 **roc_auc3**로 정의한다.[13]

```
roc_auc2 = roc_auc_score(y_test2, y_probs2)
roc_auc3 = roc_auc_score(y_test3, y_probs3)
```

[그림 12-21] ROC 곡선의 구성

그래프 설정에는 앞에서 임포트한 matplotlib.pyplot을 줄여서 **plt**를 사용한다. 먼저 **figure()** 함수를 이용해 그래프 크기를 **figsize=(6, 4)**로 지정해서 가로 6인치, 세로 4인치로 설정한다. 다음으로 2분할 데이터의 ROC 곡선은 **2분할 ROC Curve**라는 라벨과 함께 AUC 값을 소수점 둘째 자리까지 표시하고, 색상은 파란색(**color='blue'**)으로 지정한다. 3분할 데이터의 ROC 곡선은 **3분할 ROC Curve**라는 라벨과 함께 AUC 값을 소수점 둘째 자리까지 표시하고, 색상은 빨간색(**color='red'**)으로 지정한다. 또한 무작위 예측선에 **Random Guess**라는 라벨을 붙이고, 선은 검은색 점선(**'k--'**), 두께는 1(**lw=1**)로 설정하여 X축과 Y축을 **0**에서 **1**까지 연결하는 선을 그린다.[14]

X축은 **False Positive Rate**, Y축은 **True Positive Rate**로 설정하고, 그래프의 제목은 **ROC Curve Comparison**으로 지정한다. 범례는 그래프 아래쪽의 우측(**loc='lower right'**)에 두고, **plt.grid()**를 통해 격자를 표시한다.

```
plt.figure(figsize=(6, 4))
plt.plot(fpr2, tpr2, label=f'2분할 ROC Curve (AUC={roc_auc2:.2f})', color='blue')
plt.plot(fpr3, tpr3, label=f'3분할 ROC Curve (AUC={roc_auc3:.2f})', color='red')
plt.plot([0, 1], [0, 1], 'k--', lw=1, label='Random Guess')

plt.xlabel('False Positive Rate')
plt.ylabel('True Positive Rate')
plt.title('ROC Curve Comparison')
plt.legend(loc='lower right')
plt.grid()

plt.show()
```

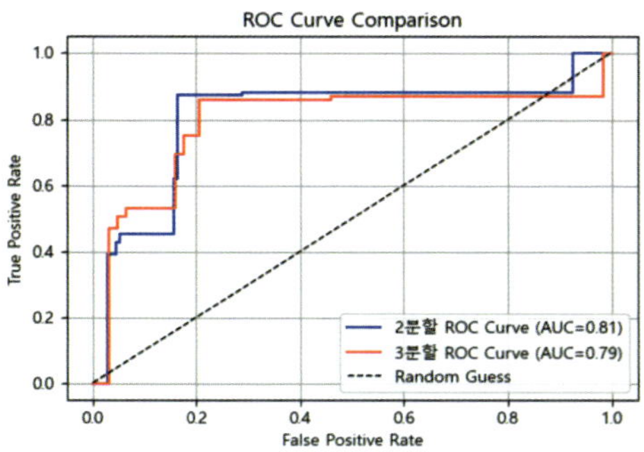

[그림 12-22] ROC-AUC 시각화와 출력 결과

13 roc_auc_score(y_test, y_probs) 함수는 실제 정답인 y_test와 모델이 예측한 양성 클래스(1)의 확률인 y_probs를 비교하여 AUC를 계산하고, roc_auc 변수에 ROC 곡선 아래 면적을 0~1 사이의 수치로 나타낸다.

14 plt.plot([0, 1], [0, 1])은 X축과 Y축을 0에서 1까지 연결하는 좌표를 의미하므로, 우상향하는 대각선이 된다.

출력 결과를 보면, ROC Curve Comparison은 2분할(파란색)과 3분할(빨간색)의 ROC 곡선을 서로 비교하며 확인할 수 있다. 2분할 데이터의 AUC는 0.81, 3분할 데이터의 AUC는 0.79로 확인된다.

> **참고** 2분할 데이터의 AUC = 0.81 vs. 3분할 데이터의 AUC = 0.79
>
> 데이터를 3분할하여 검증용 데이터와 테스트 데이터를 모두 활용하면 더 나은 성능이 나와야 할 것 같지만, 실제로는 그렇지 않은 경우도 자주 발생한다. 이 경우 분석 과정에서 분석자가 실수했을 거라고 판단할 수도 있으나, 꼭 분석자의 문제만으로 볼 수는 없다. 그 이유는 다음과 같다.
>
> - **작은 차이:** 절대적인 수치 비교로는 0.02의 차이가 크게 느껴질 수 있지만, 이 차이가 통계적으로 유의미한지를 판단하기에는 수치가 너무 작다. 대부분의 경우, 이는 단순히 데이터 분할 방식에 따른 변동성에서 비롯된 것이다.
> - **데이터 분할 방식의 영향:** 데이터를 어떤 비율로 분할하느냐에 따라 학습에 사용되는 데이터의 양이 달라진다. 일반적으로 학습용 데이터가 많을수록 모델을 더 충분히 학습시킬 수 있다. 그러나 3분할을 적용하면 학습에 사용할 수 있는 데이터가 줄어들게 되어, 결과적으로 모델의 성능이 저하될 수 있다.
> - **모델의 일반화 가능성:** 3분할 방식은 2분할 방식에 비해 학습 데이터가 적기 때문에 모델이 데이터에 충분히 적합하지 못할 수 있으며, 이로 인해 AUC가 다소 낮아질 수 있다. 그러나 일반화 성능이 중요한 경우에는 AUC가 약간 낮더라도 3분할 방식이 더 바람직한 선택이 될 수 있다.

하이퍼파라미터 튜닝

이상의 분석 과정은 데이터를 3분할하는 방식에서 하이퍼파라미터 튜닝이 생략된 상태로 진행되었다. 즉, 모델은 기본 설정된 하이퍼파라미터 값으로 학습되었으며, 별도의 최적화 과정 없이 검증 및 평가가 이루어졌다. 더욱 정밀한 예측 성능을 확보하려면 하이퍼파라미터 튜닝과 교차검증 과정을 거쳐야 한다.

하이퍼파라미터 튜닝을 위한 과정은 검증용 데이터로 정확성을 평가하는 과정([그림 12-16])까지는 동일하다. 다만, 이전 실습과 구분하기 위해 데이터 구분자를 3에서 4로 변경한다.

```
data = pd.read_csv('./source/lo_re.csv')
X = data[['X1', 'X2']]
y = data['Y']

from sklearn.model_selection import train_test_split
X_train4, X_temp4, y_train4, y_temp4 = train_test_split(X, y, test_size=0.3,
                                                        random_state=42)
X_val4, X_test4, y_val4, y_test4 = train_test_split(X_temp4, y_temp4, test_size=1/3,
                                                    random_state=42)

from sklearn.linear_model import LogisticRegression
model4 = LogisticRegression()
model4.fit(X_train4, y_train4)

y_val_pre4 = model4.predict(X_val4)
```

[그림 12-23] 구분자를 4로 변경한 파이썬 코드

기본 설정된 하이퍼파라미터로 학습된 로지스틱 회귀 모델을 사용하여 검증용 데이터에 대한 기초 평가를 수행하였으며, 이 결과를 **Baseline Validation Accuracy**로 명명하였다. **accuracy_score()** 함수를 통해 **y_val4**와 **y_val_pre4**의 정확도를 계산하고, **print()** 함수를 이용해 출력한다.

```
from sklearn.metrics import accuracy_score, classification_report
print('Baseline Validation Accuracy:', accuracy_score(y_val4, y_val_pre4))
```

```
Baseline Validation Accuracy: 0.793918918918919
```

[그림 12-24] y_vla4와 y_val_pre4의 정확도 출력

출력 결과를 보면, 검증용 데이터의 정확도는 **0.7939…**임을 확인할 수 있다.

하이퍼파라미터를 정확하게 찾으려면 후보가 될 수 있는 값들을 미리 정의해 두어야 한다. 이때 **C**는 정규화 강도를 조절하는 하이퍼파라미터로, 값이 클수록 정규화 강도가 약해져 과적합 위험이 커지고, 값이 작을수록 정규화 강도 강해져 과소적합 위험이 커진다.[15]

정규화 강도 C는 0.01, 0.1, 1, 10, 100과 같이 로그 스케일로 설정하며, 이는 값이 10배씩 증가하는 범위로 구성된다.[16] solver는 최적화 알고리즘을 정의하는 하이퍼파라미터이며, liblinear는 작은 데이터셋에 적합하고, lbfgs는 큰 데이터셋에 적절하다. 따라서 **C**와 **solver**를 key로 하고, **0.01**, **0.1**, **1**, **10**, **100**과 **liblinear**과 **lbfgs**를 value로 하는 딕셔너리를 만들어 **param_grid**로 정의한다.

```
param_grid = {'C': [0.01, 0.1, 1, 10, 100], 'solver': ['liblinear', 'lbfgs']}
```

[그림 12-25] 하이퍼파라미터의 정규화 강도 조절에 대한 정의

이제 앞에서 정의한 **param_grid**를 **GridSearchCV**에 적용해 보자. **GridSearchCV()**는 교차검증을 사용하여 모델의 성능을 평가하고, 가장 적합한 하이퍼파라미터 조합을 자동으로 탐색하는 함수다. 이 함수는 다음과 같은 문법 구조를 따른다.

```
GridSearchCV(estimator,              // 학습 모델
             param_grid,             // 시험할 파라미터 조합을 담은 딕셔너리
             scoring=None,           // 평가할 성능 지표(예: accuracy, roc_auc, f1)17
             cv=5,                   // 교차검증을 위한 데이터 분할 수(기본값: 5)
             n_jobs=1,               // 병렬 처리 작업 수(기본값: 1, -1은 모든 코어 사용)
             verbose=0,              // 출력 메시지(0: 출력 없음, 1: 기본 출력, 2: 상세 출력)
```

15 정규화가 강하다는 말은 학습용 데이터의 세부적인 패턴이 아닌 일반적인 패턴의 학습이 강해진다는 의미다.

16 작은 값은 과소적합을, 큰 값은 과적합을 유발할 수 있으므로 이러한 범위를 설정함으로써 적절한 정규화 수준을 찾는 데 도움이 된다. 이 범위는 로지스틱 회귀 모델에서 자주 사용되는 값들이며, 모델 성능 최적화에 유리하다.

17 scoring=None이면 기본 scoring(모델의 기본 score 메서드)을 사용한다. **분류**의 기본 score는 **정확도**(accuray)이고, **회귀**의 기본 score는 **결정계수**(R^2)다.

```
        refit=True,  // 최적의 하이퍼파라미터로 estimator 재학습 여부 결정(True: 재학습)
        return_train_score=False  // 학습 데이터의 성능 점수 반환 여부 결정(True: 반환)
)
```

이 문법 구조에 맞추어 코드를 작성해 보자. 먼저 학습 모델을 **LogisticRegression()**으로, 파라미터의 딕셔너리를 미리 정의한 **param_grid**로 설정한다. 교차검증 횟수는 **cv=5**로, 모델의 성능 평가는 정확도를 기준으로 하기 위해 **scoring='accuracy'**로 지정한다. 또한 CPU의 모든 코어를 사용해서 병렬 처리하여 학습 시간을 단축할 수 있도록 **n_jobs=-1**을 입력한다. 실행한 결과를 **grid_search**로 정의한다.

```
from sklearn.model_selection import GridSearchCV
grid_search = GridSearchCV(
    LogisticRegression(),
    param_grid, cv=5,
    scoring='accuracy',
    n_jobs=-1
)
```

[그림 12-26] GridSearchCV에 적용

grid_search로 정의한 객체에 **fit()** 메서드를 적용하여 **X_train4**와 **y_train4** 데이터셋을 대상으로 하이퍼파라미터 튜닝을 수행한다.

```
grid_search.fit(X_train4, y_train4)
```

[그림 12-27] 정의된 grid_search 적합시키기

튜닝을 진행한 결과, 로지스틱 회귀 모델의 하이퍼파라미터가 최적화된 결과를 확인할 수 있다.

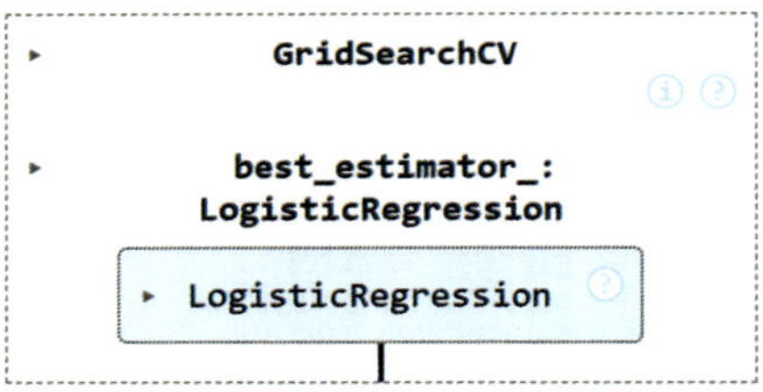

[그림 12-28] 정의된 grid_search 적합 결과

GridSearchCV() 함수를 통해 하이퍼파라미터를 최적화한 결과는 각 항목의 ▶ 버튼을 클릭하여 자세히 확인할 수 있다.

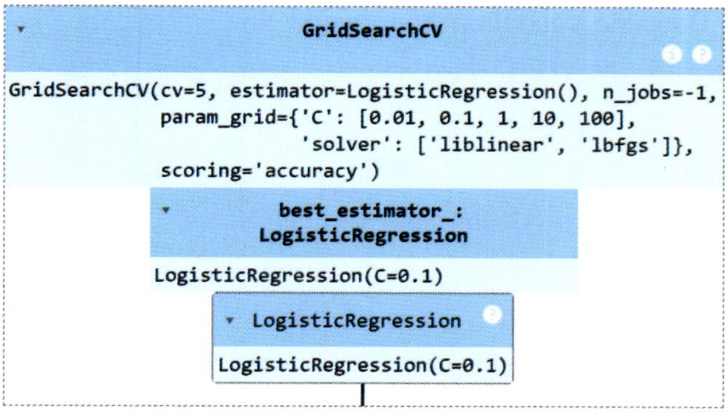

[그림 12-29] 정의된 grid_search 적합 결과(자세히 보기)

최적의 하이퍼파라미터로는 **C=0.1**이 선택되었다. **solver** 항목은 보이지 않지만 C 값이 출력되었다는 것은 **solver**도 최적의 값으로 설정되었음을 의미한다.[18] 이때 모델은 가장 높은 정확도를 달성할 수 있다.

이제 최적의 성능을 나타내는 하이퍼파라미터를 확인해 보자. 최적의 파라미터를 **Best Parameters**로 명명하여 **grid_search**에서 **best_params**를 출력한다. 이어서 최적의 교차검증 정확도를 **Best Cross-Validation Accuracy**로 명명하여 **grid_search**에서 **best_score_**를 출력한다.

```
print('Best Parameters:', grid_search.best_params_)
print('Best Cross-Validation Accuracy:', grid_search.best_score_)
```

```
Best Parameters: {'C': 0.1, 'solver': 'lbfgs'}
Best Cross-Validation Accuracy: 0.8001718691936084
```

[그림 12-30] 최적의 하이퍼파라미터 확인

출력 결과를 보면, 최적의 파라미터는 **{'C': 0.1, 'solver': 'lbfgs'}**이다. C 값이 작을수록 규제 강도가 강해져 모델의 복잡성이 줄어들고 과적합을 방지하는 효과가 있다. 0.1은 적절한 수준의 규제로 판단할 수 있다. solver는 lbfgs로, 이는 큰 데이터셋에 적합한 방식이다. 또한 최적의 교차검증 정확도는 **0.8001**…임을 확인할 수 있으며, 이는 모델이 예측한 결과가 실제 정답과 일치할 확률이 약 80.01%임을 의미한다.

하이퍼파라미터 튜닝을 거쳐 학습을 완료한 최적 모델 **grid_search.best_estimator_**를 **best_model4**로 정의한 후, 검증용 데이터에 대한 예측 정확도를 확인하기 위해 **best_model4.predict(X_val4)**를 수행한다.

```
best_model4 = grid_search.best_estimator_
y_val_pre4_best = best_model4.predict(X_val4)
print('Optimized Validation Accuracy:', accuracy_score(y_val4, y_val_pre4_best))
```

```
Optimized Validation Accuracy: 0.793918918918919
```

[그림 12-31] 최적 모델을 정의한 후, 검증용 데이터에 대한 예측 정확도 확인

18 solver가 표시되지 않은 이유는, 찾은 최적값이 기본값과 동일하여 생략된 것으로 해석할 수 있다.

수행 결과는 **0.7939…**이며, 이는 **Baseline Validation Accuracy**와 다르지 않으므로 하이퍼파라미터 튜닝이 영향을 주지 않은 것으로 판단할 수 있다.

참고 GridSearchCV 활용하기

GridSearchCV는 다양한 하이퍼파라미터 조합을 통해 가장 좋은 모델을 찾는다. 다음의 세 속성을 활용하여 필요한 결과를 확인할 수 있다.

- **grid_search.best_params_**: 최적의 하이퍼파라미터 조합
- **grid_search.best_score_**: 최적 모델의 교차검증을 진행한 성능 점수
- **grid_search.best_estimator_**: 최적 하이퍼파라미터로 학습을 완료한 모델

[그림 12-32]는 최적의 하이퍼파라미터 조합을 찾고 최종 모델을 완성하는 표준적인 절차를 나타낸다.

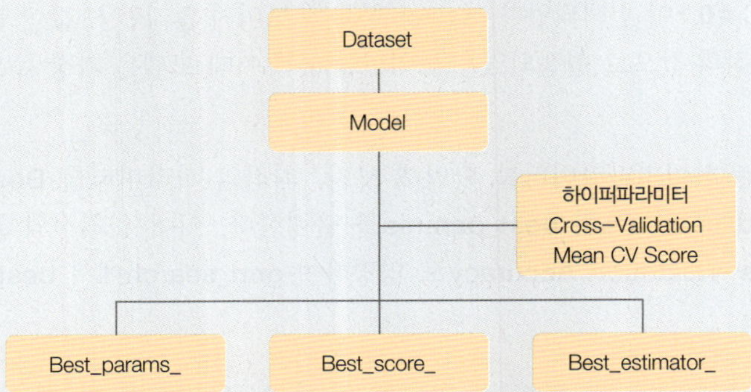

[그림 12-32] GridSearchCV의 표준 절차

최적 모델 **best_model4**를 이용하여 테스트 데이터 **X_test4**에 대한 예측값을 **y_test_pre4_best**로 정의하고, 이에 대한 최종 테스트 정확도(**Final Test Accuracy**)는 **accuracy_score(y_test4, y_test_pre4_best)**로 확인한다. 또한 **classification_report()** 함수를 이용해 정밀도(Precision), 재현율(Recall), F1 점수(f1-score) 등의 성능 지표를 확인한다.

```
y_test_pre4_best = best_model4.predict(X_test4)
print('Final Test Accuracy:', accuracy_score(y_test4, y_test_pre4_best))
print(classification_report(y_test4, y_test_pre4_best))
```

```
Final Test Accuracy: 0.7905405405405406
              precision    recall  f1-score   support

           0       0.79      0.70      0.74        63
           1       0.79      0.86      0.82        85

    accuracy                           0.79       148
   macro avg       0.79      0.78      0.78       148
weighted avg       0.79      0.79      0.79       148
```

[그림 12-33] 테스트 데이터에 대한 예측값을 정의한 후, 최종 테스트 정확도 확인

최종 테스트 데이터를 통해 확인한 정확도(Accuracy)는 79.05%이며, 이는 모델이 전체 테스트 샘플 148개 중 약 79.05%에 해당하는 데이터를 정확하게 분류했다는 의미다.

CHAPTER

13

K-최근접 이웃

K-Nearest Neighbors

Contents

짱구 친구는 짱구라는 말을 들어보았는가? 우리는 일상에서 새로 알게 된 사람을 이해하려 할 때, 종종 그 사람의 주변 환경을 살피게 된다. 그 사람이 속한 그룹의 특성을 참고하면 더 쉽게 판단할 수 있기 때문이다.

내 주변을 먼저 돌아보자. 나는 나와 전혀 다른 취향의 사람들과 어울리고 있을까? 그렇지 않을 것이다. 보통 취미나 성격이 비슷한 사람들과 친해지기 마련이다. 공통점이 있는 사람들과 같이 있으면 의견이 갈리는 일도 적을 것이고, 무언가 결정을 해야 할 때도 마찰 없이 원만한 결론에 쉽게 도달할 것이다.

이처럼 '가장 가까운 이웃의 속성이 곧 나의 속성을 결정한다'는 지극히 직관적이고 경험적인 원리를 머신러닝 모델로 구현한 것이 바로 K-최근접 이웃(K-Nearest Neighbors, KNN) 알고리즘이다.

KNN의 가장 큰 특징 중 하나는 다른 많은 알고리즘처럼 학습 단계에서 복잡한 수학적 모델이나 내부 규칙을 미리 구축하지 않는다는 점이다. 학습용 데이터가 주어지면 그 데이터를 그대로 저장하기만 하는데, 이러한 특징 때문에 KNN은 게으른 학습(Lazy Learning) 방식의 대표 주자로 불린다. 즉, '학습'을 미루고 있다가 실제로 새로운 데이터 포인트를 예측해야 할 시점이 되면 그제서야 비로소 계산을 시작한다.

이러한 예측 과정은 단순하지만 강력하다. 새로운 데이터가 입력되면, KNN은 그 데이터와 기존 학습용 데이터 포인트들 간의 거리를 계산한다. 이때 유클리드 거리와 같은 측정 기준을 사용하고, 계산된 거리를 바탕으로 가장 가까운 K개의 이웃을 선택한다. 그리고 이 이웃들이 속한 클래스(범주)를 확인한 뒤 다수결 투표를 통해 가장 많은 표를 얻은 클래스를 새로운 데이터 포인트의 최종 예측값으로 결정한다.

KNN은 데이터셋의 구조를 왜곡하거나 단순화하지 않고, 직관적인 근접성에 전적으로 의존하여 예측을 수행한다. 이처럼 KNN은 복잡한 가정이 필요 없어 이해하기 쉽고, 구현이 간단하다는 장점이 있다. 그러나 모든 예측에서 전체 데이터와의 거리를 계산해야 하므로 데이터셋의 크기가 매우 커진다면 계산 비용이 기하급수적으로 증가할 수 있다는 한계도 있다. 이런 한계에도 불구하고 KNN은 분류와 회귀 문제 모두에 적용할 수 있는 기초적이면서도 강력한 패턴 인식 기법으로 인정받고 있다.

SECTION

13.1 K-최근접 이웃이란

K-최근접 이웃의 개념

K-최근접 이웃(K-Nearest Neighbors, K-NN 또는 KNN)은 분류(classification)와 회귀(regression) 문제에 모두 사용할 수 있는 알고리즘이다. 이는 새로운 데이터가 주어졌을 때 기존 데이터 중 거리(distance)가 가장 가까운 K개의 점(이웃)을 찾아 해당 데이터를 분류하거나 예측하는 방식이다.

우리나라의 관용적 표현 중에 "끼리끼리 논다"라는 표현이 있다. 비슷한 성향이나 느낌을 가진 사람들끼리 서로 어울린다는 말이다. 예를 들어 한 반에 전학생이 왔다고 하면 그 전학생은 성향이 비슷한 친구들과 더 쉽게 친해질 것이다. 반대로 성격이나 관심사가 많이 다른 친구들과는 거리감이 느껴져 어울리기 어렵다. 이러한 예는 KNN의 본질을 직관적으로 설명해 준다. 사람 간의 정서적 거리감이 친밀도에 영향을 주듯, KNN 알고리즘도 데이터 간의 거리를 기준으로 분류나 회귀의 예측을 수행한다. 즉, KNN은 '가까운 데이터일수록 비슷한 특성을 지닌다'는 직관적인 원리를 기반으로 작동한다.

참고 유클리드 거리

유클리드 거리(Euclidean distance)는 KNN의 대표적인 거리 측정 방법으로, 피타고라스 정리를 반대로 해석한 것이라고 생각하면 쉽다. 즉, 2차원 평면상에서 (x_1, y_1)과 (x_2, y_2)인 두 점 사이의 거리를 구한다.

$$Euclidian\ Distance = \sqrt{(x_2 - x_1)^2 + (y_2 - y_1)^2}$$

예를 들어 좌표 (2, 4)와 (5, 8)이 있다면, 이 두 점의 거리는 다음과 같다.

$$\begin{aligned} Euclidian\ Distance &= \sqrt{(5-2)^2 + (8-4)^2} \\ &= \sqrt{9+16} \\ &= 5 \end{aligned}$$

KNN은 새로운 데이터 포인트를 예측할 때, 학습용 데이터를 활용하여 해당 포인트와 가까운 K개의 데이터를 찾아 이를 기반으로 예측을 수행하는 방식이다. [그림 13-1]을 통해 KNN의 개념을 좀 더 쉽게 이해해 보자.

그림에는 파란색, 주황색, 보라색 점들이 표시되어 있으며, 가운데의 빨간 점이 어느 클래스에 속하는지를 예측하는 것이 핵심이다. 회색 원은 K의 개수를 기준으로 이웃을 구분하는 경계선 역할을 한다. 빨간 점은 설명의 편의를 위해 정중앙에 배치되어 있지만, 실제 분석에서는 위치가 달라질 수 있다.

정중앙의 빨간 점을 기준으로 K = 1로 설정하면 빨간 점은 보라색 클래스에 속하게 되고, K = 3이면 파란색, 주황색, 보라색 점이 각각 1개씩 포함되므로 각각에 대해 추가적인 처리가 필요하다.[1] K = 5로 설정하면 주황색 점이 3개로 가장 많기 때문에 빨간 점은 주황색 클래스에 속한다고 예측한다. 반면, K = 10으로 설정하면 파란색 점이 4개로 가장 많기 때문에 파란색 클래스에 속한다고 예측한다. 이처럼 클래스는 색상으로 구분된 세 가지이지만, K 값은 이웃으로 고려할 데이터의 수를 의미하므로 클래스의 수와는 무관하다. K 값은 예측 시 참고할 데이터 포인트의 개수를 결정하는 요소다.

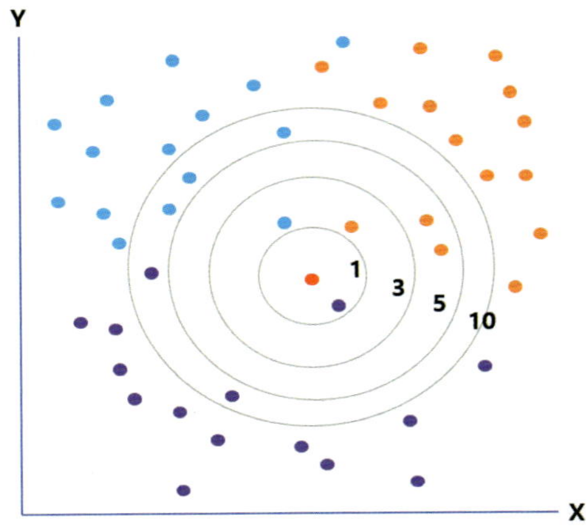

[그림 13-1] 거리 기반의 KNN

K-최근접 이웃의 목적

K-최근접 이웃(KNN)은 분류 문제와 회귀 문제에서 모두 사용된다. 각각에서 KNN이 어떻게 사용되는지 살펴보자.

■ 분류(classification) 문제에서 활용하기

입력된 데이터가 주어졌을 때, 해당 데이터가 미리 정의된 여러 카테고리 중 어떤 하나에 속하는지를 예측하는 것이 목적이다. 즉, 그 데이터를 가장 잘 설명하는 클래스를 선택하여 레이블을 결정하는 방식이다. 예를 들어 이메일을 정상 메일과 스팸 메일로 분류하거나, 손글씨로 작성된 숫자를 인식하는 문제 등이 이에 해당한다. 이때 KNN 알고리즘은 새로운 입력 데이터와 가장 가까운 K개의 훈련 데이터를 찾아, 그 중 가장 많이 등장한 레이블을 예측값으로 사용한다. 분류 규칙은 다음과 같다.

1 보통 거리 기반 가중치를 적용하여 예측(가장 가까운 점의 클래스를 선택)하거나, 미리 정해놓은 예측 규칙(예 보라색 > 파란색 > 주황색)에 따르거나, 무작위(랜덤)로 선택하는 방식을 사용한다.

- **1단계:** 연구자가 지정한 K값에 따라 K개의 이웃을 선택한다.
- **2단계:** 선택된 이웃 중 가장 많이 속한 클래스를 새로운 데이터의 클래스로 예측한다.
- **3단계:** K개의 이웃을 기준으로 클래스의 빈도를 계산하고, 그 결과를 바탕으로 예측을 수행하는 일련의 과정을 반복적으로 적용한다.

예시를 통해 분류 규칙에 따른 예측 과정을 살펴보자.

> 한 반에 50명의 학생이 있고, 이들은 성격에 따라 세 그룹으로 나뉘어 있다고 가정하자. 학생들의 성별, 거주 지역, 형제자매 유무 등의 정보를 통해 각 학생이 아파트에 사는지, 단독주택에 사는지를 확인한다. 그렇게 하면 전학생이 왔을 때, KNN 알고리즘을 적용하여 전학생과 유사한 특징을 가진 그룹을 찾아 전학생이 어떤 유형의 집에 살 가능성이 높은지를 예측할 수 있다. 예를 들어 가장 유사한 학생 3명을 찾았더니 2명은 아파트에 살고, 1명은 단독주택에 산다면, 전학생도 아파트에 살 가능성이 높다고 판단하는 것이다. 즉, '비슷한 사람들은 비슷한 생활 방식을 가질 가능성이 크다'는 원리를 이용하는 것이다.

■ 회귀(regression) 문제에서 활용하기

회귀 문제에서는 새로운 데이터를 기반으로 연속적인 수치 값을 예측하는 것이 목적이다. 예를 들어 집값이나 주식 가격을 예측하는 문제가 이에 해당한다. KNN 알고리즘은 새로운 데이터와 가장 가까운 K개의 기존 데이터를 찾아, 그 값들의 평균이나 중앙값을 계산하여 최종 예측값으로 사용한다. 회귀 규칙은 다음과 같다.

- **1단계:** 연구자가 지정한 K개의 이웃을 설정한다.
- **2단계:** 선택된 이웃들의 예측값을 평균하여 새로운 데이터의 예측값을 계산한다.

예시를 통해 회귀 규칙에 따른 예측 과정을 살펴보자.

> 노트북을 구매하려고 할 때, CPU 성능, RAM, 모니터 크기, 무게, 브랜드 등의 정보를 바탕으로 가격을 예측한다고 가정해 보자. K 값을 3으로 설정하면, 새로운 노트북과 가장 유사한 3개의 노트북을 찾게 된다. 세 노트북의 가격이 각각 150만 원, 200만 원, 250만 원이라면, 새로운 노트북의 예측 가격은 $\frac{150+200+250}{3}=200$만 원이 된다.

■ 분류와 회귀의 구분 기준

앞의 예시에서 알 수 있듯이, KNN이 분류 문제에 사용되는지 회귀 문제에 사용되는지는 데이터의 척도에 따라 결정된다. 분류 문제는 범주형 척도(레이블, 클래스)를 예측하는 경우에 해당하고, 회귀 문제는 연속형 척도(수치 값)를 예측하는 경우에 해당한다. 전통적인 통계 영역의 용어와 머신러닝의 용어가 혼용되는 상황이라 헷갈릴 수 있는데, 문제의 유형과 데이터의 특성을 정확히 파악하고 적용하는 것이 중요하다.

K-최근접 이웃의 장단점

K-최근접 이웃(KNN)의 장점은 다음과 같다.

- **간단하고 이해하기 쉽다:** 다른 알고리즘에 비해 분류 및 회귀 문제를 해결하는 데 있어 구조가 단순하고 직관적이기 때문에, 예측 문제를 처음 접하는 초보자도 쉽게 접근할 수 있다.
- **학습 데이터에 대한 가정이 필요 없다:** 데이터에 대한 가정이나 모델링 과정이 없으므로 데이터의 분포나 패턴이 불분명한 경우에도 적용할 수 있다.
- **분류와 회귀에 모두 적용된다:** 예측 문제는 분류와 회귀로 나뉘는데, KNN은 이 두 분야 모두에 적용할 수 있어 다양한 문제에 활용할 수 있다.
- **단순한 모델에서 정확도가 높다:** 단순한 문제나 데이터가 잘 분리되는 경우에는 과적합(overfitting)의 문제가 발생하지 않으며, 새로운 데이터가 들어와도 별도의 학습 과정 없이 예측할 수 있으므로 시간과 비용 측면에서 효율적이다. 또한 이웃의 수(K)를 조절함으로써 정확도를 높일 수 있다.

K-최근접 이웃(KNN)의 단점은 다음과 같다.

- **대용량 데이터에서 속도가 저하된다:** 작동 방식이 점 간의 거리 계산을 수반하기 때문에 데이터양이 많아질수록 계산 속도가 느려지고 예측 시간이 길어진다. 특히 차원이 높아질수록 거리 계산에 소요되는 시간이 크게 증가한다.
- **고차원 데이터에 대한 예측 정확도가 떨어진다:** '차원의 저주'로 인해 데이터가 희소해지면 이웃 간의 거리가 멀어져 예측 정확도가 떨어질 수 있다.
- **클래스 비율이 불균형하면 정확도가 떨어진다:** KNN은 이웃의 클래스 비율에 따라 예측을 수행하므로, 클래스 간 비율이 불균형한 경우에는 예측 정확도가 낮아질 수 있다.
- **특정 데이터 패턴에 대해서는 성능이 저하될 수 있다:** 결정 경계가 비선형이거나 클래스 간 겹침이 있는 경우에는 다른 예측 알고리즘에 비해 성능이 떨어질 수 있다.
- **특성 스케일링이 필요하다:** 측정된 데이터의 특성이 서로 다를 경우, 이를 맞추는 과정이 필요하다. 예를 들어 키와 몸무게로 측정된 데이터가 있다면, 표준화를 통해 평균을 0, 표준편차를 1로 조정하거나 Min-Max 스케일링을 통해 각 관측값의 범위를 0에서 100 사이로 조정하는 등의 리스케일링 작업이 필요하다.
- **이상치(outlier)에 민감하다:** 거리에 기반해 예측하므로 극단적인 값이 이웃에 있다면 모델의 예측 성능이 저하될 수 있다.

K-최근접 이웃의 응용

K-최근접 이웃(KNN) 알고리즘은 간단하면서도 직관적인 방식으로 다양한 분야에 활용되며, 대표적으로 다음과 같은 사례가 있다.

- **문서 분류:** 문서 분류는 사전에 정의된 카테고리로 문서를 자동 분류하는 작업이다. KNN을 활용하면 문서의 텍스트를 벡터화한 후, 다른 문서들과의 유사성을 계산하여 해당 문서가 속할 카테고리를 결정할 수 있다. 예를 들어 포털 사이트의 뉴스 기사를 정치, 경제, 사회, 문화 등으로 분류할 때 사용된다. KNN은 직관적인 알고리즘으로 빠르게 적용할 수 있으며, 새로운 데이터가 추가되더라도 재학습 없이 분류할 수 있다.

- **이미지 분류:** 이미지 분류는 주어진 이미지를 특정 카테고리로 자동 분류하는 작업이다. 손글씨로 쓴 숫자를 인식하거나 의료 분야에서 CT 또는 MRI 이미지를 분석하여 질병을 진단하는 데 활용할 수 있다.

- **추천 시스템:** 추천 시스템에서는 사용자가 선택한 항목에 대한 정보를 기반으로, 다른 사람의 선호도나 아이템의 특성을 분석하여 관심 있을 만한 항목을 예측한다. 아이템 자체의 특성을 분석하는 콘텐츠 기반 필터링, 유사한 취향을 지닌 사용자들의 선호 아이템을 찾아 추천하는 협업 필터링 등에 KNN을 활용할 수 있다.

- **농업 분야:** 농업에서는 온도, 습도, 토양 등 다양한 환경 데이터를 활용하여 작물의 성장, 해충 발생, 수확 시기 등을 예측할 수 있다. 예를 들어 특정 기후 조건에 적합한 품종을 추천하거나, 토양과 습도 조건에 따라 최적의 작물을 선택하는 데 KNN을 활용할 수 있다. 또한 수확 시기를 예측하여 생산성을 높이는 데 기여할 수 있다.

- **음성 인식:** 음성 인식 분야에서는 화자의 발음 속도, 억양 등의 음성 특징을 수치화하여 분석한다. 유사한 음성 패턴을 기반으로, 감정을 분석하거나 특정 단어를 포착하여 키워드를 추출하는 데 KNN을 활용할 수 있다.

SECTION 13.2 K-최근접 이웃 실습

실습을 통해 K-최근접 이웃(KNN) 기법을 명확하게 이해해 보자.

> **연구문제** 휴대폰 거치대는 너비, 높이, 무게, 각도 등의 특성에 따라 휴대용, 차량용, 탁상용 등으로 구분된다. 이러한 데이터를 기반으로 모델을 학습시켜, 주어진 특성에 따라 거치대의 종류를 예측하고자 한다.
>
> ▶ 실습파일 | phone_pad.csv

■ 데이터 불러오기와 데이터 확인하기

KNN 알고리즘으로 분류 문제를 다루기 위해 **phone_pad.csv** 파일을 불러온다.

```
data = pd.read_csv('./source/phone_pad.csv')
```

[그림 13-2] phone_pad.csv 파일 불러오기

데이터의 형태를 확인하기 위해 **data.info()**를 실행한다.

```
data.info()
```

```
<class 'pandas.core.frame.DataFrame'>
RangeIndex: 167 entries, 0 to 166
Data columns (total 5 columns):
 #   Column  Non-Null Count  Dtype
---  ------  --------------  -----
 0   너비      167 non-null    float64
 1   높이      167 non-null    float64
 2   무게      167 non-null    float64
 3   각도      167 non-null    float64
 4   종류      167 non-null    object
dtypes: float64(4), object(1)
memory usage: 6.7+ KB
```

[그림 13-3] 데이터의 형태 확인

출력 결과를 보면, 167개의 행과 5개의 열로 구성되어 있음을 알 수 있다. 또한 메모리 사용량, 실수형(float64) 4개와 문자형(object) 1개로 구성된 데이터 유형을 확인할 수 있다.

data.head()를 실행하여 첫 5행의 데이터를 확인한다.

```
data.head()
```

	너비	높이	무게	각도	종류
0	0.214710	0.350966	0.837664	0.412561	차량용
1	0.230980	0.557146	0.237307	0.036658	휴대용
2	0.682846	0.420800	0.728481	0.308244	탁상용
3	0.433022	0.353399	0.649119	0.642166	차량용
4	0.398741	0.592750	0.761942	0.547645	차량용

[그림 13-4] 데이터의 첫 5행 확인

출력 결과를 보면, 문자형은 **휴대용**, **차량용**, **탁상용**으로 구성되어 있음을 확인할 수 있다.[2]

■ 입력 변수와 예측 대상으로 구분하기

X는 입력 변수로 사용되며 **너비**, **높이**, **무게**, **각도** 열을 포함한다. **y**는 예측 대상인 **종류** 열을 나타낸다.

```
X = data[['너비', '높이', '무게', '각도']]
y = data['종류']
```

[그림 13-5] 입력 변수와 예측변수 설정

이제 데이터를 분할한 후 본격적인 분석에 들어가보자. 데이터 분할은 2분할(학습용 + 테스트)과 3분할(학습용 + 검증용 + 테스트)로 나뉜다.

2분할 데이터로 분석 진행하기

KNN 모델을 학습시키기 위해 전체 데이터를 학습용 데이터와 테스트 데이터로 분할한다.[3]

```
X_train2, X_test2, y_train2, y_test2 = train_test_split(X,
                                                        y,
                                                        test_size=0.2,
                                                        random_state=42)
```

[그림 13-6] 학습용 데이터와 테스트 데이터로 분할

입력 변수로 사용되는 너비, 높이, 무게, 각도는 단위가 서로 다를 수 있기 때문에 표준화하는 스케일링을 진행해야 한다. 이를 위해 **StandardScaler**를 임포트한 후, 이를 **scaler**로 정의하고, 학습용 데이터와 테스트 데이터를 각각 **X_train2**, **X_test2**로 정의한다. 데이터를

2 여기까지가 data의 기본적인 형태를 확인하는 과정이다. 이어서 데이터 전처리를 실행한 후 분석을 진행한다.

3 데이터를 분할하려면 from sklearn.model_selection import train_test_split이 실행된 상태여야 한다.

스케일링할 때 가장 주의해야 할 점은 데이터 유출(data leakage)을 방지하는 것이다. 데이터 유출이란 테스트 데이터가 모델 학습 과정에 포함되는 것을 의미한다.[4] 데이터를 3개로 분할하는 경우에도 동일한 원칙이 적용된다. 즉, **fit.transform( )** 함수는 학습용 데이터에만 사용하고, 검증용 및 테스트 데이터에 대해서는 **transform( )** 함수를 사용해야 한다.

```
from sklearn.preprocessing import StandardScaler
```

```
scaler = StandardScaler()
X_train2 = scaler.fit_transform(X_train2)
X_test2 = scaler.transform(X_test2)
```

[그림 13-7] 데이터 스케일링

참고 fit_transform과 transform의 차이

- **fit_transform( ):** fit( ) 함수와 transform( ) 함수를 결합한 형태로, 먼저 fit( )을 통해 평균과 표준편차를 계산한 뒤 transform()을 통해 해당 통곗값을 기준으로 데이터를 변환한다. 이때 평균과 표준편차를 새롭게 계산하는 과정이 포함되므로, 반드시 학습용 데이터에만 사용해야 한다.
- **transform( ):** 이미 fit( )을 통해 계산된 평균과 표준편차를 그대로 활용하여 데이터를 변환하는 함수다. 새로운 통곗값을 계산하지 않기 때문에 데이터 유출을 방지할 수 있으며, 검증용 데이터와 테스트 데이터에 사용한다.

참고 표준화가 필요한 이유

KNN은 거리 기반으로 유사한 데이터를 묶어가는 알고리즘이다. 이때 입력 변수들의 단위가 서로 다르거나 차이가 클 경우, 특정 변수의 영향력이 과도하게 커져 거리 계산이 왜곡되고 성능이 저하될 수 있다. 이러한 문제를 해결하기 위해 표준화(standardization) 과정이 필요하다. 표준화는 각 변수의 값을 평균 0, 표준편차 1로 변환하여, 서로 다른 단위를 가진 변수들도 동등한 기준으로 비교할 수 있게 한다.

일반적으로 KNN에서는 StandardScaler를 사용하여 표준화를 수행하며, 데이터 분할 후에 표준화를 진행하는 것이 원칙이다. 만약 데이터를 분할하기 전에 전체 데이터에 대해 표준화를 수행하면, 테스트 데이터의 정보가 학습 과정에 반영되는 데이터 유출(data leakage)이 발생하게 된다. 이는 마치 테스트 데이터를 미리 알고 있는 상태에서 모델을 평가하는 것과 같아, 모델의 일반화 성능을 왜곡할 수 있다.

KNN 모델을 학습시키기 위해 **KNeighborsClassifier**를 임포트한다.

```
from sklearn.neighbors import KNeighborsClassifier
```

[그림 13-8] KNeighborsclassifier 임포트하기

K=5를 설정하고 **KNeighborsClassifier**를 이용하여 미리 정의해 둔 학습용 데이터 **X_train2**와 **y_train2**를 모델에 학습시킨다.

4 scaler.fit_transform(X)를 사용하면 전체 데이터를 기준으로 스케일링을 수행하게 되어 테스트 데이터가 학습에 포함되므로 데이터 유출이 발생한다. 따라서 학습용 데이터만 학습시킬 수 있도록 scaler.fit_transform(X_train2)를 사용해 학습용 데이터를 스케일링한 후, 나머지 데이터셋(테스트 데이터)에는 scaler.transform(X_test2)를 적용해야 한다.

```
k = 5
knn = KNeighborsClassifier(n_neighbors=k)
knn.fit(X_train2, y_train2)
```

```
▾ KNeighborsClassifier
KNeighborsClassifier()
```

[그림 13-9] KNeighborsclassifier로 모델 학습

모델 평가에 대한 정확도를 확인하기 위해 **accuracy_score**를 임포트한다.

```
from sklearn.metrics import accuracy_score
```

[그림 13-10] accuracy_score 임포트하기

predict( ) 함수를 이용하여 **knn** 모델로 테스트 데이터 **X_test2**에 대한 예측값을 **y_pred2**로 정의한다. 이어서 **accuracy_score( )** 함수를 이용하여 실제 값인 **y_test2**와 예측값인 **y_pred2**를 비교한 정확도를 **accuracy**로 정의한 후, **print('KNN 모델 정확도:', accuracy)**를 실행한다.

```
y_pred2 = knn.predict(X_test2)
accuracy = accuracy_score(y_test2, y_pred2)
print('KNN 모델 정확도:', accuracy)
```

```
KNN 모델 정확도: 0.7058823529411765
```

[그림 13-11] 예측값 정의와 정확도 정의

출력 결과를 보면, 0.7058…의 정확도를 확인할 수 있다.

앞서 K=5로 설정하여 약 70.59%의 정확도를 확인하였다. 하지만 이 K 값은 연구자가 임의로 정한 값이지, 가장 높은 정확도를 보장하는 값은 아니다. 따라서 더 높은 정확도를 확보하기 위해 K 값을 탐색할 필요가 있다. 이를 위해, K 값을 1부터 20까지 변화시켜서 K 값의 변화에 따른 정확도의 변화를 표시한 그래프를 만들어보자.

우선 K 값을 1부터 20까지의 범위로 설정하여 **kv=range(1, 21)**로 정의하고, 정확도 값을 저장할 빈 리스트 **accuracy_B2=[ ]**를 생성한다.

이제 **for k in kv:** 반복문을 활용해 1부터 20까지 변하는 값을 반복해서 kv에 입력한다. 이때 KNeighborsClassifier의 매개변수 n_neighbors를 현재 반복 중인 k 값으로 설정하여 knn으로 정의한다(**knn=KNeighborsClassifier(n_neighbors=k)**). 정의된 knn 모델을 학습용 데이터 X_train2와 y_train2를 이용해 학습시킨다(**knn.fit(X_train2, y_train2)**).

학습이 완료된 모델을 사용하여 테스트 데이터 X_test2에 대한 예측값 y_pred2를 생성하고(**y_pred2=knn.predict(X_test2)**), 실제 정답인 y_test2와 비교하여 accuracy_score() 함수를 통해 정확도를 계산한다. 그리고 빈 리스트 accuracy_B2에 정확도 점수를 저장하기 위해 append()를 이용한다(**accuracy_B2.append(accuracy_score(y_test2, y_pred2))**).

마지막으로, 그래프의 X축과 Y축을 각각 kv와 accuracy_B2로 설정하고, marker=o로 각 점을 표시한다. X축과 Y축에는 각각 **K 값**과 **정확도**라는 레이블을 붙이고, 그래프 제목은 **K 값에 따른 정확도 변화**로 정한다.[5]

```
kv = range(1, 21)
accuracy_B2 = []

for k in kv:
    knn = KNeighborsClassifier(n_neighbors=k)
    knn.fit(X_train2, y_train2)
    y_pred2 = knn.predict(X_test2)
    accuracy_B2.append(accuracy_score(y_test2, y_pred2))

plt.plot(kv, accuracy_B2, marker='o')
plt.xlabel('K 값')
plt.ylabel('정확도')
plt.title('K 값에 따른 정확도 변화')
plt.show()
```

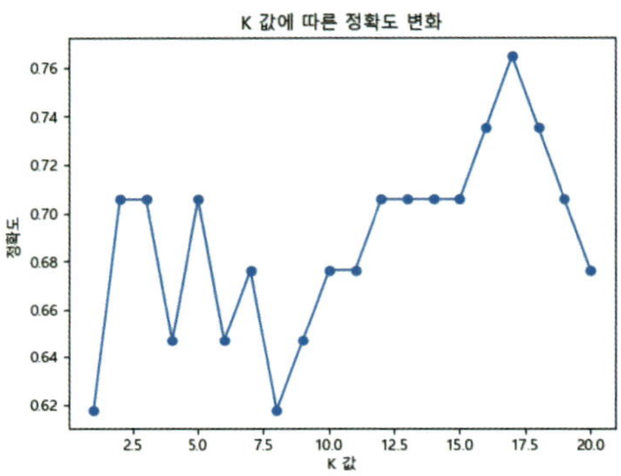

[그림 13-12] 작성과 출력 결과

출력 결과를 보면, K=17일 때 가장 높은 정확도를 나타낸다.

참고 K 값을 17로 설정해야 할까?

결론적으로 말하자면, K=17이 반드시 최적의 값이라고 단정할 수는 없다. 데이터셋의 특성과 분포에 따라 최적의 K 값은 달라질 수 있으며, 정확도 외에도 다른 성능 지표(예 정밀도, 재현율, F1 점수)를 함께 고려한 후 결정하는 것이 바람직하다. 또한 해당 데이터가 속한 분야에 대한 도메인 지식이 있다면 K 값 선택에 중요한 참고가 될 수 있다.

K 값을 선택할 때는 교차검증을 활용하는 것이 좋다. 교차검증을 통해 모델의 일반화 성능을 평가할 수 있으며, 더욱 안정적인 K 값을 도출할 수 있다. 왜냐하면 이웃 개수의 많고 적음에 따라 성능이 향상되거나 오히려 저하되는 경우가 있기 때문이다.

5 그래프를 출력하려면 import numpy as np와 import matplotlib.pyplot as plt가 미리 실행되어 있어야 한다.

교차검증을 실시하기 위해, K 값을 1부터 20까지 변화시키며 확인한다. 이를 위해 **range(1, 21)**을 사용하여 **k** 값의 범위를 정하고, 이를 **kv**에 할당한다. 이어서 각 K 값에 대한 교차검증 평균 정확도를 저장할 빈 리스트 **[ ]**를 **cvs**로 정의한다.[6]

```
kv = range(1, 21)
cvs = []
```

[그림 13-13] 교차검증을 위한 K 값의 범위와 정확도 저장 리스트 설정

교차검증을 진행할 때, 데이터 전체가 아닌 학습용 데이터에만 표준화를 실시하기 위해 **pipeline**을 import한다.[7]

```
from sklearn.pipeline import Pipeline
```

[그림 13-14] pipeline 임포트하기

kv에 지정된 값을 **k**에 반복적으로 할당하여 KNN 모델을 학습한다. 이때 **pipeline()** 함수를 이용하여 학습용 데이터에 대해서만 표준화를 수행한 후 **KNeighborsClassifier(n_neighbors=k)**로 k개의 최근접 이웃을 사용하는 KNN 모델을 설정한다.

교차검증은 **cross_val_score()** 함수를 사용하여 수행하며, 입력 데이터로는 학습용 데이터 **X_train2**와 **y_train2**를 사용한다. **cv=10**으로 설정하여 데이터를 10개의 fold(구간)로 나누고, 각 폴드에 대해 모델을 평가한다. 그리고 정확도를 평가 지표로 사용하는 **scoring='accuracy'**를 입력한다. 반환된 **scores**는 fold별 정확도를 담고 있다. scores의 평균값을 **scores.mean()**를 통해 계산하고, 이를 **cv_scores** 리스트에 추가한다.[8]

---

6 [그림 13-13]의 코드를 입력하기 전에 아래의 과정이 진행되어 있어야 한다.

```
data = pd.read_csv('./source/phone_pad.csv')

X = data[['너비', '높이', '무게', '각도']]
y = data['종류']

X_train2, X_test2, y_train2, y_test2 = train_test_split(X, y, test_size=0.2, random_state=42)

scaler = StandardScaler()
X_train2 = scaler.fit_transform(X_train2)
X_test2 = scaler.transform(X_test2)
```

7 pipeline() 함수를 이용하지 않고 다음과 같이 코드를 입력한다면 어떻게 될까?

```
for k in kv:
    knn = KNeighborsClassifier(n_neighbors=k)
    scores = cross_val_score(knn, X_train2, y_train2, cv=5, scoring='accuracy')
    cvs.append(scores.mean())
```

이 코드는 분할한 데이터 중 학습용 데이터로 찾는 것이 아니라 데이터 전체에 대해서 확인하므로 정확하게 찾는 것이라고 할 수 없다. 따라서 pipeline() 함수를 이용하여 학습용 데이터 X_train2에 대해서만 평균과 표준편차를 학습한다.

8 cv 값을 조정하여 검증을 위한 fold 수를 변경할 수 있으며, 이를 통해 최적의 K 값을 탐색할 수 있다.

```
for k in kv:
    knn_pipeline = Pipeline([
        ('scaler', StandardScaler()),
        ('knn', KNeighborsClassifier(n_neighbors=k))
    ])
    scores = cross_val_score(knn_pipeline, X_train2, y_train2, cv=10, scoring='accuracy')
    cvs.append(scores.mean())
```

[그림 13-15] k개의 KNN 모델 설정과 scores의 평균값 계산

cvs 리스트를 10개의 fold로 나누어 검증한 평균 정확도 중 가장 큰 K 값을 찾기 위해 **np.argmax(cvs)**를 이용하여 해당 K 값을 **best_k**로 정의한다. 이어서 **max(cvs)**를 이용하여 K 값에서 확인한 가장 높은 정확도를 **best_accuracy**로 정의한다.

```
best_k = kv[np.argmax(cvs)]
best_accuracy = max(cvs)
```

[그림 13-16] 정확도가 가장 큰 K 값 찾기와 정의하기

print( ) 함수를 이용하여 **최적의 K 값:**에 정의된 **best_k**와 **교차검증 정확도:**에 정의된 **best_accuracy**를 출력한다.

```
print('최적의 k 값:', best_k)
print('교차검증 정확도:', best_accuracy)
```

```
최적의 k 값: 8
교차검증 정확도: 0.7049450549450549
```

[그림 13-17] 최적의 K 값에 정의된 best_k와 best_accuracy 출력

출력 결과를 보면, 최적의 K 값은 8이고 교차검증 정확도는 약 70.49%임을 확인할 수 있다.

참고 K=5, K=17, K=8 중 어떤 값을 선택해야 할까?

단순 분할에 적용한 K 값과 교차검증을 통해 도출한 K 값이 서로 다르며, 그 차이도 크다. 이러한 차이는 여러 요인에서 비롯될 수 있으며, 대표적으로 데이터 분할 방식, 데이터 크기, 데이터 스케일링 등이 영향을 미친다.

단순 분할에서 설정한 K=5는 학습용 데이터와 테스트 데이터를 80:20으로 나누었을 때 최적화된 값이며, K=17은 동일한 80:20 분할 데이터를 기준으로 K 값을 1부터 20까지 순차적으로 확인하여 도출한 값이다. 반면, 교차검증을 통해 얻은 K=8은 데이터를 여러 조각으로 나누어 반복적으로 검증한 결과로, 특정한 분할 방식에 의존하지 않고 좀 더 일반적인 상황을 반영하므로 더 신뢰할 수 있는 K 값으로 볼 수 있다. 즉, 단순 분할 방식은 특정한 데이터 분할에 최적화된 K 값을 제공하는 반면, 교차검증을 통해 얻은 K 값은 다양한 분할에 대해 일반화가 가능하다. 따라서 대부분의 경우에는 교차검증 결과를 따르는 것이 바람직하다.

특히 K 값 간의 차이가 지나치게 클 경우, 교차검증의 폴드 수(cv)를 조정하여 더 적절한 K 값을 찾을 수 있다. 또한 데이터의 크기를 충분히 늘리면 통계학의 기본 가정인 '충분성'에 따라 결과의 변동성이 줄어든다.

3분할 데이터로 분석 진행하기

학습용·검증용·테스트 데이터를 60:20:20으로 3분할하여 분석을 진행해 보자. 데이터 분할 전 과정에 해당하는 [그림 13-2]~[그림 13-5]를 동일한 순서로 진행한 후 다음 과정을 진행한다.

KNN 모델을 학습시키기 위해 전체 데이터를 학습용·검증용·테스트 데이터로 분할하고자 한다. 먼저 전체 데이터 **X**와 **y**를 60:40 비율로 나누어 **X_train3**, **X_temp3**과 **y_train3**, **y_temp3**로 구분한다.

```
X_train3, X_temp3, y_train3, y_temp3 = train_test_split(X, y,
                                                        test_size=0.4,
                                                        random_state=42)
```

[그림 13-18] X와 y를 60:40으로 구분[9]

1차로 구분된 데이터 중 40%에 해당하는 **X_temp3**과 **y_temp3**를 다시 20:20으로 구분하여 **X_val3**, **X_test3**와 **y_val3**, **y_test3**로 정의한다.

```
X_val3, X_test3, y_val3, y_test3 = train_test_split(X_temp3,
                                                    y_temp3,
                                                      test_size=1/2,
                                                    random_state=42)
```

[그림 13-19] y를 20:20으로 구분

len() 함수를 사용하여 학습용·검증용·테스트 데이터의 개수를 계산하고, 이를 **print()** 함수를 사용하여 출력한다.

```
print('학습용 데이터의 수:', len(X_train3))
print('검증용 데이터의 수:', len(X_val3))
print('테스트 데이터의 수:', len(X_test3))
```

```
학습용 데이터의 수: 100
검증용 데이터의 수: 33
테스트 데이터의 수: 34
```

[그림 13-20] 학습용·검증용·테스트 데이터의 개수 계산

출력 결과를 보면, 학습용 데이터의 수는 100개, 검증용 데이터의 수는 33개, 테스트 데이터의 수는 34개로 되어 있음을 알 수 있다.

입력 변수로 사용되는 너비, 높이, 무게, 각도는 단위가 서로 다를 수 있기 때문에 표준화하는 스케일링을 진행해야 한다. 이를 위해 StandardScaler를 임포트한 후, 이를 **scaler**로 정의하고, 학습용·검증용·테스트 데이터를 각각 **X_train3**, **X_val3**, **X_test3**로 정의한다. 데

9 X_train3, X_temp3, y_train3, y_temp3 = train_test_split(X, y, test_size = 0.4, random_state = 42)와 동일한 파이썬 코드이며, 전체 코드가 한 화면에 다 보일 수 있도록 Enter 로 줄 바꿈을 한 것이다.

이터 유출을 막기 위해 학습용 데이터에 대해서는 **fit.transform( )** 함수를 이용하고, 검증용과 테스트 데이터에 대해서는 **transform( )** 함수를 사용한다.

```
X_train3 = scaler.fit_transform(X_train3)
X_val3 = scaler.transform(X_val3)
X_test3 = scaler.transform(X_test3)
```

[그림 13-21] 학습용·검증용·테스트 데이터 표준화

하이퍼파라미터 튜닝은 데이터를 분할한 뒤, 이웃의 개수를 직접 설정하는 방식이 아니라, K 값을 1부터 특정 숫자까지 순차적으로 대입하며 성능을 확인하는 과정이다. 이는 2분할 방식에서 진행한 최적의 K 값 찾기 과정과 유사하지만, 검증용 데이터의 정확도를 기준으로 K 값을 평가한다는 점에서 차이가 있다.

우선 K 값을 1부터 20까지의 범위로 설정하여 **kv3 = range(1, 21)**로 정의하고, 정확도 값을 저장할 빈 리스트 **val_accuracy=[ ]**를 생성한다.

```
kv3 = range(1, 21)
val_accuracy = []
```

[그림 13-22] K 값의 범위와 정확도 저장 리스트 설정

이제 **for k in kv3:** 반복문을 활용해 1부터 20까지 변하는 값을 반복해서 k에 입력한다. 이때 KNeighborsClassifier의 매개변수 n_neighbors를 현재 반복 중인 k 값으로 설정하여 knn3로 정의한다(**knn3 = KNeighborsClassifier(n_neighbors=k)**). 정의된 knn3 모델을 학습용 데이터 X_train3와 y_train3를 이용해 학습시킨다(**knn3.fit(X_train3, y_train3)**).

학습이 완료된 모델을 사용하여 검증용 데이터 X_val3에 대한 예측값 y_val_pred3를 생성하고(**y_val_pred3 = knn3.predict(X_val3)**), 검증용 데이터인 y_val3와 비교하여 accuracy_score() 함수를 통해 정확도를 계산한다. 그리고 빈 리스트 val_accuracy에 정확도 점수를 저장하기 위해 append()를 이용한다(**val_accuracy.append(accuracy_score(y_val3, y_val_pred3))**).

```
for k in kv3:
    knn3 = KNeighborsClassifier(n_neighbors=k)
    knn3.fit(X_train3, y_train3)
    y_val_pred3 = knn3.predict(X_val3)
    val_accuracy.append(accuracy_score(y_val3, y_val_pred3))
```

[그림 13-23] for 반복문을 이용한 정확도 추가

val_accuracy로 정의한 리스트에 append()로 추가한 정확도 중 가장 큰 인덱스를 기준으로, **kv3**에서 해당 k 값을 가져와 **best_k3**로 정의한다. 이어서 **print( )** 함수를 이용하여 **최적의 K 값:**이란 문구와 함께 **best_k3**에 해당하는 값을 출력한다.

```
best_k3 = kv3[np.argmax(val_accuracy)]
print('최적의 K 값:', best_k3)
```

```
최적의 K 값: 10
```

[그림 13-24] best_k3 출력

출력 결과를 보면, **최적의 K 값**은 10으로 확인된다.[10]

마지막으로, 그래프의 X축과 Y축을 각각 **kv3**와 **val_accuracy**로 설정하고, **marker=o**로 각 점을 표시한다. X축과 Y축에는 각각 **K 값**과 **검증 데이터 정확도**라는 레이블을 붙이고, 그래프 제목은 **K 값에 따른 검증 정확도 변화**로 정한다.[11]

```
plt.plot(kv3, val_accuracy, marker='o')
plt.xlabel('K 값')
plt.ylabel('검증 데이터 정확도')
plt.title('K 값에 따른 검증 정확도 변화')
plt.show()
```

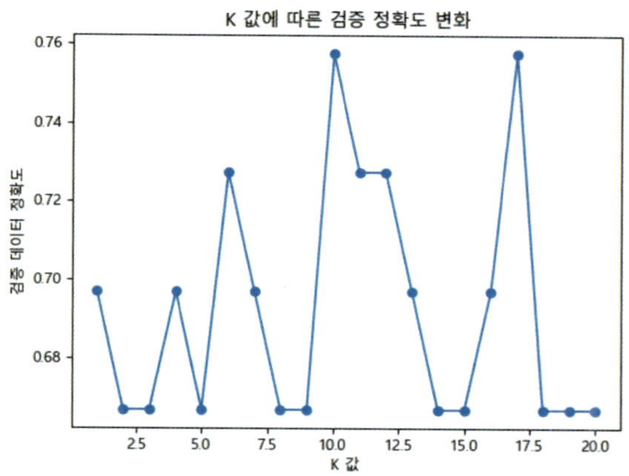

[그림 13-25] K 값에 따른 검증 정확도 변화 시각화와 출력 결과

출력 결과를 보면, K=10과 K=16에서 최대의 정확도를 나타낸다.[12]

KNeighborsClassifier를 이용하여, 하이퍼파라미터 튜닝으로 찾은 최적의 K값(**k3**)을 **best_knn3**로 정의한다. 이어서 **X_train3**와 **y_train3**를 모델에 학습시키면 최적의 K 값이 10으로 적용된 것을 확인할 수 있다.[13]

---

10 range(1, 21)은 1부터 시작하는 숫자 범위이고, val_accuracy의 인덱스는 0부터 시작하므로, K 값은 인덱스에 1을 더한 값이 된다. (예 인덱스 번호=9이면, range(1, 21)에서 K 값은 10이 된다.)

11 그래프를 출력하려면 import numpy as np와 import matplotlib.pyplot as plt가 미리 실행되어 있어야 한다.

12 일반적으로 복수의 K 값이 도출될 경우, 더 작은 값을 선택하는 경향이 있다. 하지만 데이터를 3분할한 경우에는 테스트 데이터를 순차적으로 확인하면서, 정확도가 가장 높은 K 값을 최적값으로 선택하게 된다. 사실 가장 바람직한 방법은 테스트 데이터의 성능을 우선적으로 고려한 뒤, 최종적으로 교차검증을 통해 K 값을 결정하는 것이다.

13 코드를 실행하면 오른쪽 그림과 같이 출력된다. Parameters 왼쪽의 ▶ 버튼을 클릭하면, 본문처럼 아래로 펼쳐진다.

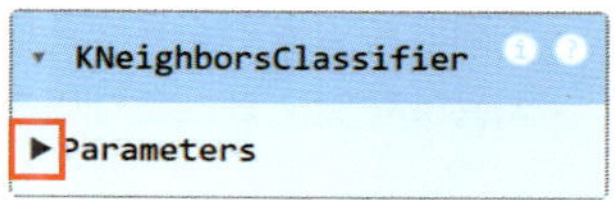

```
best_knn3 = KNeighborsClassifier(n_neighbors=best_k3)
best_knn3.fit(X_train3, y_train3)
```

▾ KNeighborsClassifier

▼Parameters

n_neighbors	10
weights	'uniform'
algorithm	'auto'
leaf_size	30
p	2
metric	'minkowski'
metric_params	None
n_jobs	None

[그림 13-26] 최적의 K 값과 적합

predict() 함수를 이용하여 best_knn3 모델로 테스트 데이터 X_test3에 대한 예측값을 y_test_pred3로 정의한다. 이어서 accuracy_score() 함수를 이용하여 실제 값인 y_test3와 예측값인 y_test_pred3를 비교한 정확도를 test_accuracy로 정의한다. 이후 print('**3분할 데이터의 최적 K(10)에 대한 테스트 데이터 정확도:**', test_accuracy)를 실행한다.

```
y_test_pred3 = best_knn3.predict(X_test3)
test_accuracy = accuracy_score(y_test3, y_test_pred3)
```

```
print('3분할 데이터의 최적 K(10)에 대한 테스트 데이터 정확도:', test_accuracy)
```

```
3분할 데이터의 최적 K(10)에 대한 테스트 데이터 정확도: 0.7352941176470589
```

[그림 13-27] 최적 K(10)에 대한 테스트 데이터 정확도 출력

출력 결과를 보면, 0.7352…의 정확도를 확인할 수 있다.

2분할 데이터와 3분할 데이터의 핵심 정리

2분할 데이터
- 학습용 데이터 + 테스트 데이터
- 최적의 K 값을 테스트 데이터를 이용하여 선택
- K 값을 선택하며 사용한 테스트 데이터로 최종 평가

3분할 데이터
- 학습용 데이터 + 검증용 데이터 + 테스트 데이터
- 최적의 K 값을 검증용 데이터를 이용하여 선택
- 사용하지 않은 테스트 데이터로 최종 평가

CHAPTER

14

단일 트리 모델

Single Tree Models

Contents

데이터 분석은 앞으로도 다양한 분야에서 지속적으로 주목받을 것으로 예상된다. 특히 머신러닝을 기반으로 발전한 인공지능이 일상 곳곳에서 활용되면서, 데이터 분석에 대한 학습 수요도 점점 높아지고 있다. 하지만 복잡한 알고리즘은 학습자에게 큰 부담이 되기도 한다. 따라서 학습자는 기본 원리를 제대로 이해해야만 이후 더 복잡한 알고리즘을 학습할 때도 무리 없이 접근할 수 있다.

단일 트리 모델은 여러 머신러닝 알고리즘 중 가장 직관적이고 쉽게 익힐 수 있는 강력한 예측 도구다. 대표적인 단일 트리 모델인 의사결정나무는 1984년 CART(Classification and Regression Trees) 모델이 등장하면서 본격적으로 활용되기 시작하여 현재에 이르고 있다. 이번 장은 단일 트리 모델의 기초 개념부터 실제 활용까지 체계적으로 학습할 수 있도록 구성되어 있다. 수학적 배경은 개념적인 내용으로 최소화하고, 실습 가능한 예제와 시각적 자료를 통해 쉽게 이해하고 습득할 수 있도록 설계하였다.

단일 트리 모델은 실생활에서도 매우 다양한 방식으로 활용되는데, 사람의 의사결정 방식과 상당히 비슷하다. 예를 들어 친구의 생일 선물을 고른다고 하면 친구가 필요로 할 만한 아이템의 카테고리를 먼저 결정하고, 포털 사이트에서 후기나 평점을 참고하여 대상을 선정한 뒤, 재질이나 가격대와 같은 추가 조건을 반영하여 가장 적절한 선물을 추천받을 수 있다. 이처럼 단일 트리 모델도 조건에 따라 순차적으로 결정해 내려가는 방식으로 작동하기 때문에 직관적이며 활용도가 높다고 할 수 있다.

단일 트리 모델은 크게 분류나무와 회귀나무로 나뉘며, 기본적인 작동 원리는 동일하지만 데이터의 특성에 따라 적용 방식이 달라진다. 이러한 차이를 이해하고 예측 과정이 어떻게 전개되는지를 학습한다면, 이후 다른 복잡한 알고리즘을 학습할 때 한결 수월하게 접근할 수 있다.

SECTION
14.1 단일 트리 모델이란

단일 트리 모델의 개념

단일 트리 모델(Single Tree Models)은 하나의 트리 구조를 기반으로 데이터를 처리하고 예측하는 모델이다. 대표적으로 의사결정나무(Decision Tree)가 있으며, 이는 분류나무(classification tree)와 회귀나무(regression tree)로 구성되어 있다. 단일 트리 모델에 데이터가 입력되면 트리 구조 내의 정해진 기준에 따라 분할되며 예측이 수행된다. 이때 분할 기준은 노드(node)에 정의되어 있으며, 입력값이 각 노드를 통과하며 분기되어 최종 예측값이 산출된다. 단일 트리 모델은 데이터가 어떻게 나뉘고 예측되는지를 시각적으로 확인할 수 있어 직관적인 해석이 가능하다. 다음 예시를 통해 '나무' 형태의 알고리즘을 쉽게 이해할 수 있다.

학교에 가는 과정

아침에 일어나 학교에 도착하기까지 다음과 같은 의사결정 과정이 진행될 수 있다.

- 첫 번째 의사결정: 오전 7시 30분 이전에 기상할 것인가, 그 이후에 기상할 것인가?
- 두 번째 의사결정: 침대를 정리하고 씻을 것인가, 정리하지 않고 씻을 것인가?
- 세 번째 의사결정: 아침밥을 먹을 것인가, 먹지 않을 것인가?
- 네 번째 의사결정: 버스를 이용해 갈 것인가, 지하철을 이용해 갈 것인가?
- 다섯 번째 의사결정: 학교에 도착해서 강의실로 갈 것인가, 도서관으로 갈 것인가?

이처럼 조건에 따라 여러 경로로 분기되며 최종 목적지에 도달하는 과정을 시각적으로 표현한 것이 의사결정나무다.

의사결정나무의 시작점을 **뿌리 노드**(root node 혹은 **뿌리 마디**)라고 하며, 여기에서 가장 중요한 특징을 선택한다. 첫 번째의 의사결정이 이루어지면 그다음 노드(마디)에서 두 번째 결정을 하게 되는데, 이 두 번째 노드는 첫 번째 노드의 **자식 노드**(child node)가 된다. 자식 노드의 상위 노드를 **부모 노드**(parent node)라 부른다. 계속 진행되어 최종적으로 도달하는 노드를 **끝마디**(leaf node 또는 terminal node)[1]라 부르고, 뿌리 노드에서 끝마디까지의 경로를 **나무의 깊이**(depth of the tree 또는 tree depth)라 한다.

1 실무에서는 영어 그대로 '리프 노드'라고 쓰는 경우가 많다. 이 책에서도 상황에 따라 혼용한다.

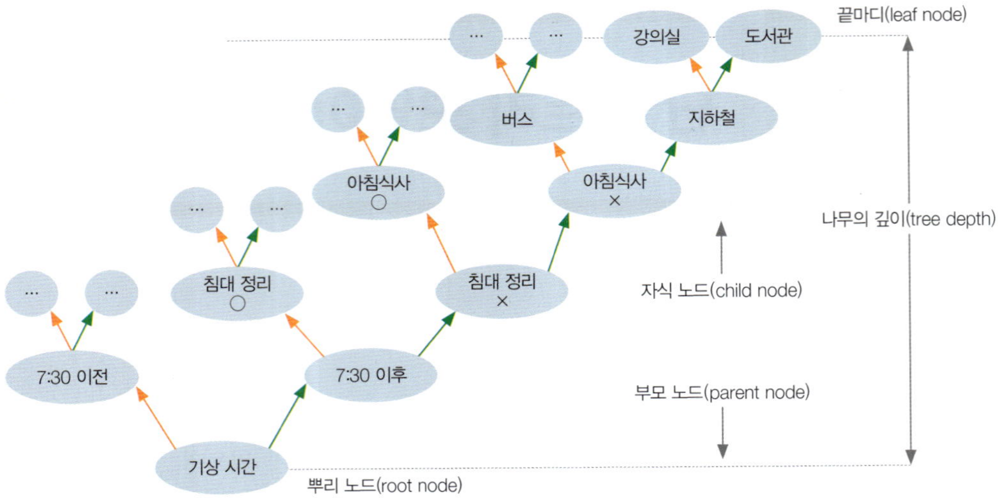

[그림 14-1] 트리를 구성하는 각 부분의 명칭

단일 트리 모델을 활용하는 이유

단일 트리 모델을 사용하는 가장 큰 이유는 구조가 간단하고 이해하기 쉽기 때문이다. 이 때문에 실생활에서 다양하게 활용되는데, 이상치 탐지도 그중 하나다. 예를 들어 신용카드 승인 내역에서 평소보다 높은 거래 금액이 발생한 경우, 이를 이상치로 탐지하여 사용자에게 안내할 수 있다. 또한 단일 트리 모델을 사용해 특정 제품에 대한 고객의 구매 가능성을 예측할 때, 그 예측의 근거를 설명할 수 있다는 장점도 있다.

데이터 과학의 관점에서 단일 트리 모델을 활용하는 이유는 다음과 같다.

- **직관적 해석:** 다양한 분야에서 단일 트리 모델이 활용되는 이유는 트리 구조 알고리즘의 구조가 직관적이며 해석이 용이하다는 점이다. 나무의 분기와 노드에 따라 변수 간의 중요도를 시각적으로 표현할 수 있어 이해하기 쉽고 직관적인 판단이 가능하다. 다만, 회귀나무의 경우 연속형 예측값을 다루므로 분류나무에 비해 명확성이 다소 떨어질 수 있다.
- **다변량 분석:** 다변량 분석은 여러 변수 간의 관계를 동시에 분석할 수 있다는 의미이며, 다양한 독립변수가 종속변수에 미치는 영향을 함께 고려할 수 있다. 이를 통해 복잡한 사회현상을 다양한 변수로 해석할 수 있으며, 입력 변수들 간의 상호작용까지 자동으로 반영한 모델을 구축할 수 있다. 단, 분류나무는 주로 단일 변량에 대한 분할을 수행한다.
- **변수의 중요도 평가:** 분류나무는 범주형 데이터를 기준으로 지니 불순도(Gini impurity)나 엔트로피(entropy)를 활용해 변수의 분할 기준에 따라 중요도를 평가한다. 반면, 회귀나무는 연속형 데이터를 기준으로 분산 감소나 평균제곱오차(MSE)의 변화 등을 통해 변수의 중요도를 판단한다.

변수 중요도는 종속변수에 해당하는 목표 변수의 불순도(impurity)가 얼마나 감소하는지를 기준으로 평가되며, 이때 불순도는 노드의 순수성을 나타내는 지표가 된다. 지니 불순도는 노드에서 선택된 샘플이 잘못 분류될 확률을 의미하고, 엔트로피는 노드 내 데이터 분포의 혼잡도를 나타낸다.

- **분류와 회귀:** 분류나무는 스팸 메일 여부와 같은 분류 문제를 해결하는 데 사용되며, 회귀나무는 매출액 예측과 같은 수치 예측 문제에 활용된다.
- **비선형 관계 파악:** 일반적인 사회과학 연구에서는 선형 관계를 중심으로 해석하는 경우가 많지만, 분류나무는 비선형적인 변수 간의 관계를 파악하는 데 유리하다. 이는 입력 변수 간의 상호작용을 고려하여 목표 변수의 값을 예측하는 방식으로 모델이 구축되기 때문이다. 즉, 데이터가 노드에서 분할될 때 비선형적인 패턴을 반영할 수 있다. 회귀나무에서도 이러한 비선형 관계를 파악할 수 있지만 예측값이 단순화되는 경향이 있다. 특히 회귀 문제에서 연속적인 값을 예측할 때, 모델이 충분히 학습되지 않으면 데이터의 특성을 제대로 반영하지 못하고 입력값들의 평균값으로 예측하게 된다.

위 내용을 분류나무와 회귀나무로 구분하여 간단히 정리하면 [표 14-1]과 같다.

[표 14-1] 단일 트리 모델의 활용 이유

활용 이유	분류나무	회귀나무
직관적 해석	구조가 직관적이며 해석이 용이함	의사결정나무보다 명확성이 떨어짐
다변량 분석	주로 단일 변량 처리	단일 변량과 다변량 처리
변수의 중요도 평가	지니 불순도나 엔트로피로 변수의 중요도 평가	분산의 감소나 평균제곱오차(MSE)와 같은 변동에 따라 중요도 평가
분류와 회귀	분류 문제	회귀 문제
비선형 관계 파악	비선형 관계 파악에 유리함	평균으로 예측하는 단순화 문제가 발생함

단일 트리 모델의 구분

단일 트리 모델은 데이터의 특성에 따라 분류나무와 회귀나무로 나뉜다.

▪ 분류나무

분류나무(classification tree)는 질문과 응답을 반복함으로써 데이터를 구분하는 방식으로 작동하는 알고리즘이다. 각 노드(node)는 특정 조건을 포함하고 있으며, 이를 기준으로 데이터를 2개 이상의 가지(branch)로 분할한다. 이렇게 분할된 데이터가 끝마디(leaf node)에 도달하면 최종적인 예측값을 나타낸다. 즉, 나무 형태의 구조를 통해 데이터를 분류하는 모델이다.

분류나무는 범주형 변수를 예측하는 분류 문제에 활용된다. 예를 들어 고객의 행동을 '유지' 또는 '이탈'과 같은 하나의 범주로 분류하는 데 사용되며, 이러한 범주는 데이터를 분할하는 조건이 된다. 노드 분할 기준으로는 지니 불순도(Gini impurity)와 엔트로피(entropy)가 사용된다.

참고 지니 불순도와 엔트로피

■ 지니 불순도

데이터셋에서 임의로 샘플을 구성했을 때, 그 샘플이 잘못 분류될 확률을 측정한 지표다. 이는 데이터셋 내에서 서로 다른 클래스가 섞여 있을수록 불순도가 높아진다는 것을 의미한다. 공식은 다음과 같다.

$$Gini\text{불순도} = 1 - \sum_{i=1}^{n} P_i^2$$

예

- 10개의 공 중 빨간 공이 5개, 파란 공이 5개이면 빨간 공과 파란 공이 5개씩이므로 지니 불순도는 0.5다.
- 10개의 공 중 빨간 공이 9개, 파란 공이 1개이면 지니 불순도는 0.09다. 계산 과정은 다음과 같다.

$$P_{red} = \frac{9}{10} = 0.9,\ \ P_{blue} = \frac{1}{10} = 0.1\text{이므로}$$
$$1-(0.9)^2-(0.1)^2 = 0.09$$

■ 엔트로피

어떤 노드의 데이터 혼잡도를 측정하는 지표다. 여기서 혼잡도는 불확실성을 의미하며, 해당 노드에 다양한 클래스의 샘플들이 함께 존재하는 정도를 나타낸다.[2] 공식은 다음과 같다.

$$Entropy(S) = -\sum_{i=1}^{n} p_i \log_2 p_i,\ \ \begin{pmatrix} p_i\text{: 집합 } S\text{에 속할 } i\text{의 비율} \\ n\text{: 클래스의 총 수} \end{pmatrix}$$

예

- 100% 순수한 데이터:
  $H(s) = -(1\log_2 1) = 0$ → 엔트로피=0이므로 불확실성이 없음
- 한 클래스가 90%이고 다른 클래스가 10% 섞여 있는 경우:
  $H(s) = -(0.9\log_2 0.9 + 0.1\log_2 0.1) = -(0.9 \times 0.15 + 0.1 \times -3.32) = 0.47$
  → 낮은 엔트로피이므로 예측이 쉬움
- 2개의 클래스가 50%씩 섞여 있는 경우:
  $H(s) = -(0.5\log_2 0.5 + 0.5\log_2 0.5) = -(0.5 \times -1 + 0.5 \times -1) = 1$
  → 가장 불확실한 상태(예측이 매우 어려움)

2 엔트로피 공식에서 S는 데이터셋 또는 샘플을 의미한다. entropy를 나타내는 기호는 H다.

■ 회귀나무

분류나무가 범주형 데이터의 예측을 수행하는 모델이라면, 회귀나무(regression tree)는 연속형 데이터의 값을 예측하는 모델로, 분류나무의 변형 또는 확장으로 볼 수 있다. 연속형 데이터를 다루는 모델이므로, 끝마디에서는 연속형 예측값을 제공한다.

입력된 데이터는 끝마디에 도달할 때까지 각 노드에서 조건에 따라 반복적으로 분할되며, 이때 분할 기준은 타깃 변수의 분산 감소 또는 평균제곱오차(MSE)의 감소 정도에 따라 결정된다. 즉, 각 노드를 분할할 때 타깃 값의 분산을 얼마나 줄일 수 있는지를 평가하여 최적의 분할을 수행한다.

참고 분산 감소와 평균제곱오차 감소

■ 분산 감소

분산은 평균으로부터 데이터가 얼마나 떨어져 있는지를 나타내는 값으로, 산포도의 한 형태다. 회귀나무에서는 데이터를 분할할 때 각 그룹 내의 목표 변수(타깃 값)의 분산을 줄이는 것이 중요하다. 분산이 줄어들수록 해당 그룹의 데이터들이 유사한 값을 가지게 되어 예측의 정확도가 높아진다. 반대로 분산이 크면 예측값의 변동폭이 커지므로 예측의 정확도는 낮아진다. 따라서 회귀나무는 데이터를 분할하면서 각 그룹의 분산을 계산하고, 분할 전후의 분산 감소 정도를 평가하여 최적의 분할을 수행한다.

■ 평균제곱오차(MSE) 감소

MSE는 예측값과 실제 값의 차이를 제곱하여 평균을 계산한 값이다. 이 값이 작을수록 예측이 실제 값에 가까워진다는 의미이며, 회귀나무는 MSE를 줄이는 방향으로 분할을 수행한다. 이를 위해 회귀나무는 데이터를 여러 그룹으로 나누고, 각 그룹의 평균값을 기준으로 예측값을 결정한다. 이렇게 하면 예측값이 실제 값과 가까워질 가능성이 높아진다.

트리 알고리즘의 발전 과정

트리 모델은 1960년대부터 개발되기 시작해 현재까지 많은 발전을 이루었으며, 다양한 알고리즘이 등장하였다. 여기서는 1996년에 발표된 C5.0 알고리즘까지 다룸으로써, 주요 알고리즘 몇 가지를 통해 의사결정나무의 기본 구조를 파악하고, 이를 기반으로 개선 및 진화의 흐름을 이해할 수 있도록 하였다. 즉, 트리 알고리즘의 기본 개념과 작동 원리, 예측 흐름을 먼저 이해한 후, 시기별로 어떤 부분이 보완되고 발전해 왔는지를 살펴보면 기존 알고리즘의 한계를 극복하는 과정과 성능 개선 방향을 함께 이해할 수 있다. 이를 통해, 실제 데이터를 적용해 분석을 진행할 때 문제의 특성에 따라 적절한 알고리즘을 선택하는 데에도 도움이 된다.

의사결정나무는 1984년 브라이먼(Breiman) 등이 CART 알고리즘을 통해 체계적으로 정리하면서 널리 알려지기 시작했다. 이어서 로스 퀸런(Ross Quinlan)은 1986년 ID3 알고리즘에서 정보 이득(information gain)을 활용하여 데이터를 분류하는 방법을 제시하였고, 이 시점부터 의사결정나무 알고리즘에 대한 본격적인 연구가 시작되었다.

트리 알고리즘의 발전 과정을 순서대로 살펴보면 다음과 같다.

■ CHAID

CHAID(Chi-squared Automatic Interaction Detection)는 1970년대에 메신저(Messenger)와 멘델(Mandell)에 의해 개발된 의사결정나무 알고리즘으로, 기존 AID(Automatic Interaction Detection)를 발전시킨 형태다. AID에서는 연속형 변수만 처리할 수 있었지만, CHAID는 범주형 목표변수까지 처리할 수 있도록 확장되어 분류와 회귀 문제 모두에 적용 가능한 알고리즘으로 발전했다.

CHAID의 주요 특징은 다음과 같다. 한 번의 분할에서 2개 이상의 그룹으로 데이터를 나눌 수 있는 기능, 즉 다지 분리(multi-way split)가 가능하지만, 불필요한 분기를 제거하는 가지치기는 되지 않는다. 또한 독립변수에 해당하는 예측변수(입력 변수)는 범주형 데이터만 사용할 수 있고, 종속변수에 해당하는 목표변수(출력 변수)도 범주형 변수만 사용할 수 있다. 데이터 분할이 카이제곱 검정(Chi-squared test)을 통해 이루어지므로 카이제곱 통계량(Chi-square statistic)을 분리 기준으로 사용한다.

■ CART

CART(Classification and Regression Trees)는 1984년 브라이먼(Breiman) 등이 개발한 알고리즘으로, 이름에서 알 수 있듯이 분류 문제와 회귀 문제 모두에 활용 가능한 모델이며, 현재까지도 널리 사용되고 있다.

CART의 주요 특징은 다음과 같다. 이 알고리즘은 이지 분리(binary split) 방식을 사용하여 각 노드를 2개의 자식 노드로만 분할한다. 또한 트리의 크기와 예측 오류를 고려한 비용 함수를 적용하여 가지치기를 수행함으로써 불필요한 노드를 제거하고 과적합을 방지한다. 결측값에 대해서는 먼저 최적의 분할 기준을 찾은 뒤, 해당 기준에서 결측값이 발생한 경우에는 대리 분할(surrogate split)을 통해 가장 유사한 분할 패턴을 보이는 다른 변수를 사용하여 처리한다. 또한 종속변수에 해당하는 목표변수는 범주형과 연속형 모두 가능하고, 독립변수에 해당하는 입력 변수 역시 범주형과 연속형 변수 모두 사용할 수 있다. 분류 문제에 대한 분할 기준은 지니 불순도를 사용하고, 회귀 문제에 대해서는 평균제곱오차(MSE)를 사용한다.

■ ID3

ID3(Iterative Dichotomiser 3)는 1986년 로스 퀸런(Ross Quinlan)이 개발한 알고리즘으로, 범주형 데이터를 기반으로 한 의사결정 트리를 생성한다. 이후 단점을 보완하는 과정에서 C4.5와 C5.0으로 발전였다.

ID3의 주요 특징은 다음과 같다. 목표변수는 반드시 범주형이어야 하며, 정보 이득을 기반으로 분할된다. 정보 이득은 데이터를 특정한 속성으로 분할할 때 얻게 되는 정보의 증가량을 나타낸다. 또한 다지 분리는 지원하지만 이지 분리는 지원하지 않는다. ID3에는 가지치기가 없어서 트리의 깊이를 제한할 수 없으며, 이로 인해 과적합(overfitting)이 발생할 가능성이 높다.

■ C4.5

C4.5는 로스 퀸런(Ross Quinlan)이 ID3 알고리즘을 개선하여 1993년에 개발한 알고리즘이다. 주로 분류 문제에 사용되며, ID3가 범주형 속성만 처리할 수 있었던 것과 달리, C4.5는 연속형 속성도 처리 가능하여 이지 분리를 통해 작업을 수행한다. 즉, 회귀 문제를 직접적으로 해결하는 알고리즘은 아니지만, 연속형 변수를 적절히 변환하여 처리할 수 있게 되었다.

C4.5의 주요 특징은 다음과 같다. 분할 기준으로는 엔트로피(entropy)를 기반으로 계산된 정보 이득 비율(Gain Ratio)을 사용하며, 과적합을 방지하기 위해 가지치기 기법을 적용하여 트리의 크기를 줄일 수 있다. 결측치 처리 방식도 개선되었는데, 속성을 선택하는 과정에서 결측치가 포함된 샘플은 제외하고 정보 이득 비율을 계산하며, 트리가 생성된 이후에는 각 분기로 갈 확률을 가중치로 계산하여 예측에 반영한다.

C4.5는 연속형 데이터를 처리할 수 있고, 결측치에 대한 대처가 가능하며 가지치기를 지원한다는 장점이 있다. 그러나 트리 구조가 복잡해질 가능성이 있고 고차원 데이터에서는 엔트로피 외의 다른 연산에서 성능이 떨어질 수 있다는 단점도 있다.

■ C5.0

C5.0은 C4.5를 개선한 버전으로, 1996년에 개발되었으며, 차세대 의사결정나무 알고리즘으로 불린다. 이 알고리즘은 부스팅(Boosting) 기법과 가중치(weighting)를 도입하여 모델의 성능을 크게 향상시켰다.

C5.0의 주요 특징은 다음과 같다. 분할 기준은 C4.5와 마찬가지로 정보 이득 비율을 사용하며, 이는 분할 전의 불확실성을 나타내는 엔트로피와 분할 후의 엔트로피 간 차이를 기반으로 한다. 이러한 방식은 과적합 문제를 완화하는 데 도움이 된다. 또한 C5.0은 여러 개의 약한 분류를 결합하여 강한 분류를 만드는 부스팅 기법을 사용한다. 더불어 오류를 줄이기 위해 사후 가지치기 방식을 사용하고 학습용 데이터에 과적합된 분기가 있다면 이를 제거한다.

C5.0은 C4.5에 비해 연산 속도가 훨씬 빠르며, 규칙 기반 트리 구조로 변환이 가능해 모델 해석이 용이하다. 하지만 모델 구조가 지나치게 단순화될 경우 정보 손실의 우려가 있다. C5.0은 현재 완전히 무료로 사용할 수 없는 상용화 프로그램이며, 무료 라이브러리의 지원도 제한적이다.[3]

3 C5.0의 상용 버전은 사용자 친화적인 인터페이스와 자동화 기능을 제공하므로 편리하게 사용할 수 있다. 파이썬으로 구현할 경우, 사용자가 직접 코드를 작성해야 하는 불편함이 있지만, 상용 소프트웨어와 대부분 유사한 기능을 제공하며, 부족한 부분은 수동 구현이나 다른 라이브러리를 활용해 보완할 수 있다. 따라서 유연성과 자유도를 중시하는 사용자에게는 파이썬 기반 구현이 더 적합할 수 있다.

[표 14-2]는 트리 알고리즘의 발전 과정과 특징을 보기 쉽게 정리한 것이다.

[표 14-2] 트리 알고리즘의 발전 과정

연도	1970년대	1984	1986	1993	1996
알고리즘	THAID	CART	ID3	C4.5	C5.0
분류/회귀	분류 & 회귀	분류 & 회귀	분류	분류	분류
가지 분리	다지 분리	이지 분리	다지 분리	다지 분리	다지 분리 (또는 이지 분리)
가지치기	불가	가능 (비용-복잡도 가지치기)	불가	가능 (오류 기반 가지치기)	가능 (오류 기반 가지치기)
결측값 처리	가능 (최적 그룹으로 병합)	대리 분할	불가	가능 (가장 빈번한 값 또는 확률 기반)	가능 (다양한 방식 지원)
목표변수	범주형	범주형(분류), 연속형(회귀)	범주형	범주형	범주형
예측변수	범주형	범주형 & 연속형	범주형	범주형 & 연속형	범주형 & 연속형
분리 기준	카이제곱 통계량	지니 불순도(분류), 평균제곱오차 (회귀)	정보 이득	정보 이득 비율	정보 이득 비율 (개선된 방식)
특징	AID를 확장하여 범주형 목표변수 처리	• 분류/회귀 모두 가능 • 이지 분리, 가지치기 도입 • 대리 분할로 결측값 처리	• 초기 분류 알고리즘 • 정보 이득 기준	• ID3 개선 • 연속형 변수 및 결측값 처리 • 정보 이득 비율 사용	• C4.5의 후속 • 더 빠른 속도 • 더 작은 트리 • 부스팅, 가중치 부여 • Winnowing[4]

가지 분리와 데이터 분할

가지 분리(branching or splitting)는 학습용·검증용·테스트 데이터로 분할하는 데이터 분할(data split)과 전혀 다른 개념이다. 둘 다 분할(splitting)이라는 용어를 쓰기에 헷갈릴 수 있지만, 그 의미와 목적이 다르다.

■ 노드별 가지 분리의 개념

- **뿌리 노드(root node)**: 가지 구조에서 최상위 노드에 해당하며, 데이터 분할이 시작되는 첫 번째 기준이 된다.

4 Winnowing(Attribute Winnowing)은 불필요하거나 예측에 별로 도움이 되지 않는 예측변수(feature, 속성)들을 모델 학습 과정에서 자동으로 걸러내거나 그 중요도를 낮추는 기법이다.

- **내부 노드(internal node):** 뿌리 노드와 끝 노드 사이에 있는 노드를 의미하며, 이 구간에서 반복적으로 데이터를 분할하는 역할을 수행한다. 각 내부 노드는 고유한 분할 기준을 바탕으로 데이터를 그룹화하며, 트리 구조 모델링에서 데이터를 어떻게 분할할지 결정하는 핵심적인 역할을 한다. 분할 기준이 적절하게 설정되어야 모델의 예측 성능이 향상되므로, 내부 노드는 트리 알고리즘에서 매우 중요한 구성 요소라 할 수 있다.
- **끝 노드(leaf node):** 트리 구조에서 가장 마지막에 위치하여 더 이상 분할되지 않는 최종적인 노드다. 각 끝 노드에서는 클래스의 레이블이나 연속적인 값을 예측한다.

■ 노드 분할 방식

- **이지 분리(binary split):** 데이터가 노드에서 특정 조건에 의해 두 갈래로 나뉘는 방식을 말한다. 두 가지 형태의 분할을 반복하면서 트리 구조를 형성한다. 데이터가 대/소, 예/아니요, True/False와 같은 두 가지 형태로 구분되므로, 분할 기준은 2개로 분리할 수 있는 값을 기반으로 설정된다. 이때, 지니 불순도나 MSE와 같은 기준을 활용하여 최적화한다. 일반적으로 분류 문제에서 이지 분리를 많이 사용한다.
- **다지 분리(multi-way split):** 데이터가 노드에서 특정 조건에 의해 3개 이상의 그룹으로 구분되는 방식을 말한다. 한 번의 분할로 여러 선택지가 생기므로 다지 분리라 한다. 연속형 변수에 대해 여러 범주로 나누거나 범주형 변수에 대해 여러 클래스로 구분하는 방식이므로 이지 분리보다 더 복잡한 기준이 요구되기도 한다. 일반적으로 회귀 문제에서 연속적인 수치를 다루기 때문에 다지 분리를 사용하는 경우가 많다.

참고 가지 분리 절차

❶ **특성 선택:** 분리를 수행하기 위해 가장 먼저 최적의 특성(변수, feature)을 선택해야 한다. 데이터가 얼마나 잘 분리되는지를 판단하기 위해 지니 불순도(Gini impurity)나 엔트로피(entropy) 등의 지표를 활용한다.

❷ **임곗값 설정:** 이진 분리 또는 다지 분리에 적합한 분리 기준이 되는 임곗값(threshold)을 설정한다. 이 임곗값을 기준으로 크거나 작음 등의 조건에 따라 데이터를 구분한다.

❸ **분할 후 평가:** 설정된 임곗값에 따라 이진 분리와 다지 분리 모두에서 각 분리된 클래스들을 동시에 고려하여, 쿤할된 데이터 집합의 순수도(purity)를 평가한다. 순수도가 높을수록 더 효과적인 분할로 간주된다.

■ 데이터 분할

앞에서 이미 학습했듯이, 데이터셋 준비 단계에서 학습용 데이터, 검증용 데이터, 테스트 데이터로 구분하는 과정을 말한다. 분할된 데이터의 역할을 정리하면 [표 14-3]과 같다.

[표 14-3] 분할된 데이터의 역할

분할	역할
학습용 데이터	각 특성을 기준으로 데이터를 분할하는 규칙을 학습하고, 이 분할 규칙에 따라 예측이 잘 이루어질 수 있도록 트리의 구조를 최적화한다. 학습용 데이터를 통해 데이터의 패턴을 찾고, 이를 통해 데이터의 분할 기준과 예측에 대한 기본 규칙을 생성한다.
검증용 데이터	모델 학습에는 사용되지 않으며, 모델 튜닝 과정에서 활용된다. 학습된 모델이 제대로 작동하는지를 확인하는 역할을 한다. 과적합 여부나 모델의 복잡성에 대한 적절성을 판단하고, 트리의 깊이, 최소 샘플 수 등에 대한 최적값을 찾는 데 사용된다.
테스트 데이터	학습이나 검증 과정에서 한 번도 사용되지 않은 데이터로, 모델의 최종 성능을 평가하는 데 사용된다.

단일 트리 모델의 문제 해결 순서

단일 트리 모델을 구현하고 최적화하는 데 필요한 절차는 다음과 같다.

❶ **데이터 준비 및 불러오기:** 분류/회귀 문제 모두 데이터를 불러온 후 전처리 과정을 거친다.

❷ **학습용 데이터와 검증용 데이터로 분할:** train_test_split( ) 함수를 사용해 학습용 데이터와 검증용 데이터로 구분한다.

❸ **하이퍼파라미터 튜닝[5]:** max_depth, min_samples_split, min_samples_leaf 등에 대한 튜닝을 실행한다.[6] 이때 주의할 점이 있다. 과적합과 과소적합의 위험을 피하기 위해 너무 큰 값과 작은 값을 피해야 한다는 점이다.[7]

[표 14-4] 그리드 서치와 랜덤 서치 비교

	그리드 서치	랜덤 서치
개념	사용자가 정한 파라미터 값들의 모든 조합을 모델에 학습시킨 후 성능을 평가하고 최적의 파라미터를 찾는 방법이다.	랜덤으로 하이퍼파라미터 값들의 조합을 선택하여 모델에 학습시킨 후 성능을 평가하여 최적화 파라미터를 찾는 방법이다.
장점	가능한 모든 조합을 형성하여 확인하므로 최적의 값을 찾는다.	랜덤으로 조합을 구성하므로 결과를 빨리 확인할 수 있어 시간이 부족한 경우에 적합하다. 연산 비용이 적게 들며, 최적값에 근접시킬 수 있다.
단점	검색 양이 많으면 연산 비용이 크게 증가하고 시간이 많이 소요될 수 있다.	랜덤으로 적용하므로 최적의 값이 아닐 수 있다.

5 학습 과정 없이 바로 하이퍼파라미터 튜닝을 진행하는 것처럼 보이지만, 랜덤 서치나 그리드 서치 방법을 이용하는 과정에서 여러 하이퍼파라미터 값의 조합을 이용하므로 이때 각각의 하이퍼파라미터 조합에 대해 학습이 진행된다. (중급자 이상용)

6 하이퍼파라미터 튜닝은 모델 성능을 높이는 최적값을 찾는 과정이므로, 임의의 값을 넣기보다 특정 범위를 설정하여 자동으로 하이퍼파라미터 값을 찾는 방법을 사용하는 것이 좋다.

7 일반적으로 다음과 같은 옵션을 설정하여 진행하면 무리가 없다.

```
max_depth           3~10
min_samples_split   2~10
min_samples_leaf    1~5
```

④ **교차검증[8]:** 교차검증을 통해 모델의 일반화 성능을 평가한다. 보통 데이터를 K개로 나눈 후 각 부분을 한 번씩 검증용 데이터셋으로 사용하고 나머지는 학습용 데이터셋으로 사용하는 K-fold 교차검증을 통해 모델이 데이터에 과적합되지 않도록 할 수 있다.

⑤ **가지치기[9]:** 모델을 간소화하고 과적합을 방지하기 위해 사후 가지치기를 한다.

⑥ **최종 모델 성능 확인:** 검증용 데이터나 테스트 데이터를 이용하여 최종 성능을 평가한다.

트리의 성장과 가지치기

트리 모델은 데이터셋을 반복적으로 분할하는 과정을 통해 점차 구조가 확장된다. 가장 먼저 뿌리 노드를 생성하며 전체 데이터를 기반으로 시작하고, 이후 분할 기준에 따라 데이터를 나누게 된다. 분류 문제의 경우에는 지니 불순도(Gini impurity)나 엔트로피(entropy)를 기준으로 데이터를 분할하며, 회귀 문제에서는 평균제곱오차(MSE)를 최소화하는 방향으로 분할이 이루어진다.

이렇게 분할된 데이터는 자식 노드를 구성하면서 다시 새로운 기준으로 분할되며, 이러한 과정이 반복되면서 트리의 깊이가 점점 깊어진다. 그러나 일정 수준 이상으로 트리가 성장하면 일부 노드에는 데이터 수가 지나치게 적어질 수 있고, 이는 과적합(overfitting)의 원인이 될 수 있다.

과적합이 발생하는 이유는 트리의 크기를 적절히 조절하지 못해 학습 데이터에 지나치게 특화된 모델이 만들어지기 때문이다. 이러한 모델은 학습 데이터에 대해서는 높은 성능을 보일 수 있지만, 테스트 데이터나 새로운 데이터에 대해서는 일반화 성능이 떨어질 수밖에 없다. 또한 지나치게 깊은 트리는 많은 노드를 거쳐야 최종 예측에 도달하므로 모델 해석이 어려워지는 문제도 발생한다. 따라서 변수의 중요도를 고려하여 적절한 크기의 트리를 유지하는 것이 중요하며, 이는 최적의 의사결정 경로를 구성하는 데 도움이 된다.

트리의 크기를 적절히 조절하기 위한 방법으로 가지치기(pruning)를 사용한다. 가지치기는 크게 사전 가지치기와 사후 가지치기로 나뉜다.

■ 사전 가지치기(pre-pruning)

트리가 성장하는 도중에 멈출 수 있는 장치를 만들어 이 조건에 도달하면 분할을 멈추는 방식이다. 사전 가지치기 방법에는 다음과 같은 것들이 있다.

8 중급자 이상용

9 중급자 이상용

- **깊이 제한:** 트리의 최대 깊이 제한
- **샘플 수 제한:** 정해진 숫자를 넘지 않게 노드의 분할 제한
- **불순도 감소 기준 설정:** 지니 불순도가 정해진 기준을 넘어서는 경우에 제한
- **노드의 최대 수 제한:** 트리 성장 과정에서 포함할 수 있는 노드의 최대 개수를 제한

사전 가지치기는 트리의 깊이를 제한하여 과적합의 위험을 줄일 수 있고, 학습 시간이 절약되며, 작은 트리 구조로 인해 모델 자체를 이해하기 쉬워 해석에 용이하다는 장점이 있다. 그러나 너무 일찍 분할을 멈추면 과소적합이 발생할 위험이 있다.

■ 사후 가지치기(post-pruning)

일단 트리를 최대한 성장시킨 후에 검증용 데이터를 이용해서 성능이 낮은 가지를 제거하는 방식으로, 일반적으로 이 방식을 많이 사용한다. 사전 가지치기 방법에는 다음과 같은 것들이 있다.

- **비용 복잡도 고려:** 트리의 분할에 대한 오류의 증가율(비용)과 복잡도를 고려하여 제한
- **교차검증과 결합한 가지치기:** 학습용 데이터를 학습시킨 후 검증용 데이터로 확인하여 성능이 좋은 트리 선택
- **기여 없는 노드 삭제:** 노드 분할이 성능 향상에 도움이 되지 않는 경우 해당 노드 삭제

사후 가지치기는 데이터를 충분히 학습시킬 수 있고, 트리가 완전히 성장한 후에 가지치기를 진행하므로 과소적합의 위험이 없다는 장점이 있다. 또한 전체 트리의 모습을 확인하면서 가지치기가 이루어지므로 상대적으로 일반화 성능이 높다고 할 수 있다. 그러나 전체 계산 비용이 크게 들 수 있고, 검증용 데이터가 반드시 필요하다는 단점도 있다.

사후 가지치기 방법 중 가장 널리 사용되는 것은 '비용 복잡도 가지치기'다. 이 방법은 트리의 성능을 최적화하면서도 과적합을 막고 모델 성능을 유지하는 데 효과적이다.

참고 비용 복잡도 가지치기 공식

비용 복잡도를 계산하는 공식은 다음과 같다.

$$\text{비용 복잡도} = R(\mathrm{T}) + \alpha \times \text{가지 수}, \quad \begin{pmatrix} R(\mathrm{T})\text{: 트리의 불순도 혹은 예측 오류} \\ \alpha\text{: 벌점 파라미터} \\ \text{가지 수: 트리 } T \text{의 가지 수} \end{pmatrix}$$

트리의 불순도로 지니 불순도, 엔트로피, MSE 등의 지표를 사용한다. α(alpha)는 트리의 크기를 줄이는 과정에서 발생하는 비용으로, 이 값이 작으면 트리가 복잡해지고 값이 크면 트리가 단순해진다. 즉, α(alpha) 값으로 트리의 크기를 조절할 수 있어서 모델의 과적합은 물론이고 과소적합에도 적용할 수 있다.

SECTION

14.2 분류 문제 실습

이제 실습을 통해 분류 문제 해결 과정을 학습해 보자.

연구문제

차량 유지보수를 해야 하는지 하지 않아도 되는지를 예측을 하기 위해 차량의 다양한 상태 정보를 기록한 데이터를 수집했다. 이를 바탕으로 예측 모델을 구축한다.

▶ 실습파일 | tree_classification.csv

변수명(컬럼)	데이터 타입	설명
mileage	수치형	차량의 총 주행 거리(단위: km 또는 miles)
age	수치형	차량의 연식
engine_noise	범주형	엔진 소음 수준(예 소음 측정값 또는 범주)
tire_wear	수치형	타이어 마모 정도(0에서 1 사이의 비율 등)
check_engine_light	범주형	계기판의 엔진 경고등 상태(켜짐/꺼짐)
needs_maintenance	범주형	유지보수의 필요 여부. 목표변수(결과 변수)

초급자용 실습

처음 단일 트리 모델을 접하는 경우라면 트리 모델의 기본 개념을 따르는 다음 순서에 따라 실습을 진행하는 것이 좋다.

1 데이터 불러오기

분류 문제를 해결하기 위해 **tree_classification.csv** 파일을 불러와서 **data**로 정의한다.

```
data = pd.read_csv('./source/tree_classification.csv')
```

[그림 14-2] 분류나무 데이터 불러오기

2 변수 분리

결과 변수(타깃 변수)인 **needs_maintenance**를 **y**로 정의하고, 그 외의 변수들을 입력(특징) 변수인 **X**로 정의한다. 이를 위해 **drop()** 함수를 이용하여 **data**의 변수들 중 needs_maintenance에 해당하는 열을 제외하는 **axis=1**을 입력한다.[10]

```
X = data.drop('needs_maintenance', axis=1)
y = data['needs_maintenance']
```

[그림 14-3] 분류나무 변수 분리

3 데이터 분할(80:20)

학습용 데이터 80%, 테스트 데이터 20%로 분할하기 위해 **train_test_split()**을 이용한다. **X** 데이터와 **y** 데이터를 각각 **train** 데이터와 **test** 데이터로 구분한다.

```
X_train2, X_test2, y_train2, y_test2 = train_test_split(
    X,
    y,
    test_size=0.2,
    random_state=42
)
```

[그림 14-4] 분류나무 데이터 2분할

4 결정 트리 모델 생성(기본 하이퍼파라미터 사용)

DecisionTreeClassifier()를 이용하고, 동일한 결과를 도출하기 위해 랜덤시드를 **random_state=42**로 설정하다. 이렇게 생성한 모델을 **simple_tree**로 정의한다.[11]

```
simple_tree = DecisionTreeClassifier(random_state=42)
```

[그림 14-5] 2분할 분류나무 모델 생성

5 모델 학습

생성한 모델 **simple_tree**에 **train** 데이터의 **X**와 **y**를 학습시키는 **fit** 메서드를 적용한다.[12]

```
simple_tree.fit(X_train2, y_train2)
```

```
▾ DecisionTreeClassifier
▶ Parameters
```

[그림 14-6] 2분할 분류나무 모델 학습

6 예측

학습된 모델 **simple_tree**에 테스트 데이터 **X_test2**로 예측한 값을 **y_pred2**로 정의한다.

---

10 axis=0은 행을 선택하는 옵션이다.

11 [그림 14-5]의 코드를 입력하기 전에 from sklearn.tree import DecisionTreeClassifier가 실행되어 있어야 한다.

12 자세한 Parameters를 확인하려면, ▶ 버튼을 클릭하여 확인한다.

```
y_pred2 = simple_tree.predict(X_test2)
```

[그림 14-7] 2분할 분류나무 예측

7 평가

accuracy_score() 함수를 이용하여 **y_test2**와 **y_pred2**를 비교한 정확도를 **accuracy_simple**로 정의한다. 이어서 **print()** 함수를 이용하여 **Simple Tree Test Accuracy:**와 함께 정의된 **accuracy_simple**을 출력한다.

```
accuracy_simple = accuracy_score(y_test2, y_pred2)
print('Simple Tree Test Accuracy:', accuracy_simple)
```

```
Simple Tree Test Accuracy: 0.6833333333333333
```

[그림 14-8] 2분할 분류나무에 대한 정확도 평가

출력 결과를 보면, 예측값의 정확도는 **0.6833…**임을 확인할 수 있다.[13]

classification_report를 이용하여 **y_test2**와 **y_pred2**를 비교한 보고서를 **print()** 함수를 이용하여 출력한다.

```
print('Simple Tree Test Classification Report:')
print(classification_report(y_test2, y_pred2))
```

```
Simple Tree Test Classification Report:
              precision    recall  f1-score   support

           0       0.75      0.77      0.76       154
           1       0.56      0.53      0.55        86

    accuracy                           0.68       240
   macro avg       0.65      0.65      0.65       240
weighted avg       0.68      0.68      0.68       240
```

[그림 14-9] 2분할 분류나무 세부 평가 지표

출력된 분류 보고서에서 전반적인 성능은 정확도(accuracy)가 0.68, 즉 68%로 나타났다. 이는 전체 테스트 데이터 중에서 모델이 정확하게 예측한 비율이 68%라는 의미다.

클래스 0에 대해서는 정밀도(precision)가 0.75, 즉 75%인데, 이는 모델이 '0'으로 예측한 샘플 중 실제로 '0'인 샘플의 비율을 나타낸다. 재현율(recall)은 0.77, 즉 77%이며, 이는 실제로 '0'인 모든 샘플 중에서 모델이 '0'이라고 정확하게 예측한 비율을 나타낸다. F1 점수(f1-score)의 0.76은 정밀도와 재현율의 조화 평균을 나타내는 값이다. 정밀도와 재현율이 균형 있게 높다면 F1 점수도 높아지는데, 0.76은 비교적 괜찮은 성능이라고 볼 수 있다.

클래스 1에 대해서는 정밀도(precision)가 0.56, 즉 56%인데, 이는 모델이 '1'이라고 예측

13 [그림 14-8]의 코드를 입력하기 전에 from sklearn.metrics import accuracy_score, classification_report가 실행되어 있어야 한다.

한 샘플 중에서 실제로 '1'인 샘플의 비율을 나타낸다. 56%는 클래스 0의 정밀도보다 낮은 수치다. 재현율(recal)은 0.53, 즉 53%이며, 이는 실제로 '1'인 모든 샘플 중에서 모델이 '1'이라고 정확하게 예측한 비율을 나타낸다. 53%는 클래스 0의 재현율보다 낮은 수치다. F1 점수인 0.55는 클래스 1에 대한 정밀도와 재현율의 조화 평균을 나타내는 값으로, 이 또한 클래스 0의 F1 점수보다 낮아서 성능 개선의 여지가 있음을 시사한다.

중·고급자용 실습

중급자 이상이라면 데이터 3분할과 리스트 슬라이싱을 적용하여 실습을 진행해 보자.

1 데이터 불러오기

분류 문제를 해결하기 위해 **tree_classification.csv** 파일을 불러와서 **data**로 정의한다.

```
data = pd.read_csv('./source/tree_classification.csv')
```

[그림 14-10] 분류나무 데이터 불러오기

2 변수 분리

결과 변수(타깃 변수)인 **needs_maintenance**를 **y**로 정의하고, 그 외의 변수들을 입력(특징) 변수인 **X**로 정의한다. 이를 위해 **drop()** 함수를 이용하여 **data**의 변수들 중 needs_maintenance에 해당하는 열을 제외하는 **axis=1**을 입력한다.

```
X = data.drop('needs_maintenance', axis=1)
y = data['needs_maintenance']
```

[그림 14-11] 분류나무 변수 분리

3 데이터 분할(60:20:20)[14]

학습용 데이터 60%, 검증용 데이터 20%, 테스트 데이터 20%로 분할한다. 이를 위해 우선 **X** 데이터와 **y** 데이터를 각각 **train**과 **temp**로 나누어 6:4 비율로 설정한 후, 다시 **temp** 데이터를 **X**와 **y**의 **검증용** 데이터와 **테스트** 데이터로 구분한다. 이때 **stratify**를 이용하여 **y_temp3**의 분포를 균등하게 만든다.[15]

---

14 [그림 14-12]의 코드를 입력하기 전에 from sklearn.model_selection import train_test_split이 먼저 실행되어 있어야 한다. 중급자 이상에서는 정확한 분석을 위해 데이터셋을 3분할하는 것이 일반적이지만, 단일 트리 모델 분석에서는 학습용/테스트의 2개로 분할하는 경우(80:20 또는 60:40 또는 그 사이)가 많다. 데이터셋을 2개로 구분하는 경우라면 앞에서 제시한 '초급자용 실습'을 참조한다.

```
X_train2, X_val2, y_train2, y_val2 = train_test_split(X, y, test_size=0.2, random_state=42)
```

15 stratify=y_temp를 사용하지 않는 경우, 특정 클래스에 쏠림현상이 발생하여 클래스의 불균형이나 모델 성능의 저하를 초래할 수 있다.

```
X_train3, X_temp3, y_train3, y_temp3 = train_test_split(
    X,
    y,
    test_size=0.4,
    random_state=42,
    stratify=y
)
X_val3, X_test3, y_val3, y_test3 = train_test_split(
    X_temp3,
    y_temp3,
    test_size=0.5,
    random_state=42,
    stratify=y_temp3
)
```

[그림 14-12] 분류나무 데이터 3분할

4 하이퍼파라미터 튜닝

그리드 설정

하이퍼파라미터에 대한 여러 값을 지정한 범위에서 **GridSearchCV()** 함수가 모든 조합을 확인하여 최적의 파라미터를 찾아야 한다. 이를 위해 먼저 **param_grid**를 이용하여 하이퍼파라미터 조합에 대한 딕셔너리를 정의한다. 트리의 깊이(**max_depth**)를 **3, 5, 10, None**(무제한)으로, 분리를 위한 노드의 최소 샘플 수(**min_sample_split**)를 **2, 10, 20**으로, 리프 노드에 필요한 최소 샘플 수(**min_sample_leaf**)를 **1, 5, 7**로 설정한다.

```
param_grid = {
    'max_depth': [3, 5, 10, None],
    'min_samples_split': [2, 10, 20],
    'min_samples_leaf': [1, 5, 10]
}
```

[그림 14-13] 하이퍼파라미터 튜닝-그리드 설정

그리드 서치[16]

DecisionTreeClassifier()를 이용하고, 동일한 결과를 도출하기 위해 난수 시드를 **random_state=42**로 설정한다.[17] 앞에서 정의한 **param_grid** 조합을 가져와서 데이터를 5개의 폴드로 나누어 5회의 학습과 평가를 진행하도록 **cv=5**로 설정한다. 또한 정확도를 평가 지표로 사용하기 위해 **scoring='accuracy'**를 지정한다. 이러한 설정들을 바탕으로 **GridSearch CV()**를 **grid_search3**로 정의한다. **fit** 메서드를 통해 학습용 데이터 **X_train3**과 학습용 레이블 **y_train3**를 사용하여 그리드 서치를 수행한다.[18]

16 [그림 14-14]의 코드를 입력하기 전에 from sklearn.tree import DecisionTreeClassifier와 from sklearn.model_selection import GridSearchCV가 실행되어 있어야 한다.

17 random_state=42로 설정하면, 재실험을 진행하거나 타인과 결과를 공유할 때 동일 조건으로 실험할 수 있다.

18 2분할 데이터라면 grid_search.fit(X_train2, y_train2)을 입력한다.

```
grid_search3 = GridSearchCV(
    DecisionTreeClassifier(random_state=42),
    param_grid,
    cv=5,
    scoring='accuracy'
)
grid_search3.fit(X_train3, y_train3)
```

```
▸ GridSearchCV

▸ best_estimator_:
  DecisionTreeClassifier

  ▸ DecisionTreeClassifier
```

[그림 14-14] 하이퍼파라미터 튜닝-GridSearchCV( )와 모델 적합

최적의 하이퍼파라미터 확인

그리드 서치가 완료되면, GridSearchCV에서 도출된 최적의 하이퍼파라미터 조합을 확인하기 위해 **grid_search3.best_params_**를 **best_params3**로 정의하고, 최적의 모델 객체를 얻기 위해 **grid_search3.best_estimator_**를 **best_model3**로 정의한다. 이어서 **Best parameters3:**과 함께 **best_params3**을 **print ()**를 사용하여 출력한다.[19]

```
best_params3 = grid_search3.best_params_
best_model3 = grid_search3.best_estimator_
print('Best parameters3:', best_params3)
```

```
Best parameters3: {'max_depth': 3, 'min_samples_leaf': 1, 'min_samples_split': 2}
```

[그림 14-15] 최적의 하이퍼파라미터 확인

최적의 하이퍼파라미터를 확인한 결과, **max_depth**는 3으로 제한되어 모델의 전반적인 크기를 강력하게 제어했으며, **min_samples_leaf**와 **min_samples_split**은 가장 느슨한 조건을 선택한 것으로 나타났다. 이는 데이터셋에서 트리의 깊이를 3으로 설정하는 것이 모델의 복잡성과 일반화 능력 사이에서 최적의 균형을 찾은 것임을 의미한다. 즉, 다른 두 매개변수의 제약을 높이기보다 트리의 깊이를 낮게 유지하는 것이 모델 성능 향상에 더 유리하다는 의미다.

5 교차검증

cross_val_score( ) 함수를 사용하여 모델을 교차검증으로 평가한다. 이때 그리드 서치에서 얻은 최적의 모델 **best_model3**을 이용하고, 학습용 데이터 **X_train3**과 **y_train3**로 5개의 폴드를 이용한 교차검증을 수행하기 위해 **cv=5**로 설정한다. 평가 지표는 정확도를 사용하기 위해 **scoring='accuracy'**를 지정한다. 이렇게 평가한 결과를 **cvs3**에 저장한다.[20]

19 best_params3로 따로 정의하지 않고, print('Best parameters3:', grid_search3.best_params_)로 바로 출력해도 된다.

20 [그림 14-16]의 코드를 입력하기 전에 from sklearn.model_selection import cross_val_score이 실행되어 있어야 한다.

```python
cvs3 = cross_val_score(best_model3, X_train3, y_train3, cv=5, scoring='accuracy')
```

[그림 14-16] 교차검증

5개의 폴드에서 얻은 정확도 점수들과 평균 정확도를 확인하기 위해 **print()** 함수를 사용한다. 먼저 **Cross-validation scores:**와 함께 앞에서 정의한 **cvs3**의 값을 출력하고, 이어서 **Mean CV score:**와 함께 **cvs3.mean()**를 출력한다.

```python
print('Cross-validation scores:', cvs3)
print('Mean CV score:', cvs3.mean())
```

```
Cross-validation scores: [0.70833333 0.77777778 0.79861111 0.80555556 0.79166667]
Mean CV score: 0.7763888888888888
```

[그림 14-17] 교차검증 결과

교차검증 점수(Cross-validation scores)는 교차검증 과정에서 확인된 개별적인 성능 점수를 의미한다. 출력 결과를 보면 0.708...부터 0.805...까지 다소 변동하고 있는데, 이는 모델 성능이 학습 데이터의 특정 분할(fold)에 따라 약간씩 달라지는 것을 보여준다.

평균 교차검증 점수(Mean CV score)는 개별 교차검증 점수들의 산술 평균이다. 약 0.7764라는 평균 점수는 모델이 특정 데이터셋에 치우치지 않고 전반적으로 약 77.64%의 성능을 나타낸다는 의미다. 이 값은 모델의 일반화된 성능을 가장 잘 나타내는 지표로 사용된다.

6 교차검증 성능 확인

비용 복잡도 가지치기(cost complexity pruning, ccp)

그리드 서치를 통해 최적의 하이퍼파라미터로 학습된 모델 **best_model3**에 대해 **X_train3**과 **y_train3**을 사용하여 **cost_complexity_pruning_path** 메서드를 적용함으로써 가지치기를 결정한다. 이 메서드를 통해 비용 복잡도 가지치기의 알파(α) 값에 따른 불순도의 변화를 계산하고, 그 결과를 **path3**로 정의한다.

```python
path3 = best_model3.cost_complexity_pruning_path(X_train3, y_train3)
```

[그림 14-18] 비용 복잡도 가지치기

리스트 슬라이싱

정의한 **path3**에서 ccp_alphas의 첫 번째 값과 마지막 값을 제외한 가지치기를 찾기 위해 **ccp_alphas[1:-1]**로 설정하여 **ccp_alphas3**로 정의한다.[21]

```python
ccp_alphas3 = path3.ccp_alphas[1:-1]
```

[그림 14-19] 리스트 슬라이싱

21 인덱스 0은 완전히 성장한 트리를 의미하고, 인덱스 -1은 루트 노드만 남은 상태를 의미하므로 이 두 극단적인 경우를 제외하는 것이다.

참고 리스트 슬라이싱의 필요성

■ **리스트 슬라이싱을 이용하여 처음과 마지막 값을 제거하는 이유**

cost_complexity_pruning_path 메서드를 통해 반환되는 ccp_alphas는 보통 작은 값부터 큰 값까지 오름차순으로 정렬되어 있다. 이때 첫 번째 값은 가지치기를 하지 않는 원래의 트리이고, 마지막 값은 최대한으로 가지치기하여 루트 노드만 남은 상태이므로 실질적인 의미가 없다. 따라서 이 둘을 제외하고 탐색하는 것이 바람직하다. 만약 [그림 14-20]과 같이 본문 예제에서 리스트 슬라이싱을 하지 않는다면, 최적의 ccp_alpha는 0.0으로 나오게 된다.

```
ccp_alphas3 = path3.ccp_alphas
                    ⋮
print('최적의 ccp_alpha:', best_alpha3)
```

```
최적의 ccp_alpha: 0.0
```

[그림 14-20] 가지치기 없는 트리 포함

특정 데이터에서는 처음과 마지막 값을 제거하지 않는 것이 더 나은 결과를 낼 수도 있다. 따라서 교차검증 점수를 확인하여 적절히 조정하는 것이 최선의 방법이다.

■ **리스트 슬라이싱을 하지 않은 ccp_alpha 목록 보기**

zip() 함수는 둘 이상의 리스트나 튜플을 병렬적으로 하나씩 짝지어 주는 기능을 한다. 이 함수를 이용하여 ccp_alphas3와 cvs_alpha3을 묶어주고,[22] print() 함수를 이용하여 출력한다.

```
for alpha, score in zip(ccp_alphas3, cvs_alpha3):
    print(f'ccp_alpha: {alpha:.7f}, CV Accuracy: {score:.7f}')
```

```
ccp_alpha: 0.0000000, CV Accuracy: 0.7763889
ccp_alpha: 0.0024701, CV Accuracy: 0.7750000
ccp_alpha: 0.0024922, CV Accuracy: 0.7750000
ccp_alpha: 0.0150248, CV Accuracy: 0.7583333
ccp_alpha: 0.0207852, CV Accuracy: 0.7611111
ccp_alpha: 0.0219590, CV Accuracy: 0.7611111
ccp_alpha: 0.0467768, CV Accuracy: 0.6222222
```

[그림 14-21] 가지치기 없는 ccp_alpha 목록

가장 높은 정확도가 0.7763889인데 이에 대응하는 ccp_alphas3가 0.0000000이므로 의미 없는 값이 반환되었다.

각 ccp_alpha에 대한 교차검증 성능 확인

비용 복잡도 가지치기를 적용한 여러 개의 트리 모델을 만들어 학습시키기 위해 리스트 컴프리헨션(list comprehension)을 활용한다. 즉, **ccp_alphas3** 리스트에 포함된 각 **alpha**

---

22 ccp_alphas3=[1, 2, 3]이고 cvs_alpha3=[4, 5, 6]인 경우 zip() 함수를 for 반복문과 함께 사용하면 for x, y in zip(ccp_alphas3, cvs_alpha3):과 같이 처리할 수 있다. 이때 첫 번째 반복에서는 x=1, y=4, 두 번째는 x=2, y=5, 세 번째는 x=3, y=6으로 각각 짝지어진다. 이에 대해 print(f'x는 {x:.7f}, y는 {y:.7f}')를 실행하면 다음과 같이 출력된다.

```
ccp_alphas3, cvs_alpha3 = [1, 2, 3], [4, 5, 6]
for x, y in zip(ccp_alphas3, cvs_alpha3):
    print(f'x는 {x:.7f}, y는 {y:.7f}')
```

```
x는 1.0000000, y는 4.0000000
x는 2.0000000, y는 5.0000000
x는 3.0000000, y는 6.0000000
```

값에 대해, **best_params3**에 정의된 최적의 하이퍼파라미터와 해당 **alpha** 값을 적용하여 **DecisionTreeClassifier**를 구성하고, 이를 **X_train3**과 **y_train3** 데이터로 학습시킨다. 이렇게 학습된 트리 모델을 리스트 형태로 저장하며, 이를 **pruned_trees3**로 정의한다.

```
pruned_trees3 = [
    DecisionTreeClassifier(
        **best_params3,
        ccp_alpha=alpha,
        random_state=42).fit(X_train3, y_train3)
    for alpha in ccp_alphas3
]
```

[그림 14-22] 각 ccp_alpha에 대한 교차검증

각 ccp_alpha에 대한 교차검증 리스트 생성

가지치기가 적용된 여러 트리 모델을 저장한 리스트 **pruned_trees3**에 대해 교차검증을 진행하고, 각 모델의 평균 정확도를 계산하여 저장하기 위해 다음과 같은 과정을 거친다. 먼저 가지치기된 트리 모델 **tree3**에서 학습용 데이터 **X_train3**, **y_train3**를 **5**개의 폴드로 구분하여 교차검증을 수행하고, 평가 지표로 정확도(**accuracy**)를 사용하여 정확도 점수 리스트를 반환한다. 이후 **np.mean()**을 적용하여 해당 모델의 평균 정확도를 계산하고, 이를 **cvs_alpha3**로 정의한다.[23]

```
cvs_alpha3 = [
    np.mean(
        cross_val_score(
            tree, X_train3, y_train3, cv=5, scoring='accuracy'
        )
    )
    for tree in pruned_trees3
]
```

[그림 14-23] 각 ccp_alpha에 대한 교차검증 리스트 생성

7 최적의 ccp_alpha 탐색

cvs_alpha3는 각 ccp_alpha 값에 대한 교차검증을 통해 계산된 정확도(accuracy)의 평균을 저장한 리스트다. 이 리스트에 **np.argsort(cvs_alpha3)**을 적용하면 정확도 기준으로 오름차순 정렬된 인덱스 리스트가 반환되는데, 여기에 **[::-1]**을 추가하면 내림차순으로 정렬된 인덱스 리스트가 생성된다. 이를 **sorted_indices**으로 정의한다. 내림차순으로 정리되었으므로, 가장 높은 정확도를 갖는 **ccp_alpha** 값은 **sorted_indices[0]**에 해당하는 인덱스를 통해 얻을 수 있다. 이를 활용하여 정확도가 가장 높은 **ccp_alpha**를 반환해서 **Best ccp_alpha (Classification):**과 함께 출력한다.

23 [그림 14-23]의 코드는 가독성을 고려하여 줄 바꿈 형태로 표현되었으나, 다음과 같이 리스트 컴프리헨션을 이용하여 간결하게 코딩하길 권한다.
cvs_alpha3 = [np.mean(cross_val_score(tree, X_train3, y_train3, cv=5, scoring='accuracy')) for tree in pruned_tree3]

```
sorted_indices = np.argsort(cvs_alpha3)[::-1]
best_alpha3 = ccp_alphas3[sorted_indices[0]]
print('Best ccp_alpha (Classification):', best_alpha3)
```

```
Best ccp_alpha (Classification): 0.0024701482837735447
```

[그림 14-24] 최적의 ccp_alpha 탐색

참고 최적의 ccp_alpha 검토 ①

리스트 슬라이싱까지 진행하면서 최적의 **ccp_alpha** 값을 도출하였으나, 이 결과의 신뢰성을 높이기 위해 크로스체크를 수행할 수 있다.

이를 위해 **zip()** 함수를 이용한다. 이 함수는 둘 이상의 리스트나 튜플을 병렬적으로 하나씩 짝지어 주는 기능을 한다. **ccp_alphas3**와 **cvs_alpha3**을 **zip()**으로 묶은 뒤, **print()** 함수를 이용하여 출력한다.

```
for alpha, score in zip(ccp_alphas3, cvs_alpha3):
    print(f'ccp_alpha: {alpha:.7f}, CV Accuracy: {score:.7f}')
```

```
ccp_alpha: 0.0024701, CV Accuracy: 0.7750000
ccp_alpha: 0.0024922, CV Accuracy: 0.7750000
ccp_alpha: 0.0150248, CV Accuracy: 0.7583333
ccp_alpha: 0.0207852, CV Accuracy: 0.7611111
ccp_alpha: 0.0219590, CV Accuracy: 0.7611111
```

[그림 14-25] zip() 함수를 이용한 ccp_alpha 값 확인

출력 결과를 보면, 정확도(**CV Accuracy**)를 기준으로 가장 높은 값은 **0.7750000**이고, 이에 해당하는 **ccp_alpha** 값은 **0.0024701**과 **0.0024922**의 2개다. 이처럼 동일한 정확도를 갖는 경우에는 과적합을 피하기 위해 최적의 **ccp_alpha**를 큰 값으로 선택하는 것이 좋다.

앞의 〈참고〉에서 제시한 가이드에 따라, [그림 14-24]에서 확인된 ccp_alpha를 이용하지 말고 동일한 Accuracy에서 더 큰 ccp_alpha를 선택해야 한다.

cvs_alpha3에서 가장 높은 성능 지표를 max_cv_score로 하고(**max_cv_score = np.max(cvs_alpha3)**), np.where() 함수를 사용하여 cvs_alpha3에서 max_cv_score와 일치하는 요소를 식별(**best_alpha_indices = np.where(cvs_alpha3 == max_cv_score)[0]**)한다. 그리고 ccp_alphas3에서 alpha 값들만 추출하여 best_alpha3로 만든다(**best_alpha3 = ccp_alphas3[best_alpha_indices]**). 이 가운데 가장 큰 수치를 best_ccp_alpha로 하여(**best_ccp_alpha = np.max(best_alpha3)**), 이 값을 **수정된 best_ccp_alpha**로 출력한다.

```
max_cv_score = np.max(cvs_alpha3)

best_alpha_indices = np.where(cvs_alpha3 == max_cv_score)[0]
best_alpha3 = ccp_alphas3[best_alpha_indices]

best_ccp_alpha = np.max(best_alpha3)

print('수정된 Best ccp_alpha:', best_ccp_alpha)
```

```
수정된 Best ccp_alpha: 0.002492187601301852
```

[그림 14-26] 가장 큰 Accuracy에서 최적의 best_ccp_alpha 출력

0.00249...는 주어진 분류 문제에서 데이터에 과적합되지 않으면서도 가장 높은 일반화 성능(교차검증 점수)을 보여준 ccp_alpha 값이다. 이 값을 분류나무 모델의 ccp_alpha 매개변수로 설정하여 최종 학습을 수행하면, 과적합을 효과적으로 줄인 최적의 분류 모델을 얻을 수 있다.

8 최종 모델 학습

최적의 하이퍼파라미터 **best_params3**를 이용해서 최적의 가지치기 강도 best_alpha3를 설정하여,[24] 결정 트리 모델 **DecisionTreeClassifier**를 최종적으로 구성하고 **final_model3**로 정의한다. 정의된 모델에서 학습용 데이터 **X_train3**와 **y_train3**를 사용하여 **fit()**으로 학습시킨다.

```
final_model3 = DecisionTreeClassifier(
    **best_params3,
    ccp_alpha=best_ccp_alpha,
    random_state=42
)
final_model3.fit(X_train3, y_train3)
```

```
▾ DecisionTreeClassifier
▶ Parameters
```

[그림 14-27] 최적의 가지치기 설정

9 성능 평가

앞서 최적의 하이퍼파라미터와 최적의 ccp_alpha로 학습한 최종 결정 트리 모델 **final_model3**에 대해, **predict()** 메서드를 이용해 입력 데이터 **X_val3**에 대한 예측값을 반환하고, 이를 **y_val_pred3**으로 정의한다. 이어서 **X_test3**를 입력하여 예측값을 반환하고, 이를 **y_test_pred3**으로 정의한다.

```
y_val_pred3 = final_model3.predict(X_val3)
y_test_pred3 = final_model3.predict(X_test3)
```

[그림 14-28] 최적의 하이퍼파라미터와 가지치기한 예측값

검증용 데이터

Validation Accuracy:라는 문자열을 출력한 다음 **accuracy_score()** 함수로 성능을 표시한다. 이어서 **Validation Classification Report:** 문자열을 출력하고 **classification_report()** 함수에 검증용 데이터 **y_val3**와 예측값 **y_val_pred3**를 입력하여 분류 모델의 성능을 다양한 지표로 평가한다.

24 **best_params3는 앞서 정의한 grid_search3를 통해 얻은 최적의 하이퍼파라미터 딕셔너리다. best_params3 앞에 **을 붙이면 딕셔너리의 key-value 쌍들이 각각의 인자로 분해되어 DecisionTreeClassifier에 전달된다.

```
print('Validation Accuracy:', accuracy_score(y_val3, y_val_pred3))
print('Validation Classification Report:')
print(classification_report(y_val3, y_val_pred3))
```

```
Validation Accuracy: 0.7625
Validation Classification Report:
              precision    recall  f1-score   support

           0       0.77      0.89      0.82       149
           1       0.75      0.56      0.64        91

    accuracy                           0.76       240
   macro avg       0.76      0.72      0.73       240
weighted avg       0.76      0.76      0.75       240
```

[그림 14-29] 검증용 데이터의 분류 모델 성능 지표

이처럼 검증용 데이터를 활용해 모델의 성능을 평가하는 이유는, 적절한 하이퍼파라미터를 선택했는지, 과적합이 발생했는지를 확인하기 위함이다. 또한 가지치기를 거친 최종 모델이 실제로 잘 작동하는지를 점검하는 과정이다. 만약 이 과정에서 성능이 낮게 나타난다면 과소적합(underfitting)으로 판단할 수 있고, 검증용 데이터에서는 성능이 높게 나타났지만 테스트 데이터에서 성능이 낮게 나오는 경우는 과적합이 발생한 것으로 판단하면 된다.

출력 결과를 보면, 정확도(Validation Accuracy)는 약 76.25%로 확인되며, 이는 전체 검증용 데이터 240개 중 76.25%에 해당하는 183개를 올바르게 예측했다는 의미다. 하지만 클래스 불균형이 존재하는 경우 이때의 정확도는 모델의 성능을 과대평가할 수 있다.[25]

먼저 클래스 0에 대한 지표를 살펴보자. 정밀도(precision) 0.77은 유지보수가 불필요하다는 예측이 77% 맞았다(23%는 틀림)는 의미이고, 재현율(recall) 0.89는 클래스 0을 89% 수준으로 맞게 예측했다는 의미다. F1 점수(f1-score) 0.82는 정밀도와 재현율의 균형이 82%라는 의미로, 클래스 0에 대해서는 예측이 매우 잘되었다고 판단할 수 있다.

다음으로 클래스 1에 대한 지표를 살펴보자. 정밀도(precision) 0.75는 유지보수가 필요하다는 예측이 75% 맞았다(25%는 틀림)는 의미이고, 재현율(recall) 0.56은 클래스 1을 56% 수준으로만 맞게 예측했다는 의미다. 이는 곧 유지보수가 필요한 차량을 많이 놓쳤다는 뜻이다. F1 점수(f1-score) 0.64는 정밀도와 재현율의 균형이 64%라는 의미로, 클래스 1에 대한 예측 성능이 떨어진다고 판단할 수 있다. 즉, 유지보수가 필요한 차량을 적절하게 찾아내지 못한다는 의미다.

매크로 평균(macro avg)은 모든 클래스를 동등하게 고려한 평균값으로, 클래스 1의 비중이 상대적으로 작더라도 공정한 평가를 할 수 있다. 이 지표에서 재현율이 0.72로 낮은 이유는 클래스 1의 재현율이 0.56으로 낮기 때문이다.

25 정확도가 0.5를 넘으므로 높다고 할 수 있다. 하지만 정확도는 클래스 불균형이 존재할 경우 모델의 성능을 과대평가할 수 있다. 예를 들어 클래스 0(유지보수 불필요)이 149개, 클래스 1(유지보수 필요)이 91개로 클래스 0이 전체의 약 62%를 차지한다면, 이는 학습 없이 무조건 클래스 0으로 예측하더라도 62%의 정확도를 얻을 수 있다는 뜻이다. 그렇다면 76.25%라는 정확도가 과연 높은 성능인지에 대해서는 의견이 갈릴 수 있다. 극단적인 예이긴 하지만, 만약 클래스 0이 90%, 클래스 1이 10%인 경우라면 모델이 모든 데이터를 클래스 0으로 예측해도 정확도는 90%가 된다. 따라서 정확도는 참고 지표로만 활용하고, 반드시 정밀도(Precision), 재현율(Recall), F1 점수(f1-score)를 같이 확인해야 한다.

가중 평균(Weighted avg)는 각 클래스의 샘플 수에 비례한 평균값으로, 클래스 0의 영향력이 더 크게 반영된다. 여기서는 재현율이 0.76으로 다소 높아 나타났다. 이 경우 클래스 1의 낮은 재현율(0.56)을 무시하고 클래스 0의 예측 성능만 강조하면 전체 가중 평균이 높아 보이는 편향된 결과가 나타난다.

테스트 데이터

Test Accuracy:라는 문자열을 출력한 다음 **accuracy_score()** 함수로 성능을 표시한다. 이어서 **Test Classification Report:** 문자열을 출력하고 **classification_report()** 함수에 테스트 데이터 **y_test3**와 예측값 **y_test_pred3**을 입력하여 분류 모델의 성능을 다양한 지표로 평가한다.

```
print('Test Accuracy:', accuracy_score(y_test3, y_test_pred3))
print('Test Classification Report:')
print(classification_report(y_test3, y_test_pred3))
```

```
Test Accuracy: 0.775
Test Classification Report:
              precision    recall  f1-score   support

           0       0.78      0.89      0.83       150
           1       0.76      0.59      0.66        90

    accuracy                           0.78       240
   macro avg       0.77      0.74      0.75       240
weighted avg       0.77      0.78      0.77       240
```

[그림 14-30] 테스트 데이터의 분류 모델 성능 지표

테스트 데이터는 모델의 학습 과정이나 검증 과정에서 전혀 사용되지 않은 새로운 데이터여야 하며, 모델이 과적합 없이 실제 환경에서도 성능을 잘 발휘하는지를 확인하는 데 목적이 있다. 검증용 데이터를 활용한 성능 평가와 테스트 데이터를 활용한 성능 평가가 유사하게 나타난다면, 해당 모델은 안정적이라고 판단할 수 있다. 반면 테스트 성능이 검증 성능보다 낮게 나타날 경우, 모델이 검증용 데이터에 과적합되었다고 판단할 수 있다.

분석 결과를 보면, 검증용 데이터의 성능보다 테스트 데이터의 성능이 높게 나왔다. 테스트 데이터를 이용한 성능 평가 결과, 정확도(Test Accuracy)는 약 77.50%가 나왔다. 정상 차량에 해당하는 클래스 0에서 정밀도는 0.78, 재현율은 0.89가 확인되고, 정비가 필요한 차량에 해당하는 클래스 1에서 정밀도는 0.76, 재현율은 0.59로 확인되어 예측 성능이 여전히 낮은 것으로 판단된다.

검증용 데이터와 테스트 데이터에서 정확도가 각각 76.25%와 77.50%여서 비슷하므로 과적합이 발생했다고 보기는 어렵다. 그러나 정비가 필요한 차량에 해당하는 클래스 1의 재현율이 낮다는 점에서 해당 클래스에 대한 탐지가 제대로 이루어지지 않았다고 판단할 수 있다. 이 말은 모델을 활용하더라도 정비가 필요한 차량을 정확히 판별하지 못할 가능성이 있다는 의미이며, 결국 안전과 관련한 문제가 발생할 수 있음을 시사한다. 따라서 실무에 이 모델을 적용하는 경우, 클래스 1에 대한 재현율을 높이는 추가 조치가 필요하다.

참고　테스트 데이터의 성능 > 검증용 데이터의 성능

검증용 데이터의 성능보다 테스트 데이터의 성능이 높게 나온 경우, 다음 몇 가지의 가능성을 유추해 볼 수 있다.

- **검증용 데이터의 과소적합:** 테스트 성능이 검증 성능보다 낮게 나타날 경우, 모델이 검증용 데이터에 과적합되었다고 판단하는 상황과 반대이므로 검증용 데이터에서 과소적합이 발생했다고 판단할 수 있다. 즉, 모델이 검증용 데이터에 대해 충분히 일반화되지 않아 낮은 점수가 나온 것일 수 있다.
- **검증용 데이터와 테스트 데이터 간의 분포 차이:** 두 집단을 비교하려면 동일한 분포를 가진다는 가정이 있어야 한다. 이를 유지하기 위해 stratify=y 옵션을 사용하여 계층적 샘플링을 적용하였으나 특정 특성에 대해 데이터의 분포 차이가 발생했을 가능성이 있다.
- **모델의 적절한 일반화:** 학습용 데이터를 통해 학습한 모델의 일반화 능력이 강력하여 테스트 데이터에서 더 좋은 성능을 보였을 가능성도 있다. 하이퍼파라미터 튜닝과 가지치기가 적절히 이루어졌다면 테스트 데이터에서 더 좋은 성능을 보일 수 있기 때문이다.
- **운이 좋은 경우:** 데이터 분할 과정에서 우연히 테스트 데이터가 분리하기 쉬운 데이터로 구성된 경우, 테스트 데이터에서 더 좋은 성능을 보일 수 있다.

■ **주의: 검증용 데이터와 테스트 데이터의 분포 확인 및 과적합 판단**

테스트 데이터의 예측 성능이 검증용 데이터보다 높게 나타났다고 해서 과적합이 발생했다고 단정하기는 어렵다. 다음과 같은 점들을 고려해 봐야 하기 때문이다. 우선 교차검증 과정에서 데이터 폴드의 평균 성능이 제대로 구성되었는지 확인할 필요가 있다. 또는 random_state 값을 변경하여 데이터를 여러 번 재분할해 보고, 그에 따른 성능 차이가 일관되게 나타나는지 검토해 볼 수 있다. X_val3과 X_test3의 분포가 서로 다른지 확인해 보는 것도 권장할 수 있다.

데이터 분포를 시각적으로 확인하기 위해, 예측변수 2개에 대해 검증용 데이터(파란색)와 테스트 데이터(빨간색)의 히스토그램을 투명도 0.5로 설정하여 그려서 확인해 보자. 그래프에서 겹치는 부분은 보라색으로 표시되어 분포 차이를 쉽게 확인할 수 있다.

```
import matplotlib.pyplot as plt

plt.hist(y_val3, bins=2, alpha=0.5, color='blue', label='검증용 데이터')
plt.hist(y_test3, bins=2, alpha=0.5, color='red', label='테스트 데이터')
plt.legend()
plt.title('검증용/테스트 데이터의 분포 비교')
plt.show()
```

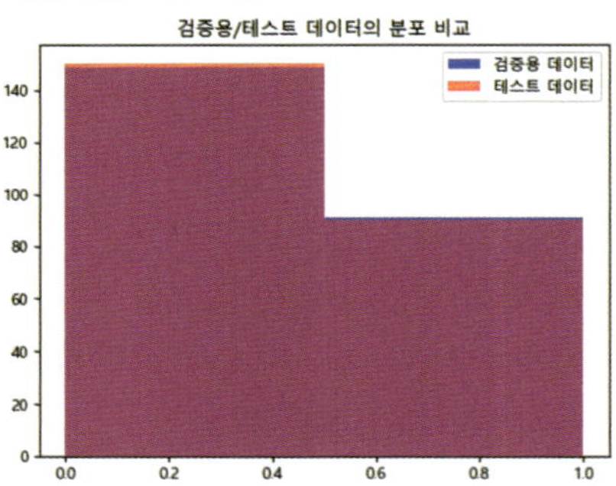

[그림 14-31] 데이터 분포의 시각화와 출력 결과

그래프를 보면, 검증용 데이터와 테스트 데이터의 분포가 거의 일치하여 보라색으로 잘 겹쳐져서 나타나고 있다. 이는 계층적 샘플링(stratify=y)이 잘 이루어졌음을 의미하며, 두 클래스의 비율이 거의 동일하다는 것을 보여준다. 따라서 데이터 분포 때문에 성능 차이가 발생했다고 볼 수는 없다.

가지치기 전/후의 모델 비교

'중·고급자용 실습' 과정에서 가지치기 전의 모델은 **best_model3**, 가지치기 후의 최종 모델은 **final_model3**다. 두 모델을 비교하면 다음과 같다.

■ 트리 깊이와 리프 노드의 수

해당 모델에서 **get_depth()** 메서드를 이용하여 트리의 깊이를 반환하고 **get_n_leaves()** 메서드를 이용하여 리프 노드의 수를 반환한다. **print()** 함수를 이용하여 각 모델의 반환값을 출력한다.

```
print('가지치기 전의 트리 깊이:', best_model3.get_depth())
print('가지치기 전의 노드 수:', best_model3.get_n_leaves())
```

```
가지치기 전의 트리 깊이: 3
가지치기 전의 노드 수: 8
```

```
print('가지치기 후의 트리 깊이:', final_model3.get_depth())
print('가지치기 후의 노드 수:', final_model3.get_n_leaves())
```

```
가지치기 후의 트리 깊이: 3
가지치기 후의 노드 수: 6
```

[그림 14-32] 가지치기 전후의 트리 깊이와 노드의 수

출력 결과를 보면, 가지치기 전의 트리 깊이는 3이고 리프 노드의 수는 8개로 확인된다. 가지치기 후의 트리 깊이는 3이고 리프 노드의 수는 6개로 확인된다.

■ 모델 성능

가지치기 전과 후의 모델에서 테스트 데이터로 예측 성능을 확인하기 위해 각각 **y_pred_before**와 **y_pred_after**로 정의한다.

```
y_pred_before = best_model3.predict(X_test3)
y_pred_after = final_model3.predict(X_test3)
```

[그림 14-33] 가지치기 전후의 예측 성능을 확인하기 위한 설정

가지치기 전과 후의 모델 성능을 확인하기 위한 정확도(**Accuracy**)와 분류 보고서(**Classification Report**)를 각각 출력한다.

```
print('가지치기 전의 모델 성능:')
print('Accuracy:', accuracy_score(y_test3, y_pred_before))
print('Classification Report:')
print(classification_report(y_test3, y_pred_before))
```

```
가지치기 전의 모델 성능:
Accuracy: 0.7666666666666667
Classification Report:
              precision    recall  f1-score   support

           0       0.77      0.89      0.83       150
           1       0.75      0.57      0.65        90

    accuracy                           0.77       240
   macro avg       0.76      0.73      0.74       240
weighted avg       0.76      0.77      0.76       240
```

```
print('가지치기 후의 모델 성능:')
print('Accuracy:', accuracy_score(y_test3, y_pred_after))
print('Classification Report:')
print(classification_report(y_test3, y_pred_after))
```

```
가지치기 후의 모델 성능:
Accuracy: 0.775
Classification Report:
              precision    recall  f1-score   support

           0       0.78      0.89      0.83       150
           1       0.76      0.59      0.66        90

    accuracy                           0.78       240
   macro avg       0.77      0.74      0.75       240
weighted avg       0.77      0.78      0.77       240
```

[그림 14-34] 가지치기 전후의 정확도와 분류 보고서

출력 결과를 비교해 보면, 가지치기 전의 정확도는 약 76.67%이고 가지치기 후의 정확도는 약 77.50%로 확인되어, 가지치기 후 정확도가 소폭 증가했음을 알 수 있다. 이는 트리 모델이 과적합을 방지하고 더 일반화되었기 때문일 수 있으나 일부에서는 예측 성능이 저하된 것일 수도 있다.[26]

정상 차량에 해당하는 클래스 0은 가지치기 전과 후의 재현율이 0.89로 동일하다. 이는 가지치기를 통해 정상 차량을 예측하는 성능이 유지되었거나 소폭 향상한 것으로 판단할 수 있다.

정비가 필요한 차량에 해당하는 클래스 1은 가지치기 전의 재현율이 0.57이고, 가지치기 후의 재현율이 0.59이므로, 가지치기를 한 후에 재현율이 소폭 증가했음을 알 수 있다. 정밀도 역시 가지치기 전 0.75에서 가지치기 후 0.76으로 소폭 증가하였으며, F1 점수도 가지치기

26 가지치기 후 정확도가 소폭 증가했다는 긍정적인 결과를 예측 성능의 향상으로 이해할 수도 있다. 그러나 증가의 폭이 작기 때문에 통계적 유의성이나 과도한 가지치기의 위험성 측면을 고려하여 성능 저하의 가능성을 배제하지 않고 신중하게 표현한 해석이다.

전 0.65에서 가지치기 후 0.66으로 소폭 증가하였다. 이는 가지치기 후의 예측 성능이 소폭 향상한 것으로 판단할 수 있다.

전체적인 성능 비교를 위한 지표 중 하나인 매크로 평균은 각 클래스의 성능을 단순 평균한 값이다. 가지치기 전의 F1 점수는 0.74이고, 가지치기 후의 F1 점수는 0.75로 가지치기 후에 F1 점수도 소폭 증가하였다. 이는 정비가 필요한 차량에 대한 예측 성능이 소폭 개선되었음을 의미한다.

■ 트리 시각화

트리 구조를 이미지로 확인하기 위해 **import matplotlib.pyplot as plt**와 **from sklearn.tree import plot_tree**를 실행한다.

```
import matplotlib.pyplot as plt
from sklearn.tree import plot_tree
```

[그림 14-35] 시각화 라이브러리 임포트하기

가지치기 전의 이미지 크기는 가로 **15**인치와 세로 **8**인치로 설정하고, 트리 구조를 시각화하기 위해 **plot_tree()** 함수를 이용한다. 가지치기 전 모델인 **best_model3**에 대하여 **filled=True** 옵션을 적용해 노드에 색을 채워 시각적 효과를 높이고, **feature_names=X.columns**로 설정하여 각 노드에 표시되는 변수명을 X의 컬럼명으로 지정한다. **class_names=['No', 'Yes']**로 설정하여 클래스 0은 No, 클래스 1은 Yes로 표현되도록 한다. 마지막으로 그래프의 제목을 **가지치기 전의 트리 (Before Pruned Tree)**로 입력하고 트리를 출력한다.

```
plt.figure(figsize=(15, 8))
plot_tree(best_model3, filled=True, feature_names=X.columns, class_names=['No', 'Yes'])
plt.title('가지치기 전의 트리 (Before Pruned Tree)')
plt.show()
```

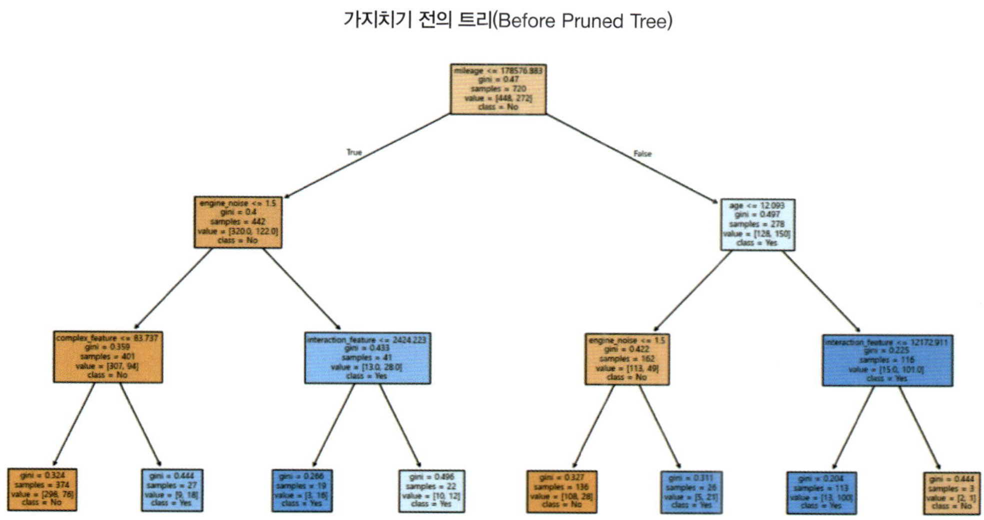

[그림 14-36] 가지치기 전의 트리 시각화와 출력 결과

다음으로, 가지치기 후의 이미지 크기를 가로 **15**인치와 세로 **10**인치로 설정한다.[27] 나머지 조건은 가지치기 전과 동일하게 설정한다. 마지막으로 그래프의 제목을 **가지치기 후의 최종 트리 (Final Pruned Tree)**로 입력하고 트리를 출력한다.

```
plt.figure(figsize=(15, 10))
plot_tree(final_model3, filled=True, feature_names=X.columns, class_names=['No', 'Yes'])
plt.title('가지치기 후의 최종 트리 (Final Pruned Tree)')
plt.show()
```

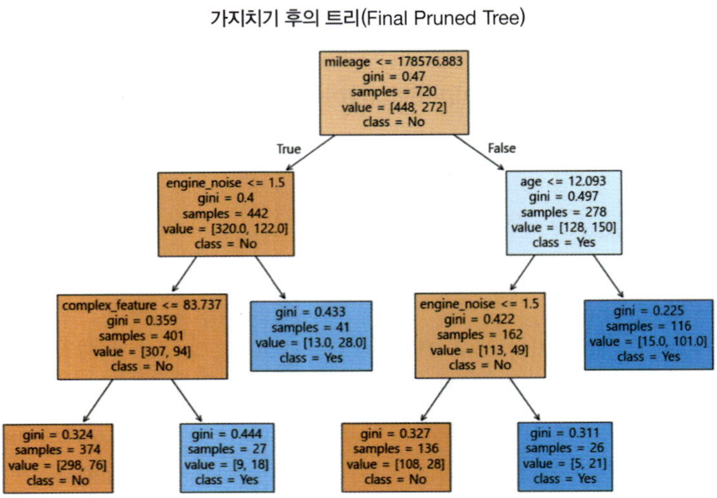

[그림 14-37] **가지치기 후의 최종 트리 시각화와 출력 결과**

논문에서 트리 모델을 중심으로 분석하여 보고하는 경우, 과적합을 줄이고 일반화 성능을 향상시킨 최종 가지치기 완료 모델을 제시해야 한다. 트리 모델을 이용한 예측 결과를 논문에 표현하고자 할 때는 다음 과정을 따른다.

논문 예시 본문의 트리 모델을 논문에 기술하는 방법

1. 이론적 배경 트리 구조와 가지치기에 대한 설명 제공**(트리 모델의 필요성 제시)**

의사결정나무(Decision Tree)는 직관적으로 해석 가능성이 높은 지도학습(supervised learning) 기법 중 하나이며, 분류(classification) 및 회귀(regression) 문제에 대해 널리 활용된다. 본 연구에서는 차량 유지보수 필요성을 예측하기 위한 의사결정나무 모델을 구축하고, 최적의 가지치기(pruning)를 수행한 후 최종 트리를 분석하였다.

27 이미지 크기를 조절해서 노드와 텍스트가 잘 보이는 적절한 크기를 찾는다.

2. 실험 방법 데이터 전처리 과정, 모델의 학습 및 평가 방법 기술**(데이터 설명과 방법론)**

▶ 핵심 고려 사항

- 차량의 주행 거리는 뿌리 노드에서 가장 먼저 사용된 분할 기준이므로, 차량의 유지보수 여부를 판단하여 예측하는 데 가장 중요한 요인이 된다.
- 차량의 연식이 오래되거나 엔진 소음이 클수록 유지보수가 필요할 가능성은 높아진다. 이는 일반적인 상식과 유지보수의 원칙에 부합하는 결과다.
- 가지치기를 통해 불필요한 분리 과정을 제거했으며, 이를 통해 과적합 문제를 해결하고 모델의 해석 가능성을 높일 수 있었다.

본 연구는 차량의 주행 거리(mileage), 연식(age), 엔진 소음(engine_noise) 등의 특성을 바탕으로 유지보수 필요성(Yes/No)을 예측하는 이진 분류(binary classification) 문제를 다룬다. 의사결정나무 모델은 지니 불순도(Gini impurity)를 기준으로 노드를 분할하였으며, 과적합(overfitting) 방지를 위해 가지치기를 수행하였다.

3. 결과 제시 및 해석 그림을 활용하여 가지치기 전후의 모델 변화 설명**(주요 분석 결과)**

최종적으로 도출된 가지치기 후 의사결정나무는 [그림 1]과 같다.

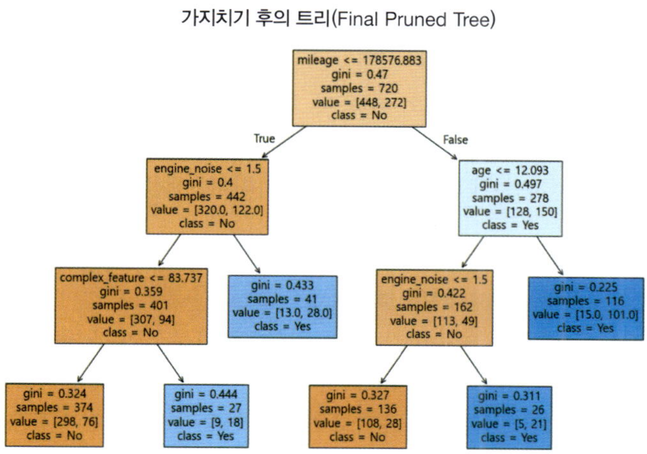

[그림 1] **가지치기 후의 트리**

(1) 루트 노드 분석

루트 노드는 mileage≤178,576.883을 기준으로 전체 720개의 샘플 데이터를 분할한다. 해당 노드의 지니 불순도는 0.47이며, 유지보수가 필요하지 않은 차량(No)이 448개, 필요한 차량(Yes)이 272개로 구성된다.[28]

28 sample은 데이터의 개수, value는 클래스별 샘플의 분포를 의미한다. class는 value의 숫자 중 어느 것이 더 큰지에 따라 결정된다. 즉, sample=720, value=[448, 272]이면 class=No이고, value=[272, 448]이면 class=Yes가 된다. 또한 루트 노드의 720개 데이터는 조건의 참(True)과 거짓(False)에 따라 자식 노드로 분기되며, 각 자식 노드의 sample 값을 통해 분할된 데이터 수를 확인할 수 있다.

(2) 주요 분리 기준과 해석

첫 번째 주요 분기는 mileage가 178,576.883 이하인 경우(True)이고, 다음 기준은 engine_noise ≤ 1.5이다. mileage가 178,576.883을 초과하는 경우(False), age ≤ 12.093을 기준으로 분기된다.

mileage가 낮은 경우(≤ 178,576.883)에 엔진 소음이 1.5 이하이면 다시 complex_feature ≤ 83.737을 기준으로 분기되고, 엔진 소음이 1.5를 초과하면 유지보수가 필요(Yes)한 경우가 더 많아진다.

mileage가 높은 경우(> 178,576.883)에 차량 연식이 12.093년 이하이면 유지보수가 필요한 경우가 더 많다. 연식이 12.093년을 초과하면 엔진 소음(≤ 1.5)을 기준으로 추가적으로 분기된다.

(3) 최종 예측 결과

최종 리프 노드에서 유지보수가 필요하다고 예측되는 경우의 비율이 높은 주요 조건은 다음과 같다. 차량의 연식이 12.093년 이하인 경우(gini = 0.497,)에 value = [128, 150]이므로 유지보수 필요 비율이 증가하고, mileage가 낮지만 엔진 소음이 높은 경우(gini = 0.433)와 mileage가 높고 엔진 소음이 1.5를 초과하는 경우(gini = 0.311)에 유지보수가 필요하다.

반면, 유지보수가 필요하지 않은 경우(No)의 비율이 높은 조건은 다음과 같다. mileage가 낮고, 엔진 소음이 1.5 이하이며, complex_feature가 83.737 이하인 경우(gini = 0.324)와 mileage가 높지만 엔진 소음이 1.5 이하이며, 샘플 수가 136개 이상인 경우(gini = 0.327)이다.[29]

4. 결론 모델의 실용적 측면과 향후 연구 방향 제시**(최종 결론 제시)**

본 연구에서는 차량 유지보수 필요성을 예측하기 위한 의사결정나무 모델을 구축하고, 최적 가지치기를 수행하였다. 분석 결과, mileage, age, engine_noise가 주요 예측변수로 작용하며, 특정 임곗값을 기준으로 유지보수 필요성을 구분할 수 있음을 확인하였다. 본 연구의 결과는 차량 유지보수 정책 수립 및 예방 정비 전략 수립에 유용하게 활용될 수 있을 것으로 기대된다.

29 여기서 '샘플 수가 136개 이상인 경우'라고 한 이유는 샘플 수가 충분하므로 신뢰할 수 있는 수준임을 강조하는 표현이지 조건을 나타낸 것이 아니다.

SECTION

14.3 회귀 문제 실습

다음으로 회귀 문제 해결 과정을 실습을 통해 학습해 보자.

연구문제

주택을 월세로 임대하기 위해 적절한 임대료를 결정하고자 한다. 이때 어느 정도의 월세가 적절할지 인터넷 검색으로 확인할 수도 있지만, 더욱 합리적인 가격을 마련하기 위해 면적, 방 개수, 층수, 지하철역까지의 거리, 건물의 연식, 관리비에 대한 정보를 수집하였고, 실제 월세 정보를 확인했다. 이러한 정보를 기반으로 적절한 월세를 예측하고자 한다.

▶ 실습파일 | tree_regression.csv

변수명(컬럼)	데이터 타입	설명
area	수치형	주택의 전용면적(m^2)
rooms	수치형	방의 개수
floor	수치형	건물 내 위치한 층수
distance_subway	수치형	가장 가까운 지하철역까지의 거리(m)
building_age	수치형	건축된 이후 경과된 연수
monthly_Maintenance_fee	수치형	월 관리비 금액(천 원 단위)
monthly_rent	수치형	실제 월세 금액(천 원 단위). 목표변수(결과 변수)

초급자용 실습

처음 단일 트리 모델을 접하는 경우라면 트리 모델의 기본 개념을 따르는 다음 순서에 따라 실습을 진행하는 것이 좋다.

1 데이터 불러오기

분류 문제를 해결하기 위해 **tree_regression.csv** 파일을 불러와서 **data**로 정의한다.

```
data_r = pd.read_csv('./source/tree_regression.csv')
```

[그림 14-38] 회귀나무 데이터 불러오기

2 변수 분리

결과 변수(타깃 변수)인 **monthly_rent**를 **y**로 정의하고, 그 외의 변수들을 입력(특징) 변수인 **X**로 정의한다. 이를 위해 **drop** 함수를 이용하여 **data**의 변수들 중 **monthly_rent**에 해당하는 열을 제외하는 **axis=1**을 입력한다.[30]

```
X = data_r.drop('monthly_rent', axis=1)
y = data_r['monthly_rent']
```

[그림 14-39] 회귀나무 변수 분리

3 데이터 분할(80:20)

학습용 데이터 80%, 테스트 데이터 20%로 분할하기 위해 **train_test_split()**을 이용한다. **X** 데이터와 **y** 데이터를 각각 **학습용** 데이터와 **테스트** 데이터로 구분한다.

```
X_train2, X_test2, y_train2, y_test2 = train_test_split(
    X,
    y,
    test_size=0.2,
    random_state=42
)
```

[그림 14-40] 회귀나무 데이터 2분할

4 결정 트리 모델 생성(기본 하이퍼파라미터 사용)

DecisionTreeRegressor()를 이용하고, 동일한 결과를 도출하기 위해 랜덤시드를 **random_state=42**로 설정하다. 이렇게 생성한 모델을 **model_reg2**로 정의한다.[31]

```
model_reg2 = DecisionTreeRegressor(random_state=42)
```

[그림 14-41] 2분할 DecisionTreeRegrossor() 설정

5 모델 학습

생성한 모델 **model_reg2**에 **train** 데이터의 **X**와 **y**를 학습시키는 **fit** 메서드를 적용한다.

```
model_reg2.fit(X_train2, y_train2)
```

```
▾ DecisionTreeRegressor
► Parameters
```

[그림 14-42] 2분할 데이터 모델 학습

---

30 axis=0은 행을 선택하는 옵션이다.

31 [그림 14-41]의 코드를 입력하기 전에 from sklearn.tree import DecisionTreeRegressor가 실행되어 있어야 한다.

6 예측

학습된 모델 **model_reg2**에 학습용 데이터인 **train2**로 예측한 값을 **y_train_pred2**로 정의한다. 이어서 **model_reg2**에 테스트 데이터인 **test2**로 예측한 값을 **y_test_pred2**로 정의한다.

```
y_train_pred2 = model_reg2.predict(X_train2)
y_test_pred2 = model_reg2.predict(X_test2)
```

[그림 14-43] 2분할 회귀나무 예측

참고 회귀 문제에서 학습용+테스트 데이터에 대한 예측을 하는 이유

앞서 학습한 분류 문제에서는 **y_pred2 = simple_tree.predict(X_test2)**만 이용하여 모델의 일반화 여부(테스트 성능)에 집중했다. 그러나 회귀 문제에서는 [그림 14-43]과 같이 학습용 데이터와 테스트 데이터 모두에 대해 예측을 수행하는 것이 일반적이다. 왜냐하면 회귀 문제는 정량적 예측값을 대상으로 하기에, 학습용 데이터에 대한 예측도 함께 진행함으로써 모델의 과적합 여부를 판단할 수 있기 때문이다.

만약 분류 문제에서도 학습용 데이터에 대한 예측 결과를 저장해서 확인하고 싶다면, 학습용 데이터인 X_train으로 예측한 값을 y_train_pred로 정의하는 **y_train_pred = simple_tree.predict(X_train)**를 이용한다.

7 평가

학습용 데이터에 대한 회귀 모델의 성능을 평가하기 위해 **print()** 함수를 이용하여 **학습용 데이터:**를 출력하고, 그 아래에 MSE, MAE, R^2 값을 출력한다.[32]

- MSE: 학습용 데이터 **y_train2**와 모델이 예측한 값인 **y_train_pred2** 사이의 평균제곱오차를 계산하기 위해 **mean_squared_error()** 함수를 사용한다. 그 결과를 **round()** 함수를 이용하여 소수점 넷째 자리까지 표시한다.
- MAE: 학습용 데이터 **y_train2**와 모델이 예측한 값인 **y_train_pred2** 사이의 절대 평균 오차를 계산하기 위해 **mean_absolute_error()** 함수를 사용한다. 그 결과를 **round()** 함수를 이용하여 소수점 넷째 자리까지 표시한다.
- R^2: 학습용 데이터 **y_train2**와 모델이 예측한 값인 **y_train_pred2** 사이에서 모델이 분산을 얼마나 설명하고 있는지를 나타내는 값이다. 이를 계산하기 위해 **r2_score()**를 사용하고, 그 결과를 **round()** 함수를 이용하여 소수점 넷째 자리까지 표시한다.

32 [그림 14-44]의 코드를 입력하기 전에 from sklearn.metrics import mean_squared_error, mean_absolute_error, r2_score가 실행되어 있어야 한다.

```python
print('학습용 데이터:')
print('MSE:', round(mean_squared_error(y_train2, y_train_pred2), 4))
print('MAE:', round(mean_absolute_error(y_train2, y_train_pred2), 4))
print('R^2:', round(r2_score(y_train2, y_train_pred2), 4))
```

```
학습용 데이터:
MSE: 0.0
MAE: 0.0
R^2: 1.0
```

[그림 14-44] 학습용 2분할 회귀나무 평가

출력 결과를 확인하면 오차는 0이고, 설명력은 100%로 확인된다. 회귀 문제가 다 이런 결과를 도출하는 것은 아니다. 이런 결과가 나타난 이유는 트리 모델에 깊이 제한이 없거나 가지치기가 되지 않아 완벽한 과적합이 발생했기 때문이다. 이 문제를 극복하기 위해 **max_depth**, **min_samples_split**, **ccp_alpha**의 값을 조정할 필요가 있다.[33]

과적합이 발생한 모델을 이용해서 테스트 데이터에 대한 회귀 모델의 성능을 평가하기 위해 **테스트 데이터:**를 출력하고, 그 아래에 MSE, MAE, R^2 값을 출력한다.

```python
print('테스트 데이터:')
print('MSE:', round(mean_squared_error(y_test2, y_test_pred2), 4))
print('MAE:', round(mean_absolute_error(y_test2, y_test_pred2), 4))
print('R^2:', round(r2_score(y_test2, y_test_pred2), 4))
```

```
테스트 데이터:
MSE: 229.7869
MAE: 11.9782
R^2: 0.9886
```

[그림 14-45] 테스트 2분할 회귀나무 평가

출력된 결과는 학습에 사용되지 않은 새로운 데이터에 대한 모델의 성능을 나타낸다.

MSE(Mean Squared Error, 평균제곱오차)는 229.7869로, 모델이 예측한 값들이 실제 값과 평균적으로 얼마나 떨어져 있는지를 제곱하여 계산한 값이다. 당연히 값이 클수록 예측 오차가 크다는 의미이지만, 이 값만으로 예측 오차가 '크다/작다'를 단정하기는 어렵다. 예측 대상의 스케일이나 다른 모델의 MSE와 비교해 봐야 더 정확하게 판단할 수 있다.

MAE(Mean Absolute Error, 평균절대오차)는 11.9782로, MSE와 마찬가지로 값이 작을수록 예측이 더 정확하다는 것을 의미한다. MAE는 제곱이 아닌 절댓값을 기준으로 오차를 계산하므로 MSE보다 오차의 크기를 더 직관적으로 파악할 수 있다. 여기서는 평균적으로 약 12 정도의 오차가 있다는 뜻이다.

R^2(R-squared, 결정계수)는 테스트 데이터의 분산을 얼마나 잘 설명하는지를 나타낸다. 0에서 1 사이의 값을 가지며, 0.9886은 1에 아주 가까운 값으로, 모델이 테스트용 데이터의 약 98.86%의 변동성을 설명할 수 있다는 뜻이다. 이는 모델이 새로운 데이터에 대해서도 굉장히 높은 예측 성능을 보인다고 해석할 수 있다.

33 이러한 문제를 극복하기 위해 하이퍼파라미터 튜닝 학습이 권장된다.

종합적으로 판단해 보면, 테스트 데이터에 대한 MSE와 MAE 값만으로는 성능 판단이 어렵지만, R^2가 매우 높아서 이 모델은 학습 데이터뿐 아니라 처음 보는 새로운 데이터에 대해서도 상당히 정확한 예측 능력을 갖추었다고 볼 수 있다.

중·고급자용 실습

중급자 이상이라면 데이터 3분할과 리스트 슬라이싱을 적용하여 실습을 진행해 보자.

1 데이터 불러오기

분류 문제를 해결하기 위해 **tree_regression.csv** 파일을 불러와서 **data_r**로 정의한다.

```
data_r = pd.read_csv('./source/tree_regression.csv')
```

[그림 14-46] 회귀나무 데이터 불러오기

2 변수 분리

결과 변수(타깃 변수)인 **monthly_rent**를 **y**로 정의하고, 그 외의 변수들을 입력(특징) 변수인 **X**로 정의한다. 이를 위해 **drop** 함수를 이용하여 **data**의 변수들 중 **monthly_rent**에 해당하는 열을 제외하는 **axis=1**을 입력한다.

```
X = data_r.drop('monthly_rent', axis=1)
y = data_r['monthly_rent']
```

[그림 14-47] 회귀나무 변수 분리

3 데이터 분할(60:20:20)[34]

학습용 데이터 60%, 검증용 데이터 20%, 테스트 데이터 20%로 분할하기 위해 우선 **X**데이터와 **y**데이터를 **train_r**과 **temp_r**로 6:4로 구분한 후, 다시 **temp_r** 데이터를 **X**와 **y**의 **val_r** 데이터와 **test_r** 데이터로 구분한다.[35]

34 [그림 14-48]의 코드를 입력하기 전에 from sklearn.model_selection import train_test_split이 먼저 실행되어 있어야 한다. 중급자 이상에서는 정확한 분석을 위해 데이터셋을 3분할하는 것이 일반적이지만, 단일 트리 모델 분석에서는 학습용/테스트의 2개로 분할하는 경우(80:20 또는 60:40 또는 그 사이)가 많다. 데이터셋을 2개로 구분하는 경우라면 앞에서 제시한 '초급자용 실습'을 참조한다.

```
X_train2, X_val2, y_train2, y_val2 = train_test_split(X, y, test_size=0.2, random_state=42)
```

35 stratify 파라미터는 분류 문제에서만 의미를 갖기 때문에 사용하지 않았다. 분류 문제는 클래스라는 명확한 범주가 있으나, 회귀 문제는 연속적인 숫자로 이루어진 값이므로 명확한 범주가 존재하지 않기 때문이다.

```
X_train_r, X_temp_r, y_train_r, y_temp_r = train_test_split(
    X,
    y,
    test_size=0.4,
    random_state=42
)
X_val_r, X_test_r, y_val_r, y_test_r = train_test_split(
    X_temp_r,
    y_temp_r,
    test_size=0.5,
    random_state=42
)
```

[그림 14-48] 3분할 데이터 분할

4 하이퍼파라미터 튜닝

그리드 설정

하이퍼파라미터에 대한 여러 값을 지정한 범위에서 GridSearchCV() 함수가 모든 조합을 확인하여 최적의 파라미터를 찾아야 한다. 이를 위해 먼저 **param_grid**를 이용하여 하이퍼파라미터 조합에 대한 딕셔너리를 정의한다. 트리의 깊이(**max_depth**)를 **3**, **5**, **10**, 무제한(**None**)'으로, 분리를 위한 노드의 최소 샘플 수(**min_sample_split**)를 **2**, **5**, **10**으로, 리프 노드에 필요한 최소 샘플 수(**min_sample_leaf**)를 **1**, **2**, **4**로 설정한다.

```
param_grid_r = {
    'max_depth': [3, 5, 10, None],
    'min_samples_split': [2, 5, 10],
    'min_samples_leaf': [1, 2, 4]
}
```

[그림 14-49] 3분할 회귀나무 하이퍼파라미터 설정

참고 분류와 회귀에서 param_grid가 다르게 설정된 이유

앞서 분류 문제에서는 param_grid를 [그림 14-50]과 같이 설정했다.

```
param_grid = {
    'max_depth': [3, 5, 10, None],
    'min_samples_split': [2, 10, 20],
    'min_samples_leaf': [1, 5, 10]
}
```

[그림 14-50] 분류 문제 실습의 그리드 설정

분류 문제와 회귀 문제에서 param_grid가 다르게 설정된 이유는 각 문제 유형의 특성과 요구사항이 다르기 때문이다.

- **min_samples_split의 차이:** 분류 문제에서는 클래스 수가 적고, 데이터 샘플이 충분한 경우가 많기 때문에 작은 min_samples_split 값도 무방하다. 반면 회귀 문제는 연속적인 값을 예측하므로, 너무 작은 샘플로 분할할 경우 과적합(overfitting)이 발생할 가능성이 크다. 따라서 회귀에서는 더 큰 값을 포함시켜 모델의 안정성을 높이는 방향으로 설정한다.

- **min_samples_leaf의 차이:** 분류에서는 리프 노드에 적은 샘플이 있어도 분류 성능에 미치는 영향이 크지 않아 min_samples_leaf 값이 작아도 괜찮은 경우가 많다. 반면, 회귀에서는 min_samples_leaf 값이 너무 작으면 개별 샘플의 영향을 크게 받아서 과적합될 가능성이 있다. 따라서 회귀에서는 일반적으로 더 큰 값을 사용하여 모델을 더 부드럽게(regularized) 만든다.
- **max_depth는 동일:** 분류 문제와 회귀 문제 모두 max_depth = [3, 5, 10, None]으로 동일한 값을 사용하였다. 두 경우 모두 과적합을 방지하기 위해 깊이를 조정할 필요가 있기 때문이다.

이러한 차이는 일반적인 가이드라인에 해당하며, 분석자가 데이터셋의 성격에 따라 다르게 튜닝할 수 있다.

그리드 서치

교차검증을 하기 위한 **KFold**를 이용하고, **n_splits=5**를 설정하여 데이터를 5개로 나눈다. 이 중 4개는 학습용 데이터로, 나머지 1개는 검증용 데이터로 사용한다. 또한 데이터 순서에 따른 편향을 막기 위해 **shuffle=True**와 **random_state=42**를 설정하여 무작위로 섞은 뒤, 이를 **kf**로 정의한다.[36]

```
kf = KFold(n_splits=5, shuffle=True, random_state=42)
```

[그림 14-51] 교차검증을 위한 설정

DecisionTreeRegressor를 이용하고, 동일한 결과를 재현하기 위해 랜덤시드를 **random_state=42**로 설정한다. 앞에서 정의한 **param_grid** 조합을 가져와서 데이터를 5개의 폴드로 나누어 5회의 학습과 평가를 진행하도록 정의한 **kf**를 이용하여 **cv=kf**로 설정한다. 또한 음의 평균제곱오차를 평가 지표로 사용하기 위해 **scoring='neg_mean_squared_error'**로 지정하고, **n_jobs=-1**로 설정하여 **GridSearchCV**를 **grid_search_r**로 정의한다.[37] 이에 대해 **fit** 메서드를 이용하여 학습용 데이터 **X_train_r**과 학습용 레이블 **y_train_r**로 그리드 서치를 시작한다.[38]

```
grid_search_r = GridSearchCV(
    DecisionTreeRegressor(random_state=42),
    param_grid_r,
    cv=kf,
    scoring='neg_mean_squared_error',
    n_jobs=-1
)
grid_search_r.fit(X_train_r, y_train_r)
```

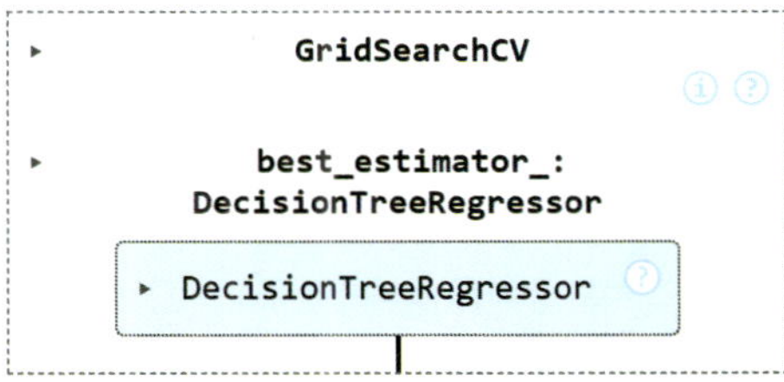

[그림 14-52] GridSearch( )를 이용한 DecisionTreeRegressor의 설정과 모델 학습

---

36 [그림 14-51]의 코드를 입력하기 전에 from sklearn.model_selection import KFold가 먼저 실행되어 있어야 한다. random_state=42로 설정하면, 재실험을 진행하거나 타인과 결과를 공유할 때 동일 조건으로 실험할 수 있다.

37 [그림 14-52]의 코드를 입력하기 전에 from sklearn.tree import DecisionTreeRegressor와 from sklearn.model_selection import GridSearchCV가 실행되어 있어야 한다. n_jobs는 데이터 연산을 처리할 CPU의 코어 개수를 지정하는 매개변수로, -1로 설정하면 사용 가능한 모든 코어를 활용하여 병렬로 그리드 서치를 수행한다.

38 2분할 데이터라면 grid_search.fit(X_train2, y_train2)를 입력한다.

참고 GridSearch의 결과 해석

GridSearchCV를 활용하여 회귀 모델의 하이퍼파라미터를 교차검증 방식으로 탐색한 결과는 ▶ 버튼을 클릭하여 확인할 수 있다. 이때 사용된 파라미터는 DecisionTreeRegressor의 하이퍼파라미터다.

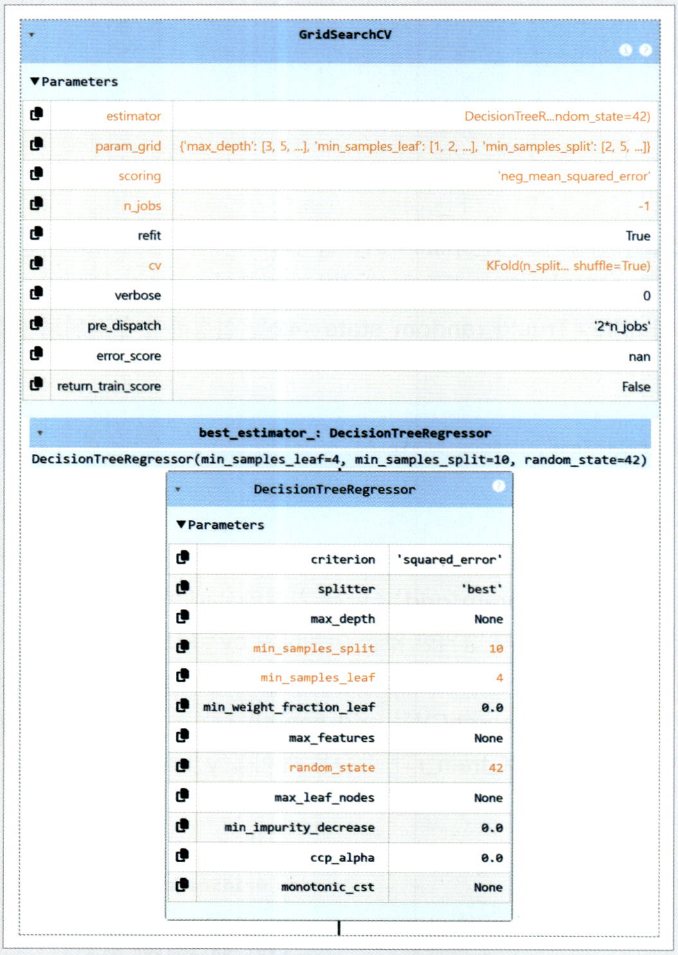

[그림 14-53] GridSearch의 결과

그리드 서치 결과를 살펴보자. param_grid는 하이퍼파라미터 탐색용 그리드로 다음과 같이 설정되었다. max_depth는 트리의 최대 깊이를 3, 5, 10과 None으로 설정하여 제한을 없앴다. min_samples_leaf는 리프 노드에 최소한으로 포함되어야 하는 샘플의 수를 1, 2, 4로 설정했다. min_samples_split은 노드를 분할하기 위한 최소 샘플 수를 2, 5, 10으로 설정했다.

scoring='neg_mean_squared_error'는 평가 지표로 음의 평균제곱오차(Negative Mean Squared Error)를 사용하며, 이 값이 클수록 모델 성능이 더 좋다는 의미다.

n_jobs=-1은 작업 처리 속도를 결정하는 옵션으로, -1로 설정하면 모든 CPU 코어를 사용한다는 뜻이다.

best_estimator_는 GridSearchCV가 최적의 하이퍼파라미터 조합을 찾아낸 후, 해당 조합으로 학습된 최적의 모델을 저장하는 속성이다. 여기서는 min_samples_leaf=4와 min_samples_split=10을 최적의 조합으로 판단하였다.

최적의 하이퍼파라미터 확인

그리드 서치가 완료되었으면, GridSearchCV에서 도출된 최적의 하이퍼파라미터 조합을 확인하기 위해 **grid_search_r.best_params**를 **best_params_r**로 정의하고, 최적의 모델 객체를 얻기 위해 **grid_search_r.best_estimator_**를 **best_model_r**로 정의한다. 이어서 **Best parameters_r:**과 함께 **best_params_r**을 **print ()**를 사용하여 출력한다.

```
best_params_r = grid_search_r.best_params_
best_model_r = grid_search_r.best_estimator_
print('Best parameters_r:', best_params_r)
```

```
Best parameters_r: {'max_depth': None, 'min_samples_leaf': 4, 'min_samples_split': 10}
```

[그림 14-54] 3분할 회귀나무의 하이퍼파라미터 확인

최적의 하이퍼파라미터를 출력한 결과, max_depth는 제한 없이 잠재적인 복잡성을 허용하였다. 리프 노드는 최소 4개, 분할되는 노드는 최소 10개라는 기반의 제약 조건을 설정하여 과도한 분할과 노이즈 학습을 방지하고 복잡성과 일반화 능력 사이의 균형을 맞추었다.

5 교차검증

cross_val_score() 함수를 사용하여 모델을 교차검증으로 평가한다. 이때 그리드 서치에서 얻은 최적의 모델 **best_data_r**를 이용하고, 학습용 데이터 **X_train_r**과 **y_train_r**로 5개의 폴드를 이용한 교차검증을 수행하기 위해 **cv=kf**로 설정한다. 평가 지표는 음의 평균제곱오차를 사용하기 위해 **scoring='neg_mean_squared_error'**를 지정한다. 이렇게 평가한 결과를 **cvs_r**에 저장한다.[39]

```
cvs_r = cross_val_score(
    best_data_r,
    X_train_r,
    y_train_r,
    cv=kf,
    scoring='neg_mean_squared_error'
)
```

[그림 14-55] 교차검증 설정

5개의 폴드에서 얻은 음의 평균제곱오차(Negative Mean Squared Error) 점수들과 평균 음의 평균제곱오차를 확인하기 위해 **print()** 함수를 사용한다. 먼저 **Cross-Validation MSE (Negative):**와 함께 앞에서 정의한 **cvs_r** 값을 출력하고, 이어서 **Cross-Validation MSE:**와 함께 **-np.mean(cvs_r)** 값을 출력한다.

```
print('Cross-Validation MSE (Negative):', cvs_r)
print('Cross-Validation MSE:', -np.mean(cvs_r))
```

```
Cross-Validation MSE (Negative): [-287.9260328  -296.89117557 -240.42440811 -326.92995608 -
255.89567756]
Cross-Validation MSE: 281.6134500226795
```

[그림 14-56] 교차검증 결과

39 [그림 14-55]의 코드를 입력하기 전에 from sklearn.model_selection import cross_val_score가 실행되어 있어야 한다.

출력 결과를 살펴보자. **Cross-Validation MSE (Negative):**은 5번의 교차검증에서 폴드별로 계산된 음의 평균제곱오차(Negative Mean Squared Error) 점수다. 각 값은 해당 폴드에서 모델이 예측한 값과 실제 값의 차이를 제곱하여 평균 낸 후 음수를 취한 것이다. 이는 **scikit-learn**의 교차검증 함수의 점수가 높을수록(덜 음수일수록) 성능이 좋다고 인식하도록 설계되었기 때문이다. 음수로 출력되는 이유는 scoring 파라미터를 **'neg_mean_squared_error'**로 설정했기 때문이다. 이 지표는 모델의 전반적인 예측 성능을 판단하는 데 사용될 수 있으며, 값이 작을수록 모델의 성능이 좋다고 볼 수 있다. 또한 **Cross-Validation MSE: 281.6134500226795**는 앞에 출력된 5개의 음의 평균제곱오차 값들의 평균에 다시 음수를 취한 값, 즉 평균제곱오차(Mean Squared Error, MSE)를 의미한다. 이 값은 모델이 예측한 값들이 실제 값으로부터 평균적으로 얼마나 떨어져 있는지를 제곱 단위로 나타낸다. 이를 RMSE(Root Mean Squared Error)로 해석하기 위해 제곱근을 취하면 281.61은 ≈16.78이 된다. 이는 예측값이 실제 값과 평균적으로 약 16.78 정도 차이가 난다는 의미다.

6 교차검증 성능 확인

비용 복잡도 가지치기(cost complexity pruning, ccp)

그리드 서치를 통해 최적의 하이퍼파라미터로 학습한 모델 **best_model_r**에 대해 **X_train3_r**과 **y_train_r**을 사용하여 **cost_complexity_pruning_path** 메서드를 적용함으로써 가지치기를 결정한다. 이 메서드를 통해 비용 복잡도 가지치기의 알파(α) 값에 따른 불순도의 변화를 계산하고, 그 결과를 **path_r**로 정의한다.

```
path_r = best_model_r.cost_complexity_pruning_path(X_train_r, y_train_r)
```

[그림 14-57] 비용 복잡도 가지치기

리스트 슬라이싱

정의한 **path_r**에서 ccp_alphas의 첫 번째 값과 마지막 값을 제외한 가지치기를 찾기 위해 **ccp_alphas[1:-1]**로 설정하여 **ccp_alphas_r**로 정의한다.

```
ccp_alphas_r = path_r.ccp_alphas[1:-1]
```

[그림 14-58] 가지치기 이후의 결과 확인을 위한 리스트 슬라이싱

각 ccp_alpha에 대한 교차검증 성능 확인

비용 복잡도 가지치기를 적용한 여러 개의 트리 모델을 만들어 학습시키기 위해 리스트 컴프리헨션(list comprehension)을 활용한다. 즉, **ccp_alphas_r** 리스트에 포함된 각 **alpha** 값에 대해, **best_params_r**에 정의된 최적의 하이퍼파라미터와 해당 **alpha** 값을 적용하여 **DecisionTreeRegressor()**를 구성하고, 이를 **X_train_r**과 **y_train_r** 데이터로 학습시킨다. 이렇게 학습된 트리 모델을 리스트 형태로 저장하며, 이를 **pruned_trees_r**로 정의한다.

```python
pruned_trees_r = [
    DecisionTreeRegressor(
        **best_params_r,
        ccp_alpha=alpha,
        random_state=42
    ).fit(X_train_r, y_train_r)
    for alpha in ccp_alphas_r
]
```

[그림 14-59] 최적의 하이퍼파라미터 적용

각 ccp_alpha에 대한 교차검증 리스트 생성

가지치기가 적용된 여러 트리 모델이 저장된 리스트 **pruned_trees_r**에 대해 교차검증을 진행하고, 각 모델의 평균 정확도를 계산하여 저장하기 위해 다음과 같은 과정을 거친다. 먼저 가지치기된 트리 모델 **tree_r**에서 학습용 데이터 **X_train_r**, **y_train_r**을 5개의 폴드로 구분하여 교차검증을 수행한다. 이때 평가 지표로 음의 평균제곱오차(**neg_mean_squared_error**)를 사용하여 각 폴드에서 계산된 점수들의 리스트를 반환한다. 이후 **np.mean()**을 적용하여 해당 모델의 평균 교차검증 점수를 계산하고, 이를 **cvs_alpha_r**로 정의한다.

```python
cvs_alpha_r = [
    np.mean(
        cross_val_score(
            tree, X_train_r, y_train_r, cv=5, scoring='neg_mean_squared_error'
        )
    )
    for tree in pruned_trees_r
]
```

[그림 14-60] 교차검증 진행과 각 모델의 평균 정확도 계산

7 최적의 ccp_alpha 탐색

cvs_alpha_r은 각 ccp_alpha 값에 대한 평균 교차검증 점수 리스트다. 이 리스트에 **np.argsort(cvs_alpha_r)**을 적용하면 오름차순 정렬된 인덱스 리스트가 반환되는데, 여기에 **[::-1]**을 추가하면 내림차순으로 정렬된 인덱스 리스트가 생성된다. 이를 **sorted_indices**로 정의한다. 이어서 **sorted_indices[0]**을 통해 가장 높은 성능을 보인 모델의 인덱스를 추출하고, 이를 이용해 **ccp_alphas_r**에서 해당 인덱스에 대응하는 최적의 **ccp_alpha**를 반환하여 **Best ccp_alpha (Regression):**과 함께 출력한다.

```python
sorted_indices = np.argsort(cvs_alpha_r)[::-1]
best_alpha_r = ccp_alphas_r[sorted_indices[0]]
print('Best ccp_alpha (Regression):', best_alpha_r)
```

```
Best ccp_alpha (Regression): 0.20488234737302669
```

[그림 14-61] 최적의 ccp_alpha 탐색

분류나무에서 최적의 ccp_alpha를 탐색했을 때와 마찬가지로, 교차검증 점수가 가장 좋은 값에서 최적의 ccp_alpha 값을 확인해 볼 수 있다.

```
max_cv_score_r = np.max(cvs_alpha_r)
best_alpha_indices_r = np.where(cvs_alpha_r == max_cv_score_r)[0]
candidate_alphas_r = ccp_alphas_r[best_alpha_indices_r]
best_ccp_alpha_r = np.max(candidate_alphas_r)
print('Best ccp_alpha:', best_ccp_alpha_r)
```

```
Best ccp_alpha: 0.20488234737302669
```

[그림 14-62] 교차검증 점수가 가장 좋은 값에서 best_ccp_alpha 출력

이 값은 가장 낮은 예측 오차 MSE를 가지면서, 불필요한 복잡성을 제거하여 일반화 능력이 가장 좋은 최종 회귀 모델을 구성하는 데 사용된다.

참고 최적의 ccp_alpha 검토 ②

분류나무에서 최적의 ccp_alpha 값을 탐색할 때 정확도가 가장 높은 값의 ccp_alpha 값을 취해야 하며, 정확도가 동일한 경우라면 최적의 ccp_alpha 값을 큰 값으로 해야 한다고 했다. 회귀나무는 연속형 데이터를 기반으로 하기에 교차검증 점수(CV Scroe, Cross-Validation Score)에서 동일한 값이 발생하기 힘들다. 확인해 보면 다음과 같다.

```
for alpha, score in zip(ccp_alphas_r, cvs_alpha_r):
    print(f'ccp_alpha_r: {alpha:.7f}, CV Score: {score:.7f}')
```

```
ccp_alpha_r: 0.0959558, CV Score: -254.4352644
ccp_alpha_r: 0.0968928, CV Score: -254.4352644
ccp_alpha_r: 0.1392601, CV Score: -254.6182315
ccp_alpha_r: 0.1713951, CV Score: -254.5571408
ccp_alpha_r: 0.1718607, CV Score: -254.5571408
ccp_alpha_r: 0.2048823, CV Score: -253.2542974
ccp_alpha_r: 0.2133726, CV Score: -253.7626605
ccp_alpha_r: 0.2158429, CV Score: -253.7626605
                      ⋮
```

[그림 14-63] 회귀나무의 ccp_alpha 확인

8 최종 모델 학습

최적의 하이퍼파라미터 **best_params_r**을 이용해서 최적의 가지치기 강도 **best_alpha_r**를 설정하여,[40] 결정 트리 모델 **DecisionTreeRegressor**을 최종적으로 구성하고 **final_model_r**로 정의한다. 정의된 모델에서 학습용 데이터 **X_train_r**과 **y_train_r**을 사용하여 **fit()**으로 학습시킨다.

40 **best_params_r은 앞서 정의한 grid_search_r을 통해 얻은 최적의 하이퍼파라미터 딕셔너리다. best_ params_r 앞에 ** 붙이면 딕셔너리의 key-value 쌍들이 각각의 인자로 분해되어 DecisionTreeRegressor에 전달된다.

```
final_model_r = DecisionTreeRegressor(
    **best_params_r,
    ccp_alpha=best_alpha_r,
    random_state=42
)
final_model_r.fit(X_train_r, y_train_r)
```

```
▾ DecisionTreeRegressor
▶ Parameters
```

[그림 14-64] 최종 모델 학습

9 성능 평가

앞서 최적의 하이퍼파라미터와 최적의 **ccp_alpha**로 학습한 최종 결정 트리 모델 **final_model_r**에 대해, **predict()** 메서드를 이용해 입력 데이터 **X_val_r**에 대한 예측값을 반환하고, 이를 **y_val_pred_r**로 정의한다. 이어서 **X_test_r**을 입력하여 예측값을 반환하고, 이를 **y_test_pred_r**로 정의한다.

```
y_val_pred_r = final_model_r.predict(X_val_r)
y_test_pred_r = final_model_r.predict(X_test_r)
```

[그림 14-65] 최종 결정 트리 모델의 예측값 반환

검증 데이터에 대한 실제 값(**y_val_r**)과 예측값(**y_val_pred_r**)을 **mean_squared_error** 함수에 입력하여 반환된 값을 **Validation MSE:**와 함께 출력한다. 마찬가지로 테스트 데이터의 실제 값(**y_test_r**)과 예측값(**y_test_pred_r**)을 이용하여 계산된 MSE 값을 **Test MSE:**와 함께 출력한다.

```
print('Validation MSE:', mean_squared_error(y_val_r, y_val_pred_r))
print('Test MSE:', mean_squared_error(y_test_r, y_test_pred_r))
```

```
Validation MSE: 265.22632225008437
Test MSE: 304.55205127182126
```

[그림 14-66] MSE 결과 출력

출력된 결과는 모델이 검증 및 테스트 데이터에 대해 얼마나 정확하게 예측했는지를 수치적으로 보여준다. MSE 값이 작을수록 예측이 실제 값에 가까워 모델 성능이 우수하다고 판단할 수 있다.

출력 결과를 보면, 테스트 MSE가 검증용 MSE보다 약간 더 높게 나왔다. 이는 일반적으로 나타날 수 있는 현상으로, 모델이 검증용 데이터에 더 최적화되었거나, 테스트 데이터가 검증용 데이터보다 예측하기 더 어려운 특성을 가졌기 때문일 수 있다. 그러나 두 MSE 값의 차이가 크지 않으므로 과적합(Overfitting) 가능성은 심각하다고 볼 수 없다. 만약 이 차이가 더 커진다면 과적합을 의심해 볼 수 있다.

MSE 값만으로는 모델의 성능이 좋다거나 나쁘다고 단정 짓기 힘들다. 더 정확하게 모델 성능을 평가하려면 MSE 외에도 RMSE(Root Mean Squared Error, 평균제곱근오차), MAE(Mean Absolute Error, 평균절대오차), R^2(R-squared, 결정계수) 등 다양한 회귀 평가 지표를 함께 분석하는 것이 좋다. 또한 문제의 성격, 예측하려는 값의 범위, 다른 모델들과의 비교를 통해 모델 성능을 상대적으로 판단해야 한다.

■ 추가 분석

NumPy의 **sqrt()** 함수를 사용하여 MSE에 제곱근을 취하면 **RMSE**가 계산된다. RMSE도 MSE와 마찬가지로 오차의 크기를 나타내지만, 실제 단위를 가지므로 해석이 더 직관적일 수 있다.

MAE는 검증용 데이터의 실제 값과 예측값 간 절대 오차들의 평균을 계산한 것으로, 오차를 제곱하지 않아 이상치(outlier)에 덜 민감하다. 예측 오차의 절대적인 크기를 실제 값의 단위로 직관적으로 보여준다.

R^2는 모델이 종속변수의 변동성을 얼마나 잘 설명하는지를 나타내며, 0에서 1 사이의 값을 가진다. 값이 1에 가까울수록 모델의 설명력이 높고, 0에 가까울수록 설명력이 낮다고 볼 수 있다.

```
print('Validation RMSE:', np.sqrt(mean_squared_error(y_val_r, y_val_pred_r)))
print('Test RMSE:', np.sqrt(mean_squared_error(y_test_r, y_test_pred_r)))
```

```
Validation RMSE: 16.285770545174838
Test RMSE: 17.45141974945939
```

```
print('Validation MAE:', mean_absolute_error(y_val_r, y_val_pred_r))
print('Test MAE:', mean_absolute_error(y_test_r, y_test_pred_r))
```

```
Validation MAE: 13.08979719383599
Test MAE: 13.541535671490006
```

```
print('Validation R²:', r2_score(y_val_r, y_val_pred_r))
print('Test R²:', r2_score(y_test_r, y_test_pred_r))
```

```
Validation R²: 0.9866417333019949
Test R²: 0.9848907261725903
```

[그림 14-67] RMSE, MAE, R^2 계산[41]

---

41 제곱 표시는 다음과 같이 코딩하여 표시하도록 한다.

```
print('Validation R\u00b2:', r2_score(y_val_r, y_val_pred_r))
print('Test R\u00b2:', r2_score(y_test_r, y_test_pred_r))
```

```
Validation R²: 0.9866417333019949
Test R²: 0.9848907261725903
```

CHAPTER

15

다수 모델의 예측

Prediction from Multiple Models

Contents

'앙상블(ensemble)'은 다양성과 협력의 힘을 강조하는 개념이다. 여러 사람이 팀워크를 통해 하나의 목표를 달성하는 과정을 생각하면 이해하기 쉽다. 앙상블이라는 용어는 원래 음악에서 유래했다. 다양한 악기가 각기 다른 음색과 역할을 가지고 있지만, 조화를 이루어 하나의 통일된 협주를 만들어내는 것이 앙상블이다. 이처럼 데이터 과학에서도 앙상블은 여러 모델이 조화를 이루어 하나의 예측 결과를 도출하는 방식으로 사용된다. 개별 모델이 가진 한계를 서로 보완하며 함께 작동할 때 더 나은 결과를 만들어낸다는 점에서, 데이터 과학의 앙상블 역시 단순한 기술적 접근을 넘어 협력의 철학을 담고 있다.

예를 들어, 의사결정을 할 때 한 명의 전문가에게만 의견을 묻기보다 다양한 분야의 전문가 집단에 의견을 구했을 때 더 신뢰할 만한 판단을 내릴 수 있을 것이다. 각 전문가가 지닌 고유한 지식과 경험은 서로 다른 관점을 제공하기에, 이들의 의견을 종합하면 편향을 줄이고 더 균형 잡힌 결론에 도달할 수 있다. 앙상블 기법도 이와 유사하게, 여러 모델을 동시에 학습시킨 후 그들의 예측을 통합함으로써 단일 모델보다 더 강력하고 일반화된 성능을 확보할 수 있다.

특히 복잡하고 예측이 어려운 문제일수록, 다양한 모델이 힘을 합치는 방식은 더 큰 효과를 발휘한다. 하나의 모델이 놓칠 수 있는 패턴이나 특성을 다른 모델이 포착할 수 있으며, 이들의 집단적인 판단은 개별 모델보다 훨씬 높은 수준의 정확도와 신뢰성을 제공한다. 그에 따라 앙상블은 단순한 모델 결합을 넘어, 데이터 분석에서 전략적 사고와 설계의 핵심 요소로 자리매김하였다.

SECTION 15.1 앙상블 학습의 기초

데이터 분석을 공부하다 보면 '분석 기법이나 모델을 하나만 사용하는 게 좋을까, 아니면 여러 개를 함께 쓰는 게 나을까?'라는 고민을 한 번쯤 하게 된다. 이 질문에 대한 답을 한 사람에게 들을지, 아니면 여러 사람에게 들을지도 고민하게 된다. 객관적으로 보더라도 특정인 한 명의 의견만 듣기보다 내가 미처 생각하지 못한 다양한 관점을 듣는 것이 더 현명하다. 여러 의견을 모아 개별 의견의 약점을 보완하고 최적의 결론을 도출하는 것. 앙상블 학습은 바로 여기서 출발한다.

앙상블 학습의 개념

축구를 좋아하지 않는 사람도 4년마다 열리는 월드컵 기간에는 전 세계적 열기에 함께 빠져들게 된다. 과거에는 펠레나 마라도나처럼 뛰어난 선수 한 명만 있어도 팀이 우승하는 경우가 있었다. 하지만 오늘날 세계가 인정한 손흥민조차 개인기만으로 경기에 임하지 않는다. 그는 항상 주변을 살피며, 더 나은 득점 기회를 가진 동료에게 공을 패스해서 팀 승리를 도모한다.

"백지장도 맞들면 낫다"라는 속담처럼, 아무리 쉬운 일이라도 협력하면 더 쉽게 해결할 수 있다. 우리의 삶은 끊임없는 의사결정의 연속이며, 이때 한 사람의 의견이나 한 가지 사실에 의존하기보다 여러 사람의 의견과 여러 상황을 종합하여 판단했을 때 시행착오를 줄이고 더 나은 결과를 얻는 경우가 많다. 예를 들어 영화를 고를 때 제목이나 포스터만 보고 선택하는 경우는 드물다. 다수 사람들은 줄거리, 배우의 연기력, 감독의 연출력 등 다양한 요소를 별점이나 리뷰를 통해 확인하고 결정한다. 또한 해당 영화에 대한 전문가의 평가나 다양한 의견을 참고하기도 한다.

머신러닝에서도 이와 같은 전략이 사용되는데, 바로 앙상블 학습(ensemble learning)이다. 앙상블 학습은 여러 개의 학습 모델을 결합해 더 정확한 예측을 수행하는 방식이다. 각 모델은 독립적으로 학습하며, 서로 다른 관점에서 데이터를 해석해 협력함으로써 강력한 예측력을 발휘한다. 이때 개별 모델은 지금까지 학습한 로지스틱 회귀, KNN, 단일 트리 모델 등으로 구성될 수 있으며, 이러한 개별 모델을 '기저 모델(base learners)'이라 부른다. 이 기저 모델들이 조화를 이루어 앙상블 모델을 형성하고, 독립성과 다양성이 결합되어 뛰어난 결과를 만들어낸다.

앙상블 학습의 핵심 기법

여러 전문가의 지혜를 모아 더 나은 결론을 도출하는 앙상블 학습에는 몇 가지 주요 기법이 있다.

■ 보팅(Voting)

여러 모델의 예측 결과를 다양한 방식으로 취합하여 최종 예측을 결정하는 방식이다. 하나의 모델에만 의존하지 않고 다양한 관점과 정보를 반영해서 예측의 안정성과 신뢰도를 높일 수 있다.

보팅에는 다음과 같이 크게 두 가지 방식이 있다.

- **하드 보팅(hard voting):** 가장 많이 등장한 클래스를 선택한다(다수결 원칙).
- **소프트 보팅(soft voting):** 각 모델의 예측 확률 평균을 계산하여 가장 높은 확률을 가진 클래스를 선택한다.

보팅은 구조가 단순하면서도 효과적인 앙상블 방법으로, 개별 모델의 오차를 상쇄하고 전체적인 예측 성능을 향상시킨다. 이 때문에 보팅은 기초적인 앙상블 전략으로 널리 활용되고 있다.

■ 배깅(Bagging)

데이터를 무작위로 나누어 각 모델에 독립적으로 학습시키고, 그 결과를 종합해 최종 예측을 수행하는 전략이다. 마치 다양한 재료로 여러 요리를 만들어 뷔페를 차리는 것처럼, 각 모델은 서로 다른 관점을 학습하며 다양성(diversity)을 확보한다.

대표적인 배깅 기반 알고리즘이 랜덤 포레스트(Random Forest)다. 랜덤 포레스트는 여러 개의 결정 트리를 만들어 각 트리에 대해 무작위로 데이터를 선택해 학습하며, 각 분기에서도 일부 특성(feature)만 무작위로 선택하여 트리 간 상관성을 줄이고 다양성을 극대화하여 더 높은 예측 성능을 얻는다.

배깅에는 다음과 같은 장점이 있다.

- **과적합 방지:** 각 모델이 다른 데이터를 학습하므로 과도한 복잡도에 빠지지 않는다.
- **예측 안정성:** 여러 모델의 평균을 사용하므로 결과가 더 안정적이다.
- **병렬 처리 가능:** 각 모델이 독립적으로 학습하기 때문에 병렬 처리가 가능하여 학습 속도를 높일 수 있다.

배깅은 특히 분산(variance)이 커서 불안정한 모델에 효과적이며, 다양한 관점을 통합해서 더욱 강건한 예측 모델을 만드는 데 유용하다.

■ **부스팅(Boosting)**

성능이 낮은 모델의 약점을 반복적으로 보완해 점진적으로 강력한 모델을 만드는 전략이다. 모델들은 순차적으로 학습하며, 이전 모델이 잘못 예측한 데이터에 더 많은 가중치를 부여해 다음 모델이 집중적으로 학습한다. 대표적인 부스팅 기반 알고리즘은 그라디언트 부스팅(Gradient Boosting)과 아다부스트(AdaBoost)다. 부스팅을 통해 모델이 점점 더 강력해지는 효과가 발생하지만, 모델이 학습 데이터에 너무 치우치면 과적합이 발생할 우려가 있다. 따라서 정규화를 통해 적절하게 조절해야 한다. 부스팅은 예측 성능을 극대화하는 데 유용하며, 단일 모델보다 더 높은 정확도를 제공할 수 있다.

■ **스태킹(Stacking)**

이 기법은 문제를 해결할 때, 서로 다른 전문 분야의 전문가들을 모아 더 나은 결론을 도출하는 과정과 유사하다. 먼저 각 모델이 주어진 데이터를 각자의 방식으로 해석하고 예측한다. 그러면 이 예측 결과를 기반으로 최종 모델(메타 모델)이 다시 학습하여 종합하고 최종적인 결론을 도출한다. 이때 단순히 모델들을 평균해서 결과를 도출하는 방식이 아니라, 각 모델의 예측 결과로 또 다른 모델이 학습을 수행하는 매우 전략적인 방법을 취한다. 예를 들어 숫자 데이터를 잘 처리하는 모델과 범주형 데이터에 강점을 보이는 모델이 있다면, 스태킹을 통해 두 모델의 장점을 취합하여, 단일 모델의 약점을 보완한다.

앙상블의 필요성

여러 모델을 하나로 묶어 예측 능력을 향상시키는 앙상블 학습을 떠올리면, '고만고만한 모델을 여러 개 합친다고 해서 단일 모델보다 더 효율적이고 효과적인 예측이 가능할까?'라는 의문이 들 수 있다. 그 가능성을 열어주는 핵심은 바로 오류 줄이기와 다양성에서 비롯된 안정성에 있다.

■ **오류를 줄이는 앙상블**

머신러닝 모델이 아무리 잘 학습되더라도 예측 과정에서 오류는 피할 수 없다. 대표적인 오류 요인으로 편향(bias), 분산(variance), 노이즈(noise)가 있다.

- **편향:** 모델이 지나치게 단순해 데이터의 복잡한 패턴을 반영하지 못할 때 발생한다. 예를 들어 직선 기반 모델은 선형 데이터에 대해선 어느 정도 예측이 가능하지만, 실제 데이터는 모델에 맞추어 수집되는 것이 아니므로, 학습용 데이터와 테스트 데이터 모두 큰 오차를 보이며, 일관성 있게 틀리는 경향을 나타낸다.
- **분산:** 모델이 아주 복잡하면 학습용 데이터의 작은 변동에도 민감하게 반응할 수 있다. 예를 들어 학습용 데이터에 우연히 포함된 파란 하늘, 뭉게구름, 비둘기 같은 요소에 과도하게 의미를 부여하여 예측에 영향을 미치게 된다. 학습용 데이터에서 이런 학습이

이루어졌다면 학습용 데이터에 대해서는 성능이 잘 나오겠지만 새로운 데이터에 대해서는 예측이 불안정해지고 오차는 커질 수밖에 없다.

- **노이즈:** 데이터의 예측 불가능한 오차를 비체계적 오차라 하는데, 이는 데이터에 있는 불가피한 오차나 측정 오류를 가리키며 흔히 노이즈라고 한다. 노이즈가 있다고 해서 데이터가 잘못되었다고 할 수는 없다. 노이즈는 어떤 모델에서도 완전히 제거할 수 없지만, 좋은 모델은 노이즈에 덜 민감하게 반응한다.

단일 모델을 이용하면 이 중 하나의 오류에 취약할 수 있다. 그러나 여러 모델을 함께 활용하면 편향과 분산, 노이즈로 인한 문제를 줄일 수 있다.

■ 다양성에서 출발하는 안정성

앙상블 학습의 또 다른 강점은 다양성(diversity)이다. 여러 모델이 동일한 방식으로 학습하고 동일한 오류 패턴을 보인다면, 결과 역시 동일해져 앙상블의 의미가 없다. 이는 마치 요리 초보자들을 모아놓고 장금이의 실력을 기대하거나, 수많은 일반 컴퓨터를 모아 양자컴퓨터의 성능을 기대하는 것과 같다.

하지만 서로 다른 모델을 활용해 각자의 특성을 반영한 데이터 해석과 예측을 종합한다면, 단일 모델로는 도달할 수 없는 의미 있는 결과를 얻을 수 있다. 앞서 언급했듯이, 저마다 다른 전문성을 가진 전문가들이 협력해 문제를 해결하듯, 다양한 모델이 각기 다른 관점에서 데이터를 분석함으로써 최적의 결론에 도달할 수 있다.

다양한 모델은 데이터의 내재된 패턴을 서로 다른 방식으로 인식하며, 예측의 사각지대까지 탐색할 수 있다. 예상치 못한 상황에도 강한 대응력을 보이며, 각 모델의 강점이 조화를 이루어 안정적인 예측 성능을 확보하게 된다. 결국, 앙상블 학습의 안정성은 다양성에서 출발한다고 볼 수 있다.

앙상블의 원리

앞서 살펴본 바와 같이, 앙상블 학습은 여러 전문가의 지혜를 모아 하나의 결론에 도달하는 방식이다. 개별 모델은 성능이 부족하거나 편향될 수 있지만 각 모델의 특성이 모여 시너지를 창출하며, 전체적으로는 뛰어난 성능을 발휘하게 된다. 이처럼 개별적으로 보면 약점이 드러나지만, 함께 작동할 때 강력한 성능이 나타나는 앙상블의 원리를 알게 된다면, 왜 데이터 과학자들이 앙상블을 선호하는지 이해할 수 있다.

하이브리드 자동차가 2개의 엔진을 사용하는 것처럼, 앙상블 학습은 '다양성(diversity)'과 '독립성(independence)'이라는 두 가지 핵심 요소에 기반한다.

앙상블 학습에서는 단순히 여러 모델을 결합하는 것이 아니라, 각 모델이 서로 다른 방식으로 데이터를 학습하고, 서로 다른 오류를 발생시키도록 유도하는 것이 중요하다. 이렇게 다양한 결과를 만들어내는 모델들은 데이터의 여러 측면을 반영하며, 서로 다른 강점과 약점을 지닌 채 협력함으로써 더 정확한 예측이 가능해진다. 따라서 앙상블을 설계할 때는 처음부터 다양성을 확보할 수 있도록 데이터 샘플링 방식, 알고리즘 선택, 하이퍼파라미터 조정 등에서 전략적으로 접근해야 한다. 모델 간 차이를 만들어내는 것이 성능 향상의 핵심이기 때문이다.

모델 간의 예측이 서로 영향을 미치지 않는 특성, 즉 독립성도 중요하다. 만약 모델들이 서로 밀접하게 연관되어 있다면, 하나의 모델에서 발생한 오류가 다른 모델에도 영향을 줄 수 있어 전체 성능이 저하될 위험이 있다.

예를 들어 배깅은 데이터를 무작위로 분할하여 학습시킴으로써 모델의 독립성을 확보하는 데 효과적이다. 반면 부스팅은 약한 모델을 순차적으로 보완해 나가는 방식이기 때문에 독립성을 확보하기는 어렵지만, 그만큼 성능 향상 효과가 크다. 이처럼 독립성과 다양성은 서로 보완적인 관계를 이루며 앙상블의 성능을 높이는 데 기여한다.

물론 앙상블 학습이 만능은 아니다. 여러 모델을 학습시키고 결과를 통합하는 과정에서 계산량과 시간이 증가하며, 이는 학습 속도에 영향을 미쳐 시간 제약이 있는 문제에서는 단점이 될 수 있다. 또한 복잡한 구조로 인해 예측 과정에 어려움이 따르고, 이는 설명 가능성(explainability)의 제약을 초래하여 진단이나 심사처럼 근거가 필요한 분야에서는 사용에 제한적일 수밖에 없다. 더불어, 모델 수가 많아질수록 하이퍼파라미터의 수가 늘어나 최적화 과정이 복잡해질 수 있다.

이러한 단점이 있음에도 앙상블은 실제로 널리 활용된다는 점에 주목해야 한다. 계속 강조하듯이, 앙상블은 복잡하고 어려운 문제에 대해 높은 예측 성능과 유연성을 제공하기 때문이다. 이로 인해 앙상블은 분류나 회귀의 문제에 한정되지 않고 다양한 머신러닝 분야에 적용된다. 또한 개별 모델에서 발생할 수 있는 과적합 문제를 평균화를 통해 완화시켜 안정적인 예측을 가능하게 한다.[1] 결론적으로, 앙상블 학습은 완벽하지는 않지만 단점보다 장점이 훨씬 크며, 특히 높은 정확도가 요구되는 문제에서 강력한 도구로 활용될 수 있다.

지금까지 앙상블 학습의 기본 개념을 살펴보았다. 이제 실제적인 구현 방법을 살펴볼 차례다. 앙상블 학습의 구현 방법은 여러 가지가 있지만, 가장 대표적인 방법은 보팅, 배깅, 부스팅, 스태킹이다. 지금부터 각 기법을 자세히 들여다보려고 한다. 각 기법에 대한 학습을 통해 기법 간 유사점과 차이점을 이해하고 어떤 상황에서 어떤 기법이 적합할지를 판단할 수 있어야 한다.

1 앙상블 학습이라 해도 과적합으로부터 완전히 자유롭지는 않다. 너무 많은 모델을 사용하면 오히려 복잡도만 증가하고 과적합으로 이어질 수 있으므로 주의해야 한다.

SECTION

15.2 앙상블 학습 기법(1): 보팅

보팅의 개념과 구분

보팅 앙상블(Voting ensemble)은 여러 전문가에게 질문해서 받은 의견들을 종합해 최종 결정을 내리는 방식이다. 예를 들어 경영난을 겪고 있는 한 기업이 문제를 해결하고자 10명의 전문가 집단에 원인 분석을 의뢰했다고 하자. 그 결과 집단 1은 마케팅 실패를, 집단 2는 트렌드에 부합하지 않은 제품 특성을, 집단 3은 직원들의 사기 저하를 주요 원인으로 지적했다. 경영자라면 어떤 결정을 내려야 할까? 가장 많은 전문가가 지적한 원인을 선택하는 방식이 있을 수 있고, 각 진단 내용을 확률로 변환하여 가장 높은 확률을 가진 원인을 신뢰하는 방법도 있다. 이처럼 보팅 앙상블에서는 다수결 방식과 확률 방식을 활용할 수 있다.

보팅은 크게 하드 보팅과 소프트 보팅으로 구분된다.

■ 하드 보팅(hard voting)

하드 보팅은 다수결의 결과를 적용한 것으로, 각 모델이 예측한 결과를 1표로 가정하고 가장 많은 예측 결과를 최종 선택한다. 앞에서 제시한 기업 진단의 예에서, 전문가 5명이 마케팅 실패를, 2명이 트렌드 미부합을, 3명이 직원들의 사기 저하를 문제의 원인으로 결론 내렸다면 하드 보팅에서는 가장 많은 전문가가 진단한 마케팅 실패를 최종 원인으로 선택하게 된다. 각 모델이 예측한 클래스 결과를 기준으로 판단하기에 예측값이 명확하게 구분되므로 '하드' 보팅이라는 이름이 붙었다.

■ 소프트 보팅(soft voting)

소프트 보팅은 각 모델이 예측한 확률값을 기준으로, 가장 확률이 높은 예측값을 선택하는 방식이다. 여기서도 기업 진단의 예를 들어보자. 마케팅 실패가 20%, 트렌드 미부합이 30%, 직원들의 사기 저하가 10%의 확률로 예측된다면 가장 높은 확률인 30%를 기록한 트렌드 미부합이 최종 선택된다. 다만 이 방식은 모든 모델에 적용할 수 없고, 확률로 예측이 가능한 경우에 적용할 수 있다. 확률을 다수결로 생각하면 하드 보팅과 비슷하다고 생각할 수 있으나, 소프트 보팅은 단순히 몇 개의 모델이 특정 클래스를 선택했는지를 따지는 것이 아니라 각 모델이 해당 클래스를 얼마나 확신하는지를 반영한다.[2] 예측이 각 클래스에 대해

2 하드 보팅은 가장 많은 모델이 선택한 클래스의 개수를 선택 기준으로 삼고, 소프트 보팅은 각 모델이 예측한 클래스의 확률에 대한 평균을 기준으로 한다. 이런 이유로 소프트 보팅에서는 확률의 의미를 '강도'나 '확신도'라고 표현한다.

0과 1(all or nothing)로 구분되는 것이 아니라, 각각의 확률로 구분되므로 부드러운 예측을 만들어준다고 하여 '소프트' 보팅이라는 이름이 붙었다.

보팅의 장점과 단점

보팅의 장점과 단점을 구체적으로 살펴보면 다음과 같다.

■ 장점

- **직관적이고 간단한 구조:** 복잡한 알고리즘이나 이론이 없더라도 제대로 학습된 모델만 있으면 각 모델의 예측 결과만 모아서 다수결로 집계하거나 확률 평균을 확인하는 방식으로 쉽게 구성할 수 있다. 또한 새로운 데이터를 기반으로 예측할 때도 개별 모델로부터 예측한 결과를 확인하여 하드/소프트 보팅의 방식에 따라 최종적인 예측을 하면 되므로 편리성이 뛰어나다. 이런 특성 덕분에 복잡한 이론이나 튜닝 과정에 대한 이해가 부족한 초심자라도 앙상블을 배울 수 있는 시작점으로 삼을 수 있다. 다수결과 확률이라는 개념만 알고 있으면 직관적으로 이해할 수 있기 때문이다.
- **높은 예측 안정성:** 단일 모델은 특정 데이터 특성에 민감하게 반응하여 오류를 일으킬 수 있지만, 서로 다른 모델들이 함께 예측을 수행하면 일부 모델의 오류가 다른 모델의 정확한 예측으로 상쇄될 수 있다. 이로 인해 전체적인 오류율이 감소하고 예측 성능이 향상된다.
- **유연한 모델 조합이 가능함:** 유사한 모델만 조합하면 성능 향상이 제한적일 수 있지만, 서로 다른 특성과 강점을 가진 모델들을 조합하면 부족한 부분을 보완할 수 있다. 특히 이미 성능이 검증된 모델들을 적절히 조합하면 예측력은 더욱 높아진다.

■ 단점

- **조합 최적화 실패 시 성능 저하:** 모델 간의 특성이 충분히 다르지 않거나, 조합이 적절하지 않은 경우에는 오히려 단일 성능이 뛰어난 모델보다 낮은 예측 성능을 보일 수 있다.
- **성능이 낮은 모델이 조합되면 전체에 악영향을 미칠 수 있음:** 예측력이 현저히 떨어지는 모델이 포함되면, 그 결과가 다른 모델의 예측을 희석시켜 전체 성능을 저하시킬 수 있다. 예를 들어 대부분의 모델이 '사과'로 예측했음에도 불구하고 일부 모델이 '딸기'로 잘못 예측하고 이를 평균화하면, 최종 결과가 왜곡될 수 있다.

보팅이 적용된 코드의 흐름 이해

다음 제시한 파이썬 코드는 분류 문제와 회귀 문제에 대한 보팅 앙상블의 흐름을 이해하기 위한 코드다. 이 코드는 데이터를 자동으로 1,000개 생성한 후 단일 트리 모델과 보팅 앙상블 모델의 예측 성능을 비교하였다. 본격적인 실습에 들어가기 전에, 보팅을 적용한 코드가 어떤 흐름으로 진행되는지 살펴보기 바란다.

보팅의 코드 흐름

분류(VotingClassifier)

```
# 필요한 라이브러리
from sklearn.ensemble import VotingClassifier
from sklearn.linear_model import LogisticRegression
from sklearn.tree import DecisionTreeClassifier
from sklearn.neighbors import KNeighborsClassifier
from sklearn.datasets import make_classification
from sklearn.model_selection import train_test_split
from sklearn.metrics import accuracy_score

# 데이터 생성 및 분할
X, y = make_classification(
    n_samples=1000,
    n_features=20,
    random_state=42
)
X_train, X_test, y_train, y_test = train_test_split(
    X,
    y,
    test_size=0.3,
    random_state=42
)

# 단일 결정 트리 분류 모델 생성 및 학습
tree_clf = DecisionTreeClassifier(random_state=42)
tree_clf.fit(X_train, y_train)
y_pred_tree = tree_clf.predict(X_test)

# 개별 모델 생성
log_clf = LogisticRegression(random_state=42)
dt_clf = DecisionTreeClassifier(random_state=42)
knn_clf = KNeighborsClassifier(n_neighbors=5)

# 보팅 분류 모델 생성 (각 모델과 가중치 지정 가능)
voting_clf = VotingClassifier(
    estimators=[
        ('lr', log_clf),
        ('dt', dt_clf),
        ('knn', knn_clf)
    ],
    voting='hard') # 또는 'soft'

# 모델 학습
voting_clf.fit(X_train, y_train)

# 예측
y_pred_voting = voting_clf.predict(X_test)

# 평가
print('단일 트리 정확도:', accuracy_score(y_test, y_pred_
tree))
print('보팅 정확도:', accuracy_score(y_test, y_pred_
voting))
```

회귀(VotingRegressor)

```
# 필요한 라이브러리
from sklearn.ensemble import VotingRegressor
from sklearn.linear_model import LinearRegression
from sklearn.tree import DecisionTreeRegressor
from sklearn.neighbors import KNeighborsRegressor
from sklearn.datasets import make_regression
from sklearn.model_selection import train_test_split
from sklearn.metrics import mean_squared_error, r2_score

# 데이터 생성 및 분할
X_reg, y_reg = make_regression(
    n_samples=1000,
    n_features=20,
    random_state=42
)
X_reg_train, X_reg_test, y_reg_train, y_reg_test = train_
test_split(
    X_reg,
    y_reg,
    test_size=0.3,
    random_state=42
)

# 단일 결정 트리 회귀 모델 생성 및 학습
tree_reg = DecisionTreeRegressor(random_state=42)
tree_reg.fit(X_reg_train, y_reg_train)
y_pred_tree_reg = tree_reg.predict(X_reg_test)

# 개별 회귀 모델 생성
lin_reg = LinearRegression()
dt_reg = DecisionTreeRegressor(random_state=42)
knn_reg = KNeighborsRegressor(n_neighbors=5)

# 보팅 회귀 모델 생성 (각 모델과 가중치 지정 가능)
voting_reg = VotingRegressor(
    estimators=[
        ('lr', lin_reg),
        ('dt', dt_reg),
        ('knn', knn_reg)
    ],
    weights=None  # 각 모델에 대한 가중치 설정 (선택 사항)
)

# 모델 학습
voting_reg.fit(X_reg_train, y_reg_train)

# 예측
y_pred_voting_reg = voting_reg.predict(X_reg_test)

# 평가
print('단일 트리 MSE:', mean_squared_error(
    y_reg_test,
    y_pred_tree_reg
))
print('보팅 MSE:', mean_squared_error(
    y_reg_test,
    y_pred_voting_reg
))
print('단일 트리 회귀 R^2:', r2_score(
    y_reg_test,
    y_pred_tree_reg
))
print('보팅 R^2:', r2_score(
    y_reg_test,
    y_pred_voting_reg
))
```

참고 분류 모델과 회귀 모델에서 평가 지표의 개수가 다른 이유

위에 제시한 '보팅의 코드 흐름' 결과에서 분류 문제는 2개의 평가 지표를, 회귀 문제는 4개의 평가 지표를 사용하여 성능을 평가한다. 분류 문제는 각 샘플이 어떤 클래스에 속하는지를 예측하는 것이며, 가장 직관적인 성능 지표인 정확도(Accuracy)를 기준으로 평가한다. 맞다/틀리다의 이분법적 판단이 가능하기 때문에, 비교적 간단한 지표로도 모델의 성능을 파악할 수 있다. 반면 회귀 문제는 연속적인 수치를 예측하는 과정이므로, 정답 여부를 단순히 이분법으로 판단할 수 없다. 따라서 예측값과 실제 값 사이의 오차 크기가 중요한 평가 요소가 되며, 이 오차의 특성과 분포를 다양한 지표를 통해 분석하는 것이 일반적이다. 주로 오차의 절대 크기인 MSE, 데이터의 스케일에 영향이 없고 상대적인 평가를 나타내는 R^2를 이용하여 데이터의 전반적인 패턴을 확인하고 회귀 모델의 성능을 파악한다.

지금부터는 실제 데이터를 이용하여 분류 문제에 대한 분석을 진행한다. 분석은 두 가지 데이터 분할 방식을 기반으로 한다. 첫 번째는 학습용 데이터와 테스트 데이터로 나누는 2분할 방식이고, 두 번째는 학습용 데이터, 검증용 데이터, 테스트 데이터로 나누는 3분할 방식이다. 특히 3분할 방식에서는 기본 학습기, 하이퍼파라미터 수동 튜닝, 하이퍼파라미터 자동 튜닝으로 구분하여 분석 과정을 비교하고, 결과가 어떻게 달라지는지 확인하도록 한다.[3]

분류 문제 실습

이제 실습을 통해 분류 문제에 대한 분석을 진행해 보자.[4]

연구문제

차량 유지보수를 해야 하는지 하지 않아도 되는지를 예측하기 위해 차량의 다양한 상태 정보를 기록한 데이터를 수집했다. 이를 바탕으로 예측 모델을 구축한다.

▶ 실습파일 | ensemble_classification.csv

변수명(컬럼)	데이터 타입	설명
mileage	수치형	차량의 총 주행 거리(단위: km 또는 miles)
age	수치형	차량의 연식
engine_noise	범주형	엔진 소음 수준(예 소음 측정값 또는 범주)
tire_wear	수치형	타이어 마모 정도(0에서 1 사이의 비율 등)
check_engine_light	범주형	계기판의 엔진 경고등 상태(켜짐/꺼짐)
interaction_feature	수치형	상호작용 특성(예 주행거리와 연식)
additional_feature	수치형	기타 특성(예 최근 수리 금액, 연료 주입량)
complex_feature	수치형	복합 지표(예 엔진 상태, 타이어 마모 등의 점수)
needs_maintenance	범주형	유지보수의 필요 여부. 목표변수(결과 변수)

3 15장 실습에서 데이터 분할 방식은 모두 동일하다.

4 3분할 데이터에서 하이퍼파라미터 튜닝을 포함한 부분은 실무에서 사용한다. 따라서 초급자라면 2분할 데이터와 3분할 데이터의 기본 학습기를 중심으로 흐름을 먼저 파악하고, 여기에 익숙해지면 하이퍼파라미터 튜닝까지 추가적으로 학습한다. 이러한 학습 방식을 따라가면 앙상블의 고급 과정까지 쉽게 이해할 수 있을 것이다.

공통 기본 과정

1 필요한 라이브러리 가져오기

보팅의 분류 문제를 해결하기 위해 다음 라이브러리를 임포트한다.

```
import pandas as pd
from sklearn.model_selection import train_test_split, GridSearchCV
from sklearn.linear_model import LogisticRegression
from sklearn.tree import DecisionTreeClassifier
from sklearn.neighbors import KNeighborsClassifier
from sklearn.ensemble import VotingClassifier
from sklearn.metrics import accuracy_score, confusion_matrix, classification_report
from sklearn.preprocessing import StandardScaler
from sklearn.pipeline import Pipeline
```

[그림 15-1] 필요한 라이브러리 임포트하기

2 데이터 불러오기

2분할 데이터와 3분할 데이터를 구분하기 위해 데이터 파일 **ensemble_classification.csv**를 불러와서 각각 **data**로 정의한다.

```
data = pd.read_csv('./source/ensemble_classification.csv')
```

[그림 15-2] 데이터 불러오기

3 변수 분리

data의 **needs_maintenance**에 해당하는 데이터를 **y**로 정의하고, **drop** 함수를 이용하여 변수들 중 **needs_maintenance**에 해당하는 열을 제외한 나머지를 **X**로 정의한다.

```
X = data.drop('needs_maintenance', axis=1)
y = data['needs_maintenance']
```

[그림 15-3] 변수 분리

참고 데이터 스케일링의 필요성

이 장에서 예제로 제공한 파일은 단위가 크게 다르지 않게 선정된 데이터 구성이므로 별도의 스케일링 과정이 필요 없지만, 실무에서 얻은 데이터들은 스케일링 과정이 필요할 수 있다. 예를 들어 데이터의 특성값이 Feature 1은 0.1~0.9로 구성되어 있고, Feature 2는 1,000~10,000으로 구성되어 있다면, 거리 기반 모델인 KNN이나 SVM에서는 큰 값을 가진 특성에 반응을 보이는 것으로 판단할 수 있다.

앙상블 모델에서도 어떤 모델들을 이용하여 앙상블을 구성하느냐에 따라 스케일링 필요 여부를 확인해야 한다. [표 15-1]에서 스케일링이 필요한 모델 특성과 스케일링이 필요 없는 모델 특성을 구분하여 정리하였다.

[표 15-1] 알고리즘별 스케일링 필요성

구분	알고리즘	필요성
거리 기반	KNN	필요함
기울기 사용(선형)	Linear Regression, Logistic Regression	필요함
SVM 계열	SVC, SVR, Linear SVC, Linear SVR	필요함
신경망	MLPClassifier, MLPRegressor,	필요함
차원 축소	PCA	필요함
트리 기반	DecisionClassifier, DecisionRegressor	필요 없음
확률 기반	Logistic Regression	거의 필요함[5]

실무에서는 다음과 같이 스케일링을 먼저 실시한 후 **4 데이터 분할**을 실시한다.

```
scaler = StandardScaler()
X_scaled = scaler.fit_transform(X)
```

[그림 15-4] 데이터 스케일링

4 데이터 분할[6]

2분할: **train_test_split()**을 이용하여 데이터셋의 70%를 학습용 데이터로, 30%를 테스트 데이터로 구분하고 **X_train_2**, **X_test_2**, **y_train_2**, **y_test_2**로 정의한다.

3분할: **train_test_split()**을 이용하여 데이터셋을 60:20:20으로 3분할한다. 먼저 전체 데이터를 **X_train**, **X_temp**와 **y_train**, **y_temp**로 분할한다. 이어서 **X_temp**, **y_temp**를 다시 **X_val**, **X_test**과 **y_val**, **y_test**로 분할하여 정의한다.[7]

5 Logistic Regression은 기본적으로 기울기 사용(선형) 모델의 범주에 넣는 것이 맞지만, 시그모이드 함수를 통해 최종적으로 '확률'을 추정하는 모델이기 때문에 확률 기반 모델로 분류하였다. 예제는 변수 단위가 이미 맞춰진 것이라 스케일링 없이 진행해도 경고 없이 동작하지만, 실무에서 변수 단위가 크다면 모델 성능이 불안해지므로 스케일링이 거의 필수적이다.

6 앙상블의 보팅을 학습하면서 주의할 사항이 있다. 실습에서는 기본 학습기에서 로지스틱 회귀분석, 의사결정나무, KNN의 세 가지 모델을 다루고 하드 보팅과 소프트 보팅을 시행한 후 다시 데이터 분할에 따른 차이까지 확인한다. 이 때문에 학습자 입장에서는 코드가 길어져 어려움을 느낄 수 있다. 그러나 모든 앙상블 순서는 '데이터 분할-모델 생성-모델 학습-모델 예측-모델 평가'의 과정으로 동일하다. 그러니 코드 입력 작업에 몰입하기보다 전체의 흐름을 이해하는 데 초점을 맞추자.

7 앞서 14장 '단일 트리 모델'에서는 초급자와 중고급자로 구분하여 분석을 진행했다. 그러나 앙상블 실습부터는 학습자 수준이 아닌 데이터 분할 방식에 따라 구분한 후 통합적으로 분석한다. 즉 데이터를 2분할과 3분할로 구분하고, 3분할 데이터에 대해서도 기본 학습기와 하이퍼파라미터를 수동으로 튜닝하는 방법, 자동으로 튜닝하는 방법을 한 번에 학습한 후 비교하여 전체적인 차이를 확인할 수 있도록 한다.

2분할 (70:30)

```
X_train_2, X_test_2, y_train_2, y_test_2 = train_test_split(
    X, y, test_size=0.3, random_state=42
)
```

3분할 (60:20:20)

```
X_train, X_temp, y_train, y_temp = train_test_split(
    X, y, test_size=0.4, random_state=42
)
X_val, X_test, y_val, y_test = train_test_split(
    X_temp, y_temp, test_size=0.5, random_state=42
)
```

[그림 15-5] 데이터 분할

앙상블 모델 구축 및 평가

개별 모델을 다룰 때와 마찬가지로, 앙상블 모델을 구축할 때도 **VotingClassifier()**와 같은 앙상블 기법에 사용할 개별 모델들을 먼저 선택하고 생성한 뒤, 각 모델을 학습시킨 후 앙상블 모델을 통해 예측 성능을 평가하는 과정을 거친다. 다만, 앙상블을 이용하더라도 기본 내재적인 학습기를 이용하는 모델인지, 하이퍼파라미터를 튜닝하여 최적화된 학습기를 이용하는 모델인지에 따라 구분된다.[8]

개별 모델 예시	단계	앙상블 예시
LogisticRegression() DecisionTreeClassifier() KNeighborsClassifier()	생성	VotingClassifier()
fit()	학습	fit()
predict()	예측	predict()
accuracy_score()	평가	accuracy_score()

[그림 15-6] 개별 모델과 앙상블의 단계별 비교

5 모델 생성[9]

먼저 로지스틱 회귀분석, 결정 트리, KNN의 세 가지 기본 분류기를 정의한다. 로지스틱 회귀 모델은 최대 반복 횟수를 10,000으로 설정하고, 결과 재현성을 위해 난수 시드를 고정한다.

8 앙상블을 이해하는 과정에서는 기본 학습기로 실습하고, 앙상블 개념이 잡힌 중급자 이상의 독자라면 하이퍼파라미터 튜닝을 하는 최적화된 학습기를 이용하는 방법으로 앙상블을 학습하길 권한다.

9 모델을 하나만 생성한 뒤 이후 단계에서 구분해도 되지만, 초급자 입장에서는 흐름을 명확히 파악하는 것이 중요하므로 이 단계에서 모델을 구분하여 생성하였다. 생성된 모델들은 앙상블의 모델 구성과 시각화에서 활용된다.

결정 트리와 KNN은 기본 설정을 그대로 사용한다. 그리고 **estimators=[('log', log_), ('dt', dt_), ('knn', knn_)]**으로 앞서 정의한 3개의 기본 모델을 리스트로 묶어 VotingClassifier에서 사용하도록 한다.

```
log_ = LogisticRegression(max_iter=10000, random_state=42)
dt_ = DecisionTreeClassifier(random_state=42)
knn_ = KNeighborsClassifier()

estimators = [('log', log_), ('dt', dt_), ('knn', knn_)]
```

[그림 15-7] 2분할 데이터와 3분할 데이터로 사용할 기본 모델 생성

2분할/3분할 기본 학습기: 2분할 데이터는 **voting_hard_2**와 **voting_soft_2**로 하드 보팅과 소프트 보팅을 정의하고, 3분할 데이터는 **voting_hard_3**와 **voting_soft_3**로 하드 보팅과 소프트 보팅을 정의한다.[10]

3분할 수동 튜닝: 3분할 데이터의 수동 튜닝 보팅 모델을 생성해 보자. 로지스틱 회귀분석 모델은 파라미터를 조정하여 **C=0.5**로 설정해 정규화 강도(작을수록 더 강하게 규제)를 조절하고 최적화 알고리즘을 **solver='lbfgs'**로 지정한다. 결정 트리 모델은 **max_depth=5**로 트리의 최대 깊이를 제한하고, **min_samples_split=4**로 내부 노드가 분할되기 위한 최소 샘플 수를 지정한다. KNN 모델은 **n_neighbors=7**로 고려할 이웃 수를 7로 지정하고, **weights='distance'**로 가까운 이웃일수록 더 큰 가중치를 반영하도록 설정한다. 이렇게 수동 튜닝한 모델들을 앙상블용 리스트로 묶어 **estimators_m**으로 저장한 뒤, 3분할 데이터의 수동 튜닝된 **voting_hard_m**과 **voting_soft_m**으로 하드 보팅과 소프트 보팅을 정의한다.

3분할 자동 튜닝: 3분할 데이터의 자동 튜닝에서는 실험할 하이퍼파라미터를 정의하기 위해, 로지스틱 회귀분석 모델에서 규제 강도를 의미하는 **C**의 후보를 **0.1**, **1**, **5**로 설정하고, 학습 반복 횟수 **max_iter**를 최대 **5,000**번과 **10,000**번으로 지정하여 학습이 수렴하는지 확인한다.[11] 결정 트리 모델에서는 트리의 최대 깊이 **max_depth**를 **3**, **5**, **7**로 설정하고, 내부 노드를 분할하기 위한 최소 샘플 수 **min_samples_split**를 **2**, **4**, **6**으로 설정한다. KNN 모델에서는 고려할 이웃의 수 **n_neighbors**를 **3**, **5**, **7**로 설정하고, 각 이웃의 가중치 방식 **weights**를 **uniform**과 **distance**로 설정한다(uniform: 모든 이웃을 동일하게 취급, distance: 가까운 이웃일수록 더 큰 가중치 반영).

gs_log, **gs_dt**, **gs_knn**에서는 정의한 하이퍼파라미터 후보들을 모두 시도하며, 5-폴드(Fold) 교차검증(**cv=5**)을 사용하여 최적의 파라미터를 찾는다.[12] **fit()** 함수로 **X_train_a**, **y_**

10 이후 모든 데이터 분할 시 2분할과 3분할로 구분하여 적용한다. 3분할 데이터에서는 구분자에 _3, _m, _a를 사용하여 세부적으로 구분한다.

11 이 값을 설정하지 않으면 기본값인 100이 적용되며 데이터의 크기나 복잡성에 따라 이 값이 충분할 수도 있고 부족할 수도 있다. 반복 횟수가 부족하면 학습이 제대로 이루어지지 않거나 수렴하지 않아 성능 저하로 이어질 수 있으며, 학습 시간이 짧아지는 대신 예측 정확도가 떨어질 위험도 있다. (3분할에서도 동일하게 적용됨)

12 GridSearchCV가 5-폴드 교차검증을 사용하는 목적은 최적 하이퍼파라미터를 찾기 위함이고, 뒤에 나오는 수동 튜닝 모델의 교차검증은 선택된 수동 하이퍼파라미터 모델을 평가하여 일반화 성능을 확인하기 위함이다. 폴드 수가 많으면 연산 시간이 늘어난다는 단점이 있지만, 실무에서는 보통 5나 10을 사용한다. 데이터가 매우 큰 경우라면 3-폴드도 충분하다.

train_a에 맞춰 학습시키며, 이 과정에서 GridSearchCV가 자동으로 최적 하이퍼파라미터를 탐색한다.

GridSearchCV로 찾은 최적 모델(best_estimator_)들을 하나의 리스트로 묶어 estimators_a로 저장한 후 앙상블에 사용한다. 그리고 3분할 데이터에서 자동 튜닝된 voting_hard_a와 voting_soft_a로 하드 보팅과 소프트 보팅을 정의한다.

2분할

```
voting_hard_2 = VotingClassifier(estimators=estimators, voting='hard')
voting_soft_2 = VotingClassifier(estimators=estimators, voting='soft')
```

3분할

```
voting_hard_3 = VotingClassifier(estimators=estimators, voting='hard')
voting_soft_3 = VotingClassifier(estimators=estimators, voting='soft')
```

3분할 수동 튜닝

```
log_m = LogisticRegression(max_iter=10000, C=0.5, solver='lbfgs')
dt_m = DecisionTreeClassifier(max_depth=5, min_samples_split=4)
knn_m = KNeighborsClassifier(n_neighbors=7, weights='distance')

estimators_m = [('log', log_m), ('dt', dt_m), ('knn', knn_m)]

voting_hard_m = VotingClassifier(estimators=estimators_m, voting='hard')
voting_soft_m = VotingClassifier(estimators=estimators_m, voting='soft')
```

3분할 자동 튜닝

```
param_log = {'C': [0.1, 1, 5], 'max_iter': [5000, 10000]}
param_dt = {'max_depth': [3, 5, 7], 'min_samples_split': [2, 4, 6]}
param_knn = {'n_neighbors': [3, 5, 7], 'weights': ['uniform', 'distance']}

gs_log = GridSearchCV(LogisticRegression(), param_log, cv=5)
gs_dt = GridSearchCV(DecisionTreeClassifier(), param_dt, cv=5)
gs_knn = GridSearchCV(KNeighborsClassifier(), param_knn, cv=5)

gs_log.fit(X_train_a, y_train_a)
gs_dt.fit(X_train_a, y_train_a)
gs_knn.fit(X_train_a, y_train_a)

# 최적 모델의 앙상블 구성
estimators_a = [
    ('log', gs_log.best_estimator_),
    ('dt', gs_dt.best_estimator_),
    ('knn', gs_knn.best_estimator_)
]

voting_hard_a = VotingClassifier(estimators=estimators_a, voting='hard')
voting_soft_a = VotingClassifier(estimators=estimators_a, voting='soft')
```

[그림 15-8] 개별 하드 보팅과 소프트 보팅 모델 생성

6 모델 학습

2분할: 2분할에서는 학습 데이터 X_train_2, y_train_2를 사용하여 하드 보팅 앙상블 모델 voting_hard_2와 소프트 보팅 앙상블 모델 voting_soft_2를 학습시킨다.

3분할: 3분할 데이터의 기본 학습기, 수동 튜닝, 자동 튜닝에서도 X_train, y_train을 사용하여 하드 보팅과 소프트 보팅 앙상블 모델을 학습시킨다. 이후 3분할 데이터의 경우 [그림

15-9]와 같이 이모지를 사용하여 나타내고자 한다. 이모지 🌳를 3, m, a로 바꾸어 코딩하면, 그에 맞는 분석이 이루어진다.[13]

2분할

```
voting_hard_2.fit(X_train_2, y_train_2)
voting_soft_2.fit(X_train_2, y_train_2)
```

3분할

```
voting_hard_🌳.fit(X_train, y_train)
voting_soft_🌳.fit(X_train, y_train)
```

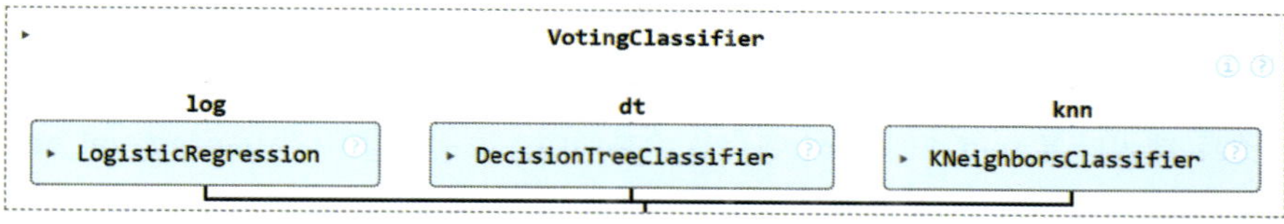

[그림 15-9] 모델 학습

7 예측

print_evaluation 함수는 제목(**title**), 실제 값(**y_true**), 예측값(**y_pred**)의 총 3개 인자를 입력받아 성능을 비교하도록 한다. 이때, **print(f'===== {title} =====')**을 통해 제목을 보기 좋게 출력하고, 정확도(**Accuracy**)를 **accuracy_score**로 계산하여 출력한다. 이어서 혼동 행렬(**confusion matrix**)을 출력한다. 마지막으로 precision(정밀도), recall(재현율), f1-score, support를 포함한 상세 평가 보고서인 **classification_report**를 출력한다.

```
def print_evaluation(title, y_true, y_pred):
    print(f'===== {title} =====')
    print(f'Accuracy: {accuracy_score(y_true, y_pred):.4f}')
    print('Confusion Matrix:')
    print(confusion_matrix(y_true, y_pred))
    print('Classification Report:')
    print(classification_report(y_true, y_pred))
```

[그림 15-10] print_evaluation 함수 정의

참고 기준점을 확인하기 위한 단일 모델 생성

여기서 단일 모델이란 로지스틱 회귀, 의사결정나무, KNN으로 구성되어 있지만 어떤 영향도 미치지 않는 기본적인 모델을 의미한다. 보팅에서는 각각의 모델을 비교하므로 기준점이 필요하지 않지만, 분석 대상에 따라 필요할 수도 있다. 이 경우 [그림 15-10] 다음에 [그림 15-11]의 코드를 한 줄 입력해 두면 된다.

```
single_models = {'Logistic': log_, 'DecisionTree': dt_, 'KNN': knn_}
```

[그림 15-11] 단일 모델 설정

다만, 배깅에서는 하나의 모델을 다양한 데이터 조합으로 평가하기 때문에 기준점이 반드시 필요하다는 점을 기억해 두자.

13 예를 들어 3분할 기본 학습기의 하드 보팅은 voting_hard_3.fit(X_train, y_train)으로 코딩하면 된다.

이제 **predict()** 메서드를 사용하여 예측을 수행해 보자. 모델은 학습 과정에서 파악한 패턴을 바탕으로 각 테스트 샘플의 특성값을 분석하고 각 분류기의 예측 결과를 종합하여 최종 예측 레이블을 결정한 후 이를 저장한다.

2분할: 2분할 하드 보팅 모델 **voting_hard_2**와 **voting_soft_2**가 테스트 데이터 **X_test_2**에 대해 예측을 수행하여, 그 결과를 **y_pred_hard_2**와 **y_pred_soft_2**에 저장한다.

3분할: 3분할 하드 보팅 모델 **voting_hard_3**가 검증 데이터 **X_val_3**와 테스트 데이터 **X_test_3**에 대해 예측을 수행하여, 그 결과를 각각 **y_pred_val_hard_3**와 **y_pred_test_hard_3**에 저장한다. 또한 3분할 소프트 보팅 모델 **voting_soft_3**가 검증 데이터 **X_val_3**와 테스트 데이터 **X_test_3**에 대해 예측을 수행하여, 그 결과를 각각 **y_pred_val_soft_3**와 **y_pred_test_soft_3**에 저장한다.

2분할

```
y_pred_hard_2 = voting_hard_2.predict(X_test_2)
y_pred_soft_2 = voting_soft_2.predict(X_test_2)
```

3분할

```
y_pred_val_hard_♻ = voting_hard_♻.predict(X_val)
y_pred_test_hard_♻ = voting_hard_♻.predict(X_test)
y_pred_val_soft_♻ = voting_soft_♻.predict(X_val)
y_pred_test_soft_♻ = voting_soft_♻.predict(X_test)
```

[그림 15-12] **보팅의 예측**

8 평가

2분할: 2분할 하드 보팅 모델과 소프트 보팅 모델의 평가 결과를 확인하기 위해, 실제 레이블 **y_test_2**와 예측값 **y_pred_hard_2**를 **print_evaluation** 함수에 전달하여 평가 지표를 출력한다.

3분할: 3분할 기본 하드 보팅 모델의 검증용 성능과 테스트 성능을 확인하기 위해, 실제 레이블 **y_val_3**와 예측값 **y_pred_val_hard_3**를 **print_evaluation** 함수에 전달하여 평가 지표를 출력한다. 3분할 기본 소프트 보팅 모델의 검증용 성능과 테스트 성능을 확인하기 위해, 실제 레이블 **y_test_3**와 예측값 **y_pred_test_hard_3**를 **print_evaluation** 함수에 전달하여 평가 지표를 출력한다.[14]

단일 모델

```
for name, model in single_models.items():
    model.fit(X_train_2, y_train_2)
    pred = model.predict(X_test_2)
    print_evaluation(name, y_test_2, pred)
```

2분할

```
print_evaluation('2분할 하드보팅', y_test_2, y_pred_hard_2)
print_evaluation('2분할 소프트보팅', y_test_2, y_pred_soft_2)
```

3분할

```
print_evaluation('3분할 oo 하드보팅 (검증용)', y_val, y_pred_val_hard_♻)
print_evaluation('3분할 oo 하드보팅 (테스트)', y_test, y_pred_test_hard_♻)
print_evaluation('3분할 oo 소프트보팅 (검증용)', y_val, y_pred_val_soft_♻)
print_evaluation('3분할 oo 소프트보팅 (테스트)', y_test, y_pred_test_soft_♻)
```

[그림 15-13] **보팅의 평가**

9 평가 결과

지금까지 분석한 내용의 출력 결과는 다음과 같다.

```
===== Logistic =====
Accuracy: 0.6400
Confusion Matrix:
[[364  73]
 [197 116]]
Classification Report:
              precision    recall  f1-score   support

           0       0.65      0.83      0.73       437
           1       0.61      0.37      0.46       313

    accuracy                           0.64       750
   macro avg       0.63      0.60      0.60       750
weighted avg       0.63      0.64      0.62       750
```

```
===== DecisionTree =====
Accuracy: 0.5787
Confusion Matrix:
[[283 154]
 [162 151]]
Classification Report:
              precision    recall  f1-score   support

           0       0.64      0.65      0.64       437
           1       0.50      0.48      0.49       313

    accuracy                           0.58       750
   macro avg       0.57      0.57      0.57       750
weighted avg       0.58      0.58      0.58       750
```

```
===== KNN =====
Accuracy: 0.5293
Confusion Matrix:
[[283 154]
 [199 114]]
Classification Report:
              precision    recall  f1-score   support

           0       0.59      0.65      0.62       437
           1       0.43      0.36      0.39       313

    accuracy                           0.53       750
   macro avg       0.51      0.51      0.50       750
weighted avg       0.52      0.53      0.52       750
```

[그림 15-14] 단일 모델의 예측 성능 결과

```
===== 2분할 하드보팅 =====
Accuracy: 0.6173
Confusion Matrix:
[[347  90]
 [197 116]]
Classification Report:
              precision    recall  f1-score   support

           0       0.64      0.79      0.71       437
           1       0.56      0.37      0.45       313

    accuracy                           0.62       750
   macro avg       0.60      0.58      0.58       750
weighted avg       0.61      0.62      0.60       750
```

```
===== 2분할 소프트보팅 =====
Accuracy: 0.5880
Confusion Matrix:
[[299 138]
 [171 142]]
Classification Report:
              precision    recall  f1-score   support

           0       0.64      0.68      0.66       437
           1       0.51      0.45      0.48       313

    accuracy                           0.59       750
   macro avg       0.57      0.57      0.57       750
weighted avg       0.58      0.59      0.58       750
```

[그림 15-15] 2분할의 하드 보팅과 소프트 보팅 결과

```
===== 3분할 기본 하드보팅 (검증용) =====
Accuracy: 0.6160
Confusion Matrix:
[[236  65]
 [127  72]]
Classification Report:
              precision    recall  f1-score   support

           0       0.65      0.78      0.71       301
           1       0.53      0.36      0.43       199

    accuracy                           0.62       500
   macro avg       0.59      0.57      0.57       500
weighted avg       0.60      0.62      0.60       500
```

```
===== 3분할 기본 하드보팅 (테스트) =====
Accuracy: 0.6320
Confusion Matrix:
[[220  63]
 [121  96]]
Classification Report:
              precision    recall  f1-score   support

           0       0.65      0.78      0.71       283
           1       0.60      0.44      0.51       217

    accuracy                           0.63       500
   macro avg       0.62      0.61      0.61       500
weighted avg       0.63      0.63      0.62       500
```

[그림 15-16 ①] 3분할 기본 학습기의 검증용/테스트 데이터의 하드 보팅과 소프트 보팅 결과

14 [그림 15-13]에서 3분할의 OO에는 3, m, a에 맞게 각각 '기본', '수동', '자동'을 입력한다.

```
===== 3분할 기본 소프트보팅 (검증용) =====
Accuracy: 0.5840
Confusion Matrix:
[[195 106]
 [102  97]]
Classification Report:
              precision    recall  f1-score   support

           0       0.66      0.65      0.65       301
           1       0.48      0.49      0.48       199

    accuracy                           0.58       500
   macro avg       0.57      0.57      0.57       500
weighted avg       0.59      0.58      0.58       500
```

```
===== 3분할 기본 소프트보팅 (테스트) =====
Accuracy: 0.5900
Confusion Matrix:
[[188  95]
 [110 107]]
Classification Report:
              precision    recall  f1-score   support

           0       0.63      0.66      0.65       283
           1       0.53      0.49      0.51       217

    accuracy                           0.59       500
   macro avg       0.58      0.58      0.58       500
weighted avg       0.59      0.59      0.59       500
```

[그림 15-16 ②] 3분할 기본 학습기의 검증용/테스트 데이터의 하드 보팅과 소프트 보팅 결과

```
===== 3분할 수동 하드보팅 (검증용) =====
Accuracy: 0.6880
Confusion Matrix:
[[250  51]
 [105  94]]
Classification Report:
              precision    recall  f1-score   support

           0       0.70      0.83      0.76       301
           1       0.65      0.47      0.55       199

    accuracy                           0.69       500
   macro avg       0.68      0.65      0.65       500
weighted avg       0.68      0.69      0.68       500
```

```
===== 3분할 수동 하드보팅 (테스트) =====
Accuracy: 0.6700
Confusion Matrix:
[[231  52]
 [113 104]]
Classification Report:
              precision    recall  f1-score   support

           0       0.67      0.82      0.74       283
           1       0.67      0.48      0.56       217

    accuracy                           0.67       500
   macro avg       0.67      0.65      0.65       500
weighted avg       0.67      0.67      0.66       500
```

```
===== 3분할 수동 소프트보팅 (검증용) =====
Accuracy: 0.6820
Confusion Matrix:
[[245  56]
 [103  96]]
Classification Report:
              precision    recall  f1-score   support

           0       0.70      0.81      0.76       301
           1       0.63      0.48      0.55       199

    accuracy                           0.68       500
   macro avg       0.67      0.65      0.65       500
weighted avg       0.68      0.68      0.67       500
```

```
===== 3분할 수동 소프트보팅 (테스트) =====
Accuracy: 0.6400
Confusion Matrix:
[[226  57]
 [123  94]]
Classification Report:
              precision    recall  f1-score   support

           0       0.65      0.80      0.72       283
           1       0.62      0.43      0.51       217

    accuracy                           0.64       500
   macro avg       0.64      0.62      0.61       500
weighted avg       0.64      0.64      0.63       500
```

[그림 15-17] 3분할 수동 튜닝의 검증용/테스트 데이터의 하드 보팅과 소프트 보팅 결과

```
===== 3분할 자동 하드보팅 (검증용) =====
Accuracy: 0.6960
Confusion Matrix:
[[259  42]
 [110  89]]
Classification Report:
              precision    recall  f1-score   support

           0       0.70      0.86      0.77       301
           1       0.68      0.45      0.54       199

    accuracy                           0.70       500
   macro avg       0.69      0.65      0.66       500
weighted avg       0.69      0.70      0.68       500
```

```
===== 3분할 자동 하드보팅 (테스트) =====
Accuracy: 0.6580
Confusion Matrix:
[[232  51]
 [120  97]]
Classification Report:
              precision    recall  f1-score   support

           0       0.66      0.82      0.73       283
           1       0.66      0.45      0.53       217

    accuracy                           0.66       500
   macro avg       0.66      0.63      0.63       500
weighted avg       0.66      0.66      0.64       500
```

[그림 15-18 ①] 3분할 자동 튜닝의 검증용/테스트 데이터의 하드 보팅과 소프트 보팅 결과

```
===== 3분할 자동 소프트보팅 (검증용) =====
Accuracy: 0.6880
Confusion Matrix:
[[258  43]
 [113  86]]
Classification Report:
              precision    recall  f1-score   support

           0       0.70      0.86      0.77       301
           1       0.67      0.43      0.52       199

    accuracy                           0.69       500
   macro avg       0.68      0.64      0.65       500
weighted avg       0.68      0.69      0.67       500
```

```
===== 3분할 자동 소프트보팅 (테스트) =====
Accuracy: 0.6480
Confusion Matrix:
[[233  50]
 [126  91]]
Classification Report:
              precision    recall  f1-score   support

           0       0.65      0.82      0.73       283
           1       0.65      0.42      0.51       217

    accuracy                           0.65       500
   macro avg       0.65      0.62      0.62       500
weighted avg       0.65      0.65      0.63       500
```

[그림 15-18 ②] 3분할 자동 튜닝의 검증용/테스트 데이터의 하드 보팅과 소프트 보팅 결과

10 수동 튜닝 모델의 교차검증

지금까지는 학습용·검증용·테스트 데이터로 한 번만 분할하여 모델을 평가했다. 수동 튜닝 모델에서 교차검증을 실시하는 이유는 데이터 분할 방식에 따라 모델 성능이 달라질 수 있기 때문이다. 이를 위해 데이터를 5개의 폴드(Fold)로 나누어 각 폴드마다 학습과 평가를 반복하고, 폴드별 정확도의 평균을 계산함으로써 모델의 일반화 성능을 더 신뢰성 있게 확인할 수 있다.

수동 튜닝된 모델 **voting_hard_m**과 **voting_soft_m**을 대상으로, 전체 데이터 **X**, **y**를 5-폴드 교차검증하여 폴드별 정확도를 계산하고, 그 결과를 각각 **scores_hard_m**과 **scores_soft_m**에 저장한다. 이후 **print()** 함수를 이용하여 5-폴드 교차검증에서 얻은 하드 보팅과 소프트 보팅 모델의 평균 정확도를 출력하고, 각 폴드별 정확도를 함께 출력한다.

```
scores_hard_m = cross_val_score(voting_hard_m, X, y, cv=5)
scores_soft_m = cross_val_score(voting_soft_m, X, y, cv=5)

print(f'수동튜닝 하드보팅 5-Fold 평균: {scores_hard_m.mean():.4f}')
print('수동튜닝 하드보팅 Fold별 정확도:', scores_hard_m)
print(f'수동튜닝 소프트보팅 5-Fold 평균: {scores_soft_m.mean():.4f}')
print('수동튜닝 소프트보팅 Fold별 정확도:', scores_soft_m)
```

```
수동튜닝 하드보팅 5-Fold 평균: 0.6672
수동튜닝 하드보팅 Fold별 정확도: [0.692 0.674 0.67  0.66  0.64 ]
수동튜닝 소프트보팅 5-Fold 평균: 0.6512
수동튜닝 소프트보팅 Fold별 정확도: [0.654 0.668 0.668 0.638 0.628]
```

[그림 15-19] 수동 모델의 교차검증과 출력 결과

출력 결과를 보면, 하드 보팅 모델이 소프트 보팅 모델보다 평균 정확도가 조금 더 높고 폴드별 편차도 상대적으로 작아 데이터에 대해 더 안정적인 성능을 보여준다. 또한 두 모델 모두 5-폴드 교차검증을 통해 확인한 결과, 특정 폴드에 지나치게 의존하지 않고 전체 데이터에서 균형 있는 예측 성능을 가진다고 판단할 수 있다.

우리는 수동 튜닝을 통해 예측 성능이 안정적이라는 결론을 얻었다. 이제 자동 튜닝 후 성능이 더 개선되는지를 확인해 보자.

11 자동 튜닝 모델의 최적 하이퍼파라미터 확인

자동 튜닝 모델에서 최적 파라미터를 확인하기 위해서는 **gs_log.best_params_** 등에 대한 출력이 필요하다. 이는 Logistic Regression, Decision Tree, KNN 같은 개별 분류기에 대해 GridSearchCV가 탐색한 최적의 하이퍼파라미터를 확인하는 과정이다. 이렇게 찾아낸 최적화된 파라미터를 앙상블 모델에 적용하면 전체 모델 성능을 최대화할 수 있다.

GridSearch 최적 파라미터라는 제목을 출력하고, GridSearchCV로 학습한 Logistic Regression, Decision Tree, KNN 모델에서 최적 하이퍼파라미터를 각각 출력한다.

```
print('[GridSearch 최적 파라미터]')
print(f'Logistic: {gs_log.best_params_}')
print(f'Tree:     {gs_dt.best_params_}')
print(f'KNN:      {gs_knn.best_params_}')
```

```
[GridSearch 최적 파라미터]
Logistic: {'C': 5, 'max_iter': 5000}
Tree:     {'max_depth': 5, 'min_samples_split': 2}
KNN:      {'n_neighbors': 7, 'weights': 'uniform'}
```

[그림 15-20] 자동 튜닝 모델의 최적 하이퍼파라미터 확인

출력 결과를 통해, GridSearchCV가 각 모델에서 가장 성능을 내는 하이퍼파라미터 조합은 다음과 같이 확인할 수 있다. Logistic Regression에서는 규제 강도 C=5로 설정하여 모델이 약간의 과적합을 허용하면서 학습 데이터를 더 잘 맞추도록 최적화하였고, 최대 반복 횟수를 5,000으로 지정하였다. Decision Tree에서는 트리의 최대 깊이를 5로 제한하여 과적합을 방지하고, 노드를 분할하기 위한 최소 샘플 수를 2로 설정하여 가능한 한 세밀하게 분할할 수 있게 하였다. KNN에서는 최근접 이웃 수를 7로 설정하고, 모든 이웃에 동일한 가중치를 부여하는 uniform 방식을 적용하는 것이 최적임을 확인했다.

12 자동 튜닝 모델의 교차검증

자동 튜닝된 모델 **voting_hard_a**와 **voting_soft_a**를 대상으로, 전체 데이터 **X**, **y**에 대해 5-폴드 교차검증을 수행하여 폴드별 정확도를 계산하고, 그 결과를 각각 **scores_hard_a**와 **scores_soft_a**에 저장한다. 이후 **print()** 함수를 이용하여 5-폴드 교차검증에서 얻은 하드보팅과 소프트 보팅 모델의 평균 정확도를 출력하고, 폴드별 정확도 값도 함께 출력한다. 이를 통해 GridSearchCV에서 선택된 최적 하이퍼파라미터가 전체 데이터에서 얼마나 안정적이고 일반화 성능이 우수한지를 확인할 수 있다.

```
scores_hard_a = cross_val_score(voting_hard_a, X, y, cv=5)
scores_soft_a = cross_val_score(voting_soft_a, X, y, cv=5)

print(f'자동튜닝 하드보팅 5-Fold 평균: {scores_hard_a.mean():.4f}')
print('자동튜닝 하드보팅 Fold별 정확도:', scores_hard_a)
print(f'자동튜닝 소프트보팅 5-Fold 평균: {scores_soft_a.mean():.4f}')
print('자동튜닝 소프트보팅 Fold별 정확도:', scores_soft_a)
```

```
자동튜닝 하드보팅 5-Fold 평균: 0.6700
자동튜닝 하드보팅 Fold별 정확도: [0.686 0.688 0.66  0.666 0.65 ]
자동튜닝 소프트보팅 5-Fold 평균: 0.6624
자동튜닝 소프트보팅 Fold별 정확도: [0.654 0.686 0.674 0.66  0.638]
```

[그림 15-21] 자동 튜닝 모델의 교차검증

하드 보팅의 교차검증 결과를 보면, 5개의 폴드에서 얻은 정확도 [0.686 0.688 0.66 0.666 0.65]와 이를 평균한 값 0.6700으로, 약 67.00%의 평균 정확도가 확인된다. 소프트 보팅에서는 5개의 폴드에서 얻은 정확도 [0.654, 0.686, 0.674, 0.66, 0.638]과 이를 평균한 값 0.6624로, 약 66.24%의 평균 정확도가 확인된다.[15]

■ 평가 결과 해석

전체적인 보팅 분석은 로지스틱 회귀, 결정 트리, KNN의 세 가지 기본 분류기를 결합한 보팅 앙상블 기법을 사용하였다. 이를 통해 장비 유지보수 필요성을 예측하는 모델의 성능을 평가하고 최적의 모델을 선정하는 것에 목적을 두었다.

먼저 단일 모델들의 성능을 2분할한 데이터셋에 대한 평가를 살펴보면 [표 15-2]와 같다.

[표 15-2] 단일 모델들의 성능을 2분할한 데이터셋에 대한 평가

모델	Accuracy	Recall(유지보수 필요)
로지스틱 회귀	0.6400	0.37
결정 트리	0.5787	0.48
KNN	0.5293	0.36

로지스틱 회귀 모델이 0.6400의 정확도로 가장 우수하다. 그러나 세 모델 모두 Class 1(유지보수 필요)에 대한 재현율(Recall)이 매우 낮은 수준(0.36~0.48)이다. 실제로 유지보수가 필요한 장비를 모델이 놓치는(False Negative) 오류가 자주 발생해서, 약점이 뚜렷한 개별 모델들을 단순 결합한 기본 보팅 모델은 저조한 예측 성능을 나타냈다.

3분할 모델의 정확도 평가 결과는 [표 15-3]과 같다.

15 실습을 진행하다 보면, 책에 나온 수치와 다른 수치가 나올 수 있다. 자동 튜닝의 경우 GridSearchCV를 포함하고 있어서 학습이 완료되었지만, 교차검증 과정에서 다시 학습시켜야 하는 구조다. 즉, 각 폴드에서 학습용 데이터셋이 달라지므로, 학습을 실행할 때마다 결과 값이 달라질 수 있다. 반면, 수동 튜닝의 경우는 정해진 값으로 fit()이 이미 끝난 상태이기 때문에 결과 값이 달라지지 않는다. 결과 값을 고정하고 싶다면 [그림 15-21]에서 다음과 같이 random_state=42로 고정하면 된다.

```
kf = KFold(n_splits=5, shuffle=True, random_state=42)

scores_hard_a = cross_val_score(voting_hard_a, X, y, cv=kf)
scores_soft_a = cross_val_score(voting_soft_a, X, y, cv=kf)
```

[표 15-3] 3분할 모델별 정확도 비교

모델 그룹	검증용 정확도(최고치)	테스트 정확도(최고치)
기본 앙상블	0.6160	0.6320
수동 튜닝 앙상블	0.6900	0.6680
자동 튜닝 앙상블	0.6960	0.6600

하이퍼파라미터 수동 튜닝 및 GridSearchCV를 통한 자동 튜닝을 수행한 결과, 3분할 앙상블 모델의 성능은 큰 폭으로 개선되었다. 특히 자동 튜닝 하드 보팅 모델은 검증용 데이터셋에서 0.6960의 최고 정확도가 확인되었다. 이는 3분할의 기본 하드 보팅 검증용에서 확인한 정확도 0.6160과 비교하면 8%p 이상 상승한 수치다.

테스트 데이터셋 기준으로는 수동 튜닝 하드 보팅 모델이 0.6680으로 가장 높은 정확도를 보여준다. 이 결과를 통해, 앙상블 모델의 성능을 향상하려면 단순히 모델을 결합하기보다 개별 모델의 파라미터를 최적화하는 과정이 필수임을 판단할 수 있다.

하드 보팅과 소프트 보팅을 비교해 보면, 대부분의 경우 하드 보팅이 소프트 보팅보다 더 나은 성능을 보여준다. 이 결과는 개별 모델들의 예측 클래스를 다수결로 채택하는 하드 보팅 방식을 채택했을 때 더 견고하고 효과적인 결정을 내렸음을 나타낸다.[16]

새로운 데이터에 대해서도 안정적으로 예측할 수 있는 일반화 성능을 확인하기 위해 5-폴드 교차검증을 진행하였다. 그 결과 [표 15-4]에서 확인할 수 있듯이, 자동 튜닝 하드 보팅 모델이 0.6700이라는 가장 높은 평균 정확도를 기록하며 최적의 일반화 성능을 입증했다. 즉 이 모델은 테스트 셋의 성능 0.6600을 넘어, 전체 데이터 분포에 대해 가장 안정적이고 신뢰할 수 있는 예측 수행 능력을 보여준다.

[표 15-4] 5-폴드 교차검증 후의 정확도와 정확도 범위

모델	5-폴드 평균 정확도	폴드별 정확도 범위
수동 하드 보팅	0.6672	[0.640, 0.692]
자동 하드 보팅	0.6700	[0.650, 0.688]

최종 결론은 다음과 같다. 본 분석으로 확인한 최적 모델은 GridSearchCV를 통해 파라미터가 최적화된 하드 보팅 앙상블 모델이다. 이 모델은 단일 모델 대비 향상된 정확도 0.6700과 우수한 일반화 능력으로 유지보수 예측 성능을 가장 효과적으로 개선했다. 그러나 한계점도 나타났다. 모든 앙상블 모델에서 유지보수가 필요한 Class 1의 재현율은 40%대에 머물렀다. 이는 모델이 유지보수가 필요한 장비를 절반 이상 놓치고 있다는 뜻이다. 따라서 실제로 설비 관리 목표를 달성하기 위해서는 모델 개선이 시급하다는 점을 시사한다.

16 실제로는 소프트 보팅의 성능이 더 좋은 것으로 평가받지만, 확률을 신뢰할 수 없는 모델이 섞이면 하드 보팅이 더 안정적으로 동작하게 된다.

13 시각화

지금까지 진행한 보팅 실습은 세 가지 기본 모델(로지스틱 회귀, 결정 트리, KNN)을 2개의 보팅 방식(하드 보팅, 소프트 보팅)으로 결합하여, 네 가지 설정(2분할, 3분할, 3분할 수동 튜닝, 3분할 자동 튜닝)을 구성한 것이다. 이 모든 상황을 한 번에 시각화하면 너무 복잡해져 시각화의 장점을 살릴 수 없다. 따라서 여기서는 수동 튜닝 소프트 보팅과 자동 튜닝 소프트 보팅 두 가지에 대해 테스트 데이터를 기준으로 시각화를 진행한다.[17]

ROC(Receiver Operating Characteristic) 곡선은 원래 레이더 수신기의 탐지 성능을 평가하기 위해 만든 곡선으로, x축은 False Positive Rate(FPR, 거짓 양성 비율), y축은 True Positive Rate(TPR, 민감도/재현율)를 표현한다. 임곗값(threshold)을 변화시키며 TPR과 FPR의 관계를 시각화하여, 분류 모델이 양성/음성을 얼마나 잘 구분하는지 전체적인 패턴을 보여주는 곡선이다. 또한 AUC(Area Under the Curve)는 ROC 곡선 아래 면적을 계산한 값으로 0~1 사이의 범위를 가지며, 값이 클수록 모델의 구분 능력이 우수함을 의미한다. 따라서 여러 모델을 비교할 때 직관적이고 실용적인 지표로 활용된다. ROC-AUC라는 이름에서 ROC는 곡선 자체의 개념적 중요성을, AUC는 그 곡선을 수치로 표현하는 실용성을 나타낸다. 즉, ROC-AUC는 ROC 곡선을 이용해 계산한 면적 값을 말한다.

먼저 시각화에 필요한 라이브러리를 임포트한다.

```
from sklearn.metrics import roc_curve, roc_auc_score
import matplotlib.pyplot as plt
```

[그림 15-22] 시각화에 필요한 라이브러리 임포트하기

수동 튜닝 소프트 보팅 모델 **voting_soft_m**을 학습용 데이터(**X_train_m**, **y_train_m**)로 학습(**fit**)시키고, **predict_proba()** 메서드로 **X_test_m**에 대한 클래스별 확률을 예측한다. 이때 클래스 1(즉, needs_maintenance=1)일 확률만 선택(**[:,1]**)하고, **y_prob_soft_m**으로 저장한다. 이어서 자동 튜닝 소프트 보팅 모델 **voting_soft_a**를 학습용 데이터(**X_train_a**, **y_train_a**)로 학습(**fit**)시키고, **predict_proba()** 메서드로 **X_test_a**에 대한 클래스별 확률을 예측한다. 이때 클래스 1(즉, needs_maintenance=1)일 확률만 선택(**[:,1]**)하고, **y_prob_soft_a**로 저장한다.

```
y_prob_soft_m = voting_soft_m.fit(X_train_m, y_train_m).predict_proba(X_test_m)[:,1]
y_prob_soft_a = voting_soft_a.fit(X_train_a, y_train_a).predict_proba(X_test_a)[:,1]
```

[그림 15-23] 확률 예측을 변수로 저장

수동 튜닝 소프트 보팅 모델에서 예측한 클래스 1의 확률 **y_prob_soft_m**과 실제 정답 **y_test_m**을 이용하여 **roc_curve()** 함수를 호출한다. 이를 통해 FPR, TPR, 임곗값(**_**)을 계산하고, 각각 **fpr_m**, **tpr_m**, **_**에 저장한다. 마찬가지로, 자동 튜닝 소프트 보팅 모델에서

17 게다가 여기서 구현할 ROC-AUC 그래프는 하드 보팅을 표현하지 못한다. 하드 보팅이 다수결 투표 방식이므로 결과가 클래스 레이블(분류)로 나타나기 때문이다.

예측한 클래스 1의 확률 **y_prob_soft_a**와 실제 정답 **y_test_a**를 이용하여 **roc_curve()** 함수를 호출한다. 이를 통해 FPR, TPR, 임곗값을 계산하고, 각각 **fpr_a**, **tpr_a**, **_**에 저장한다.

```
fpr_m, tpr_m, _ = roc_curve(y_test_m, y_prob_soft_m)
fpr_a, tpr_a, _ = roc_curve(y_test_a, y_prob_soft_a)
```

[그림 15-24] ROC 계산

수동 튜닝 소프트 보팅 모델의 FPR(**fpr_m**)과 TPR(**tpr_m**)을 이용해 ROC 곡선 아래 면적(**AUC**)을 계산하고 **auc_m**에 저장한다. 자동 튜닝 소프트 보팅 모델의 FPR(**fpr_a**)과 TPR(**tpr_a**)을 이용해 ROC 곡선 아래 면적(**AUC**)을 계산하고 **auc_a**에 저장한다.

```
auc_m = auc(fpr_m, tpr_m)
auc_a = auc(fpr_a, tpr_a)
```

[그림 15-25] AUC 계산

수동 튜닝 소프트 보팅 모델의 FPR(**fpr_m**)과 TPR(**tpr_m**)을 이용해 ROC 곡선을 그린다. 이때 범례(**label**)에 **AUC** 값을 소수점 **3**자리까지 표시하며, 곡선 색상은 파란색으로 설정(**color='blue'**)한다. 자동 튜닝 소프트 보팅 모델의 ROC 곡선을 빨간색(**color='red'**)으로 표시하고, 범례에 해당 AUC 값을 **3**자리까지 표시한다.

ROC 기준선인 대각선을 검은 점선으로 표시하고, x축과 y축 레이블을 각각 **False Positive Rate**, **True Positive Rate**로 설정한다. 그래프 제목은 **ROC-AUC Curve 비교**로 지정한다. 범례는 그래프 오른쪽 아래에 배치하고, 배경에 격자선을 추가하여, **plt.show()**로 출력한다.

```
plt.plot(fpr_m, tpr_m, label=f'수동튜닝 소프트보팅 (AUC={auc_m:.3f})', color='blue')
plt.plot(fpr_a, tpr_a, label=f'자동튜닝 소프트보팅 (AUC={auc_a:.3f})', color='red')
plt.plot([0,1], [0,1], 'k--')
plt.xlabel('False Positive Rate')
plt.ylabel('True Positive Rate')
plt.title('ROC-AUC Curve 비교')
plt.legend(loc='lower right')
plt.grid()
plt.show()
```

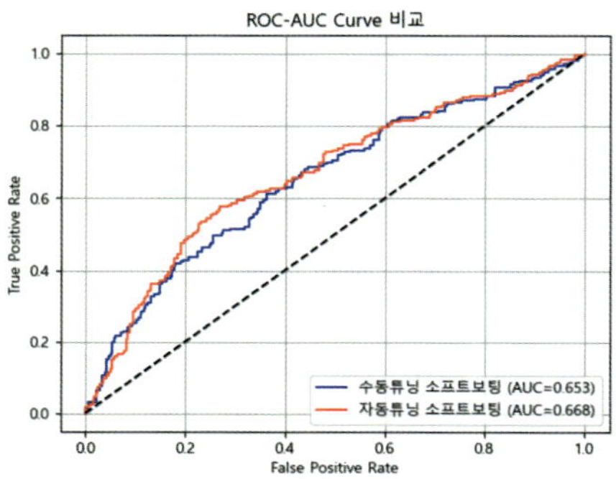

[그림 15-26] ROC-AUC Curve 시각화와 출력 결과

출력된 그래프를 보면, 수동 튜닝과 자동 튜닝의 소프트 보팅이 분리되어 나타나고 있다. ROC 곡선이 왼쪽 위로 더 치우칠수록, AUC 값이 높을수록 모델의 양성과 음성 구분 능력이 좋다는 것을 의미한다.

SECTION

15.3 앙상블 학습 기법(2): 배깅

배깅의 개념

배깅(Bagging)은 간단하게 느껴지는 이름에 비해, 그 개념은 직관적으로 와닿지 않을 수 있다. 배깅은 Bootstrap Aggregating의 줄임말로, '부트스트랩 방식의 집계'라는 의미다. 다소 어렵게 들릴 수 있지만, 핵심 원리는 매우 단순하다. 하나의 모델을 여러 번 복원 추출된 서로 다른 데이터 샘플로 학습시키고, 이 모델들의 예측을 평균(회귀) 또는 다수결(분류) 방식으로 집계하여 최종 결과를 만든다. 배깅은 데이터의 불확실성과 모델의 분산을 줄이기 위해 고안된 기법이다.[18]

우리가 사용하는 데이터는 유한하며, 잡음이나 편향이 포함되어 있을 수 있다. 이러한 불확실성을 하나의 모델이 모두 감당하려고 하면, 학습 데이터에 대해 과적합(overfitting)이 발생할 가능성이 높다. 배깅은 이러한 과적합 문제를 완화하기 위해, 하나의 학습 데이터를 여러 개로 나누어 사용하는 전략을 취한다. 이처럼 데이터를 쪼개는 방식을 부트스트래핑(bootstrapping)이라고 한다. 즉, 원래 하나였던 학습 데이터에서 중복을 허용하는 복원 추출 방식으로 여러 개의 데이터셋으로 구성하고, 이를 각각의 모델에 적용해 학습시키는 것이다.[19]

이처럼 서로 독립적으로 학습한 모델들은 예측 과정에서 다양한 결과를 반환하게 되며, 이 반환값을 평균하거나 다수결 방식으로 집계하여 최종 예측값을 도출한다. 이때 분류 문제에서는 가장 많이 나온 클래스, 회귀 문제에서는 각 모델의 예측값 평균을 사용하여 개별 모델에서 발생하는 잡음이나 편향을 완화하고 더욱 안정적인 결과를 예측하게 된다.

---

18 여기서 '하나의 모델'이란 로지스틱 회귀, 결정 트리, KNN 등의 모델 종류에서 하나를 선택하고, 그 동일한 모델 구조를 서로 다른 부트스트랩 샘플에 대해 학습시킨 모델을 의미한다.

19 『제대로 시작하는 기초통계학(개정판)』(한빛아카데미)의 pp.49~51에서 설명하는 **표본분포** 내용을 참조하면, 표본 수를 늘릴수록 점점 모수에 가까워지는 것을 확인할 수 있다.

참고 **배깅의 복원 추출**

100개의 데이터가 들어 있는 데이터셋에서 데이터 100개를 뽑아 다시 데이터셋을 구성한다고 하자. 그러면 이 새로운 데이터셋은 원래의 데이터셋과 동일하다고 생각할 수 있다. 그러나 복원 추출 방식인 부트스트래핑을 따른다면 상황이 달라진다. 100개 중 1개를 뽑고 나머지 99개 중에서 다시 뽑는 것이 아니라, 뽑았던 데이터를 기록한 후 다시 100개의 데이터셋으로 복원하고, 이 안에서 다시 뽑는 과정을 100회 반복하여 100개를 만드는 방식이다. 따라서 처음에 뽑힌 데이터가 이후의 데이터 추출 과정에서 다시 선택될 수도 있고, 다른 데이터가 추출될 수도 있다. 어쩌면 어떤 데이터는 한 번도 추출되지 않을 수 있다. 이렇게 중복을 허용한 복원 추출을 통해 100개의 서로 다른 데이터셋을 생성하고, 각각의 모델에 학습시킴으로써 과적합과 편향을 완화할 수 있다.

배깅의 장점과 단점

배깅의 장점과 단점을 구체적으로 살펴보면 다음과 같다.

■ 장점

- **과적합 완화:** 배깅은 복원 추출 방식의 부트스트래핑을 통해 동일한 표본에서 여러 개의 데이터셋을 구성한다. 이 과정에서 생성된 데이터셋은 서로 다른 구성을 갖게 되므로, 모델은 학습용 데이터에서만 성능이 좋게 나타나는 것이 아니라 새로운 데이터에 대해서도 예측력을 갖춘 일반화 성능을 확보할 수 있다. 뒤에서 확인하겠지만, 단일 트리 모델이나 신경망처럼 복잡한 모델에서 발생하기 쉬운 과적합 문제를 효과적으로 완화할 수 있다.
- **분산 감소:** 배깅은 분류 문제에서는 다수결, 회귀 문제에서는 평균을 통해 예측 결과를 집계함으로써, 단일 모델이 가지는 예측의 변동성(분산)을 줄인다. 따라서 예측 성능이 낮은 모델이 일부 포함되어 있어도, 앙상블을 통해 오류를 줄이고 좀 더 안정적인 예측 결과를 도출할 수 있다. 특히 분산이 큰 모델의 경우 데이터의 작은 특성에도 민감하게 반응하는데, 배깅은 이러한 민감도를 완화하여 모델의 안정성을 높인다.
- **평가 지표 개선:** 기저 모델(base model)은 노이즈에 민감하게 반응하여 예측 성능이 불안정할 수 있다. 하지만 배깅을 통해 다양한 부트스트랩 샘플로 학습하면 데이터의 다양성이 증가하고, 개별 모델의 예측 오류가 다수결 방식이나 평균화를 통해 상쇄되어 전반적인 평가 지표가 개선된다. 결과적으로 일관성 있는 예측 성능을 확보할 수 있다.
- **이상치의 영향 감소:** 이상치는 모델 학습에 왜곡을 일으킬 수 있는 극단적인 값이다. 복원 추출 방식의 부트스트래핑을 통해 구성된 데이터셋들은 그중 일부만 이상치를 포함할 가능성이 높기 때문에, 전체 모델의 예측 결과에 미치는 이상치의 부정적 영향이 줄어든다. 다수결이나 평균을 통해 이상치의 영향을 완전히 제거할 수는 없지만, 정상적인 데이터 기반의 예측이 강화된다.

- **유연한 모델 선택:** 특정 모델에 국한되지 않고 다양한 모델을 자유롭게 선택해 사용할 수 있다면 더 좋은 예측 결과를 기대할 수 있을 것이다. 배깅의 강점 중 하나는 가장 효율적인 모델을 선택할 수 있다는 것이다. 예를 들어 신경망은 아무리 복잡한 패턴이라도 학습할 수 있지만 해석이 어렵고 컴퓨팅 비용이 큰 반면, 단일 트리 모델은 비선형 관계를 잘 다루고 해석이 용이하다. 배깅은 이처럼 모델의 특징이 다른 경우 각 모델의 장점을 조합하고 약점을 보완하여 예측 성능을 끌어 올릴 수 있는 유연성을 제공한다.
- **효율적인 컴퓨팅:** 배깅은 서로 다른 데이터셋으로 구성된 모델들을 각각 독립적으로 학습시키므로 병렬 처리가 가능하다. 이는 하나의 문제에 대해 여러 전문가가 각자 독립적인 의견을 준비하는 것과 유사하다. 배깅은 병렬 처리를 통해 학습 시간을 단축하고 컴퓨팅 자원을 효율적으로 활용할 수 있다. 특히 다중 코어 CPU 환경에서는 배깅의 병렬 처리 능력이 강력하고 정교한 머신러닝의 기반이 될 수 있다.

■ 단점

- **높은 계산 비용:** 배깅의 병렬 처리가 장점이긴 하지만, 여러 모델을 동시에 학습시키고 그 결과들을 활용하려면 단일 모델을 활용할 때보다 시간과 자원이 더 많이 들 수밖에 없다. 모델 수가 많아질수록 계산 비용은 증가하며, 대규모 데이터셋이나 복잡한 모델을 사용할 경우 자원 부담이 커질 수 있다.
- **모델 해석의 어려움:** 단일 모델은 예측 결과에 대한 해석이 비교적 직관적이다. 반면, 배깅은 여러 모델의 결과를 종합하기 때문에 각 모델의 기여도나 변수의 영향력을 파악하기 어렵다. 예측 성능은 높더라도, 개별 모델의 긍정적·부정적 역할을 파악하는 데는 한계가 있다.
- **평가의 복잡성:** 된장찌개를 끓인다고 할 때 물에 된장만 푼 경우라면 된장의 질만 평가하면 되므로 해석이 쉽다. 하지만 다양한 재료를 넣어 끓인 된장찌개는 된장만 푼 상태와 전혀 다른 차원이 된다. 어떤 재료를 어떤 방식으로 조합했는지에 따라 맛과 풍미가 달라진다. 이와 같이, 배깅은 여러 모델의 상호작용을 포함하므로 어떤 요소가 예측 성능에 가장 크게 기여했는지 판단하기 어렵다. 이로 인해 모델 평가와 해석이 복잡해질 수 있다.

배깅이 적용된 코드의 흐름 이해

다음에 제시한 파이썬 코드는 분류 문제와 회귀 문제에 대한 배깅 앙상블의 흐름을 이해하기 위한 코드다. 이 코드는 데이터를 자동으로 1,000개 생성한 후 단일 트리 모델과 배깅 앙상블 모델의 예측 성능을 비교하였다. 본격적인 실습에 들어가기 전에, 배깅을 적용한 코드가 어떤 흐름으로 진행되는지 살펴보기 바란다.

배깅의 코드 흐름

분류(BaggingClassifier)

```
# 필요한 라이브러리
from sklearn.ensemble import BaggingClassifier
from sklearn.tree import DecisionTreeClassifier
from sklearn.datasets import make_classification
from sklearn.model_selection import train_test_split
from sklearn.metrics import accuracy_score

# 데이터 생성
X, y = make_classification(
    n_samples=1000,
    n_features=20,
    random_state=42
)
X_train, X_test, y_train, y_test = train_test_split(
    X,
    y,
    test_size=0.3
)


# 단일 결정 트리
tree = DecisionTreeClassifier(random_state=42)
tree.fit(X_train, y_train)
y_pred_tree = tree.predict(X_test)

# 배깅 분류 모델 생성
bagging = BaggingClassifier(
    estimator=DecisionTreeClassifier(),
    n_estimators=50,
    random_state=42
)

# 모델 학습
bagging.fit(X_train, y_train)

# 예측
y_pred_bagging = bagging.predict(X_test)

# 평가
print('단일 트리 정확도:', accuracy_score(y_test, y_pred_
tree))
print('배깅 정확도:', accuracy_score(y_test, y_pred_
bagging))
```

회귀(BaggingRegressor)

```
# 필요한 라이브러리
from sklearn.ensemble import BaggingRegressor
from sklearn.tree import DecisionTreeRegressor
from sklearn.datasets import make_regression
from sklearn.model_selection import train_test_split
from sklearn.metrics import mean_squared_error, r2_score

# 데이터 생성
X_reg, y_reg = make_regression(
    n_samples=1000,
    n_features=20,
    random_state=42
)
X_reg_train, X_reg_test, y_reg_train, y_reg_test = train_
test_split(
    X_reg,
    y_reg,
    test_size=0.3,
    random_state=42
)

# 단일 결정 트리 회귀 모델
tree_reg = DecisionTreeRegressor(random_state=42)
tree_reg.fit(X_reg_train, y_reg_train)
y_pred_tree_reg = tree_reg.predict(X_reg_test)

# 배깅 회귀 모델 생성
bagging_reg = BaggingRegressor(
    estimator=DecisionTreeRegressor(),
    n_estimators=50,
    random_state=42
)

# 모델 학습
bagging_reg.fit(X_reg_train, y_reg_train)

# 예측
y_pred_bagging_reg = bagging_reg.predict(X_reg_test)

# 회귀 모델 평가
print('단일 트리 회귀 MSE:', mean_squared_error(
    y_reg_test,
    y_pred_tree_reg
))
print('배깅 회귀 MSE:', mean_squared_error(
    y_reg_test,
    y_pred_bagging_reg
))
print('단일 트리 회귀 R^2:', r2_score(
    y_reg_test,
    y_pred_tree_reg
))
print('배깅 회귀 R^2:', r2_score(
    y_reg_test,
    y_pred_bagging_reg
))
```

지금부터는 실제 데이터를 이용하여 회귀 문제에 대한 분석을 진행한다.

회귀 문제 실습

이제 실습을 통해 회귀 문제에 대한 분석을 진행해 보자.

연구문제

주택을 월세로 임대하기 위해 적절한 임대료를 결정하고자 한다. 이때 어느 정도의 월세가 적절할지 인터넷 검색으로 확인할 수도 있지만, 더욱 합리적인 가격을 마련하기 위해 면적, 방 개수, 층수, 지하철역까지의 거리, 건물의 연식, 관리비의 정보를 수집하였고, 실제 월세 정보를 확인했다. 이러한 정보를 기반으로 적절한 월세를 예측하고자 한다.

▶ 실습파일 | ensemble_regression.csv

변수명(컬럼)	데이터 타입	설명
area	수치형	주택의 전용면적(m^2)
rooms	수치형	방의 개수
floor	수치형	건물 내 위치한 층수
dist_subway	수치형	가장 가까운 지하철역까지의 거리(m)
building_age	수치형	건축된 이후 경과된 연수
management_fee	수치형	월 관리비 금액(천 원 단위)
rent	수치형	실제 월세 금액(천 원 단위). 목표변수(결과 변수)

공통 기본 과정

1 필요한 라이브러리 가져오기

배깅의 회귀 문제를 해결하기 위해 다음 라이브러리를 임포트한다.

```
import pandas as pd
import numpy as np
from sklearn.model_selection import train_test_split, cross_val_score, GridSearchCV
from sklearn.tree import DecisionTreeRegressor
from sklearn.ensemble import BaggingRegressor
from sklearn.metrics import mean_squared_error, r2_score
```

[그림 15-27] 필요한 라이브러리 임포트

2 데이터 불러오기

2분할 데이터와 3분할 데이터를 구분하기 위해 데이터 파일 **ensemble_regression.csv**를 불러와서 각각 **data**로 정의한다.

```
data = pd.read_csv('./source/ensemble_regression.csv')
```

[그림 15-28] 데이터 불러오기

3 변수 분리

입력 변수 area, rooms, floor, dist_subway, building_age, management_fee와 출력 변수 rent를 각각 X와 y로 구분한다.

```
X = data[['area', 'rooms', 'floor', 'dist_subway', 'building_age', 'management_fee']]
y = data['rent']
```

[그림 15-29] 변수 분리

4 데이터 분할

2분할: train_test_split() 함수를 사용하여 전체 데이터의 70%를 학습용 데이터(X_train_2, y_train_2)로, 나머지 30%를 테스트 데이터(X_test_2, y_test_2)로 나눈다. test_size=0.3은 테스트셋의 비율을 30%로 설정한다.

3분할: train_test_split() 함수를 사용하여 전체 데이터 60%를 학습용 데이터(X_train, y_train)로, 나머지 40%를 임시 데이터(X_temp, y_temp)로 나눈다. test_size=0.4는 임시 데이터셋의 비율을 40%로 설정한다. 다시 임시 데이터를 나누어 검증용 데이터와 테스트 데이터로 분할한다.

2분할 (70:30)

```
X_train_2, X_test_2, y_train_2, y_test_2 = train_test_split(
    X, y, test_size=0.3, random_state=42
)
```

3분할 (60:20:20)

```
X_train, X_temp, y_train, y_temp = train_test_split(
    X, y, test_size=0.4, random_state=42
)
X_val, X_test, y_val, y_test = train_test_split(
    X_temp, y_temp, test_size=0.5, random_state=42
)
```

[그림 15-30] 데이터 분할

앙상블 모델 구축 및 평가

5 모델 생성

BaggingRegressor는 데이터 샘플을 중복 허용하는 부트스트랩 방식으로 샘플링해서 여러 개의 결정 트리를 학습시킨다. 이후 이들의 예측 평균을 사용하여 과적합을 줄이고 예측 성능을 향상시킨다.

단일 결정 트리 회귀 모델 base_tree는 배깅(Bagging)을 적용하지 않은 순수한 결정 트리의 성능을 측정하기 위한 기준점(Baseline)이 되고, 이 모델로 학습 과정의 무작위성을 제어하여 결과를 재현할 수 있도록 설정한다.

2분할: 배깅 회귀 모델(**BaggingRegressor**)을 다음과 같이 설정한다. 총 100개의 결정 트리 모델을 학습하여 앙상블을 구성하기 위해 **n_estimators=100**을 설정하고, **oob_score=True**를 입력한 후, 결과의 재현 가능성(reproducibility)을 확보하기 위해 **random_state=42**로 고정한다. 이렇게 설정한 모델을 **bagging_model_2**로 정의한다.[20]

3분할: 2분할 데이터를 이용한 방식과 동일한 설정을 사용한다. 데이터셋을 60:20:20으로 분할한 후 학습용 데이터(60%)만 활용하여 모델을 학습시킨다. 이렇게 설정한 모델을 **bagging_model_3**로 정의한다.

3분할 수동 튜닝: 기본 회귀 모델로 **DecisionTreeRegressor()**를 이용하여, 최대 깊이(**max_depth**)는 **5**로 설정하고, 결과의 재현 가능성을 확보하기 위해 **random_state=42**로 지정한다. 총 100개의 결정 트리 모델을 학습하여 앙상블을 구성하기 위해 **n_estimators=100**을 설정하고, 전체 학습용 데이터에서 무작위로 80%씩 뽑아 중복을 허용하면서 각 트리를 학습시키기 위해 **max_samples=0.8**을 설정한다. 이때 전체 배깅 과정의 난수 고정을 통해 결과를 동일하게 재현할 수 있도록 **random_state=42**를 설정한다. 이렇게 설정한 모델을 **bagging_model_m**으로 정의한다.

3분할 자동 튜닝: 최적의 하이퍼파라미터를 찾기 위해 GridSearchCV를 사용한다. 실험할 하이퍼파라미터 후보들을 딕셔너리 형태로 정의하고, 배깅을 위해 학습시킬 트리 개수(**n_estimators**)는 **50**개와 **100**개, 각 트리에 사용할 샘플 비율(**max_samples**)은 **0.6**과 **0.8**로 설정하여, 각각 2개씩 총 6개의 조합을 구성한다. 그리고 최적의 조합을 찾기 위한 모델로 **BaggingRegressor**를 사용하며, 이 안에 들어가는 **estimator**(기반 모델)는 **DecisionTreeRegressor**를 사용한다. 각각의 하이퍼파라미터 조합에 대해 데이터셋을 5개로 나누어 학습과 검증을 반복하고 평균 성능을 비교하는 5-폴드 교차검증(**cv=5**)을 수행하고, 결과의 재현 가능성을 확보하기 위해 **random_state=42**를 설정한다. 또한 **return_train_score=True** 옵션을 추가하여 학습용 데이터에 대한 성능(train_score)과 검증용 데이터에 대한 성능(test_score)을 모두 기록한다. 이 점수를 이용하여 나중에 최종 결과를 보며 과적합 여부를 판단할 수 있다.[21] 이렇게 설정한 모델을 **bagging_model_a**로 정의한다.

기저 모델

```
base_tree = DecisionTreeRegressor(random_state=42)
```

2분할

```
bagging_model_2 = BaggingRegressor(
    estimator=DecisionTreeRegressor(random_state=42),
    n_estimators=100,
    oob_score=True,
    random_state=42
)
```

20 oob는 Out-Of-Bag의 약자이며, 배깅에서 내장 검증 점수를 계산하는 옵션이다. 각 트리를 학습할 때 원본 데이터에서 일부 샘플을 무작위로 중복 추출(bootstrap sampling)해서 학습하고, 나머지 샘플(트리 학습에 사용되지 않은 샘플)을 검증용으로 활용하도록 한다. 이를 이용하면, 추가 검증 데이터가 불필요하고 빠른 성능 평가가 가능하며 과적합을 감지할 수 있다. 3분할 데이터는 검증용/테스트 데이터를 사용하므로, 일반적으로 oob는 생략한다.

21 하이퍼파라미터를 자동으로 튜닝하는 경우 [그림 15-38]을 보고 과적합 여부를 판단한다. 학습용 score는 0.89~0.95로 매우 높은 반면, 테스트 score는 0.66~0.67 수준이다. mean_train_score(학습 성능)가 mean_test_score(검증 성능)보다 지나치게 높다면 명백히 과적합에 가깝다고 할 수 있다.

3분할

```
bagging_model_3 = BaggingRegressor(
    estimator=DecisionTreeRegressor(random_state=42),
    n_estimators=100,
    random_state=42
)
```

3분할 수동 튜닝

```
bagging_model_m = BaggingRegressor(
    estimator=DecisionTreeRegressor(max_depth=5, random_state=42),
    n_estimators=100,
    max_samples=0.8,
    random_state=42
)
```

3분할 자동 튜닝

```
bagging_param_grid = {
    'n_estimators': [50, 100],
    'max_samples': [0.6, 0.8, 1.0],
    'estimator__max_depth': [None, 5, 10]
}
bagging_model_a = GridSearchCV(
    BaggingRegressor(
        estimator=DecisionTreeRegressor(random_state=42), random_state=42),
    bagging_param_grid, cv=5, scoring='r2', return_train_score=True, n_jobs=-1)
```

[그림 15-31] 모델 생성

6 모델 학습

fit( ) 함수를 이용하여, 생성된 배깅 모델에 학습용 데이터 **X_train**과 **y_train**을 학습시킨다.[22]

기저 모델

```
base_tree.fit(X_train_2, y_train_2)
```

```
▾ DecisionTreeRegressor
▶ Parameters
```

2분할(70:30)

```
bagging_model_2.fit(X_train_2, y_train_2)
```

3분할(60:20:20)

```
bagging_model_[illegible].fit(X_train, y_train)
```

```
▸ BaggingRegressor
▸ estimator: DecisionTreeRegressor
  ▸ DecisionTreeRegressor
```

[그림 15-32] 모델 학습

22 기저 모델과 2분할 데이터에서 .fit(X_train_2, y_train_2)를 동일하게 호출하지만 학습되는 구조는 완전히 다르다. 기저 모델은 DecisionTreeRegressor를 1개만 학습하지만, 2분할 데이터에서는 BaggingRegressor에서 트리를 여러 개 묶어서 학습한다.

7 예측

2분할: 2분할 데이터에 대해 학습된 배깅 회귀 모델 **bagging_model_2**를 사용해서 테스트 데이터 **X_test_2**에 대한 예측값을 구하여 **y_pred_bag_2** 변수에 저장한다.

3분할: 3분할에서는 검증용 데이터 **X_val**과 테스트 데이터 **X_test**에 대해 학습된 배깅 모델 **bagging_model_🍀**을 **predict()** 함수를 사용해 예측값을 구하고, **y_pred_val_bag_🍀**과 **y_pred_test_bag_🍀**에 저장한다.[23]

기저 모델

```
y_pred_base = base_tree.predict(X_test_2)
```

2분할(70:30)

```
y_pred_bag_2 = bagging_model_2.predict(X_test_2)
```

3분할(60:20:20)

```
y_pred_val_bag_🍀 = bagging_model_🍀.predict(X_val)
y_pred_test_bag_🍀 = bagging_model_🍀.predict(X_test)
```

[그림 15-33] 모델 예측

8 평가

기저 모델/2분할: 기저 모델과 2분할 데이터는 먼저 실제 값 **y_test_2**와 예측값 **y_pred_base**, **y_pred_bag_2**의 차이를 나타내는 평균제곱오차(MSE)를 계산하여 **mse_base**와 **mse_bag_2**에 저장한다. 이어서 동일한 실제 값과 예측값을 비교하여 결정계수(R^2) 점수를 계산해서 **r2_base**와 **r2_bag_2**에 저장한다.

3분할: 3분할에서는 예측한 결과 **y_pred_val_bag_🍀**과 **y_pred_test_bag_🍀**에 실제 정답 **y_val**과 **y_test**를 이용해 검증용 데이터와 테스트 데이터의 평균제곱오차(MSE)와 결정계수(R^2)를 계산하여 **mse_val_bag_🍀**, **r2_val_bag_🍀**와 **mse_test_bag_🍀**, **r2_test_bag_🍀**에 각각 저장한다.

기저 모델

```
mse_base = mean_squared_error(y_test_2, y_pred_base)
r2_base = r2_score(y_test_2, y_pred_base)
```

2분할(70:30)

```
mse_bag_2 = mean_squared_error(y_test_2, y_pred_bag_2)
r2_bag_2 = r2_score(y_test_2, y_pred_bag_2)
```

3분할(60:20:20)

```
mse_val_bag_🍀 = mean_squared_error(y_val, y_pred_val_bag_🍀)
mse_test_bag_🍀 = mean_squared_error(y_test, y_pred_test_bag_🍀)
r2_val_bag_🍀 = r2_score(y_val, y_pred_val_bag_🍀)
r2_test_bag_🍀 = r2_score(y_test, y_pred_test_bag_🍀)
```

[그림 15-34] 배깅 모델 평가

23 3분할에서는 이모지 🍀를 사용한다. 이모지 🍀를 3분할의 기본 학습기, 하이퍼파라미터 수동 튜닝, 자동 튜닝에 맞게 각각 3, m, a로 바꾸어 코딩하면 된다.

9 평가 결과

배깅 모델의 평가가 완료되었다면, 저장된 수치들을 확인한다. 이를 위해 **print()** 함수를 이용하여, MSE(작을수록 좋음)와 R^2(1에 가까울수록 좋음)를 소수점 넷째 자리까지 출력한다.

기저 모델

```
print('기저모델 결과')
print(f'MSE: {mse_base:.4f}, R^2: {r2_base:.4f}')
```

2분할(70:30)

```
print('[2분할 (70:30)] 기본학습기 배깅 결과')
print(f'MSE: {mse_bag_2:.4f}, R^2: {r2_bag_2:.4f}')
print(f'[2분할] OOB Score: {bagging_model_2.oob_score_:.4f}')
```

3분할(60:20:20)

```
print('[3분할 (60:20:20)] oooo 배깅 결과')
print(f'[검증용 데이터] MSE: {mse_val_bag_♻:.4f}, R^2: {r2_val_bag_♻:.4f}')
print(f'[테스트 데이터] MSE: {mse_test_bag_♻:.4f}, R^2: {r2_test_bag_♻:.4f}')
```

[그림 15-35] 배깅 모델 평가 결과 출력

평가 결과를 출력한 결과는 다음과 같다.

기저 모델

```
기저모델 결과
MSE: 13311.4310, R^2: 0.4044
```

2분할(70:30)

```
[2분할 (70:30)] 기본학습기 배깅 결과
MSE: 7035.9166, R^2: 0.6852
[2분할] OOB Score: 0.6668
```

3분할(60:20:20)

```
[3분할 (60:20:20)] 기본학습기 배깅 결과
[검증용 데이터] MSE: 7226.2240, R^2: 0.6831
[테스트 데이터] MSE: 6606.3378, R^2: 0.7121
```

3분할(60:20:20) 수동 튜닝

```
[3분할 + 하이퍼파라미터 수동 튜닝] 배깅 결과
[검증용 데이터] MSE: 7398.6060, R^2: 0.6756
[테스트 데이터] MSE: 7067.0741, R^2: 0.6920
```

3분할(60:20:20) 자동 튜닝

```
[3분할 + 하이퍼파라미터 자동 튜닝] 배깅 결과
[검증용 데이터] MSE: 6999.0695, R^2: 0.6931
[테스트 데이터] MSE: 6460.4461, R^2: 0.7185
```

[그림 15-36] 배깅 모델 평가 결과

초기에 설정한 단일 의사결정나무인 기저 모델의 경우, 결정계수(R^2)가 0.4044로 확인되어 데이터를 충분히 설명하지 못하고 있음을 알 수 있다. 이 문제를 개선하기 위해 배깅 앙상블을 도입하고 하이퍼파라미터 자동 튜닝까지 수행한 결과, 테스트 데이터 기준으로 R^2가 0.7185까지 상승하였다. 이는 모델이 전체 변동성의 약 72%를 설명할 수 있음을 의미하며, 초기 모델 대비 약 31%p 이상 설명력이 향상된 결과다.

이 과정에서 데이터의 신뢰성을 확보하고 과적합을 방지하기 위해, 데이터를 학습/검증/테스트(60:20:20)의 3분할 방식으로 구분하여 단계별 실험을 진행하였다. 결과를 보면, 별도의 튜닝 없이 기본 배깅 모델을 적용했을 때 테스트 데이터의 R^2는 0.7121로 확인되어 기저 모델 대비 훌륭한 성능을 나타낸다. 추가적으로, 과적합을 피하기 위해 트리의 깊이인 max_depth를 5로 제한하는 수동 튜닝을 시도했으나 R^2는 0.6920으로 다소 하락했다. 이는 모델의 복잡도를 지나치게 낮춤으로써 데이터의 패턴을 충분히 학습하지 못하는 과소적합(underfitting)이 발생했기 때문으로 판단된다. 반면, GridSearchCV를 활용한 자동 튜닝 **모델**은 R^2가 0.7185, MSE가 6460.45로 확인되어 모든 평가 모델 중 가장 우수한 성능을 나타낸다. 이는 수동 설정보다 최적화 알고리즘이 찾아낸 파라미터 조합이 일반화 성능 면에서 더 효과적임을 의미한다.

■ 하이퍼파라미터를 수동으로 튜닝하는 경우[24]

수동으로 하이퍼파라미터를 튜닝한 경우, 해당 튜닝이 실제로 효과적인지 검증하기 위해 교차검증을 반드시 수행해야 한다. 학습용 데이터를 활용해 교차검증을 수행함으로써 모델의 일반화 성능을 평가하고, 설정한 하이퍼파라미터가 적절한지 확인할 수 있다. 즉, 연구자가 직접 튜닝한 모델은 반드시 교차검증을 통해 검증되어야 한다.

```
print('[학습용 데이터 5-Fold 교차검증 - 수동 튜닝 배깅 결과]')
cv_scores_bag_m = cross_val_score(bagging_model_m, X_train_m, y_train_m, cv=5, scoring='r2')
print(f'R^2 평균: {cv_scores_bag_m.mean():.4f}')
print(f'R^2 점수: {cv_scores_bag_m}\n')
```

```
[학습용 데이터 5-Fold 교차검증 - 수동 튜닝 배깅 결과]
R^2 평균: 0.6470
R^2 점수: [0.63095648 0.66515021 0.64125996 0.63395911 0.66382768]
```

[그림 15-37] 수동 튜닝 모델의 교차검증

출력 결과를 보면, R^2의 평균이 0.6470으로 확인된다. 이는 새로운 데이터셋에 대해 평균적으로 약 64.7%의 설명력을 가질 것으로 예측된다는 의미다. 이 결과는 앞서 제시된 테스트 데이터의 R^2인 0.6920보다는 낮지만, 과적합되지 않은 더 보수적이고 신뢰할 수 있는 성능 지표로 간주된다. 또한 5개의 폴드로 구성된 학습용 데이터셋의 R^2 점수는 [0.6310, 0.6652, 0.6413, 0.6340, 0.6638]로 확인되었다. 최고 성능(0.6652)과 최저 성능(0.6310) 간의 차이가 약 0.034로 폴드별 성능 편차가 비교적 작아 안정적인 학습 성능을 보여준다. 즉, 개별 결정 트리보다 높은 성능과 안정적인 학습 결과를 보여준다.

참고 자동 튜닝이 무조건 만능일까?

자동 튜닝의 탐색 범위에 수동 튜닝의 설정이 포함되어 있더라도 자동 튜닝의 최종 결과가 수동 튜닝 결과보다 낮게 나올 수 있는데, 이것은 수동 튜닝에서 우연히 최고 성능을 내는 상황이 될 수 있기 때문이다. 자동 튜닝의 GridSearchCV를 cv=5로 설정하면 학습 데이터를 5개의 폴드로 나누어 검증하게 되며, CV 과정에서 다른 5개 폴드에서는 그 성능을 재현하지 못하고 평균 점수가 낮게 나올 수 있다. 즉, 수동 튜닝의 R^2(테스트)는 특정 테스트 데이터셋에 대한 단일 성능이고, 자동 튜닝의 best_score는 과적합을 방지하기 위한 보수적인 지표이므로 모델의 일반적인 성능 평균을 의미한다.

24 수동 튜닝에서 과소적합이 발생하더라도, 특정 파라미터에서 성능이 저해된다는 사실을 증명하기 위해 성능 저하 결과 역시 논문에 보고하도록 한다.

■ 하이퍼파라미터를 자동으로 튜닝하는 경우

GridSearchCV와 같은 도구를 사용하면 하이퍼파라미터를 자동으로 탐색할 수 있으며, 이 과정에서 자체적으로 K−Fold 교차검증이 수행되므로 별도로 교차검증을 다시 실시할 필요는 없다. 단, 여기서 주의할 점은 추가적인 교차검증을 하지 않아도 된다는 의미이지, 내부적으로 수행된 교차검증의 결과를 확인하지 않아도 된다는 뜻은 아니다. 모델이 튜닝 과정에서 얼마나 안정적으로 일반화 성능을 발휘했는지를 평가하고, 선택된 하이퍼파라미터가 실제로 타당한지를 검증하기 위해서는 교차검증 결과를 반드시 확인해야 한다.

최적 파라미터(best_params_)는 여러 하이퍼파라미터 조합 중 K−Fold 교차검증을 통해 점수의 평균(mean_test_score)이 가장 높았던 조합을 의미한다. 최고 검증 성능(best_score_)은 최적 파라미터 조합으로 학습된 모델이 검증셋에서 기록한 점수의 평균값(R^2)이다.

cv_results_는 각 하이퍼파라미터 조합에 대한 학습/검증 성능을 요약한 테이블로, 다음과 같은 주요 지표를 포함한다. mean_train_score는 K번 훈련한 결과의 평균 학습 성능을, mean_test_score는 K번 검증한 결과의 평균 검증 성능을, std_test_score는 검증 점수의 표준편차를 의미한다.

배깅 모델의 검증 과정에서 가장 높은 평균 점수를 출력하기 위해 **print('배깅 최적 파라미터:', bagging_model_a.best_params_)**를 입력한다. 이어서 최적의 하이퍼파라미터 조합으로 학습된 모델의 평균 검증 점수를 출력하기 위해 **print('최고 검증 점수(R²):', bagging_model_a.best_score_)**를 입력한다.

전체 교차검증 결과를 확인하기 위해 **cv_results_**를 Pandas의 **DataFrame**으로 변환하고, 이를 **cv_results_df**로 정의한다. 정의된 **cv_results_df**에서 **params**, **mean_test_score**, **std_test_score**, **mean_train_score** 컬럼만 선택하여 출력한다.

교차검증 결과, 배깅 회귀 모델이 가장 높은 성능을 보인 최적 하이퍼파라미터 조합은 **estimator__max_depth=None**, **max_samples=0.6**, **n_estimators=100**으로 나타났다. 각 트리가 전체 데이터의 60%만 부트스트랩 방식으로 샘플링하여 학습하고, 깊이 제한이 없는 트리를 100개 결합하는 구조다. 동일한 조건에서도 트리 수가 증가할수록 검증 점수가 점진적으로 상승해 충분한 수의 약한 학습기를 결합하는 것이 성능 향상에 기여함을 확인할 수 있다.

또한 max_depth=None을 적용한 모델들이 깊이를 제한한 트리에 비해 일관되게 높은 검증 점수를 보이는데, 이는 복잡한 트리를 사용해도 배깅의 평균화 효과가 과적합을 적절히 억제하기 때문이다. 깊이를 제한한 모델들은 훈련 점수와 검증 점수가 모두 낮은 경향을 보이는데, 이는 표현력이 부족하여 과소적합이 발생했음을 시사한다.

최적 조합의 최고 검증 점수(R^2)는 **0.6742**로, 데이터 분산의 약 67%를 설명하는 수준이다. 검증 점수 표준편차가 낮게 유지된 점 또한 모델이 여러 폴드에서 안정적으로 작동했음을 의미한다.

```python
print('배깅 최적 파라미터:', bagging_model_a.best_params_)
print('최고 검증 점수(R²):', bagging_model_a.best_score_)

cv_results_df = pd.DataFrame(bagging_model_a.cv_results_)
print(cv_results_df[['params', 'mean_test_score', 'std_test_score', 'mean_train_score']])
```

```
배깅 최적 파라미터: {'estimator__max_depth': None, 'max_samples': 0.6, 'n_estimators': 100}
최고 검증 점수(R²): 0.6741681356006002
                                               params  mean_test_score  \
0   {'estimator__max_depth': None, 'max_samples': ...         0.668415
1   {'estimator__max_depth': None, 'max_samples': ...         0.674168
2   {'estimator__max_depth': None, 'max_samples': ...         0.666896
3   {'estimator__max_depth': None, 'max_samples': ...         0.669616
4   {'estimator__max_depth': None, 'max_samples': ...         0.658863
5   {'estimator__max_depth': None, 'max_samples': ...         0.663917
6   {'estimator__max_depth': 5, 'max_samples': 0.6...         0.651599
7   {'estimator__max_depth': 5, 'max_samples': 0.6...         0.652262
8   {'estimator__max_depth': 5, 'max_samples': 0.8...         0.644919
9   {'estimator__max_depth': 5, 'max_samples': 0.8...         0.647031
10  {'estimator__max_depth': 5, 'max_samples': 1.0...         0.644354
11  {'estimator__max_depth': 5, 'max_samples': 1.0...         0.644078
12  {'estimator__max_depth': 10, 'max_samples': 0....         0.669269
13  {'estimator__max_depth': 10, 'max_samples': 0....         0.673552
14  {'estimator__max_depth': 10, 'max_samples': 0....         0.667450
15  {'estimator__max_depth': 10, 'max_samples': 0....         0.671516
16  {'estimator__max_depth': 10, 'max_samples': 1....         0.662905
17  {'estimator__max_depth': 10, 'max_samples': 1....         0.667001

    std_test_score  mean_train_score
0         0.019783          0.896404
1         0.015805          0.898948
2         0.019367          0.929275
3         0.017613          0.931261
4         0.012729          0.950127
5         0.015889          0.952407
6         0.012519          0.727861
7         0.012208          0.728700
8         0.014553          0.729625
9         0.014649          0.730065
10        0.014075          0.729810
11        0.015174          0.730112
12        0.017618          0.876328
13        0.016184          0.878719
14        0.018282          0.901694
15        0.016600          0.903779
16        0.013290          0.918242
17        0.016828          0.920462
```

[그림 15-38] 자동 튜닝의 하이퍼파라미터 확인과 출력 결과

종합적으로 볼 때, 이번 결과는 배깅이 결정 트리의 높은 분산을 효과적으로 제어하고 단일 모델보다 우수한 일반화 성능을 제공하는 기법임을 나타낸다.

참고

1. 논문에서 데이터 분할을 다루는 방법

논문에서 2분할, 3분할, 3분할 수동 튜닝, 3분할 자동 튜닝에 해당하는 모델들을 모두 설명할 필요는 없다. 중요한 것은 핵심 결론을 도출하는 데 필요한 실험 과정과 최종 결과의 신뢰성이다.

이를 위해, 2분할 데이터는 초기 성능 벤치마크를 확인하거나 간략한 비교 분석에 사용한다. 이때 OOB score를 함께 제시하여 검증 데이터를 대체할 수 있음을 보여주면 충분하다. 3분할 데이터로는 하이퍼파라미터 튜닝을 진행하고, 논문에서는 이를 주요 방법론으로 명확히 제시한다. 즉 3분할 전략을 주된 방법론으로 제시하고, 2분할 결과는 기저 모델 비교나 초기 탐색 결과로 간략히 언급하는 정도가 적절하다.

수동 튜닝 결과가 자동 튜닝 결과보다 성능이 낮고 과소적합 문제가 발생했다면, 반드시 보고할 필요는 없다. 다만 분석의 깊이를 보여주기 위해 특정 파라미터 제한으로 인해 성능이 저하된 과소적합 사례를 실패 분석의 예시로 한두 줄 언급하면 된다. 반면, 자동 튜닝을 통해 최종적으로 채택된 모델은 반드시 제시해야 한다. 최종 모델의 테스트 데이터에 대한 R^2와 MSE를 제시하여, 최적의 하이퍼파라미터를 표나 글로 명확히 제시하는 것이 핵심이다.

또한 결과가 우연이 아님을 입증하기 위해, 수동 튜닝 모델의 교차검증(CV) 평균 점수와 편차를 제시하여 모델의 안정성을 보여줄 수 있다. 이는 앙상블 모델의 일반화 능력을 뒷받침하는 근거가 된다. 더불어, GridSearchCV의 결과에서 자동 튜닝 모델의 best_score_(CV 평균 점수)와 cv_results_df에서 상위 성능을 보인 몇 가지 파라미터 조합을 함께 제시하면, 최적화 과정의 투명성을 높일 수 있다.

2. 수동 튜닝과 자동 튜닝 성능 비교를 논문에 기술하는 방법

■ **자동 튜닝의 R^2 > 수동 튜닝의 R^2인 경우**

자동 튜닝은 성능 극대화라는 본래의 목적에 맞게 최적화에 성공했음을 강조한다. 수동 튜닝을 통해 확인된 잠재력을 바탕으로, 정의된 탐색 공간 내에서 가장 최적화된 조합을 체계적으로 검증하고 성능을 극대화한 최종 단계가 자동 튜닝임을 설명한다. 최종 결론에서는 수동 튜닝으로 확인된 R^2를 최적의 출발점으로 하여, GridSearchCV를 통해 자동 튜닝으로 연결되는 최종 R^2까지 추가적으로 개선하는 데 성공했다는 점을 강조한다.

■ **자동 튜닝의 R^2 < 수동 튜닝의 R^2인 경우**

자동 튜닝의 한계와 수동 튜닝의 우수성을 강조한다. 자동 튜닝을 위한 bagging_param_grid가 최적의 조합을 포함하지 못했거나 탐색 공간이 너무 제한적이었을 가능성을 지적한다. 반면, 수동으로 선택한 파라미터 조합은 데이터 특성과 우연히 잘 맞아떨어져 매우 강력한 성능을 발휘했고, GridSearchCV가 이러한 우수성을 재현하지 못한 것이다. 이에 대한 내용을 "자동 튜닝으로 체계적인 탐색을 수행했지만, 수동으로 설정한 파라미터 조합이 가장 높은 일반화 성능을 입증했으므로 해당 모델을 최종 모델로 채택한다."라는 결론으로 강조한다.

SECTION

15.4 앙상블 학습 기법(3): 부스팅

부스팅의 개념과 과정

앙상블 학습의 강력한 기법 중 하나인 부스팅(Boosting)은 여러 약한 모델을 순차적으로 학습시켜 하나의 강력한 모델을 만들어내는 방법이다. 즉, 완벽하지 않은 모델들이 서로의 약점을 보완하면서 성능 좋은 예측을 만들어낸다.

처음에는 간단한 모델을 하나 학습시키고, 그 모델이 제대로 예측하지 못한 어려운 데이터에 집중하여 다음 모델을 학습시킨다. 이처럼 부스팅의 핵심 아이디어는 예측에 실패한 데이터에 더 높은 중요도를 부여하여, 다음 모델이 그 오류를 수정할 수 있도록 학습을 반복하는 데 있다. 이처럼 이전 모델의 실패를 보완하는 추가적인 학습이 반복되면서 예측 성능이 점점 향상된다.

배깅이 여러 모델을 독립적으로 학습시킨 후 결과를 도출하는 방식인 데 비해, 부스팅은 모델 학습 결과에서 발생한 오류를 피드백으로 활용하여 다음 모델이 그 오류를 수정해 학습하는 방식이다. 이러한 반복 학습을 통해 복잡한 패턴을 가진 데이터까지 효과적으로 학습할 수 있어 전체적인 예측 성능이 향상된다.

부스팅이 진행되는 과정을 단계별로 설명하면 다음과 같다.

❶ **초기 학습:** 모든 학습용 데이터에 동일한 가중치를 부여하고, 첫 번째 약한 모델 A를 학습시킨다. 이때 데이터의 전반적인 패턴이 학습되지만, 모델의 성능은 상대적으로 낮을 수 있다.

❷ **오류 분석과 가중치 변경:** 모델 A의 예측 결과 중 오류가 발생한 데이터의 가중치를 증가시킨다. 다음 모델 B가 학습할 때, 이전 모델에서 오류가 나타났던 데이터에 집중하도록 한다.

❸ **모델(B) 학습:** 조정된 가중치를 반영한 데이터를 기반으로 두 번째 약한 모델 B를 학습시킨다. 이 과정에서 모델 B는 모델 A가 학습하기 어려웠던 부분에 더 많은 비중을 두고 학습하게 되며, 높은 가중치를 가진 데이터에 대해 좀 더 정확한 예측을 수행할 수 있도록 개선된다.

❹ **반복 학습:** ❷와 ❸의 과정을 반복함으로써, 각 단계의 새로운 약한 모델은 이전 모델의 시행착오를 보완하게 된다. 이러한 순차적 보완 과정을 통해 강력한 최종 모델을 완성한다.

❺ **최종 예측:** 완성된 최종 모델은 반복적·순차적으로 학습된 모든 모델의 예측 결과를 취합한다. 각 단계에서 모델 성능에 따라 부여된 가중치를 기반으로 최종 예측의 정확도를 높인다.

부스팅의 대표적인 알고리즘

부스팅은 여러 약한 모델을 순차적으로 결합하여 강력한 예측 모델을 만드는 앙상블 기법이다. 다양한 부스팅 알고리즘이 존재하며, 각 방식은 오류 수정 방식, 학습 속도, 데이터 처리 효율성 등에서 차이를 보인다. 대표적인 부스팅 알고리즘은 다음과 같다.

■ AdaBoost(Adaptive Boosting)

이전 모델이 잘못 예측한 데이터에 더 높은 가중치를 부여하여, 다음 모델이 해당 오류를 집중적으로 학습하도록 유도한다. 이렇게 순차적으로 약한 모델들을 결합하며, 최종 예측은 각 모델의 성능에 따라 가중합으로 결정된다. 단순하고 직관적인 알고리즘으로 과적합에 비교적 강한 편이지만, 노이즈나 이상치에 민감하며 선형 분리가 어려운 문제에서는 성능이 떨어진다.

■ Gradient Boosting(GBM)

이전 모델의 오차를 예측하는 새로운 모델을 추가하면서 성능을 개선하는 방식이다. 각 단계에서 손실 함수의 음의 기울기를 계산하고, 이를 다음 모델의 약한 학습기가 학습 재료로 삼아 학습 방향을 결정한다. 이러한 방식은 잔차 학습의 일반화된 형태로 볼 수 있다.[25]

■ XGBoost(Extreme Gradient Boosting)

Gradient Boosting을 개선하여 고속으로 구현하고 성능을 최적화한 알고리즘이다. 병렬 처리, 정규화, 결측값 자동 처리, 효율적 분할 탐색, 과적합 방지 기능 등 다양한 기능을 제공하며, 성능과 속도 모두 우수하다. 이처럼 장점이 많아 머신러닝 대회와 실무에서 널리 사용된다. 다만, 하이퍼파라미터가 많아 튜닝이 까다롭다.

■ LightGBM(Light Gradient Boosting Machine)

Gradient Boosting 기반의 최신 알고리즘으로, 대규모 데이터셋에서 더 빠른 학습 속도와 더 낮은 메모리 사용량을 목표로 개발되었다. 매우 빠른 학습 속도와 낮은 메모리 사용량이 특장점이며 높은 정확도, 대규모 데이터 처리 효율성, 범주형 특성 처리 지원 등 다양한 장점이 있다. 그러나 작은 데이터셋에서는 과적합이 발생할 가능성이 있다.

■ CatBoost

범주형 데이터 처리와 과적합 방지에 중점을 둔 Gradient Boosting 알고리즘이다. 학습용 데이터의 순서에 의존하지 않고 편향 없는 그라디언트 추정을 가능하게 하여 과적합을 방지하는 Ordered Boosting 기법을 사용한다. 또한 각 분기 레벨에서 동일한 분할 기준을 적용하는 Symmetric Trees를 통해 트리의 균형을 유지하고 예측 속도를 높이며 과적합을 줄인다.

---

25 잔차는 실제 값에서 예측값을 뺀 값이다. 수식 계산이 복잡할 수 있으나, '기울기를 따라 손실을 줄이는 방향으로 학습한다'는 개념으로 이해하면 된다.

[표 15-5]는 앞에서 설명한 부스팅 알고리즘의 핵심 내용을 정리한 것이다.

[표 15-5] 부스팅 알고리즘의 종류

부스팅 종류	성격	작동 원리	활용
AdaBoost	부스팅의 기초 개념	오류에 대해 더 많은 가중치를 둠	부스팅의 기본 원리 학습. 단순 데이터. 실험·교육용
Gradient Boosting	AdaBoost의 일반화 개념	이전 모델의 오차를 다음 모델이 학습하고 예측함	부스팅의 핵심 개념 이해 학습. 실무에서 사용하지만 속도가 느림
XGBoost	실무에서 널리 사용됨	약한 예측 모델을 순차 학습하여 강력한 예측을 수행함	실무용 필수 (Kaggle, 예측 모델링 실무 표준)
LightGBM	XGBoost보다 빠르고, 대용량 데이터에 강점이 있음	정보 이득이 높은 리프부터 성장하고, 오류가 큰 데이터에 집중함	큰 데이터 실무
CatBoost	범주형 데이터 자동 처리와 Ordered Boosting으로 과적합을 방지함	순차적 트리 학습과 순서화된 부스팅 및 혁신적 범주형 데이터 처리	범주형 변수가 많은 데이터 처리

부스팅의 장점과 단점

부스팅의 장점과 단점을 구체적으로 살펴보면 다음과 같다.

■ 장점

- **높은 정확도:** 부스팅은 예측에 실패한 데이터에 집중하여 다음 모델을 반복적으로 학습시키는 과정을 거치면서, 이전 모델의 오류를 점진적으로 수정·보완한다. 따라서 전체적인 오류가 감소하고 단일 모델로도 높은 수준의 정확도를 달성할 수 있다. 배깅이 여러 모델의 결과를 독립적으로 결합하는 방식이라면, 부스팅은 각 모델이 순차적으로 학습되며 서로 영향을 주는 구조이기 때문에 더 강력한 예측 성능을 발휘할 수 있다.
- **비선형 모델링 가능:** 여러 약한 모델이 순차적으로 결합되는 과정에서, 데이터가 가진 복잡한 비선형 구조까지 효과적으로 학습할 수 있다. 미세한 패턴이나 특정한 특성을 포착할 수 있어, 데이터의 복잡성을 포괄적으로 모델링하는 데 유리하다.

■ 단점

- **긴 학습 시간:** 부스팅은 모델을 순차적으로 학습시키는 구조이기 때문에, 이전 모델의 결과를 기반으로 다음 모델을 학습해야 한다. 이로 인해 병렬 처리가 어렵고, 모델 수가 많아질수록 학습 시간이 길어지는 단점이 있다.

- **과적합의 위험성**: 오차를 줄이기 위해 반복 학습이 지나치게 이루어지면 학습용 데이터에 과하게 적합되는 위험이 따른다. 이를 방지하기 위해 교차검증을 하여 최적의 하이퍼파라미터를 찾아야 하고, 적절한 시점에 학습을 중단하는 전략이 필요하다.

부스팅이 적용된 코드의 흐름 이해

아래에 제시한 파이썬 코드는 분류 문제와 회귀 문제에 대한 부스팅 앙상블의 흐름을 이해하기 위한 코드다. 이 코드는 데이터를 자동으로 1,000개 생성한 후 단일 트리 모델과 부스팅 앙상블 모델의 예측 성능을 비교하였다. 본격적인 실습에 들어가기 전에, 부스팅을 적용한 코드가 어떤 흐름으로 진행되는지 살펴보기 바란다.

코드에서는 가장 대표적이면서도 직관적인 **AdaBoost**와 실제로 많이 사용되는 **Gradient Boosting** 모델을 생성하여 그 결과를 확인하였다.

부스팅의 코드 흐름

분류(AdaBoostClassifier/GradientBoostingClassifier)

```
# 필요한 라이브러리
from sklearn.ensemble import AdaBoostClassifier
from sklearn.ensemble import GradientBoostingClassifier
from sklearn.tree import DecisionTreeClassifier
from sklearn.datasets import make_classification
from sklearn.model_selection import train_test_split
from sklearn.metrics import accuracy_score

# 데이터 생성 및 분할
X, y = make_classification(
    n_samples=1000,
    n_features=20,
    random_state=42
)
X_train, X_test, y_train, y_test = train_test_split(
    X,
    y,
    test_size=0.3,
    random_state=42
)

# 단일 결정 트리 분류 모델 생성 및 학습
tree_clf = DecisionTreeClassifier(random_state=42)
tree_clf.fit(X_train, y_train)
y_pred_tree = tree_clf.predict(X_test)

# AdaBoost 모델 생성 및 학습
ada_clf = AdaBoostClassifier(
    base_estimator=DecisionTreeClassifier(max_depth=1),
# 약한 학습기
    n_estimators=50,
    learning_rate=1.0,
    random_state=42
)
ada_clf.fit(X_train, y_train)
y_pred_ada = ada_clf.predict(X_test)

# Gradient Boosting 모델 생성 및 학습
gb_clf = GradientBoostingClassifier(
    n_estimators=100,
    learning_rate=0.1,
```

회귀(AdaBoostRegressor/GradientBoostingRegressor)

```
# 필요한 라이브러리
from sklearn.ensemble import AdaBoostRegressor
from sklearn.ensemble import GradientBoostingRegressor
from sklearn.tree import DecisionTreeRegressor
from sklearn.datasets import make_regression
from sklearn.model_selection import train_test_split
from sklearn.metrics import mean_squared_error, r2_score

# 데이터 생성 및 분할
X_reg, y_reg = make_regression(
    n_samples=1000,
    n_features=20,
    random_state=42
)
X_reg_train, X_reg_test, y_reg_train, y_reg_test = train_
test_split(
    X_reg,
    y_reg,
    test_size=0.3,
    random_state=42
)

# 단일 결정 트리 회귀 모델 생성 및 학습
tree_reg = DecisionTreeRegressor(random_state=42)
tree_reg.fit(X_reg_train, y_reg_train)
y_pred_tree_reg = tree_reg.predict(X_reg_test)

# AdaBoost 회귀 모델 생성 및 학습
ada_reg = AdaBoostRegressor(
    base_estimator=DecisionTreeRegressor(max_depth=3),
    n_estimators=100,
    random_state=42
)
ada_reg.fit(X_reg_train, y_reg_train)
y_pred_ada = ada_reg.predict(X_reg_test)

# Gradient Boosting 회귀 모델 생성 및 학습
gbr_reg = GradientBoostingRegressor(
    n_estimators=100,
    learning_rate=0.1,
```

```python
    max_depth=3,
    random_state=42
)
gb_clf.fit(X_train, y_train)
y_pred_gb = gb_clf.predict(X_test)

# 평가
print('단일 트리 정확도:', accuracy_score(y_test, y_pred_
tree))
print('AdaBoost 정확도:', accuracy_score(y_test, y_pred_
ada))
print('Gradient Boosting 정확도:', accuracy_score(y_
test, y_pred_gb))
```

```python
    max_depth=3,
    random_state=42
)
gbr_reg.fit(X_reg_train, y_reg_train)
y_pred_gbr = gbr_reg.predict(X_reg_test)

# 평가
print("단일 트리 MSE:", mean_squared_error(y_reg_test, y_
pred_tree_reg))
print("AdaBoost MSE:", mean_squared_error(y_reg_test, y_
pred_ada))
print("Gradient Boosting MSE:", mean_squared_error(y_
reg_test, y_pred_gbr))

print("단일 트리 R^2:", r2_score(y_reg_test, y_pred_tree_
reg))
print("AdaBoost R^2:", r2_score(y_reg_test, y_pred_ada))
print("Gradient Boosting R^2:", r2_score(y_reg_test, y_
pred_gbr))
```

지금부터는 실제 데이터를 이용하여 회귀 문제에 대한 분석을 진행한다.

회귀 문제 실습

앞에서 제시한 코드에서는 AdaBoost로 기본적인 흐름을 확인하였다. 실습은 이와 크게 다르지 않지만, 실전 감각을 살리기 위해 실무에서 가장 많이 쓰는 XGBoost를 활용한다. 이제 실습을 통해 회귀 문제에 대한 분석을 진행해 보자.[26]

연구문제

주택을 월세로 임대하기 위해 적절한 임대료를 결정하고자 한다. 이때 어느 정도의 월세가 적절할지 인터넷 검색으로 확인할 수도 있지만, 더욱 합리적인 가격을 마련하기 위해 면적, 방 개수, 층수, 지하철역까지의 거리, 건물의 연식, 관리비의 정보를 수집하였고, 실제 월세 정보를 확인했다. 이러한 정보를 기반으로 적절한 월세를 예측하고자 한다.

▶ 실습파일 | ensemble_regression.csv

변수명(컬럼)	데이터 타입	설명
area	수치형	주택의 전용면적(m^2)
rooms	수치형	방의 개수
floor	수치형	건물 내 위치한 층수
dist_subway	수치형	가장 가까운 지하철역까지의 거리(m)
building_age	수치형	건축된 이후 경과된 연수
management_fee	수치형	월 관리비 금액(천 원 단위)
rent	수치형	실제 월세 금액(천 원 단위). 목표변수(결과 변수)

26 배깅의 연구문제와 동일하다.

공통 기본 과정

1 필요한 라이브러리 가져오기

부스팅의 회귀 문제를 해결하기 위해 다음 라이브러리를 임포트한다.

```
import pandas as pd
import numpy as np
from sklearn.model_selection import train_test_split
from sklearn.model_selection import GridSearchCV
from sklearn.model_selection import cross_val_score
from xgboost import XGBRegressor
from sklearn.metrics import mean_squared_error
from sklearn.metrics import r2_score
```

[그림 15-39] 부스팅에 필요한 라이브러리 임포트하기

2 데이터 불러오기

2분할 데이터와 3분할 데이터를 구분하기 위해 데이터 파일 **ensemble_regression.csv**를 불러와서 각각 **data**로 정의한다.

```
data = pd.read_csv('./source/ensemble_regression.csv')
```

[그림 15-40] 데이터 불러오기

3 변수 분리

입력 변수 **area**, **rooms**, **floor**, **dist_subway**, **building_age**, **management_fee**와 출력 변수 **rent**를 **X**와 **y**로 구분한다.

```
X = data[['area', 'rooms', 'floor', 'dist_subway', 'building_age', 'management_fee']]
y = data['rent']
```

[그림 15-41] 변수 분리

4 데이터 분할

2분할: **train_test_split()** 함수를 사용하여 전체 데이터의 70%를 학습용 데이터(**X_train_2**, **y_train_2**)로, 나머지 30%를 테스트 데이터(**X_test_2**, **y_test_2**)로 나눈다. **test_size=0.3**은 테스트셋의 비율을 30%로 설정한다.

3분할: **train_test_split()** 함수를 사용하여 전체 데이터 60%를 학습용 데이터(**X_train**, **y_train**)로, 나머지 40%를 임시 데이터(**X_temp**, **y_temp**)로 나눈다. **test_size=0.4**는 임시 데이터셋의 비율을 40%로 설정한다. 다시 임시 데이터를 나누어 검증용 데이터와 테스트 데이터로 분할한다.

2분할(70:30)

```
X_train_2, X_test_2, y_train_2, y_test_2 = train_test_split(
    X, y, test_size=0.3, random_state=42
)
```

3분할(60:20:20)

```
X_train, X_temp, y_train, y_temp = train_test_split(
    X, y, test_size=0.4, random_state=42
)
X_val, X_test, y_val, y_test = train_test_split(
    X_temp, y_temp, test_size=0.5, random_state=42
)
```

[그림 15-42] 데이터 분할

앙상블 모델 구축 및 평가

5 모델 생성

XGBoost는 Gradient Boosting 방식의 앙상블 학습 기법으로, 이전 트리의 오차를 줄이기 위해 순차적으로 트리를 생성하며 성능을 향상시킨다. 일반적인 배깅 방식과 달리 각 트리는 순차적으로 학습되며, 이전 단계의 예측 오류를 보완하도록 설계된다. 또한 과적합 방지를 위한 정규화 기능과 빠른 학습 속도를 위한 다양한 내부 최적화 기능이 탑재되어 있다.[27]

2분할: 2분할 방식의 XGBoost 회귀 모델은 전체 데이터를 학습용과 테스트 데이터로 7:3 비율로 나누고, 기본 설정의 **XGBRegressor**를 사용한다. 이 모델은 명시적으로 하이퍼파라미터를 조정하지 않고, 결과의 재현 가능성을 확보하기 위해 **random_state=42**를 설정한 후 **xgboost_model_2**로 정의한다.

3분할: 2분할 데이터를 이용한 방식과 동일하게 기본 설정의 **XGBRegressor**를 사용한다. 전체 데이터의 60%를 학습용으로 사용하고, 나머지 40%는 20%씩 나누어 각각 검증용(validation)과 테스트(test)로 사용한다. 이렇게 설정한 모델을 **xgboost_model_3**로 정의한다.

3분할 수동 튜닝: 기본 학습기인 **XGBRegressor**에 **max_depth=5** 하이퍼파라미터를 직접 지정하여 모델 복잡도를 제한한다. max_depth는 각 트리의 최대 깊이를 설정하는 하이퍼파라미터로, 모델이 너무 복잡해져 과적합되는 것을 방지한다. 이 모델 역시 **random_state=42**를 고정하여 **xgboost_model_m**으로 정의한다.[28]

3분할 자동 튜닝: 최적의 하이퍼파라미터를 찾기 위해 **GridSearchCV**를 사용한다. 트리의 개수(**n_estimators**)는 **50**개와 **100**개, 이전 트리의 보완 정도를 조절하는 하이퍼파라미터(**learning_rate**)는 **0.05**와 **0.1**, 각 트리의 최대 깊이(**max_depth**)는 **3**과 **5**로 설정하여 총 2×2×2=8가지 조합을 실험한다. 그리고 각 조합에 대해 5-폴드 교차검증(**cv=5**)을 수행

---

27 배깅은 내부에서 같은 모델 여러 개를 복제해서 학습시키는 구조라 기저 모델을 반드시 지정해야 한다. 반면, 부스팅은 내부적으로 결정 트리를 약한 학습기(weak learner)로 사용하게끔 설계되어 있으므로 기저 모델이 필요 없다. 따라서 사용자가 따로 '기저 모델'을 정의할 필요가 없다.

28 n_estimators와 learning_rate를 명시적으로 설정하지 않으면 기본값이 적용된다. 일반적으로 n_estimators=100, learning_rate=0.3이 기본값이며, 버전에 따라 약간 차이가 있을 수 있다. n_estimators는 생성할 트리의 개수이고, learning_rate(학습률)는 각 트리의 예측 결과를 최종 예측에 반영할 때 적용하는 가중치 또는 축소율(shrinkage)을 의미한다.

하여 가장 성능이 좋은 모델을 선택한다. 또한 **return_train_score=True** 옵션을 추가하여 학습용 데이터에 대한 성능(train_score)과 검증용 데이터에 대한 성능(test_score)을 모두 기록한다. 이 점수를 이용하여 나중에 최종 결과를 보며 과적합 여부를 판단할 수 있다. 이렇게 설정한 모델을 **xgboost_model_a**로 정의한다.

2분할

```
xgboost_model_2 = XGBRegressor(random_state=42)
```

3분할

```
xgboost_model_3 = XGBRegressor(random_state=42)
```

3분할 수동 튜닝

```
xgboost_model_m = XGBRegressor(max_depth=5, random_state=42)
```

3분할 자동 튜닝

```
xgboost_param_grid = {
    'n_estimators':[50, 100],
    'learning_rate':[0.05, 0.1],
    'max_depth':[3, 5]
}

xgboost_model_a = GridSearchCV(
    XGBRegressor(random_state=42),
    xgboost_param_grid,
    cv=5,
    return_train_score=True
)
```

[그림 15-43] 모델 생성

> **참고** DecisionTreeRegressor의 사용 여부
>
> 결론부터 이야기하면, XGBRegressor를 사용할 때는 from sklearn.tree import DecisionTreeRegressor까지 할 필요는 없다. 배깅은 단순히 여러 개의 모델을 샘플링해서 학습시키는 앙상블 기법이므로, 어떤 기반 모델(base estimator)을 사용할지를 직접 정해야 한다. 이때 가장 흔히 사용되는 모델이 DecisionTreeRegressor이므로, 이를 직접 **임포트**해서 사용한다. 반면, **XGBRegressor**는 GridSearchCV를 사용하여 하이퍼파라미터를 튜닝할 때 **GridSearchCV(XGBRegressor(), param_grid=...)** 형태로 수행하며 DecisionTreeRegressor는 사용하지 않는다.

6 모델 학습

fit() 함수를 이용하여, 생성된 부스팅 모델에 학습용 데이터 **X_train**과 **y_train**을 학습시킨다.

2분할(70:30)

```
xgboost_model_2.fit(X_train2, y_train_2)
```

3분할(60:20:20)

```
xgboost_model_♻.fit(X_train, y_train)
```

[그림 15-44] 모델 학습

7 예측

2분할: 2분할을 사용하는 경우, 테스트 데이터 **X_test_2**에 대해 학습된 XGBoost 모델 **xgboost _model_2**를 사용하여 예측을 수행하고, 예측값을 **y_pred_xgb_2**에 저장한다.

3분할: 3분할 데이터로는 검증용 데이터 **x_val**과 테스트 데이터 **x_test**에 대해 학습된 XGBoost 모델 **xgboost_model_♻**을 **predict()** 함수를 사용해 예측값을 구하고, 각각 **y_pred_val_xgb_♻**와 **y_pred_test_xgb_♻**에 저장한다.

2분할(70:30)

```
y_pred_xgb_2 = xgboost_model_2.predict(X_test_2)
```

3분할(60:20:20)

```
y_pred_val_xgb_♻ = xgboost_model_♻.predict(x_val)
y_pred_test_xgb_♻ = xgboost_model_♻.predict(x_test)
```

[그림 15-45] 모델 예측

8 평가

2분할: 2분할 데이터는 먼저 실제 값 **y_test_2**와 예측값 **y_pred_xgb_2**의 차이를 나타내는 평균제곱오차(MSE)를 계산하여 **mse_xgb_2**에 저장한다. 이어서 동일한 실제 값과 예측값을 비교하여 결정계수(R^2) 점수를 계산해서 **r2_xgb_2**에 저장한다.

3분할: 3분할의 경우, 예측한 결과인 **y_pred_val_xgb_♻**와 실제 정답인 **y_val**을 비교해 검증용 데이터의 평균제곱오차(MSE)와 결정계수(R^2)를 계산하고, 테스트 데이터에 대해서도 동일하게 평균제곱오차와 결정계수를 계산한다. 각각의 계산 결과를 **mse_val_xgb_♻**, **r2_val_xgb_♻**와 **mse_test_xgb_♻**, **r2_test_xgb_♻**에 저장한다.

2분할(70:30)

```
mse_xgb_2 = mean_squared_error(y_test_2, y_pred_xgb_2)
```

3분할(60:20:20)

```
mse_val_xgb_♻ = mean_squared_error(y_val, y_pred_val_xgb_♻)
mse_test_xgb_♻ = mean_squared_error(y_test, y_pred_test_xgb_♻)
r2_val_xgb_♻ = r2_score(y_val, y_pred_val_xgb_♻)
r2_test_xgb_♻ = r2_score(y_test, y_pred_test_xgb_♻)
```

[그림 15-46] 모델 평가

9 평가 결과

배깅 모델을 평가해서 저장한 수치들을 확인한다. 이를 위해 **print()** 함수를 이용하여, MSE(작을수록 좋음)와 R^2(1에 가까울수록 좋음)를 소수점 넷째 자리까지 출력한다.

2분할 데이터의 기본 학습기를 사용한 부스팅 모델의 성능은 평균제곱오차(MSE)가 약 7726.05, 결정계수(R^2)가 0.6543으로 나타났다. 이는 예측값이 실제 값과 평균적으로 다소 차이가 있음을 시사하며, 모델이 전체 데이터 변동성의 약 65%를 설명할 수 있다는 의미다.

```
print('[2분할 (70:30)] 기본학습기 XGBoost 결과')
print(f'MSE: {mse_xgb_2:.4f}, R^2: {r2_xgb_2:.4f}\n')
```

```
[2분할 (70:30)] 기본학습기 XGBoost 결과
MSE: 7726.0462, R^2: 0.6543
```

[그림 15-47] 2분할 데이터 모델 평가 결과

3분할 모델의 기본 학습기를 사용한 부스팅 모델의 성능은 검증용 데이터셋에서 평균제곱오차(MSE)가 약 8236, 결정계수(R^2)가 0.6388로 나타났다. 이는 예측값이 실제 값과 평균

적으로 상당한 차이를 보이며, 모델이 검증 데이터의 약 64%를 설명할 수 있음을 의미한다. 또한 테스트 데이터셋에서 평균제곱오차(MSE)는 약 7707, 결정계수(R^2)는 0.6641로 확인되었으며, 이는 모델이 테스트 데이터의 약 66%를 설명하고 있음을 보여준다.

```
print('[3분할 (60:20:20)] 기본학습기 XGBoost 결과')
print(f'[검증용 데이터] MSE: {mse_val_xgb_3:.4f}, R^2: {r2_val_xgb_3:.4f}')
print(f'[테스트 데이터] MSE: {mse_test_xgb_3:.4f}, R^2: {r2_test_xgb_3:.4f}\n')
```

```
[3분할 (60:20:20)] 기본학습기 XGBoost 결과
[검증용 데이터] MSE: 8235.7284, R^2: 0.6388
[테스트 데이터] MSE: 7706.9117, R^2: 0.6641
```

[그림 15-48] 3분할 데이터 기본 학습기 모델 평가 결과

3분할 데이터의 하이퍼파라미터 수동 튜닝 부스팅 모델의 성능은 검증용 데이터셋에서 평균제곱오차(MSE)가 약 7620, 결정계수(R^2)가 0.6659로 나타났다. 이는 기본 학습기를 사용한 모델에 비해 예측값이 실제 값과 평균적으로 약간 더 가깝고, 모델이 검증 데이터의 약 67%를 설명할 수 있음을 의미한다. 또한 테스트 데이터셋에서 평균제곱오차(MSE)는 약 7817, 결정계수(R^2)는 0.6593으로 확인되었으며, 이는 모델이 테스트 데이터의 약 66%를 설명하고 있음을 보여준다.

```
print('[3분할 + 하이퍼파라미터 수동 튜닝] XGBoost 결과')
print(f'[검증용 데이터] MSE: {mse_val_xgb_m:.4f}, R^2: {r2_val_xgb_m:.4f}')
print(f'[테스트 데이터] MSE: {mse_test_xgb_m:.4f}, R^2: {r2_test_xgb_m:.4f}\n')
```

```
[3분할 + 하이퍼파라미터 수동 튜닝] XGBoost 결과
[검증용 데이터] MSE: 7619.5250, R^2: 0.6659
[테스트 데이터] MSE: 7817.0035, R^2: 0.6593
```

[그림 15-49] 3분할 데이터 수동 튜닝 모델 평가 결과

3분할 데이터에 대해 교차검증과 GridSearchCV를 이용하고 자동 하이퍼파라미터 튜닝을 적용한 배깅 모델의 평가 결과는 다음과 같다. 검증용 데이터셋 결과는 평균제곱오차(MSE)가 약 6502, 결정계수(R^2)가 0.7149로 나타났다. 이는 수동 튜닝 모델에 비해 예측값이 실제 값과 평균적으로 훨씬 더 가깝고, 모델이 검증 데이터의 약 71%를 설명할 수 있음을 의미한다. 또한 테스트 데이터셋에서 평균제곱오차(MSE)는 약 6205, 결정계수(R^2)는 0.7296으로 확인되었으며, 이는 모델이 테스트 데이터의 약 73%를 설명하고 있음을 보여준다.

```
print('[3분할 + 하이퍼파라미터 자동 튜닝] XGBoost 결과')
print(f'[검증용 데이터] MSE: {mse_val_xgb_a:.4f}, R^2: {r2_val_xgb_a:.4f}')
print(f'[테스트 데이터] MSE: {mse_test_xgb_a:.4f}, R^2: {r2_test_xgb_a:.4f}\n')
```

```
[3분할 + 하이퍼파라미터 자동 튜닝] XGBoost 결과
[검증용 데이터] MSE: 6501.7212, R^2: 0.7149
[테스트 데이터] MSE: 6204.5573, R^2: 0.7296
```

[그림 15-50] 3분할 데이터 자동 튜닝 모델 평가 결과

■ 하이퍼파라미터를 수동으로 튜닝하는 경우

수동으로 하이퍼파라미터를 튜닝한 경우, 해당 튜닝이 실제로 효과적인지 검증하기 위해 교차검증을 반드시 수행해야 한다. 학습용 데이터를 활용해 교차검증을 수행함으로써 모델의

일반화 성능을 평가하고, 설정한 하이퍼파라미터가 적절한지 확인할 수 있다. 즉, 연구자가 직접 튜닝한 모델은 반드시 교차검증을 통해 검증되어야 한다.

```
print('[학습용 데이터 5-Fold 교차검증 - 수동 튜닝 XGBoost 결과]')
cv_score_xgb_m = cross_val_score(xgboost_model_m, X_train, y_train, cv=5, scoring='
print(f'R^2 평균: {cv_score_xgb_m.mean():.4f}')
print(f'R^2 점수:{cv_score_xgb_m}')
```

```
[학습용 데이터 5-Fold 교차검증 - 수동 튜닝 XGBoost 결과]
R^2 평균: 0.6170
R^2 점수:[0.58958223 0.66434225 0.62342349 0.61125667 0.59656327]
```

[그림 15-51] 수동 튜닝 모델의 교차검증

출력 결과를 보면, 수동 튜닝 모델의 R^2 평균이 0.6170으로 확인되었다. 이는 학습용 데이터에 대해 평균적으로 약 61.70%의 분산을 설명한다는 의미로, 이 수치는 이전 3분할 기본 학습기의 검증용 R^2 평균인 0.6388보다 낮은 값이다. 또한 5개의 폴드로 구성된 학습용 데이터셋의 R^2 점수는 [0.5896, 0.6643, 0.6234, 0.6113, 0.5966]으로 확인되었다. 최고 성능(0.6643)과 최저 성능(0.5896) 간의 차이가 약 0.0747로 폴드별 성능 편차가 꽤 커서 안정적인 학습 성능이라고 단정하기 어렵다. 하지만 전반적으로 개별 결정 트리보다 높은 성능과 안정적인 학습 결과를 보여준다.

■ 하이퍼파라미터를 자동으로 튜닝하는 경우

GridSearchCV와 같은 도구를 사용하면 하이퍼파라미터를 자동으로 탐색할 수 있으며, 이 과정에서 자체적으로 K-Fold 교차검증이 수행되므로 별도로 교차검증을 다시 실시할 필요는 없다. 단, 여기서 주의할 점은 추가적인 교차검증을 하지 않아도 된다는 의미이지, 내부적으로 수행된 교차검증의 결과를 확인하지 않아도 된다는 뜻은 아니다. 모델이 튜닝 과정에서 얼마나 안정적으로 일반화 성능을 발휘했는지를 평가하고, 선택된 하이퍼파라미터가 실제로 타당한지를 검증하기 위해서는 교차검증 결과를 반드시 확인해야 한다.

최적 파라미터(best_params_)는 여러 하이퍼파라미터 조합 중 K-Fold 교차검증을 통해 점수의 평균(mean_test_score)이 가장 높았던 조합을 의미한다. 최고 검증 성능(best_score_)은 최적 파라미터 조합으로 학습된 모델이 검증셋에서 기록한 점수들에 대한 평균값(R^2)의 최댓값이다.

cv_results_는 각 하이퍼파라미터 조합에 대한 학습/검증 성능을 요약한 테이블로, 다음과 같은 주요 지표를 포함한다. mean_train_score는 K번 훈련한 결과의 평균 학습 성능을, mean_test_score는 K번 검증한 결과의 평균 검증 성능을, std_test_score는 검증 점수의 표준편차를 의미한다.

XGBoost 모델의 검증 과정에서 가장 높은 평균 점수를 출력하기 위해 **print('XGBoost 최적 파라미터:', xgboost_model_a.best_params_)**를 입력한다. 이어서 최적의 하이퍼파라미터 조합으로 학습된 모델의 평균 검증 점수를 출력하기 위해 **print('최고 검증 점수(R²):', xgboost_model_a.best_score_)**를 입력한다.

전체 교차검증 결과를 확인하기 위해 **cv_results_**를 Pandas의 **DataFrame**으로 변환하고, 이를 **cv_results_df**로 정의한다. 정의된 **cv_results_df**에서 **params**, **mean_test_score**, **std_test_score**, **mean_train_score** 컬럼만 선택하여 출력한다.

```
print('XGBoost 최적의 파라미터:', xgboost_model_a.best_params_)
print('최고 검증 점수(R^2):', xgboost_model_a.best_score_)

cv_results_df = pd.DataFrame(xgboost_model_a.cv_results_)
print(cv_results_df[
    ['params',
     'mean_test_score',
     'std_test_score',
     'mean_train_score']
    ])
```

```
XGBoost 최적의 파라미터: {'learning_rate': 0.1, 'max_depth': 3, 'n_estimators': 100}
최고 검증 점수(R^2): 0.6903834579684018
                                              params  mean_test_score  \
0  {'learning_rate': 0.05, 'max_depth': 3, 'n_est...         0.632611
1  {'learning_rate': 0.05, 'max_depth': 3, 'n_est...         0.682895
2  {'learning_rate': 0.05, 'max_depth': 5, 'n_est...         0.668627
3  {'learning_rate': 0.05, 'max_depth': 5, 'n_est...         0.681254
4  {'learning_rate': 0.1, 'max_depth': 3, 'n_esti...         0.683682
5  {'learning_rate': 0.1, 'max_depth': 3, 'n_esti...         0.690383
6  {'learning_rate': 0.1, 'max_depth': 5, 'n_esti...         0.678355
7  {'learning_rate': 0.1, 'max_depth': 5, 'n_esti...         0.670088

   std_test_score  mean_train_score
0        0.016450          0.691830
1        0.012273          0.759573
2        0.013699          0.790692
3        0.013554          0.844475
4        0.012747          0.758960
5        0.014144          0.789682
6        0.013835          0.844486
7        0.016374          0.891922
```

[그림 15-52] 자동 튜닝 모델의 하이퍼파라미터 확인과 출력 결과

교차검증 결과, XGBoost 회귀 모델이 가장 높은 평균 검증 점수를 얻은 하이퍼파라미터 조합은 **{'learning_rate': 0.1, 'max_depth': 3, 'n_estimators': 100}**으로 확인된다. 여기서 learning_rate는 학습률을 의미하며, 0.1로 설정하여 각 트리의 기여도를 조절함으로써 모델이 너무 빠르게 수렴하거나 과적합되는 것을 방지한다. max_depth는 각 개별 결정 트리의 최대 깊이로, 3으로 설정함으로써 복잡도를 제한하고 일반화 성능을 높이는 데 기여한다. n_estimators는 전체 모델을 구성하는 트리의 개수로, 100개의 트리를 순차적으로 학습하여 점진적으로 오차를 보완하며 최적의 예측을 수행한다.

해당 조합으로 학습된 부스팅 모델의 최고 검증 점수(R^2)는 약 **0.6904**로 나타났다. 이는 해당 모델이 학습 데이터의 분산을 약 69.04% 설명할 수 있다는 의미로, 비교적 높은 성능을 보였다고 평가할 수 있다.

SECTION

15.5 앙상블 학습 기법(4): 스태킹

스태킹의 개념과 구조

스태킹(Stacking)은 서로 다른 개별 모델들의 예측 결과를 결합하여 최종적으로 예측 성능을 끌어 올리는 앙상블 기법이다. 이 기법의 핵심은 개별 모델이 지닌 고유한 장점을 최대한 활용하면서도 각 모델의 약점을 보완하여 강력하면서도 정교한 예측 시스템을 구축하는 데 있다.

앞서 학습한 보팅이나 배깅은 단순히 여러 모델의 예측값을 평균 내거나 다수결 방식을 사용해 최종 예측을 수행하였다. 반면 스태킹은 1차 모델들이 생성한 예측 결과를 다시 새로운 입력 데이터로 사용하고, 이를 메타 모델(meta model) 또는 블렌더 모델(blender model)이 학습하여 최종 예측을 수행한다.[29] 예를 들어 로지스틱 회귀, 단일 트리 모델, 신경망 등의 서로 다른 알고리즘을 결합함으로써 다양한 관점에서 데이터를 해석할 수 있다. 또한 그 예측 결과들을 통합하는 방식은 모델의 일반화 능력을 높이는 데 효과적이다.

스태킹 앙상블 방법은 예측 성능 향상을 목표로, 2단계의 명확한 계층적 구조로 구성된다.

- **기본 모델(base learners)**: 기본 모델 단계에서는 다양한 종류의 개별 머신러닝 모델들이 원본의 학습용 데이터를 학습한다. 각 모델은 독립적인 학습 과정을 거치며, 학습한 모델을 통해 학습용 데이터와 검증용 데이터에 대한 예측을 수행한다. 이 예측 결과는 다음 단계인 메타 모델의 학습에서 새로운 입력값으로 사용된다.

  기본 모델에서는 성능이 우수하고 서로 다른 특징을 가진 모델을 조합하는 것이 효과적이다. 예를 들어 로지스틱 회귀, KNN, 랜덤 포레스트 등의 다양한 모델을 학습시켜 각각의 예측 결과를 생성한다. 이때 중요한 점은 각 기본 모델이 데이터의 서로 다른 특성이나 패턴을 학습하도록 구성함으로써 다양한 관점에서 예측 결과를 산출하도록 하는 것이다.

- **메타 모델(meta model)**: 기본 모델들이 1차로 생성한 예측 결과를 새로운 입력 데이터로 사용하여 학습하는 모델이다. 즉, 기본 모델의 예측 결과를 기반으로 최종 결과를 도출하는 모델이다. 일반적으로 단순한 로지스틱 회귀나 선형 회귀 같은 모델이 메타 모델로 사용되는데, 이는 과적합의 위험을 줄이기 위함이다. 그러나 문제의 복잡성이나 기본 모델의 특성에 따라 더욱 정교한 모델이 메타 모델로 선택될 수 있다. 이 과정의 핵심은 메타 모델이 기본 모델들의 예측 패턴을 학습하여 일반화 성능을 확보하는 것이다.

---

29 메타 모델 또는 블렌더 모델은 여러 개의 서로 다른 기저 모델(base model)의 예측 결과를 입력 데이터로 사용하여 최종 예측을 수행하는 모델이다.

스태킹의 장점과 단점

스태킹의 장점과 단점을 구체적으로 살펴보면 다음과 같다.

■ 장점

- **높은 예측 성능:** 메타 모델은 다양한 기본 모델의 예측값을 입력으로 활용하여 최적의 조합을 학습하므로, 단순 앙상블보다 높은 예측 정확도를 나타내며, 특히 복잡한 특성이나 강한 비선형성 문제에 효과적이다. 메타 모델은 기본 모델들의 다양한 예측을 새로운 특성으로 삼아 학습함으로써, 각 모델의 강점을 지능적으로 활용하여 데이터 내 숨겨진 복잡한 관계를 더 잘 포착한다.
- **다양한 모델 통합:** 메타 모델은 로지스틱 회귀, 결정 트리, 랜덤 포레스트, SVM, 심지어 복잡한 신경망까지, 서로 다른 학습 방식과 구조를 가진 이질적인 모델들을 통합하여 강력한 앙상블을 구축할 수 있다. 이러한 조합은 각 모델이 데이터의 다양한 패턴과 고유한 특성을 포착하도록 유도하며, 앙상블의 다양성을 극대화하여 특정 유형의 데이터나 오류에 편향되는 것을 방지한다. 결과적으로, 각 모델의 강점을 융합하고 약점을 상호 보완함으로써 단순 앙상블 방법으로는 달성하기 어려운 수준의 높은 예측 성능을 확보할 수 있다.
- **확장성과 재사용성:** 메타 모델은 이미 학습된 다양한 모델들을 재활용하여 새로운 앙상블 구조로 확장할 수 있다. 다른 프로젝트에서 생성된 예측값까지 메타 모델의 입력으로 활용하는 유연성이 있기 때문에, 기존 지식과 자산을 극대화하는 효율적인 모델 구축과 개선이 가능하다. 이러한 확장성과 재사용성은 실전 프로젝트 환경에서 요구 사항에 신속하게 대응하고, 지속적으로 모델 성능을 향상시키는 데 유리하다.

■ 단점

- **과적합의 위험:** 기본 모델들의 예측을 재학습하는 특성은 단일 모델이나 단순 앙상블에 비해 상대적으로 과적합의 위험을 높인다. 모델의 복잡성이 증가함에 따라 학습용 데이터에 지나치게 맞춰질 수 있고, 새로운 데이터에 대한 일반화 성능이 저하될 수 있다. 특히 데이터셋의 크기가 작거나 내부에 노이즈가 많은 경우, 이러한 과적합 위험이 더욱 커질 수밖에 없다. 작은 데이터셋으로는 일반적인 패턴을 학습하기 어렵고, 노이즈까지 학습하게 되면 실제 데이터의 경향과는 다른 예측을 할 수 있기 때문이다. 또한 메타 모델은 기본 모델들의 오류나 노이즈까지 학습하면서 과적합이 심화될 수 있다.
- **해석의 어려움:** 최종 예측이 여러 기본 모델의 예측값을 기반으로 이루어지기 때문에 그 결과를 명확하게 해석하고 설명하는 것이 상당히 어려울 수 있다. 특히 복잡한 구조의 메타 모델이 사용되거나 비선형적인 기본 모델의 예측이 결합된 경우, 최종 예측이 어떤 과정을 거쳐 도출되었는지 추적하기가 더욱 어렵다.

스태킹이 적용된 코드의 흐름 이해

아래에 제시한 파이썬 코드는 분류 문제와 회귀 문제에 대한 스태킹 앙상블의 흐름을 이해하기 위한 코드다. 이 코드는 데이터를 자동으로 1,000개 생성한 후 단일 트리 모델과 스태킹 앙상블 모델의 예측 성능을 비교하였다. 본격적인 실습에 들어가기 전에, 스태킹을 적용한 코드가 어떤 흐름으로 진행되는지 살펴보기 바란다.

스태킹의 코드 흐름

분류(StackingClassifier)

```
# 필요한 라이브러리
from sklearn.ensemble import StackingClassifier
from sklearn.ensemble import BaggingClassifier
from sklearn.linear_model import LogisticRegression
from sklearn.neighbors import KNeighborsClassifier
from sklearn.tree import DecisionTreeClassifier
from sklearn.datasets import make_classification
from sklearn.model_selection import train_test_split
from sklearn.metrics import accuracy_score

# 데이터 생성
X, y = make_classification(
    n_samples=1000,
    n_features=20,
    n_informative=15,
    n_redundant=5,
    random_state=42
)

X_train, X_test, y_train, y_test = train_test_split(
    X, y, test_size=0.3, random_state=42
)

# 단일 결정 트리
tree = DecisionTreeClassifier(random_state=42)
tree.fit(X_train, y_train)
y_pred_tree = tree.predict(X_test)

# 스태킹 분류기 생성
stacking = StackingClassifier(
    estimators=[
        ('dt', DecisionTreeClassifier(random_state=42)),
        ('knn', KNeighborsClassifier()),
        ('lr', LogisticRegression())
    ],
    final_estimator=LogisticRegression(),  # 메타 모델
    passthrough=False,                    # 기본 모델의 입력
특성까지 메타 모델에 전달할지 여부
    cv=5,
    n_jobs=-1
)
# 모델 학습
stacking.fit(X_train, y_train)

# 예측
y_pred_stacking = stacking.predict(X_test)

# 평가
print('단일 트리 정확도:', accuracy_score(y_test, y_pred_
tree))
print('스태킹 정확도:', accuracy_score(y_test, y_pred_
stacking))
```

회귀(BaggingRegressor)

```
# 필요한 라이브러리
from sklearn.ensemble import StackingRegressor
from sklearn.ensemble import BaggingRegressor
from sklearn.linear_model import LinearRegression
from sklearn.neighbors import KNeighborsRegressor
from sklearn.tree import DecisionTreeRegressor
from sklearn.datasets import make_regression
from sklearn.model_selection import train_test_split
from sklearn.metrics import mean_squared_error, r2_score

# 데이터 생성
X_reg, y_reg = make_regression(
    n_samples=1000,
    n_features=20,
    noise=0.1,
    random_state=42
)
X_reg_train, X_reg_test, y_reg_train, y_reg_test = train_
test_split(
    X_reg, y_reg, test_size=0.3, random_state=42
)


# 단일 결정 트리 회귀 모델
tree_reg = DecisionTreeRegressor(random_state=42)
tree_reg.fit(X_reg_train, y_reg_train)
y_pred_tree_reg = tree_reg.predict(X_reg_test)

# 스태킹 회귀 모델 생성
stacking_reg = StackingRegressor(
    estimators=[
        ('dt', DecisionTreeRegressor(random_state=42)),
        ('knn', KNeighborsRegressor()),
        ('lr', LinearRegression())
    ],
    final_estimator=LinearRegression(),  # 메타 모델
    passthrough=False,
    n_jobs=-1,
    cv=5
)

# 모델 학습
stacking_reg.fit(X_reg_train, y_reg_train)

# 예측
y_pred_stacking_reg = stacking_reg.predict(X_reg_test)

# 평가
print('단일 트리 회귀 MSE:', mean_squared_error(
    y_reg_test, y_pred_tree_reg))
print('스태킹 회귀 MSE:', mean_squared_error(
    y_reg_test, y_pred_stacking_reg))
print('단일 트리 회귀 R^2:', r2_score(
    y_reg_test, y_pred_tree_reg))
print('스태킹 회귀 R^2:', r2_score(
    y_reg_test, y_pred_stacking_reg))
```

지금부터는 실제 데이터를 이용하여 분류 문제에 대한 분석을 진행한다.

분류 문제 실습

이제 실습을 통해 분류 문제에 대한 분석을 진행해 보자.

연구문제

차량 유지보수를 해야 하는지 하지 않아도 되는지를 예측을 하기 위해 차량의 다양한 상태 정보를 기록한 데이터를 수집했다. 이를 바탕으로 예측 모델을 구축한다.

▶ 실습파일 | ensemble_classification.csv

변수명(컬럼)	데이터 타입	설명
mileage	수치형	차량의 총 주행 거리(단위: km 또는 miles)
age	수치형	차량의 연식
engine_noise	범주형	엔진 소음 수준(예 소음 측정값 또는 범주)
tire_wear	수치형	타이어 마모 정도(0에서 1 사이의 비율 등)
check_engine_light	범주형	계기판의 엔진 경고등 상태(켜짐/꺼짐)
interaction_feature	수치형	주행 거리와 연식 등을 조합하여 생성된 두 변수의 상호작용효과(예 mileage X age)
additional_feature	수치형	유지보수 필요성에 영향을 주는 추가적인 수치 측정값
complex_feature	수치형	연평균 주행 거리(mileage나 age)와 같이 복잡한 계산이나 변환을 통해 도출된 수치형 변수
needs_maintenance	범주형	유지보수의 필요 여부. 목표변수(결과 변수)

공통 기본 과정

1 필요한 라이브러리 가져오기

스태킹의 분류 문제를 해결하기 위해 다음 라이브러리를 임포트한다.

```
import pandas as pd
from sklearn.model_selection import train_test_split, GridSearchCV, cross_val_score
from sklearn.ensemble import StackingClassifier
from sklearn.linear_model import LogisticRegression
from sklearn.tree import DecisionTreeClassifier
from sklearn.neighbors import KNeighborsClassifier
from sklearn.metrics import accuracy_score, classification_report, roc_auc_score, roc_curve
import matplotlib.pyplot as plt
from sklearn.pipeline import Pipeline
from sklearn.preprocessing import StandardScaler
```

[그림 15-53] 스태킹에 필요한 라이브러리 임포트하기

2 데이터 불러오기

2분할 데이터와 3분할 데이터를 구분하기 위해 데이터 파일 **ensemble_classification.csv**를 불러와서 각각 **data**로 정의한다.

```
data = pd.read_csv('./source/ensemble_classification.csv')
```

[그림 15-54] 데이터 불러오기

3 변수 분리

data의 **needs_maintenance**에 해당하는 데이터를 **y**로 정의하고, **drop** 함수를 이용하여 변수들 중 **needs_maintenance**에 해당하는 열을 제외한 나머지를 **X**로 정의한다.

```
X = data.drop('needs_maintenance', axis=1)
y = data['needs_maintenance']
```

[그림 15-55] 변수 분리

4 데이터 분할

2분할: **train_test_split( )** 함수를 사용하여 전체 데이터의 70%를 학습용 데이터(**X_train_2, y_train_2**)로, 나머지 30%를 테스트 데이터(**X_test_2, y_test_2**)로 나눈다. **test_size=0.3**은 테스트셋의 비율을 30%로 설정한다.

3분할: **train_test_split( )** 함수를 사용하여 전체 데이터 60%를 학습용 데이터(**X_train, y_train**)로, 나머지 40%를 임시 데이터(**X_temp, y_temp**)로 나눈다. **test_size=0.4**는 임시 데이터셋의 비율을 40%로 설정한다. 다시 임시 데이터를 나누어 검증용 데이터와 테스트 데이터로 분할한다.

2분할(70:30)

```
X_train_2, X_test_2, y_train_2, y_test_2 = train_test_split(
    X, y, test_size=0.3, random_state=42
)
```

3분할(60:20:20)

```
X_train, X_temp, y_train, y_temp = train_test_split(
    X, y, test_size=0.4, random_state=42
)
X_val, X_test, y_val, y_test = train_test_split(
    X_temp, y_temp, test_size=0.5, random_state=42
)
```

[그림 15-56] 데이터 분할

앙상블 모델 구축 및 평가

5 모델 생성[30]

base_modelss는 세 가지 기본 분류 모델을 포함한다. 첫 번째는 로지스틱 회귀(Logistic

Regression) 모델로 **Pipeline**을 사용하여 **StandardScaler()**로 데이터를 표준화한 후 적용한다. 이때 **max_iter=1000**으로 설정하여 충분히 반복 학습을 하도록 한다. 이 설정은 모델이 최적의 해를 찾기 위해 반복하는 최적화 과정을 최대 몇 회까지 수행할지를 지정하는 것이다.[31] 두 번째는 결정 트리(Decision Tree) 모델로, 조건에 따라 데이터를 분할하여 분류하는 방식이며, 전처리 없이 바로 사용할 수 있다. 세 번째는 K-최근접 이웃(K-Nearest Neighbors, KNN) 모델로, 주변 이웃들의 정보를 바탕으로 거리 기반 분류를 수행한다. 이 모델은 데이터 스케일에 민감하므로, **Pipeline**을 사용하여 **StandardScaler()**로 데이터를 표준화한 후 모델을 정의한다. 이와 같이 base_modelss를 먼저 정의하면 이후 단계에서 모델들을 일관되게 활용할 수 있다.

```
base_modelss = [
    ('lr', Pipeline([
        ('scaler', StandardScaler()),
        ('logistic', LogisticRegression(max_iter=1000))
    ])),
    ('dt', Pipeline([
        ('scaler', StandardScaler()),
        ('dt', DecisionTreeClassifier())
    ])),
    ('knn', Pipeline([
        ('scaler', StandardScaler()),
        ('knn', KNeighborsClassifier())
    ]))
]
```

[그림 15-57] 기본 모델의 설정 및 표준화와 스케일링

참고 권장하는 스케일링

LogisticRegression과 KNeighborsClassifier는 입력 데이터의 스케일에 민감하지만, DecisionTreeClassifier는 상대적으로 스케일에 영향을 받지 않는다. 그렇지만 전체적인 일관성을 위해 [그림 15-58]과 같이 모든 모델에 동일한 전처리 과정을 적용하는 것이 바람직하다. 이때 Pipeline을 사용하면 데이터 전처리부터 모델 학습까지 하나의 흐름으로 연결할 수 있다.

```
base_models = [
    ('lr', Pipeline([
        ('scaler', StandardScaler()),
        ('logistic', LogisticRegression(max_iter=1000))
    ])),
    ('dt', Pipeline([
        ('scaler', StandardScaler()),
        ('dt', DecisionTreeClassifier())
    ])),
    ('knn', Pipeline([
        ('scaler', StandardScaler()),
        ('knn', KNeighborsClassifier())
    ]))
]
```

[그림 15-58] 기본 모델의 설정 및 표준화와 스케일링과 파이프라인

30 모델을 하나만 생성한 뒤 이후 단계에서 구분해도 되지만, 초급자 입장에서는 흐름을 명확히 파악하는 것이 중요하므로 이 단계에서 모델을 구분하여 생성하였다. 생성된 모델들은 앙상블의 모델 구성과 시각화에서 활용된다.

31 이 값을 설정하지 않으면 기본값인 100이 적용된다. 기본값을 그대로 사용할 경우, 데이터나 모델에 따라 학습이 충분히 이루어지지 않거나 학습 시간이 짧아져 성능 저하가 발생할 수 있다. 이 반복 횟수는 데이터의 크기나 복잡성에 따라 충분할 수도 있고 부족할 수도 있으므로, 교차검증을 통해 확인하거나 학습 중 수렴 경고를 확인하는 것이 바람직하다(3분할에서도 동일하게 적용됨).

미리 생성해 놓은 기본 모델 **base_modelss**를 이용하여 2분할 기본 학습기, 3분할 기본 학습기, 3분할 하이퍼파라미터 수동 튜닝, 3분할 하이퍼파라미터 자동 튜닝 모델을 생성한다.

2분할 기본 학습기

```
stack_2 = StackingClassifier(
    estimators=base_models,
    final_estimator=LogisticRegression(),
    cv=5
)
```

3분할 기본 학습기

```
stack_3 = StackingClassifier(
    estimators=base_models,
    final_estimator=LogisticRegression(),
    cv=5
)
```

3분할 수동 튜닝

```
stack_m = StackingClassifier(
    estimators=base_models,
    final_estimator=LogisticRegression(C=0.5),
    cv=5
)
```

3분할 자동 튜닝

```
param_grid_auto = {
    'final_estimator__C': [0.1, 0.5, 1.0]
}
stack_a = StackingClassifier(
    estimators=base_models,
    final_estimator=LogisticRegression(max_iter=1000),
    cv=5)
stack_a = GridSearchCV(
    stack_a, param_grid_auto, cv=5, return_train_score=True
)
```

[그림 15-59] 모델 생성

6 모델 학습

fit( ) 함수를 이용하여, 생성된 스태킹 모델에 학습용 데이터 **X_train**과 **y_train**을 학습시킨다.

2분할(70:30)

```
stack_2.fit(X_train_2, y_train_2)
```

3분할(60:20:20)

```
stack_[illegible].fit(X_train, y_train)
```

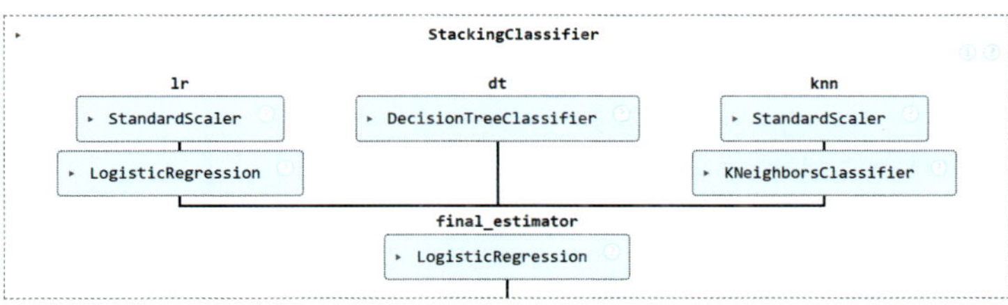

[그림 15-60] 모델 학습

참고

1. 권장하는 스케일링을 이용하는 경우의 모델 학습 결과

[그림 15-58]과 같은 권장하는 스케일링을 이용한다면, [그림 15-61]과 같이 출력 결과에 DecisionTree Classifier가 추가된다.

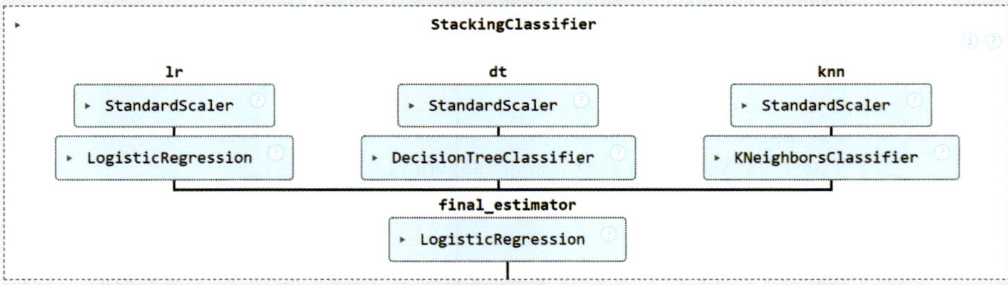

[그림 15-61] 권장하는 스케일링과 학습

2. 학습 중 수렴 경고 메시지

모델 학습 중 다음과 같은 경고 메시지가 나타날 수 있다. 이 에러 메시지는 로지스틱 회귀 모델을 학습하는 과정에서 설정된 최대 반복 횟수(max_iter)에 도달했지만, 최적해에 수렴되지 못하여 LogisticRegression 모델의 기본 solver인 lbfgs가 최적의 파라미터 값을 찾기 전에 반복을 멈췄다는 내용이다.

```
stack_a.fit(X_train, y_train)
```

```
C:\Program Files\Python311\Lib\site-packages\sklearn\linear_model\_logistic.py:465: Converge
nceWarning: lbfgs failed to converge (status=1):
STOP: TOTAL NO. of ITERATIONS REACHED LIMIT.
```

[그림 15-62] 모델 학습에서 최대 반복 횟수의 문제

이 문제를 해결하는 방법은 두 가지다. 우선 max_iter 값을 늘려 볼 수 있다. max_iter를 입력하지 않으면 기본값 100이 적용되고, 일반적으로 1000 정도로 늘리면 수렴되지만(현재 max_iter=1000으로 설정되어 있음), 지금 우리가 다루는 분류 문제에서는 max_iter=500000까지 늘리더라도 동일한 에러가 발생한다.

```
stack_a = StackingClassifier(
    estimators=base_model,
    final_estimator=LogisticRegression(max_iter=500000),
    cv=5)
```

[그림 15-63] 반복 횟수의 수정

max_iter 값을 늘려 잡아도 문제가 해결되지 않는다면, 이는 입력 데이터가 정규화되지 않아서 수렴되지 않는 것일 수 있다. 이 경우에는 StandardScaler 등을 사용해서 데이터를 표준화하면 문제가 해결된다.

```
base_models = [
    ('lr', Pipeline([
        ('scaler', StandardScaler()),
        ('logistic', LogisticRegression(max_iter=1000))
    ])),
    ('dt', Pipeline([
        ('scaler', StandardScaler()),
        ('dt', DecisionTreeClassifier())
    ])),
    ('knn', Pipeline([
        ('scaler', StandardScaler()),
        ('knn', KNeighborsClassifier())
    ]))
]
```

[그림 15-64] 정규화되지 않아서 수렴되지 않는 문제의 해결

7 예측

2분할: 테스트 데이터 **X_test_2**에 대해 학습된 스택 모델 **stack_2**를 사용하여 예측을 수행하고, 예측값을 **y_pred_stack_2**에 저장한다.

3분할: 검증용 데이터 **X_val**과 테스트 데이터 **X_test**에 대해 학습된 스택 모델 **stack_a**를 **predict()** 함수를 사용해 예측값을 구하고, **y_pred_val_stack_**와 **y_pred_test_stack_**에 저장한다.

2분할(70:30)

```
y_pred_stack_2 = stack_2.predict(X_test_2)
```

3분할(60:20:20)

```
y_pred_val_stack_ = stack_a.predict(X_val)
y_pred_test_stack_ = stack_a.predict(X_test)
```

[그림 15-65] 모델 예측

8 평가

2분할: **accuracy_score()**는 2분할된 데이터셋 중 테스트로 분리된 정답 레이블 **y_test_2**와 앞선 단계에서 학습된 스태킹 앙상블 모델이 테스트 데이터 **X_test_2**에 대해 예측한 레이블 **y_pred_stack_2**를 비교하여 분류 모델의 정확도를 계산한다. 이렇게 계산한 정확도를 **acc_stack_2**로 저장한다.

3분할: **accuracy_score()**는 3분할된 데이터셋 중에서 검증용과 테스트로 분리된 정답 레이블 **y_val**, **y_test**와 앞 단계에서 학습된 스태킹 모델이 검증용 데이터와 테스트 데이터 **X_val**과 **X_test**에 대해 예측한 예측 레이블 **y_pred_val_stack_**와 **y_pred_test_stack_**를 비교하여 분류 모델의 정확도를 계산한다. 이렇게 계산한 정확도를 **acc_val_stack_**와 **acc_test_stack_**로 저장한다.

2분할(70:30)

```
acc_stack_2 = accuracy_score(y_test_2, y_pred_stack_2)
```

3분할(60:20:20)

```
acc_val_stack_ = accuracy_score(y_val, y_pred_val_stack_)
acc_test_stack_ = accuracy_score(y_test, y_pred_test_stack_)
```

[그림 15-66] 모델 평가

9 평가 결과

2분할: **[2분할] 기본 학습기 테스트 정확도(Accuracy):**라는 문구와 함께 **acc_stack_2**의 값을 소수점 아래 4자리(**.4f**)까지만 표시한다. 이어서 **classification_report** 함수로 실제 테스트 레이블 **y_test_2**와 예측 레이블 **y_pred_stack_2**를 이용하여 정밀도(precision), 재현율(recall), F1 점수(f1-score), 표본수(support)를 출력한다.

3분할: **[3분할] ○○○ ○○○ 검증용/테스트 정확도(Accuracy):**라는 문구와 함께 **acc_val_stack_**(**acc_test_stack_**)의 값을 소수점 아래 4자리(**.4f**)까지만 표시한다. 이어서

classification_report() 함수로 실제 레이블 **y_val(y_test)**와 예측 레이블 **y_pred_val_stack_ (y_pred_test_stack_)**을 이용하여 정밀도, 재현율, F1 점수, 표본수를 출력한다.

2분할(70:30)

```
print(f'[2분할] 기본 학습기 테스트 정확도(Accuracy): {acc_stack_2:.4f}')
print(classification_report(y_test_2, y_pred_stack_2))
```

3분할(60:20:20)

```
print(f'[3분할] ooo ooo 검증용/테스트 정확도 (Accuracy): {acc_val_stack_:.4f}')
print(classification_report(y_test, y_pred_val_stack_))
```

[그림 15-67] 모델 평가 출력

출력한 결과는 다음과 같다.

```
[2분할] 기본 학습기 테스트 정확도(Accuracy): 0.6347
              precision    recall  f1-score   support

           0       0.64      0.83      0.73       437
           1       0.60      0.36      0.45       313

    accuracy                           0.63       750
   macro avg       0.62      0.60      0.59       750
weighted avg       0.63      0.63      0.61       750
```

```
[3분할] 기본 학습기 검증용 정확도 (Accuracy): 0.6700
              precision    recall  f1-score   support

           0       0.67      0.88      0.76       301
           1       0.66      0.35      0.46       199

    accuracy                           0.67       500
   macro avg       0.67      0.62      0.61       500
weighted avg       0.67      0.67      0.64       500
```

```
[3분할] 기본 학습기 테스트 정확도(Accuracy): 0.6260
              precision    recall  f1-score   support

           0       0.62      0.85      0.72       283
           1       0.63      0.34      0.44       217

    accuracy                           0.63       500
   macro avg       0.63      0.59      0.58       500
weighted avg       0.63      0.63      0.60       500
```

```
[3분할] 수동 튜닝 검증용 정확도(Accuracy): 0.6620
              precision    recall  f1-score   support

           0       0.66      0.89      0.76       301
           1       0.65      0.32      0.43       199

    accuracy                           0.66       500
   macro avg       0.66      0.60      0.60       500
weighted avg       0.66      0.66      0.63       500
```

```
[3분할] 수동 튜닝 테스트 정확도(Accuracy): 0.6320
              precision    recall  f1-score   support

           0       0.63      0.86      0.72       283
           1       0.64      0.34      0.45       217

    accuracy                           0.63       500
   macro avg       0.64      0.60      0.59       500
weighted avg       0.64      0.63      0.60       500
```

```
[3분할] 자동 튜닝 검증용 정확도(Accuracy): 0.6540
              precision    recall  f1-score   support

           0       0.66      0.88      0.75       301
           1       0.64      0.31      0.41       199

    accuracy                           0.65       500
   macro avg       0.65      0.60      0.58       500
weighted avg       0.65      0.65      0.62       500
```

```
[3분할] 자동 튜닝 테스트 정확도(Accuracy): 0.6260
              precision    recall  f1-score   support

           0       0.62      0.86      0.72       283
           1       0.63      0.33      0.43       217

    accuracy                           0.63       500
   macro avg       0.63      0.59      0.58       500
weighted avg       0.63      0.63      0.60       500
```

[그림 15-68] 모델별 평가 출력 결과[32]

출력 결과를 살펴보면 2분할 데이터에서 기본 학습기의 테스트 정확도(Accuracy)는 0.6347로 나타났으며, 이는 이후 실험 결과를 비교하기 위한 초기 기준선(baseline)으로 설정된다. 3분할 데이터에서 기본 학습기 모델의 성능을 측정한 결과, 검증용 데이터에 대한

32 난수시드(random seed)를 고정하지 않은 상태에서 실습을 진행하므로, 실행할 때마다 출력 결과가 다르게 나타날 수 있다. 그러나 전체적인 흐름을 이해하는 데에는 지장이 없으므로, 세부 수치의 차이보다 앙상블의 전반적인 과정에 초점을 맞춰 이해하면 된다.

정확도는 0.6700으로 기준선 대비 향상되었으나, 테스트 데이터에 대한 정확도는 0.6260으로 감소하였다. 이는 검증 단계에서 관찰된 성능 향상이 새로운 데이터로 일반화되지 못했음을 의미한다. 한편, 가중 평균(weighted avg)의 F1 점수(f1-score)는 2분할 데이터에서 0.61, 3분할 기본 학습기의 테스트 데이터에서 0.60으로 거의 동일한 수준을 유지하였다. 이는, 전체적인 정답률은 하락하였으나 정밀도와 재현율의 조합으로 나타나는 모델의 전반적인 품질 수준은 큰 변화 없이 낮은 수준에서 유지되었음을 시사한다.

이후 수동 튜닝을 적용한 경우, 검증용 데이터의 정확도는 0.6620으로 나타났으나 테스트 데이터의 정확도는 0.6320에 그쳤다. 또 자동 튜닝을 적용한 경우, 검증용 데이터의 정확도는 0.6540, 테스트 데이터의 정확도는 0.6260으로 확인되었다. 두 튜닝 방식 모두 검증용 성능 대비 테스트 성능이 약 3.2%p~4.0%p 하락하는 양상을 보였으며, 테스트 데이터에서 가중 평균의 F1 점수 역시 0.60 수준에서 변화가 없었다.

출력 결과를 정리한 [표 15-6]을 보면, 튜닝 이후 테스트 데이터의 정확도는 0.6320(수동 튜닝)과 0.6260(자동 튜닝)으로, 초기 기준선이었던 2분할 데이터의 정확도인 0.6347과 유사한 수준에 머물렀다. 이는 튜닝 과정이 검증용 데이터에 대한 적합도는 일부 개선하였으나, 테스트 데이터에 대한 일반화 성능 향상에는 실패했음을 명확히 보여주는 결과라 할 수 있다. 다시 말해, 본 실험에서 수행한 튜닝 전략은 모델의 일반화 능력을 개선하지 못하고, 검증용 데이터에 과적합되는 경향을 강화한 것으로 판단된다.

[표 15-6] 스태킹 모델 예측 정확도 비교

실험 구분	검증용 Accuracy	테스트 Accuracy	하락 폭	해석
수동 튜닝	0.6620	0.6320	3.0%p	검증용 데이터에 과적합
자동 튜닝	0.6540	0.6260	2.8%p	일반화 성능 향상에 실패

분석 결과를 보면, 모든 실험 설정에서 클래스 0의 재현율(recall)은 0.83~0.89 수준으로 높게 나타났으며, 이는 모델이 클래스 0에 속하는 데이터를 매우 잘 식별하고 있음을 의미한다. 반면 클래스 1의 재현율은 0.31~0.36 수준으로 매우 낮게 나타나, 소수 클래스에 대한 식별 성능이 현저히 부족함을 확인할 수 있다. 실제로 자동 튜닝을 적용한 경우에도, 검증용 데이터의 정확도가 0.6540으로 비교적 높게 나타났음에도 불구하고 클래스 1의 재현율은 0.32에 불과했다. 이처럼 클래스 1에 대한 예측 성능이 크게 저하된 상태에서도 전체 정확도가 0.63~0.67 수준을 유지한 이유는, 다수 클래스 0에 대한 높은 예측 성공률에 의해 전체 성능 지표가 상대적으로 높게 나타났기 때문으로 해석할 수 있다.

현재의 분류 모델은 소수 클래스 1에 대한 식별 실패라는 구조적 문제를 내포하고 있으며, 이는 모델이 전체 정확도를 최적화하는 과정에서 다수 클래스에 편향되었음을 의미한다. 이러한 문제는 파라미터 튜닝만으로는 근본적인 해결이 어려우며, 더 복잡한 패턴을 학습할 수 있는 랜덤 포레스트, 앙상블 모델로 전환하는 것도 대안이 될 수 있다.

참고 반복 작업을 간단하게 만드는 def

8 평가와 **9 평가 결과**에서는 동일한 작업을 여러 번 하거나 재사용하는 코드가 자주 등장한다. 이 경우, 코드를 복사해서 붙여넣기하여 실행할 수도 있지만, 하나의 작업 단위로 묶어두면 반복 작업의 번거로움을 피할 수 있다. 이러한 일련의 작업 묶음을 함수(function)라 하고, **def** 키워드를 이용하여 함수를 정의한다. def는 정의(definition)의 줄임말로, 이후의 코드에서 '작업을 정의한다'는 의미로 사용된다. 즉, def 이하의 특정 작업을 함수로 선언하는 것이다. def의 구조와 예시는 다음과 같다.

[def의 구조]

```
def 함수 이름(입력값들):
    실행할 코드
    결과가 있다면 해당 내용을 반환
```

[예시]

```
def print_eval(label, y_true, y_pred):
    acc = accuracy_score(y_true, y_pred)
    print(f'[{label}] 정확도(Accuracy): {acc:.4f}')
```

[예시]에 입력된 코드를 살펴보자. 앞서 언급했듯이, def를 사용하여 이후의 내용을 하나의 함수로 선언하였다. 함수 이름은 해당 함수가 수행할 작업의 '제목'처럼 붙이는데, 여기서는 평가(evaluation)를 출력(print)한다는 의미로 **print_eval( )**로 명명했다. **( )** 안에는 함수 실행 시 필요한 입력값들을 나열한다. 여기서는 상황을 설명하는 짧은 텍스트(예 '테스트' or '검증')를 **label**로, 실제 정답을 **y_true**로, 예측값을 **y_pred**로 입력했다(입력값의 이름은 연구자가 이해하기 쉬운 방식으로 자유롭게 정할 수 있음).

함수 안에서는 입력값을 활용하여 실행할 작업을 정의한다. 여기서는 **accuracy_score(y_true, y_pred)**를 사용하여 정확도를 계산하며, 이때 y_true, y_pred는 위에서 입력받은 값들이다. **print( )** 함수를 사용하여 **[label] 정확도(Accuracy):** 값 형식으로 출력한다.

이와 같이 **def** 키워드를 이용하여 3줄짜리 함수를 정의했다면, [그림 15-69] 같이 코딩하여 [그림 15-70]과 같은 출력 결과를 모두 얻을 수 있다.

```
print('[2분할 (70:30)] 기본학습기 Stacking 결과')
print_eval('테스트', y_test_2, y_pred_stack_2)
print()

print('[3분할 (60:20:20)] 기본학습기 Stacking 결과')
print_eval('검증', y_val_3, y_pred_val_stack_3)
print_eval('테스트', y_test_3, y_pred_test_stack_3)
print()

print('[3분할 + 수동 튜닝] Stacking 결과')
print_eval('검증', y_val_m, y_pred_val_stack_m)
print_eval('테스트', y_test_m, y_pred_test_stack_m)
print()

print('[3분할 + 자동 튜닝] Stacking 결과')
print_eval('검증', y_val_a, y_pred_val_stack_a)
print_eval('테스트', y_test_a, y_pred_test_stack_a)
print()
```

[그림 15-69] 함수로 정의한 출력

```
[2분할 (70:30)] 기본학습기 Stacking 결과
[테스트] 정확도(Accuracy): 0.6333

[3분할 (60:20:20)] 기본학습기 Stacking 결과
[검증] 정확도(Accuracy): 0.6700
[테스트] 정확도(Accuracy): 0.6300

[3분할 + 수동 튜닝] Stacking 결과
[검증] 정확도(Accuracy): 0.6600
[테스트] 정확도(Accuracy): 0.6300

[3분할 + 자동 튜닝] Stacking 결과
[검증] 정확도(Accuracy): 0.6600
[테스트] 정확도(Accuracy): 0.6320
```

[그림 15-70] 함수로 정의한 출력 결과

지금까지 학습한 앙상블 학습 기법 네 가지의 핵심을 정리하면 [표 15-7]과 같다.

[표 15-7] 앙상블 학습의 주요 기법

특징	보팅(Voting)	배깅(Bagging)	부스팅(Boosting)	스태킹(Stacking)
학습 방법	여러 모델을 동시에 학습	동일한 알고리즘을 여러 개 학습(데이터 샘플링)	이전 모델의 오류를 기반으로 순차적 학습	여러 모델의 예측을 기반으로 메타 모델 학습
예측 방식	다수결 또는 확률 평균	예측 평균 또는 다수결로 최종 예측	모델별 가중치로 합친 후 최종 예측	여러 모델의 예측을 종합하여 최종 예측
다양성	다양한 모델 혼합	같은 종류의 모델이지만 다른 데이터로 학습	이전 모델의 오류를 학습하여 새로운 모델 생성	다양한 모델의 예측을 메타 모델이 학습
특성	안정적 예측	모델의 변동성 감소	모델의 오류를 성능 향상의 기반으로 삼음	최고 성능을 목표로, 모든 방법을 동원

SECTION 15.6

앙상블 학습 기법(5): 랜덤 포레스트

데이터 분석 과정은 결과를 알기 전까지는 숲속에서 길을 찾는 것과 비슷하다. 나무의 성장 방향으로 길을 파악할 수 있다고 가정해 보자. 한 그루의 나무가 가리키는 방향보다는 여러 그루의 나무가 같은 방향으로 자라고 있다면, 그 방향이 길일 가능성이 크다. 단일 트리 모델이 한 개의 결정 트리로 예측하는 것이라면, 랜덤 포레스트는 여러 개의 결정 트리가 모여 하나의 숲을 이루고, 숲 전체의 판단을 통해 예측하는 것이다.

랜덤 포레스트의 개념

결정 트리(Decision Tree)는 조건문(if-else)을 기반으로 데이터를 분류하거나 예측하는 구조로, 직관적이며 해석이 쉬워 결과를 설명하기에 용이하다. 이러한 장점 때문에 오랫동안 많은 사랑을 받아왔다. 그러나 단일 결정 트리에는 큰 약점이 있다. 학습 데이터에 과도하게 맞춰져 과적합(overfitting)이 발생하기 쉽다는 점이다. 이는 마치 넓은 숲 전체를 보지 않고 단 하나의 나무만 보고 숲을 판단하려는 것과 같다. 단일 결정 트리는 특정 상황에서는 매우 정확할 수 있지만, 환경이 달라지면 전혀 쓸모없게 될 수도 있다.

이러한 단일 결정 트리의 고질적인 문제인 과적합을 해결하기 위해 등장한 것이 바로 랜덤 포레스트(Random Forest)다. '무작위로 구성된 숲'이라는 이름처럼, 랜덤 포레스트는 다양한 시각을 가진 여러 결정 트리가 모여 하나의 숲을 이루며, 더 현명하고 안정적인 판단을 가능하게 한다.

랜덤 포레스트에서는 여러 결정 트리를 생성하고, 각 트리가 독립적으로 학습되도록 설계된다. 최종 예측은 이 개별 트리들의 예측 결과를 종합하여 결정되며, 이 과정에서 모델의 다양성을 확보하고 과적합을 방지하기 위해 두 가지 핵심적인 무작위성이 도입된다.

첫 번째 무작위성은 데이터 샘플링 과정에서 발생한다. 각 결정 트리는 원본 학습 데이터 전체가 아닌, 무작위로 복원 추출된 일부 데이터만 사용하여 학습된다. 즉, 각 트리가 서로 다른 데이터 부분집합에 특화되어 학습되도록 유도한다.[33]

두 번째 무작위성은 특성(변수) 선택 단계에서 이루어진다. 각 트리의 노드를 분할할 때 모든 특성을 고려하는 것이 아니라, 무작위로 선택된 일부 특성만 최적의 분할 기준으로 선택

33 복원 추출이지만, 이론적으로는 아주 낮은 확률로 원본 데이터 전체와 동일하게 추출될 가능성이 있다.

한다. 이를 통해 각 트리는 데이터의 서로 다른 측면에 집중하여 학습하게 된다.

이러한 두 가지 무작위성 덕분에 각 결정 트리는 서로 다른 데이터 경험과 특징 관점을 가지게 된다. 이는 마치 동일한 숲을 여러 나무가 각기 다른 위치와 다른 시각에서 관찰하여 자신만의 예측을 형성하고, 이를 모아 최종 판단을 내리는 것과 같다. 이처럼 다양한 관점을 지닌 여러 모델이 함께 판단을 내리므로, 단일 트리 모델에 의존하여 판단할 때보다 훨씬 더 안정적이고 일반화 성능이 뛰어난 예측 결과를 얻을 수 있다. 랜덤 포레스트의 무작위성은 바로 뒤에서 좀 더 자세히 설명한다.

랜덤 포레스트는 단일 트리보다 직관적인 해석은 어려울 수 있으나, 과적합을 효과적으로 줄이고 예측의 신뢰도를 높이는 앙상블 학습 기법이다. 실제로 데이터 분석에서 널리 활용되며, 학습에 사용된 각 특성의 중요도를 상대적으로 평가할 수 있는 변수 중요도(feature importance) 기능을 통해, 모델의 예측에 기여하는 주요 요인을 파악하는 데에도 유용하다.

랜덤 포레스트의 핵심 전략: 결정 트리와 무작위성

랜덤 포레스트는 배깅 기반의 앙상블 결정 트리 모델이다. 즉, 다양한 결정 트리와 배깅 방식(부트스트랩 샘플링)의 조합으로 이루어진 앙상블 학습 기법이라 할 수 있다.

■ 다양한 결정 트리

랜덤 포레스트의 첫 번째 핵심 전략은 서로 다른 시각을 가진 다양한 트리가 협력하여 하나의 통합된 예측을 만들어내는 데 있다. 단순히 많은 수의 트리를 생성한다고 해서 강력한 예측력이 발현되는 것은 아니다. 모든 트리가 유사한 판단을 내린다면 다수결이나 평균을 취하더라도 결과는 크게 달라지지 않을 것이다. 즉, 동일한 데이터로 학습된 유사한 트리들을 단순히 결합할 경우 앙상블 효과는 제한적일 수밖에 없다. 이는 마치 여러 셰프가 같은 레시피로 요리할 때 조리 방식에 따라 약간의 차이는 있더라도 기본적인 맛은 크게 다르지 않은 것과 같다.

서로 다른 개성을 지닌 트리들이 모여 숲을 이루고, 각자의 지혜를 공유하며 최종 결론에 도달할 때 앙상블 학습의 본질인 '다양성'이 실현된다. 이는 서로 다른 방식으로 학습된 예측기를 결합함으로써 개별 모델의 오류를 상쇄하고, 더 강력하면서도 더 정확한 결과를 도출할 수 있게 한다.

■ 2단계 무작위성 도입

랜덤 포레스트의 두 번째 핵심 전략은 무작위성(randomness)이다. 다양성을 갖춘 트리들을 효과적으로 만들기 위해 학습 전반에 걸쳐 무작위성을 적극적으로 도입하였다.

❶ 무작위 데이터 샘플링(부트스트랩 샘플링)

랜덤 포레스트의 각 결정 트리는 전체 학습 데이터를 그대로 사용하는 것이 아니라 복원 추출된 무작위 샘플(bootstrap sample)을 사용하여 학습된다. 이를 통해 각 트리는 서로 다른 데이터 구성을 학습하게 되며, 데이터의 다양한 패턴과 특성을 포착할 수 있다. 이 과정은 마치 여러 분석가가 서로 다른 표본을 분석하는 것과 같아, 다양한 시각으로 예측 결과를 얻을 수 있게 한다.

부트스트랩 샘플링은 원본 데이터셋의 크기가 N일 때, 해당 데이터셋에서 복원 추출을 N번 반복하여 새로운 학습용 데이터셋을 구성하는 방식이다. 이렇게 생성된 샘플은 원본 데이터셋의 일부를 포함할 수도 있고, 같은 데이터 포인트를 여러 번 포함할 수도 있다.[34] 이런 방식으로 샘플링하면, 전체 데이터 중 약 36.8%는 해당 트리의 학습에 사용되지 않는다.

> **참고 부트스트랩으로 서로 다른 데이터셋을 구성하는 확률**
>
> N개의 데이터에서 한 번 뽑을 때, 특정 데이터가 선택될 확률은 $\frac{1}{N}$ 이고, 선택되지 않을 확률은 $1-\frac{1}{N}$ 이다. 이 샘플링을 총 N번 반복하면 특정 데이터가 한 번도 선택되지 않을 확률은 $\left(1-\frac{1}{N}\right)^N$ 이 된다. N이 충분히 커지면, 이 확률은 $\lim_{N\to\infty}\left(1-\frac{1}{N}\right)^N = e^{-1} \approx 0.368$ 이 된다. 그러므로, 부트스트랩 샘플에 선택되지 않을 확률은 36.8%다.

❷ 무작위 특성 선택(Random Feature Selection)

랜덤 포레스트의 각 트리는 노드 분기 시 전체 특성(feature) 중 일부를 무작위로 선택한 뒤, 그중에서 최적의 분할 기준을 찾아 노드를 분할하고 트리를 성장시킨다. 이렇게 하면 강력한 영향력을 가진 특정 변수에 과도하게 의존하는 것을 막을 수 있고, 영향력이 약한 변수들도 학습에 기여할 수 있게 된다.

이러한 전략은 마치 여러 셰프가 같은 식재료를 가지고도 각자의 레시피와 조리법을 통해 서로 다른 요리를 완성하는 것과 비슷하다. 셰프의 고유한 경험과 미적 감각이 더해지면 예상하지 못한 새로운 맛의 조합이 이루어질 수 있듯이, 무작위 특성 선택은 모델에 다양성을 부여하여 예측 성능을 향상시키는 데 기여한다.

> **참고 무작위 특성 선택 기준**
>
> 무작위 특성 선택은 각 노드에서 전체 특성의 일부만 선택하여, 가장 좋은 분할을 찾는 것이다. 전체 특성의 수를 p라 하면, 분류 문제에서는 일반적으로 $\sqrt{p}$ 개의 특성을 사용하고, 회귀 문제에서는 일반적으로 $\frac{p}{3}$ 개의 특성을 사용한다. 이러한 특성 선택 기준은 경험적 규칙(heuristics)에 기반한 것이다. 즉, 이론적 근거보다는 다양한 실험과 실무 적용을 통해 경험적으로 밝혀 낸 것이다.

34 데이터 포인트(data point)는 개별적인 하나의 관찰 기록이나 사례를 의미한다.

지금까지 살펴보았듯이, 랜덤 포레스트는 두 가지 무작위성 전략을 통해 각 트리가 서로 다른 데이터와 특성에 기반하여 학습되도록 유도한다. 이 과정에서 일부 트리가 잘못된 방향을 제시할 수 있지만 전체적으로는 트리 간 다양성이 확보되면서 진행되므로, 종합된 최종 예측은 단일 트리보다 훨씬 안정적이고 과적합의 위험이 낮으며 예측 성능 또한 향상된다. 이러한 방식은 마치 여러 전문가의 다양한 의견을 종합해 합리적인 결론에 도달하는 '집단 지성'의 원리와 유사하다.

과적합을 방지하는 랜덤 포레스트

단일 트리 모델은 직관적이면서 강력하다는 장점이 있지만 학습용 데이터에 과적합되기 쉽다는 큰 단점이 있다. 이 때문에 학습용 데이터에 대해서는 예측 성능이 높게 나타나지만 테스트 데이터에 대해서는 예측력이 대폭 감소하는 결과가 나타난다. 이러한 문제를 해결하기 위해 등장한 것이 배깅(bagging)이고, 배깅을 업그레이드한 형태가 랜덤 포레스트다.

▪ 랜덤 포레스트가 과적합에 강한 이유

- **데이터 다양성:** 랜던 포레스트는 원본 데이터 전체가 아닌, 무작위 복원 추출된 일부 데이터만 사용하며, 트리의 내부 노드를 분리하는 과정에서 무작위로 선택된 일부 변수를 사용한다. 이렇게 서로 다른 데이터와 기준으로 학습하면, 트리마다 서로 다른 오류 패턴을 가질 가능성이 증가하여 올바른 예측과 잘못된 예측이 나타나게 되고, 올바른 예측이 잘못된 예측을 상쇄하는 결과로 이어진다.
- **과적합 억제 효과:** 단일 트리 모델은 학습용 데이터의 모든 정보를 활용하므로 노이즈와 이상치까지 학습하여 과적합이 발생할 수 있다. 반면, 랜덤 포레스트는 일부 데이터와 제한된 특성만 사용하여 학습하므로 데이터의 세부 변동에 과도하게 반응하지 않는다. 또한 단일 트리 모델로 예측한 결과는 제한된 정보로 인해 부정확한 결과가 될 수 있지만, 랜덤 포레스트에서는 다수결이나 평균을 통해 예측을 집계함으로써 과적합을 줄이고 새로운 데이터에 안정적인 예측을 제공한다.

▪ 과적합 억제의 핵심 메커니즘: 분산 감소

랜덤 포레스트가 과적합을 억제하는 핵심 메커니즘이 분산 감소다. 앙상블의 분산은 다음과 같이 구성된다.

$$Var(\hat{y}) = \rho \cdot Var(T) + \frac{1-\rho}{B} \cdot Var(T),$$

- $Var(\hat{y})$: 랜덤 포레스트의 최종 예측값 $\hat{y}$의 분산
- ρ: 개별 트리의 상관계수
- B: 랜던 포레스트의 전체 트리 개수
- $Var(T)$: 개별 결정 트리 예측값의 분산

$\rho \cdot Var(T)$는 개별 트리의 분산에서 서로 연관성이 있는 부분으로, 트리들이 유사한 오류를 발생시키는 경향이 클수록 영향이 커진다. $\frac{1-\rho}{B} \cdot Var(T)$는 개별 트리의 독립적인 부분이 전체 트리 개수로 나누어진 값으로, 트리의 개수가 많아지면 영향력이 작아진다.

그렇다면 트리 간 상관도인 ρ를 낮추어야 하는데, 무작위성 전략은 ρ를 효과적으로 줄이는 역할을 한다. 또한 트리의 개수 B가 증가하면 $\frac{1-\rho}{B} \cdot Var(T)$가 작아지므로, 더 많은 다양한 트리를 앙상블에 포함시킬수록 오류가 평균화되어 최종 예측의 분산이 줄어들고 더욱 안정적인 예측이 가능해진다.

변수 중요도

모델 성능을 평가할 때 단순히 예측 정확도만 보는 것은 충분하지 않다. 모델의 신뢰성과 해석 가능성을 높이려면 예측 결과가 어떻게 도출되었는지를 이해하는 것이 중요하다. 이를 위해, 랜덤 포레스트 모델의 중요 지표인 변수 중요도의 개념과 중요도 계산 방법을 살펴본다.

■ 변수 중요도의 개념

변수의 중요도(feature importance)를 살펴본다는 것은 마치 숲에서 중요한 나무를 찾는 것과 같은 개념이다. 아무리 예측력이 뛰어난 모델이라도, 그 예측이 왜 나왔는지를 설명할 수 없다면, 신뢰성 문제로 인해 실제로 사용하기는 어렵다. 랜덤 포레스트는 예측 과정에서 어떤 변수들이 얼마나 큰 영향을 미쳤는지를 직관적이고 정량적인 지표로 제공한다. 이는 모델의 예측 근거를 제시하는 기능으로, 모델의 신뢰도를 높이는 데 중요한 기능을 한다.

변수 중요도는 입력 변수가 모델의 예측 정확도에 미치는 영향을 수치로 나타낸 지표다. 이 값이 높을수록 해당 변수가 예측에서 중요한 역할을 했다고 판단한다. 여러 개의 결정 트리가 학습하고 예측하는 과정에서 각 변수의 기여 정도를 평균하여 변수 중요도를 도출하는데, 이를 통해 개별 트리의 편향은 줄이고 전체 모델 관점에서 중요한 변수를 객관적으로 판단할 수 있다.

■ 변수 중요도 계산 방법

변수 중요도를 계산하는 대표적인 방법은 다음 두 가지다.

- **지니 불순도 감소량:** 지니 불순도(gini impurity)는 특정 노드에 속한 데이터들이 클래스에 분포된 불균형 정도를 나타내는 지표다. 값이 낮을수록 노드 내 데이터가 특정한 데이터로 제대로 분류되었음을 의미한다. 랜덤 포레스트에서는 노드를 분할할 때, 자식 노드들의 지니 불순도 합이 가장 작아지는 변수와 분할 기준을 선택한다. 이때 해당 변수가 데이터를 얼마나 잘 나누어 순도를 높이는지를 평가하며, 이를 통해 변수의 중요도를 측정한다.

- **퍼뮤테이션 중요도**: 퍼뮤테이션 중요도(permutation importance)는 모델을 학습시킨 후 테스트 데이터를 이용하여 변수의 중요도를 측정하는 방식이다. 특정 변수의 실제 값을 무작위로 섞어서 정보의 의미를 없앤 후에 모델의 예측 성능이 어느 정도 떨어지는지를 측정하여 해당 변수의 중요도를 평가한다.

참고 퍼뮤테이션의 개념과 특성

수학에서 퍼뮤테이션은 n개의 원소를 가진 집합에서 순서를 고려하여 나열하는 경우의 수를 의미한다. 머신러닝과 데이터 분석에서는 이와 유사한 아이디어를 활용하여 모델 해석 시 특성 중요도(feature importance)를 파악하는 데 퍼뮤테이션을 사용한다.

퍼뮤테이션에 기반한 특성 중요도 측정은 특정 특성의 값을 무작위로 섞거나 제거했을 때 모델의 예측 성능이 얼마나 변화하는지를 관찰한다. 만약 특정 특성을 섞거나 제거했을 때 모델 성능이 크게 떨어지면, 이 특성은 모델 예측에 매우 중요한 역할을 한다는 것을 의미한다.

이 방법은 모든 특성에 대해 이러한 과정을 반복해야 하므로 계산 비용이 높고, 특성 간 상관관계가 높은 경우에 해석이 어려울 수 있다는 단점이 있다. 그러나 모델 종류와 관계없이 적용할 수 있고 블랙박스 모델[35]에도 적용된다. 실제 예측 성능의 변화를 기반으로 특성 중요도를 측정한다는 강력한 장점 덕분에 널리 활용되고 있다.

랜덤 포레스트는 뛰어난 예측 성능과 함께 변수 중요도라는 객관적 지표를 제공함으로써 모델의 예측 과정을 이해할 수 있게 해준다. 이러한 기능은 단순히 예측 결과를 확인하는 데 그치지 않고 그 예측이 도출된 이유를 설명함으로써, 분석자의 데이터 이해도를 높이고 실제 의사결정 과정에서 활용 가능한 근거를 제시한다.

랜덤 포레스트가 적용된 코드의 흐름 이해

다음에 제시한 파이썬 코드는 분류 문제와 회귀 문제에 대한 랜덤 포레스트의 흐름을 이해하기 위한 코드다. 이 코드는 데이터를 자동으로 1,000개 생성한 후 단일 트리 모델과 랜덤 포레시트 앙상블 모델의 예측 성능을 비교하였다. 본격적인 실습에 들어가기 전에, 랜덤 포레스트를 적용한 코드가 어떤 흐름으로 진행되는지 살펴보기 바란다.

35 블랙박스 모델은 머신러닝 모델의 일종으로, 내부 작동 방식이나 의사결정 과정을 인간이 명확하게 이해하기 어려운 모델을 의미한다. 입력(데이터)과 출력(예측)은 알 수 있지만, 중간 처리 과정이 보이지 않는다는 점에서 속이 보이지 않는 검은 상자(블랙박스)에 비유된다.

랜덤 포레스트의 코드 흐름

분류(RandomForestClassifier)

```
# 필요한 라이브러리
from sklearn.ensemble import RandomForestClassifier
from sklearn.tree import DecisionTreeClassifier
from sklearn.datasets import make_classification
from sklearn.model_selection import train_test_split
from sklearn.metrics import accuracy_score

# 데이터 생성
X, y = make_classification(
    n_samples=1000,
    n_features=20,
    n_informative=15,
    n_redundant=5,
    random_state=42
)

X_train, X_test, y_train, y_test = train_test_split(
    X, y, test_size=0.3, random_state=42
)

# 단일 결정 트리
tree = DecisionTreeClassifier(random_state=42)
tree.fit(X_train, y_train)
y_pred_tree = tree.predict(X_test)

# 랜덤 포레스트 생성
forest = RandomForestClassifier(
    n_estimators=100,
    max_depth=None,
    random_state=42,
    n_jobs=-1
)

# 모델 학습
forest.fit(X_train, y_train)

# 예측
y_pred_forest = forest.predict(X_test)

# 평가
print('단일 트리 정확도:', accuracy_score(y_test, y_pred_
tree))
print('랜덤 포레스트 정확도:', accuracy_score(y_test, y_
pred_forest))
```

회귀(RandomForestRegressor)

```
# 필요한 라이브러리
from sklearn.ensemble import RandomForestRegressor
from sklearn.tree import DecisionTreeRegressor
from sklearn.datasets import make_regression
from sklearn.model_selection import train_test_split
from sklearn.metrics import mean_squared_error, r2_score

# 데이터 생성
X, y = make_regression(
    n_samples=1000,
    n_features=20,
    n_informative=15,
    noise=0.1,
    random_state=42
)

X_train, X_test, y_train, y_test = train_test_split(
    X, y, test_size=0.3, random_state=42
)

# 단일 결정 트리
tree = DecisionTreeRegressor(random_state=42)
tree.fit(X_train, y_train)
y_pred_tree = tree.predict(X_test)

# 랜덤 포레스트 생성
forest = RandomForestRegressor(
    n_estimators=100,
    max_depth=None,
    random_state=42,
    n_jobs=-1
)

# 모델 학습
forest.fit(X_train, y_train)

# 예측
y_pred_forest = forest.predict(X_test)

# 평가
print('단일 트리 MSE:', mean_squared_error(y_test, y_
pred_tree))
print('단일 트리 R2:', r2_score(y_test, y_pred_tree))
print('랜덤 포레스트 MSE:', mean_squared_error(y_test, y_
pred_forest))
print('랜덤 포레스트 R2:', r2_score(y_test, y_pred_
forest))
```

지금부터는 실제 데이터를 이용하여 회귀 문제에 대한 분석을 진행한다. 분석은 두 가지 데이터 분할 방식을 기반으로 한다. 첫 번째는 학습용 데이터와 테스트 데이터로 나누는 2분할 방식이고, 두 번째는 학습용 데이터, 검증용 데이터, 테스트 데이터로 나누는 3분할 방식이다. 특히 3분할 방식에서는 기본 학습기, 하이퍼파라미터 수동 튜닝, 하이퍼파라미터 자동 튜닝으로 구분하여 분석 과정을 비교하고, 결과가 어떻게 달라지는지 확인하도록 한다.[36]

36 이 책에서는 서로 비교하기 쉽도록 같이 설명하지만, 2분할, 3분할, 수동 튜닝, 자동 튜닝 중에서 원하는 분석 방법만 취하여 코딩하면 개별 분석도 가능하다.

회귀 문제 실습

이제 실습을 통해 회귀 문제에 대한 분석을 진행해 보자.[37]

연구문제

주택을 월세로 임대하기 위해 적절한 임대료를 결정하고자 한다. 이때 어느 정도의 월세가 적절할지 인터넷 검색으로 확인할 수도 있지만, 더욱 합리적인 가격을 마련하기 위해 면적, 방 개수, 층수, 지하철역까지의 거리, 건물의 연식, 관리비의 정보를 수집하였고, 실제 월세 정보를 확인했다. 이러한 정보를 기반으로 적절한 월세를 예측하고자 한다.

▶ 실습파일 | ensemble_regression.csv

변수명(컬럼)	데이터 타입	설명
area	수치형	주택의 전용면적(m^2)
rooms	수치형	방의 개수
floor	수치형	건물 내 위치한 층수
dist_subway	수치형	가장 가까운 지하철역까지의 거리(m)
building_age	수치형	건축된 이후 경과된 연수
management_fee	수치형	월 관리비 금액(천 원 단위)
rent	수치형	실제 월세 금액(천 원 단위). 목표변수(결과 변수)

공통 기본 과정

1 필요한 라이브러리 가져오기

랜덤 포레스트의 회귀 문제를 해결하기 위해 다음 라이브러리를 임포트한다.

```
import pandas as pd
import numpy as np
from sklearn.model_selection import train_test_split
from sklearn.model_selection import cross_val_score
from sklearn.model_selection import GridSearchCV
from sklearn.tree import DecisionTreeRegressor
from sklearn.ensemble import RandomForestRegressor
from sklearn.ensemble import BaggingRegressor
from sklearn.ensemble import GradientBoostingRegressor
from sklearn.metrics import mean_squared_error, r2_score
```

[그림 15-71] 랜덤 포레스트에 필요한 라이브러리 임포트하기

37 배깅과 부스팅에서 진행한 연구문제와 동일하다.

2 데이터 불러오기

2분할 데이터와 3분할 데이터를 구분하기 위해 데이터 파일 **ensemble_regression.csv**를 불러와서 각각 **data**로 정의한다.

```
data = pd.read_csv('./source/ensemble_regression.csv')
```

[그림 15-72] 데이터 불러오기

3 변수 분리

입력 변수 **area**, **rooms**, **floor**, **dist_subway**, **building_age**, **management_fee**와 출력 변수 **rent**를 **X**와 **y**로 구분한다.

```
X = data[['area', 'rooms', 'floor', 'dist_subway', 'building_age', 'management_fee']]
y = data['rent']
```

[그림 15-73] 변수 분리

4 데이터 분할

2분할: **train_test_split( )** 함수를 사용하여 전체 데이터의 70%를 학습용 데이터(**X_train_2**, **y_train_2**)로, 나머지 30%를 테스트 데이터(**X_test_2**, **y_test_2**)로 나눈다. **test_size=0.3**은 테스트셋의 비율을 30%로 설정한다.

3분할: **train_test_split( )** 함수를 사용하여 전체 데이터 60%를 학습용 데이터(**X_train**, **y_train**)로, 나머지 40%를 임시 데이터(**X_temp**, **y_temp**)로 나눈다. **test_size=0.4**는 임시 데이터셋의 비율을 40%로 설정한다. 다시 임시 데이터를 나누어 검증용 데이터와 테스트 데이터로 분할한다.

2분할(70:30)

```
X_train_2, X_test_2, y_train_2, y_test_2 = train_test_split(
    X, y, test_size=0.3, random_state=42
)
```

3분할(60:20:20)

```
X_train, X_temp, y_train, y_temp = train_test_split(
    X, y, test_size=0.4, random_state=42
)

X_val, X_test, y_val, y_test = train_test_split(
    X_temp, y_temp, test_size=0.5, random_state=42
)
```

[그림 15-74] 데이터 분할

앙상블 모델 구축 및 평가

5 모델 생성과 학습

2분할: **RandomForestRegressor** 클래스를 사용하여 랜덤 포레스트 회귀 모델 **rf_model_2**를 생성한다. 이때 트리의 개수(**n_estimators**)는 **100**개로 설정하고, 재현 가능한 결과를 위해 난수 시드(**random_state**)는 **42**로 고정한다. 그런 다음, 학습용 데이터 **X_train_2**와 정답값 **y_train_2**를 이용해 **fit()** 함수를 호출하여 랜덤 포레스트 모델 **rf_model_2**를 학습시킨다.

3분할: **RandomForestRegressor** 클래스를 사용하여 랜덤 포레스트 회귀 모델 **rf_model_3**를 생성한다. 이때 트리의 개수(**n_estimators**)는 **100**개로 설정하고, 재현 가능한 결과를 위해 난수 시드(**random_state**)는 **42**로 고정한다. 그런 다음, 학습용 데이터인 입력 변수 **X_train**과 목표 변수 **y_train**을 이용해 **fit()** 함수를 호출하여 랜덤 포레스트 모델 **rf_model_3**를 학습시킨다.

3분할 수동 튜닝: **RandomForestRegressor** 클래스를 사용하여 랜덤 포레스트 회귀 모델 **rf_model_m**을 생성한다. 이때 트리의 개수(**n_estimators**)는 **200**개로 설정하고, 각 트리의 최대 깊이(**max_depth**)는 **6**으로 제한한다. 과적합을 방지하고 모델의 일반화 성능을 높이기 위해 각 노드에서 분할에 사용할 특성의 수(**max_features**)는 전체 특성 수의 제곱근(**sqrt**)으로 설정한다. 또한 **random_state**를 **42**로 고정하여 동일한 결과를 재현하도록 한다. **fit()** 함수를 호출하여 학습용 데이터인 입력 변수 **X_train**과 목표 변수 **y_train**을 이용해 모델을 학습시킨다.

3분할 자동 튜닝: 하이퍼파라미터 탐색을 위해 **rf_param_grid**라는 딕셔너리 형태로 후보 값들을 정의한다. 이때 트리의 개수(**n_estimators**)는 **100**개와 **200**개, 각 트리의 최대 깊이(**max_depth**)는 **4**, **6**, **8**, 각 노드를 분할할 때 사용하는 특성의 수(**max_features**)는 **sqrt**와 **log2** 두 가지 방식을 설정하여 비교한다. 이후 **GridSearchCV**로 객체 **rf_model_a**를 생성한다. 이때 기본 모델로 **RandomForestRegressor(random_state=42)**를 사용하여, 앞에서 정의한 **rf_param_grid**를 하이퍼파라미터 탐색 공간으로 설정한다. 또한 교차검증에서 학습 데이터를 5개로 분할하고 각 조합에 대해 5번의 학습과 검증을 수행하도록 **cv=5**로 설정한다. **return_train_score=True** 옵션을 추가하면 학습용 데이터의 성능(train_score)과 검증용 데이터의 성능(test_score)이 모두 기록된다. 이 점수를 이용하여 나중에 최종 결과를 보며 과적합 여부를 판단할 수 있다.[38] 마지막으로, **fit()** 함수를 호출하여 **X_train**과 **y_train**을 사용하여 모델을 학습시킨다. 그러면 그리드 서치를 통해 주어진 하이퍼파라미터 조합들을 모두 평가하고 가장 성능이 우수한 조합(best parameters)을 자동으로 선택한다.

---

38 하이퍼파라미터를 자동으로 튜닝하는 경우 [그림 15-82]를 보고 과적합 여부를 판단한다. 학습용 score는 0.63~0.84로 매우 높은 반면, 테스트 score는 0.59~0.67 수준이다. mean_train_score(학습 성능)가 mean_test_score(검증 성능)보다 지나치게 높다면 명백히 과적합에 가깝다고 할 수 있다.

2분할(70:30)

```
rf_model_2 = RandomForestRegressor(
    n_estimators=100, random_state=42
)

rf_model_2.fit(X_train_2, y_train_2)
```

3분할(60:20:20)

```
rf_model_3 = RandomForestRegressor(
    n_estimators=100, random_state=42
)

rf_model_3.fit(X_train, y_train)
```

3분할(60:20:20)
수동 튜닝

```
rf_model_m = RandomForestRegressor(
    n_estimators=200, max_depth=6, max_features='sqrt', random_state=42
)

rf_model_m.fit(X_train, y_train)
```

3분할(60:20:20)
자동 튜닝

```
rf_param_grid = {
    'n_estimators': [100, 200],
    'max_depth': [4, 6, 8],
    'max_features': ['sqrt', 'log2']
}

rf_model_a = GridSearchCV(
    RandomForestRegressor(random_state=42),
    rf_param_grid, cv=5, return_train_score=True
)

rf_model_a.fit(X_train, y_train)
```

[그림 15-75] 모델 생성과 학습

참고 max_features의 sqrt vs. log2

sqrt와 log2는 모두 랜덤 포레스트를 비롯한 앙상블 모델에서 트리의 다양성을 확보하고 과적합을 방지하기 위해 사용되는 max_features 설정 방식이다. 이 값은 각 노드를 분할할 때 고려할 특성의 개수를 결정한다.

■ **max_features='sqrt' 또는 max_features=int(np.sqrt(n_features))**

전체 특성 수(n_features)의 제곱근에 해당하는 개수의 특성만 무작위로 선택하여, 각 노드에서 최적의 분할을 탐색한다. sqrt는 랜덤 포레스트에서 많이 사용하는 설정이다.

- **상관성 감소와 모델 다양성 확보:** 전체 특성 중 일부만 고려하므로, 각 트리는 서로 다른 특성에 집중하게 되어 모델 간 다양성이 증가한다.
- **과적합 위험 감소:** 트리들이 서로 다른 특성의 조합을 학습하게 되어, 어떤 하나의 특성에 과도하게 의존하는 것을 막는다.
- **일반화 성능 향상:** 모델의 중요한 특성은 반영하면서도 노이즈의 영향을 줄이는 적절한 무작위성을 확보할 수 있다.
- **계산 비용 감소:** 전체 특성보다 적은 수의 특성을 고려하므로, 각 노드에서 최적의 분할을 찾는 데 필요한 계산 비용이 감소한다.

- **max_features='log2' 또는 max_features=int(np.log2(n_features))**

전체 특성 수(n_features)의 밑이 2인 로그 값에 해당하는 개수의 특성만 무작위로 선택하여 노드 분할에 사용한다.

- **트리의 다양성 증가:** sqrt보다 더 적은 수의 특성을 고려하므로, 트리 간의 다양성이 더욱 높아진다.
- **과적합 방지:** 특히 특성 수가 많은 데이터셋에 유용하며, 트리들이 서로 다른 특성을 탐색하게 되어 과적합이 줄어든다.
- **sqrt보다 예측 성능이 떨어질 가능성:** 적은 수의 특성을 고려하므로, 중요한 특성이 분할 과정에서 배제되는 현상이 나타날 수 있다.
- **높은 계산 효율:** 특성 수가 상대적으로 적어서 각 노드의 분할 속도가 sqrt보다 빠를 수 있다.

log2는 특성 수가 매우 많아서 과적합의 부담이 있을 때, 모델의 다양성을 극대화하고 싶을 때 사용할 수 있으나, 일반적으로는 sqrt가 더 널리 사용된다.

6 예측 및 평가

2분할: 테스트 데이터 **X_test_2**에 대해 학습된 랜덤 포레스트 모델 **rf_model_2**를 **predict()** 함수를 사용하여 예측값을 구하고, 이를 **y_pred_rf_2**에 저장한다. 이어서 예측 결과 **y_pred_rf_2**와 실제 정답 **y_test_2**를 비교하여, 테스트 데이터의 평균제곱오차 MSE와 결정계수 R^2를 각각 **mse_rf_2**와 **r2_rf_2**에 계산하여 저장한다.

3분할: 검증용 데이터와 테스트 데이터 **X_val**과 데이터 **X_test**에 대해 학습된 랜덤 포레스트 모델 **rf_model_♻**를 **predict()** 함수를 사용해 예측값을 구하고, **y_pred_val_rf_♻**와 **y_pred_test_rf_♻**에 저장한다. 이어서 예측한 결과 **y_pred_val_rf_♻**와 실제 정답 **y_val**을 비교해 검증용 데이터의 평균제곱오차 MSE와 결정계수 R^2를 계산하고, 테스트 데이터에 대해서도 동일하게 평균제곱오차 MSE와 결정계수 R^2를 계산한다.

2분할(70:30)

```
y_pred_rf_2 = rf_model_2.predict(X_test_2)
mse_rf_2 = mean_squared_error(y_test_2, y_pred_rf_2)
r2_rf_2 = r2_score(y_test_2, y_pred_rf_2)
```

3분할(60:20:20)

```
y_pred_val_rf_♻ = rf_model_♻.predict(X_val)
y_pred_test_rf_♻ = rf_model_♻.predict(X_test)
mse_val_rf_♻ = mean_squared_error(y_val, y_pred_val_rf_♻)
mse_test_rf_♻ = mean_squared_error(y_test, y_pred_test_rf_♻)
r2_val_rf_♻ = r2_score(y_val, y_pred_val_rf_♻)
r2_test_rf_♻ = r2_score(y_test, y_pred_test_rf_♻)
```

[그림 15-76] 예측과 평가

> **참고 앙상블 모델에 ccp_alpha가 없는 이유**
>
> ccp_alpha는 결정 트리에서 가지치기를 조정하는 하이퍼파라미터로, 트리의 복잡도를 줄이고 과적합을 방지하는 데 유용하다. 그러나 랜덤 포레스트와 같은 앙상블 모델에서는 가지치기 효과가 그렇게 크지 않을 수 있다. 앙상블을 통해 예측을 수행하면, 가지치기보다는 전체적인 앙상블의 성능에 더 많은 영향을 받기 때문이다. 따라서 **n_estimators, max_depth** 같은 주요 하이퍼파라미터를 먼저 최적화하고, 필요에 따라 ccp_alpha를 추가하는 것이 바람직하다.

7 평가 결과

랜덤 포레스트 모델을 평가해서 저장한 수치들을 확인한다. 이를 위해 **print()** 함수를 이용하여, MSE(작을수록 좋음)와 R^2(1에 가까울수록 좋음)를 소수점 넷째 자리까지 출력한다.

2분할: **[2분할 (70:30)] 랜덤 포레스트 (Random Forest)]**를 제목으로 하여, 앞에서 정의한 모델의 예측에 대한 평가를 출력한다.

```
print('[2분할 (70:30)] 랜덤 포레스트 (Random Forest)]')
print(f'MSE: {mse_rf_2:.4f}, R^2: {r2_rf_2:.4f}')
```

```
[2분할 (70:30)] 랜덤 포레스트 (Random Forest)]
MSE: 7042.8240, R^2: 0.6849
```

[그림 15-77] 2분할 평가 결과

2분할 랜덤 포레스트 모델의 경우 MSE는 7042.8240, R^2는 0.6849로 확인되어 우수한 예측력을 나타냈다.

3분할: **[3분할 (60:20:20)] 기본학습기 랜덤 포레스트 (Random Forest)]**를 제목으로 하여, 앞에서 정의한 모델의 예측에 대한 평가를 출력한다.

```
print('[3분할 (60:20:20)] 기본학습기 랜덤 포레스트 (Random Forest)]')
print(f'[검증용 데이터] MSE: {mse_val_rf_3:.4f}, R^2: {r2_val_rf_3:.4f}')
print(f'[테스트 데이터] MSE: {mse_test_rf_3:.4f}, R^2: {r2_test_rf_3:.4f}')
```

```
[3분할 (60:20:20)] 기본학습기 랜덤 포레스트 (Random Forest)]
[검증용 데이터] MSE: 7201.8769, R^2: 0.6842
[테스트 데이터] MSE: 6651.3818, R^2: 0.7101
```

[그림 15-78] 3분할 기본 학습기 평가 결과

검증용 데이터의 MSE는 7201.8769, R^2는 0.6842로 배깅과 매우 유사한 성능을 보인다. 테스트 데이터의 MSE는 6651.3818, R^2는 0.7101로 이 역시 배깅과 유사하게 우수한 성능을 나타낸다고 판단할 수 있다.

3분할 수동 튜닝: **[3분할 (60:20:20)] + 수동 튜닝 랜덤 포레스트 (Random Forest)]**를 제목으로 하여, 앞에서 정의한 모델의 예측에 대한 평가를 출력한다.

```
print('[3분할 (60:20:20)] + 수동 튜닝 랜덤 포레스트 (Random Forest)]')
print(f'[검증용 데이터] MSE: {mse_val_rf_m:.4f}, R^2: {r2_val_rf_m:.4f}')
print(f'[테스트 데이터] MSE: {mse_test_rf_m:.4f}, R^2: {r2_test_rf_m:.4f}')
```

```
[3분할 (60:20:20)] + 수동 튜닝 랜덤 포레스트 (Random Forest)]
[검증용 데이터] MSE: 7574.7324, R^2: 0.6678
[테스트 데이터] MSE: 7207.5240, R^2: 0.6859
```

[그림 15-79] 3분할 수동 튜닝 평가 결과

검증용 데이터의 MSE가 7574.7324, R^2가 0.6678로 확인된다. 자동 튜닝 결과와 비교했을 때, MSE는 증가했고 R^2는 감소했다. 테스트 데이터에서는 MSE가 7207.5240, R^2가 0.6859로 확인된다. 자동 튜닝 결과와 비교하면 이번에도 역시 MSE는 증가했고 R^2는 감소했다. 이를 통해, 수동 튜닝을 함으로써 오히려 모델의 성능이 저하되었다고 판단할 수 있다.

3분할 자동 튜닝: **[3분할 (60:20:20)] + 자동 튜닝 랜덤 포레스트 (Random Forest)]**을 제목으로 하여, 앞에서 정의한 모델의 예측에 대한 평가를 출력한다.

```
print('[3분할 (60:20:20)] + 자동 튜닝 랜덤 포레스트 (Random Forest)]')
print(f'[검증용 데이터] MSE: {mse_val_rf_a:.4f}, R^2: {r2_val_rf_a:.4f}')
print(f'[테스트 데이터] MSE: {mse_test_rf_a:.4f}, R^2: {r2_test_rf_a:.4f}')
```

```
[3분할 (60:20:20)] + 자동 튜닝 랜덤 포레스트 (Random Forest)]
[검증용 데이터] MSE: 7099.6896, R^2: 0.6887
[테스트 데이터] MSE: 6741.6117, R^2: 0.7062
```

[그림 15-80] 3분할 자동 튜닝 평가 결과

검증용 데이터의 MSE가 7099.6896, R^2가 0.6887로 확인되며, 수동 튜닝 결과와 비교했을 때, MSE는 약간 감소하고 R^2는 약간 증가하였다. 이는 수동 튜닝을 했을 때보다 자동 튜닝을 했을 때 다소 성능 향상이 이루어졌음을 나타낸다. 테스트 데이터의 MSE가 6741.6117, R^2가 0.7062로 확인되며, 수동 튜닝 결과와 비교했을 때, 역시 MSE는 감소하고 R^2는 증가하였다. 이는 수동 튜닝에 비해 자동 튜닝이 더 나은 일반화 성능을 나타냄을 의미한다.

■ 하이퍼파라미터를 수동으로 튜닝하는 경우

수동으로 하이퍼파라미터를 튜닝한 경우, 해당 튜닝이 실제로 효과적인지 검증하기 위해 교차검증을 반드시 수행해야 한다. 학습용 데이터를 활용해 교차검증을 수행함으로써 모델의 일반화 성능을 평가하고, 설정한 하이퍼파라미터가 적절한지 확인할 수 있다. 연구자가 직접 튜닝한 모델은 반드시 교차검증을 통해 검증되어야 한다.

[학습용 데이터에 대한 5-Fold 교차검증 결과]를 제목으로 하고, 학습용 데이터를 5개의 폴드로 나누어 교차검증을 수행하면 R^2 평균과 폴드별 R^2 점수를 통해 학습용 데이터의 성능과 안정성을 평가할 수 있다.

cross_val_score() 함수를 사용하여 수동으로 하이퍼파라미터를 조정한 회귀 모델 **rf_model_m**의 성능을 학습용 데이터 **X_train, y_train**에 대해 평가한다. **cv=5**를 지정하여

5－폴드 교차검증을 수행하고, **scoring='r2'**를 지정하여 각 검증 폴드에서 결정계수(R^2)를 모델의 성능 지표로 사용한다. 이렇게 계산된 R^2 점수들을 담고 있는 배열을 **cv_scores_rf_m** 변수에 저장한다. 이후, 교차검증을 통해 얻은 평균 점수와 각 폴드의 점수를 출력한다.

```
print('[학습용 데이터에 대한 5-Fold 교차검증 결과]')
cv_scores_rf_m = cross_val_score(rf_model_m, X_train, y_train, cv=5, scoring='r2')
print('랜덤 포레스트 (수동 튜닝)')
print(f'R^2 평균: {cv_scores_rf_m.mean():.4f}')
print(f'R^2 점수: {cv_scores_rf_m}')
```

```
[학습용 데이터에 대한 5-Fold 교차검증 결과]
랜덤 포레스트 (수동 튜닝)
R^2 평균: 0.6502
R^2 점수: [0.6341246  0.66147273 0.65471623 0.63518467 0.66525697]
```

[그림 15-81] 수동 튜닝의 교차검증

출력 결과를 보면, R^2 평균이 0.6502로 확인되었다. 이는 학습용 데이터에 대해 평균적으로 약 65.02%의 분산을 설명한다는 의미다. 또한 5개의 폴드로 구성된 학습용 데이터셋의 R^2 점수는 [0.6341246 0.66147273 0.65471623 0.63518467 0.66525697]로 확인되었다. 최고 성능(0.66525697)과 최저 성능(0.6341246) 간의 차이가 약 0.031로 폴드별 성능 편차가 작아, 안정적인 학습 성능을 보여준다.

■ 하이퍼파라미터를 자동으로 튜닝하는 경우

GridSearchCV와 같은 도구를 사용하면 하이퍼파라미터를 자동으로 탐색할 수 있으며, 이 과정에서 자체적으로 K-Fold 교차검증이 수행되므로 별도로 교차검증을 다시 실시할 필요는 없다. 단, 여기서 주의할 점은 추가적인 교차검증을 하지 않아도 된다는 의미이지, 내부적으로 수행된 교차검증의 결과를 확인하지 않아도 된다는 뜻은 아니다. 모델이 튜닝 과정에서 얼마나 안정적으로 일반화 성능을 발휘했는지를 평가하고, 선택된 하이퍼파라미터가 실제로 타당한지를 검증하기 위해서는 교차검증 결과를 반드시 확인해야 한다.

최적 파라미터(best_params_)는 여러 하이퍼파라미터 조합 중 K-Fold 교차검증을 통해 점수의 평균(mean_test_score)이 가장 높았던 조합을 의미한다. 최고 검증 성능(best_score_)은 최적 파라미터 조합으로 학습된 모델이 검증셋에서 기록한 점수의 평균값(R^2)이다.

cv_results_는 각 하이퍼파라미터 조합에 대한 학습/검증 성능을 요약한 테이블로, 다음과 같은 주요 지표를 포함한다. mean_train_score는 K번 훈련한 결과의 평균 학습 성능을, mean_test_score는 K번 검증한 결과의 평균 검증 성능을, std_test_score는 검증 점수의 표준편차를 의미한다.

랜덤 포레스트 모델의 검증 과정에서 가장 높은 평균 점수를 출력하기 위해 **print('랜덤 포레스트 최적 파라미터:', rf_model_a.best_params_)**를 입력한다. 이어서 최적의 하이퍼파라미터 조합으로 학습된 모델의 평균 검증 점수를 출력하기 위해 **print('최고 검증 점수(R²):', rf_model_a.best_score_)**를 입력한다.

전체 교차검증 결과를 확인하기 위해 **cv_results_**를 Pandas의 **DataFrame**으로 변환하고, 이를 **cv_results_df**로 정의한다. 정의된 **cv_results_df**에서 **params**, **mean_test_score**, **std_test_score**, **mean_train_score** 컬럼만 선택하여 출력한다.

```
print('랜덤 포레스트 최적 파라미터:', rf_model_a.best_params_)
print('최고 검증 점수(R²):', rf_model_a.best_score_)

cv_results_df = pd.DataFrame(rf_model_a.cv_results_)
print(cv_results_df[['params', 'mean_test_score', 'std_test_score', 'mean_train_score']])
```

```
랜덤 포레스트 최적 파라미터: {'max_depth': 8, 'max_features': 'sqrt', 'n_estimators': 200}
최고 검증 점수(R²): 0.6704565538900138
                                               params  mean_test_score  \
0   {'max_depth': 4, 'max_features': 'sqrt', 'n_es...         0.585504
1   {'max_depth': 4, 'max_features': 'sqrt', 'n_es...         0.584697
2   {'max_depth': 4, 'max_features': 'log2', 'n_es...         0.585504
3   {'max_depth': 4, 'max_features': 'log2', 'n_es...         0.584697
4   {'max_depth': 6, 'max_features': 'sqrt', 'n_es...         0.651604
5   {'max_depth': 6, 'max_features': 'sqrt', 'n_es...         0.650151
6   {'max_depth': 6, 'max_features': 'log2', 'n_es...         0.651604
7   {'max_depth': 6, 'max_features': 'log2', 'n_es...         0.650151
8   {'max_depth': 8, 'max_features': 'sqrt', 'n_es...         0.669045
9   {'max_depth': 8, 'max_features': 'sqrt', 'n_es...         0.670457
10  {'max_depth': 8, 'max_features': 'log2', 'n_es...         0.669045
11  {'max_depth': 8, 'max_features': 'log2', 'n_es...         0.670457

    std_test_score  mean_train_score
0         0.013785          0.634864
1         0.013360          0.634653
2         0.013785          0.634864
3         0.013360          0.634653
4         0.013546          0.749961
5         0.013100          0.750468
6         0.013546          0.749961
7         0.013100          0.750468
8         0.012903          0.839592
9         0.012387          0.840601
10        0.012903          0.839592
11        0.012387          0.840601
```

[그림 15-82] 자동 튜닝 최적의 하이퍼파라미터 확인과 출력 결과

교차검증 결과, 랜덤 포레스트 모델이 가장 높은 평균 검증 점수를 얻은 하이퍼파라미터 조합은 **{'max_depth': 8, 'max_features': 'sqrt', 'n_estimators': 200}**으로 확인된다. 여기서 max_depth는 각 결정 트리의 최대 깊이로, 8로 설정함으로써 트리가 너무 깊어져 과적합되는 것을 방지하면서도 데이터의 복잡한 관계를 어느 정도 학습할 수 있다. max_features는 각 노드를 분할할 때 고려할 특성의 수를 'sqrt'로 설정하였다. 이를 통해 전체 특성 수의 제곱근만큼 특성을 무작위로 선택하여 트리의 다양성을 높이고 과적합을 줄이는 효과를 얻을 수 있다. n_estimators는 앙상블에 사용할 결정 트리의 개수로, 200개로 설정하여 모델의 안정성을 높이고 예측 성능을 향상시킨다.

해당 조합으로 학습된 랜덤 포레스트 모델의 최고 검증 점수(R^2)는 약 0.670457로 나타났다. 이는 해당 모델이 학습 데이터의 분산을 약 67.05% 설명할 수 있다는 의미로, 비교적 괜찮은 성능을 보인다고 평가할 수 있다.

참고 교차검증을 꼭 해야 할까?

모델의 예측 성능이 좋든 나쁘든, 교차검증을 해야 하는지에 대한 의문은 늘 생길 수 있다. 특히 초보자가 데이터를 단순히 학습용과 테스트 데이터로 나누어 모델을 학습하는 경우부터 중급 이상의 연구자가 하이퍼파라미터를 직접 조정하거나 자동으로 튜닝하는 경우까지, 학습을 마친 뒤라면 누구나 한 번쯤 고민하게 된다.

교차검증은 모델이 학습 데이터 전반에서 안정적으로 성능을 내고, 그 결과가 실제로도 일반화 가능한지를 확인하는 방법이다. 따라서 테스트 데이터에서 좋은 성능이 나오더라도, 그것이 진짜 일반화 성능인지 아니면 단순히 운이 좋았던 것인지를 판단하기 위한 안전장치라고 볼 수 있다.

■ 2분할 데이터

데이터를 학습용과 테스트 데이터로만 나누는 방식은 빠르게 성능을 확인할 수 있다는 장점이 있지만, 중요한 문제라면 이 방식은 위험할 수 있다. 즉 초기 학습용으로는 적절할 수 있으나, 실전에서 일반화 성능을 주장하기에는 무리가 있다. 따라서 불가피하게 2분할 데이터를 사용한다면 교차검증을 함께 진행하는 것이 바람직하다.

■ 3분할 데이터 + 기본 학습기

모델에 내재된 파라미터를 활용해 데이터를 3분할하여 사용하는 경우, 2분할 방식에 비해 검증과 테스트 과정을 거쳤다는 점에서 성능 비교는 가능하다. 그러나 이는 학습용 데이터를 통한 일반화 성능을 직접 확인한 것이 아니므로,[39] **상황에 따라 선택적으로 판단**해야 한다. 단순히 성능만 확인하고 마친다면 굳이 교차검증을 할 필요성이 적지만, 모델을 튜닝하거나 성능을 비교하고자 한다면 교차검증의 필요성이 크다. 모델의 안정성이나 일반화 성능을 확인하고자 할 때도 예측에 대한 신뢰도를 확보하기 위해서라도 교차검증의 필요성이 크다.

■ 3분할 + 수동 튜닝

연구자가 직접 하이퍼파라미터를 튜닝한 경우, 모델의 성능 검증 및 최적화를 위해 별도의 교차검증이 강력히 요구된다.

■ 3분할 + 자동 튜닝

내부적으로 K-Fold 교차검증 과정을 수행하므로, 별도의 교차검증은 필요 없다. 그러나 모델의 일반화 성능에 대한 안정성을 확인하고 최적 하이퍼파라미터 선택의 타당성을 확보하려면 내부 교차검증 결과를 반드시 확인해야 한다.

---

39 '학습 → 검증 → 테스트'라는 한 번의 흐름만으로는 일반화 성능을 주장하기에 무리가 따른다. 학습용 데이터를 여러 폴드로 나누어 반복적으로 학습과 평가를 수행해야, 모델이 일관되게 학습되었음을 근거로 하여 일반화 성능을 주장할 수 있다.

SECTION 15.7

앙상블 학습 기법을 논문에서 활용하는 방법

앙상블 모델을 이용해서 논문을 작성할 때, 개별 모델, 보팅, 배깅, 부스팅, 스태킹, 랜덤 포레스트 등 다양한 기법을 모두 적용할 수 있다. 그러나 반드시 모든 방법론을 제시하는 것이 정답은 아니다. 가장 좋은 예측 성능을 확인하는 것이 목적이라면, 가능한 모든 모델을 다 시행해 본 후 가장 우수한 성능을 보이는 모델을 찾으면 된다(모델 탐색). 반면, 방법론적 비교나 분석이 주된 목적이라면 다양한 앙상블 기법을 적용하여 그 성능 차이를 비교해야 한다. 예를 들면, 배깅은 스태킹보다 더 안정적인 예측과 일반화 성능을 나타내는 경우가 있다.

학술적인 논문에서는 개별 모델을 시작으로 배깅 → 부스팅 → 스태킹 → 랜덤 포레스트 순으로 모델을 적용하면서 예측 성능의 변화에 따른 특이점이나 시사점을 도출하는 방식이 효과적일 수 있다. 그러나 단순히 모든 방법을 나열한다고 해서 그 자체로 좋은 논문이라고 보장할 수는 없다. 좋은 논문임을 보장하려면 연구자가 왜 이 방법을 선택하여 예측 성능을 확인해야 하는지에 대한 당위성이 나타나야 한다. 이러한 설명이 있어야 다양한 모델을 제시할 때 발생할 수 있는 산만함을 줄이고, 논문의 일관성과 설득력을 높일 수 있다.

다음 코드에서는 지금까지 개별적으로 학습한 모델들, 즉 결정 트리, 배깅, 부스팅, 랜덤 포레스트를 기반으로 하나의 결과를 도출하는 방법을 안내한다.[40]

```
# 데이터 불러오기
data = pd.read_csv('./source/ensemble_regression.csv')

# 변수 분리
X = data[['area', 'rooms', 'floor', 'dist_subway', 'building_age', 'management_fee']]
y = data['rent']

# 데이터 분할
# -- 데이터 2분할 (기본 학습기)
X_train_2, X_test_2, y_train_2, y_test_2 = train_test_split(X, y,
                                              test_size=0.3, random_state=42)
```

40 각 코드의 행에 대한 설명은 지금까지 학습한 본문 내용을 참조하고, 여기서는 결과 해석 부분만 논문 형식으로 구현한다.

```
# -- 데이터 3분할 (기본 학습기)
X_train_3, X_temp_3, y_train_3, y_temp_3 = train_test_split(X, y,
                                            test_size=0.4, random_state=42)
X_val_3, X_test_3, y_val_3, y_test_3 = train_test_split(X_temp_3, y_temp_3,
                                            test_size=0.5, random_state=42)
# -- 데이터 3분할 (하이퍼파라미터 수동 튜닝)
X_train_m, X_temp_m, y_train_m, y_temp_m = train_test_split(X, y,
                                            test_size=0.4, random_state=42)
X_val_m, X_test_m, y_val_m, y_test_m = train_test_split(X_temp_m, y_temp_m,
                                            test_size=0.5, random_state=42)
# -- 데이터 3분할 (하이퍼파라미터 자동 튜닝)
X_train_a, X_temp_a, y_train_a, y_temp_a = train_test_split(X, y,
                                            test_size=0.4, random_state=42)
X_val_a, X_test_a, y_val_a, y_test_a = train_test_split(X_temp_a, y_temp_a,
                                            test_size=0.5, random_state=42)

# 개별 모델 생성 및 학습, 예측, 평가
# -- 2분할 (기본 학습기)
dt_model_2 = DecisionTreeRegressor(random_state=42)
dt_model_2.fit(X_train_2, y_train_2)
y_pred_dt_2 = dt_model_2.predict(X_test_2)
mse_dt_2 = mean_squared_error(y_test_2, y_pred_dt_2)
r2_dt_2 = r2_score(y_test_2, y_pred_dt_2)

# -- 3분할 (기본 학습기)
dt_model_3 = DecisionTreeRegressor(random_state=42)
dt_model_3.fit(X_train_3, y_train_3)
y_pred_val_dt_3 = dt_model_3.predict(X_val_3)
y_pred_test_dt_3 = dt_model_3.predict(X_test_3)
mse_val_dt_3 = mean_squared_error(y_val_3, y_pred_val_dt_3)
r2_val_dt_3 = r2_score(y_val_3, y_pred_val_dt_3)
mse_test_dt_3 = mean_squared_error(y_test_3, y_pred_test_dt_3)
r2_test_dt_3 = r2_score(y_test_3, y_pred_test_dt_3)

# -- 3분할 (하이퍼파라미터 수동 튜닝)
dt_model_m = DecisionTreeRegressor(max_depth=5, min_samples_split=10, random_state=42)
dt_model_m.fit(X_train_m, y_train_m)
y_pred_val_dt_m = dt_model_m.predict(X_val_m)
y_pred_test_dt_m = dt_model_m.predict(X_test_m)
mse_val_dt_m = mean_squared_error(y_val_m, y_pred_val_dt_m)
```

```
r2_val_dt_m = r2_score(y_val_m, y_pred_val_dt_m)
mse_test_dt_m = mean_squared_error(y_test_m, y_pred_test_dt_m)
r2_test_dt_m = r2_score(y_test_m, y_pred_test_dt_m)

# -- 3분할 (하이퍼파라미터 자동 튜닝)
dt_param_grid = {'max_depth': [3, 5, 7], 'min_samples_split': [5, 10, 20]}
dt_model_a = GridSearchCV(DecisionTreeRegressor(random_state=42), dt_param_grid, cv=5,
                          return_train_score=True)
dt_model_a.fit(X_train_a, y_train_a)
y_pred_val_dt_a = dt_model_a.predict(X_val_a)
y_pred_test_dt_a = dt_model_a.predict(X_test_a)
mse_val_dt_a = mean_squared_error(y_val_a, y_pred_val_dt_a)
r2_val_dt_a = r2_score(y_val_a, y_pred_val_dt_a)
mse_test_dt_a = mean_squared_error(y_test_a, y_pred_test_dt_a)
r2_test_dt_a = r2_score(y_test_a, y_pred_test_dt_a)

# 배깅 모델 생성, 학습, 예측, 평가
# -- 2분할 (기본 학습기)
bagging_model_2 = BaggingRegressor(estimator=DecisionTreeRegressor(random_state=42),
                                   n_estimators=100, random_state=42)
bagging_model_2.fit(X_train_2, y_train_2)
y_pred_bag_2 = bagging_model_2.predict(X_test_2)
mse_bag_2 = mean_squared_error(y_test_2, y_pred_bag_2)
r2_bag_2 = r2_score(y_test_2, y_pred_bag_2)

# -- 3분할 (기본 학습기)
bagging_model_3 = BaggingRegressor(estimator=DecisionTreeRegressor(random_state=42),
                                   n_estimators=100, random_state=42)
bagging_model_3.fit(X_train_3, y_train_3)
y_pred_val_bag_3 = bagging_model_3.predict(X_val_3)
y_pred_test_bag_3 = bagging_model_3.predict(X_test_3)
mse_val_bag_3 = mean_squared_error(y_val_3, y_pred_val_bag_3)
r2_val_bag_3 = r2_score(y_val_3, y_pred_val_bag_3)
mse_test_bag_3 = mean_squared_error(y_test_3, y_pred_test_bag_3)
r2_test_bag_3 = r2_score(y_test_3, y_pred_test_bag_3)

# -- 3분할 (하이퍼파라미터 수동 튜닝)
bagging_model_m = BaggingRegressor(estimator=DecisionTreeRegressor(
    max_depth=5, random_state=42), n_estimators=100, max_samples=0.8, random_state=42)
bagging_model_m.fit(X_train_m, y_train_m)
```

```
y_pred_val_bag_m = bagging_model_m.predict(X_val_m)
y_pred_test_bag_m = bagging_model_m.predict(X_test_m)
mse_val_bag_m = mean_squared_error(y_val_m, y_pred_val_bag_m)
r2_val_bag_m = r2_score(y_val_m, y_pred_val_bag_m)
mse_test_bag_m = mean_squared_error(y_test_m, y_pred_test_bag_m)
r2_test_bag_m = r2_score(y_test_m, y_pred_test_bag_m)

# -- 3분할 (하이퍼파라미터 자동 튜닝)
bagging_param_grid = {'n_estimators': [50, 100], 'max_samples': [0.6, 0.8]}
bagging_model_a = GridSearchCV(BaggingRegressor(estimator=DecisionTreeRegressor(
    random_state=42), random_state=42), bagging_param_grid, cv=5, return_train_score=True)
bagging_model_a.fit(X_train_a, y_train_a)
y_pred_val_bag_a = bagging_model_a.predict(X_val_a)
y_pred_test_bag_a = bagging_model_a.predict(X_test_a)
mse_val_bag_a = mean_squared_error(y_val_a, y_pred_val_bag_a)
r2_val_bag_a = r2_score(y_val_a, y_pred_val_bag_a)
mse_test_bag_a = mean_squared_error(y_test_a, y_pred_test_bag_a)
r2_test_bag_a = r2_score(y_test_a, y_pred_test_bag_a)

# 부스팅 모델 생성, 학습, 예측, 평가
# -- 2분할 (기본 학습기)
boosting_model_2 = GradientBoostingRegressor(n_estimators=100, random_state=42)
boosting_model_2.fit(X_train_2, y_train_2)
y_pred_boost_2 = boosting_model_2.predict(X_test_2)
mse_boost_2 = mean_squared_error(y_test_2, y_pred_boost_2)
r2_boost_2 = r2_score(y_test_2, y_pred_boost_2)

# -- 3분할 (기본 학습기)
boosting_model_3 = GradientBoostingRegressor(n_estimators=100, random_state=42)
boosting_model_3.fit(X_train_3, y_train_3)
y_pred_val_boost_3 = boosting_model_3.predict(X_val_3)
y_pred_test_boost_3 = boosting_model_3.predict(X_test_3)
mse_val_boost_3 = mean_squared_error(y_val_3, y_pred_val_boost_3)
r2_val_boost_3 = r2_score(y_val_3, y_pred_val_boost_3)
mse_test_boost_3 = mean_squared_error(y_test_3, y_pred_test_boost_3)
r2_test_boost_3 = r2_score(y_test_3, y_pred_test_boost_3)

# -- 3분할 (하이퍼파라미터 수동 튜닝)
boosting_model_m = GradientBoostingRegressor(n_estimators=200, learning_rate=0.05,
                                             max_depth=4, random_state=42)
```

```
boosting_model_m.fit(X_train_m, y_train_m)
y_pred_val_boost_m = boosting_model_m.predict(X_val_m)
y_pred_test_boost_m = boosting_model_m.predict(X_test_m)
mse_val_boost_m = mean_squared_error(y_val_m, y_pred_val_boost_m)
r2_val_boost_m = r2_score(y_val_m, y_pred_val_boost_m)
mse_test_boost_m = mean_squared_error(y_test_m, y_pred_test_boost_m)
r2_test_boost_m = r2_score(y_test_m, y_pred_test_boost_m)

# -- 3분할 (하이퍼파라미터 자동 튜닝)
boost_param_grid = {'n_estimators': [100, 200], 'learning_rate': [0.05, 0.1],
                    'max_depth': [3, 4, 5]}
boosting_model_a = GridSearchCV(GradientBoostingRegressor(random_state=42),
                                boost_param_grid, cv=5, return_train_score=True)
boosting_model_a.fit(X_train_a, y_train_a)
y_pred_val_boost_a = boosting_model_a.predict(X_val_a)
y_pred_test_boost_a = boosting_model_a.predict(X_test_a)
mse_val_boost_a = mean_squared_error(y_val_a, y_pred_val_boost_a)
r2_val_boost_a = r2_score(y_val_a, y_pred_val_boost_a)
mse_test_boost_a = mean_squared_error(y_test_a, y_pred_test_boost_a)
r2_test_boost_a = r2_score(y_test_a, y_pred_test_boost_a)

# 랜덤 포레스트 모델 생성, 학습, 예측, 평가
# -- 2분할 (기본 학습기)
rf_model_2 = RandomForestRegressor(n_estimators=100, random_state=42)
rf_model_2.fit(X_train_2, y_train_2)
y_pred_rf_2 = rf_model_2.predict(X_test_2)
mse_rf_2 = mean_squared_error(y_test_2, y_pred_rf_2)
r2_rf_2 = r2_score(y_test_2, y_pred_rf_2)

# -- 3분할 (기본 학습기)
rf_model_3 = RandomForestRegressor(n_estimators=100, random_state=42)
rf_model_3.fit(X_train_3, y_train_3)
y_pred_val_rf_3 = rf_model_3.predict(X_val_3)
y_pred_test_rf_3 = rf_model_3.predict(X_test_3)
mse_val_rf_3 = mean_squared_error(y_val_3, y_pred_val_rf_3)
r2_val_rf_3 = r2_score(y_val_3, y_pred_val_rf_3)
mse_test_rf_3 = mean_squared_error(y_test_3, y_pred_test_rf_3)
r2_test_rf_3 = r2_score(y_test_3, y_pred_test_rf_3)
```

```
# -- 3분할 (하이퍼파라미터 수동 튜닝)
rf_model_m = RandomForestRegressor(n_estimators=200, max_depth=6, max_features='sqrt',
                                   random_state=42)
rf_model_m.fit(X_train_m, y_train_m)
y_pred_val_rf_m = rf_model_m.predict(X_val_m)
y_pred_test_rf_m = rf_model_m.predict(X_test_m)
mse_val_rf_m = mean_squared_error(y_val_m, y_pred_val_rf_m)
r2_val_rf_m = r2_score(y_val_m, y_pred_val_rf_m)
mse_test_rf_m = mean_squared_error(y_test_m, y_pred_test_rf_m)
r2_test_rf_m = r2_score(y_test_m, y_pred_test_rf_m)

# -- 3분할 (하이퍼파라미터 자동 튜닝)
rf_param_grid = {'n_estimators': [100, 200], 'max_depth': [4, 6, 8],
                 'max_features': ['sqrt', 'log2']}
rf_model_a = GridSearchCV(RandomForestRegressor(random_state=42),
                          rf_param_grid, cv=5, return_train_score=True)
rf_model_a.fit(X_train_a, y_train_a)
y_pred_val_rf_a = rf_model_a.predict(X_val_a)
y_pred_test_rf_a = rf_model_a.predict(X_test_a)
mse_val_rf_a = mean_squared_error(y_val_a, y_pred_val_rf_a)
r2_val_rf_a = r2_score(y_val_a, y_pred_val_rf_a)
mse_test_rf_a = mean_squared_error(y_test_a, y_pred_test_rf_a)
r2_test_rf_a = r2_score(y_test_a, y_pred_test_rf_a)

# 평가 결과
# -- 2분할 (기본 학습기)
print('[2분할 (70:30)] 앙상블 회귀 평가 결과')
print('① 개별 결정 트리')
print(f'MSE: {mse_dt_2:.4f}, R^2: {r2_dt_2:.4f}')
print('② 배깅 (Bagging)')
print(f'MSE: {mse_bag_2:.4f}, R^2: {r2_bag_2:.4f}')
print('③ 부스팅 (Boosting)')
print(f'MSE: {mse_boost_2:.4f}, R^2: {r2_boost_2:.4f}')
print('④ 랜덤 포레스트 (Random Forest)')
print(f'MSE: {mse_rf_2:.4f}, R^2: {r2_rf_2:.4f}')

# -- 3분할 (기본 학습기)
print('[3분할 (60:20:20)] 앙상블 회귀 평가 결과')
print('① 개별 결정 트리')
print(f'[검증용 데이터] MSE: {mse_val_dt_3:.4f}, R^2: {r2_val_dt_3:.4f}')
```

```python
print(f'[테스트 데이터] MSE: {mse_test_dt_3:.4f}, R^2: {r2_test_dt_3:.4f}')
print('② 배깅 (Bagging)')
print(f'[검증용 데이터] MSE: {mse_val_bag_3:.4f}, R^2: {r2_val_bag_3:.4f}')
print(f'[테스트 데이터] MSE: {mse_test_bag_3:.4f}, R^2: {r2_test_bag_3:.4f}')
print('③ 부스팅 (Boosting)')
print(f'[검증용 데이터] MSE: {mse_val_boost_3:.4f}, R^2: {r2_val_boost_3:.4f}')
print(f'[테스트 데이터] MSE: {mse_test_boost_3:.4f}, R^2: {r2_test_boost_3:.4f}')
print('④ 랜덤 포레스트 (Random Forest)')
print(f'[검증용 데이터] MSE: {mse_val_rf_3:.4f}, R^2: {r2_val_rf_3:.4f}')
print(f'[테스트 데이터] MSE: {mse_test_rf_3:.4f}, R^2: {r2_test_rf_3:.4f}')

# -- 3분할 (하이퍼파라미터 수동 튜닝)
print('[3분할 + 하이퍼파라미터 수동 튜닝] 앙상블 회귀 평가 결과')
print('① 개별 결정 트리 (수동 튜닝)')
print(f'[검증용 데이터] MSE: {mse_val_dt_m:.4f}, R^2: {r2_val_dt_m:.4f}')
print(f'[테스트 데이터] MSE: {mse_test_dt_m:.4f}, R^2: {r2_test_dt_m:.4f}')
print('② 배깅 (수동 튜닝)')
print(f'[검증용 데이터] MSE: {mse_val_bag_m:.4f}, R^2: {r2_val_bag_m:.4f}')
print(f'[테스트 데이터] MSE: {mse_test_bag_m:.4f}, R^2: {r2_test_bag_m:.4f}')
print('③ 부스팅 (수동 튜닝)')
print(f'[검증용 데이터] MSE: {mse_val_boost_m:.4f}, R^2: {r2_val_boost_m:.4f}')
print(f'[테스트 데이터] MSE: {mse_test_boost_m:.4f}, R^2: {r2_test_boost_m:.4f}')
print('④ 랜덤 포레스트 (수동 튜닝)')
print(f'[검증용 데이터] MSE: {mse_val_rf_m:.4f}, R^2: {r2_val_rf_m:.4f}')
print(f'[테스트 데이터] MSE: {mse_test_rf_m:.4f}, R^2: {r2_test_rf_m:.4f}')

# -- 3분할 (하이퍼파라미터 자동 튜닝)
print('[3분할 + 하이퍼파라미터 자동 튜닝] 앙상블 회귀 평가 결과')
print('① 개별 결정 트리 (자동 튜닝)')
print(f'[검증용 데이터] MSE: {mse_val_dt_a:.4f}, R^2: {r2_val_dt_a:.4f}')
print(f'[테스트 데이터] MSE: {mse_test_dt_a:.4f}, R^2: {r2_test_dt_a:.4f}')
print('② 배깅 (자동 튜닝)')
print(f'[검증용 데이터] MSE: {mse_val_bag_a:.4f}, R^2: {r2_val_bag_a:.4f}')
print(f'[테스트 데이터] MSE: {mse_test_bag_a:.4f}, R^2: {r2_test_bag_a:.4f}')
print('③ 부스팅 (자동 튜닝)')
print(f'[검증용 데이터] MSE: {mse_val_boost_a:.4f}, R^2: {r2_val_boost_a:.4f}')
print(f'[테스트 데이터] MSE: {mse_test_boost_a:.4f}, R^2: {r2_test_boost_a:.4f}')
print('④ 랜덤 포레스트 (자동 튜닝)')
print(f'[검증용 데이터] MSE: {mse_val_rf_a:.4f}, R^2: {r2_val_rf_a:.4f}')
print(f'[테스트 데이터] MSE: {mse_test_rf_a:.4f}, R^2: {r2_test_rf_a:.4f}')
```

```
# -- (수동 튜닝) 교차검증 결과 (학습용 데이터 기준)
print('[학습용 데이터에 대한 5-Fold 교차검증 결과]')
cv_scores_dt_m = cross_val_score(dt_model_m, X_train_m, y_train_m, cv=5, scoring='r2')
print('① 개별 결정 트리 (수동 튜닝)')
print(f'R^2 평균: {cv_scores_dt_m.mean():.4f}')
print(f'R^2 점수: {cv_scores_dt_m}\n')
cv_scores_bag_m = cross_val_score(bagging_model_m, X_train_m, y_train_m, cv=5, scoring='r2')
print('② 배깅 (수동 튜닝)')
print(f'R^2 평균: {cv_scores_bag_m.mean():.4f}')
print(f'R^2 점수: {cv_scores_bag_m}')
cv_scores_boost_m = cross_val_score(boosting_model_m, X_train_m, y_train_m, cv=5, scoring='r2')
print('③ 부스팅 (수동 튜닝)')
print(f'R^2 평균: {cv_scores_boost_m.mean():.4f}')
print(f'R^2 점수: {cv_scores_boost_m}')
cv_scores_rf_m = cross_val_score(rf_model_m, X_train_m, y_train_m, cv=5, scoring='r2')
print('④ 랜덤 포레스트 (수동 튜닝)')
print(f'R^2 평균: {cv_scores_rf_m.mean():.4f}')
print(f'R^2 점수: {cv_scores_rf_m}')

# -- (자동 튜닝) 교차검증 결과 확인
print('결정 트리 최적 파라미터:', dt_model_a.best_params_)
print('최고 검증 점수(R²):', dt_model_a.best_score_)
cv_results_df = pd.DataFrame(dt_model_a.cv_results_)
print(cv_results_df[['params', 'mean_test_score', 'std_test_score', 'mean_train_score']])
print('배깅 최적 파라미터:', bagging_model_a.best_params_)
print('최고 검증 점수(R²):', bagging_model_a.best_score_)
cv_results_df = pd.DataFrame(bagging_model_a.cv_results_)
print(cv_results_df[['params', 'mean_test_score', 'std_test_score', 'mean_train_score']])
print('부스팅 최적 파라미터:', boosting_model_a.best_params_)
print('최고 검증 점수(R²):', boosting_model_a.best_score_)
cv_results_df = pd.DataFrame(boosting_model_a.cv_results_)
print(cv_results_df[['params', 'mean_test_score', 'std_test_score', 'mean_train_score']])
print('랜덤 포레스트 최적 파라미터:', rf_model_a.best_params_)
print('최고 검증 점수(R²):', rf_model_a.best_score_)
cv_results_df = pd.DataFrame(rf_model_a.cv_results_)
print(cv_results_df[['params', 'mean_test_score', 'std_test_score', 'mean_train_score']])
```

앞의 분석에 따른 출력 결과는 다음과 같다.

```
[2분할 (70:30)] 앙상블 회귀 평가 결과

① 개별 결정 트리
MSE: 13311.4310, R^2: 0.4044

② 배깅 (Bagging)
MSE: 7035.9166, R^2: 0.6852

③ 부스팅 (Boosting)
MSE: 6596.1170, R^2: 0.7049

④ 랜덤 포레스트 (Random Forest)
MSE: 7042.8240, R^2: 0.6849

[3분할 (60:20:20)] 앙상블 회귀 평가 결과

① 개별 결정 트리
[검증용 데이터] MSE: 14342.3541, R^2: 0.3711
[테스트 데이터] MSE: 13504.8272, R^2: 0.4115

② 배깅 (Bagging)
[검증용 데이터] MSE: 7226.2240, R^2: 0.6831
[테스트 데이터] MSE: 6606.3378, R^2: 0.7121

③ 부스팅 (Boosting)
[검증용 데이터] MSE: 6637.5476, R^2: 0.7089
[테스트 데이터] MSE: 6328.0287, R^2: 0.7242

④ 랜덤 포레스트 (Random Forest)
[검증용 데이터] MSE: 7201.8769, R^2: 0.6842
[테스트 데이터] MSE: 6651.3818, R^2: 0.7101

[3분할 + 하이퍼파라미터 수동 튜닝] 앙상블 회귀 평가 결과

① 개별 결정 트리 (수동 튜닝)
[검증용 데이터] MSE: 9205.4762, R^2: 0.5963
[테스트 데이터] MSE: 9712.5706, R^2: 0.5767
```

```
② 배깅 (수동 튜닝)
[검증용 데이터] MSE: 7398.6060, R^2: 0.6756
[테스트 데이터] MSE: 7067.0741, R^2: 0.6920

③ 부스팅 (수동 튜닝)
[검증용 데이터] MSE: 6800.4010, R^2: 0.7018
[테스트 데이터] MSE: 6443.2985, R^2: 0.7192

④ 랜덤 포레스트 (수동 튜닝)
[검증용 데이터] MSE: 7574.7324, R^2: 0.6678
[테스트 데이터] MSE: 7207.5240, R^2: 0.6859

[3분할 + 하이퍼파라미터 자동 튜닝] 앙상블 회귀 평가 결과

① 개별 결정 트리 (자동 튜닝)
[검증용 데이터] MSE: 9279.4643, R^2: 0.5931
[테스트 데이터] MSE: 9486.2778, R^2: 0.5866

② 배깅 (자동 튜닝)
[검증용 데이터] MSE: 6999.0695, R^2: 0.6931
[테스트 데이터] MSE: 6460.4461, R^2: 0.7185

③ 부스팅 (자동 튜닝)
[검증용 데이터] MSE: 6563.7808, R^2: 0.7122
[테스트 데이터] MSE: 6381.3045, R^2: 0.7219

④ 랜덤 포레스트 (자동 튜닝)
[검증용 데이터] MSE: 7099.6896, R^2: 0.6887
[테스트 데이터] MSE: 6741.6117, R^2: 0.7062

[학습용 데이터에 대한 5-Fold 교차검증 결과]

① 개별 결정 트리 (수동 튜닝)
R^2 평균: 0.5329
R^2 점수: [0.51731705 0.58148565 0.53284712 0.50979206 0.52330213]

② 배깅 (수동 튜닝)
R^2 평균: 0.6470
R^2 점수: [0.63095648 0.66515021 0.64125996 0.63395911 0.66382768]
```

```
③ 부스팅 (수동 튜닝)
R^2 평균: 0.6810
R^2 점수: [0.65880891 0.70523423 0.67824268 0.68045391 0.68221272]

④ 랜덤 포레스트 (수동 튜닝)
R^2 평균: 0.6502
R^2 점수: [0.6341246  0.66147273 0.65471623 0.63518467 0.66525697]

결정 트리 최적 파라미터: {'max_depth': 7, 'min_samples_split': 20}
최고 검증 점수(R²): 0.5451904943532424
                                params  mean_test_score  std_test_score  \
0   {'max_depth': 3, 'min_samples_split': 5}        0.445995        0.024057
1  {'max_depth': 3, 'min_samples_split': 10}        0.445995        0.024057
2  {'max_depth': 3, 'min_samples_split': 20}        0.445995        0.024057
3   {'max_depth': 5, 'min_samples_split': 5}        0.532949        0.025414
4  {'max_depth': 5, 'min_samples_split': 10}        0.532949        0.025414
5  {'max_depth': 5, 'min_samples_split': 20}        0.534386        0.026359
6   {'max_depth': 7, 'min_samples_split': 5}        0.518157        0.023029
7  {'max_depth': 7, 'min_samples_split': 10}        0.527211        0.020983
8  {'max_depth': 7, 'min_samples_split': 20}        0.545190        0.023180

   mean_train_score
0         0.519681
1         0.519681
2         0.519681
3         0.660765
4         0.660765
5         0.658449
6         0.779003
7         0.770781
8         0.754583
배깅 최적 파라미터: {'max_samples': 0.6, 'n_estimators': 100}
최고 검증 점수(R²): 0.6741681356006002
                                params  mean_test_score  std_test_score  \
0   {'max_samples': 0.6, 'n_estimators': 50}        0.668415        0.019783
1  {'max_samples': 0.6, 'n_estimators': 100}        0.674168        0.015805
2   {'max_samples': 0.8, 'n_estimators': 50}        0.666896        0.019367
3  {'max_samples': 0.8, 'n_estimators': 100}        0.669616        0.017613
```

```
  mean_train_score
0         0.896404
1         0.898948
2         0.929275
3         0.931261
부스팅 최적 파라미터: {'learning_rate': 0.05, 'max_depth': 3, 'n_estimators': 200}
최고 검증 점수(R²): 0.6858314236899107
                                            params  mean_test_score  \
0  {'learning_rate': 0.05, 'max_depth': 3, 'n_est...         0.681601
1  {'learning_rate': 0.05, 'max_depth': 3, 'n_est...         0.685831
2  {'learning_rate': 0.05, 'max_depth': 4, 'n_est...         0.684291
3  {'learning_rate': 0.05, 'max_depth': 4, 'n_est...         0.680990
4  {'learning_rate': 0.05, 'max_depth': 5, 'n_est...         0.679183
5  {'learning_rate': 0.05, 'max_depth': 5, 'n_est...         0.672439
6  {'learning_rate': 0.1, 'max_depth': 3, 'n_esti...         0.682840
7  {'learning_rate': 0.1, 'max_depth': 3, 'n_esti...         0.675472
8  {'learning_rate': 0.1, 'max_depth': 4, 'n_esti...         0.679345
9  {'learning_rate': 0.1, 'max_depth': 4, 'n_esti...         0.670763
10  {'learning_rate': 0.1, 'max_depth': 5, 'n_esti...         0.671244
11  {'learning_rate': 0.1, 'max_depth': 5, 'n_esti...         0.660870

    std_test_score  mean_train_score
0         0.012874          0.763790
1         0.014996          0.797975
2         0.012728          0.807282
3         0.014759          0.846809
4         0.015770          0.857468
5         0.019819          0.900956
6         0.014655          0.797861
7         0.017976          0.841311
8         0.017001          0.848361
9         0.020381          0.900668
10         0.018492          0.901539
11         0.022329          0.951750
랜덤 포레스트 최적 파라미터: {'max_depth': 8, 'max_features': 'sqrt', 'n_estimators': 200}
최고 검증 점수(R²): 0.6704565538900138
                                            params  mean_test_score  \
0  {'max_depth': 4, 'max_features': 'sqrt', 'n_es...         0.585504
1  {'max_depth': 4, 'max_features': 'sqrt', 'n_es...         0.584697
2  {'max_depth': 4, 'max_features': 'log2', 'n_es...         0.585504
```

```
3  {'max_depth': 4, 'max_features': 'log2', 'n_es...        0.584697
4  {'max_depth': 6, 'max_features': 'sqrt', 'n_es...        0.651604
5  {'max_depth': 6, 'max_features': 'sqrt', 'n_es...        0.650151
6  {'max_depth': 6, 'max_features': 'log2', 'n_es...        0.651604
7  {'max_depth': 6, 'max_features': 'log2', 'n_es...        0.650151
8  {'max_depth': 8, 'max_features': 'sqrt', 'n_es...        0.669045
9  {'max_depth': 8, 'max_features': 'sqrt', 'n_es...        0.670457
10 {'max_depth': 8, 'max_features': 'log2', 'n_es...        0.669045
11 {'max_depth': 8, 'max_features': 'log2', 'n_es...        0.670457

   std_test_score  mean_train_score
0        0.013785          0.634864
1        0.013360          0.634653
2        0.013785          0.634864
3        0.013360          0.634653
4        0.013546          0.749961
5        0.013100          0.750468
6        0.013546          0.749961
7        0.013100          0.750468
8        0.012903          0.839592
9        0.012387          0.840601
10       0.012903          0.839592
11       0.012387          0.840601
```

최종적인 분석 결과를 기준으로 다음과 같이 논문을 작성할 수 있다.

논문 예시 **앙상블 학습 기법을 논문에서 활용하는 방법**

1. 도입

앙상블 학습은 여러 개별 모델을 결합하여 최종 예측 성능을 향상시키는 강력한 기법이며, 특히, 회귀 문제에서는 개별 모델이 가지는 예측의 편의(biasness)을 줄여주는데 중요한 역할을 한다. 본 연구는 결정 트리, 배깅(Bagging), 부스팅(Boosting), 랜덤 포레스트 등의 앙상블 회귀 모델을 비교하여, 모델의 성능 향상을 위한 하이퍼파라미터 튜닝의 효과를 평가하고자 한다. 실험은 데이터 분할 방식에 따른 모델 성능의 변화를 평가하고, 하이퍼파라미터 튜닝 기법이 각 모델에 미치는 영향을 분석하도록 한다.

2. 진행

본 연구에서는 평균제곱오차(MSE)와 결정계수(R^2)를 성능 지표로 사용하여 앙상블 회귀 모델의 성능을 비교하였으며, 실험은 다음과 같은 데이터 분할 방식으로 진행되었다.

① **2분할(70:30):** 학습용 데이터 70%, 테스트 데이터 30%
② **3분할(60:20:20):** 학습용 데이터 60%, 검증용 데이터 20%, 테스트 데이터 20%
③ **3분할+하이퍼파라미터 튜닝:** 검증용 데이터로 하이퍼파라미터를 튜닝하여, 최적의 모델을 선택
④ **5-폴드 교차검증:** 5개의 폴드로 데이터를 나누어 모델 평가
⑤ 하이퍼파라미터 튜닝은 수동 튜닝과 자동 튜닝(GridSearchCV)을 활용하여 진행하였고, 각 모델에 대한 최적 파라미터 조합을 도출하여 성능 비교를 진행한다.

3. 분석 결과

학습용 데이터 70%, 테스트 데이터 30%로 데이터를 2분할한 예측에서는 부스팅 모델이 가장 높은 값을 기록하였으며, 배깅과 랜덤 포레스트 모델은 비슷한 성능을 보였다. 결정 트리 모델은 상대적으로 낮은 값을 기록하였으며, 이는 모델이 과적합될 가능성이 있음을 시사한다. 부스팅 모델은 모델 간의 상호작용을 고려하여 성능을 개선할 수 있는 강점을 보였다.

모델	MSE	R^2
개별 결정 트리	13311.4310	0.4044
배깅(Bagging)	7035.9166	0.6852
부스팅(Boosting)	6596.1170	0.7049
랜덤 포레스트	7042.8240	0.6849

학습용 데이터 60%, 검증용 데이터 20%, 테스트 데이터 20%로 데이터를 3분할한 예측에서도 부스팅 모델이 검증용 및 테스트 데이터에서 가장 높은 성능을 보였다. 배깅과 랜덤 포레스트 모델은 검증용 데이터에서 유사한 성능을 보였으나, 테스트 데이터에서는 배깅 모델이 더 우수한 성능을 기록했다. 결정 트리 모델은 여전히 성능이 낮았는데, 과적합을 방지하기 위한 추가적인 규제가 필요하다는 것을 알 수 있다.

모델	검증용 MSE	검증용 R^2	테스트 MSE	테스트 R^2
개별 결정 트리	14342.3541	0.3711	13504.8272	0.4115
배깅(Bagging)	7226.2240	0.6831	6606.3378	0.7121
부스팅(Boosting)	6637.5476	0.7089	6328.0287	0.7242
랜덤 포레스트	7201.8769	0.6842	6651.3818	0.7101

데이터 3분할에서 부스팅 모델은 하이퍼파라미터 수동 튜닝 후에도 여전히 높은 성능을 보였으며, 특히 R^2값에서 배깅과 랜덤 포레스트 모델을 초과하는 성과를 보였다. 배깅과 랜덤 포레스트 모델은 튜닝 후 성능이 향상되었으며, 결정 트리는 여전히 상대적으로 낮은 성능을 보였으나 튜닝을 통해 개선된 모습을 확인할 수 있었다.

모델	검증용 MSE	검증용 R^2	테스트 MSE	테스트 R^2
개별 결정 트리	9205.4762	0.5963	9712.5706	0.5767
배깅(Bagging)	7398.6060	0.6756	7067.0741	0.6920
부스팅(Boosting)	6800.4010	0.7018	6443.2985	0.7192
랜덤 포레스트	7574.7324	0.6678	7207.5240	0.6859

3분할 데이터의 하이퍼파라미터 자동 튜닝 앙상블의 회귀 평가 결과에서도 부스팅 모델의 R^2값이 0.7219를 기록하며 높은 성능을 유지했다. 배깅 모델 성능 역시 튜닝을 통해 테스트 데이터의 R^2값이 0.7185로 크게 개선되었다.

모델	검증용 MSE	검증용 R^2	테스트용 MSE	테스트용 R^2
개별 결정 트리	9279.4643	0.5931	9486.2778	0.5866
배깅(자동 튜닝)	6999.0695	0.6931	6460.4461	0.7185
부스팅(자동 튜닝)	6563.7808	0.7122	6381.3045	0.7219
랜덤 포레스트	7099.6896	0.6887	6741.6117	0.7062

5-폴드 교차검증에서도 부스팅 모델이 가장 높은 평균 R^2값을 기록하였으며, 배깅과 랜덤 포레스트는 교차검증을 통해 안정적인 성능을 보였다. 결정 트리는 여전히 불안정한 성능을 보였다.

모델	R^2 평균	R^2 점수(각 Fold)
개별 결정 트리	0.5329	[0.5173, 0.5815, 0.5328, 0.5098, 0.5233]
배깅(Bagging)	0.6470	[0.6310, 0.6652, 0.6413, 0.6340, 0.6638]
부스팅(Boosting)	0.6810	[0.6588, 0.7052, 0.6782, 0.6805, 0.6822]
랜덤 포레스트	0.6502	[0.6341, 0.6615, 0.6547, 0.6352, 0.6653]

각 모델에 대한 실험을 통해 확인된 최적의 하이퍼파라미터는 다음과 같다.

모델	최적의 하이퍼파라미터
개별 결정 트리	'max_depth': 7, 'min_samples_split': 20
배깅(Bagging)	'max_samples': 0.6, 'n_estimators': 100
부스팅(Boosting)	'learning_rate': 0.05, 'max_depth': 3, 'n_estimators': 200
랜덤 포레스트	'max_depth': 8, 'max_features': 'sqrt', 'n_estimators': 200

4. 결어

본 연구는 앙상블 회귀 모델을 비교하고, 하이퍼파라미터 튜닝이 모델 성능에 미치는 영향을 평가하는 것이다. 부스팅 모델은 모든 실험에서 높은 예측 성능을 보였으며, 배깅과 랜덤 포레스트 모델은 하이퍼파라미터 튜닝 후 성능이 향상되었다. 결정 트리 모델은 여전히 성능이 부족한 것으로 나타났지만, 하이퍼파라미터 수동 및 자동 튜닝을 통해 일부 개선되었다. 향후 연구에서는 더 다양한 데이터셋과 모델을 적용하여 성능 비교를 확장하고, 튜닝 기법에 대한 더 깊은 분석이 필요할 것이다.

CHAPTER

16

서포트 벡터 머신

Support Vector Machine

Contents

세상은 우리가 원하든 원하지 않든 점점 더 복잡해지고 있다. 기술과 정보가 폭발적으로 증가하는 이 시대에 우리는 매 순간 수많은 선택과 판단을 반복하며 살아간다. 그렇다면 이처럼 복잡하고 예측하기 어려운 현실 속에서 우리는 과연 가장 정확한 결정을 내릴 수 있을까?

이 질문에 대한 하나의 열쇠가 바로 SVM(Support Vector Machine), 즉 서포트 벡터 머신이다. SVM은 단순한 선형 분류를 넘어, 복잡한 데이터 구조 속에서도 가장 안정적이고 신뢰할 수 있는 경계면을 찾아내는 알고리즘이다. 고차원 공간의 분류 문제든, 비선형적인 데이터 구조든, SVM은 최적의 분류 경계를 설정하여 효과적으로 문제를 해결할 수 있다.

SVM을 학습하기 전에 짚고 넘어가야 할 점이 있다.

"개념은 단순하지만, 용어는 낯설다."

SVM이 어렵게 느껴지는 이유는 개념 자체가 복잡해서가 아니라, 우리가 일상적으로 접하지 않는 영어 기반의 기술 용어들이 등장하기 때문이다. 이 용어들이 생소해서 처음에는 어렵다고 느낄 수 있지만, 그 의미를 정확히 파악하고, 해당 개념의 앞뒤 맥락을 이해하게 되면 SVM은 오히려 직관적이고 명확한 알고리즘으로 다가온다.

이제 복잡한 세상 속에서 더 나은 선택을 위한 도구로서 SVM을 이해하기 위한 여정을 떠나보자.

SECTION
16.1 SVM이란

SVM을 공부할 때 단순히 데이터를 구분하는 도구로만 접근하지 말고 '데이터에서 가장 안전한 경계선을 어떻게 그릴까?'라는 수학적 아이디어에 집중해 보자. 이미 이론적 기반이 확실한 알고리즘이므로 복잡한 문제를 이해하고 해결을 돕는 든든한 지원군이 될 것이다.

SVM의 기본: 데이터를 가장 안전하게 구분하는 최적의 경계 찾기

최근 국제 사회의 주요 화두 중 하나는 탄소 배출량의 감소다. 각국은 저마다의 방식으로 탄소 저감을 위한 노력을 기울이고 있으며, 그 일환으로 자동차 산업에서도 변화가 일어나고 있다. 현재 도로를 달리는 자동차는 크게 두 부류로 나뉜다. 바로 전기차와 내연기관차다. 전기차는 운행 중 탄소를 거의 배출하지 않지만, 내연기관차는 주행 시간에 비례하여 탄소를 지속적으로 배출한다.

우리 정부 역시 이러한 탄소 배출 문제를 해결하기 위한 정책을 수립하고 있으며, 자동차 관리 기준 또한 해당 차량이 전기차인지 내연기관차인지에 따라 혜택과 규제가 달라진다. 그러나 현실은 그리 단순하지 않다. 예를 들어 전기차라 하더라도 배터리 시스템의 구조나 제조 공정에 따라 탄소 배출량이 높을 수 있고, 내연기관차라 하더라도 하이브리드 시스템을 장착한 경우에는 상대적으로 적은 탄소를 배출할 수 있다. 이 때문에 정책 당국자들은 어떤 기준을 바탕으로 전기차와 내연기관차를 구분할 것인지를 놓고 고민하게 된다.

바로 이 지점에서 서포트 벡터 머신(SVM)이 유용하게 활용될 수 있다. SVM은 두 부류의 데이터를 가장 멀리 떨어뜨리는 경계를 설정함으로써, 새로운 데이터가 어느 쪽에 속하는지를 명확하게 판단할 수 있도록 돕는다. 즉, 이 경계는 전기차와 내연기관차 사이에서 완충지대 역할을 하며, 양측 모두를 만족시킬 수 있는 최적의 분류 기준을 제공한다. 이 기준을 활용하면, 새로운 차량이 개발되었을 때도 해당 차량의 탄소 배출량을 측정하여 어느 부류에 가까운지를 명확히 구분할 수 있다.

경계를 설정하기 위해서는 전기차와 내연기관차 집단 중 경계에 가장 가까운 차량들의 특성을 파악해야 한다. 이때 경계에 위치하거나 가장 근접한 차량들을 '서포트 벡터(support vector)'라고 부른다. 즉, 전기차 집단에서 경계에 가장 가까운 차량과 내연기관차 집단에서 경계에 가장 가까운 차량을 찾아낸 뒤, 이 둘 사이의 거리를 최대화하는 선을 설정하면 가장 효과적인 분류가 가능해진다. 여기서 중요한 점은 전체 데이터를 모두 고려하는 것이 아니라, 경계 근처에 위치한 결정적인 역할을 하는 소수의 데이터를 중심으로 판단한다는 것이다.

SVM은 가장 안정적이고 신뢰할 수 있는 경계선을 찾는 데 중점을 둔다. 이를 위한 두 가지 핵심 원칙은 다음과 같다.

- **마진 최대화:** 마진(margin)은 경계선과 가장 가까운 데이터 포인트 간의 거리로, 이 거리를 최대화함으로써 분류의 안정성을 높일 수 있다. 만약 두 집단이 완전히 분리되어 있다면, 서포트 벡터가 경계선에서 충분히 떨어져 있는 상태이므로, 하드 마진(hard margin)을 적용하여 넓은 공간을 둔 경계선을 설정할 수 있다.
- **완벽한 분리만 고수하지 말 것:** 현실 속 데이터는 종종 서로 겹쳐 있거나 일부 오류를 포함하고 있기 때문에, 모든 데이터를 완벽하게 구분하기는 어렵다. 이 경우에는 일정 수준의 오류를 허용하면서도 전체적으로 안정적인 분류가 가능한 소프트 마진(soft margin)을 적용한다.

분류와 회귀: SVM이 잘하는 문제 유형

서포트 벡터 머신은 분류 문제와 회귀 문제 모두에서 강력한 성능을 발휘하며, 다양한 데이터 분석 문제에 효과적으로 활용될 수 있다.

■ 분류 문제

분류 문제는 데이터를 미리 정의된 그룹 중 하나로 구분하는 작업을 의미한다. 예를 들어 사과 vs. 딸기, 스팸 메일 vs. 정상 메일처럼 명확한 카테고리로 나누는 경우가 이에 해당한다. 이러한 문제에서 두 그룹 간의 경계가 어느 정도 명확하게 구분되는 데이터라면, SVM은 특히 뛰어난 성능을 발휘한다. 이때 분류 문제를 해결하는 SVM을 SVC(Support Vector Classification)라고 한다.

이러한 분류 문제는 모두 결정 경계를 필요로 하며, 데이터가 어느 그룹에 속하는지를 판단하려면 경계선을 찾아 그어야 한다. SVC는 단순히 데이터를 구분하는 데 그치지 않고, 양쪽 클래스와 최대한 멀리 떨어진 안정적인 경계선을 찾아냄으로써 새로운 데이터가 입력되었을 때도 안정적으로 분류할 수 있다. 또한 SVC는 고차원 데이터에도 강한 성능을 보인다. 예를 들어 텍스트 분류처럼 각 단어가 하나의 특성으로 작용해 수많은 차원으로 확장되는 문제와 대용량 데이터에서도 과적합을 피하면서 효율적인 분류가 가능하다.

■ 회귀 문제

회귀 문제는 데이터를 그룹으로 나누는 것이 아니라, 연속적인 수치를 예측하는 작업이다. 예를 들어 집값이나 전력 사용량처럼 특정 숫자 값을 예측하는 경우가 이에 해당한다. 이때는 회귀 문제를 해결하는 SVM인 SVR(support vector regression)을 이용할 수 있다. SVR은 특히 고차원 데이터나 복잡한 경계가 존재하는 문제를 해결하는 데 적합하다.

SVC에서는 데이터의 경계선 사이에 최대 마진을 생성해서 분류 문제를 해결하지만, SVR에서는 허용오차 개념을 사용하여 최대한 그 안에 많은 데이터를 포함시키는 방식으로 예측을 수행한다. 이 허용오차를 최소화하면 데이터가 일정한 수치로 근사되면서 예측의 정확도가 높아진다.

SVR은 복잡한 데이터에 대해서도 일반화 성능이 뛰어나고, 극단치에 대해 덜 민감하다는 장점이 있다. 이러한 장점 덕분에 다양한 회귀 문제에서 안정적인 예측이 가능하다.

이처럼 SVM은 분류 문제와 회귀 문제 모두에서 안정적인 예측 성능을 보이기 때문에 어쩌면 예측 문제의 만능 키처럼 여겨질 수 있다. 그러나 SVM에도 단점이 존재한다. 예를 들어 데이터양이 지나치게 많으면 연산량이 증가하여 학습 시간이 길어질 수 있으며, 데이터에 노이즈가 많을 경우 완충 지대를 찾기 어려워 성능이 저하될 수 있다. 또한 클래스 간 구분이 모호한 경우에는 복잡한 조정 과정이 필요하므로, 이러한 상황에서는 랜덤 포레스트나 신경망 모델이 더 적합한 대안이 될 수 있다.

기존 알고리즘과의 차이점

앞서 우리는 다양한 분류 알고리즘을 학습하였다. SVM이 이들 알고리즘과 어떤 차이가 있는지 알아야 실제 문제 상황에서 적절하게 선택하여 사용할 수 있을 것이다.

■ 로지스틱 회귀 vs. SVM

로지스틱 회귀는 이 책에서 가장 먼저 다룬 머신러닝 모델링 기법이다. 입력된 데이터를 기준으로 어떠한 결과를 특정 클래스에 속할 확률로 예측한다. 즉 "클래스 A일 확률이 80%이다."와 같이 확률로 표현하므로, 경계가 부드럽다는 특징이 있다. 반면, SVM은 두 집단 사이의 경계선을 설정할 때 마진을 최대화하는 것을 목표로 둔다. 따라서 확률을 기반으로 어느 정도를 표현하기보다는 경계를 기준으로 이쪽 혹은 저쪽의 클래스를 명확하게 구분한다.

로지스틱 회귀는 각 특성에 대한 가중치(coefficient)를 학습하여, 해당 특성이 결과(클래스)에 미치는 영향의 방향과 크기를 파악할 수 있다. 이를 위해 선형 회귀 모델에 시그모이드(Sigmoid)라는 활성화 함수를 적용하여 입력 특성들의 선형 결합을 0과 1 사이의 확률값으로 변환하고, 예측 결과는 특정 임곗값(일반적으로 0.5)을 기준으로 하여 확률값이 0.5보다 크면 양성 클래스, 작으면 음성 클래스로 예측한다. 따라서 데이터가 비교적 선형(linear)이면서 결과에 대한 확률적 해석이 필요한 경우라면, 로지스틱 회귀가 적합하다.

SVM은 데이터를 가장 잘 분리할 수 있는 결정 경계(hyperplane)를 찾아, 각 클래스에서 결정 경계까지의 거리가 되는 마진(margin)을 최대화하는 것이 핵심이다. 여기서 결정 경계를 설정하는 데 중요한 역할을 하는 데이터 포인트를 서포트 벡터(support vector)라 한다. 또한 커널(kernel) 함수를 사용하여 원래의 저차원 공간에서 선형적으로 분리되지 않는 데이터를 고차원 공간으로 매핑함으로써 선형 분리가 가능해지게 한다.[1] 이를 통해, 비선형

1 예를 들어 2차원 공간에서 서로 겹쳐 있는 데이터가 있을 경우, 커널 함수를 통해 이를 3차원 공간으로 변환하면, 원래는 분리하기 어려웠던 데이터들이 입체적으로 흩어지면서 구분이 가능해진다. 이렇게 고차원으로 재구성된 데이터를 아주 큰 2차원 평면을 가진 칼로 잘라서 서로 다른 2개의 층(클래스)으로 구분할 수 있다.

경계를 효과적으로 모델링할 수 있다. 그러므로 데이터 간의 명확하고 안정적인 구분이 필요한 문제에서는 SVM을 사용하도록 한다.

■ KNN vs. SVM

KNN은 아주 단순하면서도 직관적인 분류 알고리즘이다. 새로운 데이터가 입력되면, 주변에서 가장 가까운 K개의 데이터를 기준으로 다수결 투표를 통해 클래스를 결정한다. 이는 마치 이사, 진학(혹은 전학) 등을 통해 새로운 환경에 들어가게 되었을 때, 주변 사람과의 유사성을 기준으로 소속 그룹을 결정하는 방식과 비슷하다.

KNN은 데이터 간의 거리 개념을 기반으로 하며, 일반적으로 유클리드 거리를 사용한다. K값이 너무 작으면 지역적 노이즈에 민감해져 분류가 불안정해지고, 너무 크면 클래스 경계가 흐려져 모든 데이터를 비슷하게 분류하는 문제가 발생한다. 따라서 데이터가 작고 단순하며 빠른 개발이 필요한 경우에는 KNN을 이용하는 것이 좋다.

반면, SVM은 주변 데이터가 아닌 전체 데이터를 기준으로 최적의 경계를 학습한다. 학습된 경계를 기반으로 예측을 수행하므로 예측 속도가 빠르다. 또한 전체적인 데이터를 기준으로 학습이 이루어지므로, 노이즈의 영향이 적어 안정적인 분류가 가능하다. 따라서 정확하고 안정적인 경계 설정 및 분류가 필요한 경우라면 SVM이 더 적합하다.

■ 결정 트리 vs. SVM

결정 트리와 SVM은 모두 강력한 분류 알고리즘이지만, 데이터를 이해하고 분류하는 방식에 차이가 있다.

결정 트리는 스무고개와 유사한 방식으로 작동한다. 데이터를 여러 가지 질문(특성 기반)을 통해 점진적으로 분할해 가면서 최종적인 답(클래스)에 도달한다. 스무고개에 해당하는 데이터 분할 과정을 나무 형태로 시각화할 수 있으며, 이때 가지는 질문에 대한 조건, 잎 노드는 최종 클래스 예측을 나타낸다. 트리의 상위에 위치한 특성은 더 많은 분할을 유도하므로, 데이터 분류에 중요한 특성을 직관적으로 파악할 수 있다. 또한 복잡한 비선형 관계도 모델링할 수 있으며, 시각화를 통해 특정 데이터가 특정 클래스로 분류된 이유를 쉽게 이해할 수 있다. 하지만 트리의 깊이가 깊어지거나 구조가 너무 복잡해지면 학습 데이터에 지나치게 맞춰져 과적합(overfitting)이 발생하기 쉽다. 이 문제를 방지하기 위해 가지치기(pruning) 등의 기법을 사용한다.

반면에 SVM은 데이터를 명확하게 나누는 최적의 경계면을 찾는 데 집중한다. 이는 마치 검수 전문가가 불량품과 합격품을 완벽하게 구분하는 경계선을 설정하는 것과 같다.

따라서 해석이 쉽고 빨리 이해할 수 있는 트리 구조가 필요한 경우에는 결정 트리를 사용하고, 고차원 데이터나 복잡한 경계를 안정적으로 분류해야 하는 경우에는 SVM을 이용하도록 한다.

SECTION

16.2 선형 SVM

머신러닝에서 데이터를 분류하는 방법은 매우 다양하다. 그중에서도 SVM은 단순한 구조임에도 불구하고 다양한 형태의 데이터에 대해 강력한 성능을 발휘하는 알고리즘이다. 특히 데이터를 직선 하나로 구분할 수 있는 경우, 이를 선형 SVM이라고 부른다. 선형 SVM은 섞여 있는 데이터를 마치 단칼에 베어내듯 하나의 선으로 깔끔하게 나누어준다. 하지만 SVM의 핵심은 단순히 데이터를 나누는 데 있는 것이 아니라, 최대한 안전하고 여유 있는 방식으로 경계를 설정하는 데 있다. 여기서는 선형 SVM의 작동 원리, 선형 SVM이 효과적인 이유, 세부 조정 방법에 대해 알아본다.

단순 분할과 구분되는 데이터 분리

SVM의 기본적인 역할은 데이터를 구성하는 두 그룹을 직선이나 평면으로 나눌 수 있는 방법을 찾는 것이다. 예를 들어 사진 속의 강아지와 고양이를 구분하거나 정상 메일과 스팸 메일을 분류하는 문제는 어떤 입력 데이터가 들어오더라도 이를 2개의 그룹으로 구분할 수 있는 경계가 있다면 해결된다. 이때, 임의의 직선이나 평면으로 구분되어서는 안 되며, 가장 효율적으로 구분할 수 있는 최적의 직선을 찾는 것이 SVM의 목표다. 이 최적의 직선은 마진이 최대화된 직선을 의미한다.

마진 최대화: 경계와 데이터 사이의 '안전 거리'를 넓히는 전략

이 장의 서두에서 설명했듯이, 선형 SVM의 핵심 전략은 두 그룹 사이에서 마진(margin)이라는 여유 공간을 최대한 넓게 확보하는 것이다. 마진이 넓다는 것은 새로운 데이터가 입력되어도 안전하게 분류할 수 있다는 의미다. 마진이 좁다면 어떤 데이터가 들어오더라도 잘못 분류될 위험이 커진다.

친한 친구와 함께 길을 걷는다고 가정해 보자. 길이 아주 좁으면 친구와 가깝게 붙어서 서로 확인하며 갈 수 있지만, 그 길에 사람이 많아지면 조금만 한눈을 팔아도 친구를 놓치기 십상이다. 반면, 넓은 길이나 공터에 함께 있다면 어느 정도의 인파가 있어도 여유 공간을 찾아서 걸을 수 있기 때문에 친구를 잃어버릴 확률도 낮아진다. 이와 비슷한 원리로 SVM은 넓은 공간(마진)을 만들려고 하는 것이다.

서포트 벡터의 역할

SVM은 모든 데이터 포인트를 경계선 설정에 활용하지 않는다. 실제로 경계선의 위치와 방향을 결정하는 데 중요한 역할을 하는 것은 경계에 가장 가까운 몇 개의 데이터뿐이다. 이 데이터를 서포트 벡터(support vector)라고 하며, 이들이 경계선을 결정짓는 핵심 포인트가 된다.

서포트 벡터가 바뀌면 경계선도 함께 변경되며, 서포트 벡터가 없다면 경계선을 그릴 수 없다. 따라서 SVM은 전체 데이터를 고려하기보다는 경계 근처의 결정적인 데이터만 중심으로 학습하여 효율적인 분류를 수행한다.

하드 마진 vs. 소프트 마진

실무에서 수집되는 데이터는 이론처럼 완벽하지는 않다. 이상치나 노이즈가 포함되는 경우가 많기 때문이다. SVM에서 이런 현실과 마주치게 되면, 다음과 같은 두 가지 접근법을 기억해야 한다.

■ **하드 마진(hard margin)**

하드 마진은 모든 데이터를 완벽하게 분리하는 방식이다. 단 하나의 오류도 허용하지 않으며, 이론적으로 가장 깔끔한 경계를 설정할 수 있다. 하지만 현실에서는 단 하나의 이상치만 있어도 경계가 크게 흔들릴 수 있기 때문에, 실무에서는 잘 사용되지 않는다. 하드 마진은 마진에 대한 개념을 이해하기 위한 학습용 접근법으로 생각하면 좋다.

■ **소프트 마진(soft margin)**

소프트 마진은 완벽한 분리를 포기하되, 일정 수준의 오류를 허용하면서도 안정적인 경계를 설정하는 방식이다. 이상치나 노이즈가 일부 존재하더라도 전체적인 경계를 만드는 데는 문제가 없다. 실제 업무 환경에서 훨씬 더 신뢰할 수 있는 모델을 구축하는 데 적합하다.

오류 허용의 기준, C 파라미터

소프트 마진을 적용할 때는 어느 정도의 오류를 허용할 것인지 결정해야 하며, 이를 조절하는 값이 바로 C 파라미터다. C 파라미터는 검진기의 민감도와 같다. 검진기의 민감도가 높으면 아주 엄격한 경계를 갖게 되고, 반대로 민감도가 낮아지면 웬만한 오류도 그냥 넘어가 준다. 즉, C값이 크면 하드 마진에 가까워지고, 반대로 C값이 작아지면 소프트 마진으로 향하게 된다.

C 파라미터의 선택 기준은 데이터 품질에 따라 달라진다. 데이터가 잘 정제되어 있고 이상치가 적다면 C값을 크게 설정해도 무방하다. 반대로 이상치나 노이즈가 많다면 C값을 작게 설정하는 것이 좋다.

참고 경계선 설정의 전략

2개의 데이터 집단을 구분하기 위해 경계선을 설정할 때, 서포트 벡터는 경계선에 가장 가까이 위치하거나 경계선 위에 놓인다. 이는 결국 두 집단이 경계선에서 '접촉'하고 있다는 의미이기도 하다. 그렇다면 '서로 접하고 있는데 어떻게 최대한 넓은 거리를 확보할 수 있을까?'라는 의문이 생긴다.

여기서 말하는 '최대한 넓은 거리'의 핵심은, 두 집단 사이에 완벽하게 떨어진 선을 찾으라는 것이 아니다. 비록 데이터가 서로 붙어 있거나 겹쳐 있더라도 최대한 균형 있게 경계를 세우라는 의미다.

만약 두 집단 사이에 충분한 간격이 있다면, 그 자체로 공간이 생기므로 경계선을 쉽게 설정할 수 있다(hard margin). 하지만 실제 데이터에서는 두 집단이 경계에 딱 붙어 있거나 일부가 겹치는 경우가 많다. 이때는 약간의 오류를 허용하더라도, 가능한 한 넓은 마진을 확보할 수 있는 경계선을 찾아야 한다(soft margin).

예를 들어 2차원 공간에 전기차와 내연기관차 데이터를 산포도로 그려보면, 양 극단에서는 명확히 구분되지만 중간 영역에서는 두 집단이 혼재되어 나타나는 경우가 많다. 이 모든 데이터를 100% 완벽하게 분리하려면 일반적인 직선으로는 어렵고, 복잡한 곡선을 그릴 수밖에 없다. 그러나 100점을 목표로 하기보다 약간의 예외를 인정하고 95점을 목표로 한다면, 경계선 근처의 일부 관측치를 무시하고 전체적으로 안정적이고 단순한 경계선을 설정하는 것이 더 현실적이고 효과적인 선택이 될 수 있다.

SECTION

16.3 비선형 SVM

선형 SVM에 대해 이해했으니, 이제 생각의 폭을 조금 더 넓혀 보자. 현실 세계의 데이터를 떠올려보면, 우리가 접하는 수많은 데이터가 선형 SVM으로 깔끔하게 분류될 수 있다면 좋겠지만, 이는 어디까지나 희망 사항일 뿐이다. 선이나 면으로 명확하게 나눌 수 없는 복잡한 데이터가 너무나 많기 때문이다.

직선으로 나눌 수 없는 비선형 문제

'직선으로 나눌 수 없는 비선형 문제'라는 제목이 어렵게 느껴질 수 있지만, 사실 아주 간단히 이해할 수 있다. 선형 SVM으로 강아지와 고양이를 구분하는 문제를 생각해 보자.

X축에는 털의 길이, Y축에는 몸무게를 설정한다. 강아지는 대체로 무겁고 털이 긴 특성을, 고양는 대체로 가볍고 털이 짧은 특성을 가진다고 가정하면, 이 두 집단은 2차원 평면에서 하나의 직선으로 명확하게 구분될 수 있다.

하지만 현실은 그렇게 단순하지 않다. 예를 들어 단모 치와와처럼 작고 털이 짧은 강아지도 있고, 랙돌처럼 크고 털이 긴 고양이도 존재한다. 이런 경우에는 단 하나의 직선으로 두 집단을 완벽하게 나누는 것이 불가능하다. 이처럼 하나의 직선으로는 구분할 수 없는 복잡한 상황을 '비선형 문제(nonlinear problem)'라고 한다.

커널 트릭(kernel trick)

데이터가 무작위로 섞인 경우, X축과 Y축을 아무리 조정해도 겹치는 부분을 해결할 방법이 없다. 하지만 Z축을 하나 더 추가해 3차원 공간으로 확장하면 상황은 완전히 달라진다. 2차원에서 서로 얽혀 있던 데이터에 새로운 기준을 추가해 공중에 띄우듯 분리하면, 선이나 면으로 구분할 수 있는 가능성이 생기기 때문이다. 즉, 공간의 성격을 바꾸면 복잡한 문제가 의외로 간단하게 해결될 수 있다. 이것이 바로 커널 트릭의 핵심이다.

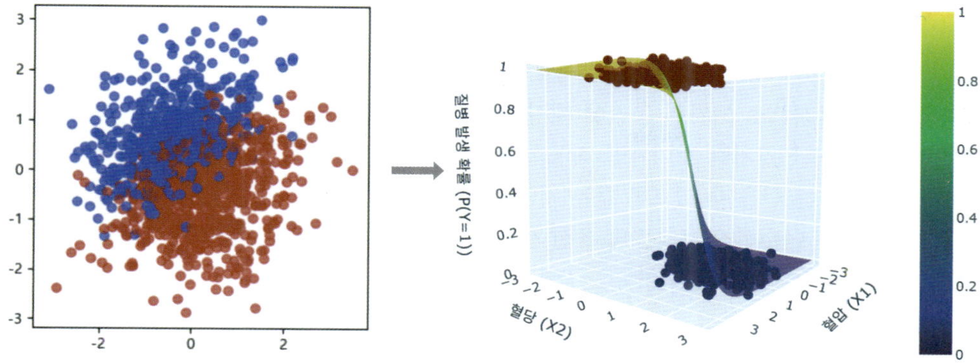

[그림 16-1] 2차원을 3차원으로 확장

데이터를 더 높은 차원의 공간으로 변환하면, 원래는 선형적으로 분리할 수 없었던 데이터도 선형적으로 분리할 수 있게 된다. 이는 3차원 공간에서는 완전히 꼬인 2개의 실타래를 풀기 어렵지만, 4차원 공간에서는 쉽게 풀 수 있는 것과 유사한 개념이다. 더 높은 차원에서는 데이터의 복잡한 구조가 풀리면서, 단순한 초평면(hyperplane)으로도 데이터를 깔끔하게 나눌 수 있게 된다. 초평면은 해당 공간보다 차원이 하나 낮은 평면으로, 2차원에서는 선, 3차원에서는 면, 그 이상의 차원에서는 해당 차원보다 낮은 경계면을 가리킨다.

하지만 실제로 데이터를 고차원 공간으로 직접 변환하는 과정은 매우 복잡하고 계산량이 많다. 예를 들어 2차원 데이터를 4차원으로 변환하려면, 기존의 두 가지 특징(feature)을 조합해 새로운 다섯 가지 특징을 만들어야 할 수도 있다. 차원이 높아질수록 계산량은 기하급수적으로 증가하며, 이는 계산 비용 증가와 시간 소모로 이어진다. 경우에 따라서는 무한한 차원으로 변환해야 하는 상황도 발생할 수 있다.

커널 트릭은 이러한 부담을 줄여준다. 커널 트릭은 원래의 저차원 공간에서 정의된 커널 함수(Kernel Function)라는 특별한 함수를 사용해, 두 데이터 포인트 사이의 '유사도' 또는 '관계'를 측정한다. 이 과정은 실제로 데이터를 고차원 공간으로 변환하지 않고도, 마치 그 공간에서 내적(dot product)을 계산한 것과 동일한 결과를 얻을 수 있게 해준다.[2]

주요 커널의 종류

커널 트릭은 복잡한 문제를 직접 해결하기보다는 데이터를 다른 공간으로 변환하여 문제를 훨씬 단순하게 만드는 효과적인 접근 방식이다. 이때 자연스럽게 이런 질문이 떠오를 수 있다. '데이터를 고차원 공간으로 옮기는 구체적인 방법은 무엇일까? 그리고 데이터를 고차원으로 보내면 항상 더 좋은 결과를 얻을 수 있을까?' 이에 대한 대답은 '반드시 그렇지는 않다.'이다. 고차원 변환은 임의로 이루어지는 것이 아니며, 풀고자 하는 문제의 특성, 데이터

2 내적(內積)은 머신러닝과 데이터 과학 분야에서 dot product 또는 inner product로 혼용되는 경우가 매우 많다. 특히 유클리드 공간에서 다루는 벡터 데이터가 대부분이기 때문에, 문맥상 dot product가 inner product의 의미로 통용되는 것이 일반적이다. 머신러닝과 데이터 과학 분야에서는 dot product라는 용어를 더 자주 사용한다.

의 구조, 최종 목표에 따라 신중하게 결정되어야 한다.

이때 핵심적인 역할을 수행하는 것이 바로 커널 함수(Kernel Function)다. 커널 함수는 데이터를 어떤 방식으로 고차원 공간에 매핑할지를 결정하는 '길잡이'와 같아서, 실제로 고차원 변환이 일어난 것처럼 보이게끔 작동한다. 즉, 명시적인 고차원 변환 과정을 거치지 않더라도 그 효과를 얻을 수 있도록 돕는 것이다. 따라서 어떤 커널 함수를 선택하느냐가 매우 중요하다. 이는 단순히 알고리즘의 옵션 하나를 선택하는 문제가 아니라, 문제 해결 전략의 핵심이라고 할 수 있기 때문이다.

대표적인 네 가지 커널을 각각의 특징과 사용 상황을 중심으로 살펴보자.

■ 선형(Linear) 커널

선형 커널은 커널 중에서도 가장 기본적인 형태이며, 데이터를 가르는 '곧은 칼날' 같은 역할을 한다. 2차원 공간에서는 하나의 직선, 3차원 공간에서는 하나의 평면, 고차원에서는 초평면(hyperplane)을 그어 데이터를 구분한다. 복잡한 변환이나 차원 확장 없이, 주어진 데이터의 본래 특성만 이용해 깔끔하게 나누는 것이 선형 커널의 핵심이다. 선형 커널의 특징은 다음과 같다.

- **빠른 속도와 효율성:** 복잡한 계산 과정을 거치지 않으므로 학습 및 예측 속도가 매우 빠르다.
- **낮은 자원 요구량:** 메모리 사용량이 비선형 커널에 비해 훨씬 적다.
- **직관적 해석 가능성:** 학습된 가중치를 통해 각 특징이 분류 결정에 얼마나 중요한 역할을 하는지 쉽게 파악할 수 있다.
- **선형적으로 분리 가능한 데이터에 최적화:** 데이터가 선형적으로 완벽하게 또는 거의 완벽하게 분리된다면 빠르고 정확하게 분류 작업을 수행할 수 있다.
- **과적합 위험 감소:** 모델의 복잡성이 낮아 과적합의 위험을 줄일 수 있다.

■ 다항식(Polynomial) 커널

선형 커널이 데이터의 원래 특징을 기반으로 선형적인 경계를 찾는 데 집중한다면, 다항식 커널은 기존 특징들을 다양한 방식으로 조합하고 확장하여 새로운 관점의 특징들을 만들어 낸다. 예를 들어 길이와 너비라는 두 가지 정보만 있을 때, 길이의 편차, 너비의 편차, 길이와 너비의 편차곱과 같은 조합을 통해 부피나 면적과 관련된 관계를 더 깊게 이해할 수 있는 것과 같다. 다항식 커널은 이러한 아이디어를 수학적으로 구현하여, 데이터 포인트들 사이의 관계를 단순히 내적으로만 계산하는 것이 아니라, 그 내적 값에 다양한 연산을 하거나 상수를 더하는 방식으로 변형해서 적용한다. 다항식 커널의 특징은 다음과 같다.

- **부드러운 곡선 경계:** 단순한 직선으로는 도저히 나눌 수 없던 데이터들을 섬세한 곡선을 다듬듯 부드럽게 분리해 낼 수 있어서 데이터 속의 미묘한 패턴까지 포착할 수 있다.

- **복잡성 조절:** 직접 다항식의 차수(d)를 조절함으로써 모델이 얼마나 복잡한 형태의 경계를 학습해야 하는지를 제어할 수 있다.
- **섬세한 문제에 최적화:** 애매한 경계를 가진 데이터에 대해 간결하고 효과적인 해결책이 된다.

다만, 차수가 너무 낮으면 데이터 패턴을 제대로 학습하지 못하고, 차수가 너무 높으면 학습 데이터에 지나치게 맞춰져 과적합을 유발할 수 있다.

■ RBF 커널

RBF(Radial Basis Function) 커널은 여러 형태를 포괄하는 개념으로, 일반적으로는 가장 널리 사용되는 가우시안 RBF 커널(Gaussian RBF Kernel)을 지칭한다. 이 커널은 데이터 포인트 주변의 방사형(radial) 영향력을 이용하여 데이터의 복잡한 구조를 섬세하게 파악하고, 복잡하게 얽혀 있던 데이터도 깔끔하게 분리할 수 있는 유연한 결정 경계를 만들어낸다. RBF 커널의 특징은 다음과 같다.

- **무한 유연성:** 데이터를 무한 차원의 공간으로 매핑할 수 있으므로 복잡하고 예측하기 어려운 데이터 구조에서 정교한 비선형 결정 경계를 만들어낼 수 있다.
- **데이터에 대한 사전 지식 불필요:** 데이터의 특정한 형태를 몰라도 복잡한 패턴을 효과적으로 학습하는 경향이 있다.
- **다양한 곡선과 모양 생성:** 데이터를 고차원으로 확장할 수 있어 다양한 형태의 비선형 경계(예 구불구불한 곡선, 여러 개의 분리된 영역)를 자연스럽게 만들어낼 수 있다.
- **기본 옵션:** 이러한 특장점들 때문에 RBF 커널은 많은 머신러닝 문제에서 가장 먼저 시도해 보는 커널 중 하나가 되었다.

다만, 데이터를 무한 차원으로 매핑하기 때문에 데이터셋이 크다면 계산 비용이 많이 들 수 있고, 결정 경계가 매우 복잡하여 직관적인 이해가 어려울 수 있다.

■ 시그모이드(Sigmoid) 커널

시그모이드 커널은 인공 신경망(Neural Network)에서 널리 사용되는 시그모이드 활성화 함수(Sigmoid Activation Function)와 매우 유사한 형태를 지닌 커널 함수다. 과거에는 비선형 분류 문제에 활용되기도 했으나, 최근에는 다른 커널(특히 RBF 커널)에 비해 여러 면에서 성능이 떨어지는 경우가 많아 실제 사용 빈도는 현저히 줄었다. 그렇다 해도 이 커널의 역사적 의미와 신경망과의 연관성을 고려하여 학습해 둘 가치가 있다.

시그모이드 함수는 입력값을 0과 1 사이로 변환하는 비선형 함수로, 초기 신경망 모델에서 뉴런의 활성화 여부를 결정하는 데 핵심적인 역할을 했다. 시그모이드 커널은 이 함수의 수학적 형태를 그대로 가져와 두 데이터 포인트 간의 유사도를 측정하며, SVM 같은 커널 기반 모델이 간단한 형태의 신경망처럼 작동하도록 한다.

커널 선택 방법

커널 선택은 서포트 벡터 머신(SVM)과 같은 커널 기반 모델의 성능을 극대화하는 데 핵심이 되는 전략적 결정이다. 이는 단순한 하이퍼파라미터 튜닝을 넘어, 데이터에 내재된 구조와 해결하고자 하는 문제의 특성을 모델에 효과적으로 반영하도록 유도하는 과정이다.

커널의 종류에 따라 성격과 특징이 다르기 때문에, 적절한 커널을 선택하는 것은 SVM 모델링에서 매우 중요하다. 특정 상황에서 반드시 어떤 커널을 사용해야 한다는 공식은 없지만, 일반적으로 다음과 같은 기준에 따라 선택한다.

■ 데이터가 거의 선형적으로 구분 가능한 경우: 선형 커널

클래스 간 경계가 저차원 공간에서 직선이나 평면 등으로 명확히 구분되는 경우, 각 클래스가 뚜렷한 군집을 형성하면서 복잡한 비선형 관계가 없다면 선형 커널을 우선적으로 고려한다. 이때 전략적 장점은 다음과 같다.

- 불필요한 고차원 변환을 수행하지 않아서 계산 비용이 최소화되어 최적의 효율성이 확보된다.
- 특히 대규모 데이터셋에서 학습 및 예측 시간을 단축하는 데 결정적으로 유리하다.
- 학습된 가중치 벡터를 통해 각 특징의 중요도를 직관적으로 해석할 수 있다.
- 모델의 작동 방식을 직관적으로 이해할 수 있다.

■ 데이터가 비선형이고 구조를 알 수 없는 경우: RBF 커널(기본 선택)

데이터가 저차원 공간에서 선형적으로 분리되지 않고, 사전 지식이 부족하거나 복잡한 구조가 예상되는 경우에는 RBF 커널을 초기 모델링 단계에서 강력한 기본 옵션으로 채택한다. 이때 전략적 장점은 다음과 같다.

- 데이터를 무한 차원의 특징 공간으로 매핑할 수 있다.
- 복잡하고 다양한 형태의 비선형 결정 경계를 학습할 수 있다.
- 커널 폭 파라미터 조정을 통해 데이터의 지역적인 패턴 변화에 민감하게 반응하는 유연한 모델을 구축할 수 있다.
- 대부분의 비선형 분류 및 회귀 문제에서 높은 성능을 달성할 수 있다.
- 다양한 데이터셋과 문제에 대해 비교적 안정적인 성능을 제공할 수 있으므로, 초기 탐색 단계에서 유용하다.

- **데이터가 비선형이지만 다항 관계로 설명 가능한 경우: 다항식 커널**

데이터가 비선형적인 패턴을 보이지만, 특정 차수의 다항식 함수로 경계를 근사할 수 있을 것으로 예상되는 경우에는 다항식 커널을 사용한다. 예를 들어 데이터를 좌표 평면에 시각화했을 때 두 그룹(클래스)이 직선으로는 깔끔하게 구분되지 않지만, 곡선을 그리면 명확하게 나뉘는 경우가 있다. 이런 경우에 다항식 커널을 사용하면 비선형 경계를 모델링할 수 있다. 전략적 장점은 다음과 같다.

- 해석 가능한 비선형성을 제공한다.
- 다항식 차수를 조정하여 모델의 유연성과 복잡도를 세밀하게 제어할 수 있다.
- 특징(feature) 간의 상호작용을 반영할 수도 있다. 이는 다항식 항(polynomial term)을 통해 원래 특징들의 곱셈적 결합으로 분류에 미치는 영향을 모델링할 수 있기 때문이다.[3]
- 선형 커널보다는 복잡하지만 RBF 커널보다는 모델 구조를 이해하기가 용이한 비선형 경계를 생성할 수 있다.

다항식 커널을 사용할 때 주의할 점이 있다. 높은 차수의 다항식 커널이 학습 데이터에 과도하게 최적화되어 일반화 성능을 저하시킬 수 있다는 점이다. 따라서 교차검증을 통해 적절한 차수를 선택하고, 선택한 차수가 새로운 데이터에서도 잘 작동하는지 엄격하게 평가하여 일반화 성능을 검증해야 한다.

- **특수 목적 또는 신경망 구조 모방이 필요한 경우: 시그모이드 커널[4]**

SVM을 이용하여 초기의 단층 퍼셉트론(Perceptron) 같은 신경망 구조의 결정 경계를 수학적으로 재현하거나, 관련 연구를 재현해야 하는 매우 특수한 경우에 시그모이드(Sigmoid) 커널을 고려할 수 있다.

시그모이드 커널은 역사적으로 신경망 연구와 깊은 연관성을 가지고 있지만, 현대의 딥러닝 모델(예 DNN)에 비해 성능과 유연성이 현저히 떨어진다는 단점이 있다. 그 결과 실제 문제에서는 시그모이드 커널을 선택하는 경우가 매우 드물며, 대부분 RBF 커널을 비롯한 다른 커널들을 사용했을 때 더 나은 성능을 낸다. 또한 복잡한 비선형 모델링이 필요할 때는 SVM 대신 심층 신경망(DNN) 같은 더 강력하고 유연한 방법을 사용하는 것이 일반적이다.

---

3 곱셈적 결합은 2개 이상의 특징(변수)을 곱해서 새로운 형태의 관계를 모델링하는 것을 의미한다.

4 신경망은 17장에서 학습한다. 이 내용이 어렵다면 일단 건너뛰고, 신경망을 학습한 후에 익히기를 권한다.

참고 커널 탐색과 최적화를 위한 팁

SVM과 같은 커널 기반 모델을 처음 접하는 학습자라면, 어떤 교재를 참고하더라도 커널 선택에 어려움을 겪을 수밖에 없다. 따라서 처음부터 완벽한 커널을 찾으려 하기보다는 RBF 커널을 초기 탐색의 기준점으로 삼고, 데이터와 문제에 최적화된 커널을 발견해 나가는 전략적 여정을 시작하는 것이 현명한 접근이다. 커널 탐색의 기본 흐름은 다음과 같다.

RBF 초기 시도 → 성능 평가 → 데이터 기반 커널 재고 → (필요시) 교차검증 및 튜닝

이 흐름에 따른 각 단계를 구체적으로 살펴보면 다음과 같다.

❶ **RBF 커널로 초기 시도:** 대부분의 일반적인 문제에서 안정적이고 효과적인 성능을 보이는 RBF 커널은 복잡한 비선형 관계를 모델링하는 강력한 도구다. 초기 모델링 단계에서는 RBF 커널을 기본 선택지로 삼는 것이 안전하고 실용적이다.

❷ **성능 평가를 통한 첫 번째 판단:** RBF 커널로 학습된 모델의 성능을 평가하여 만족스러운 결과를 얻었다면, 다른 커널을 탐색할 필요가 없다.

❸ **성능 개선의 필요성 인식:** 만약 RBF 커널의 성능이 기대에 미치지 못한다면, 시각화 도구나 통계적 분석을 활용하여 데이터의 선형 분리 가능성, 잠재적인 다항식 관계 등을 파악한다. 이를 통해 데이터 특성을 심층적으로 분석하여 다른 커널의 적용 가능성을 탐색한다.

❹ **데이터 특성에 기반한 대안 탐색:** 데이터 분석 결과를 바탕으로 커널을 재선택한다. 선형 분리 가능성이 높다면 선형 커널, 다항식 형태의 비선형 관계가 예상되면 다항식 커널을 선택한다.

❺ **최적화 단계(심층 비교 및 튜닝):** 최적의 성능이 필요하면, 교차검증(CV)을 활용하여 다양한 커널을 객관적으로 비교 평가한다. 각 커널의 주요 하이퍼파라미터(예 다항식 커널의 차수, RBF 커널의 감마 값)를 튜닝하여 모델의 잠재력을 최대한 끌어올린다.

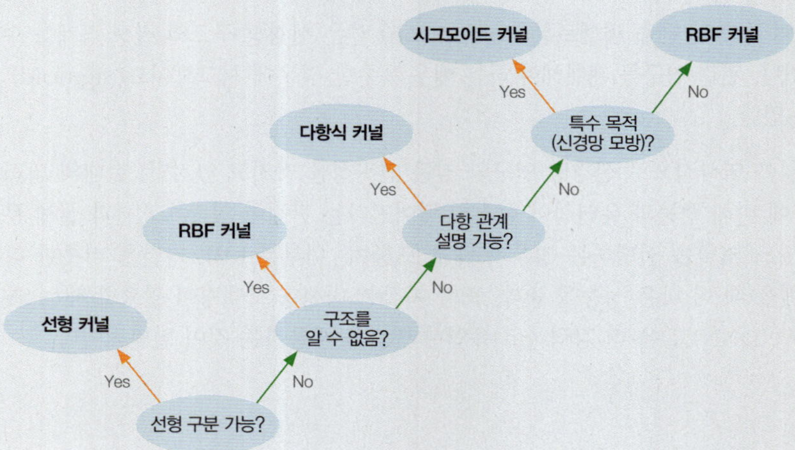

[그림 16-2] **최적화 과정**

There's no silver bullet![5]

최적의 커널을 선택하는 일은 한 번에 정답을 맞히는 것이 아니라, RBF 커널을 시작점으로 삼아 시행착오를 거치며 적합한 해를 찾아가는 과정이다.

5 이 표현을 직역하면 '은색 총알은 없다'이지만, 보통 '이 문제를 단번에 해결할 수 있는 완벽한 해결책은 없다'라는 의미로 쓰인다.

SECTION 16.4 SVM 모델, 제대로 이해하기

SVM 모델을 이해하고 활용하기 위해서는 다음 두 가지가 선결되어야 한다. 첫째, 최적의 모델 성능을 보장하기 위해 핵심적인 하이퍼파라미터와 커널 계수를 올바르게 설정해야 한다. 둘째, 데이터 전처리가 SVM 성능에 중요한 이유를 충분히 이해해야 한다.

핵심 하이퍼파라미터

SVM 모델의 잠재력을 최대한 끌어올리고, 목표에 가장 잘 부합하는 똑똑한 분류기를 만들기 위해서는 몇 가지 핵심 하이퍼파라미터를 섬세하게 조정하는 과정이 필수적이다. 이 하이퍼파라미터들을 어떻게 맞추느냐에 따라 모델의 최종 성능이 크게 달라질 수 있기 때문이다. 따라서 각 하이퍼파라미터가 어떤 의미를 가지며, 모델의 동작 방식에 어떤 영향을 미치는지를 명확히 이해해야 성공적으로 SVM을 활용할 수 있다.

하이퍼파라미터가 모델 성능에 미치는 영향을 쉽게 이해하기 위해, 닭과 오리를 키우는 농장을 생각해 보자. 주인 입장에서는 닭은 닭장에, 오리는 오리 우리에 있어야 관리하기 편할 것이다. 하지만 현실적으로 보면 100% 완벽하게 닭과 오리를 분리하는 것은 불가능하거나 오히려 비효율적일 수 있다. 만약 주인이 완벽함을 추구한다면 닭과 오리를 구분하는 울타리는 매우 복잡해질 수 있다. 머신러닝에서는 이러한 상황을 과적합(overfitting)이라 부른다. 이 경우 모델이 이상치나 노이즈까지 학습하게 되어 오히려 새로운 데이터에 대한 일반화 성능이 떨어지게 된다.

SVM에서 조정할 수 있는 주요 하이퍼파라미터는 다음과 같다.

■ C: 오류 허용 정도를 조절하는 하이퍼파라미터

앞의 농장 비유를 가져온다면, C는 닭과 오리를 얼마나 엄격하게 분리할 것인지에 대한 기준, 즉 '무결성'의 정도로 이해하면 쉽다. C값이 커지면(무결성이 커지면) 닭과 오리를 잘 분리하는 것이 되고, 반대로 C값이 작아지면(무결성이 떨어지면) 닭과 오리에 대한 분리가 잘 되지 않은 것으로 생각하면 된다.

SVM에서 C는 오류 허용 정도를 조절하는 값으로, C가 클수록 오류를 거의 허용하지 않고 모든 데이터를 최대한 정확히 분류하므로, 결과적으로 경계가 복잡해질 수 있다. 반면, C가 작을수록 그 작아진 만큼 오류를 허용하여, 더 부드럽고 단순한 경계를 찾게 된다. 이 경우

과적합을 방지하여, 일반화 성능이 향상되는 결과를 가져올 수 있다.

결론적으로 C는 SVM 모델이 학습 데이터에 얼마나 정확하게 맞춰질지, 새로운 데이터에 어느 정도 유연하게 대응할지를 결정하는 핵심 역할을 한다. 적절한 C값은 데이터의 특성과 문제의 특성에 따라 달라지므로, 다양한 C값을 시도하고 평가하는 과정이 필요하다.

- **gamma: 서포트 벡터의 영향 범위를 조절하는 하이퍼파라미터**

SVM은 데이터를 분류하는 경계를 만들 때, 각 데이터 포인트가 주변에 미치는 영향력을 고려한다. 이 영향력은 낯가림이 심한 사람이 주변과 소통하는 정도로 생각하면 이해하기 쉽다. gamma는 각 데이터 포인트가 얼마나 넓은 범위에 영향을 미치는지를 결정하는 하이퍼파라미터다. 낯가림 정도에 따라 주변 사람과 소통하는 범위가 달라지듯이, gamma 값에 따라 SVM이 그리는 결정 경계의 휘어짐 정도를 의미하는 곡률이 달라진다.

낯가림이 심하면 자기 주변의 친한 몇몇 사람하고만 소통한다. 마찬가지로 gamma 값을 아주 크게 설정하면, 각 데이터 포인트는 아주 좁은 범위에만 강한 영향력을 미친다. 그 결과 SVM은 각 데이터 포인트 주변의 아주 작은 변화에도 민감하게 반응하며, 매우 복잡하고 울퉁불퉁한 결정 경계를 만든다. 즉, 각 데이터 포인트를 정확하게 분류하려고 노력하면, 결정 경계에 가까운 중요한 데이터 포인트를 의미하는 서포트 벡터 주변으로 매우 세밀한 경계를 형성하게 된다. 이 경우 과적합의 위험이 높아질 수 있다.

낯가림이 적고 사교성이 좋으면 자신과 멀리 떨어진 사람들하고도 폭넓게 교류한다. 마찬가지로 gamma 값을 작게 설정하면 데이터 포인트의 영향력이 넓게 퍼진다. 그 결과 SVM은 전체적인 데이터 분포를 고려한 부드럽고 단순한 경계를 만든다. 이 경우 모델이 너무 단순해져 데이터의 복잡한 패턴을 제대로 학습하지 못하는 과소적합이 발생할 수 있다.

결론적으로 말해, gamma는 SVM이 얼마나 세밀하고 복잡한 결정 경계를 만들 것인지(큰 gamma), 혹은 얼마나 부드럽고 단순한 경계를 만들 것인지(작은 gamma)를 결정하는 중요한 하이퍼파라미터다.

참고 C와 gamma의 최적 조합을 찾는 방법

SVM 모델의 성능을 최고 수준으로 끌어올리려면 핵심 하이퍼파라미터인 C(오류 허용 정도)와 gamma(영향 범위)를 각각 최적의 값으로 설정하는 동시에 이 두 파라미터의 최적 조합을 찾아내야 한다. 요리에서 주재료와 양념의 비율이 완벽하게 어우러져야 최고의 맛을 내듯이, C와 gamma 역시 서로 영향을 주고받으며 모델 성능에 복합적인 결과를 가져오기 때문이다.

C와 gamma는 각각 독립적으로 모델의 동작 방식에 영향을 미치지만, 이들의 조합이 모델 성능에 미치는 영향은 매우 복잡하다. 예를 들어 C를 크게 하고 gamma를 작게 설정하는 것이 좋을지 또는 그 반대가 더 나은 선택일지는 직관적으로 판단하기 어렵다. 가능한 조합이 너무 많기 때문에, 일일이 대입하고 바꿔가며 모델을 학습시키고 성능을 비교하는 방식은 비효율적이며 시간 낭비에 가깝다. 이는 마치 복권에 당첨되기 위해 가능한 모든 복권을 사는 것과 같다.

■ **최적 조합을 찾는 GridSearchCV**

GridSearchCV는 탐색하고 싶은 C 값과 gamma 값의 후보들을 미리 설정해 두고, 격자(grid) 형태로 모든 가능한 조합을 체계적으로 시도해 볼 수 있는 방법이다. GridSearchCV의 작동 방식은 다음과 같다.

❶ **탐색 범위 설정:** 최적의 값을 찾고 싶은 C의 후보 값들(예 0.1, 1, 10)과 gamma의 후보 값들(예 0.01, 0.1, 1)을 리스트 형태로 지정한다.

❷ **조합 생성:** GridSearchCV는 지정된 C와 gamma의 모든 조합을 자동으로 생성한다. 앞의 예에서는 (0.1, 0.01), (0.1, 0.1), (0.1, 1), (1, 0.01), (1, 0.1), (1, 1), (10, 0.01), (10, 0.1), (10, 1)의 총 9가지 조합을 시도한다.

❸ **교차검증을 통한 성능 평가:** 각 조합에 대해 교차검증(Cross-Validation, CV)을 수행하여 모델의 성능을 객관적으로 측정한다. 교차검증은 학습 데이터를 여러 개의 작은 부분으로 나누어, 일부는 학습에 사용하고 나머지는 성능 평가에 사용하는 과정을 반복하면서 모델의 일반화 성능을 안정적으로 평가하는 방법이다.

❹ **최적의 조합 선택:** GridSearchCV는 모든 조합에 대한 교차검증 결과를 비교하여, 가장 높은 평균 성능을 보인 C 값과 gamma 값의 조합을 최적의 하이퍼파라미터로 선택한다.

■ **GridSearchCV 활용 방법**

❶ **모델 준비:** 사용할 SVM 모델(예 **SVC(kernel='rbf')**)을 준비한다.

❷ **하이퍼파라미터 범위 설정:** C와 gamma에 대해 탐색하고 싶은 값들의 범위를 딕셔너리 형태로 정의한다 (예 **param_grid={'C': [0.1, 1, 10], 'gamma': [0.01, 0.1, 1]}**).

❸ **GridSearchCV 생성:** 설정한 모델과 탐색 범위를 이용하여 **GridSearchCV** 객체를 생성한다.

❹ **학습 + 교차검증:** **GridSearchCV** 객체에 학습 데이터를 **fit()**하면 모든 하이퍼파라미터 조합에 대해 자동으로 교차검증을 수행하고 최적의 조합을 탐색한다.

❺ **최적 조합 선택:** **GridSearchCV** 객체의 **best_params_** 속성을 통해 최적의 C값과 gamma 값을 확인한다.

❻ **최적 모델 적용:** **best_estimator_** 속성을 통해 최적의 하이퍼파라미터로 학습된 모델을 얻을 수 있으며, 이 모델을 사용하여 새로운 데이터 대한 예측을 수행할 수 있다.

각 단계의 핵심 내용을 정리하면 [표 16-1]과 같다.

[표 16-1] 최적화 과정

단계	설명
❶ 모델 준비	사용할 SVM 모델(예 RBF 커널) 설정
❷ 하이퍼파라미터 범위 설정	C와 gamma 후보 값 지정
❸ GridSearchCV 생성	모델과 탐색 범위로 GridSearchCV 객체 생성
❹ 학습 + 교차검증	모든 조합에 대한 학습 및 평가
❺ 최적 조합 선택	best_params_ 로 최적 C, gamma 확인
❻ 최적 모델 적용	best_estimator_ 로 예측

데이터 전처리의 중요성

SVM은 거리 기반으로 데이터를 분리하는 모델이므로, 데이터 포인트 간의 거리가 매우 중요하다. 그런데 특성(feature)마다 값의 범위가 다르다면, 값이 큰 특성이 전체 데이터를 대표하는 데 더 큰 영향을 미치게 되어 학습이 왜곡될 수 있다. 예를 들어 하나의 특성이 1~10 범위의 값을 가지고 있고, 다른 특성이 1,000~10,000 범위의 값을 가진다면, 작은 값의 특성은 상대적으로 무시되는 경향이 생기고, 큰 값의 특성만 중요하게 여겨지는 현상이 발생한다. 이러한 문제를 해결하기 위해서는 모든 특성의 범위를 비슷하게 맞추는 작업, 즉 스케일링이 필요하다. 따라서 SVM을 사용할 때는 반드시 StandardScaler와 같은 도구를 활용해 데이터를 정규화 또는 표준화해 주어야 한다. 앞서 여러 모델을 학습하면서 스케일링을 다루었으므로, 어느 정도는 익숙할 것이다. 하지만 SVM에서는 스케일링에 대해 더욱 명확하게 이해할 필요가 있다. 왜냐하면 SVM이 '거리'를 핵심 기반으로 삼는 모델이기 때문이다. 물론 KNN이나 로지스틱 회귀 같은 다른 모델들도 스케일링의 영향을 받지만, SVM은 스케일링 여부에 따라 모델의 결과가 완전히 달라질 수 있을 정도로 스케일링에 민감하다.

앞서 학습한 다른 모델에서는 스케일링을 '하면 좋다' 정도로 가볍게 생각했을 수 있지만, SVM에서는 스케일링이 이루어지지 않으면 모델 성능이 심각하게 저하될 수 있다. 즉, SVM에서 스케일링은 선택이 아닌 필수다.

■ StandardScaler와 MinMaxScaler

이 두 스케일러는 모두 데이터를 정규화하는 데 사용되지만, 동작 방식과 적용 상황이 다르기 때문에 각각의 특성과 적절한 사용 환경을 이해하는 것이 중요하다.

[표 16-2] StandardScaler와 MinMaxScaler 비교

	StandardScaler	MinMaxScaler
동작 방식	각 특성값을 평균이 0, 표준편차가 1이 되도록 변환한다(정규분포 데이터에 적합).	각 특성값을 0과 1 사이 또는 지정한 범위로 변환한다.
장점/단점	• 선형/거리 기반 모델에서 학습이 안정적이다. • 이상치에 민감하여, 평균과 표준편차가 이상치로 인해 크게 변형된다.	• 값의 범위가 정해져 있어 신경망 모델이나 결정 트리처럼 범위가 중요한 알고리즘에 유리하다. • 특정 범위로 데이터를 맞추고 싶을 때 유용하다.
추천 사용 모델	SVM, 로지스틱 회귀, 선형 회귀 등 거리 기반 모델이나 정규분포 가정이 있는 모델에서 사용하기를 권한다.	주로 신경망, KNN, 배깅 등 범위가 중요한 모델에 적합하다.
주의점	• 데이터가 정규분포를 따르지 않을 경우 효과가 떨어진다. • 의사결정나무나 트리 기반 배깅 모델은 특성의 범위나 스케일에 영향을 받지 않으므로 StandardScaler를 사용해도 성능이 저하되지 않으며 스케일링 자체가 필요하지 않다.	• 이상치가 데이터에 포함되어 있으면 최솟값과 최댓값이 영향을 받아 데이터의 범위가 왜곡될 수 있다. • 특히 SVM과 같은 거리 기반 모델에서는 이상치로 인해 성능이 저하될 수 있다.

SECTION

16.5 기본 실습

간단한 2차원 데이터 분류하기

2차원 데이터 분류는 X축과 Y축으로 표현할 수 있는 2개의 특성을 확인하여, 데이터가 어디에 속하는지를 구분하는 것이다.

실습에 필요한 라이브러리를 임포트한다.

```
import numpy as np
import matplotlib.pyplot as plt
from sklearn import svm
from sklearn.datasets import make_blobs

plt.rcParams['font.family'] = 'Malgun Gothic'   # 한글폰트를 맑은고딕
plt.rcParams['axes.unicode_minus'] = False     # 마이너스기호 깨짐 방지
```

[그림 16-3] 라이브러리 임포트하기

참고

1. sklearn.datasets에서 지원하는 실습 및 예제용 데이터셋

scikit-learn의 datasets 모듈을 이용하면 머신러닝 실습에 유용한 다양한 형태의 데이터셋을 제공받거나 생성할 수 있다. 이들 데이터셋은 크게 네 가지 유형으로 나뉜다.

❶ 작은 실제 데이터셋

- **load_iris():** 붓꽃 데이터(분류)
- **load_breast_cancer():** 유방암 진단 데이터(분류)
- **load_wine():** 와인 품종 데이터(분류)
- **load_digits():** 손글씨 숫자 이미지(분류)
- **load_diabetes():** 당뇨병 진행도 데이터(회귀)
- **oad_linnerud():** 운동 능력 측정 데이터(회귀)
- **load_sample_image():** 이미지 샘플(예 'china.jpg', 'flower.jpg')
- **load_files(), load_mlcomp():** 텍스트 데이터(문서 분류 등)

❷ make_로 시작하는 가상 데이터 생성 함수

- **make_classification():** 분류용 데이터(고차원 가능)
- **make_regression():** 회귀용 데이터
- **make_blobs():** 군집 중심으로 분포된 데이터

- **make_moons( ):** 태극 문양(반달형) 이진 분류 데이터
- **make_circles( ):** 동심원 형태의 이진 분류 데이터
- **make_multilabel_classification( ):** 다중 레이블 분류 데이터

❸ fetch_로 시작하는 대용량 데이터셋(웹에서 다운로드)

- **fetch_20newsgroups( ):** 뉴스 텍스트 데이터(자연어 처리)
- **fetch_covtype( ):** 토지 유형 데이터(분류)
- **fetch_lfw_people( ) / fetch_lfw_pairs( ):** 얼굴 인식 데이터(이미지)
- **fetch_olivetti_faces( ):** 얼굴 이미지 데이터(픽셀 기반)
- **fetch_openml( ):** OpenML 데이터셋

❹ 행렬/희소행렬 데이터 생성

- **make_sparse_coded_signal( ):** 희소 부호화(Sparse coding) 신호 생성
- **make_sparse_spd_matrix( ):** 대칭 양의 정부호 행렬 생성(예 Gaussian graphical models)
- **make_sparse_uncorrelated( ):** 독립적인 특성을 가진 희소 데이터 생성

2. make_blobs 함수

from sklearn.datasets import make_blobs로 가져오는 make_blobs는 scikit-learn 라이브러리에서 제공하는 함수로, 클러스터링(군집화) 또는 분류 문제에서 가상의 데이터셋을 생성할 때 사용된다. 이 함수는 여러 개의 중심점(centers)을 기준으로 데이터를 생성하며, 생성된 데이터는 클러스터가 뚜렷하게 구분되는 형태를 갖는다. 예를 들어 **X, y=make_blobs(n_samples=300, centers=3, random_state=42))**라고 하면 3개의 중심점을 기준으로 300개의 샘플이 생성된다. make_blobs의 주요 파라미터는 [표 16-3]과 같다.

[표 16-3] make_blobs의 주요 파라미터

파라미터	설명	예시
n_samples	생성할 데이터 샘플(행)의 수를 지정한다. 정수(int)를 입력하면 총 샘플 수를 설정하고, 리스트(list)를 입력하면 클러스터별 샘플 수를 생성한다.	n_samples=[100, 150, 50] : 총 3개의 군집에 각각 지정된 수만큼 생성
centers	생성할 군집의 수 또는 각 클러스터의 중심 좌표를 지정한다. 정수(int)를 입력하면 랜덤한 위치에 해당 개수만큼 중심을 자동 생성하고, 배열(array-like)을 입력하면 중심 좌표를 직접 지정할 수 있다.	• 정수 입력: centers=3 • 배열 입력: centers=[[1, 1], [-1, -1], [1, -1]] * 배열 입력 시, 중심 좌표의 차원 수는 n_features와 일치해야 함
n_features	각 데이터 포인트의 특성(변수) 수를 지정한다. 즉, 몇 차원의 데이터를 만들 것인지 결정한다.	• 2: 2차원 평면상의 점으로 시각화 가능 • 3: 3차원으로 3D 시각화 가능 • 10 이상: 고차원 공간에서 알고리즘 테스트용으로 사용되며 시각화는 어려움

cluster_std	각 클러스터의 퍼짐 정도를 설정한다. 값이 클수록 군집 간 경계가 흐려지고, 작을수록 군집이 서로 뭉쳐진다.	• 0.5: 군집이 서로 뚜렷하게 분리 • 1.0: 군집 간 약간 겹침 • 2.5: 군집이 넓게 퍼져 많이 겹칠 수 있음. 리스트 형태로 설정하여 클러스터별로 다르게 지정 가능
random_state	난수 생성 초깃값으로, 결과를 항상 동일하게 재현하려면 이 값을 설정한다.	• None: 매번 결과가 바뀜(default) • 0, 42, 2024 등: 임의의 정수를 입력하면 결과가 고정됨

make_blobs를 이용하여 간단한 2차원 데이터를 생성한다.

```
X, y = make_blobs(n_samples=50, centers=2, random_state=6)
```

[그림 16-4] 2차원 데이터 생성

산점도를 이용한 시각화에서 가로축(x축)의 값은 X라는 데이터 배열의 모든 행(:)에 대해 첫 번째 열(0)의 값을 의미하는 **X[:, 0]**으로, 이는 데이터의 첫 번째 특징인 Feature 1을 나타낸다. 세로축(y축)의 값은 X의 모든 행에서 두 번째 열(1)의 값을 의미하는 **X[:, 1]**로, 이는 데이터의 두 번째 특징인 Feature 2를 나타낸다. **c=y**는 각 데이터 포인트의 색상을 레이블 y에 따라 다르게 지정하여, 서로 다른 그룹들이 어떻게 구분되는지를 시각적으로 보여준다. **s=30**은 점의 크기를 30으로 설정한다. **cmap='bwr'**은 컬러맵을 bwr로 지정하여 양성(positive) 클래스는 파란색, 음성(negative) 클래스는 빨간색, 중간 값은 흰색으로 표현되게 한다. 마지막으로, 그림 제목은 **기본 2D 데이터**, 가로축 레이블은 **Feature 1**, 세로축 레이블은 **Feature 2**로 설정하여 출력한다.

```
plt.scatter(X[:, 0], X[:, 1], c=y, s=30, cmap='bwr')
plt.title("기본 2D 데이터")
plt.xlabel("Feature 1")
plt.ylabel("Feature 2")
plt.show()
```

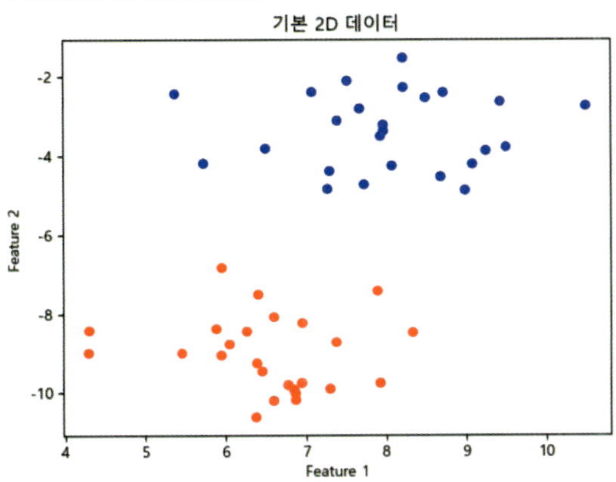

[그림 16-5] 2D 시각화

간단한 2차원 데이터 시각화하기

앞에서 생성한 2차원 데이터셋에 대해, 선형 커널을 사용하는 SVM 분류 모델 객체를 **model**이라는 변수에 생성한다.

```
model = svm.SVC(kernel='linear')
model.fit(X, y)
```

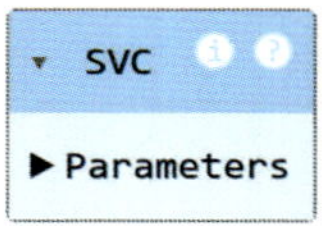

[그림 16-6] SVC 생성과 적합

앞서 그린 산점도를 다시 그린 후 다음 과정을 진행한다.

plt.gca()에서 gca는 Get Current Axes의 약자로, 이 함수는 현재 활성화된 좌표축(Axes) 객체를 가져온다. **ax=plt.gca()**로 현재 그려진 플롯(**plt.scatter(...)**)의 좌표축 정보를 **ax**라는 변수에 저장할 수 있으며, 이를 활용해 해당 플롯에 다양한 요소를 추가하거나 조작할 수 있다. 이어서 **ax.get_xlim()**으로 x축의 범위를 가져오고, **ax.get_ylim()**으로 y축의 범위를 가져온다.

x축의 최솟값부터 최댓값 사이를 30개의 간격으로 나누어 xx 배열을 생성하고(**xx = np.linspace(xlim[0], xlim[1], 30)**), y축도 최솟값부터 최댓값 사이를 30개의 간격으로 나누어 yy 배열을 생성한다(**yy=np.linspace(ylim[0], ylim[1], 30)**). 이 두 배열을 기반으로 격자(grid) 형태의 2차원 좌표 배열 XX와 YY를 생성한다(**YY, XX=np.meshgrid(yy, xx)**). 생성된 격자 좌표 XX와 YY를 각 점의 (x, y) 좌표 쌍으로 변환하여 xy 배열을 만든다(**xy =np.vstack([XX.ravel(), YY.ravel()]).T**).[6] 다음으로, 학습된 model의 결정 함수(decision function)를 좌표 xy의 각 점에 대해 계산하고, 이를 격자 형태로 변환한다(**Z=model.decision_function(xy).reshape(XX.shape)**).

ax.contour(XX, YY, Z, ...)를 사용하여 결정 함수의 값이 같은 점들을 연결한 선을 그리고, **colors='k'**로 선 색깔을 검은색(k)으로 설정한다. 선의 수준(level)은 **levels=[−1, 0, 1]**로 지정한다.[7] 선 스타일은 마진을 점선(−−), 결정 경계를 실선(−)으로 표시하도록 **linestyles =['−−', '−', '−−']**로 지정한다.

학습된 SVM 모델의 서포트 벡터들의 좌표는 배열 **model.support_vectors_**에 담겨 있으며, 이들을 산점도로 그리기 위해 **ax.scatter(...)**를 사용한다. 점 크기는 100(**s=100**), 선 두께는 1(**linewidth=1**)로 설정한다. 점의 내부는 채우지 않고(**facecolors='none'**), 점의 테두리 색깔을 검은색(k)으로 설정한다(**edgecolors='k'**).

---

6 xy=np.vstack([XX.ravel(), YY.ravel()]).T에서 .T는 전치(transpose)를 의미한다. 2행 N열의 행렬 모양 (2, N)을 (N, 2)의 모양으로 바꿔주는 기능을 수행한다. 즉, 행렬의 행과 열을 뒤집는 역할이다.

7 0은 결정 함수의 값이 0인 점들의 집합으로, 두 클래스를 나누는 결정 경계를 나타낸다. −1과 1은 서포트 벡터와 결정 경계 사이의 거리를 나타내는 선으로 마진(margin)을 의미한다.

마지막으로, 그림 제목을 **SVM 결정 경계와 서포트 벡터**로 설정하고, x축과 y축 레이블을 각각 **Feature 1**과 **Feature 2**로 설정하여 출력한다.

```
plt.scatter(X[:, 0], X[:, 1], c=y, s=30, cmap='bwr')

ax = plt.gca()
xlim = ax.get_xlim()
ylim = ax.get_ylim()

xx = np.linspace(xlim[0], xlim[1], 30)
yy = np.linspace(ylim[0], ylim[1], 30)
YY, XX = np.meshgrid(yy, xx)
xy = np.vstack([XX.ravel(), YY.ravel()]).T
Z = model.decision_function(xy).reshape(XX.shape)

ax.contour(XX, YY, Z, colors='k', levels=[-1, 0, 1],
           linestyles=['--', '-', '--'])

ax.scatter(model.support_vectors_[:, 0], model.support_vectors_[:, 1],
           s=100, linewidth=1, facecolors='none', edgecolors='k')

plt.title('SVM 결정 경계와 서포트 벡터')
plt.xlabel('Feature 1')
plt.ylabel('Feature 2')
plt.show()
```

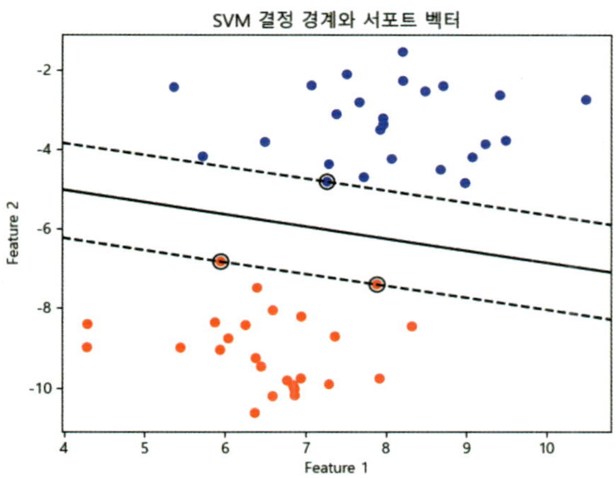

[그림 16-7] 결정 경계를 넣은 2D 출력

비선형 데이터에 SVM 적용하기

비선형 데이터에 SVM을 적용하는 데 필요한 라이브러리를 임포트한다.

```
from sklearn.datasets import make_moons
import matplotlib.pyplot as plt
import numpy as np
from sklearn.svm import SVC
from sklearn.pipeline import make_pipeline
from sklearn.preprocessing import StandardScaler
```

[그림 16-8] 비선형 데이터에 필요한 라이브러리 임포트하기

make_moons 함수를 사용하여 태극 문양으로 얽힌 2차원 가상 데이터셋을 생성한다. 샘플 수는 **200**으로 설정하고, 데이터셋을 조금 더 불확실하고 현실적으로 만들기 위해 **0.2**의 무작위 노이즈를 추가한다.[8]

```
X, y = make_moons(n_samples=200, noise=0.2, random_state=42)
```

[그림 16-9] 2차원의 가상 데이터셋 생성

앞에서 생성한 데이터셋을 시각화하기 위해 **scatter** 함수를 사용한다. 이때 색상 팔레트는 **bwr**을 사용하여 두 그룹을 명확하게 구분한다. 그래프 제목을 **비선형 구조 (태극 문양 데이터)**로 설정하고, 가로축과 세로축은 각각 **Feature 1**, **Feature 2**로 설정한다. **show()** 함수를 호출하여 그래프를 화면에 출력한다.

```
plt.scatter(X[:, 0], X[:, 1], c=y, cmap='bwr')
plt.title('비선형 구조 (태극 문양 데이터)')
plt.xlabel('Feature 1')
plt.ylabel('Feature 2')
plt.show()
```

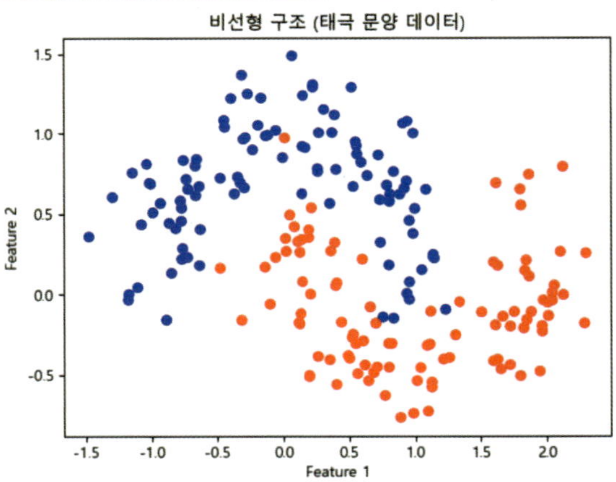

[그림 16-10] 생성한 데이터셋 출력

8 노이즈 0.2는 표준편차가 특징값 범위의 20% 정도 되는 가우시안(정규 분포) 노이즈를 더한다는 의미로 생각하면 된다.

서로 다른 커널 함수를 사용하여 세 가지 유형의 서포트 벡터 머신(SVM) 분류 모델 파이프라인을 정의한다. **StandardScaler()**를 사용하여 각 모델의 데이터를 표준화하고, **SVC()**를 이용하여 커널 종류와 하이퍼파라미터를 설정한다.

- kernel='linear': 선형 커널을 사용하는 SVM 모델로, 선형 결정 경계로 데이터를 분류한다.
- kernel='poly': 다항식(Polynomial) 커널을 사용하는 SVM 모델로, 원래의 특징을 다항식 형태로 변환하여 더 높은 차원의 선형 결정 경계로 분류한다.
- kernel='rbf': 방사기저함수(Radial Basis Function) 커널을 사용하는 SVM 모델로, 가우시안 함수와 유사한 형태의 영향을 미치는 방식으로 작동하며, 매우 복잡한 비선형 결정 경계를 학습할 수 있다.
- C=1: 세 모델 모두 규제(regularization) 파라미터를 1로 설정하였다.[9]
- degree=3: 다항식 커널의 차수를 3으로 설정하였다. 이는 원래 특징의 3차까지 조합하는 것을 고려하여 결정 경계를 학습한다.[10]
- gamma='scale': RBF 커널의 gamma 파라미터를 설정하여, 결정 경계의 곡률을 조절한다. scale로 설정하면 특징의 스케일에 기반하여 자동으로 적절한 값을 결정한다. 작은 gamma 값은 넓고 부드러운 결정 경계를, 큰 gamma 값은 구불구불한 결정 경계를 생성한다.

```
svm_linear = make_pipeline(StandardScaler(), SVC(kernel='linear', C=1))
svm_poly   = make_pipeline(StandardScaler(), SVC(kernel='poly', degree=3, C=1))
svm_rbf    = make_pipeline(StandardScaler(), SVC(kernel='rbf', gamma='scale', C=1))
```

[그림 16-11] 데이터 표준화, 커널 종류와 하이퍼파라미터 설정

세 가지 SVM 모델(**svm_linear**, **svm_poly**, **svm_rbf**)에 대해 **.fit(X, y)** 메서드를 호출하여 각각의 모델을 학습시킨다. 여기서 X는 입력 데이터(특징), y는 해당 데이터에 대한 레이블(정답)을 의미한다.

```
svm_linear.fit(X, y)
svm_poly.fit(X, y)
svm_rbf.fit(X, y)
```

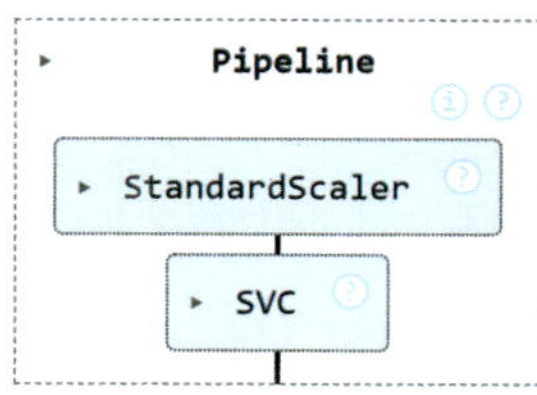

[그림 16-12] 모델 학습

9 C값이 작을수록 마진을 넓히는 것을 우선시하므로 모델이 단순해지고 과적합 위험은 감소하지만, 학습용 데이터에 대한 정확도가 낮아질 수 있다. 반면 C값이 클수록 학습용 데이터의 모든 포인트를 정확하게 분류하므로, 모델은 복잡해지고 과적합될 위험이 높아진다.

10 Feature 1, Feature 2 등을 그대로 사용하지 않고, 이 특징들을 최대 3번까지 곱하거나 더해서 새로운 특징들을 생성해 낸다.

학습된 분류 모델(**model**), 2차원 특징 데이터(**X**), 해당 데이터의 실제 클래스 레이블(**y**), 시각화할 플롯의 제목(**title**)을 인자로 받아, 결정 경계를 포함한 분류 결과를 시각화하는 함수를 **def**로 정의한다.

함수는 먼저 특징 데이터 **X**의 첫 번째 특징(x축)과 두 번째 특징(y축)의 최솟값과 최댓값을 계산한 뒤, 각각에 대해 **−1**과 **+1**의 여백을 추가하여 시각화 범위를 설정한다.[11] 이어서 **np.arange**를 사용하여 설정된 **x**축과 **y**축의 범위 내에서 작은 간격(**h = 0.02**)으로 균일하게 분포된 일련의 값들을 생성하고, 이를 **np.meshgrid**를 통해 2차원 격자 형태의 좌표 배열(**xx, yy**)로 확장한다.

이 격자상의 모든 점을 1차원 배열로 펼친 후(**xx.ravel( ), yy.ravel( )**), 다시 열 벡터로 결합(**np.c_[...]**)하여 모델에 입력한다. 학습된 **model**의 **predict** 메서드를 통해 각 격자점에 대한 예측 결과를 얻고, 이를 원래의 격자 형태(**xx.shape**)로 재배열하여, **Z**라는 2차원 배열에 저장한다.

예측 결과를 시각화하기 위해 **plt.contourf** 함수를 사용하여 **xx**, **yy** 좌표와 그에 대응하는 예측 클래스 **Z**를 입력받아, 클래스 경계선을 따라 선을 그린다. 이때 **cmap = 'bwr'**을 설정하여 파란색, 흰색, 빨간색 계열의 색상으로 2개의 클래스를 명확하게 구분하고, **alpha = 0.3**으로 지정하여 투명도를 조절해서 원본 데이터 포인트가 잘 보이도록 한다.

결정 경계와 함께, 원본 학습 데이터 포인트들도 시각화하기 위해 **plt.scatter** 함수를 사용한다. 각 데이터 포인트의 위치는 해당 특징값(**X[:, 0], X[:, 1]**)에 따라 결정되며, **c = y** 파라미터를 통해 실제 클래스 레이블(y)에 따라 다른 색깔(**cmap = 'bwr'**)로 표현된다.

마지막으로 **plt.title(title)**을 사용해 그래프 제목을 추가하고, **plt.xlabel('Feature 1')**과 **plt.ylabel('Feature 2')**로 레이블링한 뒤, **plt.show( )**를 호출하여 함수 정의를 마무리한다.

```
def plot_decision_boundary(model, X, y, title):
    h = 0.02
    x_min, x_max = X[:, 0].min() - 1, X[:, 0].max() + 1
    y_min, y_max = X[:, 1].min() - 1, X[:, 1].max() + 1
    xx, yy = np.meshgrid(np.arange(x_min, x_max, h),
                         np.arange(y_min, y_max, h))

    Z = model.predict(np.c_[xx.ravel(), yy.ravel()])
    Z = Z.reshape(xx.shape)

    plt.contourf(xx, yy, Z, cmap='bwr', alpha=0.3)
    plt.scatter(X[:, 0], X[:, 1], c=y, cmap='bwr')
    plt.title(title)
    plt.xlabel('Feature 1')
    plt.ylabel('Feature 2')
    plt.show()
```

[그림 16-13] **학습된 분류 모델 시각화**

11 이 여백은 데이터 포인트들이 플롯 경계에 너무 가깝게 위치하여 시각적으로 답답해 보이는 것을 방지하고, 결정 경계의 전체적인 모양을 더 잘 파악할 수 있도록 한다.

plot_decision_boundary(model, X, y, title):에서 정의한 바에 따라 제목을 넣어 결정 경계를 시각화한다. **svm_linear**에는 **선형 커널 SVM**이라는 제목을, **svm_poly**에는 **다항 커널 SVM (degree = 3)**이라는 제목을, **svm_rbf**에는 **RBF 커널 SVM**이라는 제목을 넣는다.

```
plot_decision_boundary(svm_linear, X, y, '선형 커널 SVM')
plot_decision_boundary(svm_poly, X, y, '다항 커널 SVM (degree=3)')
plot_decision_boundary(svm_rbf, X, y, 'RBF 커널 SVM')
```

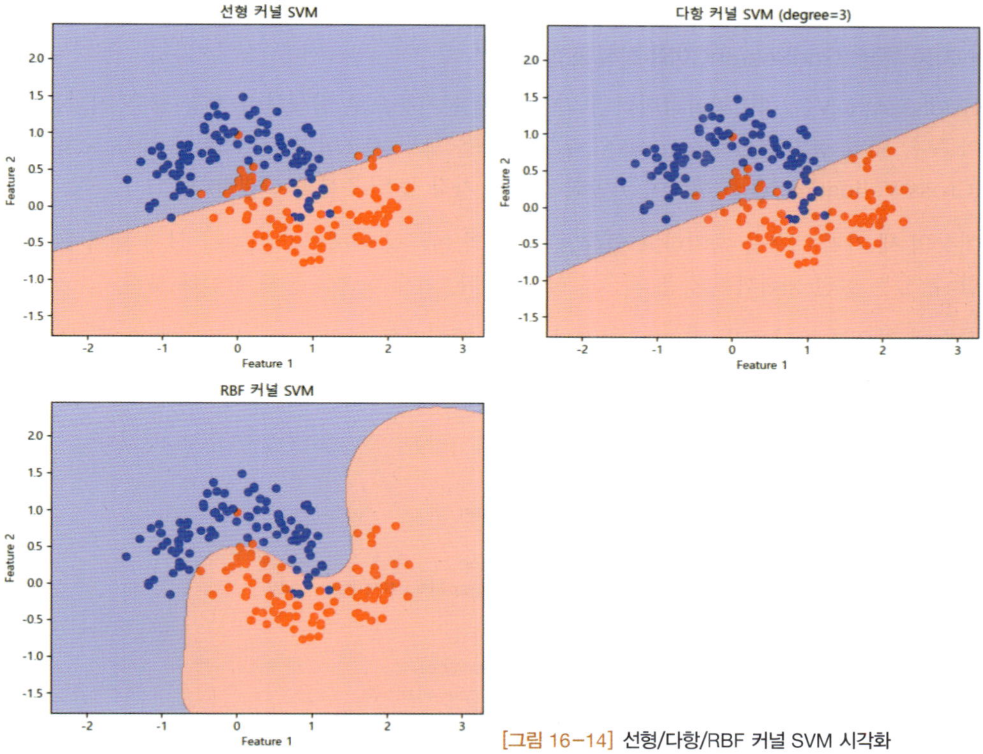

[그림 16-14] 선형/다항/RBF 커널 SVM 시각화

[그림 16-14]에서 확인할 수 있듯이, 선택한 커널에 따라 경계면이 달라진다.

스케일링 전후 비교하기 & 하이퍼파라미터 튜닝하기

SVM을 효과적으로 활용하려면 단순한 모델 정의를 넘어서, 데이터 전처리와 하이퍼파라미터 조정에 대한 이해가 필수적이다.

■ 스케일링의 중요성

SVM은 거리 기반 알고리즘이므로 입력 특성 간의 상대적인 크기가 결정 경계에 큰 영향을 미친다. 예를 들어 한 변수의 범위가 10이고 다른 변수의 범위가 1000이라면, SVM은 상대적으로 범위가 큰 1000에 집중되어 결과가 왜곡될 수 있다. 따라서 **StandardScaler** 같은 도구를 사용하여 각 변수의 평균을 0, 표준편차를 1로 정규화해 주어야 한다.

■ 하이퍼파라미터 수동 튜닝

SVM의 주요 하이퍼파라미터는 C와 gamma다. C는 오차를 얼마나 허용할지를 결정하는 규제 파라미터로, 값이 작을수록 마진을 넓게 설정하여 일반화에 유리하지만 오차를 더 많이 허용하게 된다. 반면, 값이 클수록 학습용 데이터에 과적합될 위험이 높다. gamma는 RBF 커널에서의 영향 반경을 조절하는 파라미터로, 값이 작으면 결정 경계가 넓고 부드럽게 형성되며, 값이 클수록 경계가 복잡하고 세밀하게 구분된다.

■ 자동 튜닝: GridSearchCV의 최적 조합 탐색

GridSearchCV는 하이퍼파라미터의 최적 조합을 자동으로 탐색하여 가장 좋은 결과를 찾아준다. 미리 정의한 C와 gamma의 후보 값들을 모두 시도하고, 각 조합에 대해 교차검증(Cross Validation)을 수행하여 일반화 성능이 가장 높은 조합을 선택한다.

이상의 세 가지 내용을 숙지하고 있다면, SVM의 이론적 이해뿐만 아니라 실제 문제에 적용할 수 있는 실전 능력까지 갖춘 것으로 볼 수 있다. 이제 실습을 통해 확인해 보자.

실습에 필요한 라이브러리를 임포트한다. **X, y** 데이터를 생성(**n_samples = 300** 등 설정[12])하여 학습용 데이터와 테스트 데이터를 각각 70%와 30%f 비율로 분할한다.

```
import numpy as np
import matplotlib.pyplot as plt
from sklearn.datasets import make_classification
from sklearn.svm import SVC
from sklearn.preprocessing import StandardScaler
from sklearn.model_selection import train_test_split, GridSearchCV
from sklearn.metrics import accuracy_score

X, y = make_classification(n_samples=300, n_features=2,
                           n_informative=2, n_redundant=0,
                           n_clusters_per_class=1, random_state=42)

X_train, X_test, y_train, y_test = train_test_split(X, y, test_size=0.3, random_state=42)
```

[그림 16-15] 스케일링과 하이퍼파라미터 튜닝에 필요한 라이브러리 임포트하기/X, y 설정과 데이터 분할

■ 학습 및 평가 시 데이터 스케일링이 미치는 영향 비교

먼저 스케일링 없이 SVM 모델을 학습 및 평가하고, 이어서 스케일링한 후 SVM 모델을 학습 및 평가하여 SVM 모델에서 스케일링이 미치는 효과를 확인해 본다.

스케일링 없이 SVM 모델을 학습하고 평가하는 경우: svm_raw = SVC(kernel = 'rbf', C = 1, gamma = 0.1)과 같이 RBF 커널을 사용하는 SVM 객체를 만든다. 여기서 C는 규제 파라미

12 파라미터 n_samples = 300은 생성할 데이터 샘플(행)의 개수, n_features = 2는 2개의 특성(feature)을 가진 데이터셋 생성, n_informative = 2는 클래스 분류에 기여하는 특성 수(여기서는 2개의 특성), n_redundant = 0는 다른 informative 특성의 선형 결합으로 생성되는 특성 수를 0으로 설정해서, 중복 특성을 없게 하고, n_clusters_per_class = 1은 각 클래스당 생성할 클러스터 수를 1로 설정해서 클래스별로 하나의 클러스터만 생성하여, 데이터가 비교적 단순하게 분리되도록 하여, random_state = 42 재현성을 확보했다.

터로 오차 범위를 결정하고, gamma는 RBF 커널의 영향 범위를 결정한다. **svm_raw.fit(X_train, y_train)**을 입력하여 스케일링되지 않은 학습 데이터 X_train과 그에 해당하는 레이블 y_train으로 모델을 학습시키고, **raw_pred = svm_raw.predict(X_test)**를 입력하여 스케일링되지 않은 테스트 데이터 X_test에 대한 예측을 수행한다. 예측 결과를 **raw_pred** 변수에 저장한 후, **print('스케일링 전 정확도:', accuracy_score(y_test, raw_pred))**를 통해 실제 테스트 레이블 y_test와 비교하여 스케일링을 적용하지 않았을 때의 정확도를 계산하고 출력한다.

스케일링한 후 SVM 모델을 학습하고 평가하는 경우: **StandardScaler()** 객체를 생성하여 평균이 0, 표준편차가 1이 되도록 데이터를 정규화한다. **X_train_scaled = scaler.fit_transform(X_train)**을 통해 학습용 데이터 X_train을 표준화하고, 변환된 데이터를 **X_train_scaled**에 저장한다. 이때 fit_transform은 학습용 데이터의 평균과 표준편차를 계산하는 동시에 변환을 수행한다. 이어서 학습용 데이터에서 학습된 동일한 스케일러를 사용하여 테스트 데이터 X_test를 변환하기 위해 fit_transform이 아닌 transform만 사용하여 **X_test_scaled = scaler.transform(X_test)**을 입력한다.

스케일링된 데이터에 맞춰 동일한 하이퍼파라미터를 가진 SVM 모델을 새로 생성하기 위해 **svm_scaled = SVC(kernel = 'rbf', C = 1, gamma = 0.1)**[13]을 정의한다. 이어서 스케일링된 학습 데이터 X_train_scaled와 원래의 학습 레이블 y_train을 사용하여 모델을 학습시키기 위해 **svm_scaled.fit(X_train_scaled, y_train)**를 입력한다. 이후 스케일링된 테스트 데이터 X_test_scaled에 대한 예측을 수행하기 위해 **svm_scaled.predict(X_test_scaled)**를 입력하고, 그 결과를 **scaled_pred**에 저장한다. 마지막으로 **print('스케일링 후 정확도:', accuracy_score(y_test, scaled_pred))**로 실제 테스트 레이블 y_test와 스케일링된 모델의 예측 scaled_pred를 비교하여 정확도를 계산하고 출력한다.

```
svm_raw = SVC(kernel='rbf', C=1, gamma=0.1)
svm_raw.fit(X_train, y_train)
raw_pred = svm_raw.predict(X_test)
print('스케일링 전 정확도:', accuracy_score(y_test, raw_pred))

scaler = StandardScaler()
X_train_scaled = scaler.fit_transform(X_train)
X_test_scaled = scaler.transform(X_test)
svm_scaled = SVC(kernel='rbf', C=1, gamma=0.1)
svm_scaled.fit(X_train_scaled, y_train)
scaled_pred = svm_scaled.predict(X_test_scaled)
print('스케일링 후 정확도:', accuracy_score(y_test, scaled_pred))
```

```
스케일링 전 정확도: 0.8777777777777778
스케일링 후 정확도: 0.9111111111111111
```

[그림 16-16] 스케일링 전후의 정확도 계산과 출력 결과

13 스케일링된 데이터는 원래 데이터와 값의 범위가 다르므로, 스케일링된 데이터에 최적화된 성능을 얻기 위해 새로운 모델 객체를 생성하고 스케일링된 데이터로 재학습시키는 것이 필수적이다.

출력 결과를 보면, 데이터를 스케일링한 후에 SVM 모델의 정확도는 스케일링 전 0.8778에서 스케일링 후 0.9111로 향상된 것을 확인할 수 있다. 데이터 스케일링이 SVM 모델 성능에 긍정적인 영향을 미쳤음을 알 수 있다.

■ 하이퍼파라미터의 수동 튜닝과 자동 튜닝

SVM 모델의 하이퍼파라미터 튜닝을 수동으로 시도한 후, **GridSearchCV**라는 자동화된 방법을 통해 최적의 하이퍼파라미터를 찾고 그 성능을 비교해 본다.

수동 튜닝을 하는 경우: RBF 커널을 사용하는 SVM 모델 객체를 생성하고 C 파라미터를 10, gamma 파라미터를 0.01로 수동 설정하기 위해 **svm_manual=SVC(kernel='rbf', C=10, gamma=0.01)**을 입력한다. 그리고 스케일링된 학습용 데이터 X_train_scaled와 해당 레이블 **y_train**을 사용하여, 수동으로 설정된 하이퍼파라미터를 가진 SVM 모델을 학습시키기 위해 **svm_manual.fit(X_train_scaled, y_train)**을 입력한다. 이어서 학습된 모델을 사용하여 스케일링된 테스트 데이터 X_test_scaled에 대한 예측을 수행하는 **svm_manual.predict(X_test_scaled)**을 **manual_pred**에 저장한다. 마지막으로, **print('수동 튜닝 후 정확도:', accuracy_score(y_test, manual_pred))**를 통해 실제 테스트 레이블 y_test와 수동 튜닝된 모델의 예측 manual_pred를 비교하여 정확도를 계산하고 출력한다.

자동 튜닝을 하는 경우: 먼저 탐색할 하이퍼파라미터 값들의 조합을 정의한 딕셔너리 **{'C': [0.1, 1, 10], 'gamma': [0.01, 0.1, 1]}**을 입력하여 **param_grid**로 저장한다. **SVC(kernel='rbf')**로 RBF 커널을 사용하는 SVM 모델을 지정하고, **param_grid**로 탐색할 하이퍼파라미터 값의 범위를 제공하고, **cv=5**로 교차검증 폴드 수를 5로 설정해서 각 하이퍼파라미터 조합의 성능을 더 안정적으로 평가하는 **GridSearchCV** 객체를 생성한다. 이어서 가장 좋은 성능을 보이는 하이퍼파라미터 조합을 찾기 위해 **grid.fit(X_train_scaled, y_train)**를 입력하고, GridSearchCV를 통해 찾은 최적의 하이퍼파라미터 조합을 **print('자동 튜닝 최적 하이퍼파라미터:', grid.best_params_)**로 출력한다.

최적의 하이퍼파라미터로 학습된 최종 모델 **grid.best_estimator_**를 **best_model**에 저장한다. 이후 **best_model.predict(X_test_scaled)**를 통해 최적의 하이퍼파라미터로 학습된 모델을 사용하여 스케일링된 테스트 데이터 X_test_scaled에 대한 예측을 수행해서 그 결과를 **grid_pred**에 저장한다. 마지막으로, 실제 테스트 레이블 y_test와 자동 튜닝된 모델의 예측 grid_pred를 비교하여 **print('자동 튜닝 후 정확도:', accuracy_score(y_test, grid_pred))**로 정확도를 계산하고 출력한다.

```python
svm_manual = SVC(kernel='rbf', C=10, gamma=0.01)
svm_manual.fit(X_train_scaled, y_train)
manual_pred = svm_manual.predict(X_test_scaled)
print('수동 튜닝 후 정확도:', accuracy_score(y_test, manual_pred))

param_grid = {
    'C': [0.1, 1, 10],
    'gamma': [0.01, 0.1, 1]
}
grid = GridSearchCV(SVC(kernel='rbf'), param_grid, cv=5)
grid.fit(X_train_scaled, y_train)
print('자동 튜닝 최적 하이퍼파라미터:', grid.best_params_)
best_model = grid.best_estimator_
grid_pred = best_model.predict(X_test_scaled)
print('자동 튜닝 후 정확도:', accuracy_score(y_test, grid_pred))
```

```
수동 튜닝 후 정확도: 0.8888888888888888
자동 튜닝 최적 하이퍼파라미터: {'C': 10, 'gamma': 0.1}
자동 튜닝 후 정확도: 0.9333333333333333
```

[그림 16-17] 수동 튜닝 후의 정확도와 자동 튜닝의 최적 파라미터 및 정확도 계산과 출력 결과

출력 결과를 살펴보자. 사용자가 임의로 C = 10과 gamma = 0.01로 설정한 모델의 정확도는 약 0.889로 나타났다. 이는 데이터 스케일링만 적용했을 때의 정확도인 0.911보다 약간 낮은 수치다. 이 결과를 통해, 수동으로 선택한 하이퍼파라미터 조합이 최적의 성능을 보장하지 않음을 알 수 있다. 반면, 자동 튜닝을 통해 GridSearchCV가 탐색한 최적의 하이퍼파라미터 조합은 **{'C': 10, 'gamma': 0.1}**이며, 이 조합으로 학습한 모델의 정확도는 약 **0.933**으로 나타났다. 수동 튜닝 결과는 물론 데이터 스케일링만 적용했을 때보다 훨씬 높은 성능을 보여준다.

이러한 결과는 하이퍼파라미터 설정이 모델 성능에 얼마나 큰 영향을 미치는지를 잘 보여준다. 즉, 적절한 하이퍼파라미터 선택은 모델 예측력 극대화에 필수적이다(하이퍼파라미터의 중요성). 또한 GridSearchCV의 자동 하이퍼파라미터 탐색 방법은 다양한 하이퍼파라미터 조합을 체계적으로 평가하고 최적의 값을 찾아주므로, 수동 튜닝보다 훨씬 효율적이고 더 안정적인 성능 향상을 이끌어낼 수 있음을 시사한다(자동 튜닝의 효과). 특히 자동 튜닝을 통해 약 4.4%의 추가적인 정확도 향상이 이루어졌다는 점은 실제 서비스 환경에서 더 높은 신뢰도와 예측력을 제공할 수 있음을 의미한다(성능 향상).

SECTION

16.6 실무 실습

SVM이 적용된 코드의 흐름 이해

아래에 제시한 파이썬 코드는 분류 문제와 회귀 문제에 대한 SVM의 흐름을 이해하기 위한 코드다. 실무 실습 전에, SVM을 적용한 코드가 어떤 흐름으로 진행되는지 살펴보기 바란다.

SVM의 코드 흐름

분류(SVC)

```
# 필요한 라이브러리
from sklearn.svm import SVC
from sklearn.datasets import make_classification
from sklearn.model_selection import train_test_split
from sklearn.model_selection import GridSearchCV
from sklearn.preprocessing import StandardScaler
from sklearn.metrics import accuracy_score

# 1. 데이터 생성
X_cls, y_cls = make_classification(
    n_samples=1000,
    n_features=20,
    random_state=42
)

# 2. 표준화
scaler = StandardScaler()
X_cls_scaled = scaler.fit_transform(X_cls)

# 3. 학습/테스트 분리
X_cls_train,
X_cls_test,
y_cls_train,
y_cls_test = train_test_split(
    X_cls_scaled,
    y_cls,
    test_size=0.3,
    random_state=42
)

# 4. 선형 SVM 및 RBF SVM 모델
svm_linear = SVC(kernel='linear')
svm_rbf = SVC(kernel='rbf')

# 5. 하이퍼파라미터 튜닝 (GridSearchCV)
param_grid = {'C': [0.1, 1, 10], 'gamma': ['scale',
'auto']}
grid_search = GridSearchCV(svm_rbf, param_grid, cv=5)
grid_search.fit(X_cls_train, y_cls_train)

# 최적의 모델 사용
best_svm_rbf = grid_search.best_estimator_
```

회귀(SVR)

```
# 필요한 라이브러리
from sklearn.svm import SVR
from sklearn.datasets import make_regression
from sklearn.model_selection import train_test_split
from sklearn.model_selection import GridSearchCV
from sklearn.preprocessing import StandardScaler
from sklearn.metrics import mean_squared_error, r2_score

# 1. 데이터 생성
X_reg, y_reg = make_regression(
    n_samples=1000,
    n_features=20,
    noise=0.1,
    random_state=42

)# 2. 표준화
scaler = StandardScaler()
X_reg_scaled = scaler.fit_transform(X_reg)

# 3. 학습/테스트 분리
X_reg_train,
X_reg_test,
y_reg_train,
y_reg_test = train_test_split(
    X_reg_scaled,
    y_reg,
    test_size=0.3,
    random_state=42
)

# 4. 선형 SVR 및 RBF SVR 모델
svr_linear = SVR(kernel='linear')
svr_rbf = SVR(kernel='rbf')

# 5. 하이퍼파라미터 튜닝 (GridSearchCV)
param_grid = {'C': [0.1, 1, 10], 'gamma': ['scale',
'auto']}
grid_search_reg = GridSearchCV(svr_rbf, param_grid, cv=5)
grid_search_reg.fit(X_reg_train, y_reg_train)

# 최적의 모델 사용
best_svr_rbf = grid_search_reg.best_estimator_
```

```python
# 6. 평가
svm_linear.fit(X_cls_train, y_cls_train)
y_cls_pred_linear = svm_linear.predict(X_cls_test)
y_cls_pred_rbf = best_svm_rbf.predict(X_cls_test)
print(
    '선형 SVM 정확도:',
    accuracy_score(y_cls_test, y_cls_pred_linear)
)
print(
    'RBF SVM 정확도:',
    accuracy_score(y_cls_test, y_cls_pred_rbf)
)
```

```python
# 6. 평가
svr_linear.fit(X_reg_train, y_reg_train)
y_reg_pred_linear = svr_linear.predict(X_reg_test)
y_reg_pred_rbf = best_svr_rbf.predict(X_reg_test)
print(
    '선형 SVR MSE:',
    mean_squared_error(y_reg_test, y_reg_pred_linear)
)
print(
    '선형 SVR R²:',
    r2_score(y_reg_test, y_reg_pred_linear)
)
print(
    "RBF SVR MSE:",
    mean_squared_error(y_reg_test, y_reg_pred_rbf)
)
print(
    'RBF SVR R²:',
    r2_score(y_reg_test, y_reg_pred_rbf)
)
```

분류 문제 실습

이번 실습의 목표는 SNS 이미지에 기반하여 '유행템'을 감지하는 AI 모델을 구축하는 것이다.

연구문제

최근 패션 트렌드는 인스타그램, 틱톡, 핀터레스트와 같은 SNS 플랫폼을 통해 순식간에 확산되고 있다. 이러한 변화 속에서, 수많은 패션 이미지 중 어떤 아이템이 실제로 '유행템'인지 빠르게 파악하는 일은 패션 브랜드나 온라인 쇼핑몰에게 매우 중요한 과제가 되고 있다. 이에 따라, 패션 기업이 시장 상황을 더욱 정확하게 이해할 수 있도록 근거를 제공해 달라는 의뢰를 받았다. 이 프로젝트의 목표는 SNS에 게시된 패션 이미지를 자동으로 분석하여 데이터를 수집하고, 이를 기반으로 '1: 유행템 / 0: 평범템'으로 분류하는 AI 모델을 구축하는 것이다.

▶ 실습파일 | svm_classification.csv

변수명	데이터 타입	설명
colorfulness	연속형	이미지 색감의 화려함
texture_complexity	연속형	패턴/질감 복잡성
brand_popularity	연속형	브랜드 인지도
number_of_likes	연속형	게시물 좋아요 수
number_of_shares	연속형	게시물 공유 수
hashtag_trendiness	연속형	해시태그 트렌드 지수
pose_fashionableness	연속형	착용 포즈의 트렌디 정도를 나타내는 점수
seasonality_score	연속형	시즌 트렌드 부합도
influencer_score	연속형	게시자 인플루언서 점수
dominant_style	범주형	주된 스타일
is_trending	범주형	유행템(1)과 평범템(0)으로 구분. 목표변수

기본 분석

1 필요한 라이브러리 가져오기

SVM의 분류 문제를 해결하기 위해 다음 라이브러리를 임포트한다.

```
import pandas as pd
from sklearn.model_selection import train_test_split, GridSearchCV
from sklearn.svm import SVC
from sklearn.preprocessing import StandardScaler
from sklearn.metrics import accuracy_score, classification_report
```

[그림 16-18] 라이브러리 임포트하기

2 데이터 불러오기

2분할 데이터와 3분할 데이터를 구분하기 위해 데이터 파일 **svm_classification.csv**을 불러와서 각각 **data**로 정의한다.

```
data = pd.read_csv('./source/svm_classification.csv')
```

[그림 16-19] 데이터 불러오기

3 변수 정의

데이터프레임 **data**에서 예측 대상인 **is_trending** 열을 목표변수 **y**로 저장하고, **drop** 함수를 이용하여 나머지 열들은 특징 데이터 **X**로 정의한다.

```
X = data.drop('is_trending', axis=1)
y = data['is_trending']
```

[그림 16-20] 변수 정의

4 데이터 스케일링

StandardScaler()로 스케일러 객체를 생성하고, **fit_transform(X)**로 특징 데이터 X의 각 열을 평균 0, 표준편차 1로 표준화하여 **X_scaled**에 저장한다.

```
scaler = StandardScaler()
X_scaled = scaler.fit_transform(X)
```

[그림 16-21] 데이터 스케일링

5 데이터 분할

train_test_split() 함수를 사용하여 특징 데이터와 목표변수를 학습용 데이터와 테스트 데이터로 분할한다. 3분할이 필요한 경우에는 검증용 데이터도 함께 분할한다. 이때 클래스 비율을 유지하고 무작위 분할이 재현 가능하도록 설정한다.[14]

14 stratify=y 옵션을 활성화하여 train_test_split() 함수가 y의 고유한 값(클래스)들의 비율을 먼저 계산하고, 원래 데이터셋의 클래스 비율과 유사하게 학습용 데이터와 테스트(+ 검증용) 데이터를 구성한다.

2분할
(80:20)

```
X_train2, X_test2, y_train2, y_test2 = train_test_split(X_scaled,
                                                        y,
                                                        test_size=0.2,
                                                        stratify=y,
                                                        random_state=42)
```

3분할
(60:20:20)

```
X_train3, X_temp, y_train3, y_temp = train_test_split(X_scaled,
                                                      y,
                                                      test_size=0.4,
                                                      stratify=y,
                                                      random_state=42
                                                     )
X_val3, X_test3, y_val3, y_test3 = train_test_split(X_temp,
                                                    y_temp,
                                                    test_size=0.5,
                                                    stratify=y_temp,
                                                    random_state=42
                                                   )
```

[그림 16-22] 데이터 분할

6 하이퍼파라미터 탐색 공간 정의

param_grid는 하이퍼파라미터 탐색을 위한 설정으로, 3(C 값)×2(커널 종류)×2(gamma 값)의 조합으로 총 12가지의 하이퍼파라미터 조합을 구성한다. 예를 들어, 첫 시도는 **C=0.1**, **kernel='linear'**, **gamma='scale'**의 조합이고, 마지막 시도는 **C=10**, **kernel='rbf'**, **gamma='auto'**의 조합이다. 이처럼 가능한 모든 조합에 대해 모델을 학습하고 평가하여 최적의 성능을 보이는 조합을 찾는다.

```
param_grid = {
    'C': [0.1, 1, 10],
    'kernel': ['linear', 'rbf'],
    'gamma': ['scale', 'auto']
}
```

[그림 16-23] 하이퍼파라미터 탐색 공간 정의

7 하이퍼파라미터 자동 튜닝

GridSearchCV로 하이퍼파라미터 탐색 객체 **grid_search**를 생성한다. 이때 탐색할 하이퍼파라미터의 종류와 값의 범위는 **param_grid**로 지정하고, 모델 성능 평가를 위해 5-폴드 교차검증(**cv=5**)을 적용하며, 평가 기준은 정확도(**scoring='accuracy'**)로 설정한다. 이후 **grid_search.fit(X_train, y_train)**을 실행하여 학습용 데이터(**X_train, y_train**)를 5개의 폴드로 나누고 각 폴드를 번갈아 가며 학습시켜 각 하이퍼파라미터 조합의 평균 정확도를 계산한다. 이러한 교차검증 결과를 바탕으로 최적의 하이퍼파라미터 조합을 선택한 후, 해당 설정으로 전체 학습용 데이터(**X_train, y_train**)를 다시 학습하여 가장 성능이 좋은 모델을 **grid_search**에 저장한다. 즉, 이 단계에서 다양한 하이퍼파라미터 조합을 교차검증을 통해 평가하여, 데이터에 가장 적합한 SVM 모델을 찾아 학습하는 과정을 자동화한 것이다.

2분할

```
grid_search2 = GridSearchCV(SVC(), param_grid, cv=5, scoring='accuracy')
grid_search2.fit(X_train2, y_train2)
```

3분할

```
grid_search3 = GridSearchCV(SVC(), param_grid, cv=5, scoring='accuracy')
grid_search3.fit(X_train3, y_train3)
```

[그림 16-24] GridSearchCV로 하이퍼파라미터 자동 튜닝

8 성능 평가

최적의 하이퍼파라미터로 학습된 SVM 모델을 사용하여, 학습에 사용되지 않은 특징 데이터에 대해 클래스 예측을 수행한다. 2분할 방식에서는 테스트 데이터 **X_test2**에 대한 예측 결과를 **y_test_pred2**에 저장하고, 3분할 방식에서는 검증용 데이터 **X_val3**에 대한 예측 결과를 **y_val_pred3**에, 테스트 데이터 **X_test3**에 대한 예측 결과를 **y_test_pred3**에 저장한다.

2분할

```
y_test_pred2 = grid_search2.predict(X_test2)
```

3분할

```
y_val_pred3 = grid_search3.predict(X_val3)     # 검증용 데이터
```

```
y_test_pred3 = grid_search3.predict(X_test3)     # 테스트 데이터
```

[그림 16-25] 성능 평가

9 출력

grid_search.best_params_로 최적의 하이퍼파라미터 조합을 출력하고, **accuracy_score()**로 예측 정확도를 확인한다. 또한 **classification_report()**를 통해 정밀도, 재현율, F1 점수 등 상세 분류 성능 지표를 출력한다.

2분할: 테스트 데이터에 대한 성능 평가 결과를 출력한다.

```
print('Best Parameters:', grid_search2.best_params_)
print('Test Accuracy:', accuracy_score(y_test2, y_test_pred2))
print('\n Classification Report:\n', classification_report(y_test2, y_test_pred2))
```

```
Best Parameters: {'C': 0.1, 'gamma': 'scale', 'kernel': 'linear'}
Test Accuracy: 0.754

 Classification Report:
               precision    recall  f1-score   support

           0       0.68      0.87      0.76       225
           1       0.86      0.66      0.75       275

    accuracy                           0.75       500
   macro avg       0.77      0.76      0.75       500
weighted avg       0.78      0.75      0.75       500
```

[그림 16-26] 2분할 성능 평가 결과 출력

GridSearchCV을 통해 찾은 최적의 SVM 모델은 선형 커널(kernel='linear')을 사용하며, 규제 파라미터 C는 0.1로 설정되었고, gamma 파라미터는 scale로 자동 설정되었다. Test Accuracy: 0.754는 이 최적의 모델이 테스트 데이터셋에 대해 75.4%의 정확도를 달성했다는 의미다. 즉, 전체 500개의 테스트 샘플 중 약 377개를 정확하게 분류했다.

Classification Report는 클래스별로 세부적인 성능 지표를 제공한다. Class 0에서 정밀도(Precision)는 0.68로, 이는 모델이 0이라고 예측한 샘플 중 실제로 0인 비율을 의미한다. 재현율(Recall)은 0.87로, 이는 실제 0인 모든 샘플 중 모델이 0이라고 정확하게 예측한 비율을 의미한다. F1 점수(f1-score)는 0.76이며, 이는 정밀도와 재현율의 조화 평균으로, 클래스 0에 대한 전반적인 성능을 의미한다. 지원 수(Support)는 225로, 이는 테스트 데이터셋에서 실제 클래스 0에 속하는 샘플 개수를 의미한다. Class 1의 경우 정밀도(Precision)는 0.86, 재현율(Recall)은 0.66, f1 점수(f1-score)는 0.75, 지원 수(Support)는 275로 확인되었다.

3분할: 검증용 데이터와 테스트 데이터에 대한 성능 평과 결과를 출력한다.

```
print('Best Parameters:', grid_search3.best_params_)
print('Validation Accuracy:', accuracy_score(y_val3, y_val_pred3))
print('\n Classification Report\n', classification_report(y_val3, y_val_pred3))
```

```
Best Parameters: {'C': 0.1, 'gamma': 'scale', 'kernel': 'linear'}
Validation Accuracy: 0.778

 Classification Report
               precision    recall  f1-score   support

           0       0.71      0.85      0.77       225
           1       0.85      0.72      0.78       275

    accuracy                           0.78       500
   macro avg       0.78      0.78      0.78       500
weighted avg       0.79      0.78      0.78       500
```

[그림 16-27] 3분할 검증용 데이터의 성능 평가 결과 출력

```
print('Best Parameters:', grid_search3.best_params_)
print('Test Accuracy:', accuracy_score(y_test3, y_test_pred3))
print('\n Classification Report\n', classification_report(y_test3, y_test_pred3))
```

```
Best Parameters: {'C': 0.1, 'gamma': 'scale', 'kernel': 'linear'}
Test Accuracy: 0.784

 Classification Report
               precision    recall  f1-score   support

           0       0.72      0.85      0.78       225
           1       0.86      0.73      0.79       275

    accuracy                           0.78       500
   macro avg       0.79      0.79      0.78       500
weighted avg       0.80      0.78      0.78       500
```

[그림 16-28] 3분할 테스트 데이터의 성능 평가 결과 출력

정확도를 보면, **Validation Accuracy**는 **0.778**, **Test Accuracy**는 **0.784**로 확인된다. 두 정확도는 거의 동일하며, 테스트셋에서 오히려 소폭 상승했음을 알 수 있다. 이는 모델이 과적합되지 않았음을 의미하며, 검증 단계에 없던 새로운 데이터에서도 안정적으로 성능을 유지하고 있음을 보여준다.

클래스별 성능을 확인해 보면, Class 0에서 정밀도가 0.71에서 0.72로 올라갔고, F1 점수도 0.77에서 0.78로 개선되었다. 이는 모델이 0이라고 예측했을 때 실제로도 0일 확률이 더 높아졌음을 의미하며, 전체적인 균형 성능(f1)도 소폭 향상되었다. Class 1에서도 정밀도가 0.85에서 0.86으로, 재현율은 0.72에서 0.73으로 상승했다. 이는 테스트 데이터에서도 안정적으로 클래스 1을 찾아냈다는 의미다.

종합적으로 판단하면 다음과 같다. 모델이 검증 데이터에 과도하게 맞춰지지 않아서 일반화 성능이 좋고, 양쪽 클래스 모두에서 안정적인 성능을 보이며, 데이터 분포가 Train/Validation/Test 사이에서 크게 달라지지 않음을 알 수 있다. 또한 Test 성능이 약간 더 좋은 것은 통계적 변동 범위 내에서 자연스러운 차이로 볼 수 있으며, 모델이 우연히 더 '쉬운' 테스트 샘플을 만났을 가능성도 있다. 따라서 최종 모델인 선형 SVM(C=0.1)은 데이터에 과적합되지 않으면서도 일관되고 균형 잡힌 성능을 보여주는 안정적인 분류기로 판단할 수 있다.

참고　왜 예측 모델이 점점 더 복잡해질까?

기초 과정에서는 학습용과 테스트 데이터로 2분할하여 모델을 구축하고, 이를 통해 성능을 대략적으로 평가할 수 있다. 하지만 모델의 신뢰성을 높이고 일반화 성능을 향상시키기 위해서는 보다 심화된 접근이 필요하다. 이를 위해 검증용 데이터를 별도로 확보하는 3분할 방식이 도입되며, 이를 통해 모델을 미세 조정하고 과적합을 방지할 수 있다. 여기서 더 나아가 수동 하이퍼파라미터 튜닝과 GridSearchCV와 같은 자동 튜닝 기법을 활용하여 최적의 모델 설정값을 탐색함으로써 성능을 더욱 향상시킬 수 있다. 이러한 과정을 거쳐 최적화된 모델은 더 정밀하고 신뢰할 수 있는 예측을 제공하게 된다.

이처럼 2분할 → 3분할 → 하이퍼파라미터 수동/자동 튜닝의 단계적 접근을 통해 모델 성능을 점진적으로 개선할 수 있으며, 이 방법은 기본적인 모델링을 다루기에 충분하다. 교차검증을 추가하면 일반화 가능성을 평가할 수 있고, GridSearchCV, RandomizedSearchCV와 같은 최적화 알고리즘을 사용하면 성능을 극대화할 수 있다. 여기에 특징 중요도 분석이나 모델 해석 기법을 적용하면 예측 결과에 대한 더 깊은 이해를 제공할 수 있어 논문을 작성하는 데 문제가 없다. 하지만 SVM 분석으로 더욱 수준 높은 논문을 쓰거나 실제 실무에 활용하려면 좀 더 정교한 분석이 필요하다. 이는 모델 성능 검증과 최적화를 한층 고도화하여 모델의 신뢰성과 타당성을 더욱 높이기 위함이다.

지금부터는 논문이나 실전 SVM 분석에 적용할 수 있는 고급 분석을 실습해 볼 것이다. 고급 분석은 모델과 데이터에 대한 이해도를 높이고 정교한 예측을 추구하는 과정으로, 연구나 실무에서 더 높은 수준의 결과를 제공할 수 있다.

고급 분석: 고급 실무 및 논문 게재용

1 필요한 라이브러리 가져오기

SVM의 분류 문제를 해결하기 위해 다음 라이브러리를 임포트한다.

```
import pandas as pd
import numpy as np
import matplotlib.pyplot as plt
import seaborn as sns
from sklearn.model_selection import train_test_split, StratifiedKFold, GridSearchCV
from sklearn.preprocessing import StandardScaler, OneHotEncoder
from sklearn.compose import ColumnTransformer
from sklearn.pipeline import Pipeline
from sklearn.svm import SVC
from sklearn.metrics import classification_report, confusion_matrix, ConfusionMatrixDisplay
from sklearn.utils import shuffle
from sklearn.impute import SimpleImputer
from joblib import dump
```

[그림 16-29] 라이브러리 임포트하기

2 시드 고정(재현성 확보)

데이터를 불러오기 전에, 실험 결과의 재현성을 확보하기 위해 **RANDOM_STATE=42**와 **np.random.seed(RANDOM_STATE)**를 설정한다. 논문이나 실무에서 사용하는 분석은 결과의 신뢰성이 매우 중요하므로 시드를 고정함으로써 다음에 다시 실험하거나 다른 사람이 재현하더라도 동일한 결과를 얻을 수 있도록 보장할 수 있다.

```
RANDOM_STATE = 42
np.random.seed(RANDOM_STATE)
```

[그림 16-30] 재현성 확보를 위한 시드 고정

3 데이터 불러오기 및 셔플

pd.read_csv() 함수를 사용하여 데이터를 불러온 후, **shuffle()** 함수를 통해 데이터의 행 순서를 무작위로 섞는다. 이때 **random_state=RANDOM_STATE**를 지정하여, 앞서 고정한 시드 값을 동일하게 적용함으로써 데이터를 매번 동일한 방식으로 섞도록 보장한다. 이는 모델 학습 시 발생할 수 있는 편향(bias)을 줄이고, 모델의 일반화 성능을 향상시키는 데 도움이 된다.

```
data = pd.read_csv('./source/svm_classification.csv')
data = shuffle(data, random_state=RANDOM_STATE)
```

[그림 16-31] 데이터 불러오기와 데이터 섞기

4 변수 정의(2분할, 3분할과 동일)

데이터프레임 **data**에서 예측 대상인 **is_trending** 열을 목표변수 **y**로 저장하고, **drop** 함수를 이용하여 나머지 열들은 특징 데이터 **X**로 정의한다.

```
X = data.drop('is_trending', axis=1)
y = data['is_trending']
```

[그림 16-32] 변수 정의

5 수치형/범주형 데이터 자동 구분

이 과정은 데이터 전처리가 이미 완료된 경우에는 생략할 수 있지만, 데이터셋에 수치형과 범주형 변수가 혼합되어 있는 경우에는 각 변수의 유형을 명시적으로 구분하는 것이 중요하다. 이는 모델이 변수의 형태에 민감하게 반응하기 때문에, 적절한 전처리와 모델링을 위해 변수 유형을 정확히 파악해야 하기 때문이다.

X 데이터프레임에서 숫자 열(int64(정수형)와 float64(실수형) 타입의 열)만 선택하여 추출하도록 **X.select_dtypes(include=['int64', 'float64'])**를 입력하고, 선택된 열의 이름을 **.columns.tolist()**로 리스트화하여 **numeric_features**에 저장한다.

또한 X에서 문자열(object)이나 범주형(category) 타입의 열만 선택하기 위해 **X.select_dtypes(include=['object', 'category'])**를 입력하고, 마찬가지로 **.columns.tolist()**를 입력하여 범주형 변수의 이름 리스트를 **categorical_features**에 저장한다.[15]

```
numeric_features = X.select_dtypes(include=['int64', 'float64']).columns.tolist()
categorical_features = X.select_dtypes(include=['object', 'category']).columns.tolist()
```

[그림 16-33] 수치형/범주형 데이터의 자동 구분

6 전처리 파이프라인 구성(ColumnTransformer로 희소 카테고리, 결측치 처리 포함)[16]

이 단계에서는 3개의 파이프라인을 통해 실제 데이터 전처리에서 중요한 결측값 처리(**imputer**), 스케일링(**scaler**), 범주 인코딩(**onehot**)을 자동화한다. 이미 전처리가 완료된 데이터라면 이 과정을 생략한다.

- **수치형 변수 전처리: SimpleImputer(strategy='median')**으로 결측치를 각 숫자형 변수의 중앙값으로 대체하고, **StandardScaler()**로 평균을 0, 표준편차를 1로 조정하여 표준화한다. 이를 **Pipeline**으로 구성하여 **numeric_transformer**에 저장한다.

15 이렇게 변수 유형을 구분하는 이유는 수치형 변수와 범주형 변수에 각각 적합하게 전처리하거나 모델링 방식에 따라 다르게 처리할 필요가 있기 때문이다.

16 데이터셋이 모두 수치형 변수(numeric only)로 구성되어 있고 결측치가 없다면, 결측치 대체나 원-핫 인코딩 과정은 생략할 수 있다. 그러나 범주형 변수나 결측치가 추가될 가능성이 있거나, 일반적인 회귀 또는 분류 모델링 코드로 확장할 계획이라면, [그림 16-34]와 같이 동일한 구조로 전처리 코드를 작성해 두는 것이 좋다.

- **범주형 변수 전처리:** SimpleImputer(strategy='most_frequent')를 사용해 결측치를 최빈값으로 대체하고, OneHotEncoder(...)를 사용해 범주형 값을 원-핫 인코딩으로 숫자화한다. 이때 새로운 범주가 등장해도 에러 없이 무시하도록 handle_unknown='ignore'를 설정하고, 이진 변수(예 성별)는 하나만 인코딩하여 과적합을 방지하도록 drop='if_binary'를 입력한다. 이를 Pipeline으로 구성하여 categorical_transformer에 저장한다.
- **전체 전처리 통합:** 수치형 전처리 이름을 num으로 하여 numeric_features에 numeric_transformer를 적용하고, 범주형 전처리 이름을 cat으로 하여 categorical_features에 categorical_transformer를 적용한다. 이를 ColumnTransformer로 통합하여 preprocessor에 저장한다.

```
numeric_transformer = Pipeline([
    ('imputer', SimpleImputer(strategy='median')),
    ('scaler', StandardScaler())
])

categorical_transformer = Pipeline([
    ('imputer', SimpleImputer(strategy='most_frequent')),
    ('onehot', OneHotEncoder(handle_unknown='ignore', drop='if_binary'))
])

preprocessor = ColumnTransformer([
    ('num', numeric_transformer, numeric_features),
    ('cat', categorical_transformer, categorical_features)
])
```

[그림 16-34] 전처리에 필요한 파이프라인 구성

7 전체 파이프라인 구성(전처리+SVM)

Pipeline을 사용하여 데이터 전처리와 분류 모델 학습 과정을 하나의 흐름으로 통합한다. 먼저 preprocessor 단계에서 입력 데이터를 전처리하고, 이어지는 classifier 단계에서 전처리된 데이터를 기반으로 SVM(Support Vector Machine) 분류 모델을 학습하거나 예측한다.

```
pipeline = Pipeline([
    ('preprocessor', preprocessor),
    ('classifier', SVC())
])
```

[그림 16-35] 데이터 전처리와 분류 모델 학습 과정의 통합

8 하이퍼파라미터 탐색 공간 정의(논문급 fine-tuning)

param_grid는 GridSearchCV를 통해 최적의 모델을 찾기 위해 사용할 하이퍼파라미터 조합을 지정한 딕셔너리다. 여기서 'classifier__C', 'classifier__gamma', 'classifier__kernel'은 파이프라인 내 classifier라는 이름으로 지정된 SVM 분류기의 하이퍼파라미터를

의미하며, 각각을 딕셔너리의 키(key)로 설정한다. GridSearchCV는 이 딕셔너리에 정의된 모든 하이퍼파라미터 값(value)의 조합을 탐색하여 모든 조합 중 가장 성능이 우수한 하이퍼파라미터 설정을 자동으로 선택한다.

```
param_grid = {
    'classifier__C': [0.01, 0.1, 1, 10],
    'classifier__gamma': ['scale', 0.01, 0.1, 1],
    'classifier__kernel': ['rbf', 'linear']
}
```

[그림 16-36] 하이퍼파라미터 탐색 공간 정의

9 StratifiedKFold 기반의 GridSearchCV 구성(고급 교차검증)

목표변수(is_trending)의 클래스 비율이 유지되도록(Stratified) 데이터를 **5**개의 부분(폴드)으로 나누고, **shuffle=True**로 설정하여 데이터 분할에 무작위성을 부여하며, **random_state=RANDOM_STATE**를 고정하여 실험 결과의 재현성을 확보한다. 이렇게 구성된 교차검증 객체를 **cv**에 저장한다.

이어서 전체 파이프라인(**pipeline**)에 대해 **param_grid**에 정의된 하이퍼파라미터 조합을 기반으로 성능을 비교한다. 이때 검증은 앞서 저장한 **cv**를 통해 수행된다. 모델의 성능 평가는 **accuracy**를 기준으로 이루어진다. **n_jobs=-1**을 설정하여 가능한 모든 CPU를 사용해서 계산 속도를 높이고, **verbose=1**[17]을 지정하여 그리드 서치의 진행 상황을 출력한다.

```
cv = StratifiedKFold(n_splits=5, shuffle=True, random_state=RANDOM_STATE)
grid_search = GridSearchCV(
    pipeline,
    param_grid=param_grid,
    cv=cv,
    scoring='accuracy',
    n_jobs=-1,
    verbose=1
)
```

[그림 16-37] GridSearchCV 구성

10 데이터 분할(train:validation:test=60:20:20)

데이터는 **test_size=0.4**로 설정하여 전체 데이터의 40%를 임시 데이터(**X_temp, y_temp**)로, 나머지 60%를 학습 데이터(**X_train, y_train**)로 분할한다. 이때 **random_state=42**를 입력

17 verbose 설정 방법은 다음과 같다.
- verbose=0: 출력 없음
- verbose=1: 최소한의 진행 정보 출력(진행 상황을 간단히 확인할 때 유용함)
- verbose=2 이상: 단계별 상세 정보 출력

하여 데이터를 항상 같은 방식으로 섞는다. 이어서 임시 데이터를 다시 절반씩 나누어 검증용 데이터와 테스트 데이터로 분할한다.[18]

```
X_train, X_temp, y_train, y_temp = train_test_split(
    X, y,
    test_size=0.4,
    stratify=y,
    random_state=42
)

X_val, X_test, y_val, y_test = train_test_split(
    X_temp, y_temp,
    test_size=0.5,
    stratify=y_temp,
    random_state=RANDOM_STATE
)
```

[그림 16-38] 데이터 분할

11 모델 학습

학습용 데이터 **X_train**과 **y_train**을 사용하여, **grid_search**가 다양한 하이퍼파라미터 조합을 시도하며 모델을 학습하고, 최적의 하이퍼파라미터를 찾는다.

```
grid_search.fit(X_train, y_train)
```

```
Fitting 5 folds for each of 32 candidates, totalling 160 fits
```

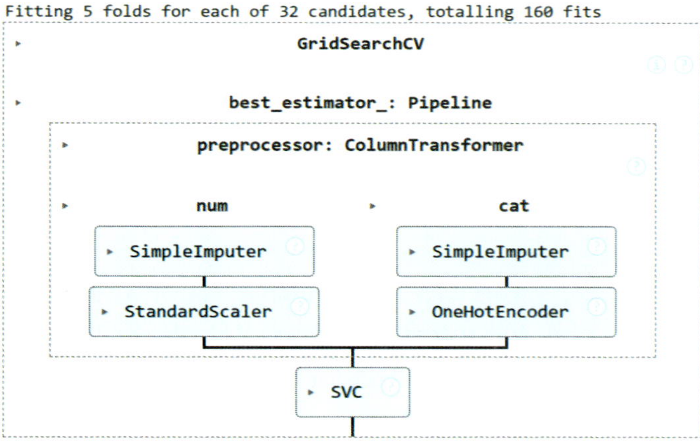

[그림 16-39] 모델 학습

18 이후 '회귀 문제 실습'에서는 다음과 같이 데이터를 분할한다.

```
X_train, X_temp, y_train, y_temp=train_test_split(X, y, test_size=0.4, random_state=42)
X_val, X_test, y_val, y_test=train_test_split(X_temp, y_temp, test_size=0.5, random_state=42)
```

데이터 분할 비율은 60:20:20으로 분류 문제와 동일하지만, 회귀 문제에는 stratify=y가 없음을 알 수 있다. 분류 문제에서는 stratify=y 옵션이 중요한데, 목표변수 y의 클래스 비율을 각 데이터셋에 동일하게 유지하도록 보장하기 때문이다. 클래스 불균형이 존재할 경우, 학습 성능에 큰 영향을 미칠 수 있기 때문에, 학습용·검증용·테스트 데이터 모두에서 클래스 분포가 유지되도록 stratify 옵션을 반드시 적용해야 한다.

12 최적 하이퍼파라미터 출력

GridSearchCV로 여러 하이퍼파라미터 조합을 평가한 결과, 가장 성능이 좋은 최적의 하이퍼파라미터 값을 출력한다.

```
print('Best Parameters:', grid_search.best_params_)
```

```
Best Parameters: {'classifier__C': 10, 'classifier__gamma': 'scale', 'classifier__kernel':
'linear'}
```

[그림 16-40] 최적의 하이퍼파라미터 출력

출력 결과를 보면 C, gamma, kernel의 설정값을 바꿔가며 모델을 시험한 결과, 성능이 가장 좋은 설정은 **C=10**, **gamma='scale'**, **kernel='linear'**임을 확인할 수 있다.

13 검증 성능 평가

검증용 특징 데이터 **X_val**을 기반으로, 학습된 모델 **grid_search**를 사용하여 예측값 **y_val_pred**를 생성한다. 이 예측값을 실제 정답 **y_val**과 비교하여 분류 성능을 평가한다. 이때 **classification_report** 함수를 이용하여 정밀도(precision), 재현율(recall), F1 점수(f1-score), 정확도(accuracy) 등의 주요 지표를 출력한다.

```
y_val_pred = grid_search.predict(X_val)
print('\n[Validation Classification Report]')
print(classification_report(y_val, y_val_pred))
```

```
           0       0.73      0.80      0.76       225
           1       0.82      0.76      0.79       275

    accuracy                           0.78       500
   macro avg       0.78      0.78      0.78       500
weighted avg       0.78      0.78      0.78       500
```

[그림 16-41] 검증용 데이터 성능 평가

14 테스트 성능 평가

테스트 특징 데이터 **X_test**를 기반으로, 학습된 모델 **grid_search**를 사용하여 예측값 **y_test_pred**를 생성한다. 이 예측값을 실제 정답 **y_test**와 비교하여 분류 성능을 평가한다. 이때 **classification_report** 함수를 이용하여 정밀도(precision), 재현율(recall), F1 점수(f1-score), 정확도(accuracy) 등의 주요 지표를 출력한다.

```
y_test_pred = grid_search.predict(X_test)
print('\n[Test Classification Report]')
print(classification_report(y_test, y_test_pred))
```

```
[Test Classification Report]
              precision    recall  f1-score   support

           0       0.76      0.85      0.80       225
           1       0.87      0.78      0.82       275

    accuracy                           0.81       500
   macro avg       0.81      0.82      0.81       500
weighted avg       0.82      0.81      0.81       500
```

[그림 16-42] 테스트 데이터 성능 평가

테스트 데이터의 성능이 검증 데이터보다 약간 향상된 점을 고려할 때, 모델이 과적합되지 않고 일반화 능력을 잘 유지하고 있음을 알 수 있다. 테스트 데이터에서 모델의 전반적인 성능(정밀도, 재현율, F1 점수, 정확도)이 향상되었으므로, 모델이 학습된 후 실제 데이터에서 더 좋은 예측 결과를 낼 수 있다는 긍정적인 신호로 해석된다. 또한 모델이 검증용 데이터에 대한 성능을 기반으로 새로운 데이터에 대해서도 안정적으로 작동한다는 것을 나타낸다. 특히 클래스별 지표를 보면, 클래스 0에서는 재현율과 F1 점수 지표가 눈에 띄게 좋아졌고, 클래스 1에서도 모든 지표가 검증셋보다 향상된 것을 확인할 수 있다. 이는 모델이 특정 클래스에 치우치지 않고 균형 있게 성능이 향상되었음을 의미한다. 또한 매크로 평균(macro avg)과 가중 평균(weighted avg)이 모두 상승하였는데, 이는 단순히 특정 클래스만 예측이 잘된 것이 아니라 전체 데이터 분포에서 전반적인 예측 안정성이 향상된 것으로 해석할 수 있다.

15 Confusion Matrix 시각화(검증용 데이터)

confusion_matrix 함수를 사용하여 실제 값 **y_val**과 예측값 **y_val_pred** 간의 혼동행렬을 생성한다. 혼동행렬은 모델이 각 클래스에서 어떻게 예측했는지에 대한 정보를 제공함으로써 분류 성능을 직관적으로 파악할 수 있게 해준다. 생성된 혼동행렬은 **ConfusionMatrixDisplay** 객체를 통해 시각화된다. 색상 맵에는 파란색 계열(**Blues**)을 적용하여 시각적으로 더 명확하게 표현되도록 한다. 마지막으로 **Validation Confusion Matrix**라는 제목을 추가하여 그래프를 출력한다.

```
cm_val = confusion_matrix(y_val, y_val_pred)
disp_val = ConfusionMatrixDisplay(
    confusion_matrix=cm_val,
    display_labels=grid_search.classes_
)
disp_val.plot(cmap='Blues')
plt.title('Validation Confusion Matrix')
plt.show()
```

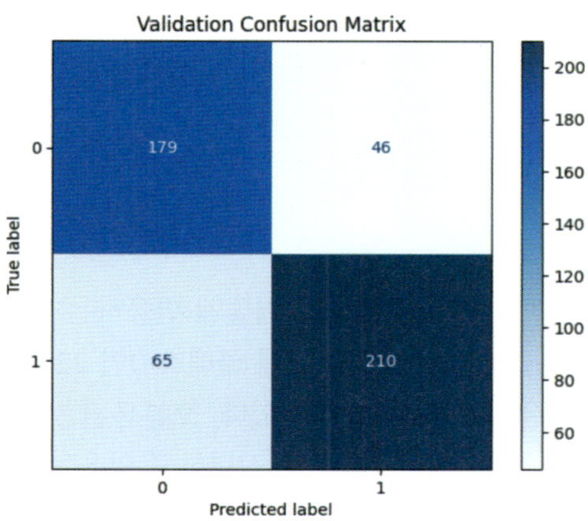

[그림 16-43] 검증용 데이터의 Confusjion Matrix 시각화

출력 결과를 보면, 클래스 0과 클래스 1 둘 다 비교적 안정적으로 예측하고 있음을 확인할 수 있다. 실제 클래스 0에 속하는 샘플 225개 중 179개를 올바르게 0으로 분류했고, 46개는 잘못 분류하여 1로 예측했으므로, 클래스 0에 대해 비교적 높은 재현율을 보여준다. 또한 실제 클래스 1에 속하는 샘플 275개 중 210개를 정확하게 1로 분류했고, 65개는 0으로 잘못 분류했다. 클래스 1 역시 올바른 예측 비율이 높지만, 클래스 0보다 오분류 수가 좀 더 많은 것을 알 수 있다. 전체적으로 모델은 두 클래스 모두에서 균형 잡힌 성능을 보이며, 검증 단계에서 크게 치우치지 않는 판별 능력을 유지하고 있다.

16 Confusion Matrix 시각화(테스트 데이터)

confusion_matrix 함수를 사용하여 실제 값 **y_test**와 예측값 **y_test_pred** 간의 혼동행렬을 생성한다. 생성된 혼동행렬은 **ConfusionMatrixDisplay** 객체를 통해 시각화된다. 색상 맵에는 초록색 계열(**Greens**)을 적용하여 시각적으로 더 명확하게 표현되도록 한다. 마지막으로 **Test Confusion Matrix**라는 제목을 추가하여 그래프를 출력한다.

```
cm_test = confusion_matrix(y_test, y_test_pred)
disp_test = ConfusionMatrixDisplay(
    confusion_matrix=cm_test,
    display_labels=grid_search.classes_
)
disp_test.plot(cmap='Greens')
plt.title('Test Confusion Matrix')
plt.show()
```

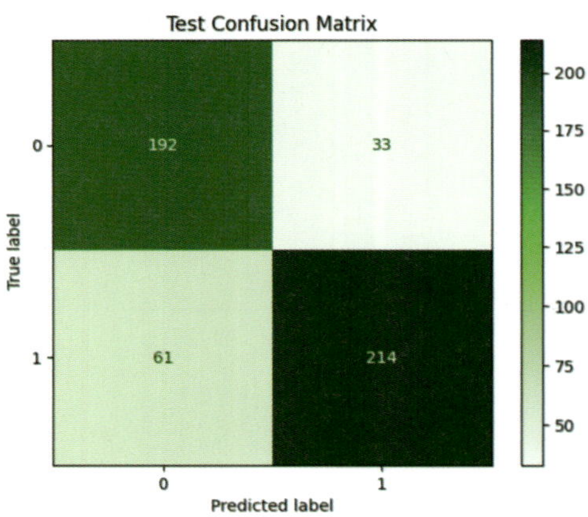

[그림 16-44] 테스트 데이터의 Confusjion Matrix 시각화

테스트 데이터 혼동행렬을 통해 모델이 완전히 새로운 데이터에 대해 어떻게 반응하는지를 나타내고 있으며, 이는 일반화 성능을 검증하는 지표가 될 수 있다. 실제 클래스 0인 225개 중 192개를 정확히 분류하여, 검증 결과보다 더 높은 정확도를 보이고 있다. 오분류된 33개는 검증 단계보다 감소한 숫자이며, 모델이 클래스 0을 더 안정적으로 식별하고 있음을 보여준다. 또한 실제 클래스 1인 275개 중 214개를 정확하게 예측하고 있으며, 오분류된 61개는 검증 단계(65개)보다 감소한 숫자다. 이를 통해 모델이 새로운 데이터에서도 일관된

성능을 유지하며 일부 지표는 오히려 향상되고 있음을 알 수 있다. 이러한 테스트 데이터의 성능 향상은 모델의 일반화 능력이 뛰어나다고 판단하는 기준이 된다.

17 결과 Heatmap(CV 결과 분석용)

grid_search를 통해 얻은 교차검증 결과는 **cv_results_** 속성에 저장된다. 이를 **pd.DataFrame**을 사용해 데이터프레임 형식으로 변환한다. 이후 **pivot_table**을 이용해 **param_classifier__C**와 **param_classifier__gamma**의 조합별 평균 테스트 정확도(**mean_test_score**)를 계산하고, 이를 바탕으로 C와 gamma 값에 따른 모델 성능을 한눈에 볼 수 있는 테이블을 생성한다.

이어서 **sns.heatmap**을 사용하여 C와 gamma의 조합에 따른 정확도를 색상 맵 형식으로 시각화하며, **viridis** 색상 맵을 적용하여 값의 차이를 명확하게 표현한다. 마지막으로, 그래프 제목은 **CV Accuracy Heatmap (by C & gamma)**로 설정하고, x축에는 **Gamma**, y축에는 C로 레이블을 추가하여 각 파라미터의 영향을 직관적으로 알 수 있도록 구성한다.

```
cv_results = pd.DataFrame(grid_search.cv_results_)
pivot_table = cv_results.pivot_table(values='mean_test_score',
                                     index='param_classifier__C',
                                     columns='param_classifier__gamma',
                                     aggfunc='mean')

sns.heatmap(pivot_table, annot=True, cmap='viridis')
plt.title('CV Accuracy Heatmap (by C & gamma)')
plt.xlabel('Gamma')
plt.ylabel('C')
plt.show()
```

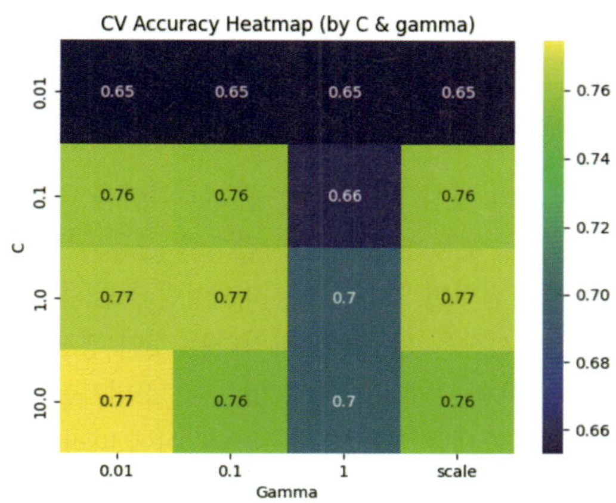

[그림 16-45] 결과 분석용 Heatmap

교차검증으로 산출된 하이퍼파라미터(C, gamma) 조합별 정확도 히트맵을 통해 모델 최적화의 진행 과정을 시각적으로 보여준다. C가 0.01일 때 모든 gamma 조합에서 정확도가 0.65로 낮으므로, 규제가 지나치게 강하여 모델이 충분한 복잡도를 확보하지 못했음을 알 수 있다. C가 0.1 이상이 되면 대부분의 gamma 조합에서 정확도가 0.76~0.77 수준으로 크게 향상된다. 특히 gamma=0.01 또는 'scale' 조합에서 높은 정확도를 지속적으로 보여 모델의 안정적인 성능 영역을 형성한다. gamma가 1일 때 정확도가 상대적으로 낮아지는 이유는 과도한 커널 민감도로 인해 불필요하게 복잡한 결정 경계가 형성되었기 때문이다. 히트맵 시각과 결과를 통해, 모델 최적화 과정에서 선택한 **C=10, gamma='scale'** 조합은 타당한 선택이었음을 알 수 있다.

18 모델 저장(재현성 확보)

dump() 함수를 사용하여 **grid_search.best_estimator_**로 얻은 최적의 모델을 **svm_best_model.joblib** 파일로 저장하여, 추후 동일한 모델을 다시 불러와 사용할 수 있도록 한다. 이는 논문 작성이나 실무에서 요구되는 재현성(reproducibility)을 확보하기 위한 중요한 단계다. 그런 다음 **print()** 함수를 사용하여 모델이 성공적으로 저장되었음을 사용자에게 알리는 메시지를 출력한다.

```
dump(grid_search.best_estimator_, 'svm_best_model.joblib')
print(f'모델이 svm_best_model.joblib에 저장되었습니다.')
```

```
모델이 svm_best_model.joblib에 저장되었습니다.
```

[그림 16-46] 모델 저장

최종적인 고급 분석 결과를 기준으로, 다음과 같이 논문을 작성할 수 있다.

논문 예시 **SVM 분석을 논문에서 활용하는 방법**

AI 기반 패션 유행 예측 모델 구축:
하이퍼파라미터 최적화와 교차검증 적용 사례

1. 도입

최근 소셜 네트워크 서비스(SNS)는 패션 트렌드의 형성 및 확산에 중요한 역할을 하고 있다. 인스타그램, 틱톡, 핀터레스트와 같은 플랫폼을 통해 실시간으로 공유되는 수많은 패션 이미지는 소비자들의 구매 결정에 직접적인 영향을 미친다. 이런 흐름 속에서 패션 브랜드 및 쇼핑몰 들 간에는 급변하는 시장을 신속하게 파악하는 것이 경쟁력으로 작용하고 있다. 이 같은 트렌드는 SNS에서 빠르게 확산되고 있으며, 소비자들이 주목하는 아이템들은 시장에서 유행을 이끄는 중요한 지표로 작용한다. 이에 따라, 패션 기업들이 SNS상에서 유행 아이템을 실시간으로 식별하는 것은 재고 관리, 마케팅 전략 수립, 상품 개발 등 다양한 비즈니스 의사결정에 필수적인 요소가 되었다.

기존 시장 분석 방식은 시간과 비용이 많이 소모되는 동시에 실시간 데이터 반영에 한계가 있었다. 그러나 SNS 이미지 데이터는 대량으로 생성되고 실시간으로 공유되기 때문에, 이를 자동으로 분석하고 패션 아이템의 유행 여부를 실시간으로 판별할 수 있는 인공지능(AI) 기반의 시스템 개발이 시급하다. 본 연구는 이러한 요구를 해결하고자 SNS 이미지 데이터를 활용하여, 특정 패션 아이템이 현재 유행 중인지를 판별할 수 있는 AI 분류 모델을 개발하는 것을 목표로 한다. 이를 통해 패션 기업들은 실시간으로 시장 트렌드를 파악하고, 더 효과적인 비즈니스 전략을 수립하는 데 중요한 기초 자료를 확보할 수 있을 것이다.

2. 데이터 및 방법론

본 연구에서는 SNS 플랫폼에서 수집된 패션 이미지 데이터를 활용하였다. 각 이미지는 다양한 시각적·맥락적 특징을 나타내는 변수들로 구성되어 있으며, 연구에서 사용된 변수와 그 설명은 다음과 같다.

[표 1] 연구 변수 구성

변수명	설명	데이터
colorfulness	이미지 색감의 화려함	연속형
texture_complexity	패턴/질감 복잡성	연속형
brand_popularity	브랜드 인지도	연속형
number_of_likes	게시물 좋아요 수	연속형
number_of_shares	게시물 공유 수	연속형
hashtag_trendiness	해시태그 트렌드 지수	연속형
pose_fashionableness	착용 포즈의 트렌디 정도를 나타내는 점수	연속형
seasonality_score	시즌 트렌드 부합도	연속형
influencer_score	게시자 인플루언서 점수	연속형
dominant_style	주된 스타일	범주형
is_trending	유행템(1) / 평범템(0) (종속 변수)	범주형

위 변수들을 사용하여 특정 패션 아이템이 현재 유행하고 있는지(is_trending = 1), 평범한 아이템인지(is_trending = 0)를 예측하는 분류 모델을 개발하는 것이 본 연구의 목표이다. 이를 위해 Scikit-learn 라이브러리의 GridSearchCV를 활용하여 최적의 분류 모델을 탐색하고, 성능을 평가하였다.

3. 데이터 전처리

수집된 이미지 데이터에서 결측치를 처리하고, 이상치를 제거하며, 모델 학습에 적합한 형태로 Feature Scaling을 진행하였다. 데이터 전처리의 세부 사항은 본 논문에서 생략하지만, 이 과정은 모델 성능에 중요한 영향을 미친다.

4. 모델 선택 및 하이퍼파라미터 탐색

본 연구에서는 Support Vector Machine(SVM) 분류 알고리즘을 사용하였다. SVM은 고차원에서 잘 작동하며, 커널 함수와 규제 강도를 조절함으로써 비선형 분류 문제를 해결할 수 있다. GridSearchCV를 사용하여 최적의 하이퍼파라미터 조합을 찾았으며, 주요 하이퍼파라미터로는 커널 타입(kernel), 규제 강도(C), 커널 계수(gamma)가 있다.

5. 교차검증 및 모델 평가

모델의 일반화 성능을 평가하기 위해 5-폴드 교차검증(5-fold cross-validation)을 사용하였다. 교차검증을 통해 모델의 과적합(overfitting)을 방지하고, 실제 데이터에 대한 성능을 더 정확하게 평가할 수 있었다. 평가 지표로는 정밀도(precision), 재현율(recall), F1 점수(f1-score), 정확도(accuracy)를 사용하여 성능을 측정하였다.

6. 모델 저장

학습된 최적의 모델은 joblib 라이브러리를 이용하여 파일로 저장하였으며, 이후 재사용이 가능하도록 하였다.

7. 연구 결과

GridSearchCV를 통해 탐색된 최적의 하이퍼파라미터 조합은 다음과 같다.

```
Best Parameters: {'classifier__C': 10, 'classifier__gamma': 'scale',
'classifier__kernel': 'linear'}
```

이 조합에서 선형 커널(kernel='linear')을 사용하고, 규제 강도(C)를 10으로 설정했을 때 모델의 성능이 가장 우수함을 확인하였다.

*** 검증셋 성능**

검증셋에 대한 분류 보고서는 다음과 같다.

[표 2] 검증셋에 대한 분류 보고서

	precision	recall	f1-score	support
0(평범템)	0.73	0.80	0.76	225
1(유행템)	0.82	0.76	0.79	275
accuracy			0.78	500
macro avg	0.78	0.78	0.78	500
weighted avg	0.78	0.78	0.78	500

테스트셋에서 유행템(1)의 정밀도는 0.87, 재현율은 0.78, F1 점수는 0.82로 검증셋보다 향상된 성능을 보였다. 평범템(0)은 정밀도 0.76, 재현율 0.85, F1 점수 0.80을 기록하였다. 전체적인 정확도는 0.81로, 모델이 새로운 데이터에 대해서도 우수한 성능을 발휘했다.

최종적으로, 학습된 모델은 svm_best_model.joblib 파일로 저장되었으며, 추후 재사용할 수 있도록 하였다.

8. 결어

본 연구에서는 SNS 이미지 데이터를 활용하여 패션 유행 아이템을 자동으로 분류하는 AI 모델을 개발하였으며, 이를 통해 빠르게 변화하는 시장 트렌드를 실시간으로 분석할 수 있는 기법을 제시하였다. 연구의 핵심은 Support Vector Machine(SVM) 알고리즘을 사용하여 패션 아이템이 유행 아이템인지 아닌지를 정확하게 분류하는 모델을 구축하는 것이다. 또한 모델 성능을 극대화하기 위해 GridSearchCV를 통한 하이퍼파라미터 튜닝을 적용하여 최적의 모델을 선정하였다.

8.1 모델 구축 및 성능 평가

우리는 SVM을 선택하여 분류 문제를 해결하였으며, 모델의 정확도를 높이기 위해 여러 하이퍼파라미터 조합을 시험하였다. GridSearchCV는 다양한 하이퍼파라미터 후보를 자동으로 탐색하고, 최적의 파라미터를 찾을 수 있도록 하여 모델 성능을 최적화하였다. 평가 과정에서 검증셋와 테스트셋에 대한 분류 성능을 측정하였고, 결과적으로 높은 정확도와 함께 좋은 일반화 성능을 보였다. 이는 모델이 보지 않은 데이터에서도 잘 작동함을 의미하며, 실제 환경에서도 높은 신뢰성을 제공할 수 있음을 시사한다.

8.2 연구의 기대 효과

본 연구의 결과는 패션 기업들이 SNS 플랫폼을 통해 빠르게 변하는 시장 트렌드를 실시간으로 파악하고, 그에 맞는 비즈니스 전략을 수립하는 데 중요한 기초 자료가 될 수 있다. SNS에서 발생하는 패션 관련 콘텐츠의 데이터를 자동으로 분석하여 유행 아이템을 실시간으로 추출할 수 있기 때문에, 마케팅 전략이나 제품 기획 시 유용하게 활용될 수 있다. 예를 들어, 소비자들의 선호가 빠르게 변화하는 패션 업계에서는 이와 같은 AI 기반 모델을 활용하여 트렌드를 예측하고, 더 효율적으로 상품을 기획하거나 마케팅을 할 수 있을 것이다.

8.3 향후 연구 방향

향후 연구에서는 다양한 SNS 플랫폼의 이미지 데이터를 통합하여 분석 범위를 확장할 수 있을 것이다. 예를 들어, Instagram, Twitter, Pinterest 등 다양한 소셜 미디어에서 제공되는 이미지 데이터를 포함시키면, 더욱 풍부한 데이터셋을 구축할 수 있고, 이를 통해 모델의 성능을 개선할 수 있을 것이다. 또한 딥러닝 기반의 이미지 특징 추출 및 분류 모델을 적용하여, 기존 SVM 모델을 넘어서는 성능 향상을 기대할 수 있다. 특히, 합성곱 신경망(CNN) 같은 딥러닝 기법은 이미지에서 자동으로 특징을 추출하고 분류하는 데 탁월한 성능을 보이므로, 이러한 기법들을 적용하면 더 높은 정확도의 모델을 만들 수 있을 것이다.

또한 시간에 따른 유행 변화를 감지하고 예측하는 시계열 분석 기법을 결합하는 연구를 진행할 수 있다. 이를 통해, 특정 패션 아이템의 유행 주기를 파악하고, 미래의 트렌드를 예측하는 시스템을 구축할 수 있을 것이다. 이러한 시계열 분석은 시간이 흐름에 따라 패션 트렌드가 어떻게 변화하는지 추적하고, 그 변화를 예측하는 데 중요한 역할을 할 수 있다. 따라서 패션 트렌드 예측 시스템 개발을 위한 기초 연구로서, 본 연구는 중요한 첫걸음이 될 것이다.

이러한 연구 결과는 패션 업계뿐만 아니라 마케팅, 소셜 미디어 분석 등 다양한 분야에서 활용될 수 있을 것으로 보이며, AI와 빅데이터 기술을 기반으로 한 시장 분석 및 예측 시스템의 발전에 기여할 것이다.

회귀 문제 실습

이번 실습의 목표는 아이템 스타일과 브랜드 정보를 이용하여 가격을 예측하는 회귀 모델을 구축하는 것이다.

연구문제

제대로 주식회사는 유행을 선도하는 패션 기업으로, 고객이 직접 자신을 코디한 사진을 업로드하면, 해당 이미지 속 아이템을 분석하여 가격을 예측해 주는 인공지능(AI) 서비스를 제공하고자 한다. 대중적으로 가장 보편적인 패션 품목들을 중심으로 서비스를 제공하기 위해 다음과 같은 데이터를 수집하였다. 이 데이터를 활용하여 '아이템 가격($)'을 예측하는 회귀 모델을 구축해 보자.

▶ 실습파일 | svm_regression.csv

변수명	데이터 타입	설명
item_category	연속형	제품 종류(상의, 하의, 신발, 가방 등)
brand_value	연속형	브랜드 가치 점수(럭셔리/중가/보급)
material_quality	연속형	소재 고급스러움 점수
handmade	이진형	핸드메이드 여부(1=예, 0=아니요)
trendiness_score	연속형	현재 트렌드 반영 정도
rarity	연속형	희귀성 점수
number_of_reviews	연속형	리뷰 수
average_rating	연속형	리뷰 평균 평점(1~5)
shipping_cost	연속형	배송비(달러)
release_year	연속형	출시 연도
price	연속형	아이템 가격($), 목표변수

고급 분석: 고급 실무 및 논문 게재용

1 필요한 라이브러리 가져오기

SVM의 회귀 문제를 해결하기 위해 다음 라이브러리를 임포트한다.

```
import pandas as pd
import numpy as np
import matplotlib.pyplot as plt
import seaborn as sns
from sklearn.model_selection import train_test_split, GridSearchCV, KFold
from sklearn.svm import SVR
from sklearn.pipeline import Pipeline
from sklearn.compose import ColumnTransformer
from sklearn.preprocessing import StandardScaler
from sklearn.metrics import mean_squared_error, mean_absolute_error, r2_score, make_
import joblib
import os
import random
```

[그림 16-47] 라이브러리 임포트하기

2 시드 고정(재현성 확보)

set_seed 함수는 코드 실행의 재현성(reproducibility)을 보장하기 위해 사용된다. 이 함수는 난수 생성과 관련된 주요 라이브러리인 **numpy**와 **random**, 파이썬 내부 해시 동작에 영향을 주는 **PYTHONHASHSEED**를 동일한 시드 값(**42**)으로 설정함으로써 동일한 코드를 여러 번 실행하더라도 항상 같은 결과를 얻을 수 있도록 한다.

```
def set_seed(seed=42):
    np.random.seed(seed)
    random.seed(seed)
    os.environ['PYTHONHASHSEED'] = str(seed)

set_seed(42)
```

[그림 16-48] 재현성 확보를 위한 시드 고정

참고 np.random.seed(...) vs. set_seed(...)

분류 문제를 해결할 때 사용한 np.random.seed(...)와 달리, 회귀 문제에서는 set_seed(...)를 사용하고 있다. 두 방식은 재현 가능한 결과를 얻기 위해 난수(seed)를 고정한다는 동일한 목적은 가지고 있지만, 적용 범위와 엄격함 측면에서 차이가 있다.

np.random.seed(...)는 NumPy의 난수 생성기(Random Number Generator, RNG)를 초기화하여 NumPy를 통해 생성되는 무작위성을 제어한다. 따라서 numpy.random을 이용한 배열 생성, 정규분포 샘플링 등은 같은 seed 값을 설정하면 항상 동일한 결과를 재현할 수 있다. 그러나 이 방식은 NumPy 내부의 RNG만 초기화하기 때문에, 다른 라이브러리에서 사용하는 자체 RNG에는 영향을 주지 않는다. 예를 들어 Scikit-learn은 대부분의 경우 NumPy의 RNG를 사용하지만, 일부 기능은 파이썬의 random 모듈이나 RandomState, Generator 같은 자체 생성기를 쓸 수 있다. 또한 TensorFlow, PyTorch, random

모듈 등은 각각 독립적인 난수 생성기를 가지고 있으므로, 이들의 무작위성을 제어하려면 별도로 seed를 설정해야 한다. 반면, **set_seed(...)**는 다양한 라이브러리에서 발생하는 무작위성을 통합적으로 제어하기 위해 사용된다. 예를 들어 NumPy를 사용하는 수학적 시뮬레이션이나 통계분석에서는 np.random.seed(...)를 통해 무작위 배열 생성이나 정규분포 샘플링의 결과를 고정할 수 있고, 셔플이나 난수 추출처럼 파이썬이 내장한 random 모듈을 사용하는 일반적인 무작위 작업에는 random.seed(...)를 사용한다. 한편, 파이썬의 딕셔너리(dict)나 집합(set) 자료형은 내부적으로 해시 기반 구조를 사용하기 때문에,[19] 실행할 때마다 요소의 순서가 달라질 수 있다. 파이썬 내부의 해시(random hash) 무작위성을 제어하려면 **os.environ['PYTHONHASHSEED']**를 설정해야 한다.

3 데이터 불러오기 및 변수 설정

pd.read_csv() 함수를 사용하여 데이터를 불러와 **data**라는 데이터프레임에 저장한다. 이어서 예측 대상인 **price** 열을 분리하여, 나머지 열들은 입력 특징(feature) 데이터 **X**, **price** 열은 목표(정답)변수 **y**로 저장한다.[20]

```
data = pd.read_csv('./source/svm_regression.csv')
X = data.drop('price', axis=1)
y = data['price']
```

[그림 16-49] 데이터 불러오기와 변수 설정

4 수치형/범주형 데이터 자동 구분[21]

X에서 정수형(**int64**) 또는 실수형(**float64**)으로 저장된 열들만 선택하여 **numeric_features** 리스트에 저장한다. 또한 **X**에서 문자형(**object**) 또는 범주형(**category**)으로 저장된 열들은 **categorical_features** 리스트에 저장한다.

```
numeric_features = X.select_dtypes(include=['int64', 'float64']).columns.tolist()
categorical_features = X.select_dtypes(include=['object', 'category']).columns.tolist()
```

[그림 16-50] 수치형과 범주형 컬럼을 리스트에 저장

19 해시 기반 구조를 사용한다는 것은 데이터의 저장 위치나 순서를 결정할 때 해시 함수를 이용한다는 의미다. 이때 빠른 검색과 저장을 위해 이름표를 붙여 저장하는 방식을 사용한다.

20 회귀 문제에서도 분류 문제에서처럼 shuffle() 함수를 사용할 수 있지만, 필수는 아니다. 이번 연구 문제에서는 시간 순서가 내포되어 있을 가능성을 고려하여 데이터를 분할하거나 순서를 섞는 것이 적절치 않다고 판단하였으며, 이에 따라 shuffle() 함수를 사용하지 않았다. 다만, 데이터셋이 특정 순서나 패턴에 의존할 가능성이 있다면, 순서를 섞어주는 것이 재현성과 일반화를 높이는 좋은 관행이 될 수 있다.

21 '분류 문제 실습'의 코드와 동일하다.

5 전처리 파이프라인 구성(논문 수준인 ColumnTransformer 포함)[22]

Pipeline 객체를 사용하여 숫자형 변수에 대한 사전 처리 과정을 정의한다. **steps** 인자에는 순차적으로 수행할 전처리 단계를 리스트 형태로 지정한다. 여기서는 **StandardScaler()**를 지정하여 각 특성(feature)의 평균을 0, 표준편차를 1로 변환해 주는 표준화 작업을 수행하도록 한다.

```
numeric_transformer = Pipeline(steps=[
    ('scaler', StandardScaler())
])
```

[그림 16-51] 전처리 과정을 위한 pipeline 구성

ColumnTransformer를 활용하여 **numeric_features**에 해당하는 열들만 **numeric_transformer**를 통해 전처리하고, 나머지 열들에 대해서는 **remainder='passthrough'** 옵션을 설정하여 아무 전처리 없이 그대로 진행시킨다. 이 구조는 추후 범주형 변수나 결측치 처리가 추가되는 경우 유연한 대응을 할 수 있는 기반이 된다.

```
preprocessor = ColumnTransformer(
    transformers=[
        ('num', numeric_transformer, numeric_features)
    ],
    remainder='passthrough'
)
```

[그림 16-52] 수치형 열들만 전처리

22 데이터셋이 모두 수치형 변수(numeric only)로 이루어져 있고 결측치가 존재하지 않는다면, 현재의 코드만으로도 충분히 전처리 과정을 처리할 수 있다. 그러나 향후 일반적인 회귀 모델링 코드로 확장할 계획이 있다면, 분류 문제에서와 마찬가지로 구조화된 전처리 파이프라인을 구성해 두는 것이 바람직하다. 나중에 범주형 변수나 결측치가 포함되는 상황을 대비하고 싶다면 5단계에서 다음 코드를 입력한다.

```
from sklearn.impute import SimpleImputer
from sklearn.preprocessing import OneHotEncoder

numeric_transformer = Pipeline([
    ('imputer', SimpleImputer(strategy='median')),
    ('scaler', StandardScaler())
])

categorical_transformer = Pipeline([
    ('imputer', SimpleImputer(strategy='most_frequent')),
    ('onehot', OneHotEncoder(handle_unknown='ignore', drop='if_binary'))
])

preprocessor = ColumnTransformer([
    ('num', numeric_transformer, numeric_features),
    ('cat', categorical_transformer, categorical_features)
])
```

6 전체 파이프라인 구성(전처리+SVM)

Pipeline을 사용하여 데이터 전처리와 분류 모델 학습 과정을 하나의 흐름으로 통합한다. **('preprocessor', preprocessor)**는 데이터 전처리 단계로, 전처리기 객체 preprocessor를 사용해 스케일링, 결측값 처리, 인코딩 등을 수행한다. **('model', SVR())** 단계에서는 SVR() 모델을 사용하여 전처리된 데이터를 학습한다.

```
pipeline = Pipeline(steps=[
    ('preprocessor', preprocessor),
    ('model', SVR())
])
```

[그림 16-53] 데이터 전처리와 분류 모델 학습 과정 통합

7 로그스케일 기반 하이퍼파라미터 탐색 공간 정의

하이퍼파라미터 튜닝을 위한 파라미터 그리드 **param_grid**는 최적의 모델을 찾기 위해 사용되는 딕셔너리 형태의 설정값이다.

'model__C': [0.01, 0.1, 1, 10, 100]은 SVM의 규제 매개변수인 C값을 로그스케일 기반으로 탐색하기 위한 설정이다. C값이 클수록 모델은 학습용 데이터에 더 강하게 맞추려는 경향을 보이고, C값이 작을수록 더 일반화되는 방향으로 작동한다.

'model__gamma': ['scale', 'auto']에서 gamma는 SVM의 커널 함수에서 민감도를 조정하는 하이퍼파라미터다. scale은 특성의 수에 맞게 값을 자동으로 계산하며, auto는 gamma 값을 '1 / (특성의 수)'로 설정한다.

'model__kernel': ['linear', 'rbf']에서 kernel은 SVM이 데이터를 고차원 공간으로 변환하는 방법을 결정한다. linear는 선형 커널을 사용하여 선형 분류를 수행하고, rbf는 RBF(방사기저함수) 커널을 사용하여 비선형 분류를 수행한다. 이 두 가지 커널을 비교하여 최적의 커널을 선택한다.

```
param_grid = {
    'model__C': [0.01, 0.1, 1, 10, 100],
    'model__gamma': ['scale', 'auto'],
    'model__kernel': ['linear', 'rbf']
}
```

[그림 16-54] 하이퍼파라미터 공간 정의

8 Nested Cross-Validation 구성(논문 수준의 안정성 확보)[23]

데이터를 k개의 폴드로 나누어 교차검증을 진행하기 위해 **KFold(n_splits=k)**를 사용하고, 각 폴드의 데이터를 무작위로 섞기 위해 **shuffle=True**를 설정한다. 또한 무작위성을 고정하여 재현성을 확보하기 위해 **random_state=42**를 지정한다. 이러한 설정은 **inner_cv**와 **outer_cv** 모두에 적용되어, 안정적이고 일관된 교차검증 환경을 구성한다.

```
inner_cv = KFold(n_splits=5, shuffle=True, random_state=42)
outer_cv = KFold(n_splits=3, shuffle=True, random_state=42)
```

[그림 16-55] k개의 폴드 구성과 무작위 섞기

참고 outer_cv와 inner_cv

- **Outer Loop(외부 루프):** 전체 데이터셋을 k개의 폴드로 나누어 각 폴드를 테스트셋으로 한 번씩 사용하고, 나머지 k-1개의 폴드를 내부 루프에서 학습 및 검증에 사용한다. 외부 루프는 최종 모델의 일반화 성능을 평가하는 역할을 한다.
- **Inner Loop(내부 루프):** 외부 루프의 각 폴드 내에서 다시 k개의 폴드로 데이터를 나누어 하이퍼파라미터 튜닝을 하는 데 사용한다. 예를 들어 그리드 서치(GridSearchCV)나 랜덤 서치(RandomizedSearchCV)와 같은 하이퍼파라미터 최적화 기법을 내부 루프의 각 학습 폴드에서 수행하여 최적의 하이퍼파라미터 조합을 찾는다.

■ RMSE를 커스텀 스코어로 정의하기

RMSE는 회귀 모델의 예측 정확도를 평가하는 대표적인 지표로, 값이 작을수록 예측 오차가 적다는 것을 의미한다. **def** 키워드를 사용하여 정의된 **rmse** 함수는 실제 값(**y_true**)과 예측값(**y_pred**)을 입력받아 **mean_squared_error**를 통해 평균제곱오차(MSE)를 계산한 뒤, 그 결과에 제곱근(**np.sqrt**)을 취하여 RMSE(Root Mean Squared Error)를 반환한다.

정의된 **rmse** 함수를 **make_scorer**를 통해 사용자 정의 평가 함수로 변환하며, **greater_is_better=False** 옵션을 설정하여 작은 값이 더 좋은 평가가 되도록 지정한다.

GridSearchCV로 하이퍼파라미터 튜닝을 수행한다. 이때 **pipeline** 객체 내의 모델 하이퍼파라미터를 **param_grid**에 정의된 값들에 따라 탐색하고 최적화한다. param_grid는 하이퍼파라미터 이름과 그에 대응하는 탐색 값 리스트를 담은 딕셔너리 형태로 구성된다. **cv=inner_cv**는 교차검증을 수행할 때 사용할 폴드 수 또는 분할기(splitter) 객체를 지정하며, GridSearchCV는 각 하이퍼파라미터 조합에 대해 지정된 폴드 수만큼 데이터를 나누어 학

23 Nested Cross-Validation(중첩 교차검증)은 기본적인 교차검증을 두 개의 루프로 중첩하여 구성한 고급 평가 기법으로, 머신러닝 모델의 성능을 더욱 신뢰성 있게 평가하고, 하이퍼파라미터 튜닝 과정에서 발생할 수 있는 과적합 문제를 완화하기 위해 사용된다. 특히 회귀 문제에서는 모델의 일반화 성능을 안정적으로 검증하기 위해 inner_cv와 outer_cv를 함께 설정하며, 복잡한 튜닝을 할 때 GridSearchCV와 함께 활용된다. 하지만 분류 문제에서는 일반적으로 GridSearchCV만으로도 충분히 하이퍼파라미터 튜닝과 모델 평가가 가능하므로 추가적인 중첩 교차검증을 생략할 수 있다.

습과 검증을 반복하며 성능을 평가한다. 이때 **scoring=rmse_scorer**가 모델 성능의 평가 지표(scoring metric)를 지정한다(여기서는 앞서 정의한 rmse_scorer를 사용함). **n_jobs**는 병렬 처리(parallel processing)에 사용할 CPU 코어의 수를 설정하는 것으로, **-1**로 설정하면 사용 가능한 모든 CPU 코어를 활용한다. **verbose**은 GridSearchCV의 진행 상황에 대한 로그 출력 수준을 설정하는 것으로, 값이 클수록 더 자세한 정보를 출력하며, **1**은 적당한 수준의 정보를 출력한다.

```
def rmse(y_true, y_pred):
    return np.sqrt(mean_squared_error(y_true, y_pred))

rmse_scorer = make_scorer(rmse, greater_is_better=False)

grid_search = GridSearchCV(
    pipeline,
    param_grid,
    cv=inner_cv,
    scoring=rmse_scorer,
    n_jobs=-1,
    verbose=1
)
```

[그림 16-56] RMSE 정의

참고 RMSE를 커스텀 스코어로 정의하는 의미

RMSE를 커스텀 스코어로 정의한다는 말은 제곱근 평균제곱오차(Root Mean Squared Error, RMSE)를 scikit-learn에서 사용할 수 있는 평가 지표 형식(scorer)으로 직접 정의한다는 의미다. RMSE는 회귀 문제에서 널리 사용되는 평가 지표 중 하나다.

GridSearchCV와 같은 하이퍼파라미터 튜닝 도구에서는 보통 분류 문제에 대해 'accuracy', 'f1' 등의 문자열 기반 평가 지표를 사용하고, 회귀 문제에 대해 'neg_mean_squared_error', 'r2' 등의 미리 정의된 문자열 지표를 사용한다. 그러나 rmse는 문자열로 직접 지정할 수 없으며, 대신 'neg_root_mean_squared_error'라는 이름이 제공된다. 따라서 직접 커스터마이징하고 싶다면 make_scorer() 함수를 이용해 RMSE 함수를 scikit-learn 호환 스코어 객체로 변환하여 활용할 수 있다.

이처럼, 내장된 지표 대신 사용자가 직접 정의한 RMSE를 사용함으로써 더 세밀하게 성능을 평가할 수 있고 특정 요구 사항을 충족시킬 수 있다.

9 데이터 분할(train:validation:test=60:20:20)

데이터는 **test_size=0.4**로 전체 데이터의 40%를 임시 데이터(**X_temp**, **y_temp**)로, 나머지 60%를 학습 데이터(**X_train**, **y_train**)로 분할한다. 이때 **random_state=42**를 입력하여 데이터를 항상 같은 방식으로 섞는다. 이어서 임시 데이터를 다시 절반씩 나누어 검증용 데이터와 테스트 데이터로 분할한다.[24]

```
X_train, X_temp, y_train, y_temp = train_test_split(X, y,
                                                    test_size=0.4, random_state=42)
X_val, X_test, y_val, y_test = train_test_split(X_temp, y_temp,
                                                test_size=0.5, random_state=42)
```

[그림 16-57] 데이터 3분할

10 모델 학습

학습용 데이터 **X_train**과 **y_train**을 사용하여, **grid_search**가 다양한 하이퍼파라미터 조합을 시도하며 모델을 학습하고, 최적의 하이퍼파라미터를 찾는다.

```
grid_search.fit(X_train, y_train)
```

```
Fitting 5 folds for each of 20 candidates, totalling 100 fits
```

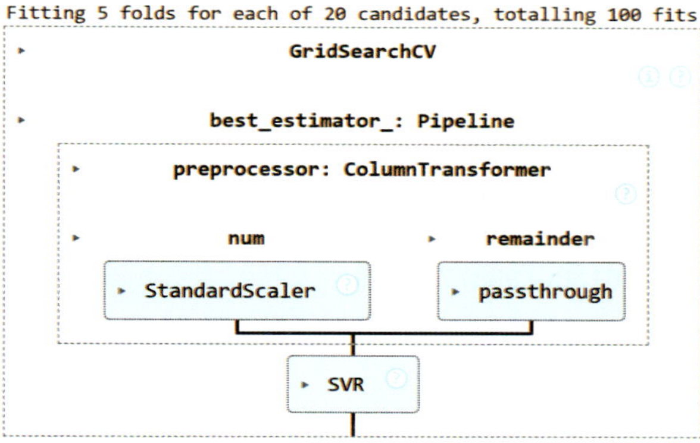

[그림 16-58] 그리드 탐색 실행

24 분류 문제의 데이터 분할과 마찬가지로 회귀 문제에서도 60:20:20의 비율로 데이터를 분할하지만, 회귀 문제에는 분류 문제와 달리 stratify=y가 빠져 있다. 회귀 문제에서 stratify를 사용하지 않는 이유는 y가 연속형 값이라 층화 추출(stratify)의 개념이 없기 때문이다.

11 검증 성능 평가

검증용 데이터 **X_val**을 학습된 모델 **grid_search**에 입력하여 예측값 **y_val_pred**를 생성하고, **grid_search.best_params_**를 통해 교차검증에서 선택된 최적의 하이퍼파라미터 조합을 출력한다. 또한 모델의 예측 성능을 평가하기 위해 RMSE(Root Mean Squared Error), MAE(Mean Absolute Error), R^2(결정계수)와 같은 회귀 성능 지표들을 출력한다.[25]

```
y_val_pred = grid_search.predict(X_val)
print('Best Parameters:', grid_search.best_params_)
print('Validation RMSE:', rmse(y_val, y_val_pred))
print('Validation MAE:', mean_absolute_error(y_val, y_val_pred))
print('Validation R²:', r2_score(y_val, y_val_pred))
```

```
Best Parameters: {'model__C': 10, 'model__gamma': 'scale', 'model__kernel': 'linear'}
Validation RMSE: 80.4724308745376
Validation MAE: 64.36582859492945
Validation R²: 0.6138079857729599
```

[그림 16-59] 검증용 데이터 성능 평가

Best Parameters: {'model__C': 10, 'model__gamma': 'scale', 'model__kernel': 'linear'}는 하이퍼파라미터 탐색 과정을 통해 찾은 최적의 모델 설정이다. 선형 커널(kernel='linear')을 사용하며, 규제 파라미터 C는 10으로 설정되었고, RBF 커널 등에 사용되는 gamma 파라미터는 scale로 설정되었다.

Validation RMSE: 80.4724308745376는 최적의 하이퍼파라미터로 학습된 모델이 검증셋에 대해 예측한 값과 실제 값 사이의 RMSE가 약 80.47임을 나타낸다. **Validation MAE: 64.36582859492945**는 동일한 모델이 검증셋에 대해 예측한 값과 실제 값 사이의 MAE가 약 64.37임을 나타낸다. **Validation R²: 0.6138079857729599**는 모델이 검증셋의 분산을 얼마나 잘 설명하는지를 나타내는 결정계수(R-squared)가 약 0.61이므로, 모델이 검증셋의 분산 중 약 61%를 설명한다고 볼 수 있다.

참고 최적 하이퍼파라미터 출력의 위치가 분류 문제와 회귀 문제에서 서로 다른 이유

- **실험 목적에 따른 차이**

분류 문제에서 GridSearchCV의 주요 목적이 모델 최적화이므로, 하이퍼파라미터 자체를 먼저 강조한다. 반면, 회귀 문제에서는 Nested CV나 논문 수준의 안정성을 강조하므로 성능 지표가 중심이 된다. 따라서 하이퍼파라미터는 보조적 정보로서 검증 지표와 함께 제시되는 경우가 많다.

---

25 OS별 R^2의 '²' 입력 방법은 다음과 같다.
- Windows: Alt를 누른 채 숫자 0178 입력
- macOS: Control + Command + Space로 이모지 및 기호 창을 열고, superscript 또는 ²를 검색하여 클릭
- Linux: Ctrl + Shift + U를 누른 후 00b2 입력 후 Enter

■ 실행 흐름과 관심의 우선순위

분류 문제에서는 grid_search.fit() 직후 최적 하이퍼파라미터를 출력한다. 이는 GridSearchCV가 완료된 시점에서 '어떤 조합이 가장 우수했는가?'에 대한 관심이 가장 크기 때문이다. 반면, 회귀 문제에서는 검증 지표(RMSE, MAE, R^2)와 함께 최적 하이퍼파라미터를 출력하는 방식이 일반적이다. 이는 모델의 성능을 수치적으로 평가하면서 동시에 '이 파라미터 조합이 이 정도의 성능을 보였다'는 맥락을 강조하기 위함이다.

12 테스트 성능 평가

테스트 데이터 **X_test**를 학습된 모델 **grid_search**에 입력하여 예측값 **y_test_pred**를 생성한다. 이후 RMSE, MAE, R^2와 같은 회귀 성능 지표를 통해 테스트 데이터에 대한 모델의 최종 예측 성능을 평가하여 출력한다.

```
y_test_pred = grid_search.predict(X_test)
print('Test RMSE:', rmse(y_test, y_test_pred))
print('Test MAE:', mean_absolute_error(y_test, y_test_pred))
print('Test R²:', r2_score(y_test, y_test_pred))
```

```
Test RMSE: 79.89763126110714
Test MAE: 65.44839152362947
Test R²: 0.6445296352660936
```

[그림 16-60] 테스트 데이터 성능 평가

Test RMSE: 79.89763126110714는 최종적으로 선택된 최적의 하이퍼파라미터로 학습된 모델을 이전 학습에 사용되지 않은 테스트셋에 적용했을 때의 RMSE 값으로, 약 79.90으로 나타났다. 검증셋의 RMSE보다 약간 낮은 값으로, 이는 모델이 새로운 데이터에 대해서도 비교적 좋은 예측 성능을 보인다는 것을 의미한다. **Test MAE: 65.44839152362947**는 테스트셋에 대한 MAE가 약 65.45임을 나타내며, 검증셋의 MAE보다 낮은 값이다. **Test R²: 0.6445296352660936**는 테스트셋에 대한 결정계수가 약 0.64임을 나타내며, 검증셋의 R^2 값보다 약간 높다. 이는 모델이 테스트셋의 분산을 검증 세트보다 더 잘 설명한다는 것을 의미한다.

결론적으로 모델은 검증셋와 테스트셋 모두에서 준수한 성능을 보이고 있으며, 테스트셋의 RMSE와 MAE가 검증셋보다 약간 낮고 R^2 값은 약간 높은 것으로 보아, 모델이 새로운 데이터에 대해 어느 정도 일반화 능력을 갖추었다고 판단할 수 있다. 최적의 모델 설정은 선형 커널에 **C=10, gamma='scale'**이다.

13 시각화: 실제 값 vs. 예측값

plt.figure(figsize=(8, 6))을 통해 시각화의 전체 그림 크기를 가로 8인치, 세로 6인치로 설정한다.

sns.scatterplot(x=y_test, y=y_test_pred, alpha=0.7)을 사용하여 실제 값 y_test과 예측값 y_test_pred의 산점도를 그린다. alpha=0.7은 점들의 투명도를 조절하여 겹치는 부분을 더 쉽게 식별할 수 있도록 한다.

plt.plot([y_test.min(), y_test.max()], [y_test.min(), y_test.max()], 'r--')은 실제 값과 예측값이 완벽하게 일치할 때의 기준선(대각선)을 붉은 점선으로 표시한다. 예측값이 이 점선에 가까울수록 예측 성능이 우수함을 시각적으로 보여준다.

plt.xlabel('Actual Price')와 **plt.ylabel('Predicted Price')**는 각각 x축과 y축의 라벨을 설정하고, **plt.title('SVR Regression: Actual vs Predicted (Test Set)')**을 통해 전체 플롯의 제목을 지정한다.

plt.grid(True)는 배경에 그리드를 추가하여 시각적 가독성을 높이며, **plt.tight_layout()**은 플롯 요소들이 겹치지 않도록 자동으로 간격을 조절한다. 마지막으로 **plt.show()**를 통해 전체 그래프를 화면에 출력한다.

```
plt.figure(figsize=(8, 6))
sns.scatterplot(x=y_test, y=y_test_pred, alpha=0.7)
plt.plot([y_test.min(), y_test.max()], [y_test.min(), y_test.max()], 'r--')
plt.xlabel('Actual Price')
plt.ylabel('Predicted Price')
plt.title('SVR Regression: Actual vs Predicted (Test Set)')
plt.grid(True)
plt.tight_layout()
plt.show()
```

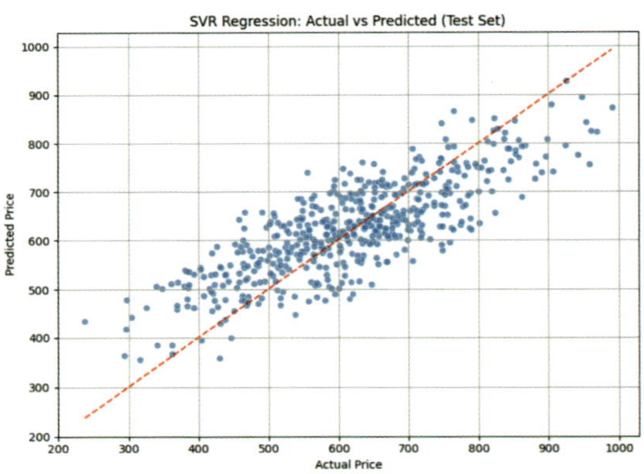

[그림 16-61] 실측값과 예측값에 대한 시각화와 출력 결과

출력된 시각화 결과를 보면, 모델이 테스트셋에 대해 예측한 값들이 실제 값과 얼마나 일치하는지를 직관적으로 확인할 수 있다. 점들이 대각선 근처에 몰려 있을수록 예측이 잘 이루어졌음을 의미한다.

14 모델 저장(재현성 확보)

joblib.dump() 함수를 사용하여 grid_search를 통해 찾은 최적의 모델 **grid_search.best_estimator_**를 **svr_best_model.joblib** 파일로 저장한다. 이를 통해 추후 동일한 모델로 다시 불러와 새로운 데이터에 대한 예측을 수행하거나, 추가적인 분석에 활용할 수 있다.

```
joblib.dump(grid_search.best_estimator_, 'svr_best_model.joblib')
print(f'모델이 svr_best_model.joblib에 저장되었습니다.')
```

```
모델이 svr_best_model.joblib에 저장되었습니다.
```

[그림 16-62] 모델 저장

참고 회귀 문제에서 사용한 joblib.dump()와 분류 문제에서 사용한 dump()

dump() 함수에는 두 가지 의미가 있으며, 문맥에 따라 달리 사용된다.

- **joblib.dump():** Scikit-learn 모델(머신러닝)을 저장하는 데 사용되며, 특히 대용량 NumPy 배열이나 복잡한 객체를 저장할 때 매우 효율적이고 빠르다.
- **dump():** 특정 라이브러리에서 정의된 함수를 가리키는 경우도 있고, 일반적인 명사처럼 '내보내기' 또는 '저장하기'의 의미로 사용되기도 한다. 파이썬의 내장 모듈인 pickle에서 제공하는 함수 **pickle.dump()**가 많이 사용된다.

앞서 분류 문제에서 **dump()**를 바로 사용한 것은 맨 처음 필요한 라이브러리들을 임포트할 때 **from joblib import dump**와 같이 **dump()** 함수를 미리 임포트해 왔기 때문이다. 즉, 회귀 문제와 분류 문제 모두 동일한 저장 목적을 가지고 있지만, 코드 작성 방식이나 임포트 구조에 따라 함수 호출 형태가 달라질 수 있다.

최종적인 고급 분석 결과를 기준으로, 다음과 같이 논문을 작성할 수 있다.

논문 예시 SVR 분석을 논문에서 활용하는 방법

SNS 이미지 데이터와 기계학습을 활용한 패션 아이템 가격 예측 모델 연구

1. 서론

최근 소셜 네트워크 서비스(SNS)는 패션 트렌드의 형성 및 확산에 핵심적인 역할을 수행하고 있다. 인스타그램, 틱톡, 핀터레스트 등의 플랫폼을 통해 공유되는 시각적 데이터는 단순한 정보 공유를 넘어 소비자의 구매 결정과 제품의 가치 평가에 직접적인 영향을 미친다. 이러한 시장 환경 속에서 '제대로 주식회사'와 같은 패션 테크 기업은 고객이 업로드한 코디 사진을 분석하여 해당 아이템의 시장 가치를 신속하게 평가하고, 적절한 가격 정보를 제공하는 인공지능(AI) 기반 서비스를 개발하고자 한다.

기존의 가격 책정 방식은 브랜드의 명성이나 원가 등 고정적인 요소에 주로 의존하였으나, 최근에는 SNS상에서의 화제성, 시각적 매력도, 인플루언서의 영향력 등이 실제 가격 형성에 중요한 변수로 작용하고 있다. 따라서 대량의 SNS 이미지 데이터와 메타데이터를 분석하여 패션 아이템의 적정 가격을 예측하는 시스템은 소비자와 기업 모두에게 필수적인 정보 제공 수단이 될 수 있다.

본 연구는 이러한 요구에 부응하여 SNS 패션 이미지 데이터의 시각적·맥락적 특징을 활용, '패션 아이템 가격($)'을 예측하는 회귀(Regression) 모델을 구축하는 것을 목표로 한다. 이를 위해 Support Vector Regression(SVR) 알고리즘을 적용하고 최적의 하이퍼파라미터를 탐색하여 모델의 예측 성능을 검증하고자 한다.

2. 데이터 및 변수 설명(Data and Variables)

본 연구에서는 대중적이고 보편적인 패션 품목을 중심으로 수집된 데이터를 활용하였다. 데이터셋은 이미지 자체의 시각적 특성과 게시물의 사회적 파급력을 나타내는 다양한 독립변수들로 구성되어 있으며, 종속변수는 '아이템 가격(Item Price)'이다.

[표 1] 연구 변수 구성

변수명	설명	데이터 유형	역할
colorfulness	이미지 색감의 화려함	연속형	독립변수
texture_complexity	패턴 및 질감의 복잡성	연속형	독립변수
brand_popularity	브랜드 인지도 점수	연속형	독립변수
number_of_likes	게시물 좋아요 수	연속형	독립변수
number_of_shares	게시물 공유 수	연속형	독립변수
hashtag_trendiness	해시태그 트렌드 지수	연속형	독립변수
pose_fashionableness	착용 포즈의 트렌디함	연속형	독립변수
seasonality_score	시즌 트렌드 부합도	연속형	독립변수
influencer_score	게시자 인플루언서 점수	연속형	독립변수
dominant_style	주된 스타일	범주형	독립변수
Item Price($)	아이템 가격	연속형	종속변수

위 변수들을 활용하여 아이템의 가격을 수치적으로 예측하는 회귀 모델을 개발하기 위해 Scikit-learn 라이브러리를 사용하였으며, 데이터 전처리 과정에서 결측치 처리 및 Feature Scaling을 수행하여 모델 학습의 안정성을 확보하였다.

3. 연구 방법론

3.1 모델 선택: Support Vector Regression(SVR)

본 연구에서는 가격 예측을 위해 SVR(Support Vector Regression) 알고리즘을 채택하였다. SVR은 데이터가 고차원 공간에 분포할 때 일반화 성능이 우수하며, 노이즈에 강건한 특성을 가지고 있어 다양한 변수가 복합적으로 작용하는 가격 예측 문제에 적합하다.

3.2 하이퍼파라미터 최적화

모델의 성능을 극대화하기 위해 GridSearchCV를 활용하여 최적의 파라미터 조합을 탐색하였다. 주요 탐색 대상 파라미터는 규제 강도(C), 커널 함수(kernel), 커널 계수(gamma)이다.

- C (Regularization parameter): 오류에 대한 허용 범위를 조절하며, 값이 클수록 학습 데이터에 더 적합하게 맞춘다.
- Kernel: 데이터의 비선형성을 다루기 위한 함수(linear, rbf, poly 등)이다.
- Gamma: 커널 계수, 비선형 매핑의 정도를 조절한다.

4. 연구 결과

4.1 최적 파라미터 도출

GridSearchCV를 통해 도출된 SVR 모델의 최적 하이퍼파라미터 조합은 다음과 같다.

```
Best Parameters: {'model__C': 10, 'model__gamma': 'scale',
'model__kernel': 'linear'}
```

선형(Linear) 커널을 사용하고 규제 강도(C)를 10으로 설정했을 때 예측 성능이 가장 우수한 것으로 나타났다. 이는 입력 변수들과 가격 사이에 선형적인 상관관계가 일정 부분 존재함을 시사한다.

4.2 모델 성능 평가

모델의 예측 성능은 평균제곱근오차(RMSE), 평균절대오차(MAE), 결정계수(R^2)를 사용하여 평가하였다.

[표 2] 모델 성능 평가

데이터	RMSE	MAE	R^2
Validation	80.47	64.37	0.6138
Test	79.90	65.45	0.6445

테스트셋의 R^2 값이 약 0.645로 나타나, 모델이 가격 변동성의 약 64.5%를 설명할 수 있음을 확인하였다. 또한 테스트셋의 RMSE(79.90)가 검증셋(80.47)보다 소폭 낮게 측정되어, 모델이 과적합(Overfitting)되지 않고 일반화 성능을 잘 유지하고 있음을 알 수 있다.

4.3 예측 결과 시각화

테스트 데이터에 대한 실제 가격(Actual Price)과 모델이 예측한 가격(Predicted Price)의 관계를 시각화한 결과는 [그림 1]과 같다.

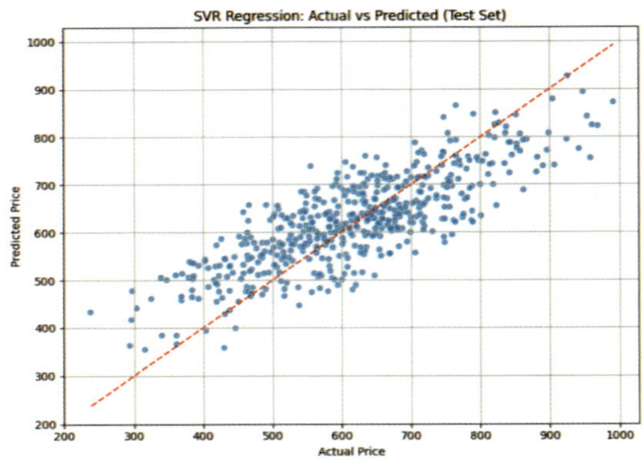

[그림 1] SVR 회귀 분석 결과: 실제 가격 대 예측 가격(Test Set)

그래프상의 점들이 붉은색 점선(y = x, 이상적인 예측선)을 중심으로 고르게 분포하고 있어 모델이 전반적으로 가격 추세를 잘 따르고 있음을 시각적으로 확인할 수 있다.

5. 결론 및 제언

본 연구에서는 SNS 이미지 데이터와 파생 변수들을 활용하여 패션 아이템의 가격을 예측하는 SVR 모델을 구축하였다. 연구 결과, 선형 커널을 적용한 SVR 모델이 테스트 데이터에서 R^2=0.64 수준의 준수한 설명력을 보임을 확인하였다. 이는 색감, 질감, 브랜드 인지도, SNS 반응(좋아요, 공유 수) 등의 변수들이 아이템의 가격 형성에 유의미한 영향을 미친다는 것을 시사한다.

특히 '제대로 주식회사'가 목표로 하는 고객 맞춤형 AI 서비스에 본 모델을 적용할 경우, 사용자가 업로드한 이미지만으로 해당 아이템의 잠재적 시장 가격을 실시간으로 추정하여 제공할 수 있다.

향후 연구에서는 딥러닝 기반의 CNN(Convolutional Neural Networks)을 도입하여 이미지 자체에서 더 정교한 시각적 특징을 추출하거나, 앙상블(Ensemble) 기법을 적용하여 R^2 점수를 0.8 이상으로 향상시키기 위한 고도화 작업이 필요할 것이다.

CHAPTER

17

신경망

Neural Network

Contents

스마트폰은 사용자를 인식해 잠금을 해제하고, 유튜브나 넷플릭스는 내가 좋아할 만한 영상을 알아서 추천해 준다. 내비게이션은 목적지를 따로 설정하지 않아도 사용자의 패턴을 기반으로 장소를 제안하고, 그 목적지가 맞는지를 확인한다. 이 모든 것을 가능하게 만드는 핵심 기술은 바로 신경망(Neural Network)이라는 똑똑한 뇌 구조다. 신경망은 컴퓨터가 사람처럼 '배우고 판단하게 하는 기술'이다.

인공지능은 더 이상 특정 분야의 전문가들만 다루는 기술이 아니다. 지금 이 순간에도 신경망은 의료 영상 분석, 자율주행, 기계 번역, 예술 창작 등 수많은 영역에서 활발히 활용되고 있으며, 이러한 흐름은 앞으로 더욱 확장될 것이다.

'신경망'이라는 용어 자체가 낯설고 어렵게 느껴질 수 있다. 전공자가 아니면 이 분야의 학습을 시작도 못 할 것 같고, 수학을 매우 잘해야 이해할 수 있을 것처럼 느껴지기도 한다. 이 장은 그런 막막함을 걷어내는 첫걸음이 될 것이다. 또한 신경망 학습의 첫발을 내딛는 데서 그치지 않고, 고급 실무와 논문 작성에 활용할 수 있는 수준까지 여러분을 부드럽게 인도할 것이다. 물론 이 여정이 짧지는 않다. 하지만 그만큼 보람 있고, 자신감을 쌓을 수 있는 과정이 될 것이다.

학습하는 과정이 쉽지 않고, 그래서 난관에 부딪힐 수도 있지만, 우리의 목표는 엔지니어가 되는 것이 아니라 신경망이라는 전자계산기 운용법을 배우는 것이라는 점을 명심하자. 이 장을 순서대로 차근차근 따라가는 동안 '학습자'에서 '선도자'로 바뀌어가는 자신을 만나게 될 것이다.

SECTION
17.1 신경망이란

인간의 뇌처럼 스스로 학습하는 기계를 만들고자 한 시도는 '퍼셉트론'이라는 작은 아이디어에서 비롯되어, 오늘날 신경망과 딥러닝이라는 눈부신 발전으로 이어졌다. 그 원리와 여정을 체계적으로 살펴봄으로써 인공지능의 현재를 이해하고 미래를 가늠해 보자.

신경망 개요

신경망(Neural Network, NN)은 인간의 뇌가 정보를 처리하는 메커니즘에서 영감을 받아 탄생한 강력한 기계 학습 모델이다.[1] 인간의 뇌는 약 860억 개의 뉴런(neuron)이 복잡하게 연결되어, 전기적·화학적 신호의 흐름에 따라 아주 많은 양의 정보를 병렬적으로 처리하고 학습한다. 신경망은 이러한 생물학적 구조와 기능을 추상화하여 입력층, 1개 이상의 은닉층, 출력층으로 구성된 다층 구조를 통해 데이터를 분석하고 패턴을 인식한다.

각 계층은 노드(node) 또는 인공 뉴런(artificial neuron)이라는 기본적인 연산 단위로 이루어져 있다. 그중 입력층(Input Layer)은 모델이 학습할 원시 데이터(raw data)를 받아들이는 관문 역할을 한다. 예를 들어 개와 고양이를 분류한다면 이미지의 각 픽셀 값(RGB)이 입력 노드에 전달될 수 있다. 영화 추천의 경우, 사용자 정보와 영화 정보가 입력될 수 있다.

은닉층(Hidden Layers)은 신경망의 핵심 부분으로, 전달된 정보를 가중치와 활성화 함수를 통해 비선형적으로 변환하여 조합해서 데이터 내의 복잡하고 추상적인 특징(feature)들을 추출하고 학습한다. 신경망은 여러 개의 은닉층을 활용하여 단순한 선형 모델에서는 포착하기 어려운 데이터의 고차원적인 관계까지 효과적으로 모델링할 수 있다. 은닉층의 깊이(층의 수)에 따라 모델이 얼마나 복잡한 표현력을 가질 수 있는지가 결정되며, 은닉층의 너비(각 층의 노드 수)는 각 계층에서 처리할 수 있는 정보의 양을 조절한다.

출력층(Output Layer)은 학습된 특징들을 기반으로 최종적인 분류(classification)나 회귀(regression)의 결과를 생성한다. 이때 해결하고자 하는 문제의 유형에 따라 출력층의 구조와 활성화 함수가 달라진다. 여러 종류의 이미지를 분류하는 다중 분류 문제에서는 각 클래스에 대한 확률 분포를 출력하는 Softmax 함수가 사용될 수 있으며, 연속적인 값을 예측하는 회귀 문제에서는 선형 활성화 함수나 비활성화 함수가 사용될 수 있다.

---

1 일반적으로 신경망(Neural Network, NN) 혹은 인공 신경망(Artificial Neural Network, ANN)이 혼용되고 있다. 굳이 분류한다면, '신경망'은 이미지 분류에 자주 사용되고, '인공 신경망'은 논문 등에서 이론적인 설명을 하는 경우 생물학적 뉴런 구조를 본떠 만들어진 것을 강조하면서 생물학적 신경망과 구별하기 위한 용어로 사용된다.

신경망의 기본적인 작동 원리는 가중합(weighted sum)으로부터 시작된다. 즉 각 노드가 이전 층의 모든 노드로부터 입력 신호를 받아, 각 입력에 연결 강도를 나타내는 가중치(weight)를 곱한 뒤 각 노드 자체의 활성화를 조절하는 편향(bias) 값을 더한다. 이렇게 계산된 가중합은 활성화 함수(activation function)라는 비선형 함수를 통과하게 되는데, 이는 신경망이 비선형성의 복잡한 패턴을 학습할 수 있게 하는 핵심 요소가 된다. 활성화 함수의 출력 값은 다음 층의 노드로 전달되는 입력으로 사용된다.

[그림 17-1]은 신경망을 사용해 텍스트 데이터를 분석하는 과정을 보여준다. 신경망은 텍스트 데이터의 복잡한 의미 구조를 이해하고 감성을 분류하는 데 강력한 성능을 발휘한다.

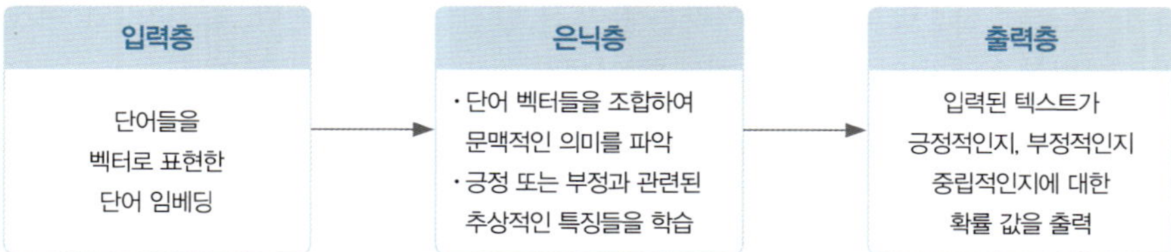

[그림 17-1] 신경망의 분석 과정

신경망의 역사와 발전 과정

인공 신경망(Artificial Neural Network, ANN)의 역사는 인간 지능을 기계로 모사하려는 인류의 오랜 꿈과 함께 시작되었으며, 그 기원은 1943년으로 거슬러 올라간다. 당시 신경생리학자 워렌 맥컬럭(Warren McCulloch)과 수학자 월터 피츠(Walter Pitts)는 인간의 뇌에서 일어나는 뉴런 간의 상호작용을 논리적 구조로 표현할 수 없을까를 고민하였고, 마침내 뇌의 뉴런을 단순한 이진 논리 연산으로 추상화한 인공 뉴런 모델을 제안하였다. 이 연구가 오늘날 신경망 개념의 이론적 토대가 되었다.

■ 퍼셉트론의 탄생과 암흑기

1950년대 말, 심리학자이자 컴퓨터 과학자인 프랭크 로젠블라트(Frank Rosenblatt)는 인공 뉴런들을 실제로 연결하는 실험을 통해 퍼셉트론(Perceptron)이라는 기초적인 신경망 모델을 개발하였다. 이 모델은 입력을 받아 가중치를 곱하고 특정 임곗값을 넘으면 출력을 내보내는 구조로, 지금 기준으로 보면 꽤 단순한 형태의 이진 분류기였다.

퍼셉트론은 당시 매우 혁신적인 개념으로 받아들여졌고, 인공지능이 곧 인간처럼 학습하고 판단할 수 있을 것이라는 과도한 기대를 불러일으켰다. 그러나 이 모델은 XOR 문제[2]와 같은 간단한 비선형 문제조차 풀 수 없는 한계를 지니고 있었다. 결국 마빈 민스키(Marvin Minsky)와 시무어 페퍼트(Seymour Papert)가 1969년에 출간한 『Perceptrons』라는 책에 퍼셉트론의 한계를 명확히 지적하면서, 학계 전반에 신경망 연구에 대한 회의적인 시각이 퍼지게 되었다. 이때부터 대부분의 인공지능 연구가 중단되었고, 관련 분야의 발전도 크게 둔화되었으며, 이후 수십 년간 신경망은 학계의 관심 밖으로 밀려나게 되었다.

■ 다층 퍼셉트론과 역전파의 등장

1980년대 중반, 퍼셉트론의 한계를 극복하기 위해 여러 층으로 구성된 다층 퍼셉트론(Multi-Layer Perceptron)이 제안되었다. 그리고 출력층의 오차를 거슬러 올라가 각 연결의 가중치를 조정하는 방식인 역전파 알고리즘(Backpropagation)이 함께 등장하였다. 역전파는 출력층에서 확인된 오차를 입력 방향으로 피드백함으로써 각 층의 가중치를 효율적으로 조정할 수 있게 해준다. 이 알고리즘은 데이비드 럼멜하트(David Rumelhart), 제프리 힌턴(Geoffrey Hinton), 로널드 윌리엄스(Ronald Williams) 등의 연구를 통해 널리 알려졌으며, 신경망으로 비선형 문제를 해결할 수 있는 강력한 수단으로 인정받기 시작했다. 이로써 침체되었던 신경망 연구는 다시 활기를 찾게 되었다.

■ CNN의 등장과 실용화

1990년대 초, 얀 르쿤(Yann LeCun)은 이미지 인식에 특화된 신경망 구조인 합성곱 신경망(Convolutional Neural Network, CNN)을 제안했다. CNN은 합성곱 연산을 통해 이미지의 특징을 추출하고, 풀링 연산을 통해 불필요한 정보를 줄여나가는 방식으로 작동한다. 특히, CNN을 적용한 모델인 LeNet-5는 우편번호 인식 시스템에 적용되어 손글씨 숫자를 높은 정확도로 분류하는 데 성공했다. 그러나 당시에는 컴퓨팅 자원이 부족했고, 대규모 데이터를 확보하기도 어려웠으므로 CNN은 제한적인 범위에서만 활용되었다. 한편, 이즈음에 딥러닝이 시작되었으나, 기술이 발전하기에는 아직 환경이 준비되지 않은 상태였다.

■ 딥러닝 시대의 개막

2000년대 후반, 인터넷이 폭발적으로 성장하고 대규모 데이터가 쏟아지는 상황에서 GPU(그래픽 처리 장치)의 병렬 연산 능력이 기계 학습에 활용되기 시작했다. 신경망을 실제로 학습시킬 수 있는 인프라가 갖추어진 것이다. 이 시기에 ReLU와 같은 비선형 활성화 함수가 도입되어 기울기 소실 문제를 완화하고, 드롭아웃과 같은 규제 기법을 통해 과적합을 방지하면서 심층 신경망(Deep Neural Network)이 현실화되었다.

이 당시에 알렉스 크리제브스키(Alex Krizhevsky), 일리야 슈츠케버(Ilya Sutskever), 제프리 힌턴(Geoffrey Hinton)이 개발한 AlexNet은 8개의 계층으로 구성된 CNN 구조로, 이미지 분류에서 사람의 역량을 뛰어넘는 성능을 보여주며 이전 최고 성능 모델보다 훨씬 낮은 오류율을 기록하였다. 이 성과는 학계와 산업계에 큰 충격을 주었고 신경망에 크게 주목하는 계기가 되었다.

■ 신경망의 현재와 미래

이후 딥러닝은 단순한 이미지 인식을 넘어, 음성 인식(예 Siri, Google Assistant), 자연어

2 XOR 문제는 '같으면 0, 다르면 1'인 규칙을 따른다. 예를 들어 (0,0)과 (1,1)은 출력이 0이고, (0,1)과 (1,0)은 출력이 1인 4개의 점을 x축과 y축 좌표로 나타냈을 때, 출력 0과 출력 1을 하나의 직선으로는 구분할 수 없다. 따라서 단순한 선형 모델인 퍼셉트론으로는 XOR 문제를 해결할 수 없다.

처리(예 번역, 챗봇), 자율주행, 의료 영상 분석, 게임(예 AlphaGo) 등 다양한 분야로 빠르게 확산되었다. 새로운 아키텍처인 RNN(순환 신경망), LSTM(장기 단기 기억)을 비롯해 최근에는 Transformer 기반의 GPT, BERT, ViT 같은 모델들이 개발되면서, 언어와 이미지, 음성을 아우르는 범용 인공지능의 기반이 마련되고 있다. Transformer 모델은 '어텐션 메커니즘'이라는 방식을 통해 문맥 속에서 중요한 단어에 집중하여 언어 이해 능력을 크게 향상시켰다. 그러나 딥러닝 기술의 발전과 함께 일자리 변화, 데이터 편향성 문제 등 윤리적·사회적 문제들에 대한 고민도 깊어지고 있다.

인공 신경망의 역사는 단순히 기술의 발전사에 그치지 않는다. 인공 신경망은 인간의 인지와 지능을 이해하고자 했던 철학적 질문에서 시작되었고, 이를 기계에 구현하기 위해 실패와 좌절, 혁신과 발견을 반복하면서 지금 이 순간에도 진화하고 있다. 앞으로도 AI의 핵심축으로서 우리의 삶과 사회를 깊이 있게 변화시켜 나갈 것이다.

신경망의 응용 분야

신경망 기술은 다양한 분야에서 인간의 삶을 혁신적으로 변화시키고 있다. 컴퓨터 비전 분야에서는 이미지를 인식하고 분류하며, 자율 주행차·의료 영상 분석·보안 시스템 분야에서는 특정 객체의 위치를 찾아내는 기술이 널리 활용되고 있다. 또한 텍스트 설명을 바탕으로 이미지를 생성하거나 수정하는 기술은 예술, 디자인, 게임 등 창작 영역에서도 새로운 가능성을 열고 있다.

자연어 처리(NLP) 기술은 텍스트의 주제를 분류하고 감정을 분석하거나, 서로 다른 언어 간의 자동 번역을 수행하며, 사람과 자연스럽게 대화하는 챗봇과 가상 비서를 구현하는 데 활용되고 있다. 최근에는 AI가 뉴스 기사나 블로그 글처럼 자연스러운 텍스트를 생성하는 기능도 점점 보편화되고 있다.

음성 인식 기술은 사람의 말을 텍스트로 바꾸는 기능으로, 이 기술을 음성 비서나 회의록 작성 등에 활용하여 일상과 업무를 더욱 편리하게 만들어준다. 추천 시스템은 사용자 데이터를 분석해 영화, 상품, 음악 등 맞춤형 콘텐츠를 제안하며, 온라인 쇼핑과 스트리밍 서비스에서는 더욱 개인화된 경험을 제공한다.

금융 분야에서는 이상 거래 탐지, 신용 평가, 주가 예측 등에 신경망 기술이 활용되어, 더 정교하고 신속한 의사결정을 지원하고 있다. 의료 영역에서는 진단 보조, 신약 개발, 개인 맞춤형 치료에 인공지능이 사용되어 방대한 의료 데이터를 분석함으로써 정확하고 효율적인 의료 서비스를 가능하게 한다.

자율주행 기술에서는 센서를 통해 주변 환경을 인식하고, 주행 판단과 제어를 수행하는 데 신경망이 핵심 역할을 하고 있다. 이외에도 로봇 제어, 게임 AI, 제조 최적화, 에너지 관리, 사이버 보안 등 다양한 분야에서 신경망은 빠르게 진화하며, 앞으로 우리 생활 전반에 더 깊이 스며들 것으로 기대된다.

신경망의 특성: 머신러닝 알고리즘과의 비교

신경망은 전통적인 머신러닝 알고리즘과 여러 측면에서 구조적·기능적으로 차이를 보인다. 이러한 차이를 이해하면, 문제의 특성에 따라 적절한 알고리즘을 선택하는 데 큰 도움이 된다.

- **모델 구조와 표현력**: 신경망은 여러 비선형 변환을 층층이 쌓아 올린 구조로, 복잡하고 추상적인 패턴을 학습할 수 있으며, 데이터 속에 숨겨진 고차원적인 관계를 자동으로 포착할 수 있는 강력한 표현력을 지닌다. 반면, 전통적인 머신러닝 알고리즘은 선형 회귀나 결정 트리처럼 비교적 단순한 구조를 가지며, 복잡한 관계를 표현하려면 사전 작업이 필요하다. 일부 알고리즘(예 SVM의 커널 기법, 랜덤 포레스트)은 비선형 문제를 처리할 수 있지만, 신경망처럼 데이터의 추상적인 표현을 자동으로 학습하지는 않는다.
- **특징 학습 능력**: 신경망은 이미지 분류 문제에서 별도의 특징 추출 없이도 픽셀 값만으로 고유한 패턴을 인식할 수 있다. 이처럼 신경망은 원시 데이터로부터 유용한 특징을 스스로 학습하는데, 이러한 자동화된 특징 학습은 텍스트, 음성, 영상 등 비정형 데이터 처리에 효율적이다. 전통적인 머신러닝 알고리즘은 대부분 입력 데이터에 대해 연구자가 직접 중요한 특징을 설계해야 하므로 도메인 지식이 부족하거나 데이터가 복잡할수록 성능을 끌어내기 어려울 수 있다.
- **필요한 데이터양**: 신경망은 수많은 파라미터를 학습해야 정상적인 성능을 발휘할 수 있으므로, 충분한 양의 라벨링된 데이터가 필요하다. 데이터가 부족한 경우, 모델이 학습용 데이터에만 지나치게 맞춰져 과적합(overfitting)될 위험이 크다. 반면, 전통적인 머신러닝 알고리즘은 상대적으로 적은 데이터만 있어도 학습할 수 있으며, 중소 규모의 데이터셋에서 효과적인 성능을 낼 수 있다.
- **계산 비용과 학습 시간**: 신경망은 복잡한 연산을 반복적으로 수행하므로 GPU와 같은 고성능 하드웨어의 도움이 필요하며, 특히 심층 신경망의 경우는 학습에 오랜 시간이 걸릴 수 있다. 반면, 전통적인 머신러닝 알고리즘은 상대적으로 계산량이 적고 학습 속도도 빠르기 때문에 리소스가 제한된 환경이나 빠른 결과가 필요한 상황에서 유리할 수 있다.
- **모델 해석 가능성**: 신경망은 내부 구조가 복잡하여 어떤 특징이 예측에 영향을 미쳤는지를 이해하거나 설명하기 어려운 특성이 있다. 이 때문에 신경망은 '블랙박스 모델'로 불리기도 한다. 반면, 선형 회귀나 결정 트리와 같은 전통적인 알고리즘은 각 입력 특징이 결과에 어떤 영향을 주는지를 명확하게 파악할 수 있어 해석이 쉬우므로 의료나 금융처럼 해석이 중요한 분야에서는 여전히 선호된다.
- **적용 분야**: 신경망은 이미지 인식, 음성 인식, 자연어 처리 등 복잡한 패턴 인식이나 대규모 데이터 분석에서 뛰어난 성능을 발휘한다. 최근에는 자율주행, 챗봇, 번역 시스템 등 다양한 응용 분야에서 핵심 기술로 자리 잡고 있다. 전통적인 머신러닝 알고리즘은 고객 이탈 예측, 신용 점수 평가, 질병 진단 보조 등의 분야에서 널리 사용되며, 표 형태의 정형 데이터를 다루는 데 강점이 있다. 따라서 전통적인 알고리즘이 해석력과 속도 면에서 실용적인 선택이 될 수 있다.

SECTION 17.2

신경망의 기본 구조와 작동 원리

이번 절에서는 신경망을 이해하는 데 꼭 필요한 기본 개념들, 가장 기본이 되는 구성 요소, 데이터가 흘러가는 방식, 학습이 이루어지는 핵심 원리 등을 알아본다.

신경망의 기본 구조

신경망은 생물학적 신경망, 즉 인간의 뇌 구조를 모방하여 설계된 알고리즘이다. 입력층, 하나 이상의 은닉층, 출력층으로 구성되어 있으며, 각 층은 노드 또는 인공 뉴런이라 불리는 처리 단위들로 이루어져 있다. 이 노드들은 서로 연결되어 정보를 전달하고, 학습을 통해 패턴을 인식하거나 예측을 수행한다.

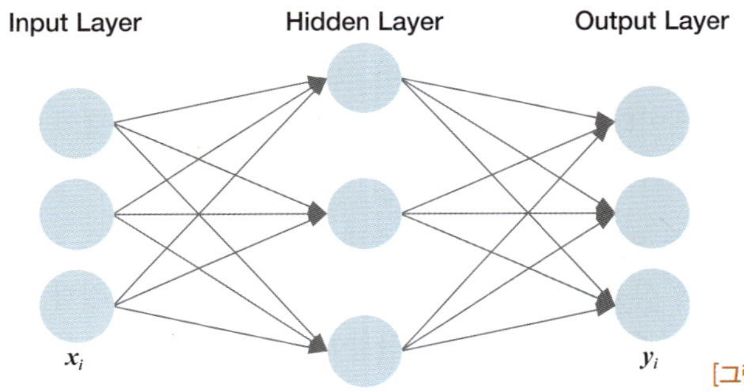

[그림 17-2] 신경망의 구조

■ 입력층(Input Layer)

입력층은 외부 데이터를 받아들이는 역할을 한다. 각 특징(feature)은 입력층의 각 노드에 하나씩 대응되며, 이 노드들은 데이터를 단순히 다음 층으로 전달하는 역할을 한다. 일반적으로 입력값은 정규화(normalization)와 같은 전처리 과정을 거친 후 입력된다. 입력층 자체는 별도의 연산을 수행하지 않으며, 노드 수는 데이터의 차원 수와 일치한다.

■ 은닉층(Hidden Layers)

은닉층은 입력층과 출력층 사이에서 복잡한 패턴과 특징을 학습하는 핵심 역할을 한다. 각 은닉 노드는 이전 층의 모든 노드로부터 입력을 받아 가중치와 편향을 적용한 뒤, 활성화 함수를 통해 비선형 출력을 생성한다. 이러한 과정을 통해 신경망은 단순한 선형 관계를 넘어서는 복잡한 함수도 학습할 수 있게 된다. 은닉층은 하나 이상 존재할 수 있으며, 층이 많을수록 깊은 신경망(Deep Neural Network, DNN)이라 부른다. 층이 깊을수록 추상적인 패턴까지 학습할 수 있지만, 과적합과 학습 난이도 등의 문제도 함께 고려해야 한다.

■ **출력층(Output Layer)**

출력층은 신경망의 최종 결과를 생성하는 층이며, 출력층의 노드 수와 활성화 함수는 문제의 유형에 따라 달라진다. 이진 분류 문제는 하나의 노드를 두고 Sigmoid 함수를 적용하여 확률값을 출력할 수 있다. 다중 분류 문제에서는 클래스 수에 따라 여러 개의 노드를 두고 Softmax 함수를 사용한다. 회귀 문제에서는 보통 선형 함수(linear activation)가 사용된다.[3]

신경망의 핵심 요소: 노드, 레이어, 활성화 함수

신경망을 구성하는 핵심 요소는 노드(node), 레이어(layer), 활성화 함수(activation function)다. 각각의 개념을 살펴보자.

■ **노드(node/artificial neuron)**

노드는 신경망에서 정보 처리의 최소 단위로, 각 노드의 역할은 다음과 같다.

- **입력 수신**: 이전 층의 모든 노드로부터 출력값을 입력으로 받아 가중치(weight)를 곱해 연결 강도를 표현한다.
- **가중합 계산**: 입력값과 가중치를 곱한 뒤 모두 더하고, 여기에 편향(bias)을 더하여 선형 결합을 만든다.

$$z = \sum_{i=1}^{n}(w_i \times x_i) + b, \quad \begin{pmatrix} w_i\text{: 입력값} \\ x_i\text{: 해당 가중치} \\ b\text{: 편향} \\ n\text{: 입력의 수} \end{pmatrix}$$

- **활성화 함수 적용**: 가중합을 계산한 결과 z에 활성화 함수 $f(z)$를 적용하여 최종 a를 생성한다. 이 출력값 a를 다음 층의 입력으로 전달한다.

$$a = f(z)$$

■ **레이어(layer)**

레이어는 같은 역할을 수행하는 노드들의 집합이다. 각 레이어는 이전 레이어로부터 입력을

3 선형 함수를 'linear activation'이라고 표현하는 이유는, '선형 함수(linear function)'가 일반적인 수학 용어인 반면, '선형 활성화 함수(linear activation function)'는 신경망에서 사용되는 활성화 함수의 한 종류를 설명할 때 쓰이는 표현이기 때문이다. 이 용어는 신경망의 각 노드(뉴런)에 적용되는 활성화 함수(activation function)의 유형 중 하나를 지칭하는 데 사용된다.

받아 병렬적으로 연산을 수행하고 그 결과를 다음 레이어로 전달한다. 대부분의 신경망에서는 각 노드가 이전 층의 모든 노드와 연결되는 완전 연결(Fully Connected) 구조를 갖는다.

■ 활성화 함수(activation function)

활성화 함수는 노드에서 계산된 선형 결합값을 비선형적으로 변환하여, 신경망이 단순한 선형 모델을 넘어 복잡한 함수도 학습할 수 있도록 한다. 활성화 함수가 없다면 신경망은 아무리 층을 깊게 쌓아도 결국 선형 변환의 반복에 불과할 뿐이다. 자주 사용되는 활성화 함수로는 ReLU(Rectified Linear Unit), Sigmoid, Tanh, Softmax 등이 있다. 바로 이어지는 항목에서 이들 활성화 함수에 대해 좀 더 자세히 다룬다.

활성화 함수의 종류와 특성

현재 다양한 종류의 활성화 함수가 개발되어 사용되고 있는 만큼, 각 함수의 고유한 특징과 장단점, 활용 사례를 살펴보면 신경망을 이해하는 데 도움이 된다.

■ 시그모이드(Sigmoid) 함수

그래프 형태

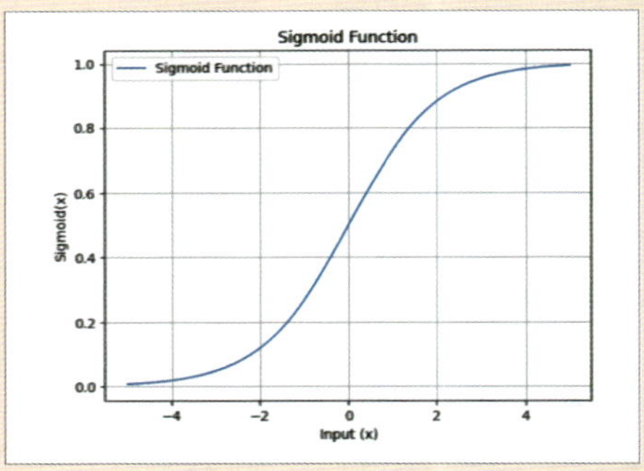

주요 특징

- 수학적 표현: $\sigma(z) = \dfrac{1}{1+e^{-z}}$
- 출력 범위: 0과 1 사이
- S자 형태의 연속 함수
- 입력값이 클수록 출력 변화가 작아짐

- **장점:** 이진 분류 문제에서 확률값으로 해석하기가 용이하다.
- **단점:** 입력값이 매우 크거나 작을 경우 출력 변화가 미미해져 기울기 소실(vanishing gradient) 문제가 발생할 수 있다. 또한 출력값이 항상 양수이므로(always positive) 평균이 0에 가까워지지 않아 학습 속도가 느려질 수 있고,[4] 출력값의 비대칭성으로 인해 깊은 신경망의 은닉층에서는 잘 사용되지 않는다.
- **활용:** 이진 분류의 출력층, 로지스틱 회귀

4 시그모이드는 출력값이 항상 0보다 크기 때문에 뉴런의 출력 평균이 0 근처가 아니다. 그로 인해 그라디언트(미분한 값, 기울기)가 작아지거나 쏠림이 생겨 학습 속도가 느려질 수 있다.

■ 스텝 함수(Step Function)

그래프 형태	주요 특징
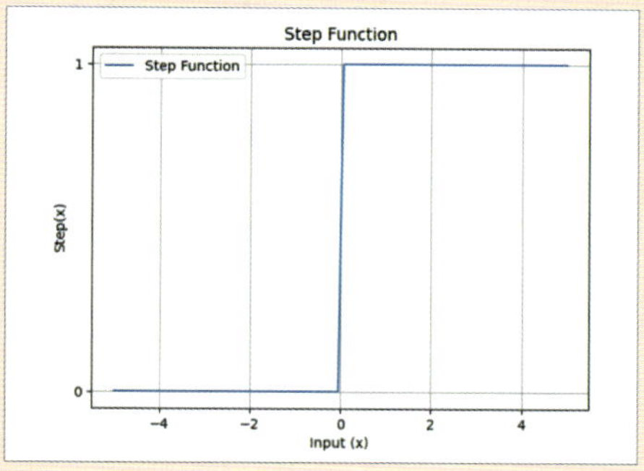	• 수학적 표현: $f(z)=\begin{cases}0 & \text{if } z<0 \\ 1 & \text{if } z>0\end{cases}$ • 출력 범위: 0 또는 1(입력값이 정해진 임곗값 0을 넘으면 1, 0을 넘지 못하면 1 출력) • 출력이 0 또는 1로 갑자기 변하는 불연속적인 함수

- **장점:** 직관적이고 동작 방식이 단순하다.
- **단점:** 미분이 불가능하고, 기울기가 0이므로 경사 하강법 기반 학습이 불가능하여 현대적인 신경망 학습에는 거의 사용되지 않는다. 또한 이진 출력만 가능하므로 다양한 종류의 문제를 해결하는 데 제약이 많다.
- **활용:** 초기 퍼셉트론, 제한적 이진 출력층

■ ReLU(Rectified Linear Unit) 함수

그래프 형태	주요 특징
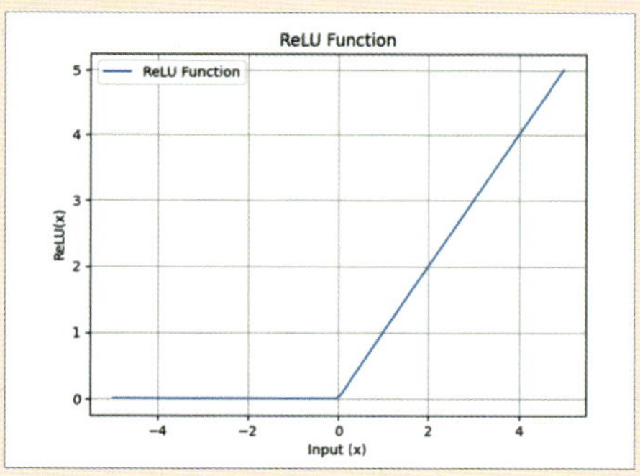	• 수학적 표현: $f(z)=\max(0,\ z)$ • 출력 범위: 0부터 ∞ 사이 • 입력값이 0보다 크면 그대로 출력하고, 0보다 작으면 0을 출력하므로, 계산 효율이 매우 높음

- **장점:** 단순한 비교 연산만으로 출력을 계산할 수 있어 빠른 신경망 학습에 기여한다. 또한 양수 영역에서 기울기가 항상 1이므로 기울기 소실 문제를 상당 부분 완화한다.
- **단점:** 입력값이 음수이면 기울기가 0이 되어 해당 노드가 더 이상 활성화되지 않으므로 뉴런이 죽는 현상(dying ReLU)이 발생할 수 있다. 또한 0을 중심으로 출력 비대칭성 문제가 발생한다.
- **활용:** 대부분의 딥러닝 은닉층

■ Tanh(Hyperbolic Tangent) 함수

그래프 형태	주요 특징
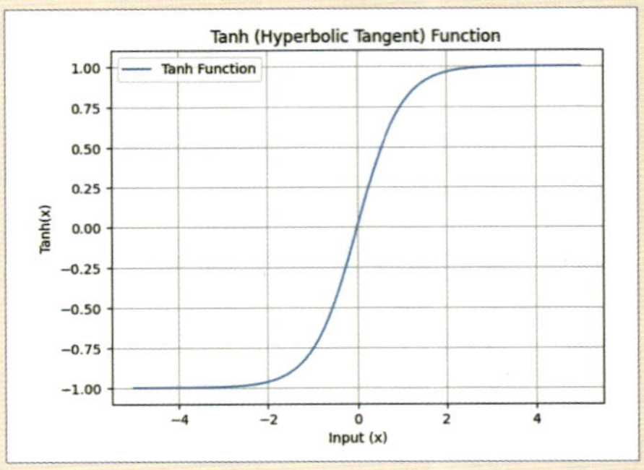	• 수학적 표현: $\tanh(z)=\frac{e^z-e^{-z}}{e^z+e^{-z}}=2\sigma(2z)-1$ • 출력 범위: −1과 1 사이 • 시그모이드 함수와 유사한 S자 형태이며, 출력값이 0을 중심으로 대칭되어 있음

- **장점**: 출력값이 0을 중심으로 대칭이므로 시그모이드 함수에 비해 학습 속도 면에서 유리할 수 있다.[5]
- **단점**: 시그모이드 함수와 마찬가지로 입력값이 매우 커지거나 작아질수록 기울기 소실 문제가 발생할 수 있다.
- **활용**: 과거에는 은닉층에서 많이 활용하였으나 ReLU가 등장하면서 활용도가 떨어졌다.

■ Softmax 함수

그래프 형태	주요 특징
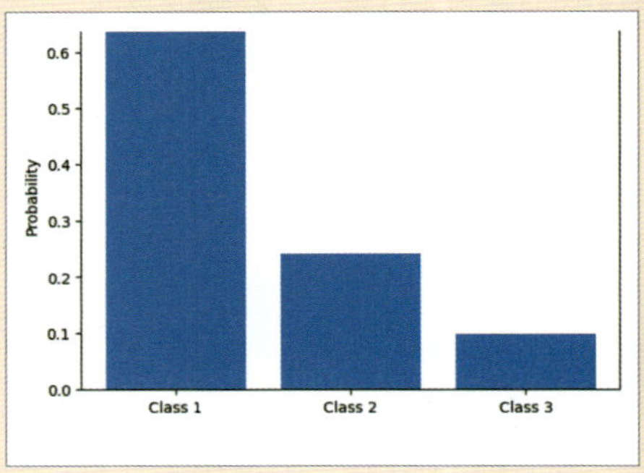	• 수학적 표현: $\sigma(z)_j=\frac{e^{z_j}}{\sum_{k=1}^{k} e^{z_k}}$, $\left(\begin{array}{l} z: \text{입력값} \\ \sigma(z)_j: \text{해당 가중치} \end{array}\right)$ • 출력 범위: 0과 1 사이 • 입력값을 확률값으로 변환하여 모든 출력값의 합은 1이 됨. 입력값의 크기 순서에 따라 출력값의 크기 순서가 유지되고, 가장 큰 입력값에 대해 가장 큰 확률값을 할당함

5 Tanh는 출력이 -1과 1 사이로 0을 중심으로 분포하여, 가중치 업데이트 방향이 다양해지고 학습이 더 효율적으로 진행될 수 있다. 그러나 시그모이드는 출력이 0과 1 사이로 항상 양수이므로 가중치 업데이트 방향이 한쪽으로 치우쳐 학습이 느려질 수 있다.

- **장점**: 다중 분류 문제에서 각 클래스에 대한 확률 분포를 명확하게 제공하여 결과를 해석하기가 용이하다.
- **단점**: 입력값 중 가장 큰 값에 확률이 집중되는 경향이 있어, 모델이 확신이 없는 경우 너무 단정적인 출력을 낼 수 있다.
- **활용**: 다중 분류 문제의 출력층

이처럼 각 활성화 함수의 특징과 장단점을 이해하게 되면 다음과 같은 이점이 있다. 첫째, 어떤 비선형성을 도입하고 출력 범위를 어떻게 조절할지 결정함으로써 문제의 특성에 맞는 모델 설계가 가능해진다. 둘째, 기울기 소실 문제를 피하고 학습 속도를 높이는 활성화 함수를 선택함으로써 효율적인 학습이 가능하다. 셋째, 다양한 활성화 함수를 실험해 보고 주어진 문제에 가장 적합한 함수를 찾아 모델 성능을 최적화할 수 있다. 넷째, 최신 연구 동향을 이해함으로써 새롭게 개발되는 활성화 함수들을 적절히 적용할 수 있는 능력을 갖출 수 있다.

신경망의 학습 파라미터: 가중치와 편향

신경망에서 가중치(weight)와 편향(bias)은 핵심적인 학습 파라미터로, 모델이 입력 데이터를 처리하고 예측을 수행하는 방식을 결정한다. 이 두 요소는 학습 과정에서 반복적으로 조정되며, 신경망이 점점 더 정교한 모델로 발전하는 데 기여한다.

■ 가중치

가중치는 노드 간 연결의 강도를 의미한다. 입력층에서 출력층으로 신호가 전달되는 과정에서 각 연결마다 가중치가 곱해지는데, 이때 가중치는 해당 입력이 결과에 얼마나 중요한지를 조절하는 역할을 한다. 가중치가 크면 해당 입력은 출력에 큰 영향을 미치고, 가중치가 작거나 0에 가깝다면, 영향력은 줄어든다. 가중치가 음수라면 입력이 출력에 부정적인 영향을 미쳐 활성화를 억제하게 된다. 학습 초기에는 가중치가 무작위로 설정되며, 오차를 줄이는 방향으로 반복적으로 조정된다. 이 과정을 통해 신경망은 데이터 속에 숨겨진 규칙을 더욱 잘 포착하게 된다.

■ 편향

편향은 각 노드에 더해지는 상수항으로, 더 유연하게 학습할 수 있도록 입력의 가중합에 더해준다. 편향은 특정 입력이 없더라도 노드가 활성화될 수 있도록 하며, 수학적으로는 선형 방정식 $y=ax+b$에서 절편 b에 해당한다. 편향이 없다면, 가중치와 입력의 곱이 0보다 클 때만 노드가 활성화되므로 표현력이 제한된다.[6] 편향 역시 각 노드마다 하나씩 존재하며, 학습 과정에서 자동으로 조정된다.

6 신경망의 한 노드에서 '$y=ax+b$, (가중치의 곱+편향)'으로 계산하는데, 여기서 편향 b가 없다면 '$y=ax$, (가중치의 곱)'이 되어, 노드는 ax에만 의존하게 된다. 이때 입력이 0이면 출력도 0이 되어 아무것도 학습하지 못하게 된다.

■ 가중치와 편향의 역할

가중치와 편향은 모두 학습 가능한 파라미터(trainable parameters)로, 주어진 입력에 대해 최적의 출력을 생성하기 위해 조정된다. 이 두 요소를 섬세하게 조정함으로써 신경망은 복잡한 데이터 구조를 정확히 인식하고 예측할 수 있게 된다. 예를 들어 딸기를 인식하는 신경망에서 은닉 노드가 딸기 표면의 씨를 감지하도록 학습될 수 있다. 이때 해당 픽셀에는 큰 가중치가 할당되고, 중요하지 않은 부분에는 작은 가중치가 할당된다. 편향은 이러한 특징을 감지해 내는 기준을 설정한다.

신경망의 작동 원리

신경망은 입력 데이터를 기반으로 원하는 출력값을 예측하거나 분류하는 복잡한 함수를 학습한다. 이 과정의 작동 원리는 크게 '정보의 흐름'과 '학습 메커니즘'의 두 가지 관점에서 이해할 수 있다.

■ 정보의 흐름

신경망에 입력으로 데이터가 들어오면 입력층에서 시작해 은닉층을 거쳐 출력층까지 순차적으로 전달된다. 각 층의 노드(또는 뉴런)는 이전 층의 출력을 받아 다음과 같은 연산을 수행한다.

- **가중합(weighted sum) 계산:** 각 입력값에 미리 설정된 가중치(weight)를 곱하고, 편향(bias)을 더해 하나의 값을 만든다. 이는 입력 신호를 선형적으로 결합하는 단계다.
- **활성화 함수(activation function) 적용:** 선형 결합 결과는 비선형 함수(예 Sigmoid, ReLU)를 통과하게 된다. 이러한 비선형성이 있어야 신경망이 단순한 선형 분리 문제를 넘어, 복잡한 패턴이나 비선형 결정 경계를 학습할 수 있다.

이러한 일련의 흐름을 순전파(Forward Propagation)라고 한다. 입력 데이터는 층을 따라 흐르며 점차 변형되고, 최종적으로 출력층에서 예측 결과를 생성한다.

■ 학습 메커니즘

신경망은 단순히 출력을 계산하는 데 그치지 않고, 주어진 데이터에 맞게 스스로 학습한다. 학습 절차는 다음과 같다.

- **오차 계산(Error Calculation):** 출력층에서 얻은 예측값과 실제 정답(레이블)을 비교하여 오차(error)를 계산한다. 이를 통해 현재 신경망이 얼마나 잘못 예측하고 있는지를 확인한다.

- **역전파(Backpropagation)**: 계산된 오차를 기반으로 하여 각 가중치와 편향이 최종 오차에 얼마나 영향을 주었는지를 기울기(gradient) 형태로 계산한다. 이 과정은 연쇄 법칙(Chain Rule)을 활용한 미분을 통해 이루어지며, 네트워크를 역방향으로 거슬러 올라가며 수행하게 된다.
- **최적화(Optimization)**: 계산된 기울기를 바탕으로, 경사 하강법(Gradient Descent) 또는 그 변형 알고리즘을 이용해 가중치와 편향을 조금씩 수정한다. 이를 통해 전체 오차를 줄이고 모델의 예측 성능을 개선한다.

이러한 **순전파 → 오차 계산 → 역전파 → 최적화** 과정을 여러 번 반복(에포크)하면서, 신경망은 점점 더 정확한 예측을 할 수 있도록 학습된다.

참고 에포크

에포크(Epoch)란 전체 학습 데이터를 한 번 모두 사용하여 신경망의 학습 과정을 한 차례 수행하는 것을 의미한다. 예를 들어 학습 데이터가 100개라면, 이 100개를 모두 사용해 '순전파 → 오차 계산 → 역전파 → 최적화'의 과정을 한 번 수행하는 것이 1 에포크에 해당한다.

1 에포크 = 전체 학습 데이터를 한 번 모델에 통과시켜 학습시킨 것

그렇다면 왜 에포크를 여러 번 반복해야 할까? 신경망 모델은 한 번의 학습으로 충분히 학습되지 않기 때문이다. 영어 단어를 외울 때, 한 번만 읽어서는 외우기 힘든 것과 마찬가지다. 신경망 모델도 여러 번 반복 학습을 해야 점점 더 정답에 가까운 예측을 할 수 있게 된다.

학습이 부족할 때 에포크 수(반복 학습)를 늘리면 모델이 점점 더 좋은 예측을 하게 된다. 그러나 에포크 수가 지나치게 많아지면 과적합이 발생할 수 있다. 모델이 학습용 데이터에 과하게 적응하면 새로운 데이터(테스트 데이터)에 대한 일반화 성능이 떨어진다.

시험을 준비하는 학생이 시험 범위 전체를 고르게 공부하지 않고, 자신에게 익숙한 부분만 반복해서 외운다면, 응용 문제가 출제되었을 때 제대로 대응하지 못하고 시험을 망칠 수 있다. 신경망도 마찬가지로, 특정 데이터에만 과도하게 적응하면 실제 환경에서 성능이 저하될 수 있다.

[표 17-1] 에포크 관련 용어[7]

용어	의미
에포크(Epoch)	전체 훈련 데이터를 한 번 다 사용한 학습 주기
배치(Batch)	전체 데이터를 나누어 처리하는 작은 단위(예 32개씩)
스텝(Step)	한 배치를 처리하고 가중치를 업데이트한 횟수
이터레이션(Iteration)	에포크 안에서 일어나는 배치 반복 횟수(에포크 수×배치 수)

7 초급자에게는 필요 없으나, 실습 이후 중급 이상으로 올라가면 모두 필요한 용어다. 에포크, 배치, 스텝, 이터레이션 순으로 더 고급 용어에 해당한다.

순전파

순전파(Forward Propagation)는 신경망이 외부에서 주어진 입력 데이터를 받아 미리 학습된 가중치(weight), 편향(bias), 각 층에 정의된 활성화 함수(activation function)를 순차적으로 적용하여 최종 출력 결과인 예측값을 계산하는 핵심적인 과정이다. 정보의 흐름은 항상 입력층에서 시작되고, 하나 이상의 은닉층을 거쳐 최종 출력층으로 전달된다. 이 과정을 통해 신경망이 입력에 대해 어떤 예측을 내놓는지 계산된다.

■ **입력층(Input Layer)**

입력층은 마치 감각 기관처럼 외부의 원시 데이터(raw data)를 신경망 내부로 받아들이는 첫 관문이다. 각 노드(neuron)는 입력 데이터의 각 특징(feature)에 대응된다. 예를 들어 30×30픽셀의 흑백 이미지는 총 900개의 픽셀값이 입력층의 각 노드에 전달된다. 컬러 이미지라면, 각 픽셀의 RGB 값을 고려한 더 높은 차원의 입력이 된다. 수치형 데이터 분석에서는 성별, 나이, 지역, 선호도 등 테이블 형태의 숫자 데이터가 컬럼별로 입력층 노드에 대응된다. 이때, 입력층의 노드는 별도의 계산을 수행하지 않으며, 입력값을 그대로 다음 층인 첫 번째 은닉층으로 전달하는 역할만 수행한다.

■ **은닉층(Hidden Layers)**

은닉층은 신경망의 실질적인 연산이 이루어지는 부분으로, 하나 이상의 은닉층이 존재할 수 있다. 각 은닉층의 뉴런은 이전 층으로부터 전달받은 신호를 처리하여 추상적인 특징(abstract features)을 추출한다. 각 은닉층의 뉴런은 '가중합 계산' 단계와 '활성화 함수 적용' 단계를 거쳐 정보를 처리한다.[8]

■ **출력층(Output Layer)**

출력층은 앞선 은닉층들의 활성화 값을 받아 최종 예측 결과를 생성한다. 출력층의 구조와 활성화 함수는 해결하려는 문제의 유형에 따라 달라진다.

- **이진 분류(Binary Classification):** 하나의 출력 노드를 사용한다. 주로 Sigmoid 함수를 활용해 입력 데이터가 특정 클래스에 속할 확률 0과 1 사이의 값을 출력한다. (예 출력값이 0.87이면 클래스 1일 확률은 87%)
- **다중 클래스 분류(Multi-class Classification):** 분류할 클래스 수만큼의 출력 노드로 구성된다. 주로 Softmax 함수를 활용하여 각 클래스에 속할 확률 분포를 출력한다. (예 출력값이 [0.1, 0.05, 0.85]이면 3번째 클래스의 예측 확률이 85%로 가장 높음)
- **회귀(Regression):** 하나 또는 여러 개의 출력 노드로 구성된다. 예측하고자 하는 연속적인 값을 직접 출력하며, 일반적으로 활성화 함수를 사용하지 않는 선형 함수를 적용한다. (예 연속적인 값 중에 예측된 키 값이 178cm)

---

8 정보 처리의 두 단계는 '신경망의 작동 원리' 항목에서 '정보의 흐름'에 관한 기술을 참고한다.

이처럼 순전파는 신경망의 모든 층에서 순차적으로 반복되며, 가중치와 편향이 입력된 정보들을 어떻게 조합하고 변형할지를 결정한다. 활성화 함수는 신경망이 복잡하고 비선형적인 패턴을 학습할 수 있도록 돕는다.

역전파

역전파는 오차를 네트워크의 역방향으로 전파하면서 각 파라미터가 최종 오차에 얼마나 기여했는지를 나타내는 기울기를 계산하고, 이를 바탕으로 파라미터를 업데이트하는 핵심적인 알고리즘이다. 진행 과정은 다음과 같다.

1. **순전파:** 입력 데이터를 신경망에 통과시켜 출력층까지 순전파를 수행하고, 최종 예측값을 도출한다.
2. **오차 계산:** 출력층에서 얻은 예측값과 실제 정답(label)을 비교하여 모델의 예측이 얼마나 틀렸는지 수치화하는 손실 함수(loss function)를 통해 계산한다. (예 회귀 문제에서는 MSE, 분류 문제에서는 Cross-entropy 등이 사용됨)
3. **역전파:** 먼저 각 출력 노드의 활성화 함수 출력과 손실 함수 간의 미분을 통해 출력층의 각 파라미터(가중치와 편향)에 대한 손실 함수의 기울기를 계산한다. 다음으로, 계산된 출력층의 기울기를 이용하여, 미분의 연쇄 법칙을 통해 이전 은닉층의 각 파라미터에 대한 손실 함수의 기울기를 계산한다.
4. **가중치와 편향 업데이트:** 계산된 각 파라미터에 대한 기울기를 바탕으로 경사 하강법(Gradient Descent)과 같은 최적화 알고리즘을 사용해 가중치와 편향을 업데이트한다.

정리하면, 역전파는 순전파를 통해 얻은 예측값과 실제 정답 사이의 오차를 기반으로, 신경망 내부의 가중치(weights)와 편향(biases)을 효율적으로 업데이트하여 오차를 줄이는 방향으로 모델을 개선한다.

참고 미분의 연쇄 법칙

미분의 연쇄 법칙(Chain Rule)은 하나의 함수 안에 다른 함수가 포함된 형태인 합성 함수를 미분할 때 사용하는 기본 규칙이다. 예를 들어 $f(g(x))$ 형태의 함수가 있다고 하자.

$\frac{d}{dx}f(g(x))=f(g(x))\cdot g'(x)$이고, 함수의 출력 결과를 y라 하면, 다음이 성립한다.

$$\frac{dy}{dx}=\frac{df}{dg}\cdot\frac{dg}{dx},$$

- $\frac{dy}{dx}$: 전체 함수 $f(g(x))$를 x에 대해 미분한 것
- $\frac{df}{dg}$: 바깥 함수 f를 g에 대해 미분한 것
- $\frac{dg}{dx}$: 안쪽 함수 g를 x에 대해 미분한 것

y를 x에 대해 미분하는 과정은 다음과 같다.

❶ y를 중간 함수 $g(x)$에 대해 미분하고
❷ 그 결과에 $g(x)$를 x에 대해 미분한 값을 곱한다.

이는 x가 조금 변했을 때 $g(x)$가 얼마나 변하는지를 $\frac{dg}{dx}$로 나타내고, 그다음 $g(x)$의 변화가 $f(g(x))$에 얼마나 영향을 미치는지를 $\frac{df}{dg}$로 나타낸다는 의미다. 이 두 미분값을 곱하면, 전체적으로 x의 변화가 y에 미치는 영향을 나타내는 $\frac{dy}{dx}$를 구할 수 있다.

신경망의 역전파 알고리즘에서 손실 함수의 기울기를 계산하여 가중치를 업데이트하는 과정에서 이 연쇄 법칙을 사용한다. 신경망은 여러 개의 층으로 이루어진 복잡한 합성 함수이며, 각 층의 활성화 함수, 가중치 곱셈 등의 연산이 함수의 연결로 표현된다. 이처럼 각 층의 출력이 다음 층의 입력으로 이어지는 구조 속에서, 연쇄 법칙은 각 파라미터가 손실 함수에 미치는 영향을 정확하게 계산하는 데 필수적인 역할을 한다.

경사 하강법

경사 하강법(Gradient Descent)은 손실 함수(loss function)의 값을 최소화하기 위해 가중치(weights)와 편향(biases)을 반복적으로 업데이트하는 기본적인 최적화 알고리즘이다. 손실 함수의 기울기를 계산하여, 기울기가 가리키는 방향의 반대 방향으로 파라미터를 갱신함으로써 손실을 줄이는 방식으로 작동한다. 손실 함수는 모델이 예측한 값과 실제 값 사이의 차이를 수치화하며, 이 차이가 작을수록 모델이 잘 학습되었다고 볼 수 있다.

경사 하강법의 작동 과정을 살펴보면 다음과 같다.

❶ **초기화:** 모델의 파라미터를 임의로 초기화한다. 학습 전이므로 신경망의 가중치 값을 0 또는 작은 랜덤 값으로 설정하여 시작한다.

❷ **기울기 계산:** 모델의 예측값과 실제 값의 차이를 기반으로 손실 함수를 계산하고, 그에 대한 기울기를 구한다. 이 기울기는 손실 함수의 변화율을 나타내며, 각 파라미터가 손실에 미치는 영향을 알려준다. 이를 통해 어떤 방향으로 파라미터를 조정해야 손실을 줄일 수 있는지 판단할 수 있다.

❸ **파라미터 업데이트:** 기울기의 반대 방향으로 파라미터를 업데이트하여, 손실이 줄어드는 방향으로 조정한다.

❹ **반복:** 손실 함수가 최솟값에 수렴할 때까지 이 과정을 반복한다.

경사 하강법을 활용한 모델 학습의 주요 요소는 다음과 같다.

- **학습용 데이터셋(Training Dataset):** 모델이 학습하는 데 사용하는 데이터 집합으로, 이 데이터를 통해 모델은 패턴을 학습하고 예측 능력을 향상시킨다. 데이터가 편향되어 있거나 충분하지 않으면 모델이 잘못된 패턴을 학습할 수 있으므로 모델 학습에서 매우 중요한 요소가 된다.
- **미니배치(Mini-batch):** 전체 데이터를 한 번에 처리하지 않고, 작은 묶음(미니배치)으로 나누어 처리한다. 각 미니배치마다 기울기를 계산하고 파라미터를 업데이트함으로써, 메모리 효율을 높이고 계산 속도를 향상시킨다. 또한 일정 수준의 노이즈가 포함되어 일반화 성능을 높이는 데 도움이 되기도 한다.
- **에포크(Epoch):** 전체 학습 데이터를 한 번 다 사용하는 주기를 에포크라고 한다. 여러 에포크를 거치면서 모델이 점진적으로 학습되고, 반복 학습을 통해 점점 더 정확한 예측을 하게 된다. 단, 에포크 수가 너무 많으면 과적합(overfitting)의 위험이 있으므로 주의해야 한다.
- **최적화 알고리즘(Optimizer):** 경사 하강법 외에도 학습 속도와 안정성을 개선할 수 있는 다양한 알고리즘이 존재한다. 학습은 더 나은 파라미터를 찾아가는 여정과도 같아서, 좋은 옵티마이저를 선택하면 빠르면서도 안정적으로 성능을 향상할 수 있다.
- **학습률(Learning Rate):** 파라미터 업데이트의 크기를 결정하는 중요한 값이다. 학습률이 너무 크면 너무 빠르게 학습되거나 최솟값을 놓칠 수 있고(발산), 너무 작으면 학습 속도가 느려지거나 멈출 수 있다(느린 수렴 혹은 정지). 그러므로 적절한 학습률 설정은 성공적인 학습을 위한 핵심 요소가 된다.

SECTION

17.3 신경망 모델의 설계

인공지능 모델의 핵심은 신경망의 구조와 설계에 있다. 단층 구조에서 퍼셉트론을 거쳐 다층 신경망으로 확장되는 과정을 살펴보면, 인공지능이 점차 지능적으로 발전하는 모습을 이해할 수 있다. 이러한 과정을 파악하면 문제에 적합한 신경망을 설계하고 성능을 최적화하는 감각을 기를 수 있다.

단층 신경망

단층 신경망(Single-Layer Neural Network)은 입력층과 출력층의 단 2개 층으로 구성된, 가장 기본적인 형태의 신경망 구조다. 중간에 은닉층이 존재하지 않는 것이 특징이다.

■ 구조

- **입력층:** 외부로부터 입력 데이터를 받아들이는 층이다. 각 입력 특징(feature)은 입력층의 각 노드에 대응된다.
- **출력층:** 입력층에서 전달된 정보를 기반으로 최종 예측 결과를 생성하는 층이다. 출력층의 노드 수와 활성화 함수는 해결하고자 하는 문제의 유형에 따라 결정된다.

■ 작동 방식

1. 입력층의 각 노드는 입력 데이터의 특징값을 받고, 각 입력 노드는 출력층의 모든 노드와 연결되어 있으며, 각 연결에는 가중치(weight)가 할당된다.
2. 출력층의 각 노드는 연결된 입력 노드의 값과 해당 가중치의 곱을 모두 합산하고, 편향(bias) 값을 더한다. 이렇게 계산된 값이 해당 출력 노드의 가중합(weighted sum)이 된다.
3. 각 출력 노드의 가중합은 활성화 함수(activation function)를 통과하여 최종 출력값을 생성한다.

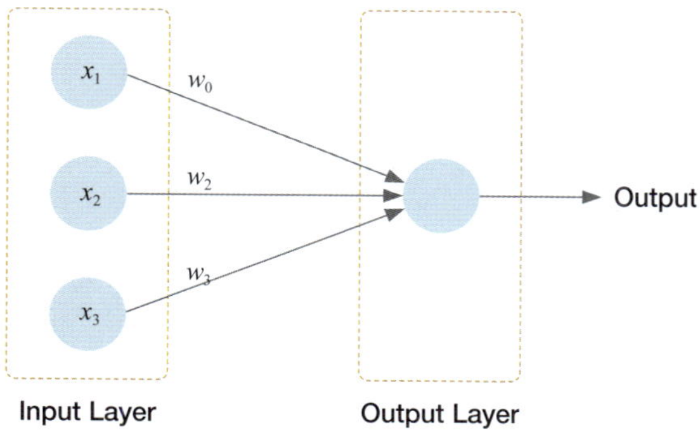

[그림 17-3] 단층 신경망

■ 특징

구조가 가장 단순하다. 선형적인 결정 경계만 학습할 수 있고, 입력 데이터를 선형적으로 구분할 수 있는 문제만 해결할 수 있다. 은닉층이 없어 입력 데이터의 복잡한 특징을 추출하고 조합하는 능력이 부족하므로 XOR 문제처럼 비선형적인 결정 경계가 필요한 문제는 해결할 수 없다.

퍼셉트론 모델

퍼셉트론(Perceptron) 모델은 1950년대 후반 프랑크 로젠블라트(Frank Rosenblatt)가 처음 제안한 단층 신경망의 한 형태다. 이 모델은 특히 이진 분류(binary classification) 문제를 해결하기 위해 설계되었다.[9]

■ 구조

- **입력층:** 입력 특징(feature)들을 받아들이는 각 노드는 실수 값을 입력받는다.
- **가중치:** 각 입력 노드와 출력 노드를 연결하는 연결 강도를 나타내는 값이며, 각 입력 특징의 중요도를 반영한다.
- **출력층:** 하나의 뉴런으로 구성되어 있다. 입력값들과 가중치 곱의 합에 편향(bias)을 더한 후, 활성화 함수를 적용하여 일반적으로 0/1, 또는 -1/1의 최종 이진 분류 결과를 출력한다.

9 모든 퍼셉트론은 단층 신경망으로 분류될 수 있지만, 모든 단층 신경망이 반드시 초기 형태의 퍼셉트론과 완전히 동일한 것은 아니다. 활성화 함수의 종류나 적용 분야에 따라 약간의 차이가 존재할 수 있다. 그러나 구조적으로는 하나의 출력층만 가지는 동일한 형태이므로, 일반적인 맥락에서는 '단층 신경망'과 '퍼셉트론'을 동일한 개념으로 이해해도 무방하다. 다만, '퍼셉트론'이라는 용어는 역사적 배경이나 초기 인공 신경망 모델을 강조할 때 더 자주 사용되는 경향이 있다.

■ 작동 방식

❶ $X=[x_1, x_2, x_3, \cdots, x_n]^T$의 입력 벡터가 퍼셉트론에 주어진다.[10]

❷ 각 입력 x_i에 해당하는 가중치 w_i를 곱하고, 편향 b를 더하여 가중합 z를 계산한다.
$z=\sum_{i=1}^{n}(w_i \cdot x_i)+b=W^TX+b$ (이때, $W=[w_1, w_2, w_3, \cdots, w_n]^T$는 가중치 벡터)

❸ 계산된 가중합 z를 스텝함수나 부호함수와 같은 활성화 함수에 입력하여 최종 출력값을 결정한다.

스텝함수: $f(z)=\begin{cases} 0 & \text{if } z<0 \\ 1 & \text{if } z \geq 0 \end{cases}$

부호함수: $f(z)=\begin{cases} -1 & \text{if } z<0 \\ 1 & \text{if } z \geq 0 \end{cases}$

■ 특징

구조가 단순하고 이해하기 쉽다. 또한 선형 분리 가능(linearly separable)한 데이터는 수렴하여 정확한 분류 결과를 낼 수 있음이 증명되었다. 그러나 단층 구조로는 비선형적인 결정 경계를 만들 수 없기 때문에 XOR 문제처럼 비선형 분리 불가능(non-linearly separable)한 데이터는 수렴하지 못하고 학습에 실패한다.

참고 XOR 문제와 단층 신경망의 한계

XOR(Exclusive OR) 문제는 2개의 이진 입력(0 또는 1)에 대해 입력값이 서로 다를 때만 1을 출력하고, 같을 때는 0을 출력하는 논리 연산이다.

[표 17-2] XOR의 출력

x_1	x_2	$y=XOR(x_1, x_2)$
0	0	0
0	1	1
1	0	1
1	1	0

XOR 문제의 입력값 (0, 0), (0, 1), (1, 0), (1, 1)을 2차원 평면에 점으로 나타내면 [그림 17-4]와 같다.

10 $X=[x_1, x_2, x_3, \cdots, x_n]^T$에서 X는 벡터의 이름, $[x_1, x_2, x_3, \cdots, x_n]$은 벡터의 성분, $x_1, x_2, x_3, \cdots, x_n$은 각각의 스칼라 값, ^{T}는 전치(transpose) 연산자를 나타낸다. 일반적으로 입력과 가중치는 열 벡터나 행 벡터로 표현된다.

그림에서 4개의 점을 하나의 직선으로 클래스 0과 클래스 1로 완벽하게 분리하는 것은 불가능하다. 어떤 직선을 그려도 클래스 0에 속하는 두 점과 클래스 1에 속하는 두 점을 서로 다른 영역으로 깔끔하게 나눌 수 없다.

단층 퍼셉트론으로 XOR 문제를 학습시키려고 시도하면, 모델은 가중치와 편향을 아무리 조정해도 수렴하지 못하고 계속해서 오차를 발생시킨다. 학습 규칙에 따라 가중치가 업데이트되지만, 결국 데이터의 비선형적인 특성을 선형 모델로 표현하는 데 한계에 부딪혀 학습에 실패한다. 이러한 단층 신경망의 한계를 극복하고 더 복잡한 문제를 해결하기 위해 다층 신경망 구조가 도입되었다.

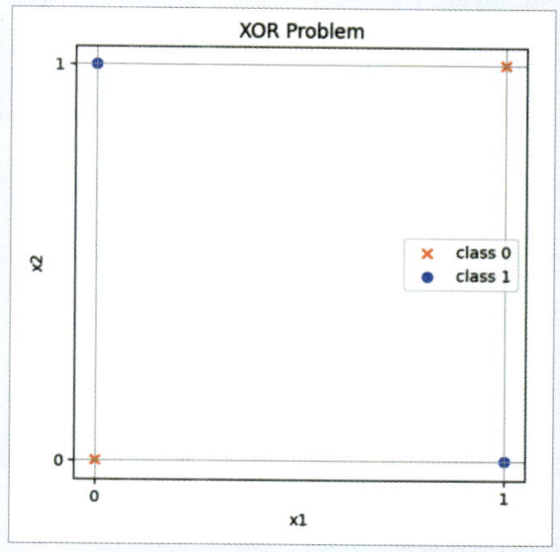

[그림 17-4] XOR의 시각화

다층 신경망

다층 신경망(Multi-Layer Neural Network, MLNN)은 입력층과 출력층 사이에 하나 이상의 은닉층을 포함하는 신경망 구조다. 단층 신경망이 가진 선형적인 결정 경계의 한계를 극복하고, 비선형적인 관계를 학습하여 더 복잡한 문제를 해결할 수 있도록 설계하였다.

▪ 기본 구조와 정보의 흐름

다층 신경망은 일반적으로 다음과 같은 층들로 구성된다.

- **입력층**: 외부로부터 입력 데이터를 받아들인다.
- **은닉층**: 입력층과 출력층 사이에 위치하며 하나 이상의 층으로 구성된다. 각 은닉층은 여러 개의 노드(node) 또는 뉴런(neuron)으로 이루어져 있으며, 데이터의 중간 표현을 추출한다.
- **출력층**: 신경망의 최종 예측 결과를 생성한다.

데이터는 입력층에서 시작하여 첫 번째 은닉층을 거쳐서 이후 은닉층들을 순차적으로 통과한 뒤 출력층에 도달한다. 각 층의 뉴런은 이전 층의 모든 뉴런과 가중치(weight)로 연결되어 있으며, 다음 과정을 반복한다.

❶ 이전 층의 출력값×가중치
❷ 모든 값을 더한 후 편향(bias) 추가
❸ 결과에 활성화 함수(activation function)를 적용한 후, 다음 층으로 전달

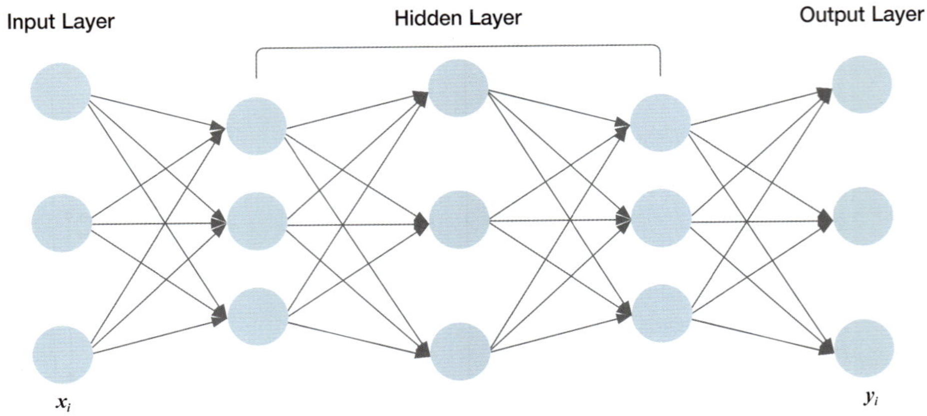

[그림 17-5] 다층 신경망

■ 은닉층의 역할

은닉층은 입력 데이터를 비선형적으로 변형하고 재구성하는 핵심 구성 요소로, 다음과 같은 기능을 수행한다.

- **특징 추출**(Feature Extraction): 각 은닉층의 뉴런은 입력 신호를 가중치와 편향을 통해 조합하고, 활성화 함수를 적용하여 새로운 추상적인 특징을 추출한다. 첫 번째 은닉층은 기본적인 저수준 특징을 추출하고, 이후 은닉층은 이를 결합하여 고수준의 의미 있는 특징을 형성한다. 예를 들어 이미지 분류에서 초기 은닉층은 선, 모서리, 점 등을 감지하고, 중간 은닉층은 눈, 코, 입 등 얼굴의 각 부분을 인식하며, 후기 은닉층은 전체 얼굴을 인식하여 사람을 분류한다.
- **비선형 변환**(Non-linear Transformation): 은닉층은 단순한 선형 조합만으로는 표현할 수 없는 복잡한 데이터 구조를 학습하기 위해 비선형성(nonlinearity)을 추가한다. 활성화 함수가 없다면 여러 층을 쌓아도 결국 하나의 선형 함수로 단순화되므로, 비선형 활성화 함수는 다층 구조가 의미 있는 학습을 수행하는 데 필수적이다.
- **중간 표현**(Intermediate Representation) **학습**: 은닉층은 입력 데이터를 최종 출력으로 변환하기 위한 중간 표현을 학습한다. 이를 통해 데이터의 패턴·구조·의미를 점진적으로 반영하여 다음 층으로 전달한다.
- **문제 해결 능력 향상**(Enhanced Problem-Solving Capacity): 은닉층은 입력 데이터를 새로운 표현 공간으로 매핑함으로써, XOR 문제와 같은 선형 분리 불가능한 문제를 선형적으로 분리할 수 있게 한다. 이로 인해 단층 신경망으로는 해결할 수 없던 문제들도 다층 구조에서는 해결할 수 있게 된다.

■ 은닉층 설계 요소

다층 신경망의 성능과 학습 효율은 은닉층의 구성에 크게 영향을 받는다.

- **개수(층의 깊이)**: 은닉층이 많을수록 모델의 복잡도가 증가하여 더 정교한 패턴을 학습할 수 있지만, 층이 너무 많으면 과적합(overfitting)이나 기울기 소실(vanishing gradient) 등의 문제가 발생할 수 있다.
- **노드 수(층의 넓이)**: 각 은닉층의 노드 수가 적으면 학습이 제한되고, 너무 많으면 불필요한 복잡도와 과적합 위험이 커진다. 노드 수는 해당 층이 학습할 수 있는 정보의 양과 다양성에 영향을 준다.

참고 은닉층의 역할에 대한 이해

객관식 문제를 풀이할 때, 일반적인 암기 과목은 문제를 읽자마자 바로 정답을 선택할 수 있지만, 수학 문제는 그렇지 않다. 문제를 읽고, 풀이 방법을 떠올리고, 계산 과정을 거쳐야 비로소 정답을 도출할 수 있다. 은닉층도 이와 유사하다. 입력층은 문제를 읽는 단계에 해당하고, 은닉층은 그 문제를 분석하고 계산하는 과정이며, 출력층은 최종적으로 정답을 선택하는 단계에 해당한다.

딥러닝(Deep Learning)이라는 용어에서 '딥(Deep)'은 바로 이 은닉층을 여러 겹 쌓은 구조에서 유래한 것이다. 층이 깊어질수록 모델은 더 복잡하고 추상적인 개념을 학습할 수 있으며, 이를 통해 이미지, 음성, 언어 등과 같은 고차원 데이터에 대해 높은 성능으로 문제를 해결할 수 있게 된다.

■ 보편적 근사 정리

다층 신경망의 강력한 이론적 근거 중 하나는 보편적 근사 정리(Universal Approximation Theorem)다. 이 정리에 따르면 **충분한 수의 뉴런을 가진 은닉층 하나만 있어도, 임의의 연속적인 함수는 원하는 정밀도로 근사할 수 있다.** 즉, 신경망은 이론적으로 어떤 복잡한 함수든 근사할 수 있는 표현 능력을 갖추고 있다는 의미다. 물론 실제 문제에서는 층의 깊이, 노드 수, 가중치 초기화, 학습률 등 다양한 요소들이 모델의 성능에 영향을 미치지만, 이 정리는 신경망이 함수 근사라는 관점에서 매우 강력한 잠재력을 지닌 구조임을 수학적으로 뒷받침해 준다.

SECTION 17.4 신경망 학습의 핵심 기법과 흐름

신경망이 학습하는 과정(Training a Neural Network)은 사람이 문제 해결 능력을 키워가는 과정과 비슷하다. 주어진 데이터를 통해 모델 내부의 가중치(weights)와 편향(biases)을 정교하게 조정하여, 원하는 출력을 생성하도록 최적화하는 것이다. 이 학습 과정을 가능하게 하는 핵심 기법들을 먼저 학습해야 한다.

신경망 학습 기법

■ 경사 하강법

경사 하강법(Gradient Descent)은 17.2절에서 기본적인 내용을 다룬 바 있다. 신경망 학습에서 가장 기본적인 최적화 알고리즘으로, 모델의 예측 오류를 나타내는 손실 함수(loss function)의 값을 최소화하는 방향으로 파라미터를 업데이트하는 방식이다. 마치 산에서 가장 낮은 지점을 찾아 천천히 내려가는 것처럼, 손실 함수에서 기울기(gradient)의 반대 방향으로 조금씩 이동하며 최적의 해답에 다가가는 원리다. 이를 다음과 같이 표현할 수 있다.

$$W_n = W_o - \eta \nabla L(W_o), \quad \begin{pmatrix} W_n\text{: 새로운 가중치} \\ W_o\text{: 해당 가중치} \\ \eta\text{: 학습률} \\ L(W_o)\text{: 손실 함수} \\ \nabla L(W_o)\text{: 경사(gradient, 기울기)} \end{pmatrix}$$

■ 경사 하강법의 변형

경사 하강법은 데이터 처리 방식에 따라 다음과 같은 변형이 존재한다.

- **배치 경사 하강법(Batch Gradient Descent):** 전체 학습 데이터를 한꺼번에 사용해 기울기를 계산한다. 안정적으로 학습이 진행되지만, 대용량 데이터라면 계산 비용이 매우 커진다.
- **확률적 경사 하강법(Stochastic Gradient Descent, SGD):** 매 반복마다 하나의 데이터를 무작위로 선택하여 기울기를 계산하고 파라미터를 업데이트한다. 계산 속도는 빠르지만, 방향이 불안정하여 손실 함수가 진동할 수 있다.

- **미니배치 경사 하강법(Mini-batch Gradient Descent):** 전체 데이터를 소규모 배치로 나누어 각 배치마다 기울기를 계산한다. 배치 방식과 확률적 방식의 장점을 절충한 방식으로, 딥러닝에서 가장 널리 사용된다. 신경망을 한 번 학습하는 데 사용되는 데이터 샘플의 개수를 배치 크기라고 하는데, 일반적인 배치 크기는 32, 64, 128 등이며, 배치 크기별로 기울기를 계산하고 가중치를 업데이트한다.

■ 학습률 설정

학습률(Learning Rate)은 경사 하강법의 성능에 직접적인 영향을 주는 하이퍼파라미터다. 학습률이 너무 크면 손실 함수가 최솟값을 지나쳐버리거나 발산할 수 있고, 너무 작으면 학습 속도가 매우 느려지거나 최적점에 도달하지 못할 수 있다.

학습률 조정 방식은 실험적 조정과 동적 조정으로 나눌 수 있다. 실험적 조정은 사람이 직접 여러 값을 시도해 보면서 가장 잘 작동하는 학습률을 찾는 방식으로 고정된 학습률을 사용한다. 반면, 동적 조정은 학습이 진행됨에 따라 학습률을 자동으로 조정하는 학습률 스케줄링 기법이다. 초기에는 큰 학습률로 빠르게 학습하고, 후반에는 작은 학습률로 정밀하게 조정하는 방식이 대표적이다.

■ 옵티마이저

옵티마이저(Optimizer)는 손실(loss)을 줄이기 위해 가중치를 어떻게 조정할지를 결정하는 알고리즘이다. 기본 경사 하강법을 개선하여 더 빠르고 안정적인 수렴을 가능하게 하기 위해 다양한 옵티마이저가 개발되었다. 대표적인 옵티마이저는 다음과 같다.

- **Adam(Adaptive Moment Estimation):** 이전의 변화량(모멘텀)과 현재의 기울기를 모두 고려해서 가중치를 업데이트하는 방식이다. 파라미터마다 학습률을 자동으로 조절하며, 안정적이고 빠르게 학습이 진행된다. 하이퍼파라미터 튜닝에 덜 민감하고, 대부분의 문제에서 잘 작동하므로, 넓고 복잡한 신경망 구조에 매우 적합하다. 그러나 최적값 근처에서 너무 빠르게 수렴하여 진짜 최적점을 지나칠 수 있으며, 일반화 성능이 떨어지는 경우도 있다.
- **SGD(Stochastic Gradient Descent, 확률적 경사 하강법):** 데이터를 1개씩 뽑아서 매번 가중치를 업데이트하는 방식이다. 빠르게 학습을 시작할 수 있고 메모리 효율이 좋지만, 값이 너무 들쭉날쭉해서 최적값 근처에서도 계속 요동칠 수 있다.
- **RMSprop(Root Mean Square Propagation):** 최근 기울기들을 지수적으로 평균 내어, 변화가 큰 방향은 학습률을 줄이고, 변화가 적은 방향은 늘리는 방식이다. RMSprop은 학습이 불안정한 문제, 특히 순환 신경망(RNN)에서 매우 잘 작동하지만, 하이퍼파라미터 튜닝이 Adam보다 까다로운 편이다.

■ **손실 함수**

신경망은 어떤 이미지를 보고 '강아지'라고 판단하거나, 날씨 정보를 보고 '비가 올 확률은 70%'라고 추정하는 예측을 한다. 이 예측이 얼마나 맞았는지, 틀렸는지를 평가해야만 다음 학습을 할 수 있다. 이때 '얼마나 틀렸는지'를 수치로 표현해 주는 것이 손실 함수(Loss Function)다. 손실 함수는 문제 유형에 따라 다르게 선택된다.

- **회귀 문제인 경우:** MSE(평균제곱오차) 사용. MSE는 예측값과 실제 값의 차이를 제곱해서 평균을 계산한다. 오차가 클수록 훨씬 더 큰 손실을 주므로, 큰 실수를 강하게 벌주는 방식이다. (예 집값, 온도 등 연속적인 숫자 값 예측)
- **분류 문제인 경우:** Cross-Entropy Loss(교차 엔트로피 손실) 사용. 이 함수는 신경망이 출력한 확률 분포와 실제 정답의 분포가 얼마나 다른지를 계산한다. 예측이 틀릴수록 손실이 커지며, 특히 확신하고 틀렸을 때 큰 벌점을 준다. (예 고양이 vs 강아지 분류 등 클래스 구분)

신경망은 손실 함수로부터 확인되는 오차 정도를 기반으로 학습하며, 손실이 작아지도록 가중치를 조정한다. 이 과정은 경사 하강법과 옵티마이저를 통해 반복적으로 수행되며, 점차 더 정확한 모델로 발전하게 된다.

SECTION
17.5 신경망 실습

이제 분류 문제와 회귀 문제로 나누어 신경망 모델을 설계해 보자. 각각 기본 분석과 고급 분석으로 나누어 단계적으로 학습한다.

NN이 적용된 코드의 흐름 이해

아래에 제시한 파이썬 코드는 분류 문제와 회귀 문제에 대한 NN의 흐름을 이해하기 위한 코드다. 본격적인 실습에 들어가기 전에, NN을 적용한 코드가 어떤 흐름으로 진행되는지 살펴보기 바란다.

NN의 코드 흐름

분류(MLPClassifier)

```
# 필요한 라이브러리
from sklearn.neural_network import MLPClassifier
from sklearn.datasets import make_classification
from sklearn.model_selection import train_test_split
from sklearn.metrics import accuracy_score

# 데이터 생성
X, y = make_classification(
    n_samples=1000,
    n_features=20,
    random_state=42
)
X_train, X_test, y_train, y_test = train_test_split(
    X,
    y,
    test_size=0.3
)


# 신경망 분류 모델 (MLPClassifier)
mlp = MLPClassifier(hidden_layer_sizes=(50,), max_
iter=1000, random_state=42)

# 모델 학습
mlp.fit(X_train, y_train)

# 예측
y_pred_mlp = mlp.predict(X_test)

# 평가
print('신경망 정확도:', accuracy_score(y_test, y_pred_
mlp))
```

회귀(MLPRegressor)

```
# 필요한 라이브러리
from sklearn.neural_network import MLPRegressor
from sklearn.datasets import make_regression
from sklearn.model_selection import train_test_split
from sklearn.metrics import mean_squared_error

# 데이터 생성
X, y = make_regression(
    n_samples=1000,
    n_features=20,
    noise=0.1,
    random_state=42
)
X_train, X_test, y_train, y_test = train_test_split(
    X,
    y,
    test_size=0.3,
    random_state=42
)

# 신경망 회귀 모델 (MLPRegressor)
mlp_regressor = MLPRegressor(hidden_layer_sizes=(50,),
max_iter=1000, random_state=42)

# 모델 학습
mlp_regressor.fit(X_train, y_train)

# 예측
y_pred_mlp = mlp_regressor.predict(X_test)

# 평가
mse = mean_squared_error(y_test, y_pred_mlp)
print('신경망 회귀 모델의 평균제곱오차(MSE):', mse)
```

분류 문제 실습 1: 기본 분석

이제 실습을 통해 분류 문제에 대한 분석을 진행해 보자.

연구문제

사람들은 음악을 들을 때, 당시의 기분이나 상황에 따라 선호하는 음악 장르가 달라진다. 사람의 나이, 현재 기분, 시간대, 이전에 들은 음악 장르 등의 정보를 바탕으로, 사용자에게 잘 맞는 플레이리스트를 예측하는 신경망 모델을 설계해 보자.

▶ 실습파일 | nn_music.csv

변수명	데이터 타입	설명
age	연속형	나이
mood	범주형	감정 상태(기쁨, 행복, 우울 등)
time_of_day	범주형	하루 중 시간대(아침, 점심, 저녁 등)
prev_genre	범주형	이전 장르, 장르 코드
target_playlist	범주형	목표 플레이리스트, 카테고리 번호

1 필요한 라이브러리 가져오기

NN의 분류 문제를 해결하기 위해 다음 라이브러리를 임포트한다.

```
import pandas as pd
import numpy as np
import seaborn as sns
from sklearn.model_selection import train_test_split, GridSearchCV
from sklearn.preprocessing import StandardScaler, OneHotEncoder
from sklearn.compose import ColumnTransformer
from sklearn.pipeline import Pipeline
from sklearn.neural_network import MLPClassifier
from sklearn.metrics import accuracy_score, confusion_matrix, classification_report
import matplotlib.pyplot as plt
```

[그림 17-6] 라이브러리 임포트하기

2 데이터 불러오기

데이터 파일 **nn_music.csv**를 불러와서 **data**로 정의한다.

```
data = pd.read_csv('./source/nn_music.csv')
```

[그림 17-7] 데이터 불러오기

3 변수 분리

입력 변수 **age**, **mood**, **time_of_day**, **prev_genre**와 출력 변수 **target_playlist**를 **X**와 **y**로 구분한다.

```
X = data[['age', 'mood', 'time_of_day', 'prev_genre']]
y = data['target_playlist']
```

[그림 17-8] 변수 분리

4 데이터 전처리(표준화, 범주형 변수 원-핫 인코딩)

모델에 데이터를 입력하기 전에 필요한 전처리 과정을 정의하기 위해 **ColumnTransformer**를 사용하면, 각 열마다 서로 다른 전처리 방식을 적용할 수 있다. **age** 열은 숫자형 데이터이므로 **StandardScaler**를 이용해 정규화한다. 이를 통해 age 값을 평균이 0이고 표준편차가 1인 형태로 변환함으로써, 모델 학습 시 특정 변수의 크기 차이로 인한 영향을 줄인다. **mood, time_of_day, prev_genre**와 같은 열은 범주형 데이터이므로 **OneHotEncoder**를 사용하여 각 범주를 이진 벡터로 변환한다. 이렇게 하면 모델이 범주 간의 순서나 크기를 잘못 해석하는 것을 막을 수 있다.[11]

```
preprocessor = ColumnTransformer(
    transformers=[
        ('num', StandardScaler(), ['age']),
        ('cat', OneHotEncoder(), ['mood', 'time_of_day', 'prev_genre'])
    ])
```

[그림 17-9] 표준화와 원-핫 인코딩

5 데이터 분할

2분할: **train_test_split()** 함수를 사용하여 전체 데이터의 80%를 학습용 데이터(**X_train_2, y_train_2**)로, 나머지 20%를 테스트 데이터(**X_test_2, y_test_2**)로 나눈다.

3분할: **train_test_split()** 함수를 사용하여 전체 데이터 60%를 학습용 데이터(**X_train, y_train**)로, 나머지 40%를 임시 데이터(**X_temp, y_temp**)로 나눈다. 이어서 임시 데이터를 검증용 데이터(**X_val, y_val**)와 테스트 데이터(**X_test, y_test**)로 다시 분할한다.

2분할

```
X_train_2, X_test_2, y_train_2, y_test_2 = train_test_split(X, y,
                                                            test_size=0.2,
                                                            stratify=y,
                                                            random_state=42
                                                            )
```

3분할

```
X_train, X_temp, y_train, y_temp = train_test_split(X, y,
                                                    test_size=0.4,
                                                    stratify=y,
                                                    random_state=42
                                                    )
X_val, X_test, y_val, y_test = train_test_split(X_temp, y_temp,
                                                test_size=0.5,
                                                stratify=y_temp,
                                                random_state=42
                                                )
```

[그림 17-10] 데이터 분할

11 morning, afternoon, evening과 같은 시간대 정보를 단순히 숫자로 표현할 경우 잘못된 순서 관계를 유추할 수 있지만, 원-핫 인코딩을 사용하면 각 범주는 독립적인 속성으로 처리된다.

6 MLP 모델 생성

2분할: **mlp_2**는 기본 설정에 가까운 다층 퍼셉트론(MLP) 분류기를 정의한다. **random_state=42**로 학습의 재현성을 확보하고, **max_iter=500**으로 최대 500번의 반복(epoch) 동안 학습한다. 이는 기본값(200)보다 학습 횟수를 늘려서 더 나은 수렴 가능성을 확보하기 위한 설정이다. 나머지 설정은 모두 기본값을 사용한다.[12]

3분할: **mlp_3**는 더 정교하고 우수한 성능을 내기 위한 MLP 분류기다. 이 모델은 2개의 은닉층을 가지며, 첫 번째 층은 **128**개, 두 번째 층은 **64**개의 뉴런으로 구성되어 있다. 따라서 단일 은닉층보다 더 복잡한 관계를 학습할 수 있다. 활성화 함수로는 마찬가지로 **relu**가 사용되며, 최적화 알고리즘은 **adam**으로 한다. 초기 학습률을 **0.01**로 높여 빠른 수렴을 유도하고, 정규화 항(**alpha**)은 **0.001**로 설정하여 과적합 위험을 줄인다. 학습 반복 횟수는 최대 **1000**번으로 길게 설정하고, **verbose=True** 옵션을 통해 학습 과정을 실시간으로 출력한다.[13]

2분할

```
mlp_2 = MLPClassifier(random_state=42, max_iter=500)
```

3분할

```
mlp_3 = MLPClassifier(hidden_layer_sizes=(128, 64),
                      activation='relu',
                      solver='adam',
                      alpha=0.001,
                      learning_rate_init=0.01,
                      max_iter=1000,
                      random_state=42,
                      verbose=True
                      )
```

[그림 17-11] MLP 모델 생성

---

12 기본 설정은 다음과 같다. 기본 설정값은 명시적으로 코딩하지 않아도 자동 적용된다.

- 은닉층(hidden layer): 1개, 기본 크기는 (100,)
- 활성화 함수: relu
- 최적화 알고리즘: adam
- 초기 학습률: 0.001
- 정규화 항(alpha): 0.0001

은닉층 설정 방법은 다음과 같다.

- hidden_layer_sizes=(100,): 은닉층 1개, 뉴런 100개 → 기본값
- hidden_layer_sizes=(128, 64): 은닉층 2개, 첫 번째 층에 128개, 두 번째 층에 64개
- hidden_layer_sizes=(50, 30, 10): 은닉층 3개, 각 층에 50, 30, 10개의 뉴런

13 앞선 장들에서 2분할/3분할의 기본 학습기, 3분할 수동 튜닝, 3분할 자동 튜닝 과정을 통합적으로 학습하였다. 또한 '라이브러리 임포트하기, 파일 불러오기, 변수 분리, 데이터 분할, 모델의 생성과 학습 및 평가의 과정' 순으로 실습 과정을 거쳤다. 신경망 학습에서도 순서는 같지만 변수를 생성하고 정의하는 과정에서 약간의 차이가 있으므로, 기본적인 흐름을 파악한 후 고급 신경망 분석을 학습하도록 한다.

7 파이프라인 구성

pipeline은 머신러닝의 작업 흐름을 설정하며, 전체 과정을 두 단계로 나누어 순차적으로 실행되게 한다.

[1단계] 데이터 전처리: ColumnTransformer를 기반으로 구성한 **preprocessor** 객체를 사용하여, 다양한 형식의 입력 데이터를 머신러닝 모델이 처리하기에 적합한 형태로 변환한다. 수치형 데이터인 age는 StandardScaler를 통해 정규화하고, 범주형 데이터인 mood, time_of_day, prev_genre는 OneHotEncoder를 통해 원-핫 인코딩한다.

[2단계] 분류 모델 정의: **classifier**로, **mlp**라는 이름의 다층 퍼셉트론 분류기를 사용한다. 이 분류기는 기본값에 가까운 설정으로 작동한다. 은닉층이 하나이고, 100개의 뉴런으로 구성되어 있으며, 최대 500번의 반복을 통해 학습이 진행된다.

이처럼 구성된 pipeline은 학습 데이터가 들어오면 자동으로 전처리를 수행한 후, 그 결과를 분류 모델에 전달하여 예측을 수행한다. 이처럼 일련의 흐름을 하나의 객체로 통합하여 코드의 간결성과 재현성을 높일 수 있으며, 특히 교차검증이나 하이퍼파라미터 튜닝과 같은 작업을 할 때도 일관된 방식으로 적용할 수 있다는 장점이 있다.[14]

```
pipeline_♻ = Pipeline(steps=[
    ('preprocessor', preprocessor),
    ('classifier', mlp_♻)
])
```

[그림 17-12] pipeline 구성

8 모델 학습

pipeline은 앞서 정의한 전처리기 preprocessor와 분류기 mlp를 순차적으로 연결한 머신러닝 작업 흐름이다. **fit()** 메서드를 호출하여 학습용 입력 데이터 **X_train**과 정답 레이블 **y_train**을 전달하면, 파이프라인 내부의 모든 단계가 자동으로 실행된다. 먼저, **X_train**은 **preprocessor**를 통해 전처리된다. 이때 수치형 데이터는 표준화되고, 범주형 데이터는 원-핫 인코딩으로 변환된다. 전처리가 완료되면 그 결과가 **mlp** 분류기로 전달되어 모델 학습이 진행된다.

2분할:

```
pipeline_2.fit(X_train_2, y_train_2)
```

```
C:\Program Files\Python312\Lib\site-packages\sklearn\neural_network\_multilayer_perceptron.
py:781: ConvergenceWarning: Stochastic Optimizer: Maximum iterations (500) reached and the
optimization hasn't converged yet.
  warnings.warn(
```

[그림 17-13] 2분할 데이터의 모델 학습

14 이모지 ♻에 2, 3을 입력하여 2분할, 3분할을 구분한다.

참고 신경망 학습의 경고 메시지

[그림 17-13]의 경고 메시지는 신경망 모델의 가중치를 조정하여 예측값과 실제 값의 오차를 최소화하는 최적화 알고리즘 lbfgs가 설정된 최대 반복 횟수(500)에 도달했음에도 아직 수렴하지 못하고(최적의 해를 찾지 못하고) 지정된 횟수만큼 반복만 수행한 채 종료되었다는 의미다. 이런 문제가 발생하는 원인은 다양하지만, 대표적으로 다음과 같은 문제를 생각할 수 있다.

- **불충분한 max_iter:** 반복 횟수가 너무 적게 설정되어 모델이 충분히 학습하지 못함
- **데이터 스케일 차이:** 입력 특성(feature) 간의 스케일 차이가 커서 수렴이 안 됨
- **학습률:** 학습률이 너무 크면 알고리즘이 수렴하지 못하고, 너무 작으면 수렴 속도가 느려지거나 지역 최솟값(local minimum)에 갇힘
- **복잡한 모델:** 층이 많거나 각 층의 뉴런 수가 많으면 학습이 더 어렵고 더 많은 반복 횟수가 필요함
- **복잡한 데이터:** 입력 특성과 목표변수 간의 관계가 복잡하면 적절한 해를 찾기가 어려움

이에 대한 일반적인 해결 방법은 [그림 17-11]의 max_iter 값을 늘려서 분석을 진행하는 것이다. 일반적으로 1000~2000 정도로 설정하면 해결되는 경우가 많다.[15]

```
mlp_2 = MLPClassifier(random_state=42, max_iter=1000)
pipeline_2 = Pipeline(steps=[
    ('preprocessor', preprocessor),
    ('classifier', mlp_2)
])
pipeline_2.fit(X_train_2, y_train_2)
```

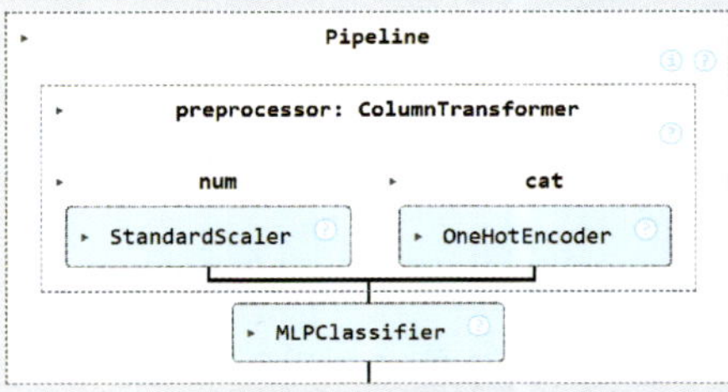

[그림 17-14] **경고 메시지를 해결한 모델 학습**

추가적인 해결 방법은 다음과 같다.

- **early_stopping=True 설정:** 학습용 데이터의 일부를 검증용으로 사용하여, 성능이 더 이상 개선되지 않으면 학습을 조기 종료함
  예 mlp = MLPClassifier(random_state=42, max_iter=1000, early_stopping=True)
- **learning_rate_init 조정:** 기본값은 0.001이며, 값을 줄이면 더 느리게 수렴하고, 값을 키우면 더 빠르게 수렴하지만 너무 크면 발산할 수 있음
  예 mlp = MLPClassifier(random_state=42, max_iter=1000, learning_rate_init=0.001)
- **데이터 스케일링 확인:** 만약 StandardScaler()가 누락됐다면 반드시 포함해야 함

15 이후 2분할 및 3분할 모델에서는 max_iter=1000으로 변경하여 실행한 예측을 진행한다.

3분할:[16]

```
pipeline_3.fit(X_train, y_train)
```

```
Iteration 1, loss = 1.44523058
Iteration 2, loss = 1.05369342


Iteration 231, loss = 0.48021824
Iteration 232, loss = 0.47508647
Training loss did not improve more than tol=0.000100 for 10 consecutive epochs. Stopping.
```

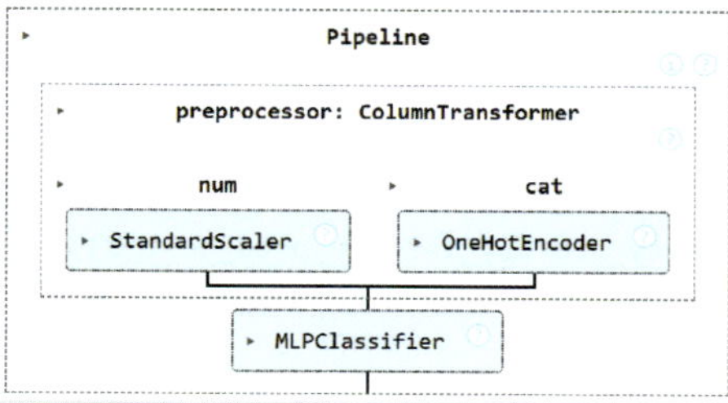

[그림 17-15] 3분할 수동 튜닝의 모델 학습

[그림 17-15]의 학습 과정 출력 내용을 보면, 손실이 충분히 줄지 않아서 더 이상 학습이 의미 없다고 판단하여 종료하였다. **232**번의 반복 학습(iteration)을 수행하였으며, 이때의 학습 손실값(loss)은 **0.47508647**이었다. 손실 감소 기준인 임곗값(tolerance) **0.000100** 이상 개선되지 않으면 학습을 멈추도록 설정되어 있고, **10 consecutive epochs**는 **n_iter_no_change=10**으로 설정되어 있으므로, 손실이 **tol**만큼 줄어들지 않은 상태가 10번 연속 발생했기 때문에 학습이 자동으로 중단된 것이다.[17]

9 예측

학습이 완료된 머신러닝 파이프라인으로 테스트 데이터 **X_test**(검증용 데이터 **X_val**)에 대한 예측을 수행하는 단계다.

pipeline이 **predict()** 메서드를 호출하면, 입력된 **X_test**(**X_val**)는 파이프라인 내의 전처리기 preprocessor를 통해 학습 데이터와 동일한 방식으로 변환된다. 이렇게 전처리된 데이터는 다음 단계인 분류기 mlp로 전달되어, 학습된 모델이 각 입력 샘플에 대해 예측값을 생성한다. 예측 결과는 **y_pred_test**(**y_pred_val**)라는 변수에 저장되며, 이는 **X_test**(**X_val**)의 각 샘플에 대해 모델이 판단한 클래스(또는 레이블)를 나타낸다.

2분할

```
y_pred_2 = pipeline_2.predict(X_test_2)
```

3분할

```
y_pred_val_3 = pipeline_3.predict(X_val)
y_pred_test_3 = pipeline_3.predict(X_test)
```

[그림 17-16] 예측 수행

16 Iteration 과정이 표시되는 이유는 6 **MLP 모델 생성**에서 verbose=True 옵션을 설정했기 때문이다.

17 모델의 예측이 실제 정답과 차이가 나는 것을 손실(loss)로 표현한다. 손실값이 낮을수록 모델의 성능이 좋다는 의미다.

10 평가

accuracy_score는 전체 샘플 중에서 예측이 정답과 일치한 비율을 계산하며, 결과는 0과 1 사이의 실수로 나타난다. 이어서 **print()**를 이용하여 정확도를 출력한다. ○**분할 테스트(검증용) 데이터 정확도**는 학습용과 테스트(검증용) 데이터를 구분하여 평가한 것이다. 이를 통해 모델이 학습되지 않은 새로운 데이터에 대해 어느 정도의 일반화 성능을 가지는지 확인할 수 있다.

2분할

```
print('2분할 데이터 정확도:', accuracy_score(y_test_2, y_pred_test_2))
```

```
2분할 데이터 정확도: 0.5966666666666667
```

3분할

```
print('3분할 검증용 데이터 정확도:', accuracy_score(y_val, y_pred_val_3))
print('3분할 테스트 데이터 정확도:', accuracy_score(y_test, y_pred_test_3))
```

```
3분할 검증용 데이터 정확도: 0.5733333333333334
3분할 테스트 데이터 정확도: 0.6016666666666667
```

[그림 17-17] 모델 평가

2분할 모델에서 확인된 정확도 약 0.597은 처음 보는 데이터 100개 중 약 59~60개를 올바르게 예측한다는 의미다. 3분할 모델의 검증용 데이터는 모델 학습 중 하이퍼파라미터 튜닝이나 모델 성능 개선을 위해 사용되는데, 약 0.5733의 정확도는 튜닝 과정에서 모델이 검증용 데이터에 대해 보인 성능을 나타낸다. 또한 테스트 데이터는 모델의 최종 성능을 측정하기 위해 가장 마지막에 딱 한 번 사용하는 데이터로, 약 0.6017이라는 정확도는 최종 모델이 아직 보지 못한 새로운 데이터를 대상으로 한 일반화된 성능을 의미한다.

11 혼동행렬

confusion_matrix(y_test, y_pred_test)는 실제 정답 y_test와 모델의 예측값 y_pred_test를 비교하여 클래스별로 얼마나 정확하게 예측했는지를 행렬 형태로 보여준다. 혼동행렬은 각 클래스에 대해 정답을 맞힌 경우와 틀린 경우를 세분화하여 표시하기 때문에, 단순 정확도 지표보다 더 세밀하게 성능을 분석할 수 있다.

2분할

```
conf_matrix_2 = confusion_matrix(y_test_2, y_pred_test_2)
print('2분할 혼동행렬:')
print(conf_matrix_2)
```

```
2분할 혼동행렬:
[[89  7  7 13 14]
 [14 43 13  9 12]
 [ 8  7 54  8 18]
 [10 10 12 95 17]
 [13 14 11 25 77]]
```

3분할 검증용

```
conf_matrix_val_3 = confusion_matrix(y_val, y_pred_val_3)
print('3분할 혼동행렬(검증용):')
print(conf_matrix_val_3)
```

```
3분할 혼동행렬(검증용):
[[85  6 13 12 14]
 [ 8 43 16 11 13]
 [ 6 13 57  9 10]
 [15 11 15 86 17]
 [17 15 18 17 73]]
```

3분할 테스트

```
conf_matrix_test_3 = confusion_matrix(y_test, y_pred_test_3)
print('3분할 혼동행렬(테스트):')
print(conf_matrix_test_3)
```

```
3분할 혼동행렬(테스트):
[[83  9 10 13 15]
 [19 43  8 12 10]
 [ 8  7 53 12 15]
 [14 11 11 97 10]
 [16 13  9 17 85]]
```

[그림 17-18] 혼동행렬

혼동행렬에서 각 행은 실제 클래스, 각 열은 예측된 클래스를 의미한다. 행렬의 대각선 원소들은 각각의 클래스에서 모델이 정확히 맞힌 개수를 의미하고, 비대각선 원소들은 모델이 해당 클래스를 다른 클래스로 잘못 예측한 경우를 나타낸다.

[그림 17-18]의 2분할 혼동행렬은 모델의 초기 테스트 성능을 나타낸다. 실제 클래스 0에 해당하는 첫 번째 행 [89, 7, 7, 13, 14]를 보면, 실제 클래스 0에 속한 총 샘플 130개(89+7+7+13+14) 중 89개는 정확히 클래스 0으로 예측했지만, 클래스 3으로 잘못 예측한 경우가 13개, 클래스 4로 잘못 예측한 경우가 14개이므로, 클래스 0을 클래스 3이나 클래스 4와 혼동하는 경향이 나타났다. 특히 실제 클래스 3은 총 144개 샘플 중 95개를 정확히 맞혔는데, 오분류는 클래스 4로 17개가 잘못 예측되어 클래스 3과 4 사이에도 혼동이 존재하는 것으로 확인된다.

3분할의 검증용 혼동행렬은 모델의 하이퍼파라미터 튜닝 단계에서 성능을 점검하는 데 사용된다. 실제 클래스 4에 해당하는 다섯 번째 행 [17, 15, 18, 17, 73]을 보면, 총 140개 샘플 중 73개를 정확히 맞혔고, 클래스 4를 다른 클래스로 잘못 예측하는 경향이 비교적 고르게 나타났다. 이 중 클래스 2로 잘못 예측한 경우가 18개로 가장 많았다.

3분할의 테스트 혼동행렬은 모델의 최종 성능을 객관적으로 평가하는 가장 중요한 지표이며, 이 결과는 실제로 기대되는 일반화된 성능을 나타낸다. 주의해야 할 오분류 패턴은 실제 클래스 1에 해당하는 두 번째 행 [19, 43, 8, 12, 10]이다. 클래스 1의 총 샘플은 92개로 이 중 43개만 정확히 맞혔다. 오분류 중 가장 큰 값은 클래스 0으로 잘못 예측한 19개이며, 이는 모델이 클래스 1의 특징을 클래스 0의 특징과 가장 많이 혼동했다는 것을 나타낸다. 따라서 이 두 클래스 간의 분류 경계가 모호하다는 약점이 나타났다. 그러나 실제 클래스 3의 경우 총 143개 중 97개가 정확했으며, 이는 세 가지 혼동행렬 중 가장 높은 정답 개수로 확인된다. 이 결과는 모델이 클래스 3을 가장 안정적이고 효과적으로 분류하고 있음을 나타낸다.

[표 17-3] 혼동행렬(2분할)

실제 클래스	정확한 예측	총 샘플 수	주된 오분류 방향
클래스 0	89개	130	클래스 3(13개), 클래스 4(14개)로 오분류 많음
클래스 1	43개	91	클래스 0(14개)로 오분류 많음
클래스 2	54개	95	클래스 4(18개)로 오분류 많음
클래스 3	95개	144	클래스 4(17개)로 오분류 많음
클래스 4	77개	140	클래스 3(25개)과 클래스 2(14개)로 오분류 많음

[표 17-4] 혼동행렬(3분할 검증용)

실제 클래스	정확한 예측	총 샘플 수	주된 오분류 방향
클래스 0	85개	130	클래스 4(14개), 클래스 2(13개)로 오분류 많음
클래스 1	43개	91	클래스 2(16개), 클래스 4(13개)로 오분류 많음
클래스 2	57개	95	클래스 1(13개), 클래스 4(10개)로 오분류 많음
클래스 3	86개	144	클래스 4(17개), 클래스 0/2(각 15개)로 오분류 많음
클래스 4	73개	140	클래스 2(18개), 클래스 0/3(각 17개)로 오분류 많음

[표 17-5] 혼동행렬(3분할 테스트)

실제 클래스	정확한 예측	총 샘플 수	주된 오분류 방향
클래스 0	89개	130	클래스 4(15개), 클래스 3(13개)로 오분류 많음
클래스 1	43개	92	클래스 0(19개)로 오분류가 가장 많음
클래스 2	53개	95	클래스 4(15개), 클래스 3(12개)로 오분류 많음
클래스 3	97개	143	클래스 0, 1, 2(14개, 11개, 11개)로 비교적 고른 오분류
클래스 4	85개	140	클래스 0(16개), 3(17개), 1(13개)로 오분류

12 성능 평가

cclassification_report 함수를 이용하여 정밀도(precision), 재현율(recall), F1 점수(f1-score), 정확도(accuracy) 등의 주요 지표를 출력한다.

2분할

```
print('분류 성능 보고서 (2분할):')
print(classification_report(y_test_2, y_pred_test_2))
```

```
분류 성능 보고서 (2분할):
              precision    recall  f1-score   support

           0       0.66      0.68      0.67       130
           1       0.53      0.47      0.50        91
           2       0.56      0.57      0.56        95
           3       0.63      0.66      0.65       144
           4       0.56      0.55      0.55       140

    accuracy                           0.60       600
   macro avg       0.59      0.59      0.59       600
weighted avg       0.59      0.60      0.60       600
```

3분할
검증용

```
print('분류 성능 보고서 (3분할 검증용):')
print(classification_report(y_val, y_pred_val_3))
```

```
분류 성능 보고서 (3분할 검증용):
              precision    recall  f1-score   support

           0       0.65      0.65      0.65       130
           1       0.49      0.47      0.48        91
           2       0.48      0.60      0.53        95
           3       0.64      0.60      0.62       144
           4       0.57      0.52      0.55       140

    accuracy                           0.57       600
   macro avg       0.57      0.57      0.57       600
weighted avg       0.58      0.57      0.57       600
```

3분할
테스트

```
print('분류 성능 보고서 (3분할 테스트):')
print(classification_report(y_test, y_pred_test_3))
```

```
분류 성능 보고서 (3분할 테스트):
              precision    recall  f1-score   support

           0       0.59      0.64      0.61       130
           1       0.52      0.47      0.49        92
           2       0.58      0.56      0.57        95
           3       0.64      0.68      0.66       143
           4       0.63      0.61      0.62       140

    accuracy                           0.60       600
   macro avg       0.59      0.59      0.59       600
weighted avg       0.60      0.60      0.60       600
```

[그림 17-19] 성능 평가

2분할: 모델의 전체 정확도(accuracy)는 0.60으로, 전체 샘플 600개 중 약 60%를 올바르게 예측했다. 클래스별 성능을 보면, 클래스 0에서 정밀도 0.66, 재현율 0.68이 측정되고 클래스 3에서 정밀도 0.63, 재현율 0.66으로 측정되어 다른 클래스에 비해 가장 좋은 성능을 보였다. 특히 클래스 0은 모델이 0이라고 예측한 것 중 66%가 실제로 0이었으며, 실제 0인 것 중에서 68%를 찾아냈다.

그러나 클래스 1에서는 정밀도 0.53, 재현율 0.47로 측정되어 가장 낮은 재현율을 보였다. 이는 실제 클래스 1에 속하는 샘플들 중 모델이 약 47%만 1로 분류하고, 나머지 절반 이상은 다른 클래스로 잘못 예측한다는 의미다. 이 결과는 앞선 혼동행렬 분석에서 클래스 1이 클래스 0으로 많이 오분류되는 패턴과 일치한다. 즉, 초기 테스트 단계에서 클래스 1에 대해 가장 취약한 성능이 나타났다.

3분할: 분류 성능 보고서(3분할 검증용)을 확인해 보면, 모델의 전체 정확도(accuracy)는 0.57로, 전체 샘플 600개 중 약 57%를 올바르게 예측했다. 이는 2분할 테스트에서 보인 0.60보다는 약간 낮은 수치로, 학습용 데이터에 비해 검증용 데이터에서는 미세하게 일반화 성능이 떨어지고 있음을 알 수 있다. 이는 모델이 학습용 데이터에 너무 집중하여 과적합의 초기 징후가 나타났거나, 검증용 데이터의 분포가 학습용 데이터와 약간 달랐음을 나타낸다. 매크로 평균(macro avg)과 가중 평균(weighted avg) 지표 역시 0.57~0.58 수준으로, 클래스 간 성능 차이를 고려했을 때 전체적인 모델 성능이 중간 정도임을 나타내고 있다. 이 검증 결과를 바탕으로 모델의 구조나 하이퍼파라미터를 조정하여 최종 모델을 확정하도록 해야 한다.

최종 모델의 일반화 능력을 평가하는 3분할 테스트 데이터의 분류 성능 보고서를 보면, 전체 정확도(accuracy)는 0.60으로 2분할 결과와 동일한 수준으로 회복됐다. 이는 모델이 튜닝을 거쳐 안정적인 일반화 성능을 확보했음을 의미한다. 클래스별 성능을 살펴보면, 클래스 3이 정밀도 0.64, 재현율 0.68로 가장 좋은 성능을 보였다. 이를 통해 모델이 클래스 3의 특징을 가장 잘 학습하여 새로운 데이터에서도 정확하게 분류하고 있음을 알 수 있다.

13 시각화

시각화에 필요한 라이브러리인 **seaborn**과 **numpy**를 임포트한다.

```
import seaborn as sns
import numpy as np
```

[그림 17-20] 시각화 라이브러리 임포트하기

테스트 데이터를 예측한 결과를 좀 더 직관적으로 이해하기 위해, **confusion_matrix()** 함수를 이용하여 실제 값 **y_test**와 예측 값 **y_pred_test** 간의 혼동행렬을 생성한다. 혼동행렬은 각 클래스가 얼마나 정확히 예측되었는지, 어떤 클래스와 혼동되었는지를 숫자로 나타내어 분류 성능을 직관적으로 파악할 수 있게 한다.

이후 matplotlib과 seaborn 라이브러리를 활용하여 전체 그래프의 크기를 가로 3인치, 세로 2인치로 설정하고, **sns.heatmap()**을 사용하여 혼동행렬을 색상으로 표현한다. 색상은 밝은 노랑에서 어두운 파랑까지의 그라데이션으로 수치의 크기를 강조하는 **YlGnBu** 컬러맵[18]을 사용한다. **annot=True** 옵션을 설정하여 각 셀에 실제 숫자가 함께 표기되도록 하고, **fmt='d'**로 설정하여 정수형 숫자가 표시되게 한다. 이를 통해 예측이 많이 이루어진 셀을 한눈에 식별할 수 있게 한다.

그래프의 축은 예측값 Predicted와 실제 값 Actual로 명명하고, 제목은 ○○ Confusion Matrix ○ (Heatmap)으로 지정한다.

2분할

```
conf_mat = confusion_matrix(y_test_2, y_pred_test_2)
plt.figure(figsize=(3, 2))
sns.heatmap(conf_mat, annot=True, fmt='d', cmap='YlGnBu')
plt.xlabel('Predicted')
plt.ylabel('Actual')
plt.title('Confusion Matrix 2 (Heatmap)')
plt.show()
```

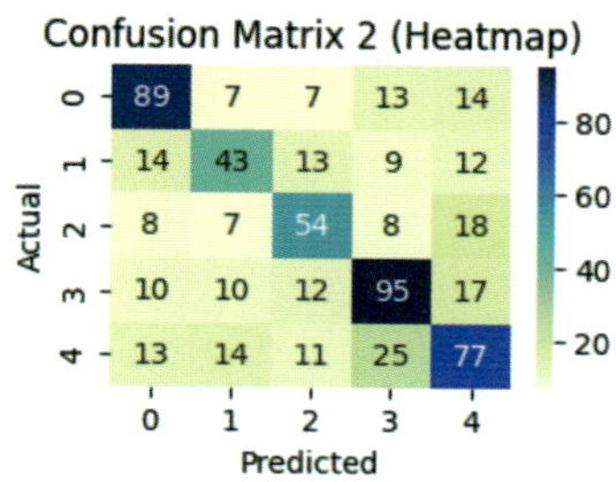

3분할 검증용

```
conf_mat = confusion_matrix(y_val, y_pred_val_3)
plt.figure(figsize=(3, 2))
sns.heatmap(conf_mat, annot=True, fmt='d', cmap='YlGnBu')
plt.xlabel('Predicted')
plt.ylabel('Actual')
plt.title('Validation Set Confusion Matrix 3 (Heatmap)')
plt.show()
```

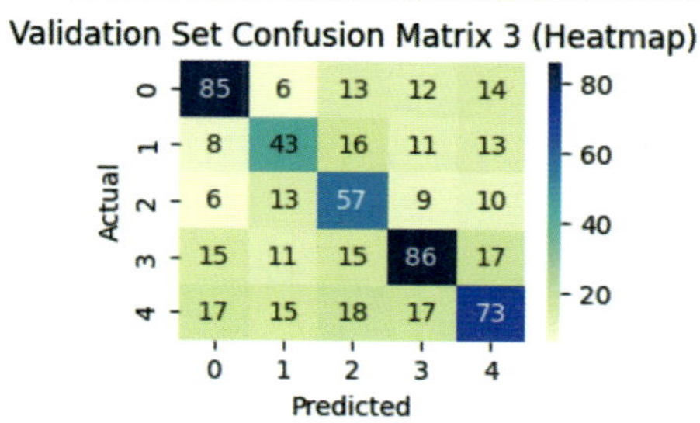

[그림 17-21 ①] 혼동행렬의 시각화

---

18 다음은 컬러맵의 종류와 특징이다.

종류(Type)	컬러맵 이름 예시	설명
Sequential(연속형)	viridis, plasma, inferno, magma, cividis, YlGnBu, OrRd, Blues, Purples	값이 작을수록 밝고, 값이 클수록 색이 점차 진해짐. 연속된 수치 데이터에 적합함
Diverging(양극형)	coolwarm, seismic, bwr, RdBu, PiYG, PRGn, RdGy	가운데의 기준값을 중심으로 양 극단을 색으로 구분함. 편차나 차이 시각화에 적합함
Qualitative(범주형)	tab10, Set1, Set3, Dark2, Pastel1, Accent	명확한 구분이 필요한 범주형 데이터(예 레이블) 시각화에 적합함
Cyclical(주기형)	hsv, twilight, twilight_shifted	주기적인 데이터에 적합함. 색이 순환됨
Single Hue(단색)	Greys, binary, gist_yarg	단색 또는 흑백 계열. 인쇄나 단순한 강도 표시용으로 적합함

3분할 테스트

```
conf_mat = confusion_matrix(y_test, y_pred_test_3)
plt.figure(figsize=(3, 2))
sns.heatmap(conf_mat, annot=True, fmt='d', cmap='YlGnBu')
plt.xlabel('Predicted')
plt.ylabel('Actual')
plt.title('Test Set Confusion Matrix 3 (Heatmap)')
plt.show()
```

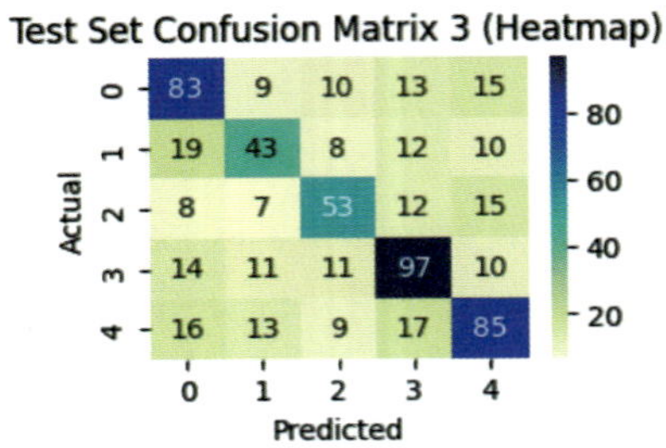

[그림 17-21 ②] 혼동행렬의 시각화

참고 산점도 표현의 한계

분류 문제를 산점도(scatter plot) 그래프로 표현할 경우, 이산형(정수형) 데이터를 시각화하는 데 몇 가지 한계가 발생한다. [그림 17-22]과 같이 본문의 실습 데이터로 산점도를 그리는 경우, 좌푯값이 모두 정수(0~4)이므로 동일한 위치에 여러 데이터가 겹치기 쉬우며, 중복된 점들이 서로 덮여 실제 빈도나 밀도를 파악하기 어렵다. 결과적으로 좌표 (2, 3)에 데이터가 1개 있는지 10개 있는지 구분할 수 없어 정보 손실이 발생한다.

```
plt.figure(figsize=(3, 2))
plt.scatter(y_test_2, y_pred_test_2, alpha=0.7)
plt.xlabel('Actual Playlist')
plt.ylabel('Predicted Playlist')
plt.title('Actual vs Predicted Playlist')
plt.show()
```

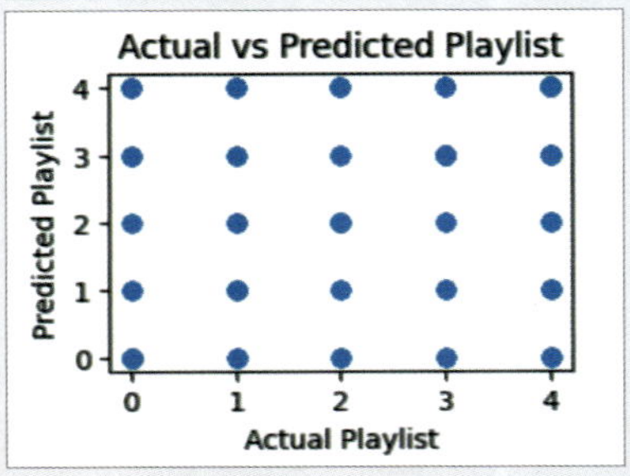

[그림 17-22] 분류 문제의 산점도

회귀 문제 실습 1: 기본 분석

이번에는 회귀 문제를 분석하는 실습을 진행해 보자.

연구문제

우리가 매일 고민하는 문제가 있다. 바로 '오늘 점심을 어떤 걸 먹을까?'라는 질문이다. 날씨, 요일, 기분, 예산과 같은 정보를 바탕으로, 점심 메뉴를 추천해 주는 신경망 모델을 직접 만들어 보자.

▶ 실습파일 | nn_lunch.csv

변수명	데이터 타입	설명
weather	범주형	날씨. 비, 맑음, 흐림 등의 제한된 범주형
day	범주형	요일. 월~일까지 7개로 구분되는 범주형
mood	범주형	좋음, 보통, 나쁨 등을 나타내는 범주형
budget	연속형	금액 단위로 연속적으로 변화하는 수치형 변수
satisfaction_korean	연속형	한식 만족도 연속형 점수. 목표변수
satisfaction_chinese	연속형	중식 만족도 연속형 점수. 목표변수
satisfaction_japanese	연속형	일식 만족도 연속형 점수. 목표변수
satisfaction_western	연속형	양식 만족도 연속형 점수. 목표변수
satisfaction_snack	연속형	간식 만족도 연속형 점수. 목표변수

1 필요한 라이브러리 가져오기

NN의 회귀 문제를 해결하기 위해 다음 라이브러리를 임포트한다.

```
import pandas as pd
from sklearn.model_selection import train_test_split
from sklearn.preprocessing import StandardScaler, OneHotEncoder
from sklearn.compose import ColumnTransformer
from sklearn.pipeline import Pipeline
from sklearn.neural_network import MLPRegressor
from sklearn.multioutput import MultiOutputRegressor
from sklearn.metrics import mean_squared_error, r2_score
import matplotlib.pyplot as plt
```

[그림 17-23] 라이브러리 임포트하기

2 데이터 불러오기

데이터 파일 **nn_lunch.csv**를 불러와서 **data**로 정의한다.

```
data = pd.read_csv('./source/nn_lunch.csv')
```

[그림 17-24] 데이터 불러오기

3 변수 분리

입력 변수 **weather**, **day**, **mood**, **budget**과 출력 변수 **satisfaction_korean**, **satisfaction_chinese**, **satisfaction_japanese**, **satisfaction_western**, **satisfaction_snack**을 **X**와 **y**로 구분한다.

```
X = data[['weather', 'day', 'mood', 'budget']]
y = data[[
    'satisfaction_korean',
    'satisfaction_chinese',
    'satisfaction_japanese',
    'satisfaction_western',
    'satisfaction_snack'
]]
```

[그림 17-25] 변수 분리

4 데이터 전처리(표준화, 범주형 변수 원-핫 인코딩)

모델에 데이터를 입력하기 전에 필요한 전처리 과정을 정의하기 위해 **ColumnTransformer**를 사용하면, 각 열마다 서로 다른 전처리 방식을 적용할 수 있다. **budget** 열은 숫자형 데이터이므로 **StandardScaler**를 이용해 정규화한다. 이를 통해 budget 값을 평균이 0이고 표준편차가 1인 형태로 변환함으로써, 모델 학습 시 특정 변수의 크기 차이로 인한 영향을 줄인다. 나머지 열들은 범주형 데이터이므로 **OneHotEncoder**를 사용하여 각 범주를 이진 벡터로 변환한다.[19]

```
preprocessor = ColumnTransformer(
    transformers=[
        ('num', StandardScaler(), ['budget']),
        ('cat', OneHotEncoder(handle_unknown='ignore'), ['weather', 'day', 'mood'])
    ]
)
```

[그림 17-26] 표준화와 원-핫 인코딩

5 데이터 분할

2분할: **train_test_split()** 함수를 사용하여 전체 데이터의 80%를 학습용 데이터(**X_train2**, **y_train2**)로, 나머지 20%를 테스트 데이터(**X_test2**, **y_test2**)로 나눈다.

3분할: **train_test_split()** 함수를 사용하여 전체 데이터의 60%를 학습용 데이터(**X_train3**, **y_train3**)로, 나머지 40%를 임시 데이터(**X_temp**, **y_temp**)로 나눈다. 이어서 임시 데이터를 검증용 데이터(**X_val3**, **y_val3**)와 테스트 데이터(**X_test3**, **y_test3**)로 다시 분할한다.

19 OneHotEncoder의 handle_unknown='ignore' 옵션은 학습용 데이터에 없던 새로운 범주 값이 테스트 데이터에 등장할 때 에러를 방지하고 무시하는 기능을 한다. 즉, 학습용 데이터에 없던 새로운 범주가 테스트(혹은 신규 예측) 데이터로 등장했을 때 오류가 발생하지 않게 한다.

2분할

```
X_train2, X_test2, y_train2, y_test2 = train_test_split(X, y,
                                        test_size=0.2, random_state=42)
```

3분할

```
X_train3, X_temp, y_train3, y_temp = train_test_split(X, y,
                                        test_size=0.4, random_state=42)
X_val3, X_test3, y_val3, y_test3 = train_test_split(X_temp, y_temp,
                                        test_size=0.5, random_state=42)
```

[그림 17-27] 데이터 분할

6 MLP 모델 생성

2분할: **mlp2**는 기본적인 다층 퍼셉트론(MLP) 회귀 모델로, **MLPRegressor**를 사용하여 정의된다. 특별한 구조 설정이나 하이퍼파라미터 튜닝 없이 기본 설정 상태에서 학습 반복 횟수(**max_iter**)를 **1000**으로 늘려 충분히 학습할 수 있게 하고, 결과의 재현성을 보장하기 위해 **random_state=42**를 설정한다.[20]

3분할: **mlp3**는 수동으로 구조를 조정하여 하이퍼파라미터를 튜닝한 모델이다. 이 모델은 두 개의 은닉층을 가지며, 첫 번째 층에는 **128**개, 두 번째 층에는 **64**개의 노드를 설정하였다. 활성화 함수는 **relu**, 최적화 알고리즘은 **adam**을 선택하여 빠르고 효율적인 학습을 도모하고, 정규화 항(**alpha**)을 **0.001**로 설정하여 과적합을 방지한다. 초기 학습률(**learning_rate_init**)은 **0.01**로 높여 비교적 빠른 학습이 가능하게 하였다. 학습 반복 횟수(**max_iter**)는 **1000**으로 넉넉히 설정하고, **verbose=True** 옵션을 통해 학습 과정을 실시간으로 출력한다.

multi_output_2와 **multi_output_3**는 앞서 정의한 **mlp2**와 **mlp3** 모델을 기반으로 한 다중 출력 회귀 모델이다. **MultiOutputRegressor**는 기본적으로 하나의 **MLPRegressor**를 각 목표변수마다 독립적으로 학습시키는 래퍼(wrapper)로 작동한다.[21]

---

20 기본 설정은 다음과 같다. 기본 설정값은 명시적으로 코딩하지 않아도 자동 적용된다.
- 은닉층(hidden layer): 1개, 기본 크기는 (100,)
- 활성화 함수: relu
- 최적화 알고리즘: adam
- 초기 학습률: 0.001
- 정규화 항(alpha): 0.0001

21 MultiOutputRegressor는 하나의 입력으로 여러 개의 연속적인 출력을 예측해야 할 때 사용된다. 예를 들어, 하나의 상태에서 여러 감정 점수나 지표를 동시에 예측해야 하는 다중 회귀 문제에 유용하다.

2분할

```
mlp2 = MLPRegressor(random_state=42, max_iter=1000)
multi_output_2 = MultiOutputRegressor(mlp2)
```

3분할

```
mlp3 = MLPRegressor(
    hidden_layer_sizes=(128, 64),
    activation='relu',
    solver='adam',
    alpha=0.001,
    learning_rate_init=0.01,
    max_iter=1000,
    random_state=42,
    verbose=True
)
multi_output_3 = MultiOutputRegressor(mlp3)
```

[그림 17-28] MLP 정의

7 파이프 라인 구성

pipeline은 머신러닝의 작업 흐름을 설정하며, 전체 과정을 두 단계로 나누어 순차적으로 실행되게 한다.

[1단계] 데이터 전처리: **ColumnTransformer**를 기반으로 구성한 **preprocessor** 객체를 사용하여, 다양한 형식의 입력 데이터를 머신러닝 모델이 처리하기에 적합한 형태로 변환한다. 수치형 데이터인 **budget**은 **StandardScaler**를 통해 정규화하고, 범주형 데이터인 **weather**, **day**, **mood**는 **OneHotEncoder**를 통해 원-핫 인코딩을 진행한다.

[2단계] 분류 모델 정의: **regressor** 객체로, 다중 출력 회귀 모델인 **multi_output_mlp**를 사용한다. multi_output_mlp는 앞서 정의한 다층 퍼셉트론 회귀 모델을 기반으로 하며, 하나의 입력에 대해 여러 개의 연속적인 출력을 예측할 수 있도록 설정한다. 내부적으로 MLP Regressor를 사용하여, hidden_layer_sizes=(128, 64)로 두 개의 은닉층을 각각 128개와 64개의 노드로 구성하고, activation='relu'로 활성화 함수를 설정하여 비선형성을 모델에 추가한다. 또한, solver='adam'으로 최적화 방법을 선택하고, 학습률과 정규화 항 alpha=0.001 등을 조정하여 성능을 개선한다.[22]

2분할

```
pipeline2 = Pipeline(steps=[
    ('preprocessor', preprocessor),
    ('regressor', multi_output_2)
])
```

3분할

```
pipeline3 = Pipeline(steps=[
    ('preprocessor', preprocessor),
    ('regressor', multi_output_3)
])
```

[그림 17-29] pipeline 구성

22 이렇게 pipeline을 구성하면 입력 데이터가 들어왔을 때 먼저 자동으로 전처리를 수행한 후, 그 결과를 다중 출력 회귀 모델에 전달하여 예측을 수행한다. 이처럼 전처리와 모델링 단계를 하나의 흐름으로 묶어줌으로써 코드의 간결성과 재현성을 높일 수 있고, 특히 교차검증이나 하이퍼파라미터 튜닝 작업을 할 때도 일관되게 적용할 수 있다는 장점이 있다.

8 모델 학습

pipeline은 preprocessor와 MLP 회귀 모델을 순차적으로 연결한 작업 흐름이다. fit() 메서드를 호출하면, 먼저 X_train이 전처리되어 수치형 변수는 표준화되고 범주형 변수는 원-핫 인코딩된다. 전처리가 끝난 데이터는 MultiOutputRegressor에 전달되어 학습이 진행된다.

2분할:

```
pipeline2.fit(X_train2, y_train2)
```

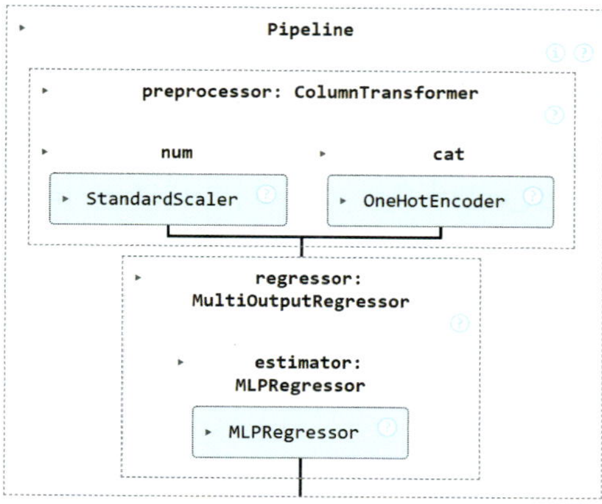

[그림 17-30] 2분할 데이터의 모델 학습

3분할:[23]

```
pipeline3.fit(X_train3, y_train3)
```

```
Iteration 1, loss = 5.94937016
Iteration 2, loss = 0.90364145
          ⋮
Iteration 70, loss = 0.08341450
Iteration 71, loss = 0.08358953
Training loss did not improve more than tol=0.000100 for 10 consecutive epochs. Stopping.
```

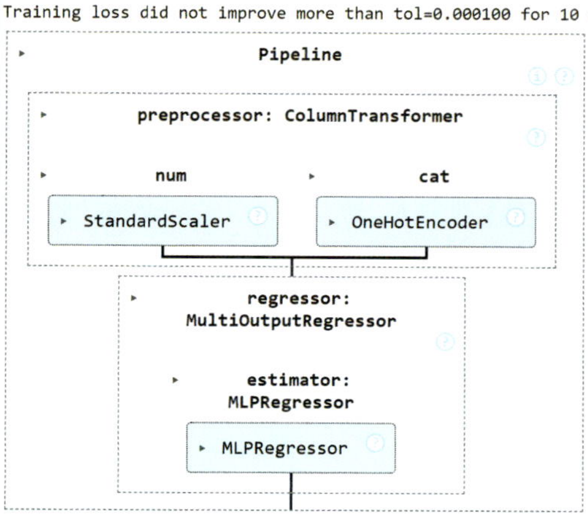

[그림 17-31] 3분할 데이터의 모델 학습

23 2분할 결과와 달리 Iteration 과정이 표시된 이유는 5 MLP 모델 생성에서 verbose=True 옵션을 설정했기 때문이다.

[그림 17-31]의 학습 과정 출력 내용을 보면, 손실이 충분히 줄지 않아서 더 이상 학습이 의미 없다고 판단하여 종료하였다. **71**번의 반복 학습(iteration)을 수행하였으며, 이때의 학습 손실값(loss)은 **0.08358953**이었다. 손실 감소 기준은 임곗값(tolerance) **0.000100**으로 설정되어 있고, 손실이 이 기준만큼 개선되지 않으면 학습이 중단된다. 또한 **n_iter_no_change=10**으로 설정되어 있으므로, 손실이 tol만큼 줄어들지 않은 상태가 10번 연속 발생했기 때문에 학습이 자동으로 중단된 것이다.[24]

9 예측

학습이 완료된 머신러닝 파이프라인으로 테스트 데이터 **X_test**(검증용 데이터 **X_val**)에 대한 예측을 수행하는 단계다.

pipeline이 **predict()** 메서드를 호출하면, **X_test**(**X_val**)에 대해 파이프라인 내의 전처리기 preprocessor를 통해 학습 데이터와 동일한 방식으로 변환된다. 이렇게 전처리된 데이터는 다음 단계인 회귀기 mlp(MultiOutputRegressor)로 전달되어, 학습된 모델이 각 입력 샘플에 대해 예측값을 생성한다. 예측 결과는 **y_pred_test**(**y_pred_val**)라는 변수에 저장되며, 이는 **X_test**(**X_val**)의 각 샘플에 대해 모델이 판단한 클래스(또는 레이블)를 나타낸다.

2분할

```
y_test_pred2 = pipeline.predict(X_test2)
```

3분할

```
y_pred_val3 = pipeline3.predict(X_val3)
y_pred_test3 = pipeline3.predict(X_test3)
```

[그림 17-32] 예측 수행

10 평가

회귀 모델의 성능을 정량적으로 평가하기 위해 평균제곱오차(MSE)와 결정계수(R^2)를 계산한다.

모델이 예측한 값과 실제 값 간의 오차를 제곱하여 평균을 구하기 위해 **mean_squared_error()** 함수를 사용한다. 여기서 테스트 데이터의 실제 값은 **y_test**(**y_val**)이고 모델이 예측한 값은 **y_pred_test**(**y_pred_val**)다. 또한 모델이 데이터의 분산을 얼마나 잘 설명하는지 확인하기 위해 **r2_score()** 함수를 이용하여 결정계수(R^2)를 계산한다. 평균제곱오차는 값이 작을수록 좋고, 설명력(결정계수)은 값이 클수록 좋다.

24 모델의 예측이 실제 정답과 차이가 나는 것을 손실(loss)로 표현한다. 손실값이 낮을수록 모델의 성능이 좋다는 의미다.

2분할

```
test_mse2 = mean_squared_error(y_test2, y_pred_test2)
test_r2 = r2_score(y_test2, y_pred_test2)
print('2분할 테스트 데이터 평균제곱오차 (MSE):', test_mse2)
print('2분할 테스트 데이터 결정계수 (R²):', test_r2)
```

```
2분할 테스트 데이터 평균제곱오차 (MSE): 0.23156894087368643
2분할 테스트 데이터 결정계수 (R²): 0.6182330453364383
```

3분할

```
val_mse3 = mean_squared_error(y_val3, y_pred_val3)
val_r2 = r2_score(y_val3, y_pred_val3)
print(f'3분할 검증용 데이터 평균제곱오차 (MSE): {val_mse3:.4f}')
print(f'3분할 검증용 데이터 결정계수 (R²): {val_r2:.4f}')

test_mse3 = mean_squared_error(y_test3, y_pred_test3)
test_r2 = r2_score(y_test3, y_pred_test3)
print(f'3분할 테스트 데이터 평균제곱오차 (MSE): {test_mse3:.4f}')
print(f'3분할 테스트 데이터 결정계수 (R²): {test_r2:.4f}')
```

```
3분할 검증용 데이터 평균제곱오차 (MSE): 0.2414
3분할 검증용 데이터 결정계수 (R²): 0.5962
3분할 테스트 데이터 평균제곱오차 (MSE): 0.2460
3분할 테스트 데이터 결정계수 (R²): 0.6010
```

[그림 17-33] 성능 평가

2분할 테스트 데이터에 대한 평균제곱오차(MSE)는 약 0.232, 결정계수(R^2)는 0.618로 확인된다. 즉, 모델이 테스트 데이터를 비교적 안정적으로 예측하고 있으며, 약 61.8% 정도의 설명력을 가진다.

3분할 검증용 데이터를 활용해 하이퍼파라미터 조정 없이 단순하게 모델 적합 여부를 확인한 결과, 검증용 데이터에서는 MSE가 0.2414, R^2가 0.5962로 확인된다. 또한 테스트 데이터에서는 MSE가 0.2460, R^2는 0.6010이 확인된다. 3분할 방식에서는 학습용 데이터의 비율이 2분할 방식 때보다 줄었기 때문에(학습용 60%) 상대적으로 모델이 학습할 수 있는 양도 줄어들어 성능이 소폭 감소하는 경향을 보인다. 실제로 R^2가 0.618에서 약 0.596~0.601 수준으로 낮아진 것은 학습용 데이터의 감소로 인해 나타난 자연스러운 결과로 해석할 수 있다.

전체적으로 보면 두 방식 모두 성능 면에서 크게 차이 나지 않으며, 모델이 일관된 수준의 예측력을 가진 것으로 보인다. 다만, 3분할 방식은 검증용 데이터를 통해 모델 튜닝 가능성을 추가로 제공한다는 점에서 실무적으로 더 안전한 평가 방식으로 이해할 수 있다.

11 시각화[25]

회귀 모델이 특정 음식 종류에 대한 만족도를 나타내기 위해 예측한 결과 **y_pred_test**와 실제 값 **y_test** 간의 관계를 산점도로 나타내보자. 전체 그래프의 크기를 가로 **10**인치, 세로 **7**인치로 설정한다.

25 검증용 데이터에 대한 시각화는 필수가 아니다. 시각화는 모델의 **최종 예측 품질**을 보여주기 위한 용도이므로, 2분할에서는 test2, 3분할에서는 test3만 시각화하면 충분하다. 다만, 튜닝 전/후의 하이퍼파라미터 비교나 과적합/과소적합에 대한 판단을 시각적으로 확인하고 싶을 경우, 여러 모델의 학습 곡선을 확인하고 싶은 경우에는 검증용 데이터에 대해서도 시각화를 진행한다.

satisfaction_korean(한식), **satisfaction_chinese**(중식), **satisfaction_japanese**(일식), **satisfaction_western**(양식), **satisfaction_snack**(간식)에 대해 각각 실제 만족도 값은 x축에, 모델이 예측한 만족도 값은 y축에 표시한다. 각 만족도 항목에 대해 **plt.scatter** 함수를 사용하여 점을 찍고, **label**로 범례에 표시될 이름을 지정한다. **alpha=0.7**로 설정하여 여러 점이 겹칠 경우 시각적으로 잘 구분되도록 한다.

plt.xlabel과 **plt.ylabel**을 사용하여 x축 이름은 **Actual Satisfaction**(실제 만족도), y축의 이름은 **Predicted Satisfaction**(예측 만족도)으로 설정하고, **plt.title**를 사용하여 그래프의 제목을 **Actual vs Predicted Satisfaction**으로 설정한다. 마지막으로 **plt.legend()**를 통해 각 산점도를 구분하는 범례를 추가하고, **plt.show()**로 그래프를 화면에 출력한다.

2분할

```
plt.figure(figsize=(10, 7))
plt.scatter(y_test2['satisfaction_korean'], y_pred_test2[:, 0], label='Korean', alpha=0.7)
plt.scatter(y_test2['satisfaction_chinese'], y_pred_test2[:, 1], label='Chinese', alpha=0.7)
plt.scatter(y_test2['satisfaction_japanese'], y_pred_test2[:, 2], label='Japanese', alpha=0.7)
plt.scatter(y_test2['satisfaction_western'], y_pred_test2[:, 3], label='Western', alpha=0.7)
plt.scatter(y_test2['satisfaction_snack'], y_pred_test2[:, 4], label='Snack', alpha=0.7)
plt.xlabel('Actual Satisfaction')
plt.ylabel('Predicted Satisfaction')
plt.title('Actual vs Predicted Satisfaction')
plt.legend()
plt.show()
```

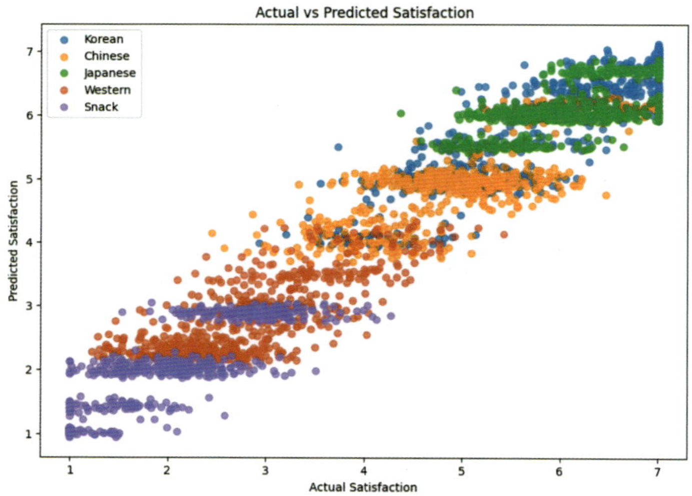

3분할

```
plt.figure(figsize=(10, 7))
plt.scatter(y_test3['satisfaction_korean'], y_pred_test3[:, 0], label='Korean', alpha=0.7)
plt.scatter(y_test3['satisfaction_chinese'], y_pred_test3[:, 1], label='Chinese', alpha=0.7)
plt.scatter(y_test3['satisfaction_japanese'], y_pred_test3[:, 2], label='Japanese', alpha=0.7)
plt.scatter(y_test3['satisfaction_western'], y_pred_test3[:, 3], label='Western', alpha=0.7)
plt.scatter(y_test3['satisfaction_snack'], y_pred_test3[:, 4], label='Snack', alpha=0.7)
plt.xlabel('Actual Satisfaction')
plt.ylabel('Predicted Satisfaction')
plt.title('Actual vs Predicted Satisfaction')
plt.legend()
plt.show()
```

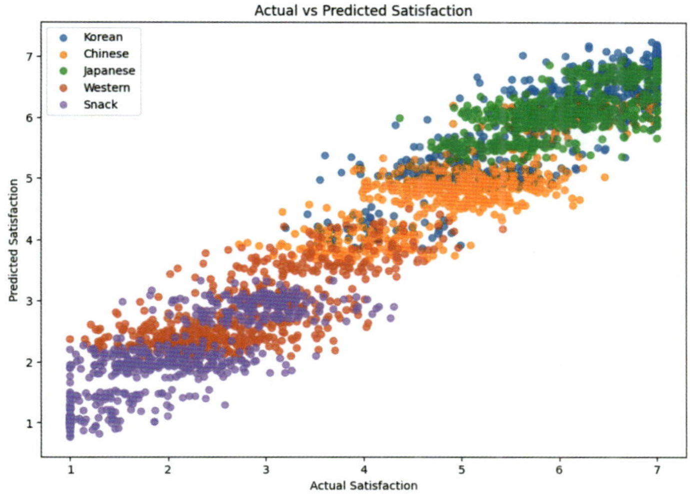

[그림 17-34] 실측 데이터와 예측 데이터의 시각화

시각화한 결과를 보면, Korean/Chinese/Western/Japanese 음식점들은 모두 높은 만족도 쪽으로 올라가는 경향을 나타낸다. 반면, Snack(보라색)은 줄곧 낮은 만족도에 밀집해 있다. 2분할 방식과 3분할 방식 간 차이가 거의 없으며 음식 종류별 색상 분포도 유사하다. 미세하게 점들의 밀집 정도나 scatter 범위가 다를 수 있겠으나, 실질적으로 모델 성능을 비교하여 그 차이를 시각화 그래프에서 구분하기는 쉽지 않다.

참고 개별 산점도

본문의 실습에서는 하나의 그래프에 각 음식 종류에 대한 산점도를 색상으로 구분하여 함께 표시하였지만, [그림 17-35]와 같이 개별 산점도로 나누어 시각화할 수도 있다.

표현 방식은 연구자의 성향에 따라 달라질 수 있으나, 일반적으로 논문이나 보고서에서는 비교를 목적으로 하는 경우가 많기 때문에, 개별 산점도보다는 하나의 그래프에 색상으로 구분하여 표시하는 방식이 직관적인 비교에 유리하다는 장점이 있다.

```
plt.figure(figsize=(15, 10))
for i, col in enumerate(y.columns):
    plt.subplot(2, 3, i + 1)
    plt.scatter(y_test3[col], y_pred_test3[:, i], alpha=0.6)
    plt.plot([1, 7], [1, 7], 'r--')
    plt.xlabel('Actual')
    plt.ylabel('Predicted')
    plt.title(f'{col}')
    plt.grid(True)
plt.tight_layout()
plt.show()
```

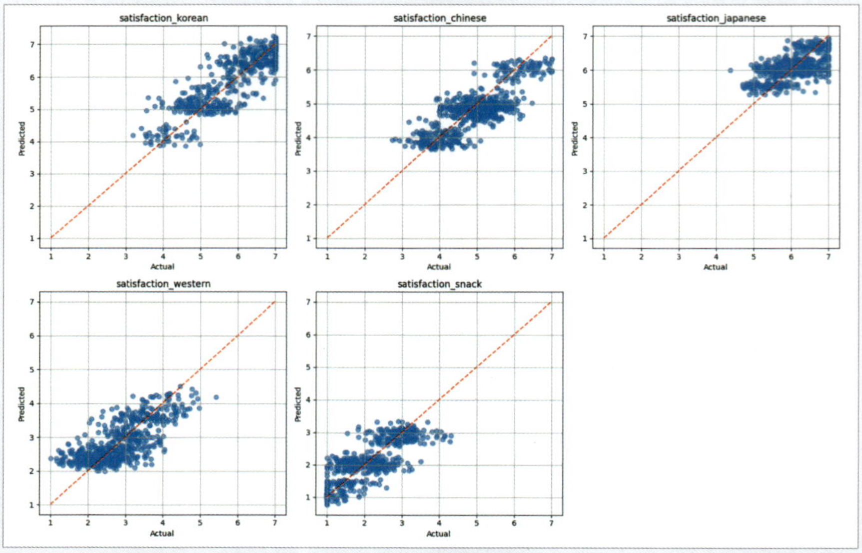

[그림 17-35] **개별 산점도**

[그림 17-35]의 출력 결과를 보면, 각 음식 종류별 만족도에 대한 실제 값(**Actual**)과 예측값(**Predicted**)의 산점도를 확인할 수 있으며, 이를 통해 모델이 얼마나 잘 예측했는지를 시각적으로 평가할 수 있다. 붉은 대각선은 완벽한 예측(예측값=실제 값)을 의미하며, 점들이 이 선에 가까울수록 모델의 예측이 정확하다는 뜻이다. **satisfaction_korean**, **satisfaction_chinese**, **satisfaction_japanese**는 상대적으로 높은 만족도 영역인 5~7점에 점들이 밀집되어 있으며 예측 결과도 비교적 양호하게 나타났다. 반면, **satisfaction_western**과 **satisfaction_snack**은 낮은 만족도 영역에 점들이 몰려 있고 예측 정확도도 다소 떨어진다.

시각화를 통해, 모델이 어떤 음식 종류의 만족도를 잘 예측하고, 어떤 음식 종류의 만족도를 잘 예측하지 못하는지를 쉽게 파악하였다. 이 결과를 바탕으로 snack이나 western 관련 데이터를 더 수집하거나 모델 구조를 바꾸어 성능 향상을 도모할 수 있다.

분류 문제 실습 2: 고급 분석

이번에는 고급 실무와 논문 게재용 분류 문제를 해결하는 신경망 분석 과정을 진행해 보자. 분석 코드에서 **1**~**7**단계까지는 기본 분석과 거의 동일하다.

```
# ① 필요한 라이브러리 가져오기
import pandas as pd
import numpy as np
import seaborn as sns
from sklearn.model_selection import train_test_split, GridSearchCV
from sklearn.preprocessing import StandardScaler, OneHotEncoder, label_binarize
from sklearn.compose import ColumnTransformer
from sklearn.pipeline import Pipeline
from sklearn.neural_network import MLPClassifier
```

```
from sklearn.metrics import classification_report
from sklearn.metrics import confusion_matrix
from sklearn.metrics import accuracy_score, roc_auc_score
import matplotlib.pyplot as plt
import joblib

# ② 데이터 불러오기
data = pd.read_csv('./source/nn_music.csv')

# ③ 변수 분리
X = data[['age', 'mood', 'time_of_day', 'prev_genre']]
y = data['target_playlist']

# ④ 데이터 전처리
preprocessor = ColumnTransformer(
    transformers=[
        ('num', StandardScaler(), ['age']),
        ('cat', OneHotEncoder(handle_unknown='ignore'),
         ['mood', 'time_of_day', 'prev_genre'])
    ]
)

# ⑤ MLP 모델 생성
mlp = MLPClassifier(random_state=42, max_iter=1000)

# ⑥ 파이프라인 구성
pipeline = Pipeline(steps=[
    ('preprocessor', preprocessor),
    ('classifier', mlp)
])

# ⑦ 데이터 3분할(학습용/검증용/테스트용)
X_train, X_temp, y_train, y_temp = train_test_split(X, y,
                                                    test_size=0.4,
                                                    random_state=42,
                                                    stratify=y
                                                   )
X_val, X_test, y_val, y_test = train_test_split(X_temp, y_temp,
                                                test_size=0.5,
                                                random_state=42,
                                                stratify=y_temp
                                               )
```

앞서 학습한 기본 분석과 두 가지 차이가 있다. 하나는 **4 데이터 전처리**에서 **OneHotEncoder**의 매개변수 **handle_unknown='ignore'**를 설정했다는 점이다. 이 옵션을 설정함으로써 학습 과정에 없던 새로운 범주 값이 테스트 데이터에 들어오더라도 해당 컬럼을 모두 0으로 인코딩하여 무시한다. 이렇게 설정하지 않으면, **handle_unknown='error'**가 기본값이므로, 새로운 범주가 들어왔을 때 에러가 발생한다. 다른 하나는 **4 데이터 전처리** 이후 데이터 분할을 하지 않고, 먼저 **5 MLP 모델 생성**을 했다는 점이다. 전체 데이터의 평균과 표준편차를 계산해서 스케일링한 후에 3분할하는 경우, 검증용/테스트 데이터에 대한 정보가 학습용 데이터에 반영되므로, 결과적으로 일반화 성능이 과대평가되기 때문이다. 그러므로 파이프라인 안에서 전처리한 데이터와 모델을 연결하면, fit()은 학습용 데이터에 대해서만 수행되고, transform은 검증용/테스트 데이터에 대해 안전하게 적용된다.[26]

8 하이퍼파라미터 탐색 공간 정의

param_grid는 GridSearchCV를 통해 최적의 모델을 찾기 위해 사용할 하이퍼파라미터 조합을 지정한 딕셔너리다.

먼저 은닉층의 구조를 다양하게 설정하여 문제에 가장 적합한 형태를 탐색하기 위해 세 가지 구조를 비교한다. 즉, 하나의 은닉층에 노드가 100개인 **(100,)** 구조, 2개의 은닉층에 각각 50개의 노드를 가지는 **(50, 50)** 구조, 2개의 은닉층에 각각 128개와 64개의 노드를 가지는 **(128, 64)** 구조를 시험하여 **hidden_layer_sizes**를 설정한다. 신경망이 각 노드에서 출력을 계산할 때 사용하는 활성화 함수(**activation**)로는 **relu**와 **tanh** 두 가지를 시도한다.[27] 모델을 학습할 때 사용하는 최적화 알고리즘(**solver**)은 일반적인 상황에서 잘 작동하는 **adam**과 작은 데이터셋이나 수렴이 잘되는 경우에 더 효과적인 **lbfgs**를 설정하여 비교한다. L2 정규화 강도를 조절하는 하이퍼파라미터인 **alpha**는 **0.0001**과 **0.001**을 설정하고, **learning_rate**에는 학습 초기에 정한 값을 끝까지 유지하는 **constant**와 모델의 성능 향상이 멈추면 자동으로 학습률을 줄이는 **adaptive**를 설정하여 시험한다.

```
param_grid = {
    'classifier__hidden_layer_sizes': [(100,), (50, 50), (128, 64)],
    'classifier__activation': ['relu', 'tanh'],
    'classifier__solver': ['adam', 'lbfgs'],
    'classifier__alpha': [0.0001, 0.001],
    'classifier__learning_rate': ['constant', 'adaptive']
}
```

[그림 17-36] 하이퍼파라미터 탐색 공간 정의

26 데이터를 분할한 후에 전처리를 진행하면 문제없이 진행된다. (앞서 학습한 기본 분석에서는 데이터의 누수 문제가 없다는 가정하에 데이터를 전처리한 후 분할을 진행했다.)

27 relu는 빠르게 수렴하고 대다수 상황에서 잘 작동하는 현대적인 함수이고, tanh는 출력값의 범위를 −1에서 1로 제한한다.

참고 **정규화와 수학적 기반**

■ **정규화와 L1, L2**

신경망은 수많은 파라미터(가중치)를 학습하는 과정에서 적절히 제어하지 않으면 학습용 데이터에 과도하게 적합(overfitting)되어 새로운 데이터에 대한 일반화 성능이 떨어질 수 있다. 이를 방지하기 위한 방법으로 손실 함수에 정규화 항을 추가하여 가중치가 너무 커지지 않도록 벌점(penalty)을 부과할 수 있다. 이처럼 벌점을 부과하는 정규화 방식이 L1, L2이며, 모델이 간결해지고 일반화 능력이 향상된다는 장점이 있다.

■ **L1과 L2의 유래**

머신러닝에서 정규화의 수학적 기반은 벡터의 크기를 측정하는 p-놈(p-norm) 개념에 바탕을 둔다. 놈(norm)은 벡터의 '크기'를 재는 함수이며, 대표적으로 L1-norm과 L2-norm이 있다. 놈은 보통 다음 두 가지 상황에서 쓰인다.

- 모델이 학습하는 가중치 벡터 w의 크기를 제한하고 싶을 때
- 가중치 벡터의 크기를 수학적으로 정의하고 그 크기에 패널티를 부과하여, 모델이 작고 간결한 가중치를 가지도록 유도함으로써 과적합을 방지하고 싶을 때

L1-norm과 L2-norm은 각각 L1 규제(Lasso regularization)와 L2 규제(Ridge regularization)로 불리며, 정규화(regularization)의 대표적인 방식으로 쓰인다.

- **L1 규제:** L1-norm을 사용하여 일부 가중치를 0으로 만들고 불필요한 특성을 제거하는 방식으로 Lasso라고도 불린다. 식은 $\|w\|_1 = \sum_{i=1}^{n} |w_i|$이며, L1-norm을 기반으로 하는 절댓값의 합을 나타낸다.[28]
- **L2 규제:** L2-norm을 사용하여 모든 가중치를 작게 유지함으로써 과적합을 방지하는 방식으로, Ridge라고도 불린다. 식은 $\|w\|_2 = \sqrt{\sum_{i=1}^{n} w_i}$이며, L2-norm의 제곱을 기반으로 하는 제곱합을 나타낸다.

9 GridSearchCV 구성(교차검증 포함)

ColumnTransformer를 이용한 전처리 단계와 분류기(classifier)를 포함하는 **pipeline**으로 전체 데이터를 일관되게 처리할 수 있도록 한다. 이어서 전체 파이프라인에 대해 **param_grid**에 정의된 하이퍼파라미터 조합을 기반으로 성능을 비교한다.

grid_search를 구성할 때는 다음과 같은 설정을 적용한다. **cv=5**를 설정하여, 주어진 데이터를 5개로 나눈 뒤, 그중 하나를 검증용으로 사용하고 나머지를 학습에 사용하여 성능을 평가하는 과정을 5번 반복하는 교차검증을 수행한다. 모델의 성능 평가는 **accuracy**를 기준으로 이루어진다. **n_jobs=-1**을 설정하여 가능한 모든 CPU를 사용해서 계산 속도를 높이고, **verbose=2**를 지정하여 탐색 과정에서 진행 상황을 자세히 출력하도록 한다.

```
grid_search = GridSearchCV(
    pipeline,
    param_grid,
    cv=5,
    scoring='accuracy',
    n_jobs=-1,
    verbose=2
)
```

[그림 17-37] GridSearchCV 구성

28 ‖ ‖은 norm을 의미하는 수학 기호다.

10 모델 학습

학습용 데이터 **X_train**(입력 특성)과 **y_train**(정답 레이블)을 사용하여, 전체 파이프라인과 하이퍼파라미터 조합에 대해 모델 학습과 성능 평가를 수행한다.

```
grid_search.fit(X_train, y_train)
```

```
Fitting 5 folds for each of 48 candidates, totalling 240 fits
```

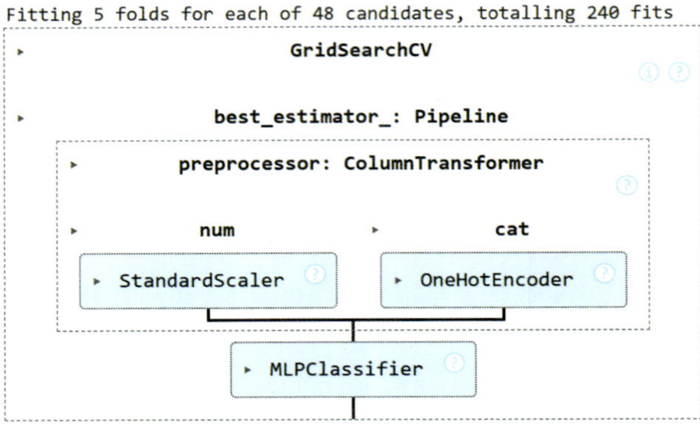

[그림 17-38] 모델 학습

출력 내용의 첫 줄을 보면, 총 48가지 조합의 하이퍼파라미터에 대해 5-폴드 교차검증을 수행했기 때문에, 총 240회의 모델 학습 및 평가가 이루어졌음을 알 수 있다. **best_estimator_** 속성은 최적의 파라미터를 갖는 모델(**Pipeline**)을 나타낸다. 이 모델은 입력 데이터를 전처리(숫자: 표준화, 범주: 원-핫 인코딩)한 뒤, **MLPClassifier**를 사용해 분류를 수행한다.

11 최적 하이퍼파라미터 출력

GridSearchCV 객체인 **grid_search**로 여러 하이퍼파라미터 조합을 평가한 결과, 가장 성능이 좋은 최적의 하이퍼파라미터 값을 출력한다. 또한 선택된 최적 하이퍼파라미터 조합의 교차검증 성능을 평가하기 위해 교차검증(cv) 과정에서 얻은 AUC 점수들의 평균값을 출력한다.

```
print('최적의 하이퍼파라미터:', grid_search.best_params_)
print('교차검증 AUC 평균:', grid_search.best_score_)
```

```
최적의 하이퍼파라미터: {'classifier__activation': 'relu', 'classifier__alpha': 0.001, 'clas
fier__hidden_layer_sizes': (100,), 'classifier__learning_rate': 'constant', 'classifier_
olver': 'adam'}
교차검증 AUC 평균: 0.6227777777777778
```

[그림 17-39] 최적의 하이퍼파라미터와 AUC 평균 출력

출력 결과를 보면, 최종적으로 선택된 모델은 **100**개의 뉴런을 가진 은닉층 하나로 구성된 다층 퍼셉트론(MLP)이다. 또한 활성화 함수는 **relu**, 최적화 알고리즘은 **adam**, 정규화 강도는 **0.001**로 설정되었다. 학습률은 고정(**constant**)된 상태로 학습이 진행된다. 이 최적 모델을 활용해 곧바로 테스트 데이터에 적용하거나 예측에 사용할 수 있다.

GridSearchCV는 여러 하이퍼파라미터 조합 가운데 교차검증 결과 AUC 평균이 가장 높은 약 **0.623**을 기록한 조합을 선택한다. 이후 이 조합으로 학습용 데이터를 다시 학습하여 최

종 모델인 **best_estimator_**를 완성하게 되며, 이렇게 생성된 모델은 곧바로 테스트 데이터 예측에 활용할 수 있다.

12 최적 모델 저장

GridSearchCV가 교차검증을 통해 찾아낸 최적의 파라미터 조합을 가진 모델을 **best_model**에 저장한다.

```
best_model = grid_search.best_estimator_
```

[그림 17-40] 최적 모델 저장

13 모델 평가

머신러닝 모델의 성능을 체계적으로 보고하기 위해서 검증용 데이터와 테스트 데이터를 명확히 구분하여 각각의 목적에 맞게 사용하는 것이 중요하다. 각 데이터셋에서 제시하는 지표는 연구의 신뢰성과 재현성을 확보하는 중요한 기준이 되기 때문이다.

다음은 학계와 실무 표준에 맞는 검증 단계와 최종 평가 단계에서 포함해야 하는 절차와 항목이다.

[13-1단계] 검증용 데이터 평가(Validation Evaluation)

검증용 데이터는 하이퍼파라미터 튜닝과 모델 선택에 사용된다. 이 단계의 평가에서는 여러 모델이나 여러 하이퍼파라미터 조합을 비교하여 어떤 모델이 가장 우수한지를 판단한다. 모델의 구조나 설정을 결정하는 것이 목적이므로, 다음 지표만 제시하는 것이 일반적이다.

- 검증 정확도(Accuracy)
- 검증 ROC-AUC
- F1-score(필요시)
- GridSearchCV의 평균 교차검증 성능 및 선택된 하이퍼파라미터(best parameters)(옵션)

단, 검증 데이터는 모델을 선택하기 위한 중간 단계이므로, 상세한 클래스별 분석은 최종 평가(Test) 단계에서 수행한다. 따라서 혼동행렬과 분류 성능 보고서는 제시하지 않는다. 즉, 검증용 데이터 평가에서는 **최적의 모델을 선택하는 과정**을 설명하기 위한 최소한의 성능만 보고하며, 세부적인 오류 분석은 포함하지 않는다.

[13-2단계] 테스트 데이터 평가(Test Evaluation)

테스트 데이터는 최종적으로 선택된 모델의 성능을 공식적으로 보고하는 단계에서 사용된다. 이 데이터는 모델 학습과 튜닝 과정에서 전혀 사용되지 않았기 때문에, 모델이 실제 새로운 데이터를 얼마나 잘 예측할 수 있는지를 평가하는 가장 중요한 기준이 된다. 따라서 문서에서는 다음 항목을 반드시 제시한다.

- 테스트 Accuracy
- 테스트 ROC-AUC
- 테스트 F1-score(필요시)
- macro/micro AUC나 macro F1 등 추가적인 지표 포함(멀티클래스 문제인 경우)

이 지표들은 **연구나 실험의 최종 공식 성능**이며, 논문·보고서·책 등에서 제시하는 표준이 된다.

[13-3단계] 테스트 데이터의 혼동행렬(Confusion Matrix)

테스트 데이터 평가 이후 클래스별 예측 결과의 구조적 특성을 혼동행렬로 제시한다. 혼동행렬은 각 클래스가 올바르게 분류되거나 잘못 분류된 양상을 한눈에 보여주고 모델의 약점을 시각적으로 드러내므로 반드시 보고해야 한다. 멀티클래스 문제인 경우에는 클래스 간 오분류 양상을 나타내는 N×N 형태의 행렬이나 heatmap 형태로 표현하는 것도 일반적이며, 이는 모델의 분류 경향을 직관적으로 전달하는 데 유용하다.

[13-4단계] 테스트 데이터의 분류 성능 보고서(Classification Report)

분류 성능 보고서는 클래스별로 정밀도(precision), 재현율(recall), F1 점수(f1-score), 표본수(support)를 나타내는 표다. 이는 혼동행렬에서 시각적으로 드러난 분류 패턴을 수치화한 것으로 클래스별 성능 차이를 더욱 정밀하게 제시한다. 혼동행렬과 분류 성능 보고서를 함께 제시하여 모델의 장단점과 예측 경향을 종합적으로 설명한다.

검증용 데이터 평가: 최적 하이퍼파라미터로 학습된 **best_model**을 이용해 검증용 데이터 **X_val**에 대한 예측값을 생성해서 **y_val_pred**에 저장한다. 저장된 예측값을 실제 정답값 **y_val**과 비교해서 정확도 **accuracy**를 계산한 후 **val_acc**에 저장하여 소수점 넷째 자리까지 출력한다.

또한 **y_val**의 클래스 정보를 기반으로 이진 형태로 변환(**label_binarize**)해서 **y_val_bin**을 생성한 후, **best_model**이 출력하는 클래스별 확률값 **predict_proba**를 **y_val_prob**에 저장한다. 이를 이용해 다중 클래스 분류의 ROC-AUC 점수인 **val_auc**를 One-vs-Rest 방식(**multi_class='ovr'**)으로 계산하고, 계산된 ROC-AUC를 소수점 넷째 자리까지 출력한다.

```
y_val_pred = best_model.predict(X_val)
val_acc = accuracy_score(y_val, y_val_pred)

classes = np.unique(y)
y_val_bin = label_binarize(y_val, classes=classes)
y_val_prob = best_model.predict_proba(X_val)
val_auc = roc_auc_score(y_val_bin, y_val_prob, multi_class='ovr')

print(f'검증용 데이터 Accuracy: {val_acc:.4f}')
print(f'검증용 데이터 ROC-AUC: {val_auc:.4f}')
```

```
검증용 데이터 Accuracy: 0.5950
검증용 데이터 ROC-AUC: 0.8639
```

[그림 17-41] 검증용 데이터 평가

검증용 데이터에 대한 모델 평가 결과, 전체 정확도는 0.5950으로 약 59.5%의 샘플을 올바르게 분류한 것으로 나타났다. 다중 클래스 ROC-AUC 점수는 0.8639로, 모델이 각 클래스를 구분하는 능력은 비교적 높게 나타났다.[29]

29 앞서 설명했듯이, 검증용 데이터 평가 단계에서 분류 성능 보고서(classification report)는 원칙적으로 필요 없다. 단, 데이터 불균형 확인, 튜닝 전략 수립, 기록용 등의 목적이 있다면 제한적으로 활용될 수 있다.

참고 **이진 형태로 변환(label_binarize)하여 y_val_bin 생성하기**

- **이진 변환:** ROC-AUC가 원래 이진 분류 지표이므로, 다중 클래스 문제에서는 각 클래스를 이진 문제로 만들어 계산해야 한다. 예를 들어 클래스 0, 1, 2가 있다면, '클래스 0: 0 vs. {1,2}, 클래스 1: 1 vs. {0,2}, 클래스 2: 2 vs. {0,1}'로 만든다. 이 과정을 One-vs-Rest(OvR) 방식이라고 한다.
- **label_binarize의 역할:** label_binarize(y_val, classes=classes)는 다중 클래스의 실제 정답 벡터 y_val을 클래스별로 0과 1로 이루어진 행렬로 변환한다. 예를 들면 [그림 7-42]와 같다.

출력 결과에서 각 행은 하나의 샘플을 나타내고, 각 열은 특정 클래스에 해당하는지 여부를 나타낸다. 즉, 해당 샘플이 특정 클래스에 속하면 1, 아니면 0으로 표시된다. 이렇게 변환된 행렬을 사용하면 다중 클래스 ROC-AUC를 클래스별로 이진 비교하여 계산할 수 있다.

```
y_val = [0, 2, 1, 0]
classes = [0,1,2]
y_val_bin = label_binarize(y_val, classes=classes)
```

```
array([[1, 0, 0],
       [0, 0, 1],
       [0, 1, 0],
       [1, 0, 0]])
```

[그림 17-42] 0과 1로 이루어진 행렬로 변환

테스트 데이터 평가: 최적 하이퍼파라미터로 학습된 **best_model**로 테스트 데이터 **X_test**에 대한 예측값을 생성하고 **y_test_pred**로 저장한다. 저장된 예측값을 실제 정답값 **y_test**와 비교해서 정확도 **accuracy**를 계산한 후 **test_acc**에 저장하여 소수점 넷째 자리까지 출력한다.

또한 **y_test**의 클래스 정보를 기반으로 이진 형태로 변환(**label_binarize**)해서 **y_test_bin**을 생성한 후, **best_model**이 출력하는 클래스별 확률값 **predict_proba**를 **y_test_prob**에 저장한다. 이를 이용해 다중 클래스 분류의 ROC-AUC 점수인 **test_auc**를 One-vs-Rest 방식(**multi_class='ovr'**)으로 계산하고 소수점 넷째 자리까지 출력한다.

```
y_test_pred = best_model.predict(X_test)
test_acc = accuracy_score(y_test, y_test_pred)

classes = np.unique(y)
y_test_bin = label_binarize(y_test, classes=classes)
y_test_prob = best_model.predict_proba(X_test)
test_auc = roc_auc_score(y_test_bin, y_test_prob, multi_class='ovr')

print(f'테스트 데이터 Accuracy: {test_acc:.4f}')
print(f'테스트 데이터 ROC-AUC: {test_auc:.4f}')
```

```
테스트 데이터 Accuracy: 0.6133
테스트 데이터 ROC-AUC: 0.8742
```

[그림 17-43] 테스트 데이터 평가

테스트 데이터에 대한 모델 평가 결과, 전체 정확도는 0.6133으로 약 61.3%의 샘플을 올바르게 분류한 것으로 나타났다. 다중 클래스 ROC-AUC 점수는 0.8742로, 모델이 각 클래스를 구분하는 능력이 비교적 높게 나타났다. 검증용 데이터 결과와 비교하면, 최종 성능을 평가하는 테스트 데이터에서 약간 더 향상된 성능을 보였다(Accuracy: 약 59.5%→약 61.3%, ROC-AUC: 0.864→0.874).

테스트 데이터의 혼동행렬: **confusion_matrix(y_test, y_test_pred)**는 실제 정답 **y_test**와 모델의 예측값 **y_test_pred**를 비교하여 클래스별로 얼마나 정확하게 예측했는지를 행렬 형태로 보여준다. 혼동행렬은 각 클래스에 대해 정답을 맞힌 경우와 틀린 경우를 세분화하여 표시하기 때문에, 단순 정확도 지표보다 더 세밀하게 성능을 분석할 수 있다.

```
conf_matrix = confusion_matrix(y_test, y_test_pred)
print('테스트 데이터 혼동 행렬:')
print(conf_matrix)
```

```
테스트 데이터 혼동 행렬:
[[87  9 10 12 12]
 [19 41  8 11 13]
 [10  6 54 13 12]
 [21 10  8 98  6]
 [15 11  5 21 88]]
```

[그림 17-44] 혼동행렬

혼동행렬에서 각 행은 실제 클래스, 각 열은 예측된 클래스를 의미한다. 행렬의 대각선 원소들은 각각의 클래스에서 모델이 정확히 맞힌 개수를 의미하고, 비대각선 원소들은 모델이 해당 클래스를 다른 클래스로 잘못 예측한 경우를 나타낸다.

[그림 17-44]의 출력 결과를 살펴보자. 첫 번째 클래스(0)는 87번 정확히 맞혔고, 9번은 클래스 1로, 10번은 클래스 2로, 12번은 클래스 3으로, 12번은 클래스 4로 잘못 예측하였다. 두 번째 클래스(1)에서는 41번 정확히 맞혔고, 19번은 클래스 0으로, 8번은 클래스 2로, 11번은 클래스 3으로, 13번은 클래스 4로 잘못 예측했다. 세 번째 클래스(2)에서는 54번 정확히 맞혔고, 10번은 클래스 0으로, 6번은 클래스 1로, 13번은 클래스 3으로, 12번은 클래스 4로 잘못 예측하였다. 네 번째 클래스(3)에서는 98번 정확히 맞혔고, 21번은 클래스 0으로, 10번은 클래스 1로, 8번은 클래스 2로, 6번은 클래스 4로 잘못 예측했다. 다섯 번째 클래스(4)에서는 88번 정확히 맞혔고, 15번은 클래스 0으로, 11번은 클래스 1로, 5번은 클래스 2로, 21번은 클래스 3으로 잘못 예측했다.

분류 성능 보고서(Classification Report): **classification_report** 함수를 이용하여 정밀도(precision), 재현율(recall), F1 점수(f1-score), 정확도(accuracy) 등의 주요 지표를 출력한다.

```
print('테스트 데이터의 Classification Report:')
print(classification_report(y_test, y_test_pred))
```

```
테스트 데이터의 Classification Report:
              precision    recall  f1-score   support

           0       0.57      0.67      0.62       130
           1       0.53      0.45      0.49        92
           2       0.64      0.57      0.60        95
           3       0.63      0.69      0.66       143
           4       0.67      0.63      0.65       140

    accuracy                           0.61       600
   macro avg       0.61      0.60      0.60       600
weighted avg       0.61      0.61      0.61       600
```

[그림 17-45] 분류 성능 평가

총 600개의 테스트 데이터에 대해 전반적인 정확도(Accuracy)가 61%로 확인되었다. 또한 F1 점수의 가중 평균(weighted avg)과 매크로 평균(macro avg)이 각각 0.61과 0.60으로 나타나, 모든 클래스에서 성능이 비교적 균일하게 분배되었음을 알 수 있다. 모델이 가장 우수한 성능을 보인 클래스는 F1 점수가 0.66인 클래스 3으로, 가장 높은 재현율(0.69) 덕분에 예측을 잘 수행했다. 그러나 클래스 1은 F1 점수가 0.49로 다른 클래스에 비해 성능이 가장 좋지 않았다. 특히 클래스 1의 정밀도(0.53)와 재현율(0.45)이 모두 낮게 측정되어, 이 클래스에 대한 모델의 예측 능력을 개선해야 함을 알 수 있다. 전반적으로 볼 때, 0.6대의 성능은 추가적인 모델 튜닝이나 특징 공학(Feature Engineering)을 통해 개선할 여지가 있음을 시사한다.

14 시각화

전체 그래프 크기를 가로 **8**인치, 세로 **6**인치로 설정한다. Seaborn 라이브러리의 함수 **sns.heatmap()**을 사용하여 혼동행렬을 히트맵 형태로 시각화한다. 이때 세부 설정은 다음과 같다. 혼동행렬 데이터는 **conf_matrix**, 각 셀 값을 숫자로 표시하는 **annot=True**, 숫자 형식을 '정수'로 지정하는 **fmt='d'**, 컬러맵은 푸른색 계열인 **cmap='Blues'**로 설정한다. 또한 x축 레이블을 y값의 고유한 값으로 설정하기 위해 **xticklabels=np.unique(y)**를 입력하고, y축 레이블을 y값의 고유한 값으로 설정하기 위해 **yticklabels=np.unique(y)**를 입력한다.

x축 레이블을 **Predicted Playlist**로, y축 레이블을 **Actual Playlist**로 설정한다. 그래프 제목은 **Confusion Matrix**로 설정한다. **plt.tight_layout()**으로 레이아웃을 자동으로 조정해서 레이블이나 축이 겹치지 않게 하고, 마지막으로 **plt.show()**로 그래프를 화면에 표시한다.

```
plt.figure(figsize=(8, 6))
sns.heatmap(conf_matrix, annot=True, fmt='d', cmap='Blues',
            xticklabels=np.unique(y), yticklabels=np.unique(y))
plt.xlabel('Predicted Playlist')
plt.ylabel('Actual Playlist')
plt.title('Confusion Matrix')
plt.tight_layout()
plt.show()
```

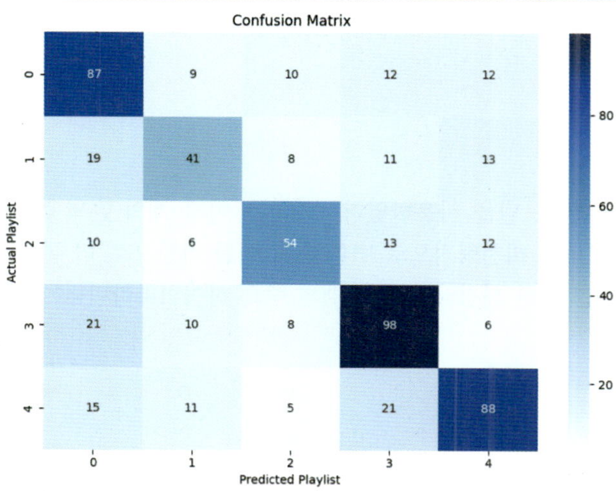

[그림 17-46] 혼동행렬 시각화와 출력 결과

15 모델 저장

grid_search.best_estimator_로 선택된 최적 모델 **best_model**을 **best_mlp_music_model.pkl**로 지정하여 저장한다.

```
joblib.dump(best_model, 'best_mlp_music_model.pkl')
```

```
['best_mlp_music_model.pkl']
```

[그림 17-47] 모델 저장

논문 예시 NN 분석을 논문에서 활용하는 방법

다층 퍼셉트론을 활용한 음악 추천 시스템: 모델 학습과 평가

1. 도입

음악 추천 시스템은 개인화된 음악을 제공하여 사용자의 만족도를 높이는 중요한 기술로 자리 잡았으며, 사용자의 취향을 분석하여 사용자가 선호할 만한 음악을 추천하는 데 사용된다. 그러나 음악 추천 시스템은 다양한 요인에 의해 성능이 달라지기 때문에, 보다 효과적인 추천을 위해 모델의 정확성과 일반화 성능을 개선하는 방법에 대한 연구가 필요하다. 본 연구는 다층 퍼셉트론(Multilayer Perceptron, MLP)을 사용하여 음악 추천 시스템을 개발하고, 최적의 모델을 선택하기 위해 하이퍼파라미터 튜닝을 수행하였다. 또한 학습된 모델을 평가하고, 성능을 개선할 수 있는 방법을 제시하는 것을 목표로 한다.

2. 데이터셋

본 연구에서 사용한 데이터셋은 음악 추천 시스템을 위한 데이터로, 각 사용자에 대한 나이, 감정 상태, 시간대, 이전 장르 등의 정보를 포함한다. 이 데이터는 사용자가 과거에 들었던 음악과 그 음악의 장르를 기반으로, 사용자가 선호할 음악을 예측하기 위한 특성들을 포함하고 있다. 각 데이터 포인트는 사용자가 과거에 들었던 특정 음악 장르에 대한 정보를 나타내고 있으며, 데이터는 학습용, 검증용, 테스트로 나누어, 모델의 학습과 평가에 사용되었다.

3. 모델 구성

3.1 다층 퍼셉트론(MLP) 모델

본 연구에서는 다층 퍼셉트론(MLP) 모델을 사용하였다. MLP는 여러 개의 은닉층(hidden layer)을 통해 입력 데이터를 비선형적으로 변환하고, 이를 바탕으로 더 복잡한 패턴을 학습할 수 있는 능력을 가진 신경망이다. 모델의 주요 하이퍼파라미터는 다음과 같다.

- **은닉층 크기(hidden_layer_sizes):** 모델의 은닉층 구조를 설정하는 하이퍼파라미터로, (100,), (50, 50), (128, 64)의 세 가지 구성을 실험하였다. 이처럼 각기 다른 크기의 은닉층을 가진 모델을 생성하여 성능을 비교할 수 있도록 하였다.

- **활성화 함수(activation):** 모델의 활성화 함수로는 'relu'와 'tanh'를 사용하였다. 'relu'는 비선형성을 도입하는 활성화 함수로 빠르고 효율적인 학습을 돕는 반면, 'tanh'는 출력 범위가 −1에서 1 사이로 제한되어 예측을 더 정교하게 만드는 데 유리하다.

- **최적화 알고리즘(solver):** 'adam'과 'lbfgs' 두 가지 최적화 알고리즘을 사용하였다. 'adam'은 확률적 경사 하강법을 기반으로 빠른 수렴을 제공하는 반면, 'lbfgs'는 더 정확한 최적화 결과를 도출할 수 있다.

- **정규화 파라미터(alpha):** alpha는 L2 정규화 항을 제어하는 하이퍼파라미터로, 과적합을 방지하는 데 중요한 역할을 한다. 본 연구에서는 0.0001과 0.001의 두 가지 값을 실험하였다.

- **학습률(learning_rate):** 'constant'와 'adaptive'의 두 가지 학습률 전략을 사용하였다. 'constant'는 고정된 학습률을 사용하며, 'adaptive'는 학습이 진행됨에 따라 학습률을 자동으로 조정한다.

3.2 데이터 전처리

데이터는 전처리 과정을 거쳐 모델에 입력되었다. 연속형 변수인 나이(age)는 StandardScaler를 사용하여 표준화하였다. 이를 통해 값의 범위가 일정해져 모델 학습이 원활하게 이루어졌다. 범주형 변수인 감정 상태(mood), 시간대(time_of_day), 이전 장르(prev_genre)는 OneHotEncoder를 사용하여 각각의 범주를 이진 벡터로 변환하였다. 전처리 과정은 ColumnTransformer를 사용하여 효율적으로 처리되었으며, 이는 파이프라인을 통해 통합적으로 관리되었다.

4. 모델 학습

모델은 그리드 서치(GridSearchCV) 기법을 사용하여 최적의 하이퍼파라미터를 찾기 위해 학습되었다. 5−폴드 교차검증을 통해 각 하이퍼파라미터 조합에 대해 모델을 학습하고 성능을 평가하였으며, GridSearchCV는 각 하이퍼파라미터의 후보 값을 지정하고, 최적의 성능을 나타내는 파라미터 조합을 선택하는 방법으로, 모델 성능을 최대화할 수 있다. 최적의 모델은 best_estimator_를 통해 추출되었으며, 이후 검증 및 테스트 데이터를 평가하는 데 최적 모델을 사용하였다.

5. 모델 평가

5.1 평가 지표

모델의 성능은 정확도(accuracy)를 주요 지표로 사용하였고, 추가적으로 혼동행렬(confusion matrix), 정밀도(precision), 재현율(recall), F1 점수(f1−score)를 통해 더 세부적인 성능을 평가하였다. 정확도는 모델이 얼마나 정확하게 예측했는지를 나타내며, 혼동행렬을 통해 예측된 클래스와 실제 클래스 간의 관계를 시각적으로 분석할 수 있었다. 정밀도와 재현율은 클래스 불균형 문제를 고려한 성능 지표로, 특히 클래스 1의 성능이 낮은 문제를 파악하는 데 유용하였다.

5.2 결과

최적의 하이퍼파라미터 조합은 다음과 같다.

- **활성화 함수(activation)**: 'relu'
- **정규화 파라미터(alpha)**: 0.001
- **은닉층 크기(hidden_layer_sizes)**: (100,)
- **학습률(learning_rate)**: 'constant'
- **최적화 알고리즘(solver)**: 'adam'

교차검증의 ROC-AUC 평균은 약 0.623으로 나타났으며, 최적 모델은 검증용 데이터에서 Accuracy는 0.595, ROC-AUC는 0.8639의 성능이 확인된다. 최종적으로 동일한 모델을 테스트 데이터에 적용한 결과는 Accuracy가 0.6133, ROC-AUC가 0.8742로 확인되어, 검증 및 테스트 결과 모두에서 약 60% 내외의 정확도를 보여주었다. ROC-AUC는 0.86~0.87 수준으로 분류 경계의 강도가 비교적 안정적으로 나타났다.

전체적으로 모델은 '중간 수준'의 예측 성능을 보였으며, 특히 클래스 간 데이터 불균형 또는 분포 차이로 인해 일부 클래스(특히 클래스 1)에서 성능 저하가 관찰되었다.

5.3 혼동행렬 및 분류 성능 보고서

테스트 데이터에 대한 혼동행렬은 [그림 1]과 같다.

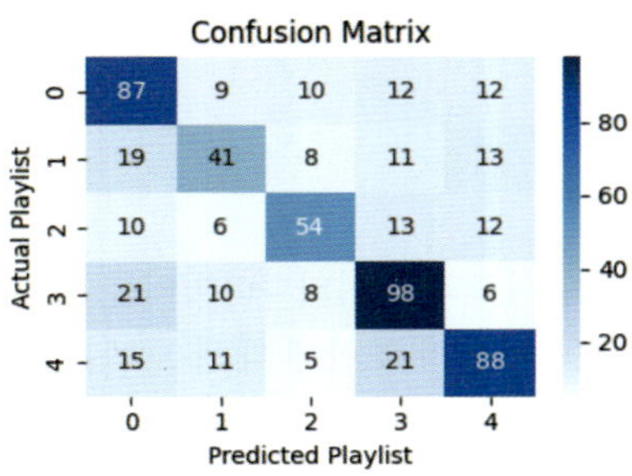

[그림 1] 테스트 데이터의 혼동행렬

대각선 요소는 모델이 해당 클래스를 정확하게 예측한 개수이고, 대각선 외부 요소는 다른 클래스로 잘못 예측한 개수다. 결과적으로 모델은 클래스 3과 클래스 4에서 상대적으로 좋은 성능을 보였으나, 클래스 1에서는 오분류가 많이 발생하였다.

테스트 데이터의 분류 성능 보고서는 [그림 2]와 같다.

```
테스트 데이터의 Classification Report:
              precision    recall  f1-score   support

           0       0.57      0.67      0.62       130
           1       0.53      0.45      0.49        92
           2       0.64      0.57      0.60        95
           3       0.63      0.69      0.66       143
           4       0.67      0.63      0.65       140

    accuracy                           0.61       600
   macro avg       0.61      0.60      0.60       600
weighted avg       0.61      0.61      0.61       600
```

[그림 2] 분류 성능 보고서

정확도는 61%였으며, 모델은 대부분의 클래스에서 균형 잡힌 성능을 보였으나, 클래스 1에서는 비교적 낮은 재현율(0.45)과 F1 점수(0.49)를 보여 개선의 여지가 있다. 이러한 결과는 데이터 불균형, 특정 클래스의 특징적 패턴 부족 문제가 있거나 모델이 해당 클래스를 구분하기 위한 충분한 정보 학습에 어려움을 겪었음을 시사한다.

6. 모델 저장 및 재사용

모델이 학습된 후, joblib을 사용하여 최적의 모델을 best_mlp_music_model.pkl로 지정하여 저장하였다. 이렇게 저장한 파일을 나중에 불러와서 새로운 데이터에 대한 예측을 수행할 수 있다.

회귀 문제 실습 2: 고급 분석

다음으로 고급 실무와 논문 게재용 회귀 문제를 해결하는 신경망 분석 과정을 진행해 보자.

1 필요한 라이브러리 가져오기

NN의 회귀 문제를 해결하기 위해 다음 라이브러리를 임포트한다.

```python
import pandas as pd
import numpy as np
import matplotlib.pyplot as plt
import seaborn as sns
from sklearn.model_selection import train_test_split, GridSearchCV
from sklearn.model_selection import learning_curve, RandomizedSearchCV, KFold
from sklearn.preprocessing import StandardScaler, OneHotEncoder
from sklearn.compose import ColumnTransformer
from sklearn.pipeline import Pipeline
from sklearn.multioutput import MultiOutputRegressor
from sklearn.neural_network import MLPRegressor
from sklearn.metrics import mean_squared_error, mean_absolute_error, r2_score
import joblib
import os
from datetime import datetime
from sklearn.inspection import permutation_importance
```

[그림 17-48] 라이브러리 임포트하기

사전 분석 설정: 먼저, 현재 진행하는 분석의 이름을 **mlp_lunch_satisfaction_prediction**으로 정의하고, **datetime.now().strftime('%Y%m%d_%H%M%S')**를 활용해 현재 날짜와 시간을 기반으로 타임스탬프(예 20260115_143212)를 생성한다. 이 타임스탬프는 분석 이름과 함께 **./experiments** 디렉터리 아래에 포함되어, 매번 고유한 경로를 갖는 폴더가 만들어지도록 한다. 이렇게 생성된 **OUTPUT_DIR** 경로에 해당하는 폴더를 **os.makedirs()** 함수를 통해 실제로 생성하고, **exist_ok=True** 옵션을 지정함으로써 해당 폴더가 이미 존재하더라도 에러가 발생하지 않도록 한다. 이를 통해 이후 모델, 로그, 그래프 등의 결과 파일을 이 폴더에 안전하게 저장할 수 있는 환경이 준비된다. 마지막으로, 무작위성이 포함된 작업의 재현성을 보장하기 위해 **SEED** 값을 **42**로 고정한다.

```
EXPERIMENT_NAME = 'mlp_lunch_satisfaction_prediction'
OUTPUT_DIR = f"./experiments/{EXPERIMENT_NAME}/{datetime.now().strftime('%Y%m%d_%H%M%S')}"
os.makedirs(OUTPUT_DIR, exist_ok=True)
SEED = 42
```

[그림 17-49] 사전 분석 설정

참고 **사전 분석의 필요성**

사전 분석 설정이 꼭 필요한 것은 아니다. 그러나 분석을 체계적으로 수행하고 싶다면 매우 유용한 루틴이 될 수 있다.

■ **사전 분석 설정이 필요 없는 경우**

간단한 테스트만 진행하거나 모델 몇 개만 실행해 보고 버릴 코드라면 굳이 설정할 필요가 없다. 재현성 확보나 결과 기록, 비교 분석이 필요하지 않은 경우에도 설정할 필요가 없다.

■ **사전 분석 설정이 필요한 경우**

- **분석 결과 관리:** 분석을 진행하다 보면 다양한 하이퍼파라미터, 모델 구조, 데이터 처리 방식 등을 조합해 여러 번 실험하게 된다. 이때 각 실험의 결과를 개별 디렉터리에 저장하면 몇 가지 유용성이 있다. 첫째, 이전 결과가 덮어씌워지지 않아 안전하게 보존된다. 둘째, 어떤 설정을 해서 결과가 나왔는지 추적할 수 있다. 셋째, 각 분석 결과를 나중에 다시 활용하여 성능을 비교하거나 분석하기에도 용이하다.
- **시간별 디렉터리 관리와 자동 기록:** datetime.now().strftime(...)을 활용하면 현재 컴퓨터의 시간을 기반으로 타임스탬프가 생성되어 시간별 관리가 가능하다. 여러 번 실행하더라도 매번 새로운 폴더에 결과가 자동 저장되므로 관리가 편리하며, 분석 결과가 시간순으로 정리되어 사후 활용도가 높아진다.
- **재현 가능한 결과:** SEED=42로 랜덤 시드를 고정하면, 모델 학습이나 데이터 분할 과정에서 항상 동일한 결과를 재현할 수 있다. 이를 통해 분석 결과가 우연인지, 실제로 개선된 것인지 객관적으로 비교할 수 있다.
- **협업과 실무:** 팀 프로젝트나 논문 작성 시, 분석 결과를 도출한 파일을 정리해 두면 설명이 쉬워진다. 또한 실무에서는 다양한 분석 결과를 비교함으로써 최적의 의사결정을 위한 기초 자료로 활용할 수 있다.

2 데이터 불러오기

데이터 파일 **nn_lunch.csv**를 불러와서 **data**로 정의한다.

```
data = pd.read_csv('./source/nn_lunch.csv')
```

[그림 17-50] 데이터 불러오기

3 변수 분리

입력 변수 **weather**, **day**, **mood**, **budget**과 출력 변수 **satisfaction_korean**, **satisfaction_chinese**, **satisfaction_japanese**, **satisfaction_western**, **satisfaction_snack**를 **X**와 **y**로 구분한다.

```
X = data[['weather', 'day', 'mood', 'budget']]
y = data[[
    'satisfaction_korean',
    'satisfaction_chinese',
    'satisfaction_japanese',
    'satisfaction_western',
    'satisfaction_snack'
]]
```

[그림 17-51] 변수 분리

범주형/수치형 변수의 구분: 변수를 범주형과 수치형으로 구분해서 각각 **categorical_features**와 **numeric_features**로 저장한다. 이렇게 미리 구분해 두면 이후 전처리 과정에서 자동으로 처리되며, 파이프라인을 구성할 때도 구조가 명확해지고 효율적으로 관리할 수 있다.

```
categorical_features = ['weather', 'day']
numeric_features = ['mood', 'budget']
```

[그림 17-52] 범주형/수치형 변수의 구분

4 데이터 전처리(표준화, 원-핫 인코딩)

변수 유형에 맞는 전처리를 적용한다. 먼저 **StandardScaler()**로 수치형 변수의 값을 평균이 0, 표준편차가 1인 형태로 표준화한다. 이어서 **OneHotEncoder(handle_unknown='ignore')**를 입력하여 범주형 변수를 0과 1로 이루어진 이진 벡터로 변환한다. 여기서 handle_unknown='ignore' 옵션은 모델이 학습할 때는 없지만 예측할 때 새로 등장하는 값이 있어도 이를 무시하고 처리한다.

이후 **ColumnTransformer**로 앞서 정의한 전처리 방식을 각 변수에 연결한다. 즉, 수치형 변수에는 스케일 조정을, 범주형 변수에는 원-핫 인코딩을 적용한다.

```
numeric_transformer = StandardScaler()
categorical_transformer = OneHotEncoder(handle_unknown='ignore')

preprocessor = ColumnTransformer(
    transformers=[
        ('num', numeric_transformer, numeric_features),
        ('cat', categorical_transformer, categorical_features)
    ])
```

[그림 17-53] 표준화, 원-핫 인코딩과 스케일 조정

참고 데이터 전처리 코드 설계 방식

'회귀 문제 실습 1: 기본 분석'에서는 데이터 전처리 단계를 [그림 17-26]과 같이 간단한 코드로 구현하였다.

```
preprocessor = ColumnTransformer(
    transformers=[
        ('num', StandardScaler(), ['budget']),
        ('cat', OneHotEncoder(handle_unknown='ignore'), ['weather', 'day', 'mood'])
    ]
)
```

[그림 17-54] [그림 17-26]의 기본 분석 중 데이터 전처리 단계

이 코드는 짧고 간결하여 빠르게 작성할 수 있다. 그러나 **StandardScaler**나 **OneHotEncoder**와 같은 변환기, 데이터의 열을 의미하는 피처 리스트를 별도로 지정하지 않았기 때문에, 나중에 코드를 수정하거나 재사용할 경우 직접 코드 내부를 찾아 수정해야 하는 불편이 있다.[30]

그러나 [17-53]과 같이 피처 리스트인 **numeric_features**, **categorical_features**를 따로 저장해 두면, 나중에 재사용하거나 변환기만 교체할 때 관리하기가 쉽고, 코드의 가독성이 높아진다. 또한 파이프라인이 복잡한 경우 각 구성 요소를 쉽게 수정하고 관리할 수 있다. 그러나 이 방식은 코드가 길어진다는 단점이 있다.

5 MLP 회귀 모델 정의 및 하이퍼파라미터 탐색 공간 정의

다변량 회귀 문제에서는 여러 개의 연속적인 출력값을 동시에 예측해야 하므로, 이를 위해 **MultiOutputRegressor**를 사용한다. 이 모델은 내부적으로 하나의 **MLPRegressor**를 출력 차원 수만큼 복사하여 각각의 출력값을 독립적으로 예측하게 구성된다.

기본 회귀 모델로는 입력과 출력 간의 비선형 관계를 학습하는 데 적합한 다층 퍼셉트론 기반의 **MLPRegressor**를 사용한다. 초기 설정으로 **max_iter=500**를 지정하여 기본 학습 반복 횟수를 설정하고, 이후에는 GridSearch를 통해 더 많은 반복 횟수를 실험할 수 있도록 한다. 또한 **early_stopping=True**로 검증 점수가 일정 기간 향상되지 않으면 학습을 조기 종료시켜 과적합을 방지한다. **random_state=SEED**로 재현 가능한 결과를 위해 난수 시드를 고정한다. 이렇게 설정한 MLPRegressor를 기반으로 **MultiOutputRegressor(base_mlp)**를 생성하여 **model**로 정의한다.

30 예를 들어 StandardScaler(with_mean=True, with_std=True)에서 with_mean=True(평균을 0으로 맞출지 여부)나 with_std=True(분산을 1로 맞출지 여부)에 대한 설정, OneHotEncoder(handle_unknown='ignore', drop=None)에서 handle_unknown='ignore'(테스트 데이터에 학습 시에는 없던 값이 나오면 무시할지 여부)나 drop=None(첫 번째 카테고리를 드롭(제거)할지 여부)에 대한 설정 시 코드 전체를 다시 확인하고 수정해야 하므로 번거로울 수 있다.

다음으로 하이퍼파라미터 탐색을 위해 **param_dist**를 정의한다. 이때 파이프라인 구조에서 MultiOutputRegressor 내부의 MLPRegressor에 접근하기 위해 **regressor__estimator__**라는 접두사를 이용하여 각 하이퍼파라미터를 계층적으로 지정해 준다.

```
base_mlp = MLPRegressor(max_iter=500, early_stopping=True, random_state=SEED)
model = MultiOutputRegressor(base_mlp)

param_dist = {
    'regressor__estimator__hidden_layer_sizes': [
        (50,), (100,), (100, 50), (200, 100)
    ],
    'regressor__estimator__activation': ['relu', 'tanh'],
    'regressor__estimator__solver': ['adam'],
    'regressor__estimator__alpha': [0.0001, 0.001, 0.01, 0.1],
    'regressor__estimator__learning_rate': ['constant', 'adaptive'],
    'regressor__estimator__learning_rate_init': [0.0005, 0.001, 0.005, 0.01],
    'regressor__estimator__max_iter': [1000, 1500]
}
```

[그림 17-55] MLPRegressor와 regressor__estimator__로 계층적 하이퍼파라미터 지정

각 하이퍼파라미터의 기능은 [표 17-6]과 같다.

[표 17-6] 하이퍼파라미터의 기능

파라미터	기능
hidden_layer_sizes	은닉층 구조 지정. (예 (100, 50)은 2개의 은닉층을 사용함)
activation	활성화 함수: relu, tanh, logistic(sigmoid)
solver	최적화 알고리즘: adam(빠르고 실용적), lbfgs(작은 데이터에 적합)
alpha	L2 정규화 계수로 과적합 방지
learning_rate	학습률 조정 방식: constant, adaptive, invscaling
learning_rate_init	가중치를 얼마만큼 업데이트할지를 결정하는 기본 스텝 크기(step size)
max_iter	최대로 허용할 반복 횟수. 기본값보다 크게 설정해 완전한 수렴 유도

참고 학습률 설정

학습률을 설정할 때는 **learning_rate**와 **learning_rate_init** 두 가지를 함께 고려해야 한다.

■ **학습률 조정 방식**

- **constant: 고정 학습률** 방식으로, 학습 처음부터 끝까지 동일한 학습률을 유지한다. 예를 들어 **learning_rate_init=0.001**로 설정하면 전체 학습 과정에서 항상 0.001을 사용한다. 안정적이지만 수렴 속도가 느리고, 손실 함수의 국소 최저점(local minimum)에 갇혀 전역 최저점(global minimum, 더 낮은 손실값)을 찾지 못할 위험이 있다.

- adaptive: **적응적 학습률** 방식으로, 성능 개선이 일정 기준 이하로 떨어지면 학습률을 점진적으로 줄인다. 주로 early stopping과 함께 사용한다. 처음에는 빠르게 학습하다가, 성능이 개선되지 않으면 안정적으로 학습 속도를 줄여 안정적으로 수렴하도록 돕는다는 장점이 있다. 실전에서는 adaptive가 constant보다 더 안정적인 결과를 보이는 경우가 많다.
- invscaling: **역비례 감소** 방식으로, 반복 횟수(epoch)에 따라 학습률이 점차 감소한다. 초반에 빠르게 학습하고 후반으로 갈수록 점점 느려지므로, 매우 빠른 수렴 가능성을 가지지만(탐색과 정교화를 동시에 추구), 학습률이 너무 빠르게 줄면 최적값에 도달하기 전 학습이 멈추는 과소적합(underfitting) 위험이 있다. 이 방식은 학습률 튜닝에 익숙하거나, 학습 속도가 지나치게 느릴 때 실험적으로 고려해 볼 수 있다.

■ **학습률 초깃값**

learning_rate_init은 학습률 조정 방식의 초기 크기(스텝 사이즈)를 의미하며, 모델이 한 번의 반복에서 가중치를 얼마나 크게 변경할지를 결정한다. 예를 들어 **learning_rate_init=0.001**이면, 매 반복에서 가중치가 0.001배만큼 변경된다. 만약 **learning_rate_init**을 명시적으로 설정하지 않으면, **MLPRegressor**는 내부적으로 기본값인 **0.001**을 사용하게 된다.

정리하자면, **learning_rate**는 학습률 조정 방식(method)을, **learning_rate_init**은 그 방식의 초기 크기를 말한다. 두 값 모두 중요한 하이퍼파라미터이므로 튜닝 시 포함하는 것이 좋다. 그렇게 하지 않으면, 모든 실험이 고정값 0.001로 진행되어 모델의 성능 향상이 제한될 수 있다.

6 데이터 분할

데이터를 학습용 데이터 60%, 검증용 데이터 20%, 테스트 데이터 20%로 3분할한다. 우선 **X** 데이터와 **y** 데이터를 **train**와 **temp**로 6:4 비율이 되게 구분한다. 이어서 **temp** 데이터를 다시 **X**와 **y**의 **검증용** 데이터와 **테스트** 데이터로 구분한다.

```
X_train, X_temp, y_train, y_temp = train_test_split(X, y, test_size=0.4, random_state=SEED)
X_val, X_test, y_val, y_test = train_test_split(X_temp, y_temp,
                                                test_size=0.5, random_state=SEED)
```

[그림 17-56] 데이터 분할

7 파이프라인 구성

pipeline은 머신러닝의 작업 흐름을 설정하며, 전체 과정을 두 단계로 나누어 순차적으로 실행되게 한다.

[1단계] 데이터 전처리: ColumnTransformer를 기반으로 구성한 **preprocessor** 객체를 사용하여, 다양한 형식의 입력 데이터를 머신러닝 모델이 처리하기에 적합한 형태로 변환한다. 수치형 변수에는 StandardScaler를 적용하여 정규화하고, 범주형 변수에는 OneHot Encoder를 적용하여 원-핫 인코딩한다.

[2단계] 분류 모델 정의: **regressor** 객체로, 다중 출력 회귀를 수행하기 위해 MultiOutput Regressor로 감싼 MLPRegressor 모델을 사용한다.

```python
pipeline = Pipeline(steps=[('preprocessor', preprocessor),
                           ('regressor', model)])
```

[그림 17-57] 파이프라인 구성

8 하이퍼파라미터 튜닝(무작위 탐색: RandomizedSearchCV)[31]

random_search = RandomizedSearchCV(...)은 앞서 정의한 파이프라인으로 여러 조합의 하이퍼파라미터를 무작위로 선택해서 실험하고, 그중 가장 성능이 좋은 조합을 찾는 과정을 정의한다. 여기서 **pipeline**은 전처리 과정과 예측 모델이 하나로 결합된 상태다. **param_distributions**를 통해 탐색할 하이퍼파라미터 범위를 지정하고, **n_iter = 30**으로 총 30개의 하이퍼파라미터 조합을 무작위로 실험한다.

교차검증을 **cv = KFold(n_splits = 5, shuffle = True, random_state = SEED)**로 정의하여, 데이터셋을 5개의 폴드로 나눈 뒤 각 조합에 대해 5번의 교차검증을 수행해 평균 성능을 측정한다. shuffle = True로 지정해 데이터를 무작위로 섞고, random_state = SEED로 이 과정을 고정하여 결과의 일관성을 보장한다.

모델 성능 평가 기준을 **scoring = 'neg_mean_squared_error'**로 설정하여 평균제곱오차(MSE)를 음수로 반환받아 최소화하는 방향으로 최적의 모델을 탐색한다. 탐색 과정을 상세히 출력하기 위해 **verbose = 2**를 지정하고 모든 CPU 코어를 사용해서 계산 속도를 최대한 끌어올리기 위해 **n_jobs = −1**을 설정한다. 또한 무작위 탐색에서 난수 발생 과정을 고정시키기 위해 **random_state = SEED**를 설정한다.

```python
random_search = RandomizedSearchCV(
    pipeline,
    param_distributions=param_dist,
    n_iter=30,
    cv=KFold(n_splits=5, shuffle=True, random_state=SEED),
    scoring='neg_mean_squared_error',
    verbose=2,
    n_jobs=-1,
    random_state=SEED
)
```

[그림 17-58] 하이퍼파라미터 튜닝

9 모델 학습

앞서 설정한 무작위 탐색 방식에 따라 **random_search.fit(X_train, y_train)**를 호출하면, 학습용 데이터 **X_train**과 정답 레이블 **y_train**을 기반으로 모델 학습이 시작된다. 이 과정에서 다양한 하이퍼파라미터 조합을 자동으로 선택하여 각각에 대해 모델을 학습하고 평가한다.

31 RandomizedSearchCV는 전체 가능한 조합을 모두 시도하는 GridSearchCV 방식보다 효율적으로 자원을 사용한다. 특히 계산 자원이 제한된 상황에서 매우 유용하다.

```python
random_search.fit(X_train, y_train)
```

```
Fitting 5 folds for each of 30 candidates, totalling 150 fits
```

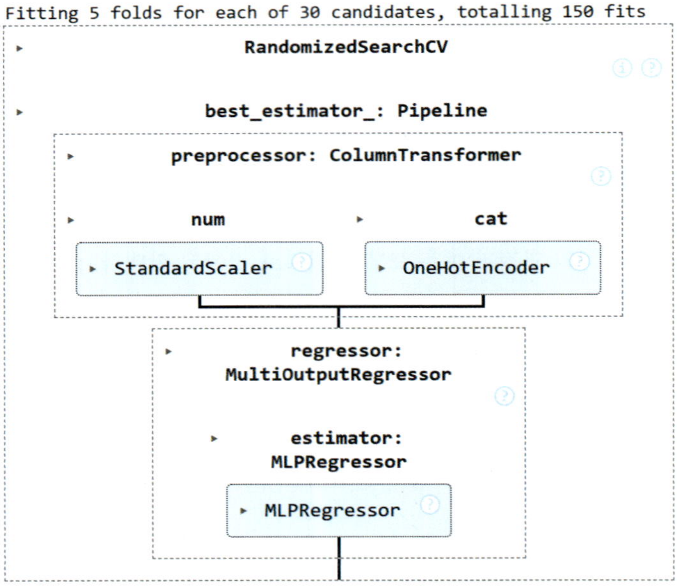

[그림 17-59] 모델 학습

10 최적의 하이퍼파라미터 출력

random_search.best_estimator_를 통해, 탐색 과정에서 최고 성능을 낸 하이퍼파라미터 조합으로 학습된 최종 모델을 **best_model** 변수에 저장한다. 또한 **random_search.best_params_**로 최적의 성능을 낸 하이퍼파라미터 값들을 딕셔너리 형태로 저장하여, **print()** 함수로 출력한다.

```python
best_model = random_search.best_estimator_
print('Best Parameters:', random_search.best_params_)
```

```
Best Parameters: {'regressor__estimator__solver': 'adam', 'regressor__estimator__max_iter':
1500, 'regressor__estimator__learning_rate_init': 0.01, 'regressor__estimator__learning_rat
e': 'adaptive', 'regressor__estimator__hidden_layer_sizes': (100, 50), 'regressor__estimato
r__alpha': 0.1, 'regressor__estimator__activation': 'tanh'}
```

[그림 17-60] 최적의 하이퍼파라미터 출력

모델에서 효율적인 가중치 업데이트를 위해 **adam** 옵티마이저를 사용하였고, 학습 과정은 최대 **1500**번의 반복(max_iter)을 허용하며, **0.01**의 초기 학습률(learning_rate_init)로 시작한다. 학습률 조정 전략은 **adaptive** 방식을 채택하여, 손실의 안정화 여부에 따라 학습 속도를 자동으로 조절한다. 신경망은 **100**개와 **50**개의 노드로 구성된 2개의 은닉층(hidden_layer_sizes)을 사용하여 데이터의 복잡한 패턴을 학습하고, 각 은닉층의 비선형 변환에는 부드러운 형태의 **tanh** 활성화 함수를 적용했다. 모델의 과적합을 방지하고 일반화 성능을 높이기 위해 **0.1**의 L2 규제(alpha)를 적용하여 복잡도에 패널티를 부여하였다.

11 검증용 데이터 평가

가장 성능이 좋은 모델(best_model)이 실제로 어느 정도의 예측 정확도를 갖는지를 확인해 보자. 먼저 **best_model.predict(X_val)**을 통해 검증용 입력 데이터 X_val에 대한 예측값을 생성하여, 그 결과를 **y_val_pred**에 저장한다. 이어서 예측값(**y_val_pred**)과 실제 정답값(**y_val**)을 비교하여 MSE(평균제곱오차), RMSE(제곱근평균제곱오차), MAE(평균절대오차), MAPE(평균절대백분율오차), R^2(결정계수)를 계산하여 **print()** 함수로 출력한다.

```
y_val_pred = best_model.predict(X_val)
val_mse = mean_squared_error(y_val, y_val_pred)
val_rmse = np.sqrt(val_mse)
val_mae = mean_absolute_error(y_val, y_val_pred)
val_mape = np.mean(np.abs((y_val - y_val_pred) / y_val))
val_r2 = r2_score(y_val, y_val_pred)

print('[검증용 데이터 평가]')
print(f'MSE : {val_mse:.4f}')
print(f'RMSE : {val_rmse:.4f}')
print(f'MAE : {val_mae:.4f}')
print(f'MAPE : {val_mape:.2f}%')
print(f'R²  : {val_r2:.4f}')
```

```
[검증용 데이터 평가]
MSE : 0.2241
RMSE : 0.4734
MAE : 0.3694
MAPE : 0.11%
R²  : 0.6248
```

[그림 17-61] 검증용 데이터 평가

출력 결과를 살펴보자. MSE는 0.2241로, 대체로 작은 오차 범위 내에서 예측이 이루어졌음을 알 수 있다. RMSE는 0.4734로, 평균적인 오차 크기를 실제 값 단위에서 직관적으로 확인할 수 있으며, 예측값이 실제 값에서 약 0.47 정도 벗어났음을 의미한다. MAE는 0.3694로, 이는 모델의 예측이 실제 값과 평균적으로 0.37 정도 오차를 보였다는 뜻이다. MAPE는 0.11%로, 이는 예측값이 실제 값과 비교해 매우 작은 비율의 오차를 보였음을 나타낸다. R^2는 0.6248로, 이는 모델이 약 62.5%의 분산을 설명하고 있다는 의미다. 완벽한 설명력(1.0)에는 미치지 못하지만, 어느 정도 신뢰할 수 있는 수준의 예측력을 보여준다고 해석할 수 있다.

12 테스트 데이터 평가

최종적으로 선택된 최적 모델(best_model)이 완전히 새로운 데이터인 테스트 데이터에서 얼마나 잘 예측하는지를 평가하는 것으로, 모델의 일반화 성능(실제 사용 시의 성능)을 확인하는 매우 중요한 과정이다.

먼저 최적 모델에 테스트 데이터 **X_test**를 입력하여 예측값 **y_test_pred**를 생성한다. 이 예측값을 실제 정답값 y_test와 비교하여 MSE, MAE, R^2를 계산하고 **print()** 함수로 출력한다.

```
y_test_pred = best_model.predict(X_test)
test_mse = mean_squared_error(y_test, y_test_pred)
test_mae = mean_absolute_error(y_test, y_test_pred)
test_r2 = r2_score(y_test, y_test_pred)
print('[테스트 데이터 평가]')
print(f'MSE : {test_mse:.4f}')
print(f'MAE : {test_mae:.4f}')
print(f'R²  : {test_r2:.4f}')
```

```
[테스트 데이터 평가]
MSE : 0.2300
MAE : 0.3737
R²  : 0.6274
```

[그림 17-62] 테스트 데이터 평가

출력 결과를 살펴보자. MSE는 0.2300으로, 이는 모델의 예측이 전반적으로 크지 않은 오차 범위 내에 있음을 의미한다. MSE가 이상치에 민감하다는 점을 고려할 때 이 값이 과도하게 크지 않다는 사실은 예측의 안정성을 보여준다. MAE는 0.3737이며, 이는 모델의 예측값이 실제 값과 평균적으로 0.37 정도의 오차를 보인다는 뜻으로 상당히 양호한 수준이다. *R*2는 0.6274이며, 이는 모델이 테스트 데이터의 변동성을 약 62.7% 설명한다는 뜻으로 예측력이 나쁘지 않은 수준으로 평가할 수 있다. 특히 검증용 데이터와 유사한 수준을 유지하고 있다는 점에서 모델이 과적합 없이 잘 학습되었으며 일반화 성능도 안정적이라고 판단할 수 있다.

⑬ 모델 튜닝 결과 별도 저장

최종 모델의 실험 결과와 다양한 하이퍼파라미터 설정에 따른 성능 차이를 비교하거나 최종 보고서 작성 시 활용할 수 있도록 결과물을 별도의 딕셔너리 형태로 저장한다.

'best_params'은 **RandomizedSearchCV**를 통해 얻은 최적의 하이퍼파라미터 조합으로, 모델의 구조나 학습 과정에서 어떤 설정이 가장 효과적이었는지를 보여준다. **'val_mse'**, **'val_mae'**, **'val_r2'**는 모델이 검증(validation) 데이터에서 기록한 성능 지표로, 하이퍼파라미터 튜닝의 기준이 되는 핵심 성능이다. 이 값들은 주어진 모델이 학습된 범위 내에서 얼마나 잘 일반화되는지를 평가하는 데 사용된다. **'test_mse'**, **'test_mae'**, **'test_r2'**는 최종적으로 선택된 모델이 테스트 데이터에서 얼마나 성능을 내는지를 나타내는 값으로, 모델의 실질적인 일반화 성능을 평가하는 핵심 지표가 된다.

이 결과는 뒤에 나오는 시각화나 피처 중요도 분석과 연결되지 않은 독립적인 정보다. 그러나 미리 정리해 두면 요약 리포트로 유용하게 쓸 수 있다. 특히 고급 실무 프로젝트를 수행하거나 논문을 준비하는 경우, 실험 관리와 성능 비교를 체계적으로 수행하기 위해 반드시 정리해 두길 권한다.

```
results = {
    'best_params': grid_search.best_params_,
    'val_mse': val_mse,
    'val_mae': val_mae,
    'val_r2': val_r2,
    'test_mse': test_mse,
    'test_mae': test_mae,
    'test_r2': test_r2
}
```

[그림 17-63] 모델 튜닝 결과 저장

14 산점도 및 중요도 분석을 위한 목표변수 정보 구성

목표변수 **y**에 포함된 음식 종류별 만족도 항목의 이름을 추출하여 **food_types** 변수에 저장한다. 이 변수는 예측 대상이 되는 음식 종류를 식별하는 데 사용된다. 또한 **len(food_types)**으로 음식 종류의 총 개수를 계산하여 **num_food_types**로 저장한다. 이 값은 시각화 작업에서 subplot을 구성할 때 몇 개의 그래프를 그릴지 결정하는 기준이 된다.

```
food_types = y.columns
num_food_types = len(food_types)
```

[그림 17-64] 산점도 및 중요도 분석을 위한 목표 변수 정보 구성

15 시각화

예측값과 실제 값의 산점도를 이용해 모델의 예측 패턴과 오류의 특성을 시각적으로 파악해 본다. 또한 학습 곡선(학습 손실 및 검증 손실)을 그려서 모델이 과적합 상태인지, 과소적합 상태인지도 진단해 본다.

산점도: MLP 회귀 모델이 각 음식 종류에 대해 실제 값과 예측값이 얼마나 일치하는지를 확인하고, 전체적인 모델 성능을 직관적으로 평가하기 위해 예측 결과를 산점도로 시각화해 보자.
먼저 **y_test_pred = best_model.predict(X_test)**를 입력하여, 테스트 데이터를 이용해 최종 모델로 만족도 예측값을 생성한다. 다음으로 **fig, axes = plt.subplots(2, 3, figsize = (18, 10))**을 입력하여, 최대 6개의 음식 종류에 대한 그래프를 한 화면에 출력하기 위해 2행 3열의 subplot을 생성한다. 이어서 **axes = axes.ravel()**을 입력하여, axes를 1차원 배열로 변경한다.[32]

이제 각 음식 종류에 대한 산점도를 그려보자. **for i, food in enumerate(food_types):**로 각 음식 종류에 반복하면서 supplot을 구성한다. 이때 **if i < num_food_type:** 조건을 넣어 음식 종류가 subplot 개수보다 적을 경우, 유효한 subplot만 그리도록 한다.

axes[i].scatter(y_test[food], y_test_pred[:, i], alpha = 0.6)은 실제 값 x축과 예측값 y축을 산점도로 표현하고, 점의 투명도를 설정해 겹침을 줄인다. **axes[i].plot([1, 7], [1, 7], 'r--')**은 기준선 y = x를 빨간 점선으로 그려, 예측값과 실제 값의 일치 정도를 나타낸다.

set_title(...)은 각 subplot의 제목을 **MLP – [음식 이름]** 형태로 설정하고, f-string을 사용하여, food 변수에 담긴 음식 이름을 동적으로 삽입한다. 예를 들어 food = 'satisfaction_korean'이면 제목은 MLP – satisfaction_korean이 된다. **set_xlabel()**과 **set_ylabel()**은

---

32 즉, 2행 3열인 2차원의 axes를 [axes[0, 0], axes[0, 1], ..., axes[1, 2]]와 같이 1차원 배열로 변형한다. 이렇게 하는 이유는 for 반복문을 사용하기 위함이다. 2차원 배열에서 i 하나로는 접근이 불가능하므로, 만약 ravel()을 사용하지 않으면, axes[i] 접근 시 IndexError가 발생할 수 있다.

각각 x축과 y축의 이름을 **Actual**과 **Predicted**로 지정한다. **set_xlim()**과 **set_ylim()**은 만족도 점수가 1~7 사이일 것으로 가정하고 축의 범위를 고정한다. **grid(True)**는 각 subplot에 격자선을 표시한다.

if num_food_types < 6:(음식 종류가 6개보다 적으면) 조건을 넣어서, 남는 subplot(빈 그래프)은 제거하여 시각적으로 깔끔하게 처리한다.

한글 폰트가 깨지지 않도록 **plt.rcParams['font.family']='Malgun Gothic'**을 설정한다.[33] **plt.tight_layout()**은 그래프 간 간격을 자동으로 조정하여 축 제목이나 레이블이 겹치지 않게 한다. **plt.suptitle('MLP 모델 – 음식 종류별 만족도 예측 결과 (실제 vs 예측)', fontsize=16, y=1.02)**을 입력하여, 전체 그래의 제목을 설정한다. 마지막으로, **plt.savefig(f'{OUTPUT_DIR}/mlp_prediction_scatter.png')**로 결과 이미지를 저장하고, **plt.show()**로 화면에 출력한다.

```
y_test_pred = best_model.predict(X_test)
fig, axes = plt.subplots(2, 3, figsize=(18, 10))
axes = axes.ravel()

for i, food in enumerate(food_types):
    if i < num_food_types:
        axes[i].scatter(y_test[food], y_test_pred[:, i], alpha=0.6)
        axes[i].plot([1, 7], [1, 7], 'r--')
        axes[i].set_title(f'MLP - {food}')
        axes[i].set_xlabel('Actual')
        axes[i].set_ylabel('Predicted')
        axes[i].set_xlim(1, 7)
        axes[i].set_ylim(1, 7)
        axes[i].grid(True)

if num_food_types < 6:
    for i in range(num_food_types, 6):
        fig.delaxes(axes[i])

plt.rcParams['font.family'] = 'Malgun Gothic'
plt.tight_layout()
plt.suptitle('MLP 모델 - 음식 종류별 만족도 예측 결과 (실제 vs 예측)', fontsize=16, y=1.02)
plt.savefig(f'{OUTPUT_DIR}/mlp_prediction_scatter.png')
plt.show()
```

33 애플 제품을 쓴다면 폰트를 다음과 같이 설정한다. plt.rcParams['font.family']='AppleGothic'

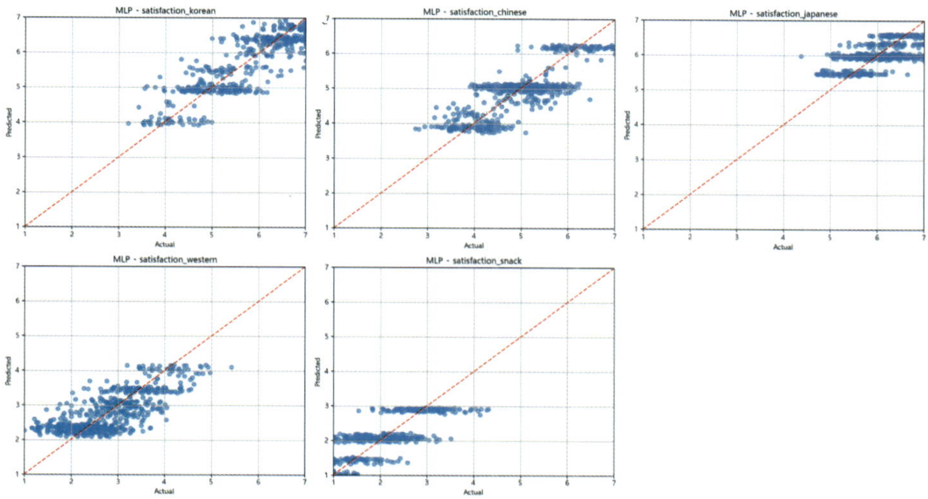

[그림 17-65] 회귀 문제의 신경망 시각화와 출력 결과

학습 곡선: 최적화된 MLP 모델이 데이터양(훈련 샘플 수)에 따라 얼마나 잘 학습되고 일반화되는지를 진단하기 위해 학습 곡선(Learning Curve)을 그려 확인해 보자.
def plot_learning_curve(...)는 학습 곡선을 그리는 함수를 정의한다. 이때 모델, 데이터(**X, y**), 저장 경로(**output_dir**), 교차검증 횟수(**cv**), 평가 지표(**scoring**)를 인자로 받는다. **train_sizes, train_scores, test_scores=learning_curve(...)**에서는 learning_curve 함수를 사용한다. 여기서 **estimator**는 성능을 평가할 학습 모델 객체, **X=X**는 입력 특성(Feature)인 독립 변수, **y=y** 는 예측해야 할 목표(Target) 데이터를 의미한다. **train_sizes=np.linspace(0.1, 1.0, 5)**는 학습용 데이터의 크기를 10%부터 100%까지 5단계로 나누어 점수를 계산하도록 설정한다. **cv=cv**[34], **scoring=scoring**은 지정된 교차검증(**cv=5**)과 평가 지표(**neg_mean_squared_error**)를 사용하여, 각 데이터의 크기 단계별 학습 점수(**train_scores**)와 교차검증 점수(**test_scores**)를 계산한다. **n_jobs=-1**은 모든 CPU 코어를 사용하여 계산 속도를 높인다.

train_mean, train_std=-np.mean(train_scores, axis=1), np.std(train_scores, axis=1)에서는 scoring 지표가 음의 평균제곱오차(Negative MSE)이므로, 실제 오차(MSE)를 나타내기 위해 결과에 음수(-)를 붙여 양수로 변환한다. 그리고 각 학습용 데이터의 크기별로 교차검증 폴드 점수의 평균(np.mean)과 표준편차(np.std)를 계산한다. **test_mean**과 **test_std**도 같은 방식으로 계산하며, 이와 같이 계산된 표준편차는 결과의 안정성을 나타내는 데 사용한다.

그래프는 가로 **5**인치, 세로 **4**인치 크기로 설정한다. **plt.plot(train_sizes, train_mean, ...)**으로 학습용 MSE 곡선을 그린다. 이때 파란색 선(**color='blue'**)과 동그라미 마커(**marker='o'**)로 학습 오차를 나타낸다.

34 cv=cv는 K-Fold 교차검증의 횟수를 지정하는데, 함수 내부에서 지정하는 것이 아니라 함수 외부에서 plot_learning_curve 함수를 호출할 때 지정한다. 마지막 줄에서 cv=5로 지정되어 적용된다.

plt.fill_between(train_sizes, train_mean + train_std, ...)로 학습용 MSE 곡선 주변에 표준편차 영역을 옅은 파란색(**alpha=0.15, color='blue'**)으로 채워 넣어 학습 성능의 변동성(안정성)을 시각적으로 보여준다. **plt.plot(train_sizes, test_mean, ...)**으로 교차검증 MSE 곡선을 그리고, 이때 초록색 점선(**color='green', linestyle='--'**)과 네모 마커(**marker='s'**)로 교차검증 오차를 표시한다. **plt.fill_between(train_sizes, test_mean + test_std, ...)**로 교차검증 MSE 곡선 주변에 표준편차 영역을 옅은 초록색으로 채워 넣어, 일반화 성능의 변동성을 시각적으로 나타낸다.

plt.grid(True)로 격자선을 표시한다. **plt.xlabel(...)**, **plt.ylabel(...)**에서 x축 제목은 **Number of Training Samples**, y축 제목은 **Mean Squared Error (MSE)**로 설정한다. 또한 **plt.title(...)**로 그래프의 제목을 **Learning Curve (Optimal MLP Model)**로 설정한다.

plt.legend(loc='upper right')는 학습용 MSE와 교차검증 MSE를 구분하는 범례(Legend)를 그래프 우측 상단에 표시한다. 마지막으로 **plt.savefig(f'{output_dir}/mlp_learning_curve.png')**로 생성된 학습 곡선 그래프를 지정된 출력 경로에 PNG 파일로 저장한 후, **plt.show( )**로 출력한다.

```
def plot_learning_curve(model, X, y, output_dir, cv=5, scoring='neg_mean_squared_error'):
    train_sizes, train_scores, test_scores = learning_curve(
        estimator=model,
        X=X,
        y=y,
        train_sizes=np.linspace(0.1, 1.0, 5),
        cv=cv,
        scoring=scoring,
        n_jobs=-1
    )

    train_mean, train_std = -np.mean(train_scores, axis=1), np.std(train_scores, axis=1)
    test_mean, test_std = -np.mean(test_scores, axis=1), np.std(test_scores, axis=1)

    plt.figure(figsize=(5,4))

    plt.plot(train_sizes, train_mean, color='blue', marker='o',
             markersize=5, label='Training MSE')
    plt.fill_between(train_sizes, train_mean + train_std,
                     train_mean - train_std, alpha=0.15, color='blue')

    plt.plot(train_sizes, test_mean, color='green', linestyle='--',
             marker='s', markersize=5, label='Cross-Validation MSE')
    plt.fill_between(train_sizes, test_mean + test_std,
                     test_mean - test_std, alpha=0.15, color='green')

    plt.grid(True)
    plt.xlabel('Number of Training Samples')
    plt.ylabel('Mean Squared Error (MSE)')
    plt.title('Learning Curve (Optimal MLP Model)')
    plt.legend(loc='upper right')

    plt.savefig(f'{output_dir}/mlp_learning_curve.png')
    plt.show()

plot_learning_curve(best_model, X_train, y_train,
                    OUTPUT_DIR, cv=5, scoring='neg_mean_squared_error')
```

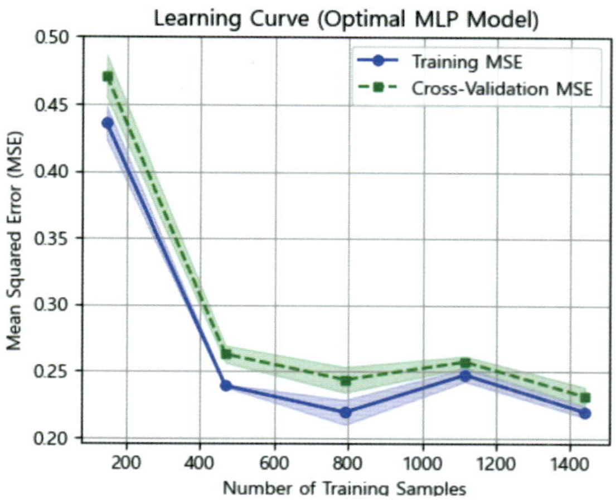

[그림 17-66] 학습 곡선 시각화

학습 곡선에서 초기 단계, 즉 훈련 샘플 수가 약 800개 미만일 때는 학습용 MSE(파란색 선)와 교차검증 MSE(초록색 선)가 모두 약 0.45 수준의 높은 오차 값에서 시작하여 급격히 감소하는 양상을 보인다. 이는 데이터가 많아질수록 모델이 더욱 효율적으로 학습하며 성능이 빠르게 개선되고 있음을 시사한다. 훈련 샘플 수가 800개를 넘어선 이후에는 두 곡선이 안정화되며 서로 매우 근접하게 수렴한다. 이는 모델이 새로운 데이터에 대해서도 안정적으로 예측할 수 있는 일반화 능력을 갖추었음을 의미한다.

또한 학습용 MSE와 교차검증 MSE가 0.22~0.25 범위에서 거의 평행하게 유지되는 것은 모델의 분산이 낮고, 학습 데이터를 단순히 암기하여 새로운 데이터에서 성능이 떨어지는 과적합 문제가 거의 없음을 보여준다. 그러나 교차검증 MSE(초록색 선)가 학습용 MSE(파란색 선)보다 약간 더 높은 위치에 있는 것은, 모델이 학습 데이터의 모든 패턴을 완벽히 포착하지 못하고 있으며, 모델 복잡도 부족(High Bias)으로 인한 약간의 과소적합 경향이 남아 있음을 나타낸다.

종합적으로 판단하면, 모델은 매우 안정적이며 학습을 통해 얻을 수 있는 성능의 한계점에 거의 도달한 것으로 보인다. 두 곡선이 수평선에 가깝게 수렴하는 것은 단순히 학습 데이터의 양을 늘리는 것만으로는 성능 개선 효과를 크게 기대하기 어렵다는 점을 보여준다. 오차를 더 낮추기 위해서는 은닉층의 수나 뉴런 수를 늘려 모델의 복잡도(용량)를 높여서 현재 남아 있는 약간의 과소적합을 완화할 필요가 있다. 또한 모델 성능에 영향을 줄 수 있는 새로운 입력 변수 추가나 기존 변수의 가공(특징 공학, Feature Engineering)을 통해 데이터 패턴을 더 명확하게 제공하는 방법도 고려할 수 있다.

SECTION

17.6 피처 중요도 분석

피처 중요도 분석(Feature Importance Analysis)은 단순한 예측 성능 평가를 넘어 고급 실무나 논문, 연구 목적의 분석에서 특히 중요하게 다뤄진다. 실제 연구 상황에서는 단순히 예측이 정확하다는 것만으로 충분하지 않으며, 각 분야에 맞게 "왜 이런 예측이 나왔는가?"에 대한 설명이 필수이기 때문이다. 논문이나 실무 분석에서는 단순히 모델을 실행해 결과만 확인하는 것이 아니라, 그 결과로부터 인사이트를 도출하고 이를 정책, 전략, 제품 개선 등으로 연결시켜야 한다. 이때 어떤 요인이 예측에 영향을 미쳤는지를 분석하지 않으면 결과를 해석할 수 없다.

특히 연구 분야에서는 모델의 성능 자체보다 변수들 간의 인과관계나 상관관계를 해석하여 시사점을 도출하는 것이 더욱 중요하다. 이를 통해 중요하지 않은 피처(변수)를 제거하거나, 중요한 피처를 변형하거나, 추가적인 데이터 수집이 필요한지를 판단할 수 있는 근거를 마련할 수 있다. 즉, 일반화 가능한 핵심을 도출하기 위해서는 과학적 타당성과 피처 엔지니어링을 통한 모델 개선이 필수적이다. 또한 실무에서는 관리자나 규제 기관 등 다양한 이해관계자들에게 결과를 설명해야 하는 상황이 많으므로, 분석 결과를 직관적으로 파악할 수 있는 시각화 도구가 필요하다.

단순한 모델 구현이나 과제 수준의 실습, 학습 목적이라면 예측 성능 평가 수준에서 프로젝트를 완성할 수 있다. 그러나 실무 분석, 논문 제출, 발표 수준의 프로젝트를 진행하는 경우라면 피처 중요도 분석 같은 해석을 용이하게 하는 도구를 써서 완성도를 높여야 가치 있는 결과로 평가될 가능성이 크다.

피처 중요도 분석은 다양한 방법으로 수행될 수 있는데, 우리가 실습할 Permutation Importance는 가장 널리 사용되는 방법 중 하나다.

[표 17-7] 주요 피처 중요도 분석 방법

순위	방법	설명	장점	단점
1	Permutation Importance	특정 피처의 값을 무작위로 섞은 후 모델 성능 변화를 측정하여 중요도 산출	모델 독립적, 직관적 이해 용이, 다양한 모델에 적용 가능	예측을 반복해야 하므로 계산 비용이 큼
2	트리 기반 모델의 내장 중요도	트리 분기 시 정보 이득(Gini impurity, entropy 등) 감소량의 누적값을 활용	계산 속도가 매우 빠름, 구현이 간편함, 직관적인 해석 가능	트리 계열 모델에만 적용 가능
3	SHAP (SHapley Values)	게임 이론 기반으로 각 피처가 예측에 기여한 정도를 개별적으로 계산	예측에 대한 높은 설명력, 전역 및 국소 중요도 모두 파악 가능, 변수 간 상호작용 분석 가능	계산 비용이 매우 큼, 복잡한 수학적 이해 필요
4	LIME (Local Interpretable Model-agnostic Explanations)	특정 예측 주변의 데이터를 활용해서 선형 모델로 근사화하여 설명	개별 예측에 대한 설명력 우수, 모델 독립적	전체 모델의 구조 파악이 어려움, 설명의 일관성 부족 문제 발생 가능성 있음
5	Drop-Column Importance	각 피처를 하나씩 제거하면서 모델 성능 변화를 측정하여 중요도 산출	Permutation Importance보다 정확도가 높을 수 있음	계산 비용이 매우 큼, 모델 재학습 필요
6	코릴레이션 기반 분석 (Correlation with Target)	피처와 타깃 변수 간의 선형 상관계수를 분석	계산 속도가 빠르고 간단함, 선형 모델 전처리 단계에서 활용 가능	비선형적인 관계 파악 불가능, 피처 간의 상호작용 무시, 단순 통계적 분석 수준
7	Mutual Information (상호 정보량)	피처와 타깃 변수 간의 통계적인 의존성(비선형 포함) 측정	비선형적인 의존성 파악 가능	해석이 직관적이지 않음, 피처 스케일에 민감하게 반응할 수 있음
8	PDP (Partial Dependence Plot)	특정 피처 값의 변화에 따른 타깃 변수의 평균 예측값 변화를 시각화	시각적으로 피처의 영향력을 쉽게 파악할 수 있음	피처 간의 상호작용을 고려하지 못함, 해석 시 주의 필요
9	ICE (Individual Conditional Expectation)	PDP를 개별 데이터 샘플 수준으로 확장하여 각 샘플에 대한 변화를 시각화	개별 데이터 포인트에 대한 피처 영향력 변화 추적 가능	여러 ICE 곡선이 겹칠 경우 해석이 어려울 수 있음

실습 1: 단일 타깃 분석

피처 중요도 분석 실습에서는 앞서 '회귀 문제 실습 2: 고급 분석'에서 사용한 데이터를 활용한다.

1 테스트 데이터에 학습된 전처리 파이프라인 적용

테스트 데이터 **X_test**에 대해 학습 시 사용한 전처리(**preprocessing**)를 동일하게 적용하기 위해, 파이프라인 내 수치형 스케일링, 범주형 인코딩 등의 전처리기를 학습 시점에서 적합된 규칙에 따라 처리한다. 이를 통해 원본 테스트 데이터 X_test를 모델에 입력할 수 있는 형태로 변환하여 **X_test_transformed**에 저장한다.

```
X_test_transformed = best_model.named_steps['preprocessor'].transform(X_test)
```

[그림 17-67] 파이프라인이 적용된 테스트 데이터를 변환하여 저장

2 단일 타깃 회귀 모델 추출 및 중요도 계산

다중 출력 회귀(MultiOutputRegressor 구조)에서 특정 타깃 변수 하나에 대한 피처 중요도(Feature Importance)를 Permutation Importance 방식으로 계산하기 위해, 먼저 분석하고자 하는 타깃 변수(종속변수)의 인덱스를 0으로 설정한다(**target_index=0**). 예를 들어 y.columns[0]이 satisfaction_korean이라면, 이 타깃에 대한 중요도를 계산하는 것이다.

파이프라인 객체 **best_model** 내부에 있는 **regressor**라는 이름의 MultiOutputRegressor는 타깃 변수마다 별도의 추정기(estimator)를 학습시키므로, **estimators_** 리스트에서 **target_index**에 해당하는 개별 모델을 가져온다.

permutation_importance 함수는 각 피처를 무작위로 섞어가면서 모델 성능 감소 폭을 측정하여 해당 피처가 얼마나 중요한 피처인지를 판단한다. 인자로 사용된 **estimator**는 타깃별로 학습된 모델, **X_test_transformed**는 전처리가 완료된 테스트 입력 데이터, **y_test.iloc[:, target_index]**는 관심 있는 타깃의 실제 값(정답), **n_repeats=10**는 피처별 중요도 평가 반복 횟수(결과 안정성 확보)로 여기서는 10회 설정, **random_state=SEED**는 재현 가능한 결과를 위한 시드 고정, **n_jobs=-1**은 가능한 모든 CPU 코어를 활용한 병렬 처리를 의미한다.

```
target_index = 0
estimator = best_model.named_steps['regressor'].estimators_[target_index]
result = permutation_importance(estimator, X_test_transformed, y_test.iloc[:, target_index],
                                n_repeats=10, random_state=SEED, n_jobs=-1)
```

[그림 17-68] 개별 모델의 중요한 피처 판단

3 Permutation Importance 시각화를 위한 피처 이름 정리

Permutation Feature Importance를 시각화하기 위해서는 모델이 사용하는 모든 입력 특성(feature)들의 이름을 정확하게 구성해야 한다. 이 이름들은 중요도 막대그래프의 y축 라벨로 사용된다.

먼저 **ohe=best_model.named_steps['preprocessor'].named_transformers_['cat']**을 입력한다. best_model은 Pipeline의 객체이며, 그 안의 preprocessor는 ColumnTransformer의 이름이다. 이 ColumnTransformer는 범주형(cat)과 수치형(num) 데이터를 각각 다른 방식으로 전처리한다. named_transformers_['cat']은 범주형 데이터를 인코딩하는 OneHotEncoder의 객체다.

이어서 **cat_feature_names=ohe.get_feature_names_out(categorical_features)**를 입력한다. OneHotEncoder는 각 범주형 컬럼을 여러 개의 이진(dummy) 컬럼으로 확장하므로, 사람이 알아볼 수 있도록 get_feature_names_out(categorical_features)를 사용해 확장된 피처 이름들을 반환한다.

다음으로 **feature_names=np.concatenate([numeric_features, cat_feature_names])**를 입력한다. 이 코드는 수치형 변수 이름 리스트인 numeric_features와 범주형 변수의 인코딩된 컬럼 이름인 cat_feature_names를 합쳐, 모델이 실제로 사용하는 전체 입력 특성 이름의 배열을 만든다.

```
ohe = best_model.named_steps['preprocessor'].named_transformers_['cat']
cat_feature_names = ohe.get_feature_names_out(categorical_features)
feature_names = np.concatenate([numeric_features, cat_feature_names])
```

[그림 17-69] Permutation Importance 시각화를 위한 피처 이름 정리

4 Permutation Importance 기반 피처 중요도 시각화

모델이 어떤 피처에 의존해 예측을 수행했는지를 정량적으로 파악하기 위해, Permutation Importance 결과를 중요도 순으로 막대그래프(bar plot) 형태로 시각화하고자 한다.

앞서 permutation_importance() 함수를 통해 얻은 결과 중, 각 피처를 무작위로 섞었을 때 모델 성능이 얼마나 감소했는지를 나타내는 평균 중요도 값만 추출한다. 성능이 크게 감소한 피처일수록 예측에 더 큰 영향을 미친 것이므로 더 중요한 피처로 해석된다. **np.argsort()** 함수는 작은 값부터 인덱스를 정렬하므로, **[::-1]**을 붙여 큰 값부터 정렬된 인덱스 배열을 얻는다. 이를 기준으로 피처 이름과 중요도를 정렬하여 시각화할 수 있다.

그래프 설정은 다음과 같다. **plt.figure(figsize=(10, 6))**으로 그릴 공간을 넉넉하게 설정한다. 이어서 **sns.barplot(x=importances[indices], y=feature_names[indices])**를 입력하여, Seaborn 라이브러리를 사용해 x축은 중요도 값(정렬 순), y축은 피처 이름(중요도 순)인 가로 막대그래프를 그린다.

plt.title(f'Permutation Feature Importance - {y.columns[target_index]}')로 그래프 제목을 설정하고, plt.xlabel('Importance')로 x축 라벨을 지정한다. 또한 plt.tight_layout()으로 그래프의 레이아웃을 자동으로 조정하여 글자 겹침이나 잘림 현상을 방지한다.

plt.savefig()를 이용해서 OUTPUT_DIR 디렉터리를 저장 위치로 하여 그래프를 PNG 이미지 파일로 저장한다(예 feature_importance_satisfaction_korean.png). 마지막으로 plt.show()를 실행하여 현재까지 설정한 그래프를 화면에 출력한다.

```
importances = result.importances_mean
indices = np.argsort(importances)[::-1]

plt.figure(figsize=(10, 6))
sns.barplot(x=importances[indices], y=feature_names[indices])
plt.title(f'Permutation Feature Importance - {y.columns[target_index]}')
plt.xlabel('Importance')
plt.tight_layout()
plt.savefig(f'{OUTPUT_DIR}/feature_importance_{y.columns[target_index]}.png')
plt.show()
```

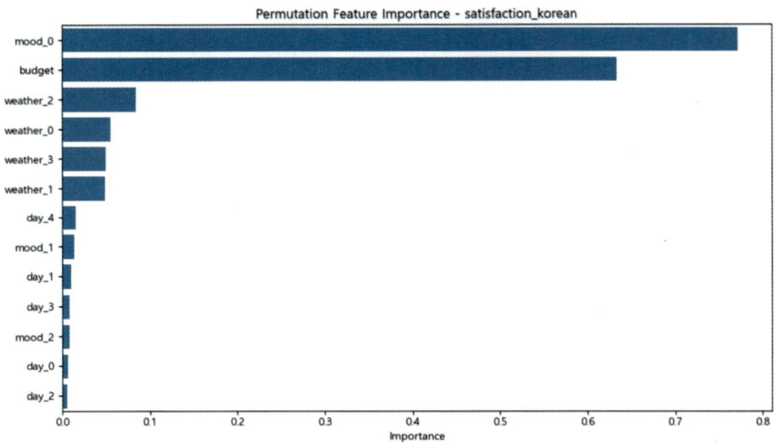

[그림 17-70] Permutation Importance 기반 피처 중요도 시각화

이번 피처 중요도 분석 실습에서는 특정 변수의 값을 무작위로 섞었을 때 모델 성능이 얼마나 떨어지는지를 기준으로 그 변수의 중요도를 측정하였다. 어떤 변수의 값을 섞었을 때 모델 성능이 크게 나빠진다면, 그 변수는 예측에서 중요한 역할을 했다는 의미이므로, 중요도 값이 높게 나온다. [그림 17-70]의 출력 결과를 살펴보면 다음과 같다.

❶ 가장 중요한 변수

mood_0: 중요도 값이 약 0.78이므로 가장 큰 영향을 주는 변수임을 알 수 있다. mood_0은 부정적인 감정 상태(예 스트레스, 슬픔)를 나타내는 변수일 가능성이 있다.[35] 이 결과는 사용자의 특정 감정 상태가 한식 만족도에 큰 영향을 미친다는 의미다.

35 정확한 감정 상태는 데이터 수집 도구를 확인해야 한다.

budget: 중요도 값이 약 0.65이며, 두 번째로 중요한 변수다. 예산은 저렴하거나 비싼 한식을 선택할 때 만족도가 달라지는 등의 요인으로 큰 영향을 미치고 있다.

❷ 영향력이 중간 수준인 변수

weather_2, weather_0, weather_3, weather_1: 중요도 값이 각각 0.05~0.07 수준으로 확인되었다. 이는 날씨 관련 변수가 한식 만족도에 일부 영향을 미친다는 의미다. 예를 들어 비 오는 날에는 국물이 있는 음식이나 빈대떡을 선호하는 등 특정 날씨가 한식을 먹고 싶은 욕구나 만족도에 영향을 줄 수 있다.

❸ 영향이 거의 없는 변수

day_4, day_1, day_0, day_2, day_3: 요일 변수들은 중요도가 거의 없는 것으로 확인된다. 이는 요일이 한식 만족도에 거의 영향을 미치지 않는다는 의미다.

mood_1, mood_2: 다른 감정 상태를 나타내는 변수들도 상대적으로 영향이 적은 변수로 나타났다.

실습 2: 전체 타깃 분석

전체 타깃을 대상으로 피처 중요도 분석을 수행할 때는 '실습 1: 단일 타깃 분석'의 **❷ 단일 타깃 회귀 모델 추출 및 중요도 계산** 과정이 필요 없다. 즉, 모든 타깃에 대해 순서대로 Permutation Importance를 계산하며, 타깃별로 개별 모델을 가져와 루프 안에서 처리되기 때문에, 별도의 target_index를 지정하여 단일 타깃을 분석할 필요가 없다.

전체 타깃 분석을 처음 실시하는 경우라면, 단일 타깃 분석에서 진행한 ❶, ❸ 과정을 실행한다.

```
# 테스트 데이터에 학습된 전처리 파이프라인 적용하기 (단일 타깃 분석의 ①과 동일)
X_test_transformed = best_model.named_steps['preprocessor'].transform(X_test)
```

```
# Permutation Importance 시각화를 위한 피처 이름 정리 (단일 타깃 분석의 ③과 동일)
ohe = best_model.named_steps['preprocessor'].named_transformers_['cat']
cat_feature_names = ohe.get_feature_names_out(categorical_features)
feature_names = np.concatenate([numeric_features, cat_feature_names])
```

[그림 17-71] 단일 타깃 분석에서 진행한 ❶단계와 ❸단계 실행

참고 단일 타깃 분석 vs. 전체 타깃 분석

단일 타깃 분석은 각 타깃 변수에 대해 독립적으로 피처 중요도를 계산하는 방식이다. 예를 들어 타깃 변수가 [y1, y2, y3]의 3개라면, 피처 A는 각각의 타깃(y1, y2, y3)에 대해 개별적으로 중요도를 측정하게 된다. 이를 통해 어떤 피처가 어떤 타깃에 영향을 주는지 구체적으로 파악할 수 있다. 하지만 전반적인 중요도를 파악하려면, 개별 결과를 집계하거나 해석하는 추가 과정이 필요하다.

반면, 전체 타깃 분석(Aggregated 또는 Global Permutation Importance)은 다중 타깃 모델에서 각 타깃의 손실(loss)을 평균하거나 가중 평균하여 전체 성능 저하를 기준으로 중요도를 계산한다. 즉, 피처 A에 대해 전체 모델의 예측 성능이 얼마나 저하되는지를 측정하여, 하나의 중요도 값을 피처마다 부여한다. 이를 통해 전체 모델 성능에 대한 피처의 기여도를 직관적으로 파악할 수 있다는 장점이 있으나, 어떤 타깃에 특히 중요한지 알 수 없다는 단점이 있다.

이러한 차이점을 고려하여 분석 방법을 선택하는 것이 좋다. 즉, 특정 타깃에 영향을 주는 피처를 알고 싶거나, 타깃별 기여도를 분석하고 싶다면 단일 타깃 분석을 실시한다. 반면, 모델에서 전체적인 피처의 중요도나 피처를 선택하기 위해 전체적인 영향력을 보고자 할 때는 전체 타깃 분석을 실시하는 것이 바람직하다.

이제 반복문을 이용하여 전체 타깃 분석을 진행하고 이를 시각화해 보자.

for i, target in enumerate(y.columns):를 입력하여, 여러 개의 타깃 열을 가진 데이터프레임 y에 enumerate(y.columns)를 사용해서 for 반복문으로 하나씩 순회한다. 이 반복문은 각 타깃의 이름(target)과 그에 대응하는 정수 인덱스(i)를 동시에 반환하며, 타깃의 수만큼 반복하면서 해당 타깃에 대한 중요도 분석을 수행한다.

best_model.named_steps['regressor']는 Pipeline 객체 내에서 'regressor' 단계에 해당하는 객체를 가져온다. 이 객체는 MultiOutputRegressor로서, 다중 타깃 회귀 문제에서 각 타깃마다 별도의 회귀 모델(estimator)을 학습시킨다. 학습된 개별 모델들은 MultiOutputRegressor 객체의 **estimators_** 속성에 리스트 형태로 저장되고, 이 리스트의 i번째 모델은 **i**번째 타깃을 예측하는 데 사용한다.

permutation_importance 함수를 사용하여 피처 중요도를 계산한다. 인자로는 방금 가져온 **estimator**, 전처리된 테스트 데이터(**X_test_transformed**), 현재 타깃의 실제 값(**y_test.iloc[:, i]**)을 사용한다. 또한 **n_repeats=10**으로 각각의 피처를 10번 무작위로 섞어서 중요도 추정의 안정성을 높이고, **random_state=SEED**로 결과의 일관성을 확보하고, **n_jobs=-1**로 가능한 모든 CPU 코어를 사용하여 병렬 계산을 수행한다.

이후, **result.importances_mean**으로 각 피처의 평균 중요도 값을 가져온다. 또한 **np.argsort(importances)[::-1]**을 통해 이 중요도 값들을 내림차순으로 정렬한 인덱스를 얻어, 가장 중요한 피처가 가장 앞에 오도록 한다.

그래프 설정은 다음과 같다. **plt.figure(figsize=(10, 6))**으로 그릴 공간을 넉넉하게 설정한다. 이어서 **sns.barplot(x=importances[indices], y=feature_names[indices])**를 입력하여, Seaborn 라이브러리를 사용해 x축은 중요도 값(정렬 순), y축은 피처 이름(중요도 순)인 가로 막대그래프를 그린다. 그래프의 제목은 현재 타깃 이름을 포함하도록 설정하고, x축 라벨은 **Importance**로 지정한다. 또한 **plt.tight_layout()**으로 그래프의 레이아웃을 자동으로 조정하여 글자 겹침이나 잘림 현상을 방지한다. 이후 **plt.savefig()**를 통해 그래프를 PNG 파일로 저장하고, 마지막으로 **plt.show()**를 실행하여 화면에 표시한다.

```python
for i, target in enumerate(y.columns):
    estimator = best_model.named_steps['regressor'].estimators_[i]
    result = permutation_importance(estimator, X_test_transformed, y_test.iloc[:, i],
                                    n_repeats=10, random_state=SEED, n_jobs=-1)
    importances = result.importances_mean
    indices = np.argsort(importances)[::-1]

    plt.figure(figsize=(10, 6))
    sns.barplot(x=importances[indices], y=feature_names[indices])
    plt.title(f'Permutation Feature Importance - {target}')
    plt.xlabel('Importance')
    plt.tight_layout()
    plt.savefig(f'{OUTPUT_DIR}/feature_importance_{target}.png')
    plt.show()
```

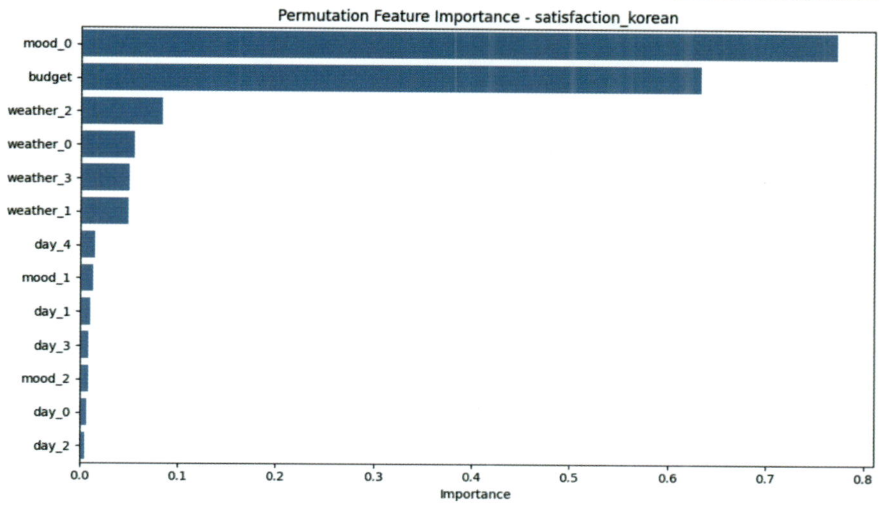

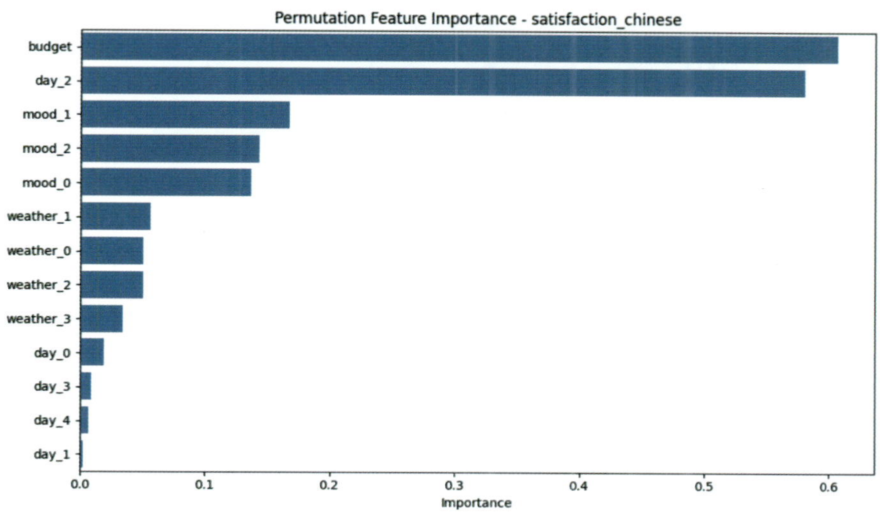

[그림 17-72 ①] 전체 타깃 분석과 시각화

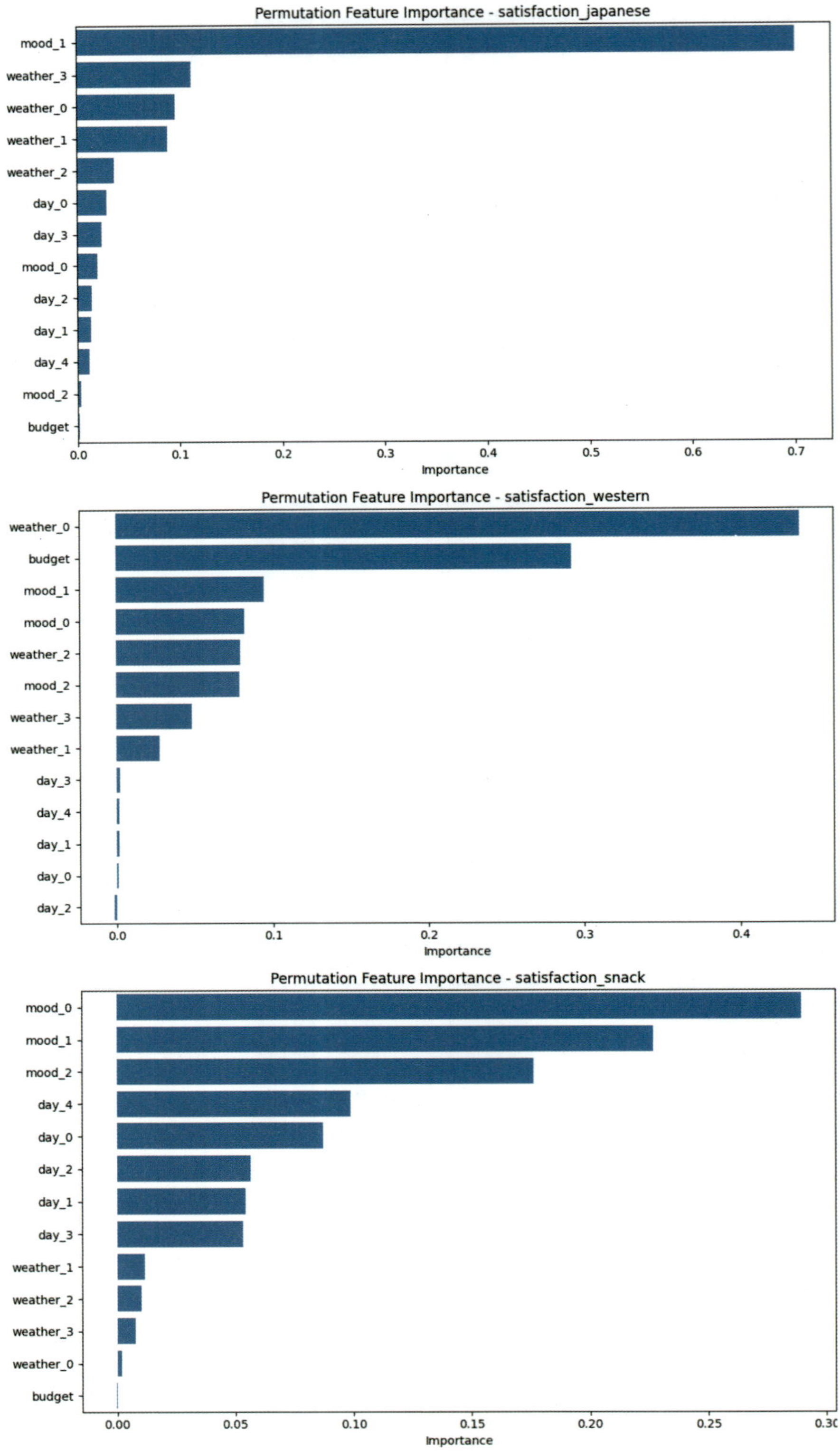

[그림 17-72 ②] 전체 타깃 분석과 시각화

전체 타깃을 대상으로 한 피처 중요도 분석 결과는 다음과 같다.

❶ satisfaction_korean(한식 만족도)

가장 중요한 변수는 mood_0와 budget이다. mood_0는 부정적 감정 상태(예 스트레스, 슬픔)를 나타내는 변수일 가능성이 크고, 이 감정이 한식 만족도에 큰 영향을 미친다. budget도 매우 중요한 변수이며, 예산(지출 가능 금액)에 따라 만족도가 크게 달라진다. 반면, 날씨와 요일 변수는 상대적으로 영향이 적다.

❷ satisfaction_chinese(중식 만족도)

가장 중요한 변수는 budget, day_2, mood_1이다. budget과 요일(day_2)이 특히 중요한 역할을 하며, mood_1 역시 감정 상태가 만족도에 영향을 미는 것으로 나타났다. 즉, 중식 만족도는 예산과 특정 요일에 따라 크게 달라질 수 있다.

❸ atisfaction_japanese(일식 만족도)

가장 중요한 변수는 mood_1으로, 감정 상태가 압도적으로 큰 영향을 주는 것으로 확인된다. weather_3, weather_0 등 날씨 변수도 일정 부분 영향을 미친다. budget은 거의 영향을 주지 않는다. 즉, 일식 선택은 기분에 좌우되는 경향이 있는 것으로 확인된다.

❹ satisfaction_western(양식 만족도)

가장 중요한 변수는 weather_0와 budget으로 확인되어, 날씨와 예산이 중요한 역할을 하고 있음을 알 수 있다. mood_1도 비교적 중요한 변수다. 그러나 기분보다는 날씨와 같은 외부 환경과 금전적 여유가 양식 선택에 영향을 주는 것으로 확인된다.

❺ satisfaction_snack(간식 만족도)

가장 중요한 변수는 mood_0, mood_1, mood_2로 나타나, 전적으로 감정 상태에 따라 선택되는 경향이 있다. budget은 영향이 거의 없는 것으로 보아 충동적으로 기분에 따라 간식을 선택한다고 해석할 수 있다. 일부 요일과 날씨도 영향이 있지만 상대적으로 중요도는 낮은 편이다.

SECTION 17.7 GridSearchCV vs. RandomizedSearchCV

GridSearchCV와 RandomizedSearchCV는 탐색 방식에 근본적인 차이가 있다. RandomizedSearchCV는 일부 조합을 무작위로 추출하여 탐색하는 반면, GridSearchCV는 모든 가능한 조합을 체계적으로 탐색하는 방식이다. 연구자가 꼼꼼한 성향이라면 모든 조합을 확인하고 싶은 욕구가 있을 수 있지만, 탐색 방법에 따라 효율성과 결과가 달라질 수 있다. GridSearchCV는 정해진 그리드 내의 모든 조합을 평가하므로, 조합 수가 적으면 빠르게 수행되지만 좋은 파라미터 조합을 놓칠 가능성이 있다. 반면 RandomizedSearchCV는 무작위로 다양한 조합을 시도하므로, 전체 공간을 일정 횟수만큼 고르게 탐색하기 때문에 제한된 시간과 자원 내에서 우연히 더 좋은 조합을 찾을 가능성이 있다.

예를 들어 **GridSearchCV**에서 **param_grid = {'a': [1,2], 'b': [10,20]}**이라면, 총 네 가지 조합 (1-10, 1-20, 2-10, 2-20))을 모두 시도하는 전수조사 방식이다. 이 방식은 정해진 범위 내에서는 최적의 조합을 찾을 수 있다는 장점이 있지만, 조합 수가 많아질수록 연산량이 급증하며 그리드 범위 바깥의 좋은 조합은 전혀 탐색하지 못한다는 단점이 있다. 따라서 연속적인 하이퍼파라미터에는 비효율적이다. **RandomizedSearchCV**는 **param_distributions = {'a': randint(1, 100), 'b': uniform(0.1, 1.0)}**[36]처럼 지정된 분포(param_distributions)에서 무작위로 n_iter개 조합을 뽑아 평가한다. 이처럼 RandomizedSearchCV는 수천, 수만 가지 가능성 중 일부만 탐색하므로, 연속형 변수나 넓은 탐색 공간에 적합하고, 그리드 외의 조합도 탐색 가능하므로 GridSearchCV보다 더 나은 조합을 발견할 가능성 있으며, 적은 계산량으로도 성능 확보가 가능하다. 그러나 무작위성으로 인해 동일한 결과가 반복되지 않으며, 최적 조합을 찾는다는 보장이 없다(단, n_iter를 충분히 크게 설정하면 최적 조합을 찾을 확률이 높아짐).

이 두 가지 방식을 비교하기 위해 '회귀 문제 실습 2: 고급 분석' 과정을 활용하여 GridSearchCV를 확인해 보자. 여기서는 RandomizedSearchCV와 비교하기 위해 해당 과정의 **5 MLP 회귀 모델 정의 및 하이퍼파라미터 탐색 공간 정의**의 탐색 공간인 **param_dist**를 **param_grid**로 명칭만 수정하여 진행한다.[37]

---

36 'a': randint(1, 100)은 정수 1 이상 100 미만(즉, 1~99)의 정수 값을 무작위로 선택하고, 'b': uniform(0.1, 1.0)은 실수 범위 [0.1, 1.1)에서 연속형 실수 값을 균등하게 무작위로 선택한다. 즉, param_grid는 GridSearchCV의 격자 탐색, param_dist는 RandomizedSearchCV의 무작위 탐색이다.

37 'regressor__estimator__alpha'의 np.logspace(-4, -1, 4)는 로그 스케일로 -4부터 -1까지의 지수를 4개 생성하므로 [0.0001, 0.001, 0.01, 0.1]과 같다. 다만 np.logspace는 부동소수점(Floating Point, 컴퓨터가 실수(소수)를 표현하는 방식) 오차로 인해 소수점 이하 자릿수에서 아주 미세한 차이가 있을 수 있다.

```
base_mlp = MLPRegressor(max_iter=500, early_stopping=True, random_state=SEED)
model = MultiOutputRegressor(base_mlp)

param_grid = {
    'regressor__estimator__hidden_layer_sizes': [
        (50,), (100,), (100, 50), (200, 100)
    ],
    'regressor__estimator__activation': ['relu', 'tanh'],
    'regressor__estimator__solver': ['adam'],
    'regressor__estimator__alpha': np.logspace(-4, -1, 4),
    'regressor__estimator__learning_rate': ['constant', 'adaptive'],
    'regressor__estimator__learning_rate_init': [0.0005, 0.001, 0.005, 0.01],
    'regressor__estimator__max_iter': [1000, 1500]
}
```

[그림 17-73] RandomizedSearchCV와 비교하기 위한 GridSearchCV 확인

또한 **8 하이퍼파라미터 튜닝** 단계에서 **GridSearchCV**를 사용하므로, 다음과 같이 수정한다. (이외의 과정은 모두 동일함)

```
grid_search = GridSearchCV(
    pipeline,
    param_grid,
    cv=KFold(n_splits=5, shuffle=True, random_state=SEED),
    scoring='neg_mean_squared_error',
    verbose=2,
    n_jobs=-1
)
```

[그림 17-74] 하이퍼파라미터 튜닝

이 방법으로 진행한 **GridSearchCV**와 **RandomizedSearchCV**의 결과를 비교하면 다음과 같다.

GridSearchCV를 적용한 검증용 데이터:[38]

```
y_val_pred = best_model.predict(X_val)
val_mse = mean_squared_error(y_val, y_val_pred)
val_rmse = np.sqrt(val_mse)
val_mae = mean_absolute_error(y_val, y_val_pred)
val_mape = np.mean(np.abs((y_val - y_val_pred) / y_val))
val_r2 = r2_score(y_val, y_val_pred)

print('[검증용 데이터 평가]')
print(f'MSE : {val_mse:.4f}')
print(f'RMSE : {val_rmse:.4f}')
print(f'MAE : {val_mae:.4f}')
print(f'MAPE : {val_mape:.2f}%')
print(f'R²  : {val_r2:.4f}')
```

```
[검증용 데이터 평가]
MSE : 0.2230
RMSE : 0.4722
MAE : 0.3688
MAPE : 0.11%
R²  : 0.6258
```

[그림 17-75] GridSearchCV를 적용한 검증용 데이터 평가

[표 17-8] GridSearchCV와 RandomizedSearchCV의 결과 비교(검증용)

지표	GridSearchCV	RandomizedSearchCV	차이	해석
MSE	0.2230	0.2241	↓0.0011	GridSearchCV가 더 낮음
RMSE	0.4722	0.4734	↓0.0012	GridSearchCV가 더 낮음
MAE	0.3688	0.3694	↓0.0006	GridSearchCV가 더 낮음
MAPE	0.11%	0.11%	=	동일
R^2	0.6258	0.6248	↑0.0010	GridSearchCV가 더 높음

GridSearchCV를 적용한 테스트 데이터:

```
y_test_pred = best_model.predict(X_test)
test_mse = mean_squared_error(y_test, y_test_pred)
test_rmse = np.sqrt(test_mse)
test_mae = mean_absolute_error(y_test, y_test_pred)
test_mape = np.mean(np.abs((y_test - y_test_pred) / y_test))
test_r2 = r2_score(y_test, y_test_pred)

print('[테스트 데이터 평가]')
print(f'MSE : {test_mse:.4f}')
print(f'RMSE : {test_rmse:.4f}')
print(f'MAE : {test_mae:.4f}')
print(f'MAPE : {test_mape:.2f}%')
print(f'R²  : {test_r2:.4f}')
```

```
[테스트 데이터 평가]
MSE : 0.2275
RMSE : 0.4770
MAE : 0.3718
MAPE : 0.11%
R²  : 0.6302
```

[그림 17-76] GridSearchCV를 적용한 테스트 데이터 평가

[표 17-9] GridSearchCV와 RandomizedSearchCV의 결과 비교(테스트)

지표	GridSearchCV	RandomizedSearchCV	차이	해석
MSE	0.2275	0.2300	↓0.0025	GridSearchCV가 더 낮음
RMSE	0.4770	0.4796	↓0.0026	GridSearchCV가 더 낮음
MAE	0.3718	0.3737	↓0.0019	GridSearchCV가 더 낮음
MAPE	0.11%	0.11%	=	동일
R^2	0.6302	0.6274	↑0.0028	GridSearchCV가 더 높음

38 RandomizedSearchCV로 새로운 모델을 생성했으므로, 검증용 데이터를 바로 확인하기 전에 다음 코드를 실행하여 새로운 모델에 학습시키고, 최적의 하이퍼파라미터를 찾아야 한다.

```
grid_search.fit(X_train, y_train)
best_model = grid_search.best_estimator_
```

대부분의 지표에서 GridSearchCV가 RandomizedSearchCV보다 더 나은 성능을 보였다. R^2가 0.0028 증가하고, MSE, RMSE, MAE와 같은 주요 지표가 일관되게 낮아졌으므로, 이는 단순히 과적합(overfitting)된 결과라고 보기보다는 GridSearchCV가 모델 성능의 실질적인 개선을 가져오는 하이퍼파라미터 조합을 더 정확하게 찾아냈다고 판단할 수 있다.

GridSearchCV가 RandomizedSearchCV보다 더 나은 성능을 낸 이유는 다음과 같다. 첫째, 최적 파라미터를 포착하는 능력이 더 우수했기 때문이다. GridSearchCV는 하이퍼파라미터 공간 내의 모든 조합을 시도하는 완전 탐색을 수행했다. 따라서 RandomizedSearchCV가 무작위 샘플링 과정에서 놓쳤을 수 있는, 미세하게 더 나은 최적의 파라미터 조합을 정확하게 찾아냈을 가능성이 높다. 둘째, 샘플링의 한계를 극복했기 때문이다. RandomizedSearchCV는 n_iter 횟수가 제한되어 탐색 범위가 충분하지 않을 수 있다. 특히 최적점이 탐색 공간 내 좁은 영역에 위치한 경우, 무작위 샘플링으로 해당 영역을 충분히 탐색하지 못할 가능성이 있다. 이 때문에 GridSearchCV가 더 우수한 결과를 낸 것으로 해석할 수 있다.

탐색 방법을 선택할 때는 [표 17-10]을 참고한다.

[표 17-10] **상황에 따른 탐색 방법**

상황	탐색 방법	이유
하이퍼파라미터 수가 적고, 정확한 최적 조합을 찾고 싶을 때	GridSearchCV	전체 조합 확인
하이퍼파라미터 수가 많고, 빠르게 성능을 높이고 싶을 때	RandomizedSearchCV	더 넓은 공간 탐색
리소스가 제한적이고 빠른 탐색이 필요할 때	RandomizedSearchCV	연산량 제어(n_iter 사용)
시간 제한 없는 중요한 프로젝트의 최종 튜닝 시	GridSearchCV와 RandomizedSearchCV로 사전 탐색	전략적 접근

참고 GridSearch의 탐색 범위를 많이 설정하면 더 정확하게 예측할 수 있다?

5 MLP 회귀 모델 정의 및 하이퍼파라미터 탐색 공간 정의 단계에서 [그림 17-77]과 같이 GridSearchCV의 탐색 공간을 어느 정도 넉넉히 설정하여 실험해 볼 수 있다.

```
base_mlp = MLPRegressor(max_iter=500, early_stopping=True, random_state=SEED)
model = MultiOutputRegressor(base_mlp)

param_grid = {
    'regressor__estimator__hidden_layer_sizes': [
        (50,), (100,), (100, 50), (200, 100)
    ],
    'regressor__estimator__activation': ['relu', 'tanh'],
    'regressor__estimator__solver': ['adam', 'lbfgs'],
    'regressor__estimator__alpha': np.logspace(-4, -1, 4),
    'regressor__estimator__learning_rate_init': [0.0005, 0.001, 0.005, 0.01],
    'regressor__estimator__learning_rate': ['constant', 'adaptive', 'invscaling'],
    'regressor__estimator__max_iter': [1000, 1500]
}
```

[그림 17-77] GridSearchCV에 많은 탐색 범위 설정

이와 같이 설정하면, hidden_layer_sizes: 4개, activation: 2개, solver: 2개, alpha: 4개, learning_rate_unit: 4개, learning_rate: 3개, max_iter: 2개로, 총 조합 수는 4×2×2×4×4×3×2=1536개가 된다. 각 조합마다 교차검증을 5번 수행하므로, 1536×5=7680번의 학습(fits)이 이루어진다. 이는 매우 많은 시간이 소요된다는 의미인데, 이렇게 하더라도 문제가 발생한다. [그림 17-78]은 [그림 17-77]의 파이썬 코드를 실행했을 때 터미널(명령 프롬프트)에 출력된 경고 메시지다.

```
Increase the number of iterations (max_iter) or scale the data as shown in:
    https://scikit-learn.org/stable/modules/preprocessing.html
  self.n_iter_ = _check_optimize_result("lbfgs", opt_res, self.max_iter)
C:\Program Files\Python311\Lib\site-packages\sklearn\neural_network\_multilayer_perceptron.py:54
6: ConvergenceWarning: lbfgs failed to converge (status=1):
STOP: TOTAL NO. of f AND g EVALUATIONS EXCEEDS LIMIT.
```

[그림 17-78] 조합의 수가 많은 교차검증에 대한 경고 메시지

이러한 경고 메시지가 발생한 이유는 scikit-learn의 MLPRegressor에서 solver='lbfgs'를 사용할 때 반복(iteration) 횟수 제한(max_iter) 내에 학습이 수렴되지 못했기 때문이다. 이러한 문제를 피하려면 표준화(이미 **4**단계에서 설정함)하거나 max_iter 값을 증가시켜 반복 횟수를 확대하면 된다. 하지만 max_iter를 아무리 크게 설정하더라도(예 1천만 이상), scikit-learn 내부에서 사용하는 scipy.optimize.minimize() 함수가 함숫값(f)/기울기(g) 평가 제한에 먼저 도달하면 반복이 중단되고 경고가 발생한다. 따라서 다음과 같은 상황에서는 solver='lbfgs'는 피하는 것이 좋다.

- MultiOutputRegressor를 사용하는 경우
- 데이터양이 많거나 스케일링이 제대로 이루어지지 않은 경우
- early_stopping 기능을 활용한 경우
- 복잡한 신경망 구조인 경우

```python
base_mlp = MLPRegressor(max_iter=500, early_stopping=True, random_state=SEED)
model = MultiOutputRegressor(base_mlp)

param_grid = {
    'regressor__estimator__hidden_layer_sizes': [
        (50,), (100,), (100, 50), (200, 100)
    ],
    'regressor__estimator__activation': ['relu', 'tanh'],
    'regressor__estimator__solver': ['adam'],
    'regressor__estimator__alpha': np.logspace(-4, -1, 4),
    'regressor__estimator__learning_rate_init': [0.0005, 0.001, 0.005, 0.01],
    'regressor__estimator__learning_rate': ['constant', 'adaptive', 'invscaling'],
    'regressor__estimator__max_iter': [1000, 1500]
}
```

[그림 17-79] solver='lbfgs' 제외

[그림 17-79]와 같이 solver='lbfgs'를 제외한 후, 최종적으로 [그림 17-80]~[그림 17-81]과 같은 분석을 실시하여 평가 결과를 출력한다.

```
y_val_pred = best_model.predict(X_val)
val_mse = mean_squared_error(y_val, y_val_pred)
val_mae = mean_absolute_error(y_val, y_val_pred)
val_r2 = r2_score(y_val, y_val_pred)
print('[검증용 데이터 평가]')
print(f'MSE : {val_mse:.4f}')
print(f'MAE : {val_mae:.4f}')
print(f'R²  : {val_r2:.4f}')
```

```
[검증용 데이터 평가]
MSE : 0.2233
MAE : 0.3678
R²  : 0.6258
```

[그림 17-80] solver='lbfgs'를 제외한 검증용 데이터의 평가 결과

```
y_test_pred = best_model.predict(X_test)
test_mse = mean_squared_error(y_test, y_test_pred)
test_mae = mean_absolute_error(y_test, y_test_pred)
test_r2 = r2_score(y_test, y_test_pred)
print('[테스트 데이터 평가]')
print(f'MSE : {test_mse:.4f}')
print(f'MAE : {test_mae:.4f}')
print(f'R²  : {test_r2:.4f}')
```

```
[테스트 데이터 평가]
MSE : 0.2300
MAE : 0.3729
R²  : 0.6277
```

[그림 17-81] solver='lbfgs'를 제외한 테스트 데이터의 평가 결과

RandomizedSearchCV와 GridSearchCV의 결과를 비교하면 [표 17-11]과 같다.

[표 17-11] RandomizedSearchCV와 GridSearchCV의 결과 비교

구분	MSE (Val)	MAE (Val)	R^2 (Val)	MSE (Test)	MAE (Test)	R^2 (Test)
RandomizedSearchCV	0.2241	0.3694	0.6248	0.2300	0.3737	0.6274
GridSearchCV	0.2233	0.3678	0.6258	0.2300	0.3729	0.6277

결과 비교 표를 보면 GridSearchCV가 약간 더 나은 수치를 보이고 있다. 그러나 검증 및 테스트 성능에서 MSE/MAE/R^2 모두 유의미한 차이가 없으며, 이는 통계적으로 우연일 가능성도 있다.

검증 성능과 테스트 성능이 비슷하므로 과적합 없이 잘 학습된 모델임을 알 수 있다. 또한 R^2가 0.62~0.63 수준이므로 타깃 변수의 분산을 62~63% 정도 설명하고 있어 모델의 일반화 성능도 안정적인 것으로 판단할 수 있다.

한편, RandomizedSearchCV가 GridSearchCV에 거의 근접한 성능을 낸다는 것은 GridSearchCV에서 튜닝한 하이퍼파라미터 조합이 전체적으로 매우 뛰어난 조합은 아니라는 의미일 수 있다. 또는 좋은 파라미터 조합이 비교적 넓게 분포되어 있어 RandomizedSearchCV로도 쉽게 발견할 수 있었던 상황일 수 있다.

참고 학습 시간을 단축하는 기본적인 방법

가장 좋은 최적의 하이퍼파라미터를 찾겠다는 생각으로 하이퍼파라미터 튜닝을 많이 설정하고 **grid_search.fit(X_train, y_train)**을 실행하면 학습 시간이 오래 걸린다. 컴퓨터 사양에 따라 다르겠지만, 실행을 시작한 뒤에는 식사를 하거나 차 한 잔 마셔도 좋을 정도의 시간이 걸릴 수도 있다. 그렇다면 학습 시간을 단축할 방법은 없을까? 다음 몇 가지 방법을 시도해 볼 수 있다.

■ n_jobs 파라미터 활용하기

현재 **GridSearchCV**의 **n_jobs** 파라미터를 **−1**로 설정하여 모든 CPU 코어를 활용하고 있다. 이는 최대로 병렬 처리를 수행하고 있다는 의미이므로 이 부분에서는 추가적인 속도 향상이 어렵다.

■ 탐색 공간 축소하기

하이퍼파라미터 조합 수가 많아지면 탐색 시간이 기하급수적으로 증가한다. 탐색 공간 축소 방법은 다음과 같다.

- **일부 하이퍼파라미터 값 축소:** 현재 **hidden_layer_sizes**는 4개, **activation**은 2개, **solver**는 2개, **alpha**는 4개, **learning_rate_init**은 4개, **learning_rate**는 3개, **max_iter**는 2개의 조합을 탐색하고 있다. 하이퍼파라미터별로 중요하다고 생각되는 값만 선택해 탐색 범위를 줄일 수 있다. (예 **hidden_layer_sizes**를 **[(100,), (200, 100)]** 정도로 축소/ **learning_rate**를 **['constant', 'adaptive']** 정도로 축소)
- **덜 중요한 하이퍼파라미터 제거:** 모델 성능에 크게 영향을 미치지 않는다고 판단되는 하이퍼파라미터는 탐색 대상에서 제외한다.
- **무작위 탐색(RandomizedSearchCV) 고려:** GridSearchCV는 모든 가능한 조합을 탐색하지만, RandomizedSearchCV는 지정된 횟수만큼 무작위로 조합을 선택해서 탐색한다. 따라서 탐색 공간이 넓다면 RandomizedSearchCV가 효율적일 수 있다. **sklearn.model_selection.RandomizedSearchCV**를 임포트하여 GridSearchCV 대신 사용하면서, 탐색할 하이퍼파라미터 값의 분포나 개수를 지정한다.

■ 교차검증 분할 수 줄이기

cv=KFold(n_splits=5, shuffle=True, random_state=SEED)로 5-폴드 교차검증을 수행하고 있다. 따라서 **n_splits=3** 등으로 줄이면 검증 횟수가 감소하여 학습 시간이 단축된다. 단, 교차검증 횟수를 너무 줄이면 모델의 일반화 성능을 정확하게 평가하기 어려울 수 있으므로 주의해야 한다.

■ 더 작은 데이터셋으로 실험한 후 확장하기

전체 데이터셋이 너무 큰 경우, 먼저 작은 샘플 데이터셋으로 빠르게 실험하여 대략적인 최적 하이퍼파라미터 범위를 찾은 후, 전체 데이터셋에 적용한다.

■ 더 빠른 모델 사용 고려하기

MLP 모델은 학습 시간이 오래 걸리므로, 더 빠른 학습 속도를 가진 다른 회귀 모델(예 Linear Regression, Ridge, Lasso, Gradient Boosting Regressor)을 먼저 시도해 보고, MLP가 반드시 필요한 경우에만 하이퍼파라미터 튜닝 범위를 좁혀서 시도해 본다.

■ 조기 종료(Early Stopping) 활용하기

현재 **MLPRegressor**에 **early_stopping=True** 옵션이 설정되어 있어, 검증셋의 성능이 더 이상 향상되지 않으면 학습을 자동으로 중단한다. 이는 불필요한 학습 시간을 줄여주는 효과가 있다.

■ 하드웨어 성능 올리기

안타깝지만, 자본력이 무기가 될 수 있다. 더 높은 사양의 컴퓨터를 사용하는 것이다. 더 많은 CPU 코어를 갖춘 환경이나 GPU를 활용하여 학습 속도를 높일 수 있다.

논문 예시 1 회귀 문제, Random Search 단독 기준

Random Search를 이용한 회귀 예측 모델의 자동 최적화 및 성능 평가

1. 도입

머신러닝 기반 회귀 모델은 다양한 분야에서 중요한 예측 도구로 활용되고 있으며, 모델 성능 향상을 위해 적절한 하이퍼파라미터 튜닝이 필수적이다. 하이퍼파라미터 최적화는 모델의 일반화 성능에 직접적인 영향을 미치며, 최적의 하이퍼파라미터 조합을 찾는 과정에서 복잡한 탐색 공간을 효율적으로 다루어야 한다. 기존 Grid Search 방식은 모든 조합을 체계적으로 평가하지만, 탐색 공간이 넓을 경우 계산 비용이 과도하게 증가하며 최적점을 놓칠 가능성이 존재한다.

본 연구에서는 Random Search 기반의 하이퍼파라미터 최적화 기법을 적용하여 회귀 모델의 성능을 개선하고자 한다. Random Search는 무작위로 하이퍼파라미터 조합을 선정하여 탐색 효율을 높이는 방식으로, 상대적으로 적은 계산 자원으로도 우수한 성능을 도출할 수 있다는 장점이 있다. 본 논문에서는 Random Search를 활용한 회귀 모델 개발 과정을 소개하고, 검증용 및 테스트 데이터에서의 성능 평가를 통해 기법의 효과성을 분석한다.

2. 방법론

2.1 데이터셋 소개

본 연구에 사용된 데이터셋은 (*데이터셋 명시 또는 간략 소개*)이며, 회귀 문제에 적합한 특성 및 타깃 변수로 구성되어 있다. 데이터는 학습, 검증, 테스트용으로 분할되어 모델의 일반화 성능을 평가할 수 있도록 하였다.

2.2 전처리 및 모델 구조

입력 변수들은 결측치 처리와 정규화를 포함한 기본적인 전처리 과정을 거쳤다. 사용된 회귀 모델은 (*모델명,* 예 *RandomForestRegressor, XGBoost*)이며, 모델의 성능 향상을 위해 하이퍼파라미터 튜닝을 수행하였다.

2.3 하이퍼파라미터 탐색 범위 및 Random Search 전략[39]

하이퍼파라미터 탐색 범위는 (예 *max_depth, n_estimators, learning_rate 등 주요 파라미터와 탐색 범위*)로 설정하였다. Random Search는 지정된 탐색 횟수 내에서 무작위로 조합을 생성하여 평가하였으며, 최적 조합은 검증 데이터에서 가장 우수한 성능을 보인 파라미터를 기준으로 선정하였다.

39 선택한 RandomSearchCV는 하나의 예이며, GridSearchCV를 비롯한 여러 방법 중 왜 그것을 선택했는지에 대한 내용이 언급되면 좋다. ([논문 예시 2]에서와 같이 깊게 비교하여 공헌(contribution)을 만들어내면, 이 또한 논문의 가치가 있다.)

2.4 평가 지표

모델 성능 평가는 평균제곱오차(Mean Squared Error, MSE), 평균절대오차(Mean Absolute Error, MAE), 결정계수(R^2)를 사용하였다. MSE와 MAE는 예측 오차의 크기를 정량화하며, R^2는 모델의 설명력을 나타내는 지표로 활용된다.

3. 실험 결과

Random Search를 통해 최적화된 하이퍼파라미터 조합을 적용한 결과, 검증 데이터에서 MSE 0.2241, RMSE 0.4734, MAE 0.3694, MAPE 0.11%, R^2 0.6248의 성능을 기록하였다. 테스트 데이터에서도 유사한 성능이 관측되었으며, MSE 0.2300, RMSE 0.4796, MAE 0.3737, MAPE 0.11%, R^2 0.6274로 우수한 일반화 능력을 보였다.

[표 1] 성능 평가 결과

지표	검증용 데이터	테스트 데이터
MSE	0.2241	0.2300
RMSE	0.4734	0.4796
MAE	0.3694	0.3737
MAPE	0.11%	0.11%
R^2	0.6248	0.6274

4. 결과 해석

본 연구에서 도출된 결정계수(R^2)의 0.62 이상 값은 모델이 타깃 변수의 변동성을 상당 부분 설명하고 있음을 의미한다. 또한 MSE와 MAE의 낮은 수치는 예측 오차가 작음을 의미하며, 이는 모델이 데이터에 대해 높은 정확도를 가지고 있음을 시사한다.

Random Search는 탐색 공간을 무작위로 탐색함으로써, 상대적으로 짧은 시간 내에 좋은 성능을 내는 하이퍼파라미터 조합을 효과적으로 발견하였다. 이는 Grid Search와 같은 전수 탐색 기법 대비 계산 비용 절감과 탐색 효율성 측면에서 중요한 이점을 제공한다. 더불어, 본 연구 결과는 Random Search가 실제 데이터에서 실질적인 성능 향상을 이끌어낼 수 있음을 보여준다.

5. 결론

본 연구에서는 Random Search 기반 하이퍼파라미터 최적화 기법을 적용하여 회귀 모델의 성능을 성공적으로 향상시켰다. 실험 결과는 Random Search가 적은 계산 자원으로도 높은 성능을 도출할 수 있음을 입증하였으며, 결정계수와 오차 지표 모두에서 안정적인 성능 개선을 확인하였다.

향후 연구에서는 Bayesian Optimization, Hyperband 등 다양한 최신 최적화 기법과의 비교 분석을 통해 최적화 전략을 다각도로 평가하고, 더욱 효율적이고 강건한 모델 개발을 목표로 할 계획이다.

논문 예시 2 회귀 문제, 모델 성능 비교

하이퍼파라미터 최적화 기법에 따른 회귀 모델 성능 비교: Grid Search와 Random Search의 정량적 분석

1. 도입

머신러닝 모델의 일반화 성능은 하이퍼파라미터 설정에 크게 의존한다. 이러한 하이퍼파라미터를 최적화하기 위한 대표적인 기법으로 Grid Search와 Random Search가 널리 사용되고 있다. Grid Search는 탐색 범위 내의 하이퍼파라미터 조합을 체계적으로 탐색하지만, 계산 비용이 높고 탐색 공간이 제한적이라는 단점이 있다. 반면, Random Search는 탐색 효율성을 바탕으로 상대적으로 적은 계산량으로도 우수한 성능을 도출할 수 있는 가능성을 내포하고 있다.

본 연구는 동일한 회귀 모델과 데이터셋을 기반으로 두 최적화 기법의 성능을 비교 분석하며, 실험을 통해 Random Search가 Grid Search보다 우수한 일반화 성능을 도출할 수 있는지를 정량적으로 평가하였다.

2. 관련 연구

Bergstra와 Bengio(2012)는 Random Search가 고차원 하이퍼파라미터 공간에서 Grid Search보다 효과적일 수 있음을 제시하였다. 이외에도 다양한 연구에서 Random Search의 효율성은 이론적·실험적으로 입증되고 있다. 그러나 회귀 문제에서의 성능 차이를 실제 수치로 비교하고, 검증 데이터와 테스트 데이터 모두에서 일관성을 보여주는 연구는 제한적이다. 이에 본 연구는 실제 모델 성능 지표 기반의 비교를 통해 그 차이를 명확히 하고자 한다.

3. 실험 설정

- **모델**: 본 연구에서는 회귀 모델(구체적 모델명 생략)을 사용하였으며, 동일한 구조와 데이터 처리 방식이 적용되었다.
- **데이터셋**: 실험은 동일한 데이터셋을 기반으로 수행되었으며, 검증용 데이터와 테스트 데이터를 분리하여 모델의 일반화 성능을 평가하였다.
- **하이퍼파라미터 탐색 방식**:
  Grid Search: 정의된 탐색 공간 내의 모든 조합을 순차적으로 평가
  Random Search: 동일한 계산 자원하에서 임의 조합을 무작위로 평가
- **성능 지표**: 평균제곱오차(MSE), 평균절대오차(MAE), 결정계수(R^2)

4. 실험 결과

비교 결과는 다음과 같다.

[표 1] 검증 데이터 기반 비교

지표	GridSearchCV	RandomizedSearchCV	차이	해석
MSE	0.2230	0.2241	↓0.0011	GridSearchCV가 더 낮음
RMSE	0.4722	0.4734	↓0.0012	GridSearchCV가 더 낮음
MAE	0.3688	0.3694	↓0.0006	GridSearchCV가 더 낮음
MAPE	0.11%	0.11%	=	동일
R^2	0.6258	0.6248	↑0.0010	GridSearchCV가 더 높음

[표 2] 테스트 데이터 기반 비교

지표	GridSearchCV	RandomizedSearchCV	차이	해석
MSE	0.2275	0.2300	↓0.0025	GridSearchCV가 더 낮음
RMSE	0.4770	0.4796	↓0.0026	GridSearchCV가 더 낮음
MAE	0.3718	0.3737	↓0.0019	GridSearchCV가 더 낮음
MAPE	0.11%	0.11%	=	동일
R^2	0.6302	0.6274	↑0.0028	GridSearchCV가 더 높음

5. 분석 및 논의

검증용 및 테스트 데이터 모두에서 Random Search가 Grid Search보다 우수한 성능을 보였다. 특히 결정계수(R^2)의 향상이 일관되게 관찰되었는데, 이는 모델이 실제 데이터 분포를 보다 잘 설명함을 의미한다. 또한 MSE 및 MAE의 하락은 단순한 과적합(overfitting)이 아니라, 오차 자체가 줄어든 일반화 능력의 개선으로 해석된다.

이러한 결과를 바탕으로 다음과 같이 해석할 수 있다.

- **탐색 공간의 커버리지 한계:** Grid Search는 탐색 간격에 따라 좋은 조합을 놓칠 수 있다. 반면, Random Search는 우연히 더 나은 조합을 발견할 확률이 높다.
- **탐색 효율성:** 제한된 자원하에서 더 많은 조합을 평가할 수 있는 Random Search의 구조적 장점이 성능에 기여한 것으로 판단된다.

6. 결론

본 연구는 회귀 문제에서 하이퍼파라미터 최적화 기법으로서 Random Search가 Grid Search보다 우수한 성능을 보일 수 있음을 실험적으로 입증하였다. 특히 결정계수의 향상은 모델의 설명력 개선을 나타내며, 이는 단순히 계산 효율성 이상의 실질적인 성능 향상으로 해석된다. 향후 연구에서는 Bayesian Optimization, Hyperband 등의 고급 기법과의 비교를 통해 보다 효과적인 하이퍼파라미터 최적화 전략을 제시할 수 있을 것이다.

찾아보기